Hella Kothmann und Wolf-Eckart Bühler

Vietnam

Nichts ist in der Fremde exotisch
als der Fremde selbst.
(Ernst Bloch)

Impressum

Hella Kothmann und Wolf-Eckart Bühler
Vietnam

erschienen im
Reise Know-How Verlag Peter Rump GmbH
Osnabrücker Str. 79
33649 Bielefeld

9., neu bearbeitete, aktualisierte Auflage 2008

Gestaltung
Umschlag: G. Pawlak, P. Rump (Layout)
André Pentzien (Realisierung)
Inhalt: Günter Pawlak (Layout),
Kordula Röckenhaus (Realisierung)
Fotos: Bitta Boerger (BB), Phan Van Thong (PVT),
die Autoren
Titelfoto: die Autoren („Fast Food" am Strand von Nha Trang)
Karten: der Verlag

Lektorat (Aktualisierung): André Pentzien

Druck und Bindung: Fuldaer Verlagsanstalt GmbH & Co. KG

ISBN 978-3-8317-1720-0
Printed in Germany

Dieses Buch ist erhältlich in jeder Buchhandlung Deutschlands, der Schweiz, Österreichs, Belgiens und der Niederlande.
Bitte informieren Sie Ihren Buchhändler über folgende Bezugsadressen:

Deutschland
Prolit GmbH, Postfach 9,
D-35461 Fernwald (Annerod);
sowie alle Barsortimente
Schweiz
AVA-buch 2000, Postfach,
CH-8910 Affoltern
Österreich
Mohr Morawa Buchvertrieb GmbH
Sulzengasse 2, A-1230 Wien
Niederlande, Belgien
Willems Adventure,
www.willemsadventure.nl

Wer im Buchhandel trotzdem kein Glück hat, bekommt unsere Bücher auch direkt über unseren **Büchershop im Internet:**
www.reise-know-how.de

Wir freuen uns über Kritik, Kommentare und Verbesserungsvorschläge.

Alle Informationen in diesem Buch sind von den Autoren mit größter Sorgfalt gesammelt und vom Lektorat des Verlages gewissenhaft bearbeitet und überprüft worden.

Da inhaltliche und sachliche Fehler nicht ausgeschlossen werden können, erklärt der Verlag, dass alle Angaben im Sinne der Produkthaftung ohne Garantie erfolgen und dass Verlag wie Autoren keinerlei Verantwortung und Haftung für inhaltliche und sachliche Fehler übernehmen.

Die Nennung von Firmen und ihren Produkten und ihre Reihenfolge sind als Beispiel ohne Wertung gegenüber anderen anzusehen.
Qualitäts- und Quantitätsangaben sind rein subjektive Einschätzungen der Autoren und dienen keinesfalls der Bewerbung von Firmen oder Produkten.

145vi Foto: kb

Reise Know-How im Internet

Aktuelle Reisetipps und Neuigkeiten
Ergänzungen nach Redaktionsschluss
Büchershop und Sonderangebote

www.reise-know-how.de
info@reise-know-how.de

Wir freuen uns über Anregung und Kritik.

Reise Know-How

Vorwort

Als 1992 unsere erste Auflage erschien, war Vietnam noch eines der ärmsten und isoliertesten Länder der Welt. Und von Tourismus konnte keine Rede sein.

Durch die breiten, nach Einbruch der Dämmerung nur mehr von Ölfunzeln erleuchteten Avenuen von Millionenstädten wie Saigon und Hanoi schoben sich geräuschlos Pulks von Fahrradfahrern und Cyclos. Nicht nur Ausländer, auch Einheimische benötigten schriftliche Reisegenehmigungen, um sich von einem Ort zum anderen bewegen. Die 1700 km lange Nationalstraße zwischen Nord und Süd: eine pockennarbige Buckelpiste, auf der Bauern ihren Reis zum Trocknen auslegten. Die wenigen Autos und Überlandbusse stammten noch aus der Kolonialzeit oder alten Heeresbeständen (russisch, amerikanisch, chinesisch, made in DDR) und brachen zuverlässig alle paar Kilometer zusammen. Und die einzige Klimaanlage weit und breit verrichtete ihr Werk in einem Mausoleum.

Kaum konnte man sich des Eindrucks erwehren, die amerikanischen Generäle hätten doch noch ihr Ziel erreicht. Nämlich Vietnam „in die Steinzeit zurückzubomben".

Lang ist's her. Und zwar gründlich. Für die einen schon fast zu viel, und für die anderen noch nicht genug. Wie seit Jahrzehnten scheidet Vietnam noch immer die Geister. *Nie mehr,* murren die einen, *immer wieder,* jubeln die anderen.

Vietnam ist anders, lautete unser erster Satz, damals, 1992. Und zumindest das hat sich nicht geändert. Auch wenn seitdem kaum mehr ein Stein auf dem anderen geblieben ist.

„Vietnam ist fantastisch", strahlte einer der ersten US-Traveller im Land, „im Süden wie Thailand und im Norden wie Südchina", ehe er innehielt und fast verwundert hinzufügte: „und trotzdem so verschieden wie Tag und Nacht."

Vietnam ist anders. Anders als irgendein anderes Land Südostasiens, aber auch anders als China. Und auch die Vietnamesen sind anders. Und die im Süden noch einmal anders als die im Norden.

Geografisch wie klimatisch und historisch wie kulturell genau im Schnittpunkt der Einflusssphären Indiens und Chinas gelegen, präsentiert sich das wahre Indochina als ein Schmelztiegel der unterschiedlichsten Sitten, Religionen und Gebräuche – und gleichzeitig auch als eines der eigenständigsten und homogensten Länder, die man sich nur vorstellen kann. 90 % seiner Bevölkerung sind ethnische Vietnamesen, die auf eine lange und gemeinsame Geschichte zurückblicken. Offen, angenehm zurückhaltend, nur sehr selten aufdringlich, schroff oder gar fremdenfeindlich und beneidenswert frei von jeder (zumindest nach außen gewendeten) Hysterie – wer sich auf den Märkten und Busbahnhöfen zwischen Bombay und Bali auskennt, wird unter den besonnenen, gesitteten Vietnamesen seinen Sinnen nicht trauen.

Von der Außenwelt jahrzehntelang abgeschnitten aufgrund des erst 1994 aufgehobenen US-Boykotts, hat das neue, nur mehr nominell sozialistische, dafür ganz dem Wirtschaftswachstum verpflichtete Vietnam sich zu einem der am raschesten verändernden Länder der Welt entwickelt. Nicht nur Saigon und Hanoi, auch Zentren wie Nha Trang, Da Nang oder Haiphong wandeln sich in einem Tempo, dass der Besucher sich dort binnen weniger Jahre wie auf einem fremden Planeten vorkommt. Den neuen Gegebenheiten tragen wir Rechnung, indem ab dieser Auflage auch Vietnam endlich im Reiseteil wie jedes „normale" Land im Norden beginnt.

Bis 1989 praktisch ein „weißer Fleck" auf der Landkarte der Globetrotter, hatten wir noch 1990/91 das Land beinahe „ganz für uns allein" und begrüßten jede andere „Langnase" unterwegs ebenso verblüfft wie neugierig per Handschlag. Schon in den Jahren darauf hätten wir uns die Finger ausgerenkt, und mittlerweile ertappen wir uns schon manchmal dabei, den „Charme der frühen Jahre" zu vermissen, und wagen uns kaum vorzustellen, was sein wird, wenn all die ehrgeizigen Pläne wahr werden: Saigon und der Mekong von einer Subway unterhöhlt; Hanois Altstadt zu einer pflegeleichten Fußgängerzone für Besserverdienende saniert, Phu Quoc exklusiv für Clubdorf- und Casino-Urlauber reserviert; und Halong City ein einziges Disneyworld. Mittlerweise reisen mehr Besucher ein als im Karibikparadies und einstigen „Bruderstaat" Cuba.

Und trotzdem ist das wirkliche Vietnam immer noch anders. Ein Alltag, eine Realität, die sich oft nur zwei, drei Blocks vom Touristenhotel abspielt, oder jenseits der asphaltierten Landstraße, und dem Reisenden, der sehen und erfahren will (und kann), auf Schritt und Tritt begegnen wird. Dennoch nimmt man sich Zeit, Tee zu trinken, um den Preis der Ananas zu feilschen und einen mühsamen Schwatz mit einem Fremden anzufangen. Und das Lachen und die Freundlichkeit der Menschen ist offener und unbefangener geworden, weil sie selbstbewusster geworden sind.

Vietnam ist anders, und das macht es liebenswert.

Chúc vui về và hẹn gặp lại. – Viel Spaß und Auf Wiedersehen in Vietnam!

Wolf-Eckart Bühler und Hella Kothmann, München/Prata, Juni 2008

Dank

Ein herzliches Dankeschön an alle, die uns geholfen und unterstützt haben, und nicht zuletzt an alle Leser, die uns mit aktuellen Tipps und guten Ratschlägen versorgen.

Unser ganz besonderer Dank gilt Vo Phat Tai und Thomas Weigelt sowie Vo Thi Cuc und Nguyen Ngoc My in Saigon, Peter Zinoman und Le Thi Hoi in Hanoi, Tran Dinh Son in Da Lat, Vu Thi Hoai in Hue und Le Van Cat in München.

Für zusätzliche Fotografien danken wir Bitta Boerger und Phan Van Thong.

Inhalt

002vi Foto: kb

Die Nordküste

Das Bergland des Nordens

Das Delta des Roten Flusses/ Nördliche Zentralküste

Hue

Da Nang, Hoi An

Die Südliche Zentralküste

Das Zentrale Hochland

Saigon

Umgebung von Saigon

Das Mekong-Delta

Anhang

Hinweise zur Benutzung

Kartenverweise

Die Kartenverweise hinter den Überschriften geben die Seite im Kartenatlas am Ende des Buches an, auf der der jeweilige Ort zu finden ist. Die römischen Ziffern bezeichnen dabei die Seitenzahl, die Buchstaben und arabischen Ziffern verweisen auf das Planquadrat der Karte.

Beispiel:

Chu Lai ⇗ XIII/D2

bedeutet Seite XIII, Planquadrat D2.

Exkurse

003vi Foto: kb

Praktische Tipps A–Z

004vi Foto: kb

005vi Foto: kb

Xin chao – Willkommen in Vietnam

Die Kids blicken durch

An jeder Ecke: Frische Baguettes

Alles auf einen Blick

Vietnam? Vietnam! Bei einem Land, das sich in Rekordzeit vom weißen Fleck auf der Landkarte (1990) zum populären Reiseziel für alle (spätestens 2000) entwickelt hat, kann naturgemäß nicht alles Gold sein, was glänzt. „Einmal reicht!", bilanzieren ernüchtert die einen. „Immer wieder!", jubeln die anderen. An Vietnam scheiden sich, wie seit je her, die Geister. Und das ist auch gut so.

Anreise. Saigon und Hanoi sowie Da Nang sind auf dem Luftweg von Europa aus entweder direkt oder über praktisch alle Länder Ost- und Südostasiens zu erreichen. Die Landesgrenzen Vietnams mit Laos, Kambodscha (Anreise auf dem Mekong möglich) und China (Anreise mit der Transsib möglich) sind an bestimmten Übergängen für Ausländer geöffnet.

Organisiert oder auf eigene Faust? Es spricht nicht das Geringste dagegen, Vietnam auf eigene Faust und mit öffentlichen Verkehrsmitteln (Bus, Zug, Flug, Schiff) zu bereisen. Über zuverlässige Reisebüros in Vietnam oder übers Internet kann man aber auch bereits im Vorhinein Teilstrecken, individuelle Touren, Unterkünfte etc. buchen, ohne sich gleich auf eine Pauschalreise einlassen zu müssen.

Visa. Die Botschaften der SR Vietnam in Berlin und Bonn (Außenstelle) erteilen Touristenvisa für Individualreisen (64 €) oder in Kombination mit Tourbuchungen (33 €). Bearbeitungszeit 5 Werktage. Gültig 1 Monat, Verlängerung vor Ort möglich. Ohne Probleme erhält man Visa auch in Ländern wie Thailand, Kambodscha, Laos oder China oder direkt (per e-mail) über Reisebüros in Vietnam.

Reisebestimmungen. Seit 1993 gibt es keinerlei Reisebeschränkungen mehr, und man kann sich, von einigen wenigen Grenzregionen abgesehen, überall im Land frei bewegen.

Sicherheit. Vietnam gilt als das momentan sicherste (Reise-)Land Asiens. Innenpolitische Krisenherde sind nahezu unbekannt (stabiles, wenngleich autoritäres System; keine militante Opposition, praktisch keine Moslems), die Kriminalitätsrate ist im Vergleich zu anderen Ländern Asiens äußerst niedrig und beschränkt sich, zumindest gegen Ausländer, in der Regel auf Eigentumsdelikte wie Diebstahl, Betrug etc.

Gesundheit. Impfungen sind nicht vorgeschrieben, Vorsorge ist aber dennoch ratsam (insbesondere Malaria und Hepatitis A und B). Todesursache Nummer 1 ist seit Einführung des sozialistischen Kapitalismus der gemeine Verkehrsunfall.

Kommunikation. In allen größeren Orten gibt es Internet-Cafés – es ist ratsam, schon zu Hause eine e-mail-Adresse einzurichten (am gebräuchlichsten sind Hotmail und Yahoo). Mit vietnamesischen Telefonkarten funktioniert sogar das eigene Handy.

Reisezeit. Vietnam kann im Prinzip ganzjährig bereist werden. Da im Norden subtropisches, im Süden tropisches Klima herrscht, sind die regionalen Unterschiede allerdings groß. Generell ist das Winterhalbjahr und zumal die Zeit zwischen November und

März vorzuziehen, da die feuchtheißen Sommermonsune das Reisen in einigen Regionen erschweren können.

Routenplanung. Vietnams geografische Nord-Süd-Ausrichtung macht Entscheidungen leicht. Fast alle größeren Städte sowie Strände und Sehenswürdigkeiten reihen sich entlang der 1700 km langen Nationalstraße 1 zwischen Hanoi und Saigon. Lokale Reisebüros und Tourcafés sorgen für preisgünstige Exkursionen ins Mekong-Delta, ins Bergland des Nordens (Sa Pa) oder an die Ha Long-Bucht.

Transportmittel. Man kann Vietnam per Flugzeug, Eisenbahn, Mietwagen, Taxi, Bus, Boot und sogar per Fahrrad und Motorrad erkunden. Einmalig sind die preisgünstigen *Open Tours* zwischen Saigon und Hanoi (feste Routen, Reisedauer und -unterbrechung nach Belieben).

Unterkunft. Von Luxusherbergen bis zu preiswerten Minihotels und Guesthouses verfügt Vietnam über eine äußerst große und vielfältige Auswahl an Unterkünften aller Art. Das Preis-Leistungs-Verhältnis ist nahezu konkurrenzlos. Saubere, geräumige Doppelzimmer mit Aircondition, Bad, WC, TV, Minibar, Telefon usf. sind schon ab 10 $ zu haben.

Vietnam im Überblick

Offizieller Name:
Sozialistische Republik Vietnam (SRV)
Internationale Abkürzung: VN

Staatspräsident:
Nguyen Minh Triet (seit 2006)

Ministerpräsident:
Nguyen Tan Dung (seit 2006)

Generalsekretär der Kommunistischen Partei:
Nong Duc Manh (seit 2001)

Unabhängigkeit:
1945/1954 (DRV), 1975 (SRV)

Nationalflagge:
Rot, in der Mitte ein gelber fünfzackiger Stern

Nationalemblem:
Reisähren und halbes Zahnrad, gelb auf rot

Hauptstadt:
Hanoi

Bevölkerung:
86 Mio., davon 90 % Vietnamesen, 10 % Minderheiten

Größte Städte:
Saigon, Hanoi, Haiphong, Da Nang, Hue, Nha Trang

Bruttosozialprodukt (GDP):
640 US$ pro Kopf
1850 US$ in Saigon

Sprache/Schrift:
Vietnamesisch/Romanische Lettern

Fläche:
329.241 km²

Nord-Süd-Ausdehnung:
1700 km

Grenzen:
4567 km (China, Laos, Kambodscha)

Küsten:
3260 km (Südchinesisches Meer, Golf von Siam)

Klima:
tropisch im Süden, subtropisch im Norden

Flüsse:
Song Hong (Roter Fluss), Cuu Long (Mekong)

Höchster Berg:
Phan Si Pan, 3143 m

Währung:
Dong (1 US$ = 16.000 đ, *Stand* 2008)

Vietnam / Deutschland - ein Vergleich

	Vietnam	Deutschland
Größe (km²)	332.000	375.000
Einwohner (Mio.)	86	82
unter 14 Jahre (%)	34	12
über 65 Jahre (%)	5	19
pro km²	256	231

Größe, Einwohnerzahl und Bevölkerungsdichte Deutschlands und Vietnam sind in etwa identisch. Und doch sind die Unterschiede gewaltig.

Die ***Bevölkerungspyramide*** ist nahezu umgedreht. In Vietnam ist über ein Drittel der Bevölkerung unter 14 Jahre alt (und über die Hälfte unter 20) - in Deutschland ist es gerade mal jeder Zwölfte. Umgekehrt leben in Deutschland fast viermal so viele über 65-jährige wie in Vietnam. Das heißt: Das schon jetzt überalterte Deutschland wird immer älter, das bereits jetzt junge Vietnam immer jünger werden.

Die ***Bevölkerungsdichte*** täuscht Paritäten vor, die tatsächlich nicht existieren. Dazu folgende Vergleichszahlen (jeweils Einwohner pro km²): Berlin 3800, Hanoi 3400; Ruhrgebiet 1200, Delta des Roten Flusses 1200. Nur: Das Delta ist im Gegensatz zum Ruhrgebiet eine agrarische Region ohne nennenswerte Städte. Und in der Flächenstadt Hanoi leben anders als in Berlin vorwiegend Großfamilien dichtgedrängt in kleinen, schmalen Einfamilienhäusern. Selbst in den bevölkerungsärmsten Berg- und Dschungelregionen (wie Lai Chau oder Kontum) leben noch annähernd halb so viele Menschen wie beispielsweise in Mecklenburg-Vorpommern. Fazit: Vietnam sucht händeringend (noch unbesiedeltes) Land für seine stetig wachsende Bevölkerung. In Deutschland entleeren sich immer mehr Regionen.

Essen und Trinken. Die vietnamesische Küche ist zu Recht berühmt und wird in Asien allenfalls noch von der thailändischen übertroffen. Exotisch, aber nicht „zu sehr", gut gewürzt, aber nie „zu scharf". In Großstädten und Touristenzentren hat bereits die global-kosmopolitische Ernährung (Pizzapastamüsliburger) Einzug gehalten.

Geld. Von Ausnahmen abgesehen kann man in ganz Vietnam in einheimischer Währung (Dong) bezahlen. US-Dollars werden überall, Euro und Traveller Cheques in allen größeren Orten gewechselt. Kreditkarten (Visa, MasterCard) sind voll etabliert und werden selbst von vielen Minihotels, Reisebüros und Geschäften akzeptiert. Bankomaten (ATMs) sind überall vertreten und funktionieren meist auch mit preisgünstigen maestro-Karten.

Kosten und **Preise.** Vietnam ist allein schon aufgrund des hohen Konkurrenzdrucks innerhalb des Landes ein sehr kostengünstiges und preiswertes Reiseland. Spezielle „Ausländerpreise", lange Jahre ein Ärgernis vieler Reisender, sind bis auf wenige Ausnahmen mittlerweile abgeschafft.

Armut. Vietnam zählt statistisch gesehen nach wie vor zu den ärmsten Ländern der Welt, doch im Allgemeinen schlägt sich die Armut weniger in deutlich sichtbarem Elend als in einer einfachen und spartanischen Lebensweise speziell auf dem Land nieder.

Die Menschen. Die französischen Kolonisten bedachten die Vietnamesen wegen ihres geradezu „unasiatischen“ Gespürs für Ordnung, Pünktlichkeit und Sauberkeit mit dem fragwürdigen Etikett „die Preußen Asiens“. Tatsächlich sind sie außergewöhnlich diszipliniert, selbstbewusst (dabei aber nie anbiedernd) und unaggressiv (außer wenn sie auf dem Motorrad sitzen). Im traditionalistischen Norden sind die Menschen spürbar zurückhaltender, wenn auch um keinen Deut weniger zuvorkommend als im lebhafteren Süden.

Verständigung. Vietnamesen sind ausgesprochen sprachbegabt. In kaum einem Land Asiens, speziell im Gastgewerbe (Hotellerie, Gastronomie, Transportwesen), beherrschen so viele Menschen so gut Englisch. Zahlreiche Vietnamesen, die in Deutschland gelebt haben, sprechen Deutsch. Einige Grundbegriffe des Vietnamesischen wie Zahlen, Grußworte u.Ä. sollte man nach Möglichkeit (nicht zuletzt zum eigenen Vorteil!) dennoch beherrschen.

Ärgernisse. Wer den Vietnamesen zu viel Pragmatismus und Geschäftstüchtigkeit vorwirft, vergisst, dass es ohne sie auch keine „Errungenschaften“ wie wohlfeile Cafés, Guesthouses, Open Tours – sprich eine im Großen und Ganzen bestens funktionierende Travellerversorgung – geben würde. „Permanente Anmache“ ist ohne Frage ein Ärgernis – die man durch sein eigenes Verhalten allerdings auch provozieren (bzw. reduzieren!) kann.

Adressen

Wer sich intensiver mit Vietnam beschäftigen will oder spezielle Fragen hat, kann sich an die folgenden Informationsstellen wenden.

Staatliche Einrichtungen

- **Vietnam Administration of Tourism**
  www.vietnamtourism.com
- **Vietnam Airlines**
  Rossmarkt 5, 60311 Frankfurt,
  Tel. 069/2972560, www.vietnam-air.de
- **Auswärtiges Amt (Deutschland)**
  www.auswaertiges-amt.de
- **Außenministerium (Österreich)**
  www.bmaa.gv.at
- **Eidgenössisches Department für auswärtige Angelegenheiten (Schweiz)**
  www.admin.ch
- **Deutsche Botschaft Hanoi**
  www.hanoi.diplo.de
- **Goethe Institut Hanoi**
  www.goethe.de/hanoi
- **Deutscher Akademischer Austauschdienst**
  www.daadvn.org
- **Deutscher Entwicklungsdienst**
  www.vietnam.ded.de
- **Deutsche Gesellschaft für Technische Zusammenarbeit**
  www.gtz.de/vietnam
- **Friedrich Ebert Stiftung**
  www.fes.de

Wissenschaftliche Institutionen

- **Institut für Asienkunde**
  Rothenbaumchaussee 32,
  20148 Hamburg,
  Tel. 040/428874-0, Fax 4107945,
  www.duei.de/ifa
- **Institut für Asienwissenschaften der Humboldt-Universität Berlin**
  Invalidenstr. 118, 10115 Berlin,

Webseiten (www.)

Aktuelle Infos und Leserbriefe zur Ergänzung dieser Auflage regelmäßig auf den **Latest News** unserer Homepage **www.reise-know-how.de**

Weitere Webseiten unter den Spezialkapiteln **Flug, Zug, Unterkunft** etc.

- **vietnamtourism.com** Organ des Tourismusministeriums (Fremdenverkehrsamt)
- **vnanet.vn** Vietnam News Agency
- **vietnamnews.vnanet.vn** Tageszeitung
- **vneconomy.com.vn** Vietnam Economic Times
- **vir.com.vn** Vietnam Investment Review
- **english.vietnamnet.vn** News
- **nhandan.com.vn/english** Zentralorgan der KP
- **mofa.gov.vn/en** Außenministerium
- **vietnamembassy-usa.org** Botschaft USA
- **vietnamonline.com/vnypg** Yellow Pages
- **viettouch.com** Kultur, Kunst, Geschichte
- **earth.google.com**
- **vinacarta.com** Maps etc.
- **vietnamair.com.vn, vietnam-air.de** Vietnam Airlines
- **elephantguide.com** Bester Online Guide
- **thingsasian.com/vietnam** Internet Travel Guide
- **pathfinder.com.vn**
- **virtualtourist.com/travel/asia**
- **livinginvietnam.com**
- **wikitravel.org/de/Vietnam**
- **travelfish.org**
- **vietnam-freunde.net** Forum, Chats
- **vietnam-forum-vn.de**
- **cms.vietnam-infothek.de**
- **www.go2vietnam.eu**
- **vietnam-guide.de**
- **forum-vietnam.de**
- **fg-vietnam.de**
- **utopia-asia.com** Infos für Schwule
- **weather.yahoo.com** Wetter
- **wunderground.com** Wetter
- **wetteronline.de/vietnam.htm**

Tel. 030/28485-601, Fax 28485-666, www2.hu-berlin.de

- **Südostasien-Institut der Universität Passau** Innstr. 53, 94032 Passau, Tel. 0851/509-2741, Fax 509-2742, www.phil.uni-passau.de/suedostasien
- **Asienhaus Essen** www.asienhaus.org
- **Haus der Kulturen der Welt, Berlin** www.hkw.de virtuelles HKW

Private Organisationen

- **Vietnam Infocenter,** Maximilianallee 14, 04129 Leipzig, Tel. 0341/9011962, Fax 0341/9011968, www.vietnamtourism.de
- **Freundschaftsgesellschaft Vietnam e.V.,** Duisburger Str. 46, 40477 Düsseldorf, Tel. 0211/490111, Fax 0211/4986343, www.fg-vietnam.de
- **Deutsch-Vietnamesische Gesellschaft e. V.,** Marienstr. 19/20, 10117 Berlin, Tel. 030/28040990 www.vietnam-dvg.de
- **Ostasiatischer Verein,** Bleichenbrücke 9, 20354 Hamburg, Tel. 040/3575590, www.oav.de
- **Viethaus AG,** Vietnamesisches Zentrum für Handel, Investition, Kultur und Tourismus, Leipziger Str. 54-55, 10117 Berlin, Tel. 030/3198710, www.viethaus-berlin.de

Anreise, Ein- und Weiterreise

Vietnam ist außer auf dem **Luftweg** über die **Landesgrenzen** von China, Kambodscha und Laos zu erreichen. Nachdem die lange Zeit unterbrochene Eisenbahnlinie Nanning – Lang Son wiederhergestellt ist, kann man von Berlin mit dem Zug bis Saigon reisen.

Luftweg

Internationale Flughäfen sind **Saigon** (SGN), **Hanoi** (HAN) und **Da Nang** (DAD), der wichtigste Airport Zentralvietnams.

Nonstop von Europa nach Vietnam – d.h. ohne Zwischenlandung, Flugzeit 11–12 Std. – fliegen lediglich *Air France* (ab Paris) und *Vietnam Airlines* (ab Paris und Frankfurt).

Direkte Anschlussflüge (Flugzeit 14–16 Std.) bieten *Lufthansa* (ab Frankfurt und München, mit Umsteigen und evtl. Wartezeit in Bangkok) und *Vietnam Airlines* (ab Frankfurt, mit Umsteigen in Moskau).

Außerdem gibt es zahllose Verbindungen mit mindestens einem Zwischenstopp im Heimathafen der jeweiligen Airline, die zwar billiger sein können als Nonstop- oder Direktflüge, bei denen man aber auch eine längere Reisedauer einkalkulieren muss. Die *Air France* fliegt von Deutschland aus erst einmal „zurück" nach Paris, *Asiana, Cathey Pacific, China Airlines* steuern zunächst Seoul, Hongkong, Taipeh an etc. Manche Airlines legen mehrere Zwischenstopps ein; im unglücklichsten Fall landet man nicht nur drei- oder viermal zwischen und wechselt ebenso oft die Maschine, sondern muss man eine – planmäßige oder außerplanmäßige – Übernachtung einplanen.

Flugpreise

Je nach Fluggesellschaft, Jahreszeit und Aufenthaltsdauer bekommt man ein Economy-Ticket von Deutschland, Österreich und der Schweiz hin und zurück nach Hanoi oder Saigon ab etwa **800 €** (inkl. aller Steuern und Gebühren).

Gabelflüge (unterschiedliche An-/Abflughäfen, z.B. Frankfurt–Saigon, Hanoi–Frankfurt) sind in der Regel etwas teurer (Ausnahme: *Vietnam Airlines*), bieten sich aber gerade im Falle Vietnams an (ersparen Zusatzflüge oder ermüdende Bus- und Zugfahrten innerhalb des Landes).

Frühzeitige Reservierungen sind dringend angeraten. Engpässe entstehen vor allem um Weihnachten und Neujahr sowie während des Tet-Festes zwischen Mitte Januar und Mitte Februar, wenn Exil-Vietnamesen aus aller Welt ihre Verwandten besuchen.

Vietnam ist aufgrund der rigiden staatlichen (Preis-)Kontrolle **kein Markt für Billigflüge,** auch wenn sich die Lage zuletzt entspannt hat. Die ersten Billigfluglinien der Region verkehren bereits mit Vietnam, und auch in Viet-

Buchtipp

- *Erich Witschi:* **Clever buchen – besser fliegen,** Praxis-Reihe, Reise Know-How Verlag

nam selbst entstehen neue *Low Cost Carriers.* Nach wie vor gilt aber: In Vietnam gekaufte Tickets sind meist teurer als außerhalb erworbene.

Preiswertere Flüge sind mit **Jugend- und Studententickets** (je nach Airline bis 29 Jahre und Studenten bis 34 Jahre) möglich.

Fluggesellschaften

Die wichtigsten Fluggesellschaften auf den Strecken von Mitteleuropa nach Vietnam mit ihrem Heimatflughafen und ihrer Website.

- **Aeroflot** (Moskau), www.aeroflot.com
- **Air France** (Paris), www.airfrance.com
- **Asiana** (Taipeh), www.flyasiana.com
- **Austrian** (Wien), www.aua.com
- **Cathay Pacific** (Hongkong), www.cathaypacific.com
- **China Airlines** (Taipeh), www.china-airlines.com/en
- **China Southern Airlines** (Guangzhou), www.cs-air.com/en
- **Eva Air** (Taipeh), www.evaair.com
- **Garuda Indonesia** (Jakarta), www.garuda-indonesia.com
- **Japan Airlines** (Tokyo), www.jal.com
- **KLM** (Amsterdam), www.klm.com
- **Korean Air** (Seoul), www.koreanair.com
- **Lufthansa** (Frankfurt), www.lufthansa.de
- **Malaysia Airlines** (Kuala Lumpur), www.malaysiaairlines.com
- **Qatar Airways** (Doha), www.qatarairways.com
- **Singapore Airlines** (Singapur), www.singaporeair.com
- **Thai Airways** (Bangkok), www.thaiair.com
- **Vietnam Airlines** (Saigon), www.vietnam-air.de

Regionalflüge

Innerhalb Ost- und Südostasiens sind Saigon und Hanoi direkt oder nonstop mit allen wichtigen Destinationen der Nachbarländer verbunden.

- **Vietnam Airlines** fliegt innerhalb der Region u.a. von/nach Bangkok, Kuala Lumpur, Singapur, Vientiane, Luang Prabang, Phnom Penh, Siem Reap, Manila, Hongkong, Guangzhou, Khaosiung, Kunming, Beijing, Seoul, Taipeh, Osaka, Tokio, Melbourne und Sydney. **Achtung:** Vietnam Airlines bietet in Verbindung mit einem Langstreckenflug Frankfurt – Vietnam für Inlands- und Regionalflüge (z.B. Laos, Kambodscha) kräftige Rabatte an.
- **Bangkok:** Von/nach Saigon (740 km, Flugzeit 01.30) mit *Thai Airways, Vietnam Airlines, Bangkok Airways, Pacific Airlines.* Von/nach Hanoi (970 km, Flugzeit 01.50) mit *Vietnam Airlines, Thai Airways, Air Asia, NokAir.* Von/nach Da Nang mit *PB Air* und *Vietnam Airlines.*
- **Phnom Penh:** Von/nach Saigon (215 km, Flugzeit 01.50) mit *Vietnam Airlines.*
- **Siem Reap:** Von/nach Saigon (420 km, Flugzeit 01:20) und Hanoi mit *Vietnam Airlines.*
- **Vientiane:** Von/nach Hanoi (485 km, 1:15) mit *Vietnam Airlines* und *Lao Airlines.*
- **Luang Prabang:** Von/nach Hanoi mit *Vietnam Airlines* und *Lao Airlines.*
- **Hongkong:** Mit *Cathay Pacific, Vietnam Airlines* und *Hongkong Airlines* (www.hkairlines.com) von/nach Saigon (1500 km, 2:30) und Hanoi (870 km, 1:45).
- **Macau:** Von/nach Saigon mit *Viva Macau.*
- **Guangzhou** *(Kanton):* Von/nach Hanoi (780 km) und Saigon (1960 km) mit *China Southern Airlines* und *Vietnam Airlines.*
- **Taipei:** Von/nach Saigon und Hanoi mit *China Airlines, Vietnam Airlines, Pacific Airlines* und *Eva Air* (nur Saigon). Außerdem von/nach Khaosiung.
- **Seoul:** Von/nach Saigon und Hanoi mit *Korean Air* und *Vietnam Airlines.*

Buchtipp

- *Frank Littek:* **Fliegen ohne Angst,** Praxis-Reihe, Reise Know-How Verlag

- **Singapur:** Von/nach Saigon mit *Singapore Airlines, Vietnam Airlines, Pacific Airlines, Tiger Airways, Jetstar Asia, Garuda.* Von/nach Hanoi mit *Singapore Airlines, Vietnam Airlines, Tiger Airways.*
- **Kuala Lumpur:** Von/nach Saigon und Hanoi mit *Malaysian Airlines* und *Vietnam Airlines.*
- **Jakarta:** Von/nach Saigon via Singapur mit *Garuda.*
- **Manila:** Von/nach Saigon mit *Philippine Airlines* und *Vietnam Airlines* (1600 km, 02:30).
- **Sydney:** Von/nach Saigon mit *Quantas* und *Vietnam Airlines.* Außerdem von/nach Melbourne.

Billigflieger

In den letzten Jahren sind in Südostasien mehrere Billigfluglinien entstanden. **Tiger Airways** verkehrt zwischen Singapur und Hanoi sowie Saigon; je nach Saison und Verfügbarkeit ab 20 $. **Air Asia** verkehrt zwischen Bangkok und Hanoi (ab 40 $, Saigon in Planung). **Jetstar Asia,** ein Ableger von Quantas, verbindet Singapur und Sydney mit Saigon. Von Bangkok aus fliegt **Bangkok Airways** nach Saigon, **NokAir** nach Hanoi und **PBAir** nach Danang. **Viva Macau** verbindet Macau und Saigon. Die vietnamesischen **Pacific Airlines** verkehren zwischen Bangkok und Saigon (ab 65 $, codeshare mit *Bangkok Air*) sowie Singapur und Saigon (ab 39 $, codeshare mit *Jetstar Asia*). – Stand: Mai 2008.

- **www.airasia.com**
- **www.tigerairways.com**
- **www.jetstarasia.com**
- **www.pbair.com**
- **www.bangkokair.com**
- **www.nokair.com**
- **www.flyvivamacau.com**
- **www.pacificairlines.com.vn**

Rückflug / Weiterflug

Die vietnamesischen Behörden machen für die Einreise kein gültiges Ausreiseticket zur Bedingung. Trotzdem ist ein solches zu empfehlen – in Vietnam erworbene Tickets sind vergleichsweise teuer und Flüge häufig ausgebucht.

Buchung

Die Preise für Tickets ein und derselben Airline können in den verschiedenen Reisebüros stark variieren. Ein Vergleich (auch über das Internet oder als Anfrage per Telefon) lohnt sich also durchaus.

Folgende **zuverlässigen Reisebüros** haben oft günstigere Preise als andere:

- **Jet-Travel,** Buchholzstr. 35, 53127 Bonn, Tel. 0228-284315, Fax 284086, info@jet-travel.de, www.jet-travel.de. Auch für Jugend- und Studententickets. Sonderangebote auf der Website unter „Schnäppchenflüge".
- **Travel Overland,** Barer Str. 73, 80799 München, tel. Buchung 0180/5822258, tickets@travel-overland.de, www.travel-overland.de.
- **Explorer Fernreisen,** Düsseldorf, Hüttenstr. 17, Tel. 0211/9949-203, Fax 370630. www.explorer-fernreisen.com.
- **German Travel Network,** Bahnhofstr. 22, 91126 Schwabach, Tel. 09122-634525, www.g-t-n.de.
- **Globetrotter Travel Service,** Löwenstr. 61, CH-8023 Zürich, Tel. 01-2286666, zh-loewenstrasse@globetrotter.ch, www.globetrotter.ch.

Last-Minute

Last-Minute-Flüge, die von Airlines mit deutlicher Ermäßigung ab **14 Tage vor Abflug** angeboten werden, lassen sich nur bei Spezialisten buchen:

- **L'Tur,** www.ltur.com, (D)-Tel. 01805 212121 (0,12 €/Min.), (A)-Tel. 0820 600800 (0,12 €/

Min.), (CH)-Tel. 0848 808088 (0,12 SFr./Min.); 140 Niederlassungen europaweit.

- **Lastminute.com,** www.de.lastminute.com, (D)-Tel. 01805 777257 (0,12 €/Min.).
- **5 vor Flug,** www.5vorflug.de, (D)-Tel. 01805 105105 (0,12 €/Min.).
- **www.restplatzboerse.at:** Schnäppchenflüge für Leser in Österreich.

Reiseveranstalter

Vietnam-Angebote gibt es inzwischen zuhauf. Wir möchten an dieser Stelle nur auf einige weniger bekannte, aber zuverlässige *Spezialisten* und *Nischenanbieter* verweisen.

- **Lotus Travel.** „Reisen zu sich und anderen", lautet das Motto der Firma, die sowohl interessante Individual- wie Gruppenreisen im Programm hat. Baaderstr. 3, 80469 München, Tel. 089/2011288, www.lotus-travel. de.
- **Djoser Reisen.** Die gute Atmosphäre der Reisen dieses Veranstalters sind legendär. Kaiser-Wilhelm-Ring 20, 50672 Köln, Tel. 0221-9201580, www.djoser.de.
- **Hauser Exkursionen.** Der langjährige Expeditions- und Trekking-Spezialist unternimmt auch Touren durch Vietnam. Spiegelstr. 9, 81241 München, Tel. 089-2350060, www.hauser-exkursionen.de.
- **Freundschaftsgesellschaft Vietnam.** Studienreisen mit Betonung auf Vietnams jüngster Vergangenheit und Gegenwart. Informationen über die Geschäftsstelle, Duisburger Str. 46, 40477 Düsseldorf, Tel. 0211-490111, www. fg-vietnam.de.
- **Vietnam Tours.** Reisen für Individualisten – von vielen Lesern gelobt. *Monika Gresser* veranstaltet seit Jahren kleine Gruppenreisen durch Vietnam, Laos und Kambodscha. Auch organisierte Radtouren etc. Tel. 0228-707 8474, www.vietnam-tours.de.
- **Vietnam-Heise.** Ausgezeichnete individuelle Gruppenreisen in Begleitung zuverlässi-

Mini „Flug-Know-how"

Check-in

Nicht vergessen: Ohne **gültigen Reisepass** und **Visum** kommt man nicht an Bord des Flugzeuges.

Bei internationalen Flügen muss man **zwei bis drei Stunden vor Abflug** einchecken.

Wenn ein **vorheriges Reservieren** der Sitzplätze nicht möglich war, hat man die Chance, einen Wunsch bezüglich des Sitzplatzes zu äußern.

Das Gepäck

In der Economy-Class darf man in der Regel nur **Gepäck bis zu 20 kg pro Person** einchecken (steht auf dem Flugticket) und zusätzlich ein Handgepäck von 7 kg in die Kabine mitnehmen, welches eine bestimmte Größe von 55 x 40 x 23 cm nicht überschreiten darf. Man sollte sich beim Kauf des Tickets über die Bestimmungen der Airline informieren.

Aus Sicherheitsgründen dürfen **Taschenmesser, Nagelfeilen, Scheren** und Ähnliches nicht im Handgepäck untergebracht werden. Auch **Flüssigkeiten** aller Art (Parfüms, Sprays, Lotions) dürfen nur in geringen Mengen (bis max. 100 ml Inhalt), verpackt in transparentem Plastikbeutel, mit an Bord genommen werden. Medikamente oder z.B. Babynahrung müssen separat an den Sicherheitskontrollen vorgelegt werden. Achtung: Dies gilt auch bei Inlandsflügen in Vietnam! Darüber hinaus gilt, dass Feuerwerke, leicht entzündliche Gase (in Sprühdosen, Campinggas), entflammbare Stoffe (in Benzinfeuerzeugen) etc. nichts im Passagiergepäck zu suchen haben.

Rückbestätigung

Bei den meisten Airlines ist die **Bestätigung des Rückfluges** nicht mehr notwendig. Allerdings empfehlen alle Airlines, sich dennoch telefonisch zu erkundigen, ob sich an der Flugzeit nichts geändert hat.

ger Guides oder mit *Peter Heise* selbst, einem ausgewiesenen Vietnamkenner. Jessenstr. 4, 422767 Hamburg, Tel. 040/363679. www.vietnam-heise.de.

- **One World** (Reisen mit Sinnen). Sehr interessante und empfehlenswerte Aktiv-Reisen etwas abseits der üblichen Trampelpfade, u.a. auch in Kombination mit Südchina. Roseggerstrasse 59, 44137 Dortmund, Tel. 0231-589792-0. www.reisenmitsinnen.de.
- **Cosmopolit Reisen.** Wohltuender Internetauftritt ohne die übliche Katalog-Exotik, sehr guter Newsletter, telefonische Beratung inkl. 3 kostenfreier Angebote. Wachenheimestr. 13a, 67127 Rödersheim-Gronau, Tel. 06231-4070-0 *(Thomas Lehner)*. www.cosmopolitreisen.de.
- **TSA** (Travel Service Asia). Nelkenweg 5, 91093 Hessdorf-Niederlindach, Tel. 09135-736078-0 *(Hans-Michael Linnekuhl)*. www.tsa-reisen.de.
- **German Travel Network.** Gute Kombination aus Online-Angebot (Touren, Hotels, Flüge) und individueller Beratung per Mail/Telefon. Verantwortlicher ist *Harry Reingruber.* Bahnhofstr. 22, 91126 Schwabach, Tel. 09122-634525, www.g-t-n.de.

Landweg

Touristenvisa sind seit 2000 generell für **alle internationalen Grenzübergänge** *(cua khau quoc te)*, also auch für den Landweg über Laos, Kambodscha und China gültig.

- **Achtung:** Visa-Erteilung und -Preise sind wie die Zahl der internationalen Grenzübergänge in allen betroffenen Ländern Schwankungen unterworfen. Es ist daher ratsam, vor Reiseantritt Auskünfte nach dem aktuellen Stand der Visa- und Reiseformalitäten einzuholen.
- **Visa-on-Arrival** – was viele Veranstalter nicht wissen! – sind möglich (25 $). Aller-

Wenn die Airline allerdings eine Rückbestätigung *(reconfirmation)* **bis 72 oder 48 Stunden vor dem Rückflug** verlangt, sollte man auf jeden Fall die Airline anrufen, sonst kann es passieren, dass die Buchung im Computer der Airline gestrichen wird; der Flugtermin ist dahin. Das Ticket verfällt aber deshalb nicht, es sei denn, die Gültigkeitsdauer wird überschritten, aber u.U. ist in der Hochsaison nicht sofort ein Platz auf einem anderen Flieger frei.

Jet Lag – Probleme mit der Zeitverschiebung

Ärzte definieren Jet Lag als „die Summe sämtlicher subjektiver **Befindlichkeitsstörungen,** die durch Zeitverschiebung eintreten", stellen aber auch fest, dass es keine Krankheit ist.

Die **Umstellung der inneren Uhr** dauert einige Tage, und es ist dementsprechend ganz normal, wenn man nach einem langen Flug nicht oder nur schlecht schlafen kann. Die Anpassung der inneren Uhr an die Ortszeit verläuft mit einer Geschwindigkeit von ein bis drei Stunden pro Tag.

Bei Beachtung einiger Regeln treten die Symptome des Jet Lags weniger stark auf:

So früh wie möglich an die **Zeit im Zielland** anpassen. Die **Schlafzeiten** in den ersten drei Nächten nach der Zeitumstellung auf etwa 8 Stunden beschränken. Sonst besteht die Gefahr, dass man nach einem „erholsamen" Schlaf von vielleicht 10 oder 12 Stunden in der nächsten Nacht partout nicht einschlafen kann.

Nach der Zeitumstellung in der ersten Woche tagsüber nicht schlafen und möglichst viel im Freien aufhalten, denn **Sonnenlicht** erleichtert das Wachbleiben und die Zeit-Kompensation.

Im Flugzeug wenig oder besser gar keinen **Alkohol** trinken, stattdessen Fruchtsäfte oder Wasser. **Schlaf- und Aufputschmittel** meiden.

Oft kommt die **Verdauung** nach einer Zeitverschiebung schwer in Gang. Wer im Flugzeug vegetarisches Essen bestellt und im Zielland ballaststoffreiche Kost zu sich nimmt, tut sich da erheblich leichter.

dings ist bei der Beantragung zwingend der gewünschte Einreiseort anzugeben (der Ausreiseort kann offen bleiben).

- Manche **Grenzübergänge** schieben Bürozeiten und sind nachts und über Mittag geschlossen.

Per Zug

- Die Reise mit der **Transsibirischen Eisenbahn** von Moskau nach Beijing (via Mongolei) muss wg. nötiger Visabeschaffung *mindestens* 9–10 Wochen im Voraus gebucht werden. Von Beijing nach Hanoi 2-mal wöchentl., ca. 48 Std.
- **Knop Reisen.** Doris Knop ist spezialisiert auf Individual- und Gruppenreisen mit der Transsib. Tel. 0421/9885030, www.knop-reisen.de.
- www.go-east. de/transib.htm.
- www.lernidee-reisen.de
- www.travel-service-asia.de

Von/nach Kambodscha

- **Moc Bai** (Kambodscha: *Bavet)*. An der Direktroute Saigon–**Phnom Penh** (235 km) unweit von Tay Ninh. Es verkehren tgl. öffentliche Busse in beiden Richtungen. Unschlagbar günstig sind die Tourbusse von Veranstaltern wie *Delta Adventure Tours, Sinh Café* u.a. in Saigon und *Mekong Delta Tours* in PP. Mit 2 Bussen (Umsteigen an der Grenze) Fahrzeit ca. 8 Std. um 6 $, mit Expressbus um 10–12 $.
- **Song Tien** (auch: *Vinh Xuong*). Grenzübergang für **Mekong-Boote** bei **Chau Doc.** Zwischen Chau Doc und Phnom Penh verkehren mehrere Anbieter beider Seiten. Besonders empfehlenswert und variantenreich ist *Delta Adventure Tours*, Saigon.
- **Tinh Bien** (Kambodscha: *Phnom Den*). Zwischen **Chau Doc** (30 km) und Takeo (43 km). Ab der vietnamesischen Grenze verkehren keine öffentlichen Verkehrsmittel; Transport per Xe Om (Motorradtaxi).
- **Xa Xia** (Prek Chak). Zwischen Ha Tien und Kampot. (55) km; offen 7–18 Uhr; von/bis Sihanoukville 165 km, Phnom Penh 230 km. Es soll Direktbusse von PP nach Rach Gia geben.

Noch nicht für Ausländer offen:

- **Xa Mat** (Kamb.: *Trapong Phlong*). 45 km nördl. Tay Ninh; nach Kampong Cham 80 km.
- **Le Thanh** (Kamb.: *O Yadaw*). 80 km westl. Pleiku, von dort bis Ban Lung (Rattanakiri) 70 km.
- **Visa.** Visa-on-Arrival werden auf kambodschanischer (20 $) wie vietnamesischer Seite ausgegeben (25 $, aber nur mit Approval-Nummer); jeweils 2 Passfotos bereithalten. Für Kambodscha sind auch *E-Visa* (elektronische Visa; 25 $) möglich; die Einreise ist allerdings vorläufig auf die Flughäfen Phnom Penh und Siem Reap und den Übergang *Bavet-Moc Bai* beschränkt (siehe www.mfaic.gov.kh). Botschaften und Konsulate befinden sich in Saigon und Hanoi bzw. in Phnom Penh und Sihanoukville. Einmonats-Visa für Kambodscha kosteten zuletzt ab 25 $).
- In keinem Land erhält man unkomplizierter **vietnamesische Visa** als in Kambodscha. Preis je Bearbeitungszeit (1–4 Tage) ab 25 $. Möglich sind auch 3- und sogar 6-Monats-Visa (um 170 $) mit ein-, zwei- oder mehrfacher Einreise (ab 50 $, 3 Tage Bearbeitung). Gute Adressen sind u.a. *Capitol Guesthouse*, Phnom Penh, und das Konsulat in Sihanoukville.
- Wer **per Flugzeug nach Kambodscha** einreist, bekommt ein Visum auf den Flughäfen Phnom Penh und Siem Reap eingestempelt (20 $, 2 Passbilder).
- Wer nach Vietnam wieder einreisen will, sollte von Anfang an ein Visum für eine **zwei-** oder **mehrmalige Einreise** nach Vietnam beantragen (double oder multiple entry).

Von/nach Laos

- **Lao Bao** 80 km westl. von **Dong Ha** an der N 9 nach Savannakhet bzw. Mukdahan auf dem thailändischen Ufer des Mekong (250 km). Zwischen Hanoi, Hue (410 km) und Da Nang/Hoi An (550 km) sowie Savannakhet verkehren tgl. Charterbusse. Fahrzeit ab Hue 16–18 Std., um 20 $. Zwischen Dong Ha und Lao Bao verkehren tgl. 2–3 Lokalbusse.
- **Cau Treo** (Laos: *Keo Nua*). 100 km südwestl. von **Vinh** (380 km von Hanoi) an der N 8 nach Paksan und Vientiane. Landschaftlich reizvolle Strecke, der Grenzposten liegt auf dem *Keo Nua*-Pass (734 m). Zwischen

Hanoi und Vientiane verkehren tgl. Charterbusse (Fahrzeit 20–24 Std., um 25 $).

- **Nam Can** (Laos: *Nong Het*). 200 km nordwestl. von **Vinh** an der N 7 nach Phone Savan (130 km) und Luang Prabang (330 km). Reizvolle, aber beschwerliche, zeitaufwendige Route (Vinh-Luang Prabang ist an einem Tag nicht zu schaffen). Busse von Phone Savan nach Vinh (bis dato) Di, Fr 6:30 Uhr, in umgekehrter Richtung Mi, Sa, 10 $.
- **Na Meo** (Laos: *Nam Soi*). An der N 217, 230 km westl. von **Thanh Hoa;** geöffnet 7.30–11.30, 13.30–16.30 Uhr. Gute Straße von/nach *Xam Neua* (90 km), weiter bis Luang Prabang. Von der Grenze bis *Quan Son* keine öffentlichen Verkehrsmittel (50 km per Xe Om oder Pickup), ab dort 2–3-mal tgl. Bus von/bis Thanh Hoa oder Ninh Binh (ca. 6 Std.). *„Die Fahrt zählte zu den landschaftlich reizvollsten meiner gesamten Tour von Burma über Laos nach Vietnam: Felsen, Berge, riesige Wasserräder, Bambuswälder, idyllische Dörfer, Reisterrassen, Wasserbüffel.“* (Jörg Materna)
- **Tay Trang.** 35 km südwestl. von **Dien Bien Phu** an der N 12 nach Muang Khoua (*Meng Khuo*, 100 km); von dort per Bus über *Udomxi* (Umsteigen) oder per Boot (8–9 Std.) nach Luang Prabang.
- **Cha Lo** (Laos: *Na Phao*). 170 km nordwestl. von **Dong Hoi** an der N 12A nach Thakhek und *Nakhon Phanom*, Thailand (100 km).
- **Bo Y.** 90 km nordwestl. von **Kontum** an der N 14 nach Attapeu (100 km). Tgl. Busse Attapeu – Kontum (ca. 6 Std.).

Noch nicht für Ausländer offen:

- **Ta Vang** (Lao: *A Dot*) an der N 14 (HCM Highway) zw. Sekong u. Thua-Thien Hue.
- **Visa.** Auf beiden Seiten sind Visa-on-Arrival erhältlich, auf vietnamesischer Seite (25 $) nur mit *Approval-Nummer*. Die laotischen Konsulate in Saigon, Da Nang und Hanoi erteilen Monats-Visa für 35 $ binnen 1–2 Tagen.

Von/nach China

- **Huu Nghi** (Freundschaftstor). Bei *Dong Dang* 14 km nördl. von **Lang Son** an der Route nach Pingxiang (20 km) und weiter nach Nanning (260 km).
- **Lao Cai** (China: *Hekou*). 340 km nordwestl. von Hanoi. Mit dem Bus nach *Kunming* s.u.
- **Mong Cai** (China: *Dong Xing*) 350 km nordöstl. von Hanoi. Ausländer erhalten auch Tagespässe (5 $) für einen Kurzbesuch in China.
- **Achtung.** Grenzöffnungszeiten sind in der Regel 7–12, 13.30–18 Uhr. Aufgrund der Zeitverschiebung schließt die chinesische Grenze z.B. bereits um 17 Uhr.

Noch nicht für Ausländer offen:

- **Thanh Thuy** an der N2 nördl. von Ha Giang.
- **Visa** für China sind an der Grenze nicht erhältlich. Die chinesische Botschaft in Hanoi erteilt Monatsvisa für 45 $ (binnen 4 Tagen). Auf vietnamesischer Seite Visa-on-Arrival unter Vorlage der *Approval-Nummer*. 25 $.
- **Zwei Eisenbahnlinien** verbinden **Hanoi** seit der Kolonialzeit mit **Kunming** in Yunnan und **Nanning** in Guangxi. Die im Grenzkrieg von 1979 zerstörten Schienenwege, über die wenige Jahre zuvor noch Kriegsmaterial aus China und der Sowjetunion nach Nordvietnam gelangt war, sind zum Teil befahrbar.
- **Beijing** (vn. *Bac Kinh*, 2950 km). 2-mal die Woche (Di, Fr) ab Hanoi über Dong Dang (Zusteigen nicht möglich!) und Nanning. Fahrzeit rund 46 Std. Soft sleeper ca. 182 $. In knapp 14 Tagen könnte man in Berlin sein.
- **Kunming** (vn. *Con Minh*, 765 km). Die Strecke ist auf chinesischer Seite seit 2 Jahren unterbrochen. Von Hanoi nach Lao Cai, ab der Grenzstadt *Hekou* 3mal tgl. per Bus.

Ausrüstung

Kleidung

Wer mit öffentlichen Verkehrsmitteln reisen will, sollte so wenig wie möglich mit sich herumschleppen, denn es geht überall eng zu. Gepäck wie Kleidung sollten robust und nach Möglichkeit leicht zu reinigen und trocknen sein. Da Wäsche für wenig Geld überall gewaschen werden kann, ist man mit ein paar Hemden und leichten T-Shirts, einem Sweater, weiten, bequemen Hosen, Badesachen, Unterwäsche, Socken, Sandalen und festen Schuhen bereits so gut wie ausgerüstet. Entsprechend Reisezeit und Region (Bergland) empfehlen sich allenfalls zusätzliche warme und wetterfeste Sachen. Fehlt etwas oder geht etwas kaputt, findet man in Vietnam fast immer einen Ersatz, zumindest in den Städten.

Was man mitbringen sollte

Spezialbatterien, Stromadapter, Kurzwellenradios, Passfotos, Reiselektüre, Tampons, Verhütungsmittel, alles Wichtige für die Reiseapotheke. Das bedeutet nicht, dass es diese Dinge nicht gäbe. Sondern dass deren Qualität manchmal zweifelhaft ist. Wie im Übrigen in ganz Asien, handelt es sich oft um Plagiate, denen nur bedingt vertraut werden kann. Medikamente enthalten oft zu wenig (oder keinen) Wirkstoff, Batterien erhitzen sich und fliegen einem mitsamt dem Camcorder um die Ohren, Kondome platzen etc.

Achtung: Dinge, die in den größeren Städten ohne Weiteres und ausreichend erhältlich sind, kann man in der Provinz oft vergeblich suchen.

Film und Foto

Dia- (4–5 $) und **Negativ-Filme** (2–3 $) aller gängigen Marken sind überall erhältlich. Man sollte sich die Verkaufsstände allerdings gut anschauen (mancherorts schmoren die Filme monatelang in der Sonnenglut) und auf das **Verfallsdatum** achten. Auch das Entwickeln ist kein Problem; ein Abzug kostet rund 5–10 Cent. Passfotos und Fotokopien kann man in jedem größeren Ort herstellen lassen.

Digitalkameras und Zubehör sind ebenfalls weit verbreitet.

Fotografierverbote sind eine Rarität, sollte man allerdings im eigenen Interesse unbedingt beachten. Bei manchen Museen und Sehenswürdigkeiten wird neben dem Eintritt eine Extragebühr für Foto- oder Videoaufnahmen erhoben. Ist der Preis nicht eigens angeschlagen und/oder wird eine Quittung verweigert, kann es sich aber auch nur um eine kleine Extraeinnahme des Personals handeln.

Buchtipps

- *Helmut Hermann:* **Reisefotografie,** Praxis-Reihe, Reise Know-How Verlag
- *Volker Heinrich:* **Reisefotografie digital,** Praxis-Reihe, Reise Know-How Verlag

Ein- und Ausreisebestimmungen

(Stand Juni 2008)

Visa

Für die Einreise nach Vietnam besteht **Visum-Pflicht.** Der Pass sollte noch mindestens 6 Monate gültig sein. Das Visum gilt für alle internationalen Grenzübergänge.

Einige Länder der Region sind von der Erteilung von zwei- bis vierwöchigen Touristenvisa befreit (u.a. Thailand, Singapur, Malaysia, Laos, Indonesien,

Japan). Auch Visaerleichterungen für einige europäische Länder (Frankreich, Skandinavien) sind im Gespräch.

Touristenvisa erhält man über diplomatische Vertretungen der SR Vietnam oder über Reiseveranstalter. Das Visum ist 1 Monat gültig und kann in Vietnam ohne Umstände um die gleiche Zeit verlängert werden. Bei kombinierten Reisen (Weiterreise nach Laos/Kambodscha und Wiedereinreise nach Vietnam) kann ein zwei oder mehrmaliges Einreisevisum beantragt werden. Als Bearbeitungszeit sind 5–7 Werktage zu veranschlagen. Express-Visa, die noch am gleichen Tag ausgestellt werden, kosten Aufpreis (24 €).

In den meisten Ländern **Asiens** – wie auch in Vietnam – ist es weitaus einfacher, schneller und bequemer, Visa über Reiseagenturen als über offizielle Stellen zu beantragen. Vietnamesische Visa sind in allen Ländern Ost- und Südostasiens problemlos erhältlich, allerdings sind Konditionen, Gebühren und Bearbeitungszeiten **von Land zu Land verschieden** und können überdies jederzeit kurzfristigen Änderungen unterworfen sein.

Anmerkung: Wie sehr das lästige Visa-Prozedere dem Tourismus in Vietnam schadet, zeigt folgendes Beispiel: Unmittelbar nach der Ankündigung, japanische Staatbürger könnten ab dem 1.1.04 visafrei einreisen, erhöhte sich die Zahl der Buchungen aus Japan schlagartig um 55 %. Das Problem ist im Übrigen nicht nur das Visum allein (Anträge anfordern, ausfüllen, warten etc.), sondern ebenso die nach wie vor undurchsichtigen Konditionen und Gebühren. Selbst auf der Website der Botschaft in Berlin sind Preise ausdrücklich *nicht* vermerkt.

Achtung: Da sich die Einreisebedingungen kurzfristig ändern können, raten wir, sich kurz vor Abreise beim **Auswärtigen Amt** (www.auswaertiges-amt.de bzw. www.bmaa.gv.at oder www.dfae.admin.ch) oder der jeweiligen Botschaft zu informieren!

In Deutschland, Österreich, Schweiz

sind Visa direkt bei den jeweiligen Botschaften der SR Vietnam zu beantragen:

- **Deutschland:** Botschaft der SR Vietnam, Elsenstr. 3, 12435 Berlin, Tel. 030/53630-108, Fax 53630-200, www.vietnambotschaft.org
- **Generalkonsulat der SR Vietnam,** Siesmayerstr. 10, 60323 Frankfurt/Main, Tel. 069/79533650, Fax 759336511. gkvvietnam_frankfurt@mofa.gov.vn
- **Österreich:** Felix-Mottl-Str. 20, 1190 Wien, Tel. 01/ 36807560, Fax 3680754
- **Schweiz:** Schlösslistr. 26, 3008 Bern, Tel. 031/3887878, Fax 3887879, www.vietnam-embassy.ch

Die Unterlagen können persönlich oder per Post eingereicht werden. **Tipp:** Das Generalkonsulat in Frankfurt ist in der Regel deutlich auskunftsfreudiger und bei Sonderwünschen kulanter; zuständige Mitarbeiter in Berlin auch nur an die Strippe zu bekommen ist oft schon eine Qual.

- **Visa-Antrag**

Für den Visa-Antrag benötigt man:
- **Reisepass**
- 1 ausgefüllter **Visaantrag**
- 1 **Passbild**
- **Visagebühr** (Verrechnungsscheck oder Überweisungsbeleg)

-frankierter Rückumschlag für 1 Einschreiben. Visaanträge kann man bei der Botschaft anfordern oder, einfacher, über das Internet herunterladen. www.vietnambotschaft.org

• **Gebühren**

Einmalige Einreise 15 Tage	55 €
Einmalige Einreise 1 Monat	64 €
Mehrmalige Einreise 1 Monat	88 €
Einmalige Einreise 3 Monate	70 €
Mehrmalige Einreise 3 Monate	100 €
Kinder unter 14 J.	25/30 €
Expressvisa (3 Tage) Aufpreis	24 €

Mit Registriernummer (s.u.)

Einmalige Einreise 1 Monat	33 €
Mehrmalige Einreise 1 Monat	48 €
Expressvisa (3 Tage) Aufpreis	8 €

• **Achtung:** Die Entscheidung über die letztgültige Aufenthaltsdauer (Einreisestempel) liegt bei der jeweiligen Einreisebehörde! Ein Dreimonatsvisum berechtigt nicht automatisch zu einem Aufenthalt von 3 Monaten!

• Deutsche und Österreicher können sich ihr Visum auch über eine kostenpflichtige **Visum Centrale** beschaffen (z.B. www.visum-centrale.de). Ideal, wenn man Visa für verschiedene Länder braucht.

Über Reiseveranstalter

Der Nachweis einer Buchung (Tourprogramm und Unterkunft) über einen autorisierten Reiseveranstalter reduziert die Visa-Gebühr erheblich. Nicht selten reicht bereits ein „Kurzprogramm" (1 Übernachtung und Flughafentransfer) vollständig aus, ein Touristenvisum **mit Approval-Nr.** (Registriernummer) zu erhalten. Reiseveranstalter in Deutschland (Österreich, Schweiz) besorgen ihren Kunden ungefragt diese Nummer. Reisende, die in Vietnam (Thailand, Kambodscha usf.) buchen, müssen allerdings selber dafür Sorge tragen. Zum Verfahren siehe unten.

Über Veranstalter in Vietnam

Visa können auch über Reiseagenturen in Vietnam arrangiert werden – bei einem Monatsvisum eine deutliche Ersparnis, da diese Agenturen in der Regel nur 10 oder max. 20 $ Bearbeitungsgebühr berechnen.

• **Verfahren.** Das Visum sollte spätestens 14 Tage vor Abflug per e-mail bei dem Veranstalter beantragt werden. Benötigt werden Name, Vorname, Geschlecht, Geburtsdatum, Nationalität, Passnummer mit Ausstellungsort, -datum und Gültigkeitsdauer, Ein- und Ausreiseort sowie die Daten der Ein- und Ausreise. Das Innenministerium in Hanoi übermittelt die **Approval-Nr.** des Antragstellers sowohl an die jeweilige Botschaft (z.B. Berlin oder Frankfurt) wie an den vietnamesischen Veranstalter, der sie wiederum dem Antragsteller mitteilt. Im Normalfall sollte das max. 1 Woche in Anspruch nehmen. Die Approval-Nr. legt man den üblichen Unterlagen an die Botschaft bei zzgl. einem Verrechnungsscheck über 33 € (oder 48 €). Den Pass mit eingeklebtem Visum erhält man im Normalfall nach 3 Werktagen zurück.

Visa on Arrival

sind ebenfalls möglich. Das Verfahren ist im Prinzip das gleiche, nur dass die Prozedur um ca. 1 Woche abgekürzt wird. Die Approval-Nr. des Innenministeriums gilt beim Check-In am Abflughafen oder an der Landesgrenze als Visumsersatz. Bei der Ankunft ist das Einreiseformular auszufüllen und mit einem Passfoto zu versehen (kann man schon zu Hause machen). Das Visum erhält man für 25 $ (einmalige Einreise) oder 50 $ (mehrfache Einreise) in bar. Der vietnamesische Veranstalter wird für seine Dienste 20–30 $ berechnen, zahlbar entweder im Voraus per Kreditkarte, Western Union oder beim Airport Pickup. Visa on Arrival werden auf den Websites einiger Veranstalter angeboten. Visa-on-Arrival sind an den internationalen Flughäfen Saigon, Danang, Hanoi problemlos erhältlich. Für eine Einreise über den Landweg muss der jeweilige Grenzübergang extra beantragt und eingetragen werden. Wir würden von dieser Prozedur abraten, da mancher Grenzposten im Hinterland Schwierigkeiten machen könnte.

Business Visa

für Geschäftsreisen, Dienstreisen, Studienaufenthalte usf. werden auf offizielle Einladung eines vietnamesischen Partners hin erteilt (mit Referenz-Nummer aus Hanoi). Angesichts der günstigen Konditionen (single/double entry 30/45 €, Sechsmonatsvisum 70 €) kann es sich lohnen, etwaige „Beziehungen" auszuspielen.

In der Region

- Günstige Orte für die Visabeschaffung sind außer **Bangkok** vor allem **Phnom Penh** (und überhaupt Kambodscha). Preise und Bearbeitungszeiten können von Land zu Land und Reisebüro zu Reisebüro allerdings erheblich schwanken, sodass sich Vergleiche lohnen. Expressvisa (1–2 Tage) sind deutlich teurer. Zumal in Kambodscha kann man u.U. selbst 3- und 6-Monatsvisa mit mehrfacher Einreise günstig ergattern. Andererseits, wie oft in Asien: Was heute ist, kann morgen schon Makulatur sein.
- Etwas höhere Preise, aber das gleiche Vorgehen (Touristenvisa nur über Reisebüros) gelten für Vientiane, Jakarta, Manila, Kuala Lumpur usf. In Hong Kong, Taipeh, Seoul und speziell in China muss man mit bis zu 10 Tagen Wartezeit rechnen oder orbitante Gebühren für Expressvisa zahlen.

Diplomatische Vertretungen Vietnams in Asien

- Kuala Lumpur: 4 Persiaran Stonor, Tel. 21484036, Fax 21483270
- Singapur: 10 Leedon Park, Tel. 4625938, Fax 4625936
- Tokio: 50-11 Motoyoyogi-cho Shibuya-ku, Tel. 34663311, Fax 34663312
- Jakarta: Jalan Teuku Umar 25, Jakarta Pusat, Tel. 3100357, Fax 3100359
- Manila: 670 Pablo Ocampo Street, Malate, Tel. 5240364, Fax 5260472
- Vientiane: Thanon That Luang, Tel. 413409, dsqun@laotel.com
- Savannakhet *(Konsulat):* 118 Sisavangvong, Tel. 212418, Fax 211182
- Pakse *(Konsulat):* 31 Ban Pha Bat, Tel. 212058, Fax 212827
- Phnom Penh: 436 Monivong Boulevard, Tel. 362531, Fax 362314
- Sihanoukville *(Konsulat):* 310 Ekareach St., Tel. 45361
- Peking: 32 Guang Hua Lu, Tel. 65325415, vinaemba@mailhost.cinet.com.cn
- Guangzhou *(Konsulat):* Landmark Hotel, Building North, Qiaoguang Road (Haizhu Square), Tel. 83305911, Fax 86477808
- Kunming *(Konsulat):* Tel. (86-871) 3515889, hang42hh@hotmail.com
- Hongkong *(Konsulat):* Great Smart Tower, 15th floor, 230 Wan Chai Road, Wan Chai, Tel. 25914517, Fax 25914524
- Bangkok: 83/1 Wireless Road, Lumpini, Pathumwan, Tel. 2513551, Fax 2517203

- Khon Kaen *(Konsulat):* 65/6 Chatapadung, Tel. 242190, Fax 241154
- Yangon: 317, 319 U Wizara Road, Sanchaung, Tel. 524656, Fax 524285
- New Delhi: 17 Kautilya Marg, Chanakya Puri, Tel. 23018059, Fax 23017714
- Mumbai *(Konsulat):* Wajeda House, Gulmohat Cross Road 7, Juhu Scheme, Tel. 6208589, Fax 6248538.

- www.vn.embassyinformation.com

Visaverlängerung in Vietnam

Die mehrmalige Verlängerung eines Monatsvisums (bis zu dreimal) ist über alle Reiseagenturen möglich. Die Gebühr sollte bei der ersten Verlängerung 25 $ nicht übersteigen. Die Bearbeitungszeit beträgt 3–5 Tage.

Ein- und Ausreise

Bei der Ankunft ist ein ausgefülltes **Einreiseformular** *(Entry-and-Exit-Card)* abzugeben, das von den Airlines während des Fluges verteilt wird. Der Empfängerabschnitt ist sorgfältig aufzubewahren und bei der Ausreise zurückzugeben. **Tipp:** mit Büroklammer im Pass befestigen, zuvor Fotokopie anfertigen.

Wichtig: Beim Verlassen des Flughafens Gepäckscheine (am Flugticket angeheftet) bereithalten. Die Übereinstimmung mit den Gepäckstücken wird kontrolliert.

Kopien

Da man den Pass täglich aus der Hand gibt - in allen Hotels z.B. –, ist dringend angeraten, **Fotokopien von Pass und Visum** anzufertigen. Mit Hilfe dieser Kopien kann man sich nicht nur notfalls ausweisen (bei der Polizei, bei Reiseagenturen, Fluglinien usf.), sie dienen auch der besseren Identifizierung im Fall des Verlustes der Originaldokumente und damit zu einem rascheren Ersatz.

Wird man unterwegs von der Polizei angehalten, sollte man grundsätzlich die Kopie vorzeigen und erklären, das Original befinde sich im Hotel.

Zollbestimmungen

Es besteht ein **Einfuhrverbot** für Waffen, Munition, Rauschgift, Pornografie und die einheimische Landeswährung Dong, die auch nicht ausgeführt werden darf. Erlaubt ist die Einfuhr von 400 Zigaretten und 1,5 l Alkohol über 22 %. **Deklarierungspflichtig** sind Devisen im Wert von über 3000 $, ebenso Gold und Schmuck, der diesen Wert übersteigt, sowie Kameras, Camcorder, CD-Player und alle elektronischen Geräte, die nicht für den Eigenbedarf bestimmt sind. Ein Ausfuhrverbot besteht außerdem für Antiquitäten.

- Auch auf europäischer Seite gibt es **Freigrenzen, Verbote und Einschränkungen,** die man beachten sollte, um böse Überraschungen am Zoll zu vermeiden.

Wird der Warenwert von 175 € bzw. 300 SFr überschritten, sind **Einfuhrabgaben** auf den Gesamtwert der Ware zu zahlen.

Einfuhrbeschränkungen bestehen z.B. für Tiere, Pflanzen, Betäubungsmittel, Feuerwerkskörper, Lebensmittel, Raubkopien, Pornografie, Waffen und Munition; in Österreich auch für

Rohgold, in der Schweiz für CB-Funkgeräte. Nähere Informationen:

- **Deutschland:** www.zoll.de oder beim Zoll-Infocenter Tel. 069-469976-00
- **Österreich:** www.bmf.gv.at oder beim Zollamt Villach Tel. 04242-33233
- **Schweiz:** www.zoll.admin.ch oder bei der Zollkreisdirektion in Basel Tel. 061-2871111

Essen und Trinken

Schaut ein unbedarfter Beobachter Vietnamesen beim Essen zu, könnte er glauben, Essen sei ein **Wettbewerb im Reisschaufeln.** Erst nach längerer Beobachtung und vielen gemeinschaftlichen Mahlzeiten wird er zu der Erkenntnis gelangen: Essen in Vietnam ist mehr als nur Nahrungsaufnahme, Essen ist eine **Weltanschauung.** Ein kulturelles Erlebnis, ein Vergnügen, eine Wissenschaft für sich.

Jedem Fleisch, jedem Gemüse, jeder Flüssigkeit werden bestimmte Eigenschaften zugesprochen. Das eine ist gut für die Verdauung, das andere für die Leber, wieder ein anderes regt den Kreislauf an, stärkt das Herz oder erhöht die Potenz; die eine Frucht macht warm, die andere kühlt die Körpertemperatur. Essen sollte immer ausgewogen sein, die Dualität von *yin* und *yang* ausgleichen. Salzige Fischsauce. Süßes Fleisch. Saure Gemüse. Bittere Kräuter. Scharfe Chilis. Sie alle sind dazu da, das **Gleichgewicht im Körper** auszuloten, **Gleichklang und Harmonie** zu erzeugen. Noch die einfachste Garküche wird diesem Anspruch gerecht (oder genauer: gerade diese), und der Beobachter fängt allmählich an zu begreifen: Vietnamesen sind keine Reis-Schaufler, sondern **Ess-Philosophen** – nur würden sie sich selber niemals als solche bezeichnen.

Die **Grundpfeiler** der vietnamesischen Küche sind Reis, die Fischsauce *nuoc mam* und frische Kräuter. Von Spitzengastronomie, Touristenzentren und der großen Ausnahme Thailand einmal abgesehen, isst man in Vietnam wahrscheinlich besser als in allen anderen Ländern Asiens.

Die starken, wenn auch niemals dominierenden Einflüsse chinesischer und französischer Kochkunst führten zu einer originellen, unverwechselbaren Küche, die für europäische Gaumen weder allzu scharf gewürzt noch allzu fremd und „exotisch" erscheint. Die Verwendung von *nuoc mam* (die in etwa der thailändischen *nam pla* entspricht) anstelle von Sojasauce und Glutamat und die ausgeprägte Vorliebe für frische Kräuter machen vietnamesische Speisen leichter und differenzierter als chinesische Gerichte. Es fehlt allenfalls die Schärfe und Raffinesse der thailändischen Küche.

Eine absolute Topgastronomie, die auf die Modernisierung und Neuinterpretation alter, überlieferter Traditionen setzen könnte, findet man aufgrund der jahrzehntelangen Kriegswirtschaft allerdings nur selten. In ihrem nicht unberechtigten, aber weit über das Ziel hinausschießenden Kampf gegen „Wollust und Dekadenz" der alten Bourgeoisie hatten die kommunistischen Kader 1975 nahezu alle privaten Restaurants schließen lassen und ihr Wiederaufleben lange Zeit durch „Luxussteuern" von 90 % und mehr boykottiert.

Als Resultat davon isst man in **Garküchen** und **Essständen** „auf der Straße" oft ebenso gut – und oft sogar besser, zumindest authentischer – als in so manchem gestyltem Restaurant, das mehr Wert auf Präsentation und Ambiente als auf gute Küchenprodukte setzt, die ohne Fantasie und Selbstbewusstsein „entvietnamisiert" und globalen Kau- und Geschmacksnormen angepasst werden.

Restaurants und Garküchen, *nha hang* und *quan an*, gibt es an jeder Straßenecke, Schilder wie *com pho* (*com* heißt Reis, *pho* ist Suppe) oder *com binh dan* (wörtl. Reis für kleine Leute) machen auf bodenständige einheimische Küche aufmerksam. Man sollte immer dort speisen, wo Vietnamesen essen, auch wenn das Restaurant eher schlicht aussieht. In Vietnam wird in der Regel frühzeitig gegessen. Mittags füllen sich ab 11.30 Uhr die Lokale, am Abend geht man traditionell bereits nach Einbruch der Dunkelheit, gegen 18 Uhr, zum Essen. Restaurants in Großstädten und für Touristen passen sich aber mittlerweile mehr und mehr den international üblichen Essgewohnheiten und -zeiten an.

Gewürze, je nach bestelltem Gericht salzig oder sauer, süß oder scharf, sowie Zahnstocher gehören auf jeden Tisch, anfangs werden üblicherweise Erfrischungstücher gereicht, der Tee zum Abschluss entfällt immer häufiger. Die Tücher werden meist extra berechnet (ab 1500 đ), ebenso kleine Extras wie Erdnüsse. **Englische Speise-**

Pho-Stube

006vi Foto: kb

karten findet man fast überall, sie haben allerdings oft den Nachteil, dass nicht alle verfügbaren Gerichte aufgeführt werden, sondern nur, was Ausländer „gerne mögen", oder keine Preise verzeichnet sind. Zur Vorbeugung etwaiger Dispute ist es in jedem Fall ratsam, stets vorab die Preise zu klären. Gerichte, die mehr als 3–4 $ kosten, sind in normalen Lokalen selten. „Spezialitäten" wie Prawns, ganze Fische usf. haben natürlich andere Preise. Die Rechnung ist fast immer korrekt und wird mit lobenswerter Geschwindigkeit präsentiert.

Vietnamesen essen wie Chinesen mit **Stäbchen** *(dua)*, d.h. man bedient sich aus den Servierschüsseln und isst aus seinem eigenen Reisschälchen. Ein Sprichwort lautet: „Wer mit Schale und Essstäbchen umzugehen weiß, versteht auch mit Worten umzugehen". Erstaunlicherweise ist die französische Tradition, mit Messer und Gabel zu essen, im Norden erheblich verbreiteter als im Süden.

Nuoc Mam

Wenn Reis der Körper der vietnamesischen Küche ist, dann ist das „Wasser vom Salzfisch" seine Seele. Die würzige, extrem eiweiß- und vitaminhaltige Fischsauce wird aus einer Art Sardinen gewonnen, die wenigstens 9 Monate in Holzfässern fermentiert werden, bei besonders wertvollen Saucen sogar jahrelang. Hochprozentige Fischsauce (bis zu 60°) kann wie aceto balsamico genussvoll gelöffelt oder als Medizin benutzt werden, 40 %ige Fischsauce gilt als beste Qualität für die Küche. Als Würze wird Nuoc Mam pur verwendet, als Sauce mit Zitronensaft und/oder Essig verdünnt und mit Zucker, Chilis, Knoblauch, Schalotten usf. angereichert.

Ähnlich abwertend wie bei uns Italiener einst als „Spaghetti", werden in Vietnam die Chinesen als „Sojasauce" bezeichnet.

Gerichte und Beilagen

Tellergerichte

- Die einfachste Mahlzeit besteht aus einem Teller Reis oder Nudeln mit Beilage(n). Dieses Gericht kostet je nach Lokalität 15–20.000 đ, umgerechnet ab 1 $.
- **Reis** heißt *com. Com dia* ist ein Teller Reis mit Sauce, Gemüse und Kräutern sowie Fleisch oder Fisch (was gerade da ist).
- *Com phan* ist im Grunde das gleiche, nur dass die Beigaben separat gereicht werden, sodass Com Phan immer eine Spur teurer ist.
- Sehr populär ist *com suon*, Reisteller mit Schweinerippchen.
- **Fried Rice** dagegen ist meistens eine Enttäuschung und längst nicht so gut wie sonst in Südostasien, im Süden heißt er *com chien*, im Norden *com rang*.
- **Mi** sind gelbe, aus Mehl und Eiern bereitete Nudeln, **bun** sind weiße Reisnudeln. Glasnudeln, **mien,** finden nur in Suppen oder als Füllung Verwendung.

Einfache Suppen

- Zu Recht eines der beliebtesten Gerichte Vietnams ist die bei uns meist als **Hanoi-Suppe** bezeichnete *pho*, eine heiße, kräftige Brühe aus Rind *(pho bo)* oder Huhn *(pho ga)* mit einer reichlichen Einlage Bandnudeln, Fleisch, Sojasprossen und frischen Kräutern. Pho wird vom frühen Morgen bis zum späten Abend serviert und kostet je nach Qualität bzw. Lokalität ab 15.000 đ. Einige Restaurants und Suppenküchen verstehen es, aus der Pho ein richtiges Kunstwerk zu machen, mit verquirltem Eigelb, Limonensaft, Bergen frischer Minze, Kresse, Koriander, Wasserwinde, Frühlingszwiebeln und Basilikum und hauchdünnen Rinderscheiben, die nur sekundenlang gegart werden.
- Eine **sup** ist meistens, wenngleich nicht immer, eine chinesische Suppe, die auch in Vietnam so undefinierbar schmeckt wie in deutschen China-Restaurants.

Suppen-Spezialitäten

- **Canh chua** ist eine mittels Tamarinde und grünem Rhabarber leicht gesäuerte dünnflüssige Suppe, die mit Einlagen wie Pilzen, Gurken, Tomaten, Zwiebeln usf. meist als *canh chua ca* (mit Fisch) oder *canh chua tom* (mit Shrimps) serviert wird.
- **Lau** ist die Bezeichnung für einen Feuertopf und meint eine Art von vietnamesischem Fondue. In einem Sud aus Fischgräten, Hühner- oder Rindsknochen, der im Feuertopf immer auf dem Siedepunkt gehalten wird, gart man sich am Tisch rohe Shrimps, Fischstücke oder hauchdünne Rinderscheiben zusammen mit Gemüsen, Kräutern usf.

Während die *sup* immer als Vorsuppe gegessen wird, kommen *canh* und *lau* stets als Abschluss auf den Tisch.

Fleisch

- Fleisch ist nicht nur erstaunlich verbreitet und preiswert (für Vietnamesen freilich ein relativer Begriff), sondern auch ausgesprochen gut.
- Mit Abstand am liebsten wird **Rindfleisch** *(bo)* gegessen. Ein Beefsteak *(bittet)* ist naturgemäß von unterschiedlicher Qualität, wird jedoch nur selten zäh oder ungenießbar sein.
- Preiswerter als Rind ist nur noch **Schwein** *(heo)*, das in Restaurants und Garküchen allerdings eher selten serviert wird, da es als „Alltagsfleisch" gilt.
- Eine Ausnahme sind die beliebten **Rippchen** *(suon)*, die erst gebeizt, dann gegrillt oder gebraten und mit Sesamkörnern bestreut werden.
- Als einfach und billig gelten auch **Eingeweide** wie Herz, Leber und Nieren *(tim)*, die speziell bei Nudelgerichten Verwendung finden.
- **Ziege** *(de)* vom Holzkohlengrill ist die Spezialität mancher Essstände und kleiner „Biergärten" vor allem im Norden.
- **Hackfleisch** (vom Rind oder Schwein) findet fast nur als Füllung Verwendung.

Rinds-Spezialitäten

- **Bo nhung dam** wird auf Speisekarten als „Vinegar Beef" bezeichnet und ist eines der besten vietnamesischen Gerichte. In einer mittels Tamarinde und Essig leicht gesäuerten und durch den Feuertopf auf dem Siedepunkt gehaltenen Rindsbouillon gart man rohe Scheiben vom Rind, die man zusammen mit Gemüsen und Kräutern nach Wahl in Reispapier wickelt.
- **Bo nuong vy** (Rind vom Rost) wird auch als „mongolischer Feuertopf" bezeichnet: Dünne Scheiben vom Rind und Gemüse werden auf dem Rost des Feuertopfs gegrillt.
- **Bo tai chanh** ist die vietnamesische Variante des *Carpaccio:* Dünne Scheiben vom Rind werden in Limonensaft mit Gewürzen und Kräutern „gegart"; entsprechende Zubereitungsarten gibt es auch für Kalb *(be)* oder Ziege *(de)*.
- **Bo la lot** dagegen erinnern an *Cevapcici:* Kräftig abgeschmecktes Rinderhack wird in würzige Lot-Blätter gewickelt und scharf angebraten.

Cobra & Co.

- **Schlangen** gibt es in Vietnam wie Sand am Meer, und sie werden verspeist wie Hühnchen im Wienerwald. Andere Länder, andere Sitten. Kaum ein Lokal in manchen Regionen, das nicht Schlange, Frosch, Hund oder Schildkröte auf der Speisekarte hat.

Armeleuteessen, kein Schickeriakitzel! Dass der „Spaß" spätestens bei artengeschützten Tieren aufhören und „man" Fledermäuse, Schildkröten und Warane nicht verspeisen sollte, wird der pragmatische Vietnamese nur mit Kopfschütteln registrieren. Und der Versuch der Regierung, „Wildgerichte" von den Speisekarten zu verbannen, hatte lediglich zur Folge, dass die Preise für die im Hinterzimmer servierten Raritäten gestiegen sind.

Geflügel

- **Huhn** *(gà)* gilt in Vietnam überraschenderweise nicht als Billiggericht und kann sogar teurer sein als Rind.
- **Enten** *(vit)* werden weniger wegen ihres Fleisches, sondern wegen ihrer Eier und Federn, ansonsten sind sie billiger als Hühner.
- Beliebt und häufig zu finden sind **Tauben** *(chim bồ câu)*, die meistens gegrillt serviert werden.
- Regional und eher auf Märkten findet man **Wachteln** *(cut)*, Reis- und andere Vögel.

Speisekarte (thực đơn)

Tellergerichte

cơm	(gekochter) Reis
cơm dỉa	Tellergericht mit Reis
cơm phần	dito, Beilagen separat
cơm chiên	Fried Rice (Süd)
cơm rang	Fried Rice (Nord)
mì	Nudeln (Mehl)
bún	Reisnudeln
miến	Glasnudeln

Suppen

phở bò	Rindersuppe
phở gà	Hühnersuppe
súp/soup	Chinesische Suppe

Gerichte, die weder als Tellergerichte noch Suppen fungieren, sind auf Speisekarten gewöhnlich nach dem jeweiligen Hauptbestandteil des Gerichts aufgelistet, in der Regel Fleisch, Fisch oder Geflügel. Reine Gemüsegerichte sind selten, wenn man schon essen geht, dann auch „richtig".

Fleisch *(thịt)*

bò	Rind
heo	Schwein
sườn	Rippchen
dê	Ziege
bê	Kalb
thỏ	Kaninchen
tim	Herz/Innereien

Geflügel

gà	Huhn
vịt	Ente
chim bồ câu	Taube
cút	Wachtel

Fische und Meeresfrüchte

cá	Fisch
lươn	Aal
tôm	Shrimps
cua	Taschenkrebs
ếch	Frosch
ốc	Schnecken
mực	Tintenfisch
sò	Muscheln
baba, rùa	Schildkröte
rắn	Schlange

Zubereitungsarten

Zubereitungen wie gekocht, gegrillt, gebraten, gedämpft usf. sind in der Regel aus den nachgestellten Adjektiven ersichtlich. *Cá nướng* ist gegrillter Fisch, *mì chiên* (oder *rang*) sind gebratene Nudeln, *bò xào thập cẩm* ist pfannengerührtes Rind mit verschiedenen Beilagen usf.

thực đơn	Speisekarte
nướng	gegrillt
nấu/luộc	gekocht
hấp	gedämpft
xào	pfannengerührt
chiên/rang	frittiert/gebraten
sốt	mit Sauce
bao	paniert
chua ngọt	süßsauer
lúc lắc	geschnetzelt
thập cẩm	mit Beilagen
vỹ	vom Rost
ăn chay	vegetarisch

Fisch

- Fisch wird meist ohne weitere Differenzierung als **ca** aufgeführt. Die in Restaurants gebräuchlichsten Meeresfische sind Thunfisch, Schwertfisch und diverse Makrelenarten; Edelfische wie **Pomfret** *(Butterfish)* werden genau wie Schwalbennester und Langusten *(tom cang)* eher für Devisen exportiert als im Lande selbst verzehrt.
- Gute Süßwasserfische wie **ca loc,** eine Graskarpfenart, oder **ca tre,** Wels bzw. Catfish, werden oft im Ganzen zubereitet und sind absolute Delikatessen.
- **Ca kho** ist Fisch, der mit Nuoc Mam und Rohrzucker im Tontopf geschmort wird; der karamelisierte Zucker und die salzige Fischsauce zusammen ergeben mit gestoßenem schwarzen Pfeffer einen dickflüssigen Sud, den man am liebsten auslöffeln möchte. Am besten schmeckt **Ca Kho** mit Catfish *(ca tre)*.
- Will man einen Fisch im Ganzen haben, verlangt man einen **mot con ca.** Besonders

muối	Salz
tiêu	Pfeffer
tỏi	Knoblauch
ớt	Chili
chanh	Zitrone
gừng	Ingwer
ngò rí, mùi	Koriander

gut ist der **ca loc nuong,** ein ganzer, gegrillter Graskarpfen mit zahlreichen Beilagen.

Meeresfrüchte

- Angesichts der zahlreichen Wasserwege, Flüsse, Kanäle und Teiche bis zu der mehr als 3000 km langen Meeresküste, ist es kein Wunder, dass viele Gerichte auf Wassertieren aller Art und Herkunft beruhen (Süßwasser, Salzwasser oder Lagune). **Shrimps** *(tom)*, **Aal** *(luon)*, **Tintenfisch** *(muc)* und **Frösche** *(ech)* findet man auf fast jeder Speisekarte, **Muscheln** *(so)* und **Schnecken** *(oc)* gelten als Snacks und sind eher an Essständen zu finden.

Eier

- **Eier** heißen *trung;* außer Hühnereiern *(trung ga)* finden auch häufig Enteneier *(trung vit)* Verwendung.
- Zum Frühstück eignen sich gekochte Eier *(trung luoc)*, Rühreier *(trung chien* oder *trung rang)* und Spiegeleier, die *trung op la* heißen oder einfach *op la*, die Vietnamisierung des französischen „oeufs plats".

Nem

- **Frühlingsrollen** sind eine der bekanntesten Spezialitäten der vietnamesischen Küche; der nordvietnamesische Name *nem* verdrängt zunehmend das südvietnamesische *cha gio* und wird inzwischen sogar als Oberbegriff für Glücksrollen oder *goi cuon* verwendet.
- **Nem rang** bestehen aus einer Füllung aus Hackfleisch, Garnelen, Sojasprossen, Glasnudeln, Eigelb, Morcheln, Frühlingszwiebeln und speziellen Kräutern, die in Reispapier eingeschlagen und knusprig frittiert werden. Man wickelt die Nem in ein Salatblatt, füllt ganz nach Geschmack mit Minze, Koriander, Gurken- und Karottenscheiben, Knoblauch, Chili, Sojasprossen, Sternfrucht oder grünen Bananen auf und tunkt die so präparierten Röllchen in eine Sauce aus Nuoc Mam, Limonensaft, Zucker, gestoßenem Pfeffer und Knoblauch.
- **Glücksrollen,** *goi cuon*, bestehen aus den gleichen Zutaten, werden aber nicht frittiert; man wickelt sich selbst die gewünschten Zutaten in die rohen, fast durchsichtigen Reispapierblätter ein. Anstelle von Hackfleisch werden bei Glücksrollen oft marinierte Streifen Schweinefleisch verwendet.

Banh

- **Banh** ist der Oberbegriff für Mehl, *banh my* z.B. ist Brot, das es in Form französischer Baguettes fast überall in Vietnam zu kaufen gibt, im Norden allerdings erheblich besser gebacken als im Süden.
- **Banh trang** nennt man das Reispapier, in das nicht nur die Glücksrollen, sondern auch viele andere Gerichte gewickelt werden.
- **Banh xeo** sind knusprig gebratene Crêpes aus Reismehl und Eiern und einer Füllung aus Schweinefleisch, Garnelen, Zwiebeln, Sojasprossen und Kräutern.
- **Banh cuan** ist eine Spezialität des Nordens und lässt sich als eine Art Ravioli beschreiben, nur dass der Teig aus Reismehl besteht; die Füllung setzt sich aus Hackfleisch, Morcheln, Karotten, Gurken, Frühlingszwiebeln, Sojasprossen, Kräutern und manchmal auch Garnelen, Krebsfleisch usf. zusammen. Banh cuan werden nicht selten („schwäbisch") mit gerösteten Zwiebeln serviert.

Hund

Nicht wenige Vietnamesen schüttelt es genauso wie wohl die meisten Leser bei dem Gedanken, den „treuesten Freund des Menschen" zu verzehren, für viele andere aber ist es ein unverzichtbares Leibgericht. Das Fleisch junger, etwa einjähriger Hunde schmeckt wie Pferdefleisch leicht süßlich und ist dank seiner Proteine sehr sättigend: Es „macht warm", wie die Liebhaber sagen, weshalb es vor allem in der kühlen Jahreszeit gern gegessen wird. Hundefleisch ist teuer und wird ausschließlich (man braucht also keine Angst zu haben, dass es einem „untergeschoben" wird) in speziellen Restaurants angeboten, die ihre Spezialität als *thit cho* oder *thit cay* anpreisen.

Western Food

Gerichte wie Steak mit Fritten und Salat kann man fast überall bekommen und haben nichts mit dem neuerwachten Tourismus zu tun, sondern sind eine Hinterlassenschaft der Franzosen.

- **Steak** heißt *bittet*, Pommes frites sind *khoai tay chien* oder (im Norden) *khoai tay rang*, Salat heißt *xa lach*.
- An Straßenständen kann man sich für wenig Geld **Sandwiches** mit *paté* (Pastete), Wurst, Schweinebraten oder kaltem Huhn zurecht machen lassen.

Gemüse und Kräuter

- **Gemüse** *(rau)* findet in Restaurants und Garküchen meist nur als Beilage Verwendung, rein vegetarische Gerichte sind selten. Fried vegetables heißen *rau xao*.
- **Rau thom,** ein Teller mit Kräutern wie Kresse, Koriander, Minze, Zitronenmelisse, Wasserwinde, Basilikum usf. gehört zu vielen Gerichten normalerweise dazu, wird in Restaurants aber häufig Ausländern vorenthalten oder durch langweiligen *Xa lach* ersetzt.

Da die Kräuter wohl kaum mit abgekochtem Wasser gewaschen worden sind, verzichten viele Reisende lieber auf sie. Wir selbst konnten niemals widerstehen und sind lange „unvorsichtig" gewesen, ohne jemals Ärger oder auch nur die leiseste Magenverstimmung gehabt zu haben.

Gewürze

Vietnamesische Gerichte sind gut, aber nie scharf gewürzt. Außer kleinen Schälchen mit (je nach Gericht) süßen, sauren, scharfen oder salzigen Saucen, deren Grundbestandteil meist aus *nuoc mam* (s.o.), Zitronensaft oder Essig besteht, erhält man oft Schälchen mit Salz, Pfeffer und einer Limonenhälfte; man mischt Salz und Pfeffer und drückt die Limone darüber aus. Knoblauch, Chilis, Ingwer und Zitrone kann man extra bestellen.

Mango	*xoài*
Ananas	*dứa, thởm*
Papaya	*đu đủ*
Rambutan	*chôm chôm*
Lychee	*vải*
Drachenfrucht	*thanh long*
Banane	*chuối*
Orange	*cam*
Zitrone	*chanh*
Kokosnuss	*dừa*
Zuckerrohr	*miá*
Durian	*sầu riêng*
Jackfruit	*mít*
Zimtapfel	*mãng cầù*

Eiscreme und Süßspeisen

- **Speiseeis** *(kem)* hatten die Franzosen eingeführt, ehe es durch die Amerikaner noch populärer wurde. Die mit Abstand beste „Marke" ist Kem Bach Dang. *Kem dua*, Kokosnusseis, wird häufig in kleinen ausgehöhlten Kokosnüssen serviert.
- In Restaurants bekommt man ausgezeichneten **Karamelpudding** *(kem keramen)*.
- Sehr schmackhaft ist der **Joghurt** *(yaourt)*, der in Eiscafés und an Straßenständen angeboten wird.

Früchte

- Zumindest in Saigon und im Mekong-Delta kann man alle exotischen Früchte finden, die einem vielleicht schon anderswo in Südostasien ans Herz gewachsen sind, wie Mangos, Rambutan, Drachenfrucht, Guaven, Jackfruit, Durian oder Mangosteen, daneben findet man aber auch Äpfel, Weintrauben, Ananas, Bananen, Wassermelonen usf. Neben Mangos, deren Hauptsaison in der ersten Jahreshälfte liegt, und die im Delta besonders günstig und gut sind, gehört die *mang cau* aus der Familie der Annonen (wie Zimt- und Rahmapfel), zu unseren Lieblingsfrüchten.

Buchtipp

- *Roland Hanewald:* **Essbare Früchte Asiens,** Praxis-Reihe, REISE KNOW-HOW Verlag

Getränke

Tee, Kaffee, Erfrischungsgetränke, Bier und Spirituosen sind überall erhältlich und sehr preiswert. Wie in den meisten Ländern der Dritten Welt kann es auch in Vietnam vorkommen, dass der Inhalt der Flaschen nicht immer hält, was das Etikett verspricht. Das ist zwar unangenehm, wenn man einen russischen Wodka erstanden hat, der mit einheimischem Fusel gestreckt wurde, aber nichts im Vergleich zu dem, wenn etwa Mineralwasser durch Leitungswasser ersetzt wurde und womöglich Ruhr oder Schlimmeres verursacht. Das gilt auch für Getränke in Dosen.

Oft werden Getränke (ungefragt und ohne Aufpreis) mit Eis serviert. Wer sein Getränk ohne Eis haben will, sagt *khong co da* („nicht haben Eis"). Wir wollen nicht behaupten, vietnamesisches Eis sei „ungefährlich", aber auf all unseren Reisen hatten wir nicht ein einziges Mal Probleme. Ohnehin „erwischt" es meist diejenigen am ehesten, die stets am übervorsichtigsten sind (und ihren Darmtrakt am wenigsten an fremde Bakterien „gewöhnen"), aber selbstverständlich kann man sich nicht gegen akute Krankheitserreger „immunisieren" und sollte sich des Risikos daher immer bewusst bleiben. Ein 100-prozentiges Auf-Nummer-Sicher-Gehen ist in tropischen Ländern ohnehin unmöglich.

Kalte Getränke	
Erfrischungsgetränk allg.	*giải khát*
Eis	*(nước) đá*
Mineralwasser	*nước suối*
Kaltes Wasser	*nước lạnh*
Sodawasser	*nước soda*
Zitronensaft	*nước chanh*
Zitronensoda	*soda chanh*
Orangensaft	*nước cam*
Zuckerrohrsaft	*nước miá*
Kokosnussmilch	*nước dừa*
Pürierter Fruchtsaft	*sinh tố*
Eiskaffee	*cà phê đá*
Eistee	*trà đá*
Alkohol	*rượu*
Bier	*bia*
ohne Eis	*không có đá*
ein Glas	*một ly*
eine Flasche	*một chai*
Heiße Getränke	
Tee	*trà*
Kaffee schwarz	*cà phê đen*
Kaffee mit Milch	*cà phê sữa*
Schokolade	*sô cô la*
Zucker	*đường*
ohne Zucker	*không có đường*

Tee

Grüner Tee (*tra*, meist wie „tscha" gesprochen) verliert als Nationalgetränk an Popularität. Es scheint, als schaue der sozialistische Kapitalismus von heute ein bisschen auf die Teetrinker von gestern herab. Einst durfte Tee nirgendwo fehlen: Er wurde dem Gast in jedem Heim serviert, in Cafés und Restaurants zum Abschluss eines Mahls, zum Kaffee oder Eisbecher gereicht und gehörte zumindest in Form einer Thermoskanne mit heißem Wasser zum Inventar jedes Hotelzimmers. Es ist immer noch so, aber unaufgefordert kommt das Teekännchen nicht.

Tee wird in Vietnam grundsätzlich **ungezuckert** getrunken und ist ein relativ „sicheres" Getränk, da das Wasser in der Regel abgekocht ist. Im Gegensatz zum Süden, wo er meist absolut unaufdringlich schmeckt und selbst für passionierte Nicht-Teetrinker ein Genuss sein kann, ist er im Norden oft leicht parfümiert. Gegen Durst und zum Mittagessen empfiehlt sich Eis-Tee *(tra da)*.

Kaffee

Vietnam ist der größte Kaffee-Exporteur Asiens. *Ca phe* wird leidenschaftlich gern getrunken, gilt aber eher als Genussmittel denn als Getränk und wird wie Espresso in kleinen Dosen genossen. Im Norden ist er erheblich besser und wird auch nicht bloß als lauwarme Pfütze serviert, wie das im Süden oft der Fall ist.

- Kaffee, teils gezuckert, teils nicht, kostet schwarz *(ca phe den)*, mit Milch *(ca phe sua)* oder als Eiskaffee *(ca phe da)* um 10.000 đ.
- Ohne Zucker heißt *khong co duong*.

007vi Foto: kb

- Sehr gut schmeckt Kaffee mit Eiscreme *(ca phe kem)*.
- Eine Spezialität von Hanoi, die süchtig machen kann, ist *nau trung sua* oder einfach *ca phe trung:* Heißer starker Kaffee wird mit Zucker und Eigelb (!) schaumig aufgeschlagen.
- Zumindest in Saigon und Hanoi kann man auf Märkten **Nescafé** kaufen, ein großes Glas (200 g) kostet um 3,50 €.

Erfrischungsgetränke

„We are happy to be back!", jubelten Coke und Pepsi im Frühjahr 1994 nach der Aufhebung des US-Embargo. Tatsache ist, dass es Coke schon seit Jahren an jeder Straßenecke gegeben hatte (nur eben nicht „original" abgefüllt), und Pepsi zuvor noch nie in Vietnam vertreten war (so viel zum „Comeback"). Ganz Vietnam lachte sich halb tot.

- Der Sammelname für Erfrischungsgetränke ist *giai khat*. Einheimische Limonaden sind spottbillig (6000 đ) und durchaus genießbar, Markenware wie Coke oder Seven Up kostet rund doppelt so viel.
- Kaum teurer als Limonade und nahezu überall zu bekommen sind frischgepresste Zitronen- und Orangensäfte (**nuoc chanh** und *nuoc cam);* unbedingt versuchen sollte man auch einmal den Durstlöscher **nuoc mia** frisch aus der Zuckerrohr-Presse.
- **Nuoc Suoi,** Mineralwasser, ist in Mode und wird u.a. in preisgünstigen 1,5-l-Plastikflaschen angeboten *(Aquafine* oder *La Vie,* 5000 đ), in einigen Läden und Restaurants bekommt man sogar Evian und Perrier.
- Viele Cafés servieren köstliche **Kokosnussmilch** *(nuoc dua)* oder geeiste Kokosnuss *(dua lanh)*.
- Die Säfte aus pürierten Früchten, **sinh to,** gehören mit zum schönsten, was man in

Suppenküche in der Altstadt von Hanoi

Vietnam trinken kann; auch ohne ihre vietnamesischen Namen zu kennen, kann man sie sich in der Auslage selber aussuchen: Mangos, Papaya, Bananen, Avocados usf.; unbedingt einen Versuch wert ist die köstliche *Mang-Cau*-Frucht.

- **Rau ma** ist eine Besonderheit für Freunde des Vegetarischen, ein pürierter und leicht gezuckerter Saft aus grünen Wasserwinden, der den Körper angeblich „kühl" halten soll.
- **Che** ist ein Sammelbegriff für Getränke auf der Basis von gezuckerter Kokosnussmilch mit einer „Einlage", die aus Trockenfrüchten, Bohnen, Lotossamen, Wasserkastanien, Reismehlklößen und anderem bestehen kann. Die Einlage ist vorgefertigt, man kann sie sich aus Gläsern oder Schüsseln selber aussuchen.

Bier

- Einheimisches **Bia** ist gut und billig. Eine Dose *333* (gesprochen *ba ba ba)* kostet rund 0,50 $ (8000 đ). Besser und billiger sind Flaschenbiere wie Saigon, Halida oder Hanoi.
- **Importe** wie *Heineken, Carlsberg* usf. können das Doppelte und mehr kosten. Ausgesprochen preiswert und fast ebenso gut ist das von Heineken-Singapur in Vietnam hergestellte *Tiger Beer.*
- **Offenes Bier** ist etwas schwächer, aber durchaus trinkbar. Eine „Maß" (Plastikkanister) *bia hoi* in einem der Biergärten von Hanoi oder Saigon kostet kaum mehr als 6000–12.000 đ.

Zigaretten

Gängige ausländische Marken wie Marlboro, Dunhill oder Ho Chi Minhs Lieblingszigarette *555* werden inzwischen in Lizenz in Vietnam hergestellt und sind seitdem sehr preiswert. Fixpreise sind freilich unbekannt, sodass man sich erst einmal über die gängigen Preise informieren sollte. Einheimische Zigaretten wie *Jet* oder *Vinataba* sind alles andere als Rachenputzer und halten den Vergleich mit so manchen bekannten Marken durchaus stand (10–15.000 đ). Filterlose Zigaretten sind schwer zu finden. Tabak zum Selberdrehen (und für die Wasserpfeife) findet man auf allen Märkten.

Feiertage und Öffnungszeiten

Gesetzliche Feiertage

An gesetzlichen Feiertagen sind alle Behörden und Banken geschlossen, viele Geschäfte haben jedoch geöffnet. Weihnachten und Ostern sind keine offiziellen Feiertage.

Am **Tet-Fest,** das sich nach dem Mondkalender richtet und daher jedes Jahr zu einem anderen Zeitpunkt gefeiert wird, sind drei Tage, wenn nicht gar eine ganze Woche lang Behörden, Banken, viele Geschäfte und zahlreiche Restaurants geschlossen.

1. Januar	Neujahr
3. Februar	Gründungstag der KPV 1930
30. April	Befreiung Saigons 1975
1. Mai	Tag der Arbeit
19. Mai	Geburtstag Ho Chi Minhs 1890
2. September	Unabhängigkeitserklärung 1945

Öffnungszeiten

- **Banken.** In der Regel Mo bis Fr 8–11.30, 13–16.30 Uhr. Es gibt jedoch, speziell in den Großstädten, zahlreiche Ausnahmen. Zudem verfügen immer mehr Banken über ATMs (Bankomaten). Bargeld lässt sich außerdem in Wechselstuben (meist Juweliere) und den meisten Hotels wechseln. US-Dollar in bar werden nahezu überall akzeptiert.
- **Behörden.** Mo bis Fr 7.30–16.30 Uhr. Behörden machen lange Mittag und gewähren am Nachmittag oft nur noch beschränkten Besucherverkehr, sodass die günstigste Besuchszeit zwischen 8 und 11 Uhr liegt.

- **Geschäfte.** Es gibt keine einheitliche Regelung. Viele Geschäfte öffnen gegen 8 Uhr und schließen gegen 20 Uhr. Ausnahmen sind freilich häufig, zahlreiche Geschäfte und Kaufhäuser haben selbst am Sonntag offen.
- **Museen.** Von Ausnahmen abgesehen 8–11.30 Uhr, 13.30–16.30 Uhr. Montags ist in der Regel geschlossen.
- **Postämter.** Tgl., auch sonntags, durchgehend geöffnet. Die Hauptpost in Saigon z.B. von 6.30 bis 20, für manche Dienste (Telefon, Fax) auch bis 22 Uhr oder länger.

Frauen allein unterwegs

Alleinreisende Frauen werden viel Spass in Vietnam haben, das ein außergewöhnlich unproblematisch zu bereisendes Land ist. „Tradition und gute Sitten" sehen zwar auch in Vietnam Frauen theoretisch als Menschen zweiter Klasse an, aber sowohl die offene wie die versteckte Diskriminierung sind deutlich weniger ausgeprägt als in den weitaus stärker (oder „reiner") konfuzianisch oder buddhistisch (geschweige denn islamisch) geprägten Nachbarländern. Vietnamesische Frauen sind vergleichsweise selbstbewusst, und vietnamesische Männer von Natur aus keine Machos.

Alleinreisende Frauen geraten von den Zuständen in Vietnam oft geradezu ins Schwärmen – **keine Anmache,** viel Entgegenkommen und Hilfsbereitschaft. Frauen und ganze Familien entwickeln **Beschützerinstinkte,** lästiges Aufreißgehabe ist fast unbekannt, unkompliziert und frei kann man sich als Frau überall bewegen. Um Risiken zu vermindern, sollten Alleinreisende trotzdem auf ein paar Dinge achten: keine enge aufreizende Kleidung, auf eindeutige Angebote schlagfertig und entschieden reagieren, notfalls auch mal Schimpfen (die Sprache spielt dabei keine Rolle, Mimik und Tonfall sind wichtig). In ländlichen Gegenden werden Frauen (von Frauen) gerne angefasst und taxiert, das ist weder respektlos noch böse gemeint, sondern nur Ausdruck großer Neugierde – und kann der Anfang einer großen Freundschaft sein.

Buchtipp

- *Birgit Adam:* **Als Frau allein unterwegs,** Praxis-Reihe, Reise Know-How Verlag

Geld

Noch Mitte der 1980er Jahre waren Inflationsraten von 700 % gang und gäbe und wurde auf dem schwarzen Markt das 4–5-fache des staatlich festgelegten Wechselkurses erzielt. Seit etwa 1989 ist die fest an den US-Dollar gekoppelte Währung international zwar immer noch nicht viel wert, aber landesweit ein **stabiles** und frei konvertierbares Zahlungsmittel. Sichtbares Zeichen dafür ist, dass man überall im Land in **einheimischer Währung** bezahlen kann, selbst dann, wenn Preise oder Tarife ausdrücklich in US$ ausgewiesen sind. Rein theoretisch machen sich Unternehmen sogar strafbar, die eine Zahlung in Dollars fordern.

Im Buch sind der Übersichtlichkeit halber Preise über 16.000 Dong (rund

1 $) in der Regel in US$ angegeben, doch das bedeutet wie gesagt keinesfalls, dass in diesem Fall mit Devisen bezahlt werden muss.

Da das staatliche **Bankenwesen** unflexibel und aufgrund der vielen faulen Kredite marode ist – noch immer sind die Banken Geldesel und letzte Retter für verlustbringende Staatsbetriebe, die Millionen von Menschen beschäftigen, die man nicht auf die Straße setzen will – horten viele Einheimische **Gold** statt Devisen. Insider schätzen, dass die privaten Goldreserven Vietnams diejenigen fast aller anderen Länder Asiens übersteigen.

Währung

Die vietnamesische Währung ist der **Dong** (VND, đ). Bis 2004 gab es ausnahmslos Banknoten, seitdem sind im Zuge der Automatisierung auch zunehmend Münzen im Umlauf.

Münzen: 200, 500, 1000, 2000, 5000 Dong.

Banknoten: 500, 1000, 2000, 5000, 10.000, 20.000, 50.000, 100.000, 500.000, 1.000.000 *(mot trieu)* Dong.

Banken

Banken sind in der Regel über Mittag sowie Samstag/Sonntag geschlossen. Speziell in Saigon und Hanoi sowie in einigen Touristenorten findet man allerdings immer häufiger Banken mit großzügigeren Öffnungszeiten, zudem installieren immer mehr Geldhäuser, Hotels und Shopping Centers **ATMs** (Bankomaten), die 24 Stunden am Tag bedient werden können. **Wechselstuben,** die oft in Juwelierläden untergebracht sind, berechnen zuweilen einen (geringfügig) besseren Kurs und sind meist auch an Wochenenden geöffnet. Kurse in **Hotels,** Tourcafés etc. sind normalerweise immer deutlich schlechter.

Die wenigen vorhandenen ausländischen Banken wickeln meist nur Geschäfts-Transaktionen ab, d.h. betreuen die Konten ausländischer Firmen etc. Seit Jahren eine Ausnahme ist die neuseeländische *ANZ-Bank* mit Filialen in Hanoi und Saigon.

Geldwechsel

In größeren Städten und Touristenzentren wechseln insbesondere die Filialen der **Außenhandelsbank Vietcombank** alle Währungen der Region sowie Euro oder Schweizer Franken zu guten Raten, wobei der Wechsel von **Euro** z.T. sogar günstiger kommt als der von Dollar. Auf dem Land bleibt nach wie vor der US-Dollar das einzig verlässliche Tauschmittel. Außerhalb von Saigon und Hanoi sind die Kurse meist geringfügig niedriger als in den beiden Metropolen.

Große Wechselbeträge (50 und 100 $/€) erzielen bessere Kurse als kleine. Unbedingt zu achten ist auf die **Unversehrtheit** der Scheine; die Annahme eingerissener oder bekritzelter Banknoten wird oft verweigert. Banknoten wechselt man oft günstiger in Goldshops und Wechselstuben (kann einige Hundert Dong pro USD ausmachen).

Der Rücktausch von Dong in Dollar (oder eine andere Währung) ist möglich, die Kurse z.B. am Flughafen akzeptabel.

Reisekasse

Traveller Cheques

Auf Euro oder US$ ausgestellte Reiseschecks werden problemlos in allen größeren Städten gegen Dong eingetauscht, machen aber nicht mehr allzu viel Sinn. Auf dem Land wird man sie nicht oder nur schwer los, und in Städten gibt es bessere Alternativen.

Im Falle eines Falles sind Traveller Cheques von *American Express* die beste Lösung, da

Wechselkurse

1 €	=	ca. 26.000 Dong
1 SF	=	ca. 16.200 Dong
1 US$	=	ca. 16.500 Dong

(Stand Juni 2008)

Aktuelle Tageskurse siehe:
www.oanda.com/convert/classic

sie entweder ohne oder mit der geringsten Kommission (0,5–1 %) eingelöst werden. Bei einer Auszahlung in Dollar statt in Dong ist eine Gebühr fällig (1–2 %).

Kreditkarten

Kreditkarten (MasterCard, Visa, mit Abstrichen Amex, Diners gar nicht) sind weit verbreitet, und mit ihnen kann man nicht nur in größeren Hotels, Restaurants, Shops und Reiseagenturen bezahlen, sondern auch Bargeld abheben (bis zu 1000 €). Nachteilig sind die hohen Gebühren, die bis zu 4 % betragen können. Vor Einsatz der Karte daher immer sorgfältig prüfen, welche Gebühren anfallen! Für den Auslandseinsatz berechnet die Hausbank gemeinhin 1 %.

EC-Karte (Maestro)

Eine preisgünstige Variante ist die EC-Karte (Maestro), mit der man zwar nicht direkt Zahlungen tätigen, aber an allen Geldautomaten (ATMs) mit dem Logo **Cirrus** Geld ziehen kann. Je nach Hausbank wird eine Gebühr von 1,30–4 € bzw. 4–6 SFr. pro Abhebung berechnet.

Geldautomaten (ATM)

Das Netz der ATMs *(Automatic Teller Machines)* ist seit 2003 in rasendem Wachstum begriffen, nicht nur in Banken, sondern auch in Hotels, Einkaufszentren, Flughäfen usf. Pro Transaktion können bis zu 2 Mio. Dong (rund 125 $, bei vielen *Vietcombank*-Automaten auch 4 Mio.) abgehoben werden, von denen 1 % von der ausgebenden Bank einbehalten werden. Statt *Credit* sind die Tasten *Current* und *Withdrawel* zu drücken.

Bargeld

Im Prinzip ist man mit dem **Euro** besser dran, man wechselt nicht zweimal (was immer mit Verlusten verbunden ist), sondern nur einmal in eine andere Währung um. Auch erzielt der Euro einen besseren Kurs als der Dollar. Faktisch allerdings ist der US Dollar nach wie vor die einzige ausländische Währung, die selbst in der tiefsten Provinz und zu jeder Stunde des Tages in Dong umgetauscht werden kann bzw. die einheimische Währung notfalls zu ersetzen vermag.

Geldverlust

Im Fall von Geldverlust (oder Geldnot, je nachdem) kann man sich schnell und unkompliziert Geld über **Western Union** nachschicken lassen – es gibt heute kaum noch eine Provinzstadt, in der dieses Unternehmen nicht bei einer Bank vertreten wäre (deutlich sichtbar an dem unverkennbaren Logo).

Der per Mail avisierte Absender in Deutschland zahlt bei einer Western-Union-Agentur ein (Auskunft Tel. 0180.3030330 oder 069/24278591), erhält eine Bestätigung mit Kontrollnummer und informiert den Empfänger über Nummer, Zeitpunkt und Summe. Binnen 1 Stunde sollte das Geld da sein, man erhält es unter Vorlage des Passes und nach dem Ausfüllen eines Formblatts *(To Receive Money)*, in dem man Absender und Summe einzutragen hat. Auch bei **Buchungen** über Reiseveranstalter in Vietnam empfiehlt sich diese Zahlungsmethode (statt z.B. über Kreditkarte)!

- www. westernunion.com

Fazit

Am ratsamsten ist eine ausgewogene **Stückelung,** die u.a. aber auch davon abhängig ist, wo und wie man in Vietnam unterwegs zu sein gedenkt (Touristenroute oder Provinz, First-Class-Hotels oder Guesthouses usf.). Erfahrungsgemäß sollte man sich außerdem nicht auf die Werbeversprechungen verlassen, dass Reiseschecks und Kreditkarten innerhalb von Stunden oder Tagen auch am fernsten Ort der Welt ersetzt werden (und das gilt nicht nur für Vietnam).

Beste Wahl ist die Stückelung in **Kreditkarte** (für größere Ausgaben, sofern gebührenfrei oder zu niedrigen Gebühren), **EC-(Maestro)-Karte** (mit der man allerdings nur Geld abheben, nicht zahlen kann) sowie **Bargeld** (Euro und Dollar).

Im Land sollte man am besten durchgängig – es sei denn, man residiert vornehmlich in Luxushotels – in einheimischer Währung bezahlen. Obwohl der Dollarkurs meist höher liegt, berechnen zahlreiche Hotels, Guesthouses etc. auf ihren Preislisten immer einen Kurs von 15.000:1.

Kosten und Preise

Vietnam ist eines der kostengünstigsten Reiseländer der Welt - zumindest was low-budget-Reisen betrifft (d.h. in einfachen Hotels wohnen, mit öffentlichen Verkehrsmitteln reisen und auch mal „auf der Straße" essen). Da das natürlich nicht jedermanns Geschmack ist, muss man für höhere Ansprüche höhere Preise in Kauf nehmen. Und wer Luxus will, muss mittlerweile ebenso tief (wenn auch nicht tiefer) in die Tasche greifen wie in den Nachbarländern.

Staatliche, d.h. „von oben" festgesetzte **Ausländerpreise,** lange Jahre ein Ärgernis vieler Reisender, sind inzwischen nahezu abgeschafft. Insbesondere das **Zugfahren** sowie **Inlandsflüge** sind für Ausländer dadurch deutlich attraktiver geworden.

Private bzw. lokale Betreiber - z.B. von Buslinien, Fährbooten, Museen und Sehenswürdigkeiten usf. - erheben zwar nach wie vor inoffizielle „Ausländerpreise", aber das ist letztlich auch in anderen Ländern gang und gäbe, wenn auch vielleicht nicht so offensichtlich. Viele Hotels gewähren Einheimischen von sich aus und ungefragt „Rabatte".

Im **Alltagsleben,** d.h. überall da, wo es keine Festpreise gibt, muss der Fremde einfach „preisbewusst" sein. Generell lässt sich sagen, dass es Preise für Vietnamesen, solche für Ausländer, die über die landesüblichen Preise Bescheid wissen und Grundbegriffe der Sprache und des Handelns beherrschen, sowie Preise für den „gemeinen" Touristen gibt. Dass Ausländer immer etwas mehr bezahlen, ist zu akzeptieren, die Frage ist nur, wie viel mehr. Wer Gespür dafür entwickelt, wird sich in Vietnam nur selten „ausgenommen", als „Geldmaschine" behandelt oder „übers Ohr gehauen" vorkommen müssen.

Die landesüblichen Preise für Waren und Dienstleistungen sind in größeren Hotels sowie Touristenzentren generell höher als im Landesdurchschnitt. Zum Vergleich: Das monatliche Grundgehalt der meisten Vietnamesen liegt bei 40–50 € !

Gesundheit

● Siehe auch die **Reise-Gesundheits-Informationen** für Vietnam vom *Centrum für Reisemedizin* im Anhang.

In Vietnam sterben mehr Menschen durch **Verkehrsunfälle** als durch tropische Krankheiten. Und die überwiegende Zahl der akuten Erkrankungen beruht in erster Linie auf der chronischen Mangel- und Unterernährung und dem notorisch geschwächten Immunsystem vieler Einheimischer speziell auf dem Land.

Das heißt selbstredend nicht, dass man sich keine Sorgen zu machen braucht. Das soll nur die Dinge ins rechte Licht rücken. Angst oder gar Hysterie sind nicht nur fehl am Platz, sondern kontraproduktiv.

Sollte einen trotzdem das Unglück ereilen, krank zu werden, ist man in einheimischen **Kliniken** fürs erste im Allgemeinen nicht schlecht aufgehoben (manche Hospitäler führen sogar eigene Abteilungen nur für Ausländer). In ernsteren Fällen, oder auch nur im Zweifelsfall, sollte man allerdings unbedingt eine der neuen (wenn auch teilweise nicht ganz billigen) Privatkliniken in Saigon oder Hanoi aufsuchen.

Apotheken führen manchmal die erstaunlichsten Sachen in ihrem Sortiment. Aber nicht selten handelt es sich um „Ausschussware" (unsachgemäße Lagerung, überschrittenes Verfallsdatum u.Ä.) oder, weit schlimmer noch, um **Kopien** von Markenprodukten, denen allerdings wichtige

Drogen

Opium im 19. und Heroin im 20. Jh. traten ihren „Siegeszug" um die Welt von China und Südostasien aus an – und Vietnam liegt im Schnittpunkt der beiden Kulturen. Als die Truppen Hanois 1975 in den Süden einmarschierten, fanden sie über eine halbe Million Drogensüchtige vor, andere Schätzungen liegen noch weit höher. Obwohl in der einheimischen Presse heute relativ freizügig über Drogen diskutiert wird, liegen nur wenige wirklich zuverlässigen Daten vor. Die Drogenszene funktioniert, wenn überhaupt, im Untergrund, eindeutige Angebote auf der Straße oder sonst in der Öffentlichkeit sind selten.

Die bestehenden Gesetze gegen Handel und Konsum von Rauschgiften sind drakonisch (bis hin zur Todesstrafe), sind an Ausländern unseres Wissens bislang aber noch nicht vollstreckt worden. Angesichts der wachsenden Touristenströme sollte man sich aber besser nicht darauf verlassen, dass Vietnam diesen Kurs auch in Zukunft beibehalten wird.

Opium

Die Vietnamesen kannten kein Opium, ehe es die Briten, die mit seinem Export ihre Besitzungen in Indien finanzierten, nach China einführten und es über chinesische Händler und Piraten zu Beginn des 19. Jh. nach Vietnam gelangte. Die wiederholten „allerstrengsten" Edikte der Nguyen-Dynastie gegen den Opiumhandel belegen deutlich, wie verbreitet der Stoff um diese Zeit bereits gewesen sein muss. Die „krankhafte Sucht der Eingeborenen nach dem Gift" wurde von europäischen Experten gerne „physiologisch" gedeutet (wie Alkoholismus bei Indianern oder Kleptomanie bei Zigeunern), und kaum ein kolonialer „Erlebnisbericht" oder populärer Indochinaroman erging sich nicht genüsslich schaudernd in melodramatischen Schilderungen florierender Opiumhöhlen.

Die Fakten sehen anders aus. Waren es doch die Kolonialherren selbst, die in Vietnam ein Staatsmonopol auf Opium errichteten (d.h. als einzige daran verdienten) und schon aus diesem Grund ein reges Interesse daran hatten, Konsum wie Handel nach Kräften zu fördern. Im Indochinakrieg stellte Opium das gängige Zahlungsmittel für die Verbündeten dar, ehe 1954 die neuen Machthaber Südvietnams die Praktiken der ehemaligen Kolonialherren übernahmen und Geheimpolizei und Elitetruppen mit Rauschgifthandel finanzierten.

Spätestens 1965 galt Saigon als Drogenzentrum der Welt, und aus dem vergleichsweise „harmlosen" Opium wurde das mörderische Derivat Heroin. Hauptlieferant der Droge, die sich rasch zu einem ernsten Problem für die Einsatzbereitschaft der US-Truppen entwickelte, war ironischerweise der amerikanische Geheimdienst CIA, der als Finanzier der „antikommunistischen" Meo sowohl in Laos wie in den Bergregionen Thailands und Vietnams gezielt den Anbau von Schlafmohn förderte und mittels seiner Luftlinie Air America auch den Großteil des Vertriebs abwickelte.

Komponenten fehlen oder die überhaupt keinerlei Wirkstoffe enthalten (Placebos).

Medikamente, auf die man dringend angewiesen ist – oder im Notfall sein könnte –, sollte man daher in keinem Fall erst während der Reise erstehen. Auch nicht in Bangkok oder sonstwo in Asien. Gefälschte Medikamente sind in der gesamten Region ein Problem, und Verpackungen und Inhalte so täuschend „echt", dass selbst Fachleute sie nicht auf Anhieb als Fake identifizieren können.

Gesundheitsinformationen im Internet

- **www.fit-for-travel.de**
Infoservice des Tropeninstituts München
- **www.travelmed.de**
Informationen zu individuellen Reisezielen
- **www.tropenmedicus.de**

Buchtipp

- *M. Dürfeld, E. Rickels:* **Selbstdiagnose und Behandlung unterwegs,** Praxis-Reihe, REISE KNOW-HOW Verlag

Impfungen

Vietnam verlangt **keine Impfnachweise** (außer gegen Gelbfieber bei Anreise aus einem Infektionsgebiet). Man sollte sich jedoch unbedingt **vor der Reise** bei einem Tropenarzt oder -institut nach dem aktuellen Stand der Dinge erkundigen. Plötzlich auftretende Epidemien, auch weit weniger spektakuläre und gefährliche und von den Medien verbreitete als etwa Sars Anfang/Mitte 2003, sind jederzeit denkbar und möglich.

Neben einer Auffrischung des Impfschutzes gegen **Polio, Tetanus** und **Tollwut** ist vor allem eine Impfung gegen **Hepatitis A und B** (Kombinationspräparat) angeraten. „Vietnam hat ein massives Problem mit Hepatitis B. Große ausländische Hotels z.B. machen vor Anstellung einen medical check, insbesondere bei Küche und Gästekontakt. Weitere Übertragungsmöglichkeiten sind der sexuelle Kontakt, und dies bezieht sich nicht nur auf Prostituierte." (Thomas Obst)

Lediglich bei erhöhtem Risiko – sprich bei längeren Aufenthalten in ländlichen Gebieten, Fahrrad-, Motorradtouren u. dgl. – sowie während der Regenzeit von April bis Okt. sind auch Impfungen gegen **Typhus** sowie **Japanische Encephalitis** angeraten.

Das nämliche gilt nach dem letzten Stand der Dinge auch für die **Malaria.** Ohne erhöhte Risikofaktoren (s.o.) ist auf die Prophylaxe u.U. verzichtbar. In diesem Fall sollte man ein **Standby-**Präparat bei sich führen. Eines von beiden sollte allerdings sein. Mit der Malaria ist nicht zu spaßen.

Malaria

Da die Inkubationszeit relativ lange dauert (mind. 7, oft 12–18 Tage, manchmal aber auch Monate!) und die akuten Symptome leicht mit denen anderer Krankheiten verwechselt werden können (Fieberschübe, grippeähnliche Kopf- und Gelenkschmerzen, Schwindelgefühl, Schüttelfrost, Durchfall), wird Malaria oft falsch oder zu spät diagnostiziert. Sicher kann man Malaria nur durch eine **Blutuntersuchung** nachweisen (die jede halbwegs größere Klinik in Vietnam durchführen kann).

Da die Anophelesmücke, der Überträger der Malaria, vor allem in der Abenddämmerung und im Morgengrauen aktiv ist, sollte man besonders zu diesen Zeiten Vorsicht walten lassen (Mückenschutzmittel, Moskitonetz, helle Kleidung usf.). Wo immer dies möglich ist, sollte man unter Moskitonetzen schlafen.

Verbreitung und Resistenzlage der Erreger gegenüber herkömmlichen Mitteln können in den verschiedenen Regionen Südostasiens unterschiedlich sein, sodass unbedingt aktuelle Informationen über ein Tropeninstitut – notfalls auch übers Internet – einzuholen sind. 99 % aller akut erkrankten Mitteleuropäer haben sich in den vergangenen Jahren in Afrika infiziert.

Das **Standby-Präparat** wird erst bei dringendem Verdacht auf eine Erkrankung einge-

Doc Holiday oder Persönliche Ratschläge der Autoren

Das Reisen ist – wie das Leben insgesamt – ein einziges Risiko. Das ist mehr als nur ein Gemeinplatz. Denn was man im einen meist selbstverständlich beherzigt, vergessen beim Reisen sehr viele. **Vorsicht** – ebenso wie Rücksicht! – ist geboten. **Angst** dagegen schadet (und sei es nur darum, weil sie einem jegliche Freude verdirbt). Es ist geradezu ein ehernes Gesetz unter erfahrenen Reisenden, dass es zuverlässig immer die zuerst trifft, die die größten **Sorgen** um ihr Wohlergehen umtreibt. Anders ausgedrückt: Angst und in der Folge davon *übertriebene* Vorsicht schwächen das Immunsystem. Wobei die Alternative selbstredend nicht Sorglosigkeit ist. Es geht viel mehr um das **rechte Maß.** So wäre es nicht „cool", sondern schlichtweg fahrlässig, sich nicht rechtzeitig und ausreichend über die Gefahren zu informieren und dementsprechend zu handeln. Der erfahrene Reisende ist völlig selbstverständlich gegen **Polio, Tetanus, Tollwut** und **Hepatitis A/B** geimpft, wappnet sich per Prophylaxe oder aber Standby-Präparat gegen **Malaria** und macht sich vor Antritt seiner Reise über aktuelle Risiken, Epidemien etc. in der Region schlau. Aber damit hat es sich dann auch. Viel mehr kann man nicht tun. Wer schon bei jedem kleinen Unwohlsein gleich hysterisch von „Malaria" faselt (tausendfach beobachtet!) und bei jedem Salatblatt oder Eiswürfel in Ohnmacht fällt, macht sich selbst (und allen Mitreisenden) das Leben unnötig schwer.

nommen. Danach ist unverzüglich eine größere Klinik aufzusuchen (am besten in Saigon oder Hanoi) und ein Bluttest durchzuführen.

Als **Mückenschutz** ist von Autan (das im Vietnamkrieg entwickelt wurde!) eher abzuraten. Ein gutes und billiges, in Vietnam erhältliches Mittel, ist **Sofell.**

Hepatitis A und B

Virusinfektion der Leber (Gelbsucht). Die Inkubationszeit liegt bei 2–6 Wochen. Der Virus wird meist über verunreinigte Nahrung und Trinkwasser und besonders häufig über Meeresfrüchte und ungekochte Speisen (Hepatitis A) sowie über direkte wie indirekte Körperkontakte (Geschlechtsverkehr, Tätowierungen, unsterile Spritzen, Bluttransfusionen usf.) aufgenommen. Zumal die Hepatitis B kann zu schweren Dauerschäden führen. Eine Impfung ist dringend angeraten.

Aids

Die ersten Fälle von Aids wurden 1991 bekanntgemacht. Der überwiegende Teil der Infizierten oder Erkrankten (75 %) rekrutiert sich aus dem Drogenmilieu, der Rest ist sexuellen Kontakten zuzuschreiben. Eine akute Ansteckungsgefahr, die von vielen übersehen wird, besteht durch Spritzen und Blutkonserven – sprich bei unerwarteten Arztbesuchen oder Klinikaufenthalten, wie z.B. nach einem Verkehrsunfall o.Ä.

Unser Rat: eigenes Spritzen-Besteck bei sich führen (sterile Einwegspritzen und Kanülen), das man zu jedem Arzt- oder Klinikbesuch mitnimmt. Kondome von zu Hause benutzen bzw. parat halten, einheimische Marken sind oft Ausschussware und „passen" zudem oft nicht.

Cholera etc.

Weitaus größer als die Gefahr, unterwegs an Cholera, Typhus, Gelbfieber, Pocken o.Ä. zu erkranken (was aber natürlich trotzdem nicht auszuschließen ist, doch Angst und Panik helfen da nicht weiter), ist die Gefahr, sich akute Magen- und Darmverstimmungen, Kopfweh, Fieber, Schnupfen oder Grippe einzuhandeln – sofern dies nicht bloß **Symptome** einer anderen Krankheit sind. Was sich aber nur in einer Klinik feststellen lässt. Daher ist auch Zurückhaltung mit übermäßigem Antibiotika-Einsatz anzuraten! Prinzipiell sollte man bei allen **länger anhaltenden Be-**

schwerden, auch wenn es nur ein einfacher Durchfall ist, ein Hospital aufsuchen. Fürs Erste hilft eine gute Reise-Apotheke.

Hygiene

„Cook it, boil it, peel it – or forget it." Mit dem Spruch aus britischen Kolonialtagen (19.Jh.) verhält es sich wie mit der Bauernregel fürs Wetter. Zweifellos nie falsch. Aber darum noch nicht in jedem Fall richtig. Sich auf Teufel komm raus zu kasteien und prinzipiell auf alles zu verzichten, was Spaß macht (Eiswürfel im Drink, Salate, Kräuter usf.), kann u.U. genauso gefährlich sein wie allzu große Sorglosigkeit. Man muss im Einzelfall abwägen.

Ernsthaft zu warnen ist zumindest vor dem Verzehr von **Speiseeis** in ländlichen Gebieten und überall dort, wo ausreichende Hygiene zweifelhaft erscheint. Oftmals wird durch Hitze oder Stromausfall geschmolzenes Eis einfach von neuem eingefroren, was nicht ausreicht, die Erreger abzutöten.

Klagen und Plagen

„Macht doch bitte den Lesern klar, dass sie immer unter einer Aufnötigung von irgendwelchen Sachen während der Reise konfrontiert werden. Nicht alle, aber doch sehr viele versuchen ihre Sachen mit aggressivsten Mitteln loszuwerden. Ich habe viele kennengelernt, die das erste oder zweite Mal unterwegs waren, und genau die sollten doch ein bisschen aufgeklärt werden. Denen versaut es doch oft die ganze Reise mit dem ewigen Aufgedränge. Jeder kann dann für sich entscheiden, ob er hin fährt oder nicht. Schreibt es einfach, dann kann sich keiner danach beschweren."
(Jürgen Eder)

Wer auch nur einen Moment zögert, oder zuviel Neugierde zeigt, zu verbindlich („freundlich"), oder gar hektisch reagiert, hat schon verloren. In ihm, oder ihr, wittern die Plagegeister leichte Beute. Wenn man entschieden und vor allem ohne Anzuhalten verneint (abwehrende Handbewegung) und dazu ein klares, definitives No! äußert, werden die HändlerInnen sich sofort oder zumindest sehr bald einem geeigneteren Opfer zuwenden.

Im Übrigen machen andere Reisende durchaus entgegengesetzte Erfahrungen, wie nicht wenige völlig andersgeartete Leserbriefe zeigen.

„Gemessen an meinen bisherigen Erfahrungen in Asien möchte ich darauf hinweisen, dass ich erstaunt bin über die geringe Anzahl von Bettlern und die doch durchaus starke Zurückhaltung der Straßenverkäufer. Dies ist hervorzuheben und sollte durchaus im Buch erwähnt werden." (Nik Polak)

Übertriebene Geschäftstüchtigkeit und „permanente Anmache" sind ohne Frage ein Ärgernis, die man durch sein eigenes Verhalten, bewusst oder unbewusst, aber auch geradezu provozieren – respektive umgekehrt: reduzieren – kann.

„... übernachteten wir im XY Hotel in Hanoi und nutzten den Service fur die Besorgung von Bahntickets. Einer der Angestellten kalkulierte 78 $ für zwei Tickets nach Lao Cai, und einschliesslich der Übernachtungskosten von 20 $ streckte ich 100 $ vor. Zwei Stunden später erhielt ich die Fahrkarten mit dem Hinweis, dass diese nur 20 $/Person kosteten, ich bekam also 40 $ in Dong zurück. Am Bahnhof bemerkte ich, dass der wahre Preis weniger als 10 $/Person war. Zurück aus dem Norden erklärte ich dem Hotelmanager diesen Vorgang,

den ich auch per Quittung und Ticket zweifelsfrei beweisen konnte. Erst eine ernstgemeinte Drohung kurz vor Mitternacht, die Polizei einzuschalten ... " (Bernhard Roger)

Pardon, aber ein solches Vorgehen lädt zum „Betrug" geradezu ein. Wer Preise und Leistungen nicht hinterfragt, bevor er „selbstbewusst" mit Geldbündeln herumwedelt, darf sich letztenendes nicht wundern. Allein im Umkreis des (uns namentlich bekannten) Hotels hätte es Dutzende (!) Reisebüros gegeben, die den Chronisten in Minutenschnelle und ohne vage „Kalkulation" über alle Details hätten aufklären können.

Man kann es leider nur so formulieren: Allzu viele „Opfer" fordern ihr Schicksal selbst heraus.

Kommunikation

Internet und e-mail

Die Zahl der Internet-Nutzer in Vietnam liegt bei über 18 Millionen. Wachstumsraten und Software-Piraterie (95 %) werden weltweit allenfalls noch von China übertroffen.

Internet-Cafés findet man praktisch überall. Da (außer in sehr abgelegenen Gebieten) fast alle kleineren Hotels und Guesthouses inzwischen **kostenlosen Internet-Zugang** gewähren, hat ihre Zahl sogar wieder abgenommen. Stark im Vormarsch sind **WiFi-**Verbindungen in Hotels aller Art, besseren Cafés etc.

Für **e-mail** empfehlen sich insbesondere die in Vietnam gebräuchlichen Hotmail und Yahoo. Am besten schon zu Hause anmelden, falls man dort keine Online-Server nutzt.

Buchtipp

- *Gunter Schramm,* **Internet für die Reise,** Praxis-Reihe, Reise Know-How Verlag

Telefon

Ein relativ dichtes, satellitengestütztes Telefonnetz ermöglicht einen effizienten Selbstwählservice in fast alle Welt. Es gibt rund 10 Mio. Festnetz-Anschlüsse und über 20 Mio. Mobile Phones.

- **Auslandsgespräche.** Gespräche ins Ausland werden von Hotels (teuer!) oder Postämtern vermittelt (2,25 $/Min.) oder können mittels einer IDD-Telefonkarte von dementsprechend ausgerüsteten Hotels und öffentlichen Telefonzellen aus selbst gewählt werden (IDD = *International Direct Dial).* Telefonkarten für internationale Verbindungen gibt es ab 150.000 đ.
- **171-Vorwahl.** Mit der 171- oder 178-Festnetz-Vorwahl der *Vietnam Telecom* (VNPT) kostet ein Auslandsgespräch lediglich 1,40 $ pro Min. (171+0049+ ...)
- **Inlandsgespräche.** Ferngespräche kosten je nach Tageszeit und Entfernung bis 5000 đ pro Min. (Saigon – Hanoi); zwischen 22 und 5 Uhr ist es 20 % billiger. Ortsgespräche kosten bei Postämtern und in Telefonzellen rund 3000 đ pro 3 Min., in vielen Hotels und Guesthouses sind sie gratis.
- **Internet Telefon.** Am günstigsten telefoniert man mit **IT-Telefonkarten;** mit einer *Snetfone Card* für 20.000 đ (ca. 1,20 $) z.B. kann man nach Deutschland auf Festnetz 15-, auf Handy 3 Min. telefonieren. (Das Personal in Internet-Cafés wird in der Regel behilflich sein.) Praktisch und kostenlos sind **Skype-** bzw. **Yahoo-**Accounts, mit denen man über Headphone PC-to-PC zu bester Qualität te-

lefonieren kann; über *Skypeout* kann man auch auf Festnetz weltweit anrufen, nach Deutschland für etwa 2 Cent/Min.

Handy

Mehrere Netzbetreiber, die größten sind *Vinaphone, Mobifone* und *Viettel*, betreuen derzeit über 20 Mio. Kunden. Mit einer deutschen **SIM-Karte** telefonieren kann man mit allen Vertragskarten, (D1, D2, E-plus, Vodafone etc.); den aktuellen Stand erfährt man auf den Homepages der Netzbetreiber/Provider.

Nicht zu vergessen sind die **passiven Kosten,** wenn man von zu Hause angerufen wird (Mailbox abstellen!). Der Anrufer zahlt nur die Gebühr ins heimische Mobilnetz, die Rufweiterleitung ins Ausland zahlt der Empfänger. Preiswerter ist es, sich von vornherein auf **SMS** zu beschränken (s.u.).

Eine andere Möglichkeit ist die Nutzung einer vietnamesischen SimCard (s.u.), sofern das Handy kein Sim-lock besitzt. Über www.globilo.de kann man bereits in Deutschland (gegen Aufpreis) eine Prepaidkarte kaufen.

- **Mit deutscher Karte.** Über das vietnamesische Netz nach Deutschland telefonieren kostet um 4 €/Min., der Versand von SMS um 0,50 €/Min. Empfang von SMS aus Deutschland ist gratis. (**Tipp:** per SMS zum Chat im Internet verabreden – günstig und flexibel.)
- **Mit vietnamesischer Karte.** Kombikarten (SIM + 200.000 đ Gesprächsguthaben) kosten 350.000 đ; das Guthaben kann jederzeit um 50- bis 500.000 đ erneuert werden. Mit der vietnamesischen Karte kann man für 79 Cent nach Deutschland telefonieren, aber für die Kommunikation innerhalb Vietnams allemal die beste Lösung.
  www.vinaphone.com.vn
  www.mobifone.com.vn/web/en
  www.viettelcom.vn
- **Mieten** kann man Mobilphones in Hanoi unter Tel. 8218465, in Saigon unter Tel. 8242382.

- **Nach Vietnam.** Landesvorwahl **0084,** dann Ortskennziffer (ohne Null), dann Teilnehmernummer. Am günstigsten über Call-by-Call-Angebote, siehe z.B. www.billiger-telefonieren.de.
- **Von Vietnam.** Landesvorwahl **0049** (für Dtld.), dann Ortskennziffer (ohne Null), dann Teilnehmernummer.

Am günstigsten über 171 oder 1717 (1,40 $/ Min.).

Fax

Für eine Faxseite von Vietnam nach Deutschland sind rund 3 $ fällig – kein Wunder, dass diese Technologie im Aussterben begriffen ist, obwohl praktisch alle Hotels, Reisebüros, Institutionen usf. über Faxanschluss verfügen.

Die wichtigsten Vorwahlnummern

Hanoi	04
Hoi An	0510
Hue	054
Nha Trang	058
Phan Thiet	062
Saigon	08

Alle Nummern zu jedem Ort in den *Praktischen Informationen.*

Nützliche Telefonnummern

113	**Polizei**
114	**Feuer**
115	**Ambulanz**
110	**International Operator**
117	**Zeitansage**

Faxe können u.a. auf jedem Postamt aufgegeben werden.

Post

Auslandspost ist vergleichsweise teuer, ein Luftpostbrief nach Deutschland kostet 12-, eine Postkarte 8000 đ. Überseepost ist in der Regel 5–7 Tage unterwegs. Wenn man entsprechende Briefmarken dabei hat, kann man seine Post Reisenden mitgeben, die gerade nach Hause fliegen.

Ein **Luftpost-Paket** (1 kg) kostet rund 25 $ (500 g 20 $), **Surface Mail** (per Schiff) rund 18 $ (+ 1,50 $ für jedes weitere kg), dauert allerdings 3–4 Monate. Viele Shops bieten inzwischen Paketdienste nach Übersee an. In Saigon und Hanoi findet man Expressbüros von DHL und anderen Anbietern.

Medien

Es gibt rund 60 Radio- und TV-Stationen, über 600 Tageszeitungen und Magazine und über ein Dutzend Internet Provider.

Radio und TV

Fast alle Hotels und Guesthouses, zumindest in den Zentren entlang der Küste, zunehmend aber auch Cafés, Bars etc., verfügen über Kabel- oder Satellitenfernsehen und empfangen ausländische Sender wie CNN, BBC etc.

Die **Deutsche Welle** (DW-TV) ist täglich 24 Stdunden auf Cable TV und über Satellit zu empfangen. DW-TV wird zu geraden Stunden in Deutsch, zu ungeraden in Englisch ausgestrahlt.

Printmedien

Ausländische Zeitungen und Zeitschriften sind praktisch nur in Saigon und Hanoi erhältlich. Auch dort ist die Auswahl allerdings sehr gering (und vergleichsweise teuer).

Die Tageszeitung **Vietnam News** druckt Nachrichten aus Vietnam und aller Welt, dazu den Wetterbericht und Montags sogar die Bundesliga-ergebnisse (32 Seiten, 5000 đ). Die **Vietnam Investment Review** erscheint wöchentlich und enthält außer Artikeln über Vietnam nützliche Adressen, Anzeigen und Veranstaltungskalender, insbesondere im beigelegten *Time Out*-Magazin.

Eine Fülle an Informationen, Adressen und Tipps zu Hotels, Restaurants, Bars, Sport, Shopping usf. bietet die monatlich erscheinende *Vietnam Economic Times* mit ihrer 62seitigen Beilage **The Guide** (30.000 đ), der in vielen Hotels, Restaurants etc. gratis ausliegt. Nicht ganz so verbreitet, aber nicht minder informativ ist der ebenfalls monatlich erscheinende **Vietnam Pathfinder** (96 Seiten).

Nachtleben

Vietnam geht im Allgemeinen eher früh zu Bett. Selbst in größeren Städten schließen die meisten Restaurants, Cafés und Karaoke-Bars spätestens um 23 Uhr, im übrigen Land wird um diese Zeit schon meist tief geschlafen. Lediglich in Saigon, Hanoi und Touristenzentren haben Lokale, Bars und Diskotheken auch noch nach Mitternacht geöffnet und bei Bedarf bis zum frühen Morgen.

Karaoke. Selbst in den abgelegensten Winkeln des Landes springt einem das magische Wort entgegen. Das im Prinzip freilich nichts anderes bedeutet – typisch japanisch eben –, als dass einem etwas vorgemacht wird, was alle anderen nachmachen müssen. Und worüber sich dann alle krank lachen. Merke: Spaß an Karaoke hat man nur in guter (nein: in bester!) Gesellschaft. (Oder total besoffen.) Und dann zur Not auch in der kleinsten Hütte. Denn der neue avancierte *digitale* Spaß ist keineswegs ganz billig (bessere Etablissements berechnen, pro Gruppe, leicht 10–30 $ die Stunde). Speziell in der Provinz dienen Karaoke-Schuppen überdies unweigerlich auch als rege Bordelle mit eigenem „Zimmerservice".

Prostitution

Zunehmende Berichte ausländischer Journale und TV-Sender Anfang der 1990er Jahre, westliche (und fernöstliche) Sextouristen seien dabei, nach Thailand auch Vietnam zu „erobern", ließen die Behörden reagieren und in der Folge aufs Schärfste gegen das sog. „soziale Übel" vorgehen. Wenn auch freilich nur was die Außendarstellung, das öffentliche Erscheinungsbild betrifft. Die überwiegende Mehrzahl der ausländischen Reisenden wird Vietnam heute für ein praktisch **„prostitutionsfreies" Land** halten, da das einschlägige Gewerbe nahezu **unsichtbar** ist und es weder GoGo-Bars, Love-Hotels, Rotlichtbezirke oder etwas ähnliches gibt. Auch ist es Hotels z.B. unter Androhung hoher Geldstrafen oder gar von Lizenzentzug strikt untersagt, Ausländer und Einheimische (es sei denn sie weisen die Ehe nach) in gemeinsame Zimmer einzuquartieren, einschlägige Gesetze sehen sogar vor, nicht nur Anbieterinnen, sondern auch Freier zu bestrafen. Zahlreiche in Vietnam lebende Expats zieht es übers Wochenende daher nach Phnom Penh, Bangkok oder Vientiane.

Auf der anderen Seite geben selbst offizielle Statistiken der Regierung mehr als 100.000 professionelle Liebesdienerinnen im Lande zu. Auch wenn nach außen hin der Anschein gewahrt bleibt, blüht das Gewerbe. Zahlreiche Hotels verfügen über **Massagesalons** und **Karaoke-Bars,** in denen „hinter dem Vorhang" auch andere Dienste angeboten werden, viele Friseurläden und Schmuddelhotels fungieren als regelrechte Bordelle (in denen ausländische Besucher allerdings unerwünscht sind). Einer der zahlreichen Namen für Prostituierte lautet im Übrigen *Bia Om,* „Bier umarmen", und kennzeichnet damit die Nebentätigkeit vieler Bedienungen in Kaffeehäusern, Karaoke-Bars usf.

Notfälle

Verlust von „Plastikkarten"

Bei Verlust oder Diebstahl der Karte sollte man diese umgehend sperren lassen. Für deutsche Maestro-(EC-) und Kreditkarten gibt es die einheitliche Sperrnummer 0049 116116. Privatbanken und Postbank haben eigene Hotlines (www.kartensicherheit.de). Für österreicherische und schweizerische Karten gelten:

- **Maestro-(EC),** (A)-Tel. 0043 1 2048800; (CH)-Tel. 0041 44 2712230, UBS: 0041 800 888601, Credit Suisse: 0041 800 800488.
- **MasterCard/VISA,** (A)-Tel. 0043 1 71701 4500 (MasterCard) bzw. Tel. 0043 1 7111 1770 (VISA); (CH)-Tel. 0041 58 9588383.
- **American Express,** (A)-Tel. 0049 69 9797 1000; (CH)-Tel. 0041-44 6596333.

Verlust von Reiseschecks

Wenn man den Kaufbeleg mit den Seriennummern der Reiseschecks sowie den Polizeibericht vorlegen kann, wird der Geldbetrag von einer größeren Bank vor Ort (theoretisch) binnen 24 Stunden zurückerstattet. Also muss der Verlust oder Diebstahl umgehend bei der örtlichen Polizei wie bei der entsprechenden Scheckfirma gemeldet werden (die Rufnummer steht auf der Notrufkarte, die mit den Reiseschecks ausgehändigt wird).

Ausweisverlust / dringender Notfall

Wird der Reisepass gestohlen, muss man dies bei der örtlichen Polizei melden. Außerdem sollte man sich an die Auslandsvertretung seines Landes wenden, damit man einen Ersatz-Reiseausweis ausgestellt bekommt (ohne kommt man nicht an Bord eines Flugzeuges!).

Auch in **dringenden Notfällen,** z.B. medizinischer oder rechtlicher Art, Vermisstensuche, Hilfe bei Todesfällen, Häftlingsbetreuung o.Ä. sind die Auslandsvertretungen bemüht zu helfen.

Deutschland

- **Hanoi:** Botschaft, 29 Tran Phu, Tel. 04 8453836 oder 8453837
- **Saigon:** Generalkonsulat, 126 Nguyen Dinh Chieu, Tel. 08 8291967

Österreich

- **Hanoi:** Botschaft, 53 Quang Trung, Tel. 04 9433050

Schweiz

- **Hanoi:** Botschaft, 44B Ly Thuong Kiet, 15. Stock, Tel. 04 9346589
- **Saigon:** Generalkonsulat, 124 Dien Bien Phu, Tel. 08 8205402

Orientierung und Routenplanung

Die generelle **Nord-Süd-Ausrichtung** macht Entscheidungen bezüglich der Reiseroute leicht.

Die meisten Vietnamreisenden folgen der Route von Süd nach Nord – oder Nord nach Süd – entlang der **Achse Saigon – Hanoi** und legen ein- oder mehrtägige Stops in **Da Lat** und/oder **Mui Ne, Nha Trang, Hoi An** (Da Nang) und **Hue** ein.

Von Saigon aus bieten sich Exkursionen ins **Mekong-Delta** und zur Insel **Phu Quoc** an. Und von Hanoi aus in die Berge – **Sa Pa** – und/oder ans Meer – **Cat Ba** und **Ha Long-Bucht.**

Die oben beschriebene Route ist dank ihrer „Geradlinigkeit" extrem leicht und bequem zu bereisen und hat für jeden Erstbesucher **Vorteile,** die auf der Hand liegen. Er sieht viel auf einmal - den Norden, den Süden, die Mitte, die meisten großen Städte, die wichtigsten Kulturdenkmäler, das Meer, die Berge. Er hat die Wahl zwischen den unterschiedlichsten Transportmitteln und einer großen Palette an Unterkunfts- und Verpflegungsmöglichkeiten aller Art. Und er kann sich täglich unter seinesgleichen bewegen, wenn ihm danach zumute ist.

Ob man auf diese Weise das wahre Vietnam - und vor allem: die „wahren" Vietnamesen - wird entdecken können, sei dahingestellt. Zeit und Glück gehören sowieso immer dazu. Andererseits ist es mit dem Abenteuer wie mit der Liebe - Patentrezepte gibt es nicht! Wer unterwegs schon einmal, wir zitieren einen Leserbrief, in einem sogenannten „gottverlassenen Nest" gestrandet ist und dort „die beste Zeit seines Lebens" erlebt hat, kann vielleicht nachvollziehen, wovon wir reden.

Alle großen Städte und Touristenzentren zwischen Hanoi und Saigon (mit Ausnahme von Da Lat) liegen entlang der 1730 km langen **Eisenbahntrasse.**

Parallel zu ihr verläuft die **Nationalstraße 1,** die sich per Mietwagen, Tourbus, öffentlichem Bus, Motorrad, Fahrrad und notfalls sogar per Anhalter bewältigen lässt.

Größere Flughäfen liegen in Cam Ranh/Nha Trang, Da Nang und Hue sowie in Vinh, Quang Ngai und Tuy Hoa.

Mit dem **Flugzeug** benötigt man von Saigon nach Da Nang und von Da Nang nach Hanoi je 1.15 Std. (62 $).

Mit dem **Zug** legt man die beiden Strecken in jeweils 15 bis 20 Stunden zurück (ab 28 $).

Mit dem **Bus** (Open-Tour) benötigt man ca. 20 Std. pro Etappe (um 13 $).

Saigon oder Hanoi?

Wo anfangen, im Norden oder im Süden? Rein logistisch spielt das keine Rolle. Weniger erfahrenen Reisenden und Asienunkundigen würden wir zwar den etwas „sanfteren" Einstieg über die kosmopolitischere und weltoffenere Südmetropole Saigon ans Herz legen. Letztlich sollten aber eher Kriterien wie **Reisezeit** (siehe dort sowie *Land und Leute, Klima)* und individuelle **Vorlieben** den Ausschlag geben.

Wenn im Norden kühles Nieselwetter herrscht (wie gerne im Januar, Februar), macht es mehr Spaß, von Hanoi aus in den warmen, sonnigen Süden durchzustarten. Wenn Saigon in der Hitze brütet (April, Mai) oder in Schauern versinkt (Oktober, November), kann das angenehm temperierte, trockene Hanoi die wahre Erholung sein. Bei all dem hat man freilich noch nicht die Rechnung mit dem **Zentrum** gemacht. Insbesondere im Oktober, November wird die Region gerne von tropischen Regenfällen heim-gesucht, die Hue, Da Nang und Hoi An tagelang unter Wasser setzen und den gesamten Verkehr (auch Flugverkehr!) lahm legen können. Zudem haben Zahl und Stärke der dort auftretenden

Taifune durch den globalen Klimawandel in den letzten Jahren deutlich zugenommen.

Kurz und gut: Einigermaßen zuverlässig lässt sich das Klima immer nur für einzelne Regionen vorherbestimmen.

Die Mehrzahl der Reisenden startet vom Süden aus. International wie regional gibt es mehr Flüge nach Saigon, und viele Reisende besuchen auch Thailand, Laos und/oder Kambodscha. Die **„antizyklische" Route** von Nord nach Süd ist daher, zumal während der Hauptreisezeit zwischen November und März, deutlich weniger überlaufen. Was Vor- wie Nachteile hat. Einerseits trifft man unterwegs weniger häufig immer die gleichen Leute, andererseits kann aber genau das Spaß machen. Wenn man Glück hat, sind Hotels, Züge, Busse usf. weniger voll oder gar überfüllt; Open-Tour-Busse von Nord nach Süd sind außerdem um ein paar Dollar billiger. Hat man Pech, kommt man um Sekundenbruchteile zu spät in einen Ort, in den gerade mehrere Busladungen aus dem Süden eingefallen sind und hat u.U. Mühe, noch ein anständiges Zimmer oder überhaupt ein geeignetes Quartier zu finden.

Hanoi

Von Hanoi ist man in nur wenigen Stunden am **Meer** (Weltkulturerbe **Ha Long-Bucht, Cat Ba** mit seinem Nationalpark), in den **Bergen** *(Mai Chau,* Nationalpark *Cuc Phuong)* und bei den schönsten Pagoden Vietnams (*Chua Huong, Chua Thay, Chua Tay Phuong, Hoa Lu, Chua But Thap* etc). Zwei- oder Mehrtagesausflüge führen in die faszinierende Bergwelt von **Sa Pa** und **Bac Ha** mit ihren bunten Minoritätenmärkten.

Da Nang, Hoi An und Hue

Wenn die Werbung von *Ancient Da Nang* spricht, meint sie nicht die Stadt selbst, sondern die 30 km südlich gelegene alte Hafenstadt **Hoi An,** ebenso Weltkulturerbe wie das nahe Cham-Heiligtum **My Son** und die „alte" Kaiserstadt **Hue** (19. Jh.) nördlich des Wolkenpasses (100 km).

Zwischen Da Nang und Hoi An erstrecken sich Marmorberge, Reisfelder, Lagunen und der **China Beach.**

Nha Trang

Die Küstenstadt auf halbem Weg zwischen Hoi An/Da Nang und Saigon wird in erster Linie wegen ihrer langen **Strände** und vorgelagerten **Inseln** besucht.

Saigon

Von Saigon ist man in wenigen Stunden am **Meer** *(Vung Tau, Mui Ne, Phu Quoc),* in den **Bergen** *(Da Lat, Nationalpark Cat Tien)* und im **Mekong-Delta** (*Can Tho, Chau Doc* usf.).

Tagesausflüge lohnen sich zu den „Vietcong"-Tunneln von **Cu Chi** und dem Tempel der Cao-Dai-Sekte in **Tay Ninh.**

Reisen bis 14 Tage

Vietnam ist etwa so groß wie Deutschland, erstreckt sich aber fast doppelt so lang von Nord nach Süd (über 2000 km). Angesichts der teilweise immer noch mangelhaften (jedenfalls aber nicht annähernd vergleichbaren) Infrastruktur sowie organisatorischer Unwägbarkeiten und möglicher jahreszeitlich bedingter Störungen (Taifune, Überschwemmungen etc., speziell im Zentrum), sollte man sich kein Pensum vornehmen, das sich angesichts der Verhältnisse dann als zu groß erweist.

Reisende aus dem Süden bleiben fast immer länger als geplant an den **Stränden** (Mui Ne, Phu Quoc) und in **Hoi An,** sodass sie zum Schluss keine Zeit mehr für den Norden haben. Umgekehrt sind die meisten derart fasziniert von Hanoi (und Ha Long, Sa Pa etc.), dass sie den Süden nur mehr im Schnelldurchgang absolvieren.

Merke: Ein dreidimensionaler Readers bzw. *Visitors Digest* von ganz Vietnam ist weniger wert, als wenn man einige wenige Regionen in Ruhe und mit Muße erforschen und unter Umständen einheimische Freunde und Bekannte gewinnen kann.

Sondergenehmigungen

Das „sozialistische" Vietnam gewährt seit dem Entfall der bis dahin obligatorischen Reisegenehmigungen im April 1993 einen freizügigeren Zugang zu seinem Land als die meisten sogenannten „demokratischen" Staaten der Region. Lediglich der Besuch einiger Grenzgebiete zu Kambodscha, China und Laos kann u.U. noch heute eine Genehmigung der zuständigen Behörden erfordern. Zur jeweils aktuellen Situation – insbesondere auch für die Übernachtung bei Einheimischen – erkundige man sich am besten direkt vor Ort.

Highlights

Im Norden

Hanoi. Ockergelbe Kolonialfassaden, immergrüne Alleen, Seen, in denen sich Wolken, Pagoden und Drachen spiegeln, und die chaotischste und charmanteste Altstadt, die man sich nur vorstellen kann – Hanoi verzaubert in jedem Licht. Tradition und Stolz, Bürokratie und progressive Künste, Engstirnigkeit und Offenherzigkeit leben hier so eng beieinander wie seine Bewohner. Unzweifelhaft eine der schönsten Städte Asiens. (Selbst ein großes US-Magazin! wählte Hanoi 2003 zur attraktivsten Stadt Asiens hinter Bangkok, aber noch vor Hongkong und Kyoto.)

Ha Long-Bucht. Kalksteindelirium im Südchinesischen Ozean. 3000 bizarre, steil aus dem Meer emporragende Felsinseln, durchzogen von Höhlen und verwunschenen Grotten. Barockes Naturtheater aus versteinerten Drachen und Mythen des Meeres, 1994 von der Unesco zum Weltkulturerbe ernannt. Eine Passage mit dem Boot – oder noch besser einer Dschun-ke – durch die Bucht zählt zu den Höhepunkten Vietnams. 160 km östlich von Hanoi. Per Boot von Ha

Hauptverkehrswege
Entfernungen in km
0
300 km
Cao Bang
Lao Cai
Lang Son
Dien Bien Phu
Hanoi
Ha Long Bucht
Hai Phong
Ninh Binh
Thanh Hoa
Vinh
Dong Hoi
Hue
Khe Sanh
Da Nang
Quang Ngai
Kon Tum
Pleiku
Qui Nhon
Buon Ma Thuot
Nha Trang
Da Lat
Phan Rang
Phnom Penh
Tay Ninh
Saigon
Phan Thiet
Vung Tau
Chau Doc
Ha Tien
Long Xuyen
Phu Quoc
My Tho
Vinh Long
Can Tho
Rach Gia
Ca Mau
Con Dao
310
300
305
148
480
160
102
93
60
139
199
166
137
106
122
280
210
172
46
169
200
230
187
200
103
110
298
147
243
96
198
128
70
65
60
55
92
116
32
175

Long City, Haiphong und Cat Ba erreichbar.

Cat Ba. Die größte Insel des Nordens, nur wenige Seemeilen von der Ha Long-Bucht entfernt. Das Panorama der Bucht, dazu grüner Dschungel (sehenswerter Nationalpark) und weiße Strände – wer würde da nicht reif für die Insel? (Könnte man doch nur all die hässlichen neuen Hochhauswaben wegzaubern ...)

Haiphong. Größter Hafen und drittgrößte Stadt Vietnams – die dürre Statistik wird Haiphong nicht gerecht. Charmant-französischer Kern und vietnamesische Provinzialität at its best. 100 km östlich von Hanoi (Zug oder Bus). Idealer Ausgangspunkt für Cat Ba und die Ha Long-Bucht.

Bai Tu Long. Die „Fortsetzung" der Ha Long-Bucht gen Norden, mit größeren und z.T. bewohnten Inseln mit wunderbaren Stränden. Noch kaum erschlossen und besucht. Zeit und Abenteuerlust sind Voraussetzung.

Trockene Ha Long-Bucht. Ha Long-Bucht in Grün (statt Blau). Imposante Kalkstein-Kulisse inmitten grüner, mit Pagoden, Grotten, Kaisergräbern, Kirchen, Deichen und Kanälen gespickter Reisfelder. 100 km südlich von Hanoi. Am schönsten (per Fahrrad) von Ninh Binh aus zu erkunden.

Sa Pa. Alpine Hochgebirgslandschaft, bunter Ethnienzirkus und permanentes Markttreiben – wo nichts verkauft wird, wird gebaut – in einer alten französischen Sommerfrische (1600 m) zu Füßen des höchsten, im Winter oft schneebedeckten Berges Vietnams, dem Phan Si Pan (3143 m). Trekking mit Augenschmaus und Homestay bei Hmong, Tay oder Da. 330 km nordwestlich von Hanoi. Mit dem Zug bis Lao Cai.

Rundfahrt Bergland. 3000 km durch eine Region, die noch bis 1994 als eine der unberührtesten und unerreichbarsten der Welt galt. Selbst die hartgesottensten Jäger nach verlorenen Schätzen sind sich einig, dass Nordvietnams ethnische Minoritäten ihre Kultur und Tradition weitaus „ursprünglicher" bewahrt haben als die aller anderen Länder Ost- und Südostasiens. Die Fahrt mit einem Geländewagen dauert – ohne größere Abstecher oder Aufenthalte – mindestens 1 Woche.

Im Zentrum

Phong Nga. Das längste unterirdische Fluss-System der Welt. Höhlen und Grotten und Wunder noch und noch, 2003 von der Unesco als Weltkulturerbe anerkannt. 540 km südlich von Hanoi. 215 km nördlich von Hue.

Hue. Von wegen „Alte Kaiserstadt", gerade mal 19. Jh.! Und doch voller Flair und Zauber. Eher idyllisch-anachronistisches Wolkenkuckucksheim als eine auftrumpfende „Majestät" (was andere freilich vermissen). Magical Mystery Tour und ein kräftiger Schuss stimmungsvoller Nostalgie am Fluss der Wohlgerüche. 660 km südlich von Hanoi. 100 km nördlich von Da Nang.

Da Nang. Brodelndes Mini-Saigon mit internationalem Flughafen und dem berühmten China Beach (endlos, einsam und noch weitgehend unerschlossen), an der einst die GIs Beachboys spielten. Surferwellen vor Marmorbergen, sehr dekorativ. 760 km südlich von Hanoi. 970 km nördlich von Saigon.

Hoi An. Geschichte, Architektur und die Aura der Vergangenheit: ein Weiler als Gesamtkunstwerk. Tempel, Handelshäuser und Pagoden, die wie vor Hunderten von Jahren Fremde aus aller Welt anziehen. Positiv: gute Stimmung. Negativ: Boutiquenschatzkästlein auf dem Weg zum Freiluftmuseum und Shoppingparadies. Nur 5 km entfernt die Strände von Cua Dai und An Bang, eine gelungene Kombination aus Flusslandschaft, Lagunen, Reisfeldern und Meer. 30 km südlich von Da Nang.

My Son. Beinahe im Dschungel versunkenes Shiva-Heiligtum der hinduistischen Cham, die einst den gesamten Süden Vietnams beherrschten. Anfang des 20. Jh.s von französischen Archäologen wieder entdeckt, 50 Jahre später als Free Fire Zone von der US-Air Force nahezu ausradiert. 1998 zum Weltkulturerbe erklärt. 45 km südwestlich von Hoi An.

Nha Trang. Das „Nizza" Vietnams. Kilometerlange Strandpromenade mit Dutzenden Cafés und Restaurants unter Palmen und roten Flamboyants. Hotels von Wellness-Luxusresorts bis Backpackerparadiesen. Was Strände, Inseln und Schnorchelriffe für die einen, sind Cham-Türme und malerische Fischerszenen für die anderen, und an der lebhaften Promenade trifft man sich wieder bei einer geeisten Kokosnuss. 450 km nördlich von Saigon.

Zentrales Hochland. Die Bergvölker des *Tay Nguyen* wirken – nicht zuletzt dank französischer und amerikanischer Missionierung – auf Anhieb deutlich weniger „pittoresk" als die des Nordens. Dafür sind ihre Sitten und Gebräuche (Langhäuser, Gong-Festivals, Friedhöfe mit „polynesischen" Holzskulpturen) eher noch spektakulärer und steckt der Tourismus in der Region noch in den Kinderschuhen. Für Pioniere und Fortgeschrittene.

Im Süden

Saigon. Quirlig, wuselig, leichtlebig und kosmopolitisch – ein bisschen Texas, eine tüchtige Prise Südfrankreich, sehr viel Südostasien und ein erster Hauch von Singapur. Trotz seiner 6,5 Mio. Einwohner *(Ho Chi Minh City,* nicht Saigon allein!) angenehm überschaubar, da im Gegensatz zu anderen südostasiatischen Metropolen über ein gewachsenes „historisches" (d.h. französisches) Zentrum verfügend.

Cu Chi. Ebenso geniales wie gespenstisches Tunnelsystem des „Vietcong" unmittelbar vor den Toren Saigons. Surrealistisch wie Truppenbetreuer Bob Hope, der im Dschungel-Basiscamp „White Christmas" knödelt, während nur wenige Meter unter ihm der Feind seine Feste feiert. Halb Freiluftmuseum, halb Zirkus, aber unbedingt sehenswert. 55 km westlich von Saigon.

Mui Ne *(Phan Thiet).* Schwarze Felsen, weißer Strand, rote Sanddünen, grüne Kokospalmen und türkisfarbenes Meer – eine einzige Drehung des Kopfes und man reist von der Karibik in die Sahara. Nicht nur einer der schönsten, sondern auch besterschlossenen Strände Vietnams. 200 km nordöstlich von Saigon.

Da Lat. In Stuck, Stein, Mörtel und Fachwerk geronnener Traum heimwehkranker Franzosen inmitten von Bergen, Pinienwäldern und Seen. Für die hitzegeplagten Kolonisten ein heimeliges Stück „Europa", für die Vietnamesen von heute ein Stück „Natur", das sie sonst nicht kennen und darum innig und manchmal bis zur totalen Verkitschung lieben. 300 km nordöstlich von Saigon.

Mekong-Delta. Faszinierendes Kaleidoskop aus Flüssen, Sümpfen, Kanälen, Reisfeldern, Palmenhainen, Obstplantagen, Märkten und Schwimmenden Dörfern. Vietnam, Kambodscha und eine tüchtige Brise Indien über den „neun Drachen" (Mündungsarmen) des längsten Flusses Südostasiens. Am schönsten mit dem Boot zu erkunden. Größte Stadt: Can Tho. Am atmosphärischsten: Chau Doc (Bootsverbindung mit Phnom Penh und Siem Reap).

Phu Quoc. Immer mehr Menschen wünschen sich dahin, „wo der Pfeffer wächst". Phu Quoc ist Vietnams größte Insel, im Golf von Siam. So weit das Auge reicht Strand, Palmen, Pfeffer, Meer. Im Innern Regenwälder. Dank einer stetig wachsenden Zahl von Bungalows und Resorts schon längst nicht mehr nur ein Tipp für abenteuerlustige Robinsons. 370 km südwestlich von Saigon. 1 Std. Flug oder per Boot ab Rach Gia.

Strände

Vietnam hat fast ebenso schöne Strände wie das Karibikparadies Cuba, verfolgt aber eine grundsätzlich andere Strategie. Während der einstige „Bruderstaat" dirigistisch auf gigantische Beachresorts und ausländische Pauschaltouristen setzt, die all inclusive 14 Tage vor sich hin brutzeln, vom Land aber nichts mitbekommen, überlassen die Vietnamesen den Strandtourimus vornehmlich privaten Initiativen, schützen ihre Refugien damit gleichzeitig vor dem Zugriff globaler Konzerne und kurbeln auch die inländische Nachfrage an. (Trotzdem hat Vietnam höhere Touristenzahlen aufzuweisen als beispielsweise Cuba.)

Die **traditionellen Strandbäder** der Kolonisten und ihrer realsozialistischen Nachfolger wie *Vung Tau, Long Hai, Do Son, Sam Son* usf. sind denn auch vergleichsweise wenig interessant. Rimini auf vietnamesisch, d.h. Hölle und Fegefeuer zugleich (im Sommer und an heißen Wochenenden) oder tote Hose. Sand und Wasser nach dem Ansturm verdreckt. Karaoke und Bausünden noch und noch.

Einzige Ausnahme ist **Nha Trang.** Das von den Franzosen mit einer kilometerlangen, palmenbestandenen Promenade angelegte „Nizza" Südostasiens ist noch heute einer der schönsten Stadtstrände Asiens.

Gänzlich anders entwickelten sich **Mui Ne** und **Phu Quoc.** Bis 1995 noch gottverlassene Wüsteneien, verdanken sie ihre Expansion praktisch ausnahmslos der Initiative einiger weniger Ausländer und Einheimischer, denen der Staat lediglich mit dem Ausbau der Infrastruktur unter die Arme griff. Vor Saigons Expats (ausländische Diplomaten, Geschäftsleute usf.) und den ersten Travellern badete dort nie ein Mensch.

Ausgesprochene **Partyzonen** und Eventbereiche wie in einigen Nachbarländern wird man allerdings auch hier (noch) vergeblich suchen.

Viele Strände sind noch bis heute kaum oder gar nicht erschlossen. Nördlich des Wolkenpasses ist es in den Wintermonaten in der Regel zu kühl zum Baden. Aber auch im Zentrum, zwischen Nha Trang und Da Nang, herrschen oft bis in den Dezember, manchmal gar Januar hinein alles andere als „tropische" Temperaturen.

Von Süd nach Nord

- **Phu Quoc.** Siehe *Highlights.*
- **Hon Chong.** Der schönste Festlandstrand des Mekong-Delta 32 km südlich von Ha Tien. Pagoden, Grotten, pittoreske Felsinseln. Aber für einen echten Strandurlaub nicht geeignet.
- **Vung Tau.** Das traditionelle Strandbad der Saigoner. Bunter Jahrmarkt und nostalgischer Realsozialismus gepaart mit einem Hauch von Pattaya – eher zum Sightseeing als zum Baden geeignet. Per Schnellboot von Saigon in einer Stunde erreichbar.
- **Long Hai.** Die rustikale Alternative zum „umtriebigen" Vung Tau. An Wochenenden vollgepackt, unter der Woche fast geruhsam. Ein Highlight nur für Unerschrockene.
- **Ho Coc.** Von dichten Wäldern und Pfefferplantagen umgeben. Nur wenige km landeinwärts kann man sich in die heißen Quellen von Binh Chau legen. Gute Unterkünfte.
- **Con Dao.** Einst berüchtigte Gefängnisinsel 200 km vor der Küste, heute „Geheimtipp" mit Luxusresort. Strände, Meerjungfrauen, Korallen. Tgl. per Flug von Saigon.
- **Mui Ne.** Siehe *Highlights.*
- **Ca Na.** Hier badeten schon die Cham-Könige. Schöner Strand mit pittoresken Granitfelsen. Nachteil: unmittelbar an der N1. Vorteil: Man kann jederzeit per Open-Tour-Bus flüchten. 10 km südl. Phan Rang, 120 km nördl. Phan Thiet.
- **Ninh Chu.** Strand von Phan Rang (7 km). Lieblingsstrand des Saigoner Regimes in den 1970er Jahren. Gute Unterkünfte.
- **Nha Trang.** Siehe *Highlights.*
- **Doc Let.** Sehr schöner, feinsandiger Strand. Wegen der Nähe zu Nha Trang (50 km) kommen nur wenige Ausländer. Doch es lohnt sich: schöne, ja *außergewöhnliche* Resorts.
- **Dai Lanh.** Halbkreisförmiger Strand nahe der N1 mit kleinen Restos und Bungalows. Ausgangspunkt für Wanderungen auf den gigantischen Dünen der Halbinsel Hon Gom.
- **Dam Mon.** An der geschützten Ostseite der mit Dünen, Sandstränden und Wäldern gespickten Halbinsel Hon Gom, die erst seit 2003 per Auto erreichbar ist.
- **Qui Nhon.** Schöne Strände mit pittoresken Dünen- und Felslandschaften nördlich und südlich der Stadt; im Norden noch völlig unerschlossen, im Süden (und am südlichen Stadtrand) sind bereits erste Resorts erstanden.
- **Cua Dai** und **An Bang.** Strände von Hoi An, siehe *Highlights.*
- **Non Nuoc** *(China Beach).* Endlos und noch weitgehend unerschlossen. Wo die GIs einst Beachboys spielten (Surferwellen vor Marmorbergen) stehen und entstehen heute Luxusresorts. Zwischen Da Nang und Hoi An.
- **Lang Co.** Fata-Morgana-Lagune nördlich des Wolkenpasses. Wie viele (vermeintlichen) Paradiese hält es nicht ganz, was es verspricht. Haltestelle der Open-Tour-Busse. Mehrere Bungalowanlagen, ein staatliches Resort. 66 km südl. von Hue, 40 km nördl. von Da Nang.

• **Thuan An.** Strand von Hue (14 km). Wunderschöne Lagunenlandschaft, die herrliche Touren für Biker und Motorbiker bietet. Als Strand nicht unbedingt das Gelbe vom Ei, mehrere Unterkunftsmöglichkeiten.
• **Cua Tung** *(Dong Ha).* Am Ben-Hai-Fluss, bis 1975 Grenze zwischen Nord- und Südvietnam, bei den Tunneln von Vinh Moc.
• **Nhat Le** *(Dong Hoi).* Schöner, weiter Sandstrand mit guten Unterkunftsmöglichkeiten.
• **Cua Lo.** Strand von Vinh (18 km). 10 km lang, Pinienwälder, sehr vietnamesisch.
• **Sam Son.** Strände mit Pinienwäldern und Granitfelsen. Der Nordteil gilt seit über 100 Jahren als *das* Strandbad des Nordens. Französische Villen und sozialistische Betonbunker. Im Winter nahezu ausgestorben. 16 km östlich von Thanh Hoa.
• **Do Son.** Langgezogene Halbinsel mit Stränden, Hügeln und Pinienwäldern zwischen Kolonialismus (franz. Villen), Realsozialismus (Plattenbauten) und Zukunftsmusik (Casino). 20 km südöstlich von Haiphong.
• **Cat Ba.** Ein paar Badebuchten, mehr nicht.
• **Bai Chay** *(Ha Long-Bucht).* Im Sommer und an Wochenenden erinnert der Auftrieb an den künstlich aufgeschütteten Stränden an Mallorca. Berauschend ist nur die Aussicht.
• **Van Don.** Auf der Hauptinsel des gleichnamigen Archipels, auch Bai Tu Long genannt, gibt es einen langgezogenen Strand.
• **Quan Lan.** Insel mit drei wunderschönen, weißen, von Filao-Bäumen gesäumten Sandstränden. Noch in der Entwicklung. Mit dem Fährboot ab Hon Gai oder Van Don.
• **Tra Co** *(Mong Cai).* 18 km lange, von Dünen eingefasste Sandbank unweit der chinesischen Grenze. Interessantes Dorf mit einer der ältesten katholischen Kirchen Vietnams und einem sehenswerten Dinh. 175 km nördlich von Hon Gai.

Nationalparks

Innerhalb von sechs Jahrzehnten ist der Waldbestand um über die Hälfte geschrumpft, von 44 % (1943) auf rund 20 %, wovon nur mehr etwa 1 Mio. ha als natürlich gewachsener Primärwald gilt. Dennoch wurden im letzten Jh. in keinem Land der Welt so viele endemische Säugetiere, Insekten, Reptilien, Vögel, Fische und Pflanzen entdeckt wie allein in den 1990er Jahren in Vietnam. 10 % aller auf der Welt bekannten Säugetiere, Fische und Vögel sind in Vietnam vertreten.

Gegenwärtig verfügt Vietnam über mehr als 60 ausgewiesene Schutzzonen, darunter **12 Nationalparks** (ca. 500.000 ha) und mehr als **50 Naturreservate** (über 2 Mio. ha). Wer es auf Großwild abgesehen hat, sollte freilich lieber nach Afrika auf Safari gehen, von den wenigen noch frei lebenden Nashörnern, Tigern und Leoparden wird man nicht einmal Fußspuren erspähen. Wildschweine, Hirsche, Fasane, fliegende Eichhörnchen und selbst Makaken und Gibbons klingen zwar nicht ganz so aufregend, aber allein die üppige, immergrüne Vegetation ist spektakulär genug.

• **Cuc Phuong.** Der älteste (1962) und bestgeführte Nationalpark Vietnams (25.000 ha). Tropischer und subtropischer primärer Regenwald mit Karstbergen, gigantischen Kalksteinhöhlen und bis zu 1000-jährigen Baumriesen. Dank der geschützten Lage in einer lang gezogenen Talsenke extrem vegetations- und artenreich. Sehr gute Wanderwege und Unterkunftsmöglichkeiten. Angeschlossen ist das *Primate Rescue Center* für gefährdete Arten (endemische Delacour-Languren, Makaken, Gibbons). Trockenzeit Okt. bis März. 100 km südwestl. Hanoi.
• **Pu Luong.** Das Naturreservat nahe *Cuc Phuong* (65 km) mit einzigartiger Biodiversität (Regen- und Bambuswald, Kalksteinberge) ist relativ unbekannt, d.h. noch gibt es richtige Homestays und kaum überlaufene Trekkingpfade. 110 km westlich von Thanh Hoa.

• **Cat Tien.** Schutzzone für Flora und Fauna der durch die chemische Kriegsführung der Amerikaner vernichteten Wälder und Tierarten des Südens (u.a. die letzten Java-Rhinozerosse). Die Seen, Flüsse und Sümpfe sind ein Paradies für Birdwatchers (Kraniche, Störche, Kormorane). 74.000 ha Gesamtfläche. Gute Unterkünfte, Bootsfahrten auf dem Dong-Nai-Fluss. Trockenzeit Nov. bis März. 120 km nordöstl. Saigon, auf dem Weg nach Da Lat.

• **Cat Ba.** 28.000 ha Regenwald und Mangrovensümpfe zwischen Meer, Hügeln und Kalksteindolomiten. Zahlreiche Höhlen und Grotten. Außergewöhnlich viele Reptilien sowie Makaken, Gibbons, im Winter Zugvögel. Gut erschlossene Wanderwege, leicht erreichbar. Trockenzeit Sept. bis Febr. 30 km östl. Haiphong.

• **Bach Ma.** Letztes geschlossenes Feuchtwaldgebiet Zentralvietnams, das sich von der Küstenregion bis zur laotischen Grenze erstreckt (22.000 ha). 1400 Pflanzenarten (1/5 aller Arten Vietnams auf 0,07 % Landesfläche), spektakuläre Wasserfälle und Küstenpanoramen. Vogelparadies (330 Arten). Gute Wanderwege und Unterkünfte. Auf dem Gipfelplateau (1400 m) Reste eines franz. Sommerkurorts. Achtung: Während der Regenzeit (Nov.–Jan.) kann es oft tagelang regnen. 45 km südl. Hue, 85 km nördl. Hoi An.

• **Ba Be.** 5000 ha. Kalksteinberge, Monsunwälder, Wasserfälle und Grotten rund um den größten See des Nordens. Schöne Bootsfahrten, allerdings nur bei entsprechendem Wetter. Gute Unterkünfte. Beste Zeit April bis Nov. 150 km nordwestl. Hanoi.

• **Yok Don.** Zentrales Hochland, 58.000 ha. Hügelplateau mit Trockenwäldern und Grasland, Heimat von Büffeln, Hirschen, Wildrindern wie Banteng und Gaur, Muntjaks, Elefanten (Elefantendorf Ban Don am Nordostrand des Parks). Auf eigene Faust (noch) schwierig zu erkunden. Trockenzeit Okt. bis März. 45 km nordwestl. Buon Ma Thuot.

• **Tam Nong.** 8000 ha großes Vogelreservat in der Ebene der Reetgräser *(Plain of Reeds)* im Mekong-Delta. Brutstätte von über 230 Arten, darunter Störche, Ibisse und die seltenen, bis 1,50 m großen Sarus-Kraniche. Beste Zeit Dez. bis Juni. 180 km südwestl. Saigon.

Baudenkmäler, Tempel und Pagoden

• **Ho-Chi-Minh-Mausoleum** und -Museum, Hanoi. Realsozialistisches Disneyworld für den Mann, der wollte, dass seine Asche über das Land verstreut würde.

• **Van Mieu** (Literaturtempel), Hanoi. Konfuzianische Strenge in Anlage und Architektur; purpurne Schwere, die sich überraschend in Leichtigkeit löst.

• **Chua Huong** (Parfüm-Pagode), bei Hanoi. Wallfahrtsort, in die Kalksteinberge der „trockenen" Ha Long-Bucht hineingebaut.

• **Chua But Thap,** bei Hanoi. Majestätische Steinpagode in asketischer Landschaft mit einer vielarmigen Quan Am von fast magischer Ausstrahlung.

• **Chua Tay Phuong,** bei Hanoi. „Klassische" nordvietnamesische Pagode mit einer Sammlung meisterhaft geschnitzter Holzstatuen.

• **Chua Thay,** bei Hanoi. Vollendete Harmonie von Landschaft, Pagoden und Tempeln am Ufer des Drachen-Sees – ideale Kulisse für das Wasserpuppentheater.

• **Chua Keo,** bei Thai Binh. Bezauberndes Ausflugsziel inmitten künstlicher Teiche und schattiger Bo-Bäume.

• **Kaiser-Gräber,** Hue. Nicht pharaonisch, eher philosophisch: das kurze Leben vor dem langen Tod. Mit Sampan oder Fahrrad erkunden und viel Zeit mitbringen.

• **Zitadelle,** Hue. Ramponierte, aber idyllische Miniatur des Kaiserpalastes von Peking.

• **Chua Thien Mu,** Hue. Noch heute Ziel frommer Pilger: Pagode der Himmlischen Frau am Fluss der Wohlgerüche; ihr siebenstöckiger Turm ist das Wahrzeichen Hues.

• **My Son.** Im Dschungel versunkenes, zu Dschungel gewordenes Shiva-Heiligtum der Cham. Dazu **Cham-Museum** in Da Nang.

• **Cham-Türme,** Nha Trang. Ensemble von Kunst, Kultur und Naturschönheit.

• **Tunnel von Cu Chi.** Surrealistisch wie das Bild von Bob Hope, der im Urwald White Christmas singt, während 10 m unter ihm der „Vietcong" feiert.

• **Heiliger Stuhl der Cao Dai,** Tay Ninh. Pittoreskes Sektierertum in Technicolor und CinemaScope.

Reisen in Vietnam

Wer individuell und auf eigene Faust reisen möchte, wird es in Vietnam leicht haben. Es gibt Reisebüros und Tourcafés wie Sand am Meer. Die Schwierigkeit ist, die seriösen und effektiven von den unseriösen oder gar betrügerischen Anbietern zu unterscheiden. Was selbst dem Insider oft schwer fällt. Denn auf dem überaus einträglichen Markt tummeln sich jede Menge Scharlatane, Ignoranten und Betrüger. Ein undurchschaubares **Netzwerk** von Allianzen, Firmen, Schwester- und Tochterunternehmen, Agenten und Subagenten beherrscht die Szene, durch das selbst die Beteiligten oft nicht mehr durchblicken – und wo letztlich natürlich auch keiner *verantwortlich* ist, oder im Zweifelsfall sein kann oder will. Die durchaus vorhandenen Ausnahmen bestätigen nur die Regel.

Auch wenn **Staatsunternehmen** inzwischen Kapitalfirmen und ihre Bürokraten gewiefte Manager sind, möchten unabhängig Reisende verständlicherweise nicht viel mit ihnen zu tun haben, da diese naturgemäß *en gros* kalkulieren und *Massen* (Gruppen, Pauschalisten, zunehmend Reisende aus Nachbarländern) betreuen. Das ist allerdings leichter gesagt als getan. Denn auch das Gros der vermeintlich **„Alternativen“** – wie die in allen Travellerhochburgen allgegenwärtigen *Sinh-, Kim-, Hanh-, Queen Café* usf. – entpuppt sich bei näherem Hinsehen als halbes Staatsorgan oder staatliches Subunternehmen. Tatsächlich **unabhängig** sind nur die wenigsten Veranstalter. Und wenn, sind sie mangels Kapital und Protektion „von oben“ meist klein (bzw. notgedrungen klein geblieben). *Big Business* ohne die Mafia (sprich die Partei/den Staat) ist in Vietnam noch heute kaum zu machen.

In der Praxis gilt es zunächst einmal zu unterscheiden zwischen:

- **Exkursionen**
- **Spezialanbietern**
- **Privattouren**
- **Open Tours** (Bus-Service Nord-Süd)

Exkursionen

Zahllose Anbieter betreiben ein- und mehrtägige Exkursionen in die jeweilige **Region.** Die berüchtigten *Kaffeefahrten* von einst (vollgestopfte Minibusse, mürrische Guides bar jeder Ahnung) sind mittlerweile deutlich effizienter und professioneller geworden. Trotzdem sollte man sich darüber im Klaren sein, dass es sich letztlich um nichts anderes als **Pauschalreisen** à la TUI oder Neckermann handelt. Manche finden sie „Klasse“, andere „total nervend“.

Gegen **Tagesausflüge** ist noch am wenigesten zu sagen, denn selbst nur Cu Chi bei Saigon oder die Parfümpagode bei Hanoi mit öffentlichen Verkehrsmitteln anzusteuern kostet Zeit und Nerven. Auch **mehrtägige Ausflüge** (in der Regel *all-inclusive* mit Übernachtung, Transport und Verpflegung) haben selbstredend ihren Reiz. Man braucht nichts selber zu organisieren, kann sich entspannt zurücklehnen und seine Tage in der Gesellschaft von Gleichgesinnten aus aller Welt verbringen (außer aus Vietnam, versteht sich). Wer allerdings schon mal mehrere Tage und Nächte mit einer Zehnergruppe trinkfreudiger australischer Beach Boys oder hyperaktiver französischer Pfadfinderinnen verbracht hat – plus einem mürrischen Feldwebel-Guide, der einen von Souvenirshop zu Souvenirshop schleift –, wird womöglich anders darüber denken.

Die Qualität der Anbieter wechselt von Stadt zu Stadt, Region zu Region (und leider auch noch von Zeit zu Zeit). Am besten, man vergleicht alle Angebote und tauscht sich mit anderen Reisenden aus. Generell, wenn auch nicht zwingend, bieten **kleine, lokale, unabhängige Anbieter** meist individuellere und weniger in Routine erstarrte Touren an als die, die in landesweite Netzwerke eingebunden sind. Siehe dazu unsere Adressen in den jeweiligen Städten.

Insbesondere in Hanoi und Sa Pa gibt es spezielle Anbieter für **Trekking-, Kayaktouren** usf. Die Ausflüge sind meist kurzfristig organisierbar, werden allerdings nicht durchgeführt – oder entsprechend teurer –, wenn sich nicht genügend Interessenten einfinden.

Tagestouren

Von Saigon zu den Tunneln von Cu Chu, von Hoi An zum Cham-Heiligtum My Son, von Hanoi zur Parfümpagode oder von Sa Pa zum nächsten Hmong-Dorf – alles kein Problem. Es gibt meist nicht zehn, sondern hundert Anbieter, die Ausflugsprogramme zu den Highlights der jeweiligen Region offerieren. Die Unterschiede in punkto Service, Leistungsumfang und Verlässlichkeit differieren von Veranstalter zu Veranstalter allerdings gewaltig, sodass die Erfahrungen vieler Reisender zwischen „grandiosem Erlebnis" und „albtraumhaften Abenteuerurlaub" schwanken.

Um ein möglichst breites Spektrum an Touren nicht nur anbieten, sondern auch *durchführen* zu können, stecken nämlich fast alle Veranstalter – Konkurrenz hin oder her –, letztlich unter einer Decke. In der Praxis bedeutet das, dass sich in ein und demselben Bus Reisende wiederfinden, die nicht nur an den verschiedensten Stellen, sondern auch noch zu den unterschiedlichsten Preisen und Konditionen gebucht haben. Einen Ausweg aus dem Dilemma gibt es nicht. Es sei denn dies: Preise und Leistungen vergleichen. Und vor allem: Bei **identifizierbaren Veranstaltern,** die die Touren selbst durchführen statt bei bloßen Wiederverkäufern (Agenten) und Hotels (deren Anbieter undurchsichtig bleiben) buchen.

Mehrtagestouren

Von Saigon ins Mekong Delta, von Hanoi zur Ha Long Bucht oder von Nha Trang ins Zentrale Hochland, zwei, drei, vier oder fünf Tage inklusive Übernachtung im Hotel, auf der Dschunke, im Ethnien-Dorf (Homestay) – bei mehrtägigen Touren, an denen sich ja auch mehr verdienen lässt, kommen Überschneidungen, Überbuchungen etc. zwar seltener vor. Will man seine Tour jedoch nicht als verunglückten „Abenteuerurlaub" abhaken müssen, ist man allerdings gut beraten, sich seinen Veranstalter - dem man immerhin tagelang sein leibliches Wohl anvertraut (Übernachtung und Verpflegung) und auf dessen Service und Equipment man sich verlassen können muss (Bus, Zelte, Kayaks usf.) - sorgfältigst auszuwählen. Hier geht es schließlich nicht „nur" ums Geld, sondern um ein paar Tage Lebensfreude - oder das genaue Gegenteil davon. Mürrische Guides. Klapprige Busse. Verdreckte Hotels. Ekelfraß.

„Man sollte es sich schon vom Prinzip her gut überlegen, ob man bereit ist, sich auf derartige Pauschaltouren einzulassen, denn nichts anderes ist es ja. Ich sage das deshalb so deutlich, weil euer Buch „Handbuch für individuelles Reisen und Entdecken" heißt, und weil wir alle den Unterschied kennen, ob man selbst etwas entdeckt oder ob einem etwas vorgesetzt wird. Die Busse sind groß und voll, und jeder Schritt der Tour ist vorgeplant. Um es kurz zu machen: Man sieht die schönsten Sachen, aber man erlebt nichts. Vom Individualtourismus bleibt nicht viel übrig." (Alf Jänsch, Bonn)

„Hier trifft sich schwitzend die wortkarge und kritische, mit vollen Geldgurten bewaffnete Wohlstandsgesellschaft mit Kamera um den Hals und Wasserflasche in der Hand, um Abenteuer bequem vom Fließband zu konsumieren." (Uwe Speck, Flensburg)

Spezialanbieter

Spezialisten, deren Kerngeschäft nicht nur gängige Pauschaltouren, sondern **maßgeschneiderte** und/oder **Trekking-,** Aktiv- und Abenteuerreisen sind, sind naturgemäß teurer - zuweilen deutlich. Dafür in der Regel aber auch weitaus professioneller, organisierter und mit hochwertigerem, meist ausländischem Equipment (Zelte, Kayaks, Bikes o.Ä.) und besser geschultem Personal versehen. Eine Ausgabe, die sich meistens lohnt.

Privattouren

Fahrzeuge, Fahrer und Guides besorgt jeder Veranstalter. Dass dabei nicht nur der Preis (Endpreis!), sondern auch - wenn nicht vornehmlich - Qualität und Verlässlichkeit der Firma, über die man sie mietet, entscheidend sein sollte, versteht sich von selbst.

Das größte Problem sind meist die Fahrer, auf die die Veranstalter in der Regel keinen Einfluss haben. Nur wenige Firmen (und dann meist staatliche) verfügen über genügend eigene Fahrzeuge, normalerweise werden diese mitsamt den Chauffeuren erst angemietet. Wer sich tagelang mit einem rabiaten, sturen und pfennigfuchserischen Fahrer herumärgern muss, wird seine Tour nur sehr bedingt genießen.

Mietwagen - ob Limousine, Kleinbus oder Minivan -, sind relativ preisgünstig, zumal wenn man zu mehreren unterwegs ist. Siehe dazu das Kaptel *Verkehrsmittel.* Der Preis richtet sich nach Zeitdauer und Fahrtziel, als Faustregel sind in etwa 30–40 $ pro Tag zu veranschlagen. (Mitreisende notfalls über das Schwarze Brett in Hotels, Cafés, Guesthouses usw. suchen.) Guides (nicht obligatorisch) schlagen mit 15–20 $ pro Tag zu Buche.

Des Weiteren gibt es hervorragende Spezialanbieter für Fahrrad- und Motorradreisen (siehe unter *Verkehrsmittel*).

Open Tours

Eine sinnvolle Einrichtung, an der letztlich kaum ein Reisender vorbeikommt. Entwickelt von findigen Kleinunternehmern (Tourcafés), inzwischen jedoch längst in enger Kooperation mit Staatsfirmen betrieben – Namen wie *Sinh*, *Hanh* oder *Kim Café* etc. dürfen darüber nicht hinwegtäuschen –, bietet sie ein nahezu geniales System, Ausländer vergleichsweise bequem, sicher und ohne intensive Kontakte mit der Bevölkerung durchs Land zu schleusen.

Your ticket is open. You can stay any number of days at any stop you wish. Im Klartext bedeutet das: Zwischen Saigon und Hanoi pendeln täglich auf festen Routen Busse hin und her, die man im Prinzip nicht nur am jeweiligen Etappenziel, sondern an jedem Punkt der Strecke verlassen und nach Belieben wieder besteigen kann (Anruf am Tag zuvor beim zuständigen Büro genügt). Man kann die Gesamtstrecke Hanoi – Saigon (1700 km) buchen – legt sich dann allerdings auf einen bestimmten Veranstalter fest, der sich womöglich als Katastrophe erweist –, aber auch nur Teilstrecken belegen (und auf diese Weise mehrere Transportmöglichkeiten wie Zug, Flug, Motorrad etc. miteinander kombinieren). Das funktioniert zwar nicht perfekt, aber erstaunlich gut, und ist vor allem verblüffend billig. Eine Open Tour von Saigon nach Hanoi oder umgekehrt kostet gerade mal zwischen 20 $ und 25 $ – der Preis ist u.a. saisonabhängig! –, sodass man sich an Unzulänglichkeiten aller Art nicht allzu sehr stören darf. Man muss nur wissen, worauf man sich einlässt.

Vorteile

- Open-Tour-Busse fahren (im Gegensatz zu öffentlichen Expressbussen) zu „zivilen" Zeiten ab, man wird in der Regel vom Hotel abgeholt (muss also nicht in aller Herrgottsfrühe zum Busbahnhof) und am Zielort zumindest im Zentrum abgesetzt.
- Das Personal spricht englisch (wenn es Lust dazu hat), die Preise sind fix, und die Mitreisenden meist andere Ausländer, sodass man sich ständig unter „seinesgleichen" bewegt (was Berührungsängste abbaut).
- Unterwegs werden Stopps an obligatorischen Sehenswürdigkeiten eingelegt, man muss weder auf die Marmorberge bei Da Nang, die Cham-Türme bei Phan Rang oder ein Bad am Beach von Lang Co verzichten (sofern man dafür den Lunch ausfallen lässt).

Nachteile

- Zwischen Theorie und Praxis klaffen Welten, und das Klagelied vieler Reisender ist entsprechend.
- Von *Torturen* statt Touren ist die Rede, wenn manche Busse heillos überfüllt sind („rollende Sardinenbüchsen"), und von *Halsabschneiderei*, wenn Nachfrage den Preis in die Höhe treibt, Flauten aber dazu führen, dass man in

enge, miefige Minibusse gequetscht wird (weil der versprochene große Bus angeblich „in Reparatur" ist);

- von *unwirschen Begleitern*, die bei Pech, Pleiten und Pannen (die immer mal vorkommen können) plötzlich ihr Englisch vergessen, und von *hitzigen Debatten*, wenn angekündigte Besichtigungen schlichtweg „vergessen" oder aus fadenscheinigen Gründen abgesagt werden;
- vom *Ausgenommenwerden* bei Frühstücks- und Lunchpausen, die prinzipiell dort abgehalten werden, wo Alternativen fehlen und die Mahlzeiten ebenso fade wie überteuert sind;
- von *rüdem Stehengelassenwerden*, wenn man die angebotenen Vertragshotels der Veranstalter nicht akzeptiert (und der versprochene Transfer zur gewünschten Unterkunft entfällt);
- oder von *auf verlorenem Posten stehen*, wenn das Zusteigen am verabredeten Ort nicht klappt, weil der Bus kaltlächelnd an einem vorüberrauscht (und es heißt, entweder andere Transportmöglichkeiten aufzutreiben oder einen weiteren Tag mit ungewissem Ausgang auszuharren).

Zu Veranstaltern und Preisen siehe *Verkehrsmittel*.

Reiseveranstalter in Vietnam

Maßgeschneiderte Reisen

- **Focus Asia.** Für anspruchsvolle, exklusive Individualreisen und Gruppen jeder Größe; unter deutscher Leitung (auch in Laos, Kambodscha, Myanmar). *Thomas Weigelt* lebt seit 1991 in Vietnam und ist seitdem im Tourismus tätig. **Saigon,** 235/3 Vo Thi Sau, Tel. 820 7787, Fax 8207786. www.focus-asia.biz.
- **Terraverde.** Innovative und extrem zuverlässige Agentur für anspruchsvolle Individualreisen und Kleingruppen (auch für Laos, Kambodscha). Spezialisiert auf nachhaltige, landestypische Erlebnisreisen wie mehrtägige Fahrradtouren im Mekong-Delta, geführte Vespa-Touren in Süd-/Zentralvietnam etc. Ansprechpartner ist Herr *Anh*, der als Bootsflüchtling nach Deutschland kam und dort studierte, ehe er 2004 nach Vietnam zurück ging. **Saigon,** 98 Cu Lao (Phu Nhuan), Tel. 5174419, Fax 5174420, www.terraverde travel.com.
- **Discover Vietnam.** Seriöses Unternehmen mit deutscher Homepage, spezialisiert auf Pauschalreisen für Einzelpersonen wie Gruppen. Herr *Dzung* spricht deutsch. **Saigon,** 215A Phan Dang Luu. Tel. 9950627, Fax 8423555. www.discover-vietnam.de.
- **Exotissimo.** Das größte und erfolgreichste ausländisch geführte Reisebüro in Vietnam, auch Vorreiter für ökologische und Naturkundereisen (Birdwatching etc.). Leiter ist *Richard Craik*. **Saigon,** 9 Dinh Tien Hoang. Tel. 8251723, Fax 8295800. **Hanoi,** 26 Tran Nhat Duat. Tel. 8282150, Fax 8282146, www.exotissimo.com.
- **Handspan.** Spezialist (nicht nur) für Aktiv- und Abenteuerreisen off the beaten tracks (Trekking, Kayaking, Mountainbiking etc.). Nicht billig, aber extrem professionell und zuverlässig. Ansprechpartner ist Mr. *Vinh*. **Hanoi,** 23 Phan Chu Trinh. Tel. 933 2375, Fax 9332378. **Saigon,** 18A Nam Quoc Cang, Tel. 9257605. www.handspan.com.
- **Freewheelin Tours.** Maßgeschneiderte Motorrad-Reisen im Norden. Sehr sympathische, verlässliche Leute. Ansprechpartner ist *Fredo*. **Hanoi,** 4 Luong Ngoc Quyen, Tel. 9262743, Fax 9262744, www.freewheelin-tours.com.
- **SinhBalo Adventures.** *Sinh*, einer der besten Guides Vietnams und Gründer von *Sinh Café* (1992), widmet sich seitdem bevorzugt seiner Fahrrad-Passionen, vor allem im Mekong-Delta und Zentralen Hochland. **Saigon,** 283/20 Pham Ngu Lao. Tel. 8376765, Fax 8367682, www.sinhbalo.com, www.cyclingvietnam.net.

Spontane Reisen

- **Todeco.** Kleine, auf deutschsprachige Touren im Norden spezialisierte Firma; hier kann man noch mit dem Chef reisen (Herr *Du*). **Hanoi,** 91A/5 Ly Nam De, Tel. 8235767, www.todeco-vn.com.
- **TVH** *(Thomas Vietnam Holidays).* Rad- und Motorrad-Touren und Einblicke in den vietnamesischen Alltag mit *Thomas Weingärtner,* der seit 2002 in Hoi An lebt. **Hoi An,** 50 Hung Vuong, Tel. 916732, www.8ung.at/thomas _vn/
- **Delta Adventure Tours.** Gut geführtes, innovatives Unternehmen, für Billig-Reisen im Süden ohne Zweifel die beste Wahl. Ansprechpartner ist Mrs. *Kim.* **Saigon,** 267 De Tham, Tel. 9204096, www.deltaadventuretours.com.
- **Ocean Tours.** Junges, flexibles Team, trotzdem kompetent und zuverlässig. Spezialist für die Halong-Bucht. Ansprechpartner ist Mr. *Chien.* **Hanoi,** 22 Hang Bac, 7 Dinh Liet, Tel. 9260463, www.oceantoursvietnam.com.vn.
- **ODC Travel.** 1993 erster privater Veranstalter Hanois (Old Darling Café), mit viel Erfahrung, blendender Organisation und durchsichtiger Preisgestaltung. Ansprechpartner ist Mr. *Long.* **Hanoi,** 43 Hang Bo, 142 Hang Bac. Tel. 8288729, Fax 9231510. www.odctravel. com.vn.

Open Tours

- **Sinh Café.** www.sinhcafevn.com.

Reisezeit

(Siehe auch Klimatabellen *Land und Leute, Klima)*

Im Prinzip kann man Vietnam das ganze Jahr über bereisen. Da im Norden subtropisches und im Süden tropisches Klima herrscht und die Monsune die einzelnen Landesteile zu ganz unterschiedlichen Zeiten bestreichen, sind die **regionalen Unterschiede** allerdings groß. Die einzigen Monate, die wirklich ungünstig sind, sind **Oktober** und **November.** Im Zentrum toben Taifune, und heftige Regenschauer können sämtliche Verkehrsverbindungen für Tage lahm legen. Im Süden ist es bedeckt und regnerisch, und das Mekong-Delta kann unter Wasser stehen. Andererseits ist der November der ideale Monat für den Norden und speziell für eine Tour durch das Bergland des Nordens – nicht zu heiß und feucht, aber auch nicht so kühl wie speziell im Januar und Februar.

Generell sind zwar die Wintermonate zwischen Dezember und März am ehesten vorzuziehen. Aber auch während der Regenzeit zwischen Juni und August (die Ferienzeit der Vietnamesen) ist das Klima durchaus annehmbar. Es regnet in der Regel maximal 1 oder 2 Stunden am Tag, zumeist am späten Nachmittag oder frühen Abend, untertags ist es oft heiter.

Schwule und Lesben

Gleichgeschlechtliche Liebe ist in Vietnam nicht strafbar. Sie wurde einfach verdrängt, war nicht vorgesehen, weil mit dem Ethos Familie nicht vereinbar. Outings einiger Künstler haben in den letzten Jahren eher Erstaunen als Ablehnung hervorgerufen. In Szene-Bars in Saigon und Hanoi mischen sich zwanglos Touristen mit Einheimischen, jedoch sollten Zärtlichkeiten – das gilt auch für heterosexuelle Paare – nicht in der Öffentlichkeit ausgetauscht werden. Während Vietnamesen hier peinlich berührt reagieren, gehen sie ganz selbstverständlich mit Freunden Hand in Hand bummeln - zu verstehen als Zeichen freundschaftlicher Gesinnung und keineswegs als homoerotische Anmache.

Obwohl es keine Gesetze und insofern auch keine legale Handhabe gibt, gegen Schwule und Lesben vorzugehen, neigen lokale Behörden immer wieder dazu - unter dem Vorwand von Prostitution und Drogenkonsum –, ihre Treffpunkte aufzulösen, sodass die Szene ständiger Fluktuation unterworfen ist. Neuigkeiten, Adressen und Reiseangebote finden sich auf der Internetseite www.utopia-asia.com

Sicherheit

Aktuelle Reisehinweise zu allen Transitländern neben Hinweisen zur allgemeinen Sicherheitslage erteilen:

- **Deutschland:** www.auswaertiges-amt.de und www.diplo.de/sicherreisen (Länder- und Reiseinformationen), Tel. 030-5000-0
- **Österreich:** www.bmaa.gv.at (Bürgerservice), Tel. 05-01150-4411
- **Schweiz:** www.dfae.admin.ch (Reisehinweise), Tel. 031-3238484.

Innenpolitische Lage

Nach Einschätzung amerikanischer Medien (sprich Geheimdienste) gilt Vietnam als das zur Zeit sicherste Land Asiens, wenn nicht der Welt. Die Gründe? „Eine stabile, von keinerlei innenpolitischen Turbulenzen bedrohte oder auch nur geschwächte Regierung. Gute bis beste Beziehungen zu allen Nachbarländern. Eine brummende, nach einigen Jahren leichter Stagnation wieder deutlich im Aufwind befindliche Ökonomie. Und die prägnante Abwesenheit von Moslems im Lande, geschweige denn organisierten oder gar militanten."

Kriminalität

„Wie in allen asiatischen Ländern, so auch in Vietnam, fühlte ich mich sehr sicher, hatte nie den Eindruck, dass Gefahr droht. Dass etwas von Vietnamesen gestohlen wird, wage ich zu bezweifeln (eher stiehlt ein Traveller in einer billigen Absteige dein Geld als ein Vietnamese). Was mir sehr positiv auffiel: Hattest du beispielsweise beim Gehen aus einem Lokal etwas liegenlassen, jedes Mal hat dich ein Vietnamese darauf aufmerksam gemacht, es dir hinterhergebracht oder aufbewahrt, bis du wiedergekommen bist." (Peter Gotterbarm)

Vietnamesen scheinen vollauf davon überzeugt zu sein, dass ihre Straßen ein gefährliches Pflaster und ihre öffentlichen Verkehrsmittel ein Hort potentieller Übergriffe sind. Noch in keinem Land wurden wir von Einheimischen derart häufig darauf aufmerksam gemacht, unser Gepäck im Auge zu behalten oder unsere Wertsachen zu verbergen. Irritiert haben uns die ständigen Warnungen lediglich anfangs, mittlerweile hat die Praxis gezeigt, dass von einer „Verbrechensflut" keine Rede sein kann.

Vorsicht sollte man selbstverständlich immer walten lassen. Steigende Lebenskosten, Arbeitslosigkeit, die Verlockungen der Konsumwelt, es gibt so viele Gründe, der (Klein-)Kriminalität Vorschub zu leisten. Nicht nur aus Saigon, lange Zeit die Hochburg der Taschendiebe (Ben-Thanh-Markt, Flusspromenade, Pham-Ngu-Lao-Gegend), sondern jetzt auch aus Hanoi, Nha Trang und von den Stränden kommen Mitteilungen von Diebstählen. Es sind vor allem raffinierte **Trickdiebe** (der freundlich plaudernde Typ im Zug, die verhärmte Frau mit dem Baby im Arm, die charmante Lady auf ihrem Moped, die kessen Straßenkinder), denen es geradezu spielend gelingt, allzu sorglosen Touristen am hellichten Tag um Armbanduhren, Kameras, Halsketten und Geldbörsen zu erleichtern. Auch **Raubüberfälle vom fahrenden Moped** aus, eine Saigoner „Spezialität" schon während des Krieges, haben neuerdings wieder Oberhand gewonnen und richten sich speziell gegen Ausländer am Straßenrand, auf Fahrrädern usf.

Neuralgische Punkte bilden wie überall auf der Welt größere Menschenansammlungen (Märkte, Feste, Bahnhöfe usf.) und unbeaufsichtigte Hotelzimmer (insbesondere mit umlaufenden Balkonen oder Veranden). Fast alle Hotels, selbst die der untersten Preisklassen, verfügen jedoch über Safes oder entsprechende Einrichtungen. Wertsachen, Reisedokumente und größere Geldbeträge sollte man unbedingt deponieren und niemals mit sich herumtragen. Denn über eines sind sich selbst die vorsichtigen Vietnamesen (und übereifrige Westler) einig: Gewaltverbrechen sind in Vietnam ausgesprochen rar. Bewaffnete Überfälle, Raub, Vergewaltigungen und Morde passieren hier immer noch seltener als anderswo, und gerade Ausländer sind davon so gut wie nie betroffen.

Etwaige Diebstähle sollte man unbedingt der Polizei melden und beharrlich darauf drängen, ein Protokoll (am besten natürlich in Englisch) ausgehändigt zu bekommen (kann u.U. bei der Ausreise sowie für Ersatzansprüche gegenüber der Versicherung wichtig sein). Wegen der Sprachprobleme möglicherweise ein lästiges und zeitraubendes Unterfangen, bei dem einem aber die meisten Hotels behilflich sein werden.

Polizei und Bürokratie (Regeln und Risiken)

Keine Angst vor dem Gang zur Polizei! Im Gegensatz zu manch anderen Ländern der Region hat die vietnamesische Polizei eindeutige Anweisung, Probleme von Ausländern fernzuhalten. Meldungen hinsichtlich Betrug, Diebstahl oder Gewalt gegenüber Fremden wird in der Regel äußerst gewissenhaft nachgegangen.

Gerüchte über Reisende, die man „ausgenommen" haben soll wie die Weihnachtsgänse, sind uns bekannt, doch mit dem Wahrheitsgehalt dieser „Horrorstories" verhält es sich meist wie mit dem „Stau am Irschenberg", der bei jeder Erzählung 10 km länger wird. Abzockerei durch die Polizei findet nur in den allerseltensten Fällen statt, und höchstens in abgelegenen Gegenden, in denen Ausländer noch heute eine Seltenheit sind.

Sollte man aber tatsächlich einmal in eine schwierige Situation geraten, sollte man die Nerven bewahren und unbedingt **ruhig** und **sachlich** bleiben. (Sowie wenn möglich nicht den Pass, sondern lediglich eine Kopie aus der Hand geben.) In der Regel kann man davon ausgehen, dass das vietnamesische Gegenüber einem möglichen Kompromiss nicht zustimmt, wenn er Gefahr läuft, sein **„Gesicht zu verlieren".** Sturheit, Provokationen und Beleidigungen erreichen daher mit Sicherheit das Gegenteil von dem, was man erreichen will, während der Versuch, bestimmt, aber freundlich (selbst wenn man sich keiner Schuld bewusst sein sollte) eine Buße auf ein erträgliches Maß herunterzuhandeln, immer erfolgversprechender sein wird.

In keinem Fall sollte man den Versuch unternehmen, Beamte oder Funktionäre zu bestechen. Das ist eine „Kunst", die eine genaue Kenntnis der internen Gepflogenheiten voraussetzt, andernfalls droht dem offensichtlich Bestechlichen unweigerlich „Gesichtsverlust". Materielle Werte dürfen nach außen hin immer nur für eine „Sache", aber niemals für eine persönliche „Gefälligkeit" den Besitzer wechseln.

Souvenirs und Einkäufe

„Vietnam ist nicht gerade ein Einkaufsparadies", notierten wir vor noch gar nicht allzu langer Zeit. Das hat sich gründlich geändert – zumindest Saigon, Hanoi und Hoi An sind zu wahren Shoppingparadiesen aufgestiegen (ganze Scharen junger Japaner und zumal Japanerinnen können nicht irren). Außer landestypischen Souvenirs (s. unten) sind vor allem **Schuhe** (Vietnam ist der viertgrößte Schuhexporteur der Welt!) sowie **Stoffe** und **Textilien** aller Art gefragt, aber zunehmend auch Software und Elektronik-Equipment.

Zu unterscheiden ist dabei zwischen rein einheimischen Produkten (auch, aber nicht nur für den Touristenmarkt gefertigt), Lizenzprodukten ansässiger ausländischer Hersteller (wie Adidas, Nike, Cardin, Vuitton, Triumph, ja selbst namhafter Wintersportmarken!) und zollgünstiger Marken- oder Schmuggelware aus aller Welt (Gucci, Ray Ban, Sony, Toshiba), teils **Original** (aber dann absolut nicht billig), teils hervorragender und auf Anhieb allenfalls für den Fachmann erkennbarer Fake, teils aber auch miserables, schundhaftes **Imitat.** Zwischen echten Schnäppchen und täuschend ähnlichem Schrott liegen oft nur wenige Handbreit.

„Mitbringsel"

Zu Vietnams Exportschlagern zählen seit geraumer Zeit auch **Kunsthandwerk** aller Art, **Einrichtungsgegenstände** und Mobiliar von erstaunlicher Qualität und Formschönheit. Natürlich wird allenthalben auch Murks und Kitsch produziert (wenn die Nachfrage nun mal da ist ...), aber die schiere Menge und Variationsbreite wirklich schöner, geschmackvoller Objekte und Gadgets, vom lackierten Bambuskästchen bis zum emaillierten Teeservice, ist wahrlich verblüffend.

Ein beliebtes (und preisgünstiges) Mitbringsel sind die typischen **konischen Hüte** *(non)* aus Palmblättern, die richtige kleine Kunstwerke sein können; die schönsten findet man auf dem Zentralmarkt in Hue. Sehr gefragt sind die in Vietnam auf eine lange Tradition zurückblickenden **Holz-, Lack-** und **Keramikarbeiten.** Auch **Seide, Stickarbeiten** und maßgefertigte **Kleidung** sind dank immer pfiffigerer Designs und besserer Qualität in der Gunst der Käufer gestiegen, ebenso wie Handwerkskunst der Ethnien und allerlei Schnickschnack im Ethno-Look.

Tipp: Wer vorhat, sich etwas schneidern zu lassen, sollte u.U. Schnittmuster, Fotos, Fotokopien o.Ä. von zu Hause mitbringen.

Wer sich stattdessen an der Ausrottung bedrohter Tierarten beteiligen mag, findet auch Elfenbein- und Schildpattkunstgewerbe. (Bei der Ankunft in Deutschland hat der Zoll das Recht, Mitbringsel aus Fellen, Häuten und Knochen geschützter Tiere zu beschlagnahmen und Verstöße gegen den Artenschutz zu ahnden.)

Antiquitäten

Die Zeiten, in denen clevere Großeinkäufer aus aller Welt ihren Schnitt machten, sind vorüber. Die wirklichen Schätze, für deren Ausfuhr es einer **Zollgenehmigung** bedarf (die man in der Regel aber nicht bekommt) – das Angebot reicht von kolossalen Möbelstücken über Buddhastatuen, Cham-Friese, Keramiken und Silberschmuck (Opiumpfeifen) –, befinden sich oft in „Hinterzimmern" und werden erst bei ausdrücklichem Kaufinteresse vorgezeigt. Da alle Gepäckstücke bei der Ausreise geröntgt werden, wird man seine wertvollen Einkäufe ohnehin meist wieder los, keinesfalls sollte man die Zollbeamten zu schmieren oder bestechen versuchen.

Das Gros der Ware in den aus dem Boden sprießenden Antiquitätenläden sind freilich (oft ausgezeichnet gemachte) Kopien und Imitate.

Sport und Aktivitäten

Golf

Die ersten Anlagen entstanden in den frühen 1990er Jahren *(King's Island,* Hanoi, 1993, *Dalat Palace,* 1994), inzwischen gibt es bereits über ein Dutzend, die meist von in Saigon und Hanoi lebenden Ausländern, wohlhabenden Einheimischen und Touristen aus der Region (Japan, Taiwan, Hongkong usf.) bespielt werden. Unter der Woche ist die Greenfee deutlich günstiger (um 70 $) als am Wochenende, wenn oft um die 100 $ zu entrichten sind. Die spektakulärsten Plätze sind der **Ocean Dunes Golf Club** bei Phan Thiet (günstige Pauschalangebote über das *Novotel Coralia Ocean Dunes Resort*) und der **Dalat Palace Golf Club** (c/o *Sofitel Dalat Palace*).

- www.vietnamgolfresorts.com
- www.golftrotter.com
- www.elephantgolf.com
- www.accorhotels-asia.com
- www.vietnam-tours.de

Trekking

Trekking-Zentren liegen vor allem im Norden (Sa Pa, Bac Ha) und im Zentralen Hochland (Da Lat, Dac Lac) sowie in den **Nationalparks,** von denen insbesondere Cuc Phuong, Cat Ba, Cat Tien und Bach Ma zu empfehlen sind. Die Zahl der Anbieter ist Legion, zumal in Saigon, Hanoi und Sa Pa, häufig kann das ein- bis mehrtägige Trekking mit Homestays (Unterbringung in Dörfern der ethnischen Minoritäten) verbunden werden.

Wer höhere Ansprüche stellt bzw. sich nicht allein auf Glück und Zufall verlassen will, sollte eine Buchung (Gruppen- oder Privat-Tour) über einen Spezialveranstalter wie *Handspan* oder *Topas* in Hanoi oder *SinhBalo Adventures* in Saigon in Erwägung ziehen. Rock-Climbing in der Halong-Bucht veranstaltet *Slopony* in Cat Ba.

- www.handspan.com
- www.topas-adventure-vietnam.com
- www.sinhbalo.com
- www.slopony.com

Kayaking

Traumreviere sind die **Ha Long-Bucht** und das Cat-Ba-Archipel. Angebote für Zweitagestouren ab Hanoi inkl. Übernachtung und Verpflegung auf dem Boot beginnen bereits bei 45 $ pro Person (Minimum 2 Pers.). Vorerst nur Handspan (s.o.) offeriert **Wildwasser-Kayaking** im Bergland – z.T. in Kombination mit Rafting. Auch in einigen Nationalparks (Cat Tien, Yok Don) sowie in Da Lat werden Kayaktouren angeboten.

Tauchen

Gute Tauchschulen mit Padi-Qualifikation finden sich vornehmlich in **Nha Trang.** Rund um die vorgelagerten Inseln gibt es um die 25 Tauchplätze. Beste Zeit ist von Mai bis Juni, aber auch im Winter sind die Konditionen gut; ungünstig sind lediglich Okt. bis Dez. Die Sicht liegt bei ruhigem Wasser zwischen 12–18, max. 20 m, die durchschnittliche Temperatur bei 25° an der Oberfläche und 22° in 12 m Tiefe. Nennenswerte Strömungen gibt es nicht, **Nachttauchen** ist möglich, da es viel Biolumineszenz gibt. Der ursprüngliche Fischreichtum ist durch Dynamitfischerei z.T. leider dezimiert und steht in keinem Verhältnis zur Vielfalt an **Korallen;** mit fast 350 registrierten Arten werden an einigen Tauchplätzen mehr Arten gezählt als in der ganzen Karibik zusammen.

Die Qualität auf der technischen Seite (Equipment, Kompressoren – durchweg Bauer –, Boote etc.) ist bei den meisten Anbietern gut bis sehr gut, das Briefing ist ausreichend, die Gruppen mit meist 4 Tauchern pro Guide erfreulich klein. Die Preise sind mit 50–70 $ für 2 Tauchgänge dem Gebotenen angemessen, dazwischen werden kostenlos Getränke und ein Imbiss angeboten. Die beiden besten, jeweils von Ausländern geführten Tauchschulen, haben außerdem Filialen auf **Whale Island, Phu Quoc** und **Con Dao** sowie in **Hoi An, Doc Let** und **Qui Nhon.**

- www.divevietnam.com
- www.cocodivecenter.com

Buchtipp

- *Klaus Becker:* **Tauchen in warmen Gewässern,** Praxis-Reihe, Reise Know-How Verlag

Wassersport

Die meisten **Strandresorts** bieten Wassersport und die dazu nötigen Geräte an: Segelboote, Katamarane, Surfbretter, manchmal auch Wasserski, Jetski, Paragliding usf. In **Mui Ne** treffen sich **Wind- und Kitesurfer** aus aller Welt; verschiedene, zumeist ausländisch geführte Unternehmen sind dort bereits ansässig. Beste Region zum Surfen ist der China Beach bei Da Nang.

- www.kitesurf-vietnam.com
- www.windsurf-vietnam.com

Sprache und Verständigung

Vietnamesisch

Ein großer Vorteil: Die Vietnamesen schreiben im Gegensatz zu allen ihren Nachbarn in **romanischen Lettern.** Das bedeutet, dass man überall alles lesen und, wenn man sich auch nur ein bisschen Mühe gibt, binnen kurzem Aufschriften, Fahrpläne, Plakate, Speisekarten u.Ä. entziffern kann. Die romanisierte Schrift mit Akzenten, die die jeweilige Tonhöhe markieren, setzte sich auf Betreiben der französischen Kolonisten gegen Anfang des 20. Jh. durch, nachdem europäische Missionare sie bereits im 17. Jh. entwickelt hatten. Vornehme Vietnamesen schrieben noch bis zum 1. Weltkrieg Chinesisch (s. *Schrift und Literatur)*.

Vietnamesisch ist eine eigenständige und unverwechselbare Sprache, die sich sowohl aus **südostasiatischen** (Mon-Khmer) wie **ostasiatischen** (sino-mongolischen) Elementen zusammensetzt. In Nord-, Mittel- und Südvietnam spricht man einen jeweils anderen **Dialekt,** der Unterschied ist in etwa so groß wie beispielsweise der zwischen Hanseatisch, Kölsch und Hessisch, d.h. die Abweichungen können gravierend sein (zumal für Ausländer), zuweilen verwendet man auch unterschiedliche Wörter für ein und denselben Begriff. Am „reinsten" spricht man im Norden (wo man daher auch vietnamesisch radebrechende Ausländer am besten versteht). Je weiter man nach Süden kommt, desto undeutlicher und verwaschener („breiter") wird die Aussprache.

So simpel vietnamesische Wörter auf den ersten Blick aussehen mögen, so vertrackt ist ihre **Aussprache,** denn Vietnamesisch zählt zu den **Tonalspra-**

Buchtipp

- *Monika Heyder:* **Vietnamesich – Wort für Wort,** Reise Know-How Verlag

chen. Das bedeutet, dass die gleiche Silbe völlig unterschiedliche Bedeutungen annimmt, je nachdem in welchem **Tonfall** man sie ausspricht. Auch wenn man nach dem soundsovielten Anlauf noch immer nicht den „richtigen Ton" gefunden hat, sollte man nicht entnervt aufgeben, denn irgendwann bekommt man schon ein Gespür für die Sprache – und das ist auch notwendig. Denn auf dem Land, an Busbahnhöfen, Essständen, auf Märkten, einfach überall da, wo Touristen nicht üblich sind, kommt man ohne einige wenige Grundkenntnisse nur schwer zurecht.

Und wenn es mit den Tönen mal wieder absolut nicht funktionieren will, dann schreibt man das Wort einfach auf einen Zettel. Was allerdings auch nicht immer hundertprozentigen Erfolg verspricht. Für einen Vietnamesen ist ein Wort ohne Akzente wie ein Auto ohne Räder.

Einige wichtige Regeln und Grundbegriffe der Sprache enthält die *Kleine vietnamesische Sprachhilfe* im Anhang dieses Buches.

Französisch

Französisch wird noch heute von Älteren und Gebildeten gesprochen. Da die ehemalige Elite des Südens meist schon vor 1975 auswanderte, bedienen sich heute in der Mehrzahl Funktionäre und Intellektuelle des Nordens der Sprache. Zahlreiche Begriffe, die den Einheimischen bis dato unbekannt waren, wurden während der Kolonialzeit übernommen, d.h. vietnamisiert.

Hier eine kleine Kostprobe:

Vietnam.	Französ.	Deutsch
ga to	gateau	Kuchen
ga	gare	Bahnhof
ga ra	garage	Garage
xà bông	savon	Seife
ốp la	oeufs plats	Spiegeleier
phó mát	fromage	Käse
vang	vin	Wein
cô nhấc	cognac	Kognac
cà rốt	carotte	Karotte
so mi	chemise	Hemd
mu tat	moutarde	Senf

Englisch

Anders als das „klassische" Französisch der Gebildeten galt Englisch lange Zeit als Sprache der Parvenüs oder Kollaborateure. Das hat sich seit etwa 1990 allerdings geändert. Nachdem nicht nur die Jugend, sondern auch die Älteren die einstmals verpönte Sprache als Einstieg in profitable Joint-Venture-Jobs, notwendige Vorbedingung für eine Beamtenkarriere oder die Gründung eines eigenen Betriebes ansahen, platzten die Englischkurse im ganzen Land bald aus allen Nähten.

Da die Vietnamesen aber sehr viel fixer lernen als adäquate Arbeitsplätze für sie geschaffen werden können, landen sie zur nicht geringen Freude der Touristen außergewöhnlich häufig gerade im Hotel-, Gaststätten- und Tourismusgewerbe. Es gibt heute kaum ein Land Asiens, in dem nicht nur in großen Hotels und Touristenzentren, sondern auch abseits ausgetretener Pfade so viele Menschen so gut Englisch sprechen (wenn auch vielleicht nicht immer beherrschen).

Deutsch

Nicht nur eine Vielzahl von Arbeitern und Facharbeitern, die heute in allen möglichen Berufen tätig sein können, sondern auch zahlreiche Ingenieure, Ärzte, Anwälte etc. sprechen als Fremdsprache Deutsch (oder Russisch), da sie in der DDR (oder der ehemaligen Sowjetunion) ausgebildet worden sind. Selbst noch in den entlegensten Winkeln des Landes kann die Situation eintreten, plötzlich auf deutsch angesprochen zu werden, denn insgesamt mehr als 200.000 Vietnamesen haben die Sprache in Magdeburg, Leipzig oder Halle gelernt und sprechen sie oftmals sogar erstaunlich gut.

Namen in Vietnam

In jeder vietnamesischen Stadt trifft man auf die gleichen rätselhaften Namen auf den Straßenschildern. Der tägliche Umgang damit wird sicher leichter, wenn man weiß, was sie bedeuten.

Gleichzeitig bieten diese Namen einen kleinen Exkurs zur Geschichte Vietnams wie auch dem Selbstverständnis der Vietnamesen. Helden über Helden, die dem übermächtigen China die Stirn boten. Aber eine im Verhältnis geradezu bescheidene Verherrlichung der jüngeren Vergangenheit und so gut wie überhaupt keine zeitgenössischen Namen. Auch als Sozialisten frönen die Vietnamesen keinem **Personen-,** sondern allenfalls dem **Ahnenkult.**

Personennamen

Vietnamesische Namen sind in der Regel dreigeteilt und setzen sich zusammen aus Familienname, Mittelname und Rufname. Beispiel: *Nguyen Van Quy.* Nguyen ist der verbreitetste Familienname, gut ein Drittel der Bevölkerung heißt so; daneben gibt es etwa 300 weitere Familiennamen wie Le, Tran, Pham, Duong usf. Der Mittelname gibt Aufschluss über Geschlecht (Thi beispielsweise ist immer weiblich) oder eine bestimmte Eigenschaft oder -art. Der Vor- oder Rufname ist oft symbolisch und kann ebenso Wünsche oder Gefühle, Blumen oder Gottheiten bezeichnen. Alle drei Namen sollen eine harmonische Einheit bilden.

Bei der **Anrede** verwendet man ausschließlich den Vornamen (im obigen Beispiel also *Quy),* aber in Ermangelung „persönlicher" Fürwörter wie „ich", „du", „Sie" stets in Kombination mit einer vorangestellen, das Alter oder den Rang des Angesprochenen markierenden Bezeichnung (wie beispielsweise Lehrer, älterer Onkel, jüngere Tante, älterer Bruder, kleine Schwester usf.). Im ersten Moment „neugierig" erscheinende Fragen vieler Vietnamesen nach Alter, Herkunft und Familienverhältnissen ihrer Gesprächspartner sind nur dazu da, die stimmige, „korrekte" Anredeform herauszufinden.

Von Ausländern wird keinesfalls erwartet, dass sie zwischen den Feinheiten der verschiedenen „Onkels" unterscheiden können, allerdings wäre

Straßennamen in Vietnam

Bach Dang	Fluss bei Haiphong. 939 erkämpfte Ngo Quyen auf ihm die Unabhängigkeit, 1287 verteidigte Tran Hung Dao sie dort gegen die Mongolen.
Dien Bien Phu	„Des weißen Mannes Stalingrad". Der Fall der Dschungelfestung bedeutete 1954 auch das Ende der französischen Kolonialherrschaft.
Hai Ba Trung	Der Heroismus der „Zwei Schwestern Trung", die im 1. Jh. die Chinesen vertrieben und sich zu Königinnen krönten, endete im gemeinsamen Freitod.
Ham Nghi	Der einzige Kaiser, der den Franzosen bewaffneten Widerstand leistete, wurde 1888 ins Exil nach Algerien verbannt.
Hung Vuong	Der legendäre „Ur-Kaiser" der frühen Vietnamesen vor der 1000jährigen Kolonialisierung durch China (um 700 v.u.Z.).
Le Duan	Kampfgefährte Ho Chi Minhs. 1931–36 und 1940–45 in französischen Kerkern, von 1960 bis zu seinem Tod 1986 Generalsekretär der KPV.
Le Lai	Doppelgänger Le Lois, der sich im Krieg gegen China 1418 aufopferte.
Le Loi	Vertrieb 1428 nach 10jährigem Guerillakrieg die Besatzungsmacht der chinesichen Ming und wurde als Kaiser Le Thai To Begründer der mächtigsten vietnamesischen Kaiser-Dynastie.
Le Thai To	Le Lois Name als Kaiser.
Ly Thai To	Gründer der Ly-Dynastie. Machte Hanoi 1009 zur Hauptstadt und leitete die Blütezeit des Buddhismus und der Monarchie ein.
Ly Thuong Kiet	General, der 1077 eine Invasion der Chinesen zurückschlug.
Nam Ky Khoi Nghia	„Erhebung des Südens". Erinnert an den Unabhängigkeitskampf Cochinchinas gegen Frankreich und Japan 1944/45.
Ngo Quyen	Besiegte 938 die Chinesen auf dem Bach-Dang-Fluss und wurde der erste Kaiser der vietnamesischen Neuzeit (938–944).
Nguyen Du	Der Goethe Vietnams. Verfasste Anfang des 19. Jh. den berühmten Versroman „Kim Van Kieu".
Nguyen Hue	Anführer der Tay-Son-Revolte (1771–1802), die das jahrhundertelang zweigeteilte Kaiserreich wiedervereinigte und reformierte. Als Kaiser Quang Trung der letzte Monarch, der eine Invasion der Chinesen zurückschlug.
Nguyen Trai	Dichter und Stratege. Unterstützte mit Proklamationen, Spottversen und Flugblättern Le Lois Kampf gegen die Chinesen.
Phan Boi Chau	Nationalist und Republikaner (1867–1940), Symbolfigur des vorkommunistischen Widerstands gegen den französischen Kolonialismus.
Quang Trung	Kaisername von Nguyen Hue.
Tran Hung Dao	Feldherr, der 1284 und 1287 die Mongolen Kublai Khans, die ganz Asien überrannten und bis vor die Tore Wiens rückten, aus Vietnam vertrieb.
Tran Phu	Erster Generalsekretär der KPV, 1930 von den Franzosen ermordet.
30 Thang 4	Rückeroberung Saigons (30. 4. 1975), gespr. *ba muoi thang bon.*
3 Thang 2	Gründungsdatum der KP (3. 2. 1930), gespr. *ba thang hai.*

es ein Gebot der **Höflichkeit,** zumindest gegenüber Älteren ein Mister oder Madame vor den Vornamen (!) des Angeredeten zu setzen.

Hotelnamen

Nicht mit dem Namen der Hotels selbst zu verwechseln sind die verschiedenen vietnamesischen Bezeichnungen für „Hotel".

	wörtlich:	
khách sạn	*Gast Stein*	Hotel
nhà khách	*Haus Gast*	Hotel, Gasthaus
nhà nghỉ	*Haus Ruhe*	Hotel, Pension
phòng trở	*Zimmer Verweilen*	Fremdenzimmer

Stromversorgung

Generell 220 Volt (50 Hz). Stromausfälle sind heute selten geworden und treten meist nur noch auf dem Land, zumeist nach Regengüssen auf, dauern aber selten lange an. Lediglich einige Inseln und abgelegene Dörfer sind noch nicht an das öffentliche Stromnetz angeschlossen und werden meist von Generatoren versorgt. Übliche Batterien (Baby- wie Mono-Zellen) sind überall erhältlich.

Unterkunft

Der Standard von Vietnams Unterkünften ist **mustergültig,** speziell in den **unteren Kategorien** (Unterkünfte zwischen 5 und 20 US$). Ein Vergleich der berühmten Travellermeile Khao San in Bangkok mit entsprechenden Vierteln in Saigon und Hanoi würde niederschmetternd ausfallen für Thailands Metropole. Enge, muffige Verschläge sind äußerst selten, ja geradezu verpönt. Selbst Billigunterkünfte verfügen in der Regel über große, luftige Zimmer und sind bestens ausgestattet – Air Condition, Minibar, Sat-TV, IDD-Telefon gehören oft schon zum selbstverständlichen Standard einfacher Minihotels und Guesthouses.

Vietnams Nachteil hat sich schon lange zum Vorteil verkehrt – da es vor 1995 nahezu nichts gab, was internationalen Standards und Gepflogenheiten entsprach, sind fast alle Hotels erst innerhalb der letzten zehn Jahre entstanden. Und da die Konkurrenz groß ist, sind selbst „ältere" Hotels permanent gezwungen nachzubessern, um mit der rasanten Entwicklung Schritt zu halten.

In Großstädten und Touristenzentren wie Hoi An oder Sa Pa ist die Auswahl an geeigneten Unterkünften schier unerschöpflich. Aber selbst in Orten, in die sich kaum je ein Ausländer verirrt, braucht man heute nicht mehr zu darben. Ein, zwei „Wunschunterkünfte" für jeden Geldbeutel und Geschmack wird man nahezu überall finden – außer vielleicht in der allertiefsten Provinz oder beim Trekking oder Biking (wenn man den nächstgrößeren Ort nicht mehr schafft).

Auch an **Luxus-** und **First Class-**Hotels, oft Auslandsinvestitionen und/oder Joint Ventures, ist da, wo sie gebraucht werden, kein Mangel.

Ohne **Spa** und „Wohlfühlzone" kommt kein besseres Hotel oder Resort aus. Aber auch wer bescheidener wohnt, muss nicht darben: In allen Großstädten und Touristenzentren sprießen sie wie Pilze aus dem Boden. www.spasvietnam.com.

Die außergewöhnlichsten Unterkünfte

Die *außergewöhnlichsten* sind nicht automatisch „die schönsten & besten" (auch wenn viele von ihnen dazuzählen). Und erst recht bilden sie keine sogenannten „Top Ten". Es sind Orte, die die *Normen* sprengen – in welcher Hinsicht auch immer –, die unverwechselbar sind. Orte, die etwas bieten, etwas „an sich haben", was sie von anderen unterscheidet. Es geht nicht um Luxus oder (messbare) Qualität, sondern um das individuelle, einzigartige Erlebnis.

Stadthotels & -resorts

- **Sofitel Metropole,** Hanoi. Tradition und Noblesse. Das erste Grandhotel Indochinas, teils liebevoll restauriert, teils kongenial nachempfunden.
- **Park Hyatt,** Saigon. Perfekte Symbiose aus Kolonialstil, Hightech-Avantgarde und vietnamesischen Antiquitäten. Vorbildlich.
- **Ana Mandara Villas,** Da Lat. Zwischen Lifestyle und Nostalgie. Zeitgenössische Gemütlichkeit in halb restaurierten, halb neu interpretierten Kolonialvillen.
- **Sofitel Palace,** Da Lat. Intimes Grandhotel-Feeling zwischen dezentem Luxus und einem letzten Hauch Realsozialismus.
- **Victoria,** Sa Pa. Eine *Burg* der Behaglichkeit, nur einen Flügelschlag von Travellerauftrieb und Ethnienzirkus entfernt.
- **La Residence,** Hue. LebensArt am Fluss der Wohlgerüche im coolen Chic der 1920er Jahre. Art Deco bis ins kleinste, liebevolle Detail.
- **Majestic,** Saigon. Moderner Komfort, aber der Hauch der guten alten Zeit ist auf angenehme Weise erhalten geblieben.
- **Life Resort,** Hoi An. Entspannung, Charme, Gastlichkeit, Atmosphäre. Passt genau zum bunten Schatzkästlein Zentralvietnams.
- **Victoria,** Can Tho. Zwischen den Flüssen am Pool – luftig, großzügig, elegant. Eine Delta-Residenz wie aus dem Bilderbuch.

Landhotels & -resorts

- **Pilgrimage Village,** Hue. Ein Haus mit besonderem Charme, Stil und Klasse.
- **Topas Ecolodge,** Sa Pa. Mitten im Dschungel zwischen Komfort- und Abenteuerurlaub.
- **Pan Hou Resort,** Hoang Su Phi. Wohltemperiertes Basiscamp zum Erkunden fremder Landschaften und Menschen; Ethnien ohne Zirkus.
- **Mai Chau Lodge,** Mai Chau. Wie ein Ufo aus einer entfernten Zivilisation, das in den Reisfeldern gelandet ist.
- **Belvedere,** Tam Dao. Den Dschungel am Rand des Pools – und das im Hinterland von Hanoi.

Beach Resorts

- **Ana Mandara,** Nha Trang. Charmante Einfachheit und exquisite Schönheit am Strand des „Nizza" Indochinas. Zum Wohlfühlen.
- **Evason Hideaway,** Nha Trang. Insel-Zuflucht ohne falschen Protz und Prunk – wahrer Luxus ist Überfluss an *Raum* und *Zeit* (und ein *Pool* vor jeder Villa).
- **Victoria,** Hoi An. Finesse und guter Geschmack statt Schablone von der Stange – da können alle Nachahmer nur erblassen.
- **Cham Villas,** Mui Ne. Charme und Intimität ohne bemühten Pseudo-Luxus und aufgesetzte „Exotik". Mustergültig.

008vi Foto: kb

- **Whale Island Resort,** Dam Mon. Insel-Entspannung zwischen Hedonismus (Sonnen, Essen, Trinken) und Askese (Schlafen, Wohnen).
- **Mai House,** Phu Quoc. Eigenwillig naturbelassen (no TV, AC, Pool), aber rundum perfekt und unaufgeregt. Ein Ort um zu sich zu finden.
- **La Veranda,** Phu Quoc. Komfort-Refugium mit viel Stil und Individualität – (nicht nur) auf der Insel ein Unikat.
- **Ki-Em Art House,** Doc Let. Anmutig, feminin, idyllisch, überraschend. Die unverwechselbare Handschrift einer Künstlerin.
- **Jungle Resort,** Doc Let. Zurück zu den Wurzeln – auch einfach lebt sichs angenehm. Rustikales *Robinson*-Feeling wie nirgends sonst.

Budget Hotels

- **Madam Cuc,** Saigon. Eine gute Stube für alle. Die Herzlichkeit der Madam und ihrer fröhlichen Brigade geben jedem das Gefühl, zu Besuch bei Freunden zu sein.
- **Binh Minh,** Hue. Der nostalgische Charme von Hue gepaart mit Gastlichkeit und Effizienz – eine Kombination zum Wohlfühlen.
- **Dreams,** Da Lat. Leckeres Frühstück, gute Bäder, Internet, familiär aber unaufdringlich – wie man sich eine Herberge wünscht.
- **Baguettes & Chocolat,** Sa Pa. Fast so schmackhaft wie's klingt. DeLuxe-Pension mit gepflegtem Café. Und man tut obendrein was Gutes.
- **Binh Duong,** Hue. Blitzblank wäre eine Untertreibung. Und Zimmer mit eigenem PC sind definitiv Avantgarde.
- **Thien Thanh,** Hoi An. Freundliches Boutique-Schatzkästlein mit Pool, viel Grün und pfiffigem Design. Exemplarisch!
- **Backpackers Hostel,** Hanoi. Urig? Nein, chic! Von einer Jugendherberge weiter entfernt als Hanoi von Wattenscheid.

Wovon es eher nicht genügend gibt, sind größere bis große Häuser der **Mittelklasse,** die auch für Gruppenreisende und Pauschaltouristen geeignet sind.

Engpässe können auch in der Hochsaison trotz allem hin und wieder auftreten, vor allem im höheren Preissegment. Speziell an den **Stränden** von Mui Ne, Hoi An und Phu Quoc – und das gilt für Luxusresorts ebenso wie für preisgünstigere Unterkünfte – ist während der Saison frühzeitige Reservierung angeraten. Und wer sich um Weihnachten und Neujahr an den Stränden tummeln will, kann gar nicht früh genug buchen.

Ein zumindest rudimentäres, meist aber erstaunlich gutes **Englisch** wird praktisch in allen Hotels und Guesthouses gesprochen, in denen Ausländer absteigen. Oft selbst in der Provinz.

Faustregeln

- Niemals das **erstbeste** Zimmer nehmen. Immer mehrere Zimmer, auch unterschiedlicher Kategorien, anschauen, wiederholt nach dem Preis und möglichen Rabatten fragen, bevor man eine Entscheidung fällt.
- Die **besten** Zimmer einer preisgünstigeren Unterkunft sind fast immer den Standardzimmern einer „höherklassigen" vorzuziehen. Das gilt für *jede* Preiskategorie! Für 15–20 $ erhält man in Minihotels bereits eine kleine „Suite" mit Balkon, wofür einem in einem „besseren" Hotel gerade mal ein „Chauffeur-Zimmer" ohne Fenster oder zum Lichtschacht angeboten wird.
- Zimmer **ohne Fenster** oder nur mit Innenfenster sind zwar generell ruhiger, andererseits ist man dann fast zwingend auf die Klimaanlage angewiesen. Außer in Luxushotels funktioniert die aber meist nur eingeschränkt: zu laut, falsch angebracht (z.B. direkt über dem Bett), nicht regelbar usw. Die Folge: Entweder man friert furchtbar und holt sich eine Erkältung (wenn nicht Schlimmeres) oder man schmort im eigenen Saft.

Kategorien

Das von der vietnamesischen Tourismusbehörde 2002 eingeführte Sternesystem (*–*****) taugt herzlich wenig – staatliche Hotels kommen viel zu gut weg; unterhalb von drei Sternen wird praktisch gar nicht mehr gewertet usf. –, sodass wir bei unserer gewohnten Klassifizierung bleiben.

- **Luxus.** Meist Ableger internationaler Konzerne (Sofitel, Hilton, Renaissance usf.) in Saigon, Hanoi, Da Lat, Nha Trang etc. Ab 200 $.
- **First Class.** Gehobener internationaler Standard, mit kleinen Einschränkungen allenfalls bei Service und Instandhaltung. Ab 100 $.
- **Economy.** Mittelklasse mit allem Komfort, wenn auch nicht immer erster Qualität (Klimaanlagen, Kühlschränke, Bäder, Mobiliar). Dies gilt vor allem für die (oft staatlichen) Hotels außerhalb der Touristenzentren. Staatsmonopolistische Betriebe, die eher an progressiven Strafvollzug denn an Stätten der Gastlichkeit erinnern, sind allerdings definitiv im Aussterben. 40–100 $.

• **Budget.** So viele erstklassige Häuser findet man selten irgendwo auf der Welt. Aircondition, Minibar, Sat-TV, Telefon, eigenes Bad, manchmal sogar mit Badewanne, sind Standard. Aufgrund der typischen Bauweise der Minihotels – sehr großes Zimmer zur Straße, oft mit Balkon, weniger großes nach hinten, das kleinste in der Mitte – haben Zimmer im Innentrakt oft keine richtigen Fenster. 15–40 $.

• **Low Budget.** Selbst in dieser Kategorie findet man meist geräumige Zimmer mit ordentlichen Betten und eigenem Bad (8–15 $). Einige Minihotels in Saigon, Hanoi etc. führen Schlafsäle (Dorms) mit meist 4–8 Betten (p.P. 3–6 $).

Preise

Vor 1989 durften Ausländer ohne Ausnahme in „Devisenhotels" logieren und mussten ausschließlich in US-Dollar zahlen. Danach gab es zeitweise unterschiedliche Preise für Vietnamesen, Viet Kieu (Auslandsvietnamesen), Angehörige sozialistischer Bruderstaaten und kapitalistische Ausländer. Lang ist's her. Ausländerpreise sind nahezu abgeschafft, und echte Unverschämtheiten leistet sich heute kaum mehr jemand, dafür ist der Konkurrenzkampf zu groß.

• Viele Hotels führen **Preislisten,** die nur das oberste Niveau angeben. Hartnäckiges Fragen nach billigeren Zimmern und **Rabatten** lohnt sich oft. Nicht selten werden Zimmer günstiger abgegeben, wenn man auf die Klimaanlage verzichtet. **Unterschiedliche Preise** beziehen sich in der Regel auf Größe und Lage des Zimmers (s.o., *Budget)*, bei mehrstöckigen Häusern ohne Lift auch auf die Etage (je höher, desto billiger). Bei Häusern mit Lift ist es genau umgekehrt.

• Hotels der oberen Preiskategorie berechnen zuzüglich zum Zimmerpreis **10 % Steuer** und **5 % Service;** die gebräuchliche **Abkürzung** dafür lautet ++.

• **Kreditkarten** akzeptieren alle großen Hotels und mittlerweile selbst viele Minihotels. Gebühren von 2–4 % sind dabei allerdings die Regel.

• Hotels, in denen vornehmlich Ausländer absteigen, weisen ihre Preise der Einfachheit halber meist in **US Dollar** aus.

Preise und Rabatte

• Alle Preise verstehen sich für **Doppelzimmer** (DZ).
• Alle Preise sind **Public Rates** – Preise, die man an der Rezeption zahlt –, es sei denn, Hotels bieten auf ihren Websites günstigere **Internet Rates** an.
• **Reiseveranstalter** sowie **Online-Hotelagenturen** bieten Preisnachlässe, die oft nur einen *Bruchteil* der offiziellen Raten betragen. Nachteil ist (relativ kleine Kontingente), dass man frühzeitig buchen und seine Reise verplanen muss.
• **Agenturen vor Ort** sind nicht ganz so günstig, aber flexibler, sodass man oft an Ort und Stelle noch kurzfristig mit Discount buchen kann.

• AC	Aircondition
• WW	Warmwasser
• KW	Kaltwasser
• BF	Breakfast
• ++	Aufschlag 10 % Tax und 5 % Service

Webseiten (www.)

- vietnamtourism.com
- hotelvietnamonline.com
- hotels.com.vn
- traveltovietnam.com
- whl.travel/destination/asia
- hotels84.com
- vietnamstay.com
- hotels-in-vietnam.com
- vietnamhotels.biz
- vietnam-hotels-discount.com
- all-vietnam-hotels.com
- discover-vietnam.de (dt.)
- g-t-n.de (dt.)

Verhaltenstipps

Bereits dem jungen Ho Chi Minh fiel auf: „Die Franzosen in Frankreich sind besser und höflicher als die in Indochina“. Auch Touristen treten gern wie Kolonisten auf und benehmen sich in der Fremde auf eine Weise daneben, wie sie es sich zu Hause allenfalls im Karneval gestatten. Wir sind der Meinung, entweder man akzeptiert ein Land und seine Menschen, einschließlich aller Widersprüche, anderer Moralvorstellungen und Zeitbegriffe, oder man sollte besser einen ordentlichen Club-Urlaub machen, wo alles wie gewohnt ist und Exotik Spaß macht und nicht zu einer Herausforderung wird, die man im Grunde gar nicht will.

Um zu Ho Chi Minh zurückzukehren: sich Vietnamesen gegenüber zumindest als höflich und respektvoll zu

Festgesellschaft mit Sonnenschirm

009vi Foto: kb

erweisen kostet nicht viel und bedarf es (eigentlich) wenig.

Begrüßung. Zur Begrüßung reicht man sich nach westlicher Art die Hand, wobei Älteren immer der erste Gruß gebührt. Die vietnamesische Eigenart, die ausgestreckte Rechte mit beiden Händen zu umfassen und ausgiebig zu drücken, haben wir immer als sehr herzlich empfunden. Visitenkarten (auch Geschenke oder Geld) sollten Respektspersonen mit beiden Händen gegeben werden.

Zu Beginn jedes Gesprächs, jeder Verhandlung oder neuen Bekanntschaft wird **Tee getrunken** (neuerdings auch Wasser o.Ä.). Man nimmt sich Zeit, redet von Verwandten, vom Wetter, von Gott und der Welt, tauscht Zigaretten aus, entspannt sich und lernt sich erst einmal kennen. Nichts wäre falscher und unhöflicher, als sofort mit der Tür ins Haus zu fallen und auf rasche „Ergebnisse" zu drängen. Selbst auf unproblematische Fragen wird man unter diesen Umständen eindeutige Antworten, falls überhaupt, erst nach und nach erhalten.

Gesicht wahren. Oberstes Gebot: Gefühle werden nicht gezeigt, sondern mit einem Lächeln überspielt. Auch wenn der Fremde noch so sehr in Eile ist, Vietnamesen, geschweige denn Polizisten oder Beamte, lassen sich von arrogantem Auftreten, ungeduldiger Drängelei, Besserwisserei oder gar Geschrei (zumindest nach außen hin) nicht beeindrucken. Man wird nur „sein Gesicht verlieren", die Wartezeit um so mehr verlängern und wahrscheinlich sogar unverrichteter Dinge abziehen müssen.

Umgekehrt sollte man aber auch einen Vietnamesen niemals dahin bringen, sein Gesicht zu verlieren. Zum Beispiel, indem man Unmögliches von ihm verlangt. Er wird sich winden und alle erdenklichen Ausflüchte finden, nur um das „unhöfliche" Nein zu vermeiden. Auch allzu direkte Fragen, die womöglich eine „private" (individuelle) Meinungsäußerung erforderlich machen, werden in der Regel allenfalls betretenes Schweigen und verlegenes Lächeln hervorrufen. Unverbindliche Erkundigungen nach Alter, Familie, Kindern und dergleichen werden hingegen keineswegs als Neugier oder gar Eindringen in die Privatsphäre, sondern als höfliches, wenn nicht gar freundschaftliches Interesse empfunden.

Gesten. Ebenso wie es nicht angebracht ist, Ärger zu zeigen oder laut und aggressiv zu werden, verlangt auch die Körpersprache Zurückhaltung. Man gestikuliert nicht beim Reden, deutet nicht auf Gegenstände oder Menschen mit dem Finger, steigt nicht über Sitzende hinweg und vermeidet, daß die Fußsohlen auf den Gesprächspartner zeigen. Mit einer ruhigen Bewegung der ganzen Hand (Handrücken nach oben) winkt man jemand, z.B. einen Kellner, heran, mit einer drehenden Handbewegung wehrt man ab.

Besuche. Man sollte stets seinen vietnamesischen Bekannten die Entscheidung überlassen, ob sie es für richtig finden, sie in ihrer Privatwohnung aufzusuchen oder nicht. Häufig ist eine Einladung mit einem Essen verbunden, dann wäre eine kleine Aufmerksamkeit für die Gastgeber angebracht.

Übernachtungen bei Einheimischen sind zwar erlaubt. Aber auch Privatleute, sei es in Hanoi oder irgendwo auf dem Land, sind verpflichtet, ihre Gäste bei der Polizei anzumelden.

Geschenke. Mit kleinen Geschenken wird man immer Freude bereiten, nur: Was schenkt man denn eigentlich? Denn kaufen kann man ja (fast) alles. Eine Spezialität aus dem Ausland, etwas, das es in Vietnam nicht gibt, kommt immer gut an. Freunde kann man fragen, ob sie (Fach-)Bücher, Kosmetika, Medikamente benötigen, man wird es offen sagen. Bei einer Essenseinladung sind wie bei uns Blumen, Getränke, Süßigkeiten angebracht. Geschenke sollten verpackt, Geld im Kuvert übergeben werden. Dass man sie nicht sofort nach Erhalt auspackt, ist keine Ignoranz, sondern gehört zum guten Ton.

Schwierig wird es bei unerwarteten Einladungen z.B. in einem Minoritätendorf. Gastgeschenke sollten nur dem Familienoberhaupt übergeben werden. Bonbons oder Geld an Kinder zu verteilen ist die schlechteste Lösung und führt nur zu Bettelei.

Trinkgelder waren lange in Vietnam überhaupt nicht üblich, werden aber natürlich gerne akzeptiert. Auch Einheimische runden in Restaurants die Rechnung auf, geben einen *tip* für kleine Dienstleistungen. Die Rechnungen teurer Restaurants und Hotels beinhalten bereits einen Servicezuschlag (meist 5 %), manche Hotels der Luxusklasse weisen darauf hin, dass ihr Personal keine Trinkgelder erwartet. Es bleibt also dem Ermessen des Gastes überlassen, was er gibt. Nur sollte es ein vernünftiger, der Leistung angemessener Betrag und nicht ein wahlloses „Dollar-in-die-Hand-drücken" sein, das eine Erwartungshaltung weckt, die den nächsten Gast unweigerlich schäbig dastehen lässt.

Fotografieren. Einheimische sind keine exotischen Objekte. Sondern Menschen, die man um ihre Einwilligung bitten sollte, bevor man sie ablichtet. Ein kurzer Blick, eine Geste, ein aufmunterndes Lächeln genügen oft.

Kleidung. Es sollte eigentlich eine überflüssige Bemerkung sein, dass ein einigermaßen zivilisiert gekleideter Reisender einen deutlich besseren Eindruck macht als einer im allzu lässigen Freizeitlook. Vietnamesen sind weit davon entfernt, Kleidung überzubewerten, aber selbst Leute mit geringem Einkommen legen Wert auf gepflegtes Äußeres. Immer häufiger wird das schlampige Auftreten von Touristen, z.B. in Pagoden oder Restaurants, von den Vietnamesen mit deutlichem Missfallen registriert. Wer sich allzu nachlässig kleidet, wertet nicht nur sich selbst ab, sondern zeigt auch Missachtung gegenüber den Menschen, deren Land er bereist.

Vietnamesische Frauen sieht man meist in Hosen: elegant im Ao Dai, modern in Jeans und praktisch in der schwarzen chinesischen Hose. Über Ausländerinnen in Shorts oder Minis wird sich in Vietnam niemand moralisch erregen. Klar sollte aber sein, dass man sich damit auf dem Land einfach lächerlich macht und in der Stadt den „leichten Frauen" zugeordnet wird.

Am Strand gibt man sich locker. Aber: Nur ignorante und unsensible Frauen zeigen sich an öffentlichen Stränden oben ohne. Nackt Baden ist in Vietnam völlig tabu, selbst am einsamsten Strand sollte sich der Fremde niemals allein wähnen.

Kinder, Händler, Bettler. Viele hielten sie für die drei Plagen des Landes, und zwar in genau dieser Reihenfolge, aber die ursprüngliche Neugier vor allem der Kinder hat sich längst gelegt, und ein *Tay* im Dorf oder auf der Straße wird mittlerweile nur mehr selten einen Volksauflauf erzeugen. Es geht also „professioneller" als früher zu, d.h. auf der einen Seite nehmen die Händler und Bettler zwar immer mehr zu, auf der anderen Seite sind sie erfahrener und erkennen inzwischen schneller, „wo es nichts zu holen gibt". Wichtigstes Gebot ist: nur keine Unsicherheit zeigen. Spielerisch auf Kinder zugehen, entschieden die Angebote von Händlern ablehnen und Bettler ignorieren, sofern man den Eindruck hat, dass es sich um Betrüger handelt (was zugegebenermaßen nicht immer einfach ist). Beim Geben muss man sich nicht als reicher Ausländer aufspielen, ein 2000 Dongschein ist ausreichend.

Pagoden. Pagoden in angemessener Kleidung und ohne Schuhe zu betreten ist höflicher als mit, obwohl man Besuchern in dieser Hinsicht selten Vorschriften macht. Auf die erhöhte Eingangsschwelle sollte man nicht treten. Buddhafiguren gegenüber zeigt man Achtung, indem man sie weder am Kopf berührt, noch ihnen beim Sitzen die Füße entgegenstreckt.

Die Mönche sind sehr freundlich, öffnen Türen, beleuchten den Altar, bieten Tee an. Wir haben die Erfahrung gemacht, dass man respektvolles Verhalten mindestens genauso schätzt wie eine kleine Spende in die „Donation-Box".

Verkehr

Allgemeine Verkehrslage

In Vietnam sterben derzeit mehr Menschen im Straßenverkehr – über 11.000 im Jahr oder 30 pro Tag – als durch tropische Krankheiten wie Malaria oder Dengue Fieber. 80 % aller tödlichen Unfälle passieren auf National- und Provinzstraßen, in über 65 % aller Fälle sind Motorräder (über 13 Mio.) verwickelt. Hauptursache sind zu schnelles Fahren und riskante Überholmanöver. Seit Dezember 2007 besteht *allgemeine* **Helmpflicht für Motorradfahrer** und Beifahrer.

Abseits der verkehrsreichen Hauptrouten – N1, einige Strecken im Mekong-Delta usf. – geht es auf Vietnams Straßen immer noch halbwegs beschaulich zu.

Infrastruktur

Vietnam verfügt über 2600 Eisenbahn- und rund 250.000 Straßenkilometer, von denen rund 25 % geteert sind, sowie über mehr als ein Dutzend größerer Flughäfen.

Straßen

Die 2300 km lange **Nationalstraße 1** verbindet Lang Son im äußersten Norden mit Ca Mau im äußersten Süden bzw. Saigon mit Hanoi.

Im amerikanischen Krieg mitsamt allen Brücken immer wieder zerstört und meist nur provisorisch geflickt, ist die N1 seit 1993 dank Krediten der Weltbank und des IWF und großteils mit ausländischer Hilfe (Japan, Südkorea, Australien) neu ausgebaut und verbreitert worden. Ortsumgehungen wurden geschaffen und alle Brücken erneuert. Trotzdem kann der Verkehr auf manchen Abschnitten noch heute zeitweise zusammenbrechen. Speziell im Zentrum können sintflutartige Regenfälle und Taifune die N1 an manchen Stellen im Nu in eine Schlammpiste verwandeln, halb Sturzacker und halb Dauerbaustelle.

Entlastung soll der 1650 km lange **Ho-Chi-Minh-Highway** bringen, der von Hanoi bis Da Nang parallel zur N1 verläuft, um wie einst der Ho-Chi-Minh-Pfad über Kontum, Pleiku und Buon Ma Thuot und entlang der laotischen Grenze westlich von Saigon zu münden. Der Großteil der Bauphase ist bereits abgeschlossen, allerdings fehlen hier und da noch Verbindungsstücke und kann es speziell im Zentrum aufgrund von Bauarbeiten zu Behinderungen kommen.

Die N5 von Hanoi nach Haiphong sowie Abschnitte der N1 im Norden sind mehrspurig ausgebaut. Die N9 von Dong Ha nach Lao Bao wird Teilstück eines bis nach Thailand reichenden Trans-Asia-Highways. Im ganzen Land, vor allem aber im Bergland des Nordens, sind Straßenprojekte im Gange, die zu vielfältigen Verkehrsbehinderungen führen können.

Die **Untertunnelung des Wolkenpasses** *(Hai-Van-Pass)* zwischen Da Nang und Hue wurde 2005 fertiggestellt. Der 6,3 km lange, für 135 Mio. US$ von japanischen und amerikanischen Firmen gebaute Tunnel ist der längste Südostasiens.

2000 wurde die **erste Mekong-Brücke** bei Vinh Long (My Thuan) in Betrieb genommen, 30 km entfernt bei Can Tho schreiten seit 2003 die Arbeiten für die 2,7 km lange Brücke über den Hau Giang (Unterer Mekong) fort. Mit ihrer Fertigstellung entfiele die bislang zeitraubendste Fährverbindung im Mekong-Delta. Für Nostalgiker gibt es aber noch immer einige Flussarme, die im beschaulichen Fährrhythmus überwunden werden müssen.

Eisenbahnnetz

80 % des bei Kriegsende total zerstörten Netzes, dessen Gleiskörper großteils noch aus der Kolonialzeit stammt, verläuft bis heute eingleisig. Selbst neuwertige Elektro-Loks können nichts daran ändern, dass man im besten Falle 30 Stunden von Saigon nach Hanoi benötigt (zum Vergleich: 1990 waren es noch 72 Stunden). Durch zusätzliche Ausweichstrecken und umfassende Reparaturen an Gleiskörpern und Brücken (viele können nur im Schrittempo befahren werden) will man die Reisezeit baldmöglich auf unter 24 Stunden senken.

1996 wurden die Linien zwischen Vietnam und **China** (Nanning, Kunming) wiedereröffnet. Selbst eine Reaktivierung der Trans-Asia-Railway (Saigon-Phnom Penh-Bangkok) ist seit einigen Jahren im Gespräch.

Flughäfen

Nicht allein die internationalen Flughäfen von Saigon, Hanoi und Da Nang, sondern auch zahlreiche Provinzflughäfen (Phu Quoc, Dien Bien Phu, Tuy Hoa etc.) sind seit 1995 systematisch modernisiert und immer mehr erweitert worden. Der mitten im Ort liegende Airport von Nha Trang wurde 2004 aufgelöst und nach Cam Ranh (35 km südl.) verlegt.

Fluggesellschaften

Vietnam Airlines (VNA)

Das Staatsunternehmen *Hang Khong Viet Nam* fliegt seit 1990 auch im Inland unter dem Namen Vietnam Airlines. 2006 verfügte das Unternehmen über 49 Maschinen und transportierte fast 7 Mio. Passagiere im In- und Ausland, der Maschinenpark ist relativ neuwertig (Airbus, Boeing, ATR, Fokker).

Hang Khong Viet Nam galt bis Mitte der 1990er Jahre nicht gerade als Muster an Effizienz (daher rührt auch der alte Spottname „Hang On Vietnam"), ist heute aber schon lange eine der zuverlässigsten Airlines Asiens. Auch im Inlandsverkehr sind Überbuchungen, überraschende Terminänderungen und gar kurzfristige Absagen ganzer Flüge nicht mehr an der Tagesordnung, können hin und wieder, insbesondere auf Nebenstrecken (Phu Quoc!) und wetterbedingt, allerdings immer noch vorkommen.

Adressen der Inlandbüros sind bei den jeweiligen Städten verzeichnet.

Pacific Airlines

Der 1992 gegründete Carrier ist deutlich billiger als Vietnam Airlines und pendelt bis zu 9-mal tgl. zwischen Saigon und Hanoi via Danang sowie 1–2-mal tgl. zwischen Saigon und Nha Trang, Hue, Haiphong. Online-Buchung möglich. www.pacificairlines.com.vn.

Vasco

Vietnam Air Services Company, eine Unterabteilung der Vietnam Airlines, fliegt mit 50–70-sitzigen ATRs von Saigon Di, Do, Sa, So nach **Con Dao** (40 $) sowie nach Ca Mau, Chu Lai, Qui Nhon, Thuy Hoa, Danang. Tel. (088) 8445999, www.vasco.com.vn.

VietJet Air

Vietnams erste private Airline soll Ende 2008 den Betrieb aufnehmen und zunächst zwischen Saigon, Danang und Hanoi verkehren, ehe auch internationale Ziele wie Bangkok, Hongkong, Singapur angesteuert werden. Tickethandel erfolgt vornehmlich im Internet.

Ein weiterer privater Carrier, **Phu Quoc Air,** soll 2009 starten.

Inlandsflüge

Reservierungen sind am besten so früh wie möglich zu tätigen, da Flüge häufig ausgebucht (überbucht) sind. Wer ein sehr gedrängtes Programm hat, sollte das schon von zu Hause aus erledigen.

Achtung! Im Ausland sind Tickets **deutlich teurer** als in Vietnam selbst. Flüge daher am besten über Agenturen in Vietnam buchen. Da diese Kommissionen von der Airline erhalten, berechnen die meisten nicht oder kaum mehr, als wenn man direkt bei Vietnam Airlines buchen würde. Und, was kaum ein Reisebüro weiß (oder kümmert): Passagiere von Vietnam Airlines ab Frankfurt, Paris usf. können Inlandsflüge bereits in Europa zu einem deutlich vergünstigten Tarif buchen (teils über 50 % Rabatt).

Im Inland können Flugpreise in bar (VND, US-Dollars, ggf. Euro), per Traveller Cheque oder Kreditkarte (direkt bei der Fluggesellschaft spesenfrei) bezahlt werden. Umbuchungen sind möglich, es kann allerdings problematisch sein, einen Ersatzplatz zu finden. Ungenutzte Flugscheine werden gegen eine Gebühr von 30 $ zurückgenommen.

Die Aufstellung auf der Folgeseite kann nur als Anhaltspunkt dienen (Stand Winter 2007/08). Die offiziellen Preise sind in VN Dong ausgewiesen.

„Das Büro des Planungsdirektors von Vietnam Tourism war vom Boden bis zur Decke mit rotem Samt ausgeschlagen; ich kam mir vor wie in einer leeren Pralinenschachtel. Mr. Ngoc sagte: ‚In Städten wie Bangkok und Singapur ist doch alles völlig kommerzialisiert. Da geht doch jeder Reiz verloren. Wir dagegen bieten Spontaneität und Gastfreundschaft, und da unsere Hotels nicht immer die besten sind, können wir auch an die Abenteuerlust appellieren. Es gibt viele Menschen, die gern das Unerforschte erkunden.' Ehe ich das Büro verließ, nahm Mr. Chau mich beiseite. ‚Fahren Sie nicht mit dem Zug nach Bien Hoa', sagte er. Ich fragte ihn, warum nicht. ‚Weil das der schlimmste Zug der Welt ist', sagte er."

(Paul Theroux,
The Great Railway Bazaar, 1975)

Inlandsflüge Vietnam Airlines

Von Saigon (SGN) nach	US$	km	Flugzeit
Hanoi	96	1150	2:00
Hue	62	630	1:20
Da Nang	62	610	1:10
Nha Trang	42	320	0:50
Pleiku	39	385	0:50
Phu Quoc	39	300	1:00
Da Lat	30	215	0:50
Con Dao	42	200	1:00
Von Nha Trang-Cam Ranh (CXR) nach			
Hanoi	86	830	1:50
Saigon	42	320	0:50
Da Nang	42	540	1:10
Von Da Nang (DAD) nach			
Hanoi	62	555	1:10
Saigon	62	605	1:10
Nha Trang	42	440	1:15
Qui Nhon	30	275	1:00
Von Hue (HUI) nach			
Saigon	53	630	1:20
Hanoi	53	550	1:10
Von Hanoi (HAN) nach			
Saigon	96	1150	2:00
Nha Trang	92	830	1:50
Da Lat	92	1065	1:40
Hue	62	550	1:10
Da Nang	62	610	1:15
Buon Ma Thuot	92	780	1:40
Dien Bien Phu	42	470	1:00

Zug

Das von den Franzosen errichtete Eisenbahnnetz verbindet den Norden mit dem Süden und **Saigon** mit dem mehr als 1700 km entfernten Hanoi. Von Hanoi führen Linien nach Osten zur Hafenstadt **Haiphong,** nach Norden nach **Lang Son** (und weiter bis Nanning/Beijing) und nach Nordwesten nach **Lao Cai.**

Seitdem der **Komfort** spürbar zugenommen hat und es **keine Ausländerpreise** mehr gibt, Langnasen also dasselbe wie Vietnamesen zahlen, hat das Reisen mit der Bahn deutlich an Attraktivität gewonnen. Von Nachteil sind freilich weiterhin die nicht selten äußerst ungünstigen Abfahrts- und Ankunftszeiten, da das Streckennetz einseitig nach den beiden Polen Saigon und Hanoi ausgerichtet ist.

Zugfahrplan Hanoi – Saigon

	SE3 (29:30h)	SE5 (30:30h)	SE1 (33h)	TN3 (40h)	TN5 (40h)
Hanoi	23.00	15.00	19.00	13.30	15.50
Vinh	04.09	20.13	00.53	19.36	22.20
Dong Hoi	07.44	23.56	04.42	00.50	02.50
Hue	10.29	02.50	08.05	04.20	06.20
Da Nang	12.50	05.15	10.55	07.26	09.30
Dieu Tri*	18.10	10.45	16.30	13.54	16.08
Nha Trang	21.44	14.20	20.25	18.23	22.30
Thap Cham**		15.50	22.05	20.17	00.53
Muong Man***		18.06		22.52	04.00
Saigon	04.30	21.30	04.00	03.30	08.30

Zugfahrplan Saigon – Hanoi

	SE4 (29:30h)	SE6 (30:30h)	SE2 (33h)	TN4 (40h)	TN6 (40h)
Saigon	23.00	15.00	19.00	13.30	15.50
Muong Man***		18.10		17.23	19.55
Thap Cham**		20.22		19.51	22.26
Nha Trang	05.53	21.50	02.25	22.25	00.30
Dieu Tri*	09.14	01.25	06.36	02.30	04.56
Da Nang	14.15	06.30	12.38	08.29	11.53
Hue	16.52	09.10	15.30	11.58	15.05
Dong Hoi	19.38	12.08	18.33	15.24	18.54
Vinh	23.12	15.47	22.24	20.43	00.32
Hanoi	04.30	21.30	04.00	03.30	08.40

Die mit * gekennzeichneten Bahnhöfe gehören zu den Orten:
*Qui Nhon **Phan Rang ***Phan Thiet

Preise Saigon – Hanoi (in US$)

	SE1–SE6	TN3–TN6
Soft Seat		28
Soft Seat AC	38	33
Hard Sleeper		30–40
Hard Sleeper AC	45–57	39–49
Soft Sleeper AC	62–64	55–57

Zwischen Hanoi und Saigon verkehren tgl. **fünf Express-Züge.** Züge in Richtung Süden tragen jeweils ungerade Nummern (SE1, SE3, SE5, TN3, TN5), Züge nach Norden gerade Nummern (SE2, SE4, SE6, TN4, TN6). Die Fahrzeit beträgt je nach Zugtypus zwischen 30 und 40 Stunden. Die normalen Expresszüge (TN) halten an weitaus mehr Stationen als die Super-Expresszüge (SE).

Der vollklimatisierte Spezial-Express SE3/SE4 benötigt für die 1726 km langen Strecke 30 Stunden, was einer Durchschnittsgeschwindigkeit von rund 55 km/h entspricht. Die ebenfalls klimatisierten Expresszüge sind 1–3, die „normalen" Expresszüge (TN), die sowohl klimatisierte wie unklimatisierte Abteile führen, 10 Stunden länger unterwegs.

Zusätzliche Expresszüge verkehren ausschließlich zwischen Saigon und **Phan Thiet**

Bahnhof	*(nhà) ga* (frz. gare)
Zug	*xe lửa / tàu*
Ticket	*vé tàu*
Sitzplatz	*ngồi*
hart, weich, AC	*cứng, mềm, lạnh*
Liegeplatz	*nằm*
Fahrplan	*bảng giờ tàu*
WC	*vệ sinh*

(SPT 1/2), **Nha Trang** (SN1/SN2) und **Da Nang** (SD1/ SD2). Diese sind vor allem für Reisende nach Saigon interessant, da sie nicht in überfüllte Abteile zuzusteigen brauchen.

Von **Hanoi** fahren mehrmals täglich Züge nach **Haiphong, Lang Son** (Di, Do weiter nach Nanning und Beijing) und **Lao Cai.** Siehe *Hanoi.*

Die im Krieg zerstörte Bergbahn von **Da Lat** zur Küste nach Phan Rang (Thap Cham) wurde nach 1975 nicht wieder in Betrieb genommen. Von Da Lat aus kann man jedoch eine schöne **Nostalgiefahrt** unternehmen.

5-Star-Train. Zwischen **Saigon** und **Nha Trang** verkehrt seit 2007 1-mal tgl. die erste *private* Express-Linie Vietnams. Der Luxus-Zug mit Restaurant, Bordkino etc. hat 3 Klassen, die Preise bewegen sich zwischen 200.000 und 450.000 đ. www.5starexpress.com.vn *(s. Saigon).*

Geschichte

Der Ausbau des Eisenbahnnetzes begann 1905, bereits 10 Jahre später erstreckte es sich dank des Masseneinsatzes vietnamesischer Zwangsarbeiter über 1500 km. Allein von den 80.000 Kulis, die die Gleise von Hanoi nach Nanning im Süden Chinas legten, starben 25.000 während der Bauarbeiten. Zwischen 1914 und 1930 kam der Eisenbahnbau fast völlig zum Erliegen, ehe das Ende der Weltwirtschaftskrise zu einem neuen Boom in den Kolonien führte. Die Streckenführung diente ausschließlich den politischen und kommerziellen Interessen der Franzosen. So verkehrten von Saigon zwar Züge nach My Tho (Flusshafen für Waren aus Kambodscha), Loc Ninh (Kautschukzone) und Da Lat (Kurort) und von Hanoi bis weit in den Süden Chinas hinein, die beiden wichtigsten Städte Vietnams wurden aber erst Ende der 1930er Jahre durch den Ausbau der Strecke Nha Trang – Da Nang miteinander verbunden.

In den 1940er und 1950er Jahren unter permanentem Beschuss von Franzosen, Japanern und Viet Minh und in den 1960ern und 1970ern von (je nach Landesteil) Amerikanern, Vietcong und Nordvietnamesen, reichten die Mittel zwischen 1975 und 1990 nicht weiter, als die an zahllosen Stellen unterbrochene Nord-Süd-Verbindung – mit über 1000 zerstörten Brücken! – notdürftig wiederherzustellen.

Kategorien und Preise

Sitzplätze gibt es in Holz- *(Hard Seat)* oder Stoff/Plastik-Klasse *(Soft Seat*, Einzelsitz). Die klimatisierten Express-Züge führen ausschließlich Soft Seats.

Liegeplätze *(Berths* oder *Hard Sleepers)* sind 6er-Abteile mit Kissen und einer einfachen Decke. Die obersten Pritschen sind u.a. wegen des schlechteren Durchzugs am billigsten, aber trotzdem empfehlenswerter als die untersten (teuersten), auf denen es sich zumindest tagsüber das gesamte Abteil bequem macht.

Schlafplätze *(Soft Sleepers)* sind ausnahmslos, auch in den normalen Expresszügen, klimatisierte **Vierer-Abteile** mit Matratze, Kissen und Federdecke. Die Preise liegen je nach Zug und Level (oben/unten) zwischen 55 $ und 62 $.

Mahlzeiten sind möglich und werden meist im Abteil verteilt. (Das vietnamesische Essen ist dem sterilen ‚western food' meist vorzuziehen.)

Reservierungen für Soft Seats (selbst auf Kurzstrecken wie z.B. Da Nang – Hue!) sollten mindestens einen, für Liege- und Schlafplätze mehrere Tage im Voraus vorgenommen werden. Gegen eine Gebühr von meist 1–3 $ erledigen das auch Hotels und Reiseagenturen. Achtung: Auf kleineren Bahnhöfen stehen oft nur beschränkte Platzkontingente zur Verfügung, sodass Buchungen u.U. schwierig werden können.

Die **Preise** ändern sich alle 6 Monate geringfügig und basieren auf vietnamesischen Dong, sodass der Dollarpreis vom jeweiligen Umrechnungskurs abhängt.

Die Nachtzüge **Hanoi-Lao Cai** führen klimatisierte Waggons mit Schlafplätzen verschiedener Unternehmen. *Siehe Hanoi.*

Fahrpläne und **Tarife** können von der Website der Vietnam Railways heruntergeladen werden. Allerdings: ohne Gewähr (und etwas mühsam)!

- www.vr.com.vn

Bus

Mit dem Bus *(xe do)* erreicht man praktisch jeden noch so entlegenen Winkel Vietnams, vorausgesetzt, man nimmt einige Unbequemlichkeiten in Kauf. Viele Busse sind heillos überfüllt und, da auf Menschen einer durchschnittlichen Körpergröße von 1,60 m zugeschnitten, dementsprechend unbequem. Ansonsten ist das vietnamesische Busnetz aber durchaus zu empfehlen, auch wenn sich mancherorts eine Bus-Mafia etabliert hat (speziell im Zentralen Hochland), die Ausländern „Spezialtarife“ abverlangt. Die Busse fahren für gewöhnlich von festen Busbahnhöfen (meist am Stadtrand gelegen) ab.

Expressbusse *(xe do toc hanh)* fahren nach Fahrplan ab, meist früh am Morgen, eine Reservierung am Tag zuvor (kann u.U. das Hotel erledigen) garantiert sogar einen Sitzplatz.

Regionalbusse starten in der Regel erst dann, wenn sie voll sind und nehmen unterwegs Fahrgäste auf. Seit neuestem übernehmen *xe buyt* mit geregelten Abfahrtszeiten, Haltestellen und Tarifen (stehen neben der Eingangstür) den Regionalverkehr im Umkreis vieler größerer Orte (Radius bis 60 km und mehr).

Minibusse haben meist eigene Abfahrtsstellen, oft im Zentrum (ggf. im Hotel fragen); sie sind zwar ein paar Dong teurer, aber meist die bessere Wahl. Auch sie lesen unterwegs Fahrgäste auf. Über Mittag werden jeweils Essenspausen eingelegt.

Hanoi – Saigon (1700 km)	27 $
Hanoi – Hue (650 km)	9 $
Hue – Saigon (1080 km)	18 $

Überlandbus	*xe đồ*
Expressbus	*xe đồ tốc hanh*
Lokalbus	*xe búyt*
Busbahnhof	*bến xe*
Fahrkartenschalter	*bán vé*
Fahrkarte	*vé xe*

Größere Städte haben oft mehrere **Busbahnhöfe** *(ben xe)*, die in der Regel am Ortsrand liegen. Neben separaten Abfahrtsstellen für Lokalbusse, Minibusse und Expressbusse verfügen Städte wie Saigon und Hanoi auch über Busbahnhöfe, die verschiedene Himmelsrichtungen bedienen.

Open Tour

(siehe auch *Reisen in Vietnam)*

- **Tarife.** Preise sind **saisonabhängig** – je größer die Nachfrage, desto höher der Preis, variieren aber auch von Anbieter zu Anbieter.
- **Netzwerk.** Es gibt keinen Anbieter, der die gesamte Strecke Hanoi – Saigon (1700 km) in Eigenregie abdeckt. Das führt einerseits zu Verwirrungen *(Kim*-Ticket, aber *Queen*-Bus), andererseits zu starken Qualitätsschwankungen. Viele Reisende haben den Eindruck, es sei letztlich egal, wo und bei wem sie buchen.
- **Day & Night.** Auf vielen Routen verkehren außer Tag- auch **Nachtbusse.** Die Nachfrage ist offenbar groß. Man sieht zwar nichts (von Vietnam), spart aber Zeit und Geld (sprich Übernachtung). Auf der Route Hanoi – Hue (Stopover in Ninh Binh und Vinh möglich) verkehren ausschließlich Nachtbusse.
- **Sleeping Bus.** Seit 2007/08 verkehren auf vielen Strecken doppelstöckige Komfort-Busse mit WC und Sleeper-Sitzen, die sich in relativ bequeme Betten verwandeln lassen. Der Preisunterschied zu den Normalbussen beträgt je nach Strecke nur 2–3 $.
- **Rabatte.** Touren von Nord nach Süd werden wegen geringerer Nachfrage zeitweise günstiger angeboten als umgekehrt.
- **Kundenbindung.** Wenn sie glauben, damit durchzukommen, bieten viele Veranstalter Open Tours nur im „Paket“ an (Hanoi – Sai-

Open-Tour-Busse

von	nach	Tag/Nacht	Std.	km	US$
Saigon	Dalat	T	6	350	6
Saigon	Mui Ne	TN	4	250	5
Saigon	Nha Trang	TN	9	450	6
Dalat	Mui Ne	T	5	220	5
Mui Ne	Nha Trang	TN	5	250	5
Nha Trang	Hoi An	T	10	530	7
Hoi An	Hue	TN	5	120	3
Hue	Ninh Binh	N	12	550	8
Hue	Hanoi	N	13	650	9
Ninh Binh	Hanoi	N	1	100	3

gon, Saigon – Hue). Darauf sollte man sich nach Möglichkeit nicht einlassen, selbst wenn es ein paar Dollars mehr kosten sollte. Wer sich mit der „falschen" Firma eingelassen hat, kann nicht mehr wechseln, es sei denn, er zahlt von neuem.

- **Extras.** Außerfahrplanmäßige Stopps werden unverschämterweise von manchen Anbietern extra berechnet (3–5 $).
- **Provisionen.** Alle Veranstalter halten prinzipiell an Hotels und Restaurants, von denen sie Provisionen erhalten und die dementsprechend überteuert sind.
- **Sinh Café.** Die Open Tours des Vorreiters und Branchenriesen aus Saigon sind im Süden zwar deutlich besser organisiert als im Norden, aber von Ausnahmen abgesehen die zuverlässigsten.
- Durchgängig die schlechtesten Noten erhält die Firma **T.M. Brothers,** Nha Trang, vor denen auch zahlreiche Leser immer wieder warnen. *„Von diesem Unternehmen raten wir dringend ab. Alte, nicht verkehrstüchtige, klapprige Busse. Stopps wurden nicht eingehalten. Einheimische wurden schwarz mitgenommen und gaben dem Busfahrer ein Trinkgeld, dafür wurden Touristen auf Plastikstühlen in den Gang gesetzt. Eine Touristin, die bei einer nächtlichen Reparatur im Dunkeln versehentlich auf einen im Gang liegenden Busbegleiter stieg, wurde geschlagen und mit Füßen getreten. Außerdem wurden wir beschimpft, weil wir aus dem heißen Bus – die Aircondition ging natürlich nicht – aussteigen wollten. Bei der Buchung wurden 45 Min. freier Internetzugang, ein T-Shirt, eine CD oder ein Frühstück versprochen; nach der Buchung wollten sie davon nichts mehr wissen"* (Werner Hutterer).

Erweiterungen

- **Mekong Delta.** Einige Veranstalter bieten Open Tours ins Delta an (Saigon – Can Tho – Chau Doc), teilweise unter Einschluss von Phu Quoc. Oft werden aber lediglich überteuerte Tickets für öffentliche Busse verkauft.
- **Kambodscha/Laos/Thailand.** Hin und wieder bieten Veranstalter Pauschalarrangements für Bus-Transfers nach Bangkok an (über Laos und Kambodscha, ggf. inkl. Übernachtung etc.). Für Eilige mag das eine Option sein, aber garantieren würden wir für deren reibungslosen Ablauf nicht.

Schiff und Boot

Zu den beeindruckendsten Reiseerlebnissen in Vietnam gehören Bootsfahrten durch die **Ha Long-Bucht** und im **Mekong-Delta.** Man kann sie für eine Handvoll Dollar bei Agenturen in Saigon und Hanoi buchen, im ersteren Falle sogar mit **Übernachtung auf dem Boot,** vom Luxus-Nostalgie-Raddampfer bis zur einfachen Dschunke. Es gibt aber auch überall preiswerte, wenngleich zeitaufwendigere und Privatinitiative erfordernde Möglichkeiten vor Ort.

Durch die Inselwelt der Ha Long-Bucht und der benachbarten Archipele Cat Ba und Bai Tu Long führen öffentliche Fähr- und Schnellboote, beispielsweise von Haiphong, Hon Gai und Van Don aus. Auf den Flüssen und Kanälen des Mekong-Delta bieten private Bootsleute Exkursionen und Touren an (z.B. zu Schwimmenden Märkten) und verkehren immer noch vereinzelt Fährboote und (notfalls) Lastkähne, auf denen man mitfahren kann.

Reguläre Schnellboot-Verbindungen auf dem **Mekong** zwischen Saigon und der kambodschanischen Grenze wurden leider eingestellt. Momentan verkehren lediglich Exkursionsboote (verschiedener Veranstalter und Qualität) zwischen Chau Doc und Phnom Penh (oder ggf. Siem Reap); Saigon – Phnom Penh per Boot dagegen ist eher selten im Angebot (z.B. bei *Delta Adventure Tours)*.

Eine regelmäßige Schnellboot-Verbindung besteht zwischen Saigon und dem Strandbad Vung Tau.

Inseln, die täglich von Schnellbooten und Fährschiffen angelaufen werden, sind u.a. **Phu Quoc** im Golf von Thailand, **Con Dao** östlich von Saigon sowie im Norden **Cat Ba** und der Archipel **Bai Tu Long.** Auf küstennahen Inseln vor **Nha Trang** und **Hoi An** sind in den letzten Jahren einige Resorts entstanden.

Mietwagen

Mietwagen können in jeder größeren Stadt angemietet werden (zur Not über das örtliche Touristenbüro). Ein **Chauffeur ist obligatorisch** und im Preis enthalten; Selbstfahren ist für Touristen – noch – nicht erlaubt. Die Fahrer sprechen in der Regel keine Fremdsprache (es sei denn, sie sind auch die Eigner des Fahrzeugs). In Saigon und Hanoi, aber zunehmend auch in anderen Orten, stehen relativ neue, meist japanische oder koreanische Pkw und Minibusse zur Verfügung.

Die üblichen **Preise** für Limousinen betragen 25–30 $ pro Tag oder 0,30 $ pro km (inklusive Benzin). Minibusse und Vans (7-Sitzer) kosten meist nicht entscheidend mehr. Allradfahrzeuge sind im Prinzip nur während der Regenzeit und abseits der Hauptrouten erforderlich und schlagen mit rund 0,40 $ pro km zu Buche.

Pauschalpreise haben den Vorteil, dass man hinterher womöglich weniger unliebsame Überraschungen erlebt, aber den Nachteil (da die Berechnung von vorher vereinbarten km-Leistungen ausgeht), dass die Fahrer jedwede Abschweifung von der Direktroute gewöhnlich boykottieren (und mit Argumenten – Straßen seien gesperrt, unpassierbar etc. –, die man schwerlich widerlegen kann).

Eindeutig festzulegen ist, ob Unterkunft und Verpflegung des Fahrers zu Lasten des Mieters gehen. Diese sollten nicht mehr als 10 $ pro Tag betragen.

Fährt der Wagen ohne Passagiere zurück, wird für die Rückfahrt gemeinhin nur der halbe Preis berechnet.

Guides sind nicht obligatorisch. In Anbetracht dessen, dass Fahrer in der Regel nur über einen sehr beschränkten englischen Wortschatz verfügen (falls überhaupt), gilt es abzuwägen, ob man nicht doch einen Guide für 15–20 $ pro Tag nehmen will.

Bei der Planung der **Reiseroute** sind das teilweise noch unzulängliche Straßennetz (zahlreiche Baustellen!) und jahreszeitlich bedingte Überraschungen wie Überschwemmungen, Bergrutsche etc. zu berücksichtigen. Nach dem Motto „weniger ist mehr" sollte man deshalb nicht mehr als 350–400 km pro Tag einkalkulieren.

Motorrad

Motorräder heißen im Süden traditionell *Xe Honda* (auch wenn nicht alle Hondas tatsächlich welche sind, sondern nur Imitate) und im Norden *Xe May* (wo man manchmal auch noch die gute alte *Simson* made in DDR finden kann).

Mieten kann man Motorräder in allen größeren Städten und Touristenzentren. Die Preise liegen je nach Kubikgröße bei 4 $ (50 oder 75 ccm) bis 8 $ (125 ccm) pro Tag. Die meisten Verleiher erheben Kautionen, die später verrechnet werden.

Der **Kaufpreis** für (echte) Hondas liegt bei 1500 $. Für Überlandfahrten empfehlenswert sind die ebenso preiswerten wie robusten russischen *Minsk* (125 ccm); neuwertig um 600 $, gebraucht um 400 $ und nach Gebrauch relativ leicht wieder zu verkaufen.

Für Maschinen über 50 ccm benötigt man einen vietnamesischen **Führerschein** (s.u.).

Eine private Versicherung und entsprechende Ausrüstung (z.T. in Saigon und Hanoi erhältlich) sind dringend angeraten; außerhalb der großen Städte gibt es keinerlei Notarztsystem. Selbstfahrer sollten unbedingt die Hackordnung der Landstraße akzeptieren: Recht (und damit Vorfahrt) hat immer der Stärkere, sprich Auto oder Lkw.

Helmpflicht. Seit Dezember 2007 besteht auf allen Straßen strikte Helmpflicht für Fahrer wie Beifahrer.

- www.freewheelin-tours.com
- www.minskclubvietnam.com
- cuongminsk@yahoo.com
- www.saigonscootercentre.com
- www.terraverdetravel.com
- www.go2vietnam.de

Führerschein

Infolge des WTO-Beitritts 2007 dürften internationale Führerscheine in absehbarer Zeit anerkannt werden. Bis dahin gilt:

Leichtmotorräder (50–175 ccm) erfordern den vietnamesischen Führerschein **A1.** Veranstalter in Vietnam besorgen ihn im Voraus für rund 30 $; Bearbeitungszeit 14 Tage, benötigt werden Kopien von Visum, Pass und Führerschein. (Beinhaltet der vorgelegte Pkw-Führerschein keine Motorrad-Erlaubnis, wäre theoretisch eine kurze Praxisprüfung abzulegen, z.B. eine 8 fahren.) Die Fahrerlaubnis erlischt mit Ablauf des Visums.

In Vietnam kann man den Schein binnen 7 Tagen auch selbst erwerben, allerdings ist einiges an Bürokratie nötig (und momentan auch ein 3-Monats-Visum).

Der Führerschein **A2** für Motorräder ab 175 ccm ist momentan praktisch nur über Veranstalter zu haben (Kostenpunkt ca. 250 $), der Pkw-Führerschein **B1** nur für Ausländer mit nachgewiesenem Wohnsitz in Vietnam.

Fahrrad

Noch Mitte der 1990 Jahre war Vietnam ein einig Volk von Fahrradfahrern. Inzwischen jedoch ist das *xe dap* nahezu vom Erdboden verschwunden. Nur Kinder benutzen es, die noch nicht Moped oder Scooter fahren dürfen, und auch in ländlichen (und ärmeren) Regionen ist es noch gang und gäbe.

Als Ausländer sich aufs Rad zu schwingen, ist mittlerweile lebensgefährlich geworden. Provinzstädte und selbst Orte wie Hue oder Nha Trang - oder auch die Umgebung von Hoi An und Mui Ne - lassen sich mit der gebotenen Vorsicht durchaus noch mit dem Rad erkunden. Für **Überlandfahrten** jedoch sollte man im eigenen Interesse unbedingt die Dienste eines guten Veranstalters in Anspruch nehmen.

- www.cyclingvietnam.net
- www.onbikevietnam.com
- www.vietnam-tours.de
- www.veloasia.com

Autostopp

Theoretisch möglich. Man muss sich aber darüber im klaren sein, dass das Verkehrsaufkommen zum großen Prozentsatz aus öffentlichen Verkehrsmitteln aller Art besteht. Lastwagenfahrer, Händler, Vertreter und Lieferanten haben normalerweise wenig Platz und werden einen in der Regel auch nicht aus Gefälligkeit, sondern in der Hoffnung auf einen kleinen Nebenverdienst mitnehmen.

Stadtverkehr

Stadtbus

Stadtbusse *(xe buyt)* gibt es bis dato nur in wenigen Großstädten, sind aber auf dem Vormarsch. Sie sind billig, selten überfüllt, zum Teil sogar klimatisiert und in der Regel sehr gut benutzbar.

PS. Die schöne alte *Trambahn* von Hanoi hat ihren Dienst Ende 1989 eingestellt. Die Reaktivierung einiger Teilstrecken (zumal in der Altstadt) ist im Gespräch.

Familienausflug

Cyclo

Die Fahrradrikscha *xich lo* (frz. *cyclo pousse*) war noch bis Mitte der 1990er Jahre das Standardverkehrsmittel für Personen- und Lastentransporte in allen Orten, auch in Saigon und Hanoi. Heute sind sie im Aussterben begriffen – die letzten Vertreter ihrer Zunft leben praktisch ausnahmslos nur mehr von Touristen und Vergnügungsfahrten. In den Großstädten sind zahlreiche Straßen für Cyclos gesperrt.

Eine Einigung über den Preis vor Fahrtantritt ist unbedingt erforderlich. Individuelle Fahrten sollten 15.000 đ (rd. 1 $) pro Fuhre (nicht: pro Person) nur in Ausnahmefällen übersteigen.

Motorisierte Varianten des Cyclo finden sich noch in einigen ländlichen Gegenden, so das dreirädrige **Xe Lam** (von Lambretta) und, im Mekong-Delta, das **Xe Loi,** ein von einem Motorrad gezogener Lasten- und Personenanhänger.

Taxi

Taxis – in der Regel mit Taxameter – gibt es in allen größeren Städten, können auch telefonisch gerufen werden und sind **vergleichsweise billig** und bequem (Unerfahrene zahlen mehr fürs Motorradtaxi). Den Betrag sollte man möglichst passend parat haben, beim Wechselgeld zieren sich viele Fahrer. Für längere Fahrten (z.B. auch vom oder zum Flughafen) werden in der Regel Pauschalen ausgehandelt.

165vi Foto: kb

Gefährliche Straße!

Xe Om

Wie in vielen anderen Ländern Südostasiens füllen private Motorradfahrer, in Vietnam Xe Om geheißen *(ssä omm*, wörtl.: Fahrzeug umarmen), die Lücken des öffentlichen Nahverkehrs. Nicht nur in den Städten, sondern auch auf dem Land sind sie das mit Abstand gebräuchlichste Verkehrsmittel. Der Preis ist unbedingt im Voraus auszuhandeln. Für Kurzstrecken sind 7000–15.000 đ üblich.

Fahrrad

Fahrräder können in vielen Städten für 1–2 $ pro Tag gemietet werden. Große Ansprüche darf man dabei freilich meist nicht stellen, Hauptsache, die Bremsen funktionieren. Angst vor dem auf den ersten Blick chaotisch anmutenden Verkehr braucht man nicht zu haben (außer vielleicht in Saigon und Hanoi); ist man erst einmal in das allgemeine „Fahrradballett" integriert, lösen sich alle Probleme sehr schnell in Luft auf.

Fußgänger

Ein Problem für viele Neulinge besteht darin, Straßen zu überqueren, deren Strom an Fahrrädern, Motorrädern, Scootern und und und niemals aufzuhören scheint.

Zuallererst: sich an den Einheimischen orientieren, unmittelbar neben oder hinter ihnen die Straße überqueren, um ein Gefühl für den Rhythmus des Straßenverkehrs zu bekommen.

Wichtig: Die anderen Verkehrsteilnehmer müssen immer im Voraus wissen, was sie erwartet. Stets kontinuierlich, zügig und im gleichmäßigen Tempo vorangehen.

- Niemals abrupt loslaufen!
- Niemals abrupt stehenbleiben!
- Niemals abrupt zurückgehen oder anfangen zu rennen!

Das größte Problem sind nicht die unzähligen Motorräder, Scooter usf., sondern die vereinzelten **Autos,** die allein durch ihr schieres Volumen die eingespielte, narrensichere Choreografie stören.

Versicherungen

Egal für welche Versicherungen man sich entscheidet, hier ein Tipp: Für alle abgeschlossenen Versicherungen sollte man die **Notfallnummern** notieren und mit der **Policenummer** gut aufheben! Bei einem Notfall sollte die Versicherungsgesellschaft sofort telefonisch verständigt werden!

Auslandskrankenversicherung

Die Kosten für eine Behandlung in Vietnam werden von den gesetzlichen Krankenversicherungen in Deutschland und Österreich nicht übernommen, daher ist der Abschluss einer privaten **Auslandskrankenversicherung unverzichtbar.** Diese sind z.B. in Deutschland ab 5–10 € pro Jahr auch sehr günstig.

Schweizer sollten bei ihrer Krankenversicherungsgesellschaft nachfragen, ob die Auslandsdeckung auch für Vietnam inbegriffen ist. Wenn nicht, kann man sich kostenlos bei Soliswiss (Gutenbergstr. 6, 3011 Bern, Tel. 031-3810 494, www.soliswiss.ch) über mögliche Krankenversicherer informieren.

Zur Erstattung der Kosten benötigt man ausführliche **Quittungen** (mit Datum, Namen, Bericht über Art und Umfang der Behandlung, Kosten der Behandlung und Medikamente).

Der Abschluss einer **Jahresversicherung** ist in der Regel kostengünstiger als mehrere Einzelversicherungen. Günstiger ist auch die **Versicherung als Familie** statt als Einzelpersonen. Hier sollte man nur die Definition von „Familie" genau prüfen.

Andere Versicherungen

Ob es sich lohnt, weitere Versicherungen abzuschließen wie eine Reiserücktrittsversicherung, Reisegepäckversicherung, Reisehaftpflichtversicherung oder Reiseunfallversicherung, ist individuell abzuklären. Gerade diese Versicherungen enthalten viele **Ausschlussklauseln,** sodass sie nicht immer Sinn machen.

Die **Reiserücktrittsversicherung** für 35–80 € lohnt sich nur für teure Reisen und für den Fall, dass man vor der Abreise einen schweren Unfall hat, schwer erkrankt, schwanger wird, gekündigt wird oder nach Arbeitslosigkeit einen neuen Arbeitsplatz bekommt, die Wohnung abgebrannt ist u.Ä. Nicht gelten hingegen: Terroranschlag, Streik, Naturkatastrophe etc.

Auch die **Reisegepäckversicherung** lohnt sich seltener, da z.B. bei Flugreisen Gepäckverlust oft nur nach Kilopreis und auch sonst nur der Zeitwert nach Vorlage der Rechnung ersetzt wird. Wurde eine Wertsache nicht im Safe aufbewahrt, gibt es bei Diebstahl auch keinen Ersatz. Kameraausrüstung und Laptop dürfen beim Flug nicht als Gepäck aufgegeben worden sein. Gepäck im unbeaufsichtigt abgestellten Fahrzeug ist ebenfalls nicht versichert. Überdies deckt häufig die Hausratsversicherung schon Einbruch, Raub und Beschädigung von Eigentum auch im Ausland.

Eine **Privathaftpflichtversicherung** hat man in der Regel schon. Verfügt man über eine **Unfallversicherung,** sollte man prüfen, ob diese im Falle einer plötzlicher Arbeitsunfähigkeit aufgrund eines Unfalls im Urlaub zahlt.

Wäsche

Auch im kleinsten Guesthouse kann man seine Wäsche waschen lassen, und seit es überall Waschmaschinen gibt, ist das Ergebnis (fast) immer zufriedenstellend. Während Budgethotels für ein paar Cents innerhalb von Stunden ein T-Shirt reinigen, kann derselbe Service in einem Luxushotel leicht den Kaufpreis eines Shirts übersteigen.

Zeit und Zeitverschiebung

Vietnamesische Uhren gehen **6 Stunden vor** unserer mitteleuropäischen Winterzeit und 5 Stunden vor unserer Sommerzeit. Wenn es in Saigon 12 Uhr mittags ist, ist es in Frankfurt im Winter 6 und im Sommer 7 Uhr morgens.

Vietnam selbst ist seit 1975 in eine einheitliche Zeitzone eingeteilt. In Hanoi wird es daher im Sommer merklich später und im Winter deutlich früher dunkel als in Saigon.

011vi Foto: PVT

Land und Leute

012vi Foto: kb

013vi Foto: PVT

Graziös und bezaubernd – junge Vietnamesinnen

Ein Straßenhändler wartet auf Kundschaft

Stolzer Hahn

Geografie

Überblick

Vietnam bildet den östlichen Rand der südostasiatischen oder „hinterindischen" Halbinsel im Süden der Landmasse Chinas. Sein nördlichster Punkt (23° 22″) liegt ungefähr auf der geografischen Breite von Florida, sein südlichster Punkt (8° 02″) ist dem Äquator fast so nah wie die Südspitze Indiens.

Angesichts der enorm langen Küsten (3260 km) und Landesgrenzen (4567 km) ist die tatsächliche Bodenfläche Vietnams eher bescheiden – mit einer Fläche von 329.241 km² ist Vietnam nur etwa **so groß wie Deutschland.** Im Norden grenzt Vietnam an China, im Westen an Laos und Kambodscha, im Süden und Osten an den Golf von Thailand und das Südchinesische Meer.

Trotz seiner Lage am Meer ist Vietnam ein extrem **gebirgiges Land.** Fast 3/4 seiner gesamten Fläche sind von Gebirgen, Höhenzügen und Hochebenen bedeckt, aber seit Jahrtausenden leben hier Menschen, die in den Ebenen Reis anbauen und das Hochland meiden. Während der Großteil des Landes noch bis heute kaum besiedelt ist, drängen sich die Menschen im fruchtbaren Flachland auf engstem Raum. Auf weniger als 1/4 der Fläche lebt und arbeitet mehr als 3/4 der gesamten Bevölkerung.

Aufgrund seiner extrem langgezogenen, S-förmigen Gestalt vergleicht man Vietnam gerne mit **zwei Reisschalen** an den Enden einer langen

Stausee bei Da Lat

014vi Foto: kb

Geografie in Zahlen

N.-S.-Ausdehnung	1700 km
O.-W.-Ausdehnung	max. 600, min. 50 km
Gesamtfläche	329.241 km²
Ebenen	25 %
Gebirge	75 %
Kulturfläche	90.000 km²
davon Mekong-Delta	40.000 km²
davon Delta Roter Fluss	15.000 km²
Landesgrenzen	4567 km
Grenze mit China	1350 km
Grenze mit Laos	2067 km
Grenze mit Kambodscha	1150 km
Küsten	3260 km
Flüsse	2860 km
Song Da (Schwarzer Fluss)	540 km
Song Hong (Roter Fluss)	550 km
Song Dong Nai	500 km
Song Ma	430 km
Mekong	230 km
Inseln	über 1000
Größte Insel	Phu Quoc 568 km²
Höchster Berg	Phan Si Pan 3143 m

Tragestange. Die nördliche Reisschale bildet das Delta des Roten Flusses, die südliche das Delta des Mekong. Der schmale, mehr als 1000 km lange Streifen Land dazwischen (der „Bambusstab"), eingezwängt zwischen dem Meer im Osten und der Vietnamesischen Kordillere im Westen, misst an seiner engsten Stelle kaum 50 km.

Über 2300 **Flüsse** und größere Flussläufe durchziehen Vietnam, sodass man entlang seiner Küste rein rechnerisch alle 20 km auf einen Flusslauf stößt. Ohne den ungeheuren Wasserreichtum wäre das typische Bild der vietnamesischen Landschaft nicht denkbar.

Vietnams **Küsten** weisen eine Länge von 3260 km auf. Südlich von Saigon, im Schwemmland des Mekong-Deltas sowie am Golf von Thailand, sind sie meist flach, sumpfig und oft von dichten Mangrovenwäldern bestanden. Nördlich von Saigon rücken die Ausläufer des langgestreckten Truong-Son-Gebirges immer näher an die Küste heran und bilden im Zentrum eine spektakuläre Abfolge von Kaps, Halbinseln, Buchten, Dünen, Stränden und Lagunen. In den großen Buchten nördlich des Schwemmlands des Deltas des Roten Flusses ragen Tausende Kalksteininseln wie Meeresungetüme steil aus dem Meer empor.

Die Regionen

Trotz seiner verhältnismäßig geringen Fläche ist Vietnam topografisch wie klimatisch überaus vielfältig. Grob gerastert lassen sich 3 Regionen mit insgesamt 7 unterschiedlichen Topografien unterscheiden.

Bac Bo – Der Norden

Der Norden umfasst nur 25 % der Landfläche, aber 40 % der Bevölkerung und ist eine **Region der Gegensätze.** Während sich im Westen die „Alpen von Tonkin" über 3000 m hoch auftürmen, erheben sich die Tiefebenen am Golf von Tonkin kaum über dem Meeresspiegel. Der Norden weist die mit Abstand am dichtesten besiedelten Gebiete ganz Vietnams auf (an der Mündung des Thai Binh), aber auch die menschenleersten (an der Grenze zu Laos). Nirgendwo haben Traditionen intakter überlebt und hängen die Menschen inniger am Brauchtum, trotzdem ist es der industriell fortgeschrittenste Teil des Landes.

Bac Bo ist die **Wiege** der vietnamesischen Kultur und Zivilisation. Schon in der Vorzeit lebten in den fruchtbaren, aber wegen ihrer Naturkatastrophen auch gefürchteten Niederungen Menschen, die Reis ernten konnten, „ohne zu säen". 1883 eroberten die Franzosen **Tonkin** und regierten von Hanoi aus die gesamte „Indochinesische Union" unter Einschluss von Laos und Kambodscha. Im Gegensatz zum Süden Vietnams steht der Norden schon seit 1954 unter ununterbrochener kommunistischer Verwaltung.

Das Delta des Roten Flusses

Wenige Kilometer westlich von Hanoi münden der Schwarze (Song Da) und der Klare Fluss (Song Lo) in den Roten Fluss (Song Hong); von dieser Stelle breitet sich das Delta fächerförmig bis zum Golf von Tonkin aus. Mit 15.000 km^2 entspricht es etwa der Fläche von Schleswig-Holstein. In der fruchtbaren Ebene mit den beiden Millionenstädten Hanoi und Haiphong werden Reis und Industriepflanzen wie Maniok und Mais angebaut, sind aber auch eine Vielzahl von Industriezweigen angesiedelt (Kohle, Stahl, Maschinenbau, Textilien). Über 15 Mio. Einwohner machen die Region zu der bevölkerungsreichsten Vietnams und einer der dichtbesiedeltsten der Welt. Im Stadtstaat Hanoi ballen sich 1500 Menschen auf einen Quadratkilometer (Nordrhein-Westfalen: 492), und selbst in der rein agrarischen Provinz Thai Binh an der Mündung des Roten Flusses ist die Bevölkerungskonzentration noch mehr als doppelt so hoch wie an Rhein und Ruhr.

Long-Bien-Brücke, Hanoi

015vi Foto: kb

Der Rote Fluss. Der *Song Hong*, benannt nach seinen rötlichfarbenen Lehmsedimenten, ist der einzige Fluss Südostasiens, der eingedeicht werden muss. Der 1200 km lange Strom, der im südchinesischen Yunnan entspringt, fließt 550 km durch Vietnam, ehe er sich südlich von Haiphong in den Golf von Tonkin ergießt. Aufgrund der Ablagerungen wächst das Delta stetig weiter ins Meer hinaus; Regionen, die vor Jahrtausenden von der See umspült waren („Trockene Ha Long-Bucht"), liegen heute im Landesinneren. Mehrmals im Jahr, zumal während der sommerlichen Regengüsse, kann der Song Hong mitsamt

Regionen Vietnams

1 Delta des Roten Flusses
2 Bergland des Nordens
3 Nördliche Zentralküste
4 Südliche Zentralküste
5 Zentrales Hochland
6 Nordöstlicher Süden
7 Mekong Delta

seinen Nebenflüssen binnen Stunden um das Zigfache anschwellen. Dann schießen wahre Springfluten und Schlammlawinen in die Tiefebenen und lassen den Hochwasserpegel bis zu 10 m und mehr ansteigen. Um sich vor den katastrophalen Flutwellen zu schützen, haben die Vietnamesen das Delta schon vor mehr als 1000 Jahren mit einem Netzwerk von Deichen, Dämmen und Kanälen überzogen. Hanoi galt schon als „Venedig des Ostens", als Bangkok nichts weiter war als ein Sumpf.

Aufgrund der Verschlammungen liegt das eingedeichte Flussbett inzwischen oft höher als das umliegende Land, sodass Dammbrüche, erst recht, wenn sie mit Taifunen einhergehen, noch heute ganze Provinzen verheeren, Ernten vernichten und Hunderttausende obdachlos machen können. Die an ihrer Basis bis zu 30–40 m breiten Deiche tragen auf ihren Kronen oft Straßen und Verkehrswege. Ihre Gesamtlänge beträgt mehr als 3000 km.

Das Bergland des Nordens

Das fast sechsmal so große Bergland, das das Delta von Norden und Westen her hufeisenförmig umschließt, beherbergt kaum mehr als 10 Mio. Menschen. Die bis zu 3000 m hohen Gebirge und Hochplateaus sind die Heimat zahlloser **Bergstämme** wie der Tay, Thai, Muong, Nung oder Hmong (Meo), die zum Teil noch heute nomadisieren und Brandrodung betreiben. Fast alle Bodenschätze Vietnams, eingeschlossen die reichen Kohlevorkommen am Golf von Tonkin, liegen hier. In vorchristlicher Zeit Quelle früher Kulturen – aus Kupfer und Eisen schmiedete man Bronze –, nährten sie nach 1945 voreilige Ambitionen, das sozialistische Nordvietnam in einen blühenden Industriestaat zu verwandeln.

Die höchsten **Gebirgszüge** erheben sich westlich des Roten Flusses nach Laos hin; der Phan Si Pan, der höchste Berg Vietnams, erreicht 3143 m. Die Provinzen Lai Chau und Dien Bien (mit der einstigen Dschungelfestung Dien Bien Phu) im nordwestlichen Zipfel sind mit einer Bevölkerungsdichte von 40 Menschen pro km² (Niedersachsen: 151) die mit Abstand dünnbesiedeltsten Regionen Vietnams.

Im Bergland des Nordens

016vi Foto: kb

Land und Leute

Die etwas flachere, aber weit umfangreichere Bergregion nördlich und östlich des Roten Flusses bildet „seit Anbeginn der Zeiten" die Nordgrenze zu China; hier gibt es die meisten Bodenschätze wie Eisen, Zinn, Mangan, Phosphat, Kohle und Bauxit sowie Gold und Edelsteine.

Trung Bo – das Zentrum

Zentralvietnam, die über 1000 km lange „Tragestange", in deren Bereich die Gebirgszüge teilweise bis unmittelbar an die Küste rücken und dort steil ins Meer abfallen, umfasst (umgekehrt proportional zum Norden) 40 % des Territoriums, aber nur 25 % der Bevölkerung. Die subtropische Nordküste, die tropische Südküste und das Hochland bilden drei völlig verschiedene Landschaften.

Der schmale **Küstensaum** wird von der mächtigen, parallel verlaufenden Kette des **Truong-Son-Gebirges** („Annamitische Kordillere", höchste Erhebung Ngoc Linh, 2598 m) oft bis auf 10 km oder weniger begrenzt. Der unmittelbar am Meer verlaufende Wolkenpass zwischen Hue und Da Nang ist die Klimascheide zwischen dem subtropischen Norden und dem tropischen Süden und bildete jahrhundertelang die natürliche Barriere zwischen dem „chinesischen" Vietnam und seinen indisierten Nachbarn. Weiter südwärts flacht sich die Kordillere zu den ausgedehnten, teils dschungelbedeckten, teils savannenartigen Hochplateaus des Zentralen Hochlandes ab.

Die zahlreichen, während der Regenzeit reißenden Flüsse wie der *Song Giang* bei Dong Hoi (fast ein Jahrtausend lang Südgrenze Vietnams), der *Song Ma* oder der *Song Huong* (Parfüm-Fluss) bei Hue bilden fruchtbare, aber relativ schmale und von Berg- und Hügelland umschlossene Ebenen.

Trung Bo mit Hue, der Hauptstadt der letzten vietnamesischen Kaiser-Dynastie (ab 1802), umfasst das Gebiet, das die Franzosen als Annam bezeichneten. Da es weder (wie Tonkin) über Bodenschätze noch über profitable Landwirtschaftsressourcen (wie das Mekong-Delta) verfügt, hat sich der Einfluss der Kolonialmacht hier deutlich weniger bemerkbar gemacht als in den anderen Landesteilen. Zwischen 1954 und 1975 faktisch zweigeteilt, unterlag Trung Bo als „Pufferzone" zwischen dem sozialistischen Norden und dem amerikanisch dominierten Süden im Vietnamkrieg ganz besonders verheerenden Verwüstungen.

Die Nördliche Zentralküste

Die dichtbevölkerte (11 Mio. Einwohner auf 51.000 km^2), aber vergleichsweise wenig fruchtbare und oft von heftigen Taifunen beherrschte Region bis zum *Wolkenpass* bei Hue, der den subtropischen Norden vom tropischen Süden trennt, ist traditionell eine der **ärmsten Landesteile.** Das *Hoanh-Son-Massiv* im Süden der Provinz *Nghe An*, Heimat vieler Revolutionäre und auch Ho Chi Minhs, bildete bis zum 13. Jh. die Südgrenze Vietnams.

Bis auf das fruchtbare Schwemmland von *Thanh Hoa* (das daher oft noch zum Delta gerechnet wird) grenzen alle Provinzen dieser Region im Westen an Laos. Der *Ben-Hai-Fluss* nördlich des 17. Breitengrads trennte zwischen 1954 und 1975 die Grenze zwischen dem sozialistischen Nordvietnam und dem „demokratischen" US-Satelliten Süd-Vietnam.

Die Südliche Zentralküste

Das Land südlich des Wolkenpasses wurde von den Vietnamesen erst zwischen dem 13. und 15. Jh. im Verlauf endloser Kämpfe mit den hinduistischen Cham eingenommen und besiedelt. Trotz einiger Ballungszentren wie **Da Nang, Qui Nhon** und **Nha Trang,** allesamt ehemalige Militärbasen der Amerikaner, ist die Bevölkerungsdichte (9 Mio. Einwohner auf 45.000 km^2) deutlich niedriger als weiter im Norden. Das ganzjährig **tropische Klima** südlich des Wolkenpasses lässt auf den schmalen Küstenstreifen Kokospalmen und Zuckerrohr gedeihen und begünstigt den Anbau von Industriekulturen, andererseits reichen die Gebirgsketten des Truong-Son-Massivs nicht selten bis nahe an die Küste heran und schwemmen die reißenden Flüsse immer wieder fruchtbares Land ins Meer. Die südlichste Provinz der Zentralküste, liegt nur 200 km nördlich von Saigon und gilt als eine der unbewohnbarsten und ärmsten der gesamten Küste.

Das Zentrale Hochland

Das spärlich besiedelte Hochland mit durchschnittlich 80 Einwohnern pro km^2 (4,4 Mio. auf 55.600 km^2) besteht aus undurchdringlichen **Bergwäldern** und teils savannenartigen, teils bewaldeten **Plateaus;** das höchste (1500 m) ist das von **Da Lat,** 300 km nördlich von Saigon. Ursprünglich fast ausnahmslos von ethnischen Minderheiten wie den Jarai, Ede und Sedang bewohnt, die sich nicht nur deutlich von den Vietnamesen, sondern auch von den Bergstämmen des Nordens unterscheiden, sorgte die intensive Umsiedlungspolitik der Regierung in den letzten Jahrzehnten für einen starken Zuzug von Vietnamesen. Auf den Plateaus wird Kaffee, Tee und Kautschuk angebaut, weiden riesige Rinderherden und gedeihen dank des relativ milden „europäischen" Klimas (20°–24°C) Obst- und Gemüsesorten, die es nirgendwo sonst in Vietnam gibt.

Nam Bo – der Süden

Der Süden umfasst 35 % des Territoriums und 35 % der Bevölkerung und ist die an Bodenschätzen zwar ärmste, aber landwirtschaftlich mit Abstand ergiebigste Region Vietnams. Der *Song Dong Nai,* der drittlängste Fluss des Landes, bewässert das flache Nordost-Plateau (100–200 m), weiter gen Süden schließt sich das Delta des Mekong an. *Nam Bo* wurde von den Vietnamesen erst zwischen dem 17. und 18. Jh. erobert und besiedelt und war das **Cochinchina** der französischen

Kolonialherren. Mit der von den Franzosen gegründeten Millionenstadt **Saigon** und dem fruchtbaren **Mekong-Delta** ist er der einzige der drei Landesteile, der mehr als 100 Jahre lang praktisch ununterbrochen westlichen Einflüssen ausgesetzt war, von 1859 als Kolonie der Franzosen und zwischen 1954 und 1975 als neokolonialistischer Vasall der USA.

Der nordöstliche Süden

Der Stadtstaat *Thanh Pho Ho Chi Minh* mit **Saigon** als seinem Zentrum ist mit über 6 Mio. Einwohnern die unangefochtene Wirtschaftsmetropole Vietnams und weist eine höhere Bevölkerungsdichte auf als selbst Hanoi (2000 Menschen pro km^2). Ursprünglich ein kleiner Fischer- und Handelshafen der Khmer, wurde Saigon von den Vietnamesen erst 1674 besiedelt, aber als tatsächliche Stadt erst 1859 von den Franzosen begründet. Die teils sandigen, teils sumpfigen Böden der Region zwischen Saigon und der kambodschanischen Grenze sind ideal für Plantagen (Kautschuk und Cash Crops aller Art) sowie für die Viehzucht. Offshore im Südchinesischen Meer liegen reiche Erdölvorkommen, von denen insbesondere die boomende Region Ba Ria-Vung Tau profitiert.

Das Mekong-Delta

Das mit Abstand größte und ertragreichste Reisanbaugebiet ihres Landes erschlossen die Vietnamesen erst im 18. und 19. Jh., nicht lange bevor die Franzosen sich seiner bemächtigten und anfingen, den Reis in alle Welt zu exportieren. Das Delta des Mekong ist mit 45.000 km^2 dreimal so groß wie das des Roten Flusses, wird aber von der gleichen Anzahl Menschen bewohnt (17 Mio). Die **9 Mündungsarme** (*Cuu Long*), die das Delta bilden, sind von zahllosen Flussläufen, Kanälen und Sümpfen durchzogen. Transport und Kommunikation sind noch heute gebietsweise auf Wasserwege angewiesen und können während der sommerlichen Regenzeit zusammenbrechen. Die Bauern des Deltas erzeugen 90 % der gesamten Ernteüberschüsse Vietnams, Städte wie **Can Tho** und **My Tho** zählen mit profitablen Leicht- und Konsumgüterindustrien, Obstplantagen und Fischzuchten zu den am schnellsten wachsenden des Landes.

Der Mekong. Der Mekong entspringt in Tibet und fließt erst über 4000 km weit durch Südchina, Burma, Thailand, Laos und Kambodscha, ehe er Vietnam erreicht und sich in zahlreiche Arme und Nebenarme aufsplittert. Im Gegensatz zu dem wilden und reißenden Song Hong wirkt der Mekong geradezu gemächlich. Der tiefer als der Fluss gelegene Ton-Le-Sap-See in Kambodscha fungiert als natürliches Staubecken und hält die Wassermenge des Mekong ganzjährig annähernd konstant; bei Hochwasser ändert der Mekong einfach seine Laufrichtung und fließt „rückwärts" in den See ab. Die regelmäßigen Überschwemmungen (mit höchsten Wasserständen zwischen September und Oktober) beeinträchtigen zwar Transport und Verkehr, führen aber niemals zu verheerenden Flutkatastrophen und Ernteausfällen wie im nördlichen Delta.

Inseln

Die Vietnamesen sind traditionell Bauern, keine Seefahrer. Die Abertausende Inseln entlang ihrer Küste haben sie nie sonderlich interessiert und sind in ihrer Mehrheit bis heute schwer erreichbar, da entweder gänzlich unbewohnt oder nur sehr spärlich besiedelt.

In der Vergangenheit errangen nur zwei Inseln einigermaßen Bedeutung, als Zufluchtsort für Rebellen oder als berüchtigte Gefängnisinseln: **Phu Quoc** im Golf von Thailand unweit der Grenze zu Kambodscha, die mit Abstand größte Insel Vietnams (568 km²), und **Con Dao** (das Poulo Condore der Franzosen) rund 100 km südöstlich des Mekong-Deltas.

Erst in jüngster Zeit sind die Gewässer zunehmend als **Wirtschaftsfaktor** interessant geworden. Die während des Vietnamkriegs entdeckten **Erdöl-** und **Erdgasreserven** entlang der Küste stellen heute eine der wichtigsten Einnahmequellen des Landes dar. Und im Gefolge des **Tourismus** sind Inseln wie **Cat Ba** und **Phu Quoc,** die größten Inseln des Nordens (350 km²) und Südens, die Eilande nördlich der Ha Long-Bucht sowie vor den großen Zentren der Südküste (Nha Trang, Da Nang, Qui Nhon) als Touristenziele ausgebaut worden.

Seit Jahrzehnten machen sich mehrere Länder, darunter Vietnam und China, die Besitzrechte an den weit von allen Küsten abgelegenen *Paracel-* und *Spratly*-Inseln streitig, in deren Bereich Erdölvorkommen vermutet werden.

Klima

Das extrem lang gestreckte Vietnam hat auf das Klima bezogen Halbinsel-Charakter; der maritime Einfluss macht sich im ganzen Land bemerkbar, bis auf den Norden, der klimatisch eher dem kontinentalen Klima Südchinas gleichkommt.

Grundsätzlich zeichnet sich Vietnam durch ein tropisches Monsunklima mit hohen Temperaturen und hoher Luftfeuchtigkeit aus. Im Jahresverlauf wechseln sich der feuchtwarme, niederschlagsreiche Südwest-Monsun (Sommermonsun, Mai bis Sept.) und der kalte, trockene Festlandsluft mit sich führende Nordost-Monsun (Wintermonsun, Nov. bis März) ab. Aufgrund der geografischen Gegebenheiten in den einzelnen Landesteilen sind die regionalen Unterschiede allerdings erheblich. Vereinfacht lassen sich eine durch eine Übergangszone voneinander getrennte nördliche und südliche Klimazone unterscheiden.

Als Resultat des Einflusses beider Monsune bleibt der Süden ganzjährig feucht und warm und ist lediglich der Zeitpunkt der sommerlichen Regenzeit von Region zu Region verschieden (im Zentrum beginnt die Regenzeit erst, wenn sie im Süden bereits beendet ist). Während im Norden Regen- und Trockenzeiten sich weit weniger stark voneinander unterscheiden und der deutlich kühlere Winter extreme Temperaturschwankungen mit sich bringen kann.

Durch die **globalen Klimaveränderungen** der letzen Jahre ist das Wetter merklich instabiler geworden. Die Temperatur stieg um 1–2°, die Regenzeit setzt immer früher ein, auf verheerende Überschwemmungen und/oder Taifune folgen immer häufiger kaum minder katastrophale Dürren, da der Wechsel von Regen- und Trockenzeit auch die Wasserführung der lebenswichtigen Flüsse bestimmt.

Südwest-Monsun

Feucht und heiß. Bläst aus dem Golf von Siam und bestreicht zwischen Anfang April und Ende Mai nacheinander das Mekong-Delta, die Region von Saigon und die südliche Zentral-Küste, ehe er, deutlich abgeschwächt, den Wolkenpass überquert und zwischen Oktober und November im Delta des Roten Flusses verhaucht.

Nordost-Monsun

Trocken, kalt und deutlich weniger kräftig. Kommt vom chinesischen Festland, erreicht das Delta des Roten Flusses im Lauf des Oktober und bestreicht nach und nach die nördliche Zentral-Küste, bis der Wolkenpass ihm Einhalt gebietet.

Norden

Die nördliche Klimazone zeigt deutliche **jahreszeitliche Unterschiede.** Das Klima ist subtropisch, mit kalten, nicht ganz trockenen Wintern und feuchtheißen, regenreichen Sommern. Im **Sommer,** zwischen Mai und Oktober, betragen die höchsten Durchschnittswerte 31–33°, die maximalen Temperaturen bis über 40°. Die Monate mit den stärksten Niederschlägen sind Juni bis September; in diesem Zeitraum (Regenzeit) fallen über 80 % der jährlichen Niederschläge und können im Küstenbereich und im Delta auch heftige **Taifune** auftreten.

Die **Wintermonate** (Trockenzeit) sind für die niedrigen Breitengrade (18–23° Nord) unverhältnismäßig kühl, da die Nordostwinde aus dem Innern Asiens eine nicht unerhebliche Temperaturabnahme bewirken. Da die Längs- statt Querausrichtung der Berge an der chinesischen Grenze keine natürliche Barriere bildet, kann die kalte Luft ungehindert bis zum 16. Breitengrad vordringen, wo sie erst von dem hier bis ans Meer reichenden Truong-Son-Gebirge (Wolkenpass) gestoppt wird.

Es bleibt im Tiefland frostfrei, doch sinken die Temperaturen im Winter häufiger auf **unter 10° C.** In Hanoi beträgt die Durchschnittstemperatur im kältesten Monat (Jan.) 16–17° (bei Sonneneinstrahlung mit Spitzenwerten um 20–22°), die niedrigste Temperatur kann bis auf 5° fallen. In den Gebirgsregionen können die Temperaturen bis unter 0° sinken und in höheren Lagen (Sa Pa) zu Schneefall führen. Das Frühjahr (vor allem Febr./März) ist von einer von Jahr zu Jahr unterschiedlich ausgeprägten trüben und feucht-kühlen Witterung mit Nebel und feinem Sprühregen *(crachin)* bestimmt.

Klima-Tabellen

○ = Hanoi, ◇ = Quang Tri, ● = Saigon

Tage mit Niederschlag pro Monat

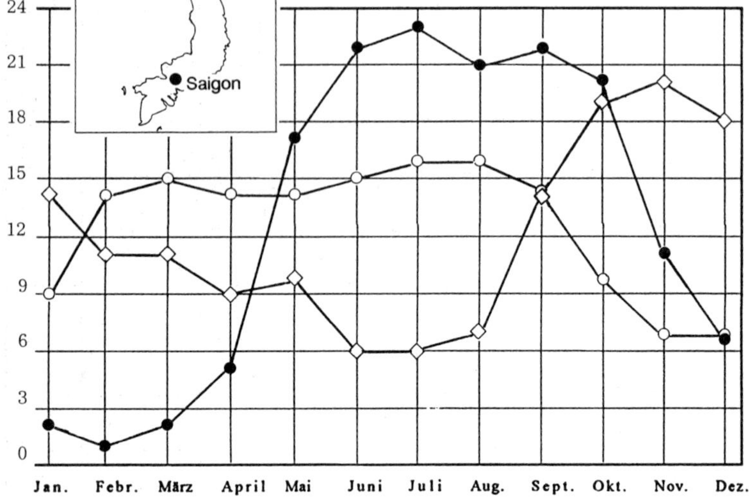

Durchschnittliche Maximum- und Minimumtemperaturen in °C

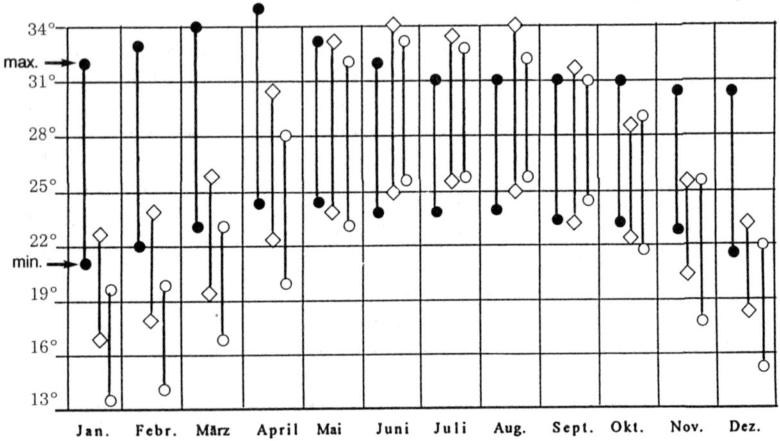

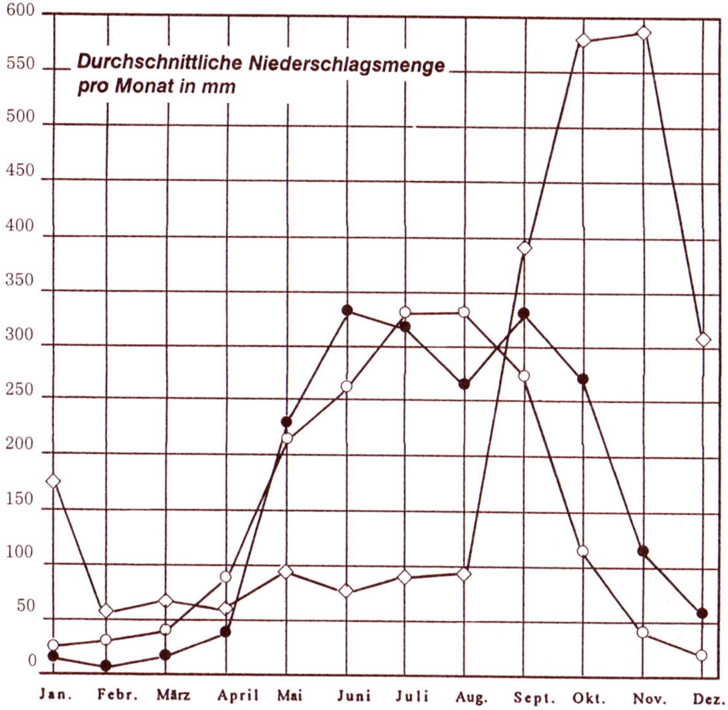
Durchschnittliche Niederschlagsmenge pro Monat in mm
600
550
500
450
400
350
300
250
200
150
100
50
0
Jan.
Febr.
März
April
Mai
Juni
Juli
Aug.
Sept.
Okt.
Nov.
Dez.

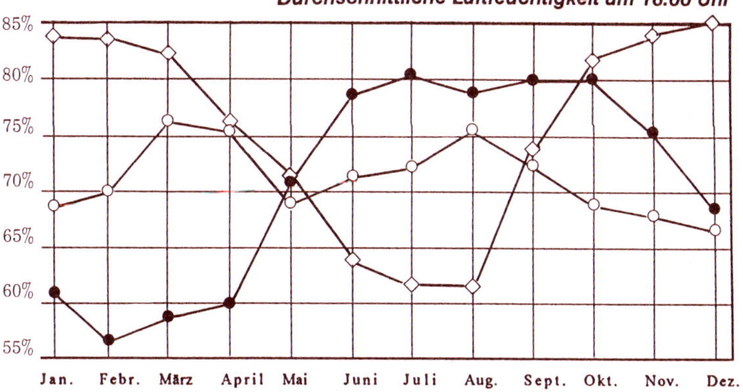
Durchschnittliche Luftfeuchtigkeit um 16.00 Uhr
85%
80%
75%
70%
65%
60%
55%
Jan.
Febr.
März
April
Mai
Juni
Juli
Aug.
Sept.
Okt.
Nov.
Dez.

Klimatische Bedingungen in ausgesuchten Städten

	Tag	Nacht	Min.	Niederschlag	Regentage	Sonnenstunden	Luftfeuchtigkeit
Hanoi							
Jan.	20°	13°	5°	18 mm	7	4	78 %
Febr.	21°	14°	6°	28 mm	13	5	82 %
März	23°	17°	8°	38 mm	15	6	83 %
April	28°	20°	10°	81 mm	14	7	83 %
Mai	32°	23°	16°	195 mm	15	7	77 %
Juni	33°	25°	21°	240 mm	14	7	78 %
Juli	33°	26°	22°	325 mm	15	6	79 %
Aug.	32°	26°	21°	345 mm	16	6	82 %
Sept.	31°	24°	17°	250 mm	14	7	79 %
Okt.	29°	22°	14°	100 mm	9	5	75 %
Nov.	26°	18°	7°	43 mm	7	4	74 %
Dez.	22°	15°	7°	20 mm	7	3	75 %
Hue							
Jan.	22°	17°	9°	170 mm	14	3	87 %
Febr.	23°	17°	10°	56 mm	11	5	87 %
März	26°	19°	11°	68 mm	11	6	85 %
April	30°	22°	13°	56 mm	9	7	78 %
Mai	33°	24°	18°	100 mm	10	7	69 %
Juni	34°	25°	20°	76 mm	6	7	65 %
Juli	33°	25°	20°	90 mm	6	6	64 %
Aug.	34°	25°	20°	100 mm	7	6	63 %
Sept.	31°	23°	18°	400 mm	14	5	75 %
Okt.	28°	22°	15°	560 mm	19	5	82 %
Nov.	25°	20°	12°	570 mm	20	4	84 %
Dez.	22°	18°	11°	305 mm	18	3	87 %
Da Nang							
Jan.	22°	17°	10°	115 mm	12	5	86 %
Febr.	23°	18°	11°	35 mm	8	5	85 %
März	24°	19°	12°	30 mm	7	6	85 %
April	30°	22°	16°	35 mm	5	7	82 %
Mai	32°	23°	17°	70 mm	8	8	79 %
Juni	33°	26°	18°	90 mm	9	9	76 %
Juli	33°	26°	19°	70 mm	10	8	75 %
Aug.	33°	26°	20°	110 mm	12	7	78 %
Sept.	31°	23°	17°	335 mm	16	6	83 %
Okt.	29°	22°	15°	615 mm	20	5	85 %
Nov.	26°	20°	13°	380 mm	22	5	85 %
Dez.	23°	19°	12°	225 mm	18	4	86 %

	Tag	Nacht	Min.	Niederschlag	Regentage	Sonnenstunden	Luftfeuchtigkeit
Saigon							
Jan.	32°	21°	14°	15 mm	2	5	70 %
Febr.	33°	22°	16°	3 mm	1	5	66 %
März	34°	23°	18°	15 mm	2	5	63 %
April	35°	24°	20°	43 mm	4	5	63 %
Mai	33°	24°	21°	220 mm	16	4	71 %
Juni	32°	24°	21°	330 mm	21	4	77 %
Juli	31°	24°	20°	320 mm	23	4	79 %
Aug.	31°	24°	20°	270 mm	21	5	77 %
Sept.	31°	23°	20°	340 mm	21	5	78 %
Okt.	31°	23°	20°	270 mm	20	4	77 %
Nov.	30°	23°	18°	115 mm	11	4	74 %

Süden

Die südliche Klimazone ist durch ein typisches **tropisches Monsunklima** bestimmt. Unbeeinflusst von den polaren Nordostwinden herrschen im feuchtheißen Süden hohe Temperaturen das ganze Jahr über. Die jährliche Durchschnittstemperatur in den Niederungen beträgt 26–27°, die Unterschiede zwischen den höchsten und niedrigsten Durchschnittstemperaturen betragen lediglich 3–4° (im Norden 16°). Deutlich zu unterscheiden ist zwischen einer sommerlichen **Regenzeit** (April/Mai bis September/Oktober) und einer „winterlichen" **Trockenzeit** (November bis April). In der Regenzeit fallen rund 90 % aller Niederschläge. Kühlste und trockenste Monate sind Dezember und Januar, danach steigen Temperaturen wie Luftfeuchtigkeit kontinuierlich an, ehe Mai und Juni die ersten Regenschauer und leichte Abkühlung bringen.

Zentrum

Zentralvietnam bildet eine **Übergangszone** mit tropischem Regenklima, aber spürbar weniger ausgeprägter Trockenzeit. Der Gegensatz zwischen Winter und Sommer nimmt kontinuierlich ab, die Regenzeit verschiebt sich auf September bis Dezember/Januar. Die stärksten Niederschläge fallen im Herbst und frühen Winter (September bis November), wenn im übrigen Land Trockenzeit herrscht. Die Regenzeit ist hier außerdem mit Stürmen und Fluten verbunden, die heftige Verwüstungen anrichten können. Die trockensten Monate sind März/April, dann folgt bis September die heißeste Zeit, wobei es – im Gegensatz zum übrigen Vietnam – sehr sonnig ist und kaum regnet. Dies ist auf die „Föhn"-Einwirkung der heißen Laoswinde auf den Südwestmonsun zurückzuführen.

Das Zentrum ist durch die **Klimascheide** des Wolkenpasses geteilt. Die **südliche Zentral-Küste** ist insgesamt regenärmer als der Süden, dafür verteilen sich die Niederschläge gleichmäßiger und rücken jahreszeitlich nach hinten (September bis Januar). In den Küstenniederungen liegen die Temperaturen etwa wie im Süden.

Im **Zentralen Hochland** dauert die Trockenzeit länger an, etwa wie im Süden (November bis April), während der es aber auch mal zu kurzen, heftigen Güssen kommen kann. Die Temperaturen liegen ganzjährig deutlich niedriger, mit milden („frühlingshaften") Wintern um 10–20° und möglichen Hitzewellen im Frühjahr und Sommer.

Die **nördliche Zentral-Küste** weist insgesamt höhere, aber unregelmäßigere Niederschlagsmengen auf, und man kann bereits zwischen warmen und kühlen Jahreszeiten unterscheiden. Zwischen Mai und August heiß und feucht wie im Süden, kann das Thermometer zwischen Dezember und Februar auch tagsüber unter 20°C sinken. Hue gilt als die regenreichste Stadt des Landes (2890 mm Regen an 150 Tagen gegenüber 1650 mm an 103 Tagen in Da Nang); die jährliche Temperaturschwankung beträgt rund 10°, die niedrigste je in Hue gemessene Temperatur betrug 9°C.

Als Besonderheit können im Küstenbereich **Taifune** (tropische Wirbelstürme) mit heftigen Regenfällen und Überschwemmungen auftreten, vor allem in der Zeit von Juli bis Oktober (an der Nordküste) bzw. Oktober bis Dezember (Südküste).

Flora

Wer einmal ein Tet-Fest in Vietnam miterlebt hat, wird das Land als ein einziges Blumenmeer in Erinnerung behalten. Die Vietnamesen lieben Pflanzen und Bäume aller Art, ob sie ihnen unmittelbaren „Nutzen" bringen oder nicht. Beim Anflug auf Hanoi schweift der Blick meilenweit über monotone Agrarflächen, aus denen die Dörfer wie kleine, von Bambushecken eingefriedete botanische Gärten herausragen, durchzogen von den Grün-Oasen der Obstbäume und Gemüsebeete. Im Süden und im Zentrum umgeben meist schützende Palmenhaine und Kakteenhecken die Dörfer.

Ursprünglich waren mehr als **zwei Drittel** der Landfläche Vietnams mit **tropischem Wald** bedeckt, auf dem pro Quadratkilometer bis zu 150 verschiedene Baumarten stehen können (in Mitteleuropa entfallen auf die gleiche Fläche lediglich 8–10 Arten). Im Landesinneren herrschte immergrüner Regenwald vor, das komplexeste Ökosystem der Erde mit bis zu 50 m hohen Baumriesen, Hochplateaus und Küstengebirge waren von laubabwerfenden Monsunwäldern bedeckt, und die nach dem Amazonasbecken gewaltigsten Mangrovenwälder der Welt schützten die Flachküsten vor den Urgewalten des Meeres. Der sagenhafte natürliche Reichtum des Landes an

Der Ökozid der USA

Die Taktik der „verbrannten Erde“ wurde schon von den Hunnen praktiziert – die planmäßige Vernichtung der Umwelt (Codename *Ranch Hand*) als Teil der militärischen Strategie betrieben erst die Amerikaner in Vietnam.

Um Nachschub und Verstecke des Gegner zu enttarnen, „entfernten“ die Amerikaner den Dschungel, der ihn schützte, um ihn seiner Grundlagen zu berauben, vernichteten sie die Reisernten, die Millionen ernährten. Zwischen 1961 und '71 fielen über 76 Mio. l ***Herbizide*** auf das „befreundete“ Südvietnam – allein die 40 Mio. l ***Agent Orange*** (neuere Studien sprechen von fast der doppelten Menge) enthielten 170 kg Dioxin, die giftigste Substanz, die auf der Welt bekannt ist (bei der Umweltkatastrophe von Seveso waren gerade 300 g freigesetzt worden). Das Gift ist noch heute, Jahrzehnte nach seinem Einsatz, im Erdboden und damit in der Nahrungsmittelkette und im menschlichen Körper nachweisbar. Mehr als 3 Mio Menschen, darunter auch zahlreiche GIs, leiden noch heute an den Folgen. In Vietnam werden noch immer überdurchschnittlich viele Kinder mit Missbildungen geboren, Krebs (Haut-, Leber- und Gebärmutterkrebs), Nerven- und Immunkrankheiten sind unter der

017vi Foto: PVT

Bevölkerung mancher Regionen weit verbreitet.

Landstriche, die nicht vergiftet werden konnten, wurden mit ***Napalm*** verbrannt, danach von Bulldozern eingeebnet und mit schnellwachsenden Gräsern bepflanzt, die rasch entflammbar waren und Pflanzensprossen niederhielten (in Vietnam, z.B. in Cu Chi, noch heute „Amerikanisches Gras“ genannt). Über die Regionen nördlich des 17. Breitengrads regneten mehr als 13 Mio Tonnen Sprengstoff, etwa sechsmal so viel wie die Alliierten im Zweiten Weltkrieg auf das hochtechnisierte Deutschland abwarfen.

Agent Orange-Opfer (3. Generation)

Edelhölzern, Gewürzen, Heilkräutern, Orchideen, Palmen, Bambus, Zuckerrohr und tropischen Früchten lockte zwei Jahrtausende lang Eroberer nach Vietnam.

Im vergangenen Jahrhundert hat sich der Waldbestand Vietnams drastisch reduziert. Während 1945 noch 43 % der Landesfläche bewaldet war, ist der Bestand mittlerweile auf **unter 20 %** zurückgegangen, wobei der Anteil an Primärwäldern auf nur etwa ein Drittel geschätzt wird. Dennoch beherbergen Vietnams Wälder nach wie vor einen unschätzbaren **Reichtum** an verschiedenen Spezies. Mehr als 13.000 Pflanzen, davon über 7000 Großpflanzen, 800 Moosarten und über 600 Pilz- und Schwammarten wurden bisher bestimmt.

Einheimische Wissenschaftler schätzen, dass im amerikanischen **Vietnamkrieg** ca. 2,5 Mio. Hektar Waldland und über ein Fünftel der landwirtschaftlichen Fluren des Landes verloren gingen, als direktes Resultat der

Die Schattenseiten des Sonnen-Kaffees

Kaffee kennt man in Vietnam, seit ihn die Franzosen im 19. Jh. einführten. Schwarz, stark, aromatisch, eher Genussmittel denn Alltagsgetränk (das ist in Vietnam traditionell der Tee).

Um 1992 begann Vietnam gezielt in das „braune Gold" zu investieren - nach Erdöl gilt Kaffee als der meistgehandelte Rohstoff der Welt - und katapultierte sich binnen weniger als zehn Jahren vom Kleinverbraucher zum ***zweitgrößten Kaffee-Produzenten der Welt*** (nach Brasilien). Die Jahresproduktion beträgt plus/minus 1 Mio Tonnen, von denen rund dreiviertel exportiert wird; das entspricht einem Wert von zuletzt 1,8 Mrd. US$ oder 8 % der vietnamesischen Exportleistung.

Erfolgsgaranten sind die ***idealen Anbaubedingungen*** im Zentralen Hochland (intensive Sonneneinstrahlung, reiche Niederschläge), von Weltbank und IWF mitfinanzierte ***staatliche Förderprogramme*** und ***Masse*** statt Qualität: 99 % der Ernte bestehen aus der billigen, aber ertragreichen und widerstandsfähigen Sorte *Robusta.* (Die teurere *Arabica* macht das eigentliche Aroma im Kaffee aus, aber neue Dämpfungs- und Röstungs-Verfahren konnten die Unterschiede deutlich nivellieren.)

Der Kaffeeboom erschloss Hanoi wichtige Devisenquellen und schuf 6-700.000 neue Arbeitsplätze, diente darüber hinaus aber auch als innenpolitisches Signal. Für den Löwenanteil der Produktion (etwa Zweidrittel) sorgen nicht staatseigene Firmen, sondern Privatunternehmen und mittelständische Betriebe und vor allem die ***Minoritäten*** des „politisch sensiblen" Zentralen Hochlands, die - ungleich denen des Nordens - aufgrund ihrer Geschichte traditionell regimekritisch wenn nicht gar -feindlich eingestellt sind.

Indem Vietnam den Markt eroberte, d.h. mit preisgünstiger Ware überschwemmte, ruinierte man ihn jedoch zugleich. Als Folge des ***Überangebots*** gingen die Preise auf Talfahrt; Vietnams Kaffeebauern trieben nicht nur ihre Leidensgenossen in Brasilien, Äthiopien oder Indonesien in den Ruin, sondern auch sich selbst; 2001 gingen die ethnischen Pflanzer auf die Barrikaden. Hanoi stellte die ***Unruhen*** in den Provinzen Kon Tum, Gia Lai und Dak Lak als „von außen gesteuerte Sabotageakte" dar (tatsächlich verhaftete man einige „reaktionäre" Auslandsvietnamesen und US-Missionare), doch in Wahrheit ging es nicht um Ideologien, sondern um handfeste ökonomische Interessen. Um die drohende Verelendung einer Region, die zu Boomzeiten auf Anraten der Regierung auf Kaffee gesetzt hatte; und um die Wut auf die Hanoier Bevölkerungspolitik, die Zigtausende Vietnamesen aus dem aus dem übervölkerten Norden ins Hochland umgesiedelt hatte, wo sie sich mit Billigung der Behörden illegal Land aneigneten und gleichfalls Kaffee anbauten. In den letzten Jahren sind die Preise wieder gestiegen, und die Exporteinnahmen überstiegen erstmals sogar die von Reis!

Auf lange Sicht verhängnisvoller ist die ***ökologische Katastrophe*** des Kaffeebooms. Den Bauern bleibt angesichts des Preisverfalls keine Wahl als aufzugeben oder den Ausstoß zu erhöhen - d.h. immer neues Land zu roden und noch mehr Kaffee zu pflanzen. Was eine folgenreiche Kettenreaktion in Gang setzt. Da *Robusta*-Pflanzen Sonne brauchen, müssen ***Wälder abgeholzt*** werden, und anstelle artenreicher Ökosysteme (in denen sich die Schattenpflanze Arabica wohlfühlt) entstehen immer mehr ***Monokulturen,*** die nur mithilfe ebenso teurer wie schädlicher ***Pflanzengifte*** erhalten werden können, die die einheimische Flora und Fauna vernichten.

Vietnam versucht dem Dilemma Herr zu werden, indem es die Robusta-Pflanzen schrittweise verringert und durch Arabica ersetzt, internationale Qualitätsstandards einführt und den Konsum im eigenen Land anheizt. Die überaus erfolgreiche Café-Kette *Trung Nguyen* ist inzwischen sogar schon auf amerikanischen Märkten präsent.

Bombenabwürfe, der Landrodung durch Panzer, des Einsatzes von Napalm und des Entlaubungsmittels Agent Orange. Nahezu ein Drittel des Landfläche (wenn auch nicht immer auf den ersten Blick erkennbar) gilt seitdem als Brachland, das nur noch zur Viehhaltung und zum Anbau bestimmter industrieller Kulturen Verwendung finden kann.

Jedoch führte auch der eigene **wirtschaftliche Wiederaufbau** Vietnams zur Zerstörung der Natur. In Ermangelung anderer Baustoffe griff man nach dem Ende des Krieges zwangsläufig auf das Holz zurück – für Millionen Vietnamesen noch heute die einzige Energiequelle. Bis 1987 gingen durch Einschlag, Brandrodung, gewerbsmäßige Gewinnung von Feuerholz und Holzkohle sowie die Gewinnung neuer landwirtschaftlicher Ressourcen mindestens ebenso viel Waldreservoir verloren wie während des gesamten Krieges. Insgesamt wurde mehr als doppelt so viel Waldfläche abgeholzt als aufgeforstet wurde.

Ho Chi Minh hatte bereits 1955 die **Wiederaufforstung** als eine der vordringlichsten Aufgaben des neuen sozialistischen Staats bezeichnet, und bis heute werden jährlich 150–200.000 ha wiederaufgeforstet, die den fortgesetzten Verlust des Waldbestandes allerdings kaum wirklich aufhalten können. Außerdem mögen Kiefern und schnellwachsender Eukalyptus zwar der Bodenerosion entgegenwirken und Feuerholz liefern, das in Jahrhunderten gewachsene Ökosystem von Primärwäldern vermögen sie keinesfalls zu ersetzen. Zudem vernichten immer wieder **Naturkatastrophen** die gerade erst wiederaufgeforsteten Regionen – sei es durch die starken Monsunregen, sei es durch die aufgrund des immensen Waldverlusts bereits deutlich nachweisbaren **Klimaveränderungen,** deren Folgewirkungen (Dürreperioden, Überschwemmungen, Erosion) zunehmend mehr Landstriche verwüsten.

Fauna

Aufgrund der Längenausdehnung (mehr als 1600 km über 16 Breitengrade hinweg) und der äußerst unterschiedlichen klimatischen und geografischen Gegebenheiten zeichnet sich Vietnam durch eine extrem hohe und z.T. einzigartige Diversität an Tierarten und genetischen Ressourcen aus. Im weltweiten Vergleich gilt Vietnam heute unbestritten als „einer der Hot Spots der Biodiversität". Zahlreiche Arten werden zudem als endemisch eingestuft, d.h. sind ausschließlich in Vietnam zu finden. Von den 49 endemischen Vogelarten Indochinas z.B. hat Vietnam 33, davon 11, die einzig und allein in Vietnam vorkommen.

Sensationelle Entdeckungen von Spezies, die selbst in Vietnam bereits als ausgestorben galten, wurden nach 1990 vor allem in den entlegenen Regenwäldern des Hoang-Lien-Son-Gebirges im Nordwesten (Provinz Lai Chau) gemacht, wo seltene Arten lange beinahe im Verborgen überleben konnten. 1994 entdeckte man in der

Seltene und bedrohte Tierarten

Vu-Quang-Wildrind (Sao La). Der sensationellste Fund (1994), die sechste Großsäugetierart, die weltweit im 20. Jh. entdeckt wurde. Halb Rind, halb Antilope, Schätzungen zufolge leben noch 20–30 Exemplare.

Riesen-Muntjak. Ein bisher unbekannten Vertreter des Großsäugers, der doppelt so groß wie der Indische Muntjak wird. Die Gattung, die im Tertiär auch in Europa vorkam, gilt als der Vorfahr unserer Hirsche.

Kouprey. Das einheimische Wildrind, das bereits 1950 als ausgestorben galt, wurde in den letzten Jahren wieder mehrfach gesichtet. Der Bestand der im Übrigen auch in Laos und Kambodscha vorkommenden Koupreys, die in kleinen Herden leben und sich bevorzugt in Steilwäldern aufhalten, wird auf insgesamt 200 geschätzt.

Delacour-Langur. Im Nationalpark Cuc Phuong haben deutsche Biologen die „Kurze-Hosen-Affen" wiederentdeckt, die bereits als ausgestorben galten. Die Anzahl der sich meist in Baumwipfeln aufhaltenden Tiere mit der markanten Schwarz-Weiß-Zeichnung wird auf unter 200 Exemplare geschätzt; sie kommen ausschließlich in Vietnam vor.

Elefant. Pro Jahr werden an die 100 Exemplare von Elfenbeinjägern erlegt, sodass es schon im nächsten Jahrzehnt, sollte die illegale Jagd nicht drastisch zurückgehen, keine wildlebenden Elefanten mehr geben wird. Zwar hat der vietnamesische Elefantenkult nie die quasi „religiöse" Inbrunst wie bei den buddhistischen Nachbarn Kambodscha, Siam und Burma angenommen, aber Elefanten waren als Prestigeobjekte und „lebende Kriegspanzer" seit je her hoch begehrt, schon weil die Todfeinde der Viets, die Chinesen, sie nicht kannten und daher fürchteten. Darstellungen von Nationalhelden wie den Trung-Schwestern, die auf dem Rücken von Kriegselefanten Chinesen aus dem Land vertreiben, jagen noch heute jedem Vietnamesen wohlige Schauer über den Rücken. Im 19. Jh. führten die Herrscherhäuser Vietnams und Siams endlose Kriege um die Kontrolle über die Elefanten Kambodschas. Wilde Exemplare leben heute nur noch in der Provinz Dak

Artenreichtum im Vergleich

	Vietnam	weltweit	Anteil VN
Fische	2470	19.000	13 %
Amphibien	80	4184	2 %
Reptilien	180	6300	3 %
Vögel	820	9040	9 %
Säugetiere	275	4000	7 %

Lak und vereinzelt in Lai Chau und Lam Dong.

Tiger. Noch vor einem halben Jahrhundert waren streunende Tiger in den Straßen der Höhenkurorte Tam Dao und Da Lat fast selbstverständlich. Im 19. Jh., einzigartig in Südostasien, fanden in der Arena von Hue Kämpfe zwischen Tigern und Elefanten statt. Heute sind die Tiere vor allem durch den schwunghaften Handel mit Knochen und Penissen bedroht, denen in der traditionellen Medizin „sagenhafte" Wirkung zugeschrieben wird. Die Tiger-Population hat seit 1900 um über 99 % abgenommen, gegenwärtig leben nur noch knapp 50 in freier Wildbahn.

Java-Nashorn. Eines der seltensten Großsäuger überhaupt. Weltweit gibt es noch etwa 75 Exemplare, davon 10–15 in Vietnam (u.a. im Nationalpark Cat Tien). Die scheuen Kolosse (ausgewachsene Tiere wiegen fast 2 t) sind ausgesprochene Einzelgänger. Hauptschuld an ihrer Ausrottung trägt die Nachfrage nach dem angeblichen Wundermittel aus ihrem „steifen" Horn, als Pulver oder Elixier in der „Heilkunde Asiens" (trotz Viagra) so gefragt wie nie zuvor.

Region von Vu Quang, in der Nähe der laotischen Grenze (Provinz Ha Tinh), eine bis dato völlig unbekannte Säugetierart, das sog. *Vu-Quang*-Wildrind, eine ziegen- bis hirschähnliche Huftiergattung mit langem, scharfem Gehörn.

Zu den bedeutendsten Arten zählen u.a. der asiatische Elefant, das Java-Nashorn, Tiger, Kouprey, Krokodile und Pythons. Die 4 einheimischen Affenarten (mit zahlreichen Unterarten) sind die äußerst seltenen, z.T. erst im vorigen Jh. entdeckten Languren sowie Makaken, Gibbons und die kleinen nachtaktiven Loris (siehe www.primatecenter.org).

Mit der Ausweisung von Schutzgebieten wurde in Vietnam gleich nach dem Ende der Kolonialzeit (1945) begonnen; in der Folge wurde 1962 der erste Nationalpark (Cuc Phuong) gegründet. Nachdem Vietnam 1994 dem Washingtoner Artenschutzabkommen beitrat, erarbeiteten Wissenschaftler des WWF zusammen mit dem vietnamesischen Forstministerium neue Entwicklungsprogramme, um die Überlebenschancen bedrohter Tierarten zu erhöhen. Heute verfügt Vietnam über mehr als 100 Naturschutzgebiete mit einer Gesamtfläche von über 15.000 Quadratkilometern, von denen bislang über ein Dutzend als Nationalparks ausgewiesen sind.

Sieht man Warane, Gürteltiere, Tapire, Bären, Pangoline, Pythons oder junge Wildkatzen auf den Märkten, werden sie bestimmt nicht als Haustiere gekauft. Der Handel mit bedrohten Arten ist zwar auch in Vietnam mittlerweile verboten, doch keiner kontrolliert so recht, was in die Kochtöpfe wandert oder über die Grenzen verschoben wird. Zudem setzt die traditionelle Heilkunde bis heute auf tierische Produkte und Bestandteile – je seltener das Tier, umso „exquisiter", sprich wirkungsvoller die Medizin. Bärengallenblasen, Schlangen, Tigerknochen, Vogelnester erzielen vor allem in China

Höchstpreise und sind für Wilderer eine lukrative Einnahmequelle.

Die Küsten werden außer durch die zunehmende Ölförderung durch die polypenartig sich überall ausbreitenden Fisch- und Shrimps-Farmen (Antibiotika, Dünger, Pestizide) und die illegale Korallenförderung zur Herstellung von Zement gefährdet.

Bevölkerung

Anders als in den meisten Ländern Asiens und der Dritten Welt weist die Bevölkerung Vietnams eine **außergewöhnliche Homogenität** auf: fast 90 % aller Einwohner sind ethnische Vietnamesen, die politisch, sozial und kulturell auf eine lange, gemeinsame Geschichte zurückblicken.

Die Reiskultur förderte frühzeitig Organisation und soziale Strukturen, engte den Siedlungsraum der Vietnamesen aber auch geografisch auf die Ebenen ein. Für ihren vielzitierten „Marsch gen Süden", der ihnen nach und nach das hinduistische Champa (das heutige Zentralvietnam) und das zum Khmer-Reich gehörige Mekong-Delta einbrachte und mehr als einmal zum Beweis ihres „aggressiven Charakters" herhalten musste, benötigten die angeblich „von Natur aus kriegslüsternen" Vietnamesen mehr als sechs Jahrhunderte. Als sesshaftes Siedlervolk entwickelten sie eine geradezu kultische Verehrung für die Ahnen und für das **Land.** Nichts hat die Vietnamesen so geprägt wie seine ständige Verteidigung (unaufhörliche Kriege mit China), seine Verteilung (genossenschaftliche Sozialstrukturen vs. Privatbesitz) und die endlose Suche nach Neuland (vom Marsch gen Süden bis zu den Emigrationswellen der jüngsten Vergangenheit).

Die ethnischen **Minderheiten** des Landes machen kaum 10 % der Gesamtbevölkerung aus, bewohnen aber fast 2/3 der Fläche Vietnams. Während die *Muong* aufgrund von Sitten, Gebräuchen und Sprachverwandtschaft als Zweig eines vietnamesischen „Urvolks" gelten, blicken die Bergvölker Zentralvietnams in der Mehrzahl auf malaiisch-polynesische, die des Nordens dagegen auf südchinesisch-mongolische Vorfahren zurück. Vornehmlich in Städten und Ballungszentren sind Chinesen ansässig und beherrschen wie überall in Südostasien Handel und Wirtschaft.

Die Vietnamesen (Kinh)

Die *kinh*, wie sie sich selber nennen, entstammen einer jahrtausendealten Verschmelzung **austro-indonesischer Rassen,** die über das Meer kamen, mit **mongolischen Völkern,** die aus dem Norden zuwanderten.

Als die Chinesen Vietnam eroberten und kolonisierten, hatten seine Bewohner noch keine Schrift, aber bereits eine eigenständige Sprache, die sowohl südostasiatische (monotonisch, „Mon-Khmer") wie mongolische Elemente (variotonisch, „Thai") aufwies. Ihre Sitten und Gebräuche, wie Totemismus, Tätowierung, Betelkauen, Zähneschwärzen und Fruchtbarkeitsriten, teilten sie mit anderen Völkern Südostasiens, während ihre soziale Organisation eher auf ihre nordischen Vorfahren verwies.

Organisation und Gesellschaft. Die Vietnamesen sind zeit ihrer Geschichte von einer Zentralmacht regiert worden. Ein Jahrtausend lang von den chinesischen Besatzern, nach der Unabhängigkeit (938) vom Kaiser, in der Neuzeit von der französischen Kolonialmacht und ab 1954 (im Norden) bzw. 1975 (im ganzen Land) von der KP.

Im Prinzip kennen die Vietnamesen traditionell nur drei Formen der Ordnung und Organisation, **Familie, Dorf** und **Staat.** Die Familie bildet das Modell für das Dorf, das Dorf ist das Modell für den Staat. Und umgekehrt: wie der Kaiser (die Partei) dem Staat vorsteht, so das Familienoberhaupt der Familie, und wie der Vater für die Familie verantwortlich ist, so der Kaiser (die Partei) für das Volk. Das gesamte Dasein jedes Vietnamesen ist (horizontal) auf gegenseitige Verpflichtungen und (vertikal) auf unumstößliche Hierarchien ausgerichtet. Der Einzelne ist niemals Individuum, sondern in erster Linie Mitglied (mit festgelegten Rechten wie Pflichten) einer Familie, einer Dorfgemeinschaft, einer sozialen Gruppe und der Nation. (Die Vietnamesen, so könnte man sagen, hätten auf den Kommunismus gar nicht besser vorbereitet sein können.)

Die ethnischen Minderheiten

Abgesehen von **Chinesen** sowie **Khmer** und **Cham,** den letzten Abkömmlingen von Kulturen, die einst ganze Teile des Landes beherrschten, setzen sich die ethnischen Minoritäten Vietnams aus **Bergvölkern** *(Montagnards)* zusammen, die im Bergland des Nordens und auf den Hochplateaus Zentralvietnams auf 65 % der Landfläche leben, insgesamt etwa 8 Mio Menschen. Im Wesentlichen lassen sie sich in vier Gruppen unterscheiden: die **mongolischen** und **sino-tibetischen** des Nordens, und die **malaiisch-polynesischen** und **Mon Khmer-Gruppen** des Zentralen Hochlands.

018vi Foto: kb

Thai-Mädchen bei Son La (Schwarze Thai)

Bevölkerung in Zahlen

Einwohnerzahl	1850	8,1 Mio.
	1910	13,2 Mio.
	1945	22,6 Mio.
	1960	30,1 Mio.
	1976	50,1 Mio.
	1983	57,2 Mio.
	1989	64,4 Mio.
	1991	70,1 Mio.
	1994	73,5 Mio.
	1997	76,5 Mio.
	2005	84 Mio.
	2008	86 Mio.
	2025	*104 Mio.*
Frauen	43,5 Mio.	51 %
Männer	40,5 Mio.	49 %
Landbevölkerung		70 %
Stadtbevölkerung		30 %
Durchschnittsalter		21 Jahre
unter 14 Jahre		34 %
15–64 Jahre		61 %
über 65 Jahre		5 %
Lebenserwartung		70,6 Jahre
Zuwachsrate pro Jahr		1,3 %
Bevölkerungsdichte 1945		21 pro km²
Bevölkerungsdichte 2007		260 pro km²
Ethnische Vietnamesen (Kinh)		87 %
Größte Minorität: Tay		1,3 Mio.
Auslandschinesen (Hoa)		1,1 Mio.
Arbeitskräfte		45 Mio.
Landwirtschaft		67 %
Alphabetisierung		94 %

Die offizielle Statistik weist insgesamt **54 Völker** aus (einschließlich Vietnamesen und Chinesen). Aufgrund von Feldstudien weiß die Ethnologie jedoch schon seit geraumer Zeit, dass diese Klassifikation unzulänglich ist und vor allem zu kurz greift. Denn bei Licht gesehen sind die kulturellen Unterschiede zwischen einzelnen Stämmen der (angeblich) gleichen Ethnie nicht selten sogar größer als die zwischen nominell unterschiedlichen ethnischen Gruppen. Eine neue, und weitaus spezifischere Klassifikation ist überfällig, wird aber mit Sicherheit noch eine Weile auf sich warten lassen.

Manche dieser Völker leben schon seit Jahrtausenden in Vietnam wie die Muong, die als Zweig eines vietnamesischen „Urvolks" gelten, andere sind erst während der letzten Jahrhunderte eingewandert und siedeln nicht allein in Vietnam, sondern beiderseits der Grenzen zu China, Laos und Kambodscha und bis hin nach Nord-Thailand und Burma.

Die meisten sind weder ethnisch noch sprachlich miteinander verwandt, und jedes Volk – das sich wiederum in zahlreiche Untergruppen aufsplittert – hat seine eigenen Kultur- und Gesellschaftsformen. Manche leben schon seit langem als sesshafte Bauern wie die Nung, andere sind Halbnomaden wie die Hmong (Meo), wieder andere führen bis heute eine nomadische Existenz als Pferde- und Rinderzüchter.

Im Gegensatz zu den Vietnamesen, die nach chinesischem Vorbild in festen, ebenerdigen Häusern wohnen, bevorzugen die Bergstämme **hölzerne Pfahlbauten.**

Ihre **religiösen Vorstellungen** reichen von Magie, Animismus und Fetischismus (wie dem Glauben an unsichtbare Geister, die in Menschen eindringen und sich z.B. durch Kopf- oder Bauchschmerzen bemerkbar machen) über Geister- und Ahnenkulte bis zur Assimilation von Buddhismus und Katholizismus.

Rein äußerlich unterscheiden sich die Angehörigen der ethnischen Gruppen durch ihre unterschiedlichen **Trachten,** häufig in kräftigen Grundfarben mit geometrischen oder rituellen Mustern und ergänzt durch Schmuckgegenstände aus Silber, Elfenbein oder Perlmutt. Der geflochtene Tragekorb auf dem Rücken gehört fast zur Grundausstattung jedes Bergbewohners.

Geschichte

Die Vietnamesen schenkten den Bergvölkern lange Zeit wenig Beachtung. Solange sie ihren Tribut entrichteten und sich am Kampf gegen fremde Eroberer beteiligten, ließ man sie weitgehend unbehelligt, und umgekehrt unternahmen die Bergvölker nur selten ernsthafte Versuche, in die Küstengebiete vorzudringen.

Gegenseitige Kontakte beschränkten sich so meist auf den Warenaustausch, Rinder, Pferde, Gewürze und Heilkräuter wechselten den Besitzer gegen Reis, Fisch und Salz. Auf diese Weise bewahrten die Bergstämme ihre ethnische Identität, auch wenn weder die Vietnamesen, für die sie pauschal moi, „Wilde“, waren, noch die Kolonialisten, die sie als *montagnards* über einen Kamm scherten, sie jemals als rechtmäßige nationale Bevölkerungsgruppen ansahen.

Die alles in allem kluge und behutsame Minoritätenpolitik der frühen Kommunisten zahlte sich aus, als Ho Chi Minh viele von ihnen zur Zusammenarbeit mit der Widerstandsorganisation gewinnen konnte; besonders die Tay und die Nung spielten eine wichtige Rolle im Befreiungskampf. Während die DRV nach 1954 „Autonome Zonen“ mit eigenem Wahlrecht einrichtete, verfolgte die Saigoner Regierung eine strikte „Missionierung“ und „Vietnamisierung“ der Bergvölker. Die Widerstandsbewegung FULRO („Front Unifié de la Lutte des Races Opprimées“) im Zentralen Hochland, die sich ursprünglich gegen Franzosen und Amerikaner richtete, aber auch stets antikommunistisch blieb, existiert noch immer und wird heute vornehmlich von amerikanischen Exilvietnamesen unterstützt.

Minoritätenpolitik nach 1976. Seit der Wiedervereinigung wird eifrig am Mythos einer „vietnamesischen Nation unter Einschluss der Minderheiten“ gewebt. Auch wenn den Minoritäten das Recht auf eine eigene Kultur garantiert bleibt, tendiert die Nationalitätenpolitik Hanois seitdem dazu, „grundlegende Gleichheit“ zwischen den Völkern zu schaffen – was einerseits die offene Diskriminierung der Minderheiten ausschließt, andererseits die Gefahr birgt, durch graduelle Assimilation ethnische Besonderheiten und Anspruch auf eigene Lebensräume zu ignorieren. Ebenso sind trotz gegenteiliger Garantien deutliche Bemühungen im Gange, die Minoritäten sowohl sprachlich wie kulturell in den vietnamesischen Staat zu integrieren. Die Kehrtwendung Hanois liegt vor allem darin begründet, dass fast alle landwirtschaftlichen Reserveflächen, Rohstoffvorkommen (Bodenschätze, Holz) und Anbauflächen für Exportprodukte (Kautschuk, Kaffee, Tee) im Siedlungsgebiet der Minderheiten liegen, deren Lebensraum daher dringend benötigt wird.

Die Auslandschinesen (Hoa)

Die ökonomisch und (bis 1980 auch zahlenmäßig) bedeutendste Minderheit sind die ethnischen Chinesen (*Hoa*), die zumeist schon seit mehreren Generationen in Vietnam leben, sich aber traditionell von der übrigen Bevölkerung abschotten und unter sich bleiben („Chinatowns“). Durch die Spannungen mit China zwischen 1976 und ’79 sank ihre Zahl von einst 2–2,5 auf etwa 1,1 Mio. Die Mehrzahl lebt im Süden und vornehmlich in der ehemaligen Chinatown Cho Lon bei Saigon. Seit dem wirtschaftlichen Auf-

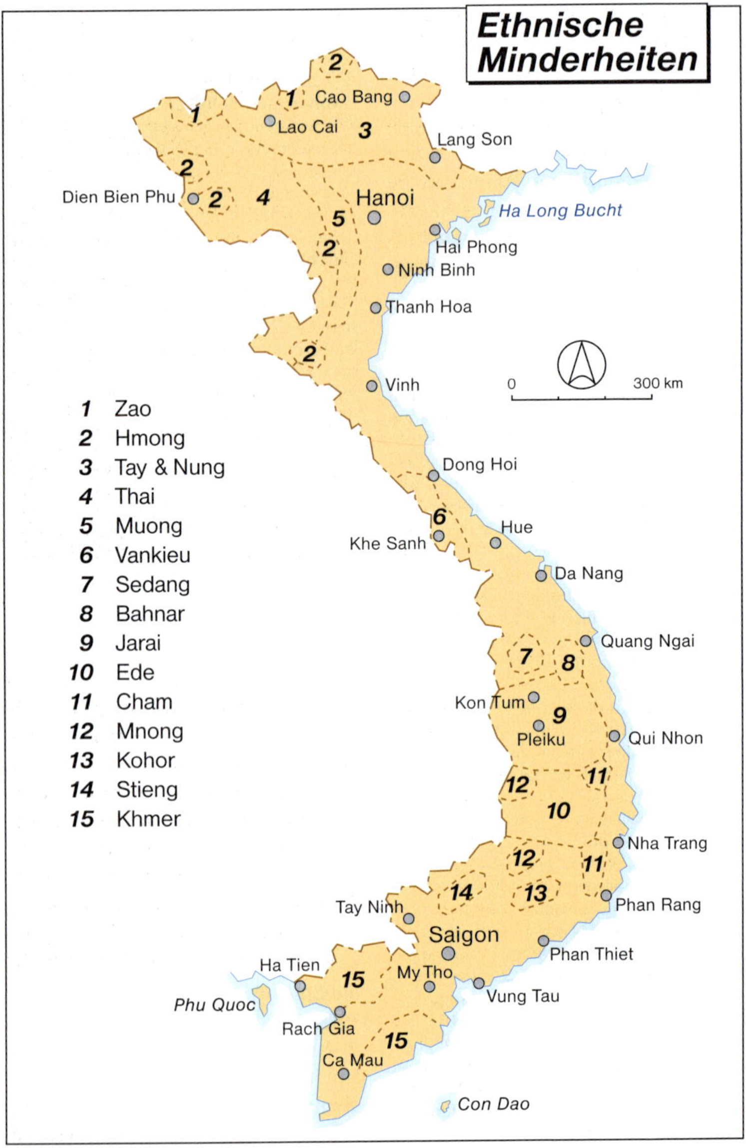
Ethnische Minderheiten
Cao Bang
Lao Cai
Lang Son
Dien Bien Phu
Hanoi
Ha Long Bucht
Hai Phong
Ninh Binh
Thanh Hoa
Vinh
0
300 km
1 Zao
2 Hmong
3 Tay & Nung
4 Thai
5 Muong
6 Vankieu
7 Sedang
8 Bahnar
9 Jarai
10 Ede
11 Cham
12 Mnong
13 Kohor
14 Stieng
15 Khmer
Dong Hoi
Khe Sanh
Hue
Da Nang
Quang Ngai
Kon Tum
Pleiku
Qui Nhon
Nha Trang
Phan Rang
Tay Ninh
Saigon
Phan Thiet
Ha Tien
My Tho
Vung Tau
Phu Quoc
Rach Gia
Ca Mau
Con Dao

schwung haben die Hoa dank ihrer weitverzweigten Geschäfts- und Verwandtschaftsbeziehungen mit Hongkong, Singapur, Festlandschina, Taiwan und den Überseechinesen in Kalifornien, Kanada, Australien schon annähernd wieder die ökonomische Vormachtstellung erreicht, die das sozialistische Regime ihnen nach 1976 mit allen Mitteln streitig zu machen suchte.

Geschichte

Seit der Unabhängigkeit im 10. Jh. ersuchten immer wieder politische Flüchtlinge aus China um Asyl in Vietnam. Eine der stärksten und einflussreichsten Einwanderungswellen gelangte im 17. Jh. nach dem Sturz der Ming-Dynastie ins Land. 1679 gründeten Ming-Flüchtlinge Cho Lon und besiedelten bis dahin unerschlossene Gebiete des Mekong-Deltas.

Die unterschiedlichen Emigrantengruppen organisierten sich in eigenständigen Sprach- und Herkunftsgesellschaften, sogenannten *bang*, die Steuer- und Polizeigewalt über ihre Mitglieder ausübten und Handel und Gewerbe unter sich aufteilten. Selbst zur Kolonialzeit lag der gesamte Reishandel z.B. fest in der Hand der Hokkien-Chinesen.

Der Zusammenbruch des Saigoner Regimes 1975 machte offenbar, dass die chinesische Bourgeoisie Cho Lons 100 % des Großhandels, 90 % des Import-Exports sowie 80 % der Nahrungsmittel-, Textil-, Maschinenbau-, Elektro- und Chemie-Industrie im Süden kontrollierte. Als Hanoi der Wirtschaftsmacht der Hoa mit bürokratischen Mitteln nicht Herr werden konnte, enteignete man 1978 die gesamte Privatwirtschaft (und damit die Mehrzahl der Chinesen). Dies führte zu einem Strom von Auswanderern und Wirtschaftsflüchtlingen, die weltweit als **Boat People** bekannt wurden (da sie nur auf diese Weise ihr Vermögen nach Übersee retten konnten) und zum endgültigen Bruch Chinas mit dem „undankbaren" Vietnam.

019vi Foto: kb

Muong-Frau bei Hoa Binh

Khmer und Cham

Die Khmer (vietn. *Koh Me)* sind ebenso wie die Cham Nachfahren von Völkern, die einst mehr als die Hälfte des heutigen vietnamesischen Territoriums beherrschten. Die vornehmlich im Mekong-Delta siedelnden Khmer stellen nach wie vor eine starke Minorität (ca. 1 Mio., darunter zahlreiche Flüchtlinge aus dem Pol-Pot-Kambodscha), während die Zahl der malaiisch-polynesischen Cham, deren hinduistische

Königreiche dem Expansionsdrang der Vietnamesen jahrhundertelang widerstanden, heute auf knapp über 100.000 geschrumpft ist. Während die Khmer bis heute praktizierende Hinayana-Buddhisten sind (wie die Thai, aber ungleich den vietnamesischen Buddhisten, die sich zum Mahayana-Buddhismus bekennen), haben sich die Cham im Lauf der Jahrhunderte größtenteils zum Islam bekehrt.

Die Bergvölker des Nordens

Die meisten zählen zur Gruppe der **austro-asiatischen** Sprachfamilie, die sich wiederum in die Sprachgruppen der **Tay-Thai** (Tay, Thai, Nung, Giay, Lao, San Chay etc.), **Viet-Muong** (Muong, Tho, Chut), **Meo-Dao** (Hmong, Dao, Pha Then) usf. unterscheiden lassen. Zu grundlegend anderen Sprachfamilien gehören die **tibeto-burmesisch** sprechenden Tang (Cong, Ha Nhi, La Hu, Phu La, Si La, Lo Lo) vornehmlich im Nordwesten und die **Han** (chinesisch) sprechenden Ngai und San Diu im Nordosten.

Einige, wie die zugewanderten Tay und Nung oder die indigenen Muong, siedeln seit über 2000 Jahren in Vietnam, andere wanderten erst in den letzten Jahrhunderten ein. Großen und homogenen Völkern, die schon seit langem sesshaft sind und sich an die vietnamesische Kultur angepasst haben, stehen andere gegenüber, die im Extremfall nur ein paar hundert Seelen zählen und ihre (halb)nomadische Existenz erst seit kurzem – und oftmals unter Zwang – aufgegeben haben.

Im Gegensatz zu den Ethnien des Südens sind die des Nordens (mehr oder minder rigide) **patriarchalisch** ausgerichtet. Hochzeits-, Tauf- und Beerdigungsriten folgen bei vielen Völkern konfuzianischen Vorschriften. Jagen und Sammeln, zumindest als Haupternährungsquelle, ist für die meisten bereits Vergangenheit. Fast alle kultivieren Reis, Mais, Maniok, Süßkartoffeln, auch Obst (Aprikosen, Pfirsiche, Pfaumen, Orangen, Bananen), Tee, Tabak und Baumwolle, züchten Hühner, Schweine und Ziegen. Erst seit den 1990er Jahren wird der Speisezettel zunehmend durch Gemüse (Gurken, Zwiebeln, Kürbisse etc.) bereichert.

Trachten

Anders als im Zentrum haben sich traditionelle Trachten und landesübliche Accessoires weitgehend erhalten. Die Kleidung ist meist äußerst fantasievoll und aus den unterschiedlichsten Materialien hergestellt, vom einfachen schwarzen oder indigofarbenen Baumwollstoff bis zum schweren, mit aufwendigen Stickereien verzierten Brokatgewebe. Die exakte Zuordnung fällt aber selbst Fachleuten oft nicht leicht – Farben, Muster, Stoffe, Kombinationen und Accessoires variieren traditionell von Region zu Region, ja selbst von Tal zu Tal. Eine zusätzliche Schwierigkeit besteht darin, dass die Ethnien ihre Stoffe heute oft nicht mehr selber weben, sondern auf dem Markt kaufen. Dadurch werden die

ohnehin eklatanten Differenzen noch einmal verschärft – neue Farben, neue Stoffe, neue Kombinationen. Selbst viele Guides kennen sich nicht mehr aus.

Dem Laien bleiben meist nur oberflächliche Signale – die im Einzelfall nicht stimmen müssen. Faltenrock und Wadenwickel: **Hmong.** Schwarzer „Sarong" mit bunter, hauteng geschnürter Bluse: **Thai.** Rasierte Brauen und Haaransätze: **Dao.** Ausnahmen bestätigen die Regel, sind aber häufig. Das Habit der Männer (Jäger und Sammler!) ist traditionsgemäß weitaus schlichter als das der Frauen: weite, dunkle Hose mit Hemd und Joppe, nur wenige farbige Attribute (Halstücher, Westen, Kopfbedeckung).

Im Detail siehe Kapitel *Bergland des Nordens*.

Die Bergvölker des Südens

Die Ethnien des Zentralen Hochlands (Tay Nguyen) unterscheiden sich von denen des Nordens durch ihre Verwurzelung in genuin **südostasiatischen** Sprachen, Sitten und Gebräuchen sowie durch ihre dunklere Hautfarbe und deutlich weniger ausgeprägten mongoliden Züge.

Zu unterscheiden ist zwischen den (kontinentalen) **Mon-Khmer-** und den (maritimen) **malaiisch-polynesischen** Gruppen. Die von der Küste kommenden malayo-polynesischen Jarai und Ede, entfernte Verwandte der Cham, besiedelten bereits vor unserer Zeitrechnung die fruchtbaren Plateaus, wo sie die Mon-Khmer sprechenden Ureinwohner vertrieben und sich ausbreiteten.

Die Minoritäten des **Tay Nguyen** tragen weitaus seltener – und wenn, weitaus weniger spektakuläre – Tracht als die Völker des Nordens und scheinen sich auch insgesamt von ihren Wurzeln weiter entfernt zu haben als jene – Erbe der französischen und amerikanischen Missionare (und ihrer willigen Saigoner Helfershelfer), die sie teilweise schon vor Generationen zu Katholizismus und Protestantismus bekehrten. Doch das ist oft nur ein dünner Firnis, unter dessen Oberfläche archaische und polytheistische Traditionen und Rituale weiter fort leben.

Die Mehrzahl der Völker ist matrilineal; Gatten werden von der Familie der Braut erwählt und leben in deren Haus; Kinder tragen den Namen der Mutter; Besitz wird an Töchter vererbt. Charakteristisch sind Langhäuser auf Pfählen und die bis zu 60–80 m langen Gemeinschaftshäuser *(rong* oder *buon),* in denen Feste, Versammlungen und Zeremonien abgehalten werden, zudem die spektakulären Begräbnisstätten (mit Totenhäusern, Grabbeigaben, Holzskulpturen) und ihre Feste und ekstatische Musik (Gong-Festivals).

Im Detail siehe Kapitel *Zentrales Hochland*.

Demografie

Als die Franzosen um 1860 ins Land kamen, lebten etwa **8 Mio.** Menschen in Vietnam, nach dem Krieg waren es 50, heute sind es rund **86 Mio.**

Die momentane Wachstumsrate von 1,3 % bedeutet, dass Vietnam jedes Jahr mehr als 1 Mio. Münder zusätzlich zu füttern hat – eine schwere Bürde für ein Land, in dem noch immer 2/3 der Bevölkerung in der (ökonomisch gesehen) unprofitablen Landwirtschaft tätig sind. Gezielte Familienpolitik hat die Geburtenrate zuletzt deutlich gesenkt, aber noch nicht erfolgreich genug. Über die Hälfte aller Vietnamesen ist heute jünger als 20 Jahre, über ein Drittel (34 %) noch nicht einmal 14 Jahre alt.

Urbanisierung

Als ein Volk von Reisbauern haben die Vietnamesen niemals eine **Stadtkultur** entwickelt. Als die Franzosen Vietnam Mitte des 19. Jahrhunderts kolonisierten, gab es nur eine einzige Stadt, die diesen Namen verdiente, nämlich Hanoi. Die heutigen Millionenstädte Saigon und Haiphong sind ebenso erst Gründungen der Franzosen wie etwa der Badeort Vung Tau, der Kurort Da Lat oder die Häfen Da Nang und Can Tho.

Dramatisch schwollen die Städte erst in den Jahren vor und während des **amerikanischen Krieges** an. Während die Amerikaner den Norden „in die Steinzeit" zurückbombardieren wollten, versuchten sie, den Süden „vom Mittelalter ins 20. Jh." zu katapultieren. Die vorsätzliche Produktion von Flüchtlingsströmen zum Zweck reibungsloserer Kriegsführung entvölkerte ganze Landstriche während sie Militärbasen wie Da Nang, Bien Hoa, Qui Nhon, Cam Ranh und Nha Trang binnen wenigen Jahren auf das 10–20-fache ihrer ursprünglichen Größe anschwellen ließ. Nach dem Fall Saigons 1975 vegetierten 45 % aller Südvietnamesen (im Norden 18 %) in „urbanen Ballungsgebieten", einer beschönigenden Umschreibung für Slums und Shantytowns aus Pappe und Wellblech. Über 10 Mio. Menschen waren obdachlos, und das Grundnahrungsmittel Reis, das die Franzosen zuvor noch in alle Welt verscherbelt hatten, musste aus den USA (später aus der Sowjetunion) importiert werden.

Vietnams Statistiken berechnen administrative Großräume und nicht Städte in unserem Sinn – gut zu wissen, will man nicht angesichts von „Provinzhauptstädten mit 100.000 Einwohnern" an seinem Verstand zu zweifeln beginnen.

Boat People

Allein zwischen 1975 und 1982 verließen mehr als **1 Mio.** Menschen

Die größten Städte

Thanh Pho Ho Chi Minh	8,0 Mio.
davon Saigon	3,9 Mio.
davon Cho Lon	1,5 Mio.
Thanh Pho Hanoi	4,0 Mio.
Hanoi	1,8 Mio.
Thanh Pho Haiphong	1,7 Mio.
Da Nang	750.000
Haiphong	650.000
Nha Trang	400.000
Qui Nhon	400.000
Hue	350.000
Buon Ma Thuot	300.000
Can Tho	280.000
Vinh	250.000
Nam Dinh	250.000
Da Lat	180.000
My Tho	160.000
Vung Tau	160.000
Phan Thiet	150.000
Rach Gia	150.000
Bien Hoa	150.000
Phan Rang	140.000
Long Xuyen	140.000
Thanh Hoa	120.000
Thai Nguyen	100.000
Vinh Long	100.000

Vietnam. 150.000 zogen 1975 mit den letzten Amerikanern ab – Offiziere, Funktionäre und Beamte des Saigoner Regimes, die die Rache der Kommunisten fürchteten. 250.000 flüchteten 1978 nach China, nachdem Peking seine Landsleute aufgefordert hatte, Vietnam zu verlassen (nur Monate darauf fielen chinesische Truppen in Nordvietnam ein). Und mehr als eine halbe Million schiffte sich nach der Enteignung der Privatwirtschaft zwischen 1979 und 1982 in Boote ein. Dass die Mehrzahl der „Boat People" Wirtschaftsflüchtlinge chinesischer Abstammung waren, die diesen Weg wählen mussten, wollten sie ihre Kriegsvermögen und Spekulationsgewinne außer Landes bringen (damit aber die Piraten anlockten wie Honig die Bienen), macht ihren Exodus nicht weniger tragisch. Keiner weiß, wie viele die gefahrvolle Überfahrt nach Thailand, Malaysia, Indonesien oder Hongkong nicht überlebt haben – realistische Schätzungen schwanken zwischen 20 % und 40 %.

Als die Industrienationen sie nicht mehr als politische Flüchtlinge anerkannten und die umliegenden Länder sie gnadenlos abschoben bzw. in Lager sperrten, versiegte der Flüchtlingsstrom. Auch wenn Vietnam sich in einem umstrittenen (von der UNO mitfinanzierten) Repatriierungsabkommen verpflichtete, freiwillige Rückkehrer ohne Restriktionen wieder aufzunehmen und ihnen finanzielle Integrationshilfe zu gewähren, sollen derzeit immer noch rund 10.000 „Boat People", die sich weigern, zurückzugehen, in diversen Auffanglagern Ost- und Südostasiens hausen.

Amerasier

American Asians, die illegitimen Sprösslinge von Vietnamesinnen und US-Soldaten, sind fast gänzlich von den Straßen der südvietnamesischen Städte verschwunden, auf denen sie lange Zeit als verachtete und ausgestoßene „Zeugen der Schande" gehaust hatten. Nachdem Washington den Con Lai und ihren Angehörigen die Ausreise auch ohne konkreten Vaterschaftsnachweis zugesagt hatte, sind die meisten von ihnen in die USA ausgereist. Ihre Zahl wird aus begreiflichen Gründen verschleiert (von beiden Seiten), Schätzungen gehen von 40–50.000 aus.

Exportarbeiter

Zurzeit des **Zusammenbruchs des sozialistischen Blocks** befanden sich je etwa 20–30.000 Vietnamesen als „Gastarbeiter" in der Sowjetunion, der CSSR, der DDR und Bulgarien (sowie in Libyen, Jordanien, Algerien, dem Irak). Im befreundeten Arbeiter- und Bauernstaat der DDR waren zwischen 1980 und 1990 rund 200.000 Vietnamesen tätig. Die westliche Presse berichtete mit Genugtuung („Arbeiterkontingente als Gegenleistung für Auslandsschulden"), unterschlug aber das eigentliche Problem, das sich angesichts von Abermillionen Billiglohnarbeitern weltweit kaum als „typisch sozialistisch" anprangern lässt. Derzeit sind rund 400.000 vietnamesische Arbeiter im Ausland beschäftigt (vornehmlich in Malaysia, Japan, Korea, Taiwan, Singapur, Dubai, Libyen), die rund 10 % ihres Lohns oder Gehalts als „Bearbeitungsgebühr" an das Arbeitsministerium abführen müssen.

Der Export vietnamesischer Arbeitskräfte und „Kulis" war schon während der Kolonialzeit Tradition. Zu fragwürdiger Berühmtheit gelangte in dem Musical *South Pacific* die Tonkin-Bäuerin „Bloody Mary", die Betel kaute und an die GIs Schrumpfköpfe (!) verkaufte. Während beider Weltkriege waren Zigtausende Vietnamesen gezwungen, für die Kolonialherren auf den Schlachtfeldern Europas und Nordafrikas zu kämpfen und zu sterben.

Geschichte

Die Geschichte der Vietnamesen ist von zwei deutlich voneinander unterschiedenen, ja gegensätzlichen Einflusssphären geprägt: der chinesischen und der indischen, dem Rationalismus und der Spiritualität. Mehr als tausend Jahre lang von den Chinesen in ihrem Stammland im Delta des Roten Flusses festgehalten und kolonisiert, befreiten sie sich erst im 10. Jh. von diesem Joch, benötigten aber noch einmal etliche Jahrhunderte, um sich nach Süden auszudehnen und zu der Nation zu werden, die sie heute sind.

Auf ihrem beschwerlichen „Marsch nach Süden" stießen die Vietnamesen in die Tropen vor und verdrängten nacheinander die Kulturen der von Indien beeinflussten Cham und Khmer, die vor ihnen das heutige Zentral- und Südvietnam beherrscht hatten. Als sie 1674 zum ersten Mal den Ort erreichten, der heute Saigon heißt, blickten sie bereits auf eine mehr als 2000-jährige Geschichte zurück und waren seit über 700 Jahren eine unabhängige Nation.

Am Anfang war ... der Reis

Der Reisanbau führt im „natürlich" bewässerten Delta des Roten Flusses schon mehrere tausend Jahre vor unserer Zeitrechnung zu fester Ansiedlung und früher Organisation. Archäologische Funde belegen eine blühende Stammeskultur bereits zur frühen Bronzezeit. Maritime Ornamente wie Schiffe und Seevögel der bis zu 2 m hohen Bronzetrommeln von Dong Son, benannt nach ihrem Fundort im Norden Vietnams (ca. 700–300 v.u.Z.), verweisen auf austropazifische Vorfahren, die über das Meer gekommen waren und sich im Delta des Roten Flusses mit tibetisch-mongolischen Einwanderern aus dem

Die Namen Vietnams

Vietnam hat im Lauf seiner jahrtausendelangen Geschichte viele Namen besessen. Der Name Vietnam selbst findet erst seit weniger als 200 Jahren Verwendung.

- ***Van Lang*** („Land der Tätowierten“). Das Reich der mythischen Hung-Könige (Hung Vuong) fällt in die Bronzezeit und die Dong-Son-Kultur um 700–257 v.u.Z.
- ***Au Lac*** (257–207 v.u.Z.). Übergang zur Eisenzeit. Die Vietnamesen bezeichnen sich als Lac (abgeleitet von *lach*, Deich). Hauptstadt ist Co Loa, dessen Überreste noch heute bei Hanoi zu sehen sind.
- ***Nam Viet*** (207–111 v.u.Z.). Souveränes Reich, das das Delta des Roten Flusses und das heutige Südchina umfasst; Yüeh oder Viet heißen „die Nicht-Chinesen im Süden“.
- ***Giao Chi*** („Land der Barfüßigen“). Ab 111 v.u.Z. Name der chinesischen Kolonie. Verballhornt zu „Cochinchine“, bezeichnete es unter den Franzosen den heutigen Süden, den die Vietnamesen erst im 17./18. Jh. besiedelten.
- ***An Nam*** („Befriedeter Süden“). Chinesischer Name nach der Gebietsreform 679. Bezeichnete unter den Franzosen das heutige Zentral-Vietnam.
- ***Dai Viet*** („Großes Viet“), zeitweise auch Dai Co Viet. Der erste Name des unabhängigen Kaiserreichs hatte von 939 bis 1802 Bestand. Ab 1009 Hauptstadt Thang Long (Aufsteigender Drache), das spätere Hanoi.
- ***Viet Nam.*** Gia Long, Gründer der letzten Dynastie (1802–1945), nannte sein Reich Viet Nam in Anlehnung an das chinesische Nam Viet vor 2000 Jahren.

Norden vermischten. Der unversöhnliche Gegensatz zwischen **Wasser** und **Land,** Meer und Gebirge, Nord und Süd prägt nicht nur die Mythologie, sondern auch die Ursprünge der Vietnamesen von Anfang an. Sie selbst identifizieren die Dong-Son-Kultur der späten Bronzezeit mit den 18 *Hung*-Königen des legendären Reichs *Van Lang* (Land der Tätowierten).

Au Lac. König *An Duong Vuong* (257–207 v.u.Z.) ist die erste historisch abgesicherte Figur der vietnamesischen Geschichte, aber alles, was man von ihm weiß, sind Legenden. Die *Lac* (abgeleitet von Lach, Deich) leben in losen **matriarchalischen** Dorfgemeinschaften, kultivieren mit Hilfe bronzener Sicheln und Pflugscharen Reis, halten Wasserbüffel, Hunde, Schweine und Hühner und pflegen wie alle *indonesischen* Völker (ganz im Gegensatz zu den Chinesen) Totemismus, Körpertätowierung und Betelkauen. Die Ruinen ihrer Hauptstadt, der Zitadelle *Co Loa*, sind noch heute bei Hanoi zu sehen.

Nam Viet. 207 v.u.Z. erobert der abtrünnige chinesische General *Trieu Da* Südchina und das Delta des Roten Flusses und nennt sein von China unabhängiges Reich mit der Hauptstadt Canton *Nam Yüeh* oder „das Reich der Nicht-Chinesen im Süden“. *Yüeh* (chin.) sprechen die Lac *Viet* aus.

Tausend Jahre China

Während die Römer das Mittelmeer und halb Europa mit ihrer Pax Romana überziehen, weitet die Han-Dynastie ihre Machtsphäre über ganz Asien aus. Die Menschen am Roten Fluss haben noch keine Schrift, aber eine eigenständige Sprache, als Nam Viet **111 v.u.Z.** überrollt und als **Giao Chi,** „Land der Barfüßigen“, nach und nach zu einer chinesischen Provinz domestiziert wird.

Fast 1000 Jahre lang setzen die Chinesen alles daran, den als „Barbaren“ verachteten, aber auch als besonders rebellisch gefürchteten Viets ihre „überlegene Kultur und Zivilisation“ aufzuzwingen. „Lose und unchinesische“, da genuin südostasiatische Sitten und Gebräuche (wie Körpertätowierung, Betel-Kauen, Zähne-Schwärzen), die sich aus der ursprünglich **mutterrechtlichen Familienorganisation** der Viets ergeben und das rationale Ordnungs- und Gesellschaftssystem des Konfuzianismus immer wieder ins Wanken bringen, werden strengstens verfolgt und geahndet.

Als besonders schockierend empfinden die patriarchalisch erzogenen Chinesen die „freizügigen Sitten" der einheimischen Frauen. Als sich 39 n.u.Z. ausgerechnet zwei streitbare Schwestern auf Kriegselefanten – die **Hai Ba Trung** – an die Spitze des revoltierenden Lac-Adels stellen und die Besatzer zurückschlagen, greifen die Han energisch durch. Trung Trac und Trung Nhi ziehen es vor, sich in die Fluten des Roten Flusses stürzen als den rachedurstigen Chinesen in die Hände zu fallen und werden zu den **ersten Heldengestalten** der vietnamesischen Geschichte.

„Wir haben ihnen beigebracht, wie man die Felder bestellt, Schulen errichtet und ihnen gezeigt, wie man ordnungsgemäß heiratet. Was aber passiert? Die Familienoberhäupter rufen noch immer zu wilden und zügellosen Festen auf, bei denen die Jungen und Mädchen sich in Scharen in die Büsche schlagen und Mann und Frau werden, ohne dass die Eltern das geringste zu sagen hätten. Kurz gesagt, die Menschen hier sind wie die Wanzen."

(Aus dem Bericht eines chinesischen Mandarins, um 200 n.u.Z.)

Während nach und nach eine **sino-vietnamesische** Oberschicht aus Beamten und halbfeudalen Landbesitzern entsteht, die chinesisch spricht, lebt und sich kleidet, widersetzt sich die Masse der Bevölkerung, das **Bauerntum,** hartnäckig jedem Bemühen um „Zivilisierung" und hält unbeirrt an Sprache, Sitten und Gebräuchen der Vorfahren fest.

In der Folge sich ausdehnender Handelsbeziehungen – an der Küste von Giao Chi werden Waren aus Indien, Java, den Philippinen, Ägypten, Syrien, Alexandria und Rom umgeschlagen und Elfenbein, Gold, Silber, Perlen, Schildpatt, Seide und Gewürze exportiert – kommt gegen **Ende des 2. Jh.** teils über China, teils auf dem Seeweg aus Indien, auch der **Buddhismus** ins Land. Als Gegenpol zur Strenge und „Wissenschaftlichkeit" des Konfuzianismus der herrschenden Klassen gewinnt der „sanfte, in sich gekehrte" Buddhismus rasch Anhänger und gewinnt in Verbindung mit traditionellen Ahnen- und Geisterkulten die Rolle einer heimlichen Opposition. Etwa zur gleichen Zeit etabliert sich südlich des Wolkenpasses ein hinduistischer Staat, das spätere **Champa.**

Als die Chinesen ihre Kolonie im **7. Jh.** in **An Nam** umbenennen, was soviel heißt wie „Befriedeter Süden", bleibt dies ein frommer Wunsch: die **Aufstände** der zunehmend landlosen und entrechteten Einwohner nehmen nur noch zu. Attacken der Javaner (Blütezeit von Borobodur) und Übergriffe der Cham wechseln einander ab und Mitte des 9. Jh. fallen die Nan Chao aus dem südchinesischen Yunnan ins Land (während andere Zweige dieses Volkes die ersten Königreiche Siams errichten).

939 gelingt es endlich es dem Provinzfürsten **Ngo Quyen,** die Chinesen zu vertreiben. Er lockt die schweren Kriegsdschunken der chinesischen Armada in das mit spitzen, eisenbewehrten Pfählen präparierte Mündungsgebiet des **Bach Dang**-Flusses; als der Feind bei weichender Flut den Hinterhalt entdeckt, sitzen seine Schiffe manövierunfähig fest und sind den Angriffen der Vietnamesen schutzlos ausgeliefert. Ngo Quyen wird der erste Herrscher eines unabhängigen Vietnam.

Das Kaiserreich Dai Viet (939–1672)

Das Reich steht von Anfang an vor einem Dilemma. **Chinesische Zivilisation** (konfuzianisch-patriarchalisch) als Machtinstrument der einheimischen Herrscher – militärisch wie ökonomisch vonnöten, das Land vor einer Aufsplitterung in autonome Fürstentümer zu bewahren – und **vietnamesisches Erbe** (südostasiatisch-matriarchalisch, mit einer starken Hinwendung zum Buddhismus) liegen in einem permanenten und letztlich unlösbaren Konflikt miteinander. Der Balanceakt führt zu einem jahrhundertelangen Machtkampf zwischen Zentralmacht und Aristokratie, der das Land je nach Stärke der Dynastie und ihrer Protagonisten mal zu einer beispiellosen kulturellen und humanistischen Blüte führt und mal in Anarchie und Chaos eines „finstersten Mittelalters" stürzt.

Ly-Dynastie (1010–1224)

Mit dem heutigen Vietnam hat das Reich der ersten vietnamesischen Herrscherdynastie, die 1010 unter **Ly Thai To** die neue Hauptstadt **Thang Long (Hanoi)** begründet, noch wenig gemein: der Machtbereich der Viets geht kaum über das Delta des Roten Flusses hinaus. Eingekesselt im Norden von China, das weiterhin eine ständige Bedrohung des jungen Staates bildet, im Westen von undurchdringlichen Dschungeln und Bergen (Laos) und im Osten vom Pazifischen Ozean, bleibt für eine Expansion nur der Süden, wo mit dem hinduistischen Königreich Champa ein weiterer mächtiger Feind lauert.

Unter den Ly-Kaisern, die 1070 die erste Universität des Landes *(Van Mieu*, Literaturtempel) ins Leben rufen, erlebt der **Buddhismus** seine Blütezeit in Vietnam (während er in China unerbittlich verfolgt und nahezu ausgelöscht wird). Gleichzeitig fördern die Ly aus Staatsraison weiterhin **Konfuzianismus** und Mandarinat. Als die zunehmend heikle Balance zwischen den Einflusssphären und den Interessen der Bauern und landbesitzenden Eliten zerbricht, hat das Herrscherhaus verspielt. Das Ende der Dynastie, die nach konfuzianischem Dogma „das Mandat des Himmels" verloren hat, besteht aus einem grandiosen Gemetzel, das jedes Shakespeare-Drama verblassen lässt.

„Eine leidenschaftliche und barbarische Welt. Die vietnamesischen Chronisten erzählen von erzwungenen Abdankungen, ermordeten Kinderkaisern, gewaltsam vermählten Prinzessinnen, von unversöhnlichen Kämpfen feindlicher Brüder, hingemetzelten Dynastien, Rivalität und Thronraub. Und im Hintergrund das Heer der Bauern, stets bereite Aufrührer im Dienste eines Ehrgeizigen, der gegen die bestehende Macht zu Felde zieht."

(Jean Chesneaux)

Trung-Schwestern, historische Darstellung

Tran-Dynastie (1224–1400)

Die konfuzianischen Literatur-Prüfungen, die zu Staatsdienst und Mandarinat berechtigen, werden demokratisiert, und Tausende durchgefallener Prüflinge, die als Privatlehrer und Gelehrte in ihre Dörfer zurückkehren, sorgen für ein **Bildungsniveau,** das in der damaligen Welt seinesgleichen sucht. Andererseits spitzt sich der Konflikt zwischen Buddhismus und Konfuzianismus, Großgrundbesitz und Zentralstaat immer mehr zu einem unversöhnlichen Machtkampf zu, mit Aristokratie und buddhistischen Klöstern auf der einen und Kaiserhaus und Mandarinat auf der anderen Seite.

Dank seines genialen Schlachtenlenkers **Tran Hung Dao,** der Mitte des 13. Jh. im Lauf eines „Dreißigjährigen Krieges" gleich dreimal den Ansturm der Mongolen Kublai Khans abwehrt, ehe er sie – nach dem Vorbild *Ngo Quyens* – **1288** in der „Speerfalle" am Bach-Dang-Fluss endgültig zurückschlägt, wahrt *Dai Viet* seine Unabhängigkeit, kommt aber nie wirklich zur Ruhe.

Unaufhörliche Kriege mit den Cham verschieben die Grenze im Süden zeitweise bis auf die Höhe des heutigen Da Nang. Andererseits dringen die **Cham** zum wiederholten Male bis ins Delta ein und besetzen und plündern Hanoi. Die Unzufriedenheit wächst, und erneut verliert eine Dynastie ihre Legitimität. 1394 massakriert der Mandarin *Ho Qui Ly* die Herrscherfamilie und krönt sich zum Kaiser.

Chinesisches Intermezzo (1408–1428)

1408 marschieren Truppen der Ming-Dynastie ein und machen Dai Viet wieder zu einer chinesischen Provinz. Um jede Erinnerung an vietnamesische Identität und Geschichte ein für allemal zu tilgen, brandschatzen die Ming sämtliche Archive und Bibliotheken und stellen alle Manifestationen einheimischer Kultur und Tradition unter strengste Strafen. Gemäß einer Volkszählung leben 3 Millionen Viets und 2 Millionen Angehörige von Bergstämmen im Land, das zu dieser Zeit bis zum Wolkenpass reicht.

Le Loi

Nach jahrelangen Guerilla-Aktionen gelingt es dem wohlhabenden Grundbesitzer **Le Loi** unter Mithilfe seines genialen Chefstrategen, dem Dichter **Nguyen Trai,** eine schlagkräftige Bauernarmee aufzustellen und die Chinesen 1428 wieder zu vertreiben..

Als Kaiser **Le Thai To** baut Le Loi ohne Rücksicht auf Verluste jene zentralistische, konfuzianisch dominierte **Staatsmonarchie** auf, wie sie noch bis zur Ankunft der Franzosen fortbestehen sollte. Ohne Unterstützung oder Vermittlung durch eine verbindende Religionsgemeinschaft oder erbliche Aristokratie herrscht der Kaiser an der Spitze einer leistungsbezogenen und im Prinzip jederzeit ersetzbaren Hierarchie von Beamten und Bürokraten (Mandarinen). Im Idealfall wie ein Vater über seine Familie, im weniger idealen Fall wie ein despotischer Familientyrann.

Die **Le-Dynastie** herrscht nominell 360 Jahre, von 1428 bis 1788, über *Dai Viet,* wird aber de facto bereits nach 100 Jahren (1527) entmachtet.

Le Than Ton

Unter dem vierten Kaiser der Le-Dynastie, der **1460–1497** regiert, erreicht die konfuzianische Staatsbürokratie in Vietnam ihren **Höhepunkt.** Monarchie, Mandarinat und patriarchalische Familienstruktur werden weiter ausgebaut, daneben aber demokratische Reformen und das Wiederaufleben einheimischer Traditionen in die Wege geleitet. Amtssprache bleibt Chinesisch, doch die Volksschrift *chu nom,* die der Kaiser durch eine Dichterakademie fördert, gewinnt immer mehr Anhänger. Ein progressives Gesetzeswerk stellt die Rechte des Einzelnen und vor allem der Frau wieder mehr in den Vordergrund – konträr zu China und der eigenen Staatsideologie, aber in Übereinstimmung mit vietnamesischen Traditionen (Recht auf Besitz und Erbfolge für Frauen, Scheidungsrecht, Gültigkeit von Ehen ohne Zustimmung der Familien usf.).

Bereits unter seinen Nachfolgern werden die **systembedingten Schwächen** der vietnamesischen Monarchie wieder offenbar. Eine zu *starke Zentralregierung* tendiert zum

Stillstand, da sie eine unflexible Beamtenschaft konformistischer Jasager erzeugt, eine zu *schwache* fördert Anarchie und lokale Rebellionen allmächtiger Provinzfürsten. Das auf Perfektion (oder konfuzianisch ausgedrückt: *Harmonie)* beruhende System bedarf perfekter Zeiten, um zu funktionieren – und die werden immer rarer.

Der Marsch nach Süden

Aller internen Probleme zum Trotz erweisen sich die Dynamik und relative Fortschrittlichkeit des vietnamesischen Systems allen Nachbarn im Süden als klar überlegen. Zur Zeit der „aufgeklärten" frühen Le-Herrscher fällt das von hinduistischem Gottkönigtum durchdrungene **Khmer-Reich** von Angkor seiner eigenen Dekadenz zum Opfer und hält das indisch orientierte **Champa** dem wachsenden Expansionsdrang Hanois nicht länger stand. Als die Vietnamesen 1471 unter Kaiser Le Thanh Ton *Vijaya*, die letzte Hauptstadt der Cham, erobern, ändert sich der Lauf ihrer Geschichte radikal. Aus einem kleinen, traditionell nach Norden ausgerichteten Feudalstaat im Schatten Chinas wird eine mächtige Nation Südostasiens werden.

Zunächst aber zerreißen **Bürgerkriege** das Land. Nach einem Umsturz (1527) verhelfen zwei „kaisertreue" Fürstengeschlechter den ins Exil geflüchteten Le wieder zum Thron, bekriegen sich danach aber gegenseitig, um die eigentliche Herrschaft an sich zu reißen. Die siegreichen Trinh erben Hof und Armee in **Hanoi,** die unterlegenen **Nguyen** rufen 1620 im „unzivilisierten" Süden einen Gegen-Staat mit der Hauptstadt **Hue** aus.

East meets West I

Auf der Suche nach dem sagenhaft reichen China *Marco Polos* tauchen **1535** die **Portugiesen** vor der Küste Vietnams auf. Sie errichten in *Faifo* (dem heutigen **Hoi An)** eine Handelsniederlassung und mischen sich auf Seiten der Nguyen gewinnbringend in den Bürgerkrieg ein (Forts und Kanonen gegen Gold, Seide, Elfenbein und Gewürze).

Die erste Berührung mit Europa und der wachsende Zustrom christlicher **Missionare** die den Händlern auf dem Fuße folgen, löst in der homogenen konfuzianischen Gesellschaft schwere Spannungen aus. So überlegen das rationale und „aufgeklärte" sino-vietnamesische System sich gegenüber der auf Angst und Sklaverei gegründeten Sozialordnung der hindustischen Nachbarn erwies, so unterlegen erweist es sich gegenüber dem christlich-humanistisch verbrämten Imperialismus der europäischen Eroberer.

1627 entwickelt der französische Jesuit **Alexandre de Rhodes** das *quoc ngu*, das in romanische Schrift übertragene Vietnamesisch mit den Betonungs-Akzenten, wie sie noch heute üblich sind, und publiziert ein vietnamesisches Wörterbuch.

Zwei Reiche (1672–1802)

Die Fürstentümer der **Trinh** im Norden und der **Nguyen** im Süden beanspruchen beide, das „rechtmäßige" Reich zu verkörpern, und gehen von dem gleichen System aus, entwickeln sich aber im Lauf der Zeit immer weiter auseinander.

Im **Norden** führen Schwäche und „Illegitimität" der Trinh zu einem fortgesetzten Verfall zentraler Autorität. Prunk und Luxus am Hof von Hanoi, von dem selbst europäische Augenzeugen beeindruckt sind, stehen in Kontrast zu Korruption und Machtmissbrauch, sodass Bauernrevolten und Mandarinatsintrigen einander abwechseln und zeitweise Staaten innerhalb des Staats entstehen.

Die Nguyen im **Süden** eignen sich zwischen 1620 und 1670 vollends das Terrain der Cham an und stoßen weiter in das Gebiet der Khmer vor, die im fruchtbaren, aber sumpfigen Mekong-Delta siedeln. Pioniergeist und Aufbruchsstimmung stehen Anarchie und Gesetzlosigkeit gegenüber. Die große **historische Chance** – Erschließung ungeahnter Landmassen, kosmopolitischer Kontakt mit dem Westen, „Blutauffrischung" durch Assimilation von Cham- und Khmer-Kultur – bleibt nicht nur ungenutzt, sondern der Hof von Hue wetteifert so lange in Prunk und Pomp mit dem Rivalen Hanoi, bis ihn auch dessen Probleme einholen. Müde der ständigen Steuern und Wehrdienste, der privaten Landaneignung und der Gesetzlosigkeit erheben sich die Bauern.

Die Tay-Son-Revolte (1771–1802)

Die nach dem Herkunftsort der Brüder *Nguyen*, der Führer der Bauernaufstände im Süden, benannte Revolte erfasst in Windeseile das gesamte Land. 1775 nehmen die Aufständischen Hue und 11 Jahre später Hanoi. Die Nguyen, ursprünglich Händler und Kaufleute, setzen die *Le-Familie* wieder in ihre Rechte ein, doch als die alte Herrschersippe mit dem Erzfeind China paktiert, besteigt der jüngste der Brüder, *Nguyen Hue*, kurzentschlossen den Thron von Hanoi.

In seiner kurzen Regierungszeit als Kaiser **Quang Trung** (1789–1792) schafft Nguyen Hue die feudale chinesische Sprache ab und fördert Handel, Handwerk und Kleinindustrie (Minen, Bergwerke, Werften, Papierfabriken), „vergisst" darüber aber seine einstigen Verbündeten, die Bauern, die vergeblich auf eine Neuverteilung von Grund und Boden warten. Nach seinem frühen Tod droht das Reich von neuem zu zerfallen.

East meets West II

1775 rettet der französische Bischof *Béhaine de Pigneau* in einem Akt wohlberechneter christlicher Nächstenliebe den jungen Prinzen **Nguyen Anh** vor den Tay-Son-Rebellen und schifft sich mit dessen kleinem Sohn nach Frankreich ein, um *Louis XVI* zu einer Intervention zugunsten seines Schützlings zu überreden. Nach dem Scheitern seiner Bemühungen rüstet der wackere Gottesmann mit Hilfe interessierter Spekulanten höchstselbst eine Flotte von Abenteurern, Deserteuren und siamesischen Söldnern aus und nimmt Kurs auf Vietnam zurück.

Während im Norden der Bürger Nguyen Hue als Kaiser Quang Trung ein letztes Mal eine Invasion der Chinesen verhindert, erobert der *Prinz* Nguyen Anh **1789,** dem Jahr der französischen Revolution, mithilfe seines Gönners den Süden zurück. Der wackere Gottesmann darf noch miterleben, wie sein Prinz den Thron besteigt und **1802** als **Gia Long** die letzte vietnamesische Kaiser-Dynastie begründet, aber sein Ziele hat er trotzdem nicht erreicht. Weder hat er den orientalischen Kaiser zum „wahren Glauben" noch Paris zum militärischen Schutz der Missionare in Vietnam bekehrt.

Das Kaiserreich Viet Nam (1802–1883)

1802 erhält das nach langen Wirren wiedervereinigte Reich zum ersten Mal in seiner Geschichte seinen heutigen Namen. Hauptstadt wird Hue, die Heimat des Nguyen-Clans – scheinbar ideal mitten im Zentrum des Landes gelegen, von den tatsächlichen Zentren des Geschehens, Hanoi und dem aufstrebenden Saigon, aber eher gleich weit entfernt.

Gia Long (1802–1820)

Gia Long (ein Kunstname, zusammengesetzt aus *Gia Dinh*, Saigon, und *Thang Long*, Hanoi) ist der erste Monarch, der Vietnam von der chinesischen Grenze bis zum Golf von Siam regiert. Seiner „Aufgeklärtheit" und den französischen Beratern zum Trotz etabliert er nach überliefertem konfuzianischen Mustern von neuem den **traditionellen Staat** seiner Vorväter mitsamt absoluter Monarchie und feudalem Chinesisch als Amts- und Hofsprache. Abertausende Zimmerleute, Holzschnitzer und Zwangsarbeiter werden rekrutiert, um aus dem Provinznest Hue eine prunkvolle Residenz zu machen, die sich seinen Vorstellungen nach mit Peking messen soll. Straßen und Kurierstationen durchziehen sein Reich von Norden nach Süden, und jeder größere Ort erhält eine Zitadelle.

„Als vor der Küste des Kaiserreichs Vietnam das erste Dampfschiff aus Europa auftauchte, sperrte sich der örtliche Gouverneur, ein hochgelehrter Mandarin, in seine Bibliothek ein, vertiefte sich in die Schriften des Konfuzius, schloss daraus messerscharf, es könne sich nur um einen Drachen handeln, und ging beruhigt seinem Tagewerk nach."

(Frances Fitzgerald,
Fire in the Lake, 1972)

Minh Mang (1820–1842)

Der Rückzug des überzeugten Traditionalisten in **konfuzianische Orthodoxie** und „glorreiche Vergangenheit" führt angesichts des neuerwachten Kolonialstrebens der Europäer fast zwangsläufig zur Katastrophe. Das im Lauf der Jahrhunderte erstarrte System führt zum endgültigen Riss zwischen Zentralmacht und Bauerntum. Während der Hof in Pomp und selbstgefälligem Ritus erstarrt, verfällt die traditionelle Autonomie des vietnamesischen Dorfes mehr und mehr zu einer trügerischen „Idylle", einem Bollwerk nicht nur gegen selbstgefällige Großgrundbesitzer und Mandarine, sondern gegen „Außenwelt" schlechthin. Die beinahe tragikomischen Bemühungen Minh Mangs, das Volk seinem Staat anzupassen, reichen wie bei den Han vor 2000 Jahren bis zu strikten Festtagsverboten und Kleiderverordnungen (Frauen dürfen keine Röcke tragen!), erregen aber nur mehr die resignierte Spottlust oder den Zorn seiner Untertanen.

Tu Duc (1847–1883)

Die außergewöhnlich lange Regierungszeit des Schöngeistes Tu Duc, der trotz aller Bemühungen kinderlos bleibt, füllt wie schicksalshaft exakt die Zeitspanne aus, die die nicht einmal sonderlich engagierten Franzosen benötigen, das desolate und in die widersprüchlichsten Interessen zerrissene Reich zu erobern, dessen Obrigkeit, von panischer Angst befallen, sich fast wehrlos fügt.

„Die Frucht ist reif und die Zeit gekommen, sie zu pflücken. Wenn wir es nicht tun, dann tun es andere. Wir sollten nehmen, was wir kriegen können."

(Gouverneur de Vilers, 1881)

„Die Eroberung von fast 15 Millionen neuen Konsumenten und Märkten, auf denen unsere Industrieerzeugnisse gegen wertvolle Rohstoffe eingetauscht werden können, verdient gewiss all unsere Anstrengung."

(Französische Handelskammer, 1879)

East meets West III

Aus tiefer Sorge, die Briten könnten nach Indien und Singapur auch noch China an sich reißen, erhören die **Franzosen** endlich die jahrhundertealten Klagen ihrer Missionare und entsenden voller Empörung über die Christenverfolgungen im heidnischen Vietnam Kanonenboote. **1847** und **1858** lassen französische Admiräle *Tourane* **(Da Nang)** bombardieren und besetzen im Jahr darauf auf gut Glück **Saigon.** Als Kaiser Tu Duc den völlig verblüfften Franzosen daraufhin Saigon abtritt, um durch den Verzicht auf die südlichen Provinzen womöglich den Rest seines Reiches zu sichern, kennen die Admiräle natürlich kein Halten mehr. Dank der tätigen Mithilfe von Waffenhändlern, Söldnern, Schmugglern und Abenteurern aller Art, die längst die traditionelle Vorkämpferrolle der Missionare übernommen haben, **besetzen** die Franzosen bis **1883 das ganze Land.**

Französische Kolonie (1859–1954)

Erobert eher durch individuellen „Unternehmergeist" (Missionare, Kaufleute, Spekulanten) als durch gezielte Aktionen des Staates, weiß Paris mit dem neuen Besitz lange Zeit nichts anzufangen. Jahrzehntelang wird die Kolonie Cochinchina lediglich von der Kriegsmarine regiert, und jedes der sogenannten Protektorate (Kambodscha, Tonkin, Annam und Laos) verwaltet sich nach einem anderen System.

„Ich hätte nie für möglich gehalten, dass ein derart absurdes und weltfremdes Konzept wie das unserer Kolonialregierung in Cochinchina überhaupt denkbar ist."

(Paul Doumer)

Nachdem es 1888 gelingt, das letzte Aufbäumen der alten einheimischen Ordnung zu zerschlagen – der noch jugendliche Kaiser **Ham Nghi** geht in den Untergrund, wird gefangen genommen und ins Exil nach Algerien verschifft –, entsendet Paris einen „starken Mann" nach Übersee, der endlich für Ord-

„Indochina"

Anfang des 19. Jh. als rein ***geografischer Terminus*** eingeführt, wird der Begriff ***1887*** zu einer ebenso absurden wie folgenschweren ***politischen Realität.*** Vietnam, Laos und Kambodscha - drei Länder, die weder ethnisch noch historisch oder kulturell das Geringste miteinander gemein haben - werden von den Franzosen willkürlich zu einer Einheit zusammengezwungen, während Vietnam selbst zur gleichen Zeit in drei Teile zerstückelt wird.

Der ökonomisch ergiebige ***Süden*** mit Saigon und dem Mekong-Delta wird ***Kolonie Cochinchina.*** Der an Bodenschätzen reiche ***Norden*** mit Hanoi und Haiphong ***Protektorat Tonkin.*** Und das für die Franzosen politisch wie wirtschaftlich uninteressante ***Zentrum*** (damit keine „Lücke" entsteht) ***Protektorat Annam.***

Die apostrophierte „Einheit" Indochinas führt zu einer eindeutigeren ***Vorrangstellung Vietnams*** in der Region als je zuvor. Die rassistischen Kolonisten bevölkern die Nachbarländer gezielt mit den „zivilisierteren" (hellhäutigeren) Vietnamesen, die sie den „ungebildeten Eingeborenen" von Laos und Kambodscha als Siedler und Verwalter vor die Nase setzen. Als ein halbes Jahrhundert später Moskau die Umbenennung der gerade gegründeten KPV in KP Indochina verfügt (1930), zementiert ironischerweise ausgerechnet die ***Kommunistische Internationale*** den folgenschweren Fauxpas des „Klassenfeindes". Vietnamesen in Laos und Kambodscha bilden zeitweise gleichzeitig *Administration* (als Helfershelfer der Kolonialherren) wie *Opposition* (als kommunistische Guerilla) - eine ***schizophrene Situation,*** aus der sich ein halbes Jahrhundert darauf der „erste Bruderkrieg zwischen sozialistischen Staaten" und der „Kambodscha-Konflikt" entwickelten.

nung sorgen soll. Mittels ebenso ehrgeiziger wie rigoroser Maßnahmen baut Generalgouverneur **Paul Doumer,** der frühere Finanzminister und spätere Präsident Frankreichs (1932 in diesem Amt ermordet), in weniger als fünf Jahren, zwischen 1897 und 1902, einen **funktionstüchtigen Kolonialapparat** auf, der dem Mutterland zumindest nicht mehr auf der Tasche liegt - ein „sozialökonomisches Wunder", das auf dem Rücken von Abermillionen Vietnamesen ausgetragen wird.

Infrastruktur. Um das rückständige Land für den Weltmarkt zu öffnen und als Anlage/Rendite-Objekt für französisches Kapital interessant zu machen, überziehen die Franzosen Vietnam mit einem bis nach Südchina reichenden Eisenbahn- und Straßennetz und bauen die Häfen von Saigon und Haiphong aus, Voraussetzung für die exportorientierte **Plantagenwirtschaft** des Südens (Reis, Kautschuk) und die **Bergwerksprojekte** von Tonkin (Kohle, Eisenerz). Millionen Bauern werden landlos gemacht und als **Kulis** von einem Ende des Landes zum anderen verfrachtet; Hunderttausende sterben allein beim Eisenbahnbau.

Administration. Auch der letzte Anschein einheimischer Autonomie (Mitspracherecht des Hofs und der Mandarine auf lokaler Ebene) wird ausgemerzt und die gesamte Administration vom Gouverneur bis zum Verkehrspolizisten neu organisiert und straff zentralisiert - selbst Briefmarken dürfen nur noch von Franzosen verkauft werden. 1899 verrichten in Cochinchina 1358 Weiße die gleiche Arbeit, die im vorkolonialen Vietnam 50 Mandarinen oblag. 1925 regieren genausoviel Franzosen über Vietnam wie Briten über Indien mit einer zehnmal so großen Bevölkerung.

Opium fürs Volk. Die Finanzierung der „Entwicklungsprojekte" und die Kosten für Verwaltung, Armee und Polizei trägt die Bevölkerung. Haupteinnahmequelle sind die **staatlichen Monopole** auf Alkohol, Opium, Glücksspiel und Salz, die bis zu 70 % des Gesamthaushalts ausmachen. Import und Konsum von Opium, „aus Staatsraison" gefördert, vervielfachen sich in Windeseile. Die auf den ersten Blick „harmlose" Salzsteuer führt dazu, dass Abermillionen Vietnamesen, die sich von (nährstoffarmem) Reis ernähren, sich weder Salz noch aus Salz und fermentiertem Fisch gewonnene nuoc mam leisten können und unter schwersten Mangelerkrankungen leiden.

Wirtschaft. Die drei Säulen der Kolonialökonomie bilden **Reis, Kautschuk** und **Kohle,** deren Exportanteil bei 75 % liegt. Speziell der Süden wird zu einer Region von Latifundien entwickelt, die gezielt für den Weltmarkt produzieren. Obwohl die Reisproduktion ständig steigt und Vietnam zu den klassischen Reisexporteuren Thailand und Burma aufschließt, sinkt der Pro-Kopf-Verbrauch der Bevölkerung in der Kolonialzeit um über 30 %, und immer mehr Vietnamesen müssen hungern.

An einer Entwicklung oder gar Industrialisierung des Landes sind die Kolonisten nicht interessiert. Die Kohlebergwerke von *Hong Gai* liefern Rohstoffe, die sich ohne große Investitionen auf dem Weltmarkt absetzen lassen, aber die nahegelegenen Eisenerzgruben, die eine einigermaßen „moderne" Verhüttungsindustrie erfordert hätten, lässt man nahezu unberührt, und die Lokomotiven Vietnams füttert man mit einheimischem Holz. Die wenigen Fabriken decken fast ausnahmslos typischen Kolonialbedarf ab (Zigaretten, Streichhölzer, Bier, Limonade, Zucker, Flaschen, Papier, Zement), Importe bestehen zu über der Hälfte aus Luxusgütern für die neureichen Colons (Autos, Haushaltswaren, Wein, Cognac, Parfüm, Konserven).

Kollaboration und Widerstand

Das Kolonialregime schafft völlig **neue gesellschaftliche Verhältnisse.** Rang und Status eines Vietnamesen hängen nicht mehr vom jahrelangen Studium konfuzianischer Klassiker ab, sondern von der Gunst der Kolonialherren – wer katholisch wird und ein paar Brocken Französisch lernt, erhält Hemd und Hose und wird zum Dolmetscher, Aufseher oder Sekretär ernannt. Speziell in Saigon entsteht ein „Großbürgertum" aus Kollaborateuren der Oberschicht, die sich ihre Dienste mit Großgrundbesitz entlohnen lassen, neureichen Unternehmern, die Kulis für die Plantagen und den Eisenbahnbau beschäftigen, und chinesischen Kaufleuten, die sich als Groß- und Zwischenhändler unentbehrlich machen. Darunter wächst, zumal in Hanoi, eine einflussreiche, aber politisch ohnmächtige kleinbürgerliche Mittelschicht heran, die sich (Erbe des Konfuzianismus) durch eine ungewöhnlich hohe Zahl von Akademikern und Intellektuellen auszeichnet.

Während etwa zur gleichen Zeit in Ländern wie Indien, Indonesien oder Malay(si)a patriotisch-nationalistische Gruppierungen erfolgreich sind, da sie dort über *religiöse Reformbewegungen* (buddhistisch, hinduistisch oder islamisch) führen und auf diese Weise die Massen mobilisieren, bleibt dieser Weg in dem von der „weltlichen" Kultur des Konfuzianismus geprägten Vietnam versperrt. Progressive **Nationalisten** und **Republikaner** wie der ehemalige Mandarin **Phan Boi Chau** (1867–1940), die sich an den Idealen der Französischen Revolution oder panasiatischen Erneuerungseuphorien à la Japan orientieren, bleiben mit ihren „modernen" Ideen von den breiten Massen isoliert und sehen sich zum Schluss resigniert auf **ohnmächtige Terrorakte** gegen das Kolonialsystem beschränkt..

Die einzige Alternative verspricht die **1930** von **Ho Chi Minh** in Hongkong ins Leben gerufene **Kommunistische Partei.** Wie alle nationalen politischen Gruppen bilden die Kommunisten kaum mehr als eine verschworene Clique von Eingeweihten, im Unterschied zu allen anderen wissen sie jedoch, dass das Kolonialregime weder durch Attentate noch durch Verhandlungen und Reformen zu stürzen ist, sondern allein durch eine Mobilisierung der gesamten Bevölkerung und eine soziale Umwälzung der bestehenden Verhältnisse. Wie alle anderen Widerstandsgruppen werden sie von der französischen Geheimpolizei unnachgiebig verfolgt und können fast nur vom Ausland aus operieren. Bereits ein Jahr nach ihrer Gründung ist die KP fast ihrer gesamten Führung beraubt, die entweder auf der Gefängnisinsel *Poulo Condore (Con Dao)* einsitzt oder von den Franzosen kurzerhand exekutiert wird; Ho Chi Minh selbst wird 1931 in Hongkong festgenommen.

Der Sieg der *Volksfront* in Frankreich führt nach 1936 zu einer spürbaren Liberalisierung des Lebens und befreit Tausende politischer Gefangener aus ihren Kerkern – in der „Sache" selbst aber, macht Paris den Genossen in Vietnam unmissverständlich klar, gibt es kein Pardon. Der sozialistische „Minister für die Kolonien" in einem Blitztelegramm nach Saigon: „Die öffentliche Ordnung ist mit allen Mitteln aufrecht zu halten! Französisches Recht und Gesetz haben in Indochina auch weiterhin zu herrschen!"

Zweiter Weltkrieg und Okkupation

Als **1939** der Zweite Weltkrieg ausbricht und sich die französische Kolonialverwaltung vom Mutterland abgeschnitten sieht, beschließen die ebenso ohnmächtigen wie reaktionären Kolonisten („Lieber Hitler als die Volksfront!"), sich ohne Widerstand der **japanischen Besatzungsarmee** zu ergeben. Die Kolonie bricht zusammen. Sämtliche Vorräte werden beschlagnahmt, die gesamte Reis-, Kohle- und Kautschukproduktion fließt nach Tokio, aber die eigentliche Zeche bezahlt das Volk von Vietnam, das jetzt von zwei Herren zugleich ausgebeutet wird. Allein 1945 sterben in dem ausgeplünderten Land mehr als zwei Millionen Menschen an Hunger.

Im Februar **1941** kehrt **Ho Chi Minh** nach 30-jährigem Exil nach Vietnam zurück und bereitet im Bergland von *Cao Bang* mit *Pham Van Dong* und *Vo Nguyen Giap* den Aufstand vor. Das Programm des **Viet Minh** (Liga für die Unabhängigkeit Vietnams), ein Bündnis mehr als 40 verschiedener Gruppen und Organisationen, sieht sowohl die **nationale** wie die **soziale Befreiung vom Kolonialismus** vor. Die *kommunistischen* Kader betragen selbst zu dieser Zeit kaum mehr als ein paar hundert Mann, üben aber Vorbildfunktion aus und finden deshalb immer mehr Anhänger. Propaganda-Einheiten gehen in die Dörfer, leben und arbeiten mit den Bauern, lehren sie lesen und schreiben und bewaffnen sie so weit als möglich.

Im März **1945** überrollen die Japaner ohne Vorwarnung die französischen Garnisonen und ernennen *Bao Dai* zum Marionettenkaiser eines japanischen Vietnam. Mitte August, nach den Atombombenabwürfen der Amerikaner auf Hiroshima und Nagasaki, kapituliert Tokio. Der Viet Minh ruft zum **Aufstand** auf und lässt die Vorratsspeicher der Besatzer stürmen; über den Dächern von Hanoi, Hue und Saigon wehen die roten Fahnen.

Am 2. September proklamiert Ho Chi Minh in Hanoi die Unabhängigkeit der Demokratischen Republik Vietnam (DRV) und wird zum Ministerpräsidenten und Außenminister der provisorischen Regierung ernannt. Bao Dai, der letzte Kaiser von Frankreichs (und Japans) Gnaden, dankt ab und überreicht den Abgesandten des Viet Minh zeremoniell Schwert und Siegel der letzten vietnamesischen Herrscher-Dynastie.

Der Französische Krieg (1946–1954)

Die Franzosen sind nicht gewillt, ihre „Besitztümer" in Indochina aufzugeben, und drängen mit Macht nach Vietnam zurück. Ho Chi Minh evakuiert seine Regierung in den Dschungel von Cao Bang und ruft den **Kriegszustand** aus. Trotz einer bestausgerüsteten Armee von 100.000 Berufssoldaten, darunter zahllose Afrikaner (meist Senegalesen) und Fremdenlegionäre (meist Deutsche), gelingt es den Franzosen nicht, die bewegliche und zwischen allen „Fronten" operierende **Guerilla** des Viet Minh zu zerschlagen. Das Resultat ist ein jahrelanges Patt: Die Franzosen herrschen über die Städte und „strategischen Punkte", der Viet Minh, der immer mehr Rückhalt in der Bevölkerung findet, beherrscht das Land.

Eskalation: Krieg der Stellvertreter

1950 erkennt die neugegründete **Volksrepublik China** die DRV diplomatisch an und unterstützt den Viet Minh mit Waffen und Munition (worauf die Sowjetunion flugs ihrem Beispiel folgt). Im Gegenzug schlagen sich die **USA,** die dem „anachronistischen" Kolonialstreben der Franzosen bis dahin ab-

Der Französische Krieg in Zahlen

Truppen

	1948	1952	1954
Franz. Expeditionskorps	100.000	200.000	
270.000			
Franzosen		70.000	
Fremdenlegion		20.000	
Afrikaner		60.000	
Indochinesen		50.000	
Indochinesische Armee	90.000	260.000	
Viet Minh	70.000	270.000	
350.000			
Armee		110.000	
Guerilla	70.000	110.000	
Milizen		50.000	

Opfer	**Tote**	**Verwundete**
Kolonialarmee	93.000	130.000
Franzosen	21.000	53.000
Söldner	72.000	77.000
Indochinesische Armee	17.000	35.000
Viet Minh	500.000	unbekannt

lehnend gegenüberstanden, gemäß ihrer **Domino-Theorie** (nach der der Verlust eines Staates an den Kommunismus den Verlust der gesamten Region nach sich ziehen würde) auf die Seite Frankreichs. Aus einem lokal begrenzten Kolonialkonflikt wird so ein **Stellvertreterkrieg der Weltmächte.**

Auf Druck der Amerikaner benennen die Kolonisten Cochinchina diskret in „Republik Südvietnam" um und installieren in der Hoffnung, Ho Chi Minh eine „westlich orientierte Leitfigur" entgegenstellen zu können, Ex-Kaiser Bao Dai als Regierungschef. Kurz darauf treffen die ersten amerikanischen Militärberater und Waffenlieferungen in Saigon ein. In den folgenden Jahren decken die **USA** über **80 %** der französischen **Kriegskosten,** während der Viet Minh mit Hilfe Chinas zum ersten Mal eine reguläre Armee aufstellen kann.

Gezielter Einsatz von Napalm gegen die Zivilbevölkerung, Bombardements von Deichen und planmäßige Vernichtung von Reisernten, zwangsweise Evakuierung ganzer Landstriche und Kasernierung der Bevölkerung in Lager und Wehrdörfer – die „Errungenschaften", die man gemeinhin erst dem amerikanischen Krieg zuschreibt, sind bereits ab 1951 Mittel französischer Generalstäbe und amerikanischer Militärberater, die insgeheim längst ahnen, dass sie diesen Krieg nicht gewinnen können.

Dien Bien Phu

Die Entscheidung fällt 1954 in der **55-tägigen Schlacht** um Dien Bien Phu. Die strategische Dschungelfestung nahe der laotischen Grenze, die täglich von Transportflugzeugen und Fallschirmjägern versorgt wird,

Ho Chi Minh

1890 als Nguyen Sinh Cung geboren, erhält er nach altem Brauch ab seinem 10. Lebensjahr einen neuen Namen und heißt fortan Nguyen Tat Thanh („Nguyen, der erfolgreich sein wird"). Seine Reisen als Matrose und Küchenjunge unternimmt er unter dem Namen Ba, ehe er sich 1917 in Paris den Namen zulegt, den er die meiste Zeit seines Lebens trägt, Nguyen Ai Quoc („Nguyen, der das Vaterland liebt" oder „Nguyen der Patriot"). Als Ho Chi Minh („Ho mit dem klaren Willen") tritt er erst 1942 auf, als er nach 30-jährigem Exil wieder nach Vietnam zurückkehrt.

1890	Geboren am 19. Mai als Sohn eines Bauern, der das Gelehrtenexamen in Hue bestanden hatte, in dem Dorf Hoang Tru nahe Vinh
1905–1909	Gymnasiastenjahre u.a. am Lycée Quoc Hoc in Hue
1911	Einschiffung als Küchenjunge nach Marseille
1912–1917	Wanderjahre als Matrose, Steward, Heizer und Küchengehilfe mit Aufenthalten in den USA und London
1917–1924	Paris. Arbeit als Koch, Fotolaborant und Journalist (L'Humanité),
1920	Gründungsmitglied der KPF; Herausgeber von „Le Paria"

gilt als uneinnehmbar, ehe es dem Viet Minh und seinen Helfern unter General **Vo Nguyen Giap** „wie durch ein Wunder" gelingt, sie mitsamt schwerer Artillerie einzukesseln. US-Präsident *Eisenhower* und sein Vize *Richard Nixon* erwägen bereits den „taktischen" Einsatz von **Atombomben** (aparterweise *Operation Vulture*, Geier, genannt), werden aber noch rechtzeitig vom Kongress gestoppt. Die **bedingungslose Kapitulation** von Dien Bien Phu am **7. Mai 1954** bedeutet gleichzeitig die Kapitulation der französischen Streitkräfte in Vietnam und das **Ende der französischen Kolonialherrschaft.**

Zwischen den Kriegen (1954–1964)

Die **Genfer Konferenz** der Weltmächte beschließt einen **Waffenstillstand** und teilt Vietnam in **zwei neutrale Militärzonen** nördlich und südlich des 17. Breitengrads; über die weitere Zukunft des Landes sollen innerhalb von zwei Jahren freie und allgemeine **Wahlen** bestimmen. Eine gesonderte Schlusserklärung weist nachdrücklich darauf hin, dass die entmilitarisierte Zone **„in keiner Weise als** eine politische oder territoriale **Grenze"**, sondern nur als „provisorische militärische Demarkationslinie" anzusehen sei.

1924-1925	Moskau. Studium an der Universität der Werktätigen und Komintern-Funktionär für Koloniale Fragen
1925-1927	China. Gründung der Thanh Nien (Bund der Revolutionären Jugend Vietnams)
1927-1928	Reisen als Komintern-Funktionär durch Westeuropa (u.a. Berlin)
1929-1930	Thailand. Aufbau revolutionärer Zellen in Siam
1930	Gründungsmitglied der KPV in Hongkong
1931-1933	China. Verhaftung in Hongkong, Gefängnis; Gerüchte über seinen Tod (schwere TBC)
1934-1938	Moskau. Studium an der Lenin-Universität und Komintern-Funktionär für Koloniale Fragen
1939-1940	China. Aufbau des antikolonialen Widerstands
1941	Vietnam. Rückkehr nach 30 Jahren Exil und Gründung des Viet Minh (Liga für die Unabhängigkeit Vietnams)
1942-1943	China. Verhaftung durch die Kuomintang, „Gefängnistagebuch" entsteht
1944-1945	Vietnam. Endgültige Vorbereitungen zum Aufstand
1945	August-Revolution; 2. Sept: Ho Chi Minh verliest in Hanoi die Unabhängigkeitserklärung
1946	März: Wahl zum Präsidenten der DRV, Juni-Sept: Verhandlungen mit Frankreich in Paris, Nov: Die Franzosen bombardieren Haiphong, Dez: erneuter Aufruf zum Widerstand
1947-1954	Exil-Regierung im Dschungel von Cao Bang; Guerillakrieg
1954	Mai: Kapitulation der Franzosen; Rückkehr nach Hanoi; Teilung Vietnams durch die Weltmächte
1956	Kurzzeitige Übernahme des Parteivorsitzes, als es anlässlich der brutalen Landreformen zu Aufständen kommt
1960	Beschluss, die Befreiungsfront in Südvietnam zu unterstützen
1964	Beginn des „Vietnamkriegs"
1969	2. Sept: Ho Chi Minhs Todestag wird offiziell auf den 3.9. gelegt, damit er nicht mit dem Tag der Unabhängigkeitserklärung zusammenfällt.

„Ich habe niemals mit Leuten, die mit den Verhältnissen einigermaßen vertraut waren, gesprochen oder korrespondiert, die nicht übereinstimmend der Meinung gewesen wären, dass bei Wahlen sehr wahrscheinlich 80 Prozent der Bevölkerung für den Kommunisten Ho Chi Minh gestimmt hätte."

(US-Präsident Eisenhower, 1954)

Die Teilung Vietnams (1954)

Die USA sabotieren die Genfer Beschlüsse und etablieren südlich des 17. Breitengrades einen **eigenständigen Staat Südvietnam,** der ohne Milliarden amerikanischer Hilfsgelder nicht einen Tag überlebensfähig gewesen wäre. Der Diktator **Ngo Dinh Diem,** Washingtons „starker Mann" in Saigon, schmettert alle Initiativen Hanois zu den bevorstehenden Wahlen mit dem Hinweis ab, in einem kommunistischen Staat seien „freie Wahlen" nicht möglich, und lässt sich gleichzeitig mit 98 % aller Stimmen zum Präsidenten Südvietnams wählen (obwohl seine amerikanischen Berater ihm einen Wahlausgang von 60 % empfohlen hatten).

Aufgrund der Genfer Beschlüsse setzt eine gigantische **Völkerwanderung** ein. Über 100.000 Kämpfer des *Viet Minh* ziehen mitsamt ihren Familien aus dem Süden in den Norden, während aufgrund gezielter Gerüchtekampagnen (Pseudoerscheinungen der

Jungfrau Maria, Ankündigungen religiöser Pogrome im Norden) und „Kopfgelder", die amerikanische Hilfsorganisationen verteilen, rund 1 Mio. Katholiken vom Norden in den Süden strömen. Zur gleichen Zeit ziehen die Franzosen aus dem Norden ab und hinterlassen eine Spur der Verwüstung, von überfluteten Bergwerken bis zu vernichteten Röntgenbildern in Krankenhäusern.

Demokratische Republik Vietnam (Norden)

Im Gegensatz zum „demokratischen" Süden geht der kommunistische Norden zu keinem Zeitpunkt davon ab, die Wiedervereinigung zu fordern. Abgeschnitten von den landwirtschaftlichen Ressourcen im Süden, kämpft das Land mit dem Hunger. Die „Wirtschaftshilfe" aus Moskau und Peking reicht nicht einmal aus, die dringendsten Kriegsschäden zu beheben. Die anders als in anderen kommunistischen Staaten traditionell **kollektive Führungsspitze** der KP ist zerrissen in eine eher gemäßigte, Moskau-orientierte Fraktion um *Ho Chi Minh*, dessen Stellvertreter (und Nachfolger) *Pham Van Dong* und General *Vo Nguyen Giap*, und eine radikale, eher Peking-orientierte um Generalsekretär *Truong Chinh*. Die von den Parteigängern Maos 1955/56 brutal und ohne Rücksicht auf Verluste als „Klassenkampf" durchgezogene **Landreform** führt zu schweren Unruhen im ganzen Land. Truong Chinh wird seines Amtes enthoben und Ho Chi Minh übernimmt für kurze Zeit selbst das höchste Amt der Partei.

Republik Vietnam (Süden)

Ein Sumpf kaum glaublicher **Anarchie** und **Korruption.** Bis an die Zähne bewaffnete Sekten wie *Cao Dai* und *Hoa Hao* bilden Staaten im Staat, und berüchtigte Banditen wie die Bin Xuyen üben die staatliche Kontrolle über Prostitution und Glücksspiel aus. Unverhüllte Intrigen und Machtkämpfe zwischen den Franzosen – die nach dem Verlust der Kolonie um ihre ökonomische Existenz bangen und Ex-Kaiser Bao Dai und die Sekten unterstützen – und den Amerikanern – die wie üblich auf den „starken Mann" an der Spitze setzen, der zumindest den Anschein von Recht und Ordnung wahren soll – beherrschen die Szene. (Einen exzellenten Einblick in diese Zeit vermittelt Graham Greenes im Saigon von 1953 angesiedelter Roman *The Quiet American).*

Der Katholik und stramme Antikommunist **Diem** macht sich das halbe Land zum Feind, indem er den Katholizismus quasi zur Staatsreligion erklärt, die von dem *Viet Minh* enteigneten Großgrundbesitzer wieder an die Macht bringt und seine Kritiker wahllos als Kommunisten denunziert und verfolgen lässt. Die USA lassen ihn gewähren, um den Anschein zu wahren, Südvietnam sei „selbstständig", und sehen tatenlos zu, wie Milliarden Dollar an Wirtschafts- und Entwicklungsgeldern in den Smokingtaschen einer kleinen Elite versickern, während ein Überfluss an Konsumwaren wie Kaugummi und Coca Cola das Bild eines sprunghaft gestiegenen Lebensstandards vorspiegeln. Tatsächlich sind die USA sogar gezwungen, *amerikanischen Reis* in das darbende Land zu liefern.

Als es **1963** zu den **buddhistischen Protestaktionen** von Hue und Saigon kommt und Diems Schwägerin *Madame Nhu* die öffentlichen Selbstverbrennungen der Bonzen, die sich auf den Straßen Saigons in lebende Fackeln verwandeln, zynisch als „Barbecues" feiert, ermuntern die entsetzten Amerikaner Diems Generäle zum **Putsch.** Der Präsident wird gefangen genommen und kurzerhand liquidiert. Die Saigoner Politik der folgenden Jahre gleicht einer Marx-Brothers-Groteske: Eine Militär-Junta putscht gegen die andere und wird nahtlos von einer dritten abgelöst.

Die Befreiungsfront

Ende **1960** organisiert sich der Widerstand gegen das Diem-Regime (und die Amerikaner) in der **Nationalen Befreiungsfront** (FNL), einer breitgefächerten **Koalition** aus Kommunisten, Sozialisten, Demokraten, Bauern, Bonzen, Arbeitern, Studenten und selbst Fraktionen der Sekten und ethnischen Minderheiten. Die Diemisten denunzieren die Widerstandsbewegung wie gewohnt als „kommunistisch" und begründen damit jenen Namen, unter dem sie durch die US-Medien wenig später weltberühmt werden sollte: **Viet Cong** (was nichts weiter heißt als *Vietnamesische Kommunisten)*. Dank ihrer politischen und moralischen Überzeuungskraft kontrolliert die FNL bereits 1963 mehr als die Hälfte des südvietnamesischen Territoriums mitsamt eigenen Schulen und Hospitälern, Armee und Steuereintreibern. „Le Figaro" am 19.12.1963: „Die Front kontrolliert politisch die Mehrheit der Bevölkerung."

Der Amerikanische Krieg (1964–1975)

Im **August 1964** provoziert der US-Zerstörer *Maddox* einen **„Zwischenfall"** im Golf von Tonkin, der den amerikanischen Kongress veranlasst, Präsident Johnson volle Entscheidungsfreiheit beim Einsatz militärischer Mittel zuzubilligen; wie die *Pentagon Papers* nachweisen, war der Befehl zu dieser Aktion bereits 5 Monate zuvor erteilt worden. Unter dem Codenamen *Rolling Thunder* nehmen die USA ohne Kriegserklärung die **Bombardierung Nord-Vietnams** auf, wenig später, **im März 1965,** landen im Süden erste amerikanische Kampfverbände bei Da Nang, offiziell zur „Sicherung gefährdeter Flughäfen", in Wahrheit als Vorhut eines gigantischen Truppenaufmarschs von insgesamt mehr als 3 Mio. Soldaten.

Die Zahl der stationierten GIs steigert sich von 50.000 (Ende 1964) über 250.000 (Anfang 1966) auf über 550.000 (1968); einschließlich der von Washington ausgerüsteten Armee Südvietnam und SEATO-Verbänden aus Australien, Neuseeland, Thailand, Süd-Korea und den Philippinen stehen zeitweise mehr als **1,5 Millionen Soldaten** auf (süd-)vietnamesischem Boden, die über die avancierteste Kriegstechnologie verfügen, die die Welt je gesehen hat.

„Ein US-Major hat zu Protokoll gegeben: ‚Wir mussten die Stadt vernichten, um sie zu retten.' Diese Worte werden in die Geschichtsbücher als richtungsweisend für unser Engagement in Vietnam eingehen. Die Taktik der Verbrannten Erde in seinem eigenen Land zu verfolgen ist heroisch; sie in einem Land anzuwenden, das man zu retten vorgibt, ist feige und brutal."

(I.F. Stone,
Polemics and Prophecies, 1968)

Apocalypse Now

Anstelle einer klar definierten Front, die weder ideologisch noch militärisch existiert (Nord gegen Süd, Sozialismus gegen Freiheit), sehen sich die amerikanischen Truppen einem diffusen und letztlich un(an)greifbaren Gegner gegenüber, der sich allen gewohnten militärischen Kategorien und Technologien entzieht und „wie der Fisch im Ozean der Bevölkerung schwimmt". Der Feind kommt nicht von „außen", wie man ihnen gesagt hatte, sondern ist *mitten unter ihnen*.

In Ermangelung gültiger Kriterien betreiben die amerikanischen Generäle den Krieg bald wie die Vernichtung lästiger Insekten und ermessen den Erfolg ihrer Aktionen in immer zynischeren und rassistischeren Slogans wie *body count, search and destroy* oder *low-ratio kill.* Binnen kurzem wird das Land, „dessen Freiheit unter allen Umständen verteidigt werden muss", zum **meistbombardierten, -vergifteten und -vergasten Land** der Weltgeschichte – trotzdem pflegen die amerikanischen Militärs noch heute die Dolchstoßlegende, die Politiker und die Medien seien ihnen „in den Rücken gefallen" und hätten sie an der Ausübung ihres „Jobs" gehindert.

„Im Ganzen gesehen, begriffen die Generäle die Logik des Kriegs in Vietnam vollkommen: Will man dort bleiben, braucht man immer mehr Männer und immer mehr Waffen, man muss den Norden bombardieren und, je früher desto besser, den Hafen Haiphong verminen und die Deiche zerstören. Angesichts ihres Zieles hatten sie Recht, und vielleicht hatte sogar General Curtis LeMay Recht: Wollte man wirklich gewinnen, musste man Hanoi in die Steinzeit zurückbomben. Es war der einzige Weg."

(Mary McCarthy,
Sons of the Morning, 1974)

Der Amerikanische Krieg in Zahlen

Truppen (nur in Südvientnam)

	1964	1965	1968	1972
USA	16.000	185.000	536.000	25.000
Alliierte	-	22.000	60.000	40.000
Republik Vietnam	500.000	640.000	820.000	1 Mio.
FNL/NVA	130.000	130.000	280.000	320.000
davon NVA	13.000	36.000	100.000	250.000

1955–1975

US-Truppen	3,6 Mio. (2,6 Mio. in Südvientnam)
US-Militärausgaben	165 Mrd. US$*
US-Hilfe Südvietnam	24 Mrd. US$

Opfer

	Tote	Verwundete	Invaliden	Selbstmorde
USA	58.000	300.000	80.000	150.000**
FNL/NVA	920.000	unbekannt	unbekannt	unbekannt
Rep. VN	280.000	800.000	unbekannt	unbekannt
Zivil-bevölkerung	800.000	unbekannt	unbekannt	unbekannt

Zerstörungen

Luftkrieg USA	8 Mio. t Bomben (3-mal soviel wie im 2. Weltkrieg)
	7 Mio. t Chemische Stoffe
	20 Mio. Bombenkrater
Bodenkrieg USA	15 Mio. t Munition
Vernichtete Wälder	6 Mio. ha (im Süden)
Flüchtlinge	10 Mio. (im Süden)

*nach heutiger Umrechung 495 Mrd. US$. (Unmittelbar nach Ende des Irakkriegs wurde kalkuliert, dass Friedenssicherung und Wiederaufbau das 4–6-fache der militärischen Ausgaben ausmachen.)

** nach der Rückkehr in die USA

Der Ho-Chi-Minh-Pfad

Der Norden greift erst zurzeit der Gründung der Befreiungsfront 1960/61 aktiv in den Widerstand im Süden ein. Zwischen *Vinh* und *Dong Hoi* nahe dem 17. Breitengrad wird ein **Versorgungspfad** angelegt, der auf der anderen Seite des Truong-Son-Gebirges auf laotischem Gebiet weiterführt. Auf den Schultern endloser Trägerkolonnen wandern Waffen, Munition und Medikamente, zentnerschwere Artilleriegeschosse und Kanonenrohre in den Süden; die schwersten Teile werden mit bambusverstärkten Fahrrädern oder auf dem Rücken von Ponies und Elefanten durch den Dschungel transportiert. Als Saigoner Truppen 1964 erste Abschnitte des *Ho-Chi-Minh-Pfads* entdecken, besteht der „Pfad" längst aus einem **Tausende Kilometer umfassenden Netzwerk** von Haupt-, Neben- und Parallel-Wegen.

Da weder Moskau noch Peking große Bereitschaft zeigen, das „abenteuerliche Unternehmen" der Genossen in Hanoi mitzutragen, halten sich die Hilfsmaßnahmen in Grenzen, erst als die Nachfolger des gestürzten Chruschtschow Ende 1964 der DRV uneingeschränkte Unterstützung versprechen, lässt auch Mao die Grenzen öffnen und liefert Kriegsmaterial und Transportmittel.

Unter ständigem Beschuss amerikanischer B-52-Bomber bauen Soldaten und Helfer die Dschungelwege zu Lkw-Trassen mitsamt versenkbaren Brücken, unterirdischen Reparaturwerkstätten und Sanitätsstationen aus. Das Zentrale Hochland und die Ost-Provinzen von Laos werden zum Experimentierfeld amerikanischer Hochleistungstechnologien: Infrarotluftbilder und Computeranimationen messen und analysieren jeden Quadratmeter Regenwald, elektronische Sensoren melden geringste Bodenerschütterungen im Umkreis von Meilen. Von 1000 Lkw bringen weniger als die Hälfte ihre Ladung in den Süden durch, und wer nicht von Bomben zerfetzt und von Giftgasen erstickt wird, geht an Malaria, Typhus oder Cholera zugrunde.

„Die Bars von Saigon gewähren einen Einblick in die Mentalität der Stadt. Viele der Mädchen, die sehr genau wissen, wie der Vietcong über die Verbrüderung mit den Amerikanern denkt, ändern bereits ihren gewohnten Trinkspruch ‚Chin chin, auf deine Gesundheit!' in ‚Chin chin, Ho Chi Minh!'"

(Time Magazine, 8.3. 1968)

Die Tet-Offensive (1968)

Drei Jahre bereiten sich Hanoi und die Befreiungsfront auf den entscheidenden Schlag vor. Am Morgen des **31. Januar 1968,** mitten während des vietnamesischen Neujahrsfestes, greifen Truppen der FNL und der DRV

159vi

beinahe jede Provinz Südvietnams an, erobern Städte wie Hue und Quang Tri und stürmen sogar die amerikanische Botschaft in Saigon. Militärisch erweist sich die Offensive als Desaster, denn die düpierten US-Truppen legen im Kampf um die Städte auch die letzte Rücksicht ab (200.000 Tote, 2 Mio. Flüchtlinge) und notfalls ganze Orte in Schutt und Asche (wie Ben Tre, die Stadt, die man „*vernichten musste, um sie zu retten*"), sodass sich die Befreiungstruppen an allen Fronten wieder zurückziehen müssen.

Politisch aber erweist sich die Offensive als voller Erfolg. Die **amerikanische Öffentlichkeit,** von ihren Politikern und Militärs jahrelang mit überoptimistischen Berichterstattungen und getürkten „body counts" in Sicherheit gewiegt, erlebt **live und unzensiert** auf den Fernsehschirmen mit, wie ein „längst besiegter Gegner", „zahlenmäßig kaum der Rede wert" und „in den Dschungel abgedrängt", fast ohne Gegenwehr die hilflosen Regierungstruppen überrollt und den eigenen „Boys" blutige Schlachten liefert. Die **Protestkundgebungen der Kriegsgegner** werden zu Massendemonstrationen, und selbst die großen Meinungsblätter wie *Time,*

Life und *Newsweek* ergreifen Partei gegen den Krieg. Die Milliarden, die täglich wirkungslos im Dschungel verpuffen, werden zu einem ernsten Problem für die amerikanische Wirtschaft, und die Dollarkrise führt beinahe zu einem Zusammenbruch des Weltwährungssystems. Präsident *Johnson* zieht seine Nominierung für eine erneute Präsidentschaft zurück und kündigt Friedensgespräche mit Hanoi an.

Die Vietnamisierung des Krieges

Richard Nixon gewinnt **1968** die Präsidentschaftswahlen mit dem Versprechen, den Krieg zu beenden. Stattdessen sterben in den darauffolgenden drei Jahren mehr Menschen in Vietnam als je zuvor und weitet sich der Krieg auf die Nachbarländer **Kambodscha** und **Laos** aus. Der einzige Unterschied ist, dass weniger Amerikaner sterben, denn um Kosten zu senken und seinen Wählern den Anblick gefallener GIs zu ersparen, verkündet Nixon im Juli 1969 die „Vietnamisierung" des Krieges – eine zynische Umschreibung für den *Abbau* amerikanischer und die *Aufrüstung* zusätzlicher südvietnamesischer Truppen. Zählt man Polizei, Verwaltung und Milizen hinzu, steht nahezu die gesamte männliche Bevölkerung, die nicht auf Seiten des Gegners kämpft, im Sold der USA.

Mit der Eröffnung der **Pariser Friedensgespräche** im **Mai 1968** hat Hanoi einen ersten politischen Erfolg errungen, ansonsten ist die Lage verzweifelt. Häfen, Städte, Eisenbahnen und sämtliche Industrien sind zerbombt und lahmgelegt. Mehr denn je ist Hanoi auf die Hilfe der „Bruderstaaten" China und Sowjetunion angewiesen, die zur gleichen Zeit immer weiter auseinanderdriften und wechselweise mit Washington flirten. Als am 2. September 1969 **Ho Chi Minh stirbt,** der es jahrelang verstanden hatte, Hanoi aus dem wachsenden Konflikt zwischen Peking und Moskau nicht nur herauszuhalten, sondern die beiden Widersacher gegeneinander auszuspielen, scheint zumindest der Bruch mit Maos China immer unvermeidlicher.

Nach Visiten in Peking und Moskau ordnet Nixon **Ende 1972,** um sich in eine bessere Verhandlungsposition zu bringen, erneut

GI Joe in Nam

Über 3 Mio. Amerikaner dienten in Vietnam, zumeist als 18–19-jährige Wehrpflichtige oder Freiwillige. Einberufen wurden bevorzugt Arbeiter, Ungelernte, Südstaatler und Farbige (die Zahl der gefallenen Schwarzen war doppelt so hoch wie ihr Bevölkerungsanteil). Jeder GI wusste auf den Tag genau, wann er das Land wieder verlassen würde; die normale Dienstzeit (tour of duty) war auf 365 Tage beschränkt und schloss einen Erholungsurlaub (rest & recreation, im GI-Jargon: intoxication & intercourse) ein.

Entgegen dem von Hollywood vermittelten Bild war von 10 GIs nur einer aktiv „im Feld" – die übrigen neun dienten in der „Etappe", bereiteten Einsätze vor usf. Jeder Vierte nahm mehr oder minder regelmäßig Drogen (Heroin, Marihuana, Opium) zu sich. Größenwahnsinnige und rassistische Massaker an Frauen, Kindern, Greisen (My Lai!) waren zwar nicht die Regel, aber auch keine Ausnahmen.

Dank dem Einsatz von Hubschraubern und moderner Kommunikation überlebten mehr als 90 % aller Schwerverwundeten, viermal so häufig wie in jedem Krieg zuvor aber als lebenslänglich Behinderte. Hunderttausende leiden bis heute unter den Spätfolgen von Agent Orange und anderen Giftgasen.

Aufgrund des Rotationssystems kehrten die GIs, anders als die Veteranen anderer Kriege, einzeln nach Hause zurück, wo man sie entweder als Versager oder als Killer empfing. Mehr als dreimal soviele GIs als auf den Schlachtfeldern Vietnams fielen nach ihrer Rückkehr in die USA von eigener Hand.

„Wir haben den Feind getroffen/Es waren wir selbst."

(Gedicht eines Vietnamveteranen)

massive **Bombardierungen von Hanoi** an, ehe *Henry Kissinger* und *Le Duc Tho* am **27. Januar 1973** ein „Abkommen über die Beendigung des Krieges und die Wiederherstellung des Friedens in Vietnam" unterzeichnen. Das Vertragswerk, das ihren Unterzeichnern den Friedensnobelpreis einbringt (den Le Duc Tho freilich ablehnt), sieht sofortigen Waffenstillstand und den vollständigen **Rückzug der US-Truppen** vor, ist aber ansonsten vage genug gehalten, um keine der beiden Seiten vor der Weltöffentlichkeit als „Verlierer" dastehen zu lassen.

Der Fall Saigons (1975)

Als im **März 1973** die letzten US-Truppen aus Vietnam abziehen, stehen zum ersten Mal seit über 100 Jahren keine Besatzungssoldaten mehr auf vietnamesischem Boden. Als der amerikanische Senat im Jahr darauf die Militär- und Wirtschaftshilfe für Saigon drastisch kürzt (Präsident Nixon muss wegen des Watergate-Skandals zurücktreten), bricht die vom geschenkten Dollar abhängige Ökonomie des Südens zusammen. Präsident *Nguyen Van Thieu* versucht, der wachsenden Opposition mit bürgerkriegsähnlichen Säuberungsaktionen Herr zu werden, aber nicht mal seine Truppen gehorchen ihm noch, als Hanoi im **Frühjahr 1975** eine Offensive unternimmt, die ursprünglich nur dazu vorgesehen war, das morsche Regime in Saigon weiter zu destabilisieren. Zur Überraschung der „Befreier" entwickelt sich die Attacke jedoch zu einem Landrutsch. Am 26. März fällt **Hue,** am 29. **Da Nang,** am 30. April **Saigon.** In einer dramatischen Rettungsaktion verlassen die letzten Amerikaner die Stadt mit dem Hubschrauber vom Dach ihrer Botschaft.

Die Wiedervereinigung (1975/76)

Die Wiedervereinigung der beiden Vietnams kommt für alle Beteiligten nicht weniger **überraschend** (und unvorbereitet) als die der beiden deutschen Staaten 15 Jahre später, aber ansonsten könnten die Unterschiede nicht größer sein. Denn hier schluckt ein **maroder sozialistischer Staat,** zermürbt von drei aufeinanderfolgenden Kriegen, einen **noch maroderen kapitalistischen,** der schon seit langem verlernt hat, sich aus eigener Kraft am Leben zu erhalten.

Hatten sich die beiden Landesteile schon während der Kolonialzeit deutlich voneinander weg entwickelt – im Süden Plantagenwirtschaft, Handel und Markt-Ökonomie, im Norden Entwicklung von Bergbau und Schwerindustrie neben traditioneller Kleinbauern-Wirtschaft –, so erst recht während der vergangenen beiden Jahrzehnte.

Der Norden. Zentralistische Volksrepublik mit kommunistischer Einheitspartei und weitgehender, wenn auch wenig erfolgreicher Kollektivierung von Wirtschaft und Gesellschaft. Zur gleichen Zeit extrem konservativ und durchdrungen von den traditionellen konfuzianischen Elementen der bäuerlich-patriarchalischen Familie und der allumfassenden Bürokratisierung des gesamten Lebens. Antiwestlich, antikapitalistisch, isoliert und bitterarm. Praktisch alle Straßen, Brücken, Häfen, Eisenbahnlinien, Kraftwerke, Fabriken, Schulen und Hospitäler sind zerstört. Über drei Millionen Tote, Hunderttausende Kriegsinvaliden, Witwen und Waisen. *„In die Steinzeit zurückgebombt."*

Der Süden. Zu 90 % von den USA finanzierte Militärdiktatur, die selbst Reis einführen muss und in der mehr als 60 % der Bevölkerung Dienstleistungen als Schuhputzer, Kellner, Kaugummiverkäufer, Taxifahrer, Rikschakulis, Wäscherinnen oder Prostituierte verrichten. Kulturell heterogen und ohne gemeinsame Traditionen: 2,5 Mio. Anhänger von Sekten, 2 Mio. Katholiken, 1,5 Mio. Auslandchinesen. Vor dem Krieg lebten 15 % der Südvietnamesen in den Städten, bei Kriegsende waren es 65 % – in einem Land ohne Industrie. 10 Mio. Flüchtlinge, je etwa eine halbe Mio. Drogensüchtige und Geschlechtskranke, rund 2 Mio. Soldaten, Polizisten und Beamte einer faschistoiden und außer Landes geflohenen Junta. Abermillionen Hektar Acker- und Reisland wurden verwüstet, vergiftet und vergast. *„Aus dem Mittelalter ins 20. Jahrhundert katapultiert."*

Daten zur vietnamesischen Geschichte

ca. 800–300 v.u.Z.	Bronzezeit. *Dong-Son*-Kultur und Reich *Van Lang* der legendären *Hung*-Könige.
257–207 v.u.Z.	Eisenzeit. Königreich *Au Lac* mit der Hauptstadt *Co Loa.*
207	Eroberung durch *Trieu Da,* souveränes Reich *Nam Yüeh* (Nam Viet).
111 v.u.Z.	Eroberung von *Nam Viet* durch die Han-Chinesen.
111 v.–939 n.u.Z.	Vietnam ist chinesische Kolonie bzw. Provinz *Giao Chi.*
39–43 n.u.Z.	Aufstand, Herrschaft und Freitod der *Trung*-Schwestern.
939	*Ngo Quyen* besiegt die Chinesen am *Bach-Dang*-Fluss und wird erster Kaiser des unabhängigen *Dai Viet.*
1010–1225	***Ly-Dynastie.*** Blütezeit des Buddhismus und Beginn der Expansion nach Süden.
1010–1028	Kaiser *Ly Thai To* gründet die Hauptstadt *Thang Long* (Hanoi).
1054–1072	***Ly Thanh Ton*** annektiert Champa bis *Quang Tri* und lässt 1070 den Literaturtempel in Hanoi errichten.
1225–1400	*Tran-Dynastie.* Mongolen-Einfälle. Kriege gegen Champa.
1288	*Tran Hung Dao* besiegt die Mongolen am Bach-Dang-Fluss.
1408–1428	*Dai Viet* wird wieder chinesische Kolonie.
1428	*Le Loi* besiegt die Chinesen und reformiert als Kaiser *Le Thai To* (1428–1433) die konfuzianische Monarchie.
1460–1497	Höhepunkt der vietnamesischen Monarchie unter Kaiser *Le Thanh Ton.* Die Eroberung von *Vijaya* (1471) bedeutet das Ende Champas.
1535	Portugiesen landen in *Da Nang.* Erste Niederlassung in *Faifo.*
1672–1786	Teilung Dai Viets in die Fürstentümer der *Trinh* (Hanoi) und *Nguyen* (Hue).
1679	Gründung *Cholons* durch chinesische Emigranten.
1771–1802	*Tay-Son-Revolte.* Kaiser *Quang Trung* schlägt 1789 die Chinesen.
1802–1820	*Gia Long* gründet die letzte Kaiser-Dynastie mit Sitz in Hue. Das Reich heißt erstmals Viet Nam.
1820–1841	*Minh Mang* stabilisiert die konfuzianische Ordnung der Vorfahren. Kriege mit Siam um die Vorherrschaft über Kambodscha.
1847–1883	Kaiser *Tu Duc* verliert Vietnam an Frankreich.
1847/1858	Bombardierung von *Tourane* (Da Nang) durch die Franzosen.
1859	Besetzung Saigons.
1862	Abtretung von Cochinchina als französische Kolonie.
1883	Die Franzosen erklären Annam und Tonkin zu Protektoraten und etablieren 1887 die Indochinesische Union.
1890	Geburt Ho Chi Minhs.
1897–1902	Gouverneur *Paul Doumer* baut den frz. Kolonialapparat auf.
1904	Erste Widerstandsbewegung durch *Phan Boi Chau.*
1930	Gründung der KPV in Hongkong unter dem Vorsitz Ho Chi Minhs.
1940–1945	Okkupation durch Japan.
1941	Gründung des *Viet Minh* (Liga für die Unabhängigkeit Vietnams).
1945	Ho Chi Minh ruft in Hanoi die Demokratische Republik Vietnam aus.
1946–1954	Der französische Krieg *(Indochinakrieg).*
1950	Anerkennung der DRV durch Peking und Moskau und Beginn der amerikanischen Militärhilfe für Frankreich.
1954	Kapitulation von *Dien Bien Phu.* Die Genfer Konferenz trennt Vietnam in zwei Militärzonen und schreibt landesweite Wahlen vor.

	Ngo Dinh Diem bildet mit Unterstützung der USA eine Regierung in Südvietnam und verweigert die Wahlen.
1960	Gründung der FNL („Viet Cong"). Hanoi beschließt die aktive Unterstützung des Befreiungskampfes im Süden.
1963	Buddhistische Opposition in Saigon und Hue. Sturz und Ermordung Diems. Die FNL kontrolliert über 50 % des Südens.
1964	Aug.: Tonkin-Zwischenfall. Erste Bombardierungen der DRV.
1965	März: Erste reguläre US-Truppen (25.000 Marines) landen in Da Nang. Juni: General *Nguyen Van Thieu* wird Staatschef in Saigon. Aug.: Erste Einheiten der DRV greifen in Südvietnam ein. Nov.: 150.000 US-Soldaten in Vietnam.
1968	Jan.: Tet-Offensive. März: Präsident *Johnson* kündigt Pariser Friedensgespräche an (Mai). Aug.: 550.000 US-Soldaten in Vietnam.
1969	Amtsantritt *Nixons.* Ausweitung des Kriegs auf Kambodscha und Laos. Beginn des amerikanischen Truppenabbaus in Vietnam. Sept.: Tod Ho Chi Minhs.
1973	Jan.: Pariser Friedensabkommen zwischen *Le Duc Tho* und *Henry Kissinger.* April: Abzug der US-Truppen.
1975	März: Frühjahrs-Offensive der DRV. 30. April: Einnahme Saigons. Mai: Erste Kriegshandlungen der Khmer Rouge gegen Vietnam.
1976	April: Wahlen zur ersten Nationalversammlung. Juli: Offizielle Wiedervereinigung und Ausrufung der SRV.
1977	Eskalierende Grenzzwischenfälle mit Kambodscha. Sept.: Aufnahme Vietnams in die UNO.
1978	März: Verstaatlichung des privaten Handels in Südvietnam. Flucht welle von Auslands-Chinesen (Boat People). Juni: Einstellung der chinesischen Wirtschaftshilfe. Nov.: Freundschaftsvertrag mit Moskau.
1979	Jan.: Invasion Kambodschas und Sturz des *Pol-Pot*-Regimes. 17.2.–19.3.: Chinesischer Straffeldzug gegen Hanoi.
1986	Der 6. Parteitag führt Wirtschaftsreformen ein *(Doi Moi).*
1989	Rückzug Vietnams aus Kambodscha.
1990	Moskau stellt den Handel auf harte Währung um. Erste Gespräche zwischen Washington und Hanoi seit 11 Jahren.
1991	Juli: Der 7. Parteitag nimmt das Recht auf Privatbesitz in die Verfas sung auf und beschließt stärkere Trennung von Partei und Regierung. Formelle Versöhnung zwischen Peking und Hanoi. Bonn beschließt die Wiederaufnahme der Entwicklungshilfe.
1994	Februar: Präsident *Clinton* hebt das Embargo auf.
1995	Wiederaufnahme diplomatischer Beziehungen mit den USA. Voll-Mitgliedschaft im ASEAN-Bund.
1996	Mai: Der Vietnamveteran *Douglas Peterson* wird 1. Botschafter der USA in Hanoi.
1997	31.7.: *Bao Dai,* letzter Kaiser Vietnams, stirbt im Exil. Nov.: Partei- und Regierungsspitze werden verjüngt.
1999	Neues US-Generalkonsulat in Saigon eröffnet.
2001	Erstes Handelsabkommen mit den USA.
2007	Beitritt zur Welthandelsorganisation WTO

Die Sozialistische Republik (SRV)

Ursprünglich hatte man geplant, die beiden Staaten fünf Jahre lang einen selbstständigen Kurs nehmen zu lassen, aber das unvorstellbare Chaos im Süden und die Furcht vor separatistischen Tendenzen lässt Hanoi keine Wahl. Im April 1976 finden die ersten gesamtvietnamesischen Wahlen statt, im **Juli 1976,** mehr als ein Jahr nach Kriegsende, proklamiert die neugewählte Nationalversammlung die *Sozialistische Republik Vietnam (SRV)* mit der Hauptstadt Hanoi.

Verstaatlichung und Kollektivierung

Den an jahrelange Entbehrung und Disziplin ausgerichteten Kadern aus dem Norden kommt der chaotische und „lebenslustige" Süden wie ein einziger Sumpf vor, den man „austrocknen" muss, wenn man nicht in ihm versinken will. Aller Vorsätze zum Trotz gestaltet sich die Annexion des Südens wie eine **Fortsetzung des antikapitalistischen Kriegs mit anderen Mitteln.** Zwar rotten zigtausende ehemalige Beamte und Offiziere des Saigoner Regimes auf Jahre hinaus (in extremen Fällen bis zu 10 oder mehr) in sogenannten **„Umerziehungslagern"** dahin, aber ein **Blutbad,** wie im Westen allgemein vorhergesehen, findet nicht statt.

Unfähig, dem florierenden **Schwarzmarkt** und der Korruption im Süden mit bürokratischen Mitteln Herr zu werden, beschließt Hanoi im März **1978** eine **„zweite Schlacht um Saigon".** Eine überraschende **Währungsreform** und die **Enteignung** der blühenden Privat- und Spekulationswirtschaft (speziell der chinesischstämmigen Handelsbourgeoisie von Cholon) führt zu einem Exodus Hunderttausender, die in der **Flucht übers Meer** *(Boat People)* die einzige Möglichkeit sehen, ihre in Gold und Devisen angelegten Vermögen aus der Kriegswirtschaft zu retten. Das durch den Zusammenbruch der Privatwirtschaft entstandene Vakuum und die realsozialistische Dreieinigkeit aus Inkompetenz, Korruption und Bürokratismus schaffen in dem von jahrelangen Kriegen geschundenen Land ein **Chaos** ohnegleichen. Das ohnehin arme Vietnam wird zu einem der ärmsten Länder der Welt.

Erst der Parteitag vom Dezember **1986** leitet fällige **Reformen** ein. *Nguyen Van Linh,* acht Jahre zuvor für „den Fehlschlag der Sozialisierung Saigons" noch degradiert, wird Generalsekretär und verkündet **Doi Moi,** die „Erneuerung"; *Vo Van Kiet,* der erste sozialistische Bürgermeister Saigons, wird Planungsminister und 1991 zum Ministerpräsidenten ernannt. Im gleichen Jahr wird der Privatbesitz erstmals verfassungsrechtlich garantiert.

Boykott und Isolation (1975–1990)

„Die Regierung der Vereinigten Staaten wird zum Wiederaufbau Nordvietnams ohne jede politische Vorbedingung ihren Beitrag leisten."

(Richard Nixon am 1.2.1973)

Alle Bemühungen um Zusammenarbeit mit dem Westen scheitern am Veto der USA, die **1975** das gegen Nordvietnam verhängte **Embargo** auf ganz Vietnam ausdehnen und das ausgepowerte Land zwischen die **machtpolitischen Mühlsteine** der „Brudermächte" China und Sowjetunion treiben. Dank des amerikanischen Boykotts sind selbst humanitäre Maßnahmen und Hilfeleistungen von Seiten westlicher Staaten verpönt.

Die vietnamesische Führung unter Ministerpräsident *Pham Van Dong* sucht aus Rücksicht auf den Westen und um Peking nicht unnötig zu provozieren, eine einseitige Bindung an Moskau um jeden Preis zu vermeiden. Doch die Wut der Chinesen auf die „revisionistischen Verräter in Hanoi", die Maos *Kulturrevolution* eine deutliche Absage erteilt und sich angeblich „Moskau an den Hals geworfen" hatten, kennt keine Grenzen. Ende **1978** nimmt **Peking,** das sich von Hanoi und Moskau zunehmend „eingekreist" fühlt, die Enteignung der Auslandschinesen zum Vorwand, die **Beziehungen zu Vietnam abzubrechen.** Im November 1978, nach einem erneuten Scheitern aller Verhandlungen mit Washington, schließt die SRV einen offiziellen **Freundschaftsvertrag mit der Sowjetunion.**

Der Kambodschanische Krieg

Als 1975 die von Peking geförderten ultranationalistischen **Khmer Rouge** *Pol Pots* in Phnom Penh an die Macht gelangen, kommt es zum tödlichen Konflikt. Mit der gleichen Skrupellosigkeit und Brutalität, mit der sie ihr Land in einen steinzeitlichen Agrarkommunismus treiben, dem 2 Mio. ihrer Landsleute zum Opfer fallen, säubern sie ihr *Kampuchea* von Vietnamesen und „provietnamesischen Elementen" und verüben gezielte Grenzübergriffe gegen Vietnam, die sich mit Unterstützung Chinas zu regelrechten Kriegshandlungen und Massakern ausweiten.

Im **Januar 1979** fallen **vietnamesische Truppen** in Kambodscha ein, **befreien Phnom Penh** und etablieren eine neue, provietnamesische Marionettenregierung. Die ungeschminkte Wahrheit über die *Khmer Rouge* und die *Killing Fields*, die auf diese Weise ans Licht kommt, entsetzt die Welt – aber natürlich nimmt Hanoi niemand ab, es sei etwa aus „humanitären" Gründen in Kambodscha einmarschiert.

Chinesische „Strafaktion". Die günstige Gelegenheit, dem „undankbaren" Vietnam vor aller Weltöffentlichkeit „eine Lektion zu erteilen", lässt Peking sich nicht entgehen. Von *Deng Xiaoping* US-Präsident *Carter* zuvor vertraulich als „zeitlich begrenzte Strafaktion" angekündigt, überschreiten am **17. 2. 1979** 100.000 chinesische Soldaten die Grenze. Der 16-tägige „pädagogische" Krieg, der Vietnams maroder Wirtschaft den Todesstoß versetzen und Hanoi zum Rückzug aus Kambodscha zwingen soll, zerstört allerdings nur Vietnams nördliche Grenzprovinzen.

Der **Feldzug in Kambodscha** gestaltet sich zäh. In einer ironischen Umkehrung der Rolle, die die Amerikaner in Vietnam gespielt hatten, mühen sich die Vietnamesen jahrelang vergeblich ab, die Dschungelpartisanen der Khmer Rouge mit ihrer überlegenen Armee auszuschalten und das Marionettenregime von Phnom Penh der Weltöffentlichkeit als rechtens anzudienen. **1985** kündigt Hanoi unter dem Druck des Westens und der immer prekärer werdenden wirtschaftlichen und militärischen Probleme den **Abzug** seiner Truppen bis **Ende 1989** an. Im Sommer darauf distanziert sich die amerikanische Regierung unter *George Bush* erstmals von den Massenmördern um Pol Pot und führt zum ersten Mal seit über 10 Jahren wieder Gespräche mit Vietnam.

(Weiteres zur politischen Entwicklung siehe unter „*Aktuelle Politik*".)

Staat und Verwaltung

In Vietnam herrscht die Partei, nicht die Regierung. Diese soll lediglich die Vorgaben der Partei in praktische Arbeit umsetzen. Die Partei wird weder durch eine Opposition noch durch eine unabhängige Presse überwacht – gemessen wird sie in der Praxis einzig am Wirtschaftswachstum, das sie zustande bringt. Von der Entwicklung der Wirtschaft hängt nicht nur die gesellschaftliche Stabilität ab, sondern letztlich auch das Überleben der Partei, die ihr Land mit wachsendem Wohlstand zufrieden (und ruhig) stellen muss.

Die **Sozialistische Republik Vietnam** (SRV) ging im Juli 1976 aus der Vereinigung der Demokratischen Republik Vietnam (DRV, Nordvietnam) mit der von den USA ins Leben gerufenen Republik Südvietnam hervor.

Die Kommunistische Partei

Durch ihre **historische Verwurzelung** unterscheidet sich die KPV grundlegend von den ehemaligen „Bruderparteien" des Ostblocks. Das sozialistische Regime kam in Vietnam weder durch einen militärischen Umsturz noch durch einen von außen gesteuerten Coup an die Macht, sondern durch den Kampf um nationale Unabhängigkeit. Zudem ist die **Führung** der KPV im Unterschied zu anderen kommunistischen Parteien traditionell **kollektiv** angelegt. Das Kollektiv verhindert das Machtmonopol Einzelner - nicht einmal Ho Chi Minh verfügte je über uneingeschränkte Macht - und macht vietnamesische Politik vergleichsweise **berechenbar** - dramatische Säuberungsaktionen und abrupte Kurswechsel à la Beijing hat es in Hanoi nie gegeben -, fördert allerdings auch **Kompromisslösungen** und eine gewisse Unbeweglichkeit.

Ho Chi Minh-„Altar“

020vi Foto: kb

Der Führungsanspruch der Partei ist seit 1980 in der Verfassung festgeschrieben. Beschlüsse ihrer höchsten Instanz, des Politbüros, besitzen Gesetzeskraft bzw. können Gesetze außer Kraft setzen.

Geschichte

Die KPV *(Dang Cong San Viet Nam)* wird im **Februar 1930** in **Hongkong** unter dem Vorsitz von Ho Chi Minh als Widerstandsorganisation gegen den französischen Kolonialismus gegründet. Von einem „Siegeszug“ der Kommunisten kann mehr als 10 Jahre lang keine Rede sein, im Gegenteil, konkurrierende Gruppen und Organisationen werfen den „moskauhörigen“ Genossen nationale Defizite und mangelnden Aktionismus vor. Trotzdem werden die Kommunisten mehr als alle anderen Widerstandsgruppen von der französischen Geheimpolizei verfolgt; zeitweise sitzt fast die gesamte Führungsspitze der Partei auf der KZ-Insel Poulo Condore ein, die Generalsekretäre Tran Phu und Le Hong Phong werden hingerichtet bzw. ermordet.

Erst der Ausbruch des Zweiten Weltkriegs und die japanische Besetzung spülen die Kommunisten an die Front. Unter der Führung Ho Chi Minhs, der Anfang 1941 nach 30-jährigem Exil in die Heimat zurückkehrt, ruft die KP zu einer **nationalen Widerstandsfront** auf *(Viet Minh)*, die unter Leitung der Kommunisten die Unabhängigkeit erringt.

Am **2. September 1945** proklamiert Ho Chi Minh die Demokratische Republik Vietnam (DRV) und löst aus taktischen Gründen kurz darauf die KP auf, ehe sie 1951 als Lao Dong (Partei der Werktätigen) wiederaufersteht. Unter dem Namen Lao Dong regieren die Kommunisten ab 1954 die Demokratische Republik Vietnam und unterstützen ab 1960 die Nationale Befreiungsfront in Südvietnam. Als KP fungiert die Partei offiziell erst wieder seit der Wiedervereinigung Vietnams 1976.

Struktur. Die Mitgliederzahl der KPV betrug nach offiziellen Angaben 2006 3,1 Mio. Höchste Instanz ist der **Parteitag,** der in der Regel alle 5 Jahre zusammentritt. Das **Zen-**

tralkomitee als höchstes Machtorgan zwischen den Parteitagen tritt ein- bis zweimal im Jahr zusammen und beruft als sein ständiges Verwaltungsorgan ein neunköpfiges Sekretariat, dem ein **Generalsekretär** vorsteht, und ein 13-köpfiges **Politbüro,** die mächtigste Institution der Partei.

Der alle 5 Jahre stattfindende Parteitag ratifiziert letztlich nur, was zuvor in monatelangen Debatten und Diskussionen zwischen Distrikts- und Provinzkongressen, Politbüro und ZK ausgehandelt wurde. Die nach außen hin „einhelligen" Beschlüsse stellen lediglich Kompromisse dar, denen oft heftige Fehden und Fraktionsstreitigkeiten vorangegangen sein können. Ähnlich wie sich in den 1950er und 1960er Jahren Anhänger der Moskauer und der Pekinger Linie gegenüberstanden, so heute „Reformer", die auf eine möglichst rasche Liberalisierung (zumindest der Wirtschaft) drängen, und „Dogmatiker", die aus Furcht vor sozialen und politischen Veränderungen die Entwicklung zu bremsen suchen und weiterhin auf die „Überlegenheit des Sozialismus" setzen.

Verfassung

Die erste Verfassung des wiedervereinigten Vietnam (1980) verankerte die Führungsrolle der KP konstitutionell und unterschied sich darin grundsätzlich von den von Ho Chi Minh verfassten bzw. mitverantworteten von 1946 und 1959. Ungewöhnlich für einen sozialistischen Staat (und im krassen Gegensatz z.B. zu China), dass ausdrücklich die Familie als Urzelle der Gesellschaft bezeichnet wurde.

Die letztgültige Verfassung (1992/94) stärkt die Rechte von Regierung, Parlament und Gesetzgebung und führt zu einer stärkeren Trennung von Partei und Staat (u.a. können auch Nicht-Parteimitglieder der Regierung angehören), hält aber allen Bekenntnissen zur Marktwirtschaft zum Trotz am sozialistischen Weg (Machtmonopol der KP) fest.

Erstmals wird Privateigentum geschützt und jedermann das Recht zugestanden, private Geschäfte zu betreiben und Produktionsmittel zu besitzen. Grund und Boden bleiben grundsätzlich im Staatsbesitz, können jetzt aber langfristig gepachtet werden. Nicht mehr garantiert wird im Zeitalter des „sozialistischen Kapitalismus" das Grundrecht auf Arbeit, Unterkunft, Bildung und ärztliche Versorgung.

Nationalversammlung

Die Nationalversammlung wählt alle 5 Jahre den **Präsidenten** und beruft den 15-köpfigen **Staatsrat,** der praktisch eine Art „kollektiver Präsidentschaft" ausübt, internationale Verträge ratifiziert usf., sowie das eigentliche Regierungsorgan, den Ministerrat.

Die **Kandidaten der Nationalversammlung** werden von den Massenorganisationen der Provinzen und Stadtstaaten (Gewerkschaften, Jugendorganisationen usf.) aufgestellt und stellen sich „freien Wahlen". Die Abgeordneten repräsentieren theoretisch die ganze Bandbreite der Gesellschaft, doch wie auch in westlichen Parlamenten dominieren Beamte, Angestellte, Intellektuelle. Im Zeichen der **Wirtschaftsreformen** hat die Zahl der Kader (Vollzeit-Parteiarbeiter) kontinuierlich abgenommen, dafür aber auch die der Frauen und ethnischen Minderheiten.

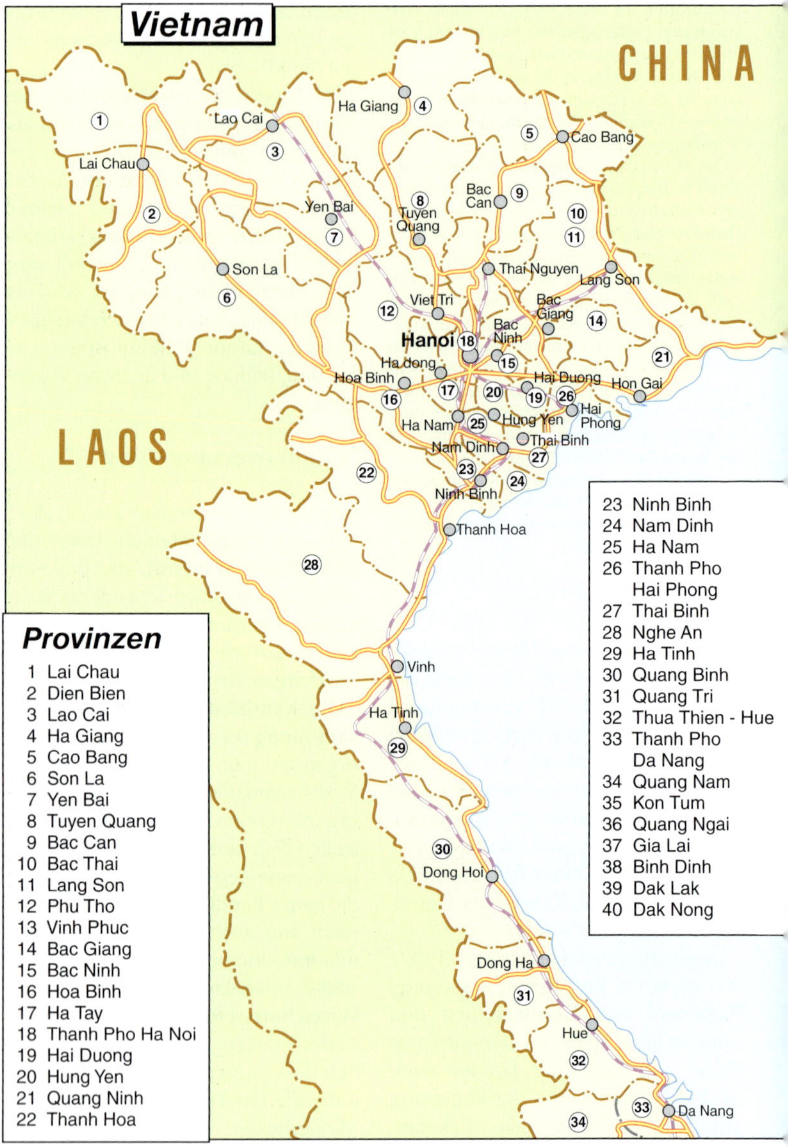
Vietnam
CHINA
LAOS
Lai Chau
Lao Cai
Ha Giang
Cao Bang
Bac Can
Yen Bai
Tuyen Quang
Son La
Thai Nguyen
Lang Son
Viet Tri
Bac Giang
Bac Ninh
Hanoi
Ha dong
Hoa Binh
Hai Duong
Hon Gai
Ha Nam
Hung Yen
Hai Phong
Thai Binh
Nam Dinh
Ninh Binh
Thanh Hoa
Vinh
Ha Tinh
Dong Hoi
Dong Ha
Hue
Da Nang
Provinzen
1 Lai Chau
2 Dien Bien
3 Lao Cai
4 Ha Giang
5 Cao Bang
6 Son La
7 Yen Bai
8 Tuyen Quang
9 Bac Can
10 Bac Thai
11 Lang Son
12 Phu Tho
13 Vinh Phuc
14 Bac Giang
15 Bac Ninh
16 Hoa Binh
17 Ha Tay
18 Thanh Pho Ha Noi
19 Hai Duong
20 Hung Yen
21 Quang Ninh
22 Thanh Hoa
23 Ninh Binh
24 Nam Dinh
25 Ha Nam
26 Thanh Pho Hai Phong
27 Thai Binh
28 Nghe An
29 Ha Tinh
30 Quang Binh
31 Quang Tri
32 Thua Thien - Hue
33 Thanh Pho Da Nang
34 Quang Nam
35 Kon Tum
36 Quang Ngai
37 Gia Lai
38 Binh Dinh
39 Dak Lak
40 Dak Nong

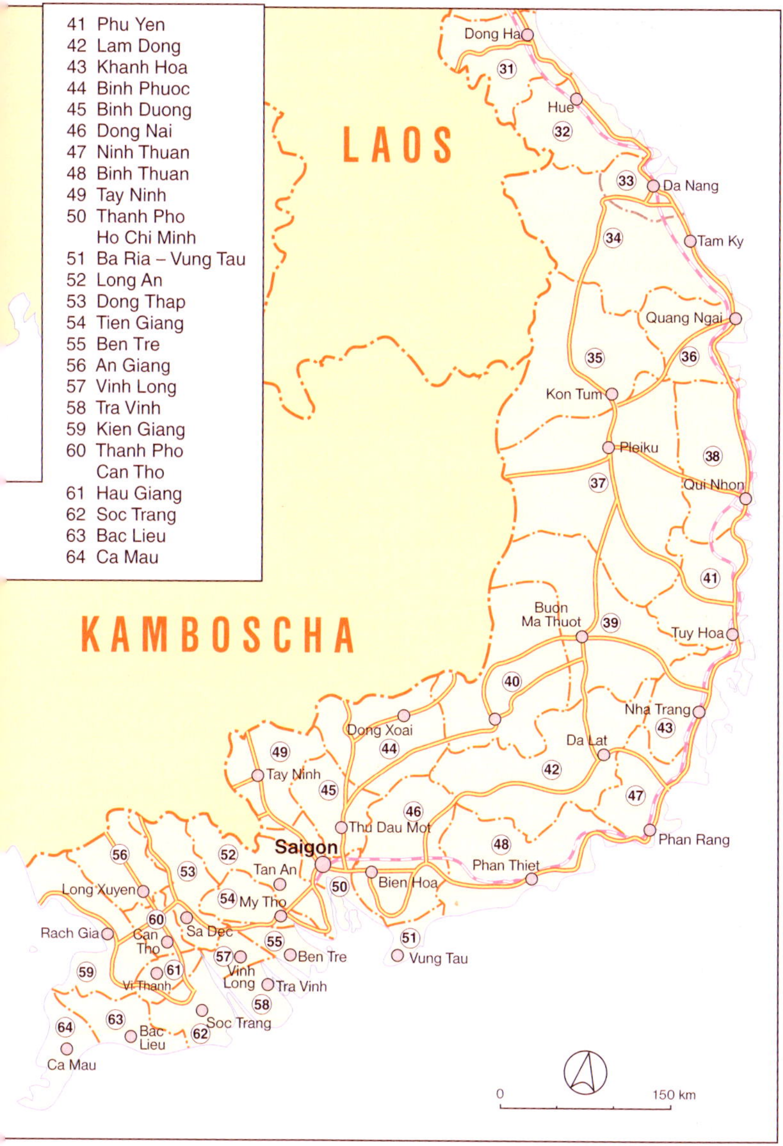
41 Phu Yen
42 Lam Dong
43 Khanh Hoa
44 Binh Phuoc
45 Binh Duong
46 Dong Nai
47 Ninh Thuan
48 Binh Thuan
49 Tay Ninh
50 Thanh Pho Ho Chi Minh
51 Ba Ria – Vung Tau
52 Long An
53 Dong Thap
54 Tien Giang
55 Ben Tre
56 An Giang
57 Vinh Long
58 Tra Vinh
59 Kien Giang
60 Thanh Pho Can Tho
61 Hau Giang
62 Soc Trang
63 Bac Lieu
64 Ca Mau
LAOS
KAMBOSCHA
Dong Ha
Hue
Da Nang
Tam Ky
Quang Ngai
Kon Tum
Pleiku
Qui Nhon
Buon Ma Thuot
Tuy Hoa
Nha Trang
Da Lat
Dong Xoai
Tay Ninh
Thu Dau Mot
Phan Rang
Saigon
Tan An
Phan Thiet
Bien Hoa
My Tho
Long Xuyen
Rach Gia
Can Tho
Sa Dec
Ben Tre
Vung Tau
Vinh Long
Tra Vinh
Vi Thanh
Soc Trang
Bac Lieu
Ca Mau
31 32 33 34 35 36 37 38 39 40 41 42 43 44 45 46 47 48 49 50 51 52 53 54 55 56 57 58 59 60 61 62 63 64
0
150 km

Regierung

Der **Ministerrat** entspricht in Aufgaben und Befugnissen einer westlichen Regierung und setzt sich aus dem Premierminister, seinen Stellvertetern und den Fachministern zusammen; über Ministerrang verfügen auch der Direktor der Staatsbank, der Oberbefehlshaber der Streitkräfte und der Oberste Richter. Häufige Personalwechsel sind Folge des waltenden „Kompromiss-Prinzips", das ungeachtet ihrer Kompetenz immer wieder „verdiente Genossen" und bloße Repräsentanten in höchste Ämter und „Beraterposten" hievt.

Ministerpräsident ist seit 2006 *Nguyen Tan Dung* (Jhg. 1948). **Generalsekretär** der KPV ist seit 2001 der gemäßigte Liberale *Nong Duc Manh* (Jhg. 1940), der erste Angehörige einer ethnischen Minderheit (Tay) auf einem Spitzenposten der Partei.

Massenorganisationen

Laut sozialistischer Doktrin ist jedermann, ob Bauer, Arbeiter, Schriftsteller, Mann oder Frau, „automatisch" einer Organisation zugehörig. Schirmherr aller Organisationen ist die **Vaterländische Front.** Gewerkschaften und Jugendorganisationen fungieren als PR-Agenten der Partei und „langer Arm" des Staates, erfüllen aber auch die gleichen Zwecke wie Interessenvertretungen und Berufsverbände in westlichen Gesellschaften. So hat die 1930 gegründete **Frauen-Union** im Lauf der Zeit durchaus Rechte erkämpft, die auch im Westen keineswegs selbstverständlich sind (Urlaubsanspruch, Krankengeld, Kindergartenplatz, Schwangerschaftsurlaub, Anrecht auf Weiterbildung, Anrecht auf Weiterbildung usf.). Dass diese Rechte aufgrund von Kriegs- oder Misswirtschaft oft nicht wahrgenommen werden können, steht auf einem anderen Blatt.

Verwaltung

Immer neue Gebietsreformen haben seit 1991 mehr als ein Dutzend neue Provinzen sowie fünf Stadtstaaten (Hanoi, Ho Chi Minh, Haiphong, Da Nang, und Can Tho) entstehen lassen. Die Provinzverwaltungen und Volkskomitees der Städte sind angehalten, eigenverantwortlich auf Gewinn und Verlust zu wirtschaften, was einerseits einen erheblichen Zuwachs an Autonomie und Handlungsfreiheit mit sich bringt, andererseits aber regionale Ungleichheiten verschärft. Relativ eigenständigen, „unternehmerischen" Provinzen, die zudem von ausländischen Investitionen profitieren, stehen relativ unbewegliche, auf Direktiven der Zentralmacht wartende oder auch schlichtweg korrupte Provinzen gegenüber.

Die Provinzen Vietnams und ihre Hauptstädte

Die Liste entspricht dem Stand Anfang 2008. In der rechten Spalte steht der Name der Provinzhauptstadt. Im Laufe des Jahres 2008 sollen Provinzen im Umland von Hanoi aufgelöst und dem Stadtstaat Hanoi zugeordnet werden.

Mekong-Delta	
Tien Giang	My Tho
Thanh Pho Can Tho	Stadtstaat
Hau Giang	Vi Thanh
Soc Trang	Soc Trang
Kien Giang	Rach Gia
An Giang	Long Xuyen
Vinh Long	Vinh Long
Tra Vinh	Tra Vinh
Ben Tre	Ben Tre
Ca Mau	Ca Mau
Bac Lieu	Bac Lieu
Dong Thap	Sa Dec

Süden	
Long An	Tan An
Thanh Pho Ho Chi Minh (inkl. Saigon, Cho Lon)	Stadtstaat
Dong Nai	Bien Hoa
Ba Ria – Vung Tau	Vung Tau
Tay Ninh	Tay Ninh
Binh Duong	Thu Dau Mot
Binh Phuoc	Dong Xoai

Zentrales Hochland	
Lam Dong	Da Lat
Dak Lak	Buon Ma Thuot
Dak Nong	Gia Nghia
Gia Lai	Pleiku
Kon Tum	Kon Tum

Südliche Zentralküste	
Binh Thuan	Phan Thiet
Ninh Thuan	Phan Rang
Khanh Hoa	Nha Trang
Phu Yen	Tuy Hoa
Binh Dinh	Qui Nhon
Quang Ngai	Quang Ngai
Thanh Pho Da Nang	Stadtstaat
Quang Nam	Tam Ky

Nördliche Zentralküste	
Thua Thien – Hue	Hue
Quang Tri	Dong Ha
Quang Binh	Dong Hoi
Ha Tinh	Ha Tinh
Nghe An	Vinh

Delta des Roten Flusses	
Thanh Hoa	Thanh Hoa
Nam Dinh	Nam Dinh
Ha Nam	Ha Nam
Ninh Binh	Ninh Binh
Thai Binh	Thai Binh
Ha Tay	Ha Dong
Thanh Pho Ha Noi	Stadtstaat
Phu Tho	Viet Tri
Vinh Phuc	Vinh Yen
Bac Giang	Bac Giang
Bac Ninh	Bac Ninh
Hai Duong	Hai Duong
Hung Yen	Hung Yen
Thanh Pho Haiphong	Stadtstaat

Bergland des Nordens	
Quang Ninh	Hong Gai
Lang Son	Lang Son
Bac Thai	Thai Nguyen
Bac Can	Bac Can
Cao Bang	Cao Bang
Ha Giang	Ha Giang
Tuyen Quang	Tuyen Quang
Yen Bai	Yen Bai
Lao Cai	Lao Cai
Dien Bien	Dien Bien Phu
Lai Chau	Lai Chau
Son La	Son La
Hoa Binh	Hoa Binh

Die Provinzen *(thinh)* sind unterteilt in Distrikte *(huyen)* und Kommunen (Dörfer/Städte), die von ihren jeweiligen Volkskomitees verwaltet werden.

Aktuelle Politik

Mit dem Kommunismus in Vietnam verhält es sich wie mit dem einbalsamierten Ho Chi Minh: ein Leichnam mit deutlich sichtbarem Verfallsdatum, öffentlich zur Schau gestellt, damit die Massen ergriffen vorbei defilieren. Um Ideologien – oder gar Weltanschauungen – geht es längst nicht mehr, sondern einzig um Gesten der Loyalität und Unterwerfung. Vietnam ist ein **autoritärer,** wenn auch **kein totalitärer Staat.**

Doi Moi

Doi Moi (Erneuerung) wurde 1986 als vietnamesisches Pendant zur sowjetischen Perestroika ins Leben gerufen. Doi Moi setzte zwar radikal auf ökonomische Reformen - Übergang von der Plan- zur Marktwirtschaft - und konsequente Öffnung zum Westen - politisch wie wirtschaftlich -, suchte aber zur gleichen Zeit das sozialistische Modell und die Macht der Kommunistischen Partei zu zementieren.

Die Liberalisierung der Wirtschaft - Privatisierung der Landwirtschaft, Förderung des privaten Unternehmertums, Öffnung für ausländische Investitionen - zeitigte binnen verblüffend kurzer Zeit ökonomische Erfolge. Gleichzeitig trieben viele der nicht mehr subventionierten Staatsbetriebe und staatlichen Einrichtungen - inkl. Erziehung und Gesundheit! - in den Bankrott und wurden Kräfte und Mechanismen freigesetzt, die zunehmend die innere Stabilität gefährdeten.

Partei und Regierung sagten dem Wildwuchs der beiden konkurrierenden, miteinander aber unvereinbaren Systeme Sozialismus und Marktwirtschaft (Wucher, Schmuggel, Korruption, Kriminalität etc.) zwar von Anfang an den Kampf an, können sich aber über deren Ursache - zu viele oder noch zu wenig Reformen? - bis heute nicht einig werden.

Vietnams Revolutionäre wurden vor Jahrzehnten Kommunisten weniger aus ideologischer Erleuchtung - was gerade auch für Ho Chi Minh gilt -, sondern aus Verzweiflung über das Elend ihres Landes, an dem sie dem Kolonialismus die Hauptschuld gaben. Sie sahen im Kommunismus das beste (ja einzige) Instrument, die französischen Kolonialherren zu vertreiben und Vietnam unabhängig, respektiert und wohlhabend zu machen. Das sind zwar die gleichen Ziele wie heute. Aber die neue Zeit verlangt eigentlich neue Instrumente.

Im Alltag hat sich vieles, ja fast alles verändert - an den grundlegenden Koordinaten der vietnamesischen Politik jedoch fast nichts. Pluralismus und Demokratie nach westlichem Muster werden nach wie vor strikt abgelehnt - wer auch nur die leisesten Forderungen danach stellt, muss noch heute mit seiner Verhaftung rechnen. Zumal die Ereignisse in der ehemaligen Sowjetunion gelten als warnendes Beispiel für die Uneffektivität und Anarchie von Demokratisierungstendenzen. Am ehesten könnte man sich noch an dem **Modell Singapur** erwärmen, einem System mit vergleichsweise Rechtssicherheit und freien Wahlen, aber dominierender Partei und autoritärem Regierungschef.

Außenpolitik

Das **Ende der Isolation** (US-Embargo) zeichnete sich 1989 ab, war angesichts des Zusammenbruchs des sozialistischen Lagers allerdings auch eine Frage des puren Überlebens. Den ersten notwendigen Schritt, den Rückzug aus Kambodscha, erbrachte man Ende 1989. Bereits im Jahr darauf waren Taiwan, Hongkong, Südkorea und Japan (anstatt Russland) die wichtigsten Handelspartner, und nahmen Länder wie Italien und Frankreich wieder **Entwicklungshilfe** und wirtschaftliche

Zusammenarbeit auf. Ende 1991 folgte auch Deutschland. Trotz des Entfalls der sowjetischen Hilfe und der Fortsetzung des US-Embargo konnte Vietnam bereits 1992 sein Bruttosozialprodukt um über 5 % steigern.

1992 schloss man mit dem bis dato strikt antikommunistischen **ASEAN**-Bund einen Freundschaftsvertrag, der schon drei Jahre später in die Vollmitgliedschaft mündete.

Schritt um Schritt wurden auch die Differenzen mit **China** beigelegt. Ende 1992 besuchte zum ersten Mal seit 20 Jahren ein chinesisches Staatsoberhaupt Hanoi *(Li Peng)*. Bereits im Jahr zuvor waren die seit 1979 geschlossenen Grenzen wieder geöffnet worden.

Den endgültigen **Durchbruch** schaffte Vietnam 1993, als nacheinander Weltbank, Internationaler Währungsfonds (IWF) und Asiatische Entwicklungsbank erstmals seit 1979 wieder Kredite bewilligten und umfangreiche Schuldentilgungen ermöglichten. Nachdem die USA kein Veto gegen die Hilfe für den einstigen Kriegsgegner eingelegt hatten, war es nur eine Frage der Zeit, bis das 1964 gegen Nordvietnam verhängte (und 1975 auf ganz Vietnam ausgeweitete) Embargo Washingtons fallen würde. Im Februar 1994 verkündete Präsident Clinton das **Ende der Blockade.** Seit 1996 gibt es wieder eine US-Botschaft in Vietnam, und 2001 wurde das erste Handelsabkommen zwischen beiden Ländern ratifiziert, das die Zölle vietnamesischer Ausfuhren in die USA von rund 40 auf 4 % reduzierte und als erster Schritt zur Aufnahme Vietnams in die WTO *(World Trade Organisation)* gewertet werden konnte.

Vietnam und Deutschland

„Die Soldaten, die in Indochina Blut und Leben lassen, tun dies nicht bloß für Frankreich allein, sondern im Dienste der Freiheit der ganzen Welt."

(**Konrad Adenauer,** 1954)

„Es ist selbstverständlich, dass wir in dem harten Kampf, in dem Amerika steht, um in Vietnam die Freiheit zu verteidigen, uns angesprochen fühlen müssen. Denn wehe, wenn die Vereinigten Staaten dort versagen würden, dann frage ich Sie: Wie steht es um die Sicherheit Berlins und um die Sicherheit Europas?"

(**Ludwig Erhard,** 1966)

„Wir sind darauf vorbereitet, in beiden Teilen Vietnams gemeinsam mit anderen beim Aufbau dieses gequälten und verwüsteten Landes zu helfen, wenn endlich die Waffen schweigen."

(**Willy Brandt,** 1973)

Nur wenige Ereignisse der Nachkriegszeit haben das Bewusstsein vieler Deutscher so geprägt – aber auch so gespalten – wie die Kriege im fernen „Indochina". Während die DDR noch in ihrem Gründungsjahr (1949) diplomatische Beziehungen zur DRV aufnahm, wurde das Vietnambild im Westen jahrzehntelang von der Phrase der „Verteidigung Berlins am Mekong" bestimmt. Mehr als 100.000 deutsche Fremdenlegionäre (manche sprechen von bis zu 200.000) standen Anfang der 1950er Jahre „im Dienste der Freiheit", über 3000 fielen allein in Dien Bien Phu. Und als die weltweiten Proteste und Demonstrationen gegen die „Friedenspolitik" der USA in Vietnam 1967 auch Berlin und München erreichten, ging ein weiteres Mal ein tiefer Riss durch die (west)deutsche Öffentlichkeit.

Im **April 1991** bezogen die diplomatischen Vertreter der BRD (seit 1976 in Hanoi) die Villen der ehemaligen DDR-Botschaft (seit 1949 in Hanoi), und noch im gleichen Jahr wurden die nach 1979 eingefrorene **Entwick-**

Das Embargo

Das US-Embargo stellte jegliche politische oder wirtschaftliche Unterstützung Vietnams unter Strafe (Trading with the Enemy Act). Anders als die USA hatten die meisten westlichen Staaten nach 1975 zwar diplomatische Beziehungen zur SRV aufgenommen, schlossen sich nach dem Einmarsch Vietnams in Kambodscha aber dem Boykott an. Von 1979 bis 1989 besaß das vom Krieg verwüstete Vietnam weder Zugang zu modernen Technologien noch zu Krediten von Weltbank oder IWF und wurde zu einem der isoliertesten Staaten der Welt.

Auch als die meisten Staaten das Embargo nach dem Rückzug der Vietnamesen aus Kambodscha aufhoben oder lockerten, zögerte Washington die Entspannung trotz aller von Hanoi erfüllten Bedingungen weiter hinaus. Erst Präsident Bushs Stoßseufzer nach dem ersten Golfkrieg („Bei Gott, jetzt haben wir das Vietnam-Syndrom überwunden!") ließ erstmals hoffen. Am 3. Februar 1994 - nach einer Reihe großangelegter Suchaktionen beider Länder nach amerikanischen Toten und Vermissten auf vietnamesischem Boden und nicht zuletzt auf Drängen der großen US-Firmen - fiel das Embargo. Von den Vietnamesen wurde die längst überfällige Entscheidung aufrichtig begrüßt, doch von Euphorie konnte nach so langer Zeit keine Rede sein.

lungshilfe und **wirtschaftliche Zusammenarbeit** wieder aufgenommen. Mit (allerdings großem) Abstand nach Japan und Frankreich ist Deutschland heute der drittgrößte Geldgeber. Seit 1991 wurden über 700 Mio. Euro bewilligt, die in erster Linie zur Armutsbekämpfung (Beratung, Ausbildung, Kredite usf.) sowie zum Aufbau von Marktwirtschaft und Gesundheitsvorsorge bereit gestellt wurden.

Rund 100.000 Vietnamesen, die in der ehemaligen DDR gearbeitet haben oder dort zur Ausbildung waren, bilden heute eine - in Asien einzigartige - Brücke zwischen Deutschland und Vietnam.

Die DDR hatte in Vietnam zwischen 1980 und 1988 rund 1 Mrd. Ostmark Entwicklungshilfe geleistet, die außer in Wiederaufbaumaßnahmen, Krankenhäuser, technische Werkstätten etc. vor allem in Plantagen floss (Kautschuk, Kaffee, Tee, Pfeffer), deren Produkte für den Export in die DDR bestimmt waren. Im gleichen Zeitraum kamen mehr als 200.000 Vietnamesen als „Gastarbeiter" in die DDR und wurden zeitweise bis zu 80 % aller ins Ausland entsandten vietnamesischen Physiker, Techniker, Ingenieure, Ärzte und Wissenschaftler dort ausgebildet.

Wirtschaftliche Beziehungen

Die Lufthansa war (nach der Air France) die erste nichtasiatische Gesellschaft, die Vietnam wieder anflog (1990). Siemens engagierte sich frühzeitig in der Telekommunikation und wird demnächst die erste U-Bahn des Landes bauen (ab 2010 in Saigon). Seit 1994/95 rollen bei Hanoi BMW und bei Saigon (eingeweiht von Helmut Kohl) Mercedes vom Band. Büstenhalter, Rucksäcke, Trachtenjanker, Turnschuhe (Triumph, Quelle, Steilmann, Adidas), Banken, Speditionen und Handelsriesen (Metro) bilden weitere prominente Vorreiter der deutsch-vietnamesischen Freundschaft.

Obwohl bereits über 250 deutsche Firmen und Organisationen ständige Repräsentanzen in Vietnam unterhalten, rangiert die BRD unter den ausländischen Investoren nach wie vor nur unter ferner liefen. Anders sieht es dagegen beim Handel aus, zu dessen guter Position nicht zuletzt die zahlreichen Fachkräfte, die in der früheren DDR studiert oder gearbeitet haben, beitrugen. 2006 beliefen sich die deutschen Exporte auf 790 Mio. Euro, und die Einfuhren aus Vietnam auf 2,5 Mrd. (lediglich die USA, Japan und Australien nahmen mehr vietnamesische Waren ab).

Die wichtigsten Exportgüter aus Vietnam sind neben Schuhen und Textilien Kaffee, Fischereiprodukte und Keramikwaren, Hauptimportgüter aus Deutschland sind Maschinen, Kraftfahrzeuge, chemische und pharmazeutische Produkte sowie Messgeräte, Spezialgarne usf.

Innenpolitik

Vietnams Innenpolitik ist **Kader-Kapitalismus plus Bürokratie** – der Rest ist Schweigen (sprich Zensur). Der einst so hoch gehaltene Kommunismus ist zum **Konsumismus** verkommen (alle Macht dem Bruttosozialprodukt, Bangkok statt Marx und Coke statt Lenin). Menschen- und Bürgerrechte werden mit Füßen getreten. Die **Korruption** wuchert überall, weil die Partei sich weder einer unabhängigen Justiz noch einer unabhängigen Presse aussetzen will (auf dem Korruptionsindex von Transparency International belegt Vietnam Rang 85 unter 102 Nationen, in der Region schneidet nur Indonesien schlechter ab). Die Gemeinschaft der Gleichen (wenn auch nur „gleich Armen") ist innerhalb weniger Jahre zerfallen und die **Kluft zwischen Arm und Reich** wächst rapide weiter, auch oder gerade wegen der unseligen Allianz von Parteikadern und Neureichen, die unverfroren dem Kapitalismus frönen, aber keinesfalls einem fairen und freien Markt. Der zum Scheitern verurteilte Balanceakt zwischen liberalen Wirtschaftsreformen und dem absoluten Herrschaftsanspruch der Partei führt allenfalls zu blumigen Wortschöpfungen à la „Demokratischer Sozialismus" und halbherzigen Kompromissen, die auf lange Sicht weder der Wirtschaft noch der Partei dienen.

Opposition

In der Vergangenheit konnte sich Protest gegen das herrschende Einparteiensystem nahezu ausnahmslos in Form von **Flucht** oder (nötigenfalls innerer) **Emigration** äußern. Und daran hat sich auch noch wenig geändert, auch wenn die wachsende Zahl der Kritiker selbst innerhalb der Partei Hanoi zunehmend Kopfschmerzen bereitet.

Organisationen – seien es soziale, politische oder religiöse – , die sich nicht staatlicher Kontrolle unterstellen, werden verfolgt. Notorische Regimekritiker werden ohne Anhörung inhaftiert. Informationen, Medien, Presse und Internet unterliegen der Zensur. Streiks, Protestkundgebungen und Aufrufe zu mehr Demokratie werden unterdrückt (in der Regel freilich gewaltlos). Die Justiz ist auf einem Auge blind (und zur Not auf beiden). Die Todesstrafe wird vollstreckt (in der überwiegenden Zahl wegen Drogendelikten).

Alles in allem: **kein Klima für eine Opposition.** Allenfalls für vereinzelte Stimmen. Die freilich zunehmend zahlreicher – und lauter – werden. Die Reformverlierer – allen voran die Bauern – beginnen zu meutern. Im Zentralen Hochland rebellieren die Minoritäten, denen man das Land wegnimmt. Arbeitslose und unterbeschäftigte Jugendliche und Intellektuelle in den Städten lassen ihrer Unzufriedenheit immer freieren Lauf.

Von außen gesteuerte Oppositionsbewegungen wie die konservative

Minderheitenfront FULRO (Front Unifié de Lutte des Races Opprimées) oder die von kalifornischen Exilvietnamesen gesponsorte „National United Front for the Liberation of Vietnam" stellen jedenfalls keine ernsthafte Gefahr für das Regime dar – auch wenn Hanoi Aktionen dieser Gruppen zuweilen als willkommenen Vorwand für interne Repressionen nimmt.

Wirtschaft

Gemessen an **Wachstumsraten** von durchschnittlich **7,6 %** seit 1991 zählt Vietnam zu den am schnellsten wachsenden Volkswirtschaften der Welt, übertroffen nur von China: 2004 7,8 %, 2005 8,4 %, 2006 8,2 %, 2007 8,5 %.

Ja, Vietnam wächst und wächst, aber von welcher Basis aus? Von Null *konnte* es nur in eine Richtung gehen – bergauf. *Wie steil* bergauf, hat die Welt allerdings verblüfft.

Ein Markt von 70–80 Mio. Kunden – was für ein **Potential!** Eine lernbegierige, disziplinierte und verhältnismäßig gut ausgebildete Arbeiterschaft. Eine am Boden zerstörte Infrastrukur, die nach Innovationen und Investitionen buchstäblich schreit. Bodenschätze noch und noch. Ölreserven vor der Küste.

Und was für eine **Performance!** Durch Re-Privatisierung der Landwirtschaft in wenigen Jahren vom Hungerleider zum zweitgrößten Reis-Exporteur der Welt! Trotz US-Embargos und Entfalls der traditionellen sozialistischen Absatzmärkte (Zusammenbruch des Kommunismus) bereits 1992 ein Wachstum um 5 %! Die Armut hat sich seit 1993 von 51 auf 14 % reduziert!

So beeindruckend die Zahlen sind, so zweischneidig sind sie.

Ebenso wenig wie in Vietnam noch der Kommunismus herrscht, hat die Planwirtschaft tatsächlich Platz für den *Markt* gemacht. In Vietnam regiert keinesfalls eine freie, sondern allenfalls eine sozialistische Marktwirtschaft – sprich **Kaderkapitalismus.** Nicht der Wettbewerb macht Menschen (und Firmen) reich, sondern ihre Interessens- und Beziehungsgeflechte. Politik und Kapital gehen eine geschmierte Symbiose ein. Die **Korruption** wuchert.

Rund die Hälfte des BIP (Bruttoinlandsprodukts) sind **Anlage-Investitionen,** die zu rund 60 % vom Staat ausgehen. Gelder, die außer in die Taschen von Kadern und Funktionären in Fabriken, Immobilien und Straßenbau fließen, aber ebenso in Bürotürme, Vergnügungsparks, Golfplätze und Villen-Resorts, in Stahlwerke und Staudämme, die keiner braucht, in Bier- und Motorradfabriken, die nie einen Dong erwirtschaften.

Unter dem Stichwort „soziale Stabilität" müssen die staatlichen **Banken** marode Staatsunternehmen künstlich am Leben erhalten und **„politische Kredite"** für verlustbringende Geschäfte oder protzige Prestigeprojekte von Lokalregierungen garantieren. Zwar werden kurzfristig Arbeitsplätze gesichert (und die Führung in Hanoi braucht sich nicht mit Arbeiterprotesten herumzuschlagen), aber der Finanzsektor ächzt unter faulen Krediten, die Privatwirtschaft unter der Knute der subventionierten Staatskonkurrenz und der Mittelstand unter mangelndem Kapital und hohen Zinslasten.

Eine wirkliche Erfolgsgeschichte ist der **Außenhandel** – Steigerungsraten von jährlich 20–30 % erreicht weltweit nur noch China.

Es sind aber nur bedingt vietnamesische Waren, die hier ausgeführt werden – annähernd die Hälfte der Exporte sind **Produkte ausländischer Firmen,** die sich Vietnams billiger Arbeitskräfte bedienen: Schuhe für Adidas, Hemden für Ralph Lauren, Tische für Ikea, Tintenstrahldrucker für Canon, PCs für Samsung.

Die Abhängigkeit vom Export **agrarischer Produkte** (Reis, Kaffee, Tee, Kautschuk, Fischereiprodukte) macht das Land extrem verwundbar für Preisschwankungen auf den globalen Märkten.

Und trotz der beeindruckenden Bilanzen schreibt Vietnam ein ständig wachsendes **Handelsdefizit,** dessen Ausmaße beängstigend wirken. 2007 tätigte Vietnam Exporte im Wert von 47,5 Mrd. $, musste aber gleichzeitig Güter im Wert von 59 Mrd. $ importieren, insbesondere Stahl, Zement, Dünger, Treibstoffe, Maschinen, Verkehrsmittel und Konsumgüter.

Hinzu kommt ein rapide wachsender **Preisanstieg;** 2007 betrug die Inflation rund 12 %! Tendenz steigend.

Mindestens so entscheidend wie das Wachstum an sich ist seine **Struktur,** d.h. die Art und Weise, wie dieses Wachstum erreicht wird. Zwischen 1990 und 2007 haben sich die Anteile von **Landwirtschaft** (inkl. Forst- und Fischereiwirtschaft) und **Industrie** (inkl. Baugewerbe und Logistik) am nationalen Einkommen genau umgedreht – von 39 auf 20 % respektive von 23 auf 42 %! Ein mehr als deutliches Indiz für den rapiden **Übergang** Vietnams vom Entwicklungs- zum **Schwellenland.**

Vietnams lang ersehnte **Aufnahme in die Welthandelsorganisation** (WTO) im Januar 2007 ist Chance und Risiko zugleich. Mit dem Beitritt hat sich Hanoi neue weltweite Märkte erschlossen, muss aber im Gegenzug den eigenen Markt für ausländische Produkte und Direktinvestitionen öffnen. Insbesondere die Ärmsten, die Arbeiter der Staatsbetriebe und die Bauern, sehen schweren Zeiten entgegen, wenn immer mehr internationale Konzerne ins Land drängen, gleichzeitig aber Schutzzölle, staatliche Zuschüsse etc. abgebaut werden müssen. Und inwieweit Vietnams Industrie und Dienstleistungssektor (Banken, Telekommunikation etc.) der wachsenden Konkurrenz aus dem Ausland standhalten kann, werden erst die nächsten Jahre zeigen.

Bruttosozialprodukt (GDP) 2007

pro Kopf	820 $
Wachstum	8,5 %
Landwirtschaft	20 % (plus 4 %)
Industrie	42 % (plus 10,6 %)
Dienstleistungen	38 % (plus 7,3 %)

Exporte 2006

Total	39,6 Mrd. $
1. Rohöl	8,3 Mrd. $
2. Textilien	5,8 Mrd. $
3. Schuhe	3,5 Mrd. $
4. Seafood	3,3 Mrd. $
5. Holzprodukte	1,9 Mrd. $
6. Elektronik, PC	1,7 Mrd. $
7. Reis	1,3 Mrd. $
8. Kaffee	1,1 Mrd. $
9. Kautschuk	1,1 Mrd. $
10. Kohle	0,9 Mrd. $

Importe 2006

Total	44,4 Mrd. $
1. Maschinen	6,6 Mrd. $
2. Treibstoffe	5,8 Mrd. $
3. Stahl	2,9 Mrd. $
4. Stoffe	2,9 Mrd. $
5. Elektronic/PCs	2,1 Mrd. $
6. Textil/Lederwaren	2,0 Mrd. $
7. Plastikprodukte	1,8 Mrd. $
8. Autos, Motorräder	1,2 Mrd. $
9. Chemieprodukte	1,0 Mrd. $
10. Holz	0,7 Mrd. $

Exporte nach Ländern 2007

1. USA	9,7 Mrd. $
2. EU	8,6 Mrd. $
3. Japan	5,5 Mrd. $
4. China	3,1 Mrd. $
5. Australien	2,8 Mrd. $
6. Singapur	2,1 Mrd. $
7. Malaysia	1,3 Mrd. $
8. Südkorea	1,2 Mrd. $
9. Taiwan	1,1 Mrd. $
10. Thailand	1,1 Mrd. $

Importe nach Ländern 2007

1. China	11,0 Mrd. $
2. Singapur	7,1 Mrd. $
3. Taiwan	6,2 Mrd. $
4. Japan	5,6 Mrd. $
5. Südkorea	4,9 Mrd. $
6. EU	4,9 Mrd. $
7. Thailand	3,6 Mrd. $
8. Malaysia	2,0 Mrd. $
9. Hongkong	1,7 Mrd. $
10. USA	1,5 Mrd. $

Staatsbetriebe

Radikal gekürzte oder gestrichene Subventionen für unrentabel wirtschaftende Staatsbetriebe sorgten 1990–2000 für Bankrotte und Massenentlassungen in vielen Schlüsselindustrien. Noch heute arbeitet fast die Hälfte der über 3000 verbliebenen staatlichen Unternehmen **mit Verlust** und untergräbt damit auch das **Bankensystem,** das im Sinne „sozialer Stabilität" mit Hilfe fauler Kredite für die Fortführung verlustbringender Geschäfte einstehen muss. Mit Gewinn produzieren fast ausschließlich Export- und Konsumgüterbetriebe, die keine reinen Staatsbetriebe mehr sind.

Privatwirtschaft

Die aus Kapitalmangel bedingte Neigung zu Einzelhandel und Dienstleistungen beschert Vietnam eine vergleichsweise effiziente Versorgung, führt aber zu hohen Defiziten bei der Produktivität. Das **Überangebot an Konsumgütern** braucht anderweitig benötigte Devisen auf, bringt Steuerverluste mit sich und drosselt die einheimische Produktion. Bis zu einem Drittel aller Waren setzt sich aus illegalen oder halblegalen Importen zusammen, von Thermoskannen und Nähmaschinen bis zu Fahrrädern, Fernsehapparaten, Zigaretten und Bier. Die „Auswüchse" des wildwuchernden Marktes rufen den Staat auf den Plan, aber Bereicherung und Korruption seitens unterbezahlter Funktionäre und Beamter, ja ganzer Armee-Einheiten bewirken, dass jede Maßnahme gegen die **Schattenwirtschaft** sie eher zu fördern droht.

Die mit Abstand größten Erfolge zeitigt die **private Nahrungsmittelproduktion.** Private und genossenschaftliche Erzeuger produzieren heute praktisch alles Obst und Gemüse, 95 % der Reisernte und über 80 % der Kaffee- und Tee-Exporte.

Investoren 1988–2007

Länder

1. Japan
2. Singapur
3. Taiwan
4. Südkorea
5. Hongkong
6. Niederlande
7. British Virgin Islands
8. Frankreich
9. Malaysia
10. USA

Sektoren

Öl
Schwerindustrie
Leichtindustrie
Infrastruktur
Nahrungsmittelindustrie
Energie
Landwirtschaft
Fischverarbeitung
Baugewerbe
Logistik/Kommunikation
Gastgewerbe/Tourismus

Auslandsinvestitionen

Vietnams Investitionsgesetze zählen seit 1991 zu den freizügigsten der Welt, mangelhafte Rechts- und Finanzsysteme sowie die schleppende Bürokratie lassen viele Anleger jedoch noch heute verzweifeln.

Dennoch flossen bereits zwischen 1989 und 2000 über 35 Mrd. Dollar ins Land, seit 1992 außer in die drei Ursprungsbereiche Erdöl, Agrarproduktion und Tourismus zunehmend in Schwer- und Leichtindustrie, Logistik und Kommunikation, Bau- und Finanzgewerbe. Auslandsinvestoren sind heute für rund ⅓ **der Industrieproduktion** und über ¼ **aller Exporte** (inkl. Rohöl) verantwortlich.

Das Ausland führt neue Technologien ein und schafft hochqualifizierte Arbeitskräfte, sorgt aber auch für einen Überfluss an Investitionen im Dienstleistungssektor (z.B. Tourismus) und an Konsumgütern (Bier, Automobile usf.). Großen Einfluss auf die Entstehung eines wachsenden **Mittelstands** üben die rund 2,7 Mio. **Auslands-Vietnamesen** *(Viet Kieu)* aus, die allein zur Unterstützung ihrer daheim gebliebenen Verwandten pro Jahr Waren und Devisen im Wert von mehr als 5 Mrd. Dollar ins Land schicken.

Landwirtschaft

Vietnams Nahrungsmittelproduktion hat sich seit der Wiedervereinigung

1976 nahezu verzehnfacht. Während man bis 1988 selbst das Grundnahrungsmittels **Reis** importieren musste, stieg Vietnam nach der Reprivatisierung der Bauern und des Handels bereits 1997 zum zweitgrößten Exporteur der Welt nach Thailand auf (2005: 5,2 Mio. t).

Auch mit anderen landwirtschaftlichen Produkten konnte Vietnam die Weltmärkte erobern. Im Export von **Pfeffer, Kaffee** und **Meeresfrüchten** belegt es den 1. und 2. Platz der Weltrangliste, rapide zugenommen haben auch Produktion und Ausfuhr von **Früchten** und **Gemüse** sowie von **Cash Crops** wie Baumwolle, Mais, Sojabohnen, Cassava, Erdnüssen, Cashewnüssen usf.

Das Tiefland und die Küstenebenen wurden schon vor Generationen für den landwirtschaftlichen Nutzen gerodet. Neben Reis werden Getreide- und Gemüsearten angebaut (Mais, Yams, Maniok), die auch als Futter für Rinder, Wasserbüffel, Hühner, Enten und Schweine dienen. Während der Kolonialzeit wurden Industriepflanzen wie Kautschuk eingeführt, die noch heute größtenteils exportiert werden. Zu den häufigsten einheimischen Nutzpflanzen zählen Zuckerrohr, Bambus, Tee, Pfeffer, Zimt, Kokos-, Areca- und andere Palmen. Im Tiefland gedeihen tropische Früchte wie Mangos, Papaya, Rambutan und Durian, und im zentralen Hochland werden sogar „europäische" Früchte wie Erdbeeren, Weintrauben und Äpfel sowie Gemüsesorten wie Artischocken, Zucchini und Blumenkohl geerntet.

Neben Hühnern, Enten und Schweinen („vietnamesisches Hängebauchschwein") werden **Rinder** (4 Mio.) und **Wasserbüffel** (1,8 Mio.) gezüchtet, die auf dem Land noch heute als Nutztiere für Transportwesen wie Reisanbau unersetzlich sind. „Töte einen Büffel und du vernichtest das Leben von 10 Vietnamesen", wussten schon die Kolonisten. Seit einigen Jahren wird auch vermehrt Milchwirtschaft betrieben.

Noch immer ernähren sich **Zweidrittel der Vietnamesen** von der Landwirtschaft, erschaffen damit aber heute nur mehr 20 % des BIP. Während die Bauern vor eineinhalb Jahrzehnten noch zu den Gewinnern der Wirtschaftsreformen zählten, hat sich ihre Lage in den letzten Jahren – Stichwort: Globalisierung – stetig verschlechtert. Hinzu kommt, dass nur etwa 25 % des Territoriums (Thailand: 50 %) kultivierbar ist und sich die Anbauflächen durch Bevölkerungswachstum und Verstädterung Jahr für Jahr weiter verringern.

Fischereiprodukte

Die Kollektivierung der rund 250.000 Fischer und der Verlust tausender Boote durch Flüchtlinge hatten die Fischereierträge nach 1976 auf weit über die Hälfte sinken lassen. In den vergangenen Jahren bildeten Fischereiprodukte, die in über 50 Länder, darunter die EU und die USA, exportiert wurden, eine der wichtigsten Devisenquellen Vietnams (2007: 3,8 Mrd. $).

Wasser und Reis

Reisanbau, die arbeitsintensivste, aber auch ergiebigste aller landwirtschaftlichen Kulturen – Reis ernährt auf einer gleichgroßen Fläche etwa viermal soviel Menschen wie Weizen –, führte im Delta des Roten Flusses schon vor 3000–4000 Jahren zu Besiedlung und früher Organisation. Der ruhige und immerwährende, ***ewig gleichförmige Zyklus*** von Aussaat, Umpflanzung, Bewässerung und Ernte bestimmt den Lebensrhythmus der Vietnamesen seit Jahrtausenden. „Zeit" ist die Spanne zwischen Regen und Trockenheit oder, wie lange es dauert, eine Schale Reis zu kochen, und vietnamesische Geschichte erzählt sich konsequenterweise als die Geschichte von „immer zu wenig Land für zu viele, die Reis essen wollen". Glück und Wohlstand ermessen sich an der Menge Reis, über die man verfügt, und Herrschaft definiert sich als Besitz von Land, das man kultivieren kann; noch in den 70er Jahren des letzten Jahrhunderts pflegten reiche Südvietnamesen ihr Vermögen fast ausschließlich in Landbesitz anzulegen. Der Anbau von Reis ist mehr als nur eine ökonomische Aktivität, es ist eine ***Lebensweise*** und eine ***Weltanschauung.***

Jeder Hektar eines Reisfelds, der zwischen 4 und 5 t Reis produziert, benötigt Tausende Hektoliter ***Wasser.*** Die Schößlinge müssen 2 Monate lang in Saatfeldern gezogen werden, ehe sie einzeln, Stück für Stück, in das bewässerte Reisfeld umgesetzt werden. In jedem Stadium des Wachstums muss der Wasserspiegel gleich hoch sein, damit die Sprösslinge weder verfaulen noch vertrocknen. Und

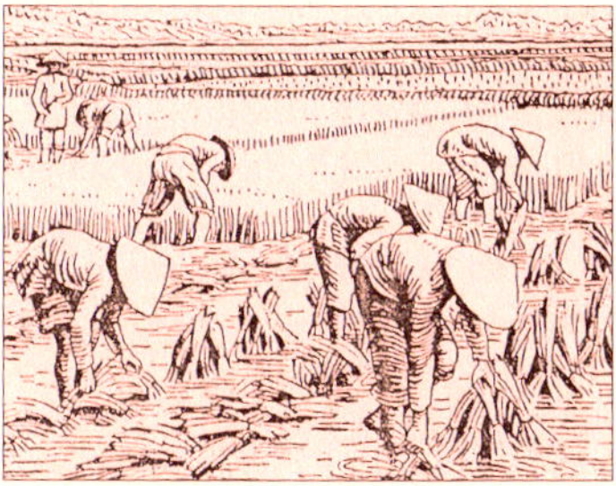

damit das Korn zum Schluss reifen kann, muss das Wasser abgelassen werden. Nach dem Ernten folgen Dreschen, Schwingen und Schälen.

Auch ohne die ständige Gefahr von zu viel oder zu wenig Wasser, d.h. von Dürren oder Überschwemmungen, erfordert die Reiskultur genaueste Arbeitseinteilung und ***soziale Organisation.*** Effektive Bewässerungskontrolle geht weit über die Fähigkeiten einer Familie oder eines Clans hinaus, das Überleben hängt von der Kooperation ganzer Dörfer, ja Distrikte, Provinzen und zuletzt landesweiter Planung und Kontrolle ab. Schon im 11. Jh. wurde im Delta des Roten Flusses das Amt der „Deichinspektoren" eingeführt; Ende des 19. Jh. betrug die Gesamtlänge der Deiche über 4000 km.

Extrem ***arbeitsintensive Zeiten,*** in denen weitaus mehr Arbeitskräfte be-nötigt werden, als zur Verfügung stehen, wechseln mit Wochen und Monaten ***erzwungener Untätigkeit*** ab. Größe, Struktur und Zusammenhalt der Familie und des vietnamesischen Dorfes hingen jahrhundertelang eng mit diesem Faktum zusammen.

Eine immer stärkere Rolle spielt dabei die **Aquakultur** (Fischzucht). In einem Land, in dem fast alle Felder nahe dem Meer, einem Fluss, Kanal oder See liegen, sind Fische, Frösche, Garnelen etc. die traditionelle Grundlage der Ernährung (und sei es auch nur in Form des flüssigen Extrakts *nuoc mam,* der salz- und vitaminhaltigen Fischsauce). Fischzucht in Teichen und überfluteten Reisfeldern wird in Vietnam seit Jahrhunderten betrieben, neu ist die „industrielle" Aufzucht (Shrimps- und Fischfarmen), die zwar zu einem wichtigen ökonomischen Faktor angewachsen ist, andererseits aber zunehmend **Umweltschäden** verursacht (Einsatz von Antibiotika und Dünger, Versalzung, Zerstörung von Mangrovenwäldern).

Forstwirtschaft

Trotz der hohen Verluste durch die chemische Kriegsführung der USA und den eigenen Raubbau (für Millionen Vietnamesen stellt Holz noch heute die einzige Energiequelle dar) üben Vietnams Wälder auf das Ausland einen unwiderstehlichen Reiz aus.

Die schon von Ho Chi Minh geförderten Wiederaufforstungskampagnen halten mit dem Einschlag (60.000 ha jährlich) nicht Schritt und vermögen den Verlust der primären Regenwälder ohnehin nicht zu ersetzen. Verkarstung, Klimaveränderungen und zunehmende Flutkatastrophen sind die unausweichliche Folge.

Bodenschätze

Der Norden Vietnams ist reich an Bodenschätzen wie Kohle, Bauxit (aus dem Aluminium hergestellt wird), Eisen, Eisenerz, Titan, Chrom, Nickel, Gold, Silber und Edelsteinen. Die **An-**

Reisfelder

021vi Foto: kb

thrazit-Vorkommen von Hon Gai zählen trotz ihrer veralteten, z.T. noch aus der Kolonialzeit stammenden Maschinerie und Abbaumethoden zu den größten Aktivposten der vietnamesischen Außenhandelsbilanz (2005 16 Mio. t); Hauptabnehmer sind Japan, Schweden, Australien und Süd-Korea. Thailändische und australische Firmen schürfen nach Gold und Rubinen.

Erdöl

Während des Vietnamkriegs entdeckte die amerikanische *Mobil Oil* riesige Ölreserven vor der vietnamesischen Küste. Die Rohölförderung bildet seit 1987 eine der bedeutendsten Einnahmequellen des Landes. Mangels Raffinerien muss die staatliche Ölgesellschaft die gesamte Fördermenge (2007 18 Mio. t) jedoch großteils exportieren und die Derivate (Treibstoffe, Dünger) teuer wieder einführen. Die bevorstehende Einweihung der ersten eigenen Erdölraffinerie (bei Quang Ngai) und der Ausbau der Gasindustrie (eine erste Pipeline wird demnächst eröffnet) sollen ein jährliches Einnahmeplus von 1 Mrd. $ erbringen.

Industrie

Aufgrund ausbleibender staatlicher Subventionen, fehlender Roh- und Treibstoffe und dem Wegfall der Absatzmärkte in Osteuropa verloren nach 1987 Hunderttausende Arbeiter der Kohlegruben von Hon Gai, der Maschinenfabriken von Haiphong und Hanoi, der Stahlkomplexe von Thai Nguyen oder der Textilfabriken von Nam Dinh ihren Lebensunterhalt.

Heute werden fast die Hälfte aller Industriegüter nicht mehr von Staatsbetrieben, sondern von der **Privatwirtschaft** und von **ausländischen Firmen** gefertigt. Die jährliche Wachstumsrate liegt seit 1993 kontinuierlich bei 14 %. Speziell im Umkreis von Metropolen wie Saigon, Hanoi, Haiphong und Da Nang sind Sonderwirtschaftszonen nach chinesischem Muster entstanden.

Seit 2000 ist Vietnam auch in der Elektronik- und **PC-Produktion** tätig. Rund 3/4 aller PCs sind mittlerweile selbst gefertigt, wenn auch noch zu einem Großteil aus importierten Komponenten zusammengesetzt. Die Ausfuhren erreichen einen Wert von 1,8 Mrd. $ pro Jahr.

Textilien und Lederwaren

Einen **dramatischen Aufschwung** hat seit Mitte der 1990er Jahre die Produktion von Textilien, Kleidung und Lederwaren genommen, die zusammen genommen bereits den **Löwenanteil von Vietnams Exporterlösen** (2005: 7,8, 2007: 9,8 Mrd. $) ausmacht. Gut die Hälfte der verarbeitenden Betriebe sind allerdings reine Auslandsinvestitionen. 2006 stellte Vietnam über 600 Mio. Paar **Schuhe** im Wert von 3,5 Mrd. $ her (u.a. im Auftrag von Branchenriesen wie Nike oder Adidas) und stieg damit zum viertgrößten Schuhfabrikanten der Welt (nach China, Hongkong und Italien) auf.

Gesellschaft

Vom Sozialismus ist nur noch geblieben, was dem Land Kopfschmerzen bereitet: marode Staatsfirmen, bankrotte Banken und eine Einheitspartei, die der Zukunft des Landes mehr und mehr im Wege steht. Die Erfolge der letzten Jahre – das phänomenale Wachstum und die Modernisierung in Städten und Küstenregionen – hat man immer nur dort erreicht, wo man den Sozialismus preisgegeben hat. Vietnam steht an einem Scheideweg. Auf der einen Seite steht die Vision eines modernen, vergleichsweise hochentwickelten Schwellenlands. Auf der anderen die Angst vor stetig wachsendem Wohlstandsgefälle und damit der Zunahme sozialer Spannungen. Das Bruttoinlandsprodukt pro Kopf liegt mit 640 $ im Jahr noch weit unter den Werten anderer Länder der Region, auf dem Land sind bis zu 30 % der arbeitsfähigen Bevölkerung arbeitslos oder unterbeschäftigt.

Zwei Systeme

Durch die Wirtschaftsreformen sind erstaunliche Erfolge erzielt worden und geht es den meisten besser als je zuvor. Gleichzeitig hat aber die Unsicherheit zugenommen, da keiner mehr weiß, was er darf – bzw. *wie weit* er gehen darf –, und es beginnt sich ein **tiefer Riss** durch die Gesellschaft zu ziehen.

Während die einen zu Wohlstand und Ansehen gelangen (Städter, Händler, Gewerbetreibende), können die anderen (Angestellte, Beamte und ein Großteil der Arbeiter) von den staatlichen Löhnen weder leben noch sterben, während die Landbevölkerung (Bauern) sich zunehmend hilflos dem globalen Wettbewerb ausgesetzt sieht. Der neue Wohlstand ist ungleich verteilt, die **Kluft zwischen Arm und Reich, Stadt und Land** wächst rasant und bedroht nicht nur die Stabilität des Landes insgesamt, sondern aller seiner Teile.

Im Süden hat fast jede zweite Familie Verwandte im Ausland, wird von ihnen unterstützt, baut, investiert und treibt Handel. Andererseits muss jede zweite Familie ohne diese Hilfe auskommen, und praktisch jede im Norden. Seit 1990 haben allein Staatsunternehmen (inkl. die Armee) Millionen Menschen entlassen, die mit Schulabgängern und Bauern konkurrieren, die als Tagelöhner in die Städte ziehen. Jobs verspricht vor allem die boomende Privatwirtschaft, aber nicht jeder ist zum Unternehmer geboren und verfügt über ausreichende Qualifikation. Mangelndes Startkapital, Konkurrenzkampf und die Unwägbarkeiten des globalen Dorfs (weltweite Konjunktureinbrüche, ausbleibende Touristen o.Ä.) lassen täglich fast ebenso viele Firmen scheitern wie neue gegründet werden.

Unternehmen und vor allem soziale Einrichtungen, die sich naturgemäß nicht selber tragen können und in die der Staat einst vorbildlich investiert hat, verkommen, und schon sind Bildung und Gesundheit nicht mehr für alle frei.

Die Grabenkämpfe um Ausmaß und Beschleunigung von Reformen und Liberalisierungen selbst innerhalb der Spitzengremien von Partei und Regierung verunsichern und demoralisieren Bevölkerung wie Kader.

„Wer will, kann im Sozialismus oder Kapitalismus leben. Er kann in einem Privatbetrieb arbeiten, seine jüngeren Kinder von Privatlehrern erziehen und seine älteren von Privatdozenten unterrichten lassen; er kann in privaten Videotheken amerikanische Filme angucken, in privaten Restaurants dinieren und sich privat verarzten lassen ... Sein Nachbar zieht es vor, im Sozialismus zu leben: Er arbeitet im Staatsbetrieb, begnügt sich für seine Kinder mit staatlichen Lehrern und Professoren, schaut Staatsfernsehen und geht in staatstreue Filme; isst in staatlichen Restaurants und konsultiert staatliche Ärzte ... So entstand Schritt für Schritt, Flicken für Flicken eine Zwei-Systeme-Gesellschaft, in groben Umrissen zwar erst, aber wenn das noch zwei, drei Jahre so weitergeht, dann hat Vietnam einen Staat neuen Typs kreiert, ohne es so recht zu wollen und gemerkt zu haben.“

(Cordt Schnibben,
Saigon Export, 1989)

Arbeitslosigkeit

Die offiziellen Arbeitslosenquoten – 7–8 % in den Städten, 15–16 % auf dem Land – verschleiern das Problem. Landesweit dürfte wahrscheinlich fast **jeder Dritte** beschäftigungslos oder zumindest unterbeschäftigt sein. Hauptursache ist das unglückliche Zusammenfallen notwendiger Rationalisierungsmaßnahmen (Ausdünnung von Armee, Bürokratie und unrentabler Staatsbetriebe) und globaler Krisen, die seit 1997 mal zu stagnierenden Auslandsinvestitionen und Tourismuszahlen, mal zu sinkenden Weltmarktpreisen und Handelsdefiziten führten. Annähernd 40 % aller Jugendlichen finden keine oder zumindest keine adäquate Beschäftigung, wo selbst „verdiente Helden der Arbeit“ und „tapfere Soldaten“ auf der Straße stehen. Auch die **verdeckte Arbeitslosigkeit** unzähliger Straßenhändler und Kleinstunternehmer täuscht über die wahren Verhältnisse hinweg. Durch das nach wie vor hohe Bevölkerungswachstum entsteht Jahr für Jahr Bedarf an zusätzlich über 1 Million Arbeitsplätzen.

Armee

Die Armee, die Frankreich und Amerika schlug und mit 1,2 Mio. Mann einmal die viertgrößte der Welt war, wurde im Zeichen von Abrüstung und Kosteneinsparung um 70 % reduziert. Die 1944 gegründete Volksarmee verstand sich stets als Instrument der politischen Bewegung, ihr legendärer Gründer Vo Nguyen Giap, der Sieger von Dien Bien Phu, schied erst 1991 aus höchsten politischen Ämtern. Tatsächlich sind Armee und Partei in Vietnam nicht wirklich getrennt, was zur positiven Folge hat, dass die Armee keine separate Interessensclique darstellt und im öffentlichen Leben eine verblüffend geringe Rolle spielt.

Bildung und Erziehung

Das Bildungsniveau ist **traditionell hoch.** Der Anteil der Analphabeten liegt bei nur 6 % (Kambodscha 40 %,

Singapur 8 %). Das **konfuzianische Wertesystem** sorgte bereits in der Vergangenheit dafür, dass ein ungewöhnlich hoher Prozentsatz der Bevölkerung des Lesens und Schreibens kundig war. Das Kolonialsystem setzte dagegen ganz auf städtische Eliten, die nach französischem Muster erzogen wurden, während Bauern und Arbeiter allenfalls zu 15 % eine Schule von innen sahen. Bildung für alle war denn auch eines der Hauptanliegen der frühen Kommunisten; Ho Chi Minhs berühmte Alphabetisierungskampagnen im Norden setzten schon lange vor 1945 ein.

Nach einer Studie der Weltbank liegt der Prozentsatz der Kinder, die eine Schule besuchen, sogar höher als in Indonesien oder China, bemängelt werden allerdings praxisferne Lehrstoffe und doktrinäres Pauken (konfuzianisches Erbe). Die Grundschulpflicht beträgt 5 Jahre. An den rund 220 Hochschulen und Universitäten des Landes sind rund 5,8 Mio. Studenten eingeschrieben.

In den letzten Jahren kam es zu einer drastischen **Verschlechterung** des Schulwesens vor allem auf dem Land. Bildung macht sich nicht mehr „bezahlt". Bauern und Kleinhändler spannen ihre Sprößlinge lieber in den täglichen Arbeitsprozess ein, andererseits wandern Jahr für Jahr Zigtausende unterbezahlte Lehrkräfte in Handel, Export und Tourismus ab. Zusätzliche Dramatik trat durch die Abschaffung des traditionell unentgeltlichen Schulbesuchs ein – quasi im Gegenzug etablierten sich in den Städten immer mehr Privatschulen und -universitäten für Privilegierte. Wer es sich leisten kann, schickt seine Kinder ins Ausland.

Gesundheitswesen

Vietnam verfügt statistisch über eine höhere Lebenserwartung (69,5 Jahre) und mehr Ärzte und Hospitalbetten als fast alle Vergleichsländer in der Region. In der Praxis aber sind Ausbildungsstand, Versorgung und Ausrüstung der Hospitäler und Kliniken zumindest auf dem Land als **unzureichend** zu bezeichnen. Seit 1990 ist die einstmals freie Krankenhausbehandlung kostenpflichtig, eine weitere Maßnahme, die sozial Schwachen zu benachteiligen. Fast jedes vierte Kind leidet an Unter- oder Mangelernährung, fast 10 % der Bevölkerung leidet noch heute unter den **Folgen des Krieges,** sei es direkt (Schwerbeschädigte, Invaliden, Krüppel) oder indirekt als Opfer der auf Generationen hinaus wirksamen ökologischen Kriegsführung der USA, die sich in Form von Haut-, Leber-, Gebärmutterkrebs, Fehl- und Missgeburten manifestiert.

Aufgrund von Immunschwäche erkranken während der Regenzeit jährlich mehr als 1 Mio. Menschen an Malaria (vornehmlich in den Bergregionen), weit verbreitet sind auch Tuberkulose, Durchfallerkrankungen und Kinderkrankheiten. Aufklärung und Kampf gegen Aids wurden seit Bekanntwerden des ersten Falls 1991 landesweit verstärkt; bis 2004 gab es offiziell 45.000 HIV-Positive (vorsichtige Schätzungen sprechen heute von weit über 300.000 Infizierten), der Großteil sind Drogenabhängige und Prostituierte.

Presse

Vietnams Medien sind in den letzten Jahren bunter geworden, was vor allem daran liegt, dass sie ihr Geld mittlerweile selbst verdienen müssen. Das hat manche Beobachter zu der Annahme verleitet, die Presse sei freier geworden. Tatsächlich ist sie ähnlich wie in China lediglich **Sprachrohr** für Informationen von Partei und Regierung. Die Propaganda-Abteilung erlässt regelmäßig Edikte, welche Themen Tabu sind bzw. welche Sprachregelungen gelten. Wer gegen die Zensur verstößt, muss mit Konsequenzen rechnen. Die *Reporter ohne Grenzen* zählen Vietnam zu den 40 Ländern mit den stärksten Einschränkungen der Pressefreiheit – in der Region nur noch übertroffen von China, Laos, Burma und Nord-Korea.

Entsprechend dem vergleichsweise hohen Bildungsstand seiner Bürger verfügt Vietnam über eine **Vielzahl** von Publikationen und Presseorganen (ca. 800). Mögen sie sich in ihrem Erscheinungsbild auch noch so bunt und liberal gebärden – Zeitungen, Zeitschriften und Internetportale sind Organe des Staates und seiner Unterorganisationen und unterliegen regelmäßiger Kontrolle und Zensur. Über **Auswüchse,** die der Staat bekämpft – Arbeitslosigkeit, Wohnungsnot, Korruption, Drogen, Kriminalität, Aids, Prostitution – darf heute viel und erstaunlich offen geschrieben werden (vorausgesetzt man trifft nicht die „Falschen"), empfindlich allerdings reagiert die Partei weiterhin auf **Systemkritik** jeder Art.

Einflussreichste und auflagenstärkste Tageszeitung (ca. 500.000) ist das 1946 gegründete Parteiorgan *Nhan Dan* (Das Volk). Als vergleichsweise progressiv und kontrovers gilt die seit 1975 vom Volkskomitee der Stadt publizierte *Sai Gon Giai Phong* (Befreites Saigon), das entsprechende Organ im Norden ist *Ha Noi Moi* (Neues Hanoi).

Eine kleine Zahl englisch- und französischsprachiger Zeitungen und Zeitschriften berichtet über Tagesgeschehen, Wirtschaft und Kultur und widmet sich den Ereignissen in aller Welt (s. Reisetipps A–Z, Medien).

Rundfunk und Fernsehen

Die *Stimme Vietnams* nahm ihr Programm 1945 mit der Übertragung der Unabhängigkeitserklärung Ho Chi Minhs auf. Nachrichten und Musikprogramme werden rund um die Uhr gesendet, ein Auslandsdienst sendet in Englisch, Französisch und neun weiteren Sprachen. Mit einem Kurzwellengerät kann man *BBC, Voice of America* und die *Deutsche Welle* empfangen.

Fernsehen wurde 1966 in Süd- und 1970 in Nordvietnam eingeführt. Es gibt 6 Kanäle, Nachrichten werden zu bestimmten Zeiten auch auf Englisch und Französisch ausgestrahlt. Über Satellit ist Vietnam mit verschiedenen asiatischen sowie französischen und australischen Programmanbietern verbunden. 2005 waren schätzungsweise 100 Mio. TV-Apparate im Umlauf, ein Großteil davon aus eigener Produktion (Farbfernseher und Videogeräte werden seit 1995 im Land gefertigt).

Löhne und Gehälter

Laut Weltbank beträgt das statistische **Pro-Kopf-Einkommen** rund 820 $ im Jahr (2007) – in der Stadt (Saigon 2180 $) ist es jedoch ungleich höher als auf dem Land, und das offiziell festgelegte *Mindestgehalt* für Staatsbedienstete (Krankenschwestern, Lehrer, Polizisten) beträgt – ohne Prämien und Überstunden – gerade einmal die Hälfte davon (monatlich 540.000 đ oder umgerechnet 36 $). Tatsache ist, dass die Mehrzahl der Vietnamesen von einem einzigen Lohn oder Gehalt nicht leben kann und regelmäßig einem oder mehreren Zusatzjobs nachgeht.

Wenn sich die – nicht selten halb- oder illegalen – **Nebentätigkeiten** in vielen Fällen als profitabler erweisen als der eigentliche Beruf, mag das für die Betroffenen ein Segen sein, bedeutet aber eine Katastrophe für das Gemeinwohl. Lehrer, die mit Privatstunden und Abendkursen das 3–4-fache ihres Grundgehalts verdienen, vernachlässigen die Schule, Ärzte, die es nicht zu Privatpatienten bringen, verschieben Medikamente und Klinikausrüstungen, Polizisten und Beamte halten die Hand auf statt für Sicherheit und Ordnung zu sorgen.

Unter diesen Vorzeichen verwundert es kaum, dass Vietnam den zweifelhaften Ruf als eines der **korruptesten Länder Asiens** genießt. Auf dem Länderindex von Transparency International belegt Vietnam Rang 80 (unter 105 Nationen), in der Region schnitten nur Indonesien und Kambodscha noch schlechter ab. Zwar gibt es strenge Gesetze zur Bekämpfung der Korruption (bis hin zur Todesstrafe!), tatsächlich ermittelt und verfolgt werden aber nur wenige ausgewählte und besonders spektakuläre Fälle. Kein Wunder, wenn systemimmanent Gesetzesbrecher und Gesetzeshüter in vielen Fällen identisch sind.

Religion

Die Neigung der Vietnamesen zu pragmatischen Lösungen und praxisorientiertem Verhalten hat in Vietnam niemals eine einheitliche religiöse Gemeinschaft entstehen lassen, die die Geschichte und das Selbstverständnis des Landes und seiner Bewohner auch nur annähernd so geprägt hätte wie der Buddhismus Kambodscha, Burma und Thailand oder der Islam den Iran und Irak. Ein Vietnamese kann heute Buddhist und morgen Daoist sein (und dazwischen auch als Kommunist die Ahnen verehren) und trotzdem noch der gleiche bleiben. Das schmälert keineswegs seinen Glauben, es ändert nichts an seiner Identität. Vietnamesen betrachten sich nicht als Mitglieder einer Religionsgemeinschaft, wie es Christen oder Moslems tun, sondern als Teilhaber an einer gemeinsamen Tradition und Kultur, und sie bleiben auch dann in erster Linie Vietnamesen und glühende Patrioten, wenn sie schon seit Jahrzehnten praktizierende Katholiken sind und im Exil leben.

Dennoch ist Vietnam nicht etwa ein *unreligiöses Land*, sondern ganz und gar das Gegenteil ist der Fall – die verschiedenen Glaubenszugehörigkeiten sind lediglich derart miteinander verwoben und verknüpft, dass **keine eindeutigen Trennungslinien** mehr zu ziehen sind. Vietnamesen machen sich Religionen zu eigen, sie lassen sich nicht von ihnen beherrschen. Keine buddhistische Pagode, in der sich nicht auch daoistische Gottheiten fänden und volkstümliche Ahnen ihren Platz gleich neben animistischen Kultgegenständen hätten, denen wundertätige Wirkung zugeschrieben wird – mit großer Hingabe werden sie alle bedacht. Der Vietnamese neigt sich ehrfürchtig vor Buddha, fleht mit der gleichen Frömmigkeit Schutzgeister um Beistand an, betet vor Bildern von Tigern und Ikonen von Ho Chi Minh und vertraut der magischen Kraft eines Talismans. Religion ist ein Mittel, die Erscheinungen der übermächtigen Natur zu erklären oder zumindest zu bannen, Götter und Geister sind dazu da, Trost im Alltag zu spenden und das Schicksal in eine günstige Richtung zu beeinflussen. Die strengen Dogmen der Hochreligionen haben ihre Spuren, aber kein festgefügtes religiöses Bewusstsein hinterlassen. Ahnenkult und Animismus, Konfuzianismus, Dao-

Ahnenaltar während der Vorbereitungen zum Tet-Fest

022vi Foto: kb

ismus und Buddhismus – alle zusammen formen sie eine *Lebensweise* (eher als eine „Religion"), die den Alltag der Vietnamesen durchdringt und ihr Verhalten bestimmt.

Animismus

Wie in allen traditionellen Bauerngesellschaften glaubt man auch in Vietnam daran, dass die **Natur beseelt** sei: Bereits die Schöpfungsgeschichte spricht vom Wasser- und Berggeist, aber auch heute noch respektiert und verehrt man die mächtigen **Naturgeister:** Mitten in Hanoi kann man alte knorrige Bäume sehen, die mit Räucherwerk, bunten Bändern und frischen Blumen geschmückt sind. Genien, häufig weiblichen Geschlechts, können böse oder gut, dumm, dreist oder lustig, den Menschen wohl oder übel gesonnen sein. Mit Opfergaben und Riten besänftigt man vor der Aussaat oder einem Hausbau den Geist des Bodens, man spricht höflich vom Steingeist, da ihm als **Schutzgeist** besondere Abwehrkräfte zugesprochen werden. Denn ein markanter Stein oder Fels an einer Brücke, am Rand eines Ackers oder vor einem Hauseingang kann böse Geister vertreiben. Zudem hat jedes Dorf seine eigenen Schutzgeister – meist lokale Helden – , die im Tempel des Dinh, des Gemeindehauses, verehrt werden. Erfüllen Schutzgeister die Hoffnungen nicht, die man in sie gesetzt hat, können sie verstoßen und durch andere ersetzt werden.

Ahnenkult

„Die Menschheit setzt sich aus mehr Toten als Lebenden zusammen." Dem **Tag des Todes** wird in Vietnam mehr Bedeutung zugemessen als dem Geburtstag, denn die Beziehungen zwischen den Lebenden und den Toten spielen eine große Rolle. Deshalb vereinigt der Ahnenkult alle Vietnamesen egal welchen Glaubens oder welcher weltanschaulichen Überzeugung, er bildet die Grundlage aller Tugenden (Pflicht und Verantwortung) und das Fundament für Familie und Staat. Der Glaube an die Existenz von Geisterseelen (die nach dem Tod weiter ihre alten Wohnstätten aufsuchen und der Nahrung bedürfen) verbindet nicht nur die Toten mit den Lebenden, sondern auch die Lebenden mit zukünftigen Generationen. Der Einzelne ist niemals „allein", er ist aufgehoben und geborgen als Glied einer langen Kette von Vor- und Nachfahren. Noch in den schlechtesten Zeiten muss er sich niemals als losgelöstes und unsicheres Individuum fühlen, sondern findet Beistand bei seiner Familie, seinem Dorf, seinem Vaterland – den Ahnen schlechthin. Auch der scheinbare „Heldenkult" der Vietnamesen ist eine Form des Totenkults: Tran Hung Dao, Le Loi und Ho Chi Minh sind gemeinsame Ahnen des „Vietnamesentums".

Auch wenn im heutigen Alltagsleben die **Zwiesprache mit den Ahnen** nicht mehr den prominenten Platz wie früher einnimmt, entzieht sich niemand der Fürsorge für die Seelen der Toten. Denn die Ahnen müssen zufrieden sein, damit sie die Lebenden nicht unglücklich machen. In fast jedem vietnamesischen Haus, jeder noch so schäbigen Hütte gibt es einen **Ahnenaltar,** um die Toten der letzten drei Generationen zu ehren und mit Opfergaben zu versehen. Normalerweise stehen auf dem Altar zwischen zwei Öllämpchen (Symbol für Sonne und Mond) Räucherstäbchen in ungerader Zahl, Wasser (oder Alkohol) und frische Früchte. An Festtagen kommen Klebreis, ein Huhn und Papiergeld dazu. Die Speisen werden nach angemessener Zeit (frühestens nach dem Abbrennen der Räucherstäbchen) wieder vom Altar genommen und verzehrt.

Konfuzianismus

Der Konfuzianismus ist keine Religion im eigentlichen Sinne, sondern eine praktische Anleitung zum richtigen Leben und eine Philosophie der gesellschaftlichen Organisation. Auch wenn sich heute kein Vietnamese als Konfuzianer bezeichnen würde, prägen die Ideen noch heute als Verhaltenskodex und bis in die Sprache hinein das alltägliche Leben.

Konfuzius (vietn. *Khong Tu*, 551–479 v.u.Z.) sieht sich nicht als Religionsstifter, sondern als Bewahrer der Sitten und alten Werte. Seine Lehre knüpft an die Ahnenverehrung an und stellt die **Familie** in den Mittelpunkt – und die Familie ist das Vorbild für die gesamte hierarchisch abgestufte Gesellschaft, für den Staat schlechthin. Verhaltensregeln und moralische Vorschriften bestimmen die **Fünf** zwischenmenschliche **Beziehungen** (Herrscher – Untertan, Vater – Sohn, Älterer – Jüngerer, Mann – Frau, Freund – Freund). Der zusätzliche Erwerb der **Fünf Tugenden** (Treue, Rechtschaffenheit, Aufrichtigkeit, Sittlichkeit und Weisheit) soll Menschlichkeit und Harmonie des menschlichen Zusammenlebens gewährleisten.

Ein schönes, positives Gedankengebäude, das in Vietnam früh zu einem hochzivilisierten und vergleichsweise egalitären Staat geführt hat. Die dynastischen Kaiser waren keine göttergleichen Wesen wie in den indisierten Nachbarstaaten der Cham, Khmer und Laoten, und nach dem Modell des Mandarinats sollten weder Herkunft noch Abstammung (Adel und feudalistische Erbfolge) über Rang und Einfluss in der Gesellschaft bestimmen, sondern **Bildung** und **Qualifikation,** die erst erworben und nachgewiesen werden mussten (Literatur-Examina).

Die negativen Seiten der Lehre zeigten sich im Lauf der Jahrhunderte, als unter den Schülern des Konfuzius die Lehre in immer komplizierteren Ritualen erstarrte, die harmonischen fünf Beziehungen allzu oft als autoritäres Abhängigkeitsverhältnis interpretiert wurden und jegliche Veränderung und Erneuerung auf Ablehnung stieß. Als Ideologie des Kaiserhofs, der Mandarine und Notablen (Oberschicht) konservierte sich der Konfuzianismus bis ins 21. Jahrhundert. Die Unfähigkeit, Geschichte als einen dynamischen Prozess zu begreifen, und seine bornierte Abscheu vor Handel, Wissenschaft und Technik machten das Kaiserreich zu einer leichten Beute des westlichen Kolonialismus, der zwar das bürokratische Staatsmodell abschaffte, aber die von konfuzianischer Tradition geformte (und daher leicht manipulierbare) Gesellschaftsordnung zu seinem eigenen Nutzen weitgehend bestehen ließ.

Konfuzianismus und Sozialismus

Der Sozialismus verwirrte die Konfuzianer keineswegs, im Gegenteil, sie sahen in ihm eine Fortführung ihrer traditionellen Ideologie, die die Verpflichtung gegenüber der Gesellschaft schon immer höher gestellt hatte als das Recht des Einzelnen.

Die Kommunisten der ersten Stunde waren fast ausnahmslos ehemalige konfuzianische Gelehrte, denen gesellschaftliche, ja kollektive Disziplin und die Ablehnung von Anarchie und bürgerlichem Individualismus schon ihr Leben lang vertraut waren. Der Funktionär ist Vorbild der Kader und die Partei das Modell für den Staat.

Die Vietnamesen waren, so gesehen, aufgrund ihrer konfuzianischen Anschauungen auf den Kommunismus gut vorbereitet. Die tiefe Verwurzelung in alten Traditionen und Denkweisen erklärt auch zu einem großen Teil, weshalb der weltweite Zusammenbruch des Sozialismus bisher weder Hanoi noch Peking zu einem radikalen Umlenken gezwungen noch ins Chaos geführt hat.

Daoismus

Der Daoismus verbreitete sich etwa zur gleichen Zeit in Vietnam wie der Konfuzianismus und fußt auf der mystischen Lehre des **Lao Tse** (vietn. *Lao Tu*, um 500–600 v.u.Z.) und seinem Buch „Tao Te King" („Buch vom Dao und seiner Kraft"). Quasi als Gegenpol zum Konfuzianismus, wird nicht der Mensch, sondern die **Natur** mit ihren wechselseitigen Kräften *yin* und *yang* in den Mittelpunkt des Kosmos gerückt. Dao (chin. Weg, Vernunft) bedeutet das Sein aller Dinge, die Harmonie der ewigen Weltordnung, das Urprinzip, das das Weltall bestimmt; es kann durch das Handeln der Menschen nicht beeinflusst

Buchtipp

- *Hanne Chen:* **Konfuzianismus erleben,** Praxis-Reihe, Reise Know-How Verlag
- *Hanne Chen:* **Daoismus erleben,** Praxis-Reihe, Reise Know-How Verlag

werden, das Schicksal der Menschen wird nicht auf Erden beschlossen.

Die komplizierte esoterische Lehre hat sich in Vietnam nie durchsetzen können, bewahrt haben sich jedoch populäre Praktiken der Zauberei und Dämonenbeschwörung, der Astrologie, Wahrsagerei und Magie, versetzt und angereichert mit volkstümlichem Animismus, Aberglauben und Mystizismus, einheimischen Schutz- und Naturgeistern und vergöttlichten Gestalten der Geschichte wie *Tran Hung Dao*.

Die **Mächte der beseelten Natur** erscheinen in übernatürlicher Gestalt in den Geistern, Göttern und Dämonen der daoistischen Kosmologie wieder, über die der Jadekaiser *Ngoc Hoang* herrscht, ihm zur Seite seine Minister *Bac Dau*, der Stern des Nordens mit dem Buch der Toten, und *Nam Tao*, der Stern des Südens, der über die Lebenden Buch führt. Auch Lao Tu selbst, auf einem Wasserbüffel reitend, wird als Gottheit verehrt. Dem Kult der Mütter ist im daoistischen Tempel (*den* oder *dien*) oft ein eigener Raum gewidmet. *Tu Phu*, die vier Mütter, stehen für die Himmelsrichtungen, repräsentieren aber auch Himmel, Erde, Wasser und Wald, und sind umgeben von Helfern (u.a. fünf Tigern) und Kindern, die die bessere Welt nach der Wiedergeburt symbolisieren.

In fast jeder buddhistischen Pagode finden sich auch Statuen der taoistischen Götterwelt; Seitenaltäre sind dem Kult der Mütter geweiht, und in den Höfen sind Grotten für die Naturgeister angelegt.

Buddhismus

Auch wenn sich noch so viele Vietnamesen als Buddhisten bezeichnen mögen (oder als solche bezeichnet werden), ist der Buddhismus in Vietnam kaum mehr als ein **Konglomerat** aus einheimischen Ahnen- und Geisterkulten, taoistischer Götzen- und Dämonenanbetung und buddhistischen *Praktiken* und hat auch zu keiner Zeit eine allesbeherrschende Rolle wie in den südostasiatischen Nachbarländern von Kambodscha bis Burma gespielt. Für den westlichen Beobachter greifbarer und fassbarer als Animismus, Ahnenkult, Konfuzianismus und Daoismus und „historisch abgesichert" durch wertvolle Baudenkmäler der Vergangenheit und jüngste Ereignisse (außerparlamentarische Opposition, Selbstverbrennungen), erregt(e) der vietnamesische Buddhismus im Westen eine Aufmerksamkeit, die er rein faktisch jedoch nur bedingt verdient.

Der Buddhismus kam in den ersten Jahrhunderten unserer Zeitrechnung fast zur gleichen Zeit auf dem Landweg über China wie auf dem Seeweg über Indien nach Vietnam. Die Legenden um Geburt und Leben des **Siddharta Gautama** (um 560–480 v.u.Z.), eines Fürstensohns aus Nordindien, der bis zu seiner Erleuchtung unter dem *Bodhi-Baum* verschiedene Stadien menschlicher Existenz durchlief, trugen zur raschen Verbreitung und Popularität der Lehre bei. Als Korrektiv zum nüchternen Rationalismus und zur patriarchalischen Strenge des Konfuzianismus fand der „sanfte" und „kontemplative" Buddhismus rasch Anhänger und übernahm so etwas wie die Rolle einer indirekten Opposition gegen die Zwangsherrschaft der

023vi Foto: kb

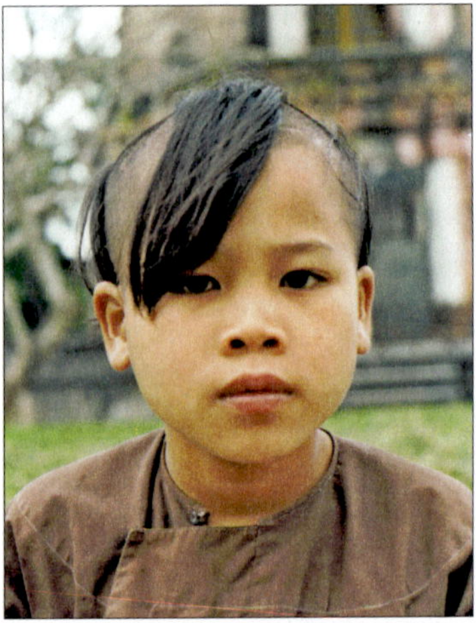

Ein Novize

Chinesen. Die Ära nach der Unabhängigkeit, vom 10. bis etwa zum Ende des 14. Jh., war denn auch die Blütezeit des Buddhismus in Vietnam (der zur gleichen Zeit in China bereits verfolgt und unterdrückt wurde), ehe er ab dem 15. Jh. mehr und mehr der Staatsraison geopfert wurde und sich mit Elementen des Konfuzianismus, Daoismus und Geisterglaubens vermengte.

Die Legende der Quan Am

Thi Kinh, eine jungverheiratete Frau, sah am Kinn ihres schlafenden Gatten ein Haar und wollte es mit dem Messer entfernen. Da erwachte der Mann und rief Haus und Hof zusammen, da er glaubte, sie wolle ihn töten. Thi Kinh wurde verstoßen und suchte, als Mann verkleidet, in einem Kloster Zuflucht. Dort verliebte sich die Tochter des Dorfältesten in den jungen „Mönch". Zurückgewiesen, gab sie sich voller Wut einem anderen hin, wurde schwanger und bezichtigte den jungen Mönch der Verführung. Thi Kinh wurde aus dem Kloster verstoßen, zog als Bettelmönch durchs Land und sorgte für das Kind. Erst bei ihrem Tod enthüllte sich, wer sie war und welches Unrecht man ihr angetan hatte. Der Himmelskönig, gerührt von ihrem Schicksal, machte Thi Kinh zu einer Göttin der Gnade.

Mahayana-Buddhismus

Der Buddhismus strebt die Überwindung des Daseins an, das als Leid, Begierde, Elend und Schmerz interpretiert wird, um das *Nirvana* zu erreichen. Das Schicksal jedes Menschen – Wohlstand, Armut, sozialer Status, ja sogar Geschlecht – ist Resultat seines Handelns in einem früheren Leben. Durch gute Taten (Verdienste, selbstloses Handeln) kann jeder sein *Karma* (Schicksal) beeinflussen, um im Kreislauf der ewigen Wiedergeburten eine höhere Daseinsstufe zu erlangen und dereinst im vollständigen Erlöschen (Nirvana) aufzugehen.

Schon vor der Verbreitung des Buddhismus in Vietnam hatte sich die ursprüngliche Lehre in zwei Strömungen gespalten, den *Hinayana-* (Kleines Fahrzeug) und den *Mahayana-*Buddhismus (Großes Fahrzeug). Während der strengere und dogmatischere Hinayana (auch *Theravada*, Lehre der Alten, genannt) an der „reinen Lehre" festhält und die Gläubigen dazu anhält, durch Ansammeln von Verdiensten nach individueller Selbsterlösung zu streben, führt das „Große Fahrzeug" zur Erlösung für alle und kennt schier grenzenlose Erleuchtungswesen und Manifestationen Buddhas, die als „Nothelfer" angerufen werden können und auf dem beschwerlichen Weg zur Erleuchtung den Gläubigen beistehen.

Obwohl beide Glaubensrichtungen etwa zur gleichen Zeit nach Vietnam einströmten, versteht es sich, dass die pragmatischen Vietnamesen sich für das Große Fahrzeug als Weg der Erlösung entschieden, konnte man sich doch aus einem breiten Spektrum von Gottheiten diejenigen aussuchen, die am meisten Schutz und Hilfe versprachen.

Unter der Ly-Dynastie im **11.** und **12. Jh.** erreichte der Buddhismus, von den Kaisern als Gegenpol zum Konfuzianismus gefördert, seine geistige und künstlerische Blütezeit und gelangte der buddhistische Klerus auch zu wirtschaftlicher und politischer Macht. Dennoch mussten die Bonzen bereits unter den Ly-Kaisern das nach der Unabhängigkeit errungene Bildungsmonopol wieder an konfuzianische Gelehrte abgeben, und reicherte sich der Buddhismus zunehmend mit einheimischen und daoistischen Kulten an; ab dem 14.–15. Jh. sogar mit hinduistischen Elementen der besiegten Cham-Kultur. Unter Kaiser Le Thai Tho (Le Loi, 1428–34) und seinen Nachfolgern verlor er auch die letzten staatlichen Privilegien und Protektionen an den Konfuzianismus, auch wenn manche Kaiser ihn weiter förderten und öffentlich unterstützen. Bis heute ist der Buddhismus die Religion der Bauern und einfachen Leute und vor allem der Frauen geblieben.

Zu Beginn der **1920er Jahre** setzte eine Erneuerungsbewegung ein, inspiriert und geleitet von studierten Bonzen, die sich an dem sozialen und karitativen Engagement der Katholischen Kirche orientierten. **1951** wurde die Allgemeine Buddhistische Vereinigung gegründet. Während der Regierungszeit des Katholiken Diem in Südvietnam führten die Gegensätze zwischen Buddhisten und Regierung zur Überraschung selbst der Vietnamesen, dazu, dass die traditionell apolitischen Mönche sich aktiv in die Politik einmischten; Hue wurde Zentrum der **Opposition,** die in spektakulären Selbstverbrennungen ihren extremsten Ausdruck fand. Auch nach dem Sturz Diems spielte die Vereinte Buddhistische Kirche um Thich Tri Quang eine entscheidende Rolle, mehrere südvietnamesische Regierungen mussten unter dem Druck der Buddhisten zurücktreten, und im Frühjahr 1966 kam es erneut zu Protestmärschen, Selbstverbrennungen und Hungerstreiks.

Buddhistische Heilsgestalten

Das Pantheon buddhistischer Pagoden **(chua)** ist reich und vielfältig, aber überschaubar, da es sich auf einen bestimmten „Personenkreis" beschränkt. Den höchsten Rang nehmen die Buddhas der Drei Generationen *(Tam The)* ein, Thich Ca, A Di Da und Di Lac, sie repräsentieren Gegenwart, Vergangenheit und Zukunft.

Thich Ca, der historische Buddha Siddharta Gautama (Gegenwart), wird meist als Lehrender mit erhobener Hand dargestellt, oft auch als Kind Thich Ca Mau Cuu Long (von neun Drachen umgeben) oder liegend auf dem Weg ins Nirvana.

A Di Da, der Gnaden- oder Fastenbuddha (Vergangenheit), wird als magerer Asket dargestellt. Er steht den Menschen auf dem Weg der Läuterung bei und wird oft von gnadenreichen *Bo Tat* (Bodhisattva) begleitet.

Di Lac verkörpert die Zukunft als fröhlich lachender dickbäuchiger Mönch.

Weitere Dreiergruppen können die drei mystischen Körper Buddhas (Tam Than) und die Trinität der Drei Kostbarkeiten (Tam Bao) bilden, die sich aus Buddha, Dharma (Lehre) und Sangha (Gemeinschaft der Mönche) zusammensetzt.

Bodhisattva sind Wesen, die bereits Erleuchtung erlangt haben, aber zugunsten anderer, die ihrer Hilfe bedürfen, auf den Eintritt ins Nirvana noch verzichten. Am beliebtesten unter ihnen ist die barmherzige **Quan Am** in ihren vielfältigen Darstellungen: als die Reine mit der bauchigen Wasserflasche oder auf der Lotosblüte, als die Hilfreiche mit 16, 100 oder gar 1000 Armen und Augen oder als die Gnadenbringende mit einem Kind im Arm.

Grimmige Wächterfiguren und die Gruppen der **10 Höllenkönige** und der **18 La Han** (Arhat) runden das Bild der Heilsgestalten im buddhistischen Chua ab, zuzüglich Statuen der Pagodenstifter, verdienter Äbte, Ahnengeister, Heroen und anderer nicht-buddhistischer Gottheiten. Vor allem daoistische Götter haben ihren festen Platz in den Pagoden, allen voran der Jadekaiser **Ngoc Hoang** mit seinen Gehilfen. In chinesischen Versammlungshallen (Hoi Quan) dürfen **Thien Hau,** die Himmelsgöttin und Patronin der Seefahrer (eine Variante der Quan Am), und **Quan Cong,** der chinesische General der Drei Königreiche mit Helfern und Zauberpferd, nicht fehlen.

Pagode oder Tempel?

Prinzipiell unterscheidet man zwischen buddhistischen Pagoden *(chua)*, daoistischen Tempeln *(den)* und Gemeindehäusern *(dinh)*. Zeremonien und Kulthandlungen finden überall statt und exakte Abgrenzungen sind wie immer, wenn es um „Religion" geht, nicht vorgesehen.

Chua

Der Chua bestand ursprünglich oft nur aus einem Stupa, der Reliquien des historischen Buddha *barg*. Charakteristisch für die aus dem indischen Stupa weiterentwickelten Stockwerktürme (thap) sind der quadratische Grundriss und die ungerade Zahl der übereinandergestaffelten Geschosse. Diese Form kommt unserer Vorstellung von „Pagode" am nächsten.

In Vietnam aber ist der von einer Mauer umschlossene Chua meist dreigegliedert, entweder durch drei getrennte rechteckige Gebäude, drei ineinander übergehende Hallen oder die Aufteilung in drei Altäre: den erhöhten Hauptaltar, den Altar der Rauchopfer und das Sanktuarium im dritten, dem Haupt-

Religiöse Begriffe

A Di Da	Amitabha, Buddha der Vergangenheit
At Nan Ananda	Lieblingsschüler des Thich Ca Buddha
Bo (De) Tat	Bodhisattva; Wesen, die Erleuchtung erlangt haben, aber auf den Eintritt ins Nirvana verzichten, um anderen zu helfen.
Ca Diep	Kasyapa, Lieblingsschüler des Thich Ca Buddha
Dia Tang Vuong	Ksitigarbha, Bodhisattva, der die Seelen Verstorbener aus der Hölle leitet
Di Lac Maitreya	Buddha der Zukunft
Ho Phap	Dharmapala, Wächter, Beschützer der Lehre
La Han Arhat	„Ehrwürdiger", „Verdienstvoller"
Long Than	Gottheit der Drachen
Ngoc Hoang	Jadekaiser, *Nam Tao* (Südstern) und *Bac Dau* (Nordstern), seine Gehilfen
Phap	die Lehre
Phat	Buddha, seine Persönlichkeit
Pho Hien	Samantabhadra, Bodhisattva, der „Glückbringende"
Quan (The) Am	Avalokitesvara, Bodhisattva, die „Gnadenbringende" – Thien Tu – mit 100 Armen – Thi Kinh – die Kinderbringerin
Tam Bao	die 3 Kostbarkeiten
Tam Phat	die 3 Buddhas
Tam The	die 3 Generationen
Thanh Quan	General der 3 Königreiche (chin. Quan Cong), *Quan Binh* und *Chau Xuong*, seine beiden Gehilfen
Thap Dien Vuong	die 10 Könige der Hölle, Höllenrichter
Thich Ca (Mau Ni)	Sakyamuni, Buddha der Gegenwart, der historische Siddharta Gautama
Thien Hau (Thanh Mau)	Königin des Himmels, Beschützerin der Seeleute und Fischer
Thien Vuong	Lokapala, Wächter der 4 Himmelsrichtungen
Tu Phu	die daoistischen Mütter
Van Thu	Manjusri, Bodhisattva, Gottheit der Weisheit

raum. Neben den Statuen der Buddhas und Bodhisattva, deren Zahl wie Anordnung nicht festgelegt ist und in jedem Chua verschieden sein kann, finden sich fast immer auch Statuen daoistischer Gottheiten, Ahnengeister und lokale Götter. Nebengebäude dienen als Kult- und Wohnstätten der Mönche bzw. sind dem Andenken verstorbener Bonzen und Mäzene geweiht.

Im Süden Vietnams, z.B. in Cho Lon und Hoi An, findet man viele chinesische Pagoden, die gleichzeitig als Versammlungshallen *(hoi quan)* der chinesischen Gemeinden dienten.

Den

Als *Den* bezeichnet man einen Gedenktempel, auch *dien, tinh* oder *mieu* genannt. Es ist ein Ort, an dem die Götter, Geister und Dämonen des Daoismus, lokale Schutzgeister und/oder vergöttlichte Heroen wie Tran Hung Dao, die Trung-Schwestern usf. verehrt werden. Der rechteckige Grundriss ähnelt dem des Chua. Helden werden zuweilen durch Statuen, häufig aber auch nur durch einen Thron mit einer Gedenktafel oder durch Symbole wie Waffen oder Kleidungsstücke verehrt. Ein *nghe* ist ein kleinerer Schutzgeisttempel.

024vi Foto: PVT

Dinh

Das Gemeindehaus eines Dorfs hatte als Versammlungs- und Gerichtsort der männlichen Dorfbewohner und ihrer gewählten Ältesten große Bedeutung. Zugleich ist ein Dinh immer Kultstätte und Tempel des Dorf- und Schutzgeistes, einer als gemeinsamer „Ur-Ahn" aller Dorfbewohner verehrten Person der Geschichte oder der Legende. Ursprünglich im „indonesischen" Stil aus Holz und auf Pfählen gebaut, wurden sie später auch aus Ziegeln errichtet und glichen dann mehr chinesischen Tempeln.

Katholizismus

Als im 16. Jh. Portugiesen, Spanier und Franzosen nach Vietnam kamen, wollten sie nicht nur Waren tauschen, sondern auch den christlichen Glauben verbreiten; **Mission** und **Handel** waren von Beginn an untrennbar miteinander verknüpft.

Perioden zähneknirschender Toleranz wechselten mit strikten Missionierungsverboten und sogar Enthauptungen von Missionaren ab. Um den Katechismus ins Vietnamesische zu übersetzen, entwickelte der französische Jesuit *Alexandre de Rhodes* Anfang des 17. Jh. das **quoc ngu,** die noch heute verwendete romanische Umschrift des Vietnamesischen mit den Betonungsakzenten. Schon 1663 soll es 200.000 Christen in Tonkin gegeben haben, etwa 10 % der damaligen Bevölkerung; allerdings waren Massentaufen ganzer Dörfer und Regionen die Regel. Den meisten Vietnamesen machte es wenig aus, außer zu Buddhas, Naturgeistern und Höllendämonen auch noch zu Maria und Jesus zu beten.

Als die Konfuzianer die Tätigkeit der Missionare energischer einzuschränken begannen, war es bereits zu spät, die Christenverfolgungen bildeten vielmehr den willkommenen Vorwand für militärische „Strafaktionen",

Rauchopfer am Altar

in deren Verlauf Frankreich sich das Kaiserreich einverleibte. Da Katholiken von den Kolonisten einseitig gefördert und bevorzugt wurden, erfreute sich die christliche Kirche regen Zulaufs, hatte aber natürlich auch mit dem Vorwurf der Kollaboration und des Opportunismus zu kämpfen.

1954 bauten die Amerikaner den Katholiken Diem zum „starken Mann" des antikommunistischen Südvietnam auf und lockten zur Stärkung seiner Machtbasis mit Hilfe von Radiokampagnen und gefälschten Flugblättern, die allen Christen schlimmste Repressalien durch die gottlosen Kommunisten verhießen, fast 1 Mio. Nordvietnamesen in den Süden. Ganze Dörfer und Gemeinden brachen vom Roten Fluss auf, um sich „mit der Jungfrau Maria zu vereinen, die sich in Saigon nach ihren Kindern im Norden verzehrt", und unter dem Deckmantel humanitärer Hilfe heizten amerikanische Hilfsorganisationen die Flüchtlingsströme durch Kopfprämien an. Als Diem den Katholizismus quasi zur Staatsreligion erklärte, hatte er seine Rechnung allerdings ohne die „apolitischen" Buddhisten gemacht, deren wütende Opposition und spektakuläre Selbstopfer ihn letztlich zu Fall brachten.

Obwohl viele begüterte Katholiken Vietnam zwischen 1973 und 1975 verließen, gehören Katholiken noch heute meist zu den „Bessergestellten" im Land. Über das Seelenheil der ca. 8 Mio. Gläubigen wachen Erzbischöfe in Hanoi, Hue und Saigon.

Caodaismus

Die Anfang der 1920er Jahre von dem Spiritisten Ngo Van Chieu nach einer übernatürlichen Begegnung mit dem höchsten Wesen (Cao Dai) gegründete Sekte ist ausnahmslos im Süden Vietnams verbreitet und zählt dort noch heute etwa 1,5 Mio. Anhänger. Ausgangspunkt des Caodaismus, einer eklektizistischen **„Ideal-Religion"**, die alle großen Lehren des Ostens und Westens zu vereinen sucht, sind die drei historischen Offenbarungen des Göttlichen, in frühester Zeit durch Moses und mythische Gestalten des Buddhismus, Daoismus und Konfuzianismus, in geschichtlicher Zeit durch Jesus, Siddharta Gautama, Lao Tse und Konfuzius und schließlich vereinigt in der Gestalt des *Cao Dai*, der höchsten Gottheit, die zur Erlösung der gesamten Menschheit führen wird. Außer buddhistischen Bodhisattva, vietnamesischen Heiligen und daoistischen Geistern offenbaren sich den Anhängern in spiritistischen Sitzungen auch Gestalten der Weltgeschichte wie Victor Hugo, Jeanne d'Arc, Churchill, Newton oder Pasteur als Sprachrohr des Cao Dai.

In den 1940er Jahren nahm die Sekte derart zu, dass die Franzosen die Verbreitung ihrer Lehren verboten, zumal sie sich zunehmend dem antifranzösischen Widerstand anschloss und während des 2. Weltkriegs offen mit den Japanern paktierte. Mit Hilfe einer schlagkräftigen Privatarmee kontrollierten die Caodaiisten weite Teile des Südens und bildeten einen „Staat im Staat", um dessen Gunst sowohl Franzosen wie Viet Minh buhlten. Erst unter dem Druck der Amerikaner und der Armee Diems mussten sie ihre Gebietsansprüche aufgeben und wurden aus dem politischen Geschehen gedrängt.

Der Heilige Stuhl, das religiöse Zentrum der Sekte, befindet sich bei Tay Ninh 100 km nordwestlich von Saigon (Kapitel „Tay Ninh").

Hoa Hao

Auch der **Reform-Buddhismus** der Hoa-Hao-Sekte, 1939 von dem „verrückten Bonzen" Huynh Phu So im Mekong-Delta gegründet, illustriert den Drang zu einer unabhängigen politischen Bewegung mit (pseudo-) religiöser Grundlage. Die lautstark gepredigte Rückkehr zur „Einfachheit" der frühen Buddhisten – Verzicht auf reichgeschmückte Pagoden, aufwendige Zeremonien und Priesterschaft, stattdessen strikte Abstinenz und täglich viermaliges Gebet – stand von Beginn an in krassem Gegensatz zur radikalen Militanz der Sekte, die abwechselnd mit den Japanern, Franzosen und dem Viet Minh kollaborierte, jedoch auch die Bordelle und Spielhöllen Saigons kontrollierte.

Die Hoa Hao sollen im Mekong-Delta noch immer annähernd 500.000 Anhänger haben, treten aber nach außen hin so gut wie nicht in Erscheinung, da sie weder Kirchen haben noch eine bestimmte Tracht tragen.

Islam

In fast jeder größeren Stadt Vietnams findet man eine Moschee, aber die Minarette sind verstummt. Errichtet wurden sie von Zigtausenden Indern, die in den 1930er Jahren von den Franzosen als Antwort auf die Demonstrationen und Massenstreiks der Einheimischen ins Land geholt worden waren. Da Vietnamesen nur in seltensten Fällen zum Islam übertraten, gehören heute in erster Linie Angehörige der Cham-Minderheit und die wenigen Inder, die das Land nach 1975 nicht verlassen haben, zu den Moslems Vietnams (0,5 % der Bevölkerung).

Religionsfreiheit heute

Bedingt durch restriktive Maßnahmen der Regierung war die Zahl der Mitglieder aller religiösen Gemeinschaften nach 1975 zunächst stark rückläufig. Als Sitz oppositioneller Kräfte und Quelle antikommunistischer Aktivitäten wurden nach der „Befreiung“ Kirchen und Klosterschulen geschlossen, Pagoden in öffentliche Gebäude umgewandelt, Priester und Bonzen unter Hausarrest gestellt und „umerzogen“, die Sekten enteignet und einige ihrer Führer sogar hingerichtet.

Obwohl die Verfassung offiziell Religionsfreiheit garantiert, stehen alle religiösen Gruppen weiterhin unter staatlicher Beobachtung und Kontrolle und unterliegen Druck und Verbreitung ihrer Schriften der Zensur. Politisches und soziales Engagement sind nach wie vor untersagt, gegenüber der Religionsausübung zeigt die Regierung heute aber größere Toleranz, auch wenn der Papst bislang keine Einreiseerlaubnis erhalten hat.

Bereits seit 1989 ist eine umfassende Renaissance aller Religionen zu beobachten. Kirchen, Pagoden und Tempel wurden renoviert und wieder ihrer ursprünglichen Bestimmung zugeführt, an Fest- und Feiertagen sind sie heillos überfüllt. Auch Priesterseminare und buddhistische Novizen sind in begrenzter Anzahl wieder zugelassen.

Schrift und Literatur

Schrift

Von den Anfängen der vietnamesischen Kultur bis in unser Jahrhundert hinein existierten **Chinesisch** und **Vietnamesisch** als *Sprachen* nebeneinander, als *Schrift* dagegen kannte man bis zum 10. Jh. lediglich das chinesische **chu nho,** die „Gelehrtenschrift“.

Aus dem Bedürfnis nach nationaler Identität und eigenständiger Kultur passte man die chinesischen Schriftzeichen an die vietnamesischen Lautwerte an und entwickelte das einheimische **chu nom.** Da aber auch diese stark vereinfachte Schrift das Studium des Chinesischen voraussetzte, blieb das Schreiben weiterhin einer gelehrten Elite vorbehalten, während umgekehrt das neue Zeichensystem derart „degeneriert“ war, dass die Chinesen es nicht mehr entziffern konnten. Die meisten konfuzianischen Gelehrten, die mühselig Tausende komplizierter chinesischer Zeichen auswendig gelernt hatten, brachten für das simplifizierte System wenig Sympathie auf, während Reformer, Patrioten und progressive Literaten gezielt versuchten, das *nom* – und damit die einheimische Sprache – zu fördern und festgefahrene gesellschaftliche und politische Konventionen aufzureißen.

Beide Schriften existierten jahrhundertelang nebeneinander, die Mehrzahl der Bauern beherrschte keine von beiden. Als Anfang des 19. Jh. der reaktionäre Traditionalist *Minh Mang* nicht nur das *chu nom,* sondern selbst die vietnamesische Sprache von seinem Hof in Hue verbannte, war der Bruch endgültig vollzogen: Das Volk sprach die Landessprache, konnte sie aber nicht schreiben, die Oberschicht sprach und schrieb wie vor der Unabhängigkeit Chinesisch.

Der französische Jesuit **Alexandre de Rhodes** (1591–1660) veröffentlichte 1651 neben einem Katechismus in romanischer Umschrift ein annamitisch-portugiesisch-lateinisches Lexikon in **quoc ngu** („nationale Schrift"). Seine Transkription der vietnamesischen Laute in **lateinische Buchstaben mit Akzenten,** die die jeweiligen Tonhöhen markieren, wird noch heute verwendet, blieb aber mehr als 200 Jahre lang fast ausschließlich auf den Wirkungsbereich der christlichen Missionen beschränkt.

Erst durch die Ankunft der Kolonisten, die verständlicherweise eine leserliche (und kontrollierbare!) Schrift einem System „unentzifferbarer Zeichen" vorzogen, gewann das *quoc ngu* rasche Verbreitung. Erste Zeitungsgründungen, literarische Übersetzungen und die wachsende Notwendigkeit einer Übertragung westlicher Begriffe trugen zur Popularität des *quoc ngu* auch unter vietnamesischen Intellektuellen bei, sodass es sich um 1910 endgültig als offizielles Schreibsystem durchsetzte. Nur wenige Jahre darauf (1918) kapitulierte auch der Kaiserhof und stellte die jahrhundertealten Mandarinats-Prüfungen ein.

Literatur

Literatur und Poesie haben im geistigen und politischen Leben Vietnams von jeher eine große Rolle gespielt. Seit der Einführung der konfuzianischen Prüfungen für höhere Staatsbeamte Ende des 10. Jh. musste jeder Vietnamese, der politisch und gesellschaftlich mitreden wollte, auch „literarische" Fähigkeiten nachweisen: Ein guter Konfuzianer, der die *Rituale* beherrscht, so sagte man, weiß sich auch in *Versen* auszudrücken. Ob Kaiser oder Mandarin, Gelehrter, Bonze oder General, poetische Produktion blieb für die vietnamesische Elite bis in die Neuzeit selbstverständlich. Als Folge davon verstand man unter Literatur bis in unser Jahrhundert fast ausschließlich **Versdichtung** – auf der einen Seite eine gewaltige Überproduktion voll von tradierten Klischees und Stereotypen, auf der anderen eine literarische Tradition, die immer wieder Meisterwerke hervorbrachte.

Zu allen Zeiten haben patriotische Themen im Zentrum vietnamesischer Literatur gestanden. Die „Berge und Flüsse" des Landes, Synonym für die Heimat, wurden immer dann besonders aktuell, wenn es einer Bedrohung von außen zu widerstehen galt. Als General **Ly Thuong Kiet** 1076 das Land von den chinesischen Sung befreien wollte, feuerte er seine Landsleute mit Versen an – und siegte natürlich. Für **Nguyen Trai,** den konfuzianischen Gelehrten und Feldherrn Le Lois, galt es als Bestandteil der Kriegsführung, den Feind mittels Flugblättern, Spottliedern und Offenen Briefen zu überzeugen, dass es besser sei, „die Herzen zu erobern als die Zitadellen". Nicht zuletzt seinem rhetorischen Geschick war es zu verdanken, dass die Ming

Berge und Flüsse des südlichen Reiches/ Gehören dem Herrscher des Südens/Das Buch des Himmels hat es so bestimmt/ Warum also wagen eure Horden unser Land zu überfallen/Ihr werdet sehen: eure Niederlage ist gewiss.

(Ly Thuong Kiet, 11. Jh.)

Die Ruhe ist wiederhergestellt/Berge und Flüsse haben ihr Aussehen verändert/Das in Unordnung geratene Universum hat seine Harmonie wiedergefunden/Sonne und Mond kehren aus der Finsternis ins Licht zurück.

(Nguyen Trai, 15. Jh.)

Unsere Berge, unsere Flüsse, unsere Menschen werden immer bleiben/Ist der Feind erst geschlagen, bauen wir das Land wieder auf zehnmal schöner denn je.

(Ho Chi Minh, 20. Jh.)

sich 1427 wieder aus Vietnam zurückzogen und eine Periode des Friedens beginnen konnte: Die „Große Proklamation über die Befreiung von der chinesischen Herrschaft" preist diesen Zustand. Mehr als ein halbes Jahrtausend später, als Vietnam erneut der größten Weltmacht seiner Zeit gegenüberstand, war es **Ho Chi Minh,** der zur Kontinuität des Themas beitrug.

Aber die Vietnamesen dichteten auch in Friedenszeiten. Eine kulturelle Blüte erlebte das Land unter Kaiser *Le Thanh Tong* (1460–97), der nicht nur ein fortschrittliches Gesetzeswerk schuf, sondern eine Dichterakademie gründete und zur Abfassung historischer und philosophischer Schriften sowie zur Archivierung von Legenden und Lyriksammlungen aufrief. Zu einer ähnlichen Entwicklung kam es im 17. Jh. unter den Trinh, als immer mehr Werke in *chu nom* entstanden. Die ersten überlieferten Gedichte in der Nom-Schrift hatte bereits 1282 Han Thuyen verfasst, aber das gelehrte Vietnam verhielt sich weiterhin ablehnend und scheute davor zurück, seine hohen Gedanken in derart niederen Schriftzeichen auszudrücken. Erst unter *Le Loi* und als Reaktion auf die Schreckensherrschaft der Ming (1407–1727) wurde das Nom auch in Gelehrtenkreisen populärer, zahlreiche literarische Arbeiten entstanden, und selbst chinesische Klassiker wurden in Nom übertragen.

Obwohl das patriarchalische Bildungssystem **Frauen** wenig Möglichkeit bot, sich Wissen anzueignen, geschweige denn an die Öffentlichkeit zu treten, durchbrachen einige Damen der Oberschicht diese Regel. Die erste Poetin war *Dieu Nhan* (1072–1143), die Tochter eines Prinzen, die sich nach dem Tode ihres Gatten ins Kloster zurückzog und Verse schrieb. Im 18. Jh. verfasste *Dang Tran Con* das bewegende Antikriegsepos „Die Klagen einer Kriegersfrau". Die herausragende Gestalt aber war *Ho Xuan Huong,* die sich nicht mehr damit begnügte zu klagen, sondern vehement die verlogene Gesellschaftsmoral des späten 18. Jh. attackierte; die Konkubine eines Präfekten scheute nicht einmal davor zurück, an absolute Tabus wie freie Liebe und Sexualität zu rühren, wenn auch natürlich „elegant", in raffinierten Wortspielen und poetischen Bildern.

Als Nationalepos Vietnams gilt *Kim Van Kieu.* Jeder kennt es oder weiß zumindest ein paar Verse zu zitieren, man sagt, es würde „der vietnamesischen Seele Ausdruck verleihen". **Nguyen Du** (1765–1820), der seine letzten Jahre am Hof Gia Longs in Hue verbrachte, erzählt die tragisch-anrührende Geschichte seiner Heldin in 3354 Versen. Kieu trennt sich voller Schmerz von dem Geliebten, um ihren hochverschuldeten Vater vor dem Kerker zu bewahren, verkauft sich als Kurtisane an ein Bordell, wird Mätresse eines Banditen und fällt in die Hände immer skrupelloserer Menschen; als sie nach zahllosen Leiden und Abenteuern schließlich ihren Geliebten wiederfindet, hält sie sich – unschuldig schuldig geworden – seiner nicht mehr für würdig und verzichtet auf seine Liebe. In der heftigen Anklage gegen das herrschende Unrechtssystem, das die Rechte des Einzelnen und insbesondere der Frauen brutal mit Füßen tritt, konnten (und können?) Millionen von Vietnamesen immer wieder anschaulich ihr eigenes Schicksal wiederfinden.

Die künstlerischen Ausdrucksmittel eines Versepos wie *Kim Van Kieu* waren aufgrund der Kolonisation an einem Endpunkt angelangt; neue Formen und Themen mussten gefunden werden. Die Einführung des lateinischen Alphabets und die Anfänge eines eigenständigen Journalismus führten zu neuen Schreibweisen und ab 1920 zu ersten Beispielen moderner Prosa. Der anfangs noch starke französische Einfluss schwand mit wachsendem Selbst- und Nationalbewusstsein, kämpferische, patriotische und sozialistische Literatur entstand. „Mit Feder und Gewehr kämpfen", hieß fortan die Devise, eindringliche Zeugnisse des Widerstands sind die Gedichte von *To Huu*.

Seit der „Befreiung" wendet man sich (notgedrungen) neuen Themen zu. Die Autoren scheinen damit weniger Probleme zu haben als ihr einziger „Verleger", der Staat, wie überall in autoritären Staaten gehen Zensur und vorbeugende Selbstzensur eine innige Verbindung ein. Dennoch konnten Romanciers wie **Nguyen Huy Thiep, Duong Thu Huong** oder **Bao Ninh** mit ihren realistischen Porträts der sozialistischen Gesellschaft Aufsehen erregen. Der Trend zu kritischer Meinungsäußerung existiert, auch wenn in letzter Zeit wieder schärfer als früher gegen Dissidenten vorgegangen wurde. Den Wandel kultureller Werte, den neuen Vietnamesen schlechthin, zeichnet **Pham Thi Hoai** mit Witz und Ironie. Die Schriftstellerin, die heute zeitweise in Deutschland lebt und deren poetische Erzählungen auch auf Deutsch erhältlich sind, gilt als Vertreterin der „neuen Generation" der Hanoier Literaten – selbst wenn ihre Texte im Ausland veröffentlicht werden und staatliche Kampagnen sie von Zeit zu Zeit als „Nestbeschmutzerin" diffamieren.

Musik und Theater

Die volksnahen Kunstformen Musik und Theater sind eng miteinander verbunden und entwickelten sich schon früh in Vietnam. Obwohl das Theater spätestens seit dem 13. Jh. als „hoffähig" galt und Musikdarbietungen bei keiner kaiserlichen Festivität fehlen durften, waren die Künstler selbst, nicht anders als in unserem Mittelalter, von der Gesellschaft geächtet und ausgestoßen. So war es Schauspielern strikt untersagt, sich an den Gelehrtenprüfungen zu beteiligen, und selbst ein großer Förderer und Liebhaber des Theaters wie Kaiser Tu Duc (1847–83) traf die Feststellung, dass Schauspieler schlicht nicht zur menschlichen Rasse gehörten.

Musik

Pauschal gesagt, folgt die Musik des Nordens der **chinesischen** Tradition, mit einer Fünftonleiter ohne Halbtöne, schnellen Tempi und kräftigen Tönen, während im Süden der Einfluss der von den Cham übernommenen **indischen** Musik mit Trommeln und improvisierten Vorspielen vorherrscht – man spricht von einer *dieu hat nam*, einer Melodie des Südens, und einer *dieu hat bac* des Nordens.

Jede Volksschicht und jeder Berufsstand hat seine spezifischen Lieder, die alle Vietnamesen von der Wiege bis zum Tod begleiten: einfache Kinderlieder, Spottverse und Schüttelreime, Lieder, die das schwere Los im Reisfeld erträglicher machen oder die Arbeit der Fischer auf hoher See, burleske Bänkelgesänge blinder Wandersänger, patriotische Weisen voller Stolz und Nationalgefühl, wehmütige Liebeslieder (*nam ai*), sehnsuchtsvoll bis zur Rührseligkeit, und Balladen, die die Meisterwerke der Literatur verbreiten halfen. Als Kunstformen wurden der *hat a dao* („Gesang der Sängerinnen") und der *ca Hue* („Gesang von Hue") an den Höfen gepflegt.

Das Ende der Hofkultur und die Entwurzelung der traditionellen Dorfgemeinschaft durch Krieg und Sozialismus haben die alten Gesangsformen fast aussterben lassen. Zwar singt man gern und viel, aber doch lieber westlichen Pop im Karaoke-Schuppen als eigene Musik. Ry Cooder spielte mit dem großen alten Mann *Kim Sinh*, aber es wurde keine Wiederholung der kubanischen Erfolgsgeschichte, Auslandsvietnamesen wie *Nguyen Le* sind auf internationalen Jazzfestivals erfolgreich, aber im eigenen Land kennt man sie nicht, und *Trinh Cong Son*, der populäre Protestsänger und Poet, ist tot. - Um traditionelles Liedgut unverfälscht zu hören, muss man zur rechten Zeit an einem unspektakulären Ort sein. Die süßlichen Darbietungen, die Touristen geboten werden, treffen nur bedingt die Originalität alter, oft genial einfacher Lieder und Musikformen.

Instrumente

Die traditionelle Musik Vietnams kennt etwa 30 Grundinstrumente. Blas- und Blechinstrumente sind selten - sie verstimmen im feuchten Klima permanent (werden aber - aus diesem Grund? - bei Beerdigungen gespielt). Wichtig sind Trommeln, Gongs und andere Schlaginstrumente, die für Zeremonien und Theateraufführungen unentbehrlich sind, und die vielfältigen Saiteninstrumente (Monochord, Zither, Mondlaute), die der vietnamesischen Musik zusammen mit dem Taktschlaginstrument *Song Lang* ihre spezielle Note geben. Originell ist das *Dan Bau*, das lediglich aus einer Saite und einem Resonanzkörper besteht und fremdartige Töne erzeugt, deren Höhe mit dem Handballen und einem Tremolo-Hebel reguliert werden.

2003 wurde die „elegante Musik" *(nha nhac)* der Kaiserzeit von der UNESCO zum immateriellen unersetzlichen Kulturerbe erklärt, eine Auszeichnung, die hoffentlich dazu beiträgt, alte Kunstformen vor dem Untergang zu retten.

Hofmusik

025vi Foto: kb

Theater

Hat Cheo

Das „Theater des Lachens" ist die älteste Theaterform Vietnams. Schon um das Jahr 1000 sollen chinesische Komödianten an den Kaiserhof geholt worden sein, um die **Kunst des satirischen Theaters** zu lehren. Später wurde hat cheo zur spottlustigen Satire, die sich oft genug gegen die Herrschenden richtete, aber es war stets mehr als nur bloße Volksbelustigung, sondern trug in spielerischer und unterhaltsamer Weise zur **Bewusstseinsbildung der Bauern** bei. Aufführungsverbote seitens der Obrigkeit waren häufig, ließen sich aber nie lange durchsetzen. Das Volkstheater ist im Norden noch heute populär und erlebt, nicht zuletzt durch Vorführungen für Touristen (meist eine Revue von Ausschnitten aus den populärsten Stücken), eine Renaissance.

Hat Boi

Das „Schauspiel der Gebärden und des Gesangs" ist die vietnamesische Variante der chinesischen Oper. Bis ins letzte Jahrhundert die beliebteste Unterhaltung am Kaiserhof, hat heute kaum jemand mehr Zeit, sich auf den Gesang der langatmigen schwierigen Texte - untermalt von dramatischer Musik -

Mua Roi Nuoc (Wasserpuppentheater)

Wasserpuppentheater gehört heute zum Pflichtprogramm jedes Hanoi-Besuchers. Der ***„Tanz der Marionetten auf dem Wasser"***, eine schon seit dem 10. Jh. im Delta des Roten Flusses existierende Kunstform, war fast ausgestorben, bis ausgerechnet der Tourismus die Wiederbelebung dieses einzigartigen Puppenspiels einleitete. Heute reist die Truppe des Hanoier Thang-Long-Theaters von Festival zu Festival.

Das Verfahren ist einfach: Man benötigt eine Wasserfläche, es kann auch ein überflutetes Reisfeld sein, und aus dem Holz des Feigenbaums geschnitzte und bemalte Figuren. Heutzutage stehen die unsichtbaren Puppenspieler statt im Dorfteich auf einer Bühne hüfttief im Wasser. Durch eine Bambuswand verborgen lassen sie die beweglichen bis zu 70 cm großen Puppen scheinbar ohne jede Anstrengung die unglaublichsten Bewegungen ausführen. Ein komplizierter Mechanismus von Fäden, Seilzügen und Bambusstangen macht es möglich. Am faszinierendsten für den Zuschauer ist die ***Leichtigkeit*** und ***Wendigkeit***, mit der die auf den ersten Blick plump erscheinenden Figuren in und auf dem Wasser agieren.

Teu, Moderator und Spaßmacher, führt humorvoll durch die Vorstellung – auf einem Dorffest ist seine Figur der Publikumsliebling. Ein Trommelwirbel kündigt die erste Szene an und erst jetzt wird klar, wie wichtig das Wasser für das Geschehen ist, es wird zum wesentlichen Bestandteil jeder der kurzen Szenen: Heftige Wellen provoziert der Tanz des feuerspeienden Drachen *Rong*, rein wie ein Spiegel ist die Wasseroberfläche beim Auftritt der Feen, es spritzt gewaltig, wenn der Fuchs den Entchen nachstellt oder Kinder beim Bootsrennen wetteifern. Weitere Effekte werden durch Rauch, Licht und Musik (Trommel, Gong, Xylophon) erzielt.

Auch auf dem Land wird das kulturelle Erbe in seiner ursprünglichen Form wieder belebt: Die sehenswertesten Aufführungen „im Dorfteich" finden wie schon vor Jahrhunderten beim ***Fest des Chua Thay*** im März statt.

und die kodifizierten Gesten und Bewegungen der Charaktere einzulassen.

Man muss sehr viel Glück haben, eine der seltenen klassischen Aufführungen mitzuerleben. Die schrillen Fernseh-Soaps, die sich vor allem bei Frauen und Kindern größter Beliebtheit erfreuen, haben mit den klassischen Vorbildern nichts mehr gemeinsam.

Cai Luong

Das „erneuerte" oder „reformierte Theater" entwickelte sich Anfang des 20. Jh. und ist, basierend auf Hat-Boi-Stoffen, auf das Hier und Jetzt zugeschnitten. Hauptsache jedoch sind Musik und Gesang. In einem einzigen Stück können bis zu 40 Gesangseinlagen vorkommen, und wegen dieser „Ohrwürmer" sind die Vorstellungen beim Publikum so beliebt.

Kunsthandwerk und Malerei

Kunsthandwerk

„Das einheimische Handwerk hat sich in Indochina in stärkerem Maße als in vielen anderen Kolonialländern erhalten. Die Ursache dafür ist der hohe Grad der kolonialen Ausbeutung durch die Franzosen. Jeder ökonomische Aufschwung, der etwa geeignet wäre, die Kaufkraft der Bevölkerung zu heben, muss hier ausbleiben; infolgedessen war die Masse der Bevölkerung stets zu arm, um französische Waren, gleich welcher Art, kaufen zu können. Sie waren einfach gezwungen, auf die Erzeugnisse des Handwerks alter Art zurückzugreifen."

Eine Einschätzung
aus den 1950er Jahren.

Trotz Plastik und Massenproduktion, man hängt immer noch am Althergebrachten. Gerade in den letzten Jahren ist ein vermehrtes Traditionsbewusstsein zu beobachten, das alte Techniken wiederaufleben lässt, sodass äußerst geschmackvolle Artikel gefertigt werden - nicht nur für Souvenirläden, sondern auch für den Eigenbedarf.

Holzschnitt

Schwarz-weiß-Holzschnitte wurden schon im 11. Jh. hergestellt, etwa 400 Jahre später produzierte man auch farbig. Meist waren ganze Dörfer und Dorfgemeinschaften auf die Herstellung dieser populären Volkskunst spezialisiert, von der Fertigung des Papiers und der Druckstöcke über Druck und Kolorierung mit Naturfarben bis zum Vertrieb auf Wochenmärkten. Heute werden vor allem noch die *tranh tet* oder **Neujahrsbilder** hergestellt. Als Symbol des Wohlstands erscheint das Schwein und verheißt Fruchtbarkeit mit einer Schar Ferkel. Glück bringen Pfirsich- und Pflaumenblüten, Chrysanthemen oder der Hahn. Die bunten, plakativen Darstellungen werden heute auch gerne als Postkartenmotive verwendet. In ganz Vietnam berühmt ist das **Handwerksdorf Dong Ho** nördlich von Hanoi.

Lackarbeiten

Das Handwerk kam im 15. Jh. aus China, wo es schon seit 2000 Jahren bekannt sein soll. Mit dem Lack aus dem weißlichen oder bräunlichen Harz des *cay son* oder Lackbaums kann man im Prinzip alle möglichen Materialien überziehen, meistens verwendet man aber Holz (Teak, Jackfruit, Lorbeer). Nach der Vorbehandlung der Oberfläche mit einer Fixierschicht werden nacheinander hauchdünne Lackschichten aufgetragen, von denen jede einzelne mindestens eine Woche trocknen muss, bevor sie geschliffen, poliert und mit einer weiteren Lage überzogen werden kann. 11 Schichten gelten als Minimum, außergewöhnliche Kostbarkeiten können von 100 und mehr Schichten überzogen sein, wobei der Fertigungsprozess sich unter Umständen Jahre hinziehen kann. Weniger aufwendige Techniken werden natürlich für die Souvenirproduktion bevorzugt.

Charakteristisch für vietnamesische Lackwaren sind Einlegearbeiten aus Perlmutt, zuweilen findet man aber auch Gold- und Silberplättchen oder, als einfachste Variante, zerstoßene Eierschalen. Bevorzugte Farben sind Grün, Braun und Schwarz, doch auch mehrfarbige Schichten sind möglich.

Keramik

Vietnamesische Töpferkunst wird gerühmt und war selbst in China und Japan zeitweise hoch begehrt. Jede Dynastie bevorzugte unterschiedliche Tönungen und Techniken, mal jadefarben oder elfenbein, mehr oder weniger transparent, glatt oder gesprenkelt glasiert. Die berühmtesten Keramiken mit Farben zwischen „Mondschein“ und „Meergrün“ und metallischem Klang sind die der *Thanh-Hoa*-Schule der Ly-Dynastie (1009–1225). Die *Blau-weiß-Keramik* des 15. Jh. (Bat Trang) wurde bis nach Japan exportiert, kaum minder angesehen ist die kräftig blaue *Hue-Keramik* aus der Zeit der Nguyen-Fürsten (17. Jh.), die anfangs von chinesischen Töpfern in Long Tho bei Hue hergestellt wurde.

Seidenmalerei

Wohl nicht zuletzt aufgrund der gestiegenen Nachfrage hat die seit dem 13. Jh. in Vietnam bekannte Kunst der Seidenmalerei in den letzten Jahren

Kunst am „Fließband“

einen enormen Aufschwung erlebt, verbunden mit einer Rückbesinnung auf traditionelle Themen. Anders als in der chinesischen Malerei verwendet man viele Farben, die Künstler stellen auch Menschen dar und richten ihre Sujets nicht allein auf die symbolische Darstellung der Natur aus.

Moderne Kunst

Doi moi, die Zeit der Erneuerung, brachte dem ganzen Land neben politischen und sozialen Veränderungen auch einen enorem Kreativitätsschub. Vietnam wurde von einem „Kunstboom" erfasst und mit Galerien und Bildern überschwemmt, die keineswegs alle überragend waren. Jedoch mit der Erweiterung des Weltbilds der Künstler entwickelte sich die junge Kunst fort, wurde fantasievoll, politisch, aufbegehrend – ohne je auf dem Weg zur Moderne mit den Traditionen zu brechen. Die *Gang of Five* war nach dem berühmtesten Maler Vietnams *Bui Xuan Phai* die erste Malergruppe, die internationale Bekanntheit erlangte, Neo-Realisten wie *Hong Viet Dung* oder der Expressionist *Tran Luong* gehörten dazu. Die Nachfolgegeneration, alle nach 1970 geboren, verschaffte sich mit neuen Formsprachen, Installationen, Performances und versierter Maltechnik internationale Anerkennung: *Nguyen Van Cuong* mit surrealistisch anmutenden Arbeiten, *Nguyen Quang Huy* mit ruhigen klaren Bildelementen und *Nguyen Minh Thanh*, dessen Selbstportäts immer auch Selbstfindungen sind, können nicht die Vielzahl der Namen repräsentieren, die einen starken Eindruck hinterlassen und sich der „Tradition des Neuen" verpflichtet fühlen.

146vi Foto: kb

Architektur

Typisch für vietnamesische Gebäude ist ihre horizontale Ausdehnung, sodass selbst die Paläste der Vergangenheit niemals monumental wirkten und sich stets harmonisch in ihre natürliche Umgebung fügten – für die Paläste der Gegenwart gilt diese Regel, Erde, Mensch und Himmel miteinander zu versöhnen, freilich nicht mehr.

Ein traditionell vietnamesisches Haus ist einstöckig und rechteckig, die Zahl der Räume (darauf achtet man auch heute noch bei Neubauten) immer ungerade. Je nach geografischer Lage und sozialem Status der Bewohner sind die Wände aus Lehm oder Backstein, die Dächer mit Palmblättern oder Ziegeln gedeckt.

Der Eingang weist traditionell nach Süden, bietet aber nach Möglichkeit keinen direkten Zugang zum Innern, um bösen Geistern den Zutritt nicht zu leicht zu machen. Gegenüber dem Eingang im Hauptraum befindet sich der Ahnenaltar. Außerhalb des Hauses, auf dem Hof, liegen Küche, Brunnen und Stall. Eine Mauer umgibt den Hof im Idealfall.

Eine Besonderheit der Stadtarchitektur sind die **„Röhrenhäuser"** in *Hanois Altstadt*.

Deutlich anders sind die Häuser der Bergstämme, die nach wie vor den südostasiatischen Pfahlbaustil aus Holz und Bambus bevorzugen, der – wie Felszeichnungen der Jungsteinzeit und Ornamente der Dong-Son-Trommeln zeigen – schon in der Frühzeit Vietnams verbreitet war.

Wirklich „historische" Gebäude sind rar in Vietnam. Nicht nur Jahrhunderte der Kriege forderten ihren Tribut, sondern auch das Klima: Holzkonstruktionen, Lehmwände, Palmblattdächer können den Witterungseinflüssen der Tropen nur eine begrenzte Zeit widerstehen. Turnusmäßige Renovierungen aber waren stets auch Anlass zu „Modernisierungen". Wenn vietnamesische Denkmalschützer „historische Monumente" (meist Pagoden) benennen, bedeutet das nur bedingt historische Originale – der Geist, in dem ein Gebäude errichtet wurde, zählt für die Vietnamesen mehr als das Alter und die Authentizität der Materialien.

Am ehesten erhalten haben sich Überreste von Steinbauten (meist Befestigungsanlagen, z.B. Co Loa). Die Paläste und Hauptstädte der älteren Kaiserdynastien sind praktisch nicht mehr vorhanden – die „alte" Kaiserstadt Hue stammt gerade mal aus den ersten Jahren des 19. Jh.

Auch die einstige Hafenstadt Hoi An, deren außergewöhnlich chinesisch-vietnamesisch-japanische Anlage und Architektur geradezu „mittelalterlich" anmutet, ist kaum älter als 200 Jahre.

Siehe auch **Sakralarchitektur.**

Cham-Heiligtümer

Von den Tempelanlagen der Cham, von deren Existenz die Welt erst Anfang des 20. Jahrhunderts erfuhr – damals schätzten die französischen Archäologen, die sie entdeckten, ihre

Zahl auf etwa 300 –, sind durch die nachfolgenden Kriege kaum mehr als 100 übriggeblieben, die meisten in einem Zustand, der mit „Baufälligkeit" nur unzureichend umschrieben ist.

Nachdem im französischen Kolonialkrieg bereits das Klosterheiligtum *Dong Duong* dem Erdboden gleichgemacht wurde, entging *My Son* im amerikanischen Krieg dem gleichen Schicksal nur mit knapper Not. Von den ursprünglich 70 Tempeln My Sons haben, mehr oder minder stark zerstört, nur knapp 20 die Flächenbombardements der Amerikaner überlebt. Die Vietnamesen versuchten seit 1981 zu retten, was zu retten ist. Der Wettlauf mit der Zeit und dem tropischen Klima hat sich gelohnt. My Son wurde von der UNESCO zum Weltkulturerbe erklärt, und die Monumente werden mit internationaler Hilfe sachgemäß restauriert und vor weiterem Verfall bewahrt. Unqualifizierte Restaurierungsarbeiten an Cham-Denkmälern durch unzureichende Kenntnisse oder Nachlässigkeit hatten in den letzten Jahren manchem Heiligtum eher geschadet als es zu erhalten.

Cham-Türme

Die roten Ziegeltürme der Cham, die unvermittelt aus der Landschaft ragen oder sie weithin sichtbar von Anhöhen und Hügeln aus beherrschen, sind das markanteste Kennzeichen Zentralvietnams. Während die Architektur der Vietnamesen stets bestrebt war, im Einklang mit der Natur zu bleiben und sich harmonisch in sie einzufügen, passte sich der vergleichsweise monumentale Baustil der Cham niemals an, sondern stellte sich in Kontrast zur natürlichen Umwelt. Wie ihre gesamte Kultur, war auch die Baukunst der Cham bewusst elitär; zu ihren von der Idee des Gottkönigtums geprägten Tempeln und Heiligtümern hatten nur die Herrscher und ihre Priesterschaft Zutritt.

Die Cham-Türme erreichen eine Höhe von bis zu 35 m. Der *Kalan*, das Turmheiligtum, erhebt sich nach indischer Lehre auf einem quadratischen Sockel (als Symbol des Himmels). Das Eingangsportal liegt gen Osten, zur aufgehenden Sonne hin. Pfeiler, Säulen, Giebel, Friese und Schmuckbänder aus Sandstein, figürliche Darstellungen von Musikern,

Champa - das Königreich der Cham

Die austro-asiatischen, ursprünglich vermutlich aus Indonesien zugewanderten Cham beherrschten mehr als ein Jahrtausend lang das heutige Zentralvietnam zwischen Dong Hoi und Phan Thiet und lieferten sich während dieser Zeit endlose Kämpfe mit den Chinesen und Vietnamesen im Norden und den Khmer im Süden ihres Machtbereichs. Unter dem Namen ***Lin Yi*** wurde ihr Reich erstmals um ***200*** von Geschichtsschreibern erwähnt. Ende des 5. Jh. sahen sich die Chinesen gezwungen, eine definitive Grenze zwischen Giao Chi (dem damaligen Vietnam) und Lin Yi festzulegen (am Hoanh-Son-Massiv nördlich von Dong Hoi), und untersagten strengstens jeglichen kulturellen Kontakt zwischen den Völkern. Der Name Champa selbst taucht in Sanskrit-Schriften erstmals um das Jahr ***600*** auf.

Als gefürchtete ***Seefahrer*** und Piraten unterhielten die Cham Kontakte mit Südindien und den indonesischen Inseln und beherrschten zwischen dem 4. und 10. Jh. als Händler, Kaufleute und Korsaren fast den gesamten ***Gewürz- und Seidenhandel*** zwischen Java, China, Indien und Arabien. Ihr Reichtum galt noch im 13. Jh. als so groß, dass die Mongolenhorden Kublai Khans Vietnam nur als „Aufmarschgebiet" zu nutzen gedachten, um das sagenhafte Gold- und Gewürzland der streitbaren Cham zu erobern.

Im Gegensatz zum chinesisch-konfuzianischen Vietnam basierte die soziale Ordnung der Cham auf ***hinduistischem*** Gottkönigtum, elitären Kastensystemen und Sklaverei. Die Herrschenden sahen sich als Inkarnation Shivas und verfügten über unumschränkte weltliche wie sakrale Macht; daran änderte sich auch nichts, als ab dem 9. Jh. der Buddhismus an Einfluss gewann und zeitweise sogar zur Staatsreligion erklärt wurde. Über Lebensweise und religiöse Kulte des einfachen Volkes (Animismus, Erd- und Muttergöttinnen?) ist bezeichnenderweise so gut wie nichts bekannt.

Auf dem Höhepunkt seiner Macht setzte sich Champa aus dem Nordreich ***Amaravati*** (in der Region des heutigen Da Nang) und dem Südreich ***Panduranga*** (zwischen Nha Trang und Phan Rang) zusammen. Das weitaus bedeutendere Nordreich mit der Hauptstadt ***Sinhapura*** (Tra Kieu) und dem religiösen Zentrum ***My Son,*** das sich zwischen dem 4. und 8. Jh. ausschließlich auf den Hinduismus gestützt hatte, verlegte seine Machtzentren unter dem wachsenden Einfluss des Buddhismus 875 nach ***Indrapura*** (Hauptstadt) und ***Dong Duong*** (buddhistische Klosterstadt), hielt der heiligen Tempelstadt My Son als Sitz des Shiva- bzw. Lingam-Kults aber noch bis ins 13. Jh. hinein die Treue.

Im 10. Jh. befreiten sich die Vietnamesen von den Fesseln der Chinesen, zur gleichen Zeit begann im Süden der Aufstieg des Khmer-Reichs von Angkor. Gegenseitige und im Lauf der Zeit immer erbittertere Beutezüge, Strafexpeditionen und Eroberungskriege prägten die folgenden Jahrhunderte. Nach der ersten Plün-

Tänzerinnen und Göttern verzieren den quadratischen Baukörper, über dem sich das nach oben zu verjüngende, pyramidenförmige Dach erhebt.

Einzelne Kalane findet man vor allem in der Region von Qui Nhon, aber meist stehen sie in Dreiergruppen zusammen; sind nur noch zwei Türme vorhanden, wurde ein dritter zerstört. Bis zum 7. Jh. wurden sie aus Holz und Lehm errichtet, die ältesten Exemplare datieren erst aus der Zeit, als sich die Ziegelbauweise durchsetzte. Das Geheimnis der glatt und fugenlos aufgetürmten Backsteine ist bis heute ungeklärt, ursprüngliche Vermutungen in Richtung pflanzlicher Bindemittel und Harze (wie sie häufig bei älteren vietnamesischen Holzpagoden nachweisbar sind) scheinen sich nach neuen Analysen nicht zu

derung und Brandschatzung Indrapuras durch die Vietnamesen (982) verlegten die Cham ihre Hauptstadt 300 km weiter südlich nach ***Vijaya*** (nahe dem heutigen Qui Nhon). 1177 nahmen die Cham vorübergehend Angkor ein, wurden von den Khmer aber ebenso zurückgeschlagen wie 200 Jahre später von den Vietnamesen, die die Cham nach der Eroberung Hanois 1371 in einem 20-jährigen Krieg weiter nach Süden zurückwarfen als je zuvor. Nach dem Verlust Vijayas ***1471*** war der Verfall Champas nicht mehr aufzuhalten, das Königreich zersplitterte in tributpflichtige Fürstentümer und Vasallenstaaten, in die nach und nach landlose Vietnamesen als Siedler einströmten. Die heute noch etwa 95.000 Nachfahren der Cham leben von den Küstenregionen abgedrängt in meist sehr ärmlichen Verhältnissen.

161vi Foto: kb

Lingam mit den Gesichtszügen von Po Klaung Garai

bewahrheiten. Während sich an dem architektonischen Grundaufbau der Anlagen über Jahrhunderte hinweg praktisch nichts änderte, waren ihre Verkleidungen und Ausschmückungen (Friese, Reliefs und Rundplastiken aus Sandstein) einem ständigem Wandel unterworfen und lassen sich in verschiedene Epochen und Kunststile unterteilen.

Das fensterlose Innere des Kalan ist dunkel und völlig schmucklos, alle Aufmerksamkeit soll sich auf das Kultbild des Gottes oder der Göttin (oder stellvertretend auf *lingam* oder *yoni*) konzentrieren. Die blutigen Stieropfer – einige Forscher vermuten wie bei den Kali-Kulten in Indien auch ursprüngliche Menschenopfer – entwickelten sich im Lauf der Zeit zu rituellen Waschungen.

Von den anderen Bauten eines Cham-Heiligtums sind, falls überhaupt, meist nur noch Ruinen erhalten. Das *Mandapa* ist eine große freistehende Säulenhalle mit einem flachen Balkendach, es diente zur Vorbereitung der Kulte, hier fanden Tempeltänze statt usf. Außer in My Son kann man die Überreste einer solchen Halle gut in Nha Trang (Po Nagar) studieren. Die *Bibliothek*, ein kleines, rechteckiges Gebäude mit zwei Räumen und einem schweren gewölbten Dach, bewahrte das Tempelgerät auf.

Kleidung

Chinesische Eroberer wie vietnamesische Kaiserdynastien trugen jahrhundertelange Kämpfe gegen die Bevölkerung und zumal deren weiblichen Teil aus, um die „korrekte", d.h. chinesische Bekleidung mit Hemd und Hose durchzusetzen, und selbst im 19. Jh. noch musste Kaiser Minh Mang strengste Maßnahmen ergreifen, den unbotmäßigen Frauen seines Landes das Tragen von Röcken und bunten Farben abzugewöhnen.

Farben waren den zeremoniellen Gewändern des Hofs und der Oberschicht vorbehalten, exakte Vorschriften legten fest, wer zu welchen Farben berechtigt war: Gelb stand nur dem Herrscher und seiner Familie zu, Rot, Violett und Blau kennzeichneten die Rangordnungen der Mandarine, Weiß (oder genauer: ungefärbt) war die Farbe der Trauer (weshalb noch heute bei Beerdigungen zumindest eine weiße Kopfbinde angelegt wird).

Die Kleidung der Bauern und einfachen Leute war somit traditionell auf schwarzes, graues oder dunkelblaues Tuch beschränkt, und so ist es in vielen Teilen Vietnams bis heute geblieben. Das kragenlose Hemd und die weitgeschnittene dreiviertellange Hose, die bei der Arbeit im Reisfeld bis über die Knie hochgekrempelt werden kann, werden gleichermaßen von Männern wie Frauen getragen und haben nichts mit „Maoismus" oder realsozialistischem Einheitslook zu tun.

Die optimale Kopfbedeckung gegen Sonnenbestrahlung wie Regenschauer zugleich ist der federleichte (nur von Frauen getragene) kegelförmige Hut aus Reisstroh **(non la),** der mit einem Band unter dem Kinn befestigt wird. Das männliche Gegenstück dazu ist im Norden der grüne Tropenhelm, der früher aus Kork bestand und heute aus Schaumstoff hergestellt wird, und der im Süden mehr und mehr der amerikanischen Baseballmütze weicht.

Das mit Recht berühmteste Kleidungsstück Vietnams ist das elegante Festtagsgewand **ao dai,** dessen schmal geschnittenes Oberteil bis zu den Knien herabfällt und seitlich bis zu den Hüften geschlitzt ist; darunter trägt man eine weite Hose. Ursprünglich trugen auch Männer den (in diesem Fall meist schwarzen und etwas kürzeren) Zeremonienrock zusammen mit einem Turban. Von den Sozialisten zunächst als dekadent verpönt, beginnt der *ao dai* sich heute wieder durchzusetzen, ganz in Weiß als bezaubernde Schuluniform höherer Mädchenschulen, mit bunten Mustern bei jungen Hotel- und Büroangestellten oder, kühner geschnitten und oft aus bestickter Seide, als gewagterotisches Ausgehkleid, das garantiert alle Blicke auf sich zieht.

> *Das Edikt von Minh Mang/das den Rock unter Strafe stellt/entsetzt jede Frau./ Wenn man nicht zum Markt gehen darf/kann man nichts verkaufen/aber wie soll man es übers Herz bringen/seinem Gatten die Hosen auszuziehen?*
>
> (Spottvers, um 1840)

Feste

Mondkalender

Die offizielle Zeitrechnung erfolgt wie bei uns nach dem Gregorianischen Kalender, Feste und Zeremonien dagegen richten sich nach wie vor nach dem (chinesischen) **Mondkalender,** der bei Neumond den Monatsbeginn und bei Vollmond die Monatsmitte hat.

Mondmonate sind kürzer als Sonnenmonate, sie bestehen nur aus 29 bzw. 30 Tagen, daher wird zum Ausgleich alle 3 Jahre ein zusätzlicher Monat eingeschoben. Der Beginn des Mondjahres fällt auf den ersten Neumond zwischen dem 15. Januar und dem 19. Februar, d.h. das vietnamesische Neujahrsfest liegt 3–7 Wochen später als unseres. **Tipp:** In Vietnam, aber auch in hiesigen Asien-Läden, gibt es Kalender mit beiden Zeitrechnungen zu kaufen.

Tet Nguyen Dan

Das Tet- oder **Neujahrsfest** ist *die* Festlichkeit des Jahres, ähnlich unserem Weihnachtsfest, und markiert zugleich den ersten Tag des neuen Mondjahres wie den Beginn des Frühlings. Ein Fest für sich sind schon die Vorbereitungen. Familienbesuche werden arrangiert, neue Kleider angeschafft, Schulden zurückgezahlt, das Haus entrümpelt, denn ein gründlicher Hausputz soll den Herdgeist *Ong Tao* günstig stimmen, wenn er am 23. Tag des letzten Monats auf einem Karpfen zum Himmel steigt, um dem Jadekaiser Bericht zu erstatten. Auch die **traditionellen Tet-Speisen** werden vorbereitet: *banh day* und *banh chung*, runde und viereckige, in Bananenblätter gehüllte Klebreiskuchen, die Himmel und Erde symbolisieren und mit Schweinefleisch, Ei und Bohnen gefüllt sind.

Ganze Straßenzüge ertrinken in einem Meer von Kumquat-Bäumchen, Blumen und Blüten (Pfirsich- und Pflaumenzweige gelten als besondere Glücksbringer), und spezielle **Tet-Märkte** bieten bunte Süßigkeiten, Kuchen, kandierte Früchte und Fruchtliköre dar. Die Preise steigen, der Verkehr nimmt zu, die Märkte quellen über. Am letzten Tag des alten Jahres besucht man die Gräber der Ahnen, die Opfer am Ahnenaltar sind dem Anlass entsprechend, mancherorts stellt man *cay neu* vor den Häusern auf, an langen Bambusstangen befestigte Glocken, Gongs und Pfeile, die böse Dämonen fernhalten sollen, und durch die Straßen tanzen farbenfrohe Papierdrachen. Seit Feuerwerkskörper verboten sind, entfällt die wilde Knallerei um Mitternacht, aber ein (Staats-) Feuerwerk findet schon statt.

Nach all den hektischen Aktivitäten verlaufen die eigentlichen Feiertage eher still, es sind die Tage der Familienbesuche und Geschenke, der Glückwünsche und opulenten Festmähler. Nicht Tet *feiern* sagt man in Vietnam, sondern Tet *essen (an Tet)*. Selbst wer das ganze Jahr über bescheiden leben musste hält sich an das Sprichwort „Das ganze Jahr über hungrig, aber an Tet drei Tage lang voll".

Dem ersten Tag des neuen Jahres wird besondere Bedeutung zugemessen: Vom ersten Besucher soll Glück oder Unglück des kommenden Jahres

Tierkreise des Mondjahres

2006	Jahr des Hundes
2007	Jahr des Schweines
2008	Jahr der Ratte
2009	Jahr des Büffels
2010	Jahr des Tigers
2011	Jahr der Katze
2012	Jahr des Drachens
2013	Jahr der Schlange
2014	Jahr des Pferdes
2015	Jahr der Ziege
2016	Jahr des Affen
2017	Jahr des Hahns

Tet-Termine

2009	26. Januar
2010	14. Februar
2011	3. Februar

Festkalender (Auswahl)

Erster Mondmonat

1.–3. Tag	Tet Nguyen Dan, Neujahr und Frühlingsbeginn, bedeutendstes Fest in ganz Vietnam
5. Tag	Dong-Da-Fest, Hanoi, zum Gedenken an den Sieg Quang Trungs 1789
5. Tag	Quang-Trung-Fest, Tay Son, Demonstrationen der Vo-Vi-Kampftechnik
6. Tag	Co-Loa-Fest, Hanoi, zum Gedenken an An Duong Vuong, den Erbauer der Zitadelle (3. Jh. v.u.Z.)
13.–15. Tag	Lim-Fest bei Hanoi; traditioneller Gesangswettbewerb
15. Tag	Buddhas Todestag, Zeremonien in allen Pagoden
15.Tag	Fest der Vinh-Nghiem-Pagode, Saigon

Zweiter Mondmonat

12.–16. Tag	Dinh-Bang-Tempelfest, Bac Ninh, Cheo- und Wasserpuppentheater, Ringkämpfe
15. Tag	Beginn der Pilgerfahrten zum Chua Huong, Prov. Ha Tay (bis gegen Ende des 3. Mondmonats)
15. Tag	Höhepunkt der Nui-Ba-Den-Wallfahrten, Prov. Tay Ninh (1./2. Mondmonat)

Dritter Mondmonat

5. Tag	Tet Thanh Minh, Totengedenktag in ganz Vietnam
5.–7. Tag	Fest der Thay-Pagode bei Hanoi, Wasserpuppentheater, traditionelle Musik u.a.
8. Tag	Pagodenfest Chua Lang, Hanoi
8.–12. Tag	Tempelfest der alten Hauptstadt Hoa Lu bei Ninh Binh
8.–10. Tag	Hung-Tempelfest, Viet Tri; Märkte, Wettkämpfe usf.
9.–10. Tag	Dam-Fest, Hanoi; Bootswettrennen
23. Tag	Prozession der Thien-Hau-Pagode, Cho Lon
24. Tag	Fest der But-Thap-Pagode, Prov. Bac Ninh

Vierter Mondmonat

8. Tag	Buddhas Geburtstag; festliche Zeremonien und nächtl. Lampionprozessionen
14./15. Tag	Khmer-Neujahr; Festlichkeiten in allen Khmer-Pagoden des Mekong-Deltas, z.B. in Tra Vinh
22.–26. Tag	Nui-Sam-Wallfahrt, Chau Doc

abhängen, selbst Kleidung, Geschenke, Gesprächsthemen können als gute oder schlechte Omen angesehen werden. Kindern wird in roten Umschlägen *li xi*, happy money, geschenkt, Kollegen und Freunde schauen vorbei, um *Chúc mùng nam mói*, ein gutes neues Jahr, zu wünschen.

Für den Reisenden, der nicht die Gelegenheit hat, bei einer gastfreundlichen Familie eingeladen zu sein, kann dies unter Umständen eine sehr triste Zeit sein. Die zuvor so hektischen Straßen sind plötzlich ausgestorben, fast alle Geschäfte drei Tage lang geschlossen und die wenigen offenen Restaurants überfüllt. Auch nach den eigentlichen Festtagen läuft der Alltag nur schleppend wieder an. Sämtliche Hotels, Flüge und Eisenbahnplätze für

Fünfter Mondmonat

2. Tag	Tempelfest Hai Ba Trung, Hanoi
5. Tag	Tet Doan Ngo, Mittsommerfest, in ganz Vietnam; Drachenbootrennen

Sechster Mondmonat

16.–18. Tag	Dorffest der Insel Quan Lan, Bootswettbewerbe

Siebter Mondmonat

7.–10. Tag	Hon-Chen-Tempelfest, Hue
15. Tag	Tet Trung Nguyen, Fest der Geisterseelen, an dem in ganz Vietnam der Ahnen gedacht wird

Achter Mondmonat

1. Tag	Le-Van-Duyet-Tempelfest in Saigon
10. Tag	Con-Son-Tempelfest, Prov. Hai Duong, zu Ehren des Dichters und Feldherrn Nguyen Trai (15. Jh.)
9. Tag	Do-Son-Tempelfest, Haiphong; Büffelkämpfe u.a.
15. Tag	Tet Trung Thu, Mittherbstfest in ganz Vietnam; Laternenprozessionen, Löwentänze u.a.
18.–20. Tag	Kiep-Bac-Tempelfest, Prov. Hai Duong, zum Andenken an Tran Hung Dao (13. Jh.)

Neunter Mondmonat

1.–3. Tag	Cham-Neujahr (Kate), Festlichkeiten und Prozessionen in allen Cham-Siedlungen, vor allem in Phan Rang und Umgebung
10.–16. Tag	Fest der Keo-Pagode, Prov. Thai Binh; Bootsrennen u.a.
15.–20. Tag	Fest der Pagode Co Le, Nam Dinh

Zehnter Mondmonat

10. Tag	Tet Thong Tan, Fest des neuen Reises, Opfergaben
14./15. Tag	Ok-Om-Bok-Fest (Mondfest) in allen Khmer-Siedlungen des Mekong-Deltas, Bootsrennen in Soc Trang

die Zeit vor, während und nach dem Fest sind seit langem ausgebucht.

Traditionelle Feste

Da alle Festlichkeiten eng mit dem **Leben der Landbevölkerung** verknüpft sind, fallen die meisten Feste auf Frühling und Herbst, die Zeit der Aussaat und der Ernte von Reis. Tet- oder Jahreszeiten-Feste finden fast in jedem Mondmonat statt. Die oft mehrtägigen Pagoden- oder Tempelfeste künden quadratische bunte Fahnen schon von weitem an. Meist bestehen solche Feste aus einer (religiösen) Zeremonie und Opferdarbringung, an die sich dann der unterhaltsame Teil *(hoi)* mit Wettkämpfen, Tänzen, Theateraufführungen etc. anschließt.

026vi Foto: kb

Vietnam im Brennpunkt

027vi Foto: BB

028vi Foto: kb

Einmal im Leben
sich wie ein Moviestar fühlen

Cyclofahrer mit Kundschaft

Straßenbau

Visit Beautiful Vietnam!

„Jawohl: ‚Besuchen Sie das schöne Vietnam', so heißt es in der Broschüre, die das vietnamesische Reisebüro herausgegeben hat, und so noch im Januar 1967. Der Ruf ist in der Tat nicht im Leeren verhallt. Das Sankt Moritz von Vietnam, Da Lat, 200 km von Saigon entfernt, genießt als Höhenkurort besondere Beliebtheit, die rasche Flugverbindung zwischen Saigon und dort funktoniert nach wie vor - kurz: ‚Relax in Da Lat!' Wer es dagegen mehr auf Kultur abgesehen hat, mehr auf Photos als auf Hautbräunung, der begibt sich etwas weiter, in die ehemalige Residenzstadt von Annam, nach Hue, um dort die Tempel und die Paläste der ehemaligen Könige zu knipsen, oder um sich - denn auch die Anmut asiatischer Jungfrauen ist als Kulturwert ja nicht zu verachten - von jungen Mädchen auf dem Hue-Fluss herumrudern zu lassen - kurz: ‚Be a Pasha in Hue!' - während, ein paar Kilometer davon entfernt, die Napalmbomben fallen, die Dörfer in Flammen aufgehen, und die Kinder sich in Gelee verwandeln."

(Günther Anders, 1968)

Visit Beautiful Vietnam! ließ man noch auf bunte Hochglanzposter drucken, als sich an den Traumstränden des Landes bereits Panzerfäuste und Granaten tummelten, geheimnisvolle kleine Männer in schwarzen Pyjamas die avancierteste Militärmacht der Welt zum Narren hielten und ein hagerer und ziegenbärtiger Asket mit Sandalen an den Füßen von Berkeley bis Paris und Berlin zum Symbol des Widerstands gegen Autorität und Establishment wurde.

Über „Werbung" durften sich die Vietnamesen auch in der Folge nie beschweren. Amerikanische Vergangenheitsbewältigung à la *Rambo* und *Platoon* überschwemmte jahrzehntelang die Bildschirme und Unterhaltungscenter von Kiel bis Yokohama, und für verdammende oder bestenfalls mitleidige Schlagzeilen der Weltpresse *(Armut! Rückständigkeit! Sozialismus! Boat People!)* eigneten sich die „Erben Ho Chi Minhs" allemal. So oder so, an Vietnam und den Vietnamesen schieden sich die Geister. Medien und Politik vermittelten unermüdlich das Bild eines „unergründlichen" (eben asiatischen) und „quasi von Natur aus" **ruhelosen** und **aggressiven Volkes** (halb Chinesen, halb Hunnen), das sich ebenso wahllos wie halsstarrig gegen alle „Friedenbemühungen" der freien Welt stemmt, „wehrlose Nachbarn" (Pol Pots Kambodscha) überfällt und die eigene Bevölkerung derart knechtet, dass sie lieber die Flucht aufs Meer ergreift als weiter in den „grauen, freudlosen Mauern" von Hanoi und Ho Chi Minh City zu hungern und zu darben.

Wenn einem da nicht die Tränen kamen. Vor Mitleid. Vor Wut. Aber Gerüchte hatten schon immer die längsten Beine.

Cam on heißt auf Vietnamesisch danke. *Come on!* brüllten die Amerikaner und meinten damit, na los, auf gehts, dalli dalli! Die Vietnamesen verstanden *danke*, und wunderten sich sehr über den rüden und „unhöflichen" Ton. So fangen Missverständnisse an.

Chin heißt neun. Die amerikanischen Geheimdienste rätselten jahrelang ob der Bedeutung des gängigen Trinkspruchs in den Rotlichtbars von Saigon und Da Nang. In einem Land, in dem das populärste Bier *bababa* (333) hieß, und der Präsident Nordvietnams die Zigarettenmarke *namnamnam* (555) rauchte, konnte man ja schließlich nie wissen, ob *Chin Chin, Ho Chi Minh* nicht etwa eine geheime Botschaft beinhaltete.

Vietnam und Gerüchte, Gerüchte und Vietnam sind schon seit langem fast Synonyme.

Über kein Land der Welt ist jahrzehntelang so viel **Unsinn** verzapft worden wie über Vietnam. Und hat es etwa aufgehört? Keineswegs. Von „Ho Chi Minh City, dem früheren Saigon" wird man in Berlin, Washington und Paris vermutlich noch in hundert Jahren faseln. Die einen konnten (können) nicht verzeihen, dass dort „der Sozialismus" gesiegt hat. Die anderen, dass er auch dort nie „zum Blühen" geriet.

Wie auch immer, **Vietnam war niemals ein „Schurkenstaat".** Weder Stalinismus (wie in Nordkorea) noch Maoismus (wie ehedem in Kambodscha) hatten in dem Land je eine Chance, ebenso wenig durchgeknallte Despoten à la Saddam oder fanatische Terrorregime à la Taliban.

Kriege „auf Verdacht" sind nicht erst seit jüngster Zeit eine Spezialität der USA. Wie zuletzt angebliche Massenvernichtungswaffen und Terrornetze, war es damals eine vermeintliche „kommunistische Gefahr", die die Amerikaner dazu brachte, aus einem kleinen, regionalen Krisenherd – Vietnam war dabei, sich vom Kolonialismus zu befreien – mittels Lug und Betrug einen jahrzehntelangen Kriegsschauplatz zu zünden, der zeitweise die halbe Welt unter sich zu begraben drohte. Von der **Teilung Vietnams** – aus Angst vor einem Sieg Ho Chi Minhs verhinderten die USA die 1954 von den Weltmächten beschlossenen Wahlen in Vietnam – über den angeblichen **„Tonkin-Zwischenfall"** – der Washington 1964 als Vorwand diente, Hanoi und Haiphong zu bombardieren – bis zu den **„Body Counts",** die der amerikanischen Öffentlichkeit Tag für Tag suggerierten, man habe die Situation, den Vietcong, das Land voll im Griff – alles inszeniert, getürkt, erstunken und erlogen.

Die Amerikaner gewannen Schlachten, verloren aber den Krieg (den ersten ihrer Geschichte) und handelten sich ein **Trauma** ein, unter dem sie noch heute leiden. Die Vietnamesen gewannen den Krieg, verloren aber den Frieden, da sie nicht den Hauch einer Chance hatten, weil die eine Hälfte der Welt sie im Stich ließ und die andere, die *sozialistische*, sich ihrer wechselseitig zu bemächtigen suchte.

Nie werden wir den Ausruf *lien xo! lien xo!* vergessen, mit denen die Vietnamesen jeden Weißen anfänglich bedachten, und ihre offene Freude und Herzlichkeit, wenn sie gewahr wurden, dass sie *keine Russen* vor sich hatten, die sich durch ihre barsche Arroganz und Herrenattitüde im Nachkriegsvietnam so unbeliebt gemacht hatten. Und nie die herzzerreißenden Tränen und das fassungslose Staunen der ersten jungen Amerikaner, meist Söhne ehemaliger GIs, anlässlich des Empfangs, den ihnen die Vietnamesen bereiteten – alles hätten sie sich vorstellen können, nur nicht, dass gerade sie hier mit offenen Armen aufgenommen werden würden.

Vietnam war **bitterarm,** und doch traf man nirgendwo auf das himmelschreiende Elend der Gossen und Slums, das überall blüht, wo Hunger und Resignation im Schatten von Luxus und Überfluss vegetieren und feudale oder religiöse Intoleranz ganze Bevölkerungsgruppen zu Ausgestoßenen degradiert. Vietnam war **sozialistisch,** aber von einem „grauen Einheitsstaat" konnte keine Rede sein. Markige Spruchbänder und Parolen des Realsozialismus sah man ebenso wenig wie die martialische Allgegenwärtigkeit kurzgeschorener Komissköpfe von Militär und Polizei oder die kalt berechnende Schikane permanenter Kontrollen, Meldepflichten und Straßensperren. Und auch in Vietnam waren keineswegs alle gleich, aber gleicher als anderswo. Keine abgeschottete Nomenklatura ließ sich in Luxuskarossen mit Blaulicht durch die Straßen kutschieren, keine Parteibonzen, Minister oder Generäle feierten rauschende Feste in verborgenen Villen und Datschen. Nicht alle waren gleich, aber alle beinahe gleich arm.

Vietnam ... war da nicht mal was?, hört man heute schon manchmal fragen. Aber ja doch. Der **Vietnamkrieg** – für die Vietnamesen der „amerikanische Krieg". Der **Indochinakrieg** – für die Vietnamesen der „französische Krieg". Und davor der **Zweite Weltkrieg** (in dem die Japaner das Land besetzt hielten und mehr als 2 Mio. Hungers starben). *Generationen* von Vietnamesen kannten nie etwas anderes als Besatzer, Feinde, falsche Freunde, zerrissene Familien, Bruderkriege, Tote, Verwundete und Verkrüppelte.

Und als der letzte Krieg endlich vorbei war, wurde es auch nicht besser. Für die meisten Vietnamesen waren die bleiernen, scheinbar nie enden wollenden **Nachkriegsjahre,** die Jahre von 1975 bis 1990, beinahe noch schlimmer als der Krieg selbst. Weil es keine Hoffnung gab. Weil man den Frieden verloren hatte.

Als Hanoi 1989, vierzehn Jahre nach Kriegsende, erstmals wieder Ausländer ins Land einreisen ließ, war Vietnam der Pariah der Weltgemeinschaft. Ein Ausgestoßener. Ein „weißer Fleck" – wenn nicht gar Schandfleck – auf der Landkarte.

Vietnam? Da kann man hin? schrillte es uns jahrelang ins Ohr, halb ungläubig und halb entgeistert. *Exotik mit Klasse!* und *Perle Südostasiens!* trommeln heute längst wieder die notorischen Trendmagazine für Besserverdienende und die vifen Manager, denen wurscht ist, ob sie Schweinehälften, Handyverträge oder die „unberührten Küsten" Vietnams verhökern. Und die gleichen Medien und Geheimdienste, die vor noch gar nicht langer Zeit vor den gottlosen Kommunisten des Landes warnten, lobpreisen es nun als das *sicherste* Land – und Reiseziel – Asiens.

Exotik mit Klasse (Hauptsache frei von Moskitos, Minen und Moslems)! *Visit beautiful Vietnam!*

Entwicklung des Tourismus in Vietnam

Vietnams Aufstieg vom **weißen Fleck** auf der Landkarte (und nicht nur der Globetrotter) zum **populären Reiseziel** ist atemberaubend. Als 1989, vierzehn Jahre nach Kriegsende, zum ersten Mal wieder Touristenvisa erteilt wurden, kamen 70.000 ausländische Besucher nach Vietnam (von denen nur wenige Touristen waren). Nur 5 Jahre später waren es schon 1 Million, im Jahr 2000 wurde die Zwei- und 2005 die Drei-Millionenmarke überschritten.

Dass bei einer solchen Geschwindigkeit nicht alles Gold sein kann, was glänzt, ist klar. Dennoch überwiegen eindeutig die Vorteile, für Einheimische wie Besucher. In einem der ärmsten und isoliertesten Land der Welt (1989) muss heute (2006) so gut wie niemand mehr Hunger leiden und hat sich nicht nur eine einflussreiche Schicht Neureicher, sondern sogar eine aufstrebende urbane **Mittelschicht** herangebilden können. Der Fremde genießt einen Komfort, der noch vor wenigen Jahren selbst den Privilegiertesten des Landes verschlossen war.

Trau keiner Statistik, die du nicht selber gefälschst hast, hat Churchill gesagt. Man braucht keine Statistik, um festzustellen, dass Vietnam „in" ist – doch seine Erfolgsgeschichte ist derart einmalig, dass sie wert ist, in einer kleinen Chronologie dokumentiert zu werden.

1986

Der 6. Parteitag beschließt **Wirtschaftsreformen** *(Doi Moi)* und eine **Öffnung des Landes.** Die wenigen, handverlesenen ausländischen Besucher bestehen aus Mitgliedern sog. Freundschaftsgesellschaften und Solidaritätskomitees.

1989

Erste **Auslandsinvestitionen.** Deutsche Firmen (u.a. Siemens) gründen in Hanoi ein Koordinationsbüro. Die leerstehenden Grandhotels *Metropole* in Hanoi und *Continental* in Saigon werden renoviert, auf dem Saigon-Fluss ankert das australische *Floating Hotel* als **erstes Luxusdomizil** Vietnams. Erstmals werden Touristenvisa erteilt. Reisen im Land darf man allerdings nur „organisiert", d.h. mit Mietwagen, Chauffeur, Guide sprich „Aufpasser" und Übernachtung in ausgesuchten Devisenhotels. Schriftliche *Travel Permits* schreiben die exakte Reiseroute vor. Ausländische Besucher: 70.000 (20 % Touristen).

1990

Die *Lufthansa* fliegt als erste westliche Linie nach der *Air France* nach Saigon (Büro im *Floating Hotel)*. In Saigon etabliert sich im Dunstkreis des Hotels *Kim Do* und des *Café Givral* eine erste improvisierte Travellerszene. Ausländer werden als *Lien Xo* (Russen, wörtl. *Sowjets)* bestaunt und verursachen Volksaufläufe. Hotels sind prinzipiell, Restaurants – einst als „überflüssig und dekadent" abgeschafft – meistens staatlich. Ausländische Besucher: 180.000 (30 % Touristen).

1991

Die Verfassung erlaubt Vietnamesen erstmals **Privatbesitz.** Die deutsche Botschaft in Hanoi zieht in die Villa der ehemaligen DDR um. Findige Jungunternehmer treiben Handel mit *Travel Permits* und kutschieren Traveller nach dem Vorbild staatlicher Gruppentouren in gecharterten Minibussen durchs Land. Gründung des ersten **privaten Reisebüros** (*Far East Tourist*, Saigon). Hotels führen vier Preiskategorien: für Einheimische, Angehörige sozialistischer Bruderstaaten, Auslandsvietnamesen und kapitalistische Ausländer. In die ehemaligen US-Quartiere der früheren Bahnhofsstraße Pham Ngu Lao ziehen erste Traveller ein. Besucher: 215.000 (30 % Touristen).

1992

Hotels und Restaurants schießen wie Pilze aus dem Boden. Die erste Auflage des *Reise Know-How* und des *Lonely Planet* (mit Laos, Kambodscha) erscheinen. Die **Insel Phu Quoc** wird für Ausländer geöffnet. Das Wirtschaftswachstum erreicht 8,6 %, Vietnam wird als neuer Tigerstaat eingestuft. Besucher: 360.000 (30 % Touristen).

1993

Durch den Entfall der *Travel Permits* wird Vietnam zum Geheimtipp – mit Ausnahme einiger Grenzgebiete steht das Land jedem Touristen offen. *Sinh-* und *Kim-Café* (Saigon) nehmen den Tour-Betrieb auf. In der Altstadt von Hanoi schießen erste Minihotels und Tourcafés aus dem Boden. Erste (staatliche) Guesthouses öffnen in Hoi An und Sa Pa. Einige Grenzübergänge nach Kambodscha und China werden für Ausländer geöffnet. Besucher: 670.000 (40 % Touristen).

1994

Präsident Clinton hebt das seit 1975 bestehende **US-Embargo** auf. Erste große Traveller-Reisewelle, Vietnam wird als Reiseland salonfähig. Es wird geplant, gebaut und investiert, als würde es nichts kosten. In der Hanoier Altstadt stehen schon mehr Hotels als 1990 in der gesamten Stadt. In Saigon und Hanoi verkehren erste Taxis. Besucher: 1 Mio. (48 % Touristen).

1995

Erste **Hochhäuser** ragen in den Himmel über Saigon und Hanoi. Die Altstadt von Hanoi wird „aufgeräumt" (drastische Reduzierung des Straßenhandels, erste Cyclo-Verbote). Beginnende Erschließung von Cat Ba. In Mui Ne eröffnet mit dem *Coco Beach* das erste Strandresort Vietnams, Gäste sind nahezu ausnahmslos in Saigon lebende Ausländer. Hoi An avanciert zum Boutiquenstadel. Grenzen nach Laos werden für Ausländer geöffnet. Kanzler Kohl besucht Vietnam, sein Tross gibt als Verköstigungsdevise aus „Es darf exotisch aussehen, aber nicht schmecken". Besucher: 1,3 Mio. (47 % Touristen).

1996

Erste **Luxushotels** außerhalb Saigons und Hanois öffnen ihre Pforten (*Fura-*

ma, Da Nang, *Ana Mandara,* Nha Trang). Die Preise steigen, die Leistungen stagnieren: Viele Geschäftsleute und Reisende fühlen sich „abgezockt“. Die Eisenbahnen nach Nannin/Beijing und Kunming rollen wieder. Besucher: 1,6 Mio. (41 % Touristen).

1997

Die **Asienkrise** schlägt ökonomisch wie touristisch voll durch. Stagnation. *Sinh Café* erwirbt eine Flotte koreanischer Busse und startet seine *Open Tours*. Besucher: 1,7 Mio. (41 % Touristen).

1998

Erstmals seit 1989 Rückgang der Besucherzahlen. Viele Hotels und Hochhäuser stehen leer oder werden nicht fertig gebaut. Gegen den Trend eröffnet die franz. *Victoria*-Kette Firstclass-Hotels in Sa Pa und Can Tho. Besucher: 1,5 Mio. (40 % Touristen).

1999

Neuer **Aufschwung.** Da Nang wird dritter internationaler Flughafen. Phu Quoc entwickelt sich zur Stranddestination. Laos, Kambodscha und Vietnam beschließen engere Kooperation im Tourismus. Besucher: 1,7 Mio. (49 % Touristen).

Tourismus und Kommerz

029vi Foto: kb

2000

Unter dem Motto „A Destination for the new Millenium“ erleichtert Vietnam die Einreise (Visa on Arrival, Visa für alle internationalen Grenzübergänge). Der **Pauschaltourismus** fasst endgültig Fuß. Hoi An entdeckt seinen Strand (drei neue Resorts). Besucher: 2,1 Mio. (52 % Touristen).

2001

Handelsabkommen mit den USA. Öffnung der Mekong-Grenze zwischen Vietnam und Kambodscha. Schrittweiser Abbau der Ausländerpreise. Besucher: 2,3 Mio. (52 % Touristen).

Entwicklung der Besucherzahlen

1986	20.000
1989	70.000
1990	180.000
1991	215.000
1992	360.000
1993	670.000
1994	1,0 Mio.
1995	1,3 Mio.
1996	1,6 Mio.
1997	1,7 Mio.
1998	1,5 Mio.
1999	1,7 Mio.
2000	2,1 Mio.
2001	2,3 Mio.
2002	2,6 Mio.
2003	2,4 Mio.
2004	2,9 Mio.
2005	3,5 Mio.
2006	3,6 Mio.
2007	4,2 Mio.

2002

Trotz der weltweiten Stagnation nach 11.9.01 und dem Bali-Anschlag verzeichnet Vietnam („sicherstes Reiseland Asiens“) ein weiteres **Rekordjahr.** Fast die Hälfte aller Touristen sind bereits Strand- und Pauschaltouristen. Besucher: 2,6 Mio. (56 % Touristen).

2003

Erste Nonstop-Flüge von Europa (Paris). Vietnam und die USA einigen sich über Direktflüge. Phong Nha wird Weltkulturerbe. Sars-Epidemie und Irakkrieg bewirken Besucherrückgang auf 2,4 Mio. (52 % Touristen.

2004

Höhere Inlandsflugpreise für Ausländer fallen.

2005

Erste **Nonstop-Flüge** ab Frankfurt. Tunnel unter dem Wolkenpass eingeweiht. Mui Ne wird zum Mekka der Kitesurfer. Erstmals über 3 Mio. Besucher.

2007

Beitritt zur WTO (Welthandelsorganisation), Auslandsinvestitionen explodieren. Tourismus fünftgrößte Einnahmequelle (nach Rohöl, Textilien, Lederwaren, Seafood). Erstmals über 4 Mio. Besucher (63 % Touristen, in der Reihenfolge aus: China, Südkorea, USA, Japan, Taiwan, Australien, Frankreich, Thailand, Kambodscha, Malaysia. Deutschland folgt auf Platz 13 mit 96.000 Besuchern).

Second Hand: der Vietnamfilm

Es ist immer heiß, immer feucht, auf den Straßen wimmelt es, die Mädchen sind wunderschön und lächeln unergründlich, und irgendwo schwirrt immer ein Ventilator an der Decke.

Wir „kennen" Vietnam aus dem Kino. Aber das ist ein doppelter Trugschluss. Erstens ist kein einziger dieser Filme in Vietnam entstanden, sondern bestenfalls in Thailand oder auf den Philippinen. Und zweitens sind „Vietnamfilme" im Grunde nichts anderes als zeitgenössische Western, in denen es weder um den Krieg und schon gar nicht um Vietnam geht, sondern einzig und allein um die **amerikanische Psyche.** Gleichzeitig Täter wie Opfer, unschuldig in der Schuld und siegreich noch in der Niederlage, liegt Amerika mit sich selbst im Krieg – Bewältigung der Vergangenheit und zugleich Beschwörung einer besseren Zukunft.

Die „Erfahrung Vietnam", ob mystisch verschleiert **(Apocalypse Now),** religiös mythisiert **(The Deer Hunter)** oder zum naturalistischen Heldenepos hochstilisiert **(Platoon),** ist in Wahrheit nur der zum Albtraum geronnene Amerikanische Traum, nachdem sich „das Trauma Vietnam" längst in den Straßen von Brooklyn und Detroit eingenistet hatte.

Das diskreditiert sie nicht (notwendigerweise) als Filme. Nur mit Vietnam haben sie nichts zu tun.

Einige der besten Exemplare des Genres haben Vietnam selbst denn auch gar nicht zum Schauplatz, dafür aber um so mehr zum Thema **(Taxidriver** von *Martin Scorsese*), während es zum Grundrepertoire selbst anspruchslosester Seifenopern gehörte, in der Figur eines Vietnamveteranen automatisch einen „Mann mit dunkler Vergangenheit" heraufzubeschwören. Von den „tragischen" (weil immer auch schuldigen) Helden ist der Weg nicht weit zu den mystischen Psychotikern, die wie **Rambo** „aus der Asche wiederauferstehen", um die *Schande der Nation* wenigstens nachträglich noch in einen Sieg umzumünzen.

Vietnam und die Vietnamesen sind in diesen Filmen noch weniger präsent – geschweige denn „wahrheitsgemäß" dargestellt – als die Indianer in den Western. Aber die haben ihren Krieg ja auch schließlich verloren.

Erst nach 1991 wurden wieder internationale Großproduktionen in Vietnam selbst gedreht. Einen sehr intensiven, poetischen Film über das Vietnam der 1950er Jahre schuf der in Frankreich aufgewachsene Tran Anh Hung mit **Der Duft der grünen Papaya** (1993), der allerdings zur Gänze in Studios in Paris entstand. Für sein gewalttätig-schönes Cinépoem **Cyclo** (dieses Mal tatsächlich in Vietnam, in Cholon, aufgenommen), erhielt er 1995 den Goldenen Löwen von Venedig. 1999 drehte der in Kalifornien aufgewachsene Exil-Vietnamese Tony Bui mit **Three Seasons** den ersten amerikanischen Film in Vietnam seit 1957.

Amerika gegen „Altes Europa" – schon vor über 50 Jahren gab *Graham Greene* Antworten auf Fragen, die da noch gar keiner stellte. Provozierte Kriege und Kriege „auf Verdacht" sind der Leitfaden seines **Quiet American,** dessen kongeniale Neuverfilmung (2000/01 in Saigon, Hanoi, Ninh Binh und Hoi An gedreht) als „antiamerikanisch" über ein Jahr auf Eis lag, da er explizit von geheimen Verwicklungen der US-Politik in terroristische Massaker erzählte.

Bao Ninh war geschockt. Jahrelang hatte er sich in einem Plattenbau Hanois die Seele aus dem Leib geschrieben, das Trauma seines siebenjährigen Martyriums auf dem Ho-Chi-Minh-Pfad zu Papier zu bringen, als 1990 die ersten Videos der sagenumwobenen „Vietnamfilme" auf den Schwarzmarkt kamen und der junge Schriftsteller zu seiner Verblüffung feststellen musste, dass die Amerikaner zu nahezu den **identischen Bildern, Symbolen und Metaphern** gefunden hatten, das *Grauen des Krieges* zu beschreiben.

Während *The Sorrow of War* als „erster Antikriegsroman Vietnams" international Furore machte, überschüttete Hanoi das „kontroverse" Werk mit Preisen, ließ die Auflage aber umgehend in Kellern und Archiven verschwinden. (Machte nichts. Vietnams Leserschaft behalf sich mit Fotokopien.)

Für die meisten seiner Landsleute – schon damals hatten über die Hälfte aller Vietnamesen den Krieg nicht mehr aus eigener Anschauung erlebt –, waren *Rambo, Platoon* und *Apocalypse Now* willkommener *Thrill* – aber mehr auch nicht. Die heimischen Strände, Palmen, Pagoden und Reisfelder notdürftig nachgestellt in Thailand, Malaysia oder Florida – zum Schießen! Nord- und Südvietnamesen wahllos in einen Topf geworfen und mehr schlecht als recht von martialischen Koreanern oder Chinesen gedoubelt – lachhaft! Zu feige, den Langnasen im offenen, ehrlichen Kampf (haha!) gegenüberzutreten – ja hätten sie etwa mit einem Schlachtruf auf den Lippen (Ho Ho Ho Chi Minh?) der Postkutsche, sorry, dem Panzer hinterherjagen sollen, um sich abknallen zu lassen wie tumbe Turkeys? In jedem Streifen der *Verlierer* zu sein, war leicht zu verschmerzen. Jedes Kind wusste es schließlich besser.

Seitdem der Staat, wie Cuba oder die DDR einst Heger und Pfleger des Dokumentarfilms und der „Filmkunst", voll auf den Markt setzt, hat das **vietnamesische Kino** nicht mehr viel zu sagen – rund 300 TV-Movies stehen 6-8 Kinofilme im Jahr gegenüber; 1987 waren es noch 25 –, fängt aber erstmals an zu *sprechen.* Auch wenn aktuelle Themen wie Wildwest-Kapitalismus, Landflucht, Umweltzerstörung, Korruption und Zensur ausgespart bleiben (müssen), scheuen Vietnams Filmemacher ansonsten auch vor Tabus nicht mehr zurück, die sie noch vor wenigen Jahren ins Abseits wenn nicht in den Knast gebracht hätten (Klassenkampf, Bodenreform, Enteignung, Desertion). **Luu Trong Ninh** (Jhg. 56), ihr größtes Talent, beruft sich offen auf das Vorbild *Iran.* Seine Filme – wie *Nga Ba Don Loc* (Kreuzung Don Loc, 1997), der ganz und gar „unheroische" Todestanz junger Minenräumerinnen auf dem Ho-Chi-Minh-Pfad, oder der pathetisch-anarchische *Ben Khong Chong* (Ufer der Frauen ohne Männer, 2001), dessen einsamer Held sich im Finale an einem Baum erhängt – laufen an den Kassen selbst Hollywoodstreifen den Rang ab. Der Krieg ist noch allgegenwärtig, aber nur mehr als Folie, Rückblende oder Erinnerung. Die Mehrzahl der neuen Filme spielt zwischen 1975 und '86, jenen trostlosen, scheinbar nie enden wollenden *Nachkriegsjahren*, in denen man den Frieden – und sich selbst – verlor. Eine Zeit, die selbst viele Ältere heute als schlimmer empfinden als den Krieg selbst.

Filmografie (Auswahl)

- **The Green Berets.** 1968. R, D John Wayne.
- **The Deer Hunter.** 1978. R Michael Cimino. D Robert de Niro, Christopher Walken.
- **Apocalypse Now.** 1979. R Francis Ford Coppola. D Martin Sheen, Marlon Brando.
- **Rambo.** 1982 (1985, 1988). D Sylvester Stallone.
- **Platoon.** 1986. R Oliver Stone. D Charlie Sheen, Willem Dafoe.
- **Good Morning Vietnam.** 1987. R Barry Levinson. D Robin Williams.
- **Full Metal Jacket.** 1987. R Stanley Kubrick.
- **Born On the Fourth of July.** 1989. R Oliver Stone. D Tom Cruise.
- **Heaven and Earth.** 1993. R Oliver Stone.

In Vietnam gedrehte Filme

- **The Quiet American.** USA 1957. R Joseph Mankiewicz, nach Graham Greene. D Audie Murphie, Michael Redgrave.
- **L'Amant.** F 1992. R Jean-Jacques Annaud, nach Marguerite Duras.
- **Indochine.** F 1992. R Régis Wargnier. D Catherine Deneuve.
- **Dien Bien Phu.** F 1992. R Pierre Schoendoerffer.
- **Cyclo.** F/VN 1995. R Tran Anh Hung.
- **Three Seasons.** USA 1999. R Tony Bui. D Harvey Keitel.
- **The Quiet American.** USA 2001. R Philip Noyce. D Michael Caine.
- **La Verticale de l´été.** F/VN 2002. R Tran Anh Hung.

Der Rock-'n-Roll-Krieg

Vietnam aus der Sicht des Golfkriegs

„Als damals der Marschbefehl kam, haben meine Kameraden und ich uns als erstes kahl rasiert. Nach dem Haareschneiden haben wir uns im Aufenthaltsraum betrunken und uns Kriegsfilme angesehen. Wir mochten vor allem Filme wie Platoon, Full Metal Jacket oder Apocalypse Now. Den Durchschnittszuschauer mögen sie vielleicht abschrecken, aber für einen Jungen, der in den Krieg ziehen soll, sind sie wie der Anblick eines nackten Frauenkörpers. Das ist sexy, das ist aufregend, das ist Krieg! Das ist es, wofür du trainiert hast und wie du vielleicht sterben wirst. Der Vietnamkrieg war einerseits ein sehr ernüchternder Krieg, mit vielen Toten und diesem schalen Gefühl, dass alles umsonst war, auf der anderen Seite wurde er auch sehr romantisiert. Das war der Rock-'n-Roll-Krieg! Da gabs bei jeder Stellung ein Dorf mit Huren und Whiskey, man hat Dope geraucht und Heroin genommen, und alles war total verrückt. Unser Golfkrieg war sehr sauber. Es war fast, als ob wir dafür bestraft wurden, dass die anderen in Vietnam so viel Spaß hatten. Es gab ja nicht mal eine eigene Musik im Golfkrieg. Wir haben die ganze Zeit Jimi Hendrix gehört, die Rolling Stones, Led Zeppelin."

(Anthony Swofford,
Jarhead, 1991)

Frauen in Vietnam

Geschichte und Tradition

„Die Cochinchinesen sind starke Liebhaber des anderen Geschlechts, und die Vielweiberei ist bei ihnen eingeführt. Gewöhnlich haben sie soviel Weiber, wie sie ernähren können, und das Gesetz räumt ihnen große Gewalt über sie und ihre Kinder ein. Weiber, die einer Untreue überwiesen sind, werden verurteilt, von den Elefanten zerfleischt zu werden. Wirklich kann man nicht sagen, dass die hiesigen Weiber sehr züchtig wären, sie gehen in der heißen Jahreszeit immer nackt bis an den Gürtel und machen sich nichts daraus, sich angesichts aller Welt zu baden."

(Abbé Rochon, 1744)

Der weise Konfuzius sprach: „Mit Frauen und Untertanen umzugehen, ist äußerst schwierig", und um die Schwierigkeiten etwas zu verringern, ersann er die „Drei Unterordnungen", derzufolge sich *frau* als Mädchen dem Vater, als Frau dem Gatten und als Witwe dem ältesten Sohn unterzuordnen hat (während *man* seine Frauen verstoßen, Nebenfrauen nehmen und Töchter verkaufen darf). Dennoch ist es eine Legende, dass Vietnamesen stets polygam waren und in Großfamilien lebten, über die Familienpatriarchen schalten und walten konnten wie über ihre Wasserbüffel und Reisfelder. Das *chinesisch-konfuzianische* Ideal blieb auf eine relativ schmale Oberschicht beschränkt, der Institutionen wie Patriarchat, Polygamie, Konkubinat und Adoption männlicher Erben behilflich war, ihre Ländereien und Besitztümer nicht durch fortgesetzte Erbteilung unnötig zu zersplittern – Dinge, die die Mehrzahl der Vietnamesen freilich nie besaß.

Ahnenkult, Autorität des Familienvorstands, Sohnestreue und Gehorsam der Frau bilden wie in China bis heute die Grundlage von Gesellschaft und Staat, doch überlebten in Vietnam allen Anpassungen zum Trotz ursprüngliche **matriarchalische Strukturen,** die die vietnamesischen Frauen von ihren Schwestern in China deutlich unterscheiden. Nationalheldinnen wie die *Hai Ba Trung*, die beiden Schwestern, die vor 2000 Jahren die Erzfeinde ihrer Nation (wie ihres Geschlechts!) aus dem Land jagten, sind in China undenkbar. Polygamie und Konkubinat waren deutlich weniger verbreitet, und die jahrhundertelange Tolerierung (und zeitweise sogar gesetzliche Verankerung) von Besitz-, Erb- und Scheidungsrechten für Frauen ist in der Geschichte der asiatischen Zivilisationen nahezu einmalig.

Bereits in den 1920er Jahren entstand eine bürgerliche Frauenbewegung, und nach Gründung der KP wurde 1930 die **Frauenunion** gegründet, die älteste Unterorganisation der Partei, die noch heute Bestand hat. Die von Ho Chi Minh konzipierte Verfassung von 1946 ermutigte Frauen ausdrücklich, am Aufbau und der Verteidigung des Landes aktiv teilzunehmen; in Kriegszeiten blieb vielen Frauen gar nichts anderes übrig, als „ihren Mann zu stehen". Das nordvietnamesische Ehe- und Familiengesetz von 1960 basierte auf den Grundsätzen Einehe, Freiheit der Partnerwahl,

030vi Foto: kb

Gleichberechtigung und Scheidungsrecht. Im Süden stellten Frauen bis zu 40 % der Kämpfer der Befreiungsbewegung, eine Frau war stellvertretender Befehlshaber. Nach dem Fall Saigons 1975 erlahmte der revolutionäre Geist der Partei „in Frauenfragen" zwar spürbar, erlosch aber nie ganz. Waren zu Beginn des 20. Jhs. (auch dank der französischen Kolonisten) kaum mehr als 1 % der Frauen des Lesens und Schreibens kundig, stellen Frauen heute mehr als 45 % aller Hochschulabsolventen, sind Ärztinnen, technische Ingenieure oder Hochschullehrerinnen. In den höheren Entscheidungsgremien von Politik und Wirtschaft sind sie freilich kaum vertreten.

Vor dem Festmahl

Heute

Wir waren überrascht, wie modern, unkompliziert, pragmatisch und selbstbewusst junge Vietnamesinnen sind; die Frauen der Nachbarländer wirken dagegen oft wie aus dem Mädchenpensionat.

Film und Trivialliteratur haben ein gängiges **Stereotyp der vietnamesischen Frau** geschaffen: mandeläugig, elfenbeinhäutig, zierlich, anschmiegsam, katzenhaft exotisch und mit dem gewissen erotischen Etwas. Auch Graham Greenes *Phuong* ist noch mit diesen Klischees belastet, kommt aber der Wirklichkeit schon näher; freilich ist Phuong eine Vietnamesin der 1950er Jahre.

Auch die Vietnamesin von heute hat Schlitzaugen, weiß sie aber so zu schminken, dass das „Mandelförmige" nicht mehr so auffällt, kann sich „exotisch" reizvoll im *ao dai* bewegen, bevorzugt aber Jeans und T-Shirt, versucht voll weiblicher Eitelkeit die „Elfenbeinhaut" mit Hüten und langen Handschuhen vor der bräunenden Sonne zu schützen, trägt High Heels, um nicht gar so „zierlich" zu erscheinen, und träumt von der großen Liebe und einem Scooter. Oft ist es schwer, in Kneipen und Discos professionelle von „normalen" Vergnügungssüchtigen zu unterscheiden, die sich aufgemacht und aufgekratzt ins Nachtleben stürzen und am nächsten Tag wieder züchtig im *ao dai* die Schulbank drücken.

Prostitution ist seit den Tagen von Madame *Nhu*, der ebenso schlitzäugigen wie schlitzohrigen Schwägerin Präsident Diems, laut Gesetz verboten, was aber schon damals nichts daran änderte, dass mehr als eine halbe Million Frauen und Mädchen die Bars und Bordelle Südvietnams bevölkerten und praktisch jedem GI eine *con gai* zur Verfügung stand. Als der Staat nach 1975 „die Würde der Frau" zwangsweise wiederherstellte, gab es natürlich auch keine Prostitution mehr, doch die Realität in vielen Karaoke-Bars, Massagesalons und Friseurläden sieht deutlich anders aus.

Auf dem Land sind neben der Haus- und Feldarbeit noch heute **Markt** und **Geschäft** die traditionellen Domänen der Frau. Die Arbeit auf den Feldern wird wie seit Jahrhunderten unter den Geschlechtern geteilt, der Handel mit dem Überschuss und die Verwaltung der Finanzen obliegt fast immer den Frauen. In den Städten sind nahezu alle Frauen berufstätig und gehen einer Tätigkeit außer Hause nach. Mehr noch als in anderen asiatischen Länder fordert die Gesellschaft (die Partei) die **Doppelbelastung** der berufstätigen Hausfrau, propagiert aber auch weitgehende Sozialisierung von Haushalt und Erziehung. Die Verschiebung der Machtverhältnisse im öffentlichen Leben bewirkt in den hierarchischen Familienstrukturen **Konflikte,** denen die meisten Vietnamesen noch recht hilflos gegenüberstehen. TV, Internet, Tourismus etc. suggerieren neue Rollen und Verhaltensweisen, die für die meisten Frauen unerreichbar sind, aber zusätzliche Normen und Erwartungen erzeugen. Das gehorsame vietnamesische Kind lernte, seinen Eltern und Lehrern nachzueifern – die heutige Jugend imitiert wie überall in der Welt ihre Altersgenossen.

Notizen zum Alltag

Der große Unterschied. In Deutschland ist jeder Vierte über sechzig. In Vietnam ist mehr als jeder zweite unter zwanzig.

Kommunismus. Ein weit verbreiteter Irrtum lautet: In Vietnam herrscht der Kommunismus. Tut er nicht. Tatsächlich herrscht eine Partei, die nur eines im Visier hat – ihren **Machterhalt.** Solange man sich an die Spielregeln des Ein-Parteien-Systems hält, ist das Klima auffallend liberal. Wenn nicht, schlägt das System zurück. Unerbittlich.

Wirtschaftswunder. Legal lassen sich ein gutes Auskommen und vielleicht sogar Wohlstand, aber sicherlich keine Reichtümer erwerben. Im Schatten der widersprüchlichsten Systeme zwischen Staatsmonopolismus und Markt-Anarchie etabliert sich wieder eine **neue Elite,** die keine andere ist als die alte, die man vor drei Jahrzehnten verjagt hat, und die man gewähren lässt, weil man von ihr profitiert. Heimweh und gesundes Gewinnstreben treiben in Scharen Auswanderer zurück, die in Melbourne, Paris und San Diego zu Wohlstand gekommen sind und, wenn sie schon nicht bleiben, ihre daheimgebliebenen Familienmitglieder und Verwandten finanzieren. Die zunehmende Spaltung in eine Zwei-Systeme-Gesellschaft – die einen leben noch im Sozialismus, die anderen bereits in der Privatwirtschaft – lässt die Parteibuchprivilegien von einst immer mehr schmelzen und über kurz oder lang eine völlig neue Gesellschaftsform entstehen.

Marktwirtschaft. Noch ein verbreiteter Irrtum: In Vietnam macht die Planwirtschaft Platz für den Markt. Ja, es gibt glitzernde Hochhäuser und Designerläden in Saigon und Hanoi, und man sieht immer mehr Reiche in spiegelverglasten Limousinen vor gestylten Restaurants und Luxus-Resorts vorfahren. Reich wird aber nicht der Klügste, Talentierteste oder Ideenfreudigste – sondern der mit **Beziehungen.** Nicht etwa die freie Marktwirtschaft fasst Fuß, sondern der **Kaderkapitalismus** und die Clanwirtschaft. Politik und Kapital gehen eine geschmierte Symbiose ein, weniger höflich könnte man von mafiösen Strukturen sprechen, die von lokalen Ebenen (Kreis, Distrikt, Stadt, Provinz) bis nach ganz oben reichen. Reich wird, wer seine Beschützer teilhaben lässt, zurück in die Armut oder ins Gefängnis stürzt, wer ihnen lästig wird und an dem dann ein „Exempel" statuiert wird.

Geld. *Tien, tien, tien* – Geld – ist das magische Schlüsselwort, das man auf dem Markt, im Bus, auf der Straße und einfach überall hört; das Wort, das den Zugang zur Welt der Waren öffnet, auf die so viele so lange warten mussten. Andererseits redet man übers Geld wie über das Wetter, es ist einfach ein beliebtes (und schier unerschöpfliches) Gesprächsthema. „Was hat das gekostet?" oder „Wie viel Geld hast du dafür bekommen?" – die alten

Frauen, die am Straßenrand Lose verkaufen, werfen sich genau die gleichen Fragen zu wie die Bosse in den unterkühlten Lobbies der Hotels. Und auch Funktionäre, Kader und Beamte hegen nicht die leiseste Scheu mehr, über Geld zu reden, seitdem Wohlstand nicht mehr mit Klassenfeind sondern Erfolg gleichgesetzt wird.

Bauboom. In jedem größeren Ort Vietnams künden die neuen Repräsentationsbauten des Markts (stellvertretend für Ökonomie) und der Post (stellvertretend für Kommunikation) von der Aufbruchstimmung im Land. Meist abstoßend hässliche Betonklötze, symbolisieren sie gleichzeitig die allgegenwärtige „Markt"-Orientierung wie die innige Verflechtung mit Staat und Partei. Noch in den hintersten Winkeln des Landes ist mit Behinderungen durch intensive Bauarbeiten zu rechnen. Es werden Berge gesprengt und Wälder gerodet, um neue Straßen anzulegen, und ganze Häuserzeilen und Dörfer versetzt, um schon vorhandene Straßen zu verbreitern. Die forsch begonnenen Arbeiten werden aber nur zögerlich zu Ende geführt, weil die vorhandenen Gelder längst in dunkle Kanäle geflossen sind. Dann fallen Fundament oder Straßenbelag halt ein bisschen dünner aus, und in der nächsten Regenzeit rutscht wieder ein Stück Straße ab, und es gibt neue Gelder und neue Möglichkeiten, sich zu bereichern ...

Englisch. Jeder lernt heute Englisch. (Oder eine andere Fremdsprache). Der Staatsbedienstete, weil er es laut Dekret der Regierung tun muss, der einfache Arbeiter oder Taxifahrer, weil er Englischlernen mit Geldverdienen gleichsetzt. Und Geldverdienen wird heute, da man sich alles kaufen kann, wenn man die nötigen Mittel hat, ganz groß geschrieben. Deshalb hat auch jeder neben seinem eigentlichen Beruf noch ein oder zwei Nebenjobs oder ein „individuelles Business", um sich ein paar Extras leisten – oder einfach nur um überleben – zu können.

Traditionell ...

031vi Foto: kb

Die Kinder von Marx & Coca Cola nannte der Filmemacher Jean-Luc Godard die rebellierenden Studenten, die 1968–73 in den Straßen von Berkeley bis Berlin gegen den Krieg in Vietnam demonstrierten. *Die Kinder von Marx & Coca Cola*, so könnte man heute die Jungen in Hanoi, Saigon und Da Nang nennen. Mit dem Unterschied, dass sie nicht eine verschwindende Minderheit, sondern die *Mehrheit* sind – zweidrittel aller Vietnamesen sind erst nach 1975 geboren –, und eindeutig mehr auf Coke, Honda und Microsoft als auf Le-Nin und Cac-Mac (Karl Marx) stehen. Politik ist out, *Business* ist angesagt. *Englisch* lernen. Auf eine Honda *Dream* sparen. *Fun* haben. Jahrelang aufgestaut, explodieren 1001 Gelüste nach Überfluss, Amüsement und Verschwendung.

... und modern

032vi Foto: kb

Reisefieber. Der neue „Wohlstand" und die Möglichkeit, das eigene Land entdecken zu können (noch Anfang/Mitte der 1990er Jahre waren Reisen – im eigenen Land! – ohne behördliche Genehmigung nicht möglich), weckt die **Reiselust** der Vietnamesen. Sie benehmen sich wie Touris überall sonst: Sehenswürdigkeiten abklappern, Urlaubsfotos schießen, es sich gut gehen lassen. Und wer die Nase ganz vorn hat, hat auch schon mal nach Thailand, Malaysia oder Singapur reingeschnuppert.

Verkehrschaos. Es stinkt und dröhnt und tost. Für manchen Touristen scheint eine Straßenüberquerung in Saigon oder Hanois Altstadt das größte Abenteuer in Vietnam zu sein. Fahrräder und Cyclos haben die Straßen längst Motorrädern und Autos überlassen. Aber das **unüberschaubare Gewimmel** ist geblieben – vorausgesetzt ein Stau legt nicht wieder einmal alles lahm. Auch wenn man besser mit dem Moped oder Scooter vorankommt, liebäugelt, wer noch vor ein paar Jahren stolz auf seine Honda war (Original oder preisgünstige Kopie made in China), bereits mit einem Auto – auch wenn die Wartezeiten lang und die Kosten (dank „Luxussteuern“) immens sind. Gut ein Dutzend Weltfirmen lassen bereits in Vietnam fertigen. 2007 wurden über 80.000 Automobile neu zugelassen (1999: 6000), seit 2006 dürfen auch Gebrauchtwagen eingeführt werden.

Jugend. In den **Internet-Cafés** chatten die Kids rund um die Uhr. Halbwüchsige toben sich in nächtlichen **Motorradrennen** aus, färben sich die Haare und werfen sich in Klamotten, in denen ihre älteren Geschwister noch verhaftet worden wären. Kleine Mädchen werden wie Prinzessinnen in Samt und Seide ausstaffiert, und im Süden tragen die Oberschülerinnen längst wieder den eleganten schneeweißen Ao Dai; graziös wie zerbrechliche Kohlweißlinge schweben sie auf ihren Fahrrädern und Scootern vorbei. Der Wille und der Ehrgeiz, mit der die Mehrzahl der jungen Vietnamesen ihr Los meistert, ist für jeden ersichtlich. Weniger sichtbar ist ihre innere **Orientierungslosigkeit** und **Verwirrung,** von denen kaum einer ahnt, der sie nur oberflächlich kennt. Von der Steinzeit ins grelle Rampenlicht der Globalisierung, das hält nicht jede Psyche aus.

Armut. Wo bleibt die Kehrseite des Fortschritts? Vor lauter neuen Hochhäusern und Strandresorts sollte man sich den Blick nicht verstellen lassen. Vietnam ist nach wie vor eines der ärmsten Länder der Welt. Das Durchschnittseinkommen liegt bei 640 US$ – im Jahr! Slums und himmelschreiendes Elend wird man nicht so schnell sehen. Auf dem Land wird der Reisende den Fernseher in der einfachsten Hütte, aber nur selten die **Dürftigkeit des Lebens** ihrer Bewohner wahrnehmen: die mangelernährten Kinder, die kilometerweit zur Schule laufen müssen, die abgearbeiteten Frauen, die ein Leben lang gebückt im Reisfeld malochen, die Männer in ständiger Angst vor Naturkatastrophen, Missernten und korrupten Provinzkadern. Bis zu 30 % der arbeitsfähigen Bevölkerung ist beschäftigungslos oder unterbeschäftigt, und in abgelegenen Regionen darbt knapp ein Drittel unterhalb der Armutsgrenze. Aber die Menschen resignieren nicht, sie leben ein Leben, wie sie es schon von ihren Vätern und Vorvätern her kennen. Erst wenn ihre Kinder auf die Idee kommen, in der Stadt „ihr Glück zu suchen“, werden sie das wirkliche Elend kennen lernen.

Umwelt. Abholzung von wertvollen Tropenhölzern, Raubbau, Wilderei und Umwandlung von Forstland in Landwirtschaftsflächen sind verbreitete Strategien zum Lebensunterhalt armer Bevölkerungschichten, wo keine oder kaum alternative Erwerbsquellen zur Verfügung stehen. Der **Verlust der biologischen Vielfalt** und die kontinuierliche **Abnahme der verbliebenen Naturwaldflächen** – zunehmend auch dem rapide wachsenden Kommunikations- und Energiebedarf geschuldet (Straßenbau, Staudämme usf.) – führt immer häufiger zu verheernden **Überschwemmungen** und **Umweltkatastrophen,** wie sie weite

Teile Vietnams in den vergangenen Jahren erlitten haben.

Nord – Süd. Ökonomisch ist das Gefälle zwischen den beiden Landesteilen kaum mehr deutlich wahrnehmbar. Spürbar ist, wie die Vietnamesen des Südens immer mehr in die Gegenrichtung schielen, ein bisschen verunsichert, ein bisschen eifersüchtig, dass auch die Menschen im Norden zu leben verstehen, dass sie aufgeholt haben, selbstbewusst geworden sind und sich nicht minder mit dem Kommunismus – bzw. Konsumismus – arrangieren können wie der Süden seit langem. Vertieft hat sich eher das **zwischenmenschliche Gefälle.** Man lässt kein gutes Haar am anderen, nennt sich voller Vorurteile gegenseitig unehrlich und korrupt, leichtsinnig und falsch – und kann nicht begründen warum.

Krieg. Fast dreißig Jahre ist es her, dass die letzten Amerikaner fluchtartig das Land verließen. Wann immer bei uns der Name Vietnam fällt, ist er mit der Assoziation Krieg verbunden. Soviel Kriegsschrott – auch im übertragenen Sinn – geistert durch unsere Medien, dass die Perspektiven ganz schön verzerrt sind. Tatsache ist: Nach wie vor werden **Kinder mit Dioxinschäden** geboren, kaum jemand kümmert sich um die (noch lebenden) Kriegsopfer, nie mehr werden Vietnams Wälder sich regenerieren. Doch man wird nicht auf Schritt und Tritt mit Kriegsversehrten und Bettlern konfrontiert, und so manches Kriegsrelikt ist bloß Imitat, auch damit lässt sich verdienen. Die Natur sieht im Großen und Ganzen grün und üppig aus, und wer nie die verbrannten Urwaldriesen sah, möchte glauben, es wäre immer so gewesen.

So what? Zweidrittel aller Vietnamesen sind erst nach 1975 geboren. Eine **neue selbstbewusste Generation** ist herangewachsen – eine „Generation ohne Komplexe" hat man sie genannt. Sie hat sich von Dogmen und Ideologien emanzipiert, spricht Englisch, shoppt im Supermarkt, surft im Internet und kommuniziert per Mobiltelefon. Der Krieg, – „ihr" Krieg – gehört für sie zu den Mythen des Landes; Großvater und Großmutter erzählen manchmal davon. Man ist nicht mehr stolz, weil man den Krieg gewonnen hat. Sondern weil man die schlimmen Nachkriegszeiten überwunden und aufgeholt und Anschluss gefunden hat. Für sie ist die Zukunft *Jetzt*.

033vi Foto: kb

Hanoi
Hà Nội

034vi Foto: kb

035vi Foto: kb

Auf der Jadeinsel im Hoan-Kiem-See

Straße der Bambusleitern

Partei-Nostalgie

Überblick

Als Bangkok, Jakarta und Singapur noch nichts waren als Sümpfe, priesen europäische Besucher Hanoi bereits als „Venedig des Ostens". Ockergelbe Fassaden, die durch immergrüne Alleen schimmern, stille Seen und Teiche, teils künstlich angelegt, teils abgeschnittene Seiten- und Nebenarme des Roten Flusses, in denen sich Wolken, Pagoden und Drachen spiegeln – Hanoi, allen voran die tausendjährige Altstadt, verzaubert und ist unzweifelhaft **eine der schönsten Städte Asiens.** Auch wenn die *Globalisierung* hier nicht Halt macht. Und die Stadt sich in einem wahrhaft atemberaubenden Wandlungsprozess befindet.

Keine Stadt Vietnams ist so vietnamesisch, aber auch so „französisch" – im selbstbewussten Hanoi blieb das Fremde fremd und separiert, während es im „Schmelztiegel" Saigon bis zur Unkenntlichkeit aufgesogen wurde. Hanoi hat Stil und Anmut und wirkt im Gegensatz zum umtriebigen und kommerzorientierten Saigon elegant, vornehm, ja großbürgerlich. Die Gegensätze könnten nicht größer sein. Saigon: oberflächlich, leichtlebig, kosmopolitisch. Hanoi: ernst, ehern, verschlossen und ebenso traditionsbewusst wie -verhaftet. Die angestammte Heimat der geistigen, intellektuellen und künstlerischen Elite des Landes, die auf den wankelmütigen, alles Fremde und Neue begierig aufsaugenden Emporkömmling im Süden seit je her herab blickt. Und als „Stadt des Wortes" Wiege von Kultur, Religion, Kunst und Literatur – auf der anderen Seite, sozusagen als Kehrseite der Me-

daille, allerdings auch von Bürokratie, Zensur und Autoritätshörigkeit.

Saigon ist wie ein Hund, der sich von jedem kraulen lässt, der ihm eine Wurstpelle hinhält. Hanoi wie eine stolze und weise Katze, die erst mal abwartet, wer sich ihr da nähert.

Und doch ist Hanoi keineswegs nur die arme und etwas weltfremde Schwester Saigons. Von „grau" oder gar „verschlafen" kann keine Rede sein. Den bezaubernden, wenn auch ein wenig reaktionären Charme als „stille Stadt der Fahrradfahrer" hat Hanoi schon vor vielen Jahren verloren. Legionen von Mopeds und eine stetig steigende Zahl von Autos sorgen für tägliche Verkehrsstaus, Bulldozer und Abrissbirnen wühlen sich durch das unersetzliche Altstadt-Ensemble, da zu fachkundiger Restauration Geduld und Mittel fehlen, und selbst durch die einstigen Prachtstraßen der Kolonialherren, die Avenuen der Banken, Kaufhäuser und Verwaltungen, die bis vor wenigen Jahren noch als öde, realsozialistische Boulevards der Mottenkugeln vor sich hin dämmerten, weht ein frischer, zuweilen sogar schon allzu frischer Wind.

Der **Stadtstaat Hanoi** ist seit 1945 bzw. 1954 Hauptstadt der *Demokratischen* und seit 1976 der *Sozialistischen Republik Vietnam* und mit 4 Mio Einwohnern die nach Saigon zweitgrößte Stadt des Landes. In der eigentlichen **City** leben dicht gedrängt 1,5 Mio Menschen.

Geografie und Klima

Hanoi liegt auf dem 21. Breitengrad etwa auf gleicher Höhe wie Kalkutta, Mekka und Havanna rund 1600 km

nördlich von Saigon und 75 km vom Golf von Tonkin entfernt.

Aufgrund der kontinentalen („sibirischen") Luftmassen aus China kennt das seiner geografischen Lage nach subtropische Hanoi einen **Winter.** Zwischen Dezember und Februar kann das Thermometer trotz milder „Durchschnittstemperaturen" um 20°C auch mal tagelang **unter 10°C** absinken und dabei grauer Nebel und Sprühregen die Stadt einhüllen. Im Sommer dagegen, zwischen Mai und September, ist es oft heißer als in Saigon und sind Höchsttemperaturen **um 40°C** keine Seltenheit. Anders als im Süden gibt es auch keinen ausgeprägten Wechsel von Regen- und Trockenzeit - allerdings sorgen die kurzen, aber oft heftigen Sommergewitter für deutlich höhere Niederschlagsmengen als die feinen Sprühregen der kühlen Jahreszeit.

Orientierung

Hanoi liegt beiderseits des **Roten Flusses,** die städtischen Bezirke *(quan)* befinden sich auf dem rechten (westlichen) Ufer. Innerhalb des Stadtgebiets, auf der Höhe der Altstadt, überspannen zwei Brücken den Song Hong, die 1,7 km lange, nur für Eisenbahn und Fahrräder reservierte *Long-Bien*-Brücke (früher *Paul-Doumer*-Brücke), und 600 m weiter südlich die 1986 fertiggestellte, 2,8 km lange *Chuong-Duong*-Brücke, über die der gesamte motorisierte Verkehr Richtung Norden, Haiphong und Flughafen rollt.

Zentrum Hanois ist der **Hoan-Kiem-See** („See des Zurückgegebenen Schwertes").

Nördlich davon erstreckt sich das Gassengewirr der **Altstadt,** im Osten begrenzt von den Deichen am Roten Fluss, im Westen von der ehemaligen Zitadelle, an die sich noch weiter westlich das Regierungsviertel am **Ba-Dinh-Platz** *(Ho-Chi-Minh-Mausoleum)* anschließt. Der **Ho Tay** oder West-See, mit einem Umfang von 14 km der größte unter den zahllosen Seen Hanois, breitet sich nördlich des Platzes aus.

Südlich sowie östlich des Sees erstreckt sich das gerasterte Muster der einstigen **Ville Française** mit schnurgeraden Alleen, Repräsentationsbauten (Hotels, Banken, Museen, Post) und der ehemaligen Flanier- und Einkaufsstraße des französischen Hanoi, der **Trang Tien** zwischen Oper und Hoan-Kiem-See, die sich westwärts als Trang Thi bis auf die Höhe des Hauptbahnhofs fortsetzt.

Geschichte

Die Ruinen von **Co Loa,** der ersten Hauptstadt der Vietnamesen (um 300 v. Z.), liegen nur 25 km nördlich von Hanoi. Im Lauf ihrer tausendjährigen Herrschaft nannten die Chinesen den Verwaltungssitz ihrer südlichsten Provinz zeitweise **Dong Kinh,** „Hauptstadt des Ostens", was unter den Franzosen zu Tonkin und zum Oberbegriff für den gesamten Norden wurde.

Als Ngo Quyen 938 die Unabhängigkeit errang, bestimmte er zur Hauptstadt Dai Viets wieder das alte Co Loa der Ahnen. Hanoi wurde erst **1010** unter Kaiser **Ly Thai To** Hauptstadt. Der Gründer der Ly-Dynastie hatte die Erscheinung eines emporsteigenden goldenen Drachens und nannte die

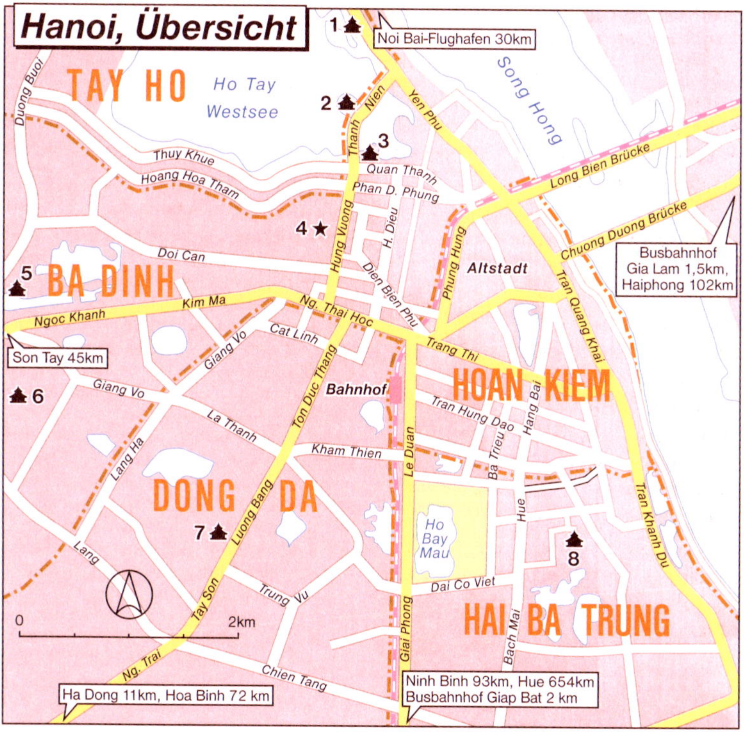

1 Chua Kim Lien
2 Chua Tran Quoc
3 Den Tran Vu
4 Ho-Chi-Minh-Mausoleum
5 Den Voi Phuc
6 Chua Lang
7 Den Dong Da
8 Den Hai Ba Trung

Stadt **Thang Long,** „Aufsteigender Drache". Diesen Namen behielt Hanoi bis ins 19. Jh. Aus der Zeit von Ly Thai To, der Blütezeit des Buddhismus in Vietnam, stammt die *Ein-Pfahl-Pagode* von 1049 (die allerdings nur mehr die Rekonstruktion einer Rekonstruktion ist), unter seinen Nachfolgern wurden 1070 der *Literatur-Tempel* und bald darauf die erste Universität des Landes gegründet.

Die von Wällen und Gräben umgebene **Kaiserstadt** und die Verbotene Stadt innerhalb der Kaiserstadt waren nach chinesischem Vorbild eingerichtet. Die Quartiere der Diener, Soldaten, Handwerker, Bauern, Fischer und Händler lagerten sich um die Zitadelle herum und waren von Wällen, Deichen und Kanälen umgürtet. Der Rote Fluss bildete die Ostgrenze, der Westsee (das alte Bett des

„Die Stadt kann man, was ihre Ausdehnung betrifft, mit vielen Städten Asiens vergleichen, sie übertrifft jedoch die meisten durch die Zahl ihrer Einwohner. Besonders am ersten und fünfzehnten Tag des Monats, wenn der große Markt abgehalten wird, strömt aus den umliegenden Ortschaften eine unglaubliche Menge von Menschen mit Waren aller Art herbei. Die Straßen, die an sich breit und geräumig sind, sind dann derart überfüllt, dass man sich glücklich schätzen muss, wenn man in einer halben Stunde hundert Schritte vorwärtsgekommen ist."

(Samuel Baron, 1683)

„Die Stadt ist von Kanälen durchschnitten, welche den Warentransport erleichtern und zur Bequemlichkeit der zahlreichen Einwohner dienen. Der König unterhält in seinem Palast 12-15.000 Mann, teils zu seiner Leibwache, teils zu seinem übrigen Dienste, und gegen 300 sehr gut gerüstete Galeeren, die in Kriegszeiten zum Transporte der Soldaten und in Friedenszeiten bei den Reisen des Monarchen dienen, der seinen Palast fast nicht anders als auf einer Galeere verlässt."

(Abbé Rochon, 1744)

„Die Straßen sind breit und schön, in Abschnitten oder streifenweise gepflastert; einen Teil pflastert man nicht, er ist für die Pferde, die Elefanten, die Wagen des Königs und das Vieh bestimmt. Die Anzahl der Schiffe ist so gewaltig, dass es schwer ist, an die Ufer des Flusses heranzukommen. Unsere belebtesten Flüsse und Häfen, sogar Venedig, können von dem Treiben und dem Gewimmel, das auf dem Fluss [Ha Noi] herrscht, keinen vergleichbaren Eindruck vermitteln."

(Abbé Richard, 1788)

Flusses und damals noch mit ihm verbunden) die Nordgrenze. Die Ausmaße der Metropole sollen bereits nahezu identisch mit denen der heutigen gewesen sein, zeitgenössische Quellen lassen auf eine Einwohnerzahl von mehreren Hunderttausend schließen.

Im 13. Jh. wurde Hanoi gleich dreimal von den Mongolen eingenommen und gebrandschatzt, ehe **Tran Hung Dao** die Armee Kublai Khans 1288 zurückschlagen konnte. 1407 besetzten die Chinesen unter der *Ming*-Dynastie noch einmal Vietnam, doch Nationalheld **Le Loi** vertrieb sie 1427 mit Hilfe der *Goldenen Schildkröte* (siehe Legende vom Hoan-Kiem-See) und baute die gebrandschatzte Stadt wieder auf. Der erste erhaltene Stadtplan stammt aus dem Jahr 1470. 1789 besetzten die Chinesen ein letztes Mal Thang Long, ehe **Nguyen Hue** die 200.000 Mann starke *Manchu*-Armee über die Grenze zurücktrieb und sich zum Kaiser *Quang Trung* krönen ließ.

1802 verlegte **Gia Long,** der Gründer der letzten Kaiser-Dynastie, aus Misstrauen gegen die „rebellische" Bevölkerung des Nordens die Hauptstadt des wiedervereinigten Vietnam in seine Heimatstadt Hue. Zum Ausgleich (und um die Bewohner Hanois zu besänftigen) ließ er die geschleifte Zitadelle neu errichten; die Mauerreste und der *Flaggenturm* stammen aus seiner Regierungszeit. Der Name **Ha Noi** anstelle von Thang Long – der Drache, das Symbol der kaiserlichen Macht, sollte Hue vorbehalten bleiben – taucht erstmals **1831** auf. *Ha* heißt Fluss, *Noi* bedeutet innerhalb, sodass der Name nichts weiter als eine geografische Lage bezeichnet – „Stadt zwischen den Flüssen".

1883 eroberten die **Franzosen** nach Saigon (1859) auch Hanoi und dehnten ihre Macht auf ganz Vietnam aus. Hanoi wurde Hauptstadt der *Indochinesischen Union,* die außer den Landesteilen Tonkin, Annam und Cochinchina auch Kambodscha und Laos umfasste. Die rege Bautätigkeit der Kolonialherren ist noch allerorten sichtbar, allerdings machten sie zu diesem Zweck die halbe Stadt dem Erdboden gleich. Kaiserpaläste und Zitadelle mussten weichen, Flüsse, Seen und Kanäle wurden zugeschüttet oder verkleinert, an die Stelle der bedeutendsten Pagoden traten Post, Kathedrale und Kasernen.

Am 2. September **1945** nutzte **Ho Chi Minh** die Wirren des 2. Weltkriegs und rief auf dem Ba-Dinh-Platz vor dem Palast des französischen Gouverneurs die Unabhängigkeit aus. Die Franzosen eroberten Hanoi im Dezember 1946 nach monatelangen Kämpfen zwar zurück, doch gelang es ihnen trotz amerikanischer Finanz- und Waffenhilfe nie mehr, den Widerstand der Vietnamesen zu brechen. Nach dem Debakel von *Dien Bien Phu* gaben sie die Kolonie **1954** als verloren auf und übergaben Hanoi dem siegreichen *Viet Minh.*

Als Hauptstadt der *Demokratischen Republik Vietnam* avancierte Hanoi für die von den USA repräsentierte „freie Welt“ zum Synonym für den „Kampf gegen die kommunistische Gefahr“. Die ersten amerikanischen Bombenangriffe auf Hanoi erfolgten Anfang 1966, die letzten Ende 1972; allein zum Weihnachtsfest 1972 „rieselten“ über 40.000 Tonnen Sprengstoff auf die Stadt nieder. Die Bevölkerung lebte und arbeitete während dieser Jahre nicht selten über Wochen „im Untergrund“, in Höhlen, Gräben und Unterständen, die über die ganze Stadt verteilt waren. Ohne die weltweiten Proteste gegen die Bombardements der Amerikaner und die Angst der Präsidenten Johnson und Nixon vor ihren eigenen Wählern würde Hanoi heute womöglich gar nicht mehr existieren.

Das alte Hanoi – ein magischer Ort

Sehenswertes

Altstadt

Ein **Dschungel,** den man nur mit kundigem Führer durchquert, für die einen, ein kleines **Paradies,** aus dem man am liebsten gar nicht mehr weg will, für die anderen. Hanois größte Attraktion sind nicht einzelne „Sehenswürdigkeiten“, sondern das einzigartige **Ensemble seiner historischen Altstadt.** Ein magischer Ort. Ein Ort zwischen den Zeiten. Wo das alte Hanoi sich langsam zurückzieht, aber das neue noch nicht nachgerückt ist.

Schrill, turbulent, ohrenbetäubend, gleichsam immer auf dem Sprung, und gleichzeitig in sich ruhend, gelassen, ja entrückt. Ein **chaotisches Labyrinth** kleiner und kleinster, von schat-

036vt Foto: kb

„Hanoi ist sauber, aber entstellt und fleckig; es erinnert an eine Badewanne, die mit scharfen Reinigungsmitteln so oft gescheuert worden ist, bis sie die Glasur verloren hat. Soweit ich sehen konnte, bildete die Behebung von Bombenschäden die einzige Bautätigkeit in der Stadt und ihrer Umgebung. Im Zentrum, wo im August und noch einmal im Oktober zwei dicht bevölkerte Wohnblocks von Bomben getroffen worden waren (als „Industrie"-Ziele kamen nur ein Haushaltswarengeschäft und eine kleine Fahrradreparaturwerkstätte in Frage), steht man noch knietief im Schutt und zwischen verbogenen Federmatratzen. Die Bevölkerung geht wegen des Krieges schon um 6 Uhr morgens zur Arbeit. Die Geschäfte werden um 5, manche schon um 4 Uhr geöffnet. Die Bomber kämen, bedeutete man uns, selten vor 9 Uhr. „Sie wollen wohl damit sagen, dass die Piloten erst noch ein warmes Frühstück zu sich nehmen müssen", sagte ich ironisch. „Wir haben keine Erklärung dafür", erwiderten sie, „aber es ist eine Erfahrungstatsache." In der Innenstadt gibt es alle paar Meter einzelne Betonzylinder, die Ein-Mann-Löchern gleichen; sie sind mit runden Deckeln aus Beton oder geflochtenem Bambus versehen und gewähren Schutz gegen Splitterbomben. Im Notfall bieten sie zwei kleinen Vietnamesen Platz. Hunderte fabrikneuer Betonzylinder lagen auf den Bürgersteigen herum und warteten darauf, in das Pflaster eingelassen zu werden, und tagaus tagein wurden von Lastwagen weitere Zylinder abgeladen."

(Mary McCarthy, 1968)

tenspendenden Bäumen gesäumter Gassen, in denen es vor Waren, Menschen, Verkehrsmitteln, Geschäften, Geräuschen und Gerüchen nur so pulsiert, und gleichzeitig ein **Ruhepol,** eine Zuflucht, eine Oase. Manche werden sich dort nie zurechtfinden, andere schreiten mit geradezu traumwandlerischer Sicherheit voran.

Am besten, man bummelt einfach kreuz und quer und lässt sich treiben.

Das Gesicht der Altstadt hat sich in den letzten Jahren (seit 1993) dramatisch verändert. Die alten, meist nur zweistöckigen Backsteinhäuser aus dem 18./19. Jh. mit ihren Stuckfassaden, schmiedeeisernen Balkonen und roten Ziegeldächern sind fast gänzlich verschwunden. An ihre Stelle sind fantasielos hingeklotzte 3–5-stöckige Vertikalwaben mit Flachdächern getreten. Noch um 1992 gab es nicht ein einziges Hotel in der Altstadt, und die wenigen Cafés und Restaurants ließen sich an den Fingern einer Hand abzählen. Heute gibt es kaum eine Gasse, die nicht von Minihotels, Guesthouses, Souvenirshops, Reisebüros, Imbissläden, Tour- und Internetcafés überquillt. Verschwunden ist das Allzweck-Verkehrsmittel **Cyclo,** das neben Fahrrädern unvermeidliche Transportmittel nicht nur der Altstadt, sondern ganz Hanois. Fantasie und Handwerk werden zusehends von industrieller Massenware, Plastik und Elektronik verdrängt. Und immer **strengere Gesetze** engen Waren und Händler und damit das Leben ein, teils um Parkplätze für Mopeds zu schaffen, teils damit die Fußgänger auf den Gehsteigen ungestörter *shoppen* können.

Und doch hat, wie durch ein Wunder, bis heute beinahe noch nichts dem anarchischen **Charme** und scheinbar chaotischen, gleichwohl bestens organisierten **Tohuwabohu** dieses Viertels etwas anhaben können.

Wirklich ernst wird es wohl erst, wenn die Stadt sich anschickt, eine ge-

037vi Foto: kb

normte Din-A4-Fussgängerzone nach deutschem Vorbild daraus zu machen.

Gestern und heute

Das alte Geschäfts- und Handelsviertel zwischen Zitadelle (Kaiserhof) und Rotem Fluss (Hauptverkehrsader) hat seinen **Ursprung im 11. Jh.,** als Kaiser Ly Thai To die Hauptstadt seines Landes nach *Thang Long* (Hanoi) verlegte. Handwerker, Bauern und Fischer gründeten Niederlassungen zu Füßen der Zitadelle, um den Hof mit Lebensmitteln und Gebrauchsgütern zu versorgen, und errichteten mit der Zeit, um ihre Waren ausstellen und weiterverarbeiten zu können, feste *Gassendörfer.* Zünfte, Handwerksinnungen und Kaufmannsgilden entstanden. Und wie jedes der (ursprünglich) **36 Dörfer** auf ganz spezifische Rohstoffe, Fertigungen oder Produkte spezialisiert war, formierten sich auch die **36 Gassen** gemäß ihrer Zugehörigkeit zu Clans und Genossenschaften, die mit Fleisch, Fisch, Obst, Gemüse, Heilkräutern, Salz oder Blumen handelten oder Materialien wie Leder, Seide, Papier, Metall oder Bambus bearbeiteten.

Schneckenverkäuferin in der Altstadt

Darum wechseln die Straßen der Altstadt noch heute alle paar Blocks ihre Namen – sie erinnern daran, welche Funktionen sie einmal erfüllten bzw. welche **Waren** *(hang)* sie einst vertrieben – *Hang Ca* („Ware Fisch") die Fischgasse, *Hang Bo* die Korbgasse, *Hang Buom* die Gasse der Segelmacher, *Hang Tre* die Bambusgasse. Oft

Altstadt-Glossar

Bat Dan	Schüsseln Holz
Bat Su	Schüsseln Keramik
Cau Go	Brücke Holz
Cha Ca	Gericht Fisch
Cho Gao	Markt Reis
Gia Ngu	Boot Fischerei
Hang Bac	Silber
Hang Be	Bambusboot
Hang Bo	Korb
Hang Bong	Baumwolle
Hang Bot	Reismehl
Hang Buom	Segel
Hang Bun	Reisnudeln
Hang Ca	Fisch
Hang Can	Waage
Hang Chai	Flasche
Hang Chi	Faden
Hang Chieu	Matte
Hang Chinh	Keramik
Hang Cot	Sieb/Reuse
Hang Da	Leder
Hang Dao	Seide
Hang Dau	Öl
Hang Dau	Sojabohnen
Hang Dieu	Wasserpfeife
Hang Dong	Bronze
Hang Duong	Zucker
Hang Ga	Huhn
Hang Gai	Hanf
Hang Giay	Schuhe
Hang Giay	Papier
Hang Hanh	Zwiebel
Hang Hom	Truhe
Hang Huong	Räucherstäbchen
Hang Khay	Tablett
Hang Khoai	Kartoffeln
Hang Luoc	Kamm
Hang Ma	Papier, Votivgaben
Hang Mam	Fischsauce
Hang Manh	Bambuswände
Hang Mo	Holzinstrumente
Hang Muoi	Salz
Hang Ngang	Mittelstraße
Hang Non	Strohhut
Hang Phen	Essig
Hang Quat	Fächer
Hang Ruoi	Fliege
Hang Than	Holzkohle
Hang Thiec	Zinn
Hang Thung	Kiste
Hang Tre	Bambus
Hang Trong	Trommel
Hang Vai	Stoff
Hang Voi	Kalk
Lan Ong	(Heil-)Kräuter
Lo Ren	Schmiede
Lo Su	Sarg
Ma May	Rattan
Ngo Gach	Ziegel
Thuoc Bac	Kräutermedizin

haben sich die Zünfte, wenn auch in abgeänderter Form, bis auf den heutigen Tag erhalten, gibt es eine Gewürzstraße, eine Tuchgasse, eine Straße der Leitern und wird in der *Hang Thiec,* der Zinngasse, von früh bis spät geschweißt und gehämmert.

Noch bis ins 19. Jh. bildete das Quartier der Händler und Handwerker eine quasi autarke „Stadt innerhalb der Stadt", von der Außenwelt abgeschottet durch Wälle, Dämme und Deiche, die ihre Bewohner gleichermaßen vor Feinden, Überschwemmungen und unerwünschtem „Fortschritt" schützten. Von den **16 Toren,** durch die man Einlass fand, ist nur noch eines erhalten, am Flussende der *Hang Chieu,* der Mattengasse; es stammt aus dem 16. Jh.

Im vergangenen Jh. sorgten Kriege, Armut und das Spinnwebnetz des Realsozialismus für den unfreiwilligen Erhalt des Ensembles, aber auch für seinen unaufhörlichen Verfall. Wiederaufgebaut oder restauriert sind viele der kleinen **Tempel und Gemeinschaftshäuser,** in denen die Gemeinden und Zünfte ihre Ahnen und Schutzgeister und die Helden der vietnamesischen Geschichte verehrten; kaum eine Gasse ohne *dinh* oder *den,* mehr als ein halbes Dutzend sind es al-

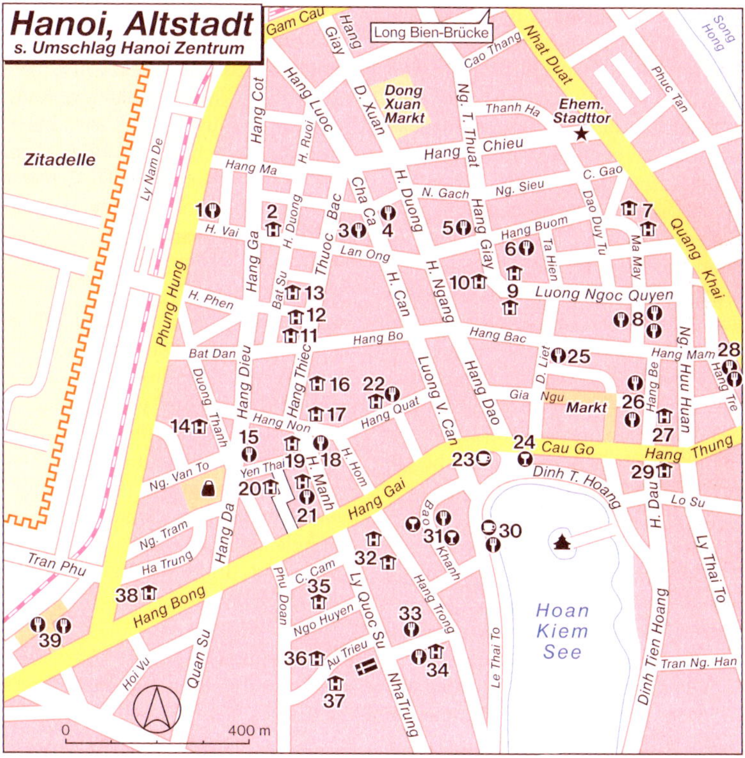

1 Piano Bar
2 Continental, APT
3 Cha Ca Va Long
4 Baan Thai
5 Nam Tung
6 Bittet
7 Viet Anh, Elegance 2
8 Old Hanoi, 69, Red Beer, Tamarind
9 Classic 2, Prince, Apple, Princecafé, A Dong
10 Prince 2
11 Quoc Hoa
12 Mike's
13 Prince Hanoi
14 Manh Dung 2
15 Bun Bo
16 Bach Tung Diep
17 Plaza Hanoi
18 Bun Cha Dac Kim
19 Wing, Rose, Kinh Do
20 Manh Dung, North, Tung Trang
21 Hanoi Garden, Hong Ngoc
22 Green Mango
23 Café Pho Co
24 Legends, City View
25 Bia Minh
26 Tandoor, Green Tangerine
27 Pho Co
28 Highway 4, Bia Hoi Hanoi
29 Salute
30 Thuy Ta, Danh Long
31 Pepperoni's, Polite Pub
32 Lucky, Huyen Trang, Sen Vang
33 Moca
34 La Salsa, Mediterraneo, Church
35 Backpackers Hostel
36 Spring 2, Little Hanoi
37 Indochina
38 Phuc Loi
39 Essstraßen Tong D. Tan/ Cam Chi

lein in der *Hang Bong*, der Baumwollstraße. Fast alle der alten **Backsteinhäuser** aus dem 19. Jh. aber werden statt von Mörtel nur von Sand, Kalk und Zuckerrohrsirup zusammengehalten. Fachgerechte Restaurierung und Modernisierung des historischen Bestands ist teuer, und für die meisten daher unerschwinglich. Der Abriss der alten Häuser ist theoretisch nicht ganz legal, wird aber in der Praxis nur selten verhindert. Dafür ist die Wohnungsnot nach wie vor zu groß. Und sind auf der anderen Seite die Begehrlichkeiten gestiegen – schon ein gutgehendes Minihotel für ein paar Travellerpärchen bringt seinen Eignern eine bescheidene Villa im Grünen ein.

Grundriss eines Altstadthauses

Jeder Block, ja jedes Haus ist bis auf den letzten Quadratzentimeter genutzt. Hinter undurchdringlichen Mauern und massiven Fassaden tun sich Welten auf. Um so vielen Familien wie möglich eine nutzbringende Straßenfront zu verschaffen, sind die Häuser extrem schmal (in der Regel 5–6 Meter), besitzen dafür aber umso mehr Tiefe (bis zu 60 oder 80 Meter). An das Straßengeschäft schließt sich die Werkstätte bzw. das Lager an. Dahinter staffeln sich Schlafräume, Küche und Gemeinschaftsbad. Innenhöfe und Korridore führen Licht und Luft zu und dienen zum Sammeln von Regenwasser, zur Anlage von Blumen-, Kräuter- und Gemüsebeeten, zur Zucht von Hühnern, Schweinen und Fischen. Im Obergeschoss befinden sich der Salon und die Schlafräume des Patrons und seiner Familie.

Cho Dong Xuan

Die 1889 von den Franzosen errichteten **Markthallen** wurden exakt 100 Jahre später (1989) wegen Baufälligkeit und Brandgefahr wieder abgerissen – der Neubau fiel fünf Jahre später einem Großbrand zum Opfer. Der zweite Neubau wurde 1997 fertiggestellt und integriert einen Teil der ursprünglichen (kolonialen) Fassade. Annähernd 3000 Menschen sollen hier täglich arbeiten.

Ho-Chi-Minh-Haus

Im Haus 48 **Hang Ngang** verfasste Ho Chi Minh seine berühmte, an die amerikanische *Declaration of Independence* angelehnte Unabhängigkeitserklärung, die er am 2. September 1945 auf dem Ba-Dinh-Platz verkündete. Interessant ist vor allem das Obergeschoss. Tgl. 8–11.30, 13–16.30 Uhr, Eintritt frei.

Grundriss eines Hanoier Altstadthauses

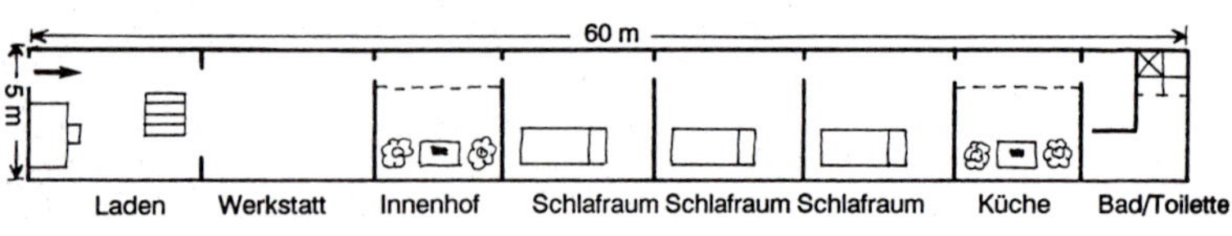

Memorial House

Im kleinen Hoi An steht über ein Dutzend sorgfältig und so gut wie möglich „original" restaurierter historischer Häuser zur Besichtigung frei. In Hanoi bisher nur dieses eine, aus dem Jahr 1890. 87 Ma May. Tgl. 8–17 Uhr, 5000 đ.

Paul-Doumer-Brücke

Die 1,7 km lange Brücke (heute: *Long Bien)* im Nordosten der Altstadt war bis 1985 die einzige Verbindung der Hauptstadt mit dem Hafen Haiphong und den Eisenbahnlinien nach China. Benannt war sie nach dem berühmt-/berüchtigten Generalgouverneur (und späteren französischen Präsidenten) *Paul Doumer*, der das Eisenbahnnetz Vietnams ausbauen ließ; ein Messingschild verkündet noch den Namen der Pariser Ingenieurfirma und das Baudatum 1899–1902. Während des amerikanischen Krieges war sie Ziel unzähliger Bombenangriffe und wurde mehr als einmal nahezu völlig zerstört. Heute dient sie nur noch dem Eisenbahn- und Fahrradverkehr.

Hoan-Kiem-See

Der „See des Zurückgegebenen Schwertes" war noch im 19. Jh. um ein Mehrfaches größer als heute, besaß einen direkten Zugang zum Roten Fluss und war mit den anderen Seen der Stadt durch ein Netzwerk von Kanälen und Wasserläufen verbunden.

Jedes vietnamesische Kind kennt die Legende von **Le Loi,** der 1418–1428 einen verzweifelten Guerillakrieg ge-

Straße der Bambusleitern, Altstadt

034vi Foto: kb

gen die übermächtigen Ming-Besatzer führte. Als der Held in seiner Not schließlich den Beistand des Himmels erflehte, erhob sich eine Goldene Schildkröte aus dem See und überreichte ihm ein Schwert, mit dessen Hilfe er die Feinde endlich vertreiben konnte. Kaum war die Tat vollbracht, tauchte die Goldene Schildkröte von neuem auf, das magische Schwert fuhr von selbst aus der Scheide (wie König Arthurs *Excalibur)* und verwandelte sich dabei in einen jadefarbenen Drachen. Aus Dankbarkeit ließ Le Loi auf der kleinen Insel mitten im See den *Thap Rua* (Schildkröten-Turm) errichten, der seitdem das Wahrzeichen Hanois geworden ist. (Siehe *Den Ngoc Son.)*

Rund um den See, aus dem man während des Kriegs so manchen amerikanischen Bomberpiloten gefischt hat, sind Grünanlagen und Spazierwege angelegt, auf denen sich jeden Morgen hunderte junger und alter Hanoier zum Frühsport (Tai Chi, Jogging) einfinden. An Wochenenden und schönen Sommerabenden wimmelt es von ausgelassenen Cliquen und Liebespaaren, die Musik hören, trinken, reden, Karten oder Schach spielen und sich von Dutzenden mobiler Kleinküchen mit Tee, Snacks, Eis, Hochprozentigem und Wasserpfeifen versorgen lassen.

Den Ngoc Son (Jadeberg-Tempel)

Vom Ostufer des Sees – Lieblingsmotiv zahlloser Fotografen, die hier ihre Stände aufgeschlagen haben – führt eine anmutige **rote Holzbrücke,** *The*

Heilkundiger am Hoan-Kiem-See

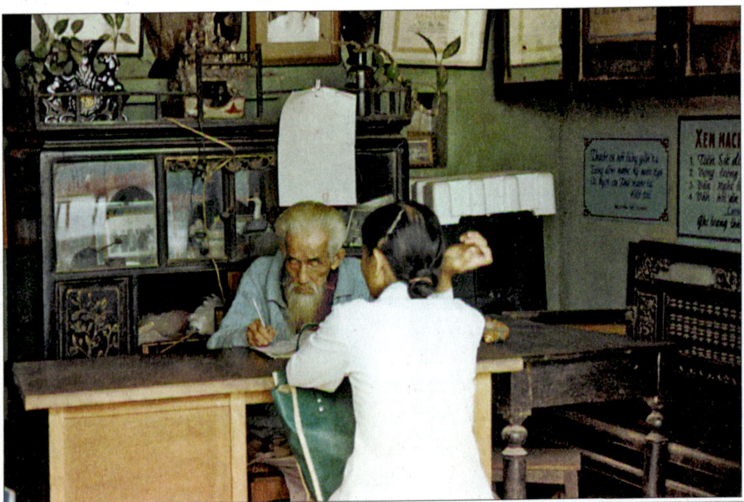

038vi Foto: kb

Huc (Brücke der Aufgehenden Sonne, 1885), zur Insel *Ngoc Son* (Jadeberg), die man durch das mit Kalligrafien verzierte *Tor der Schrift* betritt; der überdimensionale steinerne Tuschpinsel *(Thap But)* zuvor erinnert an die Kunst der Literatur.

Der ursprüngliche Tempel stammt aus dem 13., die heutige Substanz aus dem frühen 19. Jh. Aber die Verehrung für *Tran Hung Dao*, den genialen Mongolenbezwinger, sowie für *Van Xuong*, den Schutzherrn der Literatur, und *La To*, den Patron der Ärzte, ist noch die gleiche geblieben. Und wer der Legende nicht traut, wird sich womöglich durch eine über 2 m lange und 250 kg schwere Schildkröte eines Besseren belehren lassen, die man erst 1968 aus dem See fischte; ihr Alter wird auf weit über 400 Jahre geschätzt. Tgl. 7–19 Uhr, Eintritt 3000 đ.

Ville Française

Das ehemalige Europäerviertel mit seinen schattigen Alleen und Fin-de-Siècle-Villen, heute großteils mustergültig restauriert, umschließt den Hoan-Kiem-See und breitet sich südwärts bis etwa auf die Höhe des Bahnhofs aus. An der Südseite des Sees verläuft die Pracht- und Flanierstraße des französischen Hanoi, die von den stolzen Kolonisten einst als „Rue de la Paix des Fernen Ostens" gefeierte *Rue Paul Bert*, heute **Trang Tien,** eine merkwürdige Mischung aus Kolonialnostalgie und Realsozialismus (fast alle Häuser sind in Staatsbesitz). Richtung Fluss erblickt man das 1901 erbaute **Opernhaus,** eine verkleinerte Replica der *Grand Opera* von Paris, noch weiter Richtung Fluss erstreckt sich das langgezogene Gebäude der ehemaligen *École d'Extrême Orient*, in der heute das **Historische Museum** untergebracht ist.

Gleichfalls am Ostufer des Sees lagen Rathaus und Schatzamt, die **Post** mit ihrem markanten Uhrturm und die wuchtige **Banque de l'Indochine** (1930), heute Verwaltungsgebäude der Außenhandelsbank. Die **Residenz des Gouverneurs** (seit 1954 Gästehaus der Regierung) ist das prachtvolle Art-Déco-Gebäude schräg gegenüber dem 1992 restaurierten **Grandhotel Métropole** (1901).

Südlich der Trang Tien erstreckt sich das ehemalige Geschäfts- und Verwaltungsviertel mit seinen schnurgeraden, von mächtigen Bäumen bestandenen Boulevards und Alleen voller prächtiger Villen und Paläste zwischen Neo-Klassik, Art Déco, Jugendstil und Pariser Renaissance.

Die Heiligabend 1886 eingeweihte **Kathedrale Saint Joseph** liegt auf der Westseite des Sees. Die Franzosen ließen dafür die größte und bedeutendste Pagode Hanois, den 10-stöckigen *Chua Bao Thien*, schleifen und veranstalteten danach eine Lotterie, um ihre Kirche zu finanzieren. Die Messen der einst bunt bemalten, heute trist-grauen Kirche (tgl. 18, So auch 4.30, 6.30 Uhr) sind oft so gut besucht, dass viele keinen Einlass mehr finden. Das Hauptportal ist nur während der Messen geöffnet, der Nebeneingang befindet sich auf der 40 Nha Chung.

Rund um den Ba-Dinh-Platz

Auf dem mehrere Fußballfelder großen Paradeplatz, dem einstigen Zentrum der französischen Macht in Indochina (rund 3 km westlich von Altstadt und Zitadelle), proklamierte Ho Chi Minh am 2. September 1945 die Unabhängigkeit Vietnams.

Das *Palais des Generalgouverneurs von Indochina* – später Sitz des vietnamesischen Ministerpräsidenten – dient heute repräsentativen Zwecken wie Staatsempfängen und dergleichen. Direkt gegenüber erholte sich „tout Hanoi" im Schwimmbad und auf den Tenniscourts des *Cercle Sportif.*

Jüngste Pläne, an der Ostseite des gewaltigen Areals eine neue **Nationalversammlung** zu errichten, wurden auf Eis gelegt, nachdem Erdarbeiten die Überreste historischer Kaiserpaläste und Kultstätten zu Tage förderten.

Ho-Chi-Minh-Mausoleum

Über 30 Jahre ist Ho Chi Minh schon tot, aber noch immer lässt er die Partei nicht los. Falsch: Sie lässt ihn nicht los. Sie braucht ihn. Und heute, angesichts wachsender **Korruption** und **Verschwendungssucht** in den eigenen Reihen, mehr denn je. Onkel Ho, der personifizierte revolutionäre Geist harter Arbeit und spartanischen Lebens im Dienste des Volkes.

In seinem **Testament,** das sein Nachfolger *Le Duan* unterdrückte und von der Partei erst 1990, mehr als zwei Jahrzehnte nach seinem Tod, veröffentlicht wurde, hatte Ho sich sowohl ein Staatsbegräbnis wie eine Ausstellung seines Leichnams ausdrücklich verbeten und stattdessen eine einfache Einäscherung verfügt.

Das 1973–1975 aus schwarzem, grauem und rotem Marmor aus den Bergen Da Nangs errichtete **Totenhaus** wirkt – dank der Dimensionen des Platzes – trotz seiner Monumentalität nicht einmal übertrieben klotzig. Eine **Ehrengarde** geleitet die in Reih und Glied angetretenen Besucher feierlich über einen roten Teppich bis zur Eingangspforte. Im Innern verrichtet eine **Klimaanlage** (nahezu 20 Jahre lang die einzige im ganzen Land!) ihr kühles Werk. Schweigend und im Gänsemarsch und ohne zu Verharren defiliert man ehrfürchtig, oder wie auch immer, an dem **gläsernen Sarg** vorüber, in dem wächsern, Formaldehyd sei Dank, im rosigen Spotlight Onkel Ho aufgebahrt ruht.

- Außer Mo und Fr 7.30–10.30 Uhr (April–Sept.), 8–11 Uhr (Dez.–März). Okt./Nov. zwecks „Auffrischung" der Mumie geschlossen. Eintritt ist frei. Taschen und Kameras müssen bei der Rezeption (Gepäckaufbewahrung 4000 đ) abgegeben und können auf Wunsch hinter dem Mausoleum wieder in Empfang genommen werden.

Tgl. 7 und 21 Uhr (im Sommer 6.30, 20.30 Uhr) marschiert im martialischen Stechschritt die königliche, pardon, *sozialistische* **Ehrengarde** auf und hisst unter Abspielen der Nationalhymne die Flagge bzw. zieht sie wieder ein.

Onkel Hos Haus

Im weitläufigen **Park des Gouverneurpalastes,** seinem offiziellen Amts-

sitz als Präsident der Republik, ließ Ho Chi Minh ein schlichtes, im Stil der *Tay* (bei denen Ho nach seiner Rückkehr aus dem Exil Unterschlupf gefunden hatte) gebautes **Holzhaus** errichten, von dem aus er von 1958 bis zu seinem Tod 1969 über die Geschicke des Landes waltete. Es bestand aus kaum mehr als einem wohltuend einfach, ja spartanisch eingerichteten Arbeits- und Schlafzimmer, davor ein kleiner **Lotosteich,** an dem der „Vater des vietnamesischen Sozialismus" zu meditieren pflegte, Gedichte schrieb und seine Goldfische fütterte. Zu schön, um wahr zu sein? Inzwischen hat man das schlichte Häuschen in einen protzigen Hochglanz-Bungalow umgewandelt.

Ho-Chi-Minh-Mausoleum

● Tgl. 8–11, 14–16 Uhr. Besuchern des Mausoleums wird oft ein Eintritt abverlangt (5000 đ), wer den regulären Eingang benutzt, zahlt nichts (und kann zuvor Kamera u. Gepäck abholen).

Chua Mot Cot (Ein-Pfahl-Pagode)

Die kleine Pagode, die inmitten eines Lotosteichs wie ein etwas zu groß geratenes Geisterhäuschen auf einem massiven Pfeiler thront, ist **eines der ältesten Baudenkmäler Hanois** (1049), in seiner heutigen Gestalt allerdings nur mehr die Rekonstruktion einer Rekonstruktion.

Der Legende nach erschien dem alternden und kinderlos gebliebenen Kaiser *Ly Thai To* eines Nachts im Traum die Göttin *Quan Am*, die auf einer Lotosblüte ruhte und ihm einen kleinen Jungen entgegen hielt. Als daraufhin ein männlicher Nachkomme geboren wurde, ordnete der überglückliche

Monarch den Bau der Pagode in Form einer offenen Lotosblüte an.

Der ursprüngliche Chua stand auf einem gewaltigen Baumstumpf (Annalen sprechen von einer Höhe von bis zu 40 m, was wohl übertrieben erscheint), wurde im Lauf der Jahrhunderte aber mehrfach zerstört und wieder aufgebaut. Als die Franzosen 1954 Hanoi verlassen mussten, machten sie die Anlage in wilder Wut dem Erdboden gleich. Aus den Überresten wurde der heutige Chua rekonstruiert, der seitdem auf einem hässlichen Betonstummel ruht. Eine kleine Treppe führt zum Kultraum mit der Statue der „Kinderbringerin" Quan Am. Die lange Schlange der anstehenden Frauen mit Opfergaben zeigt, dass man auf die Barmherzigkeit der Göttin auch noch heute hofft.

Ho-Chi-Minh-Museum

Die Fortsetzung des Mausoleums mit anderen Mitteln. Als das zu seinem 100. Geburtstag errichtete Gemeinschaftswerk vietnamesischer und russischer Künstler und Architekten 1990 seine Pforten öffnete, mutete es in seinem Protz und Symbolismus noch wie ein Disneyworld des realexistierenden Sozialismus an. Heute, da vom Sozialismus nur noch Lippenbekenntnisse geblieben sind, ist es nichts weiter als ein **absurdes Mausoleum der Eitelkeiten** und geplatzten Ambitionen. Im 1. Stock die **Vergangenheit:** Dokumente aus Hos Leben (Fotografien, Handschriften, Zeitungsartikel, Memorabilien). Im 2. die **Zukunft:** eine fulminante Abfolge von heimlicher Kunst und unheimlichem Kitsch. Auf seine Art durchaus sehenswert!

- *Bao Tang Ho Chi Minh.* Außer Mo und Fr 8–12, 13.30–16.30 Uhr, Eintritt 5000 đ.

Tay Ho (West-See)

Der Westsee ist ein toter Arm des Roten Flusses und mit einem Umfang von 14 km der größte See Hanois. In der Vergangenheit bauten Kaiser und Mandarine dort ihre **Sommerpaläste,** heute residieren an seinen Ufern Politprominenz, Neureiche und ausländische Diplomaten und Geschäftsleute – die feinste Adresse der Hauptstadt, eine Welt ganz für sich.

Entlang seiner Ufer lagen einst einige der **ältesten Pagoden Hanois;** heute ist von ihnen, selbst wenn sie die Zeiten überdauert haben, vor lauter Neubauten kaum noch etwas zu sehen oder sie sind schlicht der Bodenspekulation zum Opfer gefallen. Ebenso wie die kleinen Handwerksdörfer rund um den See, die noch bis vor gar nicht langer Zeit auf Blumen, Heilkräuter, Obst, Zierfische, Kampfhähne, Schweine, Reiswein, Keramik, Seidenmalerei usf. spezialisiert waren.

Am Südostufer des Sees, knapp 500 m nördlich des Ba-Dinh-Platzes, trennt seit dem 17. Jh. der **Thanh-Nien-Damm** den kleinen **Ho Truc Bach** (Weiße-Seide-See) ab. Er verdankt seinen Namen den unbotmäßigen Konkubinen der *Trinh*-Fürsten, die an seinem Ufer zur Strafe Seide spinnen mussten. Beiderseits des von Flamboyants bestandenen Dammes liegen zahlreiche Cafés und Restaurants, kann man Tret- und Ruderboote usw. mieten.

Pagoden und Tempel

Manche der schönsten Pagoden und Kultstätten liegen nicht im unmittelbaren Stadtgebiet und müssen erst erreist werden (siehe *Umgebung von Hanoi*). Im Zentrum sollte man aber zumindest dem Literaturtempel einen Besuch gönnen.

Van Mieu (Literaturtempel)

Kaiser Ly Thanh Tong, der dritte Kaiser der Ly-Dynastie, ließ den Tempel **1070** als einen Ort der Verehrung des **Konfuzius** erbauen. Wenig später, 1076, begründete sein Nachfolger Ly Nhan Tong quasi als „Anbau" das *Quoc Tu Giam* (Institut der Söhne des Landes), die erste Universität Vietnams, an der er persönlich die ersten Examina abhielt. Die Gebäude des *Quoc Tu Giam* liegen im Nordhof und sind Rekonstruktionen aus diesem Jahrhundert.

Die Anlage besteht aus einer streng gegliederten, dem eigentlichen Heiligtum vorgelagerten *Abfolge von Toren und Höfen.* Die Benutzung der Hauptallee und der mittleren Tore war dem Kaiser vorbehalten, die Mandarine benutzten entsprechend ihrem Rang die äußeren Tore und Wege.

Symbolisch für die vier Prüfungsarten passiert man nacheinander **vier Tore.** Vom dreiteiligen Haupttor *Van Mieu Mon,* an dem zwei steinerne Drachen Wache halten, führt die gepflasterte Hauptallee über das Tor *Dai Trung* (Große Mitte) zu dem nach einer bedeutungsvollen Sternkonstellation benannten Tor **Khue Van Cac.** Der 1802 über dem Portal errichtete *Pavillon* war dem Schutzgeist der Dichter und Gelehrten geweiht und als Ort literarischer Debatten und Lesungen berühmt.

Dahinter öffnet sich der wichtigste Hof der Anlage mit dem **Thien Quang Tinh,** dem Brunnen der Himmlischen Klarheit, zu dessen Seiten je **41 Stelen** *(bia)* auf dem Rücken steinerner Schildkröten ruhen, dem Sinnbild für Weisheit und Dauer. Die Tafeln verewigen die Namen der 1306 Preisträger, die zwischen 1442 und 1779 als Sieger aus insgesamt 82 Literaturprüfungen hervorgegangen waren. Die Auswahlkriterien waren äußerst streng; 1733 bestanden von 3000 Kandidaten lediglich acht die 35 Tage dauernde Prüfung.

Durch das Tor *Dai Thanh* (Großer Erfolg) betritt man den letzten Hof mit den Säulenhallen *Ta Vu* und *Huu Vu,* die dem „Kult der 72 Weisen", der besten Schüler des Konfuzius, gewidmet waren (zu denen allerdings nur ein Vietnamese, *Chu Van An,* 1293–1370, gehörte). 1947 zerstört und 1954 wieder aufgebaut, dienen sie heute vornehmlich Ausstellungszwecken. An der Stirnseite des Hofs erhebt sich der **Bai Duong,** das Große Haus der Zeremonien, auf dessen geschwungenem Dach sich zwei Drachen gegenüberstehen, die die Mondscheibe halten. Das Innere enthält einen **Altar des Konfuzius,** flankiert von zwei

Hanoi, Literaturtempel

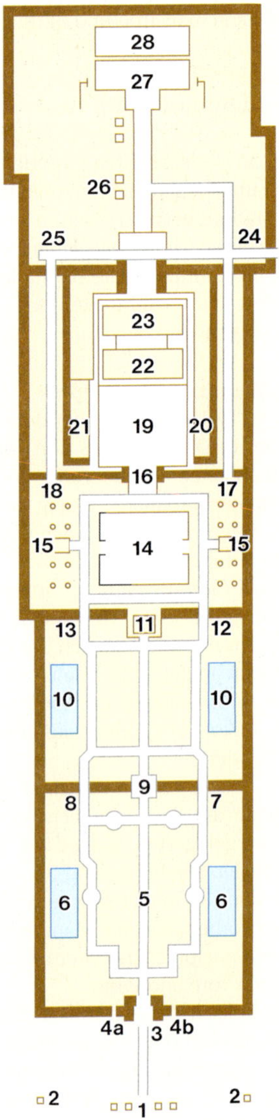

1 Eingang
2 Stelen mit der Aufforderung, vom Pferd zu steigen
3 Van Mieu Mon (Haupttor)
4a Seiteneingang
4b Seiteneingang
5 Hauptallee
6 Wasserbecken
7 Dai-Tai-Tor
8 Thanh-Duc-Tor
9 Dai Trung (Tor Große Mitte)
10 Wasserbecken
11 Khue Van Cac (Tor und Pavillon)
12 Cuc-Van-Tor
13 Bi-Van-Tor
14 Thien Quang Tinh (Hof der Stelen mit Brunnen der Himmlischen Klarheit)
15 Bia Tien Si (Stelen der Gelehrten)
16 Dai Thanh (Tor Großer Erfolg)
17 Kim-Thanh-Tor
18 Ngoc-Tran-Tor
19 Großer Haupthof
20 Ta Vu (Tempel, dem Kult der Weisen gewidmet)
21 Huu Vu (Tempel, dem Kult der Weisen gewidmet)
22 Bai Duong (Haus der Zeremonien)
23 Dai Thanh (Ehrenhalle Großer Erfolg, Heiligtum des Konfuzius)
24 Osttor
25 Westtor
26 Tintensteine
27 Quoc Tu Giam („Institut der Söhne des Staates")
28 Khai Thanh (ein den Eltern des Konfuzius gewidmetes Heiligtum)

überdimensionalen Bronzekranichen, die dem Meister die Ergebnisse der Prüfungen zu melden hatten.

Unmittelbar im Anschluss beginnt das eigentliche Heiligtum **Dai Thanh,** die Ehrenhalle des Großen Erfolgs. Vierzig rotlackierte Säulen aus Ebenholz tragen das geschwungene, mit den Symbolen des Wissens und der Weisheit verzierte Dach. Im Inneren befindet sich ein **vergoldeter Altar** mit dem Standbild des Konfuzius, ihm zur Seite je zwei seiner Nachfolger und Gedenksteine außerordentlicher Schüler. Am ersten Tag des Mondmonats pilgerten die Schüler des *Quoc Tu Giam* mit ihren Lehrern hierher, um dem Meister ihre Ehrerbietung darzubringen und den Erfolg der Studien zu erflehen. Im Hintergrund erkennt man eine Sänfte, in der in einer feierlichen Zeremonie die **Diplome der Preisträger** durch die Straßen getragen wurden. Die Oberfläche der tischhohen Steine wurde zum Mischen von Tinte benutzt.

- Eingang Quoc Tu Giam, tgl. 8–17 Uhr, Eintritt 5000 đ. Während der Dauer des *Tet*-Fests finden traditionelle Wettkämpfe sowie ein Neujahrsmarkt statt.

Literaturtempel

Den Tran Vu

Als Ly Thai To Hanoi 1010 zur Hauptstadt ernannte, ließ er zum Schutz der Stadt nahe dem Nordtor den Tempel des Tran Vu errichten. Der *Den Quan Thanh,* wie er auch genannt wird, wurde mehrfach umgebaut, zuletzt 1893, und gilt als der bedeutendste **daoistische Tempel** Hanois.

Der Kult des Zauberers und Dämons *Huyen Thien Tran Vu* (Großer Herrscher des Schwarzen Himmels) war aus **China** eingeführt. Alle seine Attribute korrespondieren mit denen des *yin:* Norden, Tod, und Nacht. Der Legende nach sandte ihn der Himmel, um die Stadt von einem **neunschwänzigen Ungeheuer** zu befreien. Bei ihrem ungestümen Kampf stampften sie einen großen Krater in den Boden, der sich mit dem Wasser des Roten Flusses füllte und den Westsee erzeugte.

Die 4 m hohe, 4 t schwere und mit schwarzglänzender Emaille überzogene **Bronzestatue** im Innern wurde wie die große Glocke 1677 gegossen; sie zeigt Tran Vu auf sein Schwert gestützt, um das sich zum Zeichen seiner Macht eine Schlange windet, die Schildkröte zwischen seinen Füßen symbolisiert seine Weisheit. Unter den Franzosen hieß der *Den* irrtümlich „Temple du Grand Bouddha", aber nicht jede Statue des Fernen Ostens ist nun mal ein Buddha. Man beachte die Holzschnitzereien, das Schiff über dem Eingangsportal und die Einlegearbeiten der Spruchtafeln, auf denen Bildmotive chinesische Schriftzeichen formen.

● Am Südostufer des West-Sees. Tgl. 8–18 Uhr, 5000 đ.

Chua Tran Quoc

Die Pagode geht auf eine Gründung des 6. Jh. zurück und wurde in ihrer heutigen Gestalt im 15. aufgebaut – ursprünglich lag sie am Roten Fluss. Eine **Stele von 1639** im Garten inmitten von Totentafeln und Stupas verstorbener Mönche erzählt ihre Geschichte.

Der hübsche Chua auf einer kleinen Insel im Westsee ist mit dem Thanh-Nien-Damm durch einen schmalen Pfad verbunden. Ein schöner Ort, um zwischen schattigen Bäumen und alten Grabmälern und mit Blick auf den See zu entspannen.

● 7–11.30, 13.30–18 Uhr, Eintritt frei.

Chua Ba Da

1010 kam bei Erdarbeiten für den Bau der Zitadelle eine kleine, steinerne Frauenstatue zum Vorschein, der man magische Kräfte zuschrieb. Zu ihrer Verehrung wurde die **Pagode der Steinernen Frau** errichtet; die ursprüngliche Figur ging verloren und wurde später durch eine hölzerne Nachbildung ersetzt. Der von Gläubigen, meist alten Frauen, stets gut besuchte *Chua* besticht durch seine mystische Zeitlosigkeit und intime Aura.

● 3 Nha Tho, zwischen Hoan-Kiem-See und Kathedrale.

Chua Quan Su

Die **Botschafter-Pagode** diente seit dem 15. Jh. als eine Art Gästehaus für Gesandte und Repräsentanten anderer buddhistischer Nationen. 1934 wurde sie Sitz der Buddhistischen Vereinigung und von Grund auf erneuert und erweitert. Der Chua ist einer der bestbesuchten der Stadt, die Anzahl der Novizen, Bettler und Devotionalienhändler ist ein deutliches Indiz. Besonderen Zuspruch findet die Statue der *Quan Am*, der Göttin mit den hundert Armen. Der Versammlungsraum hinter dem Hauptgebäude ist mit Szenen aus dem Leben Buddhas ausgemalt.

Examina im Zeichen des Konfuzius

Ziel der in Abständen von drei Jahren abgehaltenen Examina war, fähige und qualifizierte (statt nur durch ihre adelige Herkunft privilegierte) Staatsdiener zu rekrutieren. Im Zeitalter des Gottkönigtums (Angkor Wat) und der genetischen Prädestination („ein Affe bleibt immer ein Affe, ein Nobler produziert immer andere Noble") ohne Zweifel ein großer Fortschritt und Keimzelle nahezu „demokratischer" Prinzipien.

Theoretisch war zu den Prüfungen jedermann zugelassen (außer Frauen und „unzuverlässige Elemente"), der fest auf dem Boden des Grundgesetzes und der bestehenden Ordnung stand. Zigtausende Kandidaten versuchten oft ihr ganzes Leben lang, den Maßstäben gerecht zu werden, da selbst noch die niederste Stufe des Mandarinats mit den höchsten Privilegien verbunden war. Erfolglose Kandidaten gingen als hochgeachtete Privatlehrer, öffentliche Schreiber oder Heilkundige in ihre Dörfer zurück und gaben ihr Wissen an die Bevölkerung weiter.

041vi Foto: kb

Die Prüfungen bestanden aus Abhandlungen über Literatur, Ethik, Politik, poetische Komposition und dem „richtigen" Abfassen administrativer Texte. Formelhaft und praxisfeindlich, auf die Verewigung des Status Quo ausgerichtet und im Lauf der Zeit immer realitätsfremder, wurden die Prüfungen zwar mehrfach „reformiert", blieben im Prinzip jedoch über die Jahrhunderte hinweg immer gleich. Gelehrsamkeit und Wissen waren alles, Entwicklung, Forschung, Geschichte und das Bewusstsein von Individualität – alles, was ständigem Wandel unterworfen ist – blieb tabu.

An den Prüfungstagen strömten aus allen Teilen des Landes Aberhunderte Kandidaten herbei, die als Sieger regionaler Tests hervorgegangen waren. Mit Zelt, Bambusliege und Schreibgerät ausgerüstet, nahmen sie eine etwa fußballplatzgroße, von Bambuszäunen eingegrenzte Fläche in Beschlag, auf der sie 30 bis 35 Tage examiniert wurden; von Wachtürmen und auf dem Rücken von Elefanten kontrollierten Aufseher den ordnungsgemäßen Ablauf. Erstmals 1075 im *Quoc Tu Giam* durchgeführt, blieb dieses Ritual bis 1915 (Hanoi) bzw. 1918 (Hue) praktisch unverändert erhalten.

• 73 Quan Su (zwischen Ly Thuong Kiet und Tran Hung Dao), 7.30–11.30, 13.30–17.30 Uhr.

Den Hai Ba Trung

Der 1143 errichtete Tempel ist den ersten Heldinnen der vietnamesischen Geschichte gewidmet. Nach ihrem Sieg über die Han-Besatzer im Jahr 39 hatten sich die beiden Schwestern *Trung Trac* und *Trung Nhi* zu Königinnen krönen lassen; angesichts der Übermacht der rachedurstigen Feinde stürzten sie sich in den Roten Fluss, um den Erzfeinden nicht in die Hände zu fallen. Der Schrein mit ihren Statuen – beide kniend, mit zum Himmel erhobenen Armen, bereit, sich in die Fluten zu werfen –, wird nur zum Tempelfest am 5./6. Tag des 2. Mondmonats geöffnet. An den reich ausgestatteten Den schließt sich eine Pagode zu Ehren der daoistischen Muttergöttin *Mau* an, bei der kinderlose Frauen Zuflucht suchen.

• Nördlich des Thanh-Nhan-Sees, Pho 337. Nur So geöffnet.

Museen

Öffnungszeiten und **Eintrittspreise** sind weitgehend vereinheitlicht, lediglich die Ausnahmen sind eigens vermerkt. Tgl. außer Mo 8–11.30, 13.30–16.30 Uhr. 15.000 đ.

Ethnologisches Museum

Trotz seiner etwas abgeschiedenen Lage (8 km vom Zentrum) ist das moderne und innovative, 1997 in Kooperation mit dem Pariser *Museé de l'Homme* entstandene Völkerkunde-Museum inzwischen das beliebteste und am meisten besuchte der Hauptstadt.

Die weitläufige Anlage (3 ha) demonstriert ebenso anschaulich wie attraktiv *Kunst, Kultur und Alltag der ethnischen Minoritäten* – es werden nicht einfach tote Artefakte ausgestellt und aneinandergereiht, sondern praxisorientierte Zusammenhänge und Querverbindungen aufgezeigt.

Der Besucher lernt viel über Siedlungsweise und Arbeitsgeräte, Trachten, Schmuck, Kultgegenstände, Musikinstrumente und Alltagsleben der Minderheiten, erlebt hautnah mit, wie Reisstrohhüte gefertigt, Stoffe gewebt und gefärbt oder Neujahrbilder hergestellt werden und kann sowohl im Haus selbst wie auf dem Gelände

Müßiggang vor der Pagode

042vi Foto: kb

nachgebaute Pfahlhäuser der Bergvölker betreten (selbst gebaut von Hmong, Ede und Jarai). Spezielle Themengruppen sind Topoi wie Ahnenkult oder Wasserpuppentheater gewidmet. Modelle, Grafiken, Dioramen, Videos und mehrsprachige Tafeln – vorbildlich!

- *Bao Tang Dan Toc Hoc,* Nguyen Van Huyen. Tgl. außer Mo 8.30–17.30 Uhr.

Mit Bus 14 ab *Bo Ho* (Nordufer des Hoan-Kiem-Sees) bis zur vierspurigen *Hoang Quoc Viet* (auf Höhe No. 58, Fahrtzeit 25–30 Min., 3000 đ), dann Straße überqueren (Wegweiser) und knapp 5 Min. zu Fuß. Per *Xe Om* ca. 20.000 đ, per Taxi ca. 50.000 đ.

Historisches Museum

Im kolonialen Prachtbau der ehemaligen Residenz des Generalgouverneurs und späteren *École française d'Extrême Orient* (1932) werden auf 2 Stockwerken über 2000 Exponate ausgestellt, deren thematische bzw. chronologische Gliederung von der **Bronzezeit** (Dong-Son-Trommeln) über den **tausendjährigen Krieg gegen China** bis zum antikolonialen **Befreiungskampf Ho Chi Minhs** reicht. Anschauliche Darstellungen vergegenwärtigen berühmte Schlachten wie die „Speerfalle" Tran Hung Daos am Bach-Dang-Fluss. Ein Kurztrip durch die Geschichte Vietnams mit beeindruckenden Ausstellungsstücken.

- *Bao Tang Lich Su,* 1 Trang Tien (hinter der Oper).

Museum für Kunstgeschichte

Lohnt allein schon wegen der (exzellenten!) Kopien der berühmten tausendarmigen **Quan Am** aus dem *Chua But Thap* und der zwölf überaus lebensnahen **Arhats** des *Chua Tay,* die beide zu den schönsten und gelungensten buddhistischen Holzskulpturen Vietnams zählen. Im Erdgeschoss Artefakte der Bronzezeit und der großen Dynastien des 11.–17. Jh. (darunter wundervolle Holzfriese aus alten Gemeindehäusern!), im Obergeschoss vornehmlich Gemälde des 20. Jh. (Fazit: Selbst während der Kriege gab es nicht bloß sozialistischen Realismus!). In einem Seitentrakt ein gelungener Überblick über populäre Volkskunst wie z.B. *Tet*-Drucke oder die naiv-anrührenden, „polynesisch" anmutenden Holzstatuen der *Jarai* des Zentralen Hochlands.

- *Bao Tang My Thuat,* 66 Nguyen Thai Hoc (gegenüber dem Literaturtempel).

Armeemuseum

Nachdenklich machende Memorabila und Modelle von der Rebellion der *Trung*-Schwestern im Jahr 39 über die Schlacht von Dien Bien Phu bis zum chinesischen „Vergeltungsschlag" von 1979.

Im Hof ein surrealer Trümmerhaufen abgeschossener Bomber, erbeuteter Panzer, siegreicher Flakgeschütze – eindrucksvoll die zusammengestauchten Stahlmassen des Uralt-Dinosaurierbombers **B 52,** mit dem die Amerikaner zuletzt noch den Irakern und Afghanen das Fürchten lehrten.

Der sechseckige **Wachturm** *Cot Co* (1812) ist einer der letzten Relikte der alten Zitadelle (s.u.).

- *Bao Tang Quan Doi,* 28A Dien Bien Phu.

043vi Foto: kb

Brücke der Aufgehenden Sonne am Hoan-Kiem-See

Zitadelle

2001 wurden erstmals Abschnitte der Zitadelle - mehr als 50 Jahre lang strengstes militärisches Sperrgebiet - der Öffentlichkeit zugänglich gemacht. 1802–12 unter Kaiser *Gia Long* nach Plänen europäischer Festungsbaumeister errichtet, wurde sie bereits wenige Jahrzehnte später, 1872, von den anrückenden Franzosen gestürmt und streckenweise dem Erdboden gleichgemacht. Zwei der fünf Tore des 6 km langen Mauerwalls - das Nordtor *Cua Bac* und das Zentraltor *Doan Mon* (Eingang auf der Hoang Dieu etwa auf Höhe des HCM-Mausoleums) - sowie Teile des ehemaligen Kaiserpalastes sind bereits restauriert bzw. rekonstruiert.

Frauenmuseum

Das sympathische Museum dokumentiert die Geschichte der vietnamesischen **Frauenbewegung,** die anders als in anderen asiatischen Länderns nicht erst seit den „Märtyrerinnen" des Sozialismus eine große Tradition hat. Angeschlossen ist eine gesonderte Abteilung der ethnischen Minderheiten (Kostüme etc.)

- *Bao Tang Phu Nhu*, 36 Ly Thuong Kiet.

Institut für Musikinstrumente

Über 250 traditionelle Musikinstrumente aus allen Teilen Vietnams - zumeist aus einfachen, alltäglichen Materialien wie Holz, Bambus, Stein oder Tierhaut hergestellt - sind in einem Showroom des *Vietnamese Musical Instrument Institute* ausgestellt. Das

Personal besteht weitgehend aus Wissenschaftlern und Musikern, die diese Instrumente auch spielen können (soweit diese nicht zu alt und wertvoll sind). Dokumentarvideos zeigen, wie sie gemacht, wofür sie benutzt und zu welchen Anlässen sie gespielt wurden oder werden. Entsprechende CDs und Bücher stehen zum Verkauf.

● 32 Nguyen Thai Hoc. Mo–Fr 8–11.30, 13.30–16. 30 Uhr. 10.000 đ.

Hoa Lo

Das berühmt-berüchtigte **Zentralgefängnis** von Hanoi („Hanoi Hilton"), in dem zwischen 1964 und 1973 hunderte amerikanische Bomberpiloten logierten, wurde 1997 abgerissen, um zwei Hochhäusern Platz zu machen. Erhalten blieb nur der ursprüngliche Kern, das französische *Maison Central* von 1896. Das gut besuchte Museum erinnert sehr anschaulich – mitsamt Folterinstrumenten, einer Wander-Guillotine usf. – an die brutale Unterdrückung der vietnamesischen Freiheitskämpfer seitens der Kolonialisten.

● 1 Hoa Lo.

B 52

Während der „Weihnachtsbombardierungen" 1972 wurden 20 B 52-Bom-ber über Hanoi abgeschossen. Einer landete in einem kleinen Tümpel knapp südlich des Westsees, seine Überreste (mitsamt Fahrwerk und Reifen) sind dort noch heute zu sehen. Von der Hoang Hoa Tham zweigt kurz hinter dem Botanischen Garten ein schmaler Pfad (Wegweiser auf Vietnamesisch) zum Tümpel ab.

Handwerksdörfer

Bat Trang

Keramikelefant oder Essstäbchenhalter? Kaum einer kehrt ohne ein blau-weißes Souvenir aus dem traditionellen **Töpferdorf** *Bat Trang* am Ostufer des Roten Flusses zurück, in dem seit über 700 Jahren hochwertige Keramik geformt, koloriert und gebrannt wird. Kein Haus oder Hof des Weilers ohne qualmenden Brennofen – das war einmal. Die chronisch hüstelnden Bewohner haben sich mittlerweile auf gesünderes (allerdings auch teureres) Gas umgestellt, die zahlreichen Besucher danken es ihnen mit einem Kaufrausch. Donnerstag ist Markt, das bringt noch ein bisschen Leben in die Bude.

● Per Motorrad (über Chuong-Duong-Brücke) oder Fahrrad (über Long-Bien-Brücke) aufs andere Ufer, dann scharf rechts 8 bzw. 11 km immer am Fluss entlang. Alternativ: Buchung über Tourveranstalter. **Tipp:** Der kleine Ein-Mann-Laden *Delicious* – witzig und schön.

Van Phuc

Was für die Keramik von Bat Trang (s.o.) gilt, gilt auch für die **Seide** von Van Phuc. Von Handwerk ist nicht mehr viel zu spüren, es darf gekauft werden. Viele der Dinge, die man auf der Hang Gai sieht, wurden hier hergestellt. Schnäppchen sind möglich, doch sollte man besser mit der Materie (resp. den Materialien) vertraut sein.

● 8 km südwestlich des Zentrums, Richtung Ha Tay.

Le Mat

Von dem berühmten **Schlangendorf** am Ostufer des Roten Flusses, dessen Bewohner seit Generationen Reptilien aller Art - je giftiger desto besser - sammeln, züchten und wahlweise, die Übergänge sind fließend, zu Gaumenschmaus oder Medizin verarbeiten, ist nicht mehr viel übrig. Das „Dorf" ist gesichtslose Vorstadt geworden, mit der Sars-Epidemie (2003) kamen strengere Gesetze, Furcht und Leere. Ein paar Familienbetriebe sorgen zwar weiterhin für das Wohl der Gäste (Schlangenmenüs, Elexire, Liköre, Essenzen gegen dieses und jenes Zipperlein usf.), aber im Grunde ist der Ofen aus (oder nur vorläufig?).

- Gia Lam. Die Ausfallstraße *Nguyen Van Cu* bis zur *Ngo Gia Tu* (5 km, links), Wegweiser hinter dem Markt *Viet Hung* (Bus 15). **Restaurant-Tipp:** *Trong Khach*, Tel. 8273684.

Praktische Informationen

- 4 Mio. Einw. (1,8 Mio.). Tel. 04.

Ankunft

Flughafen

- **Noi Bai Airport.** Der Flughafen liegt 35 km nordwestlich der Stadt auf dem linken Ufer des Roten Flusses.
- **Einreiseformular** *(Entry Exit Card)*. Das Formular (wird gewöhnlich von der Airline ausgegeben) ist auszufüllen und gut aufzuheben, da es bei der Ausreise wieder abgegeben werden muss.
- **Zoll.** Kontrollen (bei Ausländern) sind äußerst selten, dennoch ist anzuraten, teure Wertsachen und höhere Geldbeträge ordnungsgemäß zu deklarieren.
- **Info.** Info-Schalter in der Ankunftshalle. Eher Prospektausgabe als kompetenter Service.
- **Geld.** In der Ankunftshalle befinden sich zwei Bankschalter mit ATM. Korrekter Kurs.
- **Taxi.** Ein Taxi in die Stadt kostet 12 $ bzw. 180.000 đ (Fixpreis).
- **Minibus.** 22.000 đ. Endstation ist das Gebäude der *Vietnam Airlines*, 25 Trang Thi, am Südende des Hoan-Kiem-Sees. **Vorsicht!** Ganz besonders in Hanoi herrscht die Unsitte, dass Minibus- und Taxifahrer andere als die gewünschten Hotels ansteuern (manchmal sogar gleichen Namens, inkl. gefälschter Visitenkarten etc.). Daher immer auf die genaue **Adresse** achten und sich nicht von **fadenscheinigen Vorwänden** (voll, gibt es nicht mehr, zu teuer o.Ä.) irritieren lassen.
- **Stadtbus.** Mit Linie 7 (rotgelb, hält bei der Ankunftshalle) bis Busbahnhof *Kim Ma*, umsteigen in Linie 18 bis *Phung Hung* (westl. Altstadt) oder spätestens Endstation *Long Bien* (nördl. Altstadt): je 3000 đ (rund 0,20 $). Alternativ: mit Linie 17 bis *Long Bien*.

Bahnhof/Busbahnhof

- **Taxi.** Vom *Ben Xe Giap Bat* (Süd-Busbahnhof) zur Altstadt rund 50.000 đ. Vom *Ga Hanoi* (Bahnhof) aus etwa die Hälfte.
- **Xe Om.** Ein Motorradtaxi in die Altstadt kostet rund 10.000 đ (maximal 20.000 đ).
- **Bus.** Vom Bahnhof Linie 1, aussteigen in der *Hang Ga, Hang Dien.* Vom Busbahnhof Linie 3 *(Ben Xe Gia Lam)*, aussteigen in der *Hang Voi, Hang Muoi.* 2500 đ.

Geld

- **Vietcombank** (Bank for Foreign Trade). Bargeld (auch Euro) und Reiseschecks (ohne Kommission). ATM (Mastercard, Visa, Visaplus, Maestro) 3 %. VCB Tower, 198 Tran Quang Khai Ecke Le Lai. Mo–Fr 7.30–11.30 Uhr, 13–15.30 Uhr. Bequemer sind die Filialen in der Altstadt.
- **108 Cau Go** (am See). Mo–Fr 8–11.30, 13–17 Uhr. 24h-ATM.
- **120 Hang Trong.** Mo–Fr 8–11.30, 13–16.30 Uhr.

Crash Kurs Hanoi – Was man sehen sollte

1. **Altstadt.** Das Herz Hanois verändert sich täglich, ja stündlich, und mag doch dem Außenstehenden noch heute wie eine Oase aus längst vergangener Zeit erscheinen. Und: **Cyclo Fahren** (solange es noch geht). Kein Hanoier würde sich heute mehr in ein Cyclo setzen, und ihr Bewegungsradius ist eingeschränkt, da viele Passagen für sie tabu sind. Aber was solls? Kann einen Spaziergang durch die Altstadt nicht ersetzen, aber ergänzen. Man sieht Dinge, die man sonst nie sehen würde. Schon weil man nicht dauernd auf die Füße achten muss.
2. **Ho Chi Minh.** Einer Legende blickt man nicht alle Tage in die Augen. Wie man auch über die Kluft zwischen dem schlichtem Haus am Fischteich und dem hohlen Pathos der Heldenverehrungsstätte urteilen mag – ein wahrhaft denkwürdiger Ort!
3. **Wasserpuppentheater.** Eine außerordentliche und außerordentlich vietnamesische Kunst, paradoxerweise erst dank dem Tourismus vorm Aussterben bewahrt.
4. **Literatur Tempel.** Fast so alt wie Hanoi selbst: 1000 Jahre. Und ein handfestes Symbol der Stadt. Am Anfang war das Wort (des Konfuzius). Am Ende stehen blühende Kultur, aber auch blühende Bürokratie und Autoritätshörigkeit.
5. **Ethnologie Museum.** Sei es als unerlässliche Vorbereitung für den Trip in den Norden, sei es als *Ersatz* für diesen. Ein Augenöffner. (Vietnams ethnische Minderheiten prägen das Land stärker als es den Vietnamesen jemals einfallen würde zuzugeben.)

- **ANZ Bank.** Die australisch-neuseeländische *ANZ* ist seit Jahren die einzige ausländische Bank mit vollem Service. Mo–Fr 8.30–15.30 Uhr, ATM. 14 Le Thai To (am Hoan-Kiem-See).
- **Wechselstuben.** Manchmal bessere Raten als bei der Bank. Z.B. 31 Ha Trung (bei Hang-Da-Markt), 15 und 19 Hang Bong, tgl. 7–19 Uhr.
- **Tourist Information Center.** 7 Dinh Tien Hoang, am Nordufer des Hoan-Kiem-See. ATM, Wechselstube (auch Sa/So), Info-Desk, Buchungsbüro etc. **Achtung:** Es handelt sich nicht um unabhängige, sondern um rein *kommerzielle* Anbieter!

Gesundheit

- **Family Medical Practice.** Renommierte israelische Privatklinik mit Filialen in Saigon und Da Nang. 298I Kim Ma, Tel. 8430748, 0903401919. Zahnarzt 24 Std. Tel. 8230281.
- **Hanoi French Hospital.** 1 Phuong Mai, Tel. 5771100, Notruf 5741111. Das derzeit vielleicht beste Hospital der Stadt.
- **Institute for Traditional Medicine.** 26–29 Nguyen Binh Kiem, Tel. 9431018.
- **Apotheke.** In der Altstadt: 65 Ma May. 97 Hang Bac. Hang Ga Ecke Cua Da (7–22 Uhr).

Post und Telekommunikation

- **Hauptpost** (mit dem großen Uhrturm) am Ostufer des Hoan-Kiem-Sees, 85 Dinh Tien Hoang. Tgl. 6.30–21.00 Uhr. Zu den Internationalen Schaltern. Eingang ganz rechts.
- **DHL.** www.dhl.com.vn

Internet

- Internet- und e-mail-Service bieten fast alle Hotels gratis. Preise zwischen 100–150 đ/Min.

Bücher, Zeitungen, Karten

- Im Zentrum der Intellektuellen, aber auch der Bürokraten gibt es zwar mehr Kultur, aber auch mehr Zensur als sonst in Vietnam.

Ausländische Bücher, Zeitungen und Zeitschriften sind daher deutlich schwerer aufzutreiben als in Saigon. Am ehesten fündig wird man in den großen Buchläden entlang der **Trang Tien** (No. 55, 64, 34) und bei **Xunhasaba,** 32 Hai Ba Trung. The **Bookworm** ist die einzige englische Buchhandlung in Vietnam; über 3000 Titel, Leseraum mit Zeitungen, Zeitschriften, Tee und Kaffee, gute Musik.; außer Mo 10–19 Uhr, 15A Ngo Van So. Eine kleine Auswahl in der Altstadt führt **Love Planet Café,** 25 Hang Bac. Deutsche Zeitungen können in der Bibliothek des Goethe-Instituts eingesehen werden.

Kulturinstitute

- **Goethe-Institut.** Exzellente Verbindung von **Information** und **Gastronomie** (s. *Essen und Trinken)*. In der **Bibliothek** (außer So 10–12, 14–17 Uhr) Print- oder Internetausgaben von SZ, FAZ, *Spiegel*, *Zeit*, Programme der *Deutschen Welle* auf Flachbildschirm, Multimedia-PCs etc. Auf Anfrage thematische **Stadtführungen** für kleine Gruppen. In zwei Art-Déco-Villen der 1930er Jahre nahe dem Literaturtempel. 56–58 Nguyen Thai Hoc, Mo–Fr 9–17 Uhr, Tel. 7342251-3, info@hanoi.goethe.org, www.goethe.de/hanoi.
- **Espace.** Franz. Kulturzentrum. 24 Trang Tien, Tel. 9362164.

Diplomatische Vertretungen

- **Deutschland:** 29 Tran Phu, Tel. 8430245. Geschäftszeit Mo–Fr 8.30–11.30 Uhr. (Seit April 1991 in den Villen der ehemaligen DDR-Repräsentanz.) www.hanoi.diplo.de.
- **Österreich:** 53 Quang Trung, Tel. 9433050-1.
- **Schweiz:** 44B Ly Thuong Kiet, Tel. 9346589.
- **Niederlande:** 360 Kim Ma, Tel. 8315650-1.
- **China:** 46 Hoang Dieu, Tel. 8453736.
- **Indien:** 58 Tran Hung Dao, Tel. 8244989.
- **Indonesien:** 50 Ngo Quyen, Tel. 8253353.
- **Kambodscha:** 71 Tran Hung Dao (Ecke Quang Trung), Tel. 9424788.
- **Laos:** 22 Tran Binh Trong, Tel. 9424576.
- **Malaysia:** 45 Dien Bien Phu, Tel. 7343836.
- **Myanmar:** A3 Van Phuc, Tel. 8453369.
- **Philippinen:** 27B Tran Hung Dao, Tel. 9437948.
- **Singapur:** 41–43 Tran Phu, Tel. 8233966.
- **Thailand:** 63–65 Hoang Dieu, Tel. 8235092.

Visa (Januar 2008)

- **Visa Extension.** Eine Visaverlängerung für 1 Monat kostet um 25 $ (Bearbeitungszeit 3–4 Tage), eine zweite um 50 $.
- **Kambodscha.** 35 $, Bearbeitungszeit 1 Tag, gültig 1 Monat.
- **Laos.** 37–48–50 $ für 7–15–30 Tage Gültigkeit; Bearbeitungszeit 1 Tag.
- **China.** 45 $, gültig 1 Monat, Bearbeitungszeit 4 Tage.
- **Thailand.** 45 $, gültig 2 Monate, Bearbeitungszeit 2 Tage.
- Es handelt sich *nicht* um Fixpreise! Reiseagenturen schlagen normalerweise 2–3 $ (oder mehr) Servicegebühren auf.

Reiseagenturen

Ein ebenso breites wie unübersichtliches Spektrum von **Reiseagenturen, Tourveranstaltern** und **Travellercafés** – praktisch allesamt in der Altstadt ansässig – bietet schnell und unbürokratisch Dienste aller Art (Touren, Visa, Hotelvermittlung, Flug- und Zugbuchung, Auto- und Motorradvermietung etc). Das erspart einem Mühe und Arbeit, wird aber natürlich keineswegs als „Freundschaftsdienst" – oder auch nur nach festen Tarifen – erledigt, wie manche Reisende allen Ernstes zu glauben scheinen. Es muss dringend davor **gewarnt** werden, blauäugig und ohne Preisvergleiche beim erstbesten Anbieter (insbesondere bei **Hotels)** Flüge, Touren und dergl. zu buchen! Preise wie Leistungen differieren

– selbst ohne betrügerische Absicht – teilweise ganz erheblich!

Ein- und Mehrtagestouren

Es gibt kaum eine Sehenswürdigkeit – Angebot und Nachfrage! –, die sich nicht auf die eine oder andere Weise per „Kaffeefahrt“ erreichen ließe. Vorausgesetzt, man treibt genügend Mitreisende auf. Am populärsten sind mehrtägige Touren zur Ha Long-Bucht (inkl. Cat Ba) und nach Sa Pa (mit oder ohne Bac Ha). Wobei zu bedenken ist, dass gerade diese Orte ohne jedwede Probleme auch auf eigene Faust zu erreichen sind.

- **ODC Travel.** Die Leute mit der größten Erfahrung im Business (seit 1993). Gut organisiert, sehr verlässlich. Touren werden ausschließlich durch eigene Büros verkauft, d.h. wo ODC draufsteht, ist auch ODC drin (keine Verschiebung in andere Gruppen oder Touren); das Tourprogramm ist ein Muster an Präzision bis ins Detail. Verantwortlicher ist Mr. *Long*. 43 Hang Bo & 142 Hang Bac. Tel. 8288729, Fax 9231510. www.odctravel.com.vn.
- **Ocean Tours.** Sehr junges, ehrgeiziges und flexibles Team und ebenfalls äußerst zuverlässig, innovativ und experimentell. Speziell zu empfehlen für Halong (tgl. 4 Touren mit mehreren Varianten). Verantwortlicher ist Mr. *Chien*. 22 Hang Bac, 7 Dinh Liet, Tel. 914 2581, www.oceantoursvietnam.com.
- **APT** *(Asia Pacific Travel)*. Billiger, aber nicht frei von Pannen oder Überbuchungen (Kunden werden auf andere Touren abgeschoben); trotzdem eine der besseren Optionen in Hanoi. Verantwortlicher ist Mr. *Dai*. 63 Ma May, 37 Dao Duy Tu, Tel. 9262501. www.apt-travel.com.vn.
- **Ethnic Travel.** Spezialist für Touren am *Song Da* (Black River) und zur *Bai Tu Long*. Ansprechpartner ist Mr. *Khanh*. 35 Hang Giay, Tel. 9261951. www.ethnictravel.com.vn.
- **Todeco.** Herr *Du* war über ein Jahrzehnt für den DED (Deutscher Entwicklungsdienst) in Hanoi tätig, spricht fließend deutsch und lebte wie seine Mitarbeiter einst in der DDR. Leser loben seine Detailgenauigkeit und Zuverlässigkeit. 91A/5 Ly Nam De, Tel. 8235767, 0903412678. www.todeco-vn. com.
- **Hapro.** Interessanter Newcomer, Zweig eines staatlichen Mischkonzerns, der seit 2008 auch speziell ausländische Gäste anspricht (Erfahrungsberichte sind willkommen). 11B Trang Thi, Tel. 9365139. www.haprotravel.com.

Spezialanbieter

Teurer, aber dafür auch professioneller und besser organisiert, mit hochwertigerem Equipment (Zelte, Kayaks, Bikes) und besser geschultem Personal.

- **Handspan.** 1997 dezidiert als Alternativunternehmen gegründet (ökologisch, individuell), selbst die Konkurrenz zollt neidlos Respekt („expensive, but the best“). 80 Ma May, Tel. 9262828. Nicht zuletzt für aufwendigere Touren (Trekking, Kayaking, Mountainbiking etc.) zu empfehlen. www.handspan.com.
- **Buffalo Tours.** Vornehmlich Vertragspartner ausländischer Unternehmen, hat aber auch für den Individualreisenden einiges zu bieten. 94 Ma May, Tel. 8280707. www.buffalotours.com.
- **Topas Adventure.** Dänisch-vietnamesische Expeditionsfirma (Trekking, Bergsteigen usf.) mit Filialen in Hanoi und Sa Pa. 29 Hang Giay, Tel. 9283637, Fax 9283638. www.topas-adventure-vietnam.com.

Privattouren

- **Mietwagen.** Der Preis richtet sich nach Fahrtziel und Zeitdauer, generell sind zwischen 40 und 50 $ am Tag zu veranschlagen. Den Preis für eine 6-Tages-Tour mit einem **Landcruiser** durch den Nordwesten – rd. 280 $ inkl. Benzin – können 3–4 Personen unter sich aufteilen (Mitreisende notfalls per Schwarzem Brett suchen). Ein **Russian Jeep** für den gleichen Zeitraum würde nicht unwesentlich weniger kosten. Ein Guide (nicht obligatorisch) schlägt mit 15–20 $ pro Tag zu Buche.
- **Onbike Tour.** Geführte Fahrradausflüge in der Umgebung von Hanoi, bis Ninh Binh, Cuc Phuong etc.; in der Regel zunächst per Auto bis vor die Tore Hanois. *Tong* und *Duong* studierten in Deutschland. Tel. 732 4788, 0912073209. www.onbikevietnam.com.

- **Kaiserkaffee.** Herr *Vinh* veranstaltet ausgewählte Touren – sofern er Zeit hat, auch als persönlicher Begleiter – bzw. ist gegen Entgelt behilflich, solche zu organisieren. Auf der Insel *Quan Lan* betreibt er ein Guesthouse und Strandbungalows. 34A Ba Trieu, 0912107969, kaiserkaffee2000@yahoo.de.
- Per **Motorrad** (Minsk). Voraussetzung sind Fahrkenntnisse auch auf rauhem Terrain, Internationaler Führerschein (nicht legal in Vietnam), private Versicherung und entsprechende Ausrüstung (z.T. in Hanoi erhältlich).
- **Freewheelin Tours.** Spezialist für maßgeschneiderte Motorrad-Reisen von „klassisch" bis „dirt biking". Sehr sympathische, verlässliche Leute, eher ein Team von Guides als von „Tourveranstaltern". Ansprechpartner ist *Fredo.* 4 Luong Ngoc Quyen, Tel. 9262743, 0988 128524, www.freewheelin-tours.com.
- **Cuong's Motorbike Adventure.** Kauf, Verkauf, Reparatur und Vermietung von *Minsks*, kompetente Tourberatung und/ oder -begleitung. 1 Luong Ngoc Quyen, Tel. 9261534, cuongminsk@yahoo.com.
- **Minsk Club.** c/o Highway 4, 5 Hang Tre. www.minskclubvietnam.com.

Open-Tour

Zwischen Hanoi und Hue verkehren deutlich weniger Open-Tour-Unternehmen als im Süden (sprich: wer andere bucht, z.B. *Sinhcafé*, landet in der Regel gleichwohl in den Bussen von drei bis vier Firmen, die dort das Monopol besitzen).

- **Camel.** Verfügt derzeit über die modernste Busflotte im Norden und war Pionier der komfortablen, nur wenig teureren *Sleeping Busse. Nicht zu empfehlen* sind Camel-Busse ab Hue sowie nach Laos (wo man sich in öffentlichen Bussen wiederfindet).
- **Trekking Travel.** 108 Hang Bac, Tel. 926 0617. www.trekkingtravel.com.
- **Hanoi Toserco.** Kooperiert mit *Sinhcafé.* 18 Luong Van Can, Tel. 9286631. www.toserco hanoi.com.
- **An Phu.** Die schlechteste Wahl im Norden. www.anphutravelvietnam.com.
- **Hoang Long.** Hanoi-Saigon nonstop im Schlafbus, tgl. alle 2 Std. zwischen 5 und 23 Uhr ab Busbahnhof Luong Yen. 30 Std., 650.000 đ inkl. Mahlzeiten, Wasser.
- **Trekking Travel.** 108 Hang Bac, Tel./Fax 9260617. www.trekkingtravel.com.vn.
- **Sinh Café.** Der Saigoner Branchenriese ist im Norden weniger zuverlässig als im Süden, aber für die Open Tour immer noch mit die beste Wahl. 52 Luong Ngoc Quyen (einzige offizielle Vertretung in Hanoi!), Tel. 9261568, www.sinhcafevn.com.
- **An Phu Tourist.** 30 Ma May, Tel. 9262442, www.anphutouristhoian.com.

Touren/Führungen

- Studenten der Hochschule für Fremdsprachen und Touristik und Lehrer des **Goethe-Instituts** bieten 2–3-stündige Stadtführungen an, nach Vereinbarung auch zu bestimmten Themen. Anfragen und Anmeldung mindestens 1 Tag im Voraus beim *Goethe Institut*, Preis ab 10 €. Tel. 7342251, info@hanoi.goethe.org.
- **HanoiKultour.** Anlaufstelle für Individualisten, Geschäftsleute und kleine Gruppen, die es schätzen, sich der Kultur Vietnams abseits touristischer Pfade zu nähern. Der Journalist und Eventmanager *Christian Oster* kennt Hanoi und den Norden (nahezu) wie seine Westentasche und ist der ideale Begleiter und Organisator von der Stadtführung bis zum ein- oder mehrtägigen Ausflug. Preise auf Anfrage. 56 Nguyen Thai Hoc, Tel. 217 1177, 0904146240. www.hanoikultour.com.

Stadtverkehr

Stadtbus

Zuverlässig, sauber, klimatisiert und nicht deutlich langsamer oder unbequemer als Taxi. Die Linien verkehren in der Regel zwischen 5 und 20 Uhr alle 15–20 Min. Start und Endziel sind an der Frontscheibe angezeigt. Pro Fahrt sind 3000 đ, bei Fahrtunterbrechung oder Umsteigen ist neu zu zahlen.

Sehr hilfreich ist der im Buchhandel erhältliche **Stadtplan** *(Ban do du lich va cac tuyen buyt,* 10.000 đ) mit allen Buslinien.

Interessante Linien für Besucher sind:

- **1** *(Long Bien – Ha Dong).* Zwischen Altstadt (Hang Cot, Hang Ga, Hang Dieu, Tran Hung Dao und Bahnhof.

- **3** *(Giap Bat - Gia Lam).* Zwischen Süd-Busbahnhof *Giap Bat*, Tran Hung Dao, Altstadt (Hang Voi, Hang Tre) und Ost-Busbahnhof *Gia Lam* jenseits der Chuong-Duong-Brücke.
- **7** *(Kim Ma - Noi Bai).* Zwischen Busbahnhof Kim Ma, Zoo (Hotel Daewoo) und Flughafen *Noi Bai*.
- **9** *(Bo Ho - Bo Ho).* Rundkurs zwischen Hoan-Kiem-See (Nordufer), Hang Bong, Dien Bien Phu und Ho-Chi-Minh-Mausoleum (aussteigen Le Hong Phong).
- **14** *(Bo Ho - Co Nhue).* Zwischen Hoan-Kiem-See (Nordufer), Dong-Xuan-Markt und Ethnologie-Museum (aussteigen Hoang Quoc Viet).
- www.hanoibus.com.vn.
- Seit geraumer Zeit gibt es Pläne, die Ende 1989 eingestellte **Trambahn,** die bereits seit der Kolonialzeit zwischen Altstadt und Zentrum verkehrte, teilweise wieder zu reaktivieren.

Cyclo und Xe Om

- **Cyclos,** noch bis Mitte der 1990er Jahre das Personen- und Lastengefährt der Hauptstadt par excellence, sind als „Verkehrshindernis" inzwischen so gut wie ausgestorben. Die wenigen übrig gebliebenen Fahrer, die überhaupt noch Lizenzen erhalten, transportieren ausnahmslos Touristen. Rund 15.000 đ (1 $) pro Fahrt.
- **Xe Om** *(ssä om).* An die Stelle der Cyclos sind die wesentlich schnelleren und billigeren Motorradtaxis getreten, deren Fahrer an allen Straßenecken und belebten Plätzen auf Kundschaft warten. Kurzstrecke je nach Verhandlungsgeschick 7–10.000 đ.

Fahrrad und Motorrad

- **Fahrräder** *(xe dap)* kann man in der Altstadt – vornehmlich in der *Hang Bac* und *Ta Hien* – oder über Minihotels und Guesthouses mieten. Die gängige Tagesmiete beträgt etwa 15–20.000 đ. Einige dieser Läden vermieten auch
- **Motorräder** (meist 100 ccm Hondas o.Ä.) für 4–7 $ pro Tag, z.B. *Quan,* 70 Hang Bac, Tel. 0904244941. Eine 125cc Minsk ist für 5–6 $ zu haben *(Cuong,* 1 Luong Ngoc Quyen, Tel. 9261534).

Taxi

- **Meter Taxis** sind preisgünstig – schon zu zweit kommen sie billiger als ein Xe Om! – und können auch telefonisch bestellt werden. Die Tarife der verschiedenen Unternehmen (mehr als ein Dutzend!) unterscheiden sich letztlich kaum voneinander, aber als Faustregel gilt: je kleiner, desto günstiger. Für Strecken außerhalb der Stadt werden normalerweise Pauschalen ausgehandelt.

- **Airport Taxi,** Tel. 8733333
- **Hung Vuong,** Tel. 2606060. Günstig!
- **Mai Linh Taxi** (Minibus), Tel. 8222666

Unterkunft

Hotel, Minihotel oder Guesthouse – allein in der Altstadt gibt es *hunderte* davon! Viele kommen bei genauerer Betrachtung allerdings nicht in Frage – ungünstige Lage, enervierend laut (Karaoke, Durchgangsstraße), vollgepackt mit Bausünden (papierdünne Wände, fensterlose Verliese), erbärmlicher Service (Inkompetenz, Abzocke oder beides) oder schlicht zu teuer.

Alles in allem ist der Standard jedoch erstaunlich hoch und wird man geräumige, saubere Zimmer mit Fan, AC, Warmwasser, Minibar, Satellite-TV, IDD-Telefon etc. fast überall finden.

Preise. Die Flutkatastrophen 2007, die den Tourismus im Zentrum (Hue, Hoi An, Nha Trang etc.) zeitweise zum Erliegen brachten, führten im heillos überfüllten Hanoi exakt zum Zeitpunkt unserer Recherchen zu enormen Preisanstiegen speziell bei Minihotels und Guesthouses. Ob bzw. wie sehr diese überhöhten Preise Bestand haben werden, wird erst die Zukunft zeigen.

Internet. Nahezu alle Hotels, ganz besonders aber Minihotels und Guesthouses, bieten kostenlosen Internetzugang (und teilweise bereits WiFi).

Achtung! Taxi-, Airportbus- und Open-Tour-Fahrer steuern oft Unterkünfte an, von denen sie Kommissionen bekommen, und behaupten im Gegenzug, gewünschte Adressen seien nicht mehr existent oder „voll". **Tipp:** Viele Hotels und Guesthouses lassen ihre Gäste bei Reservierung vom Flugplatz oder Bahnhof abholen, manche sogar unentgeltlich; einfach per e-mail Flugnummer und Ankunftszeit mitteilen und ggf. nach dem Tarif fragen.

Luxus

- **Metropole.** Alle logierten sie hier, von Charlie Chaplin bis Mick Jagger. Schon seit 1901 macht „man" der großen alten Dame von Hanoi seine Aufwartung. Keine Standard-Weltläufigkeit, sondern auf Tradition und Individualität gegründete Unverwechselbarkeit. Das ehemalige *Grandhotel* wurde 1992 von der französischen Sofitel-Gruppe restauriert und 1996 um einen neuen Flügel *(Opera Wing)* erweitert. 232 Zimmer ab 275 $ ++. 15 Ngo Quyen, Tel. 8266919. www.sofitel-hanoi-vietnam.com.
- **Intercontinental Westlake.** Das neueste Luxusdomizil der Stadt (seit 2008) wurde komplett auf Plateaus über dem Westlake errichtet. 360 Zimmer/Suiten mit großen Balkonen, wahlweise Blick auf Pool oder See. Ab 220 $ ++. www.ichotelsgroup.com.
- **Melia Hanoi.** Eine echte Alternative zu manchen weitaus teureren Prestigehotels, überdies günstig zwischen Altstadt und French Quarter gelegen. Pool, Health Club, Bars und Restaurants, man muss auf nichts verzichten. 308 Zimmer auf 21 Stockwerken, ab 124 $ inkl. BF. 44B Ly Thuong Kiet, Tel. 9343343, www.meliahanoi.com.

Tourist

Der Mangel an guten und zentral gelegenen Mittelklassehotels ist nach wie vor eklatant. Die relativ wenigen Touristenunterkünfte, die halbwegs internationalem Standard entsprechen, sind daher in der Regel notorisch überteuert. Wer nicht über Reiseveranstalter oder Internetanbieter bucht, zahlt deutlich zuviel! Empfehlen können wir:

- **Sunway.** 143 Zimmer. www.sunway-hotel.com.
- **Guoman.** 150 Zimmer. www.guomanhotels.com.
- **Zephyr.** 40 Zimmer. www.zephyrhotel.com.vn.
- **De Syloia.** 33 Zimmer. www.desyloia.com.
- **Quoc Hoa.** 37 Zimmer. www.quochoahotel.com.
- **Thang Loi Opera.** 60 Zimmer. www.thangloiopera.com.

Economy

In der Regel **Minihotels** nach folgendem Grundschema: 3 Zimmer pro Etage, nach vorne zur Straße groß und mit Balkon, nach hinten mit Fenster und etwas kleiner, in der Mitte klein und ohne Fenster. **Tipp:** Im Zweifelsfall lieber ein teureres Zimmer in einer günstigeren Unterkunft buchen als ein Billigzimmer in einem „gehobeneren" Hotel.

- **Huyen Trang.** Schon ein Klassiker! 20 Zimmer, groß und geschmackvoll, vietnamesisch, aber nie überladen möbliert, schöne Suiten mit Balkon und Panoramafenster. 40–50–60 $ inkl. BF. 36 Hang Trong, Tel. 826 8480, huyentrang@fpt.vn.
- **Hong Ngoc.** 2006 aufwendig (in die Breite, nicht Höhe) erweitertes und völlig neu ausgestattetes Mini mit nun 41 Zimmern, Lift, Sauna und hellem, freundlichem Restaurant. 51 $ (z.T. Innenfenster), 62 $ (z.T. Balkon), 79 $ ++ inkl. Büffet-BF. 34 Hang Manh, Tel. 8285053, hongngochotel@hn.vnn.vn.
- **Church.** Klein – z.T. auch die Zimmer –, aber fein. Holzböden, geschmackvolle Einrichtung, schicke Bäder, Lift, guter Service. In der südlichen Altstadt bei der Kathedrale. 20 Zimmer 40 $ (kleine Fenster), 45 $ (große Fensterfront), 70 $ (2 Suiten) plus 10 % inkl. Büffet-BF. 9 Nha Tho, Tel. 9288118, churchhotel@vnn.vn.
- **Sen Vang** (Golden Lotus). Mit Holzböden und geschmackvoller Möblierung, Lift und kleinem Resto. 12 Zimmer 40 $ (mit Miniküche und Minifenster), 50 $ (sehr groß, mit Balkon) inkl. BF. 32 Hang Trong, Tel. 9288583. www.goldenlotushotel.com.vn.
- **Phuc Loi.** Solide eingerichtet, mit Resto, Gym und Dachgartencafé. 20 Zimmer, meist mit Hof-Fenster, 30–35–40 $ inkl. BF. 128 Hang Bong, Tel. 8289895, www.phucloihotel.com.
- **Pho Co.** Das erste richtig modern gebaute und eingerichtete Mini der Altstadt (1998) ist immer noch eine Superempfehlung. 15 geräumige Zimmer mit großen Fenstern und Komplettausstattung (einziges Manko: sehr schmale Betten), 30–35 $ inkl. BF, IT. 41 Hang Be, Tel. 8252421, www.classicstreet-phocohotel.com.

• **Lucky.** 20 dezent vietnamesisch eingerichtete Zimmer und Suiten mit allem Komfort. Lift, Resto, freundlicher Service. 40, 50, Suiten 55, 60 $ + inkl. BF, IT. 12 Hang Trong, Tel. 8251029. 20 weitere Zimmer im nur wenige Schritte entfernten *Lucky 2.* www.luckyhotel.com.vn.

• **Salute.** Solide und gefällig, ein alter Bekannter, der sich bestens gehalten hat. 18 Zimmer 38, 50, 55 $ (Balkon, Parkett) inkl. BF. 7 Hang Dau, Tel. 8258003. www.salutehotels.com.

• **Viet Anh.** Professionell, effektiv – ein Businesshotel en miniature. Lift, Resto, Tour Desk. 25 Zimmer 35 $ (Innenfenster), 40 $ (Holzböden), 50 $ (z.T. Balkon), 60 $ (groß, bis 4 Pers.), 90 $ (Balkon, Panoramaaussicht) inkl. BF. 11 Ma May, Tel. 9261302, www.vietanh hotel.com.

• **Elegance 2.** Neu 2007. Bestens ausgestattet (Fön, Wasserkocher, Safe etc.), hübsch anzusehen (hell, luftig, mit Holzböden), professionell geführt. Lift. 25 Zimmer 35 $ (z.T. mit Fenster), 40, 55 $ (Balkon), 70 $ (große Suite) inkl. BF. 85 Ma May, Tel. 9263451. 2008 kommt **Elegance 3,** 106 Hang Bong (laut!), hinzu. www.hanoielegancehotel.com.

• **Prince Hanoi.** Neu 2007. Solide und hübsch eingerichtet, geräumig, mit Holzböden und großen Fenstern, Lift. 25 Zimmer 40, 45 $ (Balkon), 55 $ (Family). 41 Bat Su, Tel. 9233239. www.princehanoihotel.com.

• **Hanoi Plaza.** Etwas hochtrabend, aber ... 25 Zimmer 25 $ (klein, Lichtschacht), 35 $ (hinten ruhig, nach vorne Balkon), 45 $ (Suite) inkl. Büffet-BF. 26 Hang Non, Tel. 828 7474, www.hanoiplazahotel.com.

• **Classic 2.** Einst bahnbrechend, heute schon fast ein wenig „veraltet" wirkend, aber immer noch ein guter Tipp. Freundlich, intim. 10 Zimmer 25 $ (Innenfenster), 30, 35 $ (groß, Balkon) inkl. BF. 49 Luong Ngoc Quyen, Tel. 9261107, www.hanoiclassichotels.com.

• **Prince.** Bewährtes Haus, funktionell, aber geschmackvoll. 11 Zimmer 25-30-35 $ inkl. BF. 51 Luong Ngoc Quyen, Tel. 8280155. Ansprechend auch das **Prince 2** wenige Schritte entfernt, 42B Hang Giay. 12 Zimmer auf 7 Etagen (ohne Lift) 30, 40 $ inkl. BF. www.hanoiprincehotel.com.

• **Green Mango.** Neu 2007. Wenn's nicht so abgedroschen klänge: ein Boutiquehotel. Anders als alle anderen „amidst the hustle and bustle of the burgeoning Communist Paradise" (Selbstbeschreibung). Klein, intim, mit avanciert modernem Design, aber schlicht, unaufgeregt und harmonisch. Dazu ein exzellentes Resto und 7 Zimmer à 50 $ (nach innen), 70 $ (mit Balkon), 90 $ (60 qm, mit Jacuzzi, für bis zu 4 Pers.) inkl. BF. 18 Hang Quat, Tel. 9283916. www.greenmango-hanoi.com.

• **Indochina.** Neu 2007. 30 Zimmer, alle sehr ansprechend möbliert und mit eigenem PC, z.T. witzige Details. 35, 50 $ (Balkon), 68 $ (Suite) inkl. BF. 13 Au Trieu, Tel. 9285915. www.indochinavietnamhotel. com.

• **Spring 2.** Neu 2007. Nett, familiär, mit 16 geräumigen, hellen Zimmern (fast alle haben 2 Fenster, selbst in den – großen! – Bädern ist eines). 35, 45, 55 $ (Riesenbalkon). 38 Au Trieu, Tel. 8254834, springhotel@fpt.vn.

• **Little Hanoi.** Serie von 3 „Mini"-Minis an der Kathedrale mit je 5 Zimmern. Im besten (No. 3) schauen alle der geräumigen Zimmer auf die Kirche. 30, 40 $ (kl. Balkon), 45 $ inkl. BF. 30 Au Trieu, Tel. 9289800, hanoi@ttm. com.vn.

• **Kinh Do** (Paradise). Neu 2007. Sehr ordentlich, mit vielen Fenstern und Lift. 30 Zimmer 30, 35, 45, 60 $ (Vierer) inkl. BF. 1 Yen Thai, Tel. 9286139, kinhdohotels@yahoo.com.

• **Mike's.** Neu 2007. 10 Zimmer. Schon die Standardzimmer (20 $) sind okay (Fenster, kl. Balkon), eine Wucht sind die 4 großen, hellen Suiten mit Balkon, Parkett und PC für 30–40 $ inkl. BF. 1 Hang Phen, Tel. 9233411. www.hanoimikeshotel.com.

• **Bach Tung Diep.** Neu 2007. Elegante Lösung: 2 Häuser hintereinander, getrennt durch einen lichten Hof. 15 Zimmer, z.T. mit Hofbalkon, je höher man wohnt, desto weniger zahlt man: 20, 22, 25, 28 $, Suiten 40–45 $. 25 Hang Thiec, Tel. 9232979, bachtung diephotel@yahoo.com.

• **Continental.** Seit Jahren das erklärte Lieblingshotel der Deutschen, in punkto Freundlichkeit und Hilfsbereitschaft nach wie vor vorbildlich. Nun wurde im Frühjahr 2006 die mittlerweile dringend notwendige, das gesamte Haus umfassende Totalerneuerung durchgeführt. 15 Zimmer 24, 29, 34 $ inkl. BF. 24 Hang Vai, Tel. 8282897, www.hanoi continental.com.

• **Army.** Für den, der nicht in der Altstadt wohnen will. Sozialistisch, aber sauber renoviert, ruhig und mit Salzwasserpool (!); viele Expats wohnen hier, da zentral und günstig. 69 Balkonzimmer, EZ 45, DZ 60 $ inkl. IT, Pool, Sauna, Gym. 33C Pham Ngu Lao, Tel. 8259276, armyhotel@fpt.vn.

Budget

• **Manh Dung.** Neu 2007. Nach dem Totalabriss des alten Gebäudes, einem der frühesten Guesthouses der Altstadt (1993), ist die kleine Oase mitten im (ruhigen) Herzen des Old Quarter wieder da! Funktionstüchtiger denn je (Lift!) und so warm und herzlich wie gewohnt – so als wär jeder Gast ein Teil der Familie. Die 9 Zimmer sind etwas beengt, aber gut ausgestattet, und haben einen kleinen Balkon. 15–20 $. 2 Tam Thuong, Tel. 826 7201. Nur wenige Schritte entfernt das **Haus 2** mit 4 Zimmern 6–12 $, 16D Duong Thanh, Tel. 8289330. tranmanhdungvn@yahoo.com.

• **North.** Schräg gegenüber, halbwegs akzeptable Alternative. 7 Zimmer 12–20 $. 5 Tam Thuong, Tel. 8285030, north-hotel@fpt.vn. Deutlich besser, aber auch lauter, ist **Haus 2,** 10 Zimmer 12–20 $. 15 Hang Ga, Tel. 826 7241.

• **Tung Trang.** Sehr sauber und ordentlich. 11 Zimmer mit AC/Fan 12, 15, 20 $. Vorderzimmer haben Balkon und schönen Blick auf eine Pagode, Mittelzimmer immerhin Seitenfenster. Von Lesern vielgelobt. 13 Tam Thuong, Tel. 8286267, tungtranghotel@yahoo.com.

• **Wing.** Für den Preis sehr okay. 16 Zimmer 12 $ (z.T. mit Fenster), 15 $ (im obersten Stock mit großer Veranda). 23 Hang Non, Tel. 9285304, minhtoan_wingtour@hotmail.com.

• **Apple.** Schlicht, aber sauber, und nahezu alle 9 Zimmer haben Fenster. 10–15 $. Zu empfehlen sind Zi 301 (hell, großes Fenster, AC, Fan, Fridge) und 201 (mit Balkon). 53B Luong Ngoc Quyen, Tel. 9281403, applehotel53@hotmail.com.

• **Princecafé.** 10 Zimmer, 6 davon mit Fenster 10–15 $. 53 Luong Ngoc Quyen, Tel. 9281482, princecafehotel@yahoo.com.vn.

• **A Dong.** Sympathisch renoviert, wohnlich, mit Resto. 12 Zimmer 12–15 $, mit Balkon 18–20 $ inkl. BF. 46 Luong Ngoc Quyen, Tel. 8256948. www.adong-hotel.com.

• **APT.** Nach Übernahme noch im Aufbau. 6 Zimmer, gute Betten, 14 $ (z.T. ohne Fenster), 20 $ mit kl. Balkon. 32 Hang Vai, Tel. 8295489, salesapthotel@gmail.com.

• **Elegance 2.** Der kleine Bruder braucht eine Runderneuerung – bis dahin stimmen zumindest die Preise: 15 Zimmer 12, 15, 20 $. 8 Hang Bac, Tel. 9261404. www.hanoielegancehotel.com.

• **Viet Anh 2.** Noch ein kleiner (vernachlässigter) Bruder. 9 Zimmer 15, 20, 25 $ inkl. Büffet-BF (im Stammhaus um die Ecke). 7 Dong Thai, Tel. 9263075. www.vietanhhotel.com.

• **Rose.** Für den Preis eine veritable Entdeckung. 6 Zimmer 20 $ (soso), 25 $ (große Fenster), 30 $ (Riesenfenster, Balkon, gutes Bad), ab 25 $ inkl. BF u. PC! 12B Hang Manh, Tel. 8285639. www.hanoihotelrose. com.

• **Backpackers Hostel.** Das von Australiern ins Leben gerufene Hostel ist derart erfolgreich, dass es bereits erweitert werden konnte. Blitzblank sauber, ja fast schon elegant. Große, luftige AC-Räume, darunter 2 nur für Frauen, mit je 6–12 Betten (mit Leselampen!) und picobello Bädern à 7,50 $ inkl. BF, Kaffe/Tee 24 Std., IT, Küchenbenutzung, Gepäckaufbewahrung. Dazu 4 AC-DZ 25 $. Gemütliche Aufenthaltsräume. Dachgarten-Bar (BBQ). Muss man mögen, aber wenn, dann ...! 48 Ngo Huyen, Tel. 8285372. www.hanoibackpackershostel.com.

• **Artist.** Wer abseits der Altstadt wohnen möchte: nicht toll, aber ruhig, zum Innenhof (1. Stock), mit Gemeinschaftsveranda zum Sitzen und dem netten Café der Cinemathèque. 12 Zimmer 20, 24 $ (Triple), 28 $ (4–5 Pers.). 22A Hai Ba Trung, Tel. 8244433, artist-hotel@yahoo.com.

Essen und Trinken

Stärker als irgendwo sonst macht sich in Hanoi noch der französische Einfluss bemerkbar (und deutlich weniger als z.B. in Saigon der chinesische). So wird ein *Bittet,* ein Beefsteak, in Hanoi traditionsgemäß nie mit Stäbchen, sprich mundgerecht zurechtgeschnippelt, sondern immer im Ganzen und „französisch" mit Messer und Gabel verspeist. *Fast Food*-Schilder müssen im Übrigen nicht Wunder nehmen, die sind *bistromäßig* gemeint, im Sinne von einfacher, schnell zubereiteter Hausmannskost.

Vietnam Light

Zwischen *verschlankter* und *verfeinerter* Küche und braver, zaghafter, temperamentloser *Folklore-Cuisine* liegen oft nicht Welten, sondern lediglich Fingerspitzen. Genau wie zwischen einem *stimmigen Ambiente* und einer aus dem Katalog zusammengewürfelten *Pseudo-Exotik*. Vietnamesische „Hochküche" für Touristen, in Hanoi lebende Ausländer und neureiche Einheimische, schmeckt oft fader als in jeder einigermaßen ambitionierten Garküche. Aber es gibt Ausnahmen.

- **La Verticale.** Der Bretone *Didier Corlou* (seit 1992 Hanoier) komponiert vietnamesische Gerichte mit französischem Flair und Know How – nicht umsonst zählt ein gut bestückter Gewürzladen zum Inventar des kleinen feinen Restaurants im minimalistischen Kolonial-Look. Weder „Fusion" noch biederer Folklore-Chic. À la carte und Menüs zu 28, 48, 58 $ ++. (Das ist zwar viel Geld, aber das gibt man zu Hause ungerührt bei jedem besseren Italiener aus; und: ein teurer Wein muss nicht sein, ein gutes Bier tuts auch). 19 Ngo Van So, Reservierung Tel. 9446317.
- **Wild Rice** (La Lua). Fantasievolle Vietnam-Küche mit neuem, frischen Touch (Thai) auf zwei Geschossen einer restaurierten Kolonialvilla. Im ersten Stock auch drei Tischchen im Freien. 6 Ngo Thi Nham. Reservierung. Tel. 9438896.
- **Wild Lotus.** Von den gleichen Betreibern. Noch atmosphärischer, noch experimenteller – Vietnam Cuisine als kulinarische Sensation! Menüs 15, 18, 20 $. 55A Nguyen Du, Tel. 9439342.
- **Brother's Café.** Designer-Resto im Hof eines alten Tempels. Lunch-, Dinner-Büffet. Ambiente toll, Verköstigung solala (zumindest kann man sich äußerst gepflegt satt essen). 26 Nguyen Thai Hoc, Tel. 7333866.
- **Hoa Sua.** Wunderschönes Resto der *Hoa-Sua-Ausbildungsstätte* für unterprivilegierte Jugendliche. Im Erdgeschoss kleiner Garten, oben weite, offene Terrassen, im 2. Stock Cafeteria. Vietnamesische Gerichte um 1–3 $, auch Pizza, Pasta und französische Küche. Menüs 50-, 85-, 95.000 đ. Tgl. 11–22 Uhr, Sa/So Breakfast-Brunch. 28A Xom Ha Hoi.
- **Green Tangerine.** Raffinierte und meist gelungene vietnamesisch-französische Crossover-Küche in sehr schönem Rahmen (Gärtchen, Villa) mitten auf der Travellermeile Hang Be (No. 48). Hauptgerichte 8–10 $.
- **Quan An Ngon.** Wer das Schwesterlokal in Saigon mag, wird jeden Umweg auf sich nehmen. Im Garten einer hübschen Villa verschiedene Garküchen, die Spezialitäten aus allen Regionen anbieten. Groß, lecker, ungezwungen. 18 Phan Boi Chau.
- **Danh Long.** Im Pavillon-Café am Hoan-Kiem-See, unbestritten touristisches Ambiente, aber überraschend gutes Essen; ab 19 Uhr Livemusik. Tel. 8267984.
- **Garden Hanoi.** Mitten in der Altstadt gelegen, nette Atmosphäre im Innenhof-Garten, etwas zaghafte, aber ordentliche und nicht überteuerte Küche, große Auswahl. 36 Hang Manh.

Vietnam Strong

- **Highway Four.** *Back to the roots.* Aus dem Bestreben, traditionelle Kräuter- und Wurzelmedizin mit modernsten Qualitätskriterien zu raffinieren (resp. zu destillieren), entstand die Idee, auch seltene Rezepte der einheimischen Kochkunst wiederzubeleben – kein Zufall also, dass ausgerechnet ehemalige Traveller eine der aufregendsten und „authentischsten" Küchen der Hauptstadt betreiben. Über 40 Sorten Selbstgebrannte und nordvietnamesische Küche at its best auf 2 Etagen. Tgl. 8–24 Uhr. 5 Hang Tre und 54 Mai Hac De. www.highway4.com.
- **Pho Bien.** Die überdachte *Meeres-Straße* bietet ein Füllhorn fangfrischer Fische, Shrimps, Krebse, Muscheln, Schnecken etc. Angenehme, lockere Atmosphäre, fast ausnahmslos einheimische Gäste. Ordert man nicht gerade Lobster oder Tiger Prawns, durchaus kein teures Vergnügen. 14 Trang Thi.
- **Bittet.** Steak Frites gehört zum französischen Kulturerbe Hanois und ist nicht etwa

Am Literaturtempel

- **Koto.** Café, Resto, Bar. Straßenkinderinitiative (www.streetvoices.com.au) in gepflegten Räumlichkeiten. Vietnamesisches sollte man freilich meiden, superlight und überteuert! 59 Van Mieu.
- **Pho 24.** Straßenküche für Hygienefanatiker. 61 Van Mieu.
- **Bohemia.** Uriges tschechisches Brauhaus mit großer Speisekarte (u.a. Kamel!). 47 Quoc Tu Giam.
- **Bun Cha.** Unser Leibgericht. 3 Van Mieu.
- **Café Smile.** Ableger der vielgerühmten Hoa-Sua-Kochschule. 7–22 Uhr. 5 Van Mieu.
- **Maison des Arts.** Boutique, Galerie, Spa, Teestube und Dachgartencafé. 31A Van Mieu.
- **Truong Xuan.** Bildschöne Teestube (über 50 Sorten) in einem antiken Holzhaus. Klein, intim und garantiert untouristisch. 13 Ngo Tat To (off Van Mieu).
- **Goethe Institut.** 56-58 Nguyen Thai Hoc. Mit schönem Garten und (nicht nur) deutscher Küche.

Am Ethnologie Museum

- **Baguette & Chocoloat.** Der süße Ableger des Hoa Sua serviert außer Kuchen, Gebäck und Desserts sehr gute Snacks. 8.30–18 Uhr.

eine Konzession an den Tourismus. Schon seit 1989 ist das preiswerte *Bittet* – eines der ersten privaten Restos von Hanoi – einer unserer erklärten Lieblinge. So gut und günstig isst man selten in Hanoi. Wer kein Steak (30.000 đ) mag, kann sich an Tauben, Scampis, Krebsen oder Pastete gütlich tun, ein Muss ist die köstliche „Bouillabaise" *Sup Tom Ca* (12.000 đ) mit Scampi, Fisch und knusprigen Croutons. Nur abends (17–21 Uhr). 51 Hang Buom.

- **Nam Tung.** Alternative zum *Bittet* an heißen Abenden. Lebhafte Straßenkneipe Ecke Hang Buom/Hang Giay, nur abends.
- **Bia Minh.** Eines der angesagtesten Traveller-Restos mit Backpacker-Food von Bratwurst bis Spaghetti, aber auch überraschend guten vietnamesischen Gerichten (selbst Aal, Frosch, Schnecken usf.) und gutem und billigen offenem Bier *(Bia Hoi)*. Terrasse im 1. Stock. Bis Mitternacht. 7A Dinh Liet.
- **Cha Ca La Vong.** Die Hanoier Institution serviert seit 5 Generationen nur ein einziges Gericht, das *Cha Ca*, eine Art „Fischpfanne mit Nudeln", die man sich auf einem Holzkohleofen am Tisch selbst zubereitet (pro Person 80.000 đ). Tipp: unbedingt die „Stinkesauce" *mam tom* aus fermentierten Shrimps dazu bestellen, wie es die Einheimischen tun (aber nur tröpfchenweise verwenden) – schmeckt unvergleichlich! Längst eine Art Touristenattraktion, hat man das „nostalgische" Ambiente, von wenigen Retuschen abgesehen, nahezu unverändert gelassen (und die meisten Gäste sind denn auch nach wie vor Einheimische). 14 Cha Ca.
- **Cha Ca.** Etwas günstiger, aber auch gut, ist das *Cha Ca* in den Lokalen der Duong Thanh, z.B. No. 21.
- **Ashima.** Etwas ganz Besonderes – und ein *Muss* für Pilzliebhaber! Ein Hot Pot aus diversen Pilzsorten – allein die Suppe ist ein *Gedicht!* –, in dem man (nicht notwendigerweise) noch Fleisch, Fisch, Meeresfrüchte, Gemüse (oder weitere Pilzsorten) mitgaren lassen kann. Für zwei ab etwa 10 $. 182 Trieu Viet Vuong, Reservierung Tel. 7344000.

Kneipen, Garküchen, Biergärten

- **Bun Cha,** Hackfleischröllchen und Speck vom Holzkohlengrill mit Reisnudeln in einer würzigen Brühe, zählen zu den größten Köstlichkeiten der Hanoier Küche (um 20.000 đ). Am besten im **Dac Kim,** 1 Hang Manh. Filialen 67 Duong Thanh, 24 Hang Ga. Oder, beinahe noch besser, der Straßenstand auf der **Nguyen Khac Nhu** Ecke Hang Bun.
- **Bun Bo.** Die reich mit Fleisch, Kräutern und Erdnüssen garnierte Hanoier Spezialität schmeckt am besten in der Garküche **67 Hang Dieu** (20.000 đ).
- **Pho.** Die berühmte „Hanoi-Suppe" schmeckt in Hanoi eher in kleinen, bescheidenen Garküchen als in der gehobenen Gastronomie. Gute Adressen für *Pho Bo* (mit Rind) und *Pho Ga* (mit Huhn) sind u.a. **32 Bat Dan, 10 Ly Quoc Su, 34 Au Trieu** (Kathedrale), **4 Ly Thai To.**

- **Lau.** Das vietnamesische „Fondue“ - mit *Bo* (Rind), *Ga* (Huhn), *Hai San* (Seafood) usf. - findet man auf nahezu jeder Speisekarte. Berühmt für diese Suppenspezialität sind die Garküchen der **Phung Hung** in der westlichen Altstadt, z.B. die No. 21 oder, pittoresk direkt an den Bahngleisen, 50 und 52.
- **Xuan.** Rindfleisch vom Grill, selbst am Tisch zubereitet; gut und günstig (Portion um 50.000 đ). 47 Ma May.
- **Ga Tan.** Hühnerschlegel in einer würzigen, mit Lotus und medizinischen Kräutern angereicherten Brühe, ist die Spezialität der Fressgasse *Tong Duy Tan* am Westrand der Altstadt (unsere Lieblingsadresse ist *Cay Si*, No. 29). Tauben, Frösche und (für Wagemutige) Rinderhoden *(Pin Bo)* sind weitere Geheimtipps der Straße.
- **Bia Hoi.** Der Übergang vom Biergarten zum Lokal ist nicht nur in Bayern fließend - wer dem Gerstensaft zuspricht, knabbert auch gern was dazu, und in Hanoi sind das bevorzugt *oc* (Schnecken), *de* (Ziege), *mi xao* (gebratene Nudeln), *so* (Muscheln) oder *lau* (Feuertopf). Leider hat die Grundstücksspekulation die Bia Hoi immer mehr an die Peripherie verdrängt, aber hier und da findet man immer noch einige.
- Etwas Besonderes sind der **Bia Hoi Ha Noi,** 15 Hang Tre, eine veritable Bierhalle mit vorzüglicher Küche und großer Speisekarte (nur vietnamesisch) und **19C Hoang Dieu** mit Blick auf ein Sportstadion und die Flugzeugwracks des Militärmuseums.
- **Com Binh Danh,** *Reis für den kleinen Mann,* meint solide Hausmannskost für den schmalen Geldbeutel. Korrekt und gut und seit 15 Jahren nahezu unverändert präsentieren sich die kleinen Garküchen *2C Quang Trung* (schräg gegenüber von *Vietnam Airlines)* und *40 Dinh Liet.* Im *Mot Ngay Moi* oder *New Day,* 72 Ma May, präsentiert man sogar eine *Speisekarte.*
- **Hot Dogs.** Kulinarischen Abenteurern empfehlen wir *Cay To Bay Mon,* Hund auf siebenerlei Art (gegrillt, pfannengerührt, als Suppe, kalter Aufschnitt usf.). Einfach nach den Schildern *Thit Cho* oder *Thit Cay* Ausschau halten - besonders stilvolle Open-Air-Restos findet man entlang der *Au Co* am Roten Fluss. Oder, und sei es auch nur als Foto-

Nur keine Schwellenangst!
Bun Cha schmeckt köstlich.

044vi Foto: kb

motiv, auf der **Nguyen Khac Nhu** in der nördl. Altstadt, z.B. No. 61. Hundefleisch schmeckt wie Pferd leicht süßlich und ist ausgesprochen sättigend, weshalb es vor allem in der kühlen Jahreszeit gern gegessen wird.

- **Che.** Köstliche Desserts aus Kokosmilch, bunten Gelées in allen erdenklichen Formen, Früchten, Trockenfrüchten etc. 63 Hang Dieu (zu empfehlen *Che Chuoi* mit frischer Grillbanane).

Allround

- **69 Ma May.** Resto-Bar mit Pfiff in einem schick restaurierten Altstadthaus des 19. Jhs. Vietnamesisches und Internationales (auch Pizza), sehr gute BF-Auswahl. Nettes Ambiente, anständige Preise. Tgl. 8.30–24 Uhr.
- **Red Beer** (Bia Do). Tellergerichte und Fass-Bier, zünftig im Loft mit kupfernen Braukesseln. 97 Ma May, abends öfters Live Music.
- **Old Hanoi.** Gut, sauber und günstig; auch Weine, Cocktails etc. 106 Ma May.
- **Tamarind.** Vegetarische Leckereien total global. Korrekt, aber nicht gerade billig. 80 Ma May.
- **Nang Tam.** Die weitaus bessere, authentischere (und deutlich preisgünstigere) Wahl für beste vegetarische (buddhistische) Küche. An manchen Tagen findet man kaum einen Platz. 79A Tran Hung Dao.
- **Moca.** Crossover zwischen Soho-Loft und Wiener Kaffeehaus mit passabler Multikultiküche. 16 Nha Tho.
- **Legends.** Deutsches Fass-Bier, Kaffee, Eis, Softdrinks und Fast Food (preisgünstig, aber qualitativ Kantine) auf einer Terrasse mit Blick auf den Hoan-Kiem-See. 1 Dinh Tien Hoang, 1. Stock.
- **City View Café.** Das gleiche in Grün, aber ohne Fassbier und mit noch besserer Aussicht/Weitsicht. Tgl. 7–23 Uhr. 1 Dinh Tien Hoang, 5. Stock (Lift).

Ausländische Küche

- **La Salsa.** Gute südfranzösische Küche, die Butter auf dem Brot verdient man sich aber mit Tapas, Paella und Sangria. 25 Nha Tho, schöne Veranda im Obergeschoss.

Grabplatte, Portrait oder Werbetafel – die Steinmetze der *Hang Mam* können einfach alles

045vi Foto: kb

- **Luna d'Autunno.** Der schönste Name, die authentischste italienische Küche, die besten Weine. Außerdem sind *Gino* und *Alex* waschechte Italiener aus Berlin. 11B Dien Bien Phu, schöner Innenhof. Ebenfalls gut, wenn auch nicht gerade billig, ist **Mediterraneo,** 23 Nha Tho.
- **Kaiserkaffee.** Hier schaut man immer wieder gern vorbei, wegen Herrn *Vinh,* der seinen Gästen gute Tipps und Touren bietet (s. *Reiseagenturen),* und seiner Frau, die Thüringer Bratwurst mit Bratkartoffeln, aber auch vietnamesische Gerichte zubereitet. Dass es *Tiger* vom Fass gibt und beide deutsch sprechen, versteht sich und erklärt auch, dass man hier viele Deutsche trifft, die im Land arbeiten. 34A Ba Trieu.
- **Goethe-Institut.** Man speist gepflegt Rindsrouladen, Krautwickel, Gulasch oder Bratwürste (aber auch Vietnamesisches, Seafood usf.). Große Portionen, wunderschöner Innenhof. Tellergerichte um 60.000 đ. Außer So 8–21 Uhr. 56–58 Nguyen Thai Hoc.
- **Piano Bar.** Vietnamesisch-schweizerische Küche in gehobenem, aber gemütlichen Ambiente (1. Stock, mit kleinem Dachgarten). 93 Phung Hung.
- **Petit Bruxelles.** Bistro in einer alten Kolonialvilla mit hübscher Terrasse. Belgische Biere, Mo–Fr Menü für 55.000 đ, am Wochenende eingeflogene Atlantik-Muscheln. 58B Tran Quoc Toan.
- **Bobby Chinn.** *Fusion Food* (asiatisch-pazifisch-amerikanisch), wie man es auch in London, Paris oder Brüssel finden könnte. Kleine Karte, hohe Preise, exzellente Drinks (austral. Barkeeper). Im Hinterraum schmaucht man Wasserpfeife. 1 Ba Trieu.
- Ob **Bangkok Hanoi** (52A Ly Thuong Kiet) oder **Baan Thai,** 3B Cha Ca, so richtig glücklich machen die Thailänder nicht.
- **Khazaana.** Der beste Inder Hanois, sagen viele, mit vielen dankbaren Stammgästen. 1C Tong Dan. Nicht schlecht auch **Tandoor,** aber nicht billig und zu kleine Portionen; 4 Hang Be.
- **Foodstall 45.** Der beste Inder Hanois, sagen andere. Sehr günstig und sehr lecker, und man sitzt wunderbar ruhig und entspannt und schaut auf einen See. 59 Truc Bach.
- **Café Mot.** Garantiert die billigste japanische Küche Hanois (weshalb man hier auch keine Sushi o.Ä. finden wird). Der Chef *ist* Japaner. 50 Bui Thi Xuan.
- **Pepperoni's.** Pizzapasta, Salate und preisgünstige All-you-can-eat-Büffets (Mo–Fr Pasta-Lunch, Mo, Mi, Fr Pizza-Dinner). 31 Bao Khanh, 29 Ly Quoc Su.
- **Horizon Hotel.** Vielgelobter Sunday Brunch vom Allerfeinsten („Weltklasse"). 19 $ ++ inkl. Bier, Softdrinks. 40 Cat Linh, Tel. 7330808.

Cafés

- **Café Giang 1946.** Unser Lieblingscafé ist umgezogen! Vater Giang, einst Kellner im *Grandhotel Metropole,* hatte das damalige In-Café Hanois 1946 gegründet; 1959–1976 blieb es zwangsweise geschlossen, danach führte der Sohn das mittlerweile arg geschrumpfte Etablissement weiter, ehe die Grundstücksspekulation ihn Ende 2007 an den Rand der Altstadt vertrieb. Unerreicht (und tausendmal vergeblich kopiert) ist sein Meisterwerk *Nau Trung Sua* – oder einfach **Ca Phe Trung** –: heiß mit Zucker, Ei (!) und anderen Ingredienzien aufgeschlagener Kaffee. Schmeckt wie Espresso-Zabaione – macht süchtig! 106 Yen Phu.
- **Café Pho Co.** Bezaubernder Innenhof und noch bezaubernde Veranda im obersten Stockwerk (Wendeltreppe) mit Blick auf den Hoan-Kiem-See. Erstklassig ist hier praktisch alles. 11 Hang Gai (Durchgang!).
- **Hanoi Cinemathèque.** Ruhiges, schönes Café in einem grünen Innenhof, eine Oase der Ruhe im französischen Viertel. 22A Hai Ba Trung.
- **Thuy Ta.** Das schöne Pagoden-Café am Hoan-Kiem-See bietet außer Eisbechern, Drinks, Kaffee und Kuchen auch Snacks wie Nem oder Sandwiches an.Touristisch!
- **Bon Mua.** Eiscafé im 6. Stock (Lift im Hof) mit Panoramablick auf den Hoan-Kiem-See. 38 Le Thai To.
- **Mondo Gelato.** 30A Ba Trieu.
- **Fanny**. 48 Le Thai To.
- **Café Lam.** Schon seit 1949 betreibt *Nguyen Van Lam* sein Kaffeehaus, das außer für seinen exzellenten Kaffee wegen der zahlrei-

chen Gemälde seiner Malerfreunde wie *Bui Xuan Phai* berühmt ist. 60 Nguyen Huu Huan, nur wenige Schritte von der Travellermeile Hang Be entfernt.

Märkte u. Supermärkte

- **Intimex.** Der bestsortierte Supermarkt in Altstadtnähe. Zahlreiche Importe aus Deutschland, von Käse- und Wurstkonserven bis Spreewalder Gurken. Tgl. 8.30–22 Uhr, gezahlt werden kann mit Kreditkarte. 30 Le Thai To (am Hoan-Kiem-See).
- **Gia Ngu.** Lebendiger Straßenmarkt in der südlichen Altstadt zwischen Dinh Liet und Hang Be. Kleine Leckerbissen und Snacks aller Art zum Mitnehmen.
- **Cho Dong Xuan.** Der größte Markt Hanois, in der nördlichen Altstadt. Die alten französischen Hallen von 1889 mussten exakt 100 Jahre später wegen Baufälligkeit abgerissen und durch einen Neubau ersetzt werden; lediglich ein Stück der ehemaligen Fassade blieb noch übrig. Lebensmittel werden vornehmlich in den Straßen und Gassen hinter dem Markt gehandelt.
- **Cho Dem.** Der Nachtmarkt zwischen Nordufer des Hoan-Kiem-Sees *(Hang Dao)* und *Cho Dong Xuan* (s.o.) findet jedes Wochenende (Fr–So) ab 19 Uhr statt. Nichts Besonderes, vornehmlich Billigklamotten und Trödel, erwähnenswert sind allenfalls die Food Stalls (Spieße, Chicken Wings, Döner!, Bratwürste! vom Grill).
- **Cho 19/12.** Lebhafter Markt im französischen Viertel zwischen Ly Thuong Kiet und Hai Ba Trung, neben dem *Melia*-Hochhaus. Einige gute Essstände (was manchmal wie Spanferkel aussieht, ist übrigens Hund, man achte auf Pfoten und Köpfe).

Unterhaltung u. Freizeit

Bars und Discos

Hanois Nachtleben wird von den Behörden derzeit stark gegängelt – die Zeiten waren schon mal deutlich liberaler! Nach Mitternacht ist so gut wie alles gelaufen (bzw. kann praktisch nur noch intern weitergemacht werden).

- **Apocalypse Now.** Der Hanoier Ableger ist weit nach draußen verlegt. *Superbowl Center,* Pham Ngoc Thach. Per Taxi/Xe Om.
- **Polite Pub & Co.** Populärste Nachtschwärmerstraße ist die Bao Khanh am Hoan-Kiem-See mit lebhaften Expat- und Schwulen-Hangouts wie *Polite Pub, G/C* (Gold Cock) und *Funky Monkey.*
- Andere Alternativen sind **Mao's Red Lounge,** 7 Ta Hien, **Dragonfly** (Sheesha), 15 Hang Buom, **Ladybird,** 57 Hang Buom, **Tipsy Ultra Lounge** (3 Etagen), 103 Hang Bong, oder der Dauerbrenner **R & R Tavern,** 47 Lo Su.
- **Finnegan's.** Der gute alte Irish Pub ist auch in Hanoi angekommen. 16A Duong Thanh.
- **Minh's Jazz Club.** Tgl. Live Gig. („Ganz vergnüglich", meinen einige Leser, „nur das Essen sollte man besser meiden".) 31 Luong Van Can.
- **Ho Guom Xanh.** Tgl. Live Music (Vietnam Pop, Girlie Groups) mit aufwendiger Bühnenshow und guter Stimmung. Eintritt ist frei, wird über die Getränke erwirtschaftet. 18–23 Uhr. 32 Le Thai To, 1. Stock.
- **New Century.** Von außen im Lichterglanz eines Edelpuffs im Dreißigerjahre-Shanghai, innen avancierteste Lasertechnik (witzig!) Hanois herausragende Disco! 19–2 Uhr, Eintritt 45.000 đ inkl. 1 Drink. Zuletzt zwangsweise geschlossen. 10 Trang Thi.

Kulturveranstaltungen

- www.hanoigrapevine.com

Theater

Bausubstanz wie Programm der wenigen noch übrig gebliebenen Theater sind leider ziemlich verkommen; wochentags dienen die meisten als Kino- oder Videosäle. Theater, Oper oder Musik findet meistens nur an Wochenenden oder an Feiertagen statt.

- **Hat Cheo.** Die traditionelle vietnamesische „Volksoper" wird regelmäßig, wenn auch nur in Auszügen, im *Cheo Theatre,* 15 Nguyen Dinh Chieu, gepflegt. Mi, Fr 20 Uhr, Tel. 9437361.
- **Opernhaus.** Das 1901–11 von den Franzosen erbaute Haus wurde Ende 1997 nach

mehrjähriger Restaurierung wiedereröffnet. Auf dem Programm stehen Konzerte und Aufführungen aller Art, zumeist Gastspiele. Den aktuellen Spielplan entnehme man der Tagespresse *(Vietnam News)*.

Wasserpuppentheater

- Im **Thang Long** Theater am Hoan-Kiem-See (57 Dinh Tien Hoang) finden täglich mehrere Aufführungen des traditionellen *roi nuoc* statt (wechselnde Zeiten; So auch 9.30 Uhr). Eintritt 20- oder 40.000 đ (first class inkl. Musikkassette). Dauer 45 Min.
- Auf dem Gelände des *Ethnologischen Museums* (siehe dort) finden unregelmäßige Gastspiele von Truppen aus ganz Vietnam statt. Siehe Ankündigung in *Vietnam News* oder anrufen (lassen).

Kunstgalerien

- Die Kunstszene im traditionsreichen und „intellektuellen" Hanoi ist weitaus fruchtbarer und lebendiger als die Saigoner. Fast alle bedeutenden und/oder talentierten Künstler Vietnams sind in Hanoi ansässig.
- **Art Vietnam Gallery.** Die mit Abstand größte und beste Galerie der Hauptstadt, auf mehreren Etagen, geführt von der Amerikanerin *Suzanne Lecht*. Ständig wechselnde Ausstellungen, Inventar-Katalog mit Preisen. 10–18 Uhr. 7 Nguyen Khac Nhu, Tel. 927 2349. www.artvietnamgallery.com.
- **Ryllega.** Wer bei Art Vietnam nicht landet (oder landen möchte), stellt zumeist hier aus. 1A Trang Tien. www.ryllegahanoi.com.
- **Studio Tho.** Abstraktes sowie Avantgarde-Kalligrafie und Seidenmalerei auf Rollbildern zählen zu den Spezialitäten dieser sich deutlich von „Souvenirkunst" distanzierenden Galerie. Geleitet von *Thomas Ulbrich*. 78 Ma May, Tel. 2409877. www.studiotho.com.

Kino

- **Megastar Cineplex.** Zeigt tgl. mehrere Filme in Originalversionen. 191 Ba Trieu.
- **Hanoi Cinemathèque.** Exzellentes „Privatkino" des Amerikaners Gerald, hervorragende Projektion, tgl. wechselndes Programm. 22A Hai Ba Trung (bei Hang Bai).

Zirkus

- Der staatseigene **Rap Xiec** hält noch die Tradition der sowjetischen Zirkuskunst aufrecht. Tran Nhan Tong, beim Nordeingang des *Thong Nhat* (ehemals Lenin-)Parks. Tgl. 10, 20, Uhr. 2,50 $.

Zoo

- Der Zoo *(Cong Vien Thu Le)* liegt im Westen Hanois beim *Daewoo Hotel* an der Kim Ma. Während der US-Bombardierungen hatte man Raubtiere wie Löwen und Tiger evakuiert und in den Bergen ausgesetzt. „Um die Bevölkerung im Fall eines Bombentreffers vor den wilden Tieren zu schützen", sagten die Behörden. „Weil Hanoi es sich nicht mehr leisten kann, sie mit Fleisch zu füttern", verbreiteten die westlichen Medien. Tgl. 7–17 Uhr, Eintritt 10.000 đ.

Schwimmbäder

- **Army Hotel.** 33C Pham Ngu Lao (beim Historischen Museum). Großer Salzwasserpool, Eintritt 56.000 đ.
- **Melia Hotel.** 44B Ly Thuong Kiet. Pool 5 $, mit Gym-Benutzung 10 $.

Shopping

Beste Einkaufsstraßen für Besucher sind die **Hang Gai** in der südwestlichen und die **Hang Bac** in der südöstlichen Altstadt (jeweils mit ihren Seitenstraßen), die **Nha Tho** östlich des Hoan-Kiem-Sees bei der Kathedrale und die **Trang Tien** am Südende des Sees bei der Oper.

- **Trang Tien Plaza.** 2002 anstelle des ältesten französischen Warenhauses der Stadt errichtet. Shops, Cafés, Supermarkt etc. Trang Tien Ecke Hang Bai.
- **Film und Foto.** *Fong Prolab*, 55 Ma May. Alle Fotoarbeiten, auch digital. Herr Fong hat 8 Jahre in Westberlin gelebt. Tel. 8269331.
- **PC.** *DTIC*, 156 Ba Trieu, Tel. 9439758. www.dtic.com.vn. Hanois größter Computer-Store. Die besten Läden sind auf der Ba Trieu, z.B. No. 2 oder 19.
- **CD/DVD.** Spottbillige Raubkopien, zumeist aus China (2–3 $), findet man an nahezu jeder Ecke der Altstadt. Zu den besten Läden

zählen *Victory*, 128 Hang Bac (8–23 Uhr), und *Wow*, 6 Nha Tho.

- **Optik.** *Hanoi Optic*, 48 Trang Tien (1. Stock). Weitere Läden auf der gleichen Straße.
- **Poster.** *Hanoi Gallery*, 110 Hang Bac. Alte Propaganda-Poster, Kopien klein 7 $, groß 25 $, Originale 100 $.
- **Porträts.** *Nguyen Bao Nguyen*, 47 Hang Ngang. Faszinierende s/w-Porträts, live oder nach Fotos gemalt, 2–3 Arbeitstage, ab 30 $. Ein liebenswertes Stück altes Hanoi.
- **Modeschmuck.** *Crystal*, 97 Hang Bong & Trang Tien Plaza. Selbstgefertigter Schmuck mit *Swarovsky*-Komponenten; auch Reparatur.
- **Schneider.** *Handmade Tailor*, 18 Nha Tho. So kreativ und preisgünstig, dass schon zur Boutique erweitert.
- **Seide** (Stoffe. Design. Prêt-à-Porter). Protagonist und unumstrittener Star der Szene ist **Khai Silk.** *Khai* begann 1989 in einem handtuchbreiten Verschlag auf der Hang Gai und verfügt heute über ein Imperium von Shops, Hotels *(Riverside Resort*, Hoi An), Restaurants *(Brother's Café*, Hanoi) etc. 96 Hang Gai, Hauptgeschäft 121 Nguyen Thai Hoc (3 Stockwerke). Erster Nachfolger war *Kenly Silk*, 108 Hang Gai, alle anderen Läden der „Seidenstraße" Hang Gai entstanden erst später. Sorgfältig auf die Verarbeitung, insbesondere Nähte und Säume achten, will man spätestens nach dem ersten Waschen keine böse Überraschung erleben.
- **Schuhe.** *Schuhmarkt* auf der Hang Dau, billig, made in Vietnam und China. *Adidas*, 77 Hang Gai.
- **Antiquitäten.** Echtes ist kaum mehr zu finden resp. von (nahezu) adäquaten Nachbildungen zu unterscheiden. Eine herausragende Ausnahme bildet die von einer Vietnamesin und einem amerikanischen Sammler geführte **54 Traditions Gallery.** Gut 90 % der auf mehreren Etagen ausgestellten Antiquitäten und Artefakte sind *on sale* (und nicht wenige werden von Museen aus aller Welt angekauft). Schwerpunkte der erstaunlichen Sammlung: Kunst der ethnischen Minderheiten (daher der Name der Galerie) und Schamanismus. 30 Hang Bun, Tel. 7150194. www.54traditions.com.
- **Elektronik.** Media Mart, 27 Hai Ba Trung (zw. Ba Trieu/Hang Bai).
- **Kunsthandwerk.** *Craft Link*, 43 Van Mieu; non-profit-organization, die „faire" Handwerkskunst aus ganz Vietnam vertreibt (www.craftlink-vietnam.com). *Kim Bac Art*, 19 Trang Tien.

Sprachkurse

- **Hidden Hanoi.** Das etwas andere Konzept (siehe Website)! Themenbezogene Spezialkurse ab 15 $, 5–6-Tage-Intensivkurs ab 100 $. Auch Stadtführungen (15 $) und Kochkurse (30 $). 137 Nghi Tam (Westsee), Tel. 0912 254045. www.hiddenhanoi.com.vn.

Kochkurse

- **Highway Four.** Ab 19 $. 5 Hang Tre, Tel. 9260639. www.highway4.com.

Weiterreise

Entfernungen

- Von Hanoi (in km): Hoa Binh 75, Ninh Binh 90, Nam Dinh 90, Haiphong 100, Thai Binh 110, Do Son 120, Thanh Hoa 150, Lang Son 155, Bai Chay (Ha Long-Bucht) 160, Hon Gai 165, Cao Bang 270, Vinh 290, Son La 310, Ha Giang 320, Lao Cai 340, Sa Pa 370, Dien Bien Phu 480, Dong Hoi 490, Dong Ha 620, Hue 660, Da Nang 760, Saigon 1710.

Flug

- **Minibus** zum Flughafen alle 30 Min. vom Büro der *Vietnam Airlines*, 25 Trang Thi (Ecke Quang Trung). 22.000 đ (s. auch *Ankunft)*.
- **Stadtbus.** Ab Busbahnhof *Kim Ma* oder ab *Long-Bien*-Brücke mit Linie 7 bzw. 17. Der Bus hält direkt vor der Abflughalle. Je 3000 đ.
- **Vietnam Airlines.** 25 Trang Thi (Ecke Quang Trung), tgl. 8–11.30, 13.30–17 Uhr. Tel. 9349660, Sales 8320320.

Zug

- Der **Ga Ha Noi** liegt in der Stadtmitte an der Einmündung Le Duan und Tran Hung

Dao. Reservierungsschalter sind tgl. 7.30–12, 13.30–18.30 Uhr geöffnet (Schalter 2 ist in der Regel englischsprachig besetzt). Tickets für Züge nach Norden – Lao Cai (Sa Pa) und Lang Son (China) – haben separate Schalter (zuletzt 13). Tel. 9423697.

- **Nach Süden.** Ein Dutzend Züge fahren tgl. Richtung Hue (11–16 Std.) und Saigon (30–39 Std.). Alle Züge unterscheiden sich in punkto Stationen, Fahrzeit, Ausstattung und Preis. Siehe Kapitel „Praktische Tipps A–Z".
- **Nach Norden.** Züge nach Norden und nach Haiphong starten von **Station B** hinter dem Hauptgebäude (ca. 450 m), Eingang *Tran Quy Cap*. Tel. 8252628. Einige dieser Züge kann man auch an der Station **Long Bien** (Altstadt) unmittelbar an der gleichnamigen Brücke besteigen.
- **Nach Haiphong.** Tgl. ca. 7x, Fahrzeit ca. 2–3 Std.
- **Nach Lang Son.** Tgl. 2x, Fahrzeit ca. 4 Std.
- **Nach Lao Cai** *(Sa Pa)*. Tgl. 5x (4 Nachtzüge zwischen 20.40 und 22.15 Uhr, 1 Tagzug 6.10 Uhr) über (u.a.) *Phuc Yen, Viet Tri, Phu Tho, Yen Bai*, Fahrzeit 8–9 Std. Liegeplatz *(hard sleeper*, 6 Pers.) ab 12 $, Schlafplatz *(soft sleeper*, AC, 4 Pers.) ab 18 $.

Gut zu wissen: Bei der **Ankunft** werden die Fahrkarten kontrolliert, also nicht schon im Schlafwagen entsorgen!

- **Spezialwaggons.** Mehrere Privatfirmen (die jedoch nicht bei jedem Zug vertreten sind: *Royal, Tulico, Ratraco, Lien Viet* ...), führen Schlafwaggons, die in der Regel besser, aber auch etwas teurer sind als die staatlichen (im Sechser-Abteil um 18–22, im Vierer um 24–28, Vip um 65 $). *Tulico* sowie *Royal* sind, abgesehen vom Luxuswaggon des *Victoria Hotel*, die beste Wahl.
- **Nach China.** Hanoi–*Beijing* Di, Fr 18.50, an Do, So 16.55 Uhr, ca. 182 $. Die Verbindung nach *Kunming* ist (vorläufig?) eingestellt; bis Lao Cai, von *Hekou* weiter per Bus (3x tgl.).

Bus

- **Nach Süden und Osten.** Vom **Ben Xe Giap Bat** im südl. Stadtbereich an der *Giai Phong*, die 5 km weiter nördl. als *Le Duan* auf den Hauptbahnhof *(Ga Ha Noi)* trifft, starten Busse u.a. nach Thai Binh, Nam Dinh, Ninh Binh, Vinh, Hue, Da Nang, Buon Ma Thuot, Nha Trang, Da Lat, Saigon. Jede Destination hat einen eigenen Schalter, Fahrpreise sind angeschrieben. Abfahrtszeiten sind vormittags, zu näheren Zielen (Ninh Binh, Nam Dinh, Thai Binh, Haiphong) auch noch nachmittags. Tickets besser schon am Vortag kaufen und sich nach der genauen Abfahrtszeit erkundigen.
- **Nach Nordwesten.** Vom 2004 eingeweihten **Ben Xe My Dinh** 11 km westlich verkehren Busse u.a. nach Bien Hoa, Son La, Dien Bien Phu, Lai Chau, Lao Cai (Sa Pa), Tuyen Quang, Ha Giang, Cao Bang. Auf dem modernsten Busbahnhof Vietnams gibt es bereits elektronische Tickets.
- **Nach Haiphong/Cat Ba.** Vom **Ben Xe Luong Yen** auf dem rechten Ufer des Roten Flusses verkehren Busse u.a. nach Lang Son, Cao Bang, Ha Giang, Xin Man etc. Nach Haiphong alle 20–30 Min., nach Cat Ba (direkt!) alle 30 Min. mit der Privatlinie *Hoang Long*.
- **Nach Nordosten.** Vom **Ben Xe Gia Lam** auf dem linken Ufer des Roten Flusses starten Busse nach Haiphong, Bai Chay (Ha Long), Hon Gai, Mong Cai, Lang Son, Cao Bang, Ha Giang usf. Auch hier hat jede Destination ihren eigenen Schalter mit Preisangabe.
- **Bus 8** verbindet Nord- und West-Bahnhof *(Gia Lam-My Dinh)*, Bus 3 Süd- und Nord-Bahnhof *(Giap Bat-Gia Lam)*. Siehe auch unter *Stadtbus*.
- **Nach Laos.** Reiseagenturen bieten Busverbindungen nach Vientiane oder Savannakhet an. Die Preise können gewaltig differieren (zwischen 20 und 30 $). Seit 2006 verkehren Mo, Mi, Fr reguläre Busse zwischen Hanoi *(Giap Bat*, Süd-Busbahnhof) und Vientiane. Fahrzeit ca. 24 Std., 22 $ inkl. Mahlzeiten, Softdrinks.

046vi Foto: kb

Umgebung von Hanoi

047vi Foto: kb

048vi Foto: kb

Des Menschen bester Freund ...

Wasserpuppen

Dorfleben

Überblick

Tausendjährige **Geschichte** und die abwechslungsreiche Landschaft des Delta ergeben ein fast unschlagbares „Paket" - ein Mehr an Tradition, Atmosphäre und Sehenswertem ist in Vietnam kaum zu haben.

Endlos weite, grüne Ebenen mit Deichen, Kanälen und Zugbrücken, abgeschiedene, von Bambushainen umfriedete Weiler und das schachbrettartige Muster der Reisfelder vor dem pastellenen Blau ferner Hügelketten prägen das Gesicht der Landschaft bereits in den ländlichen Bezirken der Hauptstadt. „Friedvolle Idylle, rege Aufbruchstimmung und trostlose Rückständigkeit liegen hier so nahe beieinander wie nur selten irgendwo auf der Welt", notierten wir 1990 auf unserer ersten Fahrt vom Flughafen Noi Bai nach Hanoi. Das sind natürlich vergangene Zeiten. Auch ohne mehrspurige Highways und krakenartig sich ausbreitende Industriegürtel.

Und dennoch - gerade hier, rund um die Hauptstadt, und mehr als an irgend einem anderen Ort Vietnams, findet man hier und da immer wieder noch **ein anderes Vietnam.** Kleine Oasen in der Zeit. Inseln der Zeitlosigkeit. Manchmal verborgen hinter Deichen und umschlossen von festungsartigem Grün. Manchmal umstellt von Schrott und Schund. Oder eingekastelt vom üblichen Pseudo-Rokoko des neosozialistischen Wohnungsbaus.

Tipp: Nach **Ziegeldächern** Ausschau halten! Eine Ansammlung von rotbraunen Dächern und Grün (Bäumen, Gärten, Hecken) signalisiert: VIETNAM! Wie es einmal war. Und vermutlich nicht mehr lange sein wird.

Tagesausflüge

Die lohnendsten Ausflüge führen zu einigen der schönsten Pagoden und Kultstätten Vietnams und den Überresten alter Hauptstädte.

- **Co Loa,** 18 km N.
- **Chua Huong,** 65 km S.
- **Chua Tay Phuong,** 39 km SW.
- **Chua Thay,** 33 km SW.
- **Chua But Thap,** 28 km O.
- **Chua Phat Tich,** 30 km O.
- **Ba Vi,** 65 km W.
- **Mong Phu,** 51 km W.
- **Dinh Tay Bong,** 58 km W.
- **Dinh Bang,** 16 km N.
- **Thap Binh Son,** 60 km NW.
- **Tam Dao,** 85 km NW.
- **Con Son,** 70 km O.
- **Den Hung,** 85 km NW.

Co Loa

↗ IV/B3

(Cổ Loa)

Die **Zitadelle** von Co Loa, der Hauptstadt des Königreichs *Au Lac,* wurde gegen Ende der Bronzezeit von König *An Duong Vuong* (um 257–208 v.u.Z.) begründet. Von den ursprünglich 9 Befestigungsringen, die die mächtige Zitadelle spiralförmig umschlossen und ihr den Namen „Muschelstadt“

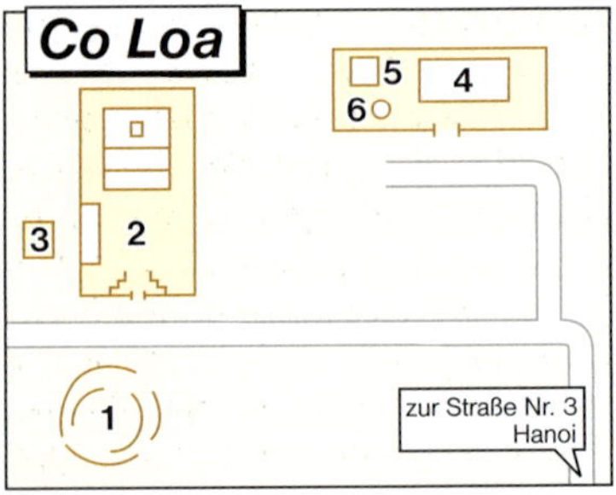

1 Überreste der Befestigungswälle von Co Loa
2 Den An Duong Vuong
3 Stelenpavillon
4 Dinh Ngu
5 Mi Chau-Tempel
6 1000-jähriger Banyan-Baum

verliehen, sind noch die Überreste dreier Erdwälle zu sehen. Jeder der Wälle, die eine Fläche von 5 km^2 bedeckten, war bis zu 10 m hoch und von schiffbaren Kanälen umgürtet.

An der Stelle, an der sich das Zentrum der Zitadelle befand, erhebt sich heute ein König An Duong Vuong geweihter Tempel. Der **Den An Duong** wurde zur Zeit der Ly-Dynastie im 11. Jh. errichtet und seitdem mehrfach erneuert und erweitert. Auf dem Hauptaltar sind Gewänder als Symbole des Königs zu sehen, das Heiligtum selbst mit der Statue des Königs liegt im Dunkel des hintersten Raumes verborgen.

Mitten im Weiler steht der alte Dorftempel **Dinh Ngu.** Das 50 m lange geschwungene Dach wird von 22 massiven Holzsäulen getragen, nicht mitgerechnet die rotlackierten „Ziersäulen" im Innern der Versammlungsstätte, in dem die legendäre *Goldene Schildkröte* verehrt wird, die der Sage nach dem König beim Bau der Zitadelle zur Hand gegangen sein soll. Der kleine *Den* zur Linken, halb verdeckt von einem mächtigen Banyan-Baum *(cay da)*, ist seiner unglückseligen Tochter *Mi Chau* geweiht, die aus blinder Liebe zu ihrem chinesischen Gatten ihr Vaterland an die Feinde verriet und damit den Anfang vom Ende Au Lacs, dem legendären Vorläufer des heutigen Vietnam, einläutete.

Anreise

- 18 km nördlich. Per Fahrrad, Motorrad, Taxi (ca. 6 $ hin und zurück) oder Bus 17 ab Long-Bien-Brücke (von der Station Co Loa 2–3 km Fußmarsch oder Xe Om). Eintritt 10.000 đ.

Chua Huong (Parfümpagode)

Die Parfüm- (oder besser: Duft-)Pagode besteht aus einem ganzen Komplex in die Grotten, Höhlen und Felsvorsprünge des *Huong Tich* (Berg der Duftenden Spuren) gesetzter Pagoden, Tempel und Schreine. Allein schon die grandiose Landschaft der „Trockenen Ha Long-Bucht" macht den Ausflug zu einem einmaligen Erlebnis.

Die alljährlich nach dem Neujahrsfest stattfindende **Wallfahrt** (die längsten Festlichkeiten Vietnams, von Tet bis zur Mitte des dritten Mondmonats) ist in den letzten Jahren freilich zu einem regelrechten Massenspektakel ausgeartet – zigtausende Pilger und Schaulustige schieben und drängen die Treppen hinauf und hinunter, die Boote zum Heiligtum sind heillos überladen, bereits Anfang der 1990er Jahre gab es erste Tote zu beklagen.

Der **Lehr- und Andachtspfad** des Pilgers beginnt am Fuß des Berges am *Trinh-Tempel,* in dem er den Schutz der Berggeister erbittet, und der *Tien-Tru-Pagode* (15. Jh.), „die zum Himmel führt". Die nächsten Wegstationen bilden die Höhlenpagoden *Tien Son,* „Berg der Feen", und *Giai Oan,* „Quelle der Reinigung", deren Wasser von Sorgen befreien und reichen Kindersegen garantieren soll. Der steile, stufenreiche Pfad führt gut zwei Kilometer durch **Kalksteinklippen** und üppige Vegetation, bis der Gipfel des Huong Tich mit der **Grotte** der Duftenden Spuren erreicht ist. Die Legende erzählt von einer verstoßenen Prinzessin, die sich nichtsdestotrotz für ihren hartherzigen Vater aufgeopfert hat und als *Quan Am,* Göttin der Barmherzigkeit, wiedergeboren wurde; die Bronzestatue ihr zu Ehren wurde von der *Tay-Son-Armee* zu Kanonen geschmolzen und 1793 durch eine

Auf dem Weg zum Chua Huong

049vi Foto: kb

Statue aus Stein ersetzt. Über dem Eingang der Grotte (für den Pilger ein Drachenmaul) ließ ein Angehöriger der Trinh-Familie die Worte „Die schönste Grotte unter dem Südlichen Himmel" in den Fels hauen. Beim Abstieg ins Innere der riesigen Höhle (viele Treppen führen hinab, trotzdem wird es zuweilen ganz schön eng) hört man die Pilger die magischen Worte *Nam mo A Di Da Phat*, „Gelobt sei Buddha", murmeln.

Seit ihrer Gründung im 17. Jh. zog die Pagode neben Pilgern auch Dichter und Gelehrte an, die literarische Zirkel bildeten und deren Verse auf Stelen graviert sind. Der Ausblick vom Gipfel ist unvergleichlich.

Anreise

- 60 km östlich, an der Buslinie Ha Dong – My Duc. In diesem Fall ist es allerdings wirklich empfehlenswert, eine **Tour** zu buchen (um 13 $ inkl. Eintrittsgelder, Boote, Brücken- und Wegezölle), man erspart sich viel Ärger und Gefeilsche.
- Der Huong-Tich-Berg ist nur per **Boot** erreichbar (am Kanal von *Duc Khe* oder 1 km weiter in *Yen Vi;* Boot inkl. Eintritt um 2 $). Die wunderschöne Fahrt vorbei an imposanten Kalksteinformationen („Kauernder Elefant", „Großer Hahn" ...) dauert flussabwärts ca. 30 Min., zurück etwas länger. Aufstieg zur Grotte, Besichtigung der Höhlen und Rückweg nehmen ca. 1–2 Std. in Anspruch und können in der heißen Jahreszeit oder bei Regen u.U. recht anstrengend sein (festes Schuhwerk ratsam).
- 2006 wurde eine 1200 m lange **Seilbahn** eingeweiht, die die Tien-Tru-Pagode am Fuß des Huong-Tich-Berges mit der Grotte auf dem Gipfel verbindet. Jede der 33 Kabinen fasst 6 Personen, die Fahrt kostet 60.000 đ (hin und zurück) bzw. 40.000 đ (einfache Fahrt) p.P.

Chua Tay Phuong

Die Pagode auf einem 50 m hohen, unvermittelt aus der Ebene ragenden und von schattigen Bäumen bestandenen Kalksteinfelsen (260 Stufen) geht auf Gründungen aus dem 8. und 17. Jh. zurück. Erst 1794 erhielt die für ihre ausdrucksstarken Holzstatuen weit über Vietnam hinaus berühmte Pagode ihren heutige Namen.

Der Chua besteht aus drei gestaffelten, einstöckigen Bauten aus Eisenholz mit doppelt geschwungenen Dächern, die in geschnitzten Drachen auslaufen und mit Phönix, Schildkröte und Einhorn verziert sind. Das erste Gebäude, der **Chua Phat Ba,** ist Quan Am, der hundertarmigen und hundertäugigen Göttin der Gnade geweiht, die sich aus einer Lotosblüte erhebt, dem Symbol der Reinheit. Der **Chua Trung** wird von drei mächtigen Buddhafiguren aus schwarzem Eisenholz beherrscht: dem Gnadenbuddha A Di Da, im Lotossitz Di Lac, fröhlich und dickbäuchig, und dem von der Askese gezeichneten „Fastenbuddha" Tuyet Son, jeder mit Wächtern zur Seite. Rechts vom Altar trägt ein grimmiger grünköpfiger Höllengeist Phat Ba auf der Lotosblüte, links findet man Quan Am Thi Kinh als die „Kinderbringerin".

Im **Chua Tuong,** dem dritten Gebäude, reihen sich die berühmten **Statuen der 18 La Han** oder „Erleuchteten" (Sanskrit Arhat), die das Ziel des religiösen Lebens erreicht und Erleuchtung erlangt haben.

Die Statuen – jede zeigt eine typische Haltung oder Tätigkeit der heili-

147vi Foto: kb

gen Männer – sind aus dem harten, dauerhaften Holz des Jackfruit-Baums geschnitzt und bestechen durch ihre individuelle Ausdruckskraft. Alle haben geschorene Köpfe und sind in Mönchsgewänder gehüllt, und doch gleicht keine Figur der anderen. (Recht gelungene Kopien findet man im Museum für Kunstgeschichte in Hanoi.) Insgesamt beherbergt die Pagode 62 Holzstatuen aus dem 18. und 19. Jh., von denen jede wegen ihrer meisterhaften Ausarbeitung beispielhaft ist.

- **Anreise** siehe unter *„Chua Thay“*.

Räucherstäbchen für die Pagode

Chua Thay

Chua Thay, **die Pagode des Meisters** (auch *Chua Thien Phuc*, Pagode des Himmlischen Glücks genannt), erstreckt sich malerisch an einem See zu Füßen eines Kalksteinberges. Sie ist dem „Meister“ *Tu Dao Hanh* geweiht, einem Wunderheiler und Magier des 12. Jh., der seine Pilgerfahrt nach Indien aufgeben musste und sich auf den Berg zurückzog, um zu meditieren und die Lehre Buddhas zu verbreiten. Er gilt auch als **Patron der Wasserpuppenspieler,** die ihm jedes Jahr ein großes Fest bereiten. Die Anlage geht auf das 15. Jh. zurück und umfasst eine Reihe kleinerer Tempel und Pavillons, die sich teils um den eigentlichen Chua gruppieren, teils verstreut beiderseits des Pfads zum Gipfel liegen.

Zwei furchteinflößende *Ho Phap*, Beschützer der Lehre, wachen über das Sanktuarium. Hinter den Statuen von *Tu Dao Hanh* und Kaiser *Ly Than Tong* (1127–1138), der als Reinkarnation des „Meisters“ gilt, reihen sich die Drei Buddhas der Gegenwart, Vergangenheit und Zukunft nebst Bodhisattva und Wächterfiguren. Die Gestaltung des Steinaltars lässt deutlich *Cham*-Motive erkennen; man nimmt an, dass Sklaven aus Champa am Bau der Pagode mitgewirkt haben (so werden auch die beiden vor dem Kaiser knienden Diener als Cham gedeutet). In dem Schrein rechts wird noch einmal der „Meister“ vergegenwärtigt, sein hinter gelbem Tuch verborgenes Antlitz wird nur zum alljährlichen Pagodenfest enthüllt. In den Seitengalerien sind je neun La-Han-Statuen (Statuen der Erleuchteten) aufgestellt, die allerdings weit weniger beeindrucken als die des Chua Tay Phuong.

Über eine **überdachte Holzbrücke** aus dem Jahr 1602 gelangt man zum **Den Tam Phu,** dem Heiligtum des daoistischen Jadekaisers Ngoc Hoang, der am Altar zwischen dem Erdgeist Tho Than rechts und dem Wassergeist Thuy Than links thront.

Während des Pagodenfests (5.–7. Tag des 3. Mondmonats) finden am See neben anderen Veranstaltungen besonders sehenswerte Aufführungen des **Wasserpuppentheaters** statt.

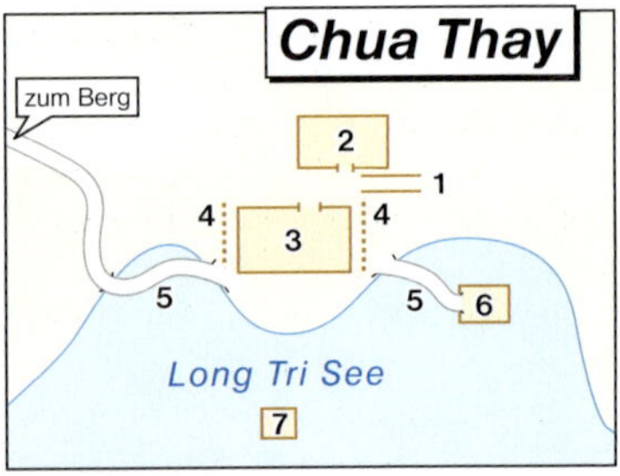

1 Eingang
2 Den Dang Thi Hue
3 Chua Thay
4 Seitengalerie mit Arhatfiguren
5 Brücken
6 Den Tam Phu
7 Pavillon

Anreise

- Chua Tay Phuong und Chua Thay liegen 5 km voneinander entfernt 33 bw. 38 km südwestlich von Hanoi (26 km Richtung Son Tay, ab Wegweiser 7 km zum Chua Tay). Anfahrt mit öffentlichen Verkehrsmitteln ist nicht empfehlenswert. Eintritt je 5000 đ.

Ba Vi Nationalpark

↗ VIII/B1

(Ba Vì)

Eher Naherholungszentrum und Vergnügungspark für großstadtmüde Hanoier als ernstzunehmender Nationalpark. Die *Ba Vi* („Drei Berge“) rund 65 km westlich der Hauptstadt liegen in einer Waldlandschaft mit zwei künstlich angelegten Seen, *Ho Suoi Hai* und (weitaus schöner, aber auch belebter) *Ho Dong Mo*. Auf den Gipfel des mittleren Berges, den 1287 m hohen *Nui Tan Vien*, führt eine Straße bis auf 1200 m Höhe; vom Gipfel (1250 Stufen) spektakuläre Aussicht über das Delta mit dem Zusammenfluss von Rotem und Schwarzem Fluss.

Der 76.000 ha große Park beherbergt u.a. Hotels und Restaurants sowie einen Orchideen- und Vogelpark. Wochenenden sind – wie auch am Berg – tunlichst zu vermeiden. Eintritt 6000 đ.

Mong Phu (Duong Lam)

Ein Weiler aus alter Zeit, der noch gut ein Dutzend **historischer Häuser** aus dem frühen **16. Jh.** beherbergt, wie sie einst typisch für den Norden Vietnams waren. Japanische Archäologen tauften ihn bereits „Hoi An des Nordens" – was ein wenig übertrieben sein mag. Aber die archaische Stille und Verlassenheit, einige Häuser, einige Gassen, die schlicht-schönen Ziegeldächer, die allgegenwärtigen Brunnen, die scheuen und doch zuvorkommenden Menschen: Vieles erinnert tatsächlich an die Zeiten Hoi Ans vor dem Boom. Hanoi scheint Äonen entfernt.

Dorf bei der Thay-Pagode

050vi Foto: kb

Ortskern ist ein außergewöhnlich ausladender Platz mit dem alten Gemeindehaus **Dinh Mong Phu** (1533, ausgebaut und erweitert 1859), dessen weit geschwungenes mit Drachen verziertes Dach auf 40 massiven Eisenholzsäulen ruht. Ausnehmend schöne Holzschnitzereien am Mittelportal (Drachen mit Drachenkindern). Zwei kleinere Seitenflügel. Außerhalb der Umfriedung ein Andachtshaus, heute als Verkaufskiosk für Tee, Zigaretten und Kaugummi umfunktioniert. Rechterhand ein nagelneues „Kulturhaus" mit der Statue Ngo Quyens, der 939 die tausendjährige Herrschaft der Chinesen beendete und in diesem Dorf geboren und auch begraben wurde (s.u.).

In der Gasse an der gegenüberliegenden Seite des Platzes, links, eine Gedenkstätte *(Nha Tho Ho)* zu Ehren des lokalen Gelehrten *Giang Van Minh*, dessen Name im Hanoier Literaturtempel auf der Stele von 1628 verewigt ist.

Das älteste Haus stammt noch aus der Zeit der Gründung des *Dinh* und wird heute in der 12. Generation von der Familie *Chin Giap* bewohnt. Typisch die Bauweise aus den aufwändig herzustellenden und schwer zu handhabenden großquaderigen Laterit-Ziegeln, die spätestens seit dem 19. Jh. so gut wie ausgestorben ist.

Die Gedenktempel zu Ehren der Kaiser *Phung Hung* und *Ngo Quyen*, die beide hier geboren wurden (wie ganz nahebei auch die Heroinnen *Hai Ba Trung)* liegen stadtauswärts, sind aber kunsthistorisch nicht interessant.

51 km westlich. Bis zur Bezirksstadt Son Tay (45 km), dann 6 km Richtung Hung Tra, Wegweiser links zu *Dinh Phung Hung* und *Den Ngo Quyen.* Mong Phu liegt im Umkreis der alten Kirche.

Dinh Tay Dong

Das aus massivem Eisenholz errichtete Kult- und **Gemeindehaus** gilt als eines der schönsten und besterhaltenen des Nordens. Seine Grundstruktur stammt aus dem 16. Jh. Das Areal ist auf drei Seiten von einer Mauer geschützt, die vierte wird von einem Teich abgeschlossen. Rechts und links des Hauptgebäudes zwei Nebengebäude mit außergewöhnlichen Doppeldachkonstruktionen. Massive Säulen mit schön geschnitzten Giebeln tragen das vierteilig geschwungene und mit den glückbringenden Symbolen Drache, Phönix, Einhorn und Schildkröte verzierte Dach der Haupthalle. Der Innenraum ist durch mächtige Säulen in fünf Teile unterteilt, mit dem Schutzgeisttempel in der Mitte. An den Oberteilen der Säulen und im Gebälk einzigartige **Meisterwerke bäuerlicher Schnitzkunst.** Holzfäller und Fischer, Jäger und Musikanten, Frauen, die einander das Haar bürsten, Kinder, die Wasserbüffel hüten – anrührend heitere und lebendige Szenen aus dem Alltagsleben, die einen deutlichen – und bezeichnenden – Kontrast zu der sino-vietnamesischen „Hoch"-Kunst jener Zeit darstellen.

• 58 km westlich. Von Mong Phu (s.o.) 7 km weiter Richtung Hung Tra.

051vi Foto: kb

Umgebung von Hanoi

Den Hung

In der flachen Ebene im Nordwesten Hanois, wo der Schwarze *(Song Da)* und der Klare *(Song Lo)* in den Roten Fluss *(Song Hong)* münden und schon die ersten Hügelketten des Berglands spürbar sind, erhebt sich der 175 m hohe Hügel *Nghia Linh*, an dem nach vietnamesischer Geschichtsschreibung die Hauptstadt ihres ersten Reiches *Van Lang*, das Land der sagenumwobenen **Hung-Könige** (ca. 700–250 v.u.Z.), gelegen war. Archäologen fanden in der Umgebung Keramik, Werkzeuge und Artefakte der frühen Bronzezeit (um 2000 v.u.Z.), doch ein letztgültiger Beweis für die These der Vietnamesen steht aus. So oder so ist die **Kultstätte** für die Gründer der Nation nicht nur zur Zeit des großen Tempelfestes (8.–10. Tag des 3. Mondmonats) stets gut besucht, wie der große Parkplatz und die zahlreichen Buden und Raststätten bezeugen.

Vier auf unterschiedlichen Ebenen des Hügels angelegte Tempelgruppen aus dem 15. Jh. (erneuert im 19.) feiern die Vorfahren. *Ha Den*, am Fuße des Berges, ist der Urmutter *Au Co* geweiht, auf halber Strecke, im Haupttempel *Trung Den*, gedenkt man der 18 Hung-Könige, und auf der Kuppel des Hügels, auf den 523 Stufen führen, verehrt man im *Tuong Den* die Götter des Himmels und der Erde. Vom Gipfel führt der Weg hinunter zum vierten Tempel am Fuße des Berges *(Den Co)*, in dem an einer wohltäti-

Geruhsamer Alltag in Mong Phu

gen Quelle die Töchter des letzten Hung-Königs verehrt werden.

• 85 km nordwestlich, 14 km hinter Viet Tri (ausgeschildert).

Tam Dao

↗ IV/B3

(Tam Đảo)

Das 930 m hohe *Cascade d'Argent* („Da Lat des Nordens“) wurde zwischen 1904 und 1925 als **Kurort** und Sommerfrische für wohlhabende Kolonisten errichtet; die Temperaturen liegen ganzjährig 6–8 °C niedriger als in der Ebene. 1954 sprengten die wütenden Franzosen, die Vietnam verlassen mussten, ihre Besitzungen in die Luft, einige der erhaltenen Villen hat man als Erholungsheime oder Hotels wieder hergerichtet. Tam Dao, „Drei Inseln“, verdankt seinen Namen den Gipfeln dreier Berge (alle um 1500 m hoch), die oft wie Inseln über dem Meer der Wolken schweben. Zu Füßen des *Thien Thi* stürzt sich die Silberkaskade *(Thac Bac)* zu Tal, die der französischen Ansiedlung ihren Namen verlieh. Der Ort ist inzwischen reichlich kommerzialisiert (inkl. Golfplatz), aber ein guter Ausgangspunkt für Wanderungen.

Der seit 1996 bestehende **Tam-Dao-Nationalpark** (35.000 ha) ist 11 km von dem Ort Tam Dao entfernt. Er ist etwas ganz Besonderes in punkto Arten- und Pflanzenvielfalt. Die isolierte Lage des Gebietes am Schnittpunkt unterschiedlicher Klimazonen – hier tropischer Regenwald, dort subalpine Wälder – bietet Lebensraum für über 2000 Tier- und Pflanzenarten, darunter den rotbäuchigen **Tam-Dao-Salamander** und unzählige Reptilien, Schmetterlinge, Vögel und Orchideen.

Die markant gezeichneten Kragenbären findet man hier zwar nicht mehr in freier Wildbahn, aber in der neu eingerichteten Bärenstation des Parkes, einem Auffanglager für (vor Köchen und Pillendrehern) gerettete Bären. Für „Naturforscher“ gibt es einen 6 km langen Trekkingpfad (ca. 4 Stunden, nicht allzu schwierig, aber z.T. steil).

Praktische Informationen

• 1000 Einw. 930 m. Tel. 0211.

• **Belvedere Resort.** Allein schon eine Reise nach Tam Dao wert (wenn auch besser nicht am Wochenende). Endlos großzügige Chalets mit Wahnsinnspanorama – auch vom schönen Pool! – mit 48 Zimmern à 48 und 68 ++ $ (Suite 150 $) inkl. BF. Mit Spa und Tennis. www.belvedereresort.com.vn.

• **Mela.** Chalet-Hotel mit Pool und Sauna unter algerischer Leitung. 26 Zimmer ab 30 $ (ab 55 $ mit Balkon) inkl. BF. Thailändische, italienische und vietnamesische Küche. Tel. 824321, melahotel@yahoo.com.

• **Nationalpark.** Guides können für 3–5 $ pro Tag angeheuert werden.

• **Anreise.** 85 km nordwestlich. Bus ab Hanoi (My Dinh) nach *Vinh Yen* (62 km), von dort per Xe Om bis zum Headquarter (13 km, ca. 30.000 đ). Xe Om vom Park zum Ort Tam Dao (11 km, ca 40.000 đ).

Thap Binh Son

Der schlanke, 16 m hohe **Ziegelturm** aus dem 10.–11. Jh. gilt als das einzig erhaltene Exemplar der chinesischen

052vi Foto: kb

Bauweise, wie sie aus den letzten Jahrhunderten der Herrschaft Chinas über Giao Chi überliefert ist. Der 11-stöckige Stupa wurde 1974 restauriert und um einige Meter versetzt. Ein verkleinertes Modell ist im Historischen Museum von Hanoi ausgestellt.

● 60 km nordwestlich. Von der N 2 kurz hinter *Vinh Yen* bis *Lap Thach* (25 km).

In der Pagode

Dinh Dinh Bang

Die Provinzen im Nordosten Hanois *(Bac Ninh, Bac Giang)* sind berühmt für ihre traditionelle Volkskultur und den schier unerschöpflichen Reichtum an Pagoden und Gemeindehäusern. Über 60 Bauwerke, mehr als in jeder anderen Region, stehen in der Heimat der Ly-Dynastie (1009–1225), die den Buddhismus in Vietnam zur Blüte führte, unter Denkmalschutz.

Der Weiler Dinh Bang spielte in der Geschichte des Landes gleich zweimal eine wichtige Rolle, als Heimatstadt Kaiser *Ly Thai Tos,* der 1010 die Hauptstadt *Dai Viets* nach Hanoi verlegte, und 1946 als Ort der ersten *Nationalversammlung* unter Ho Chi

Minh. Das ursprünglich aus dem 12. Jh. stammende, in seiner heutigen Form 1736 aus Eisenholz errichtete **Kult-** und **Gemeindehaus** gilt als das größte seiner Art in ganz Vietnam. Das gedrungene, 25 m lange und 14 m breite Gebäude ruht auf über 60 massiven Säulen mit einem Durchmesser bis zu 65 cm. Schöne Holzschnitzereien an Säulen und Dachgebälk. Aber auch viel Partei-Nostalgie.

Unweit davon der weitläufige Komplex des **Den Do,** 1010 errichtet, im gleichen Jahr als Hanoi Hauptstadt wurde, nach französischen Bombardements 1952 zerstört und 1989 unter Verwendung alter Teile wieder aufgebaut. Im Innern Statuen der 8 Ly-Kaiser in Gelb, bis auf Ly Thai To, der rot gewandet ist. In der Galerie rechts eine schöne Sammlung bunter Prozessions-Pferde, vor der Haupthalle ruhen zwei steinerne Elefanten. Berühmt sind die alljährlichen **Tempel-Festlichkeiten** (12.–16. Tag des 2. Mondmonats) mit *Cheo-* und Wasserpuppentheater, *Quan-Ho-*Gesängen, Ring- und Hahnenkämpfen.

16 km nördlich, an der alten Straße nach Bac Ninh.

Chua Phat Tich (Van Phuc)

Kaum hatten französische Kunsthistoriker den Ruf der 1057 unter Kaiser Ly Thanh Tong erbauten Pagode als eine der schönsten und bedeutendsten Vietnams begründet – ihr Stupa war einst bis in die Hauptstadt sichtbar –, wurde sie 1949 von Kolonialtruppen nahezu vollständig zerstört. Die heutige Anlage ist eine Rekonstruktion von 1992. Erhalten sind außer einigen wertvollen Schnitzarbeiten und Steinreliefs der berühmte meditierende **A Di Da-Buddha** aus blauem Stein auf einer Lotosblüte aus der Gründungszeit des Chua (11. Jh., Nachbildung im *Historischen Museum* von Hanoi).

● 30 km östlich. 7 km auf der N 5 Richtung Haiphong, abbiegen auf die N 1A Richtung Lang Son bis Tu Son (15 km), von dort weitere 8 km. PS. Wegen eines noch nicht überbrückten Flusses erfordert die Anfahrt zur nahe gelegenen *But-Thap-Pagode* (s.u.) leider einen Umweg.

Chua But Thap

Die **schönste** und wertvollste vollständig **erhaltene Pagode** Vietnams. Die großzügige Anlage und ungewöhnlich reiche Ausstattung des Chua, der 1647 auf den Überresten eines 400 Jahre älteren Heiligtums errichtet wurde, lässt ihn als ein Auftragswerk der Kaiserfamilie erkennen. Benannt ist er nach seinem fünfstöckigen, wie ein Schreibpinsel sich verjüngenden **„Federkiel"**-Turm *Bao Nghiem*, der wie der Glockenturm außerhalb der Umfriedung des Chua liegt.

Im Innern der Anlage gelangt man an Wächterfiguren vorbei in eine Halle mit außergewöhnlich schön geschnitzten, rot-blau-weiß kolorierten Drachen und Phönixen. Das anschließende Sanktuarium mit dem rotlackierten Hauptaltar weist eine Vielzahl bemerkenswerter Statuen auf, darunter ein wunderbarer sitzender *Fastenbuddha*, aber neben einer ver-

053vi Foto: kb

blassen sie alle: Die unvergleichliche Darstellung der **Quan Am** mit tausend Armen und tausend Augen (auch die göttlichen Augen in der Handfläche zählen) erhebt sich fast 4 m hoch auf einem reichgeschmückten Lotos-Sockel, den Drachen und mythische Meerestiere säumen. Der zentrale Kopf der Göttin, flankiert von zwei weiteren, seitlichen, trägt eine Tiara mit dem Gnadenbuddha *A Di Da* in der Mitte, und ist wie ein turmartiger Strahlenkranz von weiteren Köpfen umgeben. Die außergewöhnliche Wirkung der Statue findet ihre Vollendung in der irisierenden Lackierung in Rot und Gold. Im Spiel von Licht und Schatten scheinen sich ihre Arme und Hände zu bewegen. Eine Inschrift im Sockel nennt den Stifter und die Jahreszahl 1665. (Nachbildung im *Kunsthistorischen Museum*, Hanoi.)

Eine mit den Reliefs von Drachen, Phönixen, Pferden, Hirschen, Vögeln und Fabelwesen reich verzierte Steinbrücke bildet den Übergang zu den drei folgenden Gebäuden. Das erste, das „Haus des Neunstufigen Berges“ *(Toa Cuu Pham)*, birgt, für den vietnamesischen Pagodenbau sonst völlig unüblich, eine immense, fast 8 m ho-

Die tausendarmige Quan Am

054vi Foto: kb

Theaterbühne am Chua Thay

he Gebetsmühle, die zu bestimmten Festtagen in Bewegung gesetzt wurde. (Heute nur noch am Pagodenfest am 24. Tag des 3. Mondmonats.) Sie ist mit 32 Bildern dekoriert, die buddhistische Legenden und Szenen aus dem Alltagsleben zeigen. Die anschließenden Hallen dienen als Versammlungsraum der Mönche bzw. sind daoistischen Gottheiten und dem Gründer der Pagode, dem Mönch *Minh Hanh*, geweiht.

Die Gegend um But Thap ist reich an bedeutenden Pagoden inmitten von Reisfeldern, hier soll sich ein erstes machtvolles buddhistisches Zentrum ab dem 11. Jh. entwickelt haben. Sehenswert ist u.a. auch **Chua Dau,** der früher wegen seines weithin sichtbaren Glockenturms berühmt war. Am Hauptaltar wird *Phap Vu*, der Wolkengeist, verehrt, umgeben von schönen Statuen seiner Töchter und Diener. Eine Stele im Hof trägt die Jahreszahl 1737, aber viele Elemente des Chua sind deutlich älter. Beim Pagodenfest am 8. Tag des 4. Mondmonats werden Statuen und Kultgeräte in einer Prozession durch das Dorf getragen.

• 22 km östlich (ab Long-Bien-Brücke). Auf der N 5 Richtung Haiphong geht bei km 8,7 *(Phu Thuy)* ein unbeschilderter Weg zu den Weilern *Cho Sui - Kep - Cho Dau* ab. Stadtbus Linie 204 hält in Cho Dau vor dem Chua Dau. Ab hier noch 4 km *(xe om)* bis zum Chua But Thap. Eintritt 15.000 đ bzw. 10.000 đ.

Der Rückweg ist über die N 1A mit einem Zwischenstop in **Dong Ho** (7 km) möglich, das in ganz Vietnam für seine bunten Holzschnitte und **Tet-Bilder** bekannt ist. Das nahezu ausgestorbene Kunsthandwerk wurde nur noch von wenigen Familien am Leben gehalten, hat aber in letzter Zeit, auch wegen des touristischen Interesses, wieder an Bedeutung gewonnen.

Lim-Fest

Der **Sängerwettstreit von Lim** (auch *Luong Giang* genannt) findet jedes Jahr vom 13. bis 15. Tag des 1. Mondmonats statt. Die früher weit verbreitete Zeremonie geht auf traditionelle Frühjahrs- und Heiratsmärkte zurück, die jungen Frauen und Männern vom Land Gelegenheit verschaffen sollten, einander zwanglos zu treffen und zu umwerben. *Quan Ho* sind volksliedhafte Wechselgesänge zwischen Frauen und Männern und bestehen teils aus überlieferten, eher lyrischen, teils aus spontan improvisierten derb-witzigen Versen.

• 22 km nordöstlich rechts der N 1A kurz vor *Bac Ninh*.

Con Son

Der 200 m hohe Con-Berg ist als mythischer Ort des Rückzugs und der Meditation eng mit drei bedeutenden Gestalten der vietnamesischen Geschichte verbunden. Im 13. Jh. gründete Kaiser *Tran Nhan Tong* an dieser Stelle ein buddhistisches Meditationszentrum (die *Truc-Lam-* oder Bambuswald-Sekte) und schöpfte *Tran Hung Dao* Kraft für seine Feldzüge gegen die Mongolen, im 15. Jh. zog sich der Dichter *Nguyen Trai*, der Kampfgefährte Le Lois, hierher in die Einsiedelei zurück.

Zu Füßen des Berges steht im Schatten 600 Jahre alter Frangipani-Bäume der (mehrfach restaurierte) **Chua Hun** aus dem 13. Jh., in dem Nguyen Trai verehrt wird. Hinter der Pagode führen 600 Stufen durch einen Pinienwald zur Kuppe des Hügels, von dem aus man einen herrlichen Blick auf die Drachenberge und umliegenden Reisfelder genießt.

Der gleichfalls aus dem 13. Jh. stammende, rund 5 km entfernte **Den Kiep Bac,** ist Tran Hung Dao gewidmet. Die Bronzestatuen stellen den Feldherrn und seine Frau, seine Töchter und drei Generäle dar, während den vier Söhnen eigene Altäre gewidmet sind. Das Tempel-Fest der inmitten von Gärten gelegenen Kultstätte findet vom 18.–20. Tag des 8. Mondmonats statt.

• 70 km östlich. Kurz hinter *Hai Duong* (60 km) zweigen Stichstraßen von der N 5 ab. Eintritt zu den Tempeln je 5000 đ.

055vi Foto: kb

Die Nordküste

056vi Foto: kb

057vi Foto: kb

Am Hafen von Hon Gai

Koloniale Vergangenheit:
das Opernhaus von Haiphong

Alltag am Cam-Fluss

Überblick

Die knapp 300 km lange Küste zwischen der Hafenstadt **Haiphong,** der drittgrößten Stadt Vietnams, und der chinesischen Grenze zählt zu den faszinierendsten des Landes. Vom Rand des Deltas bis nach Tra Co im äußersten Nordosten erstrecken sich von Pinien- und Mangrovenwäldern unterbrochene Felsküsten und die einmalige Welt der pittoresken Kalkstein-Archipele **Cat Ba, Ha Long** und **Bai Tu Long** mit ihren zahllosen Inseln, Inselchen, Felskegeln, Höhlen, Grotten und Buchten.

Die nördliche Küste hat alles, was das Herz begehrt. Spektakuläre Naturschauspiele rund um das **Weltwunder Ha Long-Bucht,** feinsandige Strände, lebendige Städte, wertvolle Kulturdenkmäler und einen der schönsten und besterreichbaren Nationalparks des Landes, Cat Ba. Was sie leider nicht hat, ist ein günstiges **Klima.** Die Winter sind oft zu frisch und zu neblig. Und die Sommer zu heiß und zu regnerisch. Allzu hochfliegenden touristischen Plänen stehen zudem die traditionellen Industriereviere dieser Region entgegen, die 90 % aller **Kohle-** und Eisenerzvorkommen des Landes birgt.

Auf dem Fährboot durch die Bai Tu Long

058vi Foto: kb

Nach 1989 trieben der Ausfall der osteuropäischen Absatzmärkte und die radikal gekürzten Subventionen für Staatsbetriebe hunderttausende Werktätige in Kurzarbeit oder Arbeitslosigkeit. Anders als bei den großen Auswanderungswellen der späten 1970er und frühen 1980er Jahre, die fast ausnahmslos den Süden betrafen, stammten die **Boat People** der frühen 1990er Jahre (die meist in Kasernierungslagern Hongkongs landeten und später wieder nach Vietnam zurückkehren mussten) vornehmlich aus den Industriegebieten um Haiphong, Hon Gai und Cam Pha.

Haiphong

↗ IX/C1

(Hải Phòng)

Überblick

Die 1876 von den Franzosen gegründete Industrie- und **Hafenstadt** am Golf von Tonkin ist die drittgrößte Stadt Vietnams und wird wie Hanoi und Ho-Chi-Minh-City selbstverwaltet. Im Stadtstaat Haiphong leben rund 1,6 Mio., in der Stadt selbst etwa 600.000 Menschen.

Erste Überraschung: Vietnams größter Hafen liegt nicht am Meer, sondern an einem Fluss, rund 20 km vom Golf entfernt. Und da das Hafengebiet selbst weitflächig abgesperrt ist und nur wenige Zugänge zum *Song Cam* erlaubt, hat man als Besucher kaum je den Eindruck, sich in einer wichtigen, freilich auch alles andere als „tristen" oder gar „schmutzigen" *Hafenstadt* zu befinden.

Zweite Überraschung: Das **Zentrum** ist **französisch** geprägt, mit ockerfarbenen Kolonnaden, Villen, Palästen, Theatern und Hotels, und verströmt dezidiert urbanes Flair. Der Grundriss zeugt noch von einem großzügig von Flussläufen und Kanälen durchzogenen franko-vietnamesischen „Klein-Venedig"; die meisten dieser Wasserwege sind heute allerdings nur mehr funktionslose Dekoration bzw. wurden, z.T. erst in den 1990er Jahren, in schattige Avenuen, Parks und Vergnügungszentren umgewandelt. Wie zur Kolonalzeit dominieren Business und Entertainment das Herz der Stadt, das „eigentliche" Leben pulsiert am Rand der *Cité* und insbesondere in der Altstadt mit ihren Märkten, die einmal florierende Anlegeplätze für Sampans, Dschunken und Schiffe aller Art waren.

Haiphong hat ohne Zweifel seinen Reiz. Nichts „Sehenswürdiges", nichts Weltbewegendes. Eher der typische, halb etwas dekadent-nostalgische, halb Dynamik verströmende Charme einer „lebendigen Provinzmetropole", der der tatsächlichen vietnamesischen Provinz aufgrund der unaufhörlichen Kriege und Notzeiten so häufig abhanden gekommen ist.

Orientierung

Zentrum ist das einstige *Quartier Français* mit der Hauptstraße Dien Bien Phu, an der auch die meisten Hotels, Restaurants und öffentlichen Ge-

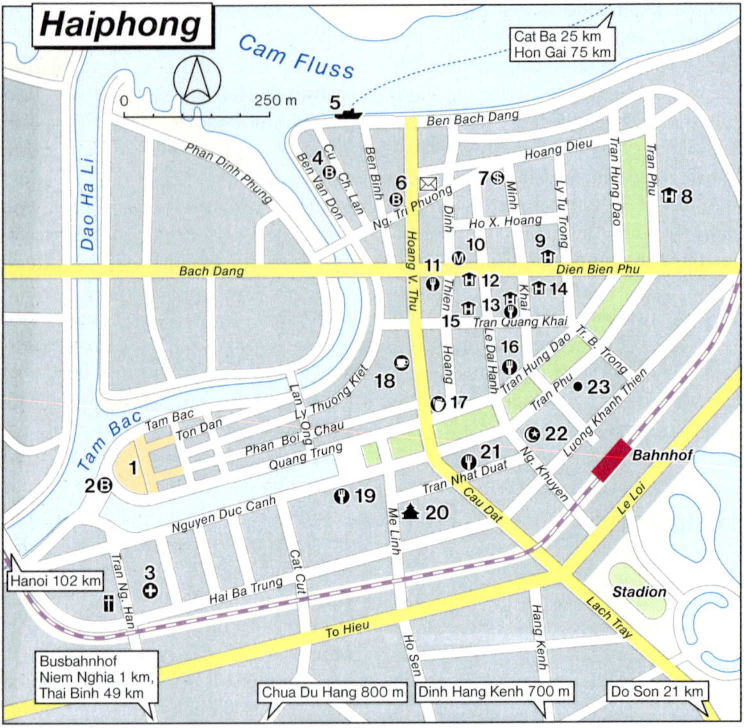

- 1 Sat-Markt
- 2 Tam Bac Busbahnhof
- 3 Krankenhaus
- 4 Busse nach Bai Chay
- 5 Binh-Fähre
- 6 Post, Busse nach Do Son
- 7 Vietcombank
- 8 Harbour View
- 9 Bach Dang
- 10 Museum
- 11 Saigon Café
- 12 Monaco
- 13 Quang Minh, BKK
- 14 Hatraco
- 15 Danh Khi
- 16 Quan 25
- 17 Oper
- 18 Fanny Eiscafé
- 19 Trong Khach
- 20 Den Nghe
- 21 Thanh Nga
- 22 Moschee
- 23 VN Airlines

bäude liegen. Von ihr zweigen südwärts die *Minh Khai* zum Bahnhof und die *Dinh Thien Hoang* zur Oper und nordwärts die *Ben Binh* und *Cu Chinh Lan* zu den Bootsablegestellen ab. Die Altstadt *(Quartier Indigène)* mit den großen Märkten *Cho Sat* (Gebrauchswaren) und *Cho Tam Bac* (Lebensmittel) schließt sich westlich davon an.

Geschichte

Der **Bach-Dang-Fluss** im Norden des Stadtstaats spielte gleich zweimal eine entscheidende Rolle in der vietnamesischen Geschichte. 939 beendete der Sieg **Ngo Quyens** die 1000-jährige Fremdherrschaft der Chinesen, und 1288 vertrieb **Tran Hung Dao** dort die als unbesiegbar geltenden Mongolen Kublai Khans. Beide lockten die gegnerische Flotte in das flache, mit eisenbewehrten Bambuspfählen gespickte Mündungsgebiet des Flusses; bei Einsetzen der Ebbe saßen die schweren Kriegsdschunken manövrierunfähig fest und waren den Angriffen der Vietnamesen schutzlos ausgeliefert. Modelle der berühmten „Speer-Falle" am Bach Dang sind in zahlreichen Museen Vietnams zu sehen.

Als sich **1876** die **Franzosen** der Stadt bemächtigten, war Haiphong kaum mehr als ein großes Fischernest. Mithilfe zigtausender Zwangsarbeiter aus ganz Vietnam stampften französische Architekten binnen weniger Jahre eine städtische Siedlung mitsamt Opernhaus und Kathedrale aus dem Boden, bauten die Fluss-Anlegeplätze zum größten Hafen Indochinas aus und verbanden die Stadt durch Eisenbahnlinien mit Hanoi, Südchina und den Kohlegruben von Hon Gai. Schon 1930 zählte Haiphong mehr als 100.000 Einwohner. Als die wütenden Kolonialisten ein Vierteljahrhundert später die Stadt verlassen mussten, hinterließen sie eine Wüstenei gesprengter Fabriken, überfluteter Hafenanlagen und gebrandschatzter Verwaltungsgebäude.

„Haiphong bietet ein exemplarisches Beispiel für die Struktur der kolonialen Ausbeutung in Vietnam. Für jede Tonne, die eingeführt wurde, wurden 10 Tonnen ausgeführt. Der Hauptanteil jeder Tonne, die eingeführt wurde, diente so gut wie ausschließlich den Bedürfnissen der französischen Kolonialisten, Waffen für ihre Truppen, Automobile, Konserven, Weine und Konsumwaren aller Art. Den Hauptanteil der 10 Tonnen, die dafür ausgeführt wurden, machten Bodenschätze, Edelhölzer und andere natürliche Reichtümer des Landes aus. Zurzeit des Waffenstillstandsabkommens waren in Haiphong 218 Personen im Import-Export-Geschäft tätig, 161 davon waren Franzosen, 24 Chinesen, 20 Inder und nur 13 Vietnamesen. Die Zement-Fabrik, der mit Abstand größte französische Industriebetrieb in Haiphong, beschäftigte bis zu 6000 Arbeiter; zwischen 1925, als die Fabrik die Produktion in großem Maßstab aufnahm, und 1949 wurden 60 % der Erzeugnisse exportiert, der Rest fand Verwendung bei französischen Forts, Baracken, Gefängnissen, Verwaltungsgebäuden und Villen der französischen Kolonialisten."

(Wilfred B. Burchett,
North of the 17th Parallel, 1955)

Als einziger Hafen des Nordens, über den Rüstungsgüter in die DRV gelangen konnten, erfuhr Haiphong im **amerikanischen Krieg** eine liebevolle „Sonderbehandlung". Zwischen 1964 und 1973 regneten Zigtausende Tonnen Bomben und Sprengstoffe auf die Stadt nieder, im Frühjahr 1972 ließ Präsident Nixon die Hafenausfahrt verminen.

Sehenswertes

Opernhaus

Das 1904 eröffnete, über 400 Zuschauer fassende Theater im Herzen der Stadt wurde, vom Kristalllüster bis zum Samtvorhang, ausnahmslos aus Materialien erbaut, die seinerzeit aus Frankreich eingeschifft worden waren. Zu seinem 100. Jahrestag wurde es 2003/04 mit französischer Hilfe aufwendig restauriert.

Dinh Hang Kenh

Das wuchtige und doch leicht wirkende, auf 32 Eisenholz-Säulen ruhende Gebäude, einst Versammlungshaus und Kultstätte der Gemeinde Hang Kenh, besticht durch seine mehr als 200jährigen Schnitzarbeiten, zumeist Drachen; eifrige Forscher wollen insgesamt 308 gezählt haben. Nahezu alle Reliefs befinden sich noch im Originalzustand.

Den Nghe

Der knapp hundertjährige Tempel ist *Le Chan* geweiht, einem weiblichen General der Trung-Schwestern, die sich 38 n.u.Z. gegen die Chinesen aufgelehnt hatten. Schon damals bestand die kleine Ansiedlung *An Bien*, die von Le Chan befestigt wurde und aus der später Haiphong entstand. Das Innere wird von einem kunstvoll verzierten Steinaltar beherrscht. Den Dachfries um den offenen Innenhof zieren bunte Keramikfiguren, die Kriegsszenen darstellen. Die vergoldeten Sänften stammen aus dem 19. Jh.

Chua Puc Lam

Großzügige Anlage, auch *Du Hang* genannt, mit mehreren Gebäudeteilen, Höfen und Schildkrötenteichen und einer Pagode aus dem 17. Jh., deren dreistufiger Altar *(tam bao)* einige bemerkenswerte Statuen birgt *(Quan Am*, Buddhas der Vergangenheit, Gegenwart und Zukunft). Schöne Schnitzarbeiten.

Praktische Informationen

- 650.000 Einw. (Großraum 1,7 Mio.) Tel. 0313.

Information

- **Information.** *Haiphong Toserco*, 64 Dien Bien Phu. Tel. 747332, Fax 745415, haiphongtour@yahoo.com *Tourism Service*, 62 Dien Bien Phu, Tel. 822777, hktourism_hp@yahoo.com.
- **Geld.** *BIDV Bank*, 68 Dien Bien Phu. *Vietcombank*, 11 Hoang Dieu.
- **Post.** 3 Nguyen Tri Phuong Ecke Hoang Van Thu, tgl. 7–21 Uhr.
- **Taxi.** Tel. 841999, 828282.
- **Vietnam Airlines.** 30 Tran Phu, Tel. 921242.
- **Sulimart.** Department Store u. Supermarkt (bis 22 Uhr). Tran Phu Ecke Pham Ngu Lao.

Unterkunft

- **Harbour View.** Eines der bestgeführten Hotels Vietnams. Eleganter Kolonialstil, aufmerksamer Service, zwei Restaurants, Pool, Fitness Center etc. Sehr guter Tour-Service, Exkursionen u.a. nach Do Son und in die Ha Long-Bucht. 122 Zimmer mit allem Komfort 85–105 $, Suiten 145 $ inkl. BF. 4 Tran Phu, Tel. 827827, Fax 827828. www.harbourview vietnam.com.
- **Huu Nghi.** Haiphongs staatstragende Idee vom Luxus. 127 Zimmer 50–65 $, Suiten 75 $ inkl. BF. 60 Dien Bien Phu, Tel. 823244, Fax 823245.
- **Bach Dang.** Sympathisch, altmodisch, aber ok. 35 Zimmer 25–35 $, Suiten (sehr groß) 40 $ inkl. BF. 42 Dien Bien Phu, Tel. 842444, Fax 841625, bachdanghotelhp@hn. vnn.vn.
- **Monaco.** Neu 2007. Modern und intim-geschmackvoll, eine gute Wahl. Mit Rooftop-Bar. 20 Zimmer 20 und 30 $. 103 Dien Bien Phu, Tel. 746468, monacohotel@hn.vnn.vn.

• **Quang Minh.** Von vielen in Haiphong arbeitenden Ausländern frequentiert; etwas beengt, aber ordentlich. 30 Zimmer 12–20 $ inkl. BF. 20 Minh Khai, Tel. 823404, Fax 823407.

• **Hatraco.** Sauber, geräumig, gute Ausstattung inkl. der Bäder. 27 Zimmer 13, 20 $ (4 Pers.). 33 Minh Khai, Tel. 810646, hatraco@ vnn.vn.

• **Danh Khi** (OSC). Einfach, aber freundlich, extrem ruhig und blitzsauber. 8 Zimmer 8 $. 40A Tran Quang Khai, Tel. 823735.

Essen und Trinken

• **Trong Khach.** Bestes Seafood in Town. So groß, dass man sich (fast) verlaufen kann. 35 Nguyen Duc Canh.

• **Ashima.** Ableger der vergnüglichen, in Hanoi und Saigon so erfolgreichen *Pilz*-Restaurants; leider etwas abseits (Taxi). 4 Nguyen Trai.

• **BKK.** Sehr respektable Thai-Küche; sympathisch zurückhaltend und gemütlich gestylt, mit Tischen im Vorgarten. 22A Minh Khai.

• **Thanh Nga.** Köstliche *Nem Cua,* mit Krebsfleisch gefüllte und gebratene Frühlingsrollen. 90 Tran Nhat Duat.

• **Quan 25.** Hausmannskost (Fisch, Frosch, Taube) zu moderaten Preisen, ein Gedicht die mit Ingwer gedämpften Schnecken. 25 Tran Hung Dao. Weitere Garküchen und Biergärten gleich rechts und links davon sowie bei der 48 Tran Phu.

• **Maxim's.** Café, Resto und Bar. Viele Expats aus der Ölbranche. 51B Dien Bien Phu. In die gleiche Kategorie fällt **Saigon Café,** 107 DBP.

• **Fanny.** Französisches Eis. 152 Hoang Van Thu, bei der Oper.

Anreise und Weiterreise

Entfernungen

• Von Haiphong (in km): Hanoi 102, Do Son 21, Cat Ba 25, Bai Chay 70, Hon Gai 75, Tra Co 275, Thai Binh 68, Nam Dinh 95, Ninh Binh 120.

Bus

• **Von Hanoi** alle 10 Min. ab Luong Yen oder Gia Lam (2 Std., 40.000 đ), **nach Hanoi** ab Busbahnhof Tam Bac oder Niem Nghia. Bei Ankunft der Fähren aus Cat Ba und Hon Gai stehen Minibusse nach Hanoi am Anleger.

• **Nach Bai Chay** und **Mong Cai** alle 20–30 Min. ab Ben Xe *Lac Long,* 22 Cu Chinh Lan.

• **Nach Do Son** alle 30 Min. ab 2 Hoang Van Thin (bei der Post). Fahrzeit 30 Min., 10.000 đ. Auch Minibusse nach Hanoi (25.000 đ).

• **Ben Xe Tam Bac** beim Sat-Markt. Tgl. mehrmals u.a. nach Ninh Binh, Kim Ma, Thanh Hoa, Vinh, Lang Son (6, 6.30, 14 Uhr).

• **Ben Xe Niem Nghia,** 277 Tran Nguyen Han. Tgl. mehrmals u.a. nach Thai Binh, Nam Dinh, Hanoi, Hue.

059vi Foto: kb

Salinenarbeiterin

- **Nach Cat Ba** mit der privaten Linie *Hoang Long* 8.15, 10.15, 14 und 16 Uhr über Cat Hai (2-mal Fähre); 80.000 đ. Station 4 Le Thanh Thong. In Hanoi fahren die Busse jeweils zweieinhalb Stunden zuvor ab (Buswechsel).

Zug

- Bis zu 7mal tgl. Hanoi (Long Bien) – Haiphong, Fahrtzeit knapp 3 Std., 25.000 đ.

Fährboot

- Die Ablegestelle *(Pha Binh)* erreicht man von der Dien Bien Phu über die *Ben Binh* oder *Cu Chinh Lan*. Tickets für Cat Ba am Kai rechts. Es gibt zwei verschiedene Hydrofoil-Gesellschaften, *Tanhai* und *Greenlines*.
- **Cat Ba.** Im Winter verkehren gewöhnlich nur 3 Boote. 6.30, 9 Uhr, Fahrzeit 1 Std., 100.000 đ. Oder per Slowboat 12.30 Uhr, Fahrzeit 2,5 Std., 70.000 đ. Alternative für Selbstfahrer (Bike, Motorbike, Auto) ab Fährhafen *Dinh Vu* (15 km) 7, 8, 9.30, 11, 12.30, 14, 15.30 Uhr über Cat Hai und eine zweite Fähre nach Phu Long auf Cat Ba.
- **Bai Chay.** 7 Uhr, Fahrzeit 2 Std., 90.000 đ. Zurück 13 Uhr. Nur im Sommer.
- **Hon Gai.** Per Slowboat 6.30, 11, 16 Uhr, Fahrzeit 2.5 Std., 60.000 đ.
- **Mong Cai** (an der chinesischen Grenze). Per Hydrofoil 7.30 Uhr, Fahrzeit 4 Std., 230.000 đ. Zurück 13 Uhr. Per Slowboat 6.30 Uhr, Fahrzeit 7 Std., 13 Uhr, Fahrzeit 16 Std., 110.000 đ.

- **Hongkong.** Expressboot von APL Singapur jeden Fr nach Hongkong (Sa) und weiter nach Chiwan (So); zurück Mi. www.apl.com.
- **Achtung:** Die Zeiten richten sich nach Saison und Nachfrage und können sich jederzeit ändern.

Flug

- Der Flughafen *Cat Bi* liegt 7 km vom Zentrum entfernt. Tgl. von/nach Saigon, 2-mal wöchentlich von/nach Da Nang.

Haiphong Umgebung

Do Son

Das ehemalige Kolonialbad entlang einer 8 km langen, hügeligen Halbinsel ist der meistbesuchte **Strand** Nordvietnams und verfügt über zig Hotelanlagen zwischen protosozialistischem Zementmonolith und preisgünstigem Motel sowie über ein Casino, das erste seiner Art in Vietnam.

Ein sehenswertes Spektakel sind die traditionellen **Büffelkämpfe** am 9. Tag des 8. Mondmonats.

Praktische Informationen

- **Orientierung.** Do Son ist in 3 Zonen *(khu)* aufgeteilt. Khu 2 ist am attraktivsten, mit Promenade, Restaurants, Cafés und (auch) kleineren Hotels. Khu 3 an der bewaldeten Südspitze hat die kleinsten und einsamsten Strände, dort liegt auch das Casino.
- **Anreise.** 21 km südöstlich über die N 14. Busse ab Haiphong, siehe dort.

Achtung: An Wochenenden und während der Hauptsaison (Mai bis Sept.) steigen die Preise bis 50 %.

Cat Ba

↗ IX/D1

(Cát Bà)

„Auf der Insel gibt es einen Hauptort gleichen Namens mit einem Fischereihafen und einer einsamen Mole, wo man auf Touristen wartet. Es gibt zwei Hotels …"

(Hans Illner, 1993)

Für eine Trauminsel zu rau, zu kalt und ohne „paradiesische" Strände. Und doch tummeln sich heute bereits weit über 100 Hotels im kleinen Hauptort des Eilands. Und wohl ebenso viele Karaoke-Bars.

Der aus über 350 Inseln bestehende **Cat-Ba-Archipel** zählt nicht zum *Weltwunder* Ha Long-Bucht, aber das ist nichts weiter als ein „akademischer" Einwand. Geologisch gesehen handelt es sich um die gleichen Karst- und Kalkstein-Formationen wie dort, der Unterschied ist rein geografisch. Dafür ist die 350 km² große **Hauptinsel** Cat Ba nicht nur die mit Abstand größte, sondern auch abwechslungsreichste weit und breit – gut die Hälfte ihres Areals und der angrenzenden Gewässer wurden 1986 zum **Nationalpark** erklärt. Ausländer zog es zu den billigen und unkomplizierten Guesthouses (zumal die damals meist staatlichen Unterkünfte Bai Chays deutlich teurer waren), junge Vietnamesen kamen, weil sie dort vermeiden konnten, ihre Väter, Vorgesetzten und Parteibonzen zu treffen – ein Besuchermagnet war geboren.

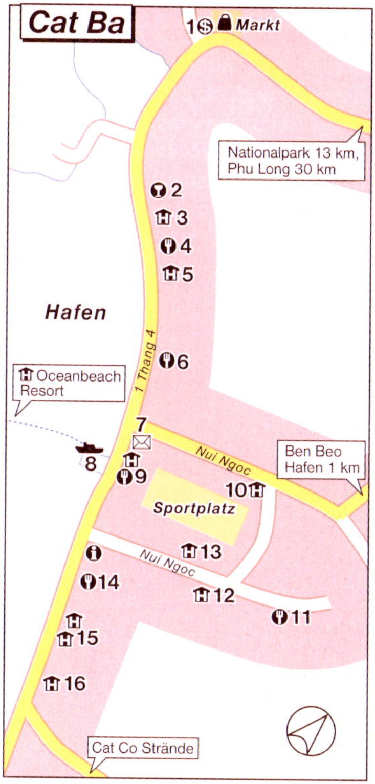

1 Geldwechsel
2 Flightless Bird Café
3 Sunset
4 Hoang Y
5 Thao Minh
6 Duc Tuan
7 Post
8 Hydrofoil-Anleger
9 Noble House
10 Sun and Sea
11 Huu Dung
12 Princes
13 Sunflower
14 Green Mango
15 Nam Duong, Hoang Ngoc
16 Holiday View

Die bis zu 300 m hohen, teilweise dicht bewaldeten Berge und Schluchten der Insel beherbergen seltene Pflanzen- und Tierarten (Wildschweine, Hirsche, Bergziegen, fliegende Eichhörnchen, Warane, Gibbons, Makaken, das weltweit einzige Rudel *Weißkopf-* oder Cat-Ba-Languren sowie weit über 70 Vogelarten), zahlreiche Höhlen und Grotten bergen Gebeine und Steinwerkzeuge prähistorischer Menschen. Die Ufer sind teils felsig, teils mit dichten Mangrovenwäldern bestanden; an abgelegenen Küsten kann man Delfine und Seehunde beobachten. Schöne Sandstrände und Badebuchten sind zwar vorhanden, für eine Insel dieser Größe aber erstaunlich rar.

Die Bewohner der landwirtschaftlich kaum nutzbaren Insel lebten jahrhundertelang fast ausnahmlos von Fischfang und Piraterie. Nach 1979, auf dem Höhepunkt der sozialistischen Experimente und der vietnamesisch-chinesischen Streitigkeiten, verließen zahlreiche Einheimische und fast alle (oft bereits seit Generationen dort ansässigen) Chinesen die Insel und flohen ins Ausland.

Praktische Informationen

- 7000 Einw. 0–330 m. Tel. 031.
- **Information.** Cat Hai Tourism Centre schräg gegenüber dem Kai; Infos, Tickets usf. www.catba.com.vn.
- **Adressen.** Auf der Insel gibt es (noch) keine Hausnummern.
- **Klima.** Saison ist Sommer. Beste Zeit ist September bis November. Dezember bis Februar sind deutlich kühler (10–20°), oft auch sehr neblig. Spätestens ab März beginnt die Regenzeit. Juni, Juli, August sind feucht und heiß.
- **Geld.** Bargeld lacht – es gibt weder Bank noch Bankautomat (Stand: Jan. 2008). Wechselstube an der Hauptstraße 30/4 beim Markt. Nur wenige Hotels akzeptieren Kreditkarten.

Unterkunft

Der kleine Hauptort Cat Ba an der Südspitze der Insel quillt von Hotels nur so über. Zu vermeiden sind nach Möglichkeit Wochenenden: Karaoke around the clock und sprunghaft steigende Preise!

- **Holiday View.** Neu 2005. 13stöckiger Klotz mit 120 Komfortzimmern, im Winter fast leer (und günstig). 30 $ (etwas klein), 35 $ (Balkon), 40 $ (Suite) inkl. BF. Tel. 887200, www.holidayviewhotel-catba.com.
- **Sunflower.** Alle 80 Zimmer mit Sat-TV, Badewanne usf., aber nur wenige mit Meerblick (seitliche Balkone). Im obersten Stockwerk (Lift) *Seaview Bar.* 15–20 $, Suiten 40 $ inkl. BF. Tel. 888429, sunflower-hotel@hn. vnn.vn, www.sunflowerhotel.com.vn.
- **Princes.** Guter Service, ordentliche Zimmer, aber viele ohne Fenster, wenige mit Meerblick. Lift, Resto im 7. Stock, Health Club, Dachgarten mit Panorama. 80 Zimmer 25–35 $ inkl. BF. Tel. 888892, www.princeshotel-catba.com.
- **Noble House.** Gute Ausstattung, von Amerikanern geführt. Hauptsächlich Bar und Restaurant. 5 Zimmer, leichte Möblierung, 12–15 $. Tel. 888363, thenoblehousevn@yahoo.com.
- **Sun and Sea.** 32 Zimmer, im Altbau 12 $, im Neubau mit Balkon 15 $ inkl. BF. Sauber und geräumig, ok. Tel. 888315, Fax 888475.
- **Hoang Ngoc.** Neu. Sehr ordentlich, mit Lift, Rooftop-Bar und geräumigen Zimmern (20) und Bädern. 5 Zimmer mit Balkon/Seaview 12 $. Tel. 688788.
- **Sunset.** Sauber, gemütlich. In seiner Preisklasse unschlagbar. 12 Zimmer, nach vorne mit hübschem Balkon 6, nach hinten 5 $. Mit Resto. Tel. 888370, 0912097659 (Mr. *Tung*).
- **Thao Minh.** Etwas labyrinthisch, aber in Ordnung. 45 Zimmer, nach vorne mit Meerblick 10 $, ohne Aussicht mit Fan 5–6 $. Tel./Fax 888408.

•**Nam Duong.** Sauber und relativ neu. 26 Zimmer, davon 7 mit Balkon 10 $. Tel. 888 586, nguyenvankhai@hotmail.com.

•**Cat Co 2.** Camping am Strand (15–20 Min. Fußweg vom Ort). Saubere überdachte (!) Zelte, Zweier 120-, Vierer 200.000 đ; mit Umkleidekabinen, WCs, Resto etc. (Achtung: das Gelände ist bereits an einen Investor verkauft.)

•**Oceanbeach Resort.** 7 schöne, naturbelassene Bungalows an einem Strand auf einer einsamen Insel gegenüber Cat Ba Town. Als Übernachtungsvariante mit einem Trip von *Ocean Tours*, Hanoi (s. dort), oder auch separat buchbar (35–45 $ inkl. BF und Shuttle Boat nach Cat Ba). www.oceanbeachresort.com.vn.

Essen und Trinken

•**Green Mango.** Das beste Essen der Insel. Ruhig, nette Atmosphäre. Besitzer ist ein ehemaliger Mitarbeiter des renommierten *Bobby Chinn* in Hanoi. Promenade, neben Hotel Nam Duong.

•**Noble House.** Unten Sonnenterrasse, im 1. Stock Restaurant, im 2. Stock schwungvolle Bar mit Bayview.

•**Huu Dung.** Dauerbrenner, eines der ältesten Restos vor Ort. „Japanisch", mit viel Holz und Lampions, gemütlich. Und das Essen war schon immer über dem Durchschnitt.

•**Hoang Y.** Vielleicht die beste vietnamesische Küche; sehr breite Palette, nicht nur Seafood.

•**Duc Tuan.** Gute Fischküche und eine Terrasse im 1. Stock. Auch fürs Frühstück sehr geeignet.

•**Fligthless Bird Café.** Drinks, Infos, Entspannung, Musik, Spiele und Filme. Im Obergeschoss Balkon mit Meerblick und kleine Bücherei. Von 17.30 Uhr bis Mitternacht.

Exkursionen

•**Nationalpark.** Die Kombination von Regenwald, Kalkstein und Meer ist eine Wucht! Der Eingang liegt bei *Trung Trang* 13 km nördl. der Stadt, zu erreichen per Minibus (8– 10.000 đ), Xe Om (20–25.000 đ) oder Taxi (80–100.000 đ). Der Eintritt kostet 25.000 đ. Eine beliebte, u.U. aber auch strapaziöse (!) Tagestour (10 km) führt über den 3 ha großen *Ao Ech* (Frosch-See) und den Weiler **Viet Hai** (Lunchpause oder Übernachtung; Bett 50.000 đ) bis zur Küste, von wo man per Boot zur Stadt zurückkehrt (Badestopp möglich); inkl. Transport und Guide sind je nach Saison und Personenzahl 8–12 $ zu veranschlagen. Es steht einem aber auch frei, allein oder mit einem Park Guide (ganztags 10 $, halbtags 5 $) durch den Park zu streifen, den *Kim Giao* zu besteigen (Aufstieg ca. 45 Min, fantastischer Ausblick) oder die **Grotten** *Hung Son* (im Krieg Armee-Hospital) und *Trung Trang* zu besuchen. Wer sehr früh ohne Gruppe aufbricht, kann womöglich noch Gibbons und andere Wildtiere beobachten. Speziell in der Regenzeit sind Vorkehrungen gegen Moskitos und Blutegel zu treffen!

•**Strände.** Zwei Badebuchten mit feinem Sand, *Cat Co 1* und *Cat Co 2*, sind vom Hauptort bequem zu Fuß erreichbar (15–25 Min.); Zugang zuweilen mautpflichtig. Es lohnt, den weiter entfernten, aber deutlich schöneren und saubereren Cat Co 2 anzusteuern; schöner Weg auf Holzstegen entlang den Felsen.

•**Kayaking.** Viele Tourveranstalter in Hanoi bieten Kayak-Touren an. Im Ort vermieten einige Hotels Kayaks (um 2 $ pro Std.).

•**Bootstouren.** Der Tourist Harbour *(Ben Beo)* liegt in einer Bucht 2 km vom Hauptort entfernt (per Xe Om 5000 đ, per Taxi 20.000 đ). Hier lassen sich leicht Touren arrangieren – ggf. schließt man sich einer Gruppe an – bzw. auch eine Passage nach Bai Chay (s.u.).

•**Slopony Adventures.** Junges Unternehmen der Amerikaner *Erik* und *Onslo.* Rock-Climbing in der Lan-Ha-Bay oder auf der Insel; auch für Laien geeignet. Büro im Noble House, Programme mit Preisen auf www.slopony.com.

•**Guide.** *Khan,* Tel. 0914618308, khancatba@hotmail.com. Sehr zu empfehlen für 1-2-Tagestouren rund um die Insel zu Fuß, per Boot oder Motorbike; ab 10 $ pro Tag.

Anreise und Weiterreise

•**Per Bus.** Ab Hanoi mit *Hoang Long*-Bus vom *Luong Yen*-Busbahnhof über Haiphong

4-mal tgl. (5.15, 7.15, 11.15, 13.15 Uhr). Fahrzeit 4–5 Std. inkl. 2 Buswechsel u. Fähre; 120.000 đ. Letzter Bus ab Cat Ba 16.15 Uhr.

- **Per Boot.** Im Winter verkehren gewöhnlich nur 3 Boote. Ab Haiphong per Hydrofoil 6.30, 9 Uhr, Fahrzeit 1 Std., 100.000 đ, bzw. per Slowboat 12.30 Uhr, Fahrzeit 2,5 Std., 70.000 đ. Ab Cat Ba Hydrofoil 5.45, 14.45 Uhr, Slowboat 12.30 Uhr. Nach *Hon Gai* tgl. 7 Uhr, Fahrzeit 2,5 Std., 80.000 đ. (Achtung: nicht zuverlässig!). Alternative: Nach *Ha Long* (Luftlinie 30 km). Keine reguläre Verbindung (außer im Sommer). Jeden Morgen kehren vom Tourist Harbour (s.o.) mehr als ein Dutzend Tourboote nach Bai Chay zurück, denen man sich anschließen kann (Preis aushandeln).
- **Touren.** Praktisch alle Hanoier Tourcafés bieten Touren zur Ha Long-Bucht mit Übernachtung wahlweise auf Cat Ba oder auf dem Boot an. Eine Zweitagestour kostet in der Regel um 40–60 $ (Busfahrt Hanoi – Ha Long und zurück, 5 Std. Bootsfahrt nach Cat Ba, Lunch an Bord, am folgenden Tag auf einer anderen Route zurück nach Ha Long), Übernachtung wahlweise an Bord oder im Hotel (inkl. BF), auf dem Schiff meist auch inkl. Dinner. Von Ein-Tages-Touren raten wir dringend ab (endlose Hetze).

(Ha Long-Bucht) Ha Long

↗ IX/D1

(Hạ Long)

Die verkarsteten Felsnadeln, Bergkegel und Zuckerhüte der über **3000 Kalksteininseln** der Ha Long-Bucht zählen zu den spektakulärsten Sehenswürdigkeiten Vietnams und sind von der UNESCO seit 1994 als **Weltkulturerbe** anerkannt.

Ein **barockes Naturtheater** aus Menhiren, kariösen Drachenzähnen, versteinerten Mammuts, erstarrten Sauriern und Feen. Ein Schachbrett des Meeres.

Ha Long, Herabsteigender Drache (im Gegensatz zu *Thang Long*, Aufsteigender Drache, dem alten Namen Hanois), entstand der Legende nach vor undenklichen Zeiten durch die wütenden Schweifhiebe einer gigantischen Drachenmutter, die den Vietnamesen auf Geheiß des Himmels gegen Feinde aus dem Norden (China!) zu Hilfe eilte. Als ihr massiger Leib nach getaner Arbeit schließlich im Meer versank, verdrängte er soviel Wasser, dass Täler und Schluchten schlagartig versanken und nur die schrundigen, zerklüfteten Gipfel übrig blieben.

Nüchtern betrachtet handelt es sich um eine **uralte geologische Formation** – die Überreste gewaltiger Muschelkalkbänke, die vor 300 Mio. Jahren heranwuchsen und stehenblieben, als sich später das hinterindische Festland aus dem Meer empor hob. Der Meeresspiegel stieg und fiel im Rhythmus von Eiszeiten und Wärmeperioden, und Wind und Wellen taten das ihre, das ursprünglich flache Kalksteinplateau im Lauf von Jahrmillionen in abertausende Inseln und Felsnadeln zu zersplittern und bizarr zu verformen, als seien sie tatsächlich das Werk eines urzeitlichen Fabelwesens.

Viele der steil aus dem Wasser empor ragenden, skurril geformten Felsen weisen Hohlräume auf und sind durchzogen von gigantischen **Grotten.** Im Innern mancher Inseln erstrecken sich Seen, kreisrund wie ein Auge und eingefasst von schroffen Felswänden. Kein Wunder, dass die

Vietnamesen die malerischen Klippen, Riffs, Felstore, Höhlen und Grotten ihrer Bucht seit Alters her nur als Schildkröte, Büffel, Elefant, Fledermaus, Kämpfende Hähne, Essstäbchen, Griffel oder Dschunkensegel kennen. Denn genauso sehen sie aus.

Hang Sung Sot (frz. *Ile de la Surprise*), die meistbesuchte der Inseln, entfaltet in ihrem Inneren eine fantastische Grottenlandschaft mit den Ausmaßen einer Kathedrale, Tropfen für Tropfen in Jahrmillionen geschaffen und für die Touristen von heute in psychedelisches Licht getaucht und mit sicheren, begehbaren Pfaden versehen.

Hang Dau Go, die Grotte der Hölzernen Pfähle, verdankt ihren Namen Tran Hung Dao, der in ihren immensen Hohlräumen heimlich die Bambuspfähle sammeln ließ, mit deren Hilfe er 1288 die Flotte der Mongolen im

Bach-Dang-Fluss versenkte. **Hang Luon,** die Tunnelgrotte, besticht durch einen kreisrunden, von Felsbrüchen und Urwald umstandenen kristallklaren See. **Hang Thien Cung,** eine der größten Grotten des Archipels, wurde erst 1993 entdeckt. Die Insel **Ti Top,** nach dem russischen Astronauten Titov benannt, der sie 1962 zusammen mit Ho Chi Minh besuchte, besitzt sogar einen vielbesuchten Sandstrand.

Die meisten Inseln sind rau und schroff, sodass sie unbewohnbar sind. Ein ideales Revier allenfalls für Affen, wilde Ziegen und eine Vielzahl tropischer Land- und Seevögel wie Reiher, Kraniche, Papageien und Adler. Noch reicher ist die **Unterwasserwelt** der Ha Long-Bucht. Das milde Klima und große Mengen an Plankton schufen ein paradiesisches Biotop für mehr als 160 Korallenarten, über 1000 Fischsorten und Krebse, Garnelen und Tintenfische im Überfluss. Immer wieder gehen Hochseefische ins Netz, die sonst nicht in Landnähe zu finden sind, sich aber im Schutz der zerklüfteten Insellandschaft wohlfühlen.

Doch die Artenvielfalt ist **gefährdet.** Wichtige Schifffahrtslinien verlaufen durch die Bucht, am Festland liegen große Industriestädte, die vor über 100 Jahren von den Franzosen gegründet wurden, um die reichen Kohlevorkommen der Region abzubauen und in alle Welt zu verschiffen; noch heute werden jährlich über 7 Mio. Tonnen gefördert. Hinzu kommt der explosionsartig wachsende Tourismus mit seinen Ausflugsbooten und Hotelsilos.

Jahrhundertelang waren die zahllosen Höhlen und Buchten das Versteck von Piraten und Rebellen, die in den umliegenden Gewässern für Angst und Schrecken sorgten. Noch heute leben in geschützten Buchten nahe Grotten, in denen sie vor heran nahenden Taifunen Schutz suchen können, einige hundert alteingesessene Fischerfamilien, aber auch Boat People, entwurzelte Vietnamflüchtlinge, in ihren **Schwimmenden Dörfern** aus Holz und Bambus, unter Wasser mit Käfigen und Netzen versehen, in denen sie Fische, Krebse und Langusten, aber auch Perlen züchten.

Die archaische Schönheit der Bucht ist **bei jedem Wetter** faszinierend. Gerade im Nebel scheint alles um einen herum zu schweben – steter Wellenschlag hat die Fundamente der Inseln unterspült, jeder Felsen wirkt wie ein Eis am Stiel -, und die unmerklich aus dem Nichts auftauchenden Menhire und Solitäre sehen *wirklich* wie Geister, Feen und Drachen aus.

Die hölzernen **Dschunken** mit rostroten Segeln, noch bis 1990 ein alltäglicher Anblick in der Bucht (die meisten transportierten Kohle), sind heute allerdings leider nur mehr Postkartenmotiv. Im Zuge von Modernisierung und Motorisierung abgewrackt, verschwanden sie fast über Nacht. Heute hissen nur mehr ein paar edle Touristendschunken die Segel.

Orientierung

Das 1994 ins Leben gerufene Konglomerat **Ha Long Stadt** vereinigt zwei Orte, die gegensätzlicher kaum sein könnten, die Hafenstadt **Hon Gai** und die Sommerfrische **Bai Chay** beiderseits eines schmalen „Fjords", der sie seit Jahrhunderten voneinander trennt und die seit 2006 durch eine Brücke miteinander verbunden sind (zuvor gab es Fähren). Praktisch alle Hotels und touristischen Einrichtungen befinden sich in Bai Chay, das auch über einen eigenen Busbahnhof verfügt.

Klima

Hauptsaison sind die Monate Mai bis September mit Temperaturen um 30° oder mehr, aber auch die Zeit der heftigsten Regenfälle und u.U. **Taifune.** Im Oktober/November beruhigt sich das Wetter, es ist oft sonnig und Niederschläge gibt es bis Januar kaum noch. Dafür kann ab Dezember trübfeuchtes **Nebelwetter** einsetzen, das zu Abkühlungen bis um 10° führen kann (aber nicht muss!). Ab Februar/März wird es wieder wärmer, mit Werten um 20° C oder mehr, doch können dann ebenso gut wieder erste Regenfälle einsetzen. Kurz: Das Wetter an der Bucht ist reine Glückssache!

Hon Gai ⇗ V/D3

(Hồn Gai)

Ende des 19. Jh.s waren es nicht zuletzt die reichen **Kohlevorkommen** von Hon Gai, die die Franzosen nach Tonkin lockten. Ab 1888 mit Hilfe Zigtausender Kulis erschlossen, lieferten die Gruben bereits 1913 über 1 Mio. t Steinkohle und Brikett. Der Löwenanteil wurde auf dem Weltmarkt verscherbelt, während die Lokomotiven Vietnams weiter mit dem Holz der einheimischen Wälder gefüttert wurden. Die Maloche in den Gruben galt als Hölle auf Erden, aber da man an Kulis zum Verheizen keinen Mangel hatte, waren noch 1939 gerade mal 6 % der Anlagen auch nur halbwegs mechanisiert. Noch heute wird der Großteil der Produktion exportiert, vornehmlich nach Japan, Schweden und Süd-Korea.

Wer einen grauen und schmutzigen *Kohlehafen* erwartet, dürfte jedoch überrascht sein. Zu Füßen des 106 m hohen „Dichterberges" *Nui Bai Tho,* in dessen Flanke Kaiser Le Thanh Tong 1468, verzaubert vom Genius Loci des Orts, ein Poem einmeißeln ließ (grandioser Ausblick vom Grat des Hügels), erstreckt sich heute eine moderne, vitale Stadt, die nahezu täglich über ihre Grenzen hinauswächst.

Bai Chay ⇗ V/C3

(Bãi Cháy)

Ein Dorf in Goldgräberstimmung. Wo sich früher (1992!) lediglich ein paar weit verstreute französische Villen und sozialistische Hotelkomplexe im Grün sanfter Hügelwellen versteckten und entlang der 3 km langen Uferpromenade gerade mal zwei, drei kleine Cafés zu finden waren, breitet sich heute ein **vietnamesisches „Klein-Mallorca"** mit Bars, Diskotheken,

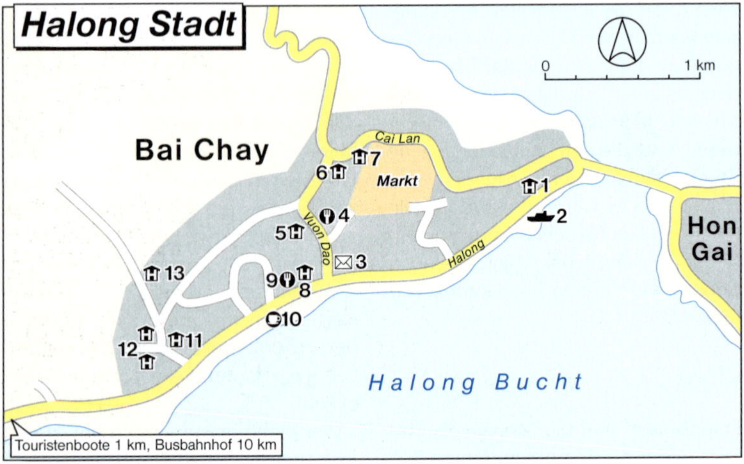

1 Plaza	8 Thong Nhat
2 Hydrofoil Boote	9 Seafood-Restaurants
3 Post	10 Emeraude
4 Quang Vinh	11 Halong Hanoi
5 Holiday	12 Halong I,
6 Hoang Thao	Halong Bay
7 Hong Hoa	13 Huu Nghi

Royal (!) Amusementparks, Souvenirshops, wuchernden Siedlungen und in die Höhe strebenden Hotelbauten aus.

Man kann es den Vietnamesen kaum verdenken, aus ihrem „Weltwunder" Kapital schlagen zu wollen. Und ihre Bemühungen, aus der verstaubten Sommerfrische für verdiente Arbeiter, Soldaten und Funktionäre ein attraktives *Seaside Resort* für in- und ausländische Touristen zu gestalten, sind denn auch nicht allesamt in Bausch und Bogen zu verdammen. Man hat die Promenade verbreitert und verlängert, Palmen und Flamboyants gepflanzt, Strände aufgeschüttet, wo nie welche waren, die Infrastruktur (Touristenhafen) an die Peripherie verlegt und immer neues Bauland erschlossen. Und doch, oder gerade deswegen, wird aus dem Märchen zusehends ein Albtraum, feiern die Bausünden und Disneyfizierungen des Mittelmeerraums fröhliche Auferstehung.

Die meisten Besucher kommt in Gruppen – Vietnamesen, Pauschaltouristen, Tagesausflügler aus China. Aber auch Mallorca besteht schließlich nicht nur aus Bettenwaben und Ballermännern – man muss eben nur wissen, worauf man sich einlässt (und möglichst die Wochenenden vermeiden).

Am Hafen von Cai Rong

Praktische Informationen

- 140.000 Einw. Tel. 033.
- **Information.** Herr *Vinh* spricht deutsch und ist eine gute Quelle für Tipps und Informationen aller Art, vermittelt Touren, Bootsfahrten usf. Aber Achtung: An ihm scheiden sich leider die Geister; nicht wenige bezeichnen ihn als ein gehöriges Schlitzohr (wenn nicht Schlimmeres)! Restaurant Quang Vinh, 24 Vuon Dao, Tel. 846927, 0913 395357, mrquangvinh@ vnn.vn.
- **Geld.** *Vietcombank*, an der Uferpromenade, Bai Chay. 472 Le Thanh Tong, Hon Gai.
- **Post** *(Buu Dien)*. An der Uferpromenade, Bai Chay. Auch Geldwechsel und Internet.
- **Taxi.** Tel. 828282.

Unterkunft

An Wochenenden und im Sommer potenzieren sich die Preise, sofern man überhaupt noch eine akzeptable Bleibe findet. An manchen Tagen überschwemmen Kurzurlauber aus dem nahen China den Ort (die Grenze ist nur 200 km entfernt).

First Class

- **Plaza.** Trotz zahlloser Highrises das einzige Haus, das nahezu uneingeschränkt diese Note verdient. Pool, Disco, Business Center und alles, was der Mensch so braucht. 185 Zimmer 112–130 $, Suiten 170–210 $ inkl. BF. Tel. 845810, www.halongplaza.com.
- **Novotel.** Eröffnung Ende 2008 (?).

Tourist

- **Ha Long Bay.** Auch Staatsbetriebe schlafen nicht. Ingesamt wohnlich und gemütlich, mit schönem Pool. 58 Zimmer 70–78 $ inkl. BF. Tel. 845209, halongbayhotel@hn.vnn.vn.

061vi Foto: kb

●**Ha Long I.** Atemberaubende Metamorphose vom Kolonistentraum (1930) und Funktionärsparadies (1960) zur Touristenherberge mit Pool (2000). 22 Zimmer 40–100 $ inkl. BF, Tel. 846320, Fax 846318.

●**Hanoi-Halong.** Anständig renoviertes Haus aus der „Russen-Ära", sehr gutes Preis-Leistungsverhältnis, schöner Blick auf die Bucht. 37 Balkonzimmer 35 $ inkl. BF, 2 Suiten mit Riesenbalkon 45 $ inkl. BF. Tel. 846445, ks hanoihalong@yahoo.com.

Budget

●**Thong Nhat.** Nach erstem Augenschein ein, tatsächlich aber vier Hotels mit je rund 15 Zimmern um 15–20 $ (handeln). Lift. Die Zimmer sind geräumig und ordentlich, von Fenstern oder Seitenbalkonen hat man einen Blick auf die Bucht. Tel. 846145 (Haus 1), 844814 (Haus 4).

●**Hong Hoa.** Haus in den Hügeln mit 6 Stockwerken (Lift) und phänomenalem Blick über Ort und Bucht. 40 Zimmer mit geräumigen Bädern, angenehm möbliert. 10, 12, 15 $ (Vierer). Stadtbus 3 hält nahezu vor der Haustür. Ngo 3 Hai Quan, Tel. 845014.

●**Hoang Thao.** Sympathisches und ruhiges Haus hoch in den Hügeln. 12 geräumige Zimmer mit Panoramablick 8, mit AC 10 $. 110 Vuon Dao, Tel. 846703, Fax 846923.

●**Huu Nghi.** Versteckt und ruhig (hinter den 3 Halong-Hotels und die Straße überqueren). 18 Zimmer, z.T. mit Balkon, 10–12 $ (handeln!). Besonders schön ist Zi 402. Tel. 846 314, Fax 846226.

●Die meisten Traveller steuern unbeirrt die hässliche, von Minihotels gespickte Straßenzeile **Vuon Dao** an – von der Pritsche im Schlafsaal für 3–5 $ bis zum freundlichen Bett zu 8–12 $ wird hier fast alles geboten. Einigermaßen vertrauenerweckend ist **Holiday,** 8 Zimmer 10 $, 81 Vuon Dao, Tel. 848565.

●Es gibt auch zahlreiche, und nicht einmal die schlechtesten Unterkünfte in *Hon Gai.* Z.B. **Ngoc Quynh,** Zimmer mit AC ab 10 $,

Tran Hung Dao, Tel. 622345, oder, sehr günstig nahe Fährhafen und Markt, **Hai Long,** AC-Zimmer ab 8 $, 1 Pho Cang Moi, Tel. 826643.

Essen und Trinken

- **Quang Vinh** (Asia). Gutes Essen und faire Preise; unser Favorit sind die gefüllten Tintenfische. Herr *Vinh* erweist sich immer wieder als äußerst hilfsbereit (s. auch *Information).* 24 Vuon Dao.
- **Seafood.** An der Uferpromenade zwischen Post und Ha Long-Hotels gibt es eine ganze Reihe kleiner Seafood-Lokale. Keines ist ganz schlecht, keines aber auch wirklich gut. Und wenn auf der Karte keine Preise stehen, was meist der Fall ist, sollte man unbedingt vorher fragen, sonst erlebt man u.U. unangenehme Überraschungen.
- **Emeraude.** Café-Bar in einem exquisiten Strand-Pavillon; gehobene Preise.
- **Ngoc Suong.** Meeresfrüchte par excellence und en gros in lebhafter Esshalle; garantiert untouristisch. Beim Wiegen nach Preisen fragen. Im Ort Bai Chay 1,5 km westlich des Hafens.

Bootstouren

- **Touren vor Ort.** Der Hafen *(Ben Tau)* liegt am Westrand des Hotelzentrums (3 km; Xe Om vom/zum Zentrum 5–10.000 đ). Der **Eintrittspreis** für die Bucht (inkl. Höhlenbesuche) beträgt rund 2,50 $ (45.000 đ). Charter-Boote werden von den staatlichen Unternehmen *Ha Long Tourist* und *Quang Ninh Tourist* („Boat Renting Offices"), aber auch von Privatfirmen angeboten. Preise hängen von Saison und Verhandlungsgeschick ab. Abfahrt ist generell zwischen 8 und 9 bzw. 12 und 13 Uhr (nach Ankunft der Busse aus Hanoi). Der Preis für ein kleines Boot (10–15 Pers., ggf. schließt man sich mit anderen Reisenden zusammen) beträgt für eine vierstündige Tour ab 20, für eine achtstündige Tour ab 35 $; eine Mahlzeit wird in der Regel gesondert berechnet, meist 6 $ p.P. (Achtung: kleine Boote sind gemeinhin die langsamsten und benötigen allein rund 1 Stunde, um das Zentrum der Bucht zu erreichen.)

Siehe auch die – wenngleich im Detail leider sehr ungenaue – Website www.halong.com.vn.

PS: Da der Hafen mit ca. 500 Booten längst aus allen Nähten platzt, sollen die Hotel-Boote (derzeit ca. 150) in Zukunft nach Hon Gai ausgelagert werden.

- **Package Tours.** „Einbooten, ausnehmen, ausbooten." Touren Hanoier Veranstalter inkl. Transport, Bootsfahrt, Übernachtung im Hotel oder auf dem Boot werden zumeist in Kombination mit Cat Ba angeboten (s. dort). Viele davon sind mit Vorsicht zu genießen, und zumal im Winter sog. „Aktivtouren" (Kayakfahren etc.) Allzu viele Veranstalter verfügen über grottenschlechtes Bootsmaterial und ungeschultes Personal, sodass Pannen und Unfälle nahezu vorprogrammiert sind. Lieber etwas mehr Geld ausgeben und bei seriösen Firmen buchen (s. Hanoi) als unnötige Risiken eingehen!
- **Floating Hotels.** Tarife für eine Kreuzfahrt durch die Bucht (in der Regel inkl. Vollpension), bewegen sich normalerweise zwischen 250 und 350 $ pro Boot und Übernachtung und kennen nach oben keine Grenze (Luxus-Dschunken). Die meisten Boote weisen 5 oder 6 Kabinen auf, es gibt aber auch welche mit 2–4 oder gar 8–10 Kabinen.

PS. Die Qualität der „normalen" Bootsübernachtungen hat sich enorm verbessert, dennoch sollte klar sein, dass die Kabinen nicht mit Hotelzimmern konkurrieren können. Die Zeiten, in denen man sich mit „total verdreckten Matratzen und kalten Nudeln" herumschlug, sind in der Regel vorbei (speziell Mahlzeiten werden oft gelobt).

Generell zu empfehlen sind die Mehrtages-Touren der Hanoier Veranstalter *Ocean Tours* (mittleres) und *Handspan* (oberes Preissegment).

- **Information.** Für eine erste Übersicht siehe die Website des Veranstalters (!) www.halongbayboat.com. Siehe weiterhin:
  halongjunk.com,
  halongsails.com,
  halongdiscovery.com,
  tropical-sails.com,
  indochinasails.com,
  bhayacruises.com,
  emeraude-cruises.com.

• **Tauchen.** Dai Duong, Tel. 511244. www.halongdiving.com.vn.

Anreise und Weiterreise

• **Entfernungen** von Bai Chay (in km): Hanoi 160, Haiphong 70, Ninh Binh 190, Van Don 50, Mong Cai 175, Lang Son 230.

Bus

• **Hanoi.** Ab *Gia Lam* oder *Long Bien* alle 10–30 Min., Fahrzeit 3–4 Std., um 35.000 đ. Vom Busbahnhof *Bai Chay* (10 km außerhalb, Stadtbusse 1 und 3 halten z.B. an der Post) nach Hanoi, Haiphong (2–3 Std., 11.000 đ), Thai Binh, Nam Dinh, Ninh Binh, Vinh, Da Nang, Saigon usf. Achtung: nach 11 Uhr fahren fast keine Busse mehr (auch nicht nach Ninh Binh)! Nach Van Don mit Stadtbus 1 (6–17 Uhr, 10.000 đ).

• **Regionalbusse** nach Cam Pha, Cua Ong, Van Don, Tien Yen, Mong Cai (5–6 Std., 35.000 đ), Tra Co, Lang Son (1–2mal tgl.) fahren in *Hon Gai* ab. Transfer per Stadtbus 1, Taxi oder Xe Om.

Boot

• **Haiphong.** Per Hydrofoil ab Bai Chay 16 Uhr (1 Std., 90.000 đ), per Fährboot ab Hon Gai 6, 11, 16 Uhr (2,5 Std., 60.000 đ).

• **Cat Ba.** Keine reguläre Verbindung. Entweder auf einem Touristenboot mitfahren. Oder von Hon Gai nach *Cat Hai* (12, 15 Uhr, 2 Std., 30.000 đ), per Fähre nach *Phu Long* und per Bus oder Xe Om nach Cat Ba (30 km).

• **Mong Cai.** Per Hydrofoil ab Bai Chay 8, 13 Uhr, Fahrzeit 3 Std., 140.000 đ.

• **Van Don.** Per Hydrofoil ab Bai Chay 8 Uhr, Fahrzeit 1 Std., 70.000 đ.

• **Quan Lan.** Per Slowboat ab Hon Gai, 13 Uhr, Fahrzeit 4 Std., 50.000 đ. Über *Cong Dong* und *Ngoc Vung* (2,5 Std.) sowie ggf. *Van Canh* (Gefängnisinsel). Besser und schneller ist die Verbindung ab Van Don (s. dort). Von Hon Gai außerdem u.a. nach Cam Pha, Cua Ong, Tien Yen.

Bai Tu Long

↗ V/D3

Nur wenige Seemeilen nördlich der Ha Long-Bucht bis nahe an die chinesische Grenze erstreckt sich ein weitere, kaum weniger faszinierende **Bucht** mit tausenden Inseln und Inselchen, von denen **Van Don** die nach Cat Ba größte des Nordens ist.

Das abgesunkene Kalksteinplateau *Bai Tu Long* (Kinder des Drachens) umfasst 600 größere Inseln, von denen etwa 25 besiedelt sind. In der Frühzeit, unter den Ly- und Tran-Dynastien (11.–15. Jh.), hatte die Region große strategische Bedeutung als Sitz der **ersten Häfen des Landes,** von denen aus der gesamte Handelsverkehr mit China, Japan, Java oder Siam abgewickelt wurde.

Bai Tu Long ist touristisch wie infrastrukturmäßig noch wenig erschlossen. Ausländer sind hier noch rar, doch die Situation ändert sich rasch, und erste Anfänge sind bereits gemacht. Nördlich der Insel **Quan Lan** mit ihren drei Ständen wird ein **Marine National Park** aufgebaut, diverse Inseln werden für Resorts erschlossen, die Zahl der Bootsverbindungen hat sich bereits jetzt multipliziert.

Ausgangspunkte für die Bucht sind Hon Gai und die Hauptinsel Van Don, 50 km nördl., die seit 2005 durch eine Brücke mit Cua Ong verbunden ist.

Van Don

Van Don (oder Cai Bau) ist mit 30 km Länge und bis zu 15 km Breite die mit

Abstand größte und bevölkerungsreichste Insel des Archipels und bekannt für üppige Flora und Fauna. Entlang der Ostküste, unterbrochen durch vorgelagerte Felsenkaps, erstreckt sich der kilometerlange **Strand** *Bai Dai* (Long Beach).

Van Hoa an der Nordküste war bereits im 12./13. Jh. Hafen der Tran-Dynastie, in dem Schiffe aus Java, Siam, Japan und China Handel trieben. Jahrhunderte später Hauptquartier des französischen Abenteurers *Jean Dupuis*, einem der legendären Anführer der ersten *Tonkin-Expedition* von 1873, errang Van Hoa im 19. Jh. unter dem Namen *Port Wallut* den zweifelhaften Ruf als einer der größten Kohlehäfen des Nordens.

Der lebhafte Fischereihafen **Cai Rong** im Südteil der Insel ist Sprungbrett für alle weiteren Inseln des Archipels.

Praktische Informationen

- Tel. 033.
- **Nach Cua Ong.** Per Bus (alle 30 Min., 1 Std.) oder Boot ab Hon Gai.
- **Nach Van Don.** Seit 2005 durch eine Brücke mit dem Festland verbunden. Direktbusse bis zum 8 km entfernten Hauptort **Cai Rong.** Alternativ: ab Bai Chay per Hydrofoil nach Cai Rong (8 Uhr, 1 Std.)
- **Orientierung.** Hafen und Ort (Markt) von **Cai Rong** sind 2 km entfernt. Alle Hotels befinden sich am Hafen. Zum Strand *Bai Dai* 6–8 km, nach *Van Hoa* 25 km.

Unterkunft und Verpflegung

- **Viet Linh.** Giftgrünes Haus 100 m vom Kai entfernt. Komfortabel, freundlich. 21 Zimmer 10–16 $, nach hinten mit Superaussicht auf die Bucht. Tel. 793898.
- **Bao Trung.** An der Uferstraße rechts vom Kai. 14 Zimmer, alle mit Balkon und Bayview 16–17 $. Restaurant. Tel. 793559.
- **Hung Toan.** 50 m vom Kai entfernt. 10 Zimmer 6–10 $, nach hinten besser/ruhiger und z.T. mit Balkon. Tel. 874220.
- **Sy Long.** Am Kai. 6 Zimmer 5–8 $, einige mit Balkon und Hafenblick. Ordentliches Resto (gut *Ca Sot*, Fisch in Tomatensauce). Tel. 874854.
- **Bai Tu Long Eco Resort** am Bai-Dai-Strand (5 km). Sehr vietnamesische Anlage, im Winterhalbjahr oft nahezu verwaist. Öko? Zum Kichern. 24 Pfahlhäuser (2–4 Pers.) und 46 Zimmer in Holzbungalows ab 15 $. Tel. 793156, www.atiresorts.com.

Weiterfahrt

- **Mong Cai.** Per Hydrofoil 8.30 Uhr (1 Std., 80.000 đ).
- **Quan Lan.** 7, 14 Uhr (2.5 Std., 50.000 đ).
- **Ngoc Vung.** 7, 14 Uhr (2 Std., 35.000 đ).
- **Ban Sen** (Tra Ban). 7, 13 Uhr (2 Std., 40.000 đ).
- **Co To.** 7 Uhr (4–5 Std., 60.000 đ).

Quan Lan

Quan Lan hat so viel (wunderschönen) **Sand,** dass sie ihn exportieren! Zur Glasherstellung und Aufschüttung von Stränden anderswo. Es ist die flachste Inseln weit und breit, und die mit dem größten touristischen Potential. Gleich drei kilometerlange, von Filao-Bäumen gesäumte **weiße Strände** gibt es an der 25 km langen Südostküste: *Minh Chau, Son Hao* und *Quan Lan*.

Der im 18. Jh. versandete Hafen **Van Don,** nach dem heute Archipel und Hauptinsel benannt sind, war im Jahre 1149 der erste bekannte Hafen der vietnamesischen Geschichte, von ihm sind lediglich noch ein paar Ruinen und Keramikscherben übrig geblieben.

062vi Foto: kb

Rund ein Dutzend km trennen die beiden einzigen größeren Weiler, *Minh Chau* im Norden und **Quan Lan** an der flachen, marschigen Südwestküste mit einem bemerkenswerten, nahezu unverändert aus dem 18. Jh. überkommenen **Dinh** auf 32 Eisenholz-Säulen. Ursprünglich 1573 am alten Hafen Van Don errichtet, wurde er 1728 abgetragen und an neuer Stelle wiederaufgebaut. Tausende pilgern zum alljährlichen **Tempelfest,** dem größten Ereignis des Archipels, bei dem u.a. kostümierte Ruderleute die

Squid-Kutter im Hafen von Quan Lan

Seeschlachten der Tran-Dynastie gegen die Mongolen (1288) nachstellen. Der Chua nebenan ist dem einheimischen General *Tran Khanh Du* gewidmet, einem der wichtigsten Befehlshaber der Flotte Tran Hung Daos.

Die Strände sind sauber, aber noch wenig erschlossen. Weitere als die genannten Unterkünfte sind bereits in Planung.

Praktische Informationen

- Tel. 033.
- **Orientierung/Verkehr.** Ein Kleinbus verkehrt „nach Bedarf" zwischen dem Pier und dem Hauptort Quan Lan (1.5 km) sowie Minh Chau (13 km). Der Strand *Son Hao* liegt auf halber Strecke zwischen den beiden Orten. Am Nordpier *Cua Doi* (16 km) kann man Boote zur benachbarten Insel *Ba Mùn* (s.u.) mieten (hin und zurück um 300.000 đ). Gängiges Verkehrsmittel ist das *Xe Lam* (von Lambretta). Fahrräder und Mopeds vermieten die Hotels.
- **Tempelfest.** 16.–18. Tag des 6. Mondmonats.
- **Anreise & Weiterreise.** Ab Hon Gai über *Cong Dong* und *Ngoc Vung* (s.u., 2,5 Std.) 9, 13.30 Uhr, Fahrzeit 4 Std., 50.000 đ, zurück 6, 13 Uhr. Von/nach Van Don 7, 14 Uhr, Fahrzeit 2.5 Std., 50.000 đ.

Unterkunft

- **Robinson Guesthouse.** 5 geräumige Zimmer, davon 3 im Obergeschoss 10 $. Tel. 877439, 0912107969 (Herr *Vinh* spricht deutsch), kaiserkaffee2000@yahoo.de.
- **Vinh Ly.** 5 Zimmer 8–10 $. Aussichtsterrasse. 877354.
- **Ngan Ha.** 8 Zimmer 6–10 $. Auch Gemischtwarenladen und Resto. Tel. 877296. Weitere Unterkünfte, alle um 6–10 $, an der Hauptstraße, aber weniger akzeptabel.
- **Quan Lan Eco Resort.** Quan-Lan-Strand. Schöne, weitläufige Anlage. Die Hütten, meist ohne Bad, sind aber eher bescheiden und für den Preis viel zu teuer: 15–20 $. Café und Resto. Tel. 877971, www.atiresorts.com.
- **Truong Thiet.** Son-Hao-Strand. 5 Strandbungalows mit Bad/Fan 15 $ (bis 4 Pers.). Kontakt s. *Robinson.*

Ba Mùn (Cao Lo)

Die einzige (unbewohnte) Insel des Archipels mit Überresten von primärem **Regenwald** und großem Artenreichtum (Hirsche, Gibbons, Warane, Wildschweine, Adler etc., früher auch Tiger und Elefanten). Die 18 km lange, im Durchschnitt nur 1 km breite und rund 2000 ha große Insel nur wenige hundert Meter nördlich von Quan Lan besteht im Gegensatz zu den meisten anderen Inseln des Archipels nicht aus Kalkstein und Schwemmland, sondern Schiefer (höchste Erhebung 307 m). 1997 zum *Naturreservat* erklärt, um der illegalen Jagd und Abholzung Einhalt zu gebieten, bildet Ba Mùn seit 2001 unter Einschluss weiterer Inseln und ihrer Gewässer *(Tra Ngo Lon, Tra Ngo Nho, Sau Dong, Sau Nam* u.a.) das Zentrum des 15.000 ha großen **Bai Tu Long Marine National Park.**

Es ist möglich, auf Ba Mùn zu trekken und u.U. sogar zu campen. Einrichtungen irgendwelcher Art wird man dort aber (noch?) vergeblich suchen.

Ban Sen (Tra Ban)

Die zweitgrößte Insel nach Van Don, aber vornehmlich waldig, hügelig und daher, außer von Wild und Vögeln, nur relativ spärlich besiedelt. Schöne Trekkingmöglichkeiten, u.U. vom bei

Ebbe beinahe zu Fuß erreichbaren Quan Lan aus.

Ngoc Vung

12 ha große bewohnte Insel mit Relikten aus der Zeit der Tran-Dynastie und einem schönen (noch unerschlossenen) Strand. Militär treibt den Straßenbau voran, eine weitere Erschließung der Insel ist daher vorprogrammiert. Per Schiff zu erreichen von Hon Gai, Quan Lan und Van Don (s. dort).

Co To

Die vom Festland am weitesten entfernte (bewohnte) Insel (ca. 5000 Einw.), berühmt u.a. für ihre exzellenten Perlen und den größten Fischmarkt der Region. Die Westküste ist derart flach, dass das Hafenpier 500 m weit ins Wasser gebaut werden musste. In den letzten Jahren sind zahlreiche Umsiedler aus dem Delta (Thai Binh, Nam Dinh usf.) gekommen, die bis dahin weitgehend brachliegenden Ebenen urbar machen und die Selbstversorgung der Insel garantieren sollen. Die Ostküste ist felsig, weist aber zumindest einen schönen Strand *(Bac Van)* auf. Im Hauptort Co To gibt es ein rustikales Guesthouse.

The Vang

Die kleinen Strände der unbewohnten Insel 13 km südl. von Cam Pha sollen künstlich vergrößert und mit einem Resort und Guesthous(es) versehen werden. Momentan gibt es nicht einmal eine Schiffverbindung.

Mong Cai

7 km vor *Tien Yen* zweigt von der gut ausgebauten N 18 nach Mong Cai die N 4B nach **Lang Son** (100 km) ab. Die größtenteils nicht asphaltierte Piste ist – außer während und kurz nach der Regenzeit – relativ problemlos befahrbar. Einmal tgl. fährt ein Bus ab Hon Gai (5–6 Std.)

Von Tien Yen nach Norden zu flacht die Küste zunehmend ab und geht teils in Mangrovenwälder, teils in langgezogene Dünen und Strände über.

Die **Grenzstadt** Mong Cai am Delta des *Song Ka Long* ist nur durch eine schmale Brücke von China getrennt. Seit der neuerlichen Versöhnung zwischen China und Vietnam Ende 1991 ist die Stadt eine einzige hektische und mit überquellenden Märkten, Warenlagern und einem gigantischen Casino gespickte Baugrube – man kommt sich schon geradewegs wie in China vor!

Praktische Informationen

- 20.000 Einw. Tel. 033.
- **Geld.** *Vietcombank.*
- **Grenze.** Geöffnet tgl. 7.30–16.30 Uhr. Reisende mit chinesischem Visum können die Grenze überschreiten, es werden auch *Tagespässe* ausgestellt (5 $). Von der Nachbarstadt *Dongxing* (Provinz Guangxi) nach Nanning sind es rund 250 km.
- **Anreise.** Mehrmals tgl. per Bus von Hanoi (350 km), Haiphong und Hon Gai (175 km, 4–5 Std., um 30.000 đ). Von/nach Haiphong, Hon Gai und Van Don auch per Hydrofoil oder Fährboot (s. dort).

• **Unterkunft.** Es gibt über zwei Dutzend Hotels. Sollte es für das 400-Betten-Casinohotel *Li Lai* nicht reichen, ist die Auswahl also groß. *Huu Nghi.* Nguyen Du, nahe der Post. 25 Zimmer 9–16 $. Tel. 881408, Fax 881144. *Binh Minh.* Huu Nghi, nahe der Grenze, mit Flussblick. 14 Zimmer 8–10 $. Tel. 881185. *Phuong Dong.* Wie oben. 20 Zimmer 7–10 $. Tel. 881250. *Hai Van.* Thang Loi, zentral. 20 Zimmer 8–10 $, Tel. 886479.

Tra Co

↗ V/D3

(Trà Co)

Der 18 km lange **Strand** der Halbinsel von Tra Co – eigentlich eher eine langgezogene, mit dem Festland durch einen Damm verbundene, von Dünen gesäumte Sandbank – ist 9 km von Mong Cai entfernt und galt als der **schönste** Nordvietnams, ehe er nach der chinesischen Invasion von 1979 lange Zeit für off limits erklärt wurde. Erst seit wenigen Jahren ist wieder Leben in die kleine 5000-Seelen-Gemeinde eingekehrt, die immerhin über eine der ältesten katholischen Kirchen (1880) Vietnams verfügt sowie über einen außergewöhnlich schönen und wertvollen **Dinh.** Das seit 1436 bestehende, zuletzt 1993 restaurierte Kult- und Gemeindehaus ruht auf 48 bis zu 4,65 m hohen und 1,50 m breiten Eisenholz-Säulen, die noch original aus dem 15. Jh. stammen. Gewaltiges Wölbedach im chinesischen Stil und wunderbare Holzschnitzereien, die u.a. Feen zeigen, die auf Drachen reiten.

Das spektakuläre, eine Woche dauernde **Tempelfest** (30. Tag des 5. bis 6. Tag des 6. Mondmonats) beginnt mit einer großen Bootsprozession, am Tag darauf wird ein prächtiger goldener Thron mit der Ahnentafel Tran Hung Daos umhergetragen, darüber hinaus finden u.a. Schweinerennen, Kochwettbewerbe und zum Abschluss ein großer Blumentanz statt.

Unterkunft

• **Tra Co Beach Hotel.** Staatliche Motelanlage, von der man gerne sagen würde, sie hätte schon bessere Zeiten gesehen. Nur wann? 50 Zimmer 10–18 $. Tel. 881273.

• **Sao Bien.** Ordentlich, aber mit etwas zu viel Krimskrams überfrachtet; vor lauter Pool sieht man das Meer nicht mehr. 25 Zimmer 8–12 $. Tel. 881264.

• **Tra Long.** Schlicht, aber nicht unsympathisch. 10 Zimmer 8–10 $. Tel. 881131.

• **Gio Bien.** Typ Familienpension, freundliche Leute. 10 Zimmer, teilweise mit Balkon und Meerblick 8 $. Tel. 881635.

063vi Foto: kb

Das Bergland des Nordens

065vi Foto: kb

064vi Foto: kb

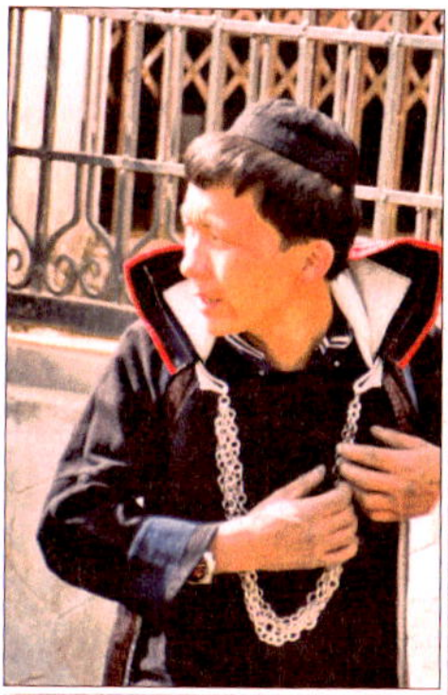

Zum Markt von Dong Van

Rote Dao-Frau in Lao Cai

Schwarzer Hmong in Sa Pa

Überblick

Die bis zu 3000 m hohen Berg- und Dschungelregionen beiderseits des Roten Flusses bilden die natürliche Grenze zu China und Laos und sind die Heimat zahlloser, zum Teil noch heute nomadisierender Bergstämme.

Der Rote Fluss trennt das Bergland in zwei geologisch wie klimatisch unterschiedliche Regionen, den **Nordwesten** und den **Nordosten.**

Auf mehr als 80.000 km^2 lebten noch 1990 kaum mehr als 5 Mio. Bewohner, d.h. 60 Menschen pro km^2, einer Fläche, auf der sich im Delta rund 1000 und im Großraum Hanoi rund 1500 Menschen drängten. In den vergangenen Jahren ist die Bevölkerung jedoch stark angestiegen, insbesondere durch Umsiedlungen aus den übervölkerten Delta-Provinzen. Im Nordosten leben heute bereits über 9 Mio. (140/km^2) und im Nordwesten rund 2,5 Mio. Menschen (65/km^2), wobei der Anteil der Vietnamesen gegenüber den ethnischen Minoritäten stetig im Steigen ist.

Klima und Reisezeit

In den weitgehend trockenen Wintermonaten Dezember bis Februar kann es zumal nachts **empfindlich kühl** werden (5–10°, im Extremfall, Sa Pa, bis um 0°), und falls die Sonne die Nebel nicht durchbricht, erwärmt es sich auch tagsüber nur mäßig, während intensive Sonneneinstrahlung das Thermometer bis auf 18–20° C ansteigen lassen kann. Beste Reisemonate sind **November** und März/April mit weitgehend klarem Himmel und angenehm milden Temperaturen (aber auch dann warme Sachen nicht vergessen!). Während der warmen, aber regenreichen Monate Juni bis September ist von längeren Reisen eher abzuraten.

Praktische Hinweise

Die Regionen entlang der chinesischen Grenze galten noch mehr als ein Dutzend Jahre nach der chinesischen Invasion von 1979 als „militärisch sensitiv" (oder wurden kurzerhand dazu erklärt). Erst nachdem 1992/93 im Zeichen der „neuen Freundschaft" mit Beijing die Grenzen nach China wieder geöffnet wurden, konnte das Bergland auch von Ausländern offiziell besucht werden.

- **Permits.** Nur wenige, aber leider nicht immer eindeutig definierte Grenzregionen erfordern noch heute eine schriftliche Reisegenehmigung (z.B. der gesamte Norden von Ha Giang). Man erhält sie bei die Polizei oder, besser, über die meisten Hotels.
- **Geld.** Banken, die TC und/oder Kreditkarten akzeptieren, sind immer noch eine Rarität. Einige Hotels und Guesthouses lösen zwar TC ein, allerdings zu schlechteren Raten als in Hanoi.
- **Unterkunft.** Es gibt inzwischen fast überall saubere und vernünftige, da in der Regel neu gebaute Hotels. Lediglich einige wenige (meist staatliche) Billigunterkünfte verfügen zuweilen noch über sehr distinkten realsozialistischen „Charme".

066vi Foto: kb

- **Homestay.** In allen touristisch auch nur einigermaßen erschlossenen Gegenden (Sa Pa, Bac Ha, Ba Be, Mai Chau etc.) ist es heute möglich, in den Dörfern der Bergstämme zu übernachten. Viele Hanoier Tourveranstalter bieten die Wahl zwischen Hotels und Homestay. Bedenken sollte man, dass Homestay mit allzu vielen Gästen ganz schön nervig und im Winter ganz schön kalt sein kann.

Verkehrswege

- Die Hauptrouten, wenn auch meist schmal und kurvenreich, sind zumindest während der trockenen Jahreszeit verhältnismäßig problemlos zu befahren, selbst mit normalen Pkw. Lediglich für praktisch alle Nebenstrecken – meist ohnehin die schöneren und interessanteren! – ist ein geländegängiges Fahrzeug auch zu dieser Zeit dringend anzuraten. Ein kleiner Erdrutsch oder eine weggeschwemmte Furt, und man kann die ganze Strecke wieder zurückfahren! Während der Regenzeit können dagegen selbst Allradfahrzeuge hier und da scheitern. Schotterstraßen verwandeln sich in Schlammpisten, Erdrutsche schwemmen Brücken, Furte und ganze Straßen hinweg.
- Das größte Hindernis stellen derzeit die allgegenwärtigen **Straßenarbeiten** und Ausbaustrecken dar, die nicht allein das Fahren erheblich beeinträchtigen, sondern die Landschaft verschandeln, die man vor lauter Staubwolken, Geröllhalden und Steinbrüchen zeitweise kaum noch zu Gesicht bekommt. Die Arbeiten gehen auch nur sehr langsam vonstatten; gerade der Einsatz moderner Maschinerie treibt allzu viele und kühne Projekte voran, die mangels Finanzen (Korruption, Provinzstreitigkeiten) dann buchstäblich im Sande verlaufen.

Reisterrassen bei Hoang Su Phi

Ethnische Minoritäten des Nordens

Tay 1,35 Mio.

Lang Son, Cao Bang, Thai Nguyen, Bac Can, Yen Bai, Tuyen Quang

Die zahlenmäßig stärkste Minderheit Vietnams. Mehr als alle anderen Völker haben die sesshaften Tay vietnamesische Kultur angenommen, stellen Abgeordnete und selbst hochrangige Funktionäre (KP-Generalsekretär *Nong Duc Manh)* und huldigen neben ihren alten Naturgeistern buddhistisch-daoistischen Göttern und Dämonen. Ihre Vorfahren besaßen schon vor 2000 Jahren mächtige Königreiche im Bergland, im Krieg gegen die Franzosen zählten sie zu den wichtigsten Verbündeten des Viet Minh. Sie kultivieren u.a. Zimt, Anis, Tabak, Tee, Bambus, sind gute Tier- und Fischzüchter und leben in soliden Holzhäusern (oft mit umlaufenden Veranden), tragen aber nur mehr selten.

Tracht: Schwarz oder Indigo, aufgelockert durch Halstücher, Schärpen, Seidenbänder, Westen mit Silber- oder Perlmuttknöpfen, nach vorne geknotetem Turban.

Nung 900.000

Lang Son, Cao Bang, Ha Bac, Bac Thai

Eng mit den *Tay* verwandt, haben sie einen guten Ruf als Pferde- und Rinderzüchter sowie Schmiede und werden als exzellente Gärtner angesehen. In der Vergangenheit galten sie als extrem kriegerisch und revoltierten bereits im 11. Jh. mehrfach gegen die Zentralgewalt. Die Nung unterstützten Ho Chi Minh, einige Tausend jedoch zogen 1954 in den Süden, wo sie berüchtigte Eliteeinheiten der südvietnamesischen Armee stellten.

Tracht: Indigo oder Schwarz, weite Wickelhose, weiße Schärpe, rechtsgeknöpfte Jacke oder Weste, schwarzer Turban.

Thai 1,2 Mio.

Son La, Muong Lay, Hoa Binh

Die auch in Laos, Thailand und Burma verbreiteten Thai wanderten zwischen dem 10. und 14. Jh. aus Südchina ein und bevorzugen die mittleren Höhen des Nordwestens. Anders als Tay und Nung kämpften sie meist als Söldner auf Seiten der Franzosen. Obwohl ebenfalls längst sesshaft, haben sie ihre Sitten und Traditionen vergleichsweise gut bewahrt, ihre auf dem Sanskrit basierende Schrift überliefert einen reichen Schatz an Folklore, Legenden, Liedern und Tänzen. Die Klassifikation in Weiße, Schwarze und Rote Thai nach der vorherrschenden Farbe ihrer Tracht ist umstritten. Unverkennbar sind ihre aus Holz oder Bambus errichteten, meist peinlich sauberern Pfahlhäuser mit den typischen („thailändischen") Dächern. Die schlanken, hochgewachsenen Frauen der Weißen Thai gelten als die schönsten Vietnams und erringen regelmäßig Preise bei nationalen Misswahlen.

Tracht: enganliegendes schwarzes Hüfttuch (Sarong), vorn geknöpfte, leuchtend bunte Bluse mit Silber- oder Perlmutt-Knöpfen (manchmal in Form von Schmetterlingen), lebhaft gemusterte Bordüre, hochgestecktes, geknotetes Haar mit charakteristischem Dreieckstuch. Die Schwarzen Thai (Son La, Lai Chau) sind dunkelhäutiger und weniger farbenfreudig gewandet als die Weißen und Roten.

Muong 1,15 Mio.

Hoa Binh, Thanh Hoa

Die Muong gelten nach Sitten, Gebräuchen und Sprachverwandtschaft als direkte Nachfahren der (vietnamesischen) Ureinwohner der Jungsteinzeit und als die ältesten noch lebenden Bewohner des Landes. Ihre Dialekte erinnern an das Vietnamesische, ebenso viele ihrer teils matriarchalischen, teils patriarchalischen, halbfeudalen Riten und Gebräuche; wie früher die Viets, schwärzen sie sich die Zähne. Viele ihrer Lieder, Reime und

Epen wurden ins Vietnamesische übertragen. Ihre Häuser ähneln eher denen der Thai (aber meist ohne Fenster), von denen sie durch engen Kontakt auch viele andere Attribute übernommen haben.

Tracht: Indigo oder Schwarz, breite, bestickte, bis unter die Brust gewickelte Schärpe, weißer Turban.

Hmong 710.000

Lao Cai, Ha Giang, Tuyen Quang, Muong Lay, Son La, Yen Bai

Die halbnomadischen Hmong (oder Meo) wanderten erst im 18./19. Jh. über Laos und Südchina ein und bevorzugten ursprünglich Höhen über 1000 m, wo sie auf Brandrodungsflächen Reis und Mais anbauten; als passionierte Opiumpflanzer wurden sie von der CIA angeworben, um die US-Truppen zu versorgen. Die Hmong gelten als leidenschaftliche Reiter und Pferdezüchter und sind begabte Handwerker (Silber, Bronze, Edelsteine, Stickereien). Anders als die anderen großen Bergvölker verfügen sie über keine eigene Schrift und halten unbeirrt an animistischen und totemistischen Ritualen fest. Ihre rudimentären, schmuck- und fensterlosen Häuser aus Holz oder Bambus stehen, Erbe der überschwemmungsarmen Höhen, fest auf dem Boden. Im Gegensatz zu allen anderen Völkern, die mit wachsendem Wohlstand immer seltener Tracht anlegen, haben die Hmong ihre in den letzten Jahren geradezu reaktiviert (vor allem die Männer, die sie schon fast vergessen hatten).

Tracht: regional extrem unterschiedlich! Bei den Schwarzen Hmong *(H. Den)* rund um Sa Pa dominiert dunkles Indigo. Röcke bis zum Knie, ergänzt durch kunstvoll bestickte Schürzen und Westen, Wadenwickel wärmen die nackten Beine. Dekorativ mit Kämmen gestecktes und mit Bändern durchwobenes Haar, große Silberohrringe. Ganz anders die farbenfrohen Flower Hmong *(H. Hoa)* rund um Bac Ha. Ihre weiten langen Faltenröcke explodieren in allen Farben des Regenbogens, dazu eine bunte, reich bestickte, mit Glasperlen verzierte Tunika und ein leuchtender Turban, überbunden mit einem karierten Wollkopftuch. Daneben nehmen sich die Blauen Hmong *(H. Xanh Lam)* aus der Gegend um Cao Bang wie ätherische Fabelwesen aus: Von ihrer dunklen Kleidung stehen zartgrüne, wie Feenflügel geformte Krägen ab, ein schwarzweißes Stirnband hält das Haar.

Dao (Man) 650.000

Lao Cai, Ha Giang, Tuyen Quang, Cao Bang

Die Dao (gespr. *Zao)* zählen zur Sprachgruppe der Hmong und zogen nach dem 13. Jh. aus Südchina zu. Auch sie kennen keine Schrift, verfügen aber über eine reiche mündliche Überlieferung und Musik. Die meisten Dao-Frauen rasieren Brauen und Stirnansatz oder sogar den gesamten Kopf und türmen dafür riesige, mit bunten Puscheln, Troddeln, Perlen oder Silbermünzen *(Dao Tien, Coin Dao)* verzierte Turbane oder toupetartige Haarnester auf.

Tracht: regional sehr verschieden, leicht mit Hmong zu verwechseln. Schwarze Hose (manchmal aber auch Rock), farbenfroh bis etwa zum Knie bestickt, zahlreiche bunte Applikationen (wie Krägen, Manschetten, Kopftücher, Turbane etc.). Speziell die *Dao Do (Red Dao,* Ha Giang, Tuyen Quang) präsentieren sich als eine wahre Orgie in Schwarz und Rot (Ärmel, Rücken, Weste, Schurz).

Giay 42.000

Muong Lay, Lao Cai, Ha Giang

Die Giay (gespr. *Zay)* zählen zur Thai-Tay-Sprachgruppe und kamen vor rund 200 Jahren aus Südchina; sie siedeln häufig in Flusstälern.

Tracht: schwarze Hose, bunt bestickte, bis über die Knie reichende Tunika, farbenprächtige (pink, blau, grün) rechts geknöpfte Bluse, breite, bestickte Bordüre, bunter Turban.

Lu 4500

Muong Lay, Lao Cai

Auch in China und Laos ansässig.

Tracht: ganz in Schwarz mit leuchtend roten Applikationen, oftmals kunstvoll in Schnecken und Zöpfen mehrfach um den Kopf gelegtes oder hochgetürmtes Haar (Rosshaar-Toupets) und/oder Dreispitzturban, reicher Silberschmuck, geschwärzte Zähne.

Lo Lo 4000

Lao Cai, Ha Giang, Cao Bang

Die tibeto-burmesischen Lo Lo wanderten zwischen dem 15. und 18. Jh. aus Yunnan ein.

Tracht: insbesondere die Lo Lo Hoa (Flower Lo Lo), zählen zu den spektakulärsten überhaupt. Rot, gelb, purpurn, oft mit floralen Mustern bestickte Hose, seitlich geschlitzter Schurz, bunte Tunika, hochgestecktes Haar, mit Perlen dekorierter Turban.

- Für eine Rundfahrt durch das Bergland – Hanoi, Muong Lay, Sa Pa, Ha Giang, Cao Bang, Lang Son, Hanoi, alles in allem, Minimum!, rund 1200 km – sind *wenigstens* 7 Tage zu veranschlagen. Ohne längere Aufenthalte oder gar Abstecher! Die Route führt durch einige der spektakulärsten Landschaften Vietnams, ist aber nach wie vor nicht ganz unbeschwerlich.

Entfernungen

Entfernungen **NW-Richtung**

- Von Hanoi (in km): *Hoa Binh* 75, *Mai Chau* 135, *Moc Chau* 190, *Son La* 310, *Tuan Giao* 405, *Dien Bien Phu* 485, *Muong Lay* 505, *Lai Chau/Tam Duong* 605, *Sa Pa* 685, *Lao Cai* 720.

Entfernungen **NO-Richtung**

- Von Hanoi (in km): *Lang Son* 148, *Cao Bang* 287, *Ba Be* (Cho Ra) 240, *Ha Giang* 328, *Lao Cai* 340, *Sa Pa* 380.

Der Nordwesten

Westlich des Roten Flusses gen Laos zu steigen die Gebirgszüge bis auf **2000–3000 m Höhe** an, hier liegt der höchste Berg Vietnams, der *Fan Si Pan* bei Sa Pa (3143 m). Der poröse **Kalkstein** der zerklüfteten Höhenzüge und savannenartigen Plateaus lässt Feuchtigkeit rasch versickern, die sedimentierten Böden sind flach und wenig fruchtbar, Ackerböden und Plantagen müssen künstlich bewässert werden, viele Regionen leiden unter Trockenheit. Während der Regenzeit im Sommer schwellen der **Schwarze Fluss** *(Song Da)* und seine Zu- und Nebenflüsse zu reißenden Strömen an und schwemmen fruchtbaren Boden ins Delta ab; Brandrodung und Abholzung tragen zur fortschreitenden Erosion und Verkarstung ganzer Landstriche bei.

Außer in größeren Ortschaften, die durch permanente Zuwanderung durch Vietnamesen aus dem übervölkerten Delta zuletzt allerdings rapide angewachsen sind, dominieren **ethnische Minderheiten** wie die *Muong, Nung, Thai* und *Hmong*, großteils sog. „Altvölker", die einst von den Viets in die Höhenlagen verdrängt worden waren. Sie sind bis heute deutlich von den Vietnamesen unterschieden, sprechen ihre eigenen Sprachen, pflegen ihre eigenen Riten und Traditionen, leben in Pfahlhäusern usf. (S. Exkurs *Ethnische Minoritäten des Nordens.)*

Die wenigen großen **Verkehrswege** folgen dem Lauf der Flüsse und Höhenzüge von Nordwest nach Südost. Die 2003–2005 ausgebaute N 6 führt von Hanoi über Hoa Binh nach Son La und zweigt bei Tuan Giao in der neuen Provinz Dien Bien als N 279 nach Dien Bien Phu ab, während die N 6 (später als N 12 und N 40) über Muong Lay und Lai Chau/Tam Duong weiter bis Sa Pa und Lao Cai (Eisenbahnstation nach Hanoi) führt.

Der von 2005 bis 2011 projektierte **Song-Da-Staudamm** mit dem dereinst größten Wasserkraftwerk Südostasiens wird das Gesicht der Region bis zur Unkenntlichkeit verändern. Obwohl der Damm bei Son La weitaus kleiner ausfallen wird als geplant, werden beträchtliche Teile des Nordwestens im Wasser versinken. Mit den ersten Maßnahmen, zu denen u.a. die Umsiedlung zigtausender Bewohner, zumeist Ethnien, und der Ausbau der N 6 Hanoi – Son La gehörten, wurde bereits 2003 begonnen.

Markttage sind fröhliche Tage

Hoa Binh

↗ VIII/B1

(Hòa Bình)

Für viele Vietnamesen ein Synonym für Desaster. Das von den sowjetrussischen „Entwicklungshelfern" 1989 nach mehr als zehnjähriger Bauzeit endlich „fertiggestellte" Kraftwerk am Schwarzen Fluss war dank Planwirtschaft und Moskauer Subventionsstop erst Jahre später zu voller Leistung fähig, weshalb Hanoi noch bis Mitte der 1990er Jahre ständig im Dunkel versank.

In der Region wurden Skelette und Werkzeuge prähistorischer Menschen gefunden – Ethnologen sprechen von einem „Hoa-Binh-Menschen", der etwa 8–10.000 Jahre vor unserer Zeit als Jäger und Fallensteller gelebt hat. Einige der Funde sind im örtlichen Museum ausgestellt.

Hoa Binh ist Ausgangspunkt für Exkursionen zu Dörfern der *Muong* sowie der *Weißen* und *Schwarzen Thai*.

Praktische Informationen

- 10.000 Einw. 200 m. Tel. 0218.
- **Hoa Binh Tourist,** Tel. 854370, Fax 854372.
- Die **Muong-Dörfer** *Ban Dam* und *Giang* liegen nur 6 bzw. 8 km entfernt. Die Großfamilien leben in Langhäusern auf Pfählen, bauen Nassreis und Gemüse an, halten Hühner und Schweine. Gästen wird „traditionell" ein Reisschnaps angeboten, der mit einem dünnen Bambusrohr aus gemeinschaftlichen Tonkrügen getrunken wird.

Unterkunft und Verpflegung

- **Hoa Binh.** Komfort-Pfahlbauten im Muong-Stil, im Restaurant „traditionelle" Muong-Gerichte und -Tänze. *Hoa Binh* 1, 32 Zimmer 26–30 $, Tel. 852051, Fax 852372; *Hoa Binh* 2, 19 Zimmer 24 $, Tel. 852537.
- **Manh Ngan.** Sehr gutes Resto auf mehreren Etagen am Ortseingang Richtung Hanoi.

Mai Chau

⇗ VIII/B1

(Mai Châu)

Das flache, von Bergen eingerahmte und vornehmlich von Weißen Thai besiedelte Tal von Mai Chau ist schon seit 1993 Anlaufstation von „Adventure Tours" aus dem nahen Hanoi (135 km) und wird seitdem auch gerne von der Hanoier Großstadtjugend aufgesucht (Wochenenden daher besser vermeiden!). Übertriebene Erwartungen darf man also nicht hegen, dennoch kann man von dem Besuch keineswegs abraten. Die Thai erweisen sich nach wie vor als verblüffend freundliche, liebenswürdige und unaggressive Gastgeber, und Erlebnishungrige, denen die Dörfer zu überfüllt und/oder zu „unauthentisch" sind, nehmen sich einfach einen einheimischen Guide (5–10 $) und trekken drauflos – das Tal ist wirklich wunderschön und voller Überraschungen. Der Ort Mai Chau selbst ist inzwischen eine vietnamesische Kleinstadt geworden.

Praktische Informationen

- 150–400 m. Tel. 0218.
- **Anfahrt.** Die neue N 6 zwischen Hoa Binh und Son La führt direkt an/über Mai Chau vorbei (tolle Panoramasicht). Die meisten Besucher kommen mit Tourveranstaltern, man kann aber aus Hanoi auch selbst anreisen: ab My Dinh-Busbahnhof 2-mal tgl. nach Mai Chau,ca. 40.000 đ. Von Ninh Binh siehe dort.
- **Eintritt.** 6000 đ.

Unterkunft

- **Mai Chau Lodge.** Von schlichter, schöner, zweckmäßiger Eleganz – wie eine Fata Morgana erhebt sich das zweistöckige Juwel aus den umliegenden Reisfeldern: Luxus pur! Mit Pool, Spa und 2 Restaurants. 16 Zimmer, z.T. mit Veranda, 155 $, Suite 195 $ inkl. BF. Tel. 868959. www.maichaulodge.com.
- **Mai Chau Guesthouse.** Staatlich, zuletzt wegen Privatisierung geschlossen.
- **Ngoc Bach.** Mini mit 10 Zimmern 6–10 $. Tel. 867340.

• **Homestay.** Im *Thai-Langhaus* in den Weilern *Ban Lac* oder *Pom Coong* nur wenige hundert Meter weiter. Im Hauptraum können bis zu 25 Leute zum Schlafen aufgereiht werden (à 4 $), Matratze, Kissen und Moskitonetz werden gestellt. Etwas weniger boutiquenhaft-touristisch ist es im Weiler *Ban Van* in entgegengesetzter Richtung (gut und sauber: Guesthouse No. 1).

Moc Chau

↗ VIII/A1

Über das langgezogene Hochplateau von Moc Chau (800–1000 m) geht es Richtung Son La. Längs der landschaftlich schönen Route, die streckenweise am **Song Da** (Schwarzer Fluss) entlang führt, begegnet man vereinzelt *Muong* (die man westlich von Son La nicht mehr antrifft) sowie *Weißen* und *Schwarzen Thai*. Seit neuerer Zeit wird intensiv Tee-Anbau und Milchwirtschaft betrieben.

Praktische Informationen

• 3000 Einw. 1000 m. Tel. 022.
• **Markt.** Auf halber Strecke zwischen Hoa Binh und Moc Chau findet in *Phong Phu* Donnerstag ein Minoritätenmarkt statt.

Unterkunft

• **Moc Chau.** Spätsozialistischer Betonkasten kurz vor dem Ort; etwas gespenstisch, aber die Zimmer sind in Ordnung; 10–20 $, Tel. (022) 869047.
• Empfehlenswerter ist das Minihotel **Duc Dung** unweit des Zentrums; 8–12 $. Tel. 866181/3.

Son La

↗ III/D2

Fast alle Reisenden nach Dien Bien Phu oder Muong Lay machen hier Station. Ein Moloch von Provinzstadt – allein die Hauptstraße *To Hieu* mit Post und protzigem Kulturhaus ist mehrere km lang –, deren ungebremster Bauboom bereits dem nahen Staudammprojekt zu danken ist.

Auf einem Hügel im Ort erhebt sich eine ehemalige **Strafkolonie** für rebellische „Eingeborene" und antikoloniale Widerstandskämpfer. Das 1908 errichtete Gefängnis – *Pénitencier* ist noch am Tor zu entziffern – wurde von den abrückenden Franzosen 1952 teilweise zerstört (zu sehen sind u.a. noch die unterirdischen Verliese). Das angeschlossene *Museum* zeigt interessante Dokumente zum Widerstandskampf und zur Kultur der regionalen Ethnien.

Praktische Informationen

• 12.000 Einw. 660 m. Tel. 022.
• **Geld.** *Vietcombank* (Hauptstraße *To Hieu*).
• **Museum.** Tgl. 7.30–11 Uhr, 13.30–17 Uhr, 15.000 đ.

Unterkunft

• **Cong Doan** (Union). Mehrfach renoviertes, 2004 um die doppelte Kapazität erweitertes Gewerkschaftshotel mit überraschend freundlichem Service. Annehmbares und nicht überteuertes Resto. 100 Zimmer 15–20 $, im Neubau 25 $ inkl. BF. Tel. 852804, Fax 855312, longcdus@hotmail.com.
• **Phong Lan.** Gegenüber dem Zentralmarkt. 30 große, saubere AC-Zimmer 20–25 $ inkl. BF. Tel. 853515, Fax 852318.
• **Hoa Anh Dao.** Siebenstöckiges Haus mit Aufzug und teilweise schönem Ausblick; super sauber, sehr zuvorkommender Service. 24 große AC-Zimmer, z.T. mit Balkon, Badewanne, Minibar 10–13 $. Nicht ganz zentral (So Nha 45), aber gute Essstube in der gleichen Straße. Tel./Fax 858667.
• **Hoa Dao.** Unweit des Cong Doan. 18 Zimmer, mit Fan 6 $, mit AC 8 $. Korrekt, wenngleich einige Zimmer ohne Fenster. Resto. Tel./Fax 853823.

- In der gleichen Straße (26/8) liegen auch **Chung Lan,** 9 Zimmer 8–10 $, und **Viet Trinh,** 5 Zimmer 6 $.
- **Phuong Bac.** Sympathisch, sauber, okay, fast alle 8 Zimmer mit Fenster (8 $). 260 To Hieu, Tel. 857589.

Essen und Trinken

- **Cong Doan,** s.o. Ordentlich und nicht überteuert.
- **Hai Phi.** Resto an der N 6 Richtung DBP. Lecker: *Lau* (Steamboat) mit Ziege. In der Nähe **Hong Minh,** Spezialitäten vom Grill.
- **Long Phuong.** Gemütliches Stadt-Resto, gegenüber dem Son-La-Hotel, auch Guesthouse.
- **Thanh Lan.** Groß, aber oft von einheimischen Gruppen belegt. 96 To Hieu (bei der Post).

Anreise und Weiterreise

- **Entfernungen** (in km): Hanoi 310, Mai Chau 170, Moc Chau 120, Dien Bien Phu 165, Sa Pa 340.
- **Alternativroute Sa Pa** (210 km). 25 km hinter Son La auf die N 107, an der Brücke über den Schwarzen Fluss *(Song Da)* auf die N 279, die auf die N 32 Richtung Lai Chau mündet. Ruhiger und landschaftlich schöner.
- **Bus.** Von/nach Hanoi (My Dinh) 4 bis 12 Uhr stdl., Fahrzeit ca. 12 Std. (64.000 đ). Von/nach Dien Bien Phu 2x tgl., Fahrzeit 6–7 Std. (40.000 đ). Von/nach Sa Pa Umsteigen in Lai Chau (Tam Duong). Mehrmals wöchentl. von/nach Ninh Binh. Busbahnhof *(ben xe)* rund 4 km vom „Zentrum" Richtung Hanoi.

Tuan Giao ⇗ III/D2

Hinter dem Weiler *Thuan Chau* (35 km, Minoritätenmarkt) gelangt man über den 985 m hohen **Pha-Din-Pass** in die Provinz Dien Bien, die mit der Nachbarprovinz Lai Chau die mit Abstand unwegsamste und dünnbesiedeltste Region des Landes ist. Neben Weißen

068vi Foto: kb

Rote Hmong-Frau mit kunstvoller Frisur

und Schwarzen Thai, den vorherrschenden Bevölkerungsgruppen, begegnet man immer häufiger *Hmong* (Meo), die früher in größeren Höhen lebten, aber immer mehr in die Täler umgesiedelt wurden.

Tuan Giao (405 km von/nach Hanoi) ist ein freundlicher Marktflecken mit zahlreichen Cafés und Restaurants. Hier gabelt sich die Route in die N 6A nach Muong Lay (98 km) und die N 279 nach Dien Bien Phu (82 km).

Unterkunft u. Verpflegung

- **Tuan Giao.** Ruhig, freundlich. 12 Zimmer 5 $ (4 Betten, Bad außen) und 10 $ (DZ mit Bad). Gegenüber der Post, an der Straße nach Muong Lay. Tel. 0230-862613.

● **Hoang Quat.** Hier kehren alle Touren ein, dafür recht akzeptabel; gute Fleischspieße. Ebenfalls an der Route nach DBP liegt das etwas größere **Thanh Thuy.**

Dien Bien Phu

↗ III/C-D2

(Điện Biên Phu)

Überblick

Die **Dschungelfestung** Dien Bien Phu war 1954 Schauplatz einer der berühmtesten Schlachten des 20. Jahrhunderts. Den Grund dafür verdeutlicht drastisch der (deutsche!) Untertitel des viel gelesenen, seinerzeit auch als *Spiegel*-Serie erschienenen Tatsachenberichts von Jules Roy, „Der Fall von Dien Bien Phu – *Des weißen Mannes Stalingrad in Indochina*“. Kanzler Konrad Adenauer am 29.4.1954 vor dem Bundestag: „Die Soldaten, die in Indochina Blut und Leben opfern, tun dies nicht bloß für Frankreich allein, sondern im Dienste der Freiheit für die ganze Welt.“ So dachte man eben damals.

Ort und Schlachtfeld als solche lohnen den Aufwand nur bedingt (für *Afficionados)*, aber die Fahrt entschädigt zumindest durch schöne Landschaften und gelegentliche Begegnungen mit Minoritäten wie Thai, Hmong und Dao.

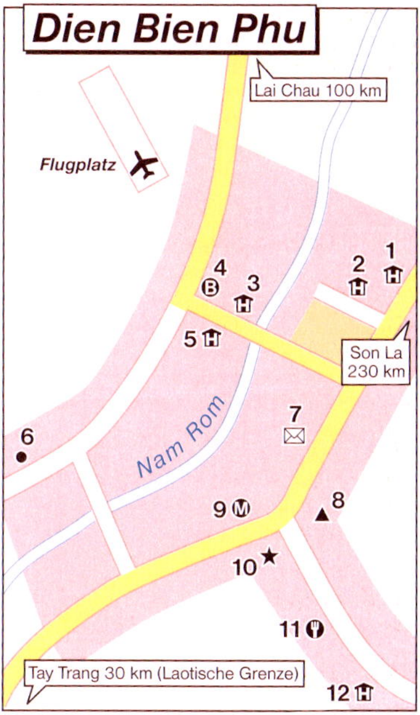

🏨	1	Dien Bien Mini
🏨	2	Thuong Mai
🏨	3	Airport
🏨	4	May Hong
Ⓑ	5	Busbahnhof
●	6	De-Castries-Bunker
✉	7	Post
▲	8	A1-Hügel
Ⓜ	9	Museum
★	10	Gedenkstätte
🍴	11	Lien Tuoi
🏨	12	Brewery
		Markt

Geschichte

Im September 1945 nutzte **Ho Chi Minh** die Wirren des Zweiten Weltkriegs, um die Unabhängigkeit zu proklamieren. Als die Kolonialmacht zurückkehrte, evakuierte Ho Chi Minh seine Regierung in den Dschungel von Cao Bang und rief zum Widerstand auf. Als 1950 die neugegründete VR China sowie die Sowjetunion Partei für die Vietnamesen ergriffen, weitete sich der regionale Konflikt zu einem Stellvertreterkrieg der Weltmächte, in dem die USA bis zu 80 % der französischen Kriegskasse bestritten.

Um dem Viet Minh den Nachschub über Laos und Südchina abzuschneiden, beschloss General Navarre, der Oberbefehlshaber der französischen Streitkräfte, das Tal von Dien Bien Phu zu einer Festung auszubauen und dort eine Entscheidungsschlacht zu erzwingen. Die 16.000 Mann starke Besatzung des abgelegenen Forts wurde täglich aus der Luft versorgt und fühlte sich vollkommen sicher, da sein Gegner weder über Flugzeuge noch LKW verfügte.

General **Vo Nguyen Giap,** der Gründer der vietnamesischen Volksarmee, befahl das Unmögliche. In Rucksäcken, auf Tragestangen, Fahrrädern, Ponys und Büffelkarren schleppten die Partisanen in monatelanger Arbeit und unter Mithilfe der einheimischen Minderheiten Flakgeschütze und schwere Artillerie durch den Bergdschungel bis vor die Festung. Angesichts des wie aus dem Nichts aufgetauchten Gegners verübte der französische Kommandant Selbstmord.

Die Belagerung begann am **13. März 1954.** Unter der genialen Regie ihres Oberbefehlshabers Giap, der erstmals Schützengräben und Tunnel als *offensive* Kriegstaktiken anwandte, zogen die Partisanen trotz permanenter Bombardierungen durch die französische Luftwaffe den Ring um die Festung immer enger. US-Präsident Eisenhower und sein Vize Nixon waren bereits zum Einsatz von **Atombomben** entschlossen, wurden aber noch rechtzeitig vom Kongress gestoppt. Am **7. Mai,** nach 55-tägiger Belagerung, ergab sich das Fort. Die Kapitulation von Dien Bien Phu bedeutete gleichzeitig das Ende der französischen Kolonialherrschaft. Unter den Toten befanden sich einige tausend deutsche Fremdenlegionäre und Söldner aus Marokko, Algerien und dem Senegal.

Dien Bien Phu-Museum

Fotodokumente, Schaubilder, Dioramen, zeitgenössische Objekte und Waffenarsenale (Bomber, Panzer, Flakgeschütze etc.) vermitteln ein anschauliches und eindrucksvolles Bild der Schlacht. Unter den Exponaten befindet sich auch das berühmte, mit Holz und Bambus verstärkte *Dien-Bien-Phu-Fahrrad*, das Lasten bis 200 kg durch den Dschungel trug.

Die wichtigsten Positionen des Schlachtfelds, die Frauennamen wie *Dominique, Eliane* und *Claudine* trugen, können ebenso besichtigt werden wie der (rekonstruierte) Bunker von Colonel de Castries, der die Kapitulation verkündete.

Gegenüber dem Museum und neben dem gewaltigen Heldenfriedhof der Viet Minh die **Höhe Eliane** (A 1); hier befand sich das untertunnelte Hauptquartier des französischen Gouverneurs. Die Viet Minh gruben sich in wochenlanger Fronarbeit unterirdisch an die Bastion heran und ließen sie am Abend des 6. Mai 1954 mittels 1000 Tonnen Sprengstoff in die Luft gehen; am darauf folgenden Tag kapitulierten die Franzosen. Die Bunkeranlagen sind großteils rekonstruiert, von der Höhe hat man einen schönen Rundblick auf Dien Bien und die strategischen Stellungen rundherum.

Praktische Informationen

- 30.000 Einw. 600 m. Tel. 0230.
- **Dien Bien Tourist,** Tel. 825103, Fax 825467.
- **Museum.** Tgl. außer Mo 7.30–11.30, 13.30–17.30 Uhr, Eintritt 5000 đ (nur Museum), 10.000 đ (inkl. Höhe Eliane und de-Castries-Bunker).

Unterkunft

- **Muong Thanh.** Für Formel-Eins-Fans: enge Boxen, Luder, Phonstärken. 65 Zimmer, korrekt, aber winzig und eng, dafür mit Wasserspender (!) 25–35 $ inkl. BF. Im Innenhof 10 Zimmer im Pfahlhaus 12 $ (Holzsärge mit Matratze und AC), dazu Pool, Restaurant und Karaoke. Tel. 810038, Fax 810713.
- **Dien Bien Phu.** Freundliches neues Haus mit 32 blitzblanken Zimmern 16–19 $. Emp-

fehlenswert. 279A 7 Thang 5, Tel. 825103, Fax 826 290.

- **Cong Doan.** Die Gewerkschaft ist keine schlechte Alternative. 50 Zimmer 15–27 $, im Hof 4 Fan-Zimmer 8–10 $. Tel. 824841, kscongdoandbp@hn.vnn.vn.
- **Binh Long.** Ordentlich und zentral, freundliche Leitung. 14 Zimmer 15–27 $ inkl. BF. 429 Muong Thanh, Tel. 824345.
- **Airport** (Hang Khong). Beherbergungsbetrieb von altem Schrot und Korn, aber akzeptabel. 12 Zimmer mit AC, Bad, WW 8 $. 239 Thanh Binh, Tel. 825052, Fax 826060.
- **May Hong.** Gutes Billighotel, Neubau, sauber, korrekt. 13 Zimmer, z.T. mit Balkon, 6–8 $. 2 Thanh Binh, Tel. 826300.

Essen und Trinken

- **Lien Tuoi.** Gute Küche, große Auswahl, englische und französische Karte. Rund 400 m vom Museum auf der Hoang Van Thu (zwischen Friedhof und Höhe Eliane).
- **Huong Rung.** Sehr populäres, großes Restaurant auf Pfählen am Ortsausgang Richtung Son La.
- **Huong Dong Noi.** 5 Thanh Binh.

Anreise und Weiterreise

- **Entfernungen** (in km): Hanoi 475, Moc Chau 285, Son La 165, Tuan Giao 85, Tay Trang (Grenze Laos) 34, Muong Lay 105, Sa Pa 340.
- **Bus.** Von/nach Hanoi (4x tgl., 17–20 Std., ca. 100.000 đ), Son La (3x tgl., 6–7 Std.), Tuan Giao (3x tgl., 3 Std.), Muong Lay (5x tgl., 4–5 Std.), Lai Chau (2x tgl., 9–10 Std.), in Lai Chau Umsteigen nach Sa Pa/Lao Cai.
- **Flug.** Tgl. außer Mo von/nach Hanoi. Der Flughafen liegt nur knapp 2 km vom Zentrum entfernt. *Vietnam Airlines*, im Airport-Hotel, Tel. 824692, Fax 826060.
- **Nach Laos.** Der Grenzübergang *Tay Trang* (34 km) ist für Ausländer offen. 1–2x tgl. per Bus nach *Muang Khoua (Meng Khuo*, 100 km), weiter bis *Oudomsay* und von dort per Bus oder Boot (8–9 Std.) nach Luang Prabang.

Homestay

069vi Foto: kb

Muong Lay (ehem. Lai Chau)

↗ III/D1

(Mường Lay)

Eine sterbende - oder vielmehr bereits gestorbene - Stadt. Nach mehreren katastrophalen Überschwemmungen durch den *Song Da* (zuletzt 1996) wurde sie aufgegeben, und in nicht so ferner Zukunft wird man sie in einem gigantischen Stausee ersäufen. Sehr viel mehr als eine lang gezogene Marktstraße ist kaum noch übrig. Einige Ansiedlungen der Weißen Thai. Und ein gemütliches Gasthaus, das zu Recht fast jeden Tag ausgebucht ist.

Praktische Informationen

- 5000 Einw. 800 m. Tel. 0231.
- **Lan Anh.** Pfahlhäuser im Thai-Stil, viel Grün, immer belebt, gute Atmosphäre. Ein Hauch von Karawanserei, wo sich jedermann trifft, Honoratioren, Fernfahrer, Vertreter, Traveller, Touristen. Gutes Essen, Tour-Service. 50 Zimmer, im Altbau 12 $, im Neubau 22-50 $ inkl. BF. Tel. 852682, www.lananhhotel.com.
- **Song Da.** Einzige Alternative, an der Route nach DBP. Annehmbar. 9 Zimmer 6-9 $, Tel. 852527.

Anreise und Weiterreise

- **Busbahnhof** 2 km südl. vom Markt Richtung DBP. Tgl. 3-4x von/nach Dien Bien und Lai Chau (Tam Duong), Umsteigen nach Lao Cai (ca. 10 Std.).
- **Entfernungen** (in km): Hanoi 505, Tuan Giao 98, DBP 103, Pa So 80, Lai Chau (Tam Duong) 100, Sa Pa 185.

Umgebung von Muong Lay

- **Muong Te.** 900 m hoher Außenposten im Dreiländereck Vietnam, China, Laos, vornehmlich besiedelt von Thai und Viets. Schöne Fahrt entlang dem *Song Da* und *Song Te*. Der **Sonntagsmarkt** ist Treffpunkt u.a. von *Hmong, Ha Nhi, Si La, La Hu* und Besuchern aus China. Unterkunft im rustikalen *Gästehaus des Volkskomitees.* 100 km NW.
- **Sin Ho.** Bergdorf der Hmong 35 km östlich der N 12 Richtung Lai Chau. Die Piste ist schmal und steil (1050 m) und gewährt schöne Ausblicke. Attraktiver Sonntagsmarkt. Weiterfahrt bis Pa So (50 km).

Pa So ↗ III/D1

Zwischen Muong Lay und Lai Chau (100 km) wunderschöne Fahrt entlang des **Song Da.** Üppige, **wildromantische Berglandschaft,** Bananendschungel. Im Flusstal leben *Weiße Thai* vornehmlich von Ackerbau und Fischfang.

Der Weiler Pa So an der N 12 ist 80 km von Muong Lay und nur 18 km von der chinesischen Grenze entfernt. Möglichkeit zu *Trekking* und *Rafting* auf dem Schwarzen Fluss. Nahebei heiße Quellen. Märkte in *Pa So* (Do, So), *Muong So* (Do, So) und *Lai Chau* (So).

Unterkunft

- **Lan Anh 2.** Stimmungsvolles Guesthouse des Betreibers des *Lan Anh* in Muong Lay, unmittelbar am Song Da gelegen. Restaurant, Café, kompetenter Tour-Service. 50 Zimmer, mit Fan 12, mit AC 22-50 $ inkl. BF. Tel. 0231-896337, www.lananhhotel.com.

Lai Chau (ehem. Tam Duong) ↗ III/D1

Die neu benannte Provinzstadt besteht aus einer langgezogenen Hauptstraße mit einer Markthalle. **Markt** ist täglich, hauptsächlich aber So. Besucher sind *Black Dao* (bestickte Hosen, schwarze

Turbane), *Red Hmong* (mit Faltenrock, ähnlich den *Flower Hmong* von Bac Ha), gelegentlich *Lu* (ganz in Schwarz und Rot, Dreispitzturban oder Turmfrisur, geschwärzte Zähne) und *Lao*.

Lai Chau ist seit 2005 Hauptstadt der gleichnamigen Provinz; rege Bautätigkeit hat sie schon jetzt bis zur Unkenntlichkeit verwandelt.

Praktische Informationen

- 7000 Einw. 900 m. Tel. 0231.

Schwarze Dao

Unterkunft u. Verpflegung

- **Tay Bac.** Großer, moderner Neubau im „Business"-Stil, der Stolz der Stadt. 50 Zimmer 15–20 $. Tel. 875879, Fax 876237.
- **Phuong Thanh.** Simpel, aber sauber, gut geführt. 21 Fan-Zimmer, DZ 10 $, DZ/Triple im Obergeschoss 15 $. Resto im Hof, gutes Essen. Tel. 975235, phuongthanhhotel@yahoo.com.
- **Tuan Anh.** Ordentliche Garküche an der Hauptstraße.

Deo Tram Ton

Der 40 km lang ansteigende und 1900 m hohe *Tram Ton* ist der höchste Pass Vietnams und zugleich **Wetterscheide** zwischen der subtropisch warmen, von laotischen Föhnwinden bestrichenen Provinz Lai Chau und dem frischen, kühlen, vom chinesischen Kontinentalklima diktierten Sa Pa (15 km), dem kältesten Ort Vietnams. Nicht nur die schöne Aussicht, sondern auch die bizarren, oft ebenso plötzlichen wie radikalen Wetterkapriolen – hier kalter, klammer Nebel, dort milder, wärmender Sonnenschein – haben den Pass bereits zu einem Ausflugsziel von Tourveranstaltern gemacht.

Sa Pa ⇗ III/D1

(Sa Pa)

Noch Anfang der 1990er Jahre ein von der Außenwelt abgeschnittenes Nest von unbeschreiblicher Ödnis und Armut, hat sich Sa Pa allen Prognosen zum Trotz binnen weniger Jahre zu einem begehrten **Mountain Resort** gemausert. Vorreiter der Szene waren wie so oft die Backpacker, die ab 1993 mit Minibussen Hanoier Tourcafés das karge Bergnest enterten. Damals gab es gerade mal 4 oder 5 rustikale, halb baufällige staatliche Gästehäuser, heute stehen hier bereits die ersten Luxusresorts mit beheiztem Swimmingpool.

1903 entdeckten die hitzegeplagten französischen Kolonialherren den **1600 m** hoch gelegenen Ort unweit der chinesischen Grenze als idealen **Kur- und Erholungsort.** Nachdem 1920 die Eisenbahn bis Lao Cai ausgebaut war, errichteten sie ockerfarbene „Savoier" Villen, Hotels, Sanatorien, Verwaltungsgebäude und Magazine und krönten das ganze mit einer katholischen Kirche (1930). **„Tonkineser Alpen",** nannten sie die malerische Region zu Füßen des *Fan Si Pan*, des höchsten Berges Vietnams (3143 m). Dann kamen der Zweite Weltkrieg, der Indochinakrieg, der amerikanische Krieg, der Sozialismus, und das stolze „Da Lat des Nordens" verfiel zu einer pathetischen Ruine.

Heute ist das einst marode und halbverlassene Nest, in dem *Hmong, Dao* und *Tay* sich mühsam mit Wurzeln, Kräutern, ein bißchen Wild und dem Anbau von Nassreis, Rübchen und Opium über Wasser hielten, eine **turbulente,** stetig wachsende und von *kinh* (Vietnamesen) dominierte Kleinstadt von (je nach Saison) rund 25.000 Einwohnern, in denen die Ethnien gerade noch Aufenthaltsrecht genießen, solange sie sich für den Tourismus zum bunten Affen machen (lassen).

Klima

Achtung: Sa Pa ist im Winter einer der kältesten Orte Vietnams! Speziell von Mitte Dezember bis Mitte/Ende Februar sind Temperaturen **um 0° C** zwar nicht die Regel, aber häufig genug, und zwischen kurzen Sonnenperioden kann oft tagelang dichter, klammer **Nebel** das Tal einhüllen. Klimatisch angenehmste Monate sind Okt./Nov. und März/April, die wärmsten, aber auch regenreichsten Juni bis August (im Übrigen auch die bevorzugte Zeit der einheimischen Touristen).

Samstagsmarkt

Als Hauptattraktion gilt der vornehmlich von Black Hmong, Red Dao, Tay und Giay frequentierte Samstags-

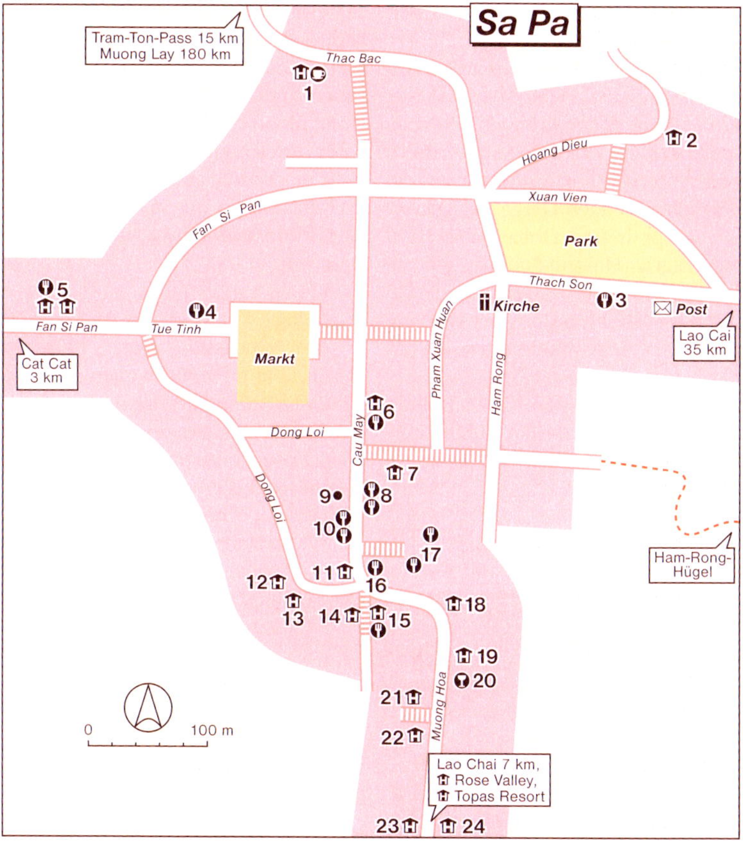

1 Baguettes & Chocolat
2 Victoria Sapa
3 Gecko
4 Camellia
5 Cat Cat, Cat Cat 2
6 Thien Ngan, T-Bone Steak
7 Cha Pa
8 Buffalo Bell, Viet Emotion
9 Zugtickets
10 Bom Bay, Little Sapa
11 Bamboo II
12 Chau Long
13 Hoang Long
14 Mountain View
15 Royal
16 Delta
17 Friendly, Mimosa
18 Lotus
19 Queen, Pinochio
20 Red Dragon Pub
21 Royal View
22 Bamboo Sa Pa
23 Luong Thuy Family
24 Phoenix, Minh Quang

markt. Als Geld noch unbekannt war, tauschte man hier Kohl gegen Birnen, Rüben gegen Pflaumen, einen Wurf Ferkel gegen die nächste Orangenernte, Tabak gegen Reiswein und gelegentlich auch mal die Frauen (wie es heißt), inzwischen geht es um die wirklich wichtigen Dinge des Lebens wie Mopeds und Dollars. Die halbwüchsigen Hmong-Schönheiten albern kokett (und in bestem Englisch) mit Touristen im folkloristischen Ethnien-Outfit – eine weitere Attraktion des Samstagsmarktes.

Tatsache ist, dass Sa Pa von **Freitag** Nachmittag bis **Sonntag** früh manchmal heillos **überfüllt** ist und die Preise (in Hotels, Restaurants, Cafés etc.) bis zu 50 % steigen können. Der Markt findet im Übrigen täglich statt, wenn auch deutlich weniger vielfältig und bunt als am Samstag, wenn nicht nur die Bewohner der umliegenden Dörfer, sondern auch weiter entfernter Weiler sich „in die Stadt" aufmachen (um ihrerseits *Tay*, Ausländer, zu gucken).

Trekking

Die Atmosphäre wirkt dezidiert **alpin,** und nicht nur wegen des alles überragenden, im Winter oft schneebedeckten Massivs der Tonkineser Alpen. Die halb vertraute – eben alpine – und halb fremde, exotische Landschaft mit ihren Reisterrassen und Bambuswäldern lädt zum Trekking ge-

Hmong auf dem Weg zum Markt

071vi Foto: kb

radezu ein und garantiert zudem immer wieder freudige Begegnungen mit Gleichgesinnten, die wie man selbst auf der Suche nach mehr oder minder buntgewandeten Bergbewohnern sind (die sich selbstverständlich jedes Fotolächeln honorieren lassen).

Die gängigsten **Routen** und Anlaufstellen wechseln von Saison zu Saison – permanent sind Scouts auf Achse, immer neue, noch „unverdorbene" Dörfer, Märkte und Pfade aufzutun, die nach spätestens einem Jahr dann schon wieder als alter Hut gelten –, sodass wir von speziellen Empfehlungen bewusst Abstand nehmen wollen.

- **Tagestouren** zu Hmong-Dörfern wie *Cat Cat* oder *Sin Chai* (3–4 Std. hin und zurück) oder zum Felsmassiv *Ham Rong* oberhalb des Orts lassen sich ohne Weiteres auf eigene Faust unternehmen (Wegzoll je nach Route 5–10.000 đ), von längeren Ausflügen ohne ortskundigen Guide ist jedoch abzuraten.
- **Exkursionen.** Exkursionen mit oder ohne **Homestay** (Übernachtung im Ethnien-Dorf) werden reichlich angeboten, sowohl in Hanoi wie in Sa Pa. Wo buchen? a) Manche Guides Hanoier Tourveranstalter kennen die Gegend wie ihre Hosentasche, manche aber auch gar nicht; und die, die einem die Touren verkaufen, haben den Ort in den meisten Fällen nicht mal gesehen. b) Agenturen vor Ort sind in der Regel um keinen Deut weniger professionell als in Hanoi, verfügen aber oft über mehr Erfahrung und Kontakte. c) Die Preisunterschiede sind letztlich nicht der Rede wert.
- **Homestay.** Übernachten bei Ethnien in der nahen Umgebung ist nur bedingt empfehlenwert (es sei denn als Etappe eines mehrtägigen Trekking). Weniger auf den Unterschied zwischen „Light", „Medium" oder „Tough Trekking Homestay" kommt es an – das bedeutet meist nur, ein und dasselbe Dorf auf unterschiedlichen Wegen zu erreichen –, sondern auf die faktische Distanz. Rund um Sa Pa ist nicht mehr allzu viel „natürlich" und „authentisch" (von Baustellen mal ganz abgesehen), und wo einem aus jeder Hütte im Dorf Gleichgesinnte fröhlich zuprosten oder misstrauisch entgegenstarren, vergeht einem bald die Lust. Lieber ein paar Dollar mehr ausgeben (d.h. inklusive Anfahrt mit Jeep) und sich ein Homestay 20–30 oder mehr km entfernt suchen (und dort die Gegend zu Fuß erkunden).
- **Fan Si Pan.** In einer 3-Tage-Tour den Fan Si Pan besteigen ist keine Hexerei. Das Gelände ist technisch anspruchslos – Pickel und Seil kann man getrost vergessen – lediglich ausreichend Kondition sollte schon sein. Plötzliche Temperaturstürze oder einsetzender Dauerregen haben allerdings schon manchen wünschen lassen, lieber die Finger davon gelassen – oder zumindest einem Anbieter vertraut zu haben, dessen Guides und Ausrüstung auch mit solchen Eventualitäten fertig werden.
- **Veranstalter.** Siehe unsere Empfehlungen in Hanoi.
- **Topas.** 24 Muong Hoa, Tel. 872404, www.topas-adventure-vietnam.com.
- **Sapa Nature Tours.** Von einigen Lesern empfohlen. Ansprechpartner ist Mr. *Thang*. 24 Cau May, Tel. 872094, sapanaturetours@hotmail.com.
- **Sapa Trekking Tours.** Ansprechpartner ist Mr. *Tuyen*. Tel. 0913091349, 18 Muong Hoa (Bamboo Hotel). www.sapatravel.com.
- **Guide.** Einziger deutschsprachiger Guide in Sa Pa ist Herr *Bao*, Tel. 0915598457, van bao_sapa@yahoo.com.
- **Markt.** *Muong Hum* (So, 2–3 Std. Bus). *Hmong (Blue, Flower), Black Dao, Giay*, tibetisch-stämmige *Ha Nhi*.

Praktische Informationen

- 25.000 Einw. 1600 m. Tel. 020.
- **Information.** *Sa Pa Tourism Information & Service Center*, 28 Cau May, Tel. 871975, Fax 871976. www.sapa-tourism.com. Faktisch eher Verkaufs- als Auskunftsbüro.
- **Geld.** *Agribank.* Mit ATM. Mo–Fr 7.30–12, 13–16.30 Uhr. 1 Cau May. Ein weiterer ATM beim *Royal Hotel*, 54B Cau May.
- **Apotheke.** 22 Cau May.

Unterkunft

In Sa Pa sieht man vor lauter Hotels bald den Ort nicht mehr. Und von Monat zu Monat kommen neue, immer größere und höhere hinzu – wo man gestern noch eine Panoramaaussicht auf den Fan Si Pan und das halbe Tal genoss, starrt man heute auf Neubauten und Erweiterungstrakts. Der Standard ist dank der großen Konkurrenz dafür erfreulich hoch – AC, Minibar, Sat-TV, Badewanne und sogar Kamin oder Elektroheizung zählen inzwischen fast zur Grundausstattung (zumindest „besserer" Zimmer). Fr/Sa werden die Preise angehoben (resp. je nach Geschäftspolitik des Hauses unter der Woche großzügig „Rabatt" gewährt).

First Class

• **Victoria.** 1999 auf einem Hügel über dem Ort im kolonialen Chalet-Stil errichtet. Komfortabel und gemütlich – eine Klasse für sich. Clou ist ein großer beheizter, im Sommer offener Indoor-Swimmingpool (28°) rund 50 m vom Haupthaus entfernt. Sehr gutes Restaurant (Käsefondue!). 77 Zimmer ab 145++ $. Tel. 871522, Fax 871539. www.victoriahotels-asia.com.

• **Topas Ecolodge.** Die sehr schöne, von Dänen geleitete Anlage steht mitten im Grünen 18 km südlich von Sa Pa. 25 freistehende, kreisrund um einen Hügel angelegte Granithäuser mit Balkon und Solarheizung ab 110 $, inkl. Vollpension, Transfer sowie 3x tgl. Shuttle von/nach Sa Pa. Resto mit gemütlicher Bar. Trekkingtouren und Homestay möglich. Office am Stadtrand, 24 Muong Hoa, Tel. 872404. www.topas-eco-lodge.com.

Tourist

• **Chau Long.** „Pseudogediegenheit à la My home is my castle, mehr Schein als Sein", attestierten wir schaudernd dem ersten Haus (23 Zimmer ab 32 $). Das zweite setzt allem noch die Krone auf (abgesehen davon, dass es tatsächlich wie ein Kastell aussieht): ge-

31. Januar 2000: Sensation! Schnee in Sa Pa!

072vi Foto: kb

schmacklosester Pseudoluxus so grotesk wie die offiziellen Rates: 115–180 $ ++. 24 Dong Loi, Tel. 871245, www.chaulonghotel.com.

• **Royal View.** Im Vergleich dazu ein Hort der Behaglichkeit. 6 Stockwerke, Lift, 42 Zimmer. Die meisten kosten 70 $ inkl. BF und Panoramabalkon (im Untergeschoss auch 50–60 $), die schönsten außer den beiden Suiten (115 $) sind die Eckzimmer 305, 405 mit Balkon und 3 Aussichtsfenstern. 14 Muong Hoa, Tel. 872991, www.royalsapa.com.

• **Cha Pa Garden.** Exquisit! 4 schlicht-elegante Zimmer mit witzigen Details in schöner Kolonialvilla mit Garten. Ein Schmuckstück, errichtet von zwei jungen Skandinaviern, die auf dem Nachbargrundstück 10 weitere Zimmer mit Spa und Minipool planen. Groß und mit Balkon 60, ohne und etwas kleiner 40 $ inkl. BF (lohnt auch ein paar Dollar mehr!) 23B Cau May, Tel. 872907. www.chapagarden.com.

• **Rose Valley.** Bungalows inmitten eines weitläufigen Geländes mit schönen Blicken in die Täler 2 km unterhalb von Sa Pa. Kein *Super*-Hotelstandard, aber bequem genug. 50 $, Suiten 70 $ inkl. BF. Resto-Bar. Tel. 871056, www.atiresorts.com.

• **Bamboo Sa Pa.** Gut ausgestattete Zimmer, meist mit Kamin und schöner Aussicht. Andererseits etwas starr und leblos, auch in punkto Service. Die vermeintlichen Balkone sind bloß Galerien. Großes, für Gruppen konzipiertes Restaurant. 45 Zimmer 30–50 $ inkl. BF. Ein zweites Haus gleich daneben hat etwas modernere, aber auch kleinere Zimmer. 18 Muong Hoa, Tel. 871076, www.sapatravel.com.

• **Baguettes & Chocolat.** Für Individualisten: Hübsche DeLuxe-Pension über dem ausnehmend geschmackvoll eingerichteten Café der gemeinnützigen *Hoa-Sua*-Schule, Hanoi. Sehr aufmerksamer Service, ruhig, eigene Bäckerei/Konditorei. Nur 4 Zimmer à 25 $ inkl. BF. Tel./Fax 871766.hoasuaschoolsp@hn.vnn. vn.

• **Thien Ngan.** Neues Hotel mit angeschlossenem Steakhaus. Ordentlich, auch für den Preis, aber ohne Ausblick. 18 Zimmer 25 $ inkl. BF. 21 Cau May, Tel. 873222.

• **Bamboo 2.** Neu, sehr ordentlich. 15 Zimmer 20 $ inkl. BF (unter der Woche 15 $). 42 Cau May, Tel. 872350.

• **Cat Cat.** Der schönste Blick auf Sa Pa und die Berge. 40 Zimmer in 2 Gebäuden, im Neubau von 2008 30–50, im Altbau 10–30 $ inkl. BF. Das Ensemble weitläufiger Terrassen und Ausblicke, einst unverwechselbares Markenzeichen des Hotels, ist durch den Eingriff zwar beeinträchtigt, aber noch vorhanden. Gutes Resto. Im dritten Block an der Straße 18 Zimmer 8, 10, 15 $. 46 Fan Si Pan, Tel. 871946. www.catcathotel.com.

Budget

• **Royal.** Insgesamt gelungene Mischung aus Seriosität und Lockerheit, Traveller und Touristen. Gutes Restaurant, sehr kompetenter Tourservice, gutes Preis-Leistungsverhältnis. 28 Zimmer, z.T. mit Aussichtsbalkon 10–18 $ inkl. BF. 54B Cau May, Tel. 871313, www.royalsapa.com.

• **Mountain View.** Von einigen Zimmern herrliche Aussicht (große Panoramafenster, Balkon), insgesamt ein wenig laut. Populäre Sonnenterrasse, Internetcafé. 27 Zimmer 7–20 $, abhängig von der Lage und Größe. 54A Cau May, Tel. 871334. www.royalsapa.com.

• **Cat Cat 2.** 8 Zimmer, alle mit Terrassen 10–15 $ inkl. BF. Schön Zi. 07 mit Riesenfenster 15 $. 42 Fansi Pan, Tel. 871387, hoa_ toc_ tien83@yahoo.com.

• **Lotus.** Mitten im Ort. 16 große, saubere Zimmer, z.T. mit Balkon 5–8 $. Schöne Caféterrasse. 5 Muong Hoa, Tel./Fax 871308.

• **Hoang Long** (Prince). Sympathisches Relikt. 9 große und saubere Zimmer 10–12 $ inkl. BF (im Zimmer serviert), Zi 202 (DZ/Triple) mit Balkon und Sonnenterrasse 15 $. Dong Loi, Tel. 872089.

• **Queen.** Für den Preis akzeptabel. 20 Zimmer 5–10 $ (je höher, desto teurer), z.T. mit Aussicht und Terrasse. 9 Muong Hoa, Tel. 871301, sapaqueenhotel@yahoo.com.

• **Pinochio.** 18 Zimmer, fast alle mit View 5–10 $, 4 in einem Holzhaus auf dem Dach 4 $. Super Terrasse. 15 Muong Hoa, Tel. 871876, pinochiohotel_sapa@yahoo.com.

• **Phoenix.** Wird völlig neu errichtet, größer und mit Café-Bar; etwas abseits vom Getriebe und mit schönem Blick, allerdings jenseits der Straße. 41 Muong Hoa, Tel. 871515, Fax 871908.

• **Luong Thuy Family.** 7 Zimmer, davon 4 mit Balkon und tollem Blick auf unverbaute Natur, 6–8 $. 28 Muong Hoa, Tel. 872310, ha dungvinap@yahoo.com.

• **Minh Quang** *(Green Valley).* 100 m vom Ortsrand, sauber, ordentlich und freundlich. 11 Zimmer à 7 $, 305 und 405 mit Veranda, Dorm 3 $. Resto-Bar. 45 Muong Hoa, Tel. 871449, sapawelcomes@hn.vnn.vn.

Essen und Trinken

• **Camellia.** Das älteste Resto von Sapa, gemütlich, recht gute Küche, allerdings häufig von Gruppen überrannt (speziell Fr/Sa). Spezialität Hot Plates (mit Fisch, Rind, Schwein). 22 Tue Tinh, hinter dem Markt.

• **Delta.** Pizza, Pasta & Co. Immerhin wurden hier schon *Cocktails* gemixt, als Rest-Sa Pa darunter noch Hahnenschwänze verstand. 33 Cau May.

• **Gecko.** Nettes Ambiente, französische und vietnamesische Küche, 4-Gänge-Menüs mit großer Auswahl 9–11 $ – für Sapa schon fast ein Schnäppchen. Bei der Post.

• **T-Bone Steak.** Neu. Western Food inkl. Pizzapasta usf., Steaks ab 10 $. 21 Cau May.

• **Viet Emotion.** Schick-gemütliche Lounge mit französischer Küche, französischen Weinen und selbst französischem Käse; Hauptgerichte ab 10 $. 27 Cau May.

• **Buffalo Bell.** Angeblich italienisch – kommt uns spanisch vor. 25 Cau May.

• **Bom Bay.** Der erste Inder Sapas! Günstig. 36 Cau May.

• **Little Sapa.** Billig und offenbar genießbar, da kann man auch mal schmucklos speisen. 18 & 38 Cau May.

• **Mimosa & Friendly.** Travellerfood mit vietnamesischem Touch. *Mimosa* ist vor allem innen gemütlich. *Friendly* hat die schönere Terrasse, aber das mit Abstand schlechtere Essen (z.T. ungenießbar). Von der Cau May Treppe nach oben (Wegweiser).

• **Red Dragon Pub.** Unten Coffeeshop. Oben gemütliche Bar. Ein Touch von Merry Old England mitten in den Alpen Tonkins *(John* und *Loan).* 21 Muong Hoa.

• **Nachtmarkt.** Seitlich der Kirche findet täglich ein kleiner Nachtmarkt statt, auf dem auch einige Garküchen einen Platz haben.

Shopping

• Die allgegenwärtigen, geschäftstüchtigen Hmong-Frauen verhökern hübsche Indigo-Decken und -Taschen etc.; Vorsicht, die Stoffe sind nicht fixiert und färben alles blau und grün! Am Abend offerieren sie gelegentlich auch Gras und Opium – aber auch wenn man sie nicht sieht, die Polizei ist überall („Unsere Polizisten in Zivil sehen teilweise aus wie betrunkene Cyclofahrer").

• Entlang der Hauptstraße eröffnen zunehmend Boutiquen und Souvenirshops. Zum Teil gar keine schlechten Sachen. Auch hier: Bei Stoffen und Kleidung auf Fixierung achten (evtl. Daumen anfeuchten, über den Stoff rubbeln).

Anreise und Weiterreise

• **Per Zug.** 4-mal tgl. Hanoi – Lao Cai (340 km). Am günstigsten sind die Nachtzüge 21.30, 22 und 22.10 Uhr, Ankunft 5.30 bzw. 6 Uhr. Preise und **Spezialwaggons** siehe unter Zug, *Hanoi.* Direkter Anschluss nach Sa Pa (35 km, ca. 1 Std.) per Bus (25.000 đ, Ticketverkauf im Bahnhof) oder Xe Om (3–5 $). Tickets nach Hanoi können gegen eine geringe Kommission im *Train Ticket Office,* 24 Cau May, oder im *Hotel Royal* gelöst werden. Ab Lao Cai 10.30, 19, 20.50, 21.15 Uhr.

• **Per Auto** oder **Motorrad.** Fahrzeit ab Hanoi 10–12 Stunden. Die gute (allerdings permanent weiter ausgebaute) Straße nach Sa Pa zweigt 5 km vor Lao Cai ab.

• **Per Tour.** Gegen den Preis von Zweieinhalb-Tagestouren für 80–90 $ inkl. aller Transporte, Guide, Trekking, Teilverpflegung und 3 Übernachtungen (2x Zug, 1x Hotel oder Homestay) lässt sich absolut nichts sagen, man sollte dabei aber nicht übersehen, dass man gut die Hälfte der Zeit in Zügen und Bussen verbringt.

Blaue Hmong bei Cao Bang

- **Nach Bac Ha** (105 km). Zum Sonntagsmarkt von *Bac Ha* verkehren Tour-Busse (Abfahrt 6, Rückkehr ca. 16 Uhr, um 10–12 $). Per Lokalbus Umsteigen in Lao Cai.
- **Entfernungen** (in km): Muong Lay 235, Dien Bien Phu 340 und Hanoi 815.

Lao Cai

↗ III/D1

(Lào Cai)

Der seit 1994 wieder aufgenommene Handel mit China hat den verschlafenen Grenzposten zum chinesischen Yunnan in eine burschikose Retortenstadt zwischen sozialistischem Pomp und parvenühaftem Protz verwandelt (nur ein schwacher Trost, dass es beim chinesischen Nachbarn *Hekou* noch grauenvoller ausschaut).

Zentrum und Markt liegen auf dem linken, Bahnhof und Grenze, rund 2 km voneinander entfernt, auf dem rechten Ufer des Roten Flusses.

Praktische Informationen

- 40.000 Einw. 600 m. Tel. 020.
- **Geld.** Wechselstuben am Bahnhof und an der Grenze (nur Bargeld, US-Dollar oder Euro).
- **Unterkunft.** Es gibt zahlreiche, vornehmlich von chinesischen Besuchern frequentierte Minihotels an der Grenze. Vom *Song Hong* hat man zumindest eine Aussicht auf China; 15 Zimmer 8–10 $, Tel. 830004.
- **Essen und Trinken.** Auf der *Hong Ha*, einer hübschen, mit Bäumen bestandenen Straße auf dem linken Ufer (ein Rest „altes" Lao Cai) gibt es mehrere empfehlenswerte Garküchen und Cafés.
- **An- und Weiterreise** siehe *Sa Pa* bzw. *Hanoi*.
- **China.** Mit dem Bus 3-mal tgl. nach *Con Minh* (Kunming) ab *Hekou*, der chinesischen Grenzstadt auf der anderen Seite des Flusses. Die Zugverbindung ist (vorläufig?) eingestellt.

073vi Foto: kb

Bac Ha

↗ IV/A1

(Bắc Hà)

Als Alternative zu Sa Pa haben sich die findigen Hanoier Tourcafés schon vor Jahren das nur 900 m hohe (und darum nicht gar so kühle) Bac Ha ausgeguckt. Der in einem Talkessel gelegene Ort selbst ist ohne jegliche Atmosphäre und mit Sa Pa nicht ansatzweise zu vergleichen – einzige echte Attraktion ist der bunte **Sonntagsmarkt** –, aber für **Trekking** und **Homestay** vielleicht sogar geeigneter. (Empörend: 2007 wurden die alten französischen Markthallen abgerissen und durch historisierende Neubauten ersetzt).

Bac Ha ist deutlich weniger überlaufen (unter der Woche oft nahezu tot), das Klima ist ein bisschen weniger rau, zumal im Winter, und die Dörfer und **Märkte** der näheren Umgebung sind – noch – ein wenig ursprünglicher geblieben.

Eine Besonderheit sind die extrem farbenfreudigen *Flower Hmong*, die mit Abstand vorherrschende Ethnie der Region, des Weiteren wird man Tay, Nung, Dao und Giay sowie, allerdings seltener, Phu La, Lu und anderen Minoritäten begegnen. Im den Monaten März und April ist das sanfte Hügelland oberhalb des Roten Flusses in ein Meer weißer Pflaumenblüten getaucht.

Der aus China kommende **Song Chay** ist auf ca. 50 km Länge ein ideales Gewässer für Floßfahrten und Wildwasser-Kayaking.

074vi Foto: kb

Palast des Hmong-Königs

Der aufwendige, zweistöckige Palast mit Freitreppe und Innenhof wurde 1921 für den von den Franzosen gekürten „König der Hmong" gebaut, um die Hmong auf ihre Seite zu ziehen und gegen aufständische Vietnamesen (oder Mitglieder anderer Bergvölker) zu mobilisieren. Später paktierte der „König" mit den Amerikanern und floh 1973 mit 8000 Getreuen und einem Goldschatz über Laos nach Kalifornien, wo seine Nachfahren noch heute leben. Eintritt frei.

Praktische Informationen

- 3000 Einw. 900 m. Tel. 020.
- Das Volkskomitee von Bac Ha ist berüchtigt für seine enervierende **Lautsprecherpropaganda,** morgens früh ab 5 Uhr, und dann noch mal am späten Nachmittag.

Unterkunft

- **Sao Mai.** 95% aller Touristen und Traveller nächtigen hier – die übrigen haben keinen

075vi Foto: kb

Platz gefunden –, dementsprechend sind die Preise. Resto, Touren, Vermietung von Motorbikes und Jeeps, am Wochenende bunte „Ethnientänze". 45 Zimmer, im Altbau 25 $, im Neubau 30–35 $ inkl. BF (Sa/So Aufpreis 5 $). Tel. 880288, saomaibh@hn.vnn.vn. Ende 2008 soll ein weiterer Trakt mit 30 Zimmern ab 40 $ fertig sein.

• **Thien Thanh.** Neu. Ruhig, auf einem kleinen Hügel über dem Ort, ordentlich (gute Betten). 11 Zimmer 21–35 $ inkl. BF. Tel. 880676. www.bachahotel.com.

• **Dang Khoa.** Neu. Recht okay, an der Hauptstraße. 16 Zimmer 12–14 $. Tel. 880290.

• **Tran Sin.** An der Marktstraße, 8 Zimmer, vorne mit Balkon, 10 $. Tel. 880240.

• **Tuan Anh.** Mini am „großen Platz". 11 Zimmer 7–10 $. Tel. 880377.

• **Toan Thang.** Sympathisches, zweistöckiges Holzhaus mit 8 Zimmern, sauber und nett, 8 $. Seit Anfang 2008 neuer Flügel mit 10 Zimmern. Schräg ggb. dem Sao Mai. Tel. 880 444, 0915249374.

Hmong Hoa (Blumen-Hmong) –
in Alltagskleidung ...

... und herausgeputzt

Essen und Trinken

• **Cong Phu.** Der Charme einer alten Bahnhofskantine, aber ganz gutes Essen. Genormte Speisekarte, man kreuzt an wie beim Lotto und hofft auf Treffer.

• **Huan Ve.** Gegenüber dem *Sao Mai.* Offenbar keine schlechte Lage, denn die meisten Hotelgäste speisen dort. Deutlich billiger, aber nicht unbedingt schlechter.

• **Hoang Yen.** Neu, gleich daneben; gibt sich auch als Bar und vermittelt Touren.

• **Ban Pho** (4 km). Vom Hmong-Dorf kehrt so mancher mit einer hübschen Fahne wieder. Die Hmong von Bac Ha sind bekannt für ihren exzellenten **Reisschnaps.** Jedes Dorf, ja jede Familie, verfügt über ein eigenes Rezept für *ruou,* der auch aus Mais, Cassava und gelegentlich Früchten hergestellt wird.

Märkte der Region

• **Bac Ha.** Tgl. rund um die alten französischen Markthallen, Haupttag So. Ab 10–11 Uhr treffen die Touristenscharen aus Sa Pa ein und fotografieren sich gegenseitig – ein Argument dafür, in Bac Ha zu nächtigen. *Flower Hmong, Nung, Tay.*

• **Can Cau** (20 km N). Sa. Der bunteste Markt der Region. Hügelgelände, sehr belebt bis chaotisch. *Flower Hmong,* ab und zu *Tay, Black Dao, Lu.* Seit dem Bau einer Teerstraße stark zunehmender Tourismus.

• **Lung Phin** (10 km N). Di & Fr. Halle, weniger geschäftig.

• **Muong Khuong** (ab Lao Cai 50 km NW). So. 20 km von der chinesischen Grenze entfernt. *Flower Hmong, Giay, Tay, Black Dao,* mongolisch-stämmige *Y Ty.*

• **Pha Long** (ab Lao Cai 70 km NW). Sa. Wenig besucht, unmittelbar an der chinesischen Grenze. Ab Muong Khuong besonders schöne Landschaften mit Reisterrassen; gute Straße, aber Endstation, man muss wieder bis Lao Cai zurück. *Flower Hmong, Nung, Pa Di, Dao Tuyen, Tu Di* (sehr selten, ganz in Schwarz).

• **Coc Ly** (48 km W). Di. Im Flachland, Piste, unmittelbar am *Song Chay* gelegen; Touren nutzen das gerne zu (aufpreispflichtigen) Bootsexkursionen. Aufgrund intensiver Straßenbauarbeiten auf beiden Ufern des Flusses eine z.Zt. arg zerfranste Idylle. *Flower Hmong,* ab und zu *Tay, Black Dao.*

Anreise und Weiterreise

- **Lao Cai** (65 km). Per Lokalbus (4-mal tgl., 40.000 đ) oder Xe Om (um 5 $).
- **Sa Pa** (105 km). Per Tour-Bus (So sowie nach Bedarf, hin und zurück ca. 6 Std., 10–12 $) oder Lokalbus (Umsteigen in Lao Cai).
- **Ha Giang.** s. dort.
- **Tour.** Fast alle Hanoier Tourcafés laufen Bac Ha an, meist in Kombination mit Sa Pa.

Der Nordosten

Die Berge östlich des Roten Flusses sind fächerförmig angeordnet und erreichen im Durchschnitt nur Höhen um **1000–1500 m,** mit den höchsten Erhebungen, um 2000 m, an der Grenze zu China. Anders als im Nordwesten wechseln sich Kalksteinformationen und härteres **Schiefergestein** ab, die Gebirge sind weniger schroff, die Böden deutlich fruchtbarer, die Flusstäler breiter, und hier und da breiten sich große Seen aus *(Ba Be)*. Die reichen Bodenschätze des Nordostens (Eisenerz, Phosphat, Bauxit usw.) bilden den Grundstoff für die Industrie des Deltas, und entlang der Küste nördlich der Ha Long-Bucht erstrecken sich reiche Kohlevorkommen.

Der Nordosten ist die Heimat der zahlenmäßig stärksten **Minorität** Vietnams, der *Tay* (1,35 Mio.), die wie ihre Vettern, die *Nung*, vornehmlich in mittleren bis niederen Höhenlagen siedeln und sich bereits stark an den vietnamesischen Lebensstil assimiliert haben. Weitere bedeutende Minderheiten sind *Dao* und *Hmong* (s. Exkurs *Ethnische Minoritäten des Nordens*).

Verkehrswege und Flüsse folgen den Tälern und laufen **fächerförmig auf Hanoi** zu. Die N 1A und die Eisenbahn nach Nanning/Beijing verbinden Hanoi mit Lang Son, der größten Stadt des Berglands. Die N 3 führt nach Ba Be und Cao Bang. Die N 2 nach Ha Giang. Die Eisenbahnlinie nach Kunming folgt dem Roten Fluss gen Nordwesten bis Lao Cai. Das Problem sind die **Querverbindungen,** meist enge, schmale Pass-Straßen, die durch unwegsame, weder landwirtschaftlich noch industriell genutzte Regionen führen und bis heute nicht nur während der Regenzeit nur schwer oder auch gar nicht passierbar sind.

Lang Son ↗ V/C2

(Lạng Sơn)

Ironie der Geschichte: von amerikanischen Bombardements wegen seiner Nähe zur chinesischen Grenze verschont geblieben, wurde die Provinzstadt am *Ky-Cung*-Fluss, Station der Eisenbahnen nach Nanning und Beijing, nur wenige Jahre darauf von dem einstigen Verbündeten China dem Erdboden gleichgemacht. **Die Schlacht um Lang Son,** das den chinesischen Truppen im März 1979 erbitterten Widerstand leistete, dauerte eine Woche, dann war der schöne Ort mit seinen alten Holzhäusern und französischen Villen in Schutt und Asche gelegt.

Nach der inoffiziellen Wiederaufnahme des **Grenzverkehrs** zwischen Vietnam und China 1988 blühten Handel, Schmuggel und Schwarzmarkt auf und führten dank der guten Straßen- und Eisenbahnverbindung mit Hanoi zu ei-

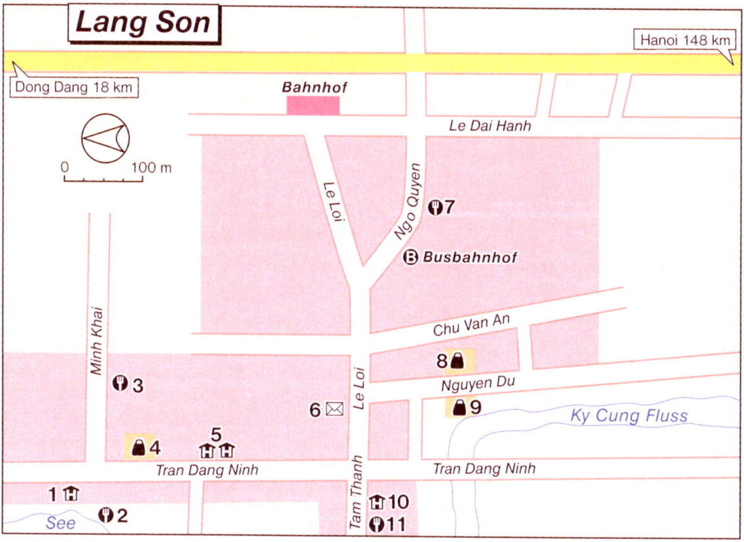

- 1 Van Xuan
- 2 New Century
- 3 Com Binh Dan
- 4 Ky Lua (Nacht-) Markt
- 5 Hoang Nguyen, Xuan Loc
- 6 Post
- 7 Minh Quang
- 8 Dong Kinh Markt
- 9 Bo Song Markt
- 10 Hoang Son Hai
- 11 Phuong Hang

nem beispiellosen **Boom.** Tag für Tag schleppten Zigtausende Lastenträger zerlegte Fahrräder, Landmaschinen, Fernseher, Videogeräte, Schuhe, Jeans, Schnaps, Bier und Zigaretten über die grüne Grenze, im Austausch dafür erwarben die Chinesen Fleisch, Gemüse, Obst, Reis, Shrimps, Taschenkrebse und Schwalbennester.

Die Stadt ist heute kaum mehr schön zu nennen, aber nach wie vor überaus betriebsam und weist allein **drei Märkte** auf: *Dong Kinh*, gleich gegenüber *Bo Song*, und *Ky Lua*, der älteste und traditionellste, an dem auch ein Nachtmarkt *(Cho Dem)* stattfindet. Die Ethnien, die einst die Region beherrschten, allen voran *Tay* und *Nung*, sind nur noch selten vertreten (bzw. kleiden sich wie Vietnamesen und sind dadurch „unsichtbar" geworden).

Grotten-Liebhaber kommen in den Dong *Nhi Thanh* und *Tam Thanh* am Nordrand der Stadt auf ihre Kosten. In beiden findet man buddhistische Altäre, durch einen fließt ein Fluss, im anderen locken ein Teich und ein schöner Aussichtspunkt auf die umliegenden Berge und Reisfelder (Eintritt je 5000 đ).

Praktische Informationen

- 65.000 Einw. 270 m. Tel. 025.
- **Information.** *Lang Son Tourist*, 41 Le Loi, Tel. 872036, Fax 871507.
- **Geld.** *Vietcombank*, 1 Quang Trung.

Unterkunft

- **Hoang Son Hai.** Das modernste Haus am Platz. 8 Stockwerke, Lift, 32 DZ à 12 $ inkl. BF. 57 Tam Thanh, Tel. 710479, Fax 710478.
- **Van Xuan.** Vielleicht die beste Wahl. 30 Zimmer, nach hinten mit Balkon und schönem Blick auf einen kleinen See und die Berge, je nach Stockwerk (Lift!) 12–13 $. Hell und freundlich. 147 Tran Dang Ninh, Tel. 710440, Fax 710436.
- **Hoang Nguyen.** Ordentliches Minihotel, in dem die meisten Touren absteigen. 13 Zimmer 10 $. 84 Tran Dang Ninh, Tel. 870349. Eine Alternative ist das benachbarte **Xuan Loc** (No. 68), 11 Zimmer 10 $, Tel. 870992.

Essen und Trinken

- **New Century.** Die eleganteste Wahl; mit Nachtclub. Tran Dang Ninh, beim *Van-Xuan*-Hotel.
- **Phuong Hang.** Große Speisekarte, Spezialität sind Lau, Feuertöpfe. 39B Tam Tanh.
- **Minh Quang.** Englische Karte, zu empfehlen ist *Suckling Pig*. 44 Ngo Quyen.
- **Com Binh Dan,** 42 Minh Khai. Gute, saubere Garküche.

Anreise und Weiterreise

- 148 km nordöstlich von Hanoi, per Zug (3x tgl., ca. 4 Std.) oder auf der gut ausgebauten N 1A (2–3 Std.) zu erreichen.
- **Überlandstraßen** führen südöstlich nach **Tien Yen** (100 km) am Golf von Tonkin und nordwestlich nach **Cao Bang** (135 km). Die Straße nach Tien Yen ist zeitweise nur schwer passierbar (offene Furten, Erdrutsche).
- **Bus.** 2-mal tgl. von/nach Cao Bang (5 und 13 Uhr, ca. 5 Std.) und Tien Yen. Der Busbahnhof liegt im Zentrum. Nach Dong Dang und Cao Bang verkehren mehrmals tgl. auch Minibusse.
- **Nach Cao Bang.** Die Strecke ist landschaftlich sehr schön, wenn auch wenig belebt. Imposante Passstraße hoch über dem *Song Thuong*, 1947–50 eine der heiß umkämpftesten Routen Vietnams im Unabhängigkeitskampf gegen die Kolonialherren. In **That Khe** (65 km) zwei ordentliche Restaurants. Hinter *Dong Khe* (87 km, großer Markt) ersteckt sich das Tal von *Bong Lau* (93 km) mit einem Mahnmal für die *Viet-Minh*-Kämpfer und den Überresten eines französischen Forts. Am Straßenrand zunehmend Blockhäuser der *Tay* und (je nach Saison) viele Holzfäller und Frauen, die Brennholz verkaufen; von weitem sehen die aufrecht stehenden Holzscheite in den Bastkörben wie knusprige Baguettes aus.
- **Nach China.** Grenzübergang ist das 1992 wiedereröffnete *Huu Nghi Quan* (Freundschaftstor) 3 km nördlich der Grenzstadt **Dong Dang,** 18 km nördlich Lang Son. Die Grenze ist tgl. 7 bis 17 Uhr geöffnet, zwischen den Grenzstationen liegen ca. 500 m Niemandsland. Die nächstgrößere Stadt auf chinesischem Boden ist *Pingxiang* (20 km).
- **Per Zug.** Die Eisenbahnlinie von Hanoi nach Nanning und weiter bis Beijing wurde 1996 wieder in Betrieb genommen. Züge verkehren 2-mal die Woche (ab Hanoi Di und Fr), der Aufenthalt an der Grenze beträgt rund 3 Std., chinesisches bzw. vietnamesisches Visum ist Voraussetzung. Der Bahnhof für den grenzüberschreitenden Verkehr heißt *Ga Bang Tuong*. (Siehe auch unter *Hanoi*.)

Cao Bang

↗ V/C1

(Cao Bằng)

Die unwegsame Dschungelregion entlang der Grenze zu China war lange Jahre die unfreiwillige Heimat Ho Chi Minhs: 1941–1945 während der Vorbereitungen zum Aufstand gegen Ko-

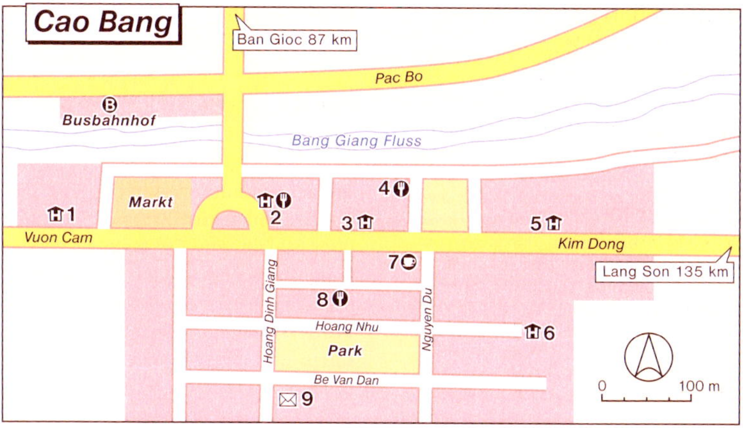

1 Thanh Loan
2 Bang Giang
3 Huong Thom
4 Huong Sen
5 Anh Duong
6 Nha Khach Cao Bang
7 Trung Nguyen
8 Men Quyen
9 Post

lonialregime und japanische Besatzer, und 1946–1954 als Sitz der Exilregierung, die den bewaffneten Kampf gegen die Franzosen steuerte.

Cao Bang ist noch heute zu weiten Teilen von bewaldeten Bergen und Dschungel bedeckt und verfügt neben wasserreichen Flüssen und Seen über zahlreiche Bodenschätze (Phosphat, Mangan, Wolfram). Die Mehrzahl der Bewohner gehören den ethnischen Minderheiten der *Tay* und *Nung* sowie der *Dao* und *Hmong* an. Zumal die Nung arbeiteten eng mit dem Viet Minh zusammen und boten Ho Chi Minh und den Genossen Unterschlupf.

Die auf einer Halbinsel zwischen den Flüssen *Hien* und *Bang Giang* gelegene **Provinzkapitale** war einst die bedeutendste französische Garnisonsstadt Tonkins (1884–1945). 1979 von den Chinesen in die Bedeutungslosigkeit gebombt, bescherte der zunächst nur schleppende, nach der Neuaufnahme des Grenzverkehrs aber rapide Wiederaufbau dem Ort u.a. eine der größten Markthallen Vietnams.

Praktische Informationen

- 45.000 Einw. 650 m. Tel. 026.
- **Information.** *Cao Bang Tourist,* im Hotel *Bang Giang.*
- **Geld.** Keine Bank, die TC/Kreditkarten akzeptiert.

● **Märkte.** Der Große Markt führt nur Hardware. Lebensmittel werden am *Cho Xanh* (Grüner Markt) an der Flussbrücke gehandelt.

Unterkunft

● **Bang Giang.** Das „Grand Hotel" Cao Bangs. Für einen Staatsbetrieb nicht übel, wenn auch hier gilt: Das Kollektiv (Personal und Reisegruppen) geht vor. 70 Zimmer 16–20 $ inkl. BF, z.T. mit Balkon und Flussblick. Tel. 853431, bang-giang_dl@yahoo. com.

● **Thanh Loan.** Sehr ordentlich (hell, geräumig, teilweise mit Flussblick), aber etwas überteuert. 12 Zimmer 16 $ inkl. BF. 159 Vuon Cam, Tel. 852477, thanh_loan_hotel@hn. vnn.vn.

● **Huong Thom.** Im Preis-Leistungs-Verhältnis deutlich die beste Wahl. 1999 eröffnetes Minihotel an der Hauptstraße mit 12 AC-Zimmern 10–12 $ inkl. BF, nach hinten mit Flussblick. 45 Kim Dong, Tel. 855888, Fax 856 228.

● **Anh Duong.** Ordentlich, freundlich und sehr sauber. 7 Zimmer 8 $, mit zwei Betten 10 $. 78 Kim Dong, Tel. 858467.

Essen und Trinken

● **Men Quyen.** Das größte und beste Resto der Stadt (eigentlich aber nur eine gute Garküche); sehr lebhaft. Links hinter dem Markt.

● **Huong Sen.** Ordentliche, saubere Garküche. Mit Glück sogar Fensterplatz mit Flussblick. 100 Kim Dong, in der kleinen Gasse gegenüber dem **Trung-Nguyen-Café.**

An- und Weiterreise

● **Überlandstraßen** verbinden mit **Lang Son** (135 km) und westwärts mit **Bao Lac** (135 km, großer Ethnienmarkt alle 5 Tage) und **Ha Giang** (265 km); ab Bao Lac entlang dem tiefgrünen *Song Gam* nur mit 4WD ratsam (z.T. sehr steinige, unbefestigte Straße); für die gesamte Strecke benötigt man mind. 10 Std. Zum Ba-Be-See auf der N 3 bis *Na Phac* (86 km) und von dort bis **Cho Ra** (34 km).

● **Bus.** Tgl. von/nach Lang Son und Hanoi; nach Cho Ra/Ba Be Aussteigen in Na Phac und weiter mit Xe Om). 3-mal tgl. nach *Bao Lam* (10 Std., Übernachtung) und weiter bis Ha Giang (5 Std.).

● **Entfernungen** (in km): Hanoi 287, Lang Son 135, Ha Giang 265, Cho Ra (Ba Be) 120, Pac Bo 55, Ban Gioc 87.

Pac Bo

↗ V/C1

(Pắc Bo)

Jeder Vietnamese kennt den Ort, hier betrat **„Onkel Ho"** Anfang 1941 nach über 30-jährigem Exil erstmals wieder heimatlichen Boden und begann unter Mithilfe der einheimischen Nung den Widerstand gegen die japanischen Besatzer und die vom Mutterland abgeschnittenen Franzosen zu organisieren.

Wie alle Ho-Chi-Minh-Gedenkstätten (mit Ausnahme des gegen seinen ausdrücklichen Willen errichteten Mausoleums in Hanoi) eine verzaubernde Idylle. Ein glasklarer, selbst noch im Nieselregen blaugrün schimmernder Bergbach. Ein pittoresker Lotosteich. Abgerundete Felsblöcke dienen als Sesselgarnitur und Schreibtisch und eine Tropfsteinhöhle als heimeliges Nachtlager. *Suoi Le Nin* (Lenin-Quelle) und *Nui Cac Mac* (Karl-Marx-Berg) hatte der Vater der vietnamesischen Nation augenzwinkernd die Umgebung seines Unterschlupfes getauft. Im Ort leben die Nachfahren der Nung, die mit Ho Chi Minh im Dschungel kämpften, inzwischen vom Verkauf von Souvenirs, Limonaden und Karaoke-Shows. Am Eingang ein kleines Museum (tgl. 7.30–11.30, 13.30–16.30 Uhr).

● 55 km nordwestlich, unweit der chinesischen Grenze. Inkl. Besichtigung ca. 4–5 Std.

Ban Gioc ↗ V/C1

Die **größten Wasserfälle** Vietnams liegen zur Hälfte bereits auf chinesischem Territorium – vom gegenüberliegenden Ufer des grünen Grenzflusses *Quay Son* grüßen fröhlich Honeymoon-Hotels herüber. Die mächtige, bis zu 300 m breite und 50 m hohe mehrstufige Kaskade ist am eindrucksvollsten während und kurz nach der Regenzeit (Mai bis September), präsentiert sich aber auch in der restlichen Zeit überaus ergiebig (sowie kristallklar anstatt lehmigbraun). Wem danach ist, kann Bambusflöße mieten (50.000 đ/Std.), schwimmen und wandern, ein paar kleine Restos bieten Erfrischungen und einfache Tellergerichte an.

Die Fahrt führt durch eine wunderschöne Hügellandschaft und ist allein schon die Reise wert: Karstberge, Flusstäler, Zuckerrohr, Reisterrassen, hier und da Agaven, Wasserräder, Büffel, Pferde. Einen Besuch wert ist der noch recht ursprüngliche Minoritätenmarkt von **An Lai** (16 km), auf dem man neben *Nung* und *Dao* den seltenen *Hmong Xanh Lam* (Blue Hmong) begegnet, deren hellgrüne, hauchdünne Krägen wie *Libellenflügel* von den Schultern abstehen. In *Trung Khanh* (62 km) findet an wechselnden Tagen ein großer Entenmarkt statt.

2 km vor Ban Gioc kann die 3 km lange Kalksteinhöhle **Nguom Ngao** besichtigt werden. Eintritt inkl. Guide 15.000 đ (Taschenlampe nicht vergessen, zahlreiche Fledermäuse).

076vi Foto: kb

•87 km nordöstlich. Im Gegensatz zu Pac Bo ist ein *Police Permit* nötig (offiziell 10 $); man bekommt es unkompliziert (und meist auch billiger) über die Hotels in Cao Bang.

Ba-Be-See

⇗ IV/B2

(Hồ Ba Bể)

Ba Be („Drei Meere") ist eine schon von den Franzosen für ihre Naturschönheiten gerühmte Region mit Flüssen, Seen, Höhlen und Wasserfällen, die von bis zu 1600 m hohen Bergen und Kalksteinfelsen eingefasst sind. Der *Ho Ba Be* erstreckt sich 9 km lang über drei miteinander verbundene Täler und misst bis zu 35 m Tiefe. Auf dem 23.000 ha großen Gelände, das 1992 zum **Nationalpark** erklärt wurde, leben verschiedene Minoritäten, vornehmlich *Tay* (ohne Tracht) und in höheren Lagen *Hmong* und *Rote Dao.*

Die Mehrzahl der Besucher unternimmt eine mehrstündige Bootspartie. Vom Nordteil des Sees *(Be Lam)* führt der Nang-Fluss *(Nam Nang)* durch eine pastorale Idylle von Bambushainen, Buchten, Regenwald und steil emporragenden Kalksteinfelsen. Man durchmisst die 250 m lange, bis zu 35 m hohe Puong-Höhle *(Hang Puong)* und sagt den dortigen Fledermäusen Guten Tag, unternimmt einen Abstecher zum imposanten *Dau-Dang*-Wasserfall (hin und zurück ca. 1 Std.) und erreicht dann den See. Ein herrliches Stück nahezu unberührter Natur – wenn man die Augen zukneift, mag man sich allerdings auch auf einem Voralpensee wähnen. Nur dass die Vegetation eine andere ist. Tiere sieht man (so gut wie) keine, außer Myriaden von Schmetterlingen, hier und da ein paar bunte *Kingfisher* oder gar fliegende Fische. An einem schönen, warmen, sonnigen Tag ein wahres Vergnügen. (Zumal wenn man von Hanoi kommt. Natur! Stille! Sauerstoff!) Ob das die lange Anfahrt lohnt, wird von vielen Besuchern heiß diskutiert.

Praktische Informationen

•900 m. Tel. 0281.

•**Eintritt** 10.000 đ. Die Parkverwaltung (s.u.) bietet Touren vom Bootstrip bis zum mehrtägigen Trekking inkl. Übernachtung in *Tay-* und *Dao*-Dörfern an. Boote kann man allerdings auch privat mieten.

•**Boote.** Ablegestelle ist am Ortsende von Cho Ra (s.u.). Den See erreicht man nach knapp 2 bzw., mit Abstecher zum Dau-Dang-Wasserfall, 3 Std. Nach einer Schleife über den See (mit oder ohne Exkursionen zu verwunschenen Teichen, Tay-Dörfern etc.) kehrt das Boot entweder zum Ausgangspunkt zurück oder lädt seine Passagiere, sofern diese motorisiert sind, am Pier der Parkverwaltung (2 km) ab. Eine Bootstour kostet 15–20 $ pro Tag oder 3–4 $ pro Stunde.

•**Thai Nguyen** (75 km nördl. Hanoi). Sehr lohnenswert ist das **Museum der Ethnischen Kulturen,** das zweitgrößte seiner Art in Vietnam. *Bao Tang Van Hoa Cac Dan Toc,* außer Mo 7–11, 14–17 Uhr, 10.000 đ.

•**Cho Ra.** Kilometerlang auseinander gezogenes Straßenkaff ohne großen Reiz. Guesthouses sind weit verstreut, aber die drei besten liegen einander quasi gegenüber. Zahlreiche Cafés, Garküchen und Karaoke-Stuben.

Unterkunft und Verpflegung

•**Ba Be Hotel.** Früher das einzig nennenswerte Guesthouse in Cho Ra. Resultat sind ein professioneller, manchmal aber etwas allzu routinemäßiger Service sowie überhöhte Preise. 14 Zimmer 10–15 $ inkl. BF. Tel. 876115.

- **Trung Kien.** In etwa der gleiche Standard, aber deutlich preisgünstiger. 9 Zimmer 6–7 $, mit AC/Badewanne 8 $. Tel. 876356.
- **Vi Thuy.** 7 Zimmer 7 $. Passabel, wenn auch etwas schmuddeliger als die anderen. Das gilt auch fürs Resto. Tel. 876184.
- **Ba Be National Park Guesthouse,** zugleich Sitz der Parkverwaltung. Weitläufige Anlage, ein Mittelding zwischen Armeecamp und gehobener Jugendherberge. 25 Zimmer 16 $ (groß, kahl, aber mit AC/TV) oder 20 $ (im Bungalow).
- **Homestay.** In Tay-Weilern wie *Pac Ngoi* kann man für 4–5 $ im Pfahlhaus übernachten. Sauber und ordentlich, aber nur bedingt pittoresk.

Anreise

120 km südlich von Cao Bang, 240 km nördlich von Hanoi (5–6 Std., auf der N 3 über *Thai Nguyen* bis *Phu Tong* oder *Na Phac*, von dort 36 bzw. 30 km bis *Cho Ra)*. Zwischen Cho Ra und dem Parkeingang liegen 18 km.

Ha Giang ↗ IV/B1

(Hà Giang)

Ha Giang, die nördlichste Stadt Vietnams auf dem linken Ufer des *Song Lo* (Klarer Fluss), wurde von den Franzosen 1886 den Weißen Hmong abgerungen und zu einem ihrer wichtigsten Stützpunkte im Norden ausgebaut. Seit den Massakern der chinesischen Invasionstruppen (1979) herrscht die postsozialistische Architektur der 1990er Jahre vor.

Der höchste Gipfel der von Bergwäldern bedeckten Region misst 2419 m, die Winter sind oft kühl und neblig, in höheren Lagen kann sogar Schnee fallen. In den über 1000 m hoch gelegenen Weilern **Dong Van** und **Meo Vac** nahe der chinesischen Grenze finden zwei der wichtigsten (und nach wie vor authentischsten) **Minoritäten-Märkte** des Nordens statt, auf denen vor allem Weiße Hmong (ca. 80 %) sowie Tay, Dao, Nung, Lolo etc. Handel treiben.

Praktische Informationen

- 30.000 Einw. 700 m. Tel. 029.
- **Information.** *Ha Giang Tourist,* Nguyen Trai, Tel. 867054, Fax 968261.
- **Orientierung.** Zentrum ist die Ecke *Nguyen Trai* (am Fluss) und *Tran Hung Dao* (Brücke über den *Song Lo*); hier befinden sich die meisten Hotels und Restaurants.

Unterkunft und Verpflegung

- **Huy Hoan.** Bestes Haus am Platz. Lift. 41 Zimmer 12 $, Suite 17 $. Sauna und Massage. 14 Nguyen Trai, Tel. 861288, Fax 864388.
- **Hoang Anh.** Neubau in einer ruhigen Seitenstraße der Tran Hung Dao. 30 Zimmer (Lift) 13 $, Suite 17 $. 20 Yet Kieu, Tel. 863559, Fax 863558.
- **Phuong Dong.** Sauberes Minihotel. 17 Zimmer 8–10 $, 19 Nguyen Trai, Tel. 867979. In etwa gleiche Qualität bieten **Khanh Huyen,** Tel. 867009, **Thanh Thu,** Tel. 866306 sowie, eine Spur billiger, **Huong Tra,** Tel. 867885, alle unter der gleichen Adresse.
- Ess-Straße ist die **Quang Trung** (Verlängerung der *Nguyen Trai*). Gut ein Dutzend Restos preisen ihre jeweiligen Spezialitäten an (Ziege, Huhn, Fisch usf.); Speisekarten und Englisch bilden allerdings Ausnahmen.

An- und Weiterreise

- **Hanoi** (328 km). Auf der N 2 über Phu To (102 km, Eisenbahn) und Tuyen Quang (165 km) entlang des Tals des *Song Lo*.
- **Cao Bang** (265 km). Siehe dort.
- **Cho Ra** (Ba Be). Die N 279 zwischen den Nationalstraßen 2 (Ha Giang) und 3 (Cao Bang) ist passierbar.
- **Bac Ha.** Eine fantastische Route verbindet *Tan Quang* 46 km südl. von Ha Giang und Bac Ha (150 km): **Hoang Su Phi** und **Xin Man,** siehe Hoang Su Phi.

• **China.** Der Grenzübergang *Thanh Thuy,* wenige km nördlich von Ha Giang, ist für Ausländer noch gesperrt.

Dong Van

↗ IV/B1

(Đồng Văn)

In dem über 1000 m hoch gelegenen Dong Van findet jeden Sonntag einer der wichtigsten und buntesten **Minoritäten-Märkte** des Nordens statt.

160 km atemberaubende **Traumlandschaft,** scheinbar ansatzlos von einer Klima- und Vegetationszone zur anderen wechselnd. Mal sind die Passhöhen von dichten Regenwäldern, mal von luftigem, alpin anmutenden Nadelgehölz bedeckt, mal taucht man in subtropische Täler voller Palmen, Bananen und Reisterrassen, mal in pittoreske karstige Steinlandschaften ein.

Dong Van wurde um 1920 als französischer Vorposten gegen China errichtet; die gedeckten Markthallen stammen noch aus dieser Zeit. Zwar sind etwa 90 % der Einwohner der Region *Hmong Trang* (Weiße Hmong) – der Rest setzt sich aus *Tay, Nung, Giay, Red Dao, Lo Lo, Co Lao* u.a. zusammen –, aber jedes einzelne Tal scheint unterschiedliche Sitten und Gebräuche zu haben, kleidet sich anders, stickt, webt und färbt anders oder trägt zumindest anderen Schmuck.

Der Sonntagsmarkt von **Meo Vac** (22 km, tolle Strecke über den 1500 m hohen Ma-Pi-Leng-Pass mit Wahnsinnspanoramen!) ist kaum minder attraktiv. Vorherrschende Minderheiten neben Weißen Hmong und Tay sind Nung, Dao und die besonders farbenprächtigen *Lo Lo;* großer Viehmarkt. Ein weiteres Highlight ist der traditionelle **Liebesmarkt** von *Khau Vai* (22 km) am 27. Tag des 3. Mondmonats (April/Mai).

Praktische Informationen

• **Klima.** In den regenlosen Monaten Dez. bis März sinken die Temperaturen auf bis zu 1–5 Grad ab. Beste Reisezeit sind Okt./Nov. und März/April.

• **Permit.** Für Reisen nördlich von Ha Giang ist ein Permit nötig. Erhältlich bei der Polizei, über Ha Giang Tourist (s.o.) oder die Hotels (Mo–Fr). Ohne diese Genehmigung (10 $) wird man zurückgeschickt und muss obendrein u.U. mit einer Geldbuße rechnen!

• **Anreise.** 150 km nordöstlich. Auf dem Weg passiert man weitere sehenswerte Sonntagsmärkte bei *Quan Ba* (50 km) und *Yen Minh* (95 km; 4 km nördl. zweigt die N 180 nach Meo Vac ab). In **Sa Phin** (135 km) steht der außergewöhnliche **Königspalast** *(Nha Vuong)* der Weißen Hmong. Der von 2 m hohen, massiven Mauern umgebene zweistöckige Bau wurde im Auftrag der Franzosen 1902/03 von chinesischen Baumeistern errichtet, um die kriegerischen Hmong Trang um ihren Warlord *Vuong Chinh Duc* (1865–1947), der den Kolonisten 15 Jahre erbitterten Widerstand geleistet hatte, auf ihre Seite zu ziehen. Chinh Duc wurde Jahre später sogar zum General der Französischen Armee ernannt, wandte sich gegen Ende seines Lebens aber dem Viet Minh zu. Kurz nach seinem Tod leitete sein Sohn *Chinh Sinh* die Befreiung Ha Giangs von den Franzosen in die Wege.

• **Bus.** Die Strecke ist gut ausgebaut. 4x tgl. Bus von/nach Ha Giang.

Unterkunft u. Verpflegung

• **Hoang Ngoc.** Am besten, aber überteuert. 10 Zimmer 16 $. Tel. 856020.

• **Khai Hoan.** Kaum schlechter. 16 Zimmer 10 $. Tel. 856147.

• **Lung Cu.** Freundlich. 4 Zimmer 8 $. Tel. 856534.

•**Government GH.** Schäbig, schmutzig; ggb. Agribank. 6 $.
•**2 Garküchen.** Etwas gemütlicher die seitlich vom Markt, besser die an der Main Street schräg ggb. dem Markt.

In Meo Vac:

•**Cao Nguyen.** Bestes von zwei Guesthouses (linkerhand vom Markt, 6 Zimmer 8 $), gleich daneben 2 Garküchen.

Hoang Su Phi

↗ IV/A1

Die wildromantische, noch kaum entdeckte Bergregion rund um das bis zu 2400 m hohe *Song-Chay*-Massiv an der chinesischen Grenze ist die Heimat der größten Anzahl ethnischer Minderheiten in ganz Vietnam (Experten haben bis zu 22 gezählt). Die **Märkte** der beiden größeren Orte **Hoang Su Phi** und **Xin Man** sind ein kunterbuntes Stelldichein von Black- und Flower-Hmong, Tay, Long-Skirts- und Red-Dao, Nung, Giay, Phu La, San Chi, San Riu, Man Ta Pan u.a. Malerische Schluchten, verwegen geschwungene Reisterrassen, Pflaumenhaine, Wasserfälle und immer wieder neue Panoramen des in der Tiefe mäandernden *Chay*-Fluss prägen diese wundersame Landschaft. Weiterfahrt bis **Bac Ha.**

Praktische Informationen

•300–900 m. Tel. 019.
•**Märkte.** So in Hoang Su Phi, Xin Man, Mi in Mau Due (Distrikt Xin Man).
•**Pan Hou Resort.** *Michel Galey* hatte schon immer ein Gespür für außerordentliche Plätze (Whale Island!); sein neues Objekt ist weit genug von Sapa's Busladungen entfernt, um noch auf Jahre hinaus Exklusivität zu garantieren. „Base Camp" nennt er nüchtern seine Bungalows am Fluss, doch dafür ist die Anlage nicht nur zu komfortabel, sondern auch zu schön. Recht hat er freilich insofern, dass man hier weniger seinen „Urlaub" verbringt, als von hier aus zum Erkunden und Trekken aufbricht (stundenweise oder 1–10 Tage mit Koch, Trägern, Local Guides, Homestays). Restaurant, Bar, außergewöhnliches traditionelles Badehaus mit Holzbottichen. 14 Zimmer 40 $ inkl. BF. 20 km ab Tan Quang, 13 km Richtung Thai Nguyen. Tel. 833535, 0918900175, panhouresort@vnn.vn.
•**Hoang Su Phi.** *Unterkunft:* **Song Chay.** 18 Zimmer mit Balkon, AC, Fridge 8 $, etwas kleiner ohne Balkon $ 6. Im Zentrum, Tel. 831246. **Thuan An.** 18 Zimmer 8 $. Am Ortsende Richtung Xin Man, Tel. 331444.
•**Xin Man.** *Unterkunft:* **Gia Long.** 12 Zimmer $ 10. Tel. 836479. **Thanh Dat.** 12 Zimmer 7–8 $; weniger empfehlenswert. Tel. 826422.
•**An- & Weiterreise.** Für die fantastische Route von **Tan Quang** 46 km südl. **Ha Giang** bis **Bac Ha** (150 km) ist ein 4WD erforderlich. Bis *Xin Man* reicht normal ein Pkw; ab dort schraubt sich die schmale Straße in die Höhe; wohl die menschenleerste Gegend, die wir in Vietnam je gesehen haben. Entfernungen ab Tan Quang: *Hoang Su Phi* 60 km, *Xin Man* (auch *Coc Pai* genannt) 100 km, *Bac Ha* 150 km. Busse fahren 1x tgl. ab Ha Giang und Tuyet Quang bis Xin Man (ab Tan Quang 5x tgl.).

077vi Foto: kb

Delta des Roten Flusses / Nördliche Zentralküste

078vi Foto: kb

Flussleben in der trockenen Ha Long-Bucht

Friseur

Überblick

Das Delta des Roten Flusses *(Song Hong)* ist die Wiege der vietnamesischen Kultur und Zivilisation. Das fruchtbare und leicht kultivierbare Schwemmland und die reichen Metallvorkommen der nahen Berge führten schon lange vor der „Zivilisierung" durch das chinesische Weltreich zur Entstehung von **Hochkulturen.**

Ausgrabungen weisen nach, dass schon Tausende von Jahren vor unserer Zeitrechnung Menschen im Delta siedelten. Die *Dong-Son-Kultur* der Bronzezeit 800–300 v.u.Z. wird von den Vietnamesen mit den *Hung-Königen* der Legende identifiziert, auf die sie ihre Abstammung zurückführen.

In dem dichtbesiedelten Delta leben heute fast ein Drittel aller Vietnamesen. Einheimische Ökonomen gehen davon aus, dass etwa 30 % mehr Menschen in der Landwirtschaft tätig sind, als der Boden ernähren kann. Aufgrund der chronischen **Überbevölkerung** werden aller Fortschritte zum Trotz weite Teile seiner Bewohner vermutlich auch in Zukunft nur am Rande des Existenzminimums leben können. Immer mehr ergreifen die Initiative und wandern aus, etwa in den Nordwesten oder das Zentrale Hochland, um ihr Auskommen zu finden.

Vor Jahrtausenden befand sich an der Stelle des heutigen Deltas noch das Meer, ehe es von den Flüssen aus den Bergen Chinas (außer dem Roten, dem Schwarzen und dem Klaren Fluss, *Song Da* und *Song Lo* sowie dem *Bach Dang* und *Thai Binh*) nach und nach mit fruchtbaren Schwemmstoffen aufgefüllt wurde. Noch heute wächst das Delta weiter, an manchen Stellen bis zu 1 m im Jahr.

Der **Song Hong,** „rot" genannt wegen der eisenhaltigen (freilich eher bräunlichen) Lehmsedimente, die er zu Tal führt, entspringt im südchinesischen Yunnan und fließt annähernd 500 km durch Vietnam, ehe er südlich von Haiphong in den Golf von Tonkin mündet. Der Rote Fluss sorgt seit Jahrtausenden für fruchtbare Reisfelder und bescheidenen Wohlstand, wird aber ebenso regelmäßig zur Ursache furchtbarer Katastrophen. Regen, Tai-

Mädchen mit Reissieb

079vi Foto: kb

fune und Schneeschmelze im Gebirge können ihn völlig unberechenbar binnen weniger Stunden um 3 oder 4 m ansteigen lassen, seine **Hochwasser** erreichen 10 m über Normalpegel und mehr und treten manchmal sogar mehrere Male im Jahr auf, in der Regel zwischen Juni und Oktober, am häufigsten im August. Um sich vor den katastrophalen Flutwellen zu schützen, begannen die Vietnamesen schon vor mehr als 2000 Jahren, das Delta mit einem Netzwerk von **Deichen** und Dämmen zu durchziehen, die heute eine Gesamtlänge von mehr als 3000 km erreichen. Durch Ablagerungen hat sich das Flussbett im Lauf der Zeit allmählich gehoben und liegt inzwischen teilweise sogar höher als das umliegende Land.

Hätten Johnson und Nixon ihre oft geäußerte Drohung wahrgemacht, die Deiche bombardieren zu lassen, wäre die Wirkung der mehrerer Atombomben gleichgekommen.

Das Delta umfasst die Provinzen *Nam Dinh, Ha Nam* und *Ha Tay* südlich von Hanoi, *Thai Binh* und *Hai Duong* östlich Hanois, die Großräume *Hanoi* und *Haiphong* sowie Teile der Provinzen *Vinh Phuc, Bac Ninh, Bac Giang* und *Quang Ninh* rund um die Hauptstadt.

Während die **Temperaturen** im Sommer auf weit über 30°C ansteigen können und selbst die Nacht nur wenig Abkühlung bringt, schwanken sie in den Wintermonaten zwischen milden, sonnigen und „empfindlich" kühlen, nebligen Tagen. Die tiefste je in Hanoi gemessene Januar-Temperatur betrug 6°C, die höchste immerhin 34°C. Die meisten Niederschläge fallen zwischen Mai und August (Überschwemmungen können noch bis in den Oktober hinein auftreten), die wenigsten zwischen November und März.

Entfernungen

- **Von Hanoi** (in km): Nam Dinh 87, Ninh Binh 90, Thai Binh 110, Thanh Hoa 155, Vinh 295.
- **Von Hue** (in km): Thanh Hoa 500, Ninh Binh 565, Hanoi 660.

Thai Binh

↗ IX/C1

(Thái Bình)

Reisfelder, Deiche und Salinen prägen das Gesicht der kleinen Provinz, die sich nur geringfügig über dem Meeresspiegel erhebt und die **dichtbesiedeltste Region** ganz Vietnams ist. Obwohl über keinerlei nennenswerte Industrie verfügend, leben hier 1350 Menschen pro Quadratkilometer, etwa 8-mal soviel wie in Niedersachsen. Jedes noch so kleine Fleckchen Erde wird für den Anbau von Reis, Jute, Rattan, Erdnüssen und Maulbeerbäumen genutzt, und selbst dem Meer trotzt man noch Salz ab, dennoch ist die Region arm, weil die Landwirtschaft allein soviele Menschen nicht ernähren kann. Jahr für Jahr sind Zigtausende gezwungen auszuwandern, um im Nordwesten, im Zentralen Hochland oder anderswo ihr Auskommen zu finden.

Die realsozialistische Retortenstadt Thai Binh lohnt – außer als Ausgangspunkt für die Keo-Pagode (s.u.) – kaum einen Besuch. Recht malerisch ist der von Gärten und Salinen umgebene Fischerort *Dong Chau* (10 km), der Strand jedoch nur bedingt zum Baden geeignet.

Praktische Informationen

- 60.000 Einw. Tel. 036.
- **Unterkunft. Thai Binh** (mit Tourismusbüro), 68 Zimmer 15–40 $; Ly Bon, Tel. 831789, Fax 835074. **Thanh Binh,** 12 Zimmer 6–12 $, erstklassiges Restaurant; Ly Bon, Tel. 838450.
- **Entfernungen** (in km): Hanoi 110, Ninh Binh 48, Haiphong 68.

Chua Keo

Eine der **schönsten Pagoden** Vietnams und eine der wenigen, die nicht während der letzten Kriege zerstört oder geplündert wurde. Ursprünglich eine Gründung der Ly-Dynastie (11. Jh.), entstammen die meisten der heutigen Gebäude inmitten der außergewöhnlich großzü-gigen, von einer 2–3 m hohen Mauer umfriedeten Anlage mit künstlichen Teichen, Gärten und knorrigen Bo-Bäumen dem 16.–17. Jh. Die Gebäude stehen frei im Raum, ohne verbindende Gänge. Im Verein mit den eindrucksvollen, extrem nach unten gezogenen und die eigentlichen Bauten weit überragenden Dächern wirkt die Anlage größer, ja monumentaler, als sie tatsächlich ist.

Die bildhaften Schnitzereien der mächtigen, dreiflügeligen Eingangspforte aus Eisenholz zeigen einen Himmel mit Wolken, Drachen und gezackter Sonne. Die gedrungene, weit ausschwingende Dachkonstruktion der Haupthalle stützt sich auf Drachen und Phönixe und wird von aus steinernen Lotossockeln emporstrebenden Säulen getragen. Das diffuse Dämmerlicht des Sanktuariums wirkt feierlich, ohne niederzudrücken, und lässt die goldenen Buddhas und Bodhisattva geheimnisvoll schimmern. Mit Ausnahme der tausendarmigen *Quan Am* (17. Jh.) entstammen die Statuen dem 19. Jh.

Ungewöhnlich ist auch, dass sich hinter der Haupthalle noch ein weiterer Tempel befindet; er ist dem Andenken des buddhistischen Mönchs *Minh Khong* gewidmet. Monumental und gleichzeitig miniaturhaft wirkt der mit schönen Schnitzarbeiten versehene dreistöckige Glo-ckenturm mit zwei Bronzeglocken aus dem 17. und 18. Jh. Die in den Ga-lerien sichtbaren Boote kommen beim jährlichen Pagodenfest am 13.–15. Tag des 9. Mondmonats bei traditionellen Bootswettbewerben zum Einsatz.

- Chua Keo liegt 10 km südwestlich von Thai Binh. Ein *Xe Om* kostet rund 25.000 đ (Hin- und Rückfahrt).

Nam Dinh IX/C1

(Nam Định)

Vom **einstigen Glanz** der drittgrößten Stadt Nordvietnams (nach Hanoi und Haiphong), die noch bis ins 20. Jh. hinein als ein wichtiges geistiges und religiöses Zentrum galt, in dem Mandarinatsprüfungen und Literaturwettbewerbe stattfanden, ist wenig geblieben. Die Franzosen walzten die Stadt nieder, um nach dem Ersten Weltkrieg Textilfabriken und Baumwollwebereien anzusiedeln, und die Amerikaner belegten sie mit Bombenteppichen, um die Straßen und Eisenbahnlinien südlich der Hauptstadt zu unterbrechen. Dennoch – oder vielleicht gerade deshalb – hat Nam Dinh ein angenehmes Flair (lebendig und rückständig zugleich) und eine kleine, mit Bäumen bestandene **Altstadt,** die nahezu als ein „Klein-Hanoi" durchgehen könnte.

Nam Dinh war die Heimat der **Tran-Dynastie** (1225–1414), deren Kaiser und Heroen (Tran Hung Dao) von ihnen als Heilige verehrt werden. Von den Palästen ihrer Goldenen Stadt *Tuc Mac* existieren nur noch eine Pagode und zwei Gedenktempel aus dem 13. Jh.

Der **Chua Pho Minh,** ursprünglich eine Gründung ihrer Vorgänger, der Ly, wurde 1305–1308 von Kaiser *Tran Anh Tong* um einen 21 m hohen, 13-stöckigen Turm erweitert, der noch vollständig intakt ist. Im Vorort Tuc Mac 4 km nördlich des Zentrums.

Praktische Informationen

- 250.000 Einw. 2 m. Tel. 350.
- **Information.** *Nam Dinh Tourism,* 115 Nguyen Du, Tel. 849439, Fax 646704.
- **Unterkunft.** Günstige Minihotels finden sich nur an den Zufahrtsstraßen der Peripherie, nicht im Zentrum. Bestes Hotel ist das dreistöckige **Vi Hoang** mit Pool und 90 Balkonzimmern 20–40 $ inkl. BF; 153 Nguyen Du, Tel. 3849290. Gut essen kann man im **Quan Vinh,** 7 Mac Thi Buoi.

Chua Keo

080vi Foto: kb

- **Zug.** Alle Züge außer dem Superexpress halten in Nam Dinh.
- **Bus.** Regelmäßige Verbindungen mit Hanoi (87 km), Haiphong (95 km), Ninh Binh (24 km), Thai Binh, Thanh Hoa, Hue.

Ninh Binh

↗ IX/C2

(Ninh Bình)

Überblick

Ein ruhiger, angenehmer – und angenehm überschaubarer – Ort weitgehend frei von jener Megalomanie, die so viele Provinzkapitale Vietnams ergriffen hat. Keine Schönheit, aber menschlich (der Wahn tobt sich draußen vor den Toren ab, aber dazu später) mit ausgezeichneten Hotels und Guesthouses **inmitten einer der faszinierendsten Landschaften Vietnams,** der sog. „Trockenen Ha Long-Bucht". Eigentlich besteht nicht der geringste Grund, ihre zahlreichen Attraktionen lediglich von dem knapp 100 km entfernten Hanoi anzusteuern.

Die im amerikanischen Krieg nahezu ausgebombte und in der realsozialistischen Nachkriegszeit waidwund vor sich hin dämmernde Stadt hat sich prächtig erholt. Und ist auf den Besuch von Fremden bestens vorbereitet. Selbst die pathetische Ruine der von B 52-Bombern zerfetzten französischen Kathedrale beim Bahnhof hat man mittlerweile abgetragen, um einer neuen – leider hässlichen – Kirche Platz zu machen. Bis 1954 galt gerade die Region um Ninh Binh und Nam Dinh als Hochburg des Katholizismus, wovon zahlreiche Kirchen zeugen; und noch heute ist der Anteil der Christen unter der Bevölkerung der höchste im Nordteil des Landes.

Die schlechte Nachricht: Draußen vor den Toren Ninh Binhs zermahlen nicht nur zahllose Zementfabriken den hochwertigen Kalkstein der bizarren Karstkegel zu Baumaterial für halb Vietnam (das wäre noch zu verschmerzen, das geht schon seit Jahren so), die Provinzfürsten der KP haben sich dazu entschlossen, ihre Stadt zu einem **Touristenmagnet** zu machen. Deshalb sind sie eifrig dabei, die wunderbare Idylle rücksichtslos zuzubetonieren und in ein Planquadrat von Highways, Busparkplätzen, Souvenirpagoden und Schuttplätzen zu verwandeln. Der Anfang mit Tam Coc ist schon gemacht.

Trockene Ha Long-Bucht

Wie in einem Traumbild ragen bizarre **Zuckerhutberge,** Dolomiten und Felskegel ansatzlos aus dem Grün der bis zum Horizont sich erstreckenden Reisfelder, dazwischen Flussläufe, Kanäle und Deiche, verwunschene **Grotten,** Tempel, **Pagoden,** Königsgräber und schmucke Landkirchen – in mancher Hinsicht sogar noch reizvoller als die „echte" Ha Long-Bucht. Tatsächlich handelt es sich geologisch um die gleichen erodierten Kalkstein-Formationen wie dort und war die Region um Ninh Binh vor Urzeiten vom Meer bedeckt. Eine fantastische **Märchenlandschaft,** zumal in der Regenzeit, wo alles unter Wasser steht und tausend

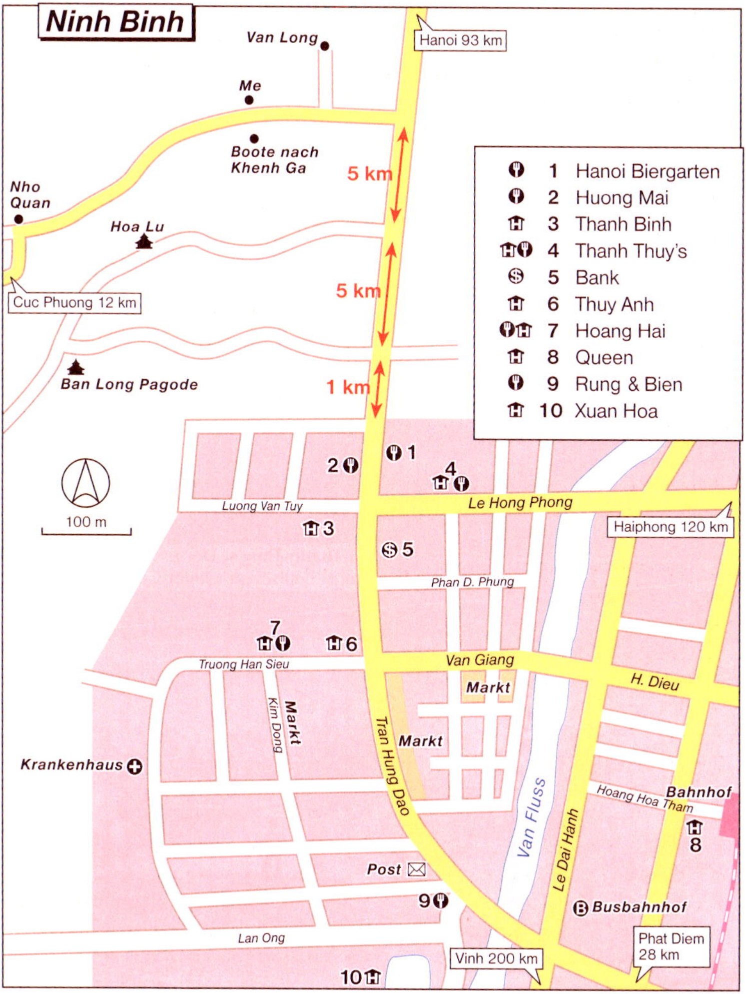

Blumen blühen (Aug./Sept.), und im Frühjahr, wenn der junge Reis frischgrün leuchtet (Febr./März). Eine Landschaft wie geschaffen, um entspannt mit dem Fahrrad auf Entdeckungsreise zu gehen und den Alltag am Wegrand hautnah mit zu erleben (soweit noch möglich).

Praktische Informationen

- 35.000 Einw. 1 m. Tel. 030.
- **Geld.** *Vietcombank* mit ATM, Tran Hung Dao.
- **Post.** Tran Hung Dao, Fax- und Telefonservice.
- **Fahrräder, Motorräder** (5–6 $, mit Fahrer 10–12 $) und **Mietwagen** (Minibus ab 12 $) kann man bei jedem Hotel oder Guesthouse oder bei *Ninh Binh Tourism* (im Hotel *Hoa Lu*) mieten.
- **Touren.** Ein hervorragender Ort nicht nur für Exkursionen zu den Highlights der Umgebung (Tam Coc, Hoa Lu, Cuc Phuong), sondern auch für **mehrtägige Touren** nach Pu Luong, Mai Chau oder sogar bis Sa Pa. Hier ist noch längst nicht alles so kommerzialisiert wie in Hanoi, und die meisten Gäste geraten ins Schwärmen. Anmeldung per e-mail ratsam. Beste Adressen sind die Hotels *Thanh Thuy's* (Herr Tuc spricht deutsch) und *Xuan Hoa* (Mr. Xuan galt einst als der zuverlässigste Driver und Guide weit und breit).

Unterkunft

Achtung: Die Claims sind abgesteckt: Alle Open Tours steuern „ihre" Hotels an.

- **Thuy Anh.** Das Top-Hotel der Stadt (das staatliche *Hoa Lu* sollte man vergessen). Vorbildlich instand gehalten, sehr guter Service. Im Haus I 20 Zimmer, 10, 15 $ (eher klein und z.T. mit Innenfenster, aber gut ausgestattet), 20, 25 $; ab 20 $ inkl. Büffet-BF. Schönstes Zimmer: 501. Im neueren Haus II mit Lift 17 Zimmer 30, 35, 40 $ (pro Stockwerk 5 $ Aufpreis; modern und geschmackvoll möbliert). Im 6. und 7. Stock Resto, Bar und Dachgarten. 55A Truong Han Sieu, Tel. 871 602, Fax 876934. www.thuyanhhotel.com.
- **Hoang Hai.** Auf der gleichen Straße wie *Thuy Anh* (No. 36). Neu und sauber, gutes Resto. 15 Zimmer mit AC, TV, Fridge 8–18 $ inkl. BF. Tel. 875177, hoanghaihotel@gmail.com.
- **Thanh Thuy's.** Der erklärte Favorit (nicht nur) deutschsprachiger Gäste. Herr *Tuc* hat

Ziegelbrennerei bei Ninh Binh

081vi Foto: kb

4 Jahre in Deutschland gelebt, gibt sehr gute Tipps und Wegbeschreibungen für Ausflüge in die nähere Umgebung, ist äußerst hilfreich bei der Weiterreise und weiß auf die meisten Fragen eine Antwort. Und wer in seinem familiären Gästehaus nicht unterkommen kann, schaut trotzdem gerne vorbei, denn seine Frau *Thuy* ist eine vorzügliche Köchin (bei schöner Witterung wird im Palmengarten serviert). 20 Zimmer, im Guesthouse 5–8 $, im neuen, weitläufigen Neubau 10–25 $ inkl. BF. 128 Le Hong Phong, Tel. 871811, 0915178903, tuc@hn. vnn.vn.

- **Xuan Hoa.** *Xuan,* einst bester Guide der Region (für Thanh Thuy's), hat sich selbstständig gemacht. Etwas abseits, aber mit schönem Blick auf einen kleinen See. 21 Zimmer in 2 Gebäuden, im Haus 1 4–12 $, im Haus 2 mit Lift 15–30 $ (ab 20 $ inkl. BF). Gute Küche, sehr familiär, gerne feucht-fröhliche Atmosphäre mit „Ninh-Binh-Wasser" (alias Reisschnaps). 31D Minh Khai, Tel. 880 970, 0904010758, xuanhoahotel@hotmail.com, www.xuanhoahotel.com.
- **Queen.** Sauber, ruhig, freundlich. Am Bahnhof (Frau *Tao* spricht deutsch). 15 Zimmer 5–15 $. 21 Hoang Hoa Tham, Tel. 871874, luongvn2001@yahoo.com.
- **Thanh Binh.** Sehr ordentlich, sehr nette Leute (Chefin ist Mrs. *Xuyen).* Im Altbau 15 Zimmer 8–15 $ inkl. BF, im neunstöckigen Neubau mit Lift (Mitte 2008) 26 Zimmer und Restaurant. Luong Van Tuy, Tel. 872439, tbhotelnb@yahoo.com.

Essen und Trinken

- **Rung & Bien.** *Wald & Meer* ist der programmatische Name dieses neuen, großen, halboffenen Etablissements, in dem Ninh Binhs junge Elite Wild und Seafood speist. 2 Tran Hung Dao.
- **Huong Mai.** Gute Küche, serviert wird auf 2 Stockwerken. 21 Tran Hung Dao.
- **Hoang Hai.** Spezialität *Lau* (Feuertopf), ansprechendes Ambiente, englische Karte. 36 Truong Han Sieu.
- **Bia Hoi Hanoi.** Der populärste Biergarten Ninh Binhs; am Abend ist kaum noch ein Platz zu ergattern. Gute Snacks und Grillgerichte. 31 Tran Hung Dao.

Anreise und Weiterreise

- **Entfernungen** von Ninh Binh (in km): Hue 565, Vinh 200, Thanh Hoa 70, Nam Dinh 25, Haiphong 120, Hanoi 93. Tam Coc 8, Hoa Lu 12, Kenh Ga 21, Nam Dinh 28, Phat Diem 28, Cuc Phuong 44, Mai Chau 140.
- **Zug.** In Ninh Binh halten nur die langsamen Züge TN3–6. Der Bahnhof liegt im Zentrum.
- **Bus.** Minibusse nach Hanoi kann man an der Hauptstraße anhalten (1,5 Std., 25.000 đ). Der Busbahnhof wird/ist an den Stadtrand verlegt. Mehrmals tgl. von/nach Hanoi (2 Std.), Haiphong (6.30, 7.30, 13, 14 Uhr, 2,5 Std.), Bai Chay, Vinh, Hue sowie Nam Dinh, Thanh Hoa, Kim Son (Phat Diem), Son La (6 Uhr).
- **Laos.** Siehe *Thanh Hoa.*

Ninh Binh, Umgebung

Tam Coc

Eine atemberaubende Szenerie. Tam Coc bedeutet **Drei Grotten,** der einzige Weg zu ihnen führt per Sampan über den schmalen, von Reisfeldern und Kalksteinkegeln gesäumten *Ngo-Dong*-Fluss. Die größte und längste der drei Grotten misst 140 m, aber der Weg selbst ist das eigentliche Ziel. Die wunderschöne Fahrt durch die Reisfelder dauert 2–3 Stunden hin und zurück.

Der Weiler *Ninh Hai* (auch *Van Lan* genannt) ist für seine hochwertigen **Stickereien** bekannt.

Knapp 3 km entfernt erhebt sich die auf verschiedenen Ebenen in den Fels gebaute Pagode (Chua) **Bich Dong.** Eine steile Treppe führt zur *Grünen Grotte* mit den drei in Stein gehauenen Buddhas der Vergangenheit, Gegenwart und Zukunft. Mit nichts zu vergleichen ist die Aussicht über das weite, leuchtend grüne Meer der Reisfelder, aus dem steinerne Dolomiten wachsen.

Nur 300 m weiter (Hinweis) liegt versteckt über ein Gewirr von Dämmen erreichbar der kleine **Chua Linh Coc.** Die naiven, volkstümlichen Wandmalereien passen vorzüglich zu dem einfachen Gebäude. Auch hier führt ein Pfad bergauf zu einer weiteren Felsenpagode und einer Grotte.

Praktische Informationen

- 8 km südwestlich. Nach 4 km Richtung Thanh Hoa rechts über eine Kanalbrücke. Autobahn, Busparkplatz, Hotels und schicke Tour-Restos – aus einer Idylle ist ein Rummelplatz geworden. Wochenenden nach Möglichkeit meiden!
- Sampanfahrt inkl. Eintritt 55.000 đ (Tarif im Ticket Office angeschlagen).
- Die Frauen von Tam Coc sind für ihre aggressive Hartnäckigkeit berüchtigt, wenn es darum geht Stickereien, Getränke und Souvenirs aller Art zu verhökern.

Hoa Lu

↗ IX/C1

Reisfelder, Zuckerhüte und die Ruinen einer alten Kaiserstadt (968–1009). Von der Zitadelle sind nur noch Grundmauern erhalten, auf den Fundamenten hat man den Kaisern der sog. „Frühen Le-Dynastie" Ende des 17. Jh.s zwei sehenswerte Tempel errichtet.

Als das Reich nach dem Tode *Ngo Quyens*, der 939 die Unabhängigkeit errungen hatte, in zahllose Fürstentümer zu zersplittern drohte, ergriff der Mandarin *Dinh Bo Linh* die Macht und verlegte die **Hauptstadt 968** in seinen Heimatort *Hoa Lu*, der ihm durch seine Lage besser vor der Rache der Chinesen geschützt schien als das *Co Loa* der Ahnen. Als Kaiser **Dinh Tien Hoang** baute er einen Hof mit buddhistischen und daoistischen Beratern und einer schlagkräftigen Bauernarmee von 200.000 Mann auf, sein Nachfolger **Le Dai Hanh** führte erste Expansionskriege gegen *Champa* und brandschatzte *Indrapura*. 1009 stürzte Ly Thai To die Dynastie und machte *Thang Long*, das heutige Hanoi, zur Metropole.

Den Dinh. Auf den Fundamenten eines Heiligtums erbaut, das bereits zu Lebzeiten des Kaisers bestand; auf dem steinernen Vorplatz wurden Opferungen und Zeremonien abgehalten. Das niedrige, massig wirkende Gebäude stützt sich auf gedrungene Holzsäulen. Üppige Schnitzarbeiten am Dachgebälk, in Säulen geschnitzte und in Steinsockel gehauene Schriftzeichen, deren Ornamente sich noch im Fußboden fortsetzen, ein schöner, von Blüten und Früchten umrankter Ständer für Räucherstäbchen aus dem Holz des Eisenbaums.

Im zweiten Raum Statuen des Kaisers **Dinh Tien Hoang** und seiner Söhne, ihm zur Seite *Dinh Lien*, der älteste, gegenüber dessen Halbbruder *Hang Lang* und *Dinh Tue*, der jüngste. Ein Shakespeare-Drama im Fernen Osten. Als der Kaiser Hang Lang, den Sohn einer Nebenfrau, zu seinem Nachfolger bestimmte, ließ Dinh Lien dem Rivalen die Kehle durchschneiden, wenig später fand man ihn selbst mitsamt dem Vater ermordet, und

Thronfolger war der erst sechsjährige Dinh Tue. An seiner Statt ließ sich General *Le Hoan* 980 zum Kaiser ausrufen und führte unter dem Namen Le Dai Hanh erste Eroberungsfeldzüge gegen Champa. Ihm ist der zweite Tempel geweiht.

Den Le. Entstehungsgeschichte und Architektur ähneln denen des Dinh-Tempels, man merkt, dass er nur ein Imitat ist. Auch hier liegt das Heiligtum im hinteren Raum. Die Statue des Kaisers in der Mitte, auf einer Seite seine Söhne, auf der anderen *Duong Van Nga*, die Gattin des ermordeten Kaisers und jetzt Mutter seiner Söhne.

Trockene Ha Long-Bucht bei Ninh Binh

Ein kleines *Museum* präsentiert Fundstücke der ehemaligen Zitadelle. Die **Grabmäler** unweit der Tempel – für Dinh Tien Hoang auf der Kuppe des Hügels *Ma Yen*, von dem aus man eine herrliche Sicht genießt (265 Stufen), für Le Dai Hanh am Fuße des Hügels – sind die ältesten Kaisergräber Vietnams.

- 12 km nördlich von Ninh Binh. Eintritt 30.000 đ.

Kenh Ga

Ein *Floating Village*, wie die Hanoier Tourcafés preisen, ein Dorf auf dem Wasser, ist *Kenh Ga* nicht gerade, aber das Alltagsleben der Menschen am Fluss – ein herrliches Stück altes Vietnam; wie lange noch? – ist in der Tat aufregend genug. Kinder fangen Frösche. Frauen durchwühlen den Schlamm nach Schnecken. Männer ernten Schilfgras und füttern Zuchtfische in Reusen. Frauen – nein, alle! – rudern die Sampans mit den *Füßen*. Schön. Sieht ungemein entspannt aus!

Schenken kann man sich die sog. „Hot Springs" – nichts weiter als eine gewöhnliche Zisterne. Das Wasser ist allerdings tatsächlich heiß, und angeblich soll das Dorf daraus seinen Namen beziehen: „Wo man die Hühner ins Wasser taucht, und sie kommen geschmort wieder heraus."

Wunderschön ist die rund zweistündige Fahrt auf dem Fluss. Der Entfernungen wegen allerdings leider nicht per Sampan, sondern unromantisch im tuckernden Kahn. Denn da ist noch die Grotte **Van Trinh,** erst 2001 entdeckt, um einiges größer als Tam Coc und nur zu Fuß über schmale Pfade zu erreichen; das Boot kommt bis auf weiteres nur während der Regenzeit durch.

● 21 km nördlich. 11 km Richtung Hanoi, nach Flussbrücke links auf Damm abbiegen (unbefestigte Piste), 10 km immer geradeaus bis zum Ticket Office im Weiler *Me*. Boot für 1–2 Pers. je 80-, für 3–10 Pers. je 40.000 đ.

Van Long

Noch einmal Reisfelder, Sampans, Grotten und Kalksteinklippen – Lebensraum für die ersten wieder **frei lebenden Delacour-Languren.** Die Population wächst, aber die Chance, eines der seltenen Tiere zu sichten, ist sehr klein (am besten vor Sonnenuntergang). 20 km nördlich. Vorteil: Hier ist man oft fast allein unterwegs. Bootsfahrt 35.000 đ.

Trang An

Die Szenerie ist ähnlich wie oben, nur gleitet man eineinhalb Stunden lang sanft mit dem Boot – oft haarscharf! – durch insgesamt neun bis zu 300 m lange Grotten. Das Gelände wurde 2004 geflutet (d.h. künstlich angelegt) und erst 2008 eröffnet. 35.000 đ.

Phat Diem ↗ IX/C2

Der Kim-Son-Distrikt gilt seit über 100 Jahren als **Hochburg des Katholizismus** in Nordvietnam. Obwohl 1954 allein aus dieser Region mehr als 100.000 Christen in den antikommunistischen Süden des Katholiken Diem flüchteten, stellen sie noch heute über die Hälfte der Bevölkerung.

Die **Kathedrale** von Phat Diem ist eine der größten Vietnams und ganz sicher die kurioseste. 1880 von dem einheimischen Priester *Père Six* konzipiert, stellt sie eine faszinierend verspielte, aber Ehrfurcht einflößende **Synthese** aus Katholizismus und Buddhismus, französischer und vietnamesischer Architektur dar. Fast jedes Detail – der 6 Türme, des fünftorigen Portals, des gedrungenen doppelstöckigen Schiffs – verweist auf eine Pagode, und doch entsteht auf der Netzhaut letztlich der Eindruck einer *Kirche*. Vom freistehenden Glockenturm ruft eine riesige Glocke, zuweilen aber auch die buddhistische Trommel zur Andacht; und neben den Statuen der vier Evangelisten befinden sich große Steinplatten, auf denen die Mandarine Platz nahmen, um dem merkwürdigen Schauspiel der Fremden zuzusehen. Im Innern erinnern Darstellungen von 6 Märtyrern unter den meterdicken, über 10 m hohen Eisenholzpfeilern des Kirchenschiffs an die Christenverfolgungen im 19. Jh.

Als die Kathedrale 1891 eingeweiht wurde, lag sie noch am Meer; aufgrund der Verlandung des Deltas ist sie heute 10 km von der Küste entfernt. 1933 wurde in ihr der erste Bischof Vietnams geweiht. Im amerikanischen Krieg stark beschädigt, durfte sie im Gegensatz zu vielen anderen danach wieder aufgebaut werden.

Praktische Informationen

- Tgl. 7.30–11.30, 14.30–17 Uhr. Messen: Mo–Fr 5 und 17, Sa/So 5, 10 und 16 Uhr.
- 28 km südwestlich von Ninh Binh. Per Motorrad, Mietwagen oder Lokalbus Richtung Kim Son.

Cuc-Phuong-Nationalpark

↗ VIII/B1

Immergrüner Tropenwald mit üppiger Vegetation, bis zu 70 m hohen Baumriesen und mehrere hundert Meter langen Lianen, die sich wie Pythons über Farne, Orchideen und Würgefeigen schlängeln – wer einmal sehen möchte, wie Vietnams Urwälder vor den Kriegen ausgesehen haben, sollte den Cuc-Phuong-Park aufsuchen. Der 1962 eingerichtete Park war der erste seiner Art in Vietnam und wurde noch von Ho Chi Minh persönlich initiiert. Das Terrain am Südhang eines bis zu 650 m aus der Ebene emporragenden Kalksteinmassivs besteht im Wesentlichen aus **tropischem Primärwald** auf hügeligem und von Höhlensystemen durchzogenem **Karst.** In einigen der Höhlen und Grotten wurden Gräber, Knochen und Steinwerkzeuge prähistorischer Menschen gefunden, die hier vor über 10.000 Jahren lebten. Zuletzt besiedelten Generationen von **Muong** das von der Aussenwelt abgeschlossene Tal. Mit zumindest zwei Dörfern sind sie noch heute im Nordteil des Parks vertreten (6–8 Std. Trek, Unterkunft im Pfahlhaus möglich).

Auf dem vergleichsweise winzigen Areal von 22.000 ha – bei einem Umfang von rund 120 km – ist in Cuc Phuong nahezu 20 % aller in Vietnam vorkommenden Flora vertreten. Und eine nicht minder beeindruckende Fauna: 117 Säugetier-, 110 Reptilien-, 65 Fisch- und 320 Vogelarten. Darunter endemische Arten, die es nirgendwo sonst auf der Welt gibt, wie Landkrabben- und Fasanenspezies oder den langschwänzigen, bis 1987 für ausgestorben geglaubten **Delacour-Langur.** Der wegen seiner prägnanten Fellzeichnung auch als *Kurze-Hosen-Affe* bezeichnete Langur ist einer der seltensten Primaten der Welt, es gibt nur noch rund 200 Exemplare, und zwar ausnahmslos in Cuc Phuong und Umgebung.

1991 kam der Dresdner Biologe *Tilo Nadler* auf der Suche nach dem sagenhaften Langur nach Cuc Phuong und engagiert sich seit dieser Zeit für

083vi

Der Kurze-Hosen-Affe wirbt für den Cuc-Phuong-Nationalpark

die Haltung, Züchtung und Wiederaussetzung einheimischer Affenarten. Mit den ersten beiden illegal gewilderten und beschlagnahmten Delacour-Languren gründete er 1993 das zum Park gehörige, aber dank ausländischer Sponsorengelder unabhängig operierende Zucht- und Forschungszentrum **Endangered Primate Rescue Center.** Heute tummeln sich über 120 Tiere aus 15 Spezies im Zentrum, darunter 6 Arten, die ausnahmslos hier gehalten werden. Außerdem leben hier 10 Langurenarten (neben den besagten *Kurze-Hosen-Affen* auch *schwarze, graue* und *rote Kleideraffen* sowie die auf eine Population von nur mehr 55–60 Exemplare geschätzten *Cat Ba-* oder *Goldschopf-Languren*), 3 Gibbonarten und 2 *Loris*-Arten. Das sind überaus putzige, nachtaktive Halbaffen mit großen, „traurigen" Kulleraugen.

Der Park verfügt über mehr als ein Dutzend **Trekkingpfade,** aber nur die wenigsten sollten – und dürfen – auf eigene Faust exploriert werden. Tieren, geschweige denn Affen, wird man auf freier Wildbahn nur selten begegnen. Obschon ihre Laute allgegenwärtig sind, wird unser ungeübtes Auge im Licht und Schatten des Tropenwaldes gerade mal einen Vogel, eine Fledermaus oder ein Baumhörnchen ausmachen. Allein die Myriaden weißer Schmetterlinge, die vor allem in ihrer Hochsaison Anfang März bis Mitte Mai wie *Schneegestöber* durch die Tropenflora tanzen, sind unübersehbar.

Die gängigen **Tagestouren** umfassen – neben dem Primatenzentrum und dem kleinen *Botanischen Garten* – in erster Linie zwei Ziele. Der 100 m lange **Cave of Prehistoric Man** liegt relativ nahe der Straße, die vom Besucherzentrum bis zur Parkmitte führt, und ist bequem in ca. 45 Min. zu absolvieren. (Vorsicht, z.T. sehr eng, dunkel und schlüpfrig, eine Taschenlampe ist ratsam.) Zum mächtigen **Thousand Year Old Tree** führt ein gehfreundlicher, 7 km langer und großteils asphaltierter Rundwanderweg mit zahllosen Stufen, aber auch Rastplätzen vom Parkzentrum hin und zurück. Wer beim Trekken mehr gefordert sein will, mag sich auf den unwegsamen Pfad zum *Big Tree* (3 km, aber bis zu 3 Std. sind einzuplanen) oder auf den 628 m hohen *Silver Cloudy Peak* begeben.

Praktische Informationen

- **Anreise.** 44 km westlich von Ninh Binh (auf der N1 10 km Richtung Hanoi, Wegweiser).

Öffentliche Verkehrsmittel fahren nicht bis Cuc Phuong. Am Wochenende ist vom Besuch eher abzuraten.

● **Besucherzentrum.** Das *Visitor Center* liegt am Eingang des Parks, der Eintritt kostet 40.000 đ. Guides sind empfehlenswert, für einige Touren sowie für alle mehrtägigen Touren obligatorisch (ab 5 $ pro Tag) – und daran sollte man sich auch halten! Geschichten von orientierungslosen, entkräfteten Touristen, die meinten „auf eigene Faust" trekken zu können, sind keine Ammenmärchen; einige wurden erst nach Tagen aufgefunden. Das Zentrum bietet in einer ausführlichen Broschüre bis zu sechstägige Touren an.

● **Primatenzentrum.** Das *Endangered Primate Rescue Center* ist tgl. 9–11.30, 13.30–16 Uhr geöffnet. Alle 30 Min. werden max. 20 Pers. eingelassen. Die Begleitung eines (kostenlosen) Guide ist obligatorisch. Eintritt 10.000 đ, Spenden sind erbeten. www.primatecenter.org.

● **Unterkunft.** Im Park kann man komfortabel übernachten, entweder im *Headquarter* am Parkeingang oder im 20 km entfernten *Parc Center* (Achtung, dort liefert der Generator nur Strom für 4 Std., gekühlte Getränke z.B. sind nicht erhältlich). Die Bandbreite reicht vom Bett im Pfahlbau für 4–6 $ bis zum komfortablen Bungalow mit AC, Bad, WW für 20–25 $. Mahlzeiten gibt es auf Vorbestellung. Eine weitere Unterkunftsmöglichkeit (5 $) gibt es im 16 km entfernten Muong-Dorf *Khanh*. Der Trek dorthin dauert allerdings 6–8 Std. und ist nur mit Guide möglich.

Pu Luong Naturreservat

↗ VIII/B1/2

Geheimtipp für Individualisten! Nordwestlich von Cuc Phuong (65 km) und 22 km südöstlich von Mai Chau schließt sich ein weiterer Naturpark mit grandiosen Landschaften (Kalksteinberge, Regenwald, Bambuswälder, Reisterrassen) und einzigartiger Biodiversität an. Die rührige, von ausländischen Organisationen wie dem DED gut beratene Parkverwaltung stellt interessante Trekkingrouten (4 Stunden bis 4 Tage) vor, ein ökotouristisches Projekt ermöglicht **Homestays** in Thai- und Muong-Dörfern.

Praktische Informationen

● **Besucherzentrum.** Das Park-Headquarter ist 1,5 km von **Canh Nang** (District Ba Thuoc) entfernt. Ranger (ohne Englischkenntnisse) können für 200.000 đ/Tag gemietet werden (unbedingt im Voraus buchen) und sollten, vor allem bei mehrtägigen Trekks, unbedingt in Anspruch genommen werden, da es unzählige faszinierende Pfade gibt, aber in den Dörfern kein Englisch gesprochen wird. Wer trotzdem alleine losziehen will: Für Homestays bedarf es, außer für Gruppen, keinerlei Anmeldung. Tel. 0373/880671, puluongth@vnn.vn.

● **Anreise.** Per Bus ab Hanoi (210 km; 7 und 13 Uhr ab Busbahnhof *Nuoc Ngam* südl. von Giap Bat) nach Ba Thuoc/Canh Nang (Endstation). Ab Ninh Binh (120 km) mit Bike, Motorbike, Auto oder per Bus über Thanh Hoa (von dort ab Busbahnhof Noi Tinh gegen Mittag nach Ba Thuoc/Canh Nang).

● Durch das Reservat führt eine einst von den Franzosen angelegte **öffentliche Straße** (15C), die zumindest in der trockenen Jahreszeit mit Bikes und Allradfahrzeugen befahren werden kann; der Ausbau ist in Planung.

Thanh Hoa

↗ IX/C2

(Thanh Hóa)

Die Provinz in der fruchtbaren Ebene des *Song Ma* ist die Wiege der frühesten vietnamesischen Zivilisation, der Bronzekultur von **Dong Son** (800–300 v.u.Z.), benannt nach dem gleichnamigen Weiler 6 km westlich von Thanh Hoa (Bronzetrommeln).

Thanh Hoa brachte mehr Dynastien hervor als jede andere Region Vietnams: die *Frühen Le* (980–1009), *Le* (1428–1789), *Trinh* (1537–1787) und *Nguyen* (1802–1945). Die **Zitadelle** der Ho-Dynastie, 1397 erbaut, war kurze Zeit Hauptstadt des Landes. Unter dem Namen *Tay Do* („Hauptstadt des Westens") war sie der einzige Festungsbau Vietnams, der aus (bis zu 16 t schweren) Quadersteinen errichtet war. Erhalten sind noch die massiven Stadttore und einige Grundmauern bei *Vinh Loc* (60 km nördlich).

Die im amerikanischen Krieg stark zerstörte Stadt am *Ham Rong*-Fluss (allein an der Brücke verloren die Amerikaner über 70 Flugzeuge) präsentiert sich heute in gesichtslosem Neo-Post-sozialismus-Barock.

Praktische Informationen

- 120.000 Einw. 2 m. Tel. 037.
- **Information.** *Thanh Hoa Tourism*, 25A Quang Trung, Tel. 852517, Fax 853963.
- **Unterkunft. Sao Mai,** 110 Zimmer 20–55 $, 20 Phan Chu Trinh, Tel. 3712691. **Ngan Hoa,** 31 Zimmer 10–30 $. 36 Nguyen Trai, Tel. 855160. **Loi Linh,** unweit des Busbahnhofs, 22 Tran Phu; kleine, aber saubere Zimmer 8–10 $, Tel. 851667. **Van Chai Resort.** Bestechend schöne, moderne Anlage mit Pool & Spa am Strand von *Sam Son*. 68 Zimmer in gemütlichen, zweistöckigen Ziegelvillen 45–65 $ ++ inkl. BF. Tel. 793333. www.vanchai-vn.com.
- **An- und Weiterreise.** Thanh Hoa liegt an der N 1 wie an der Eisenbahnlinie Saigon–Hanoi. Regelmäßig Busse von/nach Hanoi, Hue, Vinh, Ninh Binh, Nam Dinh, Sam Son.
- **Laos.** Der Grenzübergang **Na Meo** (230 km) an der N 217 ist für Ausländer geöffnet,

Rau ist das Leben der Fischer von Sam Son

160vi Foto: kb

aber schwierig erreichbar. Per Bus frühmorgens ab *Ben Xe Noi Tinh* bis *Quan Son*, die restlichen 50 km per Xe Om. Gute, geteerte Straße bis Sam Nua (90 km), weiter bis Luang Prabang.

• **Entfernungen** (in km): Hue 500, Vinh 140, Sam Son 16, Ninh Binh 60, Hanoi 150.

Thanh Hoa, Umgebung

Sam Son

↗ IX/C2

Der **Strand** von Sam Son 16 km östlich von Thanh Hoa wurde bereits von den Franzosen geschätzt und gilt noch heute als einer der besten – und erschlossensten – des Nordens. Neben mehrstöckigen Betonkästen, in denen Ostblock-Touristen früher „Rivieragefühle" auskosteten, findet man auch neuere Hotels und preisgünstige Bungalows.

Das Grab Le Lois

Lam Son ist die Heimat des Nationalhelden **Le Loi,** der 1428 die Chinesen vertrieb und als Kaiser Le Thai To die Le-Dynastie begründete. Von seinem weitläufigen Grabmal und dem ihm zu Ehren errichteten Tempel sind nur Fragmente erhalten. Zu besichtigen sind u.a. die *Vinh-Lang*-Stele, auf der sein Mitkämpfer, der Dichter Nguyen Trai 1433 seine berühmte „Große Proklamation" verewigte, und eine 100 Jahre später gegossene Bronzestatue des Kaisers. Auch Reste der kaiserlichen Zitadelle *Lam Kinh* sind noch zu erkennen. – 35 km westlich von Thanh Hoa.

Nördliche Zentralküste

Überblick

Die nördliche Zentralküste, streckenweise noch bis ins 14. Jh. hinein Domäne der **Cham** und während der Kolonialzeit Teil des Protektorats **Annam,** ist die ärmste und unterentwickeltste Küstenregion Vietnams. Die Böden sind sandig und unfruchtbar, die klimatischen Verhältnisse trotz Küstennähe extrem. Die Winter sind rau und neblig, im Sommer führen Hitzewellen zu Dürren, und zwischen August und Oktober fallen Taifune ein und verwüsten das Land. Missernten sind häufig und führen zu Engpässen bei der Versorgung der Bevölkerung. Angebaut werden neben Reis Cash Crops wie Mais, Yams, Cassava und Erdnüsse. Forstwirtschaft, Viehhaltung, Fischerei und Handwerk sorgen für dringend benötigte Zusatzeinnahmen.

Rund 100 km nördlich von Hue begann nach 1954 das Territorium **Nordvietnams**. Keine Region Vietnams war zwischen 1964 und 1973 derart massiv amerikanischen **Bombardements** ausgesetzt wie das Gebiet beiderseits des 17. Breitengrads und bis weit über den 20. (Nam Dinh, Ninh Binh) hinaus. Die amerikanischen „Missionen", vorwiegend von den Airbases im Nordosten Thailands (Udon Thani, Korat, Ubon) geflogen, dienten außer der planmäßigen Vernichtung von Industrieanlagen und Reisernten dem

Unterbinden des Nachschubs für die Widerstandsbewegung in Südvietnam. Die Intensität der Flächenbombardierungen nahm auch dann nicht ab, als die Truppen Nordvietnams nach Laos auswichen und den Süden fast ausschließlich über den Ho-Chi-Minh-Pfad mit Waffen und Proviant versorgten.

Großstädte wie Vinh, Dong Hoi oder Thanh Hoa wurden zu fast 100 % zerstört und mussten 1975 von Grund auf neu errichtet werden. Andere, wie Quang Tri, sind bis heute Trümmerfelder geblieben. Sämtliche Eisenbahnlinien und Überlandstraßen der Region waren wieder zu Äckern geworden, und selbst simple Behelfs- und Pontonbrücken blieben selten länger als ein paar Tage oder Wochen unversehrt.

Orientierung

Ein befestigter Wall am *Deo* (Pass) *Ngang* nördlich von Dong Hoi bildete vom 2. bis 13. Jh. die Grenze zwischen Vietnam und dem hinduistischen **Champa.** An gleicher Stelle errichteten die Franzosen später die *Porte d'Annam*, die ihre Protektorate Annam und Tonkin voneinander trennte.

Der **Ben-Hai-Fluss** am 17. Breitengrad südlich von **Dong Hoi** und nördlich von Dong Ha wurde auf der Genfer Konferenz 1954 zur Demarkationslinie zwischen dem kommunistischen Nordvietnam und dem „freien" Südvietnam bestimmt. Die heißumkämpfte **Demilitarisierte Zone** (DMZ) diente bis 1975 als Grenze zwischen den beiden Staaten.

Entfernungen

- **Von Hanoi** (in km): Vinh 295, Dong Hoi 490, Phong Nha 535, Dong Ha 580, Lao Bao 660, Savannakhet (Laos) 830, Hue 660.
- **Von Hue** (in km): Dong Ha 80, Savannakhet (Laos) 400, Dong Hoi 170, Phong Nha 210, Vinh 365, Hanoi 660.

Vinh

↗ X/B1

(Vinh)

Die **größte Stadt** zwischen Hanoi und Hue. Die Industrie- und Hafenstadt wurde im 20. Jh. gleich zweimal dem Erdboden gleichgemacht, im französischen Krieg 1946–1954 und im amerikanischen Krieg 1964–1973. Nach 1975 wurde sie mit Unterstützung der DDR wieder aufgebaut, wovon heute glücklicherweise nicht mehr viel zu sehen ist. Seit Beginn der 1990er Jahre hat die Landflucht aus dem Armenhaus der Provinzen *Nghe An* und *Ha Tinh* die Einwohnerzahl mehr als verdoppelt, gleichzeitig sorgten Finanzspritzen der Regierung für einen Bauboom, der das Gesicht der Stadt noch einmal radikal wandelte.

In den Überresten der 1803 unter Kaiser Gia Long errichteten Zitadelle (gleichzeitig das Datum der Stadtgründung) ist ein Museum zu Ehren der *Sowjets* von *Nghe Tinh* (s.u.) eingerichtet. Zahlreiche Besucher pilgern zum **Geburtshaus Ho Chi Minhs** sowie zum **Strand** von Cua Lo.

Geschichte

Die Provinz **Nghe An** gilt seit den Anfängen der vietnamesischen Geschichte als eine Region der Rebellen und Revolten und ist nicht von ungefähr die Heimat von Phan Boi Chau und **Ho Chi Minh.** Während der tausendjährigen chinesischen Okkupation galt sie als „unsicheres und barbarisches Grenzland", von dem aus Aufstände und Revolten ihren Ausgang nahmen, und 1418 sammelte **Le Loi** hier seine Truppen, um die Besatzer für immer aus dem Land zu vertreiben.

Die französische Kolonialregierung siedelte Fabriken an, aber auch unter ihrer Herrschaft blieb die Region ein Unruheherd. Auf dem Höhepunkt der Weltwirtschaftskrise 1930 verbündeten sich Bauern und Arbeiter der Provinzhauptstadt Vinh, die sog. **Sowjets von Nghe Tinh,** und übernahmen die Macht. Französische Elitetruppen und Fremdenlegionäre benötigten mehr als ein Jahr, „die Ordnung wiederherzustellen".

In den 1950er Jahren Schauplatz erbitterter Kämpfe zwischen Franzosen und Vietminh, war die Provinz in den 1960er und -70er Jahren Ausgangspunkt des Ho-Chi-Minh-Pfads und damit das erklärte Ziel amerikanischer Bombardements. Über keiner Provinz Vietnams wurden so viele amerikanische Flugzeuge abgeschossen wie über Nghe An.

Praktische Informationen

- 250.000 Einw. 2–5 m. Tel. 0383.
- **Information.** *Nghe An Tourist.* 8 Quang Trung, Tel. 844692, Fax 843635.
- **Geld.** *Vietcombank,* Le Loi Ecke Nguyen Thi Sach.
- **Vietnam Airlines.** 28 Nguyen Thi Minh Khai, Tel. 847359.

Unterkunft

- **Saigon Kim Lien.** 77 Zimmer 32–50 $ inkl. BF, Pool. 25 Quang Trung, Tel. 838899. www.saigonkimlien.com.vn.
- **Phu Nguyen Hai.** 40 Zimmer um 20 $ inkl. BF. 79 Le Loi, Tel. 848429, ctpnh@hn.vnn.vn.
- **Giao Te.** 22 Zimmer 8–14 $ inkl. BF. 9 Ho Tung Mau, Tel. 842047, ks_giaote_na@yahoo.com.vn.
- **Dong Do.** 14 Zimmer 8–10 $. 14 Mai Hac De, Tel. 846989.
- Am Strand von **Cua Lo** (14 km) findet man zahllose Unterkünfte von der Absteige für 5 $ bis zum siebenstöckigen **Saigon Kiem Lien Resort** mit Pool und 79 Zimmern ab 65 $ inkl. BF; Tel. 952899. www.saigonkimlien.com.vn.

An- und Weiterreise

- **Entfernungen** (in km): Kim Lien 14, Cua Lo 16, Dong Hoi 200, Hanoi 295, Hue 365, Da Nang 470.
- **Bus.** Der Busbahnhof liegt bei der Post an der Hauptstraße *Le Loi.* Regelmäßig nach Hanoi, Thanh Hoa, Ninh Binh, Dong Hoi, Da Nang, Saigon und Buon Ma Thuot. Regionalbusse und Busse nach Laos verkehren vom Großen Markt am Südende der Le Loi (dort: *Quang Trung).*
- **Zug.** Der Bahnhof *(Ga Vinh)* liegt 1 km westl. der Kreuzung Le Loi/Phan Boi Chau. Alle Züge stoppen in Vinh.
- **Flug.** Tgl. von/nach Hanoi, Saigon, Da Nang, Pleiku, Buon Ma Thuot.
- **Laos.** Die Grenzübergänge **Cau Treo** (Vientiane) an der N 8 (105 km) und **Nam Can** (Phone Savan) an der N 7 (210 km) sind für Ausländer mit gültigem Visum offen. Direktbusse nach Vientiane mehrmals wöchentlich, nach Phone Savan nur Mi, Sa. Lokalbusse fahren tgl., jedoch nur bis *Tay Son,* bzw. *Muong Xen* je 25 km vor der Grenze, weiter mit *Xe om* und laotischem Bus.

Vinh, Umgebung

Ho Chi Minhs Geburtsort

Ho Chi Minh wurde am 19. Mai 1890 in dem Weiler *Hoang Tru* (auch *Chua* genannt) geboren, aus dem seine Mutter stammte. Als er sechs Jahre alt war, zog die Familie in das 2 km entfernte **Kim Lien** (auch *Sen* genannt), das Heimatdorf seines Vaters, wo man dem frischgebackenen Doktor der Literatur, der gerade sein Examen in Hue bestanden hatte, ein bescheidenes Heim zur Verfügung stellte.

Das einfache, strohgedeckte Haus aus Holz und Bambus, das nach dem Auszug der Familie rasch verfiel, wurde von den Einwohnern des Dorfes 1955 „originalgetreu" nachgebaut. Ho selbst kehrte erst zwei Jahre später auf Besuch zurück und war sehr gerührt. Zu besichtigen sind neben dem schlichten und schönen Haus Schreibpult, Bücher und Spielsachen des Knaben Ho, und verständlicherweise verzichtet man auch nicht auf ein kleines Museum. - 14 km westlich.

Cua Lo

Der 10 km lange, von Pinien gesäumte Strand von Cua Lo, einem geschäftigen Hafen und Fischerort 16 km nordöstlich von Vinh, ist mit Xe Om oder Lokalbussen erreichbar.

Porte d'Annam

Das an dieser Stelle bis ans Meer vorspringende *Hoanh-Son-*Massiv (1044 m) mit dem **Ngang-Pass** 100 km südlich von Vinh (und 60 km nördlich von Dong Hoi) bildete ein Jahrtausend lang die **Südgrenze Vietnams.** Ein breiter Erdwall trennte die chinesische Kolonie *Giao Chi* von dem hinduistischen Champa; den Einheimischen war jeglicher Kontakt mit den Nachbarn streng untersagt. Bis ins 12. und 13. Jh. hinein lieferten sich die nach Süden drängenden Vietnamesen und die Cham harte Kämpfe um den Pass. Ende des 19. Jh. errichteten die Franzosen an gleicher Stelle die *Porte d'Annam* als Trennlinie zwischen Tonkin und Annam; die Überreste des Tores sind von der N 1 aus zu sehen. Heute verläuft dort die Grenze zwischen den Provinzen *Quang Binh* und *Ha Tinh.*

Dong Hoi

↗ XI/C2

(Đồng Hới)

Der Küstenstreifen zwischen dem Meer und den laotischen Bergen ist hier nur 50 km breit, es ist die schmalste Stelle Vietnams.

Der **Fischereihafen** am *Nhat-Le-*Fluss ist die südlichste Stadt des ehemaligen Nordvietnam und wie alle Orte heute arg zersiedelt, gleichwohl aber noch eine **kleine Perle.** Bäume über Bäume säumen die kleinen, lauschigen Gassen der nach 1975 unaufdringlich wieder aufgebauten Viertel im alten Zentrum am Fluss, auf dem sich dicht an dicht bunt bemalte Fischerkähne an die Kais drängen, und irgendwo mittendrin ragt die pathetische Ruine eines Kirchturms in den Himmel. Nördlich und südlich erstrecken sich endlose, von Sanddünen gesäumte Strände – die kilometerlange, unterwegs mehrfach ihren Namen ändernde Hauptstraße führt immer am Fluss entlang und biegt schließlich zum feinsandigen, noch kaum erschlossenen **Nhat-**

Le-Strand ab. Erhalten sind noch Überreste einer Nguyen-Zitadelle (1825) und der Stadtmauer.

Praktische Informationen

- 200.000 Einw. Tel. 052.
- **Orientierung.** Der Bahnhof ist 3, der Busbahnhof 2,5 km vom Zentrum *Tran Hung Dao* Ecke *Ly Thuong Kiet* (Post) entfernt.
- **Information.** Herr *Quan* spricht deutsch und steht bei Planungen (Phong Nha, Stadtführun-gen etc.) oder Problemen jeder Art gerne zur Verfügung. 54 Le Quy Don, Tel. 824613, nguyenmauquan1967@yahoo.com. Sein Freund *Tam* ist Anwalt, 72 Tran Hung Dao, Tel. 0989639596.
- **Geld.** *Vietcombank*, 50 Nguyen Huu Canh. ATMs bei der Post und im *Saigon*-Hotel.

Unterkunft

- **Sun Spa Resort.** Das einzige 4-Sterne-Hotel zwischen Hue und Hanoi. Toller Strand, wenig Kitsch, schöne Balkonzimmer, aber etwas abseits gelegen. 235 Zimmer 75, 90 $ (Seaview), 110 $ (Deluxe), 180 $ (Vip) inkl. BF. 2 Pools. Tel. 842999. www.sunsparesort vietnam.com.
- **Saigon Quang Binh.** Seit 2006. 4-stöckiges *Saigontourist*-Haus mit Pool am Flussufer. 95 Zimmer 50, 60, 70 $ ++ inkl. BF. 20 Quach Xuan Ky, Tel. 822276. www.sgquangbinhtou rist.com.vn.
- **Luxe.** Neu, mit Lift, etwas überteuert, aber sehr in Ordnung: 30 Zimmer, 30, 40, Suite 50 $. 63 Truong Phap, Tel. 845959, info@ luxehotel.vn.
- **Tu Quy.** Sehr sauber und effizient. 20 Zimmer 13–17 $, darunter Suiten mit Superblick auf Fluss und Strand. 63 Truong Phap, Tel./Fax 829909.
- **Nam Long.** In einer ruhigen Seitengasse der Flusspromenade, sehr sauber und korrekt. 10 Zimmer 9–12 $. 22 Ho Xuan Huong, Tel. 821851.
- **Ke Bang.** Gleich daneben, z.T. mit Balkon und Flussblick. 16 Zimmer 15, Triple 20 $. Tel. 841063.

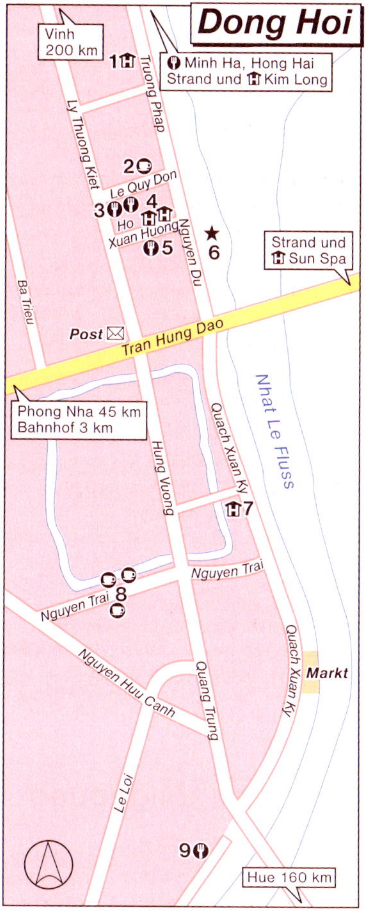

1 Luxe, Tu Quy
2 Café 54
3 Viet Hoa, Ha Noi
4 Nam Long, Ke Bang
5 Xuan Hung
6 Kirchenruine
7 Saigon Quang Binh
8 Cafés
9 Anh Dao

- **Kim Long.** Am Strand (zuvor liegt die Straße). 12 Zimmer 7–10 $, z.T. mit Balkon. 9 Truong Phap, Tel. 827590.

Essen und Trinken

- **Anh Dao.** Gutes Essen, schöner Flussblick vom 1. Stock. 6 Nguyen Van Troi.
- **Viet Hoa.** *Lau* mit Fisch, Wild; 1 Le Quy Don. Akzeptabel auch **Ha Noi,** 5 Le Quy Don.
- **Xuan Huong** ggb. Hotel *Nam Long*.
- **Minh Ha** und **Hong Hai** beim Hotel *Luxe*.
- Am Nhat-Le-Strand, noch 1–2 km weiter als die ersten Hotels, reihen sich Dutzende **Strand-Restos,** die im Winter allerdings wenig Betrieb haben.
- **Café 54.** Getränke im Schatten der Bäume bei Herrn *Quan*. 54 Le Quy Don.

An- und Weiterreise

- **Entfernungen** (in km): Vinh 200, Dong Ha 90, Hue 160, Phong Nha 45.
- **Phong Nha.** Per Taxi 500-, per Xe Om 150.000 đ, jeweils hin und zurück. Ein Motorrad kann man für ca. 120.000 đ/Tag mieten.
- **Zug.** Alle Züge halten in Dong Hoi. Der Bahnhof ist 3 km vom Zentrum entfernt.
- **Laos.** Internationaler Grenzübergang **Cha Lo** (Lao: *Na Phao)*. 170 km nordwestl. an der N12 nach Thakek und Nakhon Phanom (Thailand, 100 km).

Dong Hoi, Umgebung

Phong Nha

So vielen Superlativen konnte die UNESCO nicht widerstehen und erklärte Phong Nha 2003 zum **World Heritage** (Weltkulturerbe) – die älteste und größte Karst-Formation (ca. 400 Mio. Jahre) mit dem **größten Höhlensystem** (65–70 km) und dem **längsten unterirdischen Fluss** des Planeten (7,7 km). Alle Zahlen sind allerdings Schätzwerte, denn obwohl die Grotten bereits 1924 von einem britischen Forscher entdeckt wurden, hat die eigentliche Erforschung des Kalksteinwunders erst begonnen.

Bereits 2001 hatte Vietnam die gesamte, bis zur laotischen Grenze reichende Region, insgesamt 200.000 ha, zum **Nationalpark** erklärt *(Phong Nha-Ke Bang)*. Denn außer Höhlen, Grotten und kristallklaren unterirdischen Flüssen birgt Phong Nha auch nahezu unberührte **Wälder** mit Dutzenden, bis zu 1200 m hoher Karstberge. 20 % des Bestandes gilt als ursprünglicher Primärwald, der die womöglich höchste Biodiversität in ganz Vietnam aufweist und Heimat ist von mindestens 876 Tierarten – eingeschlossen 26 endemischer und gefährdeter Spezies – und 568 Planzenarten. Auch ethnische Minderheiten wie die zahlenmäßig kleine Gruppe der *Ruc*, die noch bis vor kurzem als nomadische, höhlenbewohnende Sammler und Jäger lebten, siedeln hier.

Aber auch historisch (national) ist die Region für Vietnam von immenser Bedeutung. Gesichert ist, dass die Höhlen bereits von den **Cham** erforscht worden waren, die sie als Heiligtum betrachteten, wie zahlreiche (der Öffentlichkeit noch nicht zugängliche) Inschriften und Überreste von Cham-Altären bezeugen. Zudem verlief in unmittelbarer Nähe der **Ho-Chi-Minh-Pfad,** und hatte der Vietcong die Höhlen teilweise als Munitionsdepot und Lazarett genutzt – bis heute sind unschwer Spuren amerikanischer Attacken an der Felswand von Phong

Nha auszumachen, und die Reisfelder sind mit kreisrunden Bombenkratern durchsetzt. Heute verläuft hier der neue Ho-Chi-Minh-Highway, die dringend benötigte Paralleltrasse zur überlasteten Nationalstraße 1, deren Ausbau in dieser Region eigens beschleunigt wurde, um den Zugang zum neuen „Weltwunder" zu erleichtern.

Der verständliche Drang, Besucher aus aller Welt anzulocken, kollidiert allerdings mit der Dringlichkeit, das labile Ökosystem des Parks nachhaltig zu schützen. Um den Status als Weltkulturerbe zu wahren (und rufschädigende Unfälle zu vermeiden), ist der Publikumsverkehr im Nationalpark daher bis auf weiteres – und vermutlich noch auf unbestimmbare Zeit hinaus – im Prinzip auf jene Höhle beschränkt, die Einheimischen schon seit mehr als eineinhalb Jahrzehnten offen steht und die dem gesamten Komplex ihren Namen verlieh.

Die **Phong-Nha-Höhle** ist 7,7 km lang und bis zu 83 m hoch – je nach Wasserstand des *Son*-Flusses, der das gesamte Höhlensystem mitsamt seinen weitverzweigten Kammern und Korridoren durchfließt, gleitet man mit dem Boot entweder durch schmale Röhren oder domhohe Gewölbe (während der Regenzeit kann der Wasserstand sogar so hoch sein, dass der Zugang zu den Kavernen gesperrt werden muss). Eingangspforte zur Unterwelt ist das schmale, nur 10 m hohe und 25 m breite Felstor *Ham Long* (Drachenmaul). Bis vor nicht langer Zeit herrschte in diesem Hades noch absolute Dunkelheit, und Besucher mussten mit den Booten Scheinwerfer mieten, um überhaupt etwas erkennen zu können; inzwischen ist die Untertagewelt gut ausgeleuchtet. Tatsächlich passierbar sind nur knapp 800 m – danach verengen sich die Fahrrinnen und werden zu gefährlich. Man erlebt eine fantastische Landschaft aus Sand, Granit, Wasser, Kalkstein, Stalagmiten, Stalagtiten, Gewölben, Sandbänken und Riffen – kurz: eine bizarre Wunderwelt für jeden, der dafür empfänglich ist (und sich durch den Auftrieb an Mensch und Boot nicht stören lässt).

Den Rückweg zum Eingang legt man großteils zu Fuß durch höhergelegene, trockene Grotten zurück, ehe man mit dem Boot zum Ausgangspunkt zurückkehrt.

Praktische Informationen

- **Eintritt** 50.000 đ. Die Tour nimmt mind. 2 Std. in Anspruch, davon je knapp eine halbe Std. für An- und Rückfahrt auf dem Son-Fluss. Ein Boot für bis zu 10 Pers. kostet 150.000 đ (Fixpreis), die letzten Boote fahren um 14.30, im Sommer 15 Uhr. Eine weitere, trockene Höhle *(Tien Son)* birgt der Berg gleich über Phong Nha; der Aufstieg über steile Treppen dauert ca. 15 Min. (20.000 đ). **Achtung:** Während und kurz nach der Regenzeit (Sept.–Okt./Nov.) kann Phong Nha wegen zu hohen Wasserstands unpassierbar sein!
- **Nationalpark.** Erst im Aufbau. Der Eingang ist 6 km vom Besucherzentrum am Fluss entfernt, aber bis dato nur unregelmäßig besetzt. Auf dem Weg kann man ein **Primatenzentrum** der Frankfurter Zoologischen Gesellschaft besichtigen (Kleideraffen, Languren, insgesamt 9 Arten; Kontakt: Bernhard Forster, forster.vogt@freenet.de).
- **Unterkunft und Verpflegung.** In Phong Nha (eigentlich: *Son Trach*) gibt es zahllose

Minihotels, deren Qualität allerdings oft zu wünschen übrig lässt. Restos und Garküchen gibt es im Umkreis des Besucherzentrums.

- **Saigon Phongnha.** Kleines *Saigontourist*-Hotel mit 14 DZ à 25 $ inkl. BF. Tel. 052.675016, sgphongnhahotel@yahoo.com.vn.
- **Von Dong Hoi** (45 km). Per Xe Om rund 10 $, per Mietwagen 25 $ hin und zurück.
- **Von Hue** (210 km). Rund 20 km kürzer als die Route über die N1 und Dong Hoi ist die über die N9 (Abbieger bei Dong Ha) und den neuen Ho-Chi-Minh-Highway. Diese Strecke ist allerdings reichlich monoton (menschenleere Gegend ohne Städte oder Dörfer). Organisierte Touren mit oder ohne Übernachtung in Dong Hoi bietet jedes Reisebüro in Hue.

Tunnel von Vinh Moc

↗ XI/C2

Im Gegensatz zu den weitaus bekannteren Tunneln von Cu Chi, die Widerstandskämpfern bereits im französischen Krieg als Unterschlupf und Versorgungsbasis gedient hatten, wurden die Tunnel von Vinh Moc erst 1966 angelegt, kurz nach dem Beginn der amerikanischen Bombardierungen der Demilitarisierten Zone (DMZ) nördlich und südlich des 17. Breitengrades. Das knapp 3 km lange Tunnelsystem liegt bis zu 27 m unter der Erdoberfläche, einige seiner Ein- und Ausstiege liegen unmitttelbar an den kilometerlangen **Stränden,** die sich beidseitig des ehemaligen Fischerorts hinziehen.

Praktische Informationen

- **Anfahrt.** 2 Zufahrten ab der N1, jeweils 14 km weit, 7 km nördl. des Ben-Hai-Flusses bei *Ho Xa* sowie unmittelbar an der Brücke; letztere führt an den Stränden von *Cua Tung* entlang.
- **Tunnel.** Tgl. 7–17 Uhr, 20.000 đ. Ohne Guide kann man sich leicht verlaufen. Ein kleines *Museum* zeigt Fotos und Dokumente.

Ben-Hai-Fluss

↗ XI/C2

Der Ben-Hai-Fluss etwa auf halber Strecke zwischen Dong Hoi und Dong Ha, unmittelbar am 17. Breitengrad, den die Weltmächte auf der Genfer Konferenz 1954 als militärische Demarkationslinie festgelegt hatten, diente 21 Jahre lang, von 1954 bis 1975, als **Grenze** zwischen dem sozialistischen Norden und der Republik **Südvietnam.** Nach dem Willen der Weltmächte hatte diese Linie lediglich die Truppenverbände der beiden Konfliktparteien voneinander abgrenzen, jedoch niemals eine faktische *Grenze* bilden sollen. Erst der Vertragsbruch des Südens, der die landesweiten Wahlen verweigerte, da US-Präsident Eisenhower mit Recht einen klaren Wahlsieg Ho Chi Minhs fürchtete, führte zu der Etablierung zweier Staaten und in der Folge zum amerikanischen Vietnamkrieg. Heute verbindet die *Hien-Luong*-Brücke die beiden Ufer, die sich so lange feindlich gegenüberstanden.

Dong Ha

↗ XI/C3

(Đông Ha)

Dong Ha, die Hauptstadt der Provinz Quang Tri, ist außer als Ausgangspunkt für Exkursionen nach Khe Sanh und zur DMZ („Demilitarized Zone") sowie als Station auf dem Weg von und nach Laos von keinerlei Interesse.

Der Ort am *Cam-Lo*-Fluss besteht aus nichts weiter als einer megalomanen Markthalle im realsozialistischen Ethno-Look und einer losen Ansammlung hässlicher Gewerbe-, Verwaltungs- und Hotelbauten entlang der N 1 (innerorts *Le Duan)* und der N 9, die westwärts nach Khe Sanh (65 km) und Lao Bao, dem Grenzort zu Laos (80 km), führt.

Praktische Informationen

- 100.000 Einw. Tel. 053.
- **Information.** *DMZ Café.* Mr. *Tinh* und seine Freunde waren für die US-Marines tätig und unternehmen DMZ-Touren ab 15 $. 88 Le Duan, Tel. 857026, 0913427401. *Sepon Travel,* 189 Le Duan, Tel. 855288. Bustickets, auch nach Laos, Motorräder etc.
- **Unterkunft.** Im Falle eines Falles sollte man abgehalfterte „Touristenhotels" wie *Dong Truong Son* oder *Cong Doan* vermeiden. *Thuan An.* 18 Zimmer 8–10, Triple 12 $. 9 Le Van Huu (ggb. Busbahnhof), Tel. 554554. *Ha Noi 2.* 9 Zimmer, die für 10 $ sind sehr ok. 129 Le Duan, Tel. 858 827. *Phung Hoang 2.* Sauber, guter Service, empfehlenswert. 50 Zimmer 10 (ohne Fenster), 15, 20 $ inkl. BF. 295 Le Duan, Tel. 853359.
- **Zug.** Bis auf den Spezialexpress E1 halten alle Züge in Dong Ha.
- **Bus.** Busse von/nach Hue, Khe Sanh und Lao Bao verkehren mehrmals täglich. Der Busbahnhof liegt genau an der Kreuzung von N 1 und N 9.
- **Laos.** Direktbus nach Savannakhet an allen ungeraden Tagen (außer 31.) 8 Uhr, Fahrzeit ca. 8 Std., 12 $. Tickets in Hue oder bei *Sepon* (s.o.).
- **Entfernungen** (in km): Quang Tri 12, Vinh Moc 41, Khe Sanh 65, Hue 75, Lao Bao 80, Dong Hoi 90, Savannakhet (Laos) 330.

Dong Ha, Umgebung

Ho-Chi-Minh-Pfad ↗ XI/C3

Die Fahrt auf der N 9 rund 10 km südlich der ehemaligen DMZ Richtung **Khe Sanh** und laotischer Grenze führt durch eine idyllische Mittelgebirgslandschaft. Elefantengras säumt die Straße, Pfeffer rankt an Jackfruit-Bäumen empor, hier und da wird Tee angebaut, links und rechts der Straße tauchen Pfahlhäuser der *Bru* und *Van Kieu* auf. Wüsste man es nicht besser, könnte man denken, es habe hier schon immer so ausgesehen.

Ein erstes Mahnmal, das *Cam-Lo*-Schlachtfeld, belehrt eines Besseren. Das Grün der Hügel ist nur dünnes Unterholz, hier standen einmal Urwälder. 10 km weiter westlich biegt ein Weg zum einstigen US-Stützpunkt *Camp Carroll* ab (3 km); noch bis vor wenigen Jahren pflügten dort Angehörige der Bergstämme den Boden nach Altmetall durch: Granatsplitter, Geschosshülsen, Suppendosen, Reste verrotteter Jeeps und Hubschrauber.

Zurück auf der N 9 überquert man die *Dau-Mau*-Brücke (1000-mal zerstört, 1000-mal wieder aufgebaut), wenig später ragt wie ein Zahnstocher der 200 m hohe **Rockpile** aus der Landschaft, ein hart umkämpfter Observierungsposten der US-Marines.

An der 1976 mit kubanischer Hilfe wieder aufgebauten **Dakrong-Brücke** (50 km) zweigt die schmale N 14, einst wichtiger Bestandteil des Ho-Chi- Minh-Pfads, gen Südosten nach *Aluoi* (65 km)

084vi Foto: kb

Van-Khieu-Frau bei Khe Sanh

und weiter zur Küste bei Hue ab (60 km). Schlachtfelder über Schlachtfelder, bekannt aus tausenden Filmen, Serien und Romanen säumen die Hügel: *Ashau Valley, Hamburger Hill.*

Khe Sanh ↗ XI/C3

Die Bergfestung Khe Sanh war zwischen Januar und März 1968 Schauplatz der **erbittertsten Schlacht des Vietnamkriegs.** 75 Tage lang belagerten vier Divisionen der nordvietnamesischen Armee (40.000 Mann) die bestausgerüstete, aber auf einen Angriff dieser Größenordnung unvorbereitete Festung der Marines. Aus Angst vor einem „zweiten Dien Bien Phu" ordneten Präsident Johnson und General Westmoreland an, die Stellung müsse unter allen Umständen gehalten werden, „koste es, was es wolle". Binnen weniger Tage regneten 100.000 t Sprengstoff, Napalm- und Phosphorbomben auf das Bergland nieder, kein Platz dieser Erde wurde jemals einem solchen Bombardement unterzogen. Dutzende Reporter, Fotografen und Kameraleute ließen sich mit Hubschraubern über der belagerten Festung absetzen und waren „live" dabei, um die US-Öffentlichkeit täglich mit neuen Helden und Horrorstories zu versorgen.

Aber der Feind belagerte nur, griff nicht an. Während die Augen der Welt auf Khe Sanh gerichtet waren, bereiteten die Truppen der Nordvietnamesischen Volksarmee (NVA) und der Südvietnamesischen Befreiungsfront (FNL) im Süden den entscheidenden Schlag vor. Die **Tet-Offensive** kam für die Amerikaner wie ein Schock. Einheiten der NVA und FNL überrannten Hue, Quang Tri und andere Städte und brachen selbst in den Hochsicherheitstrakt der US-Botschaft in Saigon ein. Johnson sah sich darauf gezwungen, seine Kandidatur für eine erneute Präsidentschaft zurückzuziehen, und in Paris wurden die ersten Friedensgespräche anberaumt.

Khe Sanh kostete Zigtausende Menschenleben, darunter das von fast 500 US-Marines, und verwandelte eine idyllische Hügelregion, in der französische Siedler blühende Tee- und Kaffee-Plantagen unterhalten hatten, in eine Mondlandschaft.

Lao Bao ↗ XI/C3

Nur 15 km westlich von Khe Sanh liegt die Grenzstation Lao Bao, der wichtigste Grenzübergang nach bzw. von Laos. Von hier sind es nur 250 km bis Savannakhet und Mukdahan an der laotisch-thailändischen Grenze, 420 km bis Ubon Ratchathani und knapp 1000 km bis Bangkok. Bis 1994 passierten fast ausschließlich Edelhölzer aus Laos und geschmuggelte Luxusgüter aus Thailand die Grenze nach Vietnam.

Praktische Informationen

- **Khe Sanh.** Einige Bunker sind rekonstruiert, ein Museum stellt Dokumente sowie Waffenarsenale beider Seiten aus. Eintritt 25.000 đ.
- **Grenze Laos.** Ein- und Ausreise mit gültigen Visa oder Visa-on-Arrival (für Vietnam nur mit Approval-No.) möglich. Sehr gute Übernachtungsmöglichkeiten in Lao Bao, das seit 2000 zu einer kleinen Handelsmetropole aufgestiegen ist. Der Grenzübergang liegt 2 km vom Ort entfernt (per Xe Om 10.000 đ).
- **Grenzverkehr.** Tgl. reger Busverkehr zwischen beiden Ländern, z.B. Hue – Savannakhet 6 und 18 Uhr, Fahrzeit 14–15 Std., um 15 $. Direktbusse fahren momentan(?) aber nur ab Dong Ha (s. dort), bei allen anderen Bussen (es sei denn es handelt sich um *laotische!)* muss man umsteigen (und ggf. das Niemandsland zwischen den Grenzposten, 1–2 km, zu Fuß passieren).

Quang Tri

↗ XI/C3

(Quảng Tri)

Die Stadt, einst Standort einer Zitadelle Kaiser Minh Mangs, ist seit 1972 praktisch vom Erdboden verschwunden. Im Frühjahr jenes Jahres drangen mehrere Divisionen nordvietnamesischer Truppen über die Grenze und nahmen die Stadt nach heftigen Kämpfen ein. Die Schlacht um Quang Tri dauerte vier Monate, und als sich der Rauch verzogen hatte, hatten südvietnamesische Artillerie und amerikanische B-52-Bomber nur noch Schutt und Trümmer übrig gelassen. In 82 Tagen waren auf das 4 km² große Stadtgebiet Bomben von der 7-fachen Sprengkraft der Atombombe von Hiroshima gefallen.

Mauerreste der *Zitadelle* und die teilweise wiederaufgebaute **La-Vang-Basilika** (2 km abseits der N 1; Wegweiser) sind die einzigen „Sehenswürdigkeiten“, die Quang Tri heute noch aufzuweisen hat. Viele Vietnamesen, nicht nur Christen, fahren zum Beten dorthin.

Street Without Joy

Der knapp 60 km lange Abschnitt der N 1 zwischen Hue und Quang Tri erlangte Anfang der 1950er Jahre traurige Berühmtheit als Schauplatz derart grausamer Auseinandersetzungen zwischen der französischen Kolonialarmee und dem Vietminh, dass er von den Franzosen *Route sans Joie*, Straße ohne Freude, getauft wurde. Der amerikanische Historiker *Bernard Fall*, der 1960 ein exzellentes Buch über den französischen Krieg verfasst und ihm den Titel *Street Without Joy (Indochina at War 1946–54)* verliehen hatte, starb, Ironie des Schicksals, nur sieben Jahre später an eben dieser Straße als Berichterstatter des amerikanischen Kriegs in Vietnam.

085vi Foto: kb

Hue
Huế

087vi Foto: kb

086vi Foto: kb

Pavillon am Song Huong

Die Grabstätte von Minh Mang

Thien-Mu-Pagode

Überblick

Hue gehört zu jener Sorte von Stätten, denen man entweder desillusioniert den Rücken kehrt oder die einen noch auf lange Zeit hinaus verzaubern. Eine Stippvisite „auf die Schnelle" wird eher ernüchtern. Denn Hue ist sicherlich eines nicht: spektakulär.

Und von wegen „alte Kaiserstadt", wie es immer heißt! Nicht ein einziges Bauwerk des Ortes ist älter als 200 Jahre – was wohl allenfalls amerikanischen Touristen aus dem Mittelwesten „antik" vorkommen mag –, und die Kaiserstadt als solche, ein verkleinertes, südostasiatisches Faksimile von Peking, entstand gar erst zu Beginn des 19. Jhs.

Was das beweist? Alles und nichts. Die ruhige Schönheit und Anmut der Stadt am „Fluss der Wohlgerüche" berührt das nicht, weil man wider besseres Wissen trotz allem das *Gefühl* hat, in einer ehrwürdigen Kaiserstadt zu weilen (weshalb die gesammelte Kultur des Ortes einen auch nie einschüchtert). Der Zauber Hues lässt sich nicht in Fakten und Zahlen messen und stellt sich auch nicht auf Anhieb ein; man braucht Zeit für Hue. An keinem anderen Ort Vietnams kann man die sentimentale, ja geradezu erotische Wehmut der Kolonialfranzo-

Die Anmut der Frauen von Hue ist sprichwörtlich

088vi Foto: PVT

sen und Auslands-Vietnamesen nach dem „verlorenen Paradies" so gut nachvollziehen wie gerade hier.

Dabei hat die nüchterne Realität Hue im letzten Jh. gleich mehrfach eingeholt. Und am nachdrücklichsten und grausamsten im **Frühjahr 1968,** als nacheinander Amerikaner und Saigoner „Marionetten" die vom „Vietcong" eroberte Stadt mitsamt ihren Baudenkmälern der Feudalzeit ohne viel Federlesens in Schutt und Asche legten. Davon hat sich Hue im Grunde bis heute noch nicht erholt. Die Provinzhauptstadt von 250.000 Einwohnern und Sitz einer der bedeutendsten Universitäten des Landes erwacht langsam aus dem Schlaf, findet sich im Wachzustand aber noch nicht zurecht. Kaum ein Gebäude der „Metropole", von den Touristenhotels abgesehen, misst mehr als zwei oder drei Stockwerke. Die Zahl der Besucher steigt von Jahr zu Jahr, aber die meisten bleiben nur einen Tag und eine Nacht, da die Sehenswürdigkeiten kaum mehr Zeit beanspruchen, um „abgehakt" zu werden.

Hue liegt beiderseits des **Song Huong,** den man (poetisch) als *Fluss der Wohlgerüche* oder (prosaischer) *Parfüm-Fluss* bezeichnet, dessen Name korrekt aber eher mit *Duft-Fluss* übersetzt werden müsste. Von den zahlreichen Namensdeutungen sind die meisten im Reich der Märchen und Legenden anzusiedeln, am plausibelsten erscheint noch jene, die auf die „duftenden" Pollen verweist, die der Fluss zu bestimmten Zeiten des Jahres mit sich führt.

Geografie und Klima

Obwohl Hue nur 14 km vom Meer entfernt ist, wird die Meeresnähe kaum wahrgenommen. Im Gegensatz zum nur 100 km entfernten Da Nang lassen die Nordost-Monsune nördlich des schützenden Wolkenpasses die Temperaturen zwischen Oktober und Februar deutlich, in vielen Fällen bis unter 10–15° C absinken. Zudem zählt Hue aufgrund seiner geografischen Gegebenheiten zu den **regenreichsten** Orten des Landes mit einer durchschnittlichen Luftfeuchtigkeit von 88 %. Während der warmen und trockenen Südwest-Monsune zwischen März und Oktober steigen die Temperaturen dagegen auf 30° C und mehr.

Orientierung

Auf dem linken Ufer des Song Huong befinden sich die Zitadelle und der Zentralmarkt Dong Ba, auf dem rechten Ufer erstreckt sich das ehemalige europäische Viertel mit Bahnhof, Busbahnhof, Post, Bank, Hotels und Restaurants.

- **Linkes Ufer.** Innerhalb der **Zitadelle,** in der noch heute etwa 50.000 Menschen leben, liegt die ehemalige Kaiserstadt. Hauptgeschäftsstraße ist die Uferstraße Tran Hung Dao, die an der Ostseite der Zitadelle auf den **Dong-Ba-Markt** trifft.
- **Rechtes Ufer.** Die Uferstraße **Le Loi** führt auf einer Länge von 3,5 km vom Bahnhof im Südwesten zum Huong-Giang-Hotel im Nordosten und kreuzt

an der Trang-Tien-Brücke die **Hung Vuong,** die in südlicher Richtung zum Flughafen *Phu Bai* und zur N 1 nach Da Nang führt.

Geschichte

Als Hue zum ersten Mal in seiner Geschichte vietnamesisch wurde, hatten einheimische Kaiserdynastien das Delta des Roten Flusses schon seit über einem halben Jahrtausend regiert. Zwar trat Cham-König Jaya Sinhavarman III. das Land zwischen Ben-Hai-Fluss und Wolkenpass im Tausch gegen eine Tran-Prinzessin aus Hanoi bereits **1306** an das vietnamesische Herrscherhaus ab, aber als die Prinzessin sich weigerte, die Ehe zu vollziehen, blieb die Region noch lange umstritten und heiß umkämpft.

Als im Nachfolgekampf um die Macht der abgesetzten Le-Kaiser **1558** der Clan der Trinh den rivalisierenden Clan der **Nguyen** in die abgelegene Südprovinz verbannte, sagten sich die erzürnten Nguyen von Hanoi los und gründeten jenseits des 17. Breitengrads ein autonomes Fürstentum, das mitsamt Hofhaltung, Zentralverwaltung und Mandarinen dem von Hanoi wie ein Ei dem anderen glich.

Die beiden gleichen und doch vollkommen verschiedenen Staaten bekämpften sich in einem blutigen **Bürgerkrieg** (1627–1672), in dem das militärisch wie zahlenmäßig weit unterlegene Südreich nicht zuletzt dank portugiesischer Entwicklungshilfe in Form von Waffen, Kanonenfabriken und Befestigungsanlagen dem Ansturm der Trinh erfolgreich standhielt. Während die beiden Staaten auf

1 Hoi Quan Quang Dong
2 Chien-Ung-Pagode
3 ehem. Moschee
4 Dieu-Te-Pagode
5 Lac Thien und Lac Thanh
6 Di-Luan-Pavillon und Provinzmuseum
7 Hue-Museum
8 Mittagstor, Eingang Kaiserstadt
9 Heilige Kanonen
10 Flaggenturm
11 Vy Da Xua,
Quynh Huong
12 Huong Giang
13 Pho 24
14 Tropical Garden
15 Ngoc Huong, Orchid
16 Bao Minh, Halo,
Canh Tien
17 Omar's, Carambole, Ushi
Asia, Van Xuan, Hoa Hong
18 Hoa Vien
19 Villa Hue
20 Mediterraneo
21 Quan Hanh
22 Binh Minh 2
23 Che-Stube
24 Phu An
25 Song Huong
26 Paradise Garden
27 Morin
28 Imperial
29 Xuan Trang,
Hung Vuong Inn
30 Vietcombank
31 Binh Minh, Thai Binh, Binh Duong
32 Quoc-Hoc-Schule
33 Ho-Chi-Minh-Museum
34 La Residence
35 Dong Phuong
36 Chua Bao Quoc
37 Grab von Phan Boi Chau
38 Chua Tu Dam
39 Bun Bo Hue
40 Kathedrale
41 Tam Son, Cung An Dinh

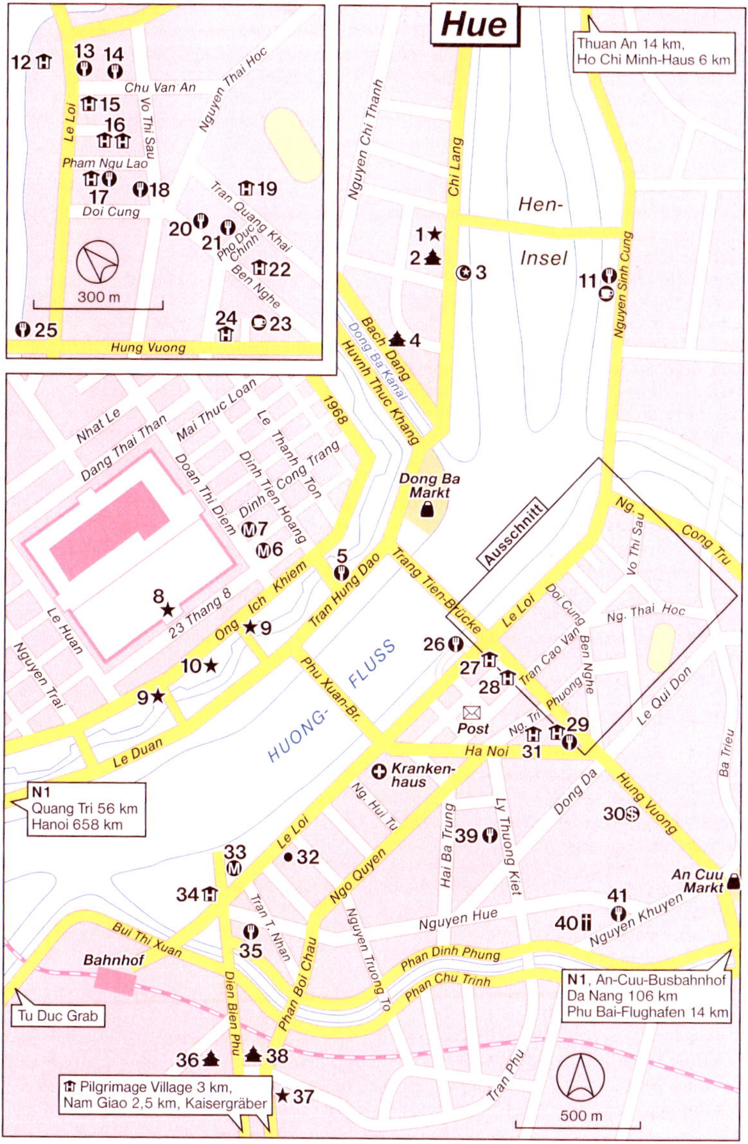
Hue
Thuan An 14 km,
Ho Chi Minh-Haus 6 km
Nguyen Chi Thanh
Chi Lang
Hen-
Insel
Nguyen Sinh Cung
Bach Dang
Dong Ba Kanal
Huynh Thuc Khang
Dong Ba Markt
Ausschnitt
Ng. Cong Tru
Vo Thi Sau
Doi Cung
Ng. Thai Hoc
Le Loi
Ben Nghe
Tran Cao Van
Phuong
Le Qui Don
Ba Trieu
Trang Tien-Brücke
Tran Hung Dao
Phu Xuan-Br.
HUONG-FLUSS
Post
Ha Noi
Kranken-haus
Hung Vuong
Dong Da
An Cuu Markt
Nguyen Khuyen
Ly Thuong Kiet
Hai Ba Trung
Ng. Hui Tu
Ngo Quyen
Nguyen Hue
Phan Dinh Phung
Phan Chu Trinh
Nguyen Truong To
Tran T. Nhan
Dien Bien Phu
Phan Boi Chau
Bui Thi Xuan
Bahnhof
Tran Phu
N1, An-Cuu-Busbahnhof
Da Nang 106 km
Phu Bai-Flughafen 14 km
500 m
Tu Duc Grab
Pilgrimage Village 3 km,
Nam Giao 2,5 km, Kaisergräber
N1
Quang Tri 56 km
Hanoi 658 km
Le Duan
Ong Ich Khiem
23 Thang 8
Le Huan
Nguyen Trai
Nhat Le
Dang Thai Than
Mai Thuc Loan
Doan Thi Diem
Le Thanh Ton
Dinh Tien Hoang
Dinh Cong Trang
1968
Le Loi
Chu Van An
Vo Thi Sau
Nguyen Thai Hoc
Pham Ngu Lao
Doi Cung
Tran Quang Khai
Pho Duc Chinh
Ben Nghe
Hung Vuong
300 m
1 2 3 4 5 6 7 8 9 9 10 11 12 13 14 15 16 17 18 19 20 21 22 23 24 25 26 27 28 29 30 31 32 33 34 35 36 37 38 39 40 41

Hue

vietnamesischem Boden länger als ein Jahrhundert nebeneinanderher lebten und jeder der beiden Teile für sich beanspruchte, das wahre Reich zu repräsentieren, setzten die Nguyen ihre Kolonisationszüge gegen die Cham und die Khmer fort und drangen nach und nach bis ins Mekong-Delta vor.

1786 machte die **Tay-Son-Bewegung** dem Spuk ein Ende, verlor aber über dem Versuch, das Land zu einen, ihre reformerischen Ziele und vermochte sich nicht zu halten. Der nach Siam und Kambodscha geflüchtete Thronfolger des Südreichs, *Nguyen Anh*, eroberte dank tätiger Mithilfe französischer Missionare und Abenteurer den Süden zurück, stürmte **1802** auch Hanoi und ließ sich zum Kaiser **Gia Long** krönen. Zur Hauptstadt des wiedervereinigten Reiches, das jetzt zum ersten Mal in seiner langen Geschichte den Namen *Viet Nam* trug, bestimmte er seine Heimatstadt Hue. Unter Gia Long und seinen Nachfolgern **Minh Mang** und **Thieu Tri** blühte das von inneren Widersprüchen zerrissene Kaiserreich noch einmal für kurze Zeit auf, ehe es während der Regierungszeit von **Tu Duc** (1847–1883) buchstäblich unter den Händen zerrann: **1847** bombardierten die Franzosen Da Nang, 1859 besetzten sie Saigon, 1883 gehörte ihnen das ganze Land.

Die Kaiserstadt Hue

„Als Hue von 1802 ab als neue Kaiserstadt aufgebaut wurde, wurde sie als eine bewusste Kopie der chinesischen Hauptstadt Peking konstruiert. Ihre Mauern, Wälle, Tore, Gärten und Paläste wurden errichtet, um ganz bestimmte Mauern, Tore und Paläste in Peking zu imitieren. Wenn der vietnamesische Kaiser (der als einziger hoher Würdenträger seines Landes niemals einen Fuß auf chinesisches Territorium setzte) durch seine Kapitale ging, vollführte er die gleichen Bewegungen und die gleichen Rituale, die der Sohn des Himmels in Peking vollführte."

(Alexander B. Woodside, 1976)

Die Kaiser von Hue I

• *Gia Long*	1802–1820
• *Minh Mang*	1820–1841
• *Thieu Tri*	1841–1847
• *Tu Duc*	1847–1883

Der **Kaiser** steht an der Spitze einer zivilen und einer militärischen Hierarchie von **Mandarinen,** die in jeweils 9 Ränge aufgeteilt sind; jeder Rang definiert sich durch unterschiedliche Kleiderordnung, Gehaltsstufe und Macht am Hof. An der Spitze des Zivilmandarinats stehen die 6 Ministerien für Finanzen, Justiz, Krieg, Riten, Berufungen und öffentliche Arbeiten, auf regionaler Ebene herrschen streng hierarchisch Generalgouverneure über Provinzgouverneure und Distriktspräfekte über Kreispräfekte usf. Gouverneure und Präfekte haben der Zentralverwaltung am Hof detaillierte Protokolle über den politischen, wirtschaftlichen und militärischen Stand ihres Zuständigkeitsgebiets zu liefern, zu diesem Zweck wird die Mandarin-Route errichtet, eine Kette von Post- und Kurierstationen, die von Hue nach Norden bis zur chinesischen Grenze und nach Süden bis zum Golf von Siam reicht.

Um **1850** leben in dem von Hue regierten Viet Nam etwa 8 Millionen Menschen (heute sind es über 80!), doch schon zu dieser Zeit ist kultivierbares Land Mangelware, sodass die Nguyen-Kaiser ihren Beamten fixe Gehälter zu zahlen beginnen, statt sie, wie bis dahin üblich, mittels üppiger Landgüter zu entlohnen. Trotzdem gehen immer mehr entrechtete und landlose Bauern auf die Barrikaden, und eine Revolte jagt die andere. Die Examina, die zum Staatsdienst berechtigen, degenerieren zu stereotypen Abfragungen, die nur noch totes Herrschaftswissen konservieren; käufliche Mandarine und Präfekten terrorisieren das Volk.

Geblendet vom Glanz ihrer eigenen Paläste, Tempel und Pagoden verlieren Kaiser und Hof zunehmend den Blick für die Realitäten. Das starre Festhalten an **Riten und Institutionen,** die sich längst unglaubwürdig gemacht haben, ist nur noch durch die totale Orthodoxie zu erretten: Wenn das konfuzia-

089vi Foto: kb

Kaiserpalast – Dynastische Urnen

nische Streben nach Harmonie versagt hat, liegt es nur an der unvollkommenen *Praxis,* aber nicht an den *Regeln,* die es nur um so strenger zu handhaben gilt.

Die Manifestationen dieses Rückzugs in eine „glorreiche Vergangenheit" mag man als beeindruckend oder gar prachtvoll bezeichnen, sind aber tatsächlich nichts weiter als weltfremde und reaktionäre Insignien einer Herrschaft, die von sinnentleerten Zeremonien und Ritualen geprägt und vom eigenen Volk total isoliert ist. Bezeichnend sind die ständigen Klagen des Hofs über „unerträgliches Chaos, Störungen kaiserlicher Prozessionen und ungebührliche Straßenhändler außerhalb der Palastmauern". Tatsächlich müssen sich Respekt und Achtung der einheimischen Bevölkerung vor den pompösen Chinoiserien der imperialen Traumstadt in engen Grenzen gehalten haben. Die Herrscher von Hue sind nicht mehr die „Väter" ihres Landes. Und als sie ihre „Söhne" rufen, um sie gegen die fremden Eindringlinge zu verteidigen, da folgen jene nicht mehr.

Die Provinzhauptstadt Hue

Unter den Franzosen blieb Hue bis 1945 formell „Kaiserstadt", war faktisch aber nur noch die unbedeutende **Hauptstadt des Protektorats Annam,** an dem die Kolonialherren weder ökonomisch noch politisch das geringste Interesse zeigten. Hue erhielt einen Bahnhof und ein kleines Europäerviertel und versank ansonsten in Schönheitsschlaf. Der Hof steckte den Kopf in den Sand und feierte unbekümmert sich selbst, von wenigen Unbotmäßigen abgesehen, die von den Franzosen prompt ins afrikanische Exil abgeschoben wurden.

1945 wehten über Zitadelle und Stadt die roten Fahnen der Republik. **Bao Dai,** der letzte Kaiser von Frankreichs Gnaden, übergab den Abgesandten Ho Chi Minhs die Insignien seiner imperialen Würde und dankte als Kaiser ab. Die Franzosen eroberten Hue schon im Jahr darauf zurück, gewannen aber nie mehr die volle Kontrolle über Umland und Provinz. Die **Zweiteilung Vietnams** durch die Genfer Konferenz 1954 schlug Hue dem Süden zu. Während die geschäftstüchtigen Bewohner Saigons statt Franzosen jetzt Amerikanern das Geld aus der Tasche zogen, braute sich im ‚intellektuellen' Hue der nicht-kommunistische Widerstand gegen Diem zusammen. Von hier brach im Juni 1963 der buddhistische Mönch *Thich Quang Duc* nach Saigon auf, um sich aus Protest zu verbrennen. Das Bild der menschlichen Fackel ging durch die Weltpresse und leitete den Anfang vom Ende des Diem-Regimes ein.

Während der **Tet-Offensive** im Frühjahr **1968** nahmen Truppen der Befreiungsfront und der Nordvietnamesischen Armee die Stadt ein und verteidigten sie drei Wochen gegen die Angriffe der Amerikaner und ihrer südvietnamesischen Verbündeten. Artillerie und Luftwaffe legten die halbe Stadt in Asche, ehe die US-Marines Hue in blutigen Straßenschlachten zurückerobern konnten. Nur sieben Jahre später, am 24.3.1975, räumten die Truppen des Saigoner Regimes die Stadt kampflos.

Die Kaiser von Hue II

- *Duc Duc,* 1883, 3 Tage.
- *Hiep Hoa,* 1883, 4 Monate.
- *Kien Phuc,* 1883/84, 7 Monate.
- *Ham Nghi,* 1884–1885, exiliert wegen Rebellion nach Algerien.
- *Dong Khanh,* 1885–1889, erster Kaiser von Frankreichs Gnaden.
- *Thanh Thai,* 1889–1907, exiliert nach Réunion.
- *Duy Tan,* 1907–1916, exiliert im Anschluss an Rebellion nach Réunion.
- *Khai Dinh,* 1916–1925.
- *Bao Dai,* 1925–1945, Kaiser von Frankreichs und Japans und Präsident von Amerikas Gnaden; starb 1997 an der Côte d'Azur.

Sehenswertes

Zitadelle und Kaiserstadt

Das weitläufige, 5,2 km² große Areal mit Befestigungswällen, Kanälen, Toren und Gärten umfasste ursprünglich 136 Gebäude. Schachtelartig umschließen drei Stadtanlagen einander: Die **Zitadelle** *Kinh Thanh* umschließt die **Kaiserstadt** *Hoang Thanh,* die wiederum die **Verbotene Purpurne Stadt** *Tu Cam Thanh* umschließt. Während die Zitadelle außer zu Verteidigungszwecken als Wohnstatt der zahllosen Palastwächter, Diener, Handwerker und Händler diente, waren die Kaiserstadt das administrative und politische Zentrum des Hofes und die Purpurne Stadt die Wohnstätte der kaiserlichen Familie und ihrer Eunuchen. Die beiden inneren Städte werden auch *Dai Noi* genannt.

Alle Anlagen und Gebäude innerhalb der Zitadelle sind nach traditionellen Gesichtspunkten längs der **Nord-Süd-Achse** angelegt und unterliegen einer ausgeklügelten architektonischen Komposition, die einerseits den harmonischen Einklang mit der sie umgebenden Natur sucht, andererseits aber die Außenwelt selbst auf eine Miniatur reduziert: Berge, Wälder und Meere finden ihre Entsprechung in den Steingärten, Bonsaibäumen und künstlichen Teichen der Kaiserstadt. Nichts ist zufällig, alles hat Symbolcharakter und ist zum Schutz und Ruhm des Himmlischen Herrschers und seiner nie endenwollenden Macht da.

Selbst der am Horizont sichtbare Berg **Ngu Binh** ist in diese Kosmologie miteinbezogen und erhebt sich nur deshalb aus der Ebene, um als schützender Schild böse Wetter und übelwollende Geister von dem Haupttor der Zitadelle abzuhalten. Der 170 m hohe „Berg des Kaisers" war ein beliebtes Ausflugsziel des Hofes, dort konnte man die kühle Brise des Meeres genießen und sich gleichzeitig an der Pracht der eigenen Paläste erfreuen. Einen weiteren Schutz des Haupttors bilden die Inseln „Rechter Weißer Tiger" und „Linker Blauer Drache" im Huong-Fluss.

Die Zitadelle

Die Zitadelle bildet außer an der Flussseite, wo sie der leichten Krümmung des Song Huong folgt, ein perfektes Quadrat. Die bis zu 21 m dicken und 6 m hohen Backsteinmauern des äußeren Festungswalls erreichen eine Gesamtlänge von 11 km und sind zusätzlich auf allen vier Seiten von einem System von Kanälen, Wällen und zickzackförmig angelegten Gräben umgeben. Modell für die Befestigungsanlage, deren Bau 1802 begonnen wurde und sich über 3 Jahrzehnte hinzog, standen die Bauten des französischen Festungsspezialisten *Vauban* (1633–1707).

In das Innere der Zitadelle gelangt man durch 10 befestigte Tore und Brücken, das Südtor blickt auf den Song Huong und den Flaggenturm. Die Zitadelle beherbergt noch heute fünf Stadtbezirke, in denen etwa 50.000 Menschen leben. Rege kleine Geschäftsstraßen an der Süd- und Ostseite gehen über in stille Wohnviertel und fast ländliche Gebiete mit ausgedehnten Gemüsefeldern und kleinen Seen. Am äußersten Nordrand liegt das frühere französische Fort *(Mang Ca)*, das noch heute dem Militär vorbehalten ist.

Flaggenturm. Vor dem Haupttor der Zitadelle erhebt sich auf einem kolossalen dreistöckigen Sockel der 37 m hohe Flaggenturm *Cot Co*, auch *Ky Dai*, „Ritter des Kaisers", benannt. Der 1809 erbaute Backsteinturm wurde im Lauf der Jahre mehrfach zerstört, u.a. 1904 und 1947, und datiert in seiner jetzigen Gestalt aus dem Jahr 1949. Während der Tet-Offensive 1968 wehte drei Wochen lang die rote Fahne mit dem gelben Stern von seiner Spitze, für viele Vietnamesen das Zeichen, dass sich der Wind endgültig gedreht hat. Zu Kaisers Zeiten wurde die gelbe Flagge der Himmlischen Dynastie nur an Festtagen gehisst.

Neun Kanonen. Das Haupttor schützen neun „magische" Kanonen, die die vier Jahreszeiten und die fünf Elemente (Feuer, Wasser, Erde, Metall und Holz) repräsentieren und daher nie zum ernsthaften Schießen gedacht waren. Kaiser Gia Long hatte sie 1804 als Symbol seiner Unbezwingbarkeit aus erbeuteten Waffen der besiegten

Tay-Son-Rebellen gießen lassen, jede der Kanonen vom Kaliber 22 ist 5 m lang und wiegt mehr als 10 Tonnen.

Die Kaiserstadt

Die Kaiserstadt, eine Festung innerhalb der Festung, ist von einer 4 m hohen Mauer von 2,5 km Umfang umgeben. Vier Tore führen in jede der vier Himmelsrichtungen.

Mittagstor. Sorgfältig abgeschirmt von bösen Geistern und Winden, missgünstigen Feinden und niederem Volk war es nur der Elite des Landes erlaubt, durch das festungsähnliche *Ngo Mon* oder Mittagstor in die Kaiserstadt einzutreten – freilich nur durch die Seitenpforten und entlang der Pfade links und rechts des Lotosteiches, die Mitte war dem Himmlischen Herrscher vorbehalten.

Die Massigkeit des 1834 erbauten Ngo Mon wird durch den nahezu elegant wirkenden hölzernen Aufbau gemildert, den *Ngu Phung* oder Fünf-Phönix-Pavillon mit neun glasierten Ziegeldächern. Neun steht für die „himmlische" Zahl, die wie die Farbe Gelb des mittleren Dachs allein dem Kaiser zusteht und zu der sich fast alle Bauelemente addieren. Man beachte auch, wie sich in Ziegeln und Giebeln, Maueröffnungen und Pforten immer wieder das chinesische Schriftzeichen für „Glück und langes Leben" findet.

Georg W. Alsheimer

„Auf der 14 Kilometer langen Strecke vom Flugplatz in die Stadt sah ich zum ersten Mal das leuchtende Grün der Reisfelder: Ein tiefes Licht-Grün, das mit der strahlenden Bläue des Himmels und der dunkel aufragenden Kette der bis zu 2000 Meter hohen annamitischen Berge die Farbkontraste bildet, die für die klassische Landschaft Hues charakteristisch sind."

(Georg W. Alsheimer, 1968)

„Die Zitadelle kann als der schönste Teil der Stadt bezeichnet werden: die rechtwinkligen Straßen, die kleinen Häuser mit den Blumengärten, die schattigen Alleen, die Drachentore. Vaubansche Geometrie und fernöstliche Mystik ... In diesen Mauern haben die Befreiungskämpfer während der Tet-Offensive wochenlang Bomben, Schiffsgeschützen und dem Angriff der US-Marines standgehalten. Auf dem hohen Mast der Zitadelle dort oben wehte 26 Tage lang ihre Flagge."

(Georg W. Alsheimer, 1979)

Der Psychiater Erich Wulff lehrte mit anderen deutschen Ärzten von 1961 an Medizin an der Universität Hue und half, das dortige Psychiatrische Krankenhaus aufzubauen. Im November 1967 erklärten die südvietnamesischen Behörden, die in ihm den ‚subversiven Autor' *Georg W. Alsheimer* vermuteten, Dr. Wulff zur persona non grata, kurz darauf legte er vor dem *2. Russell-Tribunal* Zeugnis über die amerikanischen Kriegsverbrechen in Vietnam ab. Die Ausweisung rettete Dr. Wulff das Leben, seine langjährigen Kollegen Prof. Krainick und Frau, Dr. Alteköster und Dr. Discher wurden nur wenige Monate später ermordet. Angeblich „durch den Viet Cong", wie Dr. Wulff selbst argwöhnt durch „Schwarze Propagandaeinheiten", gedungene Provokateure im Sold der amerikanischen Geheimdienste.

Unter dem Pseudonym *Georg W. Alsheimer* veröffentlichte Erich Wulff zwei der schönsten und lesenswertesten Bücher, die je über Vietnam geschrieben wurden: 1968 die „Vietnamesischen Lehrjahre" und 1979 die „Reise nach Vietnam".

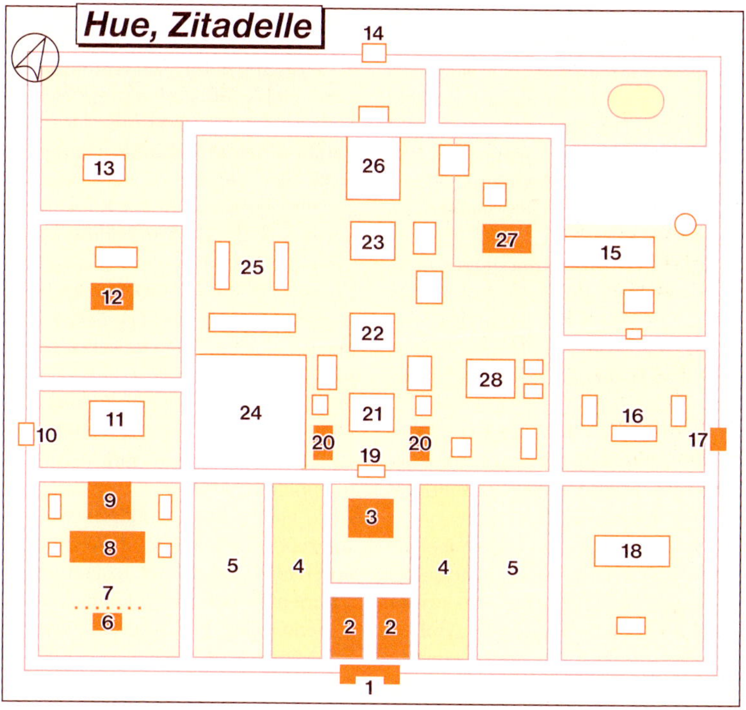

erhaltene bzw. wiederhergestellte Gebäude

Hoang Thanh - Kaiserstadt

1 Mittagstor (Ngo Mon)
2 Brücke des Goldenen Wassers (Cau Trung Dao)
3 Halle der Höchsten Harmonie (Dien Thai Hoa)
4 Park
5 Stallungen und Marstall
6 Pavillon der Berühmten Seelen (Hien Lam Cac)
7 Dynastische Urnen (Cuu Dinh)
8 Generationentempel (The Mieu)
9 Tempel der kaiserlichen Ahnen (Hung Mieu)
10 Westtor (Chuong Duc)
11 Tempel Phung Tien
12 Pavillons und Wohnbereich der Kaisermutter
13 Schatzkammer der Kaisermutter
14 Nordtor (Hoa Binh)
15 Bibliothek (Kham Van Dien)
16 Schatzkammer (Noi Vu)
17 Osttor (Hien Nhon)
18 Generationentempel (Thai Mieu)

Tu Cam Thanh - Verbotene Stadt

19 Goldene Pforte (Dai Cung Mon)
20 Hallen der Mandarine Ta Vu und Huu Vu
21 Palast der Gesetze des Himmels (Dien Can Chanh)
22 Kaiserlicher Palast (Can Thanh)
23 Palast der Kaiserin (Khon Thai)
24 Kaiserlicher Harem (Luc Vien)
25 Wohnbereich der Konkubinen
26 Ruhepavillon
27 Lesepavillon (Thai Binh Lau)
28 Theater

Von der Balustrade des Ngu Phung verfolgte die kaiserliche Familie militärische Paraden, Zeremonien und Feste, und an dieser Stelle erwartete Kaiser Bao Dai am 30. August 1945 die Abgesandten Ho Chi Minhs, um seiner Kaiserwürde abzusagen. Damit endeten über 1000 Jahre vietnamesischer Monarchie.

Halle der Höchsten Harmonie. Über einen Hof und die Brücke des Goldenen Wassers *(Trung Dao)* erreicht man an zwei steinernen Löwen vorbei, Sinnbildern kaiserlicher Macht, die Halle der Höchsten Harmonie *(Dien Thai Hoa)*. In dem prunkvollen Thronsaal in Gold und Rot fanden alle wichtigen Festlichkeiten, Zeremonien und Krönungen statt.

Die Drachenmotive des weitgeschwungenen, auf 80 rotlackierten Säulen ruhenden Daches, die sich im Innern der Halle fortsetzen, symbolisieren die Einheit von Himmel und Erde und veranschaulichen das Ausmaß der kaiserlichen Macht. Der Kaiser residierte erhöht auf einem prächtig geschnitzten und vergoldeten Thron in der Mitte der Halle. Vor ihm auf dem terrassenartig ansteigenden und durch 9 Stelen unterteilten **Hof der Feierlichkeiten** *(Dai Trieu Nghi)* nahmen die Würdenträger des Reiches entsprechend ihren 9 Rängen Aufstellung, auf der rechten Seite die zivilen, auf der linken Seite die militärischen Mandarine. Mit niedergeschlagenen Augen dem Thron zugewandt, erwarteten sie in prächtigen Seidenroben in den Farben ihres Ranges den Auftritt der kaiserlichen Majestät und fielen bei seinem Erscheinen zu einem Kotau nieder. Für Normalsterbliche galt es als hohe Auszeichnung, zu außerordentlichen Gelegenheiten diesem Schauspiel beiwohnen zu dürfen.

Hallen der Mandarine. Hinter der Halle der Höchsten Harmonie erstreckt sich als neutraler Bereich ein weiter Hof, der die Kaiserstadt mit der Verbotenen Stadt verbindet. An seinen Längsseiten stehen die Pavillons *Ta Vu* und *Huu Vu*, in denen sich die Mandarine zur Audienz beim Kaiser vorbereiteten, der sie im Palast der Gesetze des Himmels *(Dien Can Chanh)* empfing. Dieser schloss einst den Hof nach Norden ab, von ihm existieren nur noch Mauerreste.

Die Hallen der Mandarine wurden während der Tet-Offensive erheblich beschädigt und wurden restauriert.

Ahnentempel. Die beiden „Generationentempel" im Osten und Westen des Mittagstores dienten dem Kult der kaiserlichen Ahnen: rechts (östlich) der 1804 unter Gia Long errichtete *Thai Mieu*, links (westlich) der 1821 unter seinem Sohn Minh Mang erbaute *The Mieu*. In dessen sanftem Dämmerlicht sind goldverzierte Thronsessel der 13 Nguyen-Kaiser, Totentafeln, Altäre und Opfertische erkennbar. Noch heute finden hier am 30. Januar, dem Todestag Kaiser Gia Longs, Ahnenrituale statt.

Dynastische Urnen. Auf dem Hof hinter dem *The Mieu* reihen sich die neun dynastischen Urnen *Cuu Dinh*. Jede der gewaltigen, 2 m hohen Bronzeurnen steht für einen Vorfahren der Nguyen-Herrscher und soll die Macht und Beständigkeit der Dynastie symbolisieren. Die aufwendigen Gussarbeiten nach altchinesischem Vorbild wurden 1835 von Kaiser Minh Mang in Auftrag gegeben und 1837 abgeschlossen. Die zentral stehende größte Urne personifiziert Gia Long, den Gründer der Dynastie selbst, ihr Gewicht soll 2600 kg betragen. Jedes Gefäß trägt einen Namen („Urne des Überflusses", „Urne der Geheimnisse" usf.) und ist mit feinen Ziselierungen geschmückt, die Planeten, Tiere, Pflanzen und Landschaften darstellen.

Der anschließende Pavillon der Berühmten Seelen *(Hien Lam Cac)* erinnert an verdienstvolle Männer der Dynastie.

Die Verbotene Purpurne Stadt

Die Verbotene Stadt innerhalb der Kaiserstadt, der private Bereich des Herrschers und seiner Familie, war von einer 4 m hohen Mauer mit sieben Toren umschlossen, von denen jedes einem bestimmten rituellen Zweck diente. Purpur war wie Gelb ausschließlich dem Kaiser vorbehalten und, daher der Name, die vorherrschende Farbe der Paläste dieses Teils der Stadt. „Verboten" war sie allen Männern mit Ausnahme des Kaisers selbst, sämtliche Diener, Palastwachen usf. waren **Eunuchen.** Außer ihnen und der kaiserlichen Familie lebten hier nur noch die **Konkubinen** des Herrschers, allein Minh Mang sollen mehr als 300 Frauen zur Verfügung gestanden haben, die die fünf Pavillons des Harems bewohnten.

Mittagstor

090vi Foto: kb

Von den Palästen und Pavillons, Theatern, Tempeln und Gärten der Verbotenen Stadt ist so gut wie nichts mehr erhalten. Vieles wurde bereits während der Belagerung Hues durch das französische Expeditionskorps 1947 zerstört, den Rest besorgten die Kämpfe während der Tet-Offensive und das tropische Klima.

Einige Gebäude wurden mit Hilfe der UNESCO renoviert oder nach alten Plänen und Fotografien neu errichtet. Bereits abgeschlossen ist u.a. die Wiederherstellung des **Kaiserlichen Lesepavillons** im rückwärtigen Teil der Verbotenen Stadt. Mit der Rekonstruktion der prachtvollen Dachmosaiken, die sich zu farbenfrohen Ornamenten, Fabelwesen oder Figuren fügen, ist den Arbeitern ein Meisterstück gelungen.

Zugang durch das Ngo-Mon-Tor oder das Osttor, tgl. 7–18 Uhr, Eintritt 55.000 đ.

Innerhalb der Zitadelle befindet sich auch das **Hue-** oder **„Kaiserliche" Museum** im ehemaligen Long-An-Palast (siehe unter Museen).

Kaisergräber

Die sechs Grabmäler *(lang tam)* der Nguyen-Dynastie liegen zwischen 7 und 14 km südlich von Hue idyllisch inmitten von Hügeln und Reisfeldern, Pinienwäldern und Bambushainen. Wer wenig Zeit hat, kann sich auf drei beschränken (**Minh Mang, Tu Duc** und **Khai Dinh**) und trotzdem einen guten Eindruck gewinnen. Von ihrer Anlage und Architektur her sind die Gräber von Tu Duc und Minh Mang die schönsten.

Die Grabanlagen sind inspiriert von den chinesischen Ming-Gräbern, aber trotzdem keine Kopien. Die meisten wurden bereits zu Lebzeiten des Kaisers begonnen und zum Teil auch fertiggestellt. Geomanten berechneten vor Baubeginn die beste Lage, wobei himmlische wie irdische „Strömungen", aber auch Wind- und Wasserverhältnisse eine Rolle spielten. Von ihrem Aufbau her sind alle Grabmäler nach dem gleichen Schema angelegt:

- Jede Grabanlage ist wie die Kaiserstadt von einem **Mauerwall** umgeben.
- Der Eingang führt auf einen gepflasterten **Ehrenhof** mit einer von rituellen Steinfiguren gesäumten **Geisterallee.** In der Regel stehen auf jeder Seite der Allee ein Elefant, ein gesatteltes Pferd sowie je zwei Militär- und Zivilmandarine, erstere mit rundem Hut und

▲	1	Literaturtempel
▲	2	Thien-Mu-Pagode
★	3	Elefantenschrein
★	4	Arena (Ruinen)
	5	Gia-Vien-Insel und Eisenbahnbrücke
	6	Hen-Insel
▲	7	Bao-Quoc-Pagode
▲	8	Tu-Dam-Pagode
•	9	Phan-Boi-Chau-Gedenkstätte
▲	10	Ngu Binh („Berg des Kaisers")
	11	Nam Giao
▲	12	Tu-Hieu-Pagode
★	13	Tu-Duc-Grab
★	14	Dong-Khanh-Grab
▲	15	Dien Hon Chen
★	16	Thieu-Tri-Grab
★	17	Khai-Dinh-Grab
★	18	Minh-Mang-Grab
★	19	Gia-Long-Grab

Hue, Umgebung

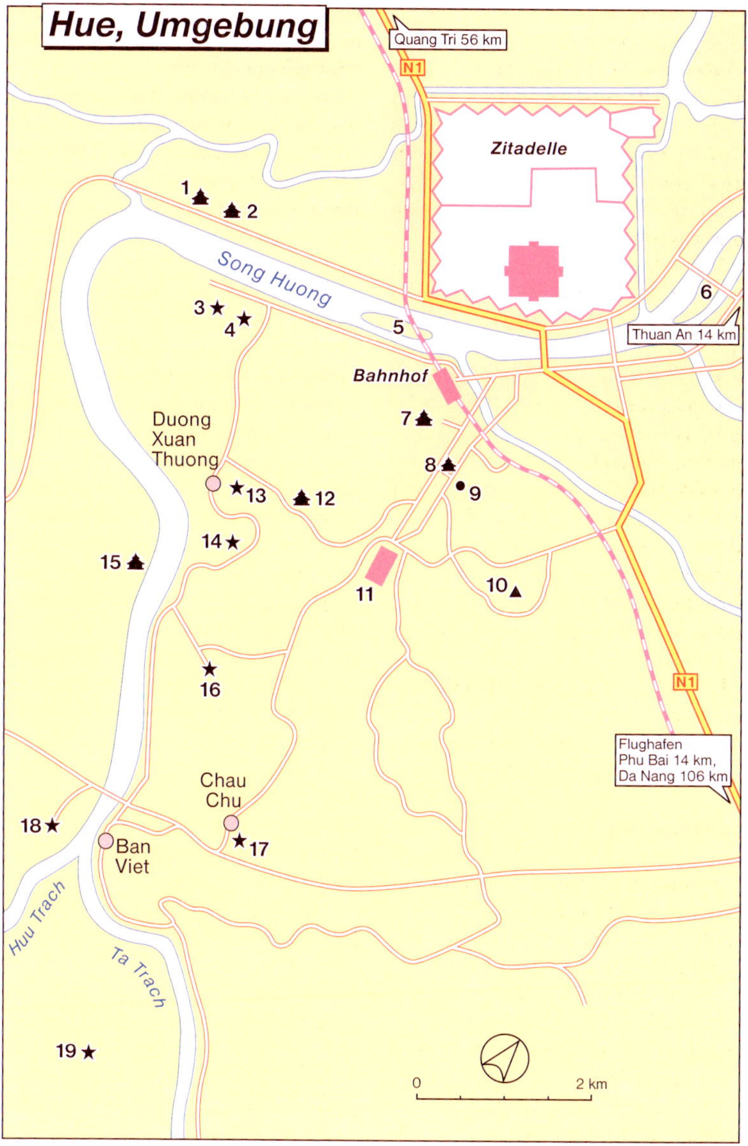

091vi Foto: kb

Schwert, letztere mit zylindrischem Hut und Jadezepter. Die Figuren sollen den Kaiser schützen und ihm das letzte Geleit geben.

- Es folgt der **Stelen-Pavillon** mit der großen Marmortafel, in die der Nachfolgekaiser die Taten und Tugenden seines Vorgängers eingravieren ließ.
- Dahinter schließt sich der **Tempel** zur Verehrung des Kaisers und der Kaiserin an, in dem Reliquien der kaiserlichen Familie aufbewahrt werden. Ihm zur Seite Pavillons für Konkubinen und Bedienstete sowie zur Zubereitung der Opfergaben.
- Erst dann folgt das eigentliche, eher unscheinbare **Mausoleum,** das von einer Mauer umschlossen ist. Die meisten der wertvollen Grabbeigaben wurden im Lauf der Zeit geplündert.

Grabmal Minh Mang

Lang Gia Long

Das Grabmal des Gründers der Dynastie (1802–1820) ist am weitesten von Hue entfernt, nämlich 14 km. Die Arbeiten wurden in seinem 13. Regierungsjahr begonnen und waren bei seinem Tod noch nicht vollendet. Wie kein anderer war Gia Long bestrebt, seinen letzten Ruheplatz in vollkommener Harmonie mit der von ihm erwählten Landschaft anzulegen. Obwohl beinahe 80 % der Anlage zerstört sind, teilt sich dieses Bestreben dem Betrachter durchaus mit, wenn er den *Minh-Thanh-Tempel* auf dem Weißen Berg oder den Stelen-Pavillon auf dem Blauen Berg inmitten eines kleinen Pinienwäldchens besichtigt.

Lang Minh Mang

Die majestätische, in strenger Symmetrie erbaute Grabanlange für Minh Mang (1820–1841) wurde von seinem Nachfolger Thieu Tri 1841–43 fertiggestellt. Sie liegt 12 km von Hue entfernt an der Stelle, an der sich die beiden Flussarme *Ta Trach* und *Huu Trach* zum *Song Huong*, dem Fluss der Wohlgerüche, vereinigen. Die Mehrzahl der Gebäude hinter der 3 m hohen Umfassungsmauer ist in gutem Zustand.

Drei Eingangstore, das Große Rote Tor *(Dai Hong Mon)* und das Linke und Rechte Rote Tor, führen auf den weiten gepflasterten Ehrenhof mit den Steinfiguren und zu dem erhöhten Stelen-Pavillon. Über drei auf verschiedenen Ebenen angelegte Höfe und durch das Tor *Hien Duc* erreicht man den in Rot und Gold ausgeschmückten **Sung-An-Tempel,** in dem das Herrscherpaar verehrt wurde.

Von der Rückfront des Tempels aus gelangt man durch das *Hoang Trach Tor* und über 3 Brücken über den künstlich angelegten **See der Makellosen Klarheit** *(Trung Minh)* zum **Minh-Lau-Pavillon.** Die immer wiederkehrende Zahl *Drei* repräsentiert die Mächte des Himmels, der Erde und des Wassers. Vom Pavillon aus führt eine weitere Brücke über den **See des Zunehmenden Mondes** *(Tan Nguyet)*, ehe man über 36 Stufen zum Grabmal gelangt, das von einer kreisförmigen Mauer, Symbol der Sonne, umgeben ist. Ein schweres Bronzetor lässt kein weiteres Vordringen zu.

Lang Thieu Tri

Das Grabmal von Thieu Tri (1841–1847), einer der 78 Söhne des Minh Mang, ist quasi eine Miniaturausgabe desjenigen seines Vaters. Die im Todesjahr des Kaisers begonnene Anlage wurde im Jahr darauf fertiggestellt und liegt 7 km von Hue entfernt, nur wird sie selten besucht, obwohl ihre Pavillons und Tempel durchaus sehenswert sind.

Wächterfigur einer Geisterallee

148vi Foto: kb

Lang Tu Duc

Während der 36-jährigen Regierungszeit des vierten Nguyen-Kaisers Tu Duc (1847–1883) vollzog sich der endgültige Niedergang der Monarchie von der ersten Bombardierung Da Nangs 1847 bis zur Eroberung Hanois 1883. **Tu Duc** war selbst für einen Vietnamesen von extrem geringem Wuchs und blieb trotz einer ausgeprägten Schwäche für das weibliche Geschlecht, von der 104 Gemahlinnen und zahllose Konkubinen zeugen, kinderlos. Der Nachwelt präsentiert er sich als feinsinniger Poet, der sich mit Vorliebe „schwärmerischen Stimmungen" hingab. Entsprechend romantisch ist seine Grabanlage ausgefallen, deren Planung und Bau er bis ins Detail höchstselbst beaufsichtigte.

Zur **Anlage** gehören auch Pavillons zum Schachspielen, Lesen oder Angeln und ein Theater, dessen Aufführungen bis zu 100 Nächte währten.

Die Bauzeit des Gesamtkomplexes mit den mehr als 50 Gebäuden betrug nur 3 Jahre (1864–67), und es wäre sogar noch schneller gegangen, hätten die 3000 Arbeiter, die härteste Frondienste leisten mussten, nicht rebelliert. Der *Chay-Voi-Aufstand* von 1866 wurde niedergeschlagen und das Los der Arbeiter danach noch härter als zuvor; eine populäre Verserzählung der Zeit spricht sogar von 30.000 Aufständischen, eine durchaus plausible Zahl gemessen an den zu bewältigenden Aufgaben.

Lässt man, umgeben von grünen Hügeln, Frangipani und Pinien, den Blick vom **Xung-Khiem-Pavillon** über den Teich mit den Lotosblüten schweifen, kann man verstehen, warum Kaiser Tu Duc sich hierher zurückzog, um zu meditieren und Gedichte zu verfassen. Hier kann man wahrhafte „Hue-Stimmungen" nachempfinden, wenn Farben und Konturen sich im feinen Nebel oder Nieselregen auflösen und die Landschaft im Spiel von Licht und Schatten zu einer chinesischen Tuschezeichnung wird. Der aus Holz errichtete Pavillon mit seinen reichen symbolischen Schnitzereien wurde 1985 mit UNESCO-Hilfe restauriert und liegt in der unteren, „meditativen" Ebene der Grabanlage. Die nächsthöhere Ebene ist dem Tempelbereich vorbehalten, während der Ehrenhof sich in der dritten Ebene befindet.

Eine Treppe führt vom Teich zum Tempel **Hoa Khiem,** in dem der Kaiser und die Kaiserin verehrt werden. Zu seinen Lebzeiten benutzte Tu Duc ihn als Palais, in dem er während seiner Besuche wohnte. In unmittelbarer Nähe befinden sich das Theater, der Tempel der Kaisermutter und ein paar Schritte entfernt der Harem.

Hat man die Ehrengarde der Elefanten, Pferde und Mandarine durchschritten (deren Figuren angesichts der Lebensgröße des Kaisers besonders „zierlich" ausgefallen sind), gelangt man zum **Stelen-Pavillon.** In diese größte Marmorstele Vietnams sind 4916 chinesische Schriftzeichen eingraviert, den 20 t schweren Block schaffte man aus Thanh Hoa, 500 km nördlich von Hue, herbei. Tu Duc hat als einziger der Kaiser die Inschrift, die mit gewählten Worten in vier „Kapiteln" seinen Lebensweg schildert, selbst verfasst. Der letzte Abschnitt besteht aus einer lyrischen Klage über sein unglückliches Schicksal, denn ohne Nachfahren aus der Welt scheiden zu müssen, erscheint ihm wie eine Strafe des Himmels. Auffallend der immer wiederkehrende Begriff *khiem* sowohl bei seiner Lebensbeschreibung wie bei den Bezeichnungen der Anlage, der mit feinem Understatement die *„Bescheidenheit"* seiner Taten und Bauwerke beklagt. Das **Grab** selbst liegt innerhalb eines ummauerten Quadrats, enthält aber nicht die sterblichen Überreste Tu Ducs, die aus Sorge vor Grabräubern vielmehr an einem geheimen Ort bestattet wurden. Sein Adoptivsohn *Khien Phuc* (er starb 1884 und regierte gerade 7 Monate) und die Kaiserin liegen in dem Kiefernwäldchen jenseits des Sees begraben.

• Das 1886 erbaute **Minh-Khiem-Duong-Theater,** das älteste noch erhaltene Vietnams, wurde 2005 nach jahrelangen Restaurierungsarbeiten wiedereröffnet. In diesem stimmungsvollen Rahmen sollte man sich eine Kostprobe der traditionellen **Hofmusik** *Nha Nhac,* die 2003 zum Kulturerbe erklärt wurde (s. auch Kapitel „Musik und Theater", „Instrumente"), nicht entgehen lassen. Tgl. 8.30, 9.30, 14.30, 15.30 Uhr, jeweils 30 Min. 20.000 đ.

Lang Dong Khanh

Vom Grabmal des Tu Duc gelangt man nach rund 500 m zum Grabmal von Dong Khanh (1885–1889). Es ist die kleinste Grabanlage, erbaut im Todesjahr des Kaisers, der nur 27 Jahre alt wurde. Obwohl er der erste von der Kolonialmacht eingesetzte Kaiser war, hält sich das Gerücht, er sei von den Franzosen beseitigt worden, seine Todesursache jedenfalls blieb ungeklärt.

Ein kleiner, etwas versteckter Seiteneingang führt zum Haupttempel, der sich deutlich durch farbenfrohe Dekoration (vor allem die leuchtenden Glasfenster) und französischen Einfluss von den anderen Grabanlagen unterscheidet. Die Portraits im Inneren

Hue, Grab von Tu Duc

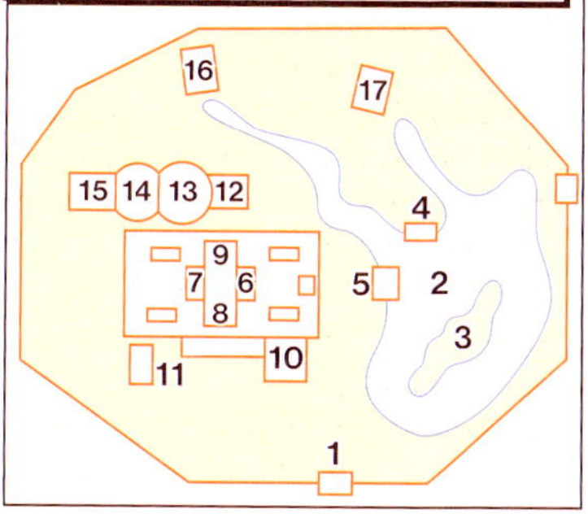

1 Eingangstor Vu Khiem
2 Luu-Khiem-See
3 Tinh-Khiem-Insel
4 Xung-Khiem-Pavillon
5 Du-Khiem-Haus
6 Palast des Kaisers
7 Palast der Kaisermutter
8 Kleiderkammer des Kaisers
9 Minh-Khiem-Duong-Theater
10 Wohnbereich der Frauen des Kaisers
11 Gebäude zur Zubereitung von Opfergaben
12 Ehrenhof
13 Stelenpavillon
14 Wasserbecken
15 Grabstätte von Tu Duc
16 Grabstätte der Kaiserin
17 Grabstätte von Kaiser Kien Phuc

zeigen den Kaiser und seine beiden Gemahlinnen. Weil seine erste Frau unfruchtbar blieb, vermählte er sich mit einer zweiten, die ihm einen Sohn gebar, den Großvater Bao Dais. Ein Großteil des ursprünglichen Mobiliars ist noch im Original erhalten: Vitrinen mit Vasen und Geschirr aus Frankreich und China, halbleere Parfümflakons, goldene Tabakdosen, Schränke mit Kleidungsstücken.

In der näheren Umgebung sind noch weitere Grabmäler kaiserlicher Familienangehöriger zu finden, auf dem gegenüberliegenden Hügel z.B. das von Bao Dais Mutter *Tu Cung*.

Lang Khai Dinh

Das 10 km von Hue entfernte Grabmal ist bereits im 20. Jahrhundert und nicht mehr im traditionellen Stil, sondern als Stahlbetonkonstruktion erbaut, und stellt ein kurioses Exempel dafür dar, welche Wirkung der französische Einfluss auf den vietnamesischen Geschmack ausüben konnte. Kaiser Khai Dinh (1916–1925), ein Sohn Dong Khanhs, war ein Lebemann, liebte Pomp und war die perfekte Marionette der Kolonialherren. Die Grabanlage, in seinem 5. Regierungsjahr begonnen, wurde 1931 von

Xung Khiem-Pavillon, Grabmal Tu Duc

092vi Foto: kb

seinem Sohn Bao Dai, der bis zu seinem Tod 1997 an der Côte d'Azur residierte, vollendet.

Die Grabstätte schmiegt sich in Etagen an einen Hügel an, auf den eine steile und von Betondrachen gesäumte, von Terrassen unterbrochene Treppenfront zum Thien-Dinh-Palast führt. Eine der Terrassen bildet den Ehrenhof Bai Dinh mit den obligatorischen Steinfiguren und dem achteckigen Stelen-Pavillon, über weitere Höfe gelangt man zum Palast und genießt einen grandiosen Ausblick über die Landschaft.

Das bunt-überladene Dekor im Inneren des Tempels lässt sensible Gemüter am liebsten gleich wieder kehrt machen, aber auch Kitsch muss man gesehen haben. Der Boden ist mit knallbunten Fliesen belegt, den Plafond ziert ein monumentales Deckengemälde – neun Drachen, die die Wolken durchbrechen –, die Wände sind von Tausenden bunter Glas- und Porzellanscherben bedeckt, die sich mosaikartig zu Bildern fügen. Manche dieser hübschen Blüten sind, wenn man genauer hinsieht, aus Bruchstücken japanischer Bierflaschen zusammengesetzt.

Der zweite Raum mit dem Grab wird von der lebensgroßen vergoldeten Bronzestatue des Kaisers auf einem erhöhten Thron beherrscht. Der stilisierte Sonnenuntergang im Hintergrund – die Sonne als Symbol kaiserlichen Glanzes – vervollkommnet die Wirkung nur noch: Götterdämmerung. Im dritten Raum findet man den Altar zur Verehrung der Majestät.

Wie kommt man hin?

- Die **Kaisergräber** – geöffnet tgl. 7–17 Uhr, im Sommer 6.30–17.30 Uhr, Eintritt je 55.000 đ – liegen entlang des Parfümflusses zwischen 7 und 17 km südlich der Stadt. Vom Minh-Mang-Grab aus ist es möglich, auf dem Nordufer des Flusses über die Thien-Mu-Pagode nach Hue zurückzukehren (12 km).
- **Billigste Möglichkeit:** mit dem Fahrrad. Man verlässt Hue auf der Dien Bien Phu südwärts und gelangt (vorbei an der Tu-Dam-Pagode links) nach 2,5 km zur Esplanade Nam Giao. Von dort führen Asphaltstraßen rechts (Wegweiser) zu den Grabmälern von Tu Duc (3 km) Dong Khanh und Thieu Tri, links über die Minh-Mang-Straße zu den Grabmälern von Khai Dinh und Minh Mang (11 km).

  Alternativ: auf der Bui Thi Xuan beim Bhf. 2,5 km am Fluss entlang, dann links (Nguyen Tran Cong) und an der ehemaligen *Tiger-Arena* vorbei immer geradeaus.
- **Profanste Möglichkeit:** per Bus oder Mietwagen. Bis auf das (selten besuchte) Grabmal von Gia Long sind alle Kaisergräber mit dem Auto erreichbar.
- **Schönste Möglichkeit:** mit dem Boot (plus Fahrrad). Seitdem allerorten Bootstouren für gerade mal 3–4 $ pro Person im Angebot sind, knattern die Boote zu Stoßzeiten nahezu im Sekundentakt über den „romantischen" Parfümfluss. Wer sich auf eigene Faust ein Boot mieten will (um 10 $), sollte „antizyklisch" vor oder nach dem großen Touristenauftrieb aufbrechen. Am schönsten ist es auf dem Fluss in den frühen Morgenstunden und kurz vor der Abenddämmerung.

  Die Gräber von Tu Duc und Dong Khanh sind vom Fluss aus nach knapp 2 km zu erreichen (ein Xe Om hin und zurück sollte nicht mehr als 15.000 đ kosten), das von Khai Dinh nach gut 3 km (Xe Om um 20.000 đ).

Tempel und Pagoden

Chua Thien Mu

Die besonders schön auf einem kleinen Hügel oberhalb des Flusses der

Wohlgerüche errichtete Thien-Mu-Pagode liegt 5 km westlich von Hue.

Nach der **Legende** erschien Nguyen Hoang, dem Gouverneur von Thuan Hoa, der damals südlichsten Provinz Vietnams, 1601 eine Himmlische oder Gnädige Frau (Thien Mu oder Linh Mu), die ihm in der Gestalt eines alten Weibes den Platz seiner künftigen Hauptstadt, nämlich Hue, weissagte. Der Vorfahre der späteren Nguyen-Dynastie folgte ihrer Weisung, brachte seinem Land Wohlstand und Glück und errichtete aus Dankbarkeit an dem Platz, an dem er der Thien Mu begegnet war, die gleichnamige Pagode.

1844 war es Kaiser Thieu Tri, der den 21 m hohen achteckigen **Phuoc-Duyen-Turm** errichten ließ, der mit seinen 7 Stockwerken als **Wahrzeichen** Hues gilt. Jede der 7 Etagen ist einem Buddha geweiht, der in menschlicher Gestalt erschienen ist.

Die auf einer Schildkröte ruhende Marmorstele von 1714 im Pavillon rechts erzählt von dem Bau der Pagode. Die mehr als 2 Tonnen schwere, 2,50 m hohe Glocke links wurde 1710 gegossen. Für die Herstellung ihre Gussmasse, berichtet eine Stele, waren 50 gleichzeitig brennende Schmelzöfen notwendig, ihr Klang ist über eine Strecke von 10 km zu hören. An Wächterfiguren vorbei gelangt man zu der 1907 nach einem schweren Taifun wieder aufgebauten **Haupthalle** *Dai Hung* mit dem lachenden, dickbäuchigen Buddha Di Lac. Eine schöne Darstellung der *Quan Am* auf einer Lotosblüte ist im folgenden Gebäude zu sehen.

In einem Nebengebäude links wird wie eine Reliquie der klapprige **Austin** aufbewahrt, mit dem der Bonze *Thich Quang Duc* 1963 nach Saigon aufbrach, um sich dort am 11. Juni aus Protest gegen das Diem-Regime mit Benzin zu übergießen und zu verbrennen. Die Fotografien und Filmaufnahmen gingen um die ganze Welt.

● Vom Zentrum aus über die am Nord- ufer des Flusses verlaufende Le Duan, die später zur Kim Long wird. Mit dem Fahrrad (4 km) ca. 20 Min.

Literaturtempel

Als 1802 Gia Long seine Heimatstadt Hue zur Kaiserstadt bestimmte, gründete er auch einen neuen *Van Mieu* für die für den Staat so wichtigen Mandarinatsprüfungen. Die alle 3 Jahre abgehaltenen Examina fanden in Hue bis 1918 statt. Vor allem Stelen mit den Namen der erfolgreichen Kandidaten und einige Pavillons sind heute noch auf dem Gelände unweit der Thien-Mu-Pagode zu sehen (ca. 700 m weiter westlich).

Dien Hon Chen

Weiter flussaufwärts führt eine drachengesäumte Treppe vom Song Huong zu einem malerischen Tempel, der der Prinzessin Lieu Hanh geweiht ist, der Tochter des **daoistischen** Jadekaisers Ngoc Hoang. Weil sie ein kostbares Jadegefäß zerbrochen hatte, war sie von ihrem Vater auf die Erde verbannt worden.

Wie verflochten die populären religiösen Vorstellungen sind, wird hier besonders deutlich, denn für viele

Vietnamesen ist die (daoistische) *Lieu Hanh* identisch mit der Cham-Göttin *Thien Y A Na*, die mit *Po Nagar* identifiziert wird, welche wiederum Züge der (buddhistischen) *Quan Am* trägt usf.

Der Dien (oder Den) wurde 1832 unter Minh Mang erbaut, zu seinen regelmäßigen Besuchern zählte Kaiser Dong Khanh. Das verborgene Heiligtum im Obergeschoss erreicht man über eine schmale Treppe hinter dem Altar, man sollte einen der Mönche bitten, es einem zu zeigen.

- Hon Chen ist nur mit dem **Boot** erreichbar. Eintritt 22.000 đ. Am 15. Tag des 7. Mondmonats findet eine farbenprächtige **Prozession** statt.

Chua Bao Quoc

Die hübsche Pagode liegt unweit der Le Loi auf dem *Ham-Long-Hügel*. Ihre Anfänge datieren aus dem Jahr **1674,** und obwohl sie 1949 schwere Feuerschäden erlitt, ist sie wieder in recht gutem Zustand. Im Inneren herrscht die Ruhe und Bescheidenheit eines Klosters, alle Gebäude gruppieren sich um einen orchideengeschmückten Innenhof.

Der **Altar** des Sanktuariums wird von der Dreiergruppe der Buddhas A Di Da, Thich Ca und Di Lac (Vergangenheit, Gegenwart und Zukunft) beherrscht, eine Stufe tiefer stehen Bodhisattva und der Jadekaiser Ngoc Hoang mit seinen Wächtern. Über den Innenhof gelangt man in einen Seitentrakt mit Ahnentafeln, vergilbten Fotografien von Angehörigen des Kaiserhauses und einer Statue der barmherzigen Quan Am.

- Auf der Dien Bien Phu stadtauswärts gleich nach dem Bahnübergang rechts abbiegen.

Chua Tu Dam

Die Pagode datiert bis 1695 zurück, aber eine Totalrenovierung Mitte der 1930er Jahre hat alle Spuren historischer Bausubstanz erfolgreich getilgt. 1951 wurde hier die *Vereinigte buddhistische Gesellschaft* gegründet, die die verschiedenen buddhistischen Strömungen des Landes zusammenführte und eine Renaissance des Buddhismus in Vietnam zur Folge hatte. In dem liebevoll gepflegten Garten findet man die Büste des Laien *Dr. Tam Minh*, des Begründers der Bewegung. In den 1960er Jahren war Tu Dam Zentrum des **buddhistischen Widerstands,** an der Stelle, an der heute ein Lotosteich den Betrachter erfreut, hat sich 1963 einer der Mönche verbrannt. Auch während der Tet-Ereignisse 1968 blieb die Pagode nicht von Kämpfen verschont, vereinzelte Einschussstellen im Mauerwerk sind noch heute sichtbar.

- 500 Meter südlich der Bao-Quoc-Pagode in der kleinen Tu-Dam-Straße, die Dien Bien Phu und Phan Boi Chau miteinander verbindet.

Phan-Boi-Chau-Gedenkstätte

Nur wenige Schritte von der Tu Dam-Pagode entfernt stößt man auf das Grabmal mit dem überdimensionalen Bronzekopf des Patrioten *Phan Boi Chau* (1867–1940). Der ehemalige Mandarin, der aufgrund seiner antikolonialistischen und nationalistischen Einstellung als „Vorläufer" Ho Chi Minhs gilt, wurde von den Franzosen 1925 in Hanoi zum Tode verurteilt und erst nach heftigen Protestdemonstrationen der Bevölkerung zu lebenslänglichem Hausarrest in Hue begnadigt.

Nam Giao

Am Nam Giao (Himmelsaltar) brachten die Kaiser alle 3 Jahre in einem Ritual den Mächten des Himmels und der Erde **Schlachtopfer** dar. Die Zeremonienstätte, geografisch der mittlere Punkt einer Linie zwischen dem Haupttor der Zitadelle und dem Berg Ngu Binh, dem „Schild des Kaisers", besteht aus drei übereinandergelagerten Plattformen, Symbol für Himmel und Erde. Die oberste, dem Himmel geweihte **Plattform** beschreibt einen Kreis mit einem Durchmesser von 42 m, die mittlere ist quadratisch angelegt (85x85m), ebenso wie die untere, mit 165 m Seitenlänge, auf der die nächtlichen Opferzeremonien stattfanden. Die drei Esplanaden waren (von unten nach oben) rot, gelb und blau umrandet, das Spektakel dauerte Tage und war das wichtigste Ereignis im kultisch-religiösen Leben von Hue.

● Ca. 2,5 km vom südl. Stadtrand über die Dien Bien Phu oder die Phan Boi Chau.

Arena und Elefantenschrein

Die heute kaum mehr als solche erkennbare Arena *Ho Quyen* wurde 1830 von Minh Mang gebaut und diente noch bis 1904 als blutiger Schauplatz von **Kampfspielen** zwischen Tigern und Elefanten. Man findet ihre Überreste am südlichen Flussufer, wenn man die Bui Thi Xuan ca. 2,5 km stadtauswärts geht. – Unweit davon stößt man auf die Reste eines Tempels, der einem Kriegselefanten Kaiser Gia Longs gewidmet ist. Die geschändete Statue (Smaragdaugen und Elfenbeinzähne wurden geraubt) und ein Grabstein erinnern an die heldenhaften Taten des treuen Tieres.

Kathedrale Notre Dame

Die wuchtige Kirche, halb Kathedrale, halb Pagode, wurde 1962/63 auf Veranlassung des berüchtigten Erzbischofs von Hue, Ngo Dinh Thuc, errichtet. Von der einst zartblauen Fassade ist nurmehr verwittertes Grau geblieben, der Komplex dahinter war eine Missionsstation der Redemptoristen. Messen tgl. 5 und 17 Uhr, So auch 7 Uhr. 80 Nguyen Hue.

Eine kleinere katholische Kirche, *Saint Francois Xavier* (um 1910), befindet sich auf der 18 Nguyen Tri Phuong, unweit des Hotels Binh Minh. Messen tgl. 19 Uhr.

Museen

Hue-Museum

Der 1845 unter Thieu Tri erbaute Ruhepavillon *Long An* wurde 1923 auf Anordnung Kaiser Khai Dinhs als Museum eingerichtet *(Musée Khai Dinh)*. Allein das Gebäude lohnt einen Besuch.

In der außergewöhnlich schönen Halle werden Gebrauchsgegenstände aus dem Besitz der **Nguyen-Kaiser** gezeigt: Truhen, Tische und Kultschränke aus Palisander und Ebenholz, Ruhebetten, Sänften, Gewänder, Geschirr, Keramik und vieles andere mehr. Genau der richtige Ort, eine Vorstellung von höfischer Lebensart zu bekommen.

• *Vien Bao Tang Hue.* 3 Le Truc, innerhalb der Zitadelle, nahe dem Hien-Nhon-Tor. Tgl. 7–17 Uhr, 22.000 đ.

Di-Luan-Pavillon u. Provinzmuseum

Das Gebäude gegenüber dem Hue-Museum war die ehemalige Schule der Prinzen und Söhne hoher Mandarine. In dem bemerkenswert gut erhaltenen Di-Luan-Pavillon von 1808 werden heute prähistorische Funde ausgestellt sowie einige Schaustücke zur Cham-Kultur (8.–15. Jh.). Das neuere Gebäude gleich dahinter, erkenntlich durch die übliche Ansammlung von Jets und Panzern im Vorhof, ist das Museum der Provinz, das Dokumente zur Geschichte der Region und der Stadt zeigt.

• *Bao Tang Tinh.* 1 23 Thang 4, tgl. 7–11, 13.30–17.00 Uhr. Eintritt für beide Gebäude 22.000 đ.

Ho-Chi-Minh-Museum

• Das Museum liegt in der 7 Le Loi schräg gegenüber der Quoc-Hoc-Schule, deren Schüler Ho Chi Minh war. Tgl. 7–11, 14–17 Uhr, Eintritt frei.

Quoc-Hoc-Schule

Die 1896 gegründete Lehranstalt galt als eine der besten Oberschulen Vietnams und war in der Tradition des konfuzianischen *Quoc Tu Giam* für die Elite unter den jungen Vietnamesen gedacht. Die „Vaterländischen Studien" (Quoc Hoc) vermittelten jedoch in erster Linie westliches Wissen und französische Bildung, geschrieben wurde in *Quoc Ngu*, dem romanisierten Schriftsystem.

Viele berühmte Namen sind mit dem *Lycée Nationale* verbunden, **Vo Nguyen Giap,** der Sieger von Dien Bien Phu, der Widerstandskämpfer To Huu und Pham Van Dong, der langjährige Ministerpräsident, gehörten ebenso zu seinen Schülern wie der Diktator **Ngo Dinh Diem** und **Ho Chi Minh,** der das Institut von 1907–08 besuchte. Ho Chi Minh erinnerte sich an diese Zeit nur ungern: „Die einzige Sorge der französischen Kolonisatoren war, ihnen treu ergebene Diener heranzubilden statt Menschen, die fähig sind, ihrem Volk und ihrem Land nützlich zu sein." (Man hat ihm natürlich trotzdem im Hof ein Denkmal gesetzt.)

• Die roten Backsteingebäude, die noch immer Lehrzwecken dienen, findet man in der 10 Le Loi. Gleich daneben befindet sich die *Hai-Ba-Trung-Oberschule* für höhere Töchter.

Markt

Der massige Betonklotz des **Cho Dong Ba** auf dem linken Ufer entstand 1988, nachdem das alte Marktgebäude durch einen Taifun zerstört worden war. Im Innern der Hallen findet man u.a. die größte und schönste Auswahl der traditionellen *Non*-Hüte aus geflochtenen Palmblättern.

Chinesisches Viertel

Die Chi Lang auf der linken Flussseite hinter der Brücke über den Dong-Ba-Kanal ist die Hauptstraße einer durch den Song Huong und die Kanäle Dong Ba und Cua Hau gebildeten „Insel", auf der sich das chinesische Viertel von Hue befand.

Die **Versammlungshallen** (Hoi Quan) der Gemeinden Hai Nam, Quang Dong und Fukien und ihre typischen, der Meeresgöttin Thien Hau oder dem chinesischen General Quan Cong geweihten Tempel befinden sich seit der Tet-Offensive und der Flucht der meisten Chinesen in den 1970er Jahren in miserablem Zustand oder sind bereits zu Wohn- oder sonstigen Zwecken wegrationalisiert worden. Dennoch kann ein Gang durch die Chi Lang für Liebhaber verwitterter Gemäuer, verblichener Farben und nostalgischer Stimmungen sehr reizvoll sein. Wohlstand und wieder gezeigte Religiösität haben sogar mancher Pagode zu einem neuen Anstrich verholfen.

Bao-Vinh-Viertel

An dieser Straße etwas außerhalb des alten Stadtkerns reihten sich einst Dutzende traditioneller **nha ruong** aus dem 18. und 19. Jh., einstöckige, ziegelgedeckte Holzhäuser aus massivem Jackfruit- oder Eisenholz, die vornehmlich von chinesischstämmigen Kaufleuten errichtet worden waren. Einige wenige stehen noch und lassen sich leicht mit dem Fahrrad erreichen. Die Huynh Thuc Khang hinter dem großen Markt 4–5 km immer am Kanal entlang. Eine wirklich lohnenswerte Fahrt in eine andere Welt (ein anderes Hue).

Japanische Brücke

Eine fast unbekannte und kaum besuchte Japanische Brücke *(Cau Ngoi*

Pagode im Bao-Vinh-Viertel

093vi Foto: kb

Thanh Toan), ähnlich der von Hoi An, liegt in der Südstadt rund 5 km vom An-Cuu-Markt entfernt. Sie wurde zu Beginn des 19. Jhs. von japanischen Gesandten zu Ehren der Nguyen-Kaiser errichtet.

Wasserpuppentheater

Als Kunstform im feudalen Hue eigentlich unbekannt, erst 2007 für die wachsende Schar der Touristen eingerichtet.

- **Co Do Hue.** Tgl. 15.30, 18.30, 20.30 Uhr, Dauer 1 Std., 50.000 đ. 49 Le Loi.

Praktische Informationen

- 350.000 Einw. Tel. 054.

Adressen

- **Geld.** *Vietcombank,* 78 Hung Vuong. Eine günstig gelegene Filiale mit ATM ist im Morin-Hotel, 2A Hung Vuong. Tgl. außer So 8–11.30, 13.30–17 Uhr.
- **Post.** 8 Hoang Hoa Tham (tgl. 6.30–21 Uhr). Auch Geldwechsel möglich.
- **Vietnam Airlines.** 23 Nguyen Van Cu, Tel. 824709, Fax 846320.
- **Hospital.** Tel. 822325, 16 Le Loi.
- **Hue-Festival.** Internationale Kunst und Kultur an historischen Stätten. Jedes Jahr 1 Woche Anfang Juni. Programm unter: www.hue festival.com.

Exkursionen

In nahezu allen Hotels und Guesthouses kann man Touren und Bootsausflüge buchen, Zugfahrkarten bestellen usf. Preisvergleiche lohnen sich! Zu den gängigsten Tourangeboten zählen neben Ausflügen zu den Pagoden und Gräbern **Exkursionen** zum Nationalpark **Bach Ma,** zu den Grotten von **Phong Nha** und in die ehemalige **DMZ** (Demilitarized Zone) am 17. Breitengrad.

- **Boot.** Bootstouren werden in der Regel für 3–4 $ (inkl. Lunch) pro Person angeboten. Bei diesen Ausflügen (ca. 8–16 Uhr) sollte man zumindest die Gelegenheit haben, die Thien-Mu-Pagode, den Hon-Chen-Tempel und die Gräber von Tu Duc und Minh Mang zu besuchen.
- Viele Leser ziehen zu Recht **individuelle Bootsfahrten** vor. *„Von dem überall angebotenen Ausflug mit einem „Dragon-Boat" kann man nur abraten; es bleibt kaum Zeit, die Gräber halbwegs in Ruhe anzusehen, hinzu kommt der An- und Abmarsch usf. Es ist besser, ein eigenes Boot zu mieten und - wenn man nicht laufen will - evtl. Räder mitzunehmen."* (Marie-Luise Lotter).

  Die Preise variieren nach Bootsgröße, für ein mittelgroßes Boot (2–8 Pers.) sollte man mit 8–10 $ rechnen. Da die Behörden die privaten Bootsleute inzwischen weitgehend vom Fluss vertrieben haben, muss man sich ein bisschen umhören.
- Ohne touristische Höhepunkte, aber mit sehr viel Lokalkolorit angereichert (Leben an und auf dem Fluss) ist eine **Fahrt nach Thuan An** (s.u.). Fahrzeit einfach 1,5 Std., Bootsmiete hin und zurück ab 10 $.
- **Eco Travel.** Einer der wenigen kleinen, unabhängigen Veranstalter, die es noch gibt (und nicht nur in Hue). Ansprechpartner ist Mr. *Hien.* 31A Doi Cung, 1. Stock, Tel. 829 392, 0903583689. www.ecotravelvietnam.com.
- **Café on Thu Wheels.** Die Besitzerin *Thu* bietet empfehlenswerte Motorradtouren (auch ohne Führer) an; unterstützt wird sie von ihrem Bruder *Hue.* 34 Nguyen Tri Phuong .
- **DMZ.** Ganztägige Touren (ca. 6–18 Uhr, davon viel Fahrzeit!) werden für 10–15 $ angeboten.
- **Phong Nha** (210 km). Tagestouren kosten ab 25 $ (ohne Eintritt etc.), sind aber besser von Dong Hoi aus zu machen.
- **Bach Ma.** Tagestouren ab 25 $. Wir empfehlen ein Auto/Taxi zu mieten (70–80 $/

Tag), mit dem man in Bach Ma bis zur Bergstation fahren kann. (Ggf. weiter über Lang Co, Danang (mit Cham Museum, Marble Mountain) bis Hoi An).

Reiseagenturen

- **Mandarin Café.** 24 Tran Cao Van. Beste Allround-Info.
- **DMZ Bar.** 60 Le Loi. www.dmz-bar.com.
- **Stop & Go Café.** Motorbike-Touren. 18 Ben Nghe, stopandgocafetours@yahoo.com.
- **Open Tour.** Beste Optionen für den Norden sind die Sleeping Busse von *Camel* und *Trekking*, für den Süden *Sinh Café* (bester Service).
- **Sinh Café.** 7 Nguyen Tri Phuong, Tel. 848 626.
- **Trekking Travel.** 66 Nguyen Tri Phuong, Tel. 829839.
- **An Phu.** 11 Nguyen Tri Phuong, Tel. 833 897.
- **Hanh Café.** 60 Nguyen Tri Phuong, Tel. 837279.

Stadtverkehr

- **Taxi.** Tel. 833333 oder 830830.
- **Stadtbus.** Es gibt 5 Linien, die allerdings nicht sehr häufig verkehren. Mit Linie 5 kommt man zum *Nam Giao*, mit Linie 3 nach *Thuan An*, mit Linie 1 zum Nordbusbahnhof *Phia Bac*. Haltestellen jeweils Le Loi.
- **Cyclo.** Fahrten innerhalb des Zentrums, z.B. vom Bahnhof zur Hung Vuong oder von der Hung Vuong zum Hotel Huong Giang, sollten nicht mehr als 15.000 đ kosten.
- **Fahrrad und Motorrad.** Das weiträumige Hue ist für's Fahrrad fahren geradezu wie geschaffen. Räder sind für 10.000-15.000 đ/ Tag fast überall zu mieten, Motorräder ab 4 $.

Unterkunft

First Class

- **La Residence.** In der einstigen Residenz des französischen Generalgouverneurs von Annam lebt das Art Déco der 1920er Jahre bis in das kleinste, liebevolle Detail wieder auf - ein Riesenlob an Innenarchitekten und Ausstatter, auch die wahren Ausmaße der Anlage empfindet man nie. Die insgesamt 122 Zimmer, alle mit Balkon oder Terrasse, sind allerdings allesamt unnötig beengt geraten. Resto, Bar, Terrassen, Pool mit Flussblick, Spa, Health Club, Tennis. 125–150 $ ++, Colonial Suites 160–180 $ ++. 5 Le Loi, Tel. 837475, www.laresidence-hue.com.
- **Imperial.** 15-stöckiger, auf „Hue-Stil" getrimmter Mammut mit allen Komfortansprüchen der globalen Massenhotellerie. Pool im 3. Stock. 195 Zimmer ab 125 $ ++ inkl. BF. 8 Hung Vuong, Tel. 882222, www.imperialhue.com.
- **Pilgrimage Village.** Überaus gelungenes und geschmackvolles Ensemble zwei- bis dreistöckiger Villen in einer schönen Gartenanlage 3 km vom Zentrum, auf dem Weg zu den Kaisergräbern. Alles hat Stil und Klasse; Mitglied der *Small Luxury Hotels of the World* und ohne Zweifel das beste Hotel Vietnams ohne ausländische Beteiligung. 74 große, helle DeLuxe-Zimmer, alle mit ausladenden Terrassen oder Balkonen 145 $ ++ inkl. BF, 20 Bungalows (z.T. mit eigenem Pool) 200–285 $. Pool, Spa, 6-mal tgl. freier Shuttle von/nach Hue. 130 Minh Mang, Tel. 885461, www.pilgrimagevillage.com.
- **Celadon Palace.** Im Bau, 220 Zimmer. www.celadon-international.com.

Tourist

- **Saigon Morin.** Das 1998 von Saigontourist restaurierte *Grand Hotel Morin* von 1901 ist eines der stilvollsten Hotels der Stadt. 180 Zimmer 90–120 $ ++ inkl. BF (Internet Rate), Suiten ab 150 $. Schöner Innenhof (Frühstück!) mit Pool, Dachgarten *Panorama Club*, 30 Le Loi, Tel. 823526. www.morinhotel.com.vn.
- **Huong Giang.** Das älteste staatliche Touristenhotel Hues, selbstverständlich in bester Lage am Fluss, seit Jahren permanent um- und ausgebaut, vergrößert und standardisiert. Pool, Tennis. 180 Zimmer 90 $, mit Flussblick 100 $, Suiten ab 160 $, jeweils ++ inkl. BF. 51 Le Loi, Tel. 822122. www.huonggiang hotel.com.vn.

Economy

● **Asia.** Professionell geführt, guter Service, ansprechende Ausstattung. 60 Zimmer auf 9 Stockwerken mit Lift, Resto und Pool im 7. Stock. Einziges Manko: Auf einer Seite des Hauses schauen Gäste bis zum 5. Stock auf die Mauer eines Nachbarhotels. Internet Rates: 50 $ (nicht sehr üppig dimensioniert, aber teilweise mit Balkon), 90 $ (sehr geräumig), 110 $ (Suite) inkl. Büffet-BF, IT. 17 Pham Ngu Lao, Tel. 830283, www.asiahotel.com.vn.

● **Hoa Hong.** Auf den ersten Blick ein überdimensioniertes Minihotel – 52 Zimmer auf 7 Stockwerken –, aber gut in Schuss und den Preis wert. Lift, Resto, Bar. 30, 45, 60 $ (Riverview), 80 $ (Suite) inkl. BF. 1 Pham Ngu Lao, Tel. 824377, hoahonghotel@gmail.com.

● **Ngoc Huong.** Eröffnet 2004, 2008 Totalumbau mit Erweiterung (vorher 50 Zimmer). Lift, Dachgartenresto. 8 Chu Van An, Tel. 830111, www.ngochuonghotels.com.

● **Villa Hue.** Ruhiges, sehr intimes und gut gelegenes „Boutique-Hotel" der Hue-Tourismus-Schule mit ausgezeichnetem Restaurant. 12 Zimmer 55, 67 $ ++ inkl. BF (Internet Rate). 4 Tran Quang Khai, Tel. 831628. www.villahue.com.

● **Orchid.** Ein kleines Juwel im Allerlei der neuen Reihenhotels und mit nur 20 Zimmern (alle mit Fenstern!) klein genug, sich Extravaganzen wie Internetphone in allen Räumen oder aufmerksamen Service leisten zu können. Double 32, Twin 35, mit Balkon 42 $ inkl. BF. Eine Wucht die Honeymoon-Suite 701 mit Jacuzzi, DVD-Player und einmaligem Panorama für 49 $. 30A Chu Van An, Tel. 831177. www.orchidhotel.com.vn.

Budget

● **Binh Minh** (Sunrise). Ausgesprochen solides, gut geführtes Haus mit kompetentem Service und sehr angenehmer Atmosphäre (nicht zuletzt dank der liebenswerten Mrs. *Mai*). 37 AC-Zimmer auf 6 Etagen 15, 20, 25, 30 $ (mit Veranda), 35 $ (mit Balkon) inkl. IT und BF, das auf Wunsch auf dem Zimmer oder Balkon serviert wird. Lift. 36 Nguyen Tri Phuong, Tel. 825526, www.binhminhhue.com. Annähernd die gleiche Qualität hat das nahe **Binh Minh 2,** 16 Zimmer 10–25 $ inkl. BF. 45 Ben Nghe, Tel. 849007, www.binhminh.hue.com.

● **Phu An.** Neu 2005, sehr sauber, sehr freundlich. 20 AC-Zimmer ab 10 $, 15–30 $ inkl. BF. 42 Nguyen Tri Phuong, Tel. 821168, www.phuanhotel.com.

● **Binh Duong.** Es geht zwar zu wie in einem Bienenschwarm, trotzdem hat das Hotel Klasse (es ist das Lieblingshotel der Japaner). 26 helle, freundliche Zimmer 7–10 $, dazu 2 blitz-saubere Dorms à 6 oder 3 Betten 5 $. Die Zimmer im 3. und 4. Stock sind größer und haben Balkon oder Terrasse (15–20 $ inkl. BF). 17/34 Nguyen Tri Phuong, Tel. 833298, binhduong1@dng.vnn.vn. Das **Binh Duong 3** in der gleichen Gasse bietet außer Lift und Balkone für alle 10 Zimmer (15 $) **PCs** mit Internetzugang (!). Eine Wucht das Penthouse (2–4 Pers.) inkl. BF, IT für 30 $.

● **Thai Binh.** Für jeden Geldbeutel und Geschmack und gleichfalls sehr in Ordnung. Im alten Block 20 Zimmer 6–15 $, im neuen mit Lift 20 Zimmer 10–20 $ – je höher hinauf, desto teurer, in den oberen Etagen mit Balkon inkl. BF. 6/34 Nguyen Tri Phuong, Tel. 828058, ksanthaibinh@hotmail.com. Um einiges ruhiger geht es im **Thai Binh 2,** 2 Luong The Vinh, zu. 30 Zimmer 20–25 $ (groß, jeweils mit Balkon) inkl. BF. Lift. Tel. 827561.

● **Bao Minh.** 14 Zimmer, davon 6 mit Balkon, 7–15 $, alle mit Fridge, AC. 8/66 Le Loi, Tel. 829953, baominh2673@dng.vnn.vn.

● **Hung Vuong Inn.** Unten Boulangerie und Café, oben 9 Zimmer 12 $ (hinten, ruhig), 14 (nach vorne mit Balkon, aber lauter). Sehr nett und anständig. 20 Hung Vuong, Tel. 821068, truongdung2000@yahoo.com.

● **Halo.** Ruhig und familiär, mit Dachgarten. 7 Zimmer 7–12 $, schön Zi 201 mit großer Veranda 15 $. 10A/66 Le Loi, Tel. 829371, huehalo@yahoo.com.

● **Canh Tien.** Sauber, nett, freundliche Leute. 12 Zimmer 8–15 $, z.T. mit Fridge oder als Triple nutzbar. 9/66 Le Loi, Tel. 822772, canhtienhotel@tiscal.fr.

● **Van Xuan.** Relikt mit Charme. 7 Zimmer à 5–8 $ (AC 9 $) mit großer Gemeinschaftsterrasse. 10 Pham Ngu Lao, Tel. 826567.

Essen und Trinken

Hues Restaurants leiden besonders unter dem Ansturm in- wie ausländischer Bus-Touristen. Gute und sorgfältige Küche sowie ebensolcher Service sind eher die Ausnahme.

- **Lac Thien.** *Der* Klassiker, der typische Hue-Spezialitäten wie *Banh Khoai* oder *Nem* bereits Anfang der 1990er Jahre wieder hoffähig machte; ursprünglich ausnahmslos von Taubstummen geführt, zehrt heute etwas vom alten Ruhm. 6 Dinh Thien Hoang. Das **Lac Thanh** nebenan ist kaum minder populär.
- **Song Huong.** Floating Resto bei der Trang-Tien-Brücke. Seit seiner Privatisierung bietet der Klassiker jetzt wieder eine anständige Küche und nicht bloß wohlfeile Atmosphäre. Billig ist es allerdings nicht, und große Gruppen können einem die Stimmung vergällen.
- **Tropical Garden.** „Tropisch", nun ja ..., aber von den reinen Touristenlokalen noch mit das Anständigste. Tgl. ab 19 Uhr traditionelle Musikshows. 27 Chu Van An.
- **Hoa Vien.** Zwar auch „touristisch", aber in jeder Hinsicht korrekt; und: inzwischen wieder gemütlich (auch mit Tischen im Freien), da für Gruppen viel zu klein. 11 Vo Thi Sau.
- **Paradise Garden.** Angenehmes Freiluftambiente mit Blick auf den Fluss, interessante Karte, gutes Essen. Auch viele Einheimische speisen hier, was immer ein gutes Zeichen ist - nicht zuletzt im Hinblick auf die - sehr gemäßigten! - Preise. 17 Le Loi.
- **Quynh Huong.** Große Halle mit schöner Terrasse am Fluss, immer gut besucht von Einheimischen, große Auswahl an Seafood und allen Klassikern. Preiswert, englische Karte. 133 Nguyen Sinh Cung (400 m ab der Brücke).
- **La Carambole.** Seit 1999 von dem Franzosen Christian geführt, hier findet sich die kleine westliche Gemeinde von Hue regelmäßig ein. Französische und vietnamesische Küche, sicherlich das „europäischste" Restaurant von Hue. 19 Pham Ngu Lao.
- **Mediterraneo.** Ableger des italienischen Klassikers aus Hanoi. 7 Ben Nghe.
- **DMZ Café.** Serviert praktisch alle Gerichte des nahen *Little Italy* (gleicher Besitzer), aber in anregenderer Atmosphäre und bis nach Mitternacht. 60 Le Loi.
- **Omar's.** Von vegetarischen Curries bis Tandoori Chicken ... 22 Pham Ngu Lao.
- **Ushi.** Populär und immer gerammelt voll. Von Pizzapasta oder Bratwurst bis zu Nem oder Shrimps mit Sauce, hier gibt's alles, was das Herz begehrt, tgl. von 7-24 Uhr. 42 Pham Ngu Lao.
- **Hung Vuong Inn.** Kuchen, Snacks, gute, preisgünstigeTellergerichte; no smoking. 20 Hung Vuong.
- **Xuan Trang.** Bodenständige Travellerkneipe (u.a. mit Kartoffelpuffer, *banh duc*). 14A Hung Vuong.
- **La Boulangerie Francaise.** 7-20.30 Uhr, mit Terrasse. 46 Nguyen Tri Phuong.
- **Tinh Tam.** Tipp für Vegetarier; billig. 12 Chu Van An.
- **Pho 24.** *Clean* bis hin zur Sterilität (gleichzeitig das Erfolgsrezept); die Suppen sind zwar tatsächlich gut, aber auch ganz schön überteuert. No smoking, 6-23 Uhr. 92 Le Loi.

Zum Entdecken

- **Quan Hanh.** Nur 3 Gerichte, aber alle absolut köstlich: *Banh Khoai*, gefüllte Hue-Crêpes, *Nem* und *Banh Beo*. Besser als im Lac Thien! 11 Pho Duc Chinh.
- **Cung An Dinh.** *Banh beo, banh ram, banh loc* oder „Hue-Tapas", wenn man so will. Sehr sauber, nett, halboffen. 148 Nguyen Hue (Durchgang).
- **Biergärten.** Zu den Highlights zählt das versteckt gelegene **Tam Son;** gut, billig und immer voll. Spezialität sind Feuertöpfe, *loc hap ban*, im Gemüsemantel gedämpfter Fisch, und, man höre und staune, Bratwurst mit Senf *(xuc xich duc)*. 156 Nguyen Hue (Durchgang). Etwas gehobener, aber mindestens ebenso gut und populär ist das **Dong Phuong,** 16 Nguyen Hue.
- **Bun Bo Hue.** Jeder Einheimische schwört auf die Nudelsuppen der kleinen Restos 17 & 19 Ly Thuong Kiet.
- **Vy Da Xua.** Das größte und schickste Café Hues, auf mehreren halboffenen Etagen am Fluss. 6.30-10.30, 14.30-22 Uhr. 131 Nguyen Sinh Cung.
- **Che.** Immer wieder großes Vergnügen - auch wegen des jungen Publikums - macht ein Besuch in der Che-Stube. Besonders

lecker ist ein Glas *Trai Cay* (mit getrockneten und frischen Früchten) oder *Xoi Nuoc* (mit Kokosmilch, Lotossamen und Reismehlklößchen). 17A Hung Vuong.

Anreise und Weiterreise

Entfernungen

- Von Hue (in km): Thuan An 14, Bach Ma 45, Quang Tri 63, Lang Co 65, Dong Ha 75, Da Nang 110, Khe Sanh 137, Lao Bao 155, Dong Hoi 160, Phong Nha 210, Vinh 365, Savannakhet (Laos) 400, Ninh Binh 565, Nha Trang 630, Hanoi 660, Saigon 1070.

Flug

- Der **Flughafen** *Phu Bai* liegt 14 km südlich von Hue und ist berüchtigt für seine wetterbedingten Ausfälle (speziell Sept. bis Okt.). Ein Taxi kostet um 8 $, (Sammeltaxi um 2,50 $ p.P.), der Minibus vom VN-Airlines-Büro 25.000 đ pro Person.

Zug

- Alle Züge Richtung Norden oder Süden halten in Hue. Der renovierte Kolonialbahnhof *(Ga Hue)* liegt am Südwestende der Le Loi, die Fahrkartenschalter sind täglich 7–19 Uhr geöffnet.

Bus

- Der **Ben Xe An Cuu** (auch *Lien Tinh* genannt) liegt auf dem rechten Ufer 3 km stadtauswärts an der Hung Vuong. Expressbusse fahren u.a. nach Da Nang, Nha Trang, Buon Ma Thuot, Qui Nhon usf. **Achtung:** Zwischen Da Nang und Hue verlangt die Bus-Mafia häufig deftige „Ausländerpreise". Der **Ben Xe Phia Bac** liegt 5 km nördlich an der N1; von hier fahren Busse nach Dong Ha, Dong Hoi, Hanoi.
- **Nach Laos.** Busse nach Laos fahren in der Regel zweimal täglich. Nach Savannakhet 6 und 18 Uhr (Fahrzeit 12–14 Std., um 12 $), nach Vientiane 17 Uhr (Fahrzeit 20–21 Std., um 14 $). Auskünfte und Tickets über die einschlägigen Tourbüros. Achtung: nur laotische Busse fahren durch, sonst muss man umsteigen!

Richtung Da Nang

- Eine wunderbare Alternative ist die Fahrt entlang der schmalen **Halbinsel von Thuan An** (s.u.) bis Vinh Hien (20 km), wo eine Brücke zum Festland sowie zur N 1 (ca. 10 km) bei Phu Bai zurück führt. Unterwegs passiert man einige Fischerdörfer und wahrhaft gigantische **Friedhöfe** mit pastellfarbenen Grabstätten und wuchtigen Mausoleen. Ein fantastischer Anblick – und nicht umsonst ist die Gegend in ganz Vietnam für ihre elaborierte Grabkultur bekannt. Die Mehrzahl wurden – und werden noch immer – von wohlhabenden Auslandsvietnamesen gestiftet.

Umgebung

Ho-Chi-Minh-Haus ⇗ XI/D3

Auf dem Weg zum *Thuan-An*-Strand (s.u.) passiert man nach etwa 6 km ein für diese Gegend typisches Dorf: ein lebhafter Markt, ein Kanal, schmale Pfade, Obst- und Gemüsegärten, ein verwitterter *Dinh*. Inmitten dieser Idylle ein einfaches, strohgedecktes Holzhaus, in dem Ho Chi Minh zwei Jahre seiner Kindheit (1898–1900) verbrachte. Der damals achtjährige *Cung* lebte hier bis zum Tod seiner Mutter. Neben der herausgeputzten Gedenkstätte wurde ein Dokumentationszentrum errichtet.

- Das Dorf heißt **Duong No.** Hinter der Brücke (Hinweisschild *Nha Luu Nhem Cach)* biegt man rechts ein und folgt dem Weg ca. 300 m.

Thuan An

↗ XI/D3

Der **Strand** von Hue liegt auf einer langen, schmalen, von einer Lagune begrenzten Halbinsel 14 km nordöstlich der Stadt. Ein paar Restaurants und Erfrischungsstände vermieten Liegestühle und Sonnenschirme, schlendert man nur ein paar hundert Meter weiter, ist man gänzlich ungestört. Hochbetrieb ist hier lediglich im Sommer.

Wer mit einem Leihrad unterwegs ist, sollte unbedingt einige km die fantastische **Lagunenstraße** Richtung Süden verfolgen – es lohnt sich (siehe Hue, *An- und Weiterreise)*.

Praktische Informationen

- **Unterkunft.** Es gibt mehrere Hotels und Bungalowanlagen, sowohl am Strand wie im Ort Thuan An, die außerhalb der Sommersaison in der Regel nahezu leer stehen.
- **Anreise.** Stadtbusse fahren von der Le Loi ab. Jenseits der Lagune ist das Dorf Thuan An und dahinter der Strand. Man kann sich aber auch den Luxus einer Bootsfahrt gönnen (8–10 $ per Boot) und ein Fahrrad mitnehmen. Ein Xe Om sollte nicht mehr als 20.000–30.000 đ kosten.

Bach Ma Nationalpark

↗ XI/D3

Der 1991 eingerichtete Nationalpark (37.000 ha) bildet das Kernstück des **letzten geschlossenen Waldgebiets** in Zentralvietnam und erstreckt sich von der Küstenebene bis zum 1444 m hohen Gipfel des *Bach Ma*-Berges. Die angenehm frischen Temperaturen in dieser Höhe machten sich die Franzosen bereits in den 1930er Jahren zunutze, um auf dem Gipfelplateau einen kleinen Sommerkurort für Kolonialbeamte zu errichten. Eine befestigte Straße führte seit 1939 zu 139 Villen und Chalets. Mit der Niederlage der Franzosen in Dien Bien Phu (1954) geriet Bach Ma in Vergessenheit.

Während des **Vietnamkriegs** erkannten die amerikanischen Streitkräfte die strategische Bedeutung des Berges zwischen Hue und Da Nang und errichteten auf dem Gipfel einen Hubschrauberstützpunkt; Schützengräben und ein verfallenes Tunnelsystem sind Relikte dieser Epoche. Pläne, einen Teil der Tunnelanlagen für touristische Zwecke wieder instand zu setzen, wurden zu Gunsten des Naturschutzes aufgegeben; die jetzigen Bewohner, vor allem Fledermäuse, wird's freuen.

Nach Kriegsende wurde Bach Ma von Staatsforstbetrieben bewirtschaftet, die im Soll hochgesteckter Produktionsquoten den vormals üppigen Regenwald binnen weniger Jahre lichteten. Tropische Baumriesen wird man daher vergebens suchen, aber nicht umsonst gilt der Park mit mehr als 1400 beschriebenen Pflanzenarten als einer der Orte mit der höchsten biologischen Vielfalt in Vietnam – das entspricht etwa einem Fünftel aller Arten auf nur 0,07 Prozent der Landesfläche. Ein wahres Dorado ist der Nationalpark für Ornithologen. Laut einer am Parkeingang erhältlichen Liste sind es 330 Arten – darunter einige Raritäten wie der endemische Edwardsfasan – die man beobachten kann.

Mehrere gut ausgeschilderte **Wanderpfade** (Karte im Besucherzentrum erhältlich) sind mit festem Schuhwerk und ein wenig Kondition leicht zu bewältigen. Vom höchsten Punkt des Berges hat man bei gutem Wetter einen wunderbaren Rundblick von den Höhenzügen der annamitischen Kette bis zur Lagune und Küste von Lang Co (Frühaufsteher sollten den spektakulären Sonnenaufgang nicht verpassen). Sehenswert sind auch der Rhododendron-Wasserfall (über 200 m stürzen die Wassermassen in die Tiefe, und eine Treppe mit 689 Stufen führt nach unten), sowie die zahlreichen Kaskaden entlang des Fünf-Seen- oder des Fasanenpfads. Guides (150.000 đ) sind nicht obligatorisch, die Parkverwaltung bietet aber mehrere geführte Trekking-Touren an, darunter eine Fahrrad- und eine Gartentour mit Besuch von Ethnien am Rande des Parks.

Einen Strich durch die Rechnung kann dem Besucher allerdings das **Wetter** machen! Mit mehr als 8000 mm Jahresniederschlag führt der Bach Ma Berg die Regenstatistik Vietnams an, und während der Regenzeit von November bis Januar kann es oft tagelang regnen.

Praktische Informationen

- **Info.** www.bachma.vnn.vn (Website mit Tourenvorschlägen, aktuellen Preisen etc.).
- **Anreise.** Bach Ma liegt 45 km südöstl. von Hue und 85 km nordwestl. von Hoi An. Abzweiger zum Park bei Cau Hai (oder Phu Loc), von dort 3 km bis zum Parkeingang (per Xe Om 10.000 đ), bis zum Gipfel 16 km. Im Park darf man sich nur zu Fuß, mit dem eigenen Auto, per Taxi oder mit einem Wagen der Parkverwaltung (ab 15 $, Übernachtungsgäste zahlen weniger) bewegen. Eintritt 20.000 đ.
- **Unterkunft.** Einfache Zimmer mit WW in einem der Gästehäuser am Parkeingang oder auf dem Gipfelplateau ab 120.000 đ. Im Sommer und an Wochenenden ist tel. Reservierung für Unterkunft und ggf. Transport empfehlenswert (Tel. 54.871330).
- **Morin Bach Ma.** 12 Zimmer 17–30 $ inkl. BF. Tel. 54.871199, Fax 871177, hgtourist @dng.vnn.vn

Lang Co

↗ XIII/C1

(Lăng Co)

Kurz vor dem Wolkenpass erstreckt sich die paradiesische Landzunge von Lang Co zwischen tiefblauer **Lagune** und kilometerweit leuchtenden **Sandstränden** und silbern schäumender Brandung.

Wie alle (vermeintlichen) Paradiese kann auch Lang Co nicht halten, was es verspricht. Zumal im Zuge der Untertunnelung des Wolkenpasses und des Ausbaus des Straßennetzes nun eine funktionale Allerweltsbrücke die Lagune überspannt. Trotzdem – schön genug ist es noch allemal, und die Strände sind nach wie vor endlos und (fast) menschenleer. Zumindest im Winter, zwischen Dezember und Februar, wenn es in der Regel zu kühl zum Baden ist (beste Badezeit ist von Mai bis September). **Vorsicht:** Der Sog der einsetzenden Ebbe soll schon zur Kolonialzeit so manchem französischen Offizier das Leben gekostet haben!

Lang Co ist eine Gründung katholischer Flüchtlinge aus Nordvietnam, die 1954 zugewandert waren, *„nach-*

094vi Foto: kb

dem ihre Bischöfe und Priester auf Anraten des New Yorker Kardinals Spellman den Gläubigen verkündet hatten, die Jungfrau Maria sei vor den gottlosen Kommunisten gen Süden entwichen. Diems Privilegien, Spellmans Gelder und der bemerkenswerte Fleiß der Nordvietnamesen hatten aus einem Streifen sandigen Küstengestrüpps eine Mustersiedlung mit sauberen weißgekalkten Häuschen, grünen Gemüsegärten und mehreren Kirchen gemacht". (Georg W. Alsheimer).

Eine schmucke Kirche steht noch heute im Zentrum des Ortes, seine Bewohner gelten nach wie vor als Antikommunisten.

Unterkunft

● **Lang Co Beach Resort.** Ehrgeizige, aber etwas unglückliche Anlage des staatlichen *Huong Giang Tourist* in Hue. Die 45 Bungalowzimmer sind zwar nicht übel, aber in steriles, stereotypes Nadelholz-Grün eingebettet – selbst von den Beach Front Bungalows sieht man nicht Meer, sondern nur Wald. Pool, Health Club, Tennis. 70–80 $ ++ inkl. BF, Zimmer 35 $. Tel. 054.873555, www.langcobeachresort.huonggiangtourist.com.

Der Strand von Lang Co

• **Thanh Tam.** Haltestelle der Tourbusse, d.h. für Auftrieb ist immer gesorgt. Andererseits kann man aber auch schnell genug fliehen. 20 rudimentäre Bungalows, mit AC 10 $, mit Fan 7 $. Tel. 054.874456.

Anreise und Weiterreise

• Lang Co liegt 66 km südl. von Hue und 40 km nördl. von Da Nang und ist sowohl auf der N 1 wie mit der Eisenbahn zu erreichen (Expresszüge halten nicht!).

Wolkenpass

XIII/C1

Der **Deo Hai Van** (frz. *Col de Nuages)* bildete bis ins 15. Jh. hinein die natürliche **Grenze** zwischen Vietnam und Champa, ostasiatischer und südostasiatischer Kultur, und ist bis heute die **Wetterscheide** zwischen dem tropischen Süden und dem subtropischen Norden Vietnams.

Der 22 km lange und 496 m hohe Pass beginnt kurz hinter Lang Co und endet knapp 20 km nördlich von Da Nang. An keiner Stelle des Landes reichen die Ausläufer des Truong-Son-Massivs, der „Vietnamesischen Kordillere", derart nahe ans Meer heran und erreichen dabei Höhen von bis zu 1400 m.

Noch 1961 notierte Georg W. Alsheimer, „die Serpentinen der Route Nationale" würden „durch dichtbewachsenen grünen Dschungel" führen, doch das ist seit dem amerikanischen Krieg Vergangenheit. Von den Kämpfen, die diese Berge im Lauf der letzten 2000 Jahre gesehen haben, zeugen heute noch Befestigungsanlagen der Nguyen-Kaiser, Forts und Wehrtürme der Franzosen, Unterstände der Japaner, Geschützstellungen des Viet Minh und des Viet Cong, Betonbunker der Amerikaner und nicht zuletzt auch die „Highway"-Dimensionen der heutigen Passstraße. Die 1885–1888 von den Franzosen erbaute Route konnte von Fahrzeugen immer nur in einer Richtung passiert werden, dabei hatten die Kolonisten die ursprüngliche *Mandarin-Straße* von Kaiser Gia Long aus dem Jahr 1805 bereits erheblich verbreitert. Die reitenden Kuriere des Kaisers schafften die Strecke Saigon-Hanoi in immerhin 18 Tagen.

Die Ausblicke auf die Lagune von Lang Co, grün flimmernde Reisfelder und schneeweiße Sandstrände oder die Bucht von Da Nang mit den Marmorbergen im Hintergrund sind wahrhaft spektakulär – es sei denn, der Pass macht seinem Namen alle Ehre und schränkt durch tiefhängende Wolken die Sichtweite über Gebühr ein.

Ein guter Grund, den neuen **Tunnel** durch den Wolkenpass zu benutzen, sollte nicht einmal ein tüchtiger tropischer Regenschauer sein. Der 300 Mio. teure und 6,7 km lange Tunnel gilt als einer der 30 größten der Welt und wurde 2005 eingeweiht.

095vi Foto: kb

Da Nang
Đà Nẵng

Hoi An
Hôi An

096vi Foto: kb

097vi Foto: kb

Markt am Rand von Hoi An

Ihr erstes Foto

Straßenhändlerin

Da Nang

↗ XIII/C1

(Đà Nẵng)

Überblick

Ein Kuriosum, dass die **größte Stadt Zentralvietnams** (und viertgrößte Vietnams überhaupt) im totalen touristischen Abseits steht, während ein winziges Städtchen in der Peripherie, das noch vor wenigen Jahren allenfalls als „pittoreskes Ausflugsziel" durchging, zum **Tourismusmagneten** schlechthin aufgestiegen ist. *Hoi An* besuchte man halbtags von Da Nang aus, so wie man heute, falls überhaupt, Da Nang von Hoi An aus erkundet.

Die Metropole juckt das wenig. Die Wirtschaft brummt, die Profite steigen, kaum ein anderer Ort hat höhere Zuwachsraten vorzuweisen, und wenn eines Tages der Tourismus, der große, erst wirklich boomt, wird man dank seiner Wirtschaftskraft – als Drehscheibe nach Laos, Hue und Zentralem Hochland – und Infrastruktur – Highway, Bahnhof, Airport, Hafen – ohnehin nicht zu kurz kommen.

Der an einer weiten Bucht gelegene und von hohen, bewaldeten Bergen geschützte **Hafen** diente nacheinander den **Cham** (2. Jh.), den **Portugiesen** (1535), den **Franzosen** (1847) und den **Amerikanern** (1965) als „Einfallstor" nach Vietnam.

Während des amerikanischen Krieges konzentrierten sich zeitweise mehr US-Truppen in Da Nang als an jedem anderen Platz Vietnams, und schwoll die beschauliche Kleinstadt am Han-Fluss, in der noch 1955 kaum 50.000 Menschen gelebt hatten, zu einer geschäftigen und von wuchernden Slums umgürteten Massensiedlung von 700.000 Einwohnern an.

Rückflucht aufs Land und gezielte Umsiedlungspolitik reduzierten die Einwohnerzahl nach Kriegsende um mehr als die Hälfte, trotzdem litt die Stadt noch bis 1990 unter den höchsten Arbeitslosenquoten des Landes. Erst seitdem ist ein deutlicher Aufschwung, allerdings auch ein erneuter Zustrom der Landbevölkerung festzustellen. Seit 1996 hat Da Nang den Status eines Stadtstaates, in dessen Großraum 1,2 Mio. Menschen leben.

Geschichte

Die Region um Da Nang, jahrhundertelang Zentrum des hinduistischen **Champa,** wurde erst **1471** von den Vietnamesen erobert und eingemeindet. Nur wenige Jahre später, **1535,** landeten in der Bucht von Da Nang bereits die ersten Europäer in Vietnam. Während die Missionare unter den „Annamiten" den wahren Glauben verbreiteten, zogen die Händler den Einheimischen im Tausch gegen Feuerwaffen und Feuerwasser Gold, Seide, Elfenbein und Gewürze aus der Nase. Dem Ruf der portugiesischen Handelsniederlassung **Faifo** folgten Chinesen, Japaner, Siamesen und Javaner, die aus der kleinen Hafenstadt südlich von Da Nang (dem heutigen Hoi An) ein blühendes Gemeinwesen machten.

1847 und **1858** bombardierten französische Kanonenboote die Stadt unter dem Vorwand, gefangene Missionare befreien zu wollen. Zwischen **1883,** als Da Nang endgültig in französischen Besitz überging, bis zum Ende der Kolonialzeit trug die Stadt den Namen **Tourane** und wurde als einziger Ort des Protektorats Annam von den Kolonialherren selbst verwaltet.

Nach der Niederlage Frankreichs **1954** zogen Militärberater, Geheimdienstler und Wirtschaftsexperten aus den USA in die Villen

Da Nang und Hoi An, Umgebung
Hue
Wolkenpass
1166
N1
Hai Van-Tunnel
Ba Na 31 km
0
15 km
Bucht von Da Nang
Leuchtturm
Nui Son Tra
Monkey Mountain
693
Nam O-Strand
Thanh Binh-Strand
Da Nang
My Khe-Strand
Kon Tum, Pleiku
N14
Furama-Resort
Nuoc Man
Ngu Hanh Son
Marmorberge
Hoa's Place
Non Nuoc
Sandy Beach
China Beach
N538
The Nam Hai
An Bang-Strand
Cua Dai-Strand
SÜDCHINESISCHES MEER
Tra Que
Thanh Phuoc An
Hoi An
Tra Kieu 6 km
My Son 32 km
Dong Xuyen
Tam Ky

und Paläste der Kolonisten ein. Als sich auch nach 10 Jahren amerikanischer Waffen- und Finanzhilfe für das antikommunistische Bollwerk Südvietnam die Dinge nicht zum Besseren wendeten, sondern der Einfluss der Kommunisten im Gegenteil ständig wuchs, landeten am **7. März 1965** die ersten amerikanischen Kampftruppen an der Red Beach vor Da Nang, und schon bald darauf standen 185.000 GIs Gewehr bei Fuß, die vorgebliche Freiheit Südvietnams vor dem Sozialismus zu schützen.

Da Nang nahm dabei eine Schlüsselstellung ein. Aufgrund seiner geografischen Lage im schmalen Zentrum des Landes und inmitten der Berge höchst anfällig für Attacken, begünstigte das nahe Grenzgebiet zu Laos Nachschub und Unterstützung für die Truppen Nordvietnams und der FNL. Allem militärischen und finanziellen Aufwand der Amerikaner zum Trotz blieb die Stadt eine ängstlich gehütete Insel inmitten feindlichen Terrains. Namen wie **Monkey Mountain** und **China Beach** gingen in den amerikanischen Sprachschatz ein, und der durch nichts aufzuhaltende Artilleriebeschuss des Gegners verlieh der Stadt den Beinamen *Rocket City*.

1967–1972 ankerte das mit Bundesmitteln ausgerüstete Lazarettschiff *Helgoland* vor den Kais von Da Nang. Das vom DRK betreute Ärzteteam half amerikanischen Protesten zum Trotz ohne Ansehen der Person und blieb all die Jahre über praktisch unbehelligt. Als im März 1975 100.000 südvietnamesische Soldaten zusammen mit ihren US-Beratern kampflos die Flucht ergriffen, leitete die Kapitulation Da Nangs den endgültigen Fall Südvietnams ein.

Orientierung

Da Nang liegt am Westufer des **Han-Flusses.** Das Ostufer verlängert sich nach Norden zur Halbinsel von Da Nang mit dem 693 m hohen *Nui Son Tra* (Monkey Mountain), der die offene Bucht schützt, und nach Süden zum **China Beach,** den **Marmorbergen** und **Hoi An.**

Zentrum sind die Uferstraße **Bach Dang,** die südwärts zum Cham-Museum führt, sowie die Parallelstraßen **Tran Phu** (Hotels, Restaurants, Kathedrale, Zentralmarkt, Vietnam Airlines) und **Phan Chu Trinh** (Hotels, Geschäfte, Stadttheater).

Sehenswertes

Cham-Museum

Der Bau des Museums wurde **1915** unter der Schirmherrschaft der *École Française d'Extrême Orient* begonnen, als es immer dringlicher wurde, die Funde auszustellen. 1935 wurde das Museum erweitert und bietet heute mit über 300 Exponaten eine Sammlung von Reliefs und Skulpturen aus dem 7. bis 15. Jh. Die englischsprachige Broschüre, die verkauft wird, ist beim Gang durch das Museum sehr hilfreich, ebenso die große Übersichtskarte aller Cham-Fundstätten im Raum 4. (s. Kapitel „Architektur, Cham-Türme").

Die um die offene Eingangshalle angelegten Ausstellungsräume sind periodisch nach Fundstätten geordnet.

Vom Eingang aus gelangt man in den Raum mit Exponaten aus der **Tra-Kieu-Epoche** (7. Jh.), als Sinhapura die Hauptstadt Champas war. Wichtigstes Ausstellungsstück ist der Sandsteinaltar mit Darstellungen aus dem Ramayana-Epos, der in vier aufeinanderfolgenden Reliefs Brautwerbung und Hochzeitszeremonie von Prinz Rama und Prinzessin Sita zeigt. Hier wie auch bei den lebensnahen Plastiken von Elefanten, Löwen und dem heili-

Da Nang
1 Konsulat Laos
2 VN Airlines
3 Bach Dang
4 Vietcombank
5 Tulip, Prince
6 Com Nieu, Banh Xeo
7 Christie's und
Cool Spot Bar
8 Minh Travel
9 Han-Markt
10 Phi Lu
11 Apsara
12 Green Plaza
13 Cham-Museum
14 Truc Lam Vien
15 Chua Tam Bao
16 Cung Dinh
Tran Quy Cap
Ly Thuong Kiet
Phan Boi Chau
Dong Da
Markt
Nguyen Du
Ly Tu Trong
Nguyen Chi Thanh
Tran Phu
Bach Dang
Le Loi
Quang Trung
Tran Cao Van
Nguyen Thi Minh Khai
Bahnhof
Krankenhaus
Hai Phong
Ong Ich Khiem
Post
Le Duan
Markt
Phan Dinh Phung
Hoanh Hoa Tham
Le Duan
Ngo Gia Tu
Hung Vuong
Tran Hung Dao
Hung Vuong
Trieu Nu Vuong
Yen Bai
Tran Quoc Toan
Tran Phu
Busbahnhof 1 km
Hue 106 km
Nha Trang 541 km
Thai Phien
Hoang Dieu
Phan Chu Trinh
Le Hong Phong
Ong Ich Khiem
0
500 m
Hoang Van Thu
HAN-FLUSS
Le Dinh Duong
Bach Dang
Ng. Van Linh
Pham Ngu Lao
Flughafen 1 km
Marmorberge 8 km, Hoi An 30 km

gen Bullen Nandi zeigt sich noch deutlich der Einfluss Südindiens.

Die Übergangsphase des frühen 8. Jh. wird durch Fundstücke aus dem 30 km südlich Tra Kieu gelegenen **An My** dokumentiert. Die Einflüsse anderer südostasiatischer Kulturen nehmen zu, gleichzeitig werden immer mehr eigenständige Elemente herausgearbeitet. Auffallend sind die zahlreichen Götterdarstellungen mit breiten Backenknochen und Nasenflügeln, gelocktem oder gedrehtem Haar und wulstigen Lippen, ein Zeichen dafür, dass die Cham sich von ihren indischen Vorbildern zu lösen beginnen und eigene Modelle verwenden.

Der wichtigsten Kultstätte der Cham, **My Son,** ist der linke Seitenraum gewidmet. In der Tempelstadt 60 km südlich von Da Nang lag zwischen dem 4. und 13. Jh. der geistige und religiöse Mittelpunkt Champas. Die Mehrzahl der Exponate stammt aus dem 8. und 9. Jh. Obschon traditionelle Hindu-Motive weiter überwiegen, ist der indische Einfluss deutlich zurückgegangen, der etwas raue, naturalistische Stil der vorherigen Epoche erscheint verfeinert und überhöht. Schmuckstück des Raumes ist der nach seinem Fundort *My Son E1* benannte Altar aus dem 8. Jh. Trotz seiner geringen Höhe (63 cm) wirkt er massiv und gewaltig. Reliefs stellen Hindupriester dar, die meditieren, predigen, tanzen, musizieren (Flöte und Harfe), Kranke durch Massage heilen und Pillen drehen, auf einer anderen Seite findet sich ein reich geschmückter Lingam. Aus dem 9. Jh. stammt die lebensgroße Statue des Hindu-Gottes Shiva, der als Patron und Beschützer Champas galt, ein anderes Ausstellungstück zeigt ihn tanzend mit dem heiligen Stier Nandi an seiner Seite. Auch die Skulptur von Ganesha, dem elefantenköpfigen Sohn Shivas, entstammt dieser Epoche.

In Fortsetzung des Tra-Kieu-Saals schließt sich der Raum mit Funden aus **Dong Duong** (9.–10. Jh.) an. Das 875 gegründete Kloster wurde während des französischen Kriegs ebenso zerstört wie die damalige Hauptstadt Indrapura. Der Dong-Duong-Stil ist neu, insofern er zum ersten Mal buddhistische Themen und Motive in die Cham-Kunst einführt, und stellt den Höhepunkt eines eigenständigen künstlerischen Schaffens der Cham

Sockelrelief in My Son

dar. Am schönsten verdeutlicht das die 1,14 m hohe, erst 1978 aufgefundene Bronzestatue des Bodhisattva *Lokesvara*, deren geradezu grazile Leichtigkeit sich deutlich von der vergleichsweise statuarischen Strenge des My-Son-Shiva abhebt. Der Reliefschmuck eines Altars beschreibt die Geburt Siddhartas und stellt Szenen aus seinem späteren Leben dar. Götterfiguren werfen noch heute Rätsel auf, ob es sich um Inkarnationen Shivas oder um Buddhas (bzw. Bodhisattva) gehandelt haben mag. Die Plastik dieser Periode ist üppig und „voll barbarischer Vitalität", wirkt aber auch zuweilen schwerfällig und unfertig.

Die nachfolgenden Perioden, die von einer schrittweisen und „staatserhaltenden" Rückkehr zum Hinduismus zeugen, sind von verschiedenen Stilrichtungen beeinflusst, favorisieren einmal javanische, einmal Khmer-Elemente und kehren gegen Ende des 10. Jh. sogar wieder zum frühen Tra-Kieu-Stil zurück. Aus dieser Epoche stammen einige der anmutigsten und elegantesten Darstellungen von *Apsara*, heiligen Tempel-Tänzerinnen, besonders schön zu beobachten an dem Bruchstück eines Hochreliefs aus der „späten" Tra-Kieu-Periode.

In einem Seitenraum werden Exponate aus der **Thap-Mam-Epoche** (12.-14. Jh.) gezeigt, mit der das Kunstschaffen der Cham sich dem Ende nähert. Das Zentrum des Reiches, das dem Ansturm der Vietnamesen nicht mehr gewachsen ist, liegt seit dem Fall von Indrapura um die Jahrtausendwende 300 km weiter südlich in Vijaya (bei Qui Nhon). Khmer-Elemente der zeitlich parallelen Hochkultur von Angkor (Blütezeit im 12. Jh.) finden vermehrt Einlass. *Uroja*, die vorhinduistische Urmutter, wird in dekorativen Brüsten verehrt, die Altäre und Simse verzieren. Fantasiereich und degeneriert zugleich wirken die Tierplastiken wie das Monster *Makara*, ein Fabelwesen halb Krokodil halb Delfin, oder *Gajasimha* mit dem Kopf eines Elefanten und dem Körper des Löwen.

- *Bao Tang Cham*, am Südende der Uferstraße Tran Phu. Tgl. 7-17, im Sommer 18 Uhr, Eintritt 30.000 đ.

Strandleben

166vi Foto: kb

Praktische Informationen

- 750.000 Einw. Tel. 0511.

Adressen

- **Information.** *Minh Travel.* Die einzige unabhängige Informationsquelle sowie Vermietung von Bikes und Motorbikes; Chef *Raymond* ist Viet-Kanadier. 105 Tran Phu, Tel. 3812661, mtjraymond@yahoo.com.
- **Geld.** *Vietcombank*, außer Sa/So 8–11.30, 13–16.30 Uhr. 140 Le Loi.
- **Post.** Tgl. 6–21 Uhr. 45–47 Tran Phu.
- **Vietnam Airlines.** Tel. 3821130. 35 Tran Phu.
- **Konsulat Laos.** Tel. 3821208. 12 Tran Quy Cap.
- **Klinik.** *Family Medical Practice.* Ableger der israelischen Kliniken in Saigon und Hanoi, das Beste weit und breit. Sprechstunde tgl. 8.30–16.30, **Notruf** 0913917303. 50 Nguyen Van Linh. www.vietnammedicalpractice.com.
- **Apotheke.** 2 Phan Dinh Phung.

Stadtverkehr

- **Taxi.** Tel. 3825555 oder 3815815.
- **Cyclo.** Fahrten innerhalb der Stadt sollten nicht mehr als 15.000 đ kosten.
- **Stadtbus** *(xe buyt).* Etwa halbstdl. verkehren Busse von/nach Hoi An (via Marmorberge), Abfahrt u.a. an der Nui Thanh (Verlängerung der Tran Phu). 15.000 đ.

Unterkunft

- **Green Plaza.** Eröffnet 2008. 175 Zimmer auf 19 Stockwerken ab 68 bzw. (River View) 75 $ ++ inkl. BF (Internet Rate). Pool & Spa. 238 Bach Dang, Tel. 3223399. www.greenplazahotel.vn.
- **Bach Dang.** Solides Mittelklassehaus, die besseren Zimmer haben Flussblick. Pool, Tennis. 90 Zimmer 26–37, Suiten 50 $ inkl. BF. 50 Bach Dang, Tel. 3821659, bdhotel@dng.vnn.vn.
- **Tulip Danang.** Neu 2007. Gute Ausstattung, effektiver Service, mit Lift; empfehlenswert. 23 Zimmer 20 (ohne Fenster), 25, 30, DeLuxe 40 $. 58 Tran Phu, Tel. 3840778, tulipdananghotel@dng.vnn.vn.
- **Prince.** Solides Minihotel mit sehr gutem Preis-Leistungsverhältnis. 20 Zimmer 16 (klein, aber ansprechend, nach hinten mit Fenster) und 20 $ (mit kl. Balkon). 60 Tran Phu, Tel. 3817929, tranthai2003@dng.vnn.vn.
- **Minh Travel.** 10 Zimmer 5,50–10 $, Dorm 3–4 $. 105 Tran Phu, Tel. 3812661.

China Beach

- **Furama Resort.** 1997 das erste große internationale Strandhotel Vietnams (Joint Venture mit Hongkong). Die weitläufige Anlage umfasst Gärten, künstliche Lagunen und Sportanlagen, alle 200 Zimmer sind großzügig aufgeteilt (Balkone, Veranden) und bieten modernsten Komfort. Shuttle-Bus nach Hoi An, Mountainbikeverleih. Ab 195 $ ++ inkl. BF (Internet Rate). 68 Ho Xuan Huong, Tel. 3847888. www.furamavietnam.com.
- **Sandy Beach.** Eine ursprünglich russische Anlage, ansprechend umgewandelt und modernisiert, mit großem Pool, Pizzeria etc. 61 Zimmer ab 75 $, 57 Bungalows ab 145 $ inkl. BF (Internet Rate). Tel. 3836216. www.sandybeachdanang.com.
- **Hoa's Place.** *Rooms for Rent* am Strand hinter den Marmorbergen, wenige Schritte abseits der neuen Küstenstraße annähernd auf halbem Weg zwischen Danang (12 km) und Hoi An (20 km). Es geht sehr rustikal und einfach, dafür aber locker und ungezwungen zu. *Hoa*, der für das leibliche Wohl der Gäste sorgt, und seine Nachbarn kommen auf insgesamt 22 Zimmer, EZ kosten 5, DZ 7 $, Aufpreis für AC ist 2 $. Surfboards und Motorbikes sind zu mieten. 215/14 Huyen Tran Cong Chua, Tel. 3969216, 0905640542, hoasplace@hotmail.com.

Essen und Trinken

- **Apsara.** Im Cham-Stil erbautes Feinschmeckerlokal für Touristen. Mittags etwas lieblos (Abspeisung für Busladungen), abends mit ostasiatischer Fusion-Küche und trad. Musik durchaus eine Sünde wert. 222 Tran Phu.
- **Truc Lam Vien.** Fast pastorale Idylle mitten in der hektischen City: Die Küche des legeren, offiziell nur als Café fungierenden Etablissements in einem weitläufigen Garten ist leicht und frisch, aber immer authentisch,

preisgünstig (die Mehrzahl der kleinen, leckeren Appetithappen kosten lediglich 1–2 $) und überaus vergnüglich. Tgl. 6–22.30 Uhr, an Wochenenden köstliches Dinner-Büffet 5 $. 37 Le Dinh Duong.

- **Cung Dinh.** Nettes Wohlfühl-Resto um ein kleines Gärtchen mit Laternen und Volieren. Wenige Gerichte, aber delikat. Man bestelle *Hoanh Thanh*, mit Shrimps gefüllte gefrittete Ravioli, *Ca Kho To*, dazu 2 *Chao Tom* am Zuckerrohr und ein *Com Nieu*, Reis im Tontopf – für weniger als 6 $ werden zwei satt und glücklich. 254/2 Hoang Dieu.
- **Com Nieu.** Gute vietnames. Küche in dezent zeitgenössischem Rahmen. 25 Yen Bai.
- **Banh Xeo.** Leckere Kleinigkeiten wie die frisch gemachten Crêpes (3–4 kosten 1 $) in den Stuben rund um 27A Yen Bai.
- **Phi Lu.** Gutes Essen, niedrige Preise und Öffnungszeiten bis Mitternacht locken auch viele Ausländer an. 225 Nguyen Chi Thanh.
- **Christie's.** Fish n' Chips, Burgers, Pasta, Apple Pie – die australische Resto-Bar ist Treffpunkt aller Expats. **Cool Spot Bar,** Cybercafé, Billard, Pool, Dart etc. 112 Tran Phu.
- **Dong Thanh.** Ausgezeichnete, ofenwarme Sandwiches. 79 Phan Chu Trinh.
- **Phuong Dong.** Dancing & Disco (ab 20 Uhr). 20 Dong Da.

Anreise und Weiterreise

Entfernungen

- Von Da Nang (in km): Saigon 970, Hanoi 760, Nha Trang 530, Qui Nhon 300, Kon Tum 300, Dong Ha 185, Hue 110.
- Marmorberge 8, China Beach 10, Hoi An 30, Ba Na 40, Tra Kieu 40, My Son 60, Wolkenpass 20, Lang Co 40.

Flug

- Der **Airport,** während des Vietnamkriegs einer der geschäftigsten der Welt, ist 5 km vom Zentrum entfernt. Ein Taxi nach Hoi An kostet 8–10 $.
- Seit 1999 ist Da Nang dritter internationaler Flughafen Vietnams und verbindet u.a. mit Bangkok (tgl. *PBAir*), Singapur und Siem Reap (tgl. *Silk Air*).

Zug

- **Bahnhof,** 122 Haiphong, 1,5 km vom Zentrum.
- Richtung Norden fahren täglich 6, Richtung Süden 7 Züge. SD1 und SD2 verkehren ausschließlich zwischen Saigon und Da Nang (11–12 Std.).

Bus

- Der **Busbahnhof** *(Ben Xe)* liegt 3 km außerhalb des Zentrums in der 33 Dien Bien Phu, die stadteinwärts Hung Vuong heißt.
- **Express-Busse** verbinden u.a. mit Hanoi, Saigon, Hue, Nha Trang, Kontum, Pleiku, Buon Ma Thuot, Vinh, Haiphong.
- **Stadtbusse** nach **Non Nuoc** (Marmorberge, China Beach) und **Hoi An** haben Haltestellen *(tram xe buyt)* entlang der Nui Thanh südl. des Cham-Museums.
- **Nach Laos.** Jeden zweiten Tag verkehren Busse nach Savannakhet (über Grenzübergang Lao Bao) und Vientiane (über Grenzübergang Cau Treo). Da die Preise mit Sicherheit niedriger liegen als bei Reiseagenturen in Hoi An (oder Hue), könnte sich eine Nachfrage lohnen.

Da Nang, Umgebung

Marmorberge

Die Marmorberge, fünf imposante, bis zu 100 m hohe bewaldete **Felskegel,** ragen 8 km südlich von Da Nang aus der Ebene. Die Vietnamesen nennen sie *Ngu Hanh Son*, „Berge der 5 Elemente", und ordnen jedem der Berge ein Element zu: *Thuy* (Wasser), *Kim* (Metall), *Moc* (Holz), *Hoa* (Feuer) und *Tho* (Erde). Der höchste und wegen seiner Grotten und Pagoden am häufigsten besuchte Berg ist der *Thuy Son.*

Der Legende nach Eier eines riesigen Drachens, ragten die Marmorberge einst als Inseln aus dem Meer. In den Grotten und nahebei fand man Überreste von **Ziegelbauten** und **Steinfiguren** der Cham, denen die Höhlen zu Kultzwecken dienten. 1825 ließ Kaiser *Minh Mang*, der einige der Höhlen angeblich selbst entdeckt und erforscht haben soll, die Pfade und Treppen anlegen, die die einzelnen Stationen noch heute miteinander verbinden.

Der gut einstündige Rundgang führt von der Tam-Thai-Pagode zur Grotte *Hoa Nghiem* mit einer Statue der *Quan Am;* wie so häufig ist sie mit der *fap lam*, der Flasche mit dem **wundertätigen Wasser** dargestellt, dessen Kraft das Böse von den Menschen abhält. Die Grotte *Huyen Khong* ist die größte und beeindruckendste. Aus 30 m Höhe fällt gebündeltes, meerfarbenes Licht durch Felsspalten und lässt den Rauch der zahllosen Räucherstäbchen, die vor der Statue des *Thich Ca* (Buddha der Gegenwart) und den Schreinen der Schutzgeister glimmen, wie ein geheimnisvolles Nebelgespinst erscheinen. Während des Krieges diente die Höhle als Stützpunkt und Lazarett der Befreiungsfront, eine Gedenktafel erinnert an Helden, die von der Spitze des Berges 19 amerikanische Hubschrauber abschossen.

Wieder im Freien, genießt man einen grandiosen Ausblick auf den **China Beach.** Von *Tang Chon*, der letzten Grotte, führt der Weg bergab zur Linh-

Souvenir gefällig?

099vi Foto: kb

Ung-Pagode und dem Dorf Quang Nam, dessen Werkstätten von halbwegs geschmackvollen Cham-Nachbildungen bis zum billigsten Nippes alles Erdenkliche aus Marmor herstellen und verkaufen. Der Eintritt für den Rundgang kostet 20.000 đ. Taschenlampe und gute Nerven (angesichts der zahllosen Händler, Bettler und übereifrigen Guides) sind angeraten.

China Beach

↗ XIII/C1

China Beach, **Bai Non Nuoc,** bekannt aus unzähligen „Vietnam-Filmen", erstreckt sich kilometerweit nördlich und südlich der Marmorberge. Während des Kriegs tummelten sich hier kriegsmüde GIs auf Urlaub *(rest & recreation). „Ein Ort, an dem sie schwimmen und surfen, sich besaufen, kiffen, bumsen, zur Besinnung kommen, in Puffs rumflippen oder einfach am Strand rumhängen konnten"* (Michael Herr, 1968). Die FNL-Kader, die von den Marmorbergen aus zusahen, werden ihre Freude gehabt haben.

Schwimmen ist hier übrigens nicht ganz ungefährlich – so mancher GI hatte hier mehr mit den heimtückischen Strömungen als mit dem Feind zu kämpfen. Speziell zwischen September und Dezember kommen auch noch steife Brisen hinzu, die andererseits aber auch gutes **Surfen** ermöglichen. Auf der Höhe von Da Nang, östlich des Han-Flusses, heißt der Strand **My Khe Beach** und ist leicht per Fahrrad, Motorrad oder Xe Om zu erreichen. Unterkunft und Verpflegung siehe bei *Da Nang.*

Ba Na

Das 1919 gegründete französische Mountain Resort Ba Na („das Da Lat Zentralvietnams") wurde nach dem Zweiten Weltkrieg abrupt verlassen, füllt sich nun aber wieder mit Leben. Angenehme Frische auf bis zu 1485 m Höhe (10–15° kühler als an der Küste), spektakuläre Rundumsichten, ein paar Ruinen französischer Villen und kurze Wanderwege sind das Positive. Unmengen lautstarker Cafés und Karaoke-Schuppen sowie reichlich Müll (speziell nach den Wochenenden) sind das Negative. Ein Besuch von Bach Ma (s. Hue) bringt sicherlich mehr.

Anreise und Preise

- **Bus** ab Da Nang (10.000 đ). Eintritt 10.000 đ. Per Shuttlebus (15.000 đ) oder Seilbahn (36.000 đ hin und zurück) bis zum Gipfel (Parkplatz). Wochenenden vermeiden!
- **Ba Na Resort.** 40 Minibungalows 5–6 $, DZ 15–25 $. Tel. 818055, banatourist@dng.vnn.vn.

Hoi An

↗ XIII/D1

(Hôi An)

„Hoi An? Was wollen Sie in Hoi An? Da gibt es nichts zu sehen!"

Hoi An liegt 30 km südlich von Da Nang am Südufer des Flusses *Thu Bon.* Unter dem Namen **Faifo** – einer Verballhornung von *Hai Pho,* „Geschäfte am Meer" – war Hoi An während des 16., 17. und 18. Jh. einer der *führenden Häfen Südostasiens* und wurde in einem Atemzug mit Malacca und Macau genannt. Chinesische und japanische Kaufleute ließen sich nieder und gründeten Handelsniederlassungen. Dschunken aus Kanton, Nagasaki, Manila und Batavia legten ebenso an wie Segelschiffe aus Lissabon, Bordeaux, Liverpool und Amsterdam.

„Hoi An wirkt auf den Betrachter, als sei vor 150 Jahren die Zeit stehengeblieben – ein architektonisches Gesamtkunstwerk ohnegleichen", schrieben wir in der ersten Auflage von 1992. Noch zwei Jahre zuvor hatten uns die Leute in Da Nang (der viertgrößten Stadt Vietnams) fassungslos gefragt, was wir denn in Hoi An wollten. Tatsächlich war der Ort kaum mehr als ein halbverfallenes und nahezu verlassenes Ruinenfeld, durch das in Zeitlupe der Staub rieselte. In den Straßen Kinder und Alte in Pyjamas. Der Kai eine meterhohe Müllhalde. Der Fluss war nur vom Markt aus sichtbar, auf dem teilnahmslos ein paar alte Frauen vor einer Handvoll Fischlein und vertrockneten Zwiebeln hockten. Kein Hotel. Kein Restaurant. Nichts.

Die romantischen Gassen, die idyllische Lage, die friedliche, intime Atmosphäre und die freundlichen Menschen haben Hoi An in den folgenden Jahren freilich bald zum populärsten Travellerziel Vietnams werden lassen. Heute platzt der Ort aus allen Nähten und gilt als **Touristendestination Vietnams schlechthin.** Wer Hoi An nicht gesehen hat, heißt es, hat Vietnam nicht gesehen. In den restaurierten Häusern logieren Cafés, Guesthouses, Souvenirshops, Schneider, Banken, Galerieen. Kunst, Seide, Klamotten, T-Shirts, Pizza, Fassbier, Keramik, Fuji-Color, für alles ist gesorgt, nur sieht man vor lauter Konsum den Ort nicht mehr. Dutzende und Aberdutzende Hotels erweitern und vergrößern im Halbjahresrhythmus, und die Entdeckung des Strandes – nur 5 km entfernt, aber noch bis 1998/99 so fern wie die Rückseite des Mondes – spült Besucher an, die immer länger verweilen und Kicks und Entertainment suchen. Die Bewohner werden umgesiedelt in Trabantenstädte auf der grünen Wiese, die sich wie Ringe um den alten Ortskern lagern. Das „kleine idyllische" Hoi An droht am Touristenboom zu ersticken und entwickelt sich mit Riesenschritten zu einem pflegeleichten, possierlichen **Museumsdorf** mit Shopping Centers und Themenparks.

Für die *Vietnamesen* ist Hoi An bis heute keine besondere Attraktion (mit alten Häusern hat man nicht viel am Hut), anders als nach Ha Long, Cat Ba, Da Lat, Sapa oder Nha Trang kommen nur wenige einheimische Touristen (es sei denn als Tagesausflügler). Das hat Vor-, aber auch Nachteile. Fast alles ist auf Ausländer zugeschnitten. Selbst die SchneiderInnen. Dafür sind die Restaurants zwar überdurchschnittlich geschmackvoll, deren Küche aber meist ohne Geschmack (weil die einheimischen Gäste fehlen).

Tipp: Am frühen Morgen, nach dem Sonnenaufgang, aufstehen und durch die dann noch leeren, stillen Straßen ohne bunte Auslagen spazieren. Oder mit dem Fahrrad rausfahren (ein Mo-

100vi Foto: kb

torrad wäre viel zu schnell!), denn die Umgebung von Hoi An ist wunderschön! Reisfelder, Flüsse, Lagunen, Strände, Pagoden ... Man könnte tagelang rumfahren, einfach so. Vieles ist noch sehr ursprünglich, selbst im engeren Umkreis der Stadt.

Geschichte

Bronze- und Keramikfunde weisen auf eine Besiedlung schon vor mehr als 2500 Jahren hin. Zwischen dem 2. und 10. Jh. war Hoi An **Haupthafen der Cham,** die als Seefahrer und Piraten die Meere unsicher machten, ehe sie auch als Händler und Kaufleute Reichtümer erwarben. Chinesische Dokumente belegen einen schwunghaften Gewürz- und Seidenhandel mit der halben damals bekannten Welt von China bis Java und von Südindien bis Persien und Arabien. Während der Blütezeit Champas entstanden längs des Thu-Bon-Flusses auch die Tempelanlagen von *Tra Kieu* und *My Son* weiter landeinwärts.

1535 landeten die **Portugiesen** in Da Nang und errichteten mit Genehmigung der Nguyen-Fürsten von Hue in Faifo ihre erste Handelsniederlassung im Südchinesischen Meer. Der Ruf der portugiesischen Musketen und Kanonen, die sich vermeintlich günstig gegen Naturprodukte wie Zimt, Zucker, Pfeffer, Edelhölzer, Korallen und Rohseide tauschen ließen, lockte Händler und Spekulanten aus China, Japan, Siam und Java nach Hoi An. Annähernd 100 Jahre blieben die Portugiesen die einzigen Europäer in Vietnam, ehe auch Holländer, Briten und Franzosen vorübergehend Handelshäuser in Faifo errichteten.

Aufgrund der Wintermonsune aus Nordosten konnten die Dschunken der Kaufleute aus China und Japan Faifo nur im Frühjahr er-

Wasserfront in Hoi An

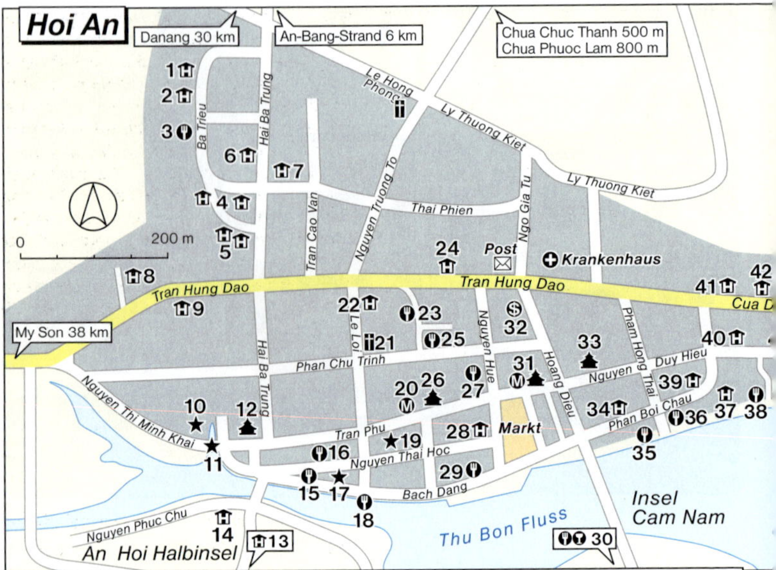

- 1 Thien Thanh, Thanh Xuan
- 2 Phuong Dong, Thien Nga
- 3 Pho Truc Vien
- 4 Vinh Hung 2 und 3, Thuy Duong 3
- 5 Thanh Binh 2 und 3
- 6 Nhi Trung
- 7 Hoi Pho
- 8 Hoang Trinh
- 9 Thien Trung
- 10 Phung-Hung-Haus
- 11 Japanische Brücke
- 12 Hoi Quan Quang Dong
- 13 Vinh Hung Resort
- 14 Thanh Xuan 2
- 15 Cargo Club
- 16 Tam Tam Café, Hai's Scout Café
- 17 Tan-Ky-Haus
- 18 Restaurants
- 19 Quan-Thang-Haus
- 20 Keramik Museum
- 21 Tran Familienkapelle
- 22 Thanh Binh, Thuy Duong
- 23 Canh Buom Trang
- 24 Hoi An
- 25 Bale Well
- 26 Hoi Quan Phuoc Kien, Chua Ba
- 27 Café Ly
- 28 Minh A
- 29 Café des Amis
- 30 Lighthouse Café, Sleepy Gecko
- 31 Hoi Quan Hai Nam, Mieu Ong, Hoi An Museum
- 32 Vietcombank
- 33 Hoi Quan Trieu Chau
- 34 An Huy
- 35 Brother's
- 36 Dao Tien
- 37 Life Resort
- 38 Tu Anh, Hoang
- 39 Ha An
- 40 Dong Khanh
- 41 Hai Au
- 42 Glory
- 43 Greenfield
- 44 Phu Thinh 2
- 45 Cao Lau Stube
- 46 Ancient House Resort
- 47 Hoi An Riverside Resort
- 48 Hoi An Trails
- 49 Nhan
- 50 River Beach Resort
- 51 Hoi An Beach Resort
- 52 Victoria Beach Resort
- 53 Palm Garden Resort

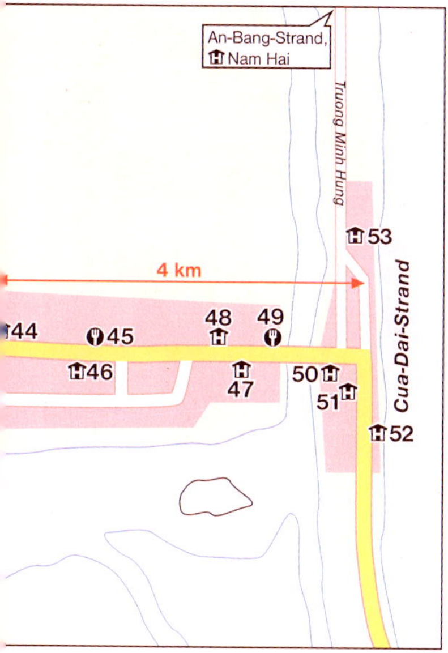

reichen und nur mit Hilfe der Sommermonsune aus Südwesten wieder verlassen. Um die Geschäfte auch außerhalb der kurzen Saison kontrollieren zu können, zogen es viele Händler bald vor, **ganzjährige Niederlassungen** zu errichten oder sich selbst in Hoi An anzusiedeln. Auf einer Seite des Flusses entstanden chinesische, auf der anderen japanische Geschäftsviertel, die man durch eine überdachte Brücke miteinander verband.

Der schwunghafte Handel mit Produkten wie Seide, Baumwolle, Papier und Porzellan ließ in Hoi An bald auch Handwerk und Kunstgewerbe aufblühen. Als das japanische Kaiserreich 1637 jeglichen Kontakt mit dem Ausland untersagte, kehrten die meisten Japaner in ihre Heimat zurück. Zur gleichen Zeit (1631) sahen sich die Nguyen-Fürsten zum ersten Mal veranlasst, die weitere Verbreitung des Christentums zu verbieten, da mit den Handelsschiffen der Europäer auch immer mehr Missionare ins Land strömten.

Während der *Tay-Son-Revolte* **1780** teilweise zerstört, wurde Hoi An rasch wieder aufgebaut, verlor aber spätestens gegen Mitte des 19. Jahrhunderts zusehends an Bedeutung. Der Bau immer größerer Schiffstypen und die dramatische Versandung des *Thu Bon* (Hoi An liegt heute 4 km von seiner ehemaligen Hafeneinfahrt entfernt) ließ immer mehr Händler und Kaufleute der Stadt nach Da Nang ausweichen. Hoi An blieb auch noch nach 1888, als die Franzosen Da Nang (Tourane) zu ihrem Hauptstützpunkt in Annam erklärten, Provinzhauptstadt und Sitz zahlreicher Manufakturen und Webereien, doch der Bau der Eisenbahnlinie (1930) an der Stadt vorbei versetzte ihr den endgültigen Todesstoß und ließ sie in Dornröschenschlaf versinken.

Sehenswertes

Alte Häuser

Die meisten Holz- und Ziegelhäuser Hoi Ans stammen aus dem frühen 19. Jh., ihre Strukturen sind aber bedeutend älter und reichen bis ins 16. Jh. zurück. Wer frühmorgens seinen Blick über die Dächer der Stadt und den Fluss schweifen lässt, wird sich um Jahrhunderte zurück versetzt fühlen, als hier Dschunken und Segelschiffe aller Herren Länder vor Anker lagen, Tausende von Lastenträgern durch die Gassen hasteten, vietnamesische Mandarine und chinesische Kaufleute aus ihren Sänften stiegen und abenteuerlich gekleidete Seefahrer Opiumhöhlen und Bordellen zutrieben.

Tan-Ky-Haus, 101 Nguyen Thai Hoc. Das für alle anderen Häuser repräsentative Handelshaus wird seit fünf Generationen bzw. annähernd 200 Jahren von einer Familie bewohnt, die aus Südchina nach Faifo kam und ihren

102vi Foto: kb

Wohlstand dem Handel mit Tee, Zimt und Areca-Nüssen verdankt. *Tan Ky* steht in großen chinesischen Schriftzeichen auf einer Tafel über dem Hauptraum, dies war der Name des Urgroßvaters des jetzigen Bewohners. Keiner erzählt die Geschichte des Hauses besser als *Monsieur Le Chuong* selbst, der bei einer Tasse Tee über alte Zeiten plaudert, die verschiedenen Symbolismen der Holzschnitzereien erläutert, von der genauen Herkunft aller Materialien weiß und kenntnisreich auf Sinn und Vorzüge der jeweiligen Balken- und Dachkonstruktionen hinweist.

Entscheidend beim Bau von Häusern dieser Art war, den drei wichtigsten Elementen im chinesischen Leben den ihnen gebührenden Raum zu schaffen, der **Ahnenverehrung,** dem **Geschäft** und dem **Familienleben,** und zwar in dieser Reihenfolge. Die Häuser wurden von innen nach außen gebaut, zuerst kamen die Säulen, dann erst wurde der Dachfirst errichtet und zum Schluss das Ziegeldach. Durch den großen Innenhof dringen Licht und Luft ins Haus, in großen Tonnen wird Regenwasser aufgefangen. Hinter dem Lichthof erstrecken sich die Küche und das Lagerhaus, dessen Rückfront an die Uferstraße stößt. Die Wohn- und

Blick auf die Japanische Brücke

Schlafräume sind im Obergeschoss um den Hof herum angeordnet.

Naturgemäß überwiegen chinesische Elemente im Innern des Hauses, aber viele Details zeugen auf beeindruckende Weise von der kosmopolitischen Offenheit des alten Patriarchats von Hoi An. So sind die gedrechselten Säulen des Portiko im Innenhof mit Trauben verziert, einer Pflanze, die erst die Franzosen nach Vietnam brachten, während Elemente der schweren reichverzierten Holzdecke in der Vorhalle mit ihren dreifach übereinander gewölbten Stützbalken deutlich japanischen Einfluss verraten.

Das Tan-Ky-Haus ist seit 1975 in kommunalem Besitz, sein rechtmäßiger Eigentümer, *Monsieur Le Chuong*, der bis zu seiner Pensionierung Französischlehrer der Stadt war, genießt lediglich „Wohnrecht".

Quan-Thang-Haus, 77 Tran Phu. Eines der schönsten und zugleich ältesten Häuser der Stadt wurde nun auch der Öffentlichkeit zugänglich gemacht. Man beachte die grünen Keramikziegel am First und die Art und Weise, wie die Vorderfront durch waagerechte Planken verschlossen wird.

Phung-Hung-Haus, 4 Nguyen Thi Minh Khai. Wie bei fast allen Gebäuden Hoi Ans verbinden sich in diesem Haus, das bereits seit 8 Generationen von einer Familie bewohnt wird, chinesische, vietnamesische und japanische Stilelemente zu einer Einheit. 80 Säulen aus Eisenholz und ein Marmorfundament verleihen dem nahe der Japanischen Brücke gelegenen Haus die nötige Stabilität. Als Besonderheiten werden dem Besucher die gedrechselten Fensterläden und der freihängende Ahnenaltar im oberen Stock gezeigt. Als störend kann man empfinden, dass das gesamte Innere des Hauses zu einem Souvenirshop umfunktioniert worden ist.

Kapelle der Tran Familie, 21 Phan Chu Trinh. Mit angenehmer Zurückhaltung wird der Besucher in dem erst seit 1994 wieder zugänglichen Andachtsraum der Familie Tran empfangen. Die Nachfahren der Familie, die vor 300 Jahren aus China einwanderte, verehren hier ihre Ahnen, unter denen ein hochgestellter Mandarin unter Kaiser *Minh Mang* den Ehrenplatz einnimmt. Aus seinem persönlichen Besitz stammen verschiedene Elfenbeinschnitzereien, die Herr *Tran Van Le*, der sympathische Bewahrer der Familientradition, eindrucksvoll beschreiben kann.

Diep-Dong-Nguyen-Haus, 80 Nguyen Thai Hoc. Das schöne Handelshaus neben dem nostalgischen alten Shell-Emblem diente einst als Kontor für chinesische Medizin und Heilkräuter. Die überaus wertvolle Antiquitätensammlung des Hausherrn, Möbel, Porzellan, Keramik, ist im 1. Stock des Hauses zu besichtigen.

Japanische Brücke

Die 18 m lange überdachte Holzbrücke über einen Seitenarm des Thu-Bon-Flusses verband das japanische mit dem chinesischen Viertel von Faifo. Wie die beiden Affen am japanischen Ende der Brücke anzeigen, wurde der Bau **1593,** im Jahr des Affen,

101vi Foto: kb

Rückfront des Chua Ba

begonnen und zwei Jahre später im Jahr des Hundes beendet – dafür stehen die steinernen Hunde am anderen Ende.

Die Pagode *(Chua Cau)* an der Nordseite der Brücke wurde erst nachträglich angebaut und dem daoistischen „Dämonenvertreiber" *Tran Vu* (s. *Den Tran Vu*, Hanoi) gewidmet, um das *Cu*-Monster zu bezähmen. Der Volksmythos machte dieses Wesen, das seinen Kopf in Indien, den Schwanz in Japan und Teile seines Körpers in Hoi An hatte, für unheilvolle Strömungen im Fluss verantwortlich, die Japaner fürchteten jede Schwanzbewegung, weil sie die Erde beben ließ. Dem Einfluss des mächtigen *Tran Vu* und der soliden Bauweise der Brücke ist es zu verdanken, dass sie die Jahrhunderte erstaunlich intakt und mit wenig Veränderungen überstanden hat.

Tempel und Versammlungshallen

Als ab dem späten 16. Jh. Kaufleute und Händler der chinesischen Südprovinzen den Hafen von Faifo immer häufiger anliefen und ein Teil ihrer Besatzung sich dort anzusiedeln begann, gründeten sie Versammlungshallen *(Hoi Quan)*, in denen sie regelmäßig zusammenkamen, um Dinge des täglichen Handels zu besprechen und die gemeinsamen Ahnen und Schutzgötter zu verehren. Mit der Zeit wurden diese Versammlungshallen erweitert und dienten dann oft nur noch religiösen Zwecken. Jede der ursprünglich fünf chinesischen Gemeinden von Hoi An hatte entsprechend der Provinz, der sie entstammte, ihre eigene Versammlungshalle: *Phuoc Kien* (Fukien oder Fujian), *Quang Dong* (Guangdong oder Kanton), *Hai Nam* (Insel Hainan), *Trieu Chau* und *Gia Ung*.

Die Versammlungshallen der ersten chinesischen Siedler auf vietnamesischem Boden ziehen heute, wie man aus Widmungen, Flaggen und Emblemen ersehen kann, Chinesen aus ganz Südostasien an. Viele chinesische Familien, die seitdem in Malacca, Penang, Jakarta oder Singapur zu Wohlstand gekommen sind, führen ihre Abstammung auf Vorfahren in Faifo zurück.

Chua Ba. Eine Versammlungshalle, die von allen chinesischen Gemeinden Faifos besucht wurde, ist der 1773 gegründete, in anderer Form aber schon früher existierende Chua Ba. Die Pagode ist *Thien Hau*, der Patronin der Seefahrer geweiht, ohne deren tatkräftige Hilfe die wertvollen Handelsschiffe schutzlos der See ausgeliefert gewesen wären.

An der Pforte halten fast lebensgroß ihre beiden Helfer *Thien Ly Nhan* und *Thuan Phong Nhi* Augen und Ohren auf. Der mit dem grünen Gesicht kann mehr als 1000 Meilen weit hören, der mit dem roten Gesicht mehr als 1000 Meilen weit sehen. Ist Gefahr in Verzug, rufen sie Thien Hau, die dem Schiff und seiner Besatzung in eine Wolke gehüllt zu Hilfe eilt. Noch heute legen viele der Fischer von Hoi An ihr Schicksal in die Hand der barmherzigen Ba Thien Hau.

Die Rückfront des Chua an der Tran Phu (No. 46) ist überaus dekorativ mit großen chinesischen Zeichen bemalt – am besten von der Phan Chu Trinh aus (No. 31) zu bewundern.

Hoi Quan Phuoc Kien. Nur wenige Schritte vom Chua liegt die Versammlungshalle der *Fukien*-Gemeinde, deren Gründung auf das Jahr 1697 zurückgeht. Auch sie ist Thien Hau geweiht, nur dass sie reichhaltiger ausgestattet und besser instandgehalten ist.

Das bunte Wandbild am Eingang zeigt die Göttin bei dramatischem Wellengang schützend über einer Dschunke schwebend. Im Innern kann man das maßstabgerechte Modell eines jener Schiffe bewundern, mit denen sich die Chinesen einst auf die große Fahrt machten. Die mit prächtigen Gewändern geschmückte Göttin wird von ihren rot- und grüngesichtigen Helfern flankiert (s. *Chua Ba*).

Der offene Innenhof führt zu dem Raum, der den drei Grundpfeilern der chinesischen Lebensphilosophie gewidmet ist: **Ahnenverehrung, Wohlstand** und **Kindersegen.** Am Hauptaltar gedenkt man der sechs Ahnenväter, die Fukien im 17. Jh. als Erste verließen, um in Faifo zu siedeln. Der Altar zur Linken ist *Tan Tai*, dem Gott des Wohlstands, geweiht. In der Hand der drei Frauen am rechten Altar liegt der Fortbestand der Familie, sie entscheiden, ob eine Frau schwanger wird (die mittlere), das Kind die Geburt überlebt (die linke) und ob es ein Junge oder Mädchen wird (die rechte); entsprechend den 12 Monaten des Jahres sind sie von 12 Ammen umgeben, die dem Neugeborenen erste wichtige Kenntnisse vermitteln sollen. Die handgeschriebenen Zettel sind Bittschriften von Frauen, die am 1. und 15. des Mondmonats hierher pilgern und um den ersehnten Nachwuchs flehen.

Mieu Ong. Der farbenprächtige, 1653 gegründete Tempel im traditionell chinesischen Stil ist *Quan Cong* (Thanh Quan) gewidmet, dem sagenumwobenen **General der Drei Königreiche** (3. Jh.). Quan Cong ruht überlebensgroß mit rotem Gesicht, langem Bart und feistem Schmerbauch auf einem Drachenthron, seine beiden Getreuen, der Zivilmandarin Quan Binh, General Chau Xuong, und sein weißes und rotes Pferd halten Ehrenwache.

Dahinter schließt sich eine vietnamesische Pagode zu Ehren der Göttin *Quan Am* an, die zum Hoi-An-Museum umfunktioniert wurde.

Hoi Quan Hai Nam. Die Versammlungshalle der *Hai-Nam*-Gemeinde (Hainan) stammt vom Ende des 19. Jh. und gedenkt 108 Kaufleuten der Insel, die man irrtümlich für Piraten hielt und unweit von Faifo tötete. Nur wenige Meter östlich des Ong-Tempels, 60 Tran Phu.

Hoi Quan Trieu Chau. Die 1776 erbaute Versammlungshalle der *Trieu-Chau*-Gemeinde beeindruckt durch ihre außergewöhnlich schönen kolorierten Holzschnitzereien um den Altar: In einem verzweigten Weinstock mit üppigen Reben verbergen sich Insekten, Vögel und Mäuse. Auch die Dachkeramiken sind reich mit Blüten und Rankwerk verziert, gedrechselte Dachbalken stützen sich auf Phönix und Drachen. 157 Nguyen Duy Hieu.

Hoi Quan Quang Dong. Die Versammlungshalle der aus *Kanton* (Guangdong) stammenden Gemeinde wurde 1786 erbaut und verehrt ebenfalls General Quan Cong als Schutzheiligen (siehe Chua Ong). 176 Tran Phu, nahe der Japanischen Brücke.

Chua Chuc Thanh. Die von verwitterten Gräbern umgebene Pagode ist die älteste Hoi Ans. Der buddhistische Mönch *Minh Hai* aus China soll sie 1454 gegründet haben. Von der alten Bausubstanz ist mit Ausnahme der Glocken und eines außergewöhnlichen, einen Karpfen darstellenden Holzgongs, nur wenig erhalten. Der Karpfen, Symbol für Ausdauer und Geduld, ist ein sehr beliebtes Motiv, dem man in Hoi An häufig begegnet.

Die Pagode liegt außerhalb des Zentrums, ist aber mit dem Fahrrad leicht erreichbar. Man folgt der Nguyen Truong To bis jenseits der Le Hong Phong und biegt vor einem „Tigertempel" nach links ab. 300 m weiter gelangt man zum Mitte des 17. Jhs. gegründeten **Chua Phuoc Lam.** Die Pagode war in früheren Zeiten ein vielbesuchtes buddhistisches Zentrum, heute leben hier keine Mönche mehr.

Museen

Im Anbau des *Mieu Ong* wurde ein Hoi-An-Museum eingerichtet (7 Nguyen Hue). Auswahl und Zusammenstellung der Exponate wirken etwas willkürlich, ansonsten durchaus ein sehenswerter Ort. Ein weiteres Museum mit dem Schwerpunkt auf Geschichte und Herstellung von Keramik befindet sich in der 80 Tran Phu.

Markt und Uferpromenade

Unbedingt einen Besuch wert sind der lebendige **Markt** *(Cho Hoi An)* und die **Verkaufsstände der Fischerfrauen** am Thu-Bon-Fluss. Die Uferstraße Bach Dang, bis vor wenigen Jahren noch von Müllhaufen und Schuttbergen übersät und kaum begehbar (geschweige denn anziehend), ist zu einer Promenade mit Dutzenden Cafés und Restaurants geworden. Die Atmosphäre erinnert manchmal von ferne (aber nicht unvorteilhaft) an griechische Inseltavernen.

Cam-Nam-Insel

Die **Holzschnitzer** von Kim Bong galten einstmals als die besten Vietnams, fast alle Tempel Hoi Ans wurden von ihnen ausgestattet. Als Gia Long 1802 Hue zur Hauptstadt machte, musste das halbe Dorf auf seinen Befehl dorthin ziehen und die Kaiserstadt für ihn verschönern.

Die Flussinsel Cam Nam ist mit Hoi An durch eine Brücke verbunden.

Cua-Dai-Strand

Folgt man der Tran Hung Dao gen Osten erreicht man nach 4 km den **Sandstrand von Cua Dai.** An klaren Tagen kann man von hier im Norden die Marmorberge und den Wolkenpass sehen, gen Süden erstrecken sich in ununterbrochener Folge Dünen und Sandstrände fast 50 km lang bis zur Nachbarprovinz Quang Ngai.

Vor dem Strand gibt es einen gebührenpflichtigen Parkplatz für Fahr- und Motorräder. Wer weiterfahren will, sollte am besten ein Hotel angeben. **Achtung:** Die Restaurants und Cafés am Strand sind teuer (selbst für Einheimische).

An-Bang-Strand

Folgt man der Hai Ba Trung 6 km nach Norden, erreicht man den noch kaum erschlossenen **Sandstrand** von An Bang. Eine neue Straße führt von hier aus nordwärts zu den Marmorbergen, erschließt so „nebenbei" neue Luxus-Resorts und endet in Da Nang.

Praktische Informationen

- 60.000 Einw. Tel. 051.
- www.quangnamtourism.com.vn.

Klima

Achtung: Besonders zu Beginn der Regenzeit im **Oktober,** aber auch noch im November, kann es zu heftigen **Überschwemmungen** kommen – Besucher gondeln dann im Boot durch Hoi An wie durch ein orientalisches Venedig.

Sightseeing

- **Ancient Town By Night.** An jedem 14. Tag des Mondmonats – d.h. am Vorabend des Vollmonds – wird Hoi An ab 17.30 Uhr zu einer von Lampions beleuchteten Fußgängerzone, in der traditionelle **Spiele** und **Musikvorführungen** stattfinden. Sehenswert!
- **Verkehr.** Jeden Mo, Mi und Sa ist das historische Zentrum zeitweise für Motorräder gesperrt. Ein löblicher Anfang.
- **Eintrittsgebühr.** Wer in Hoi An nicht nur Shoppen und Flanieren, sondern auch Tempel, Museen und alte Häuser besichtigen möchte, kauft ein **Sammelticket** (75.000 đ), das zum Besuch von 5 Sehenswürdigkeiten nach Wahl berechtigt. Jede weitere kostet

> ## Gratis-Tour Hoi An
>
> Wer keine Besichtigungs-Tickets kaufen will, kann sich u.a. Folgendes umsonst ansehen:
> - Japanische Brücke
> - *Hoi Quan Van Le Nghia*, 64 Tran Phu
> - *Hoi Quan Hai Nam*, 10 Tran Phu
> - Museum für Handels-Keramik, 80 Tran Phu
> - *Phung-Hung-Haus*, 4 Nguyen Thi Minh Khai
> - *Diep-Dong-Nguyen-Haus*, 80 Nguyen Thai Hoc
> - *Hoi An Workshop*, 9 Nguyen Thai Hoc

10.000 đ. Erhältlich im Büro von *Hoi An Tourist*, 12 Phan Chu Trinh, im *Hoi An Museum*, 7 Nguyen Hue, und weiteren Verkaufsstellen.

Adressen

- **Hoi An Tourist.** 6 Tran Hung Dao (Hotel Hoi An), Tel. 910400. Auch Büro von **Vietnam Airlines.**
- **Geld.** *Vietcombank* mit ATM, 37 Tran Hung Dao. *Incombank*, 4 Hoang Dieu und 9 Le Loi. *Agribank*, 68 Hoang Dieu (Western Union).
- **Gesundheit.** *Pacific Hospital*, 6 Phan Dinh Phung, Tel. 921656. In ernsteren Fällen wende man sich an die *Family Practice* in Da Nang.
- **Post.** 4B Tran Hung Dao (6–21.30 Uhr).
- **Internet.** *Minh's Computer.* 123/125 Nguyen Duy Hieu.
- **Bücher.** *Randy's Book Exchange.* Die größte und beste Auswahl ausländischer Bücher zwischen Saigon und Hanoi. Tel. 09360 89483. Cam-Nam-Insel, nach der Brücke 1. Straße rechts.
- **Fahrräder.** Zahlreiche Verleihstellen, u.a. um 1 Le Loi, ab 10.000 đ pro Tag.
- **Easy Riders.** Für Motorradfahrten – z.B. ins Zentrale Hochland – wende man sich an folgende zuverlässige Fahrer: *Thong*, Tel. 09142 45217 (thongtours@hotmail.com), *Ty*, Tel. 0905194373, *Dung*, Tel. 0905212249, *Hai*, Tel. 0905122263.
- **Individualtouren unter dt. Leitung.** *TVH* (Thomas Vietnam Holidays) bekam als erste 100 % ausländisch geführte Tourismusfirma in Hoi An Anfang 2008 eine Firmenlizenz. *Thomas Weingärtner*, der mit seiner Frau *Kim Yen* und Tochter *Lisa* seit 2002 in Hoi An lebt, kann nun ganz legal Stadtführungen, Rad- und Motorradtouren (ggf. mit Übernachtung auf dem Land) anbieten. Für größere Mietmotorräder (250 ccm) ist er die einzige Adresse vor Ort; per PKW können Tagesfahrten über den Wolkenpass von und nach Hue organisiert werden. Beim gemeinsamen Einkaufen und Kochen erfährt man nebenbei viel über Land und Leute und bekommt einen guten Einblick ins Leben eines Auswanderers – eine seltene Gelegenheit, Hoi An aus der Perspektive eines „Einheimischen" zu erleben. 50 Hung Vuong u. 72 Nguyen Phuc Tan (An Hoi). Tel. 916732, thomas-weingaertner@web.de, www.8ung.at/thomas_vn/

Reiseagenturen

Zahllose Booking Offices und alle Hotels vermitteln Zugfahrkarten, Minibustickets, Flughafentaxis, Touren und anderes mehr (die Preise können wie üblich um eine Handvoll Dollars variieren!). Touren nach My Son gibt es wahlweise per Bus (um 2 $) oder Boot (nur Rückfahrt per Boot, um 4–5 $). **Achtung:** Bei manchen Veranstaltern arten diese Touren zu Kaffeefahrten aus, nur dass einem statt Rheumadecken billige Keramiken u.Ä. angedreht werden.

- **Sinh Café.** 18B Hai Ba Trung, Tel. 863948.
- **Hanh Café.** 73 Tran Hung Dao, Tel. 864609.
- **An Phu Tourist.** 722 Hai Ba Trung, 141 Tran Phu, Tel. 862643, www.anphutouristhoian.com.
- **Booking Office.** Flüge, Züge, auch Boot-Trips, Visa usf. Sehr individuelle Betreuung (Mr. *Dzung*), sehr zuverlässig. 50 Bach Dang, Tel. 910452, duch22000@yahoo.com.
- **Trekking Travel.** 621 Hai Ba Trung, Tel. 917770.
- **Camel.** 52 Tran Hung Dao, Tel. 211974.

Wassersport/Tauchen

- **Rainbow Divers.** Die erfahrenste Tauchschule in Vietnam. Saison in Hoi An ist März bis Sept. Büro im Hoi An Beach Resort, Tel. 927678, 0914224102. www.divevietnam.com.

● **Cham Island Diving Center.** 88 Nguyen Thai Hoc, Tel. 910782, 0918255521 (Ludovico). www.chamislanddivers.com.

● **Karma Waters.** Boots-, Kayak- und Jetski-Touren aller Art (Meer, Lagune, Fluss usf.), Homestay auf Cham-Island etc. Mit vegetarischem Resto. 47 Cua Dai (an der Brücke). Tel. 972632. www.karmawaters.com www.jetskivietnam.com.

Unterkunft

Es gibt Hotels wie Sand am Meer. Und im Gefolge des wachsenden Pauschaltourismus immer mehr Scheußlichkeiten im „Hoi-An-Stil", der längst zum Klischee verkommen ist (erst recht, wenn man ihn auch noch mit dem ohnehin verkitschten „Hue-Stil" kombiniert).

Unterkünfte im Stadtkern sind dünn gesät (und von wenigen Ausnahmen abgesehen die ältesten). Am nähesten am Geschehen ist man im neu erbauten Stadtviertel **Nhi Trung.** Die besten und teuersten Hotels, die sich alle *Resorts* nennen, stehen am 4 km entfernten **Strand.** Zwischen dem Strand und dem Ort reihen sich zahllose Unterkünfte entlang der **Cua Dai-**Straße.

Luxus/First Class

● **The Nam Hai.** Luxus & Zen-Philosophie. Riesig (31 ha), sehr exklusiv (offiziell ab 750 $) und recht eigenwillig, so gibt sich das neueste Strandhotel mit 60 Villen und 40 Pool-Villen am noch weitgehend unerschlossenen *An-Bang*-Strand. Shuttle-Bus nach Hoi An (10 km). www.ghmhotels.com.

● **Victoria Hoi An Beach Resort.** Häuser und Bungalows im Stil des alten Hoi An (ein bis zwei Stockwerke, Ziegeldächer, offene Dachgiebel), dazwischen kleine „Straßen" – eine gelungene Anlage. Die Mehrzahl der 105 Zimmer, davon 52 Bungalows und Suiten, liegen zum Meer, die übrigen zum Fluss. Pool, Spa, Health Club, Tennis, Wassersport, Shuttlebus nach Hoi An usf. Bei Onlinebuchung 145–275 $ ++. BF 10 $. Tel. 927040. www.victoriahotels-asia.com.

● **Palm Garden Resort.** Solide, teilweise richtig hübsche Strandanlage mit 160 Balkonzimmern in dreistöckigen Häusern und 20 geräumigen, gut ausgestatteten Bungalows. Pool, Spa, Resto, Shuttlebus. Ab 100 $ ++ inkl. BF. www.palmgardenresort.com.vn.

● **Hoi An Beach Resort.** Für einen Staatsbetrieb – Hut ab! Schnörkellos und geschmackvoll, ohne Kitsch. Alle Bungalowzimmer haben Balkone, sind geräumig und sehr gut ausgestattet, und selbst der Service klappt einigermaßen. Privatstrand (über der Straße), 2 Pools, Tennis, Health Club, Shuttlebus. 110 Zimmer, ab 76 $ inkl. BF (Internet Rate). Tel. 927011. www.hoiantourist.com.

● **Hoi An Riverside Resort.** Schöne Anlage am Thu-Bon-Fluss, gut 1 km von Meer entfernt, mit viel Liebe zum Detail von dem Hanoier Modedesigner Khai ausgestattet. Pool, viel Grün, kleines Spa, Shuttlebus. An der Straße ist es allerdings tüchtig laut, und insgesamt ist alles etwas arg eng gestellt. 60 Bungalowzimmer ab 89 $ inkl. BF (Internet Rate). 175 Cua Dai, Tel. 846800, www.hoianriverresort.com.

● **Life Resort.** Nostalgisch-schöne Kolonialatmosphäre am Fluss in Gehweite zur Altstadt. 2 Reihen zwei- bis dreistöckiger „Hoi-An-Häuser", von denen die erste auf den Fluss schaut (obere Stockwerke haben mehr Licht und Luft). Alle Zimmer liegen auf zwei Ebenen (Vorraum und Schlafzimmer mit Bad) und haben eine gemütliche Veranda; nette Details. Pool, Spa, Restaurant, Café Vienna, Gratisfahrräder. 94 Zimmer ab 102 $ ++ inkl. BF (Internet Rate). 1 Pham Hong Thai, Tel. 914555. www.life-resorts.com.

Economy

● **Ancient House Resort.** Boutiquehotel auf halbem Weg zwischen Altstadt und Strand (Gratisbikes, Shuttlebus zur Stadt), erfrischend anders als alle anderen und von wenigen Ausnahmen abgesehen alle Räume mit Blick ins Grün statt auf andere Häuser). 52 helle, luftige Zimmer (bevorzugt obere Stockwerke wählen) mit großzügigen, lichtdurchlässigen Balkontüren (statt Fenstern), Moskitonetz und vielen hübschen Details. Pool. 70–90 $ ++ inkl. BF. 377 Cua Dai, Tel. 923377. www.ancienthouseresort.com.

● **Vinh Hung Resort.** Im Großen und Ganzen gelungene Anlage auf der An-Hoi-

Halbinsel, 5 Gehminuten zur Altstadt. Große, aber z.T. ungünstig geschnittene Zimmer, wirklich wohl fühlt man sich nur in einem der teureren Häuser direkt am Fluss. 82 Zimmer ab 65 $ inkl. BF. Pool, Spa, Healthclub, Tennis. Tel. 910577. www.vinhhungresort.com.

• **Hoi An Hotel.** Ehemaliger Regierungskomplex mit 160 Zimmern in 4 Gebäuden – das mit Abstand größte Hotel vor Ort. Im Neubau 90–100 $ (nach vorne mit Balkon und Poolblick), sonst ab 70 $ inkl. BF. Pool, Tennis. 6 Tran Hung Dao, Tel. 861445. www.hoiantourist.com.

• **Ha An.** Zweistöckige Anlage mit Stil rund um einen schönen ruhigen Garten mit großzügigen Veranden. Die 25 Zimmer sind nicht arg, aber ausreichend geräumig. 35–60 $ inkl. BF. 6–8 Phan Boi Chau, Tel. 863126, tohuong@fpt.vn.

• **River Beach Resort.** Zum Beach sind es ein paar Schritte, aber für den Preis durchaus akzeptabel. 85 Zimmer rund um einen Innenhof mit Pool, 50–70 $ ++ inkl. BF, z.T. mit Balkon zum Fluss oder Pool. Tel. 927888, www.river-beachresort.com.

• **Hoi An Trails.** Nette, offene Anlage, schöne, luftige Räumlichkeiten. 62 Zimmer ab 65 $ ++ inkl. BF (Internet Rate). Pool, Shuttlebus etc. 276 Cua Dai, Tel. 923999, www.hoiantrailsresort.com.vn.

• **Glory.** Solides Mittelklassehotel mit 62, fast alle zum zentralen Pool ausgerichteten Balkonzimmern. Shuttlebus zum Strand, Gratisräder. Ab 50 $ inkl. BF. 538 Cua Dai, Tel. 914444, www.gloryhotelhoian.com.

• **Thien Thanh.** Intim, pfiffig eingerichtet, guter Service, Frühstücksterrasse – ein kleines Schatzkästlein. 16 Zimmer 25–35 $ inkl. BF (Doppelbett oder Twin) mit Balkon zu grünen Reisfeldern. Im pfiffigeren Neubau mit Indoor-Pool (!) 8 Zimmer mit Balkon, Parkett 35–50 $ inkl. BF. 16 Ba Trieu, Tel. 916545. www.hoianthienthanhhotel.com.

• **Thuy Duong 3.** Solides Haus im Traveller-Viertel mit kl. Pool und 45 Zimmern 35–50 $ inkl. BF. 52 Ba Trieu, Tel. 916565. www.thuyduonghotel-hoian.com.

Budget

• **Vinh Hung 2.** Um einen Innenhof mit Mini-Pool gebautes Haus am Rand der Altstadt mit 35 akzeptablen, aber nicht übermäßig großen Zimmern. 25–35 $ inkl. BF. Ba Trieu. Tel. 863717. Das neuere **Vinh Hung 3** hat einen Pool auf dem Dach, aber viele Fenster der 24 Zimmer blicken nur auf Brandmauern. 12–25 $ inkl. BF. www.vinhhunghotels.com.vn.

• **An Huy.** Kleines Boutiquehotel, sehr nett und ruhig, professioneller Service, hübsche Zimmer (nur im Erdgeschoss etwas dunkel). 14 Zimmer 25, 30, 35 $ (riesig, mit Holzboden und Balkon) inkl. BF. 30 Phan Boi Chau, Tel. 914627, www.anhuyhotel.com.

• **Phu Thinh 2.** Angenehm weitflächige Anlage, alle Zimmer mit Balkon, großer Garten, nach hinten schöner Blick in die Reisfelder – seinen Preis wert. Pool, Gartenresto. 53 Zimmer 25–35 $ inkl. BF. 488 Cua Dai. Tel. 923923, www.phuthinhhotels.com.

• **Hai Au.** Das der Altstadt am nächsten gelegene Hotel der Cua Dai, daher viele Zufallsgäste; viel zu teuer, mickriger Pool. 33 Zimmer 25–35 $ inkl. BF. 576 Cua Dai, Tel. 914577, www.hoianhaiauhotel.com.

• **Greenfield.** Einer der Pioniere der Cua Dai, erfolgreich renoviert und aufgewertet. 60 Zimmer 20–25–30 $ inkl. BF. Pool, Gartenresto. 423 Cua Dai, Tel. 836484. www.greenfieldhotel.com.

• **Thanh Binh 3.** Überdekoriert mit Kitsch-Pool im Hof, aber geht schon. 45 Zimmer 20–35 $ inkl. BF, ab 25 $ mit Balkon. 98 Ba Trieu, Tel. 916777, vothihong@dng.vnn.vn. Gäste des **Thanh Binh 2** um die Ecke (31 Zimmer 15–25 $ inkl. BF) können den Pool des Schwesterhotels nutzen. www.thanhbinhhotelhoian.com.vn.

• **Thanh Xuan.** Sehr sauber, mit einem gewissen Schick, ja Eleganz. 20 Zimmer 15 $ (Fenster zum Hof im obersten Stock), 20, 25 (groß, sehr gut eingerichtet, sehr gute Bäder), 30 (mit Balkon, Blick auf Reisfelder und BF). Sehr schöner, ruhiger Garten nach hinten, mit tollem Outdoor-Pool. 26 Ba Trieu, Tel. 916696-3, www.longlifehotels.com.

Ab Ende 2008 zusätzlich **Thanh Xuan 2** mit 32 Zimmern und Pool; 61 Nguyen Phuc Chu, Tel. 911696. www.longlifehotels.com.

• **Thien Nga.** Gute Alternative. 18 Zi 15–30 $, mit Balkon auf Reisfelder und BF, 52 Ba Trieu, Tel. 916330, thiennga_hotel@gmail. com.

• **Dong Khanh.** Sympathisches Haus in einer ruhigen Straße mit Mini-Pool und IT-Raum. 24 Zimmer 15–18 $ (unten mit Fenster), 18–25 $ (mit Balkon und BF). Hübscher Dachgarten. 42 Nguyen Duy Hieu. Tel. 914400, www.hoiandongkhanhhotel.com.

• **Nhi Trung.** Funktionell. 25 Zimmer (z.T. zum Innenhof) 12, 15, 20 $ (4 Pers.). 13 Hai Ba Trung, Tel. 863436, nhitrunghotel@yahoo.com.

• **Minh A.** Schmuckes Lodging in einem Altstadthaus direkt am Markt. 5 Zimmer 15 $ (4 allerdings im Erdgeschoss) und eine hübsche kleine „Suite" mit Holzdielen, Veranda und 2 Betten 20 $. 2 Nguyen Thai Hoc. Tel. 861368, 0903583671.

Low Budget

• **Hoang Trinh.** Sympathisch-intim und etwas abseits vom Getriebe, mit Blick auf eine alte Tempelanlage. 16 Zimmer 10–20 $, schön Zimmer 201 mit Balkon und großen Fenstern. 76/4 Tran Hung Dao, Tel. 916579. kshoangtrinhhoian@yahoo.com.

• **Hoi Pho.** Einige Zimmer ohne Fenster, aber insgesamt keine schlechte Wahl. Teilweise Balkone und gute Bäder. 10 Zimmer 10–12 $. 4 Hai Ba Trung, Tel. 916382, hoiphohotel@yahoo.com.

• **Thien Trung.** Aufgeschickter Veteran. Die Zimmer sind altmodisch-plüschig, aber für den Preis ordentlich. 42 Zimmer 8–10 $, Triple 12, im Neubau 14–22 $. 129 Tran Hung Dao, Tel. 861720, thientrungha@dng.vnn.vn.

• **Thuy Duong.** Oldie but goodie. Keine Wucht, aber zumindest ohne allzu viele fensterlose Löcher (Zimmer nach hinten wählen). 10 Zimmer 8–10 $. 11 Le Loi. Tel. 861574.

• **Thanh Binh.** Same same, aber eine Spur komfortabler. 15 Zimmer 10, Triple 12, mit Balkon und BF 15 $. Unten z.T. ohne Fenster. 1 Le Loi. Tel. 861740.

• **Phuong Dong.** Relativ neu, gute Wahl. 12 Zimmer 10 $ (z.T. ohne Fenster), 12 $ (z.T. mit Balkon zu Reisfeldern!). 42 Ba Trieu, Tel. 916477, thinhmap@hotmail.com.

Essen und Trinken

• **Café des Amis.** Der frankophile Patron *Kim* ist seit über 10 Jahren der Trendsetter – vermeintliche „Traditionsgerichte" wie *White Roses* oder mehrgängige Menüs waren bereits seine Kreationen, als niemand auch nur ahnte, was das bedeutet. Während er wiederum mit seinem kleinen fast unscheinbar wirkenden Resto beherzt dem Trend zu Fastfood und pseudohistorischem Allerweltsschick trotzt. Auf eine Speisekarte wird verzichtet, dafür gibt es 5-Gänge Menüs (wahlweise Seafood oder vegetarisch) zum Fixpreis von 100.000 đ. Ob mit Krebsfleisch gefüllte *Ban Bao* (Ravioli) oder *gedünsteter Fisch im Bananenblatt*, alles kommt mit seinem spezifischen Eigengeschmack und viel Gemüse auf den Tisch und setzt Akzente, die über das Übliche weit hinausragen. Kenner lassen sich mit ihm für das nächste Mal ein Menü nach Gusto zusammenstellen (Shrimps, Languste, Taschenkrebs), toll ist auch die gefüllte Ente. 52 Bach Dang.

• Entlang der Uferstraße **Bach Dang** reiht sich ein mehr oder minder schickes Lokal im „Old Hoi An Style" ans andere. Die Auswahl fällt schwer – wirklich schlecht ist keines, wirklich gut aber auch nicht.

• **Brother's Café.** Das mit Abstand schönste und stimmungsvollste Dekor. Nostalgie-Folklore mit Stil im Innenhof zweier restaurierter Kolonialvillen direkt am Fluss. Wie bei allen *Khaisilk*-Restos (Hanoi, Saigon usf.) hält das Essen freilich nicht annähernd, was das Ambiente verspricht. Set Menus oder à la carte. 27 Phan Boi Chau.

• **Red Bridge** *(Cau Do)*. Ausnehmend schönes und sympathisches Fluss-Resto mit guter Küche, und trotz des sehr gepflegten Ambientes alles andere als eine Touristenfalle (Gerichte zwischen 40.000 und 60.000 đ). Man erreicht das rund 2 km vom Ort entfernte Lokal gemütlich per Fahrrad (Wegweiser an der Nguyen Duy Hieu) oder kostenlosem Bootstransfer (74 Bach Dang, tgl. 12 u. 13.30 Uhr für Lunch, Fr–So auch 17.30 u. 19 Uhr für Dinner). Vergnüglich ist auch die halbtägige „Kochschule" (inkl. Markteinkauf, Bootsfahrt, eineinhalbstündiger Kochdemons-tration und gemeinsamem Verzehr; ab 2 Pers., p.P. 19 $); Anmeldung Tel. 933222 oder im *Hai's Scout Café* (s.u.), www.visithoian.com.

• **Hai's Scout Café.** In-Treff und völlig auf die Szene zugeschnitten, aber trotz allem fühlt man sich wohl. Auch hier gibt es einen „Kochkurs" (einstündige Demonstration mit Verzehr, 11 $). 98 Nguyen Thai Hoc. Im lauschigen Innenhof (Eingang auch 111 Tran Phu) wird allabendlich ein BBQ veranstaltet.

•**Nhan.** Das beste und frischeste Seafood von Hoi An. Die Besitzer sind Fischer; ihre Ware ist nie mit Eis in Berührung gekommen oder ein paar Tage im Kühlfach gelegen, und das schmeckt man. Außerdem sind sie hervorragende Köche und wissen, wie man Prawns, Krebse, Muscheln, Clams oder Tintenfische so delikat wie möglich zubereitet. Unprätentiös – so wie die kleine Gaststätte selbst –, aber seit der „Entdeckung" durch die *NY Times* preislich leider abgehoben! 128 Cua Dai.

•**Dao Tien.** Nett dekoriert, sauber, gutes Essen (Viet & Western) und etwas abseits des Rummels, daher angesichts der Qualität günstige Preise. 21 Phan Boi Chau.

•**Café Ly.** Unkompliziertes, manchmal sogar recht schmackhaftes Viet-Fastfood zu Spottpreisen. 22 Nguyen Hue.

•**Bale Well.** Hier sind die Einheimischen noch weitgehend(?) unter sich. *Banh xeo*, *nem*, Satay und Fleischspießchen kommen auf den Tisch (pro Einheit rund 3–4000 đ), abgerechnet wird nach Anzahl des Verzehrten (da gibts für Ausländer manchmal Ärger, aber da muss man durch). 38 Phan Chu Trinh. – Nur wenige Meter weiter ist der berühmte **Brunnen,** an dem der ganze Ort Wasser für die Cao Lau holt – angeblich dürfen die Nudeln nur mit diesem Wasser gemacht werden, um wirklich schmackhaft zu sein.

•**Cao Lau.** Die *lokale Spezialität* mit dicken (angeblich einst von den japanischen Seeleuten eingeführten) Reisnudeln sowie Croutons, Röstzwiebeln, Schweinefleisch und Kräutern wird nahezu überall angeboten, aber so authentisch und untouristisch wie in dem kleinen **Mi Quang,** 438 Cua Dai (schräg gegenüber dem *Ancient House)* bekommt man sie praktisch nirgends.

•**Pho Truc Vien.** Exzellente *Pho* und *Cao Lau*, hervorragende *Wonton*, leckere Fruitshakes, sehr angenehmes, (welt)offenes Ambiente 7–22 Uhr. 88 Ba Trieu.

Zum Entdecken

•**Canh Buom Trang** *(White Sail).* Unprätentiöses und versteckt gelegenes, aber vorzügliches kleines Seafood-Resto; alles wird frisch zubereitet, ist gut und günstig. Engl. Karte, aber fast ausnahmslos einheimische Gäste. 47/6 Tran Hung Dao (Durchgang).

•**Tu Anh.** Seafood-Garten-Resto direkt am Fluss, fast nur Einheimische; sehr malerisch, außer wenn große Gruppen tafeln – zur Not geht man dann nebenan zu *Hoang*. Tran Quang Khai (ggb. 284 Nguyen Duy Hieu).

Cafés und Bars

•**Lighthouse Café.** Kaffee, Weine, Cocktails, gute Küche – und das holländisch-vietnamesische Paar Hans & Linh verfügt über den schönsten Aussichtsblick auf Hoi An. Man radelt auf die Can-Nam-Insel (2. Straße rechts Wegweiser) oder lässt sich gratis per Boot fahren (9–21 Uhr, 56 Bach Dang). Fahrradtouren und Cooking Classes. Tel. 09141 36477, www.lighthousecafehoian.com.

•**Son.** Schöne Terrasse über dem Fluss mit altem Wasserrad auf halbem Weg zum Cua-Dai-Strand – ohne die Straße gleich daneben Idylle und Beschaulichkeit pur.

•**Cargo Club.** Café mit leckerer Patisserie und großer Eis-Auswahl (!). Im Obergeschoss Resto mit River View und Bar. 107 Nguyen Thai Hoc.

•**Café Tam Tam.** Das von dem Ex-Traveller Franck und Bruder Ludovic gegründete Haus ist längst eine Institution. Keimzelle ist die mit Liebe zum Detail eingerichtete Bar in einem ehemaligen Tee-Lagerhaus. Gerichte für jeden Geschmack; die Preise sind angemessen, aber nicht niedrig. Tgl. 10–1 Uhr. 110 Nguyen Thai Hoc.

•**Treats.** Schöner Innenhof. Fassbier, Snacks, Billard und Cocktails bis gegen 1 Uhr nachts. 158 Tran Phu.

•**Sleepy Gecko.** Steve's *Chillout*-Café und Bar auf der Cam-Nam-Insel.

•**Night Town Disco.** 84 Ba Trieu.

•**Serenade.** Hübsches Künstler-Café, Do sowie Sa/So abend singen talentierte Amateure. 58 Le Loi, Durchgang ca. 100 m.

Shopping

- Dank des großen Besucherstroms, zumal der ausländischen Gäste, hat sich Hoi An zu einem kleinen, aber feinen **Shoppingparadies** entwickelt – und viele bleiben auch deshalb länger, als sie eigentlich geplant hatten.
- **Handicraft Workshops.** Hoi Ans Tradition als **Textil- und Seidenstadt,** die während der düsteren Jahre nach 1975 schon fast im Erliegen war, zeigt sich nicht nur in einer Fülle von Boutiquen und Schneidern (s.u.), sondern auch in sogenannten Handicraft Workshops sprich Verkaufsausstellungen mit Handwerksshows, Tanz und Musik. **41 Le Loi** war der bescheidene, aber immer noch besuchenswerte Anfang, der Rest ist unschwer zu übersehen und unserer Meinung nach keiner gesonderten Hervorhebungen dringend wert.
- **SchneiderInnen.** Die Qualität wächst von Jahr zu Jahr (Gewitzte bringen Schnittmuster, Kataloge o.Ä. mit), und die **Preise** sind noch moderat. Abhängig natürlich von den Stoffen werden Kleider und Anzüge für 25–50 $, Hemden ab 6–7 $ (kurz/langärmelig) bzw. in Seide ab 7–8 $ gefertigt – und in dringenden Fällen sogar innerhalb von 12 Stunden. Was freilich wenig ratsam ist, denn nach der ersten Anprobe muss man oft noch nacharbeiten lassen.
- **Dong Duong** (Indochine). Chefin *Kyky* ist sehr herzlich, zuverlässig und achtet auf Qualität. 685 Hai Ba Trung und 115 Tran Phu. Tel. 0903597890, chau.ha@dng.vnn.vn.
- **Phuong Huy** (Happy Dragon). Gleichfalls wärmstens zu empfehlen; die Chefin ist Mrs. *Thu*. 106 Ba Trieu, Tel. 864145, 0983167599, phuonghuyshop@hotmail.com.
- **Stoffmarkt.** Einen gute Übersicht über Preise und Qualitäten liefert der Markt auf der 1 Tran Phu.
- **Kunstgalerien.** Nicht alles, was sich so nennt, ist Kunst, aber das Niveau ist dennoch überraschend hoch, da der Ort längst Künstler und Kunsthandwerker aus dem ganzen Land anzieht.

Anreise und Weiterreise

- Hoi An liegt 30 km südlich von **Da Nang** und ist auf der N 538 entlang der Marmorberge und dem China Beach zu erreichen. Ein Taxi vom Flughafen (40 Min.) kostet ca. 8–10 $.
- **Zug.** Der nächste Bahnhof befindet sich in Da Nang.
- **Bus.** Vom Busbahnhof Hoi An (74 Huynh Thuc Khang, rund 1 km westl. des Zentrums) fahren Busse nach Da Nang, Quang Ngai und in die nahe Umgebung.
- **Stadtbus** *(xe buyt)* von/nach Da Nang halbstündl. am nördl. Ortsausgang an der Le Hong Phong. Fahrzeit 50 Min., 15.000 đ.
- **Xe Om.** Ein Motorradtaxi von/nach Da Nang kostet ca. 50.000 đ.
- **Open Tours.** Busse nach Hue um 2 $, nach Hanoi 8 $, nach Nha Trang (6.30 oder 18.30 Uhr) 6 $, nach Saigon direkt 10 $, über Mui Ne 14 $, über Da Lat 15 $. **Achtung:** nachfragen, ob die angegebenen Besichtigungsstopps tatsächlich eingehalten werden. Wer nach Pleiku bucht, wird in der Regel an der N 19 rausgeworfen; man ist aber meist so „freundlich", die Weiterfahrt mit dem öffentlichen Bus zu organisieren.
- **Nach Laos.** Reiseagenturen bieten tägliche Busverbindungen nach Savannakhet (um 14 $) wie nach Vientiane (um 19 $) an. Wer sparen muss, sollte sich auf dem Busbahnhof von Da Nang nach den Preisen erkundigen.
- **Entfernungen** siehe *Da Nang*.

Hoi An, Umgebung

Cham-Insel ↗ XIII/D1

Cu Lao Cham, 20 km östlich von Hoi An im Südchinesischen Meer, ist berühmt für ihre Schwalbennester und Badebuchten. An der flachen Westseite liegen das Fischerdorf Tan Hiep sowie einige Strände, darunter der Bai Chong, die felsige und steile Ostseite erhebt sich über 500 m hoch, dort nisten in großen Grotten Salanganen.

Anreise und Unterkunft

Die bereits seit Jahren angekündigten Bungalows und Hotels haben sich noch immer nicht konkretisiert. Einige Reisebüros bieten Tagestouren (8–17 Uhr) für 30–40.000 đ an, mit Übernachtung im Zelt inkl. Exkursionen, Lunchs und BBQ am Strand 250.000 đ. Vonnöten ist für Ausländer nach wie vor(?) eine Registrierung, d.h. die Reisebüros benötigen spätestens am Vortag eine Kopie des Passes. Fahrzeit knapp 2 Std.

Marmorberge, China Beach

Siehe Kapitel „Da Nang, Umgebung".

Tra Kieu

Tra Kieu oder *Sinhapura* („Singapur"), die Löwenzitadelle, war die erste **Hauptstadt Champas** und entstand etwa zur gleichen Zeit wie My Son im 4. Jh. Außer den Überresten einiger Erdwälle ist jedoch praktisch nichts mehr vorhanden, die wenigen erhaltenen Friese und Skulpturen sind im Cham-Museum in Da Nang ausgestellt.

Der Ort Tra Kieu mit einer katholischen Kirche und lebhaftem Markt liegt 7 km westlich der N 1 auf dem Weg nach My Son.

Von der neuen Kirche auf dem Buu-Chau-Hügel oberhalb des Ortes hat man einen schönen Überblick über das Hügelland und die einstigen Dimensionen von Sinhapura.

My Son

↗ XIII/C1

Die Ruinen der Tempelstadt My Son, seit 1998 UNESCO **Weltkulturerbe,** liegen im Unterschied zu anderen Cham-Stätten in einer Talsenke und sind in Tempelgruppen angeordnet (also keine Turm-Heiligtümer wie auf den Hügeln von Nha Trang oder Phan Rang). My Son war der größte Tempelkomplex Champas – vor dem markanten Profil der Bergkuppe *Hon Quap* („Katzenzahn"), verspürt man noch heute den mystischen Reiz des kulturellen und sakralen Zentrums der Cham.

Die Gründung des Shiva geweihten Heiligtums wird König *Bhadravarman* zugeschrieben, dessen politisches Zentrum sich im 4. Jh. auf dem Gebiet des heutigen Tra Kieu (s.o.) befand. Die meisten Gebäude der Tempelgruppen, bestehend aus Kalan, Mandapa (Kulthalle), Bibliothek und Nebenhäusern, sind nach Osten ausgerichtet. In den Tempeltürmen (Kalan, den hinduistischen Weltenberg Mehru und Wohnsitz der Götter symbolisierend) befand sich das Heiligtum mit dem Symbol Shivas, dem *Lingam*, oder mit Darstellungen des Gottkönigs *Bhadresvara*. Im Mittelpunkt der Kulthandlungen standen Waschungen, bei denen heiliges Wasser über Lingam und Yoni gegossen wurde.

Von rund 70 Bauwerken aus fast allen Epochen Champas, die französische Archäologen Anfang des 20. Jhs. entdeckten (und in Gruppen A-H einteilten), sind heute nur mehr die Überreste von knapp 20 erhalten. Das abgelegene Dschungelgebiet wurde 1968 von der US-Luftwaffe zur *free fire zone* erklärt und zu einem der meistbombardierten Ziele Zentralvietnams. Einschüsse und Bombentrichter sind z.T. noch sichtbar.

Geschichte

My Son war zwischen dem 4. und 13. Jh. **religiöser** und **kultureller Mittelpunkt Champas** und überlebte damit ungleich länger als fast alle anderen bedeutenden Kultstätten Südostasiens. Aus der Frühzeit My Sons sind keine Überreste erhalten, da die Cham bis zum 7. Jh. ausschließlich Holz und Lehm als Baumaterialien verwendeten. Erst aus der Zeit König *Prakasadharmas* (653 bis ca. 686), unter dessen Herrschaft My Son erweitert wurde, sind erste Zeugnisse überliefert: massige und doch zugleich leicht wirkende Backsteinbauten mit verzierten Giebeln und Reliefs aus Sandstein, die deutlich indischen Einfluss erkennen lassen, aber auch bereits einen eigenständigen Stil hervorgebracht haben. Im 11. Jh. entwickelten *Harivarman IV.* und seine Nachfolger nochmals eine rege Bautätigkeit, die mit dem Niedergang der Dynastie durch die Übergriffe der Khmer und Vietnamesen beendet wurde.

Seit 1981 wird die historische Stätte unter schwierigsten Bedingungen mit internationaler Hilfe wieder instandgesetzt. Die „Freunde der Cham-Kultur" (Stuttgart) unterstützen das Projekt.

In zwei umfunktionierten Hallen (Mandapa) sind einige Fundstücke (Friese, Statuen, Teile von Altären usf.) ausgestellt, wertvollere und interessantere Funde zeigt das sehenswerte Cham-Museum in Da Nang.

Anreise und Preise

- 15 km südlich von Hoi An zweigt von der N 1 kurz hinter der Brücke über den Thu-Bon-Fluss eine Straße nach Kiem Lam ab. Über Tra Kieu (7 km, s.o.) erreicht man nach 20 km Kiem Lam, von dort sind es noch 12 km bis My Son. Nach dem Ticketcounter am Parkplatz überquert man zu Fuß eine Fluss-Brücke, ein Jeep besorgt den Weitertransport bis zu den Tempelanlagen (2 km).
- Das **Ticket** (60.000 đ) beinhaltet Eintritt, Hin- und Rücktransport. Der Rundgang durch My Son ist knapp 2 km lang.
- Ein **Xe Om** (Motorradtaxi) von Hoi An nach My Son und zurück kostet um 4–6 $, ein Auto um 15–20 $.
- **Touren** per Minibus oder Boot (nur Rückfahrt) werden in allen Hotels und Reisebüros für 3–5 $ angeboten.

Dong Duong

Das 875 unter König *Indravarman II.* begonnene Kloster **Lakshmindra-Lokesvara** wird als frühestes Baudenkmal des Mahayana-Buddhismus in Champa angesehen. Keine andere Epoche der Cham wies eine vergleichbare Formenvielfalt auf; die unterschiedlichsten Einflüsse aus Java, China und Südindien verschmolzen hier zu einem eigenen Stil.

Die wenigen erhaltenen Ruinen von Dong Duong, das während des französischen Krieges zerstört wurde, liegen 30 km südlich von Hoi An, sind einen Extra-Ausflug aber kaum wert.

103vi Foto: kb

Die Südliche Zentralküste

104vi Foto: kb

105vi Foto: kb

Bao-Dai-Villa in Nha Trang

Happy Hour am Strand

Mobile Strandküche

Überblick

Die Südliche Zentralküste gehörte bis zum 15. Jh. und teilweise noch darüber hinaus zum hinduistischen Königreich Champa. Der schmale, **langgezogene Küstenstreifen** zwischen dem *Truong-Son*-Massiv im Westen und dem Südchinesischen Meer im Osten mit einer Nord-Südausdehnung von 700 km zählt mit seinen spektakulären Steilküsten, Naturhäfen, vorgelagerten Inseln und kilometerlangen weißen Stränden zu den abwechslungsreichsten und touristisch **am besten erschlossenen** Regionen Vietnams.

Mal weichen die **Höhenzüge** des Hochlands weit von der Küste zurück und machen flachen, fruchtbaren, von zahlreichen Flüssen bewässerten Ebenen Platz, auf denen Reis, Plantagenprodukte wie Zuckerrohr, Mangos, Kokosnüsse oder Cash Crops wie Mais, Cassava, Erdnüsse und Baumwolle gedeihen, mal schieben sich die Ausläufer der bis zu 2000 Meter hohen Kordillere bis unmittelbar an die Küste heran.

Je nach der Distanz zu den Bergen, die Niederschläge mal eher begünstigen – und saisonale, teils segensreiche, teils katastrophale Überschwemmungen hervorbringen –, mal eher abhalten – und im Extremfall nahezu afrikanisch anmutende Steppen generie-

Thung Chai – Schwimmender Korb

106vi Foto: kb

ren –, variieren **Klima,** Bodenbeschaffenheit und Vegetation teilweise beträchtlich.

Während rund um das sonnenverwöhnte, aber nicht zu heiße Nha Trang mit die besten **Mangos** Vietnams reifen (selbst entlang der N 1 reihen sich die mächtigen Bäume mit ihren dunkelgrünen, langgliedrigen Blättern), sind nur 250 km weiter südlich im regenarmen Phan Rang und Phan Thiet die Böden derart sandig und trocken, dass lediglich Weintrauben und die Kakteenfrüchte *Thang Long* gut gedeihen. Seitdem die ursprünglich an Baumstümpfen, heute aber zunehmend an Betonpfählen rankenden **Drachenfrüchte** industriell vermarktet und meist unreif geerntet werden, sind sie leider längst nicht mehr so köstlich wie ehedem.

Entfernungen

- **von Da Nang** (in km): Quang Ngai 120, Sa Huynh 180, Qui Nhon 290, Tuy Hoa 400, Nha Trang 520, Cam Ranh 570, Phan Rang 625, Phan Thiet (Mui Ne) 770, Saigon 970.
- **von Saigon** (in km): Phan Thiet (Mui Ne) 200, Ca Na 315, Phan Rang 345, Cam Ranh 400, Nha Trang 450, Tuy Hoa 570, Qui Nhon 680, Sa Huynh 790, Quang Ngai 850, Danang 970.

Klima

Ganzjährig tropisch warm, die Durchschnittstemperatur in Nha Trang beträgt 26,9° C. Zwischen August/September und Mitte bis Ende Dezember können **Regengüsse** und zwischen Juli und November sogar **Taifune** auftreten.

Infrastruktur

Alle großen Küstenstädte liegen entlang der Nationalstraße 1 und der Eisenbahnlinie Saigon – Hanoi. Nha Trang wird mehrmals täglich, Qui Nhon, Tuy Hoa und Quang Ngai (Chu Lai) werden mehrmals wöchentlich von Saigon wie Hanoi angeflogen.

Chu Lai

↗ XIII/D2

(Chu Lai)

30 km nördlich von Quang Ngai passiert man inmitten einer kargen Dünenlandschaft die Überreste des ehemaligen US-Luftwaffenstützpunkts Chu Lai. Während des Krieges hausten entlang der Nationalstraße 1 Tausende Vietnamesen, die den Amerikanern als Laufburschen, Schuhputzer, Wäscherinnen und Prostituierte zu Diensten standen, in Verschlägen aus plattgewalzten Cola-Büchsen. Dies war eine der am härtesten umkämpften Regionen Vietnams während des amerikanischen Krieges (s.u.).

Quang Ngai

↗ XIII/D2

(Quảng Ngãi)

Nahe der Provinzhauptstadt, ideal auf halbem Weg zwischen Hanoi und Saigon gelegen, entsteht die erste Erdölraffinerie Vietnams (bis dahin muss Vietnam sein Öl noch billig verkaufen, um es „raffiniert“ für ein Vielfaches des Preises zurückzukaufen). In der

Folge wird auch ein neues Industriezentrum *(Dung Quat)* mitsamt Tiefseehafen und Airport aus dem Boden gestampft; seit dem Ausstieg Russlands aus dem Projekt sind Investoren aus Thailand eingesprungen.

„Unsere Stadt wird schöner" lässt sich unter diesen Umständen nicht ernsthaft behaupten. Aber die Lebensqualität ist bereits jetzt sprunghaft gestiegen, und für eine Stadt dieser Größe hat Quang Ngai eine Menge zu bieten. Auf dem Südufer des *Tra-Khuc*-Flusses gelegen, ist Quang Ngai nur 15 km vom Meer mit dem 8 km langen **Strand** *My Khe* entfernt.

Schon im französischen Krieg ein Zentrum des Widerstands, wurden auch die Amerikaner der Lage in der aufrührerischen Region nie ganz Herr. Selbst nachdem weite Teile der Landbevölkerung in „strategische Wehrdörfer" umgesiedelt und ganze Landstriche zu „free fire zones" erklärt worden waren, blieb die Situation bis aufs Äußerste angespannt. Die zunehmend ratloseren GIs reagierten mit unkontrollierten Massakern in den Dörfern, von denen das in My Lai lediglich die Spitze des Eisberges darstellte.

Praktische Informationen

- 45.000 Einw. Tel. 055.
- **Information.** *Quang Ngai Tourist.* 321 Quang Trung, Tel. 825293, Fax 822836.
- **Geld.** *Vietcombank,* 45 Hung Vuong.

Unterkunft und Verpflegung

- **Central.** Modernes, komfortables First-Class-Hotel mit Pool am Südrand der Stadt. 90 Zimmer 40–80 $ inkl. BF. 784 Quang Trung, Tel. 829999, central@dng.vnn.vn.
- **Hung Vuong.** Modernes, funktionelles Haus im Zentrum. 56 Zimmer 25, 30, 35 $ inkl. BF. 45 Hung Vuong, Tel. 710477, qngal tourist@dng.vnn.vn.
- **Dong Khanh.** Sauber und freundlich; gute Wahl. 27 Zimmer 8, 10, 12 $. 16 Ba Trieu, ggb. dem Fluss-Park, Tel. 824481.
- **Thang Long.** Für den Preis ok (die billigsten Zimmer sind im 4. Stock). 19 Zimmer 7–10 $. 257 Le Trung Dinh (Seitenstraße der Quang Trung), Tel. 8188777.
- **My Tra** am *My Khe*-Strand (s. My Lai). Verschlafen und überteuert. 12 Zimmer 20 $ inkl. BF. Tel. 686111, ks_mytra@dng.vnn.vn.
- **Com Ga.** Hühnchen mit Reis gilt als Spezialität der Stadt. 243 Nguyen Nghiem (Ecke Quang Trung) oder 370 Nguyen Nghiem.
- **Com Binh Dan.** Gut sortierte, saubere Garküche. 30 Phan Chu Trinh (bei der Post).
- **Bittet Op La.** Fantastische Sizzling Steaks mit Spiegelei. 34 Phan Boi Chau.

An- und Weiterreise

- **Entfernungen** (in km): Hoi An 100, Da Nang 130, Qui Nhon 175, Hue 240, Nha Trang 405, Saigon 860, Hanoi 890.
- 28 km südl. führt die N 24 (sehr schöne Strecke!) nach **Kontum** (200 km).
- **Bus.** Vom Busbahnhof in der Nguyen Nghiem 100 m östl. der Hauptstraße Quang Trung fahren Busse u.a. nach Saigon, Nha Trang, Qui Nhon, Buon Ma Thuot, Kon Tum, Pleiku, Hoi An, Da Nang.
- **Zug.** Der Bahnhof liegt 3 km westl. des Zentrums an der Verlängerung der Hung Vuong. Per Xe Om 10.000 đ. Außer dem Super-Express halten alle Züge.

My Lai

↗ XIII/D2

(Mỹ Lai)

„Es war schon toll da drüben. Keiner konnte dir was. Selbst die Army konnte dir nichts. Was hätten sie auch machen sollen? Dich nach Hause schicken?“

Am 16. März 1968 marschierten Soldaten der *Charlie Company* während eines „Routine“-Auftrags, im Militärjargon kurz *search and destroy* genannt, in das Dorf ein und massakrierten mehr als 504 wehrlose Bewohner, fast ausnahmslos Frauen, Kinder und Greise. Die GIs vergewaltigten und verstümmelten Frauen und junge Mädchen, schlitzten ihnen mit Bajonetten die Scheiden auf und zerschmetterten Babys an den Stämmen von Kokospalmen. Mehr als 100 Menschen trieb man wie Schlachtvieh vor einen Graben und ließ sie in Reih und Glied antreten, ehe man sie wahllos niedermähte.

Der Vorfall wurde erst ein Jahr später bekannt, als ein „Verräter“ ausplauderte. Amerika war schockiert: brave US-Boys, die Vorkämpfer von Freiheit, Demokratie und Menschenrechten, als brutale Massenmörder, die unschuldige Babys abschlachten? Unter dem Druck der Presse und der Medien setzte die Armee eine Untersuchungskommission ein, die den Vorfall prompt unter den Tisch kehrte, zumal als immer deutlicher wurde, dass My Lai alles andere als ein Einzelfall war.

Leutnant Calley, der von allen Beteiligten als einziger strafrechtlich verfolgt wurde und in erster Instanz noch wegen 22-fachen vorsätzlichen Mordes zu lebenslänglich verurteilt worden war, wurde von einem Teil der Öffentlichkeit zum Märtyrer der „gerechten Sache“ gemacht und auf Betreiben Präsident Nixons begnadigt; er verließ das Militärgefängnis nach dreieinhalb Jahren als gemachter Mann. *„Ich habe an diesem Tag in My Lai keinen Menschen getötet. Nicht ich als Person tat es. Ich tat es für die Vereinigten Staaten von Amerika, für mein Vaterland. Wir waren nicht da, um menschliche Wesen zu töten, wir waren da, um eine Ideologie zu töten, um den Kommunismus zu zerstören.“*

Der Verteidiger von Lt. Calley über die 18-, 19-jährigen, die man aus den Ghettos von Chicago und den Slums von St. Louis auf die Reisfelder Vietnams geschickt hatte: *„Sie waren gute amerikanische Jungs, die man zum Töten erzogen und zum Töten nach Übersee geschickt hatte – und jetzt sollen sie Mörder sein, nur weil sie ihren Job erledigt haben?“*

My Lai machte die Schlagzeilen der Weltpresse. Tatsächlich war es nur eines von vier Dörfern des Distrikts Son My, in dem zur gleichen Zeit Massaker stattfanden.

Anreise

- 14 km nördl. von Quang Ngai, Wegweiser **Son My** bei der Brücke über den *Tra-Khuc*-Fluss. Nach 10 km Fahrt erreicht man die Gedenkstätte mit einem kleinen, beeindruckenden **Museum** (Eintritt 10.000 đ). Steinerne Stelen lassen ablesen, wie viele Menschen an einem bestimmten Punkt – einer Wegkreuzung, einem Graben, einer Hütte – umgekommen sind: 104, 11, 7 usw.

- Öffentliche Verkehrsmittel gibt es nicht. Einige Hotels in Quang Ngai organisieren Touren für 6–10 $, andernfalls per Xe Om (80-100.000 đ).
- Der 8 km lange **My Khe-Beach** liegt, abgetrennt von einer Lagune, 3 km von Son My entfernt und gilt als einer der schönsten der Region. Gutes Strand-Resto, Unterkunft s. Quang Ngai.

Sa Huynh

↗ XIII/D3

2 km südlich des Fischerhafens Sa Huynh lädt ein schöner, von Palmen gesäumter Strand zum Verweilen ein. Auf das wehrlose Dorf fand während des Krieges eine **Helicopter-Attacke** der US-Luft-Kavallerie statt, die *Francis Ford Coppola* zu seinem berühmten „Walkürenritt" in *Apocalypse Now* inspirierte. 60 km südl. von Quang Ngai, 115 km nördl. von Qui Nhon.

Qui Nhon

↗ XVII/D1

(Qui Nhơn)

Lange eine Metropole im Abseits. Während in Da Nang Industrie und Handel und in Nha Trang Tourismus und Dienstleistungen blühten, wirkte Qui Nhon noch bis weit über 2000 hinaus wie ein abgelegenes Provinznest vor dem marktwirtschaftlichen Sündenfall. Das beginnt sich erst jetzt zu ändern.

Die bereits von den Cham besiedelte **Hafenstadt** war während des Vietnamkriegs eine der vier großen Marinebasen der Amerikaner (die anderen waren Da Nang, Nha Trang und Cam Ranh) und schwoll zu dieser Zeit auf ein Mehrfaches ihrer Größe an.

Qui Nhon bietet wie Nha Trang einen Stadtstrand, der zum Aufenthalt allerdings weit weniger einlädt (bis jetzt), und ist im Großen und Ganzen nicht aufregend, aber auch nicht hässlich und dank seiner vielen Hotels als Zwischenstation auf der Fahrt von Nha Trang nach Da Nang durchaus zu empfehlen. Das Zentrum bilden die Straßen rund um den Glaspalast (Eröffnung ca. 2009) des Großen Markts (Cho Lon). Die Strände Hoang Hau (Queens Beach) und Qui Hoa liegen 3 bzw. 10 km südwestlich des Zentrums.

Thap Doi

Von den ursprünglich drei **Cham-Türmen** von *Thap Doi* (spätes 11. Jh.) sind nur noch zwei erhalten. Sie liegen leicht erreichbar 2 km außerhalb des Zentrums auf dem Weg zur N 1 auf der Höhe 888 Tran Hung Dao.

Qui Hoa Leprakolonie

Die 1929 von einem französischen Priester gegründete Kolonie war (und ist noch) die mit Abstand größte Vietnams. Die vorbildlich in Schuss gehaltene Anlage nahe dem Strand, in der die Patienten gemeinsam mit ihren Familien leben und arbeiten, kann heute besichtigt werden.

Qui Hoa Beach. Per Taxi oder *Xe Om* 5–10 Min. vom Zentrum. Tgl. 8–11.30, 13.30–16 Uhr, 5000 đ.

Praktische Informationen

- 400.000 Einw. Tel. 056.

Orientierung

Qui Nhon liegt 10 km östlich der N 1 an der Spitze einer geschützten Halbinsel.

Adressen

- **Information.** *Barbara's*, 19 Xuan Dieu, Tel. 0905108589, nzbarb@yahoo.com. *Binh Dinh Tourist*, 10 Nguyen Hue, Tel. 892953, biditravel@dng.vnn.vn.
- **Geld.** *Vietcombank*, 148 Le Loi.
- **Post.** 127 Hai Ba Trung.
- **Vietnam Airlines.** 55 Le Hong Phong, Tel. 825313.
- **Taxi.** Tel. 818282.

Unterkunft

First Class/Economy

- **Life Resort.** Sehr gepflegte dreistöckige Anlage in wunderbarer Fels- und Hügellandschaft 16 km südlich der Stadt. Ästhetisch etwas plump („Cham-Stil"), aber alle Zimmer haben Balkon, sind überaus geräumig und komfortabel und blicken auf eine absolut fantastische Strand- und Felsenbucht (für Schwimmer und Wassersportler freilich wenig geeignet, es sei denn, sie lassen sich zur hoteleigenen Insel übersetzen). Pool und sehr hübsches Spa, schöne Aufenthaltsräume. 63 Zimmer 98, 112, 127 $ ++ inkl. BF (Internet Rate). Tel. 340312, www.life-resorts.com.
- **Saigon Quy Nhon.** Saigontourist-Koloss mit 150 Zimmern und dem Charme eines Gebrauchtmöbellagers, Innenhof-Pool. 55–70 $ ++ inkl. BF. 24 Nguyen Hue, Tel. 829 922. www.saigonquynhonhotel.com.vn.
- **Hoang Anh Resort.** In der Stadt ohne Zweifel die beste Wahl. Angenehme Strand-Anlage mit zwei- bis dreistöckigen Häusern und 132 geräumigen, sehr korrekten Balkon-Zimmern mit Holzböden und guten Bädern (Wanne plus Dusche). 2 Pools, 2 Restos (Vietnamesisch, Western). Internet Rate: Gardenview 64, Seaview 81 $ inkl. BF, aber im Winter (Nov.–März) gewährt man gewöhnlich und fraglos Rabatt (40/52 $ ++ inkl. BF). 1 Han Mac Tu, Tel. 747100, www.hagl.com.vn/hotel_resort/
- **Hai Au** (Seagull). Am Stadtstrand. 170 Zimmer, im alten Gebäude 40–50 $ ++, im 11-stöckigen Neubau von 2007 75–85 $ ++ inkl. BF. Pool, Panorama-Bar im 11. Stock. 489 An Duong Vuong, Tel. 846377, www.seagullhotel.com.vn.

Budget

- **Y Linh.** Neu Ende 2008. 18 Nguyen Hue.
- **Anh Vy.** Korrektes, sauberes Mini ggb. dem Strand mit 12 Zimmern, zur Seite mit Fenster je nach Stockwerk 7–10 $, nach vorne mit kl. Balkon 11–13 $. 8 An Duong Vuong, Tel. 847763.
- **Au Co.** Ordentliche Alternative gleich nebenan, 10 Zimmer 10–14 $. 24 An Duong Vuong, Tel. 747699.
- **Lan Anh.** Über *Barbara's* reservieren (s.u.). 14 Zimmer, im Erdgeschoss ohne Fenster 10 $, ansonsten 12–16 $; hinten mit kl. Balkon, vorne geräumig mit Seaview (und 1 Balkonzimmer). 19 Xuan Dieu, Tel. 893109.
- **Barbara's** (siehe *Kiwi Café)*. 6 Betten im Dorm mit Fenster und WW à 50.000 đ. 19 Xuan Dieu, Tel. 892921, 0905108589, nzbarb@yahoo.com.

Essen und Trinken

- **Barbara's Kiwi Café.** Freundlich, günstig, jede Menge Fast Food und Infos – was will man mehr? Kiwi Barbara lebt seit Anfang der 1990er Jahre in Qui Nhon und kennt den Ort wie ihre Westentasche. 19 Xuan Dieu.
- **Dong.** Einfaches, mehrstöckiges Seafood-Resto mit Dachgarten; nicht ganz billig, aber angemessen. 26 Nguyen Lac. Ähnlich gut ist **2000** um die Ecke, 1 Tran Doc.
- **Hoang Huy.** Alternative für frisches Seafood. 18 Xuan Dieu.
- **Que Huong 2.** Bestes Allround-Resto der Stadt; 2 Etagen, engl. Karte und sehr günstige Preise. Spezialität ist *Com Ga*, Huhn mit Safranreis. 185 Le Hong Phong.

1	Cham-Türme Thap Doi
2	Que Huong 2
3	Long Khan Pagode
4	Vietcombank
5	Lon Markt
6	Barbara's Kiwi Café, Lan Anh
7	Hoang Huy
8	Y Linh
9	Saigon Quy Nhon
10	Sau Thu
11	93 Nguyen Du
12	Post
13	Essgasse Ngo Van So
14	Dong, 2000
15	Hai Au
16	Au Co, Anh Vy
17	Hoang Anh Resort
18	Busbahnhof

- **Ngo Van So.** Vergnügliche kleine Fressgasse voller Nudel-Shops, Eis- und *Che*-Stuben etc.
- **Sau Thu.** Hervorragende, saubere Garküche mit großer Auswahl und Tischen im Freien. 69B Hai Ba Trung.
- **93 Nguyen Du.** Kleine, populäre Bierhalle mit guten Snacks.
- **Seaview Café** im 8. Stock des *Saigon*-Hotels. Gemütlich, schöner Panoramablick, *Fanny*-Eis; bis 22 Uhr. 24 Nguyen Hue.

An- und Weiterreise

- **Entfernungen** (in km): Quang Ngai 170, Pleiku 185, Nha Trang 240, Hoi An 270, Da Nang 300, Saigon 680.
- **Von Süden.** Die 2002 eröffnete Küstenstraße 1D führt hinter *Song Cau* durch eine reizvolle, teils wüstenartige Dünenlandschaft und entlang pittoresker Steilküsten direkt bis nach Qui Nhon (36 km).
- **Von Norden.** Eine neue, 7 km lange Brücke über die *Thi-Nai*-Lagune verbindet Qui Nhon mit der langgezogenen Halbinsel **Phuong Mai.** Pittoreske Landschaften, unerschlossene Strände. Abzweig von der N1 zur **Küstenstraße** kurz hinter *Ngo May* (40 km).
- 15 km nördlich zweigt bei *Binh Dinh* die N 19 nach Tay Son, **Pleiku** und Kon Tum ab.
- **Flug.** Der Flughafen *Phu Cat* liegt 35 km nördl. des Zentrums. Verbindungen mit Saigon (tgl.), Da Nang und Hanoi.
- **Zug.** Alle Express-Züge halten am Bahnhof *Dieu Tri* 10 km westl. Zubringer-Bahnhof von/nach Dieu Tri im Zentrum, 291 Le Hong Phong.
- **Bus.** Der Busbahnhof *(ben xe)* liegt an der Kreuzung Tay Son/D 1. Expressbusse fahren u.a. nach Da Nang, Da Lat, Buon Ma Thuot, Pleiku, Dong Hoi, Vinh, Nha Trang, Saigon. Nach Dalat mit *Phuong Trang*, 390 Tran Hung Dao, Tel. 816777.
- **Open Tour.** Alle Veranstalter lassen Qui Nhon links liegen und Passagiere an der N 1 aussteigen *(Xe Om* ins Zentrum um 15.000 đ).

Qui Nhon, Umgebung

Cha Ban

Die Region um Qui Nhon war jahrhundertelang eine Hochburg der **Cham,** die Ruinen der alten Hauptstadt **Vijaya** (auch als *Cha Ban* bekannt) liegen nur 27 km weiter nördlich. Vijaya wurde nach dem Fall von *Indrapura (Dong Duong)* um 1000 erbaut und blieb trotz aller Attacken der Vietnamesen und Khmer annähernd ein halbes Jahrtausend lang nahezu unversehrt. Erst 1471 gelang es den Truppen Kaiser Le Thanh Tons, die Festung endgültig einzunehmen und dem Erdboden gleichzumachen; ihre 100.000 Einwohner wurden bis fast auf den letzten Mann massakriert. Erst der Fall Vijayas ermöglichte den Vietnamesen, ihr Reich auszudehnen und weiter nach Süden vorzustoßen.

Während der Tay Son Rebellion im 18. Jh. diente Cha Ban unter dem Namen *Hoang De* kurze Zeit als **Hauptstadt der Zentralprovinzen** und wurde von *Nguyen Nhac*, einem Bruder Nguyen Hues, gegen die Angriffe des späteren Kaisers Gia Long ausgebaut.

Im Innern der weitläufigen Zitadelle sind noch Überreste der Cham-Metropole zu erkennen – Gräben, Brunnen, Steinwälle, Granitstraßen, Statuen von Löwen und Elefanten. Als einziges großes Monument von Bedeutung blieb der 20 m hohe Ziegelturm **Canh Tien** (Kupferturm), dessen Dachaufbau – mit aufgesetzten steinernen Schlangen, Elefanten und Fabelwesen – noch recht gut erhalten ist.

149vi Foto: kb

15 km nordwestlich ragen die majestätischen *Elfenbeintürme* **Thap Duong Long** wie mystische Mahnmale aus der hügeligen Landschaft. Die drei, üppig mit granitenen Schlangen und Elefanten dekorierten Türme aus dem 12. Jh. sind zwischen 22 und 24 m hoch und lassen deutliche, wenn auch nicht immer geglückte Anklänge an die Khmer-Architektur erkennen. Der Weg

dorthin ist der gleiche wie zum *Quang-Trung-Museum* (s.u.), von dort führt die Straße ca. 10 km weiter nördlich.

Ein weiteres Turmheiligtum der Cham – **Banh It** oder *Thap Bac*, Silberturm – befindet sich auf einem Hügel 19 km nördlich von Qui Nhon und ist von der N 1 aus zu sehen. Von der Tempelgruppe aus dem 11. Jh., die ursprünglich sechs Bauten umfasste, sind vier geblieben, von denen der 22 m hohe Hauptturm noch gut erhalten (bzw. restauriert) ist. Von den Resten der Bibliothek ist die reich verzierte Fassade bemerkenswert.

Quang-Trung-Museum

Außer für seine Ausstellung zum Tay-Son-Aufstand der Nguyen-Brüder ist das Museum in ganz Vietnam für seine Demonstrationen der *Vo* oder *Vo Vi Nam* genannten **Kampftechnik** bekannt, die Nguyen Hue entwickelt haben soll. Das Tay-Son-Fest am 5. Tag des 1. Mondmonats stellt seinen Sieg über die Chinesen nach und bietet eine gute Gelegenheit, den Kampfspielen beizuwohnen.

Bao Tang Quang Trung. 45 km nordwestlich von Qui Nhon. Von der N 19 Richtung Pleiku führt nach 25 km eine beschilderte Abzweigung zum 2 km entfernten Museum (mit Gästehaus). Eintritt 10.000 đ. Folgt man der Straße 10 km weiter, gelangt man zu den Elfenbeintürmen (s.o.).

Cham-Türme bei Qui Nhon

Tay Son

Tay Son war die Heimat der Brüder Nguyen, die sich 1771 an die Spitze der Bauernaufstände des Südens stellten und nach und nach ganz Vietnam eroberten. Der jüngste der drei, ***Nguyen Hue,*** zerschlug 1789 einen letzten Versuch der Chinesen, mit einem 200.000 Mann starken Heer in der früheren Kolonie wieder Fuß zu fassen und bestieg noch im gleichen Jahr den Thron von Hanoi als Kaiser ***Quang Trung,*** starb aber bereits 3 Jahre später, lediglich 40 Jahre alt.

Die nach dem Tay-Son-Distrikt benannte Revolte stürzte Ende des 18. Jh. die Macht der Fürstenhäuser *Nguyen* in Hue und *Trinh* in Hanoi, deren Rivalität Vietnam 250 Jahre zuvor ins Chaos gestürzt und in der Folge in zwei Reiche geteilt hatte. Das heutige Regime feiert Nguyen Hue als Revolutionär und die Tay-Son-Revolte als antifeudalen Aufstand.

Song Cau

↗ XVII/D2

Annähernd auf halber Strecke zwischen Qui Nhon und Tuy Hoa: Buchten, Lagunen, Salinen, Fisch- und Shrimpsfarmen noch und noch. Wenige km nördlich zweigt die pittoreske Küstenstraße 1D von der N 1 ab und schlängelt sich direkt bis nach Qui Nhon (36 km), während die N 1 über den *Cu Mong*-Pass und 10 km an Qui Nhon vorbei führt.

Unterkunft und Verpflegung

- **Bai Tien.** Auf Pfählen über einer Fischfarm errichtetes Resto mit Hotel (10–12 $). Vermittelt auch Bootsfahrten.

Tuy Hoa

↗ XVII/D2

(Tuy Hòa)

Die Provinzhauptstadt am *Da-Rang-*Fluss, dem längsten und wasserreichsten der Zentralküste, ist eine freundliche Metropole des Zuckerrohrs und der Kokosnüsse. Wahrzeichen der Stadt ist der auf einem Hügel gelegene, 20 m hohe Cham-Turm *Thap Nui Bao*, der im 14. Jh. errichtet wurde. Zu beiden Seiten der Stadt erstrecken sich von Pinien gesäumte Strände; die Strandpromenade im Ort heißt *Doc Lap*.

Praktische Informationen

- 50.000 Einw. Tel. 057.
- **Information.** *Phu Yen Tourist*, 2A Tran Hung Dao, Tel. 823697.
- **Geld.** *Incombank*, 241 Tran Hung Dao.
- **Flughafen.** Die ehemalige US-Air Base ist seit 2003 wieder als Zivilflughafen nutzbar. 2–3mal pro Woche von/nach Saigon.
- **Zug.** Fast alle Züge halten in Tuy Hoa.
- **Entfernungen** (in km): Nha Trang 120, Qui Nhon 110.

Unterkunft und Verpflegung

- **Kim Anh.** Korrektes und gut geführtes Minihotel mit 15 Zimmern 10–12 $. 221 Hung Vuong, Tel. 893999. Knapp 1 km zum Beach.
- **184 Hung Vuong.** Freundliches, sauberes *Nha Nghi* (Guesthouse) mit 12 Zimmern 8–10 $, mit Fan 6–7 $. Tel. 821023.
- **Ba Bi.** Frisches Seafood auf 2 Etagen. 319 Nguyen Hue.
- **Lau Vit.** Spezialität Ente, auch Schnecken, Aal, Frosch. 275 Le Duan.
- **Café Tung.** Das interessanteste und schönste Café weit und breit. 123 Nguyen Trai.

Dai Lanh

↗ XVII/D2

Am Fuße des 12 km langen **Dai-Lanh-Passes** 150 km südl. von Qui Nhon, 83 km nördl. von Nha Trang erstreckt sich der halbkreisförmige **Strand** von Dai Lanh. Im Norden von dem mächtigen Felsvorsprung *Mui Dai Lanh* begrenzt, dem ehemaligen *Cap Varella* der Franzosen und östlichsten Punkt des vietnamesischen Festlands, geht der Strand im Süden in die gewaltigen Sanddünen der 30 km ins Südchinesische Meer ragenden **Halbinsel Hon Gom** mit dem Fischerhafen *Dam Mon* (19 km, s.u.) über.

Einige Restaurants mit (sehr bescheidenen) Unterkünften.

Dam Mon

Der malerische Fischerhafen an der geschützten Ostseite der mit **Dünen,** Sandstränden und Casuarina-Wäldern gespickten Halbinsel Hon Gom war in der Kolonialzeit als *Port Dayot* (benannt nach einem frz. Marineoffizier des 19. Jhs.) bekannt. 1933 logierte hier *Yves Cousteau*, der nach ersten Tauchgängen in den kristallklaren Gewässern der *Van-Phong-Bucht* beschloss, sein Leben dem Meer zu widmen und zum berühmtesten Meeresforscher des letzten Jhs. wurde.

Anfahrt u. Unterkunft

- **Dam Mon** – bis dahin praktisch nur per Boot erreichbar – ist seit 2003 durch eine 19 km lange Straße mit der N 1 verbunden.

- Erste Guesthouses und Miniresorts haben sich im und nahe dem Ort etabliert. Veranstalter in Nha Trang bieten Package-Touren nach Dam Mon an (2–3 Tage inkl. Transport, Übernachtung und z.T. Vollverpflegung).
- **Whale Island Resort.** Charmante Anlage unter franz. Leitung auf der Insel *Hon Ong* (5 Min. per Boot ab Dam Mon). 28 Bungalows mit Fan, WC, Dusche, Moskitonetz, 3 Nächte 300–384 $, 6 Nächte 484–652 $ inkl. aller Mahlzeiten, Getränke (außer Alkoholika) und Transfer von/nach NT. Sehr gute Küche und exzellente Wassersportmöglichkeiten und Tauchgründe, aber die Bungalows sind recht spartanisch und bieten nicht viel Komfort. Tel. 058-840501. Nha Trang: 2 Me Linh, Tel. 513871, www.whaleisland resort.com.

Ba Ho

Drei Wasserfälle mit idyllischen Seen, die zum zum Baden und Picknicken einladen. 25 km nördl. von Nha Trang 5 km abseits der N1 am Fuß des *Ro-Tuong*-Passes. 10.000 đ.

Doc Let

Die von schmalen Dünenketten gesäumten **Strände** von Doc Let, 35 km nördlich von Nha Trang, gelten als die schönsten der Region.

Unterkunft

- **Ki-em Art House Resort.** Bildschöne, ganz und gar außergewöhnliche Anlage mit klar erkennbarer, individueller Handschrift. Alte Holzpfeiler, antike Ziegel, verblüffende Installationen, eine Meditationshalle – die lange Jahre in Paris wohnhafte Künstlerin Ki-em ist *beseelt* von ihrer Mission und beseelt ihrerseits die anmutige kleine Idylle. Weitläufiger Garten, Kunstgalerie, historische Sammlungen, sehr gute Küche, Pool mit kl. Spa, vor der Tür der Strand – perfekt! 9 geräumige AC-Zimmer/Häuser, davon 2 mit Seaview 70–90 $ p.P. inkl. aller Mahlzeiten. 15 km ab N 1 Richtung Han Khoi/Dong Hai. Tel. 0913 915301, www.ki-em.com.
- **Paradise Resort.** Gleich neben Ki-em, betont einfach, aber sauber, aufgeräumt und unter seinem neuen (franz.) Besitzer deutlich weniger chaotisch. Kayaks und Motorboot zum Fischen/Schnorcheln. 25 Fan-Bungalows 30–35, 4 Apartments 60 inkl. aller Mahlzeiten. Tel. 058-670480. www.vngold.com/ doc let/paradise.
- **Jungle Beach Resort.** Manche lästern über „die Hippies". Aber der Kanadier Sylvio und seine vietnamesische Frau haben nicht nur einen fantastischen Platz mit einem kilometerlangen Strand, nach dem sich jedes Luxusresort die Finger lecken würde (ganz ganz früher war mal der Club Med an dieser Immobilie interessiert), es geht bei ihnen einfach lockerer und ungezwungener – und für viele paradiesischer – zu als sonst irgendwo an einem vietnamesischen Strand; ein echtes Unikat! 24 Zimmer in rustikalen, einfach(st)en Hütten aus Holz, Bast und Bambus – da kommt Robinson-Feeling auf! Möglichkeiten zum Trekking (Felsen, Wasserfälle), ein Boot zum Fischen und Tauchen. 20 $ p.P. inkl. aller Mahlzeiten. 22 km ab N1 Richtung Hyundai-Werft/Ninh Phuoc. Tel. 058-622 384, 0913329 144, syl@dng.vnn.vn.

Ein Anruf oder eine eMail sollte helfen, die Transportfrage zu klären (evtl. Pickup in Nha Trang?). Per Bus bis zur Abzweigung an der N 1, weiter per Xe Om. Ein Taxi ab NT kostet ca. 250.000 đ.

Nha Trang ⇗ XXI/D1

(Nha Trang)

„Wenn Saigon das Paris des Orients ist, dann ist Nha Trang sein Nizza“ notierte ein enthusiastischer Globetrotter Anfang des letzten Jhs. Dutzende Hotels, Restaurants und Cafés säumen die 5 km lange, von üppigen Palmen gesäumte **Promenade** und den gepflegten, einst mit französischen Jugendstilvillen, Verwaltungsbauten und einem *Grand Hotel* bestandenen **Strand.** Die türkisblauen Gewässer rund um die vorgelagerten **Inseln** und **Korallenriffe** sind ein Paradies für Taucher und Schnorchler, und von den **Cham-Türmen** an der Mündung des *Song Cai* im Norden der Stadt genießt man einen wunderbaren Blick auf einen der schönsten Fischerhäfen Vietnams.

Einst Hafen und Stützpunkt der Cham, wurde Nha Trang während der Kolonialzeit zu einem „mondänen“ Seebad mitsamt Meeresforschungszentrum und Pasteur-Institut ausgebaut. Zwischen 1965 und 1971 schwoll die Einwohnerzahl der Stadt, deren Strände sich auch bei den Amerikanern großer Beliebtheit erfreuten, von 50.000 auf über 250.000 an.

Mit der zivilen Wiederinbetriebnahme des alten US-Militärflughafens im Zentrum der Stadt begann ab 1992 der Aufstieg Nha Trangs zu einer Touristendestination. Seit Mitte der 1990er Jahre breitet sich die Beachfront immer weiter aus, die Promenade wurde um über das Doppelte nach

1	Lac Canh
2	Dam-Markt
3	Ninh Hoa
4	Pasteur-Institut, Yersin-Museum
5	Melia Sunrise
6	Minh Cat
7	Vietcombank
8	Chua Hoi Phuoc
9	Chua Tinh Duc
10	Chua Long Son, Buddhastatue
11	Vien Dong, Tourist Office
12	Nha Trang Lodge
13	Blue House, Thien An
14	Phu Quy 1
15	Ngon
16	Hien Luong, Thuy Duong, Diva
17	AP
18	Truc Linh 3
19	Checkpoint Charlie
20	Rainbow
21	Asia Paradise
22	Que Thao, Sea View
23	Café des Amis
24	Que Huong
25	Truc Linh, Guava, Crazy Kim
26	Vietnam Airlines
27	La Taverna
28	Blue Ocean
29	Bang Khuong
30	Golden
31	Treffpunkt, Nice
32	Ha Thu, Oasis
33	Sailing Club
34	Ngoc Suong
35	La Suisse, Ha Van
36	Phu Quy 2
37	Louisiane Brewhouse
38	Dong Phuong 2, Linh Giang
39	Ana Mandara

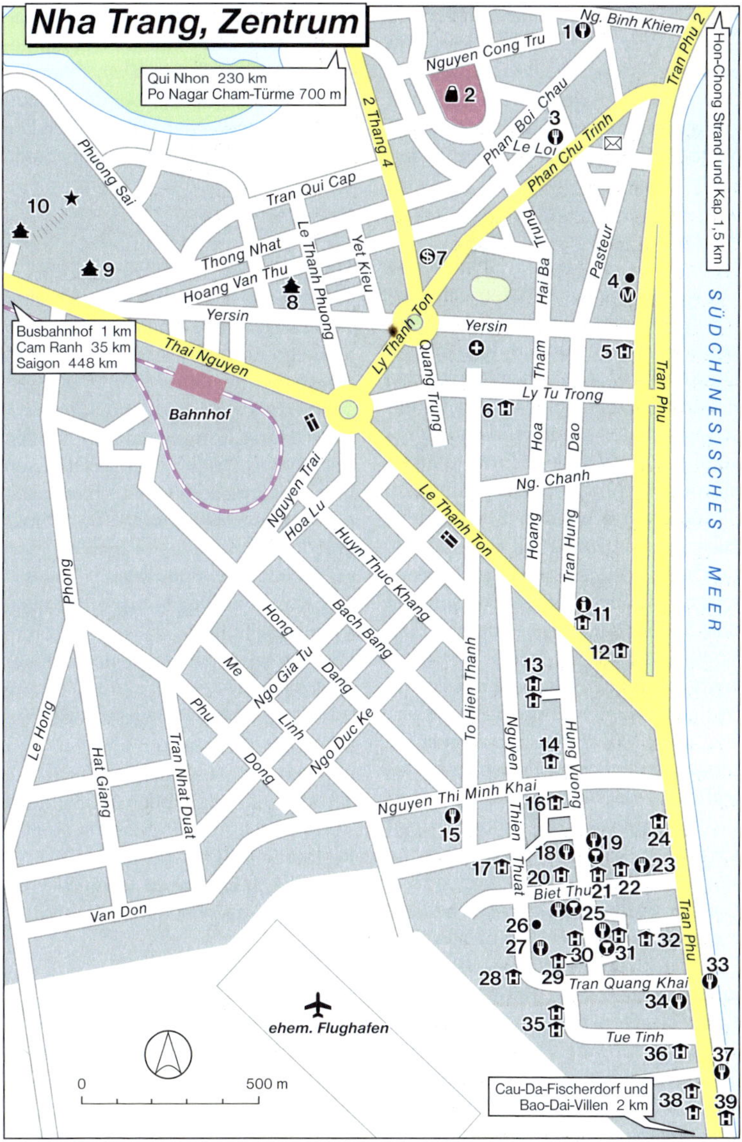
Nha Trang, Zentrum
Qui Nhon 230 km
Po Nagar Cham-Türme 700 m
Busbahnhof 1 km
Cam Ranh 35 km
Saigon 448 km
Hon-Chong Strand und Kap 1,5 km
Cau-Da-Fischerdorf und
Bao-Dai-Villen 2 km
SÜDCHINESISCHES MEER
Bahnhof
ehem. Flughafen
0
500 m
Ng. Binh Khiem
Nguyen Cong Tru
Tran Phu 2
2 Thang 4
Phan Boi Chau
Le Loi
Phan Chu Trinh
Phuong Sai
Tran Qui Cap
Thong Nhat
Hoang Van Thu
Le Thanh Phuong
Yet Kieu
Yersin
Thai Nguyen
Ly Thanh Ton
Quang Trung
Hai Ba Trung
Pasteur
Tham
Ly Tu Trong
Hoa
Dao
Tran Phu
Ng. Chanh
Hoang
Tran Hung
Nguyen Trai
Hoa Lu
Huyn Thuc Khang
Le Thanh Ton
Phong
Hong
Bach Bang
Me
Ngo Gia Tu
Dang
Phu
Linh
Ngo Duc Ke
Le Hong
Hat Giang
Tran Nhat Duat
Dong
To Hien Thanh
Nguyen
Hung Vuong
Nguyen Thi Minh Khai
Thien
Thuat
Biet Thu
Van Don
Tran Quang Khai
Tue Tinh
1 2 3 4 5 6 7 8 9 10 11 12 13 14 15 16 17 18 19 20 21 22 23 24 25 26 27 28 29 30 31 32 33 34 35 36 37 38 39

Norden verlängert und völlig neue Straßen und Viertel erschlossen, und auch der längst zu klein gewordene – und wertvollen Baugrund besetzende – **Flughafen** ist gewichen und wurde Mitte 2004 nach *Cam Ranh* 35 km südlich verlegt.

Klima

Die günstige Lage inmitten einer geschützten Bucht sorgt für ein durchgängig angenehmes und **mildes Klima.** Die Regenzeit setzt erst im Juli ein und dauert bis Dezember. In den niederschlagreichsten Monaten Oktober/November kann es dennoch zu heftigen Stürmen und sogar Taifunen kommen.

Hochsaison an den Stränden ist zwischen März und Juli, aber baden, tauchen und schnorcheln ist das ganze Jahr über möglich. Schwimmen und Sonnenbaden sind vor allem am Vormittag angesagt, da die Sonne ab Mittag von hinten kommt und schon relativ früh hinter den Bergen versinkt. Zwischen November und Januar/Februar weht oft eine erfrischende bis kräftige „Nordsee"-Brise.

Orientierung

Die Uferpromenade **Tran Phu** verläuft auf einer Länge von 5 km parallel zum Strand und mündet im Süden (6,5 km) in den Fischer- und Bootshafen von **Cau Da.** Gen Norden führt sie als *Tran Phu 2* zum Strand von Hon Chong und 16 km die Küste entlang (z.T. noch im Bau), ehe sie 10 km südl. von Ninh Hoa auf die N 1 trifft.

Mittelpunkt der City ist der Zentralmarkt **Cho Dam** mit den Hauptgeschäftsstraßen *Thong Nhat, Phan Boi Chau* und *Le Loi,* die bei der Hauptpost auf die Promenade mündet. Die N 1 verläuft 5–6 km westlich der Stadt.

Sehenswertes

Strände

Der Hauptstrand erstreckt sich über eine Länge von **4 km** und ist für einen Stadtstrand bemerkenswert sauber. An Cafés, Restaurants und Wassersportmöglichkeiten ist kein Mangel.

Der **Hon-Chong-Strand** im Norden der Stadt ist (noch) wenig erschlossen und zum Baden geeignet – hier halten sich seit Erschließung der Tran Phu 2 und Räumung der dortigen Fischerquartiere vorwiegend die Einheimischen auf –, lohnt aber einen Ausflug. Man erreicht ihn außer über die Tran Phu 2, wenn man 500 m nördlich der Cham-Türme von der Ausfallstraße 2/4 *(Hai Thang Bon)* zum Meer abbiegt. Um das Kap *Hon Chong* mit seinen skurrilen Felsblöcken ranken sich Mythen und Legenden (Fußstapfen Buddhas), am Strand gibt es Cafés, Restaurants und erste Hotels.

Strände bieten auch einige der **Inseln** wie *Hon Tre* oder *Hon Tam* (s.u.).

Markt

Das Treiben in den kleinen Straßen und Gassen rund um den imposanthässlichen **Cho Dam** ist interessanter als der Markt selbst. Das turbulente Gewirr der alten Holzhäuser und Pfahlbauten der Fischerquartiere entlang den beiden Mündungsarme des Cai-Flusses fällt allerdings leider immer mehr der Sanierung zum Opfer.

Trotzdem noch immer allgegenwärtig sind die spektakulären **Schwimmenden Körbe** *(thung chai)*, mit denen sich die Fischer von Boot zu Boot und zwischen den Ufern bewegen. Die runden, mit Pech abgedichteten Bambus-Körbe haben einen Durchmesser von bis zu 2 Metern.

Cham-Türme Po Nagar

Die auf einer Anhöhe über dem *Cai-*Fluss errichtete **Tempelgruppe** (Thap Ba) ist Po Nagar, der Muttergöttin der Cham – die im Lauf des Shiva-Kults zu Bhagavati, der Gattin (weiblichen Energie) Shivas umfunktioniert wurde – geweiht. Das Heiligtum der „Herrin der Stadt" *(Yan Po Nagar)* wurde zwischen dem **7.** und **12. Jh.** errichtet. Von den ursprünglich zehn Bauten sind nur noch vier erhalten, da immer wieder Malaien, Javaner und Khmer in die Bucht einfielen, das Heiligtum plünderten und die Kultobjekte von *Kauthara,* wie Nha Trang unter den Cham hieß, raubten. Da die Anlage immer von neuem wieder aufgebaut werden musste, ist sie zwar vergleichsweise gut erhalten, bietet aber kein einheitliches Bild. Nicht allzu fachgerechte Instandsetzungen der letzten Jahre verfälschen den Eindruck weiter.

Einst gelangte man zum Heiligtum durch eine große bedeckte **Säulenhalle** *(mandapa,* Meditationshalle) am Fuß des Hügels, von der heute nur noch 10 Säulenreste erhalten sind. Auch Spuren der ursprünglichen Treppe, die zum Nordturm führte, sind noch deutlich zu erkennen.

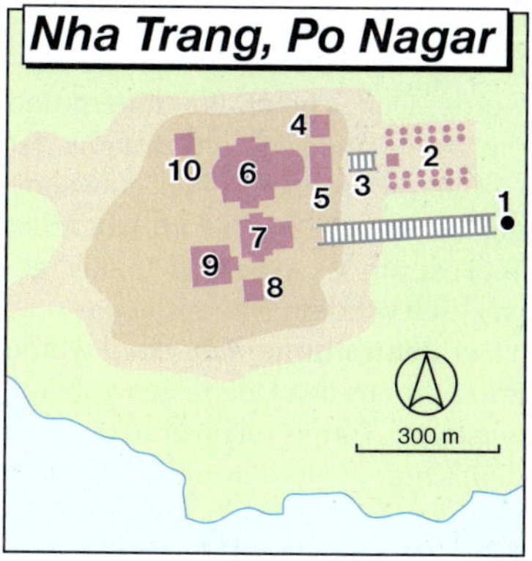

1 Eingang
2 Mandapa
3 ehem. Eingangstreppe
4 Museum
5 Vorplatz
6 Nordturm
7 Zentralturm
8 Südturm
9 ehem. Westturm
10 Nordwestturm

Der 817 errichtete, 24 m hohe **Nordturm** *(thap chinh)* gilt als eines der schönsten Beispiele der Cham-Baukunst. Der *Kalan* erhebt sich über einem quadratischen Grundriss und verjüngt sich nach oben in einer dreistöckigen Pyramide. Über dem Eingang, dessen massive Stützpfeiler mit Sanskrit-Inschriften verziert sind, tanzt der vierarmige Shiva mit dem heiligen Stier Nandi und zwei Musikanten an seiner Seite. Im Inneren prangt auf einem steinernen Lotosthron die schwarze Statue der prächtig geschmückten zehnarmigen **Po Nagar,** der „Großen Mutter". Bis 918 befand sich anstelle der Statue ein goldener Lingam, der von den Khmer geraubt wurde. Der Schrank im Hintergrund enthält die prunkvollen Gewänder der Göttin, die während einer aufwendigen Zeremonie dreimal im Jahr (zum Tet-Fest, am 30. März und 15. Juli) gewechselt werden.

Der **Zentralturm** *(thap nam)* wurde im 12. Jh. aus den Überresten früherer, zerstörter Türme rekonstruiert. Er ist deutlich dem Nordturm nachempfunden, das Dach bildet aber nur eine einfache Pyramide, und die Ornamente sind weniger ausgeprägt. Wie auch im (wiederum verkleinerten) **Südturm** befindet sich in seinem Innern ein Lingam, das Symbol des Weltschöpfers Shiva.

Der heute nicht mehr zugängliche **Nordwestturm** war einst *Ganesha*, dem elefantenköpfigen Sohn Shivas, geweiht.

Fantastischer Blick auf die Mündung des *Cai*-Flusses mit pittoresken Felsen und Hunderten von Fischerbooten. Eintritt 10.500 đ, im Inneren der Türme sollte man die Schuhe ausziehen.

Chua Long Son

Die bedeutendste Pagode der Stadt wurde 1886 gegründet, aber mehrfach umgebaut. Rechts vom Hauptgebäude führen 152 Stufen auf den Hügel *Trai Thuy* mit einer 14 m hohen, weithin sichtbaren weißen Statue eines **Sitzenden Buddha.** Schöner Panorama-Blick auf Nha Trang und den Strand. – Von Flammen umrahmte

Fischverkauf am Strand

107vi Foto: kb

Porträts von Mönchen erinnern an Proteste und Selbstverbrennungen gegen die Buddhisten-Verfolgung des Saigoner Regimes 1963. 7.30–11.30, 13.30–19 Uhr. 23 Thang 10, ca. 500 m vom Bahnhof.

Pasteur-Institut

Das Institut wurde 1895 von **Alexandre Yersin,** dem Lieblingsschüler Pasteurs, eingerichtet; weitere Institute gab es in Saigon, Da Lat und Hanoi. Yersin brachte den Kautschuk nach Vietnam und machte damit indirekt Hunderttausende zu Sklaven der französischen Gummibarone *(Michelin* u.a.), bleibt aber dennoch (neben Pasteur selbst) der einzige Franzose, der von den Vietnamesen bis heute anerkannt, ja nahezu verehrt wird. Der gebürtige Schweizer entdeckte den Pest-Bazillus, entwickelte Impfstoffe gegen Cholera, Meningitis und Tetanus und half entscheidend mit – oft genug gegen den erklärten Willen seiner Auftraggeber! –, das marode Gesundheitssystem Vietnams zu reformieren. Yersin verbrachte fast ein halbes Jahrhundert in Nha Trang und liegt seit 1943 auf eigenen Wunsch nahe der Stadt begraben.

Yersins Arbeitsräume und Bibliothek sind heute ein kleines Museum. Mo–Fr 7.30–11, 14–16.30 Uhr, 20.000 đ. 10 Tran Phu.

Ozeanografisches Institut

Das 1923 gegründete *Institute of Oceanography* mit dem *National Oceanographic Museum and Aquarium* beherbergt total überfüllte und veralgte Becken und Aquarien mit Haien, Schildkröten und Korallenfischen sowie eine kuriose Sammlung von Meeresgetier aller Art, teils ausgestopft auf Endlosregalen, teils in Spiritusgläsern vor sich hindümpelnd – eher ein unwürdiger Zustand als ein Highlight.

Das Institut liegt im äußersten Süden der Tran Phu zwischen dem Hügel der Bao-Dai-Villen und dem Hafen Cau Da. Tgl. 7–17 Uhr, 15.000 đ.

Thap Ba Hot Springs

Erst vor wenigen Jahren entdeckt und in einem schön angelegten Park zu einem exzellenten (und pieksauberen!) **Thermalzentrum** ausgebaut wurden die 35–40° heißen Quellen in den Hügeln von Thap Ba 2,5 km westlich der Cham Türme (Zufahrt dort). Für 60.000 đ kann man es sich in heißem Mineralwasser oder Sodiumchloritschlamm wohl ergehen lassen und ganztägig den großen **Swimmingpool** nutzen (Mineralwasserbecken zu zweit 70.000 đ, Pool alleine 200.000 đ, Badetücher werden gratis gestellt). Zudem stehen Dampfbäder, Massagen, Akupunktur, ein Café, ein Restaurant und ein Guesthouse mit Bungalows zur Verfügung. www.thapbahotspring.com.vn.

Praktische Informationen

- 400.000 Einw. Tel. 058.

Adressen

- **Information.** *Khanh Hoa Tourist.* 1 Tran Hung Dao. Tel. 526753, www.nhatrangtourist.com.vn.

Geld. *Vietcombank.* 17 Quang Trung, Mo–Fr 7.30–11.00, 13.30–16.30 Uhr. ATM auch 5 Hung Vuong, in den Hotels *Nha Trang Lodge* und *Yasaka. Wechselstube* 17B Hung Vuong (TC, alle Karten, Western Union, tgl. 7–19 Uhr).

Post. 2 Le Loi, tgl. 7–21 Uhr. Filiale 50 Le Thanh Ton, nahe *Vien-Dong*-Hotel.

Gesundheit. Hospital, 19 Yersin, Tel. 822 168. Dr. *Catherine Bonnotte*, Tel. 090358 3602.

Vietnam Airlines. 91 Nguyen Thien Thuat, Tel. 526768.

Supermarkt. *Maximark* am Quang-Trung-Circle. *Minimart*, 17A Biet Thu.

Apotheke. 7K Hung Vuong. 7–22.30 Uhr.

Long Thanh Galerie. Ausstellung des besten Fotografen Vietnams. 126 Hoang Van Thu. Tel. 824875, lvntrang50@hotmail.com.

Reiseagenturen

Ever Blue Travel. High-End-Reisebüro & -Touroperator mit Kontaktstelle im *Louisiane Brewhouse.* Touren und Buchungen aller Art; Verantwortlicher ist Mr. *Hieu.* Tel. 877922. www.everbluetravel.com.

Shamrock Rafting. Aktiv-Touren rund um Nha Trang und im Zentralen Hochland (Fischen, Kayaking, Wildwasser-Rafting etc.). *Shamrock Irish Pub,* 56A Nguyen Thien Thuat, Tel. 527548. www.raftingvietnam.com.

Mr. Vu's Tour Adventure. Bootstouren auch ohne Partytime und zu weniger überlaufenen Inseln, individuelle Touren ins Hochland etc. 2 D Biet Thu, Tel. 523224. www.vutouradventure.com.vn.

Sinh Café. 10 Biet Thu, Tel. 524325, sinhcafent@dng.vnn.vn.

Hanh Café. 10 Hung Vuong, Tel. 527466, haphuongnt1@dng.vnn.vn.

An Phu Tour. 1/24 Tran Quang Khai, Tel. 524471, anphutour@yahoo.com.

Einige Veranstalter bieten **Touren durchs Zentrale Hochland** an, die entweder bis Saigon (über Pleiku, Ban Don, Da Lat) oder, in

Bunt und malerisch – der Fischerhafen von Nha Trang

108vi Foto: kb

der Regel, bis Hoi An (über Ban Me Thuot, Pleiku, Qui Nhon, My Lai) führen. 4 Tage inkl. 3 Übernachtungen um 70–80 $, Min. 6 Pers.

Exkursionen

- Die legendären **Bootstouren** mit **Mama Linh** haben sich, klagen viele Leser, mehr oder minder zu reinen Sauf- und Partyveranstaltungen entwickelt (zudem ist sie längst nicht mehr persönlich aktiv). Die inzwischen von zahllosen Veranstaltern angebotenen Touren kosten um 6 $ und beinhalten in der Regel Schnorcheln bei Mun Island, Seafoodlunch mit Tanz und „free flow of wine" bei Mot Island, Fruit Party am Strand von Tam Island und Besuch der Fischfarm von Mieu Island. (9–16.30 Uhr). Zu buchen in allen Hotels oder direkt bei *Mama Linh*, 23 C Biet Thu, Tel. 522845. Wir empfehlen *Mr. Vu* (s.o.).
- **Wassersport.** Siehe *Sailing Club* und *Louisiane Brewhouse* unter *Cafés & Bars*.
- **Vinpearl Land.** Über die Bucht von Nha Trang schweben? Vom *Phu-Quy-Pier* am Hafen führt eine 3,3 km lange **Seilbahn** nach *Hon Tre*, der größten der vorgelagerten Inseln. Tgl. 9–22 Uhr, Fahrtdauer 10 Min., 100.000 đ hin & zurück. Auf der Insel selbst erwartet einen eine Mischung aus Disneyland und Las Vegas mit Amusement Park, Themen-Restaurants, Aquarium, Shopping Mall, dem größten Pool Südostasiens usf. www.vinpearlland.com.

Tauchen

- Entsprechend der Nachfrage gibt es immer neue Anbieter mit immer neuen Preisen und Konditionen. Scuba Diving-Touren mit zwei Tauchgängen inkl. Lunch werden bereits ab 40 $ angeboten (um 20 $ für Schnorchler). Die Bucht ist 12–32 m tief, von Nov. bis Febr. ist die Sicht eingeschränkt und das Wasser um 3–4 Grad kälter als im Sommer. Siehe auch *Sport und Aktivitäten*.
- **Rainbow Divers** (Jeremy Stein). Der älteste und professionellste Veranstalter („sehr gut organisiertes und freundliches Team mit kleinen Tauchgruppen", Frank Ahland). 90A Hung Vuong, Tel. 524351, www.divevietnam. com.
- **Sailing Club Divers.** 72–74 Tran Phu, Tel. 525528. www.sailingclubvietnam.com.
- **Coco Dive Center.** „Xuan und Jean-Pierre verstehen es, selbst ängstlichen Leuten die Angst vor dem Tauchen zu nehmen" (Sonke Wanzek). 2E Biet Thu, Tel. 522900, www. cocodivecenter.com.
- Weniger empfehlenswert sind nach Meinung vieler Leser **Octopus** („nicht die qualifizierte Hilfe, die man gebraucht hätte", Nik Polak) und **Orca** (staatliches Unternehmen).

Stadtverkehr

- **Taxi.** Tel. 810810 oder 818181.
- **Cyclo.** Überall im Stadtgebiet und bevorzugt vor den Hotels zu finden.
- **Stadtbus.** 5 Linien (400 đ), die Busse sind neu und klimatisiert. Linie 4 fährt zu den Bao Dai Villen und zum Hafen, No. 3 zu den Po-Nagar-Türmen, von wo man ein Taxi oder Xe Om zu den Hot Springs nehmen kann.
- **Fahrrad.** Verleihstellen entlang der Biet Thu und Hung Vuong, 10.000 đ pro Tag, Mountainbikes etwa das Doppelte. Motorräder kosten um 4–8 $.

Unterkunft

Luxus

- **Ana Mandara Resort & Spa.** Holz, Bambus, Rattan, Glas – exquisite Schönheit bis ins Detail. Ein Feigenbäumchen hier, eine Rosenhecke dort; der Ausschnitt eines Fensters, das Design einer Lampe. Von außen sieht das zunächst nicht gar so berauschend aus. Die im Grunde ideale Position inmitten einer lebhaften Stadt- und Strandszene wird naturgemäß mit einem eingeschränkten Platzangebot erkauft; ganz real wird der Traum, „wie im richtigen Leben", nur in der ersten Reihe mit Blick auf Strand und Meer (während nicht nur die letzte unter dem Verkehr der geschäftigen Strandpromenade leidet). 2 Restaurants, Bar, 2 Pools, Tennis, wunderschönes Spa, Wassersport. Von den 74 Bungalows liegen 18 unmittelbar am Strand (ab 339 $ ++), der günstigste Gardenview liegt bei 266 $ ++. Tel. 522222. www.sixsenses. com/evason ana-mandara-nha-trang.
- **Evason Hideaway Ana Mandara.** Die ultimative Alternative zum City-Resort – das Hideaway (Versteck) in der Ninh-Van-Bucht

ist ausschließlich per Boot erreichbar (20 Min., stündlicher Shuttle) und bietet Ruhe und Abgeschiedenheit wie auf einem anderen Planeten. Eine riskante, aber vollauf gelungene Symbiose aus Robinsonade und Überfluss (Raum, Zeit, Laissez-Faire und Entspannung). Das Ana Mandara und das Hideaway sind keine Alternativen, sondern *ergänzen* sich. 32 Beach Villas (jede 176 m² groß und mit eigenem Pool!) 661 $ ++, für Rock-, Water- und Hilltop-Villas muss der Gast noch tiefer in die Tasche greifen (aber diese Preise bezahlt ja ohnehin kein Mensch). www.sixsenses.com.

First Class

• **Melia Sunrise.** 12-stöckiges Gebäude am belebten Strandboulevard, auf Anhieb wie ein Mafiosi-Hotel in Miami wirkend – Marmor, Stuck, Säulen und Rokoko, wohin man blickt. Überdurchschnittlicher Komfort und Service, Pool, Spa, Strandbad, 3 Restaurants. 122 Zimmer mit Seaview, die meisten ab 137 $ ++ inkl. BF (Internet Rate). 12 Tran Phu, Tel. 820999. www.sunrisehotelvietnam.com.

• **Nha Trang Lodge.** Zwölfstöckiges Hochhaussilo mit 120 Zimmern 65, 75, 85, 95 $ (mit Balkon und großer Fensterfront) inkl. BF. Pool. 42 Tran Phu. Tel. 521500. www.nhatranglodge.com.

Economy

• **Asia Paradise.** Gutes, solides Mittelklassehotel mit Pool und Dachgarten-Resto im 12. Stock. 100 Zimmer, zu über Zweidrittel ansprechend möblierte und ausgestattete Superiors mit großen Fenstern und Minibalkon 63–73 $ inkl. BF. Deluxe-Zimmer und Suiten (84–132 $) sind sehr geräumig und verfügen z.T. über Miniküchen. 6 Biet Thu, Tel. 524686, www.asiaparadisehotel. com.

• **Que Huong.** Etwas bieder, aber insgesamt ordentlich (Reisegruppen-„Stadthotel"-Standard). Großer Pool, abends Shows & Dance. 52 Balkonzimmer 60 $, Suiten 100 $ inkl. BF. 60 Tran Phu. Tel. 525047. www.nhatrangtourist.com.vn.

• **Phu Quy 2.** Neu 2006. 15-stöckige Luxusvariante des lange Zeit führenden Budget-Hotels der Stadt (s.u.). Die Tarife richten sich nach Höhe (ab 6. Stock Holzböden), Lage (Sea- oder Cityview) und Ausstattung (Balkon, Dusche/Wanne); alle 60 Zimmer verfügen über Minibar, Safe, Sat-TV etc. Die günstigen (35 $ inkl. BF) haben Innenfenster, ansonsten 45–63 $, Suite 90 $. 2 Lifte, Panorama-Mini-Pool im obersten Stock. 1 Tue Tinh, Tel. 525050, phuquy2hotel@vnn.vn, www.phuquyhotel.com.vn.

• **Vien Dong.** Populär und fast immer ausgebucht; seine mittlerweile 16 Dienstjahre sieht man dem Haus allerdings deutlich an; ein Neubau ist in Planung. Großer Pool (8.30–22 Uhr, für Auswärtige 20.000 đ), Tennis, Open-Air-Resto. 105 AC-Zimmer, großteils mit Balkon, 20, 33 $ inkl. BF. 1 Tran Hung Dao. Tel. 523606. www.nhatrangtourist. com.vn.

• **Bao Dai Villas.** Unzeitgemäßes Urgestein für Abenteuerlustige. Die in den 1920er Jahren von den Franzosen auf einer hügeligen Halbinsel errichteten Villen wurden von Kaiser Bao Dai gekauft und später als Hotel verstaatlicht. Jede der 5 Villen hat 3–4 Zimmer (70–80 $ inkl. BF), zwei Neubauten (25–50 $) erhöhen das Angebot auf 48 Zimmer. Tel. 590147, www.vngold.com/nt/baodai.

Budget

• **La Suisse.** Angenehmes, professionelles Ambiente, guter Service. 30 Zimmer 15 $ (Innenfenster), 17–20 $ (Doppelbett, ab 20 $ auch Triple), 30–40 $ (groß, mit Balkon) inkl. BF, IT. 34 Trang Quang Khai, Tel. 524353, lasuissehotelnt@dng.vnn.vn.

• **Golden** (Hoan Kim). 31 Zimmer auf 9 Etagen, Lift, gute Ausstattung. Je nach Lage und Bettenzahl (Twin/Double) 15–18–20 $. 1K Hung Vuong. Tel. 524496, www.goldenhotel.com.vn.

• **AP.** Neu 2007. Sauber, effektiv, gutes Preis-Leistungsverhältnis. 24 Zimmer 13–20, Suite 26 $. 34 Nguyen Thien Thuat, Tel. 527544, Fax 527268.

• **Nice.** Neu 2007, macht seinem Namen alle Ehre. Ruhig, freundlich, preiswert und daher immer gut besucht. 40 Zimmer auf 10 Etagen 10–20 $; Internet frei, kein BF. 6D Quan Tran (off Hung Vuong), Tel. 527379, nicehotel@vnn.vn.

• **Sea View.** 60 Zimmer 12 $ (Erdgeschoss), 18 $ (Privatbalkon), 22 $ (Seaview), 30 $

(Suite). Lift, Mini-Pool im Innenhof, Dachgarten im 7. Stock. 4B Biet Thu. Tel. 524333, seaviewhotel@dng.vnn.vn.

•**Rainbow.** Nach Totalumbau (2006) jetzt endlich eine gute Option. 45 Zimmer 15, 20, 25 $ inkl. BF. Allerdings extrem schmale Betten; Twin verlangen. 10 Biet Thu, Tel. 525480, www.rainbowhotel.com.vn.

•**Blue Ocean.** Neu 2005. 46 Zimmer 13, 16 $ (Twin), 20 $ (Balkon). Viele Fensterflächen, Lift, Sauna, Billardhalle. 64A Nguyen Thien Thuat, Tel. 524277, www.blueoceanhotel.vnn.vn.

•**Phu Quy.** 12 Jahre *das* Budgethotel der Stadt (mit Lift, Dachgarten etc.), soll es 2009/10 verdientermaßen einem Neubau weichen. Bis dahin 47 Zimmer, z.T. mit Balkon, 10, 12, 14 ohne, 15–20 $ mit BF. 54 Hung Vuong. Tel. 524286, phuquyhotel@dng.vnn.vn.

•**Que Thao.** Nicht anders als viele, aber mit einem gewissen Stil. Gärtchen, Bar, IT-Café, Dachgarten, guter Service. 21 Zimmer 12–22 $ (Triple), 23–30 $ (Vierer) inkl. BF. 4A Biet Thu. Tel. 526433, www.perfume-grass.com.

•**Ha Van.** Gemütlich, freundliches Personal, mit Lift und Dachterrasse. 36 Zimmer, teilweise mit Balkon 18–22 $ inkl. BF. 3/2 Tran Quang Khai, Tel. 525454, flamingosuites@gmail.com.

•**Minh Cat.** Neu und etwas abseits des Getriebes. 26 Zimmer, auf den ersten 4 Etagen 10 $ mit Fan (!), weiter oben (Lift) mit AC und Seaview 20 $, mit Balkon 25 $. 38 Ly Tu Trong, Tel. 521478.

•**Diva.** Kleines, familiäres Haus unter deutscher Leitung *(Trang und Helmut)* mit 8 geräumigen Zimmern (4 mit Balkon) 15–18 $ inkl. BF u. Küchenbenutzung. 24/12A Hung Vuong, Tel. 523115, divahotel@vnn.vn.

•**Dong Phuong 2.** An der Promenade, hell, freundlich. 91 Zimmer 15, 20, 25 $ (mit Balkon & Meerblick), mit Fan Rabatt, ab 20 $ BF. Im 9. Stock Penthouse mit Terrasse 30 $. 96/A4 Tran Phu, Tel. 522580, dongphuong2@dng.vnn.vn.

•**Linh Giang.** An der Promenade. 16 Zimmer, davon die Hälfte mit Balkon und Meerblick 15–20 $. 98A Tran Phu, Tel. 523838, lgkh@dng.vnn.vn.

•Phu Quy 3. An der Promenade. 9 Zimmer, mit Balkon und Seaview 15 $ (2–4 Pers.). 84B Tran Phu, Tel. 523722.

•**La Paloma.** Traumdomizil für Individualisten, weit ab von der Travellerszene wenige Schritte vom *Hon-Chong*-Strand, an dem die Einheimischen baden. Geschmackvolle Zimmer, netter Aufenthaltsraum mit Fotos des exzellenten Fotografen und Hausherrn *Mr. Bu*, schönes, geräumiges Gartenresto, sehr gute Küche. 16 Zimmer, EZ 10–15, DZ 20–25, Family 35–45 $ inkl. BF, Dinner, Kaffee, Tee, Früchte, Pickup Bus-/Bahnhof, Stadt-Shuttle. 1 Hon Chong (300 m nördl. Po Nagar oder über die Tran Phu 2). Tel. 831216, datle@dng.vnn.vn.

Low Budget

•**Blue House.** Intim, sauber, freundlich, mit kleinen Terrassen, am Ende einer ruhigen Gasse („eine Oase im Trubel Nha Trangs", Stefan Roth). 16 einfache, aber geräumige Zimmer mit Bad/WW 6–7 $ (Fan), 8–10 (AC, Minibar). 12/8 Hung Vuong. Tel. 824505, bluehouse128@yahoo.com.

•**Thien An.** Gleich daneben gelegen. 20 Zimmer 8–10 $. Tel. 527037, hotelthienan@yahoo.com.

•**Bang Khuong.** 15 Zimmer mit Fan 6 $, mit AC/Minibar 8 $ (vorne mit kleiner Veranda) in einer kleinen Seitengasse abseits der Hung Vuong. 1D Quan Tran. Tel. 813516.

•**Ha Thu.** Hell, luftig, viele Fenster, gute Ausstattung (AC, Minibar, TV, Wanne), relativ ruhig. 14 Zimmer mit Fan 7–8 $, mit AC 10–12 $, z.T. mit Balkon und Meerblick. 64/2 Tran Phu. Tel./Fax 522800.

•**Oasis.** Ähnlich wie oben und in der gleichen Gasse. 14 Zimmer mit Fan 6–7 $, mit AC 8 $. 64B/12 Tran Phu. Tel. 524181, oasishotel64@yahoo.com.

•**Hien Luong.** Sehr ruhig, freundlich, sauber. 10 Zimmer Fan 6 $, AC 8 $ mit Balkon, Fridge. 17/15B Nguyen Thi Minh Khai, Tel. 522559, hienluong_hotel@dng.vnn.vn.

•**Thuy Duong.** 11 Zimmer, teilweise ohne Fenster, aber die anderen geräumig, mit Balkon, Fridge und TV. Mit Fan 7 $, mit AC 8 $. Ruhig. 24/39 Hung Vuong, Tel. 523468.

Essen und Trinken

- **Ngoc Suong.** Nha Trangs ältestes und vornehmstes Seafood-Resto (mit Filialen in Cam Ranh, Hanoi und Saigon) in neuer Location. Tel. 827030. 96A Tran Phu.
- **Ngon.** Das (im Übrigen preiswerte) *In*-Lokal von Saigon und Hanoi (s.dort) jetzt auch in Nha Trang, und natürlich mit Betonung auf Seafood. 63A Nguyen Thi Minh Khai.
- **Lac Canh.** Bereits eine Legende. Fröhlich-anarchische Garagenatmosphäre, jeden Abend brechend voll, super gut und super Preise. Renner ist das Beef BBQ vom Tischgrill, unbedingt versuchen, zergeht auf der Zunge, *Chao Tom*, Shrimp Pie am Zuckerrohr (Stück 16.000 đ). 44 Nguyen Binh Kiem (Ecke Ngo Quyen).
- **Truc Linh.** Sympathisches, immer gut (auch von Einheimischen!) besuchtes Seafoodlokal in der Travellermeile Biet Thu (No. 11). Umfangreiche Speisekarte, abends Seafood BBQ (mit Beilagen, nicht wie üblich „nackt").
- **Truc Linh 3.** Die etwas elegantere Ausgabe im herzhaften Hue-Stil. 80 Hung Vuong.
- **Treffpunkt.** *Frank Hammerschmidt* ist kein Aussteiger-Wirt, sondern ein echter Profi, dessen Schwarzbrot und selbstgemachte Wurstwaren (köstlich: die Räucherplatte), wunderbar zum Fassbier schmecken. Vom Frühstück (ab 9 Uhr) bis zum Midnight-Drink: 1L Hung Vuong. Siehe auch www.rockyriverresort.net.
- **Checkpoint Charlie.** Aus Charlies Küche kommen Bratwurst, Schnitzel, Gulasch, für herzhafte Beilagen sorgt die eigene Bäckerei. 17 Hung Vuong.
- **La Taverna.** Ordentliche bis gute italienische Küche, zu empfehlen ist die Pasta. 115 Nguyen Thien Thuat.
- In den Strandcafés der Tran Phu futtert man in der Regel vergleichsweise mäßig und teuer (Teller Pommes 1–2 $), aber dafür hat man ja tagsüber Meerblick und abends schöne Discomusik. Zu den Ausnahmen (wenn auch nicht gerade billig) zählen **Casa Italia** und **Taj Mahal** im *Sailing Club* (s.u.).
- **Ninh Hoa.** Die besten *Nem* der Stadt (Portion 17.000 đ). 16A Lan Ong (Ecke Le Loi).
- **Café des Amis.** Seafood und vegetarisch. 2B Biet Thu.
- **Vien Dong.** Viele schwören auf die abendliche Folklore-Dinnershow am Pool des Hotels *Vien Dong* (ab 19.30 Uhr). Im Übrigen: Hier wird rund um die Uhr serviert!
- **Bien Ngoc.** Absolutes Top Seafood, große Portionen, stets frisch, preisgünstig (die meisten Gerichte 30–50.000 đ), sauber, mit einer schönen Terrasse direkt am Meer – super! Einziger Wermutstropfen: Rund 10 km nördlich des Strandzentrums gelegen, 5 Pham Van Dong. Per Fahrrad, Motorrad oder Taxi aber kein Problem. Nicht ganz so gut und etwas uriger ist das **Thien Phuoc** kurz zuvor.

Cafés und Bars

Achtung: Nach Mitternacht besteht auf der Tran Phu rund um die Nightspots Überfallgefahr (u.a. handgreifliche Mädchengruppen). Keine Wertsachen, Dokumente etc. bei sich führen!

- **Sailing Club.** Die Strandbar unter australischer Leitung ist längst eine Institution. Tagsüber kann man sich am Strand aalen (Liege mit Sonnenschirm 20.000 đ), trinken und speisen (3 Restaurants) oder aufs Meer flüchten (Windsurfen, Wasserski, Katamaran etc.), ab 22 Uhr und bis gegen 2 Uhr geht die Post ab im heißesten Nightspot der Stadt. 72 Tran Phu, www.sailingclubvietnam.com.
- **Louisiane Brewhouse.** Das frankophone Gegenstück mit eigener Mikro-Brauerei (5 Biersorten). Außerdem Café, Bar, Resto (sehr ausführliche Karte) sowie Strandbad mit Pool, Liegen, Relax-Center (Massagen), Wassersport usf. 7.30–24 Uhr. 86A Tran Phu. www.louisianebrewhouse.com.vn.
- **Crazy Kim.** *Be hot. Be cool. Be crazy. Just be.* Von der *Straßenkinderinitiative* (die aber trotzdem noch existiert) zum *Funky Pub* im Westernstil (Kim kommt schließlich aus Kanada). Gute Informationsbörse, Happy Hour 16.30–22.30 Uhr, hübscher Innenhof mit Korbsesseln. 19 Biet Thu.
- **Guava.** Cool und doch urgemütlich, ganz besonders im Palmengarten, mit all-day-hangover-breakfasts und guten Burgers. Von 11 Uhr bis weit nach Mitternacht. 17 Biet Thu.

Anreise und Weiterreise

Entfernungen

- **Von Nha Trang** (in km): Cam Ranh 40, Doc Let 50, Dam Mon 90, Tuy Hoa 90, Phan Rang 105, Buon Ma Thuot 190, Da Lat 215, Qui Nhon 240, Phan Thiet/Mui Ne 250, Saigon 445, Quang Ngai 410, Da Nang 540, Hue 650, Hanoi 1300.

Zug

- **Bahnhof** *(Ga Nha Trang)*. 17 Thai Nguyen.
- Nach Norden wie Süden verkehren tgl. alle Express-Züge. Nach Da Nang benötigen sie 9–11, nach Hue 12–14, nach Hanoi 24–30, nach Saigon 7–10 Std.
- Der Sonderzug SN1/3 verkehrt ausschließlich zwischen Saigon und Nha Trang.
- Der Luxuszug **5 Star Express** fährt tgl. 14.55 Uhr nach Saigon (an 23.20 Uhr); ab 15 $ inkl. Mahlzeit. Tickets online oder am Bhf., Tel. 562168. www.5starexpress.com.vn.

Bus

- **Busbahnhof** *(Ben Xe Lien Tinh)* liegt stadtauswärts an der 58 Duong 23/10.
- **Express-Busse** *(xe do toc hanh)* fahren u.a. nach Saigon (8–10 Std.), Da Lat (6 Std.), Qui Nhon (7 Std.), Buon Ma Thuot (5 Std.), Pleiku (8 Std.), Da Nang (10–11 Std.), Hue (16 Std.), Tuy Hoa, Quang Ngai, Vinh und Hanoi. Express-Busse, die nicht in Nha Trang enden, halten an der N1 (6 km ins Zentrum, per Xe Om 25.000 đ).
- **Open Tours.** Tgl. nach Hoi An, Mui Ne, Da Lat und Saigon.
- **Hochland.** Sehr zu empfehlen sind die Minibusse von *Mai Linh*, 98B/9 Tran Phu, Tel. 817111. Nach Dalat 4x tgl. mit *Phuong Trang*, 5 Le Thanh Ton, Tel. 524315.

Flug

- **Flughafen.** Seit Mai 2004 in **Cam Ranh** 35 km südl., wo auch größere Maschinen (Airbus etc.) landen können. Neue, sehr schöne Panorama-Straße entlang der Küste.
- **Transport.** Per **Minibus** bis zum alten Airport von Nha Trang (82 Tran Phu) 30.000 đ, inkl. Taxi-Transport zum Hotel 45.000 đ. Per **Taxi** je nach Größe 170–200.000 đ. Bus- und Taxi-Tickets in Nha Trang bei Vietnam Airlines, 91 Nguyen Thien Thuat.
- Es gibt tgl. Verbindungen von/nach **Hanoi** und **Da Nang** sowie zweimal tgl. von/nach **Saigon.**

Nha Trang, Umgebung

Die Inseln

Hon Tre (Bambus-Insel) ↗ XXI/D1

Die größte der vorgelagerten Inseln. Es gibt zwei größere Fischerdörfer und das gigantische *VinPearl Land* (s. *Exkursionen*).

Hon Mun (Elfenbein-Insel)

Gleich unterhalb von Hon Tre gelegen, rund 10 km südöstl. von Nha Trang. Berühmt für seine glasklaren Gewässer und Korallenbänke, ideal zum Tauchen und Schnorcheln. Mit fast 350 registrierten Arten werden rund um Hon Mun mehr Korallentypen gezählt als in der ganzen Karibik

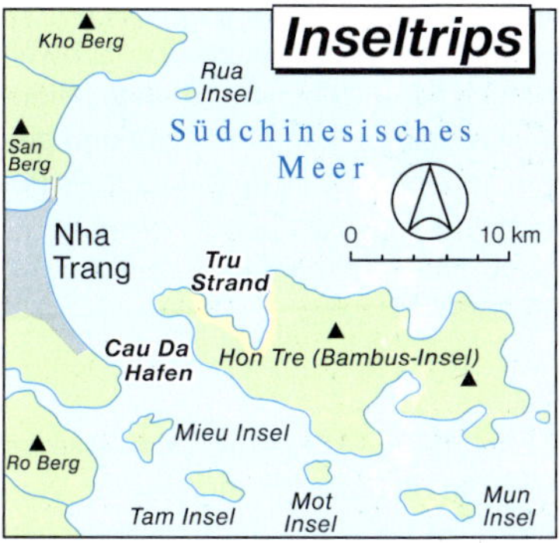

zusammen. Meeresbiologen haben außerdem fast 150 Fisch- und 200 Mollusken-Arten gezählt, deren Bestand in den letzten Jahren allerdings rapide abgenommen hat. Zum Schnorcheln hervorragend geeignet ist auch die kleine Nachbarinsel **Hon Mot.**

Hon Mieu

(auch *Tri Nguyen).* Mit der Fähre vom Hafen ***Cau Da*** zu erreichen. Hauptattraktion sind die großen Fischzucht-Teiche (unterteilt in Speise-, Zier- und Kampffische), außerdem werden Krustentiere und Schildkröten aufgezogen. Das Café *My A* sorgt für das leibliche Wohl.

Hon Hai Yen (Seeschwalben-Insel)

Von Nha Trang aus gerade noch sichtbar als eine von mehreren Kalksteininseln vor der Küste, in deren Grotten Tausende von Salanganen nisten. Die Sammler, die die begehrten Nester von den steilen Felswänden klauben, gehen einem überaus gefährlichen Handwerk nach, die feuchten, glitschigen Höhlen sind von schwindelerregenden Bambus-Leitern durchzogen. Die 5–8 cm großen Schwalbennester bestehen aus dem gelatinösen Speichelsekret der Vögel und gelten außer als Delikatesse auch als Potenzmittel, weshalb sie vornehmlich nach China, Hongkong und Taiwan verkauft werden.

Hon Lao (Monkey Island)

Die hiesige Affenpopulation stammt ursprünglich aus dem Norden Vietnams und war mit dem sowjetischen Weltraumprogramm verknüpft. Aufgrund der Besucherscharen hat sich später ein regelrecher Freiluftpark samt Zirkus (Bären- und Hundeshows, Elefantenreiten etc.) etabliert. Eintritt 45.000 đ, Abfahrt s.u.

Bai Dai

Der über 10 km lange, einsame und (noch) total unverbaute *Long Beach* liegt 19 km südlich auf dem Weg zum Flughafen Cam Ranh. Momentan findet man dort nur eine Handvoll Cafés und Seafood-Restos.

Anreise u. Unterkunft

- **Cau Da.** Vom Hafen an der Südspitze von Nha Trang kann man Boote zu den vorgelagerten Inseln mieten. Die Preise bewegen sich zwischen 3–8 $ pro Stunde.
- **Ben Da Chong.** Von dem Touristenhafen (Tel. 839446) an der N1 15 km nördl. von Nha Trang fahren tgl. 7–16 Uhr Boote nach *Hon Lao*/Monkey Island (45.000 đ, Guesthouse 8–20 $), *Hon Heo* (Wasserfall, Fischen, Bergsteigen, Übernachtung im Langhaus 45.000ð) und *Hon Thi* (20.000 đ; Wassersport, Wildpark mit Hirschen, Straußen usf.).

Cam Ranh

↗ XXI/D1

(Cam Ranh)

Der Naturhafen von Cam Ranh war zwischen 1964 und 1973 die **größte Marinebasis** der Amerikaner in Vietnam. Fahrrinnen für Flugzeugträger und U-Boote wurden ausgebaggert und rund um die Bucht breite Asphaltstraßen angelegt. Die Bauteile für die gigantischen Piers und Docks wurden direkt aus den USA importiert und an Ort und Stelle zusammenmontiert.

Nach dem Abzug der Amerikaner war Cam Ranh für einige Jahre (1980–1989) größter russischer Marinestützpunkt außerhalb der Sowjetunion, seitdem interessieren sich die USA wieder für die Bucht (u.a. als Ersatz für ihre verlorenen Basen auf den Philippinen). So oder so ist die Bucht bis heute ein Militärgelände und damit off limits für Besucher.

Der Nordteil der Bucht wird zum **Internationalen Flughafen** ausgebaut und hat im Inlandsverkehr seit 2004 den Airport Nha Trang abgelöst.

Praktische Informationen

- **Entfernungen** (in km): Nha Trang 40, Phan Rang 55.
- **Essen und Trinken.** Südlich der Stadt liegen entlang der N 1 zahllose, auf Stelzen ins Wasser gebaute Seafood-Restaurants. Sehr empfehlenswert ist das **Ngoc Suong.** Das *Cau Ba* vermietet auch Zimmer.

Phan Rang ↗ XXI/D1

(Phan Rang)

Die Gegend um Phanh Rang, seit 1992 Hauptstadt der Provinz *Ninh Thuan*, ist die Heimat zehntausender **Cham,** die im Gegensatz zu den moslemischen Cham des Südens noch weitgehend ihren hinduistisch-brahmanischen Glauben beibehalten haben und mehrmals im Jahr ein großes Fest bei ihrem Heiligtum **Po Klaung Garai** unweit der Stadt feiern.

Die Region ist eine der trockensten und dürrsten Vietnams. Außerhalb der dichter besiedelten Zonen bestimmen Dünen, Salinen, Kakteen, Rinderherden und Ochsenkarren das Bild. Die sandigen Böden lassen Weintrauben und Drachenfrüchte gedeihen und bilden die Basis für Glasherstellung.

Wenige km nördlich der Stadt stehen zwei **Cham-Türme** unmittelbar an der N 1. Von den ursprünglich drei sind nur noch zwei erhalten; verwittert und teils schon eingefallen, zeigen sie dennoch deutlich die Merkmale der klassischen Cham-Architektur des 8. Jh.

Am **Strand** von **Ninh Chu** (6 km), in den 1970er Jahren Privatstrand des Saigoner Regimes unter Präsident Thieu, gibt es einige neue Resorts.

Empfehlenswert ist ein Ausflug nach **Vinh Hy** (35 km nördl.). Das glasklare Wasser der lange versteckten Bucht (einst Militärposten) macht Schnor-

Cham von heute

109vi Foto: kb

110vi Foto: kb

cheln, Tauchen, Fischen oder eine Fahrt mit dem Glasbodenboot (Boot/Std. um 400-, Person/Std. 45.000 đ) zum Vergnügen.

Sehenswertes

Po Klaung Garai

Die drei Ziegeltürme des **Cham-Heiligtums** thronen auf der Spitze eines imposanten, fast 100 m hohen und dicht mit Kakteen bewachsenen Granithügels, der über der flachen Küstenlandschaft aufragt. Kunsthistorisch gibt es wertvollere Zeugnisse der Cham-Kultur, aber die pure Majestät der Anlage springt ins Auge.

Das Heiligtum ist dem legendären Fürsten *Po Klaung* (1151–1205) gewidmet, der in der Mythologie der Cham den Platz Shivas einnahm und zusammen mit Po Nagar über den (selber als Gottheiten verehrten) Königen rangierte. Es entstand im 13. Jh., als der Niedergang der Cham bereits begonnen hatte. Formen und Schmuck sind schon stark vereinfacht, und der Baustil wirkt deutlich schwerfälliger als weiter im Norden, zudem sind die meisten Friese und Reliefs Nachbildungen der Originale, die sich französi-

Afrika? Dürrezone Phan Rang!

sche und amerikanische Soldaten unter den Nagel gerissen hatten.

Über dem Eingang des Hauptturms *(kalan)* tanzt ein sechsarmiger Shiva. Im Innern findet man den *Mukha-Lingam* (stilisierter Phallus), das Symbol Shivas, mit den Gesichtszügen und Insignien von Po Klaung Garai.

Die Tempelanlage wird von den Angehörigen der Cham-Minderheit noch heute als Heiligtum verehrt; viermal im Jahr, im Januar, März, Oktober und Dezember, versammeln sie sich hier zu einem großen **Fest.** Das größte und ausgelassenste, *Kate*, das Tet-Fest der Cham, findet im Oktober statt.

7 km westlich von Phan Rang in Sichtweite der N 27. Eintritt 10.000 đ.

Po Rome

Die Türme von Po Rome 15 km südlich von Phan Rang werden als das letzte große Turmheiligtum der Cham angesehen und entstanden Anfang des 17. Jh. zu Ehren des letzten Herrschers eines unabhängigen Champa, König Po Rome, der 1651 in vietnamesischer Gefangenschaft starb. Die einfach ausgeführten, aber in ihrer trostlosen Verlassenheit beeindruckenden Ziegelbauten mit Statuen von Königinnen und heiligen *Nandi*-Stieren stehen auf einem Felshügel 5 km westlich der N 1 und sind nur auf einem schmalen Pfad zu erreichen.

Praktische Informationen

- 140.000 Einw. Tel. 068.
- **Info.** *Ninh Thuan Travel Center.* 626 Thong Nhat, Tel. 836405, www.ninhthuantourist.com.vn.
- **Zug.** Der Bahnhof *Thap Cham* liegt 6 km westl. von Phan Rang.
- **Entfernungen** (in km): Nha Trang 105, Da Lat 110, Phan Thiet 145, Saigon 335.

Unterkunft

- **Ho Phong.** Kitschig wie eine Jahrmarktsbude, aber neu, sauber, mit sehr guten Bädern. 30 Zimmer 11–18 $. 363 Ngo Gia Tu, Tel. 920333, hophonghotel@vnn.vn.
- **Thong Nhat.** Staatlich. 33 AC-Zimmer 15, Triple 25 $. 343 Thong Nhat, Tel. 825406.
- **Fa Ra.** Freundliches Guesthouse nahe dem Busbahnhof. 9 Zimmer (zum Innenhof), Fan 7, AC 9 $. 281 Thong Nhat, Tel. 820641.
- **Saigon Ninh Chu.** Freundliches Strandhotel (2005) mit Pool, 10 Bungalows und 102 Zimmer 65–100 $ inkl. BF. Tel. 876000, www.saigonninhchuhotel.com.vn.
- **Tim Paradise.** Superb – mit Abstand schöner und geschmackvoller als das Saigon (dessen Strand und Pool man für 30.000 đ benutzen kann). 10 Zimmer mit guten Bädern auf 3 Etagen 20–40 $. Tel. 873096, www.timparadise.vn.com.
- **Huong Bien.** Freundliches Familienhotel mit 10 Zimmern, Fan 6–8, AC 10–12 $. Pool s.o. Tel. 873044.

Ca Na

↗ XXI/D2

(Cà Ná)

Bildschöner, mit gewaltigen Granitfelsen gespickter **Sandstrand** (Achtung: viele Seeigel und scharfe Muscheln) unweit des idyllisch gelegenen Fischerortes Ca Na, leider unmittelbar an der N 1 gelegen, was das Vergnügen deutlich einschränkt. Angeblich haben hier schon die Cham-Prinzen nach der Elefanten- und Tigerjagd gebadet. Insgesamt kein schlechter Platz für einen Kurzaufenthalt. 32 km südl. von Phan Rang, 115 km nördl. von Phan Thiet.

Unterkunft

- **Ca Na.** Restaurant und Anlaufstelle vieler Tourbusse. 20 Zimmer 8 $, 8 Bungalows direkt am Strand schäbig, aber ruhig 8–10 $. Die neuen und schöneren (12–15 $) sind deutlich lauter. Tel. 861320.
- **Hai Son.** Ca. 100 m entfernt. 20 Zimmer und Bungalows 20–25 $ inkl. BF. Tel. 861322. Spezialität des Restos (wie überhaupt der Region) sind *dong*, eine Art Gecko. Tel. 822719.

Phan Thiet

↗ XXI/C2

(Phan Thiết)

Phan Thiet, in Vietnam hauptsächlich für seine Fischsauce *(nuoc mam)* bekannt, liegt beiderseits des *Ca Ty*-Flusses und besitzt einen der malerischsten **Fischerhäfen** Vietnams. Der zunächst von Pinien-, dann von Palmwäldern gesäumte feinsandige **Strand** erstreckt sich nördlich der Flussmündung und reicht, unterbrochen nur von einigen Vorsprüngen, Hügeln und Lagunen, bis zu dem auf einer felsigen Halbinsel gelegenen Fischerdorf **Mui Ne** 22 km nordöstlich der Stadt.

Von Interesse sind außer dem Hafen der lebendige Markt und die *Duc Thanh*-Schule, in der Ho Chi Minh 1910–11 unterrichtete und der heute ein kleines Museum angeschlossen ist (39 Trung Nhi, tgl. außer Mo 7–11.30, 13–16.30 Uhr, 10.000 đ).

Auf dem Weg nach Mui Ne (km 6) passiert man die drei Ziegeltürme von **Po Shanu,** einem der südlichsten Cham-Heiligtümer Vietnams aus der Frühzeit des Reichs (8. Jh.).

Praktische Informationen

- 150.000 Einw. Tel. 062.
- **Information.** *Binh Thuan Tourist,* 82 Trung Trac, Tel. 816108, www.binhthuantourist.com (siehe auch www.muinebeach.net).
- **Geld.** *ICB-Bank,* 261 Tran Hung Dao.
- **Unterkunft.** *Binh Minh,* am Stadtstrand, 90 Zimmer, mit Fan 10 $, mit AC/Seaview ab 15 $; 211 Le Loi, Tel. 823344, www.binhminhhotel.com.vn. *Sydney* nennt sich eines der zahllosen Minihotels im Ort; sehr ordentliche Zimmer ab 8 $. 486 Thu Khoa Huan (Str. nach Mui Ne), Tel. 811074.
- **Zug.** Bahnhof *Muong Man* 12 km westl.; außer dem Superexpress halten alle Züge. Der PT1/2 verkehrt tgl. nur zwischen Saigon und Phan Thiet.
- **Bus.** Der Busbahnhof *(Ben Xe Binh Thuan)* liegt 2 km nördl. der Flussbrücke an der Hauptstraße *Tran Hung Dao* (später *Tu Van Tu).* Busse fahren von hier nach Saigon, Phan Rang und Nha Trang.
- **Mui Ne.** Per Stadtbus (s. Mui Ne) 8000 đ, *Xe Om* um 20–30, Taxi 80–100.000 đ.

Mui Ne

↗ XXI/C2

(Mũi Né)

Schwarzer Fels, weißer Strand, Kokospalmen, rote Sanddünen, türkisfarbenes Meer – an manchen Stellen ein nahezu surrealer Traum zwischen Karibik und Sahara. So war es früher.

Mui Ne heute: auf **8 km Strand** rund 120 Resorts (Stand 2008) – das hört sich auf Anhieb viel an, ist es aber nicht. Die Dimensionen sind bescheiden und werden es auch bleiben; es ist schlicht kein Platz für die Großen mehr da. Unbebaute Grundstücke sind längst eine Rarität, und notgedrungen beginnt man bereits auf die Dünen und Strände jenseits von Mui Ne auszuweichen.

Noch Mitte der 1990er Jahre war Mui Ne ein Ort im totalen Abseits. Einheimische Fotografen und Filmemacher hatten seine Dünen schon landesweit bekannt gemacht, aber die Menschen dort waren elend, hungerten und lebten im Dreck. Der kargen Böden wegen lebten sie fast ausnahmslos von Fischfang und *nuoc mam*-Herstellung, besaßen aber weder Motoren noch Benzin, weit aufs Meer hinauszufahren. Auf die Landkarte kam Mui Ne erst, als Europäer aus dem nahen Saigon 1995 ein erstes Resort dort errichteten.

Praktische Informationen

Orientierung

- Das Fischerdorf Mui Ne liegt auf einer hügeligen Halbinsel 21 km östl. von Phan Thiet. Zwischen km 11 und 18 erstreckt sich der Strand (Hauptstrand), mit den schönsten und breitesten Abschnitten zwischen km 11 und 13. Die anderen sind entweder felsiger oder windiger (sodass der Strand abgetragen wird). Bei km 17 liegt das langgestreckte Fischerdorf *Ham Tien*. Hinter der Strandstraße verlaufen Ketten von Dünen (www.muinebeach.net).
- Bisher versah man **Adressen** mit Kilometerangaben (gemessen ab Phan Thiet), was zur Orientierung auch Sinn macht. Die neuen Straßennamen *Nguyen Dinh Chieu* (NDC, ab km 10) bzw. *Huynh Thuc Khang* (HTK, ab km 17) setzen sich aber durch.
- Achtung: Der **Verkehr** auf der Straße ist bis zur Fertigstellung der Umgehungsstraße nach wie vor chaotisch, äußerste **Vorsicht** ist geboten!
- **Transport.** Die blau-weißen *Suoi Cat*-Busse pendeln 7–21 Uhr alle 20 Min. zwischen Phan Thiet (südl. Stadtausgang) und Suoi Cat (ca. 10 km hinter Mui Ne-Dorf). Kurzstrecken 3000 und 5000 đ, ab/bis Phan Thiet 8000 đ. Ein *Xe Om* sollte um 15.000 pro Stunde, um 100.000 đ pro Tag kosten. *Fahrräder* (ab

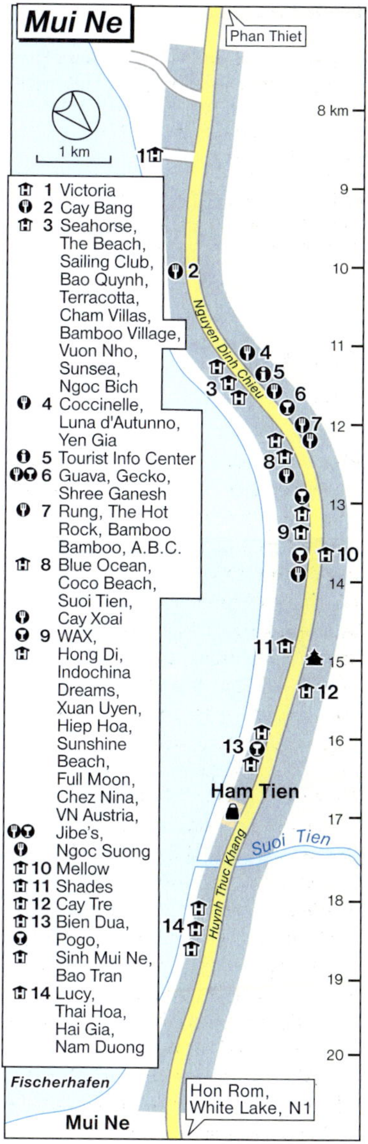

20.000 đ) und *Motorräder* (ab 5 $) vermieten fast alle Hotels.

- **Entfernungen** von Mui Ne (in km): Phan Thiet 22, Khe Ga 55, Phan Rang 145, Saigon 220, Da Lat 275, Nha Trang 275, Da Nang 840.

Klima

Geschützt durch die Dünen weist Mui Ne ein spezielles **Mikroklima** auf – es regnet spärlicher als selbst im regenarmen Phan Thiet, und es weht rund 200–250 Tage im Jahr beharrlich eine **erfrischende Brise,** die Mui Ne zu einem Dorado der Wind- und Kitesurfer (bester Monat: Januar) gemacht hat.

Ihren Höhepunkt (bis zu 35 Knoten) erreichen die Winde – Ausläufer der Taifune über den Philippinen – zwischen Nov. und Febr./März (besonders gerne nachmittags). Die „Regenzeit" von Mai bis Sept. (Nebensaison) ist vergleichsweise regenarm, von Sept. bis Jahresende kann starker Wellengang herrschen (ideal für Surfer).

Adressen

- **Info.** *Tourist Information Center.* Kompetente Betreuung unter deutscher Leitung (*Willi* und *Elke*): eigens gefertige Stadtpläne, Visa, Hotelbuchung, Tickets, super gewartete Motor- und Fahrräder, geführte Touren. 53 NDC, Tel. 743033, www.go2vietnam.eu.

Die Hauptstraße von Mui Ne (1992)

162vi Foto: kb

● **Geld.** ATMs bei größeren Hotels *(Swiss Village, Saigon Mui Ne, Dynasty). Banken* nur in Phan Thiet, z.B. *Agribank*, 2–4 Trung Trac, *BIDV*, 286A Tran Hung Dao.
● **Post.** Beim *Swiss Village*, km 11.8
● **Medical Clinic.** Tgl. 9–21 Uhr, Konsultation ab 20 $. *Swiss Village*, 44 NDC, Tel. 847497, 0918210504.
● **Supermarkt.** Zwischen km 11.5 und 13 gibt es jede Menge Quellen für billiges Bier, Sonnencreme und Junkfood.
● **Bäckerei.** *Pascal's Bakery.* Frisches Brot und leckerer Kuchen; mit Café. 257 NDC.
● **Schmuck.** *Goldschmiede.* Ein deutsch-vietnamesisches Meisterpaar fertigt geschmackvolle und preisgünstige Schmuckstücke. 79A NDC.

● **Spa.** Wird fast überall angeboten und kann großes Wellness-Erlebnis oder Massage-Matte im Sand bedeuten. Originell und seriös (auch wenn die nostalgische Atmosphäre an ein Kolonialbordell erinnert) ist *Nina Spa* in einem Teak-Haus von 1867 mit großem Angebot (Massagen, Facial Treatment, Steam Bath etc.), 165 NDC, Tel. 847577.

Reiseagenturen

● **Open Tours.** Busse aller Veranstalter fahren 2–3x tgl. nach Saigon und Nha Trang (Nacht- und Tagbus, 4 bzw. 4.5 Std., um 5 $) und nach Da Lat (7 Uhr).
● **Touren** zu den *Weißen Sanddünen* kosten um 5–8 $ (Min. 3–4 Pers., ca. 4 Std.). *City Tour* (Cham-Türme, Phan Thiet, Ta Cu Buddha) 10 $. **Individuelle Touren,** z.B. mit dem Motorrad nach Vung Tau (95 $ inkl. Bike, Essen, Guide) über *go2vietnam* (s. Info) oder *Mui Ne Easy Rider* (Mr. *Khanh*, 45 $ pro Tag),

Die Hauptstraße von Mui Ne (2008)

150vi Foto: kb

79 HTK, Tel. 0946678393, canmuine@yahoo.com. *Chasseur Blanc* veranstaltet Nostalgie-Touren, z.B. mit Sidecar-Motorrädern nach Dalat (2 Tage 140 $), 79 NDC, Tel. 741222, www.chasseurblanc.com.

- **Sinh Café.** Im *Mui Ne Resort*, 144 NDC, Tel. 847542. km 16
- **Hanh Café.** 121 NDC, Tel. 741025. km 13.5.
- **An Phu Tourist.** Im *Thai Hoa*, 56 HTK, Tel. 847830, km 18.
- **TM Brothers.** 125B NDC, Tel. 847359. km 12 und 13.5.

Wassersport

- **Airwaves** (im *Sailing Club*). Tel. 847440. www.airwaveskitesurfing.com. km 11.5
- **Jibe's** (auch im *Full Moon Beach*). Tel. 847 405, www.windsurf-vietnam.com. km 13.3
- **Windchimes** (im *Saigon Mui Ne*). Tel. 847399, www.kiteboarding-vietnam.com. km 12.2

Unterkunft

Fast alle großen Resorts am Hauptstrand (km 11–12.5) – mit kaum mehr als 60–100 Zimmern allerdings vergleichsweise „intim" – beherbergen *Pauschaltouristen* aus aller Welt (reine Strandtouristen, darunter viele Deutsche und Russen). Unterkünfte für Individualisten (statt Gruppen) sind zwar zahlreich, aber samt und sonders klein und verstreut. Wir beschränken uns – mit wenigen Ausnahmen – auf diese.

Da sich praktisch alle *Resort* nennen, lassen wir diese Bezeichnung generell ebenso weg wie den obligatorischen Pool (den wir nur noch erwähnen, wenn er *nicht* vorhanden ist).

First Class

- **Victoria Phan Thiet.** Eine rundum gelungene Anlage. Der Strand ist malerisch, aber mit Felsen gespickt, das Baden daher etwas tückisch. 60 komfortable und geräumige Cottages in hügeliger Gartenlandschaft. 200 $ (Beach Front), 180 $ (Sea View), ab 250 $ (Family), jeweils ++. BF extra. Tel. 813000. www.victoriahotels-asia.com. km 9
- **Cham Villas.** Die intimste und charmanteste Anlage von Mui Ne (was sich jedoch herumgesprochen hat; wenn möglich langfristig buchen!). Alles verrät Geschmack, vom üppigen tropischen Garten bis zu den komfortablen, aber angenehm zurückhaltend dekorierten Räumlichkeiten; weder Protz noch aufgesetzte Exotik. Gute vietnamesische und deutsche Küche (Investor ist ein in Singapur lebender Deutscher). 18 Bungalows 120 $ (Garden), 140 $ (Garden Villa), 160 $ (Beach Front) inkl. BF. 32 NDC, Tel. 741234. www. chamvillas. com. km 11.6
- **Blue Ocean** (seit 2008 under management of *Life-Resorts)*. Gelungene Umwandlung eines schon bestehenden Resorts in ein pfiffiges Design-Hotel mit 52 geräumigen Bungalows 109–150 $ inkl. BF und zwei Häusern à 16 Zimmer 80–92 $. 54 NDC, Tel. 847322, www.blueoceanresort.com. km 12

Tourist

- **Seahorse.** Weitflächige Anlage mit viel Grün und geschmackvollen geräumigen Zimmern und Bädern. Den hervorragenden Gesamteindruck trübt die streckenweise ungünstige Staffelung der Bungalows (wenig Privatheit), zumal seit der nachträglichen Installierung neuer dreistöckiger Häuser an der Ostflanke des Grundstücks. 40 Bungalows 129 $ ++ (Gardenview), 165 $ ++ (Seaview), 220 $ ++ (Seafront). 50 Zimmer 109–119 $ ++, jeweils ohne BF. Tel. 847507, www.seahorseresortvn.com. km 11.2
- **Coco Beach.** Für Individualreisende mit die beste Wahl: keine großen Gruppen. 1995 das erste Resort von Mui Ne, immer äußerst gepflegt und bestens geführt – die deutsch-französischen Eigner Jutta und Daniel leben vor Ort. Gut gestaffelt, viel Raum, viel Grün. Zwei Restaurants *(Champa* und *Paradise Beach Club* direkt am Strand), Wassersport, Bibliothek mit TV. 28 Bungalows (ohne TV!) mit gemütlicher Veranda, Bäder mit Regendusche. 105 $ (Mai–Okt. 85 $), 3 Villen (4 Pers.) 170/210 $ + 5% inkl. BF. 58 NDC, Tel. 847111-3, www.cocobeach.net. km 12.5
- **Terracotta.** Neu und relativ ansprechend sowohl vom Service als von der Ausstattung her (Obst, Wasserkocher). 65 Zimmer, davon 24 im Haus (70 $ ++), der Rest in Bungalows

(85–120 $ ++) inkl. BF. 28 NDC, Tel. 847610, www.terracottaresort.com. km 11.5

●**Bamboo Village.** Etwas beengt (70 Zimmer), aber nicht ohne Charme. Die Neubau-Zimmer rund um den zentralen Pool (98, 108, 118 $) sind am besten in Ordnung, die Bungalows (136, 190 $), der ursprüngliche Kern der Anlage, sind näher am Strand; alle Tarife inkl. BF. 38 NCD, Tel. 847007. www.bamboovillageresortvn.com. km 11.8

●**Sailing Club.** Vergnügliches Resort des populären australischen Strandclubs in Nha Trang mit einem Hauch von New Mexico (ockerfarbene Lehmarchitektur). Blühende Gärten, exzellente Wassersportmöglichkeiten, lebhaftes Nachtleben. Allein der Pool ist etwas kümmerlich geraten, und auch der Strand macht einige Sorgen. 31 Zimmer. Einfach, aber ansprechend im Sapa House mit Gemeinschaftsterrasse (66 $), deutlich geräumiger und besser ausgestattet in den Garden Bungalows (88 $), noch einen Tick größer und feiner in den Deluxe- (110 $) und Beachside-Bungalows (127 $), jeweils inkl. BF. 24 NDC, Tel. 847440. www.sailing clubvietnam.com. km 11.5

●**Shades.** Gelungen „anders". 7 Apartments mit bestem Equipment und Superküchen, cool, modern, relaxed. Kleiner Strand, großer Pool, schöne Terrassen. 120–460 (Penthouse, 2 Schlafzimmer) $ inkl. BF, Wäsche. Tel. 743236, www.shadesmuine.com.

●Unter diese Kategorie fallen mehr als ein Dutzend weitere, meist größere Häuser, in der Mehrzahl typische Pauschaltouristenunterkünfte.

Economy

●**Sunsea.** Sehr harmonisch, freundlich und effektiv. 12 hübsch möblierte Bungalows mit großzügigen Veranden. Standardzimmer (60 $) blicken auf den geschützten Pool, Superiors (70 $) auf den Garten. 3 Rundbungalows (80 $) sind größer und schicker (u.a. mit CD-Player), das Family Cottage (140 $) hat 2 Schlafräume. 50 NDC, Tel. 847700, www.sunsearesort-muine.com. km 11.9

●**The Beach.** Solides Hotelfeeling in ein- bis zweistöckigen Bungalows à 2–4 Zimmer mit kleiner Veranda oder Balkon. Nicht zu beengt. Angenehme Details wie Kaffeekocher oder Moskitonetze. 40 Zimmer 60 $ inkl. BF. Stark erodierter Strand. 18 NDC, Tel. 847626. www. thebeachresort.com.vn. km 11.2

●**Full Moon Beach.** Ein Klassiker (seit 1996) in neuem Outfit mit mehr als korrekten Preisen. Liebevolle Details (die gute alte Thermosflasche!), harmonische Farben, witzige Bäder und gute Ausstattung (jedes Zimmer hat Moskitonetze und Sitzgelegenheiten außen), schöner Pool und Garten. 27 Zimmer, 90 (Beachfront oder Studio für 3–4 Pers.), 65 (Seaview), 55 und 40 $ für Gardenview (würde woanders noch als Seaview verkauft) inkl. BF. Gute, lebhafte Atmosphäre, Surf- und Kitezentrum (dem franz. Besitzer gehört auch Jibe's). 84 NDC, Tel. 847008, www.windsurf-vietnam.com. km 13.2

●**Ngoc Bich.** Ganz ansprechend und gut in Schuss, (noch) kein Pool. 20 Zimmer, Fan 15 $ ohne BF, Bungalows 35, 40, 45 $ (Seafront) inkl. BF. 52 NDC, Tel. 847032.

●**Cay Tre.** Ein Haus voller Überraschungen jenseits der Straße. Sitzt man am Pool oder auf der Terrasse, vergisst man die Straße und sieht nur Palmen und Beach: Gut gelöst! Das gilt auch für die Anordnung der 4 Zimmer zu 40 $ inkl. BF (Family 80 $). 173 NDC, Tel. 220656.

●**Bao Quynh.** Trotz des ziemlich schmalen Grundstücks kein Gefühl der Enge; ansprechendes Ensemble. 22 renovierte Zimmer (24–36 $) und Bungalows (je nach Größe/ Lage 42–46 $) inkl. BF. 26 NDC, Tel. 741007, www.baoquynh. com. km 11.5

●**Sunshine Beach.** Lebhaftes Kiter-Dorado. 18 Zimmer mit Fan 28 $, mit AC 32–40 $ inkl. BF. Ohne Pool. 82 NDC, Tel. 847788. www.sunshine-beach.com. km 13,1

●**Suoi Tien.** Familienbetrieb, klein und gepflegt. Hübsches Strandresto, gehobene Preise. 20 Zimmer/Bungalows 22 $ (Fan), 35 (Seaview 40), 60 (Beachfront) inkl. BF. 60 NDC, Tel. 847 146, suoitienmuineresort@vnn.vn. km 12.6

●**Chez Nina.** Klassiker. Gut instandgehalten und modernisiert, etwas beengt zwar (und ohne Pool), aber guter Service und eines der besten Beach-Restos. 13 Zimmer/ Bungalows (z.T. direkt am Strand) 30–40 $ inkl. BF. 86 NDC, Tel. 847177, www.chezninaresort.com. km 13.2

Budget

• Sinh Mui Ne. TUI-Club en miniature von *Sinh Café*. Alles mit AC, Minibar, Sat-TV etc., allerdings extrem beengt, vor allem die Bungalows (35–45 $). Mickriger Strand. 48 Zimmer, 25–40 $, an Wochenenden Aufpreis. 144 NDC, Tel. 847542, www.sinhcafevn.com. km 16

• Indochina Dreams. Kleine Anlage im Annex der Privatvilla eines kanadischen Auslandsvietnamesen 5 solide, gut ausgestattete Bungalows 30–35 $ inkl. BF. 74 NDC, Tel. 847271, www.indochinadreams.com. km 13

• Lucy. Geschmackvolle, sehr gepflegte Anlage mit Pool und hübschem Resto (vietnamesische Küche, aber auch Wiener Schnitzel). Gastgeber sind der Österreicher Alex und seine Frau Lucy. 26 Bungalowzimmer mit Fan 28 $, mit AC/Safe 38 $, 3 Pool-Zimmer mit Miniküche/Fridge 60 $ inkl. BF. 54A HTK, Tel. 847801, www.lucyresort. net. km 18.5

• Hiep Hoa. Ungewöhnlich luftig, zu Strand und Meer hin geöffnet. 13 Zimmer/Bungalows 20 $ (Fan), 25, 30 $, 2 Beach Bungalows 50 $. 80 NDC, Tel. 847262. www.muine beach.net/hiephoa. km 13.1

• Vuon Nho (Small Garden). Beim Pionier wurde durch neue Besitzer deutlich nachgerüstet, aber selten zum Vorteil. Die Betten mögen besser sein, aber der Spirit der Pionierzeit ist wegsaniert, und den Seaview-Bungalows hat man ein Resto vor die Aussicht gesetzt, Robinsonfeeling war einmal. 16 Bungalows, „Meerblick" 35, Strandnähe 32, Gartenblick 30 $ inkl. BF. 48 NDC, Tel. 847012, www.smallgardenresort.com. km 11.9

Low Budget

• Hong Di. 14 Bungalows, davon 4 am Strand 14–16 $, mit AC 18 $. Nicht schlecht. 70 NDC, Tel. 847014, hdhongdi@yahoo. com. km 13

• Vietnam Austria House (Kim Hong). Etwas beengt, aber freundlich und korrekt; ideal für Kinder (Minipool). 16 Zimmer 10 (Gemeinschaftsbad), 15, 20 $, 3 Bungalows (3–4 Pers.) 20 $. 88 NDC, Tel. 847047. km 13.2

• Xuan Uyen. Ein wenig beengt, mit schönem Strand und vielen Liegen. 6 einfache Zimmer/Bungalows 10/12 $, 2 direkt am Strand (14 $) und z.T. für 3–4 Pers. 78 NDC, Tel. 847476. km 13.1

• Bao Tran. Alternative zum Sinh-Café-Resort. 24 Zimmer 10 und 15 $ (Fan, KW), 20 (WW), zwei große Strandbungalows mit AC 30 $. 56 HTK, Tel. 847062. km 16.2

• Nam Duong. Neu am Ende vom „Budgetstrand". Ein luftiger Platz mit guten Liegen und Pool (war aber leer). 16 geräumige Zimmer (alle mit Fan), die für den Preis geradezu geschmackvoll sind (offene Bäder, ordentliche Betten). Je nach Lage 10, 15, 20 $, 4er 30 $. 96 HTK, Tel. 847001.

• Mellow. Rückversetzt an der Straße, aber immer knallvoll mit Surfern und Kitern, sympathisch chaotisch und unschlagbar billig: 12 Zimmer, simpel, aber mit Netz und sehr korrekt 6 (Gemeinschaftsbad), 10 $ (Minibad), AC 3 $ extra. 117C NDC, Tel. 743086, paul_clayton@hotmail.com.

• Bien Dua. Recht anständig für den Preis, die Betten etwas schmal, kein Strand, aber Liegen. 12 Zimmer, 10 (Fan, KW), 12 (Fan, WW) und 15 $ (AC, Seaview). 136 NDC, Tel. 847241, www.bienduaresort.com.

• Hai Gia. Für den Preis ordentlich. 40 Bungalowzimmer, mit Fan, KW 10–12 $, mit AC, WW 18–20 $. 72A HTK, Tel. 847555, haigia_muine@yahoo.com. km 18.6

• Thai Hoa. Populäre Traveller-Idylle in zwei Reihen rund um einen sandigen Hof. 20 etwas einfallslos gestaltete Bungalows mit Bett, Moskitonetz, Fan, KW, Mini-Terrasse 12–15, mit WW 20–25 $, mit AC, Fridge 25–30 $, dazu 2 Strandbungalows 25 (Fan) und 35 $ (AC). Einfach, aber sauber, mit Resto. 56 HTK, Tel. 847320, www.thaihoaresort. com. km 18.5

Essen und Trinken

• An der Straße, vor allem gegenüber den großen Resorts, gibt es unzählige Lokale mit Seafood-BBQ (meist gefroren und wiederaufgetaut) und stark verwestlichten Gerichten, natürlich mit Messer und Gabel. Fast überall netter, aber schlechter Service. Akzeptabel sind *Bamboo Bamboo* (81B NDC) mit kleiner Thai-Karte, *A.B.C.* (95 NDC), *Dinh Diem* und *Yen Gia* (53 NDC), beide noch (?) unverfälscht vietnamesisch.

●Zum Ausgehen im Resort empfehlen sich vor allem **Coco Beach** (franz. Menu 16 $), **Cham Villas** (auch deutsche Küche) und, günstig, **Chez Nina** (BBQ).
●**Cay Xoai.** Vom Menü her wie alle Straßenlokale, aber korrekt und unschlagbar gute Strandlage (wie lange noch?). 62 NDC.
●**Cay Bang.** Tolle Lage am Meer, hervorragendes Seafood (frisch aus dem Bassin), superpopulär bei Einheimischen. Einziges Manko: Karte ohne Preise, da muss man bei der Bestellung tüchtig nachfragen. 2–4 NDC.
●**Ngoc Suong.** Ableger des berühmten Seafood-Imperiums mit Filialen quer durch Vietnam. Sehr gute Fisch-Küche. 94 NDC.
●**Jibe's.** Ein guter Tipp ist das Strand-BBQ am Samstag für 12 $. 99 NDC.
●**Luna d'Autunno.** Der Spitzen-Italiener am Strip. *Alex* und *Gino* kommen aus Berlin. Salate, Pasta, Pizzen (ab 80.000 đ), Fisch und Fleischgerichte ab 145.000 đ. 51A NDC.
●**Coccinelle.** Sehr hübscher Platz für Seafood, aber auch für gutes Eis. 51 NDC.
●**Gecko.** Angenehmes Ambiente, Menü 120.000 đ, allyoucaneat Pizza 160.000 đ. 53B NDC.
●**The Hot Rock.** Angeblich die besten Pommes von Mui Ne, Steaks ab 100.000 đ. 79 NDC.
●**Shree Ganesh.** Indisch zu zivilen Preisen in angenehmer Umgebung. 57 NDC.
●**Rung.** Hübsche Dschungelkulisse für etwas zu zaghaftes Ethno-Food (ab 50.000 đ), abends traditionelle Musik. 65B NDC.
●**Nightspots.** *WAX.* Angesagteste Beach-Bar, 21–22 Uhr Happy Hour und dann bis in den Morgen (für 25 $ kann man gleich neben der Bar nächtigen); 68 NDC. *Jibe's.* Kommt seit Jahren gut an, viele Surfer, gute Atmosphäre; 99 NDC. *Guava.* Trendy, für die etwas schickere Klientel. Samstags Life-Musik; 53 NDC. *Pogo.* Heisse Parties, DJs, auch Life-Bands, für Nachtschwärmer ab 23 Uhr; 138 NDC.

An- und Weiterreise

●**Saigon.** Alternativ zur N 1: Kombination aus N 51 (bis Ba Ria, evtl. Abstecher nach *Long Hai)* und N 55 (über Xuyen Moc, Binh Chau, Ham Tan); von da ab schöne Fahrt über die **Küstenstraße** Ke Ga – Phan Thiet.
●**Phan Rang.** Entlang der spektakulären Küsten- und **Dünenstraße** Mui Ne-Hon Rom-Bau Ba (White Lake), die nach 42 km bei *Luong Son* auf die N 1 trifft.
●**Da Lat.** Alternativ zur N 27 (Phan Rang): über die N 28 bis *Di Linh* oder, schöner, von *Luong Son* aus (s.o.) geradewegs nach Norden *(Ninh Gia)*; die an einem Staudammprojekt entlangführende Straße erreicht nach 70 km die N 20 nach Da Lat.

Mui Ne, Umgebung

Suoi Tien (Fairy Springs)

Schönste Möglichkeit, die Dünen zu erkunden: durch das erfrischende Nass eines Baches zu waten. Beiderseits roter Sand und weiße Steine, über einem sattblauer Himmel und das gelegentliche Grün einer Palme. Aber Schuhzeug nicht vergessen, der Sand der Dünen ist brandheiß!

km 19 (Brücke). Besser am Morgen gehen als am Nachmittag, in der Stunde vor Sonnenuntergang tummeln sich des öfteren Schlangen!

Hon Rom

Die Bucht hinter Mui Ne, im Nordosten. Rauher, hügeliger und felsiger, aber nicht minder faszinierend. Vorbei an der zugigen Landspitze *Ganh Mui Ne* im Rücken des Fischerorts (der noch kaum erschlossene „Hintere Strand" **Bai Sau** ist schön einsam und ideal zum Schwimmen und Wandern abseits der Massen, birgt aber auch gefährliche Strömungen) signalisiert eine Ansammlung von Straßenrestos den Zugang zu pittoresken weißen

Sanddünen und einem roten Canyon. Die Straße führt in der Folge zu einer weiteren, noch größeren Bucht, **Hom Nghe** (Abzweiger, Endstation des *Suoi-Cat*-Busses), zum *White Lake* (s.u., 30 km) sowie zur N 1 (42 km).

Bau Ba (White Lake)

Der Weiße See, auch Lotos-See genannt, erstreckt sich zu Füßen der mächtigsten und **schönsten Dünenformation** der Region und ist unbedingt einen Ausflug wert. Das intensiv blau schimmernde Gewässer vor der imposanten Kulisse der vietnamesischen „Sahara" ist ein Anblick, den man nicht so leicht vergessen wird. Manchmal ziehen große Rinderherden durch die Dünen, und man wähnt sich vollends in Afrika.

Der fischreiche Süßwassersee, um den sich verständlicherweise zahllose Legenden ranken, misst bis zu 22 m Tiefe (1945 waren es noch 45 m).

Ke Ga

Die Fahrt zum höchsten (54 m) und ältesten **Leuchtturm** Vietnams (1897)

Mui Ne: Die Große Düne am White Lake

111vi Foto: kb

führt entlang einer spektakulären Fels-, Strand- und Dünenküste. Wildromantisch, eher an Nordpazifik oder Südatlantik als an „Südsee" erinnernd wie bei Mui Ne (Nadelhölzer statt Palmen!). Per Boot oder *thung-chai*-Korb kann man sich auf die nur wenige Meter entfernte Insel übersetzen lassen und den Leuchtturm besteigen.

Anfahrt und Unterkunft

- Abzweiger ab N 1 4 km westl. von Phan Thiet (Wegweiser), von dort bis zum Leuchtturm 45 km.
- Das Terrain für Dutzende Resorts ist abgesteckt, die bestehenden sind vornehmlich auf einheimische Wochenend-Gäste eingerichtet. Südl. des Leuchtturms entsteht ein Luxus-Resort mit 57 Villen (www.princessannam.com).

Nui Ta Cu

Ein 588 m hoher Berg in flacher Küstenlandschaft ist eine Attraktion. Deshalb wurde bereits 1861 eine Pagode, *Chua Linh Son*, auf ihm errichtet und 100 Jahre später der größte liegende Buddha Vietnams (49 m lang, bis zu 10 m hoch) hinzugefügt. Der Aufstieg zum Ta-Cu-Berg unweit von Ke Ga – von der N 1 über *Ham Nam* zu erreichen – führt durch urwüchsige Landschaft und dauert rund 1,5 Std. – oder per Seilbahn: 55.000 đ hin- und zurück.

Phu Quy

↗ XXI/C2

Die von einem massiven, bis 42 m tiefen Korallenriff umgebene Vulkaninsel mit 9 weiteren vorgelagerten Inseln liegt rund 120 km westl. von Mui Ne. Besiedelt ist nur die felsige Nordküste, im flachen Süden erstrecken sich lang gezogene **Strände.** Die höchste Höhe der 16,5 km² großen Insel beträgt 106 m, sehenswert sind neben dem lebhaften Fischerhafen die *Linh-Son-Tu*-Pagode (1747) auf dem Panoramahügel *Cao Cat.* Neben Tintenfisch werden Snapper, Grouper, Thunfische und Haie gefischt und verarbeitet – praktisch die einzige Einkommensquelle der Insulaner.

Praktische Informationen

- 25.000 Einw. 0–106 m. Tel. 062.
- **Transport.** Bis dato gibt es keinen regelmäßigen Bootsverkehr. Die Passage ab Phan Thiet dauert rund 6 Std., wird bei stürmischer Witterung (vor allem Sept.–April) aber abgesagt. In Planung ist die Anschaffung eines Hydrofoil, das den Transfer auf ca. 1,5 Std. reduzieren würde. Einige KiteSurfing-Veranstalter von Mui Ne laufen den Archipel an.
- **Infrastruktur.** *Rooms for Rent* sind schon keine Seltenheit mehr und erste Minihotels im Entstehen. Mit dem Motorbike hat man ein Straßennetz von nahezu 50 km, davon gut 10 km asphaltiert, zur Verfügung.

112vi Foto: kb

Das Zentrale Hochland

152vi Foto: kb

153vi Foto: kb

Blick auf das Plateau von Da Lat

Grabfiguren der Jarai

Der Bahnhof von Da Lat

Überblick

Das Zentrale Hochland **(Tay Nguyen)** nimmt 1/6 der Landfläche Vietnams ein, weist aber einen Bevölkerungsanteil von lediglich 4–5 % auf. Noch gegen Ende der Kolonialzeit (1953) siedelten weniger als 30.000 Vietnamesen in der 55.000 km² großen Region, die 2000 Jahre lang die Domäne übers Meer zugewanderter **malayo-polynesischer Minoritäten** (wie Ede und Jarai) und eingeborener **Mon-Khmer-Völker** (wie Bahnar, Sedang und Kohor) war. Erst die großen Emigrationswellen von 1954, als 1 Mio Katholiken aus dem Norden in den Süden flohen, und seit 1976, die Jahr für Jahr einen Zustrom hunderttausender Wirtschaftsflüchtlinge aus dem übervölkerten Norden mit sich bringen, haben die Akzente deutlich verschoben. Heute stellen Vietnamesen bereits mehr als die Hälfte der knapp 4 Mio Hochlandbewohner.

Ungleich dem Bergland des Nordens besteht das Zentrale Hochland weniger aus Bergen und Wäldern (auch wenn erstere Höhen von immerhin 2600 m erreichen), sondern aus **flachen Hochebenen** vulkanischen Ursprungs mit fruchtbaren Basaltböden, aber auch nahezu steppenartigen Savannen. Das höchste Plateau, das *Lam-Vien*-Plateau mit **Da Lat,** der Hauptstadt der Provinz Lam Dong, liegt 1500 m über dem Meeresspiegel. Während die Höhenunterschiede (Abbrüche) zur Küstenebene bis zu 1000 m und mehr betragen, flachen die Plateaus gen Westen zunehmend ab, mit dem verblüffenden Resultat, dass die meisten Flüsse des Hochlands nicht ins Meer münden, sondern nach Kambodscha und Laos abfließen.

Trotz seiner Abgeschiedenheit und geringen Bevölkerungszahl galt das Hochland stets als **strategisch bedeutsam.** Jahrzehntelang buhlten Franzosen wie Amerikaner um die Gunst der Bergstämme, der *Montagnards.* 1965 fanden bei Pleiku die ersten Gefechte zwischen regulären Truppen des Nordens und des Südens statt, auf dem Höhepunkt des Kriegs diente das Hochland als Rückzugsgebiet der Befreiungsfront und Aufmarschzone der Nordvietnamesen. Zwecks besserer Kontrolle, die sie jedoch nie gänzlich erlangten, fackelten die Amerikaner mit Napalm und Entlaubungsgiften wie Agent Orange weite Teile der Wälder ab.

Regionen wie Da Lat und Buon Ma Thuot versorgen heute nicht nur den Großraum Saigon, sondern halb Vietnam mit Obst und Gemüse. Praktisch der gesamte **Kaffee** des zweitgrößten Kaffeeproduzenten der Welt wird im günstigen Klima des Hochlands geerntet. Auch Tee, Pfeffer, Kautschuk, Forstwirtschaft und Rinderzucht werfen satte Exportgewinne ab und sorgen für einen ständig wachsenden Lebensstandard in der Region.

Zugenommen haben dadurch aber auch die traditionellen **Spannungen** zwischen Vietnamesen und Montagnards – für die sesshaften Bauern des Flachlands seit Alters her *moi,* „Wilde". Die Besiedlungspolitik Hanois sorgt seit Jahren für einen ungehemmten

Zuzug von Landlosen aus allen Teilen Vietnams, die den Lebensraum und die Identität der Ethnien zunehmend beschneiden. 2001 kam es im Gefolge umstrittener Landzuteilungen zu heftigen **Unruhen** und lokalen Aufständen, in deren Verlauf 900 Montagnards über die kambodschanische Grenze flohen und Asyl in den USA erwirkten.

Klima

Trockenzeit ist von November bis April, Regenzeit von Mai bis Oktober. Abzuraten von Reisen ist insbesondere zwischen Juli und September, wenn das Hochland im **Schlamm** versinkt. Aufgrund seiner Höhenlage weist Da Lat ein spezielles Klima auf (s.u.).

Verkehr

Das Straßennetz ist insgesamt hervorragend, selbst Routen, die noch bis vor kurzem nur per Lkw oder Motorrad zu bewältigen waren, sind heute bei jedem Wetter passierbar.

Besonders schön und abwechlungsreich (z.T. alte, ursprüngliche Wälder) sind die N 24 Kontum – Quang Nai und die N 14 Kontum – Da Nang. Bestens ausgebaut, aber weniger reizvoll sind die N 19 Pleiku – Qui Nhon und die N 26 Buon Ma Thuot – Nha Trang. Die N 27 Da Lat – Buon Ma Thuot führt durch eine teilweise pittoreske, aber überaus menschenleere Gegend. Die N 28 Dalat – Phan Thiet sowie die N 723 Dalat – Nha Trang sind neue und kürzere Alternativen zu der herkömmlichen Route über Phan Rang (N 27).

Entfernungen in km

- **Von Saigon:** Da Lat 300, Buon Ma Thuot (N 14) 350.
- **Von Da Lat:** Phan Rang 110, Buon Ma Thuot 200, Nha Trang 230 (N 27) bzw. 140 (N 723), Phan Thiet 175 (N 28), 250 (N 27).
- **Von Nha Trang:** Buon Ma Thuot 185, Pleiku 385, Kontum 435.
- **Von Qui Nhon:** Pleiku 190, Kontum 240.
- **Von Buon Ma Thuot:** Nha Trang 185, Pleiku 200, Da Lat 200, Kontum 250.
- **Von Kontum:** Pleiku 50, Da Nang 320.

Cat-Tien-Nationalpark

↗ XX/B1

Der 74.000 ha große, seit 1998 vom WWF mitbetreute Park entlang dem *Dong-Nai*-Fluss gilt als der topografisch vielseitigste Vietnams, da er sowohl Berge wie Tiefebenen (bis 130 m u. d. Meeresspiegel), Regenwälder wie Sümpfe und Savannen umfasst. Das einstige Jagdrevier der *Ma* und *Stieng* (noch etwa 10.000 siedeln hier) war schon vor 1500 Jahren eine Kultstätte des hinduistischen *Fu Nan*, wie Funde im Nordteil des Reservats (Türme, Shivastatuen, Lingae) belegen.

Cat Tien ist die letzte Heimat der schon für ausgestorben erachteten Java-Nashörner und der *Gaur* (eine Art Ur-Rind). Ein wahres Paradies ist der Park für Vogelliebhaber. Zumal nach der Regenzeit, zwischen Oktober und Dezember, bevölkern Abertausende **Vögel** den Park; Ornithologen haben über 350 Arten gezählt.

Ethnische Minoritäten des Südens

Die ethnischen Minoritäten Zentralvietnams sind nicht minder faszinierend als die des Nordens - und von ihnen diametral unterschieden! -, haben allerdings das „Manko", im Alltag keine „bunten Trachten" mehr zu tragen und sich scheinbar auch sonst von ihren Wurzeln sehr viel weiter entfernt zu haben als ihre Vettern im Norden. Dafür sorgten seit 150 Jahren vor allem französische und amerikanische Missionare.

Bei ihren überschäumenden ***Festen*** und ***Riten*** lernt man die *Montagnards* des Zentralen Hochlands allerdings noch heute von einer anderen Seite kennen. Eine völlig andere Welt als im Norden zeigen vor allem ihre ausladenden, bis zu 100 m langen ***Gemeinschaftshäuser*** *(nha rong)* und ihre kunstvollen ***Grabstätten*** mit Totenhäusern und bis zu mannshohen Holzskulpturen.

Jarai

Malayo-polynesisch. 320.000
Gia Lai, Kon Tum, Dak Lak, Khanh Hoa

Die matriarchalischen Jarai (oder *Gia Rai)* brachten die Kultur der Südsee nach Vietnam, ohne sie aber (wie die Cham) zugunsten indisch-hinduistischer Einflüsse preiszugeben. Ihre bis zu 60–80 m langen *rong*-Häuser erinnern an die der *Iban* in Sarawak. Legendär sind ihre aufwendigen Hochzeits- und Begräbnis-Zeremonien mit Büffel-Opfern und ihre Totenhäuser mit mannshohen, kunstvoll geschnitzten Holzplastiken, halb Grabwächter, halb Ehrenmale - ein faszinierender Touch Polynesien (Osterinseln) mitten in Indochina. Berühmt sind auch ihre Musikinstrumente (Trommeln, Gongs, Flöten, Harfen). Viele der ursprünglich halbnomadischen Pferde- und Rinderzüchter wurden in den letzten Jahren sesshafte Pflanzer, die sich dem profitablen Anbau von Kaffee, Tee, Tabak und Baumwolle widmen.

Ede

Malayo-polynesisch. 240.000
Dak Lak, Phu Yen, Khanh Hoa

Die Ede (oder *Rahdé)* zählten zu den ersten, die in Kontakt mit den Franzosen kamen und sesshaft wurden. Ihre Langhäuser in Form von Schiffen maßen bis zu 100 m. Wie die Jarai sind sie Animisten und strikt matrilinear, bemessen Reichtum in Form von Gongs und Bronzekrügen (zur Gärung von Reiswein) und begraben die Toten mit Teilen ihres Eigentums. Zum Zeichen der Reife wurden die oberen Schneidezähne beschliffen, die Ohrläppchen durchstochen und bis zur Schulter gestreckt. Sie sind ausgezeichnete Handwerker (Schmieden, Flechten, Weben, Töpfern) und Musiker.

Bahnar

Mon-Khmer. 190.000
Kontum

Die Bahnar (oder *Ba Na)* trieben jahrhundertelang Handel mit den Cham und Viets der Ebene und sind gute Rinderzüchter und Pflanzer (Mais, Hirse, Tabak, Hanf, Indigo). Die Familien sind bilinear, Männer wie Frauen erben und sind, wenn auch arbeitsteilig, nahezu gleichgestellt. Wie Jarai und Ede errichten sie Totenhäuser, die sie mit Grabbeigaben ausstatten (Gongs, Gefäße, Waffen, Hausrat). Ihre unverwechselbaren *rong*-Häuser weisen steile, bis zu 30 m aufragende Dächer auf, die teilweise mit Holzschnitzereien dekoriert sind.

Sedang

Mon-Khmer. 110.000
Kontum, Gia Lai, Quang Ngai

Die Sedang (oder *Xo Dang)* sind traditionell Viehzüchter und führten oft blutige Kriege untereinander wie gegen die Bahnar, die sie an siamesische Sklavenhändler verkauften. Ursprünglich brachten sie auch Menschenopfer dar. 1888 ließ sich ein exzentrischer französischer Abenteurer, ein Colonel Kurtz *(Apocalypse Now)* des 19. Jhs., zu ihrem „König" küren. Anders als die anderen Ethnien des Südens paktierten die Sedang sowohl mit Vietminh wie Vietcong. Ihre Dörfer sind noch heute häufig befestigt.

Kohor

Mon-Khmer. 100.000
Lam Dong

Zu den Untergruppen der Kohor (oder *Co-Ho)* zählen die *Lat* und *Chil* von Da Lat. Obschon relativ früh christianisiert, spielen Tanz und Musik noch heute eine wichtige Rolle in ihrer totemistischen Geisterwelt. Ihre Langhäuser sind vergleichsweise kurz (max. 30 m), einige Gruppen sind bekannt als exzellente Töpfer und Schmiede.

Mnong

Mon-Khmer. 72.000
Dak Lak, Dak Nong, Lam Dong

Die Mnong sind seit Jahrhunderten als Jäger und Züchter von Elefanten bekannt. Viele Gruppen leben in ebenerdigen Häusern, andere in Pfahlhäusern, deren Strohdächer oft fast bis zum Boden reichen. Tiere werden, wie bei den meisten anderen Völkern, hauptsächlich zu Opferzwecken gehalten. Schmuck (Silber, Kupfer, Zinn) wird von beiden Geschlechtern getragen; ursprünglich wurden die Ohrläppchen zum Tragen von Schmuck aus Elfenbein, Bambus oder Edelhölzern gestreckt. Ihr *Litophon* (Steinxylophon) gilt als das älteste bekannte Musikinstrument der Welt. Ihre hölzernen Begräbnisstatuen sind bevorzugt Pfauen und Elefantenzähne.

Bru und Van Kieu

Mon-Khmer. 44.000
Quang Nam, Thua Thien Hue

Als Bewohner des 17. Breitengrads hatten sie das Pech, in der umkämpftesten Zone des Vietnamkriegs zu leben. Beide Völker sind patrilinear und betreiben z.T. noch heute halbnomadische Brandrodung. Die Dächer der Pfahlhäuser sind oval, erinnern an Schildkrötenpanzer und sind teilweise mit hölzernen Vögeln oder Büffelhörnern dekoriert.

Eine besondere Attraktion ist der *Bai Sau* (Krokodilsee), in dem tatsächlich Krokodile leben. Ein 5 km langer Trek führt von der Hauptstraße des Parks zu einer Rangerstation am See (mit Übernachtungsmöglichkeit).

Praktische Informationen

- **Info.** Tel. 061.79228, Fax 061.791227.
- **Anreise.** Abzweiger von der N 20 im Weiler Tan Phu 125 km nördlich von Saigon und 175 km südlich von Da Lat. Eine 24 km lange Asphaltstraße führt bis zum Parkzentrum an einem Nebenfluss des *Dong Nai.* Eintritt 20.000 đ.
- **Unterkunft.** Einfache Unterkunftsmöglichkeiten im Parkzentrum, wahlweise in Zimmern oder Bungalows, mit Fan ab 6 $, mit AC ab 7 $. Resto mit Café.
- **Touren** sind u.a. per Jeep, Speedboat, Kanu und neuerdings sogar Mountainbike möglich (4–12 $). Ein Jeep kostet um 15 $, ein Guide um 7 $ pro Tag. Empfehlenswerte Veranstalter für Trekkingtouren im Park sind *Sinhbalo Adventures* in Saigon und *Phat Tire* in Da Lat, siehe jeweils dort.

Da Lat

↗ XVII/C3

(Đà Lạt)

Die einen lieben Da Lat. Die anderen zucken die Achsel: Was solls? Und beide können wir verstehen. Das alte, kolonialfranzösische Da Lat verschwindet immer mehr. Und die Landschaft, für die Viets ein immerwährendes Faszinosum, erinnert uns an Bekanntes wie Schwarzwald oder Vogesen.

Da Lat hat jedoch seinen **eigenen Charme,** und ist anders als alle anderen Städte Vietnams. Das kühle Klima und die französische (Freizeit)Kultur schufen eine für Vietnam außergewöhnliche Infrastruktur, die in vieler Beziehung noch heute manifest wird. Kaffeehäuser. Künstlertreffs. Blumengärten. Kleine, intime Restos. Altstadtstrukturen. Hunderte Hotels (90 % für den einheimischen Markt). Und auch die Landschaft hat sehr wohl ihren Reiz. Nadelhölzer statt „Urwald". In tropischen Breiten sonst nicht gedeihendes Obst und Gemüse (Erdbeeren! Spargel! Artischocken!). Und Blumen über Blumen (Rosen! Orchideen!).

Da Lat, „Fluss der *Lat*" (die Lat sind ein Unterstamm der *Kohor)* liegt **1500 m** über dem Meeresspiegel. Für die heimwehkranken Kolonisten bedeutete die Region ein Stück „Europa", für die Vietnamesen von heute ist sie ein Stück „Natur", das sie sonst nicht kennen. Neugierig und aufgeregt durchstreifen sie in Massen die Wälder, Seen und Wasserfälle der Umgebung, und im Frühjahr wird die Stadt zum Ziel unzähliger Liebespaare und Hochzeitsreisender, die sich wie in einem fremden und doch gleichzeitig vertrauten Land vorkommen.

Aber auch als Europäer kann man in Da Lat zuweilen vergessen, wo man sich befindet und sich in der französischen Schweiz, den Seealpen oder im Elsass glauben. Entsprechend verwirklichten die neureichen *colons,* die der tropischen Hitze Saigons zu entfliehen suchten, hier ihre geheimen kleinbürgerlichen Träume: „herrschaftliche" Villen, „provençalische" Landgüter, „alpine" Chalets mit „elsässischem" Fachwerk oder auch nur simple „Häuschen im Grünen".

Da Lat ist in den letzten Jahren wie rasend gewachsen. Die Ethnien, die man noch Anfang der 1990er Jahre Brennholz, Pilze und Honig gegen Salz und andere Güter tauschen sah, sind vom Erdboden verschwunden. Und mit dem Zuzug der Vietnamesen ist auch der französische Einschlag stark dezimiert. Die alten Villen, sofern man sie überhaupt noch hat stehen lassen, ducken sich im Schatten zehnstöckiger Minihotels und sind großteils bis zur Unkenntlichkeit renoviert – vietnamesischer Einheitslook macht sich breit. Und trotzdem gilt noch immer: Keine Stadt Vietnams ist so wie Da Lat. Auch wenn die Unterschiede sich mehr und mehr nivellieren.

Geschichte

Da Lat wurde **1897** von dem Pasteur-Schüler *Alexandre Yersin* (1863–1943, s. auch Nha Trang) entdeckt und wegen seines milden, „europäischen" Klimas als idealer Standort für ein Sanatorium für erholungsbedürftige

Soldaten und Beamte bestimmt. 1907 entstand ein erstes Hotel, und schon bald darauf begannen Kolonisten und einheimische Neureiche die Pinienhügel mit Villen, Chalets und Schrebergärten zu überziehen. Gouverneure ritten mit ihren Gästen auf Tiger- und Elefantenjagd und vergaben Lizenzen zur Erschließung von Tee- und Kaffeeplantagen, und 1917 wurden die Schienen für eine Eisenbahnverbindung mit Saigon (via Phan Rang) gelegt. Spätestens um 1930 galt Da Lat als eine der mondänsten *Hill Stations* des Fernen Ostens, mitsamt Casino, Golfplatz und Luxushotels, und 1945 zog sich auch der seiner Würden beraubte Ex-Kaiser *Bao Dai* hierher zurück. Ein einheimischer Reiseführer von 1990 drückte den Sachverhalt etwas parteiisch, aber nicht unzutreffend so aus: „Ein Höhenkurort, der ausnahmslos imperialistischen Aggressoren und einheimischen Schmarotzern vorbehalten war".

1954 kamen zahlreiche aus dem Norden geflohene Katholiken in die Region. Während des Vietnamkriegs wurde Da Lat systematisch zum „Garten Südvietnams" ausgebaut, der die Supermärkte Saigons mit Frischobst und Gemüse zu versorgen hatte.

Orientierung

Zentrum der weitläufigen, durch Seen, Hügel und Täler weit auseinandergezogenen Stadt ist der Hoa-Binh-Platz in der **Oberstadt.** Der zweistöckige, in den 1960er Jahren mit amerikanischen Geldern errichtete **Markt** *(cho)* ist von dort über Treppen erreichbar.

Sehenswertes

Xuan-Huong-See

Der einst von französischen Villen umsäumte See wurde 1919 mittels eines Damms künstlich angelegt. In der Hochsaison umrunden romantische Pferdedroschken die 6 km lange Ufer-

Villa am Xuang-Huong-See

113vi Foto: kb

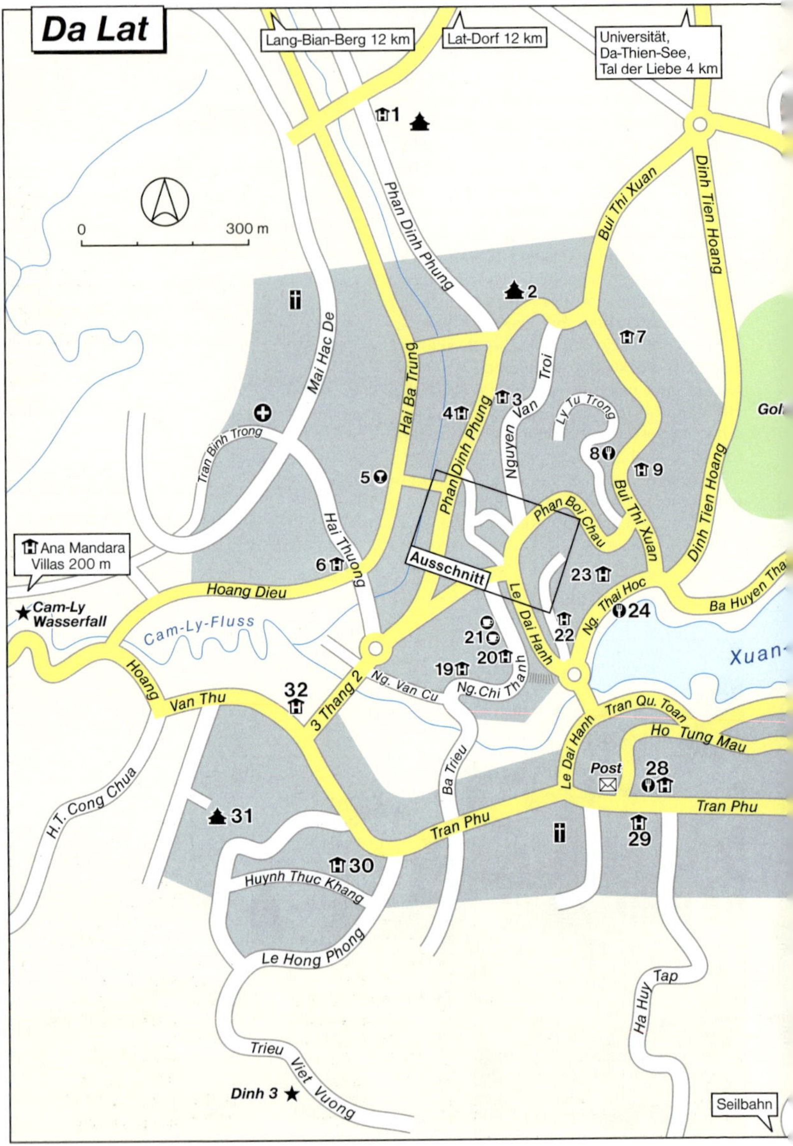
Da Lat
Lang-Bian-Berg 12 km
Lat-Dorf 12 km
Universität, Da-Thien-See, Tal der Liebe 4 km
0
300 m
Phan Dinh Phung
Mai Hac De
Hai Ba Trung
Bui Thi Xuan
Dinh Tien Hoang
Nguyen Van Troi
Ly Tu Trong
Tran Binh Trong
Hai Thuong
Phan Boi Chau
Ausschnitt
Ana Mandara Villas 200 m
Cam-Ly Wasserfall
Hoang Dieu
Cam-Ly-Fluss
Hoang Van Thu
3 Thang 2
Ng. Van Cu
Ng. Chi Thanh
Le Dai Hanh
Ng. Thai Hoc
Ba Huyen Tha
Xuan
Tran Qu. Toan
Ho Tung Mau
Post
Tran Phu
Ba Trieu
H.T. Cong Chua
Huynh Thuc Khang
Le Hong Phong
Ha Huy Tap
Trieu Viet Vuong
Dinh 3
Seilbahn
Gol
1 2 3 4 5 6 7 8 9 19 20 21 22 23 24 28 29 30 31 32

Phan Dinh Phung
Tang Bat Ho
Truong Cong Dinh
Hoa Binh Platz
3 Thang 2
Nguyen Tu Luc
Nhan Dong
Blumengarten
Ba H. Th. Quan
Huong-See
Ehem. Lycée Yersin
Quang Trung
Nguyen Trai
Nguyen Du
„Seufzersee"
Phan Chu Trinh
Phan Rang 110 km
Hung Vuong
Hoang Hoa Tham
Khe Sanh
Yersin
Tran Hung Dao
Dinh 2
3 Thang 4
Busbahnhof
Prenn-Wasserfall 9 km
Meditationszentrum 5 km
Saigon 298 km
1 Thien An
2 Chua Linh Son
3 Dreams II
4 Dreams
5 Saigon Nite Bar
6 Lam Son
7 Viet Thanh
8 V Café
9 Trung Cang
10 Cam Do, Phuong Hoang
11 Art Café und Peace Café
12 Hoa Binh 1+2
13 The Hangout
14 Da Quy
15 Phu Hoa
16 Essgasse
17 Long Hoa
18 Markt
19 Chau Au
20 Ngoc Lan
21 Ban & Toi, Why Not
22 Golf 3
23 Empress
24 Thanh Thuy
25 ehem. Bahnhof
26 Lam-Dong-Museum
27 Ming Dynasty
28 Sofitel Palace und Café de la Poste
29 Novotel
30 Hang Nga „Crazy House“
31 Chua Lam Ty Ni
32 Saigon Dalat

straße unter blühenden Bäumen und schweben Verliebte und Hochzeitsreisende selbstvergessen auf Tretbooten in Gestalt von Schwänen über den See.

Markt

Der hässliche Betonklotz aus den 1960er Jahren, ein „Geschenk Amerikas an das Volk von Vietnam", erscheint in einem milderen Licht durch den Augenschmaus der bunten **Blumenmärkte** mit ihren Orchideen, Rosen, Narzissen, Gladiolen und Gewächsen, von denen wir allenfalls die vietnamesischen Namen kennen.

Das französische Da Lat

Da Lat ist die Quintessenz der in Stein, Gips und Mörtel geronnenen Träume und Sehnsüchte heimwehkranker Europäer an einem Ort, der beinahe „wie zu Hause" ist und die feindseligen Tropen vergessen machen soll. Im Zentrum bekommt man nur mehr einen sehr unvollkommenen Eindruck davon, man muss dazu das Stadtgebiet per Auto oder Fahrrad erkunden.

Zahlreiche schöne (oder auch nur schön kitschige) **Villen** findet man an den Hängen an und unterhalb der Tran Hung Dao sowie der Nguyen Trai.

Nicht weit davon entfernt steht der frühere **Bahnhof.** Die Bergbahn zur Küste nach Thap Cham/Phan Rang wurde 1917 errichtet, wobei die Kolonisten angesichts der extremen Höhenunterschiede auf ein Zahnradsystem zurückgriffen, das sie mitsamt den Lokomotiven und Waggons aus den Schweizer Alpen importierten. Anfang der 1970er Jahre wurde die Linie eingestellt. Auf den Gleisen stehen eine japanische Lok von 1936 und ein deutscher Güterwagen (Esslingen 1930); 1989 wurden drei der ursprünglichen Loks in die Schweiz zurückverkauft, wo sie bei Gstaad heute wieder eine Gebirgsbahn ziehen. **Nostalgische Bahnfahrten** führen ins 7 km entfernte *Trai Mat.* Tgl. 8, 9, 9.30, 14, 15.30 Uhr. 5 $. Auskunft Tel. 834409.

Unweit des Bahnhofs befindet sich die einstige Eliteschule der Kolonisten, das **Lycée Yersin** (1935), eine vielsagende Mischung aus Gymnasium und Kadettenanstalt und noch heute eine Schule. Vom ehemaligen Haupthaus mit dem charakteristischen Turm hat man einen schönen Blick auf den See.

Nach Yersin, dem „Entdecker" Da Lats, war bis 1975 die heutige Hauptstraße Tran Phu mit der 1942 fertiggestellten **Kathedrale Notre Dame** benannt (deren *Wetterhahn* auf dem Kirchturm später zum heidnischen Kultsymbol der Lat wurde). Die Ursprungskirche von 1917 ist heute das Presbyterium.

Die Residenz des französischen Generalgouverneurs (**Dinh 2,** 12 Tran Hung Dao) galt Anfang der 1930er Jahre als Nonplusultra moderner Baukunst. Aus der gleichen Zeit stammt der Sommerpalast Kaiser Bao Dais (**Dinh 3,** 1 Trieu Viet Vuong) mit wertvollen Möbeln, Antiquitäten und Erinnerungsstücken. Er kann täglich von 7–11 und 13.30–16 Uhr besichtigt werden. Eintritt 5000 đ.

Lam Dong Museum

Zu den Exponaten des Provinzmuseums zählen ein über 3000 Jahre altes *Litophon* (Steinxylophon), Kostüme, Schmuck und Musikinstrumente der Ma und Kohor, Ausgrabungsstücke der hinduistischen Fu Nan-Epoche und Dokumente zum Befreiungskampf gegen Frankreich und Amerika.

● *Bao Tang Lam Dong*, 4 Hung Vuong. Außer So/Mo 7.30–11.30, 13.30–16.30 Uhr. 10.000 đ.

Hang Nga (Crazy House)

Die skurrilen Wohnwelten der aus Hanoi stammenden Konzeptkünstlerin *Madame Nga* (s. auch *Unterkunft*) sind für viele einen Besuch wert.

● *3 Huynh Thuc Khang*, Eintritt 10.000 đ.

Blumengarten

Ein Fest für Liebhaber von Orchideen, Rosen und Blumen aller Art in einer sehr schönen und gepflegten Anlage am Nordufer des *Xuan-Huong*-Sees.

● *Vuon Hoa Dalat*, tgl. 7–18 Uhr, 10.000 đ.

Chua Linh Son

Den Besucher der 1938 errichteten frankovietnamesischen Pagode empfängt am Ende der Aufgangstreppe eine Statue der *Quan Am* auf einer Lotosblüte, dahinter führen drachengesäumte Stufen zur Haupthalle, in der *Sakyamuni* verehrt wird; die 1952 gegossene Bronzestatue des Buddhas wiegt mehr als eine Tonne. Der großen Glocke rechts vom Eingang wird wunderbringende Wirkung nachgesagt.

● *120 Nguyen Van Troi*, auf einem Hügel 1 km nordwestlich des Zentrums.

Dorf der Lat

Wie alle Bergstämme des Zentralen Hochlands leben die Kohor, zu denen die Lat und Chil zählen, in Pfahlhäusern, aber ebenerdige Konstruktionen mit Wellblechdach sind im Vormarsch. Die Dorfbewohner bauen Nassreis, braune Bohnen und Yams an, ärmere Familien leben nach wie vor von der Jagd auf Vögel und Schlangen, sammeln Feuerholz, Pilze, Honig, Heilkräuter oder brennen Holzkohle. Viele, die mit den Franzosen oder Amerikanern zusammenarbeiteten, sind zum christlichen Glauben übergetreten. Die sehenswerte katholische Holzkirche wird an Feiertagen selbst von Ethnien der weiteren Umgebung besucht.

● 12 km nördlich des Zentrums (die Phan Dinh Phung stadtauswärts) am Fuß des Lang Bian-Berges. Vor dem Besuch des Dorfes ist eine Anmeldung in einem Reisebüro (s.u.) erforderlich.

Lang Bian Berg

Die höchste Erhebung der Provinz (2167 m) bietet eine herrliche Rundumsicht auf Wälder und Seen. Eine gut ausgebaute Straße (5 km) führt bis zum Gipfel. Zu Fuß, teils auf der Straße, teils auf Trekkingpfaden, 3–4 Stunden, oder per Shuttle Bus vom Fuß des Berges (25.000 đ).

Veranstalter in Da Lat (s. Kapitel „Reiseagenturen“) unternehmen hier Aktivitäten wie Bergsteigen, Mountainbiking, Paragliding usf.

Populär sind die abendlichen **Gong-Shows** (ab 18 Uhr) in den *Kohor*-Dörfern *Danja* und *Tdung* am Fuß des Berges. Siehe auch *Stadtverkehr.*

Meditationszentrum

Das 1995 gegründete *Thien Vien Truc Lam* ist eines von 7 Zen-buddhistischen Meditationszentren in Vietnam. Über 160 Nonnen und Mönche leben in der gepflegten, parkähnlichen Anlage auf einem Hügel 5 km südlich der Stadt. Sehr schön ist der Abstieg zum idyllischen *Tuyen Lam*-See (auch per Fahrzeug erreichbar), der im Gegensatz zu anderen zumindest bis dato noch nicht vollständig disneyfiziert wurde, sondern noch (?) Natur pur bietet.

- Erreichbar von der N 20 nach Saigon (Wegweiser) oder per Seilbahn *(Cap Treo)* nahe dem Busbahnhof (30.000 đ einfach, 50.000 đ hin und zurück).

Seen und Wasserfälle

Als besondere Attraktion gelten die zahlreichen Seen und Wasserfälle Da Lats und seiner Umgebung – für Vietnamesen „exotische", für uns zwar reizvolle, aber vertraute Landschaften, die man nicht unbedingt gesehen haben muss, so verlockend ihre Namen auch klingen. Der *Seufzer*-See im *Tal der Liebe* ist nichts weiter als ein bunter Vergnügungspark unter Pinien mit Souvenirshops, Karussels, *Dalat Cowboys* auf Ponys und Tretbootvermietung. Und auch die vielgepriesenen Wasserfälle sind kaum mehr als kitschige Rummelplätze mit Ponyreiten und Streichelzoos – und zudem in der Trockenzeit im Winter kaum mehr als dürftige Rinnsale.

Wer *wirkliche* Fälle sehen will, sei auf die *Dray Sap*-Fälle (s. *Buon Ma Thuot*) und die siebenstufigen, bis zu 80 m hohen **Pongour-Fälle** 50 km südl. von Da Lat verwiesen. Abbieger von der N 20 bei *Duc Trong*, danach 8 km Piste. Eintritt 5000 đ.

Praktische Informationen

- 180.000 Einw. 1500 m. Tel. 063.

Adressen

- **Geld.** *Sacombank*, 32 Hoa Binh Platz.
- **Supermarkt.** 135 Phan Dinh Phung.
- **Post.** 18 Tran Phu, tgl. 6.30–20 Uhr.
- **Internet.** 18 Hoa Binh, Eingang Tang Bat Ho. 26 Nguyen Chi Thanh, mit Internet Phone.
- **Vietnam Airlines.** 2 Ho Tung Mau, Tel. 833499.

Stadtverkehr

- **Taxi.** Tel. 556655, 511111. Standplatz am Kino in der Oberstadt.
- **Bus.** Zum *Langbian*-Berg alle 30 Min. mit Bus No. 5 *(Lac Duong)*, z.B. ab der Phan Dinh Phung.
- **Motorrad.** Hotels und Reisebüros vermieten Motorräder für 6–8 $ pro Tag, mit ortskundigem Fahrer um 8–10 $.
- **Fahrrad.** Die Höhenunterschiede Da Lats drosseln die Nachfrage, dennoch gibt es in einigen Hotels Räder für 1–2 $ zu mieten.

Reiseagenturen

- **Dalattoserco.** Tgl. Stadtrundfahrten und Touren in die Umgebung ab 2 Pers. 7 Duong 3/2, Tel. 822125, www.dalat.gov.vn/dulichlamdong.
- **Dalat Easyrider.** Viel gelobte geführte Motorrad-Touren, z.B. durchs Hochland bis an

die Küste (Mui Ne, Nha Trang, Hoi An, Hue). Pro Tag ab 60 $ inkl. Unterkunft, Eintritt etc. 70 Phan Dinh Phung, Tel. 0903640643 (Mr. *Quan)*. www.dalat-easyrider.com.vn.

• **Phat Tire.** Spezialist für Outdoor-Touren („Trekking, Mountainbiking, Rock Climbing, Abseiling, Canyoning, Kayaking"), Verleih von Mountain- und Motorbikes etc. Professionell und zu empfehlen. Englischer Instructor *Brian*. Interessant: ein- bis zweitägige Biketouren nach Mui Ne und Nha Trang (streckenweise per Auto). Tgl. 7.30–20.30 Uhr. 73 Truong Cong Dinh, Tel. 829422. Fili-ale 1 Bui Thi Xuan. www.phattireventures. com.

Unterkunft

Luxus/First Class

• **Sofitel Palace.** Das luxusrenovierte *Grand Hotel Dalat* (1922) inmitten eines gepflegten Gartens mit Blick auf den *Xuan-Huong*-See bietet Nostalgie und Erholung pur. 43 stilvoll möblierte Zimmer ab 181 $ ++. Nonplusultra sind die 6 Premium-Deluxe-Zimmer mit großer Veranda. 12 Tran Phu, Tel. 825444. www.sofitel.com.

• **Ana Mandara Villas.** Understatement pur. Innen aufwendig renovierte, äußerlich aber nahezu „naturbelassene" Kolonialvillen in einem Parkgelände am Ortsrand (Fahrgelegenheit zum Zentrum nötig). Spa, beheizter Pool. 70 Zimmer in 17 Villen ab 168 $ ++ (Internet Rate). Tel. 555888. www.sixsenses. com/evason-ana-mandara-villas-dalat/

• **Novotel.** Vom ältesten Hotel der Stadt *(Du Parc* 1907, 1932 neugebaut) sind nur mehr Accessoires wie der Lift geblieben – seelenlos-perfektes Kettenhotel von der Stange. 144 Zimmer ab 129 $ ++. 7 Tran Phu, Tel. 825777. www.dalatresorts.com.

Economy

• **Saigon Dalat.** Wenn Saigontourist-Hotels nicht Servicewüsten wären, könnte dieser Neubau mit Hallenbad durchaus vielversprechend sein. 160 Zimmer ab 80 $ ++ inkl. BF. 2 Hoang Van Thu, Tel. 556789, www.saigon dalat.com.

• **Ngoc Lan.** Neubau eines Traditionshauses in Bestlage, außergewöhnlich geschmackund stilvoll eingerichtet; alles wirkt hell, luftig, freundlich. 91 Zimmer, viele mit Balkon und schon ab der 3. Kategorie riesengroß, 65, 70, 80, 90 $, Suiten ab 115 $ inkl. BF (Internet Rate). 42 Nguyen Chi Thanh, Tel. 822136, www.ngoclanhotel.vn.

• **Empress.** Intime Villa über dem *Xuan-Huong*-See. Kein schlechter Platz, sofern man das richtige Zimmer erwischt und der Service funktioniert. 19 Zimmer 60–80 $ ++ inkl. BF, Suite 110 $. 5 Nguyen Thai Hoc, Tel. 833888, empress@hcm.vnn.vn

• **Golf 3.** Zentral, effektiv und überraschend wohnlich, mit Aussicht auf das halbe Stadtzentrum. 78 Zimmer 55–80 $ inkl. BF, Suiten 85–120 $. 4 Nguyen Thi Minh Khai, Tel. 826042, www.golfhotel.vnn.vn.

• **Cam Do.** Neubau 2005. Sauber und ordentlich, aber wenig aufregend. 54 Zimmer 38–45 $ inkl. BF. 81 Phan Dinh Phung, Tel. 822732. www.camdohotel.com.vn.

• **Hang Nga.** Da Lat skurril. Kein Raum der bizarren Fantasiehäuser der Künstlerin *Madame Nga* gleicht dem anderen. Das „originelle Erlebniswohnen" à la *Niki de Saint Phalle* wird freilich arg getrübt durch den Strom der Besucher, die täglich durch die Zauberwelt wandeln. 12 Zimmer 25–95 $. 3 Huynh Thuc Khang, Tel. 822070.

Budget

• **Dreams** *(almost come true)*. Familiär, aber angenehm zurückhaltend, genau wie die freundliche, unaufdringliche Gastgeberin Mrs. *Dung*. Exzellentes Frühstück (an einer langen Tafel in der Küche eingenommen), Internet und Sauna mit Jacuzzi auf dem Dach frei. Alle 13 Zimmer mit Holzböden, TV, Minibar, großen, schönen Bädern und z.T. Balkon. 20–25 $ inkl. BF. 151 Phan Dinh Phung. Tel. 833748, dreams @hcm.vnn.vn.

• **Dreams 2.** Gleichfalls sehr empfehlenswert. 6 Zimmer 20–25 $ (z.T. mit Jacuzzi) inkl. BF, IT. 164 Phan Dinh Phung, Tel. 833748.

• **Thien An** (Dreams 3). Etwas weiter stadtauswärts. 12 Zimmer 15, 20 (Triple), 25 $ (Vierer) inkl. BF. 272A Phan Dinh Phung, Tel. 520607, thienanhotel@vnn.vn.

• **Chau Au** (Europa). Clou sind die 6 riesigen Balkonzimmer mit schönem Blick auf die Unterstadt (18–20 $ inkl. BF), die übrigen 9 Zimmer sind ordentlich, aber keine Wucht (5 $). Zuvorkommender Service. 76 Nguyen Chi Thanh. Tel. 822870, europa@hcm.vnn.vn.

- **Trung Cang.** *Sinhcafé*-Hotel mit 27 Zimmern 12 $ (im Keller, aber mit Fenster), 17, 22–25, für 3–4 Pers. 30 $. Sofern man sich in einem Tour-Hotel wohlfühlt, recht ordentlich. 4A Bui Thi Xuan. Tel. 822663, trungcang@sinhcafevn.com.

Low Budget

- **Viet Thanh.** Freundliches Haus, schöne Zimmer, auch mit Balkon, nach hinten Blick auf Gemüsegärten. Das Frühstück (extra) wird in der Küche oder im Zimmer/Balkon serviert. 12 Zimmer EZ 6 $, DZ 8–10 $. 16 Bui Thi Xuan. Tel. 823369, savy @hcm.vnn.vn.
- **Hoa Binh** (Peace). Eines der ersten Ausländerhotels von Da Lat. Einfach, aber ok, zumal in den oberen Etagen. 64 und 67 Truong Cong Dinh, 15 bzw. 9 Zimmer mit Fan, Dusche, WC, Moskitonetz 8–10 $ inkl. BF. Tel. 822787, peacedalat@gmail.com.
- **Lam Son.** Ein weiterer populärer Oldie, nicht ganz zentral. 22 Zimmer 8 $. 5 Hai Thuong, Tel. 822362, lamsonhotel@yahoo.com.
- **Phu Hoa.** Einfach, aber zentral und ruhig (zumal nach hinten). 32 Zimmer 7–8 $, Triple 9 $. Zi 206 mit Balkon 8 $. 16 Tang Bat Ho. Tel. 822194.

Essen und Trinken

- **Ming Dynasty.** Chinesisch vom Allerfeinsten in einer Traum-Villa über dem See; 3 Tische auf der Veranda. Dinner-Menüs ab 30 $. Tel. 813816, 7 Tran Hung Dao.
- **Café de la Poste.** Brasserie für Breakfast, Lunch und Dinner (vietnamesisch, französisch, Fast Food). 6–22.30 Uhr. 7 Tran Phu.
- **Long Hoa.** Nett, gemütlich und immer gestopft voll. Seit langem *das* Ausländer-Resto der Stadt. Gerichte um 50–60.000 đ. 63 Thang 2.
- **V Café.** Eine Art Kopie des *Long Hoa*, aber mit Betonung auf Multikulti und Fast Food für jeden Geschmack. Auf Anhieb ein Erfolg. 1/1 Bui Thi Xuan.
- **Thanh Thuy.** Café-Restaurant am See – zumal auf der Terrasse das pure Vergnügen. 2 Nguyen Thai Hoc.
- **Da Quy** *(Wild Sunflower)*. Nett gedeckt, preiswert, vietnamesische und internationale Gerichte (Pizza, Pasta etc.). 6–23 Uhr. 49 Truong Cong Dinh.
- **Phuong Hoang.** Authentisch vietnamesisch, gut sind mariniertes Rind oder Hirsch *(bo nuong* oder *nai nuong)* am Tisch gegrillt. 81 Phan Dinh Phung.
- **Art Café.** Hübches, ansprechendes Dekor, nicht teuer, auch vegetarische Gerichte. 70 Truong Cong Dinh.
- **Bia Dalat.** Populäre Grillkneipe in der schmalen Gasse zwischen Truong Cong Dinh und *Phu-Hoa*-Hotel, die sich allabendlich in eine belebte Essstraße verwandelt.
- **Markt.** Im obersten Stock des Markts gibt es eine Reihe recht guter Garküchen und Imbissstuben.

Cafés und Bars

- **Why Not.** Café-Bar auf zwei Stockwerken; auch Fast Food. 24 Nguyen Chi Thanh. Wem das zu geschmäcklerisch ist, geht ins freundliche **Ban & Toi,** No. 14, oder in eines der Cafés gegenüber, zu empfehlen sind **Pho Hoa** und **Artista.**
- **The Hangout.** Spiele, DVDs, Pool-Table, wartende Easy Riders, entspannte Traveller von 8–24 Uhr. 71 Truong Cong Dinh.
- **Peace Café.** Gemütlich. Kaffeehaus in alter Da Lat-Tradition mit zeitgenössischem Angebot (auch an Speisen). 6–22.30 Uhr. 67 Truong Cong Dinh.
- **Backwaren.** Zwei exzellente Adressen sind *Lien Hoa* und *Hoan Hy*, 19 bzw. 20 3 Thang 2.
- **Larry's Bar** im *Sofitel Palace* (Basement, separater Eingang). 16–24 Uhr.
- **Saigon Nite.** Drinks, Fast Food, Billard. Happy Hour 17–20 Uhr. 11 Hai Ba Trung.

Anreise und Weiterreise

Entfernungen

- (in km): Saigon 300 (N 20), Phan Rang 110 (N 27), Phan Thiet 175 (N 28) bzw. 250 (N 27/N 1), Buon Ma Thuot 200 (N 20/N 27).
- **Mui Ne.** Siehe dort.
- **Nha Trang.** Die N 723 über *Da Sa* ist rund 90 km kürzer als die Route über die Küste (140 statt 230 km) und passiert den 1700 m

hohen *Hon-Giao*-Pass, einen der längsten Vietnams (33 km).

Bus

- Der **Busbahnhof** *(Ben Xe Lam Dong)* auf der 3 Thang 4 ist 3 km vom Zentrum entfernt. Per Xe Om 10–15.000 đ.
- **Saigon.** Mit *Phuong Trang* stdl. (5–1 Uhr, 90.000 đ). Dalat, 11A/2 Le Qui Don, Tel. 585858, Saigon 274 De Tham, Tel. 8375570. Das Unternehmen fährt auch nach Qui Nhon und **Nha Trang** (8 u. 14 Uhr, 60.000 đ).
- **Buon Ma Thuot.** 4x am Tag mit *Mai Linh* (8, 10, 14.30, 15.30 Uhr, 65.000 đ), ebenso oft nach **Nha Trang** (7.30, 9.30, 14, 16 Uhr, 60.000 đ). 14 Nguyen Van Cu, Tel. 521111.

Open Tour

- **Sinh Café.** Nach Saigon, Mui Ne (5 Std., 95.000 đ), Nha Trang (4 Std., 65.000 đ). *Trung-Cang*-Hotel, 4A Bui Thi Xuan, Tel. 822663.

Flug

- Tgl. von/nach Saigon, 4x von/nach Hanoi. Der *Lien-Khuong*-Airport liegt 30 km südlich. Shuttle Bus 3 $, Taxi um 10 $.

Buon Ma Thuot ↗ XVII/C3

(Buôn Ma Thuột)

Die **Kaffeemetropole** Vietnams entstand um 1910 aus einem franz. Milizposten und wirkt überraschend urban, mit einem klar definierten Zentrum und rechtwinklig angelegten, dichtbebauten Straßen. Der neue Wohlstand schlägt sich in gutsortierten Märkten und einer erstaunlichen Zahl von Geschäften, Hotels und Restaurants nieder. Am Zentralplatz erinnert die Replik eines Panzers *(Victory Monument)* an den Sieg der nordvietnamesischen Armee vom 10. März 1975, der zum Kollaps der Republik Südvietnam führte.

BMT, auch *Ban Me Thuot* genannt, ist die Hauptstadt der **Provinz Dak Lak,** einst Hauptlieferant von Kriegselefanten für die Kaiser von Hue (und selbst die Könige Siams) und bis heute die wildreichste Provinz Vietnams. Trotz ausgedehnter Waldgebiete und Savannen ist Dak Lak dank seines Wasserreichtums und seiner vulkanischen Basaltböden landwirtschaftlich sehr ergiebig; auf den fruchtbaren Plateaus reihen sich Kaffee-, Tee, Pfeffer- und Gummiplantagen, werden Reis und Mais angebaut und grasen gewaltige Rinderherden. Ungeachtet der starken Zuwanderung von Vietnamesen stellen Ethnien wie die **Ede** (oder *Rahde)* heute knapp 40 % der Bevölkerung.

Sehenswertes

Minoritätenmuseum

Das etwas verstaubte, aber sympathische Museum stellt Kleidungsstücke, Handwerks-, Fisch- und Jagdgeräte der *Ede* und *Mnong* aus.

- *Bao Tang Dan Toc.* 4 Nguyen Du. Außer Sa/So 7–11.30, 13.30–17 Uhr, 10.000 đ.

Ako Dhong Village

In dem nur 2 km vom Zentrum entfernten Ede-Dorf leben knapp 400 Menschen, zumeist gut situierte Katholiken. Manche bauen bereits Häuser im vietnamesischen Stil, nutzen aus Gewohnheit aber weiterhin ihre traditionellen Langhäuser mit sauberen, ge-

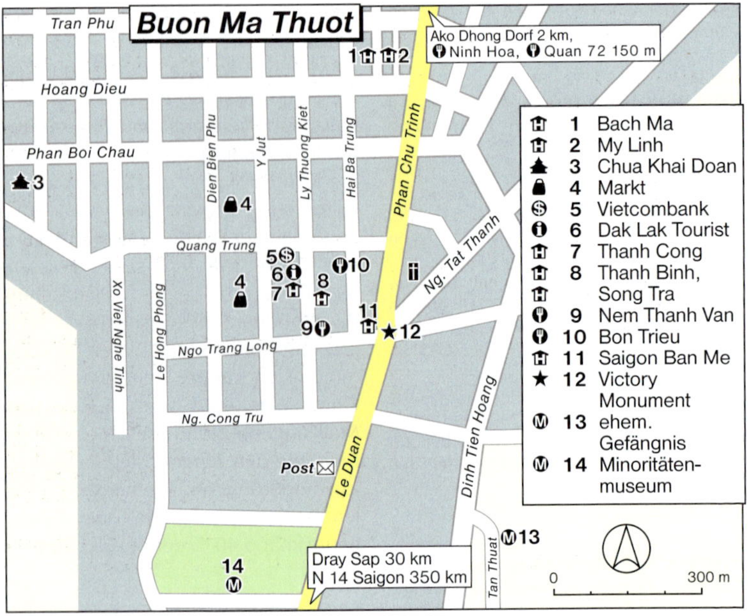

pflegten Gärten. Ein Spaziergang die Phan Chu Trinh stadtauswärts bis zur Tran Nhat Duat.

Gefängnis

Das 1930 erbaute Kolonialgefängnis blieb in Teilen erhalten, andere Trakte sind restauriert worden. Ein kleines *Museum* erzählt vom Widerstand gegen die Franzosen. 18 Tan Thuat.

Praktische Informationen

- 300.000 Einw. 500 m. Tel. 050.
- **Information.** *Dak Lak Tourist.* 7–11, 13.30–17 Uhr, 51 Ly Thuong Kiet, Tel. 852108. www.daklaktourist.com.vn. *Vietnam Highland Travel.* 24 Ly Thuong Kiet, Tel. 855009. www.vietnamhighlandtravel.com.vn.
- **Geld.** *Vietcombank,* 17 Quang Trung, ATM stadtauswärts am Victory-Monument.
- **Vietnam Airlines.** 67 Nguyen Tat Thanh, Tel. 955055.

Unterkunft

- **Saigon Ban Me.** 18 Stockwerke, neu 2009/10.
- **Bach Ma.** Privat, Treffpunkt der in der Provinz lebenden Ausländer. Restaurant, Bar, Sauna, Massage, Billard. 58 Zimmer 25–40 $ inkl. BF. 9 Nguyen Duc Canh, Tel. 815656. www.bachma.com.vn.
- **Thanh Cong.** Minihotel mit Lift, 30 Zimmer mit Sat-TV, Minibar etc. 15–20, Mehrbettzimmer 25–30 $ inkl. BF. Viele Zimmer ohne Außenfenster, sonst okay. 51 Ly Thuong Kiet, Tel. 858243, Fax 858728.
- **My Linh.** Neu 2007, sehr okay, aber ohne Lift. 21 Zimmer 10 (4. Stock), 12, 14, 15 $. 27 Le Dai Hanh, Tel. 851122, mylinhhotel@yahoo.com.

- **Song Tra.** Sauber und ordentlich. 20 Zimmer 9, 10, 12 $. 42 Ly Thuong Kiet, Tel. 817887.
- **Thanh Binh.** 14 Zimmer $ 8–10, Triple 12 $. 24 Ly Thuong Kiet, Tel. 853812.

Essen und Trinken

- **Bon Trieu.** Preisgünstig und populär. Vietnamesische Karte ohne Preise. Gut: *Sate Hai San*, Feuertopf mit Meeresfrüchten, reicht fast für zwei. 33 Hai Ba Trung.
- **Quan 72.** Einfach, sehr beliebt. Spezialität sind *Lau* mit Fisch, Aal etc. 133 Phan Chu Trinh. Ähnlich, aber eine Spur teurer, ist **Ninh Hoa,** 97 Phan Chu Trinh.
- **Thanh Hung.** Auf dem Weg zum Ako-Dhong-Village gibt es entlang der *Nguyen Dinh Chieu* einige ordentliche Open-Air-Restos, von denen *Thanh Hung* das mit Abstand beste ist.
- **Nem Thanh Van.** Gute und billige *Nem*-Stube, sauber und erfreulich. 20 Ly Thuong Kiet.
- **Ha Noi.** Kuchenparadies, auch Wurst, Käse, Sandwiches, Konserven. 123 Le Hong Phong.
- **Café.** BMT-Kaffee probieren! 50A No Tran Long. Ein Tipp für abenteuerlustige Ästheten: *Café Bang Khuang*, 176 Phan Boi Chau.

An- und Weiterreise

- **Entfernungen** (in km): Nha Trang 185, Pleiku 200, Da Lat 200 (N 27), Kontum 250, Saigon 350 (N 14).
- **Bus.** Busbahnhof 3 km außerhalb des Zentrums; ab 5.30 Uhr stdl. nach Pleiku (55.000 đ), ab 7 Uhr 3x nach Kontum (65.000 đ). Nach Dalat, Nha Trang und Danang besser mit *Mai Linh* (je 4x tgl., Tel. 819888 oder bei *Dak Lak Tourist)*.
- **Flug.** 5mal wöchentl. von/nach Saigon und Da Nang. Flughafen 12 km außerhalb.

Totenkammer der Mnong

114vi Foto: kb

115vi Foto: kb

Buon Ma Thuot, Umgebung

Dray-Sap-Wasserfälle

Der größte Wasserfall des Südens misst an seiner breitesten Stelle fast 200 m und wartet im Gegensatz zu den Wasserfällen rund um Da Lat (die z.T. höher sind) auch in der Trockenzeit mit ansehnlichen Kaskaden auf. Großes Areal zum Trekken entlang des gen Kambodscha fließenden *Serepok*-Flusses.

- 30 km südwestl. N 14 bis Ea Tling, Abzweiger 8 km. Café-Resto, Eintritt 8000 đ.

Elefantenparkplatz am Lak See

Lak See

Der 500 ha große, rund 10–15 m tiefe und äußerst fischreiche *Ho Lak* ist der zweitgrößte natürliche Binnensee Vietnams. Auf einem Hügel über dem See thront eine Villa Kaiser Bao Dais. Möglichkeiten zum **Elefantenreiten** (teilweise durch den See) und zum Übernachten in Langhäusern der **Mnong.**

Praktische Informationen

- **Anreise.** An der N 27 150 km nördlich von Da Lat, 50 km südlich von Buon Ma Thuot, beim Weiler *Lien Son*. Busse ab BMT nach *Krong No*.
- **Besucherzentrum.** *Khu Du Lich Ho Lak*. Ausgezeichnetes Floating-Restaurant. Übernachtung im Langhaus 5 $. Gong-Shows, Kanu, Elefantenreiten 30 $/Std. (2–3 Pers.). Per Boot oder Fahrzeug zum Mnong-Dorf *Jun*, Übernachtung im Langhaus am See 5 $.

- **Lak Resort** mit Pool, 32 Zimmer in Bungalows 25 $ inkl. BF. **Bao Dai Villa,** 6 Zimmer 25–35 $ inkl. BF. Tel. 586184, laklake@daklak tourist.com.vn.

Buon Don

Buon Don (auch *Ban Don)* ist in ganz Vietnam als **Elefanten-Dorf** bekannt. Die **Mnong** jagen noch heute wilde Exemplare, die sie mit Hilfe domestizierter Tiere fangen und zähmen. Knapp 100 soll es noch in der Region geben, im Ort selbst leben etwa 20–30. Im März/April wird ein großes Fest mit Elefantenrennen und anderen Wettbewerben veranstaltet.

Zusätzliche Attraktion ist ein weitverzweigtes, über die Stromschnellen des Serepok führendes Gewirr immenser Bambushängebrücken *(Cau Treo)*.

1 km nördlich liegt die **Grabstätte** des legendären Elefantenjägers *Khun Sunop* (1827–1935!), den die Franzosen zur Befriedung der aufständischen Region zeitweise zum „König" ernannt hatten. Ein großer **Friedhof** mit Totenhäusern und Grabstatuen der Mnong (Pfauen, Elefantenzähne) liegt an der Straße nach Buon Don.

Praktische Informationen

- **Anreise.** 45 km nordwestlich, gute Straße. Per Xe Om ca. 7 $, hin und zurück 10 $. 3-4-mal tägl. Regionalbus ab BMT.
- **Besucherzentrum.** Resto-Café. Elefantenreiten 20 $/Std. (2–3 Pers.). Übernachtung im Gemeinschaftsraum 5 $, in Bungalows mit Bad (2–4 Pers.) 12 $. Auch Homestay möglich.
- **Übernachtung.** *Thanh Ha.* Empfehlenswert. Künstliches Ethniendorf am Serepok-Fluss mit Resto und bis zu 90 m langen Häusern der Ede, Mnong und Bahnar. Sehr schöne Landschaft, gute Trekkingmöglichkeiten, halbwilde Elefanten. Übernachtung im Langhaus (2–4 Pers.) 5 $ pro Person. 35 km nordwestl., Abzweiger links an der N 14 nach Buon Don. *Thanh Ha Tourist,* Tel./Fax 050.854903.

Grabrituale des Hochlands

Tote müssen vor Sonne und Regen geschützt werden und erhalten ein Dach mitsamt Grabbeigaben, die aus dem persönlichen Besitz des Toten stammen. Anfangs fast täglich, später nur noch mehrmals im Monat versammeln sich die Verwandten am Grab zu ausschweifenden Gelagen mit Reiswein, Musik, Tanz und Tieropfern. Nach ein, zwei oder drei Jahren wird das Grab aufgegeben und unter nächtelangen Festlichkeiten ein neues, größeres Haus gebaut, das von Symbolen und Attributen des Toten (Statuen von Tieren, Vögeln etc.) und des Lebenszyklus (Statuen von Männer und Frauen, oft auch dargestellt durch Schwangere und kopulierende Paare) umgeben wird. Dieses Fest, bei dem der Tote endgültig verabschiedet wird, findet meist im Frühjahr statt.

Yok-Don-Nationalpark

Der 58.000 ha große Park am *Serepok*-Fluss wird von einigen Hundert *Mnong* und *Ede* bewohnt. Das Hügelplateau mit Trockenwäldern und Grasland ist die Heimat von Büffeln, Hirschen, seltenen Wildrindern *(Banteng* und *Gaur)*, Muntjaks, Gibbons, Elefanten und Pfauen. Trockenzeit Okt. bis März.

- 40 km nordwestl., auf dem Weg nach Buon Don. Unterkunft im Besucherzentrum 10 $. Ein- und Mehrtagestouren (mit Homestay) im Angebot. Guide 200.000 đ.

Pleiku

↗ XVII/C1

(Pleiku)

Die im US-Krieg arg demolierte und unangenehm weiträumig wieder aufgebaute Stadt bietet nur wenig, eine echte Attraktion sind aber die nahen Dörfer und vor allem **Friedhöfe der Jarai** mit ihren aufwendigen Totenhäusern und mannshohen, kunstvoll geschnitzten Holzskulpturen.

Die Provinz **Gia Lai** war eine der umkämpftesten Regionen des Vietnamkriegs. Im Tal von *Ia Drang* unweit der Provinzhauptstadt fanden 1965 die ersten offiziellen Kriegshandlungen zwischen den USA und Nordvietnam statt. Gut 40 % der Bewohner stellen malayo-polynesische **Jarai** (oder *Gia Rai*), die zahlenmäßig größte Minorität Zentralvietnams, sowie Bahnar, Sedang u.a. Auf dem fruchtbaren Vulkan-Plateau werden Kaffee, Kautschuk, Sojabohnen, Mais, Baumwolle und Erdnüsse angebaut.

Praktische Informationen

- 170.000 Einw. 785 m. Tel. 059
- **Information.** *Gia Lai Tourist.* 215 Hung Vuong, Tel. 874571, www.gialaitourist.com.
- **Ethnologie Museum.** Für 2009 auf der Tran Hung Dao nahe dem Pleiku-Hotel geplant.
- **Geld.** *Vietcombank,* 12 Tran Hung Dao.
- **Internet.** 40E Hung Vuong.
- **Vietnam Airlines.** 18 Le Lai, Tel. 823058.

Unterkunft und Verpflegung

- **Hoang Anh.** Professionell und gepflegt, am Ortsrand gelegen; die mit Abstand beste Wahl. 127 Balkon-Zimmer 45, 55, 110 (Suite) $ inkl. BF (Internet Rate). 1 Phu Dong, Tel. 718 459. www.hagl.com.vn/hotel_resort/
- **Yaly.** Zentraler und freundlicher als das staatliche *Pleiku.* 51 Zimmer 15, 17, 20 $ inkl. BF. 89 Hung Vuong, Tel. 824844, ialyhotel @dng.vnn.vn.
- **Duc Long.** Seriöses, gut geführtes Minihotel mit 19 geräumigen Zimmer 18, 22, 25, Suiten 30 $ inkl. BF. Lift. 95 Hai Ba Trung, Tel. 876303. www.dlglgroup.com.
- **Ho Dien Hong.** Für den Preis recht akzeptabel. 20 Bungalows an einem künstlichen See im Stadtgebiet mit Café-Resto; 19, 22 $ inkl. BF. Thong Nhat, Tel. 716450. www.gialaitourist.com.
- **Thanh Binh.** Etwas seltsam angelegt, aber insgesamt ok. 28 Zimmer 6–7 $ (mit Fan, ohne Fenster), mit AC 10 $, gut Zi 202. 93A Hai Ba Trung, Tel. 871292.
- **Thuan Hai.** Simpel, die meisten der 48 Zimmer ohne Fenster. Fan 5–6 $, AC 8–10 $. 94 Tran Phu, Tel. 827690.
- **Ngoc Lam.** Gutes Essen auf 3 Stockwerken, günstig, engl. Karte. 127 Phan Dinh Phung.
- **Nem Ninh Hoa.** Saubere *Nem*-Stube, auch *Bittet* u.a. 20 Quang Trung.
- **My Tam.** Passable Essstube, gutes *ga ro ti.* 3 Quang Trung Ecke Le Loi.
- **Thien Thanh.** Der Stolz der Stadt, großes Gartenlokal mit Pavillons und Blick auf Reisfelder. Hem 22 Pham Van Dong (Wegweiser an Hauptstraße), Tel. 827011.

An- und Weiterreise

- **Entfernungen** (in km): Kontum 50, Qui Nhon 190, Buon Ma Thuot 200.
- **Bus.** Tgl. von/nach Kontum, Buon Ma Thuot, Qui Nhon, Da Nang, Quang Ngai.
- **Flug.** Tgl. von/nach Saigon und Da Nang. Der Flughafen ist 25 km nördl.
- **Kambodscha.** Der Grenzübergang *Le Thanh* 80 km westl. (weiter nach Rattanakiri) ist für Ausländer noch gesperrt.

rong-Haus der Bahnar

Pleiku, Umgebung

Jarai Dörfer

Mehr als ein halbes Dutzend Dörfer mit *rong*-Häusern und Friedhöfen befinden sich in der Region der ehemaligen *Yaly*-Wasserfälle (heute Kraftwerk) nordwestlich von Pleiku. Lohnend ist der Besuch von *Plei Phun*.

14 km Richtung Kontum (N 14), Abzweiger links nach Yaly. Bei km 15.5 führt rechts eine Piste nach Plei Phun. **Achtung:** zur Sicherheit Erkundigung einziehen, ob *Genehmigung* erforderlich ist.

Daktu

Bahnar-Dorf nahe der N 19 nach Qui Nhon bei km 33. Die Totenhäuser und Statuen der Bahnar sind kleiner als die der Jarai, aber nicht minder schön und aufwendig.

116vi Foto: kb

Kon Tum

↗ XVII/C1

(Kon Tum)

Die kleinste, angenehmste, aber auch „zurückgebliebenste" Stadt des Hochlands am *Dakbla*-Fluss, der nach Kambodscha und in den Mekong fließt. Ursprünglich eine Gründung französischer Missionare, die bereits um 1860 erste Missionsstationen zur Christianisierung der Bahnar einrichteten, wurde Kontum erst 1905 unter koloniale Verwaltung gestellt; 1888 ließ sich ein französischer Abenteurer zum König der Bahnar ausrufen und regierte mehr als zwei Jahre lang die Region.

Rund um die Stadt liegen zahlreiche, leicht erreichbare **Bahnar**-Dörfer.

Die **Provinz Kontum** ist mit 300.000 Einwohnern eine der dünnbesiedeltsten Regionen Vietnams. Den Großteil der Bewohner stellen Bahnar, **Jarai** (im Süden) und **Sedang** (im Norden und an der Grenze zu Laos). Der *Ngoc Linh* (2598 m) im Norden der Provinz ist der höchste Berg Südvietnams.

Kirchen

Die pastellfarbene **Tan Huong-Kirche** mit einem Relief des Heiligen Georg mit dem Drachen ist eine der ältesten Kirchen Vietnams (um 1865). Wenngleich auf den ersten Blick kaum sichtbar, ruht sie auf Pfählen.

Etwas stadtauswärts, ebenfalls auf der Nguyen Hue, steht eine rührendhübsche dreischiffige **Holzbasilika** *(nha tho go)*, die die Franzosen 1913 für die Bahnar errichteten. Schöne Ro-

Zentrales Hochland

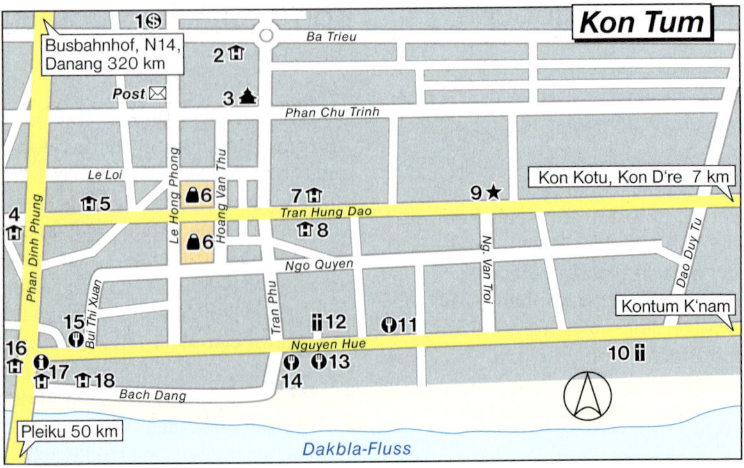

1 National Bank
2 Huu Nghi
3 Chua Bac Ai
4 Bich Lan
5 Bich Hai
6 Markt
7 Bac Huong
8 Family
9 ehem. Bischofsresidenz
10 Holzbasilika
11 Quan 56
12 Tan-Huong-Kirche
13 Hoan Vu
14 Ngoc Quyen
15 Dakbla's
16 Cong Doan
17 Dakbla und Kontum Tourist
18 Indochine

sette mit Langhaus und Elefant (!). Davor die Statue des ersten Bischofs Cochinchinas, *Theodore Cuenot*, der 1861, kurz bevor er enthauptet werden sollte, in den Verlie-sen Kaiser Tu Ducs starb, und naive Holzplastiken eines einheimischen Künstlers.

Gegenüber einer weiteren Kirche auf der Tran Hung Dao entstand um 1925 eine imposante **Bischofsresidenz** mit angeschlossenem Priesterseminar im französischen Stil mit deutlichen Zugeständnissen an die Bahnar Architektur. Im 1. Stock ein kleines *Museum* mit Artefakten der Bahnar.

Bahnar-Dörfer

Charakteristisch für die Bahnar sind ihre *rong*-Häuser mit den außergewöhnlichen, extrem in die Höhe gezogenen, spitz zulaufenden Strohdächern. Die Weiler **Kon Kotu** und **Kon D're** liegen so nahe (6–8 km), dass man sie beinahe zu Fuß besuchen kann (eine geführte Tour oder ein ortskundiger *Xe Om*, 60–80.000 đ, ist trotzdem vorzuziehen). Der Weg führt über die Tran Hung Dao und deren Verlängerung Bac Kan stadtauswärts. Erste Pfahlbauten mit einem *nha rong* findet man bereits vor der Hängebrücke (212 Bac Kan) über den *Dakbla*-Fluss, dahinter führen mehrere Straßen linkerhand zu den Dörfern (3–4 km). Übernachtung ist in beiden Weilern möglich (um 5 $).

Am Ende der Nguyen Hue, 200 m von der *Wooden Church* entfernt, hat sich in *Kontum K'nam* ein Rest historisches Kontum erhalten.

Praktische Informationen

- 80.000 Einw. 550 m. Tel. 060.
- **Information.** *Kontum Tourist.* 2 Phan Dinh Phung, Tel. 861625, ktourist@dng.vnn.vn, www.kontumtourism.com.
- **Geld.** *National Bank,* Ba Trieu Ecke Le Hong Phong.

Unterkunft und Verpflegung

- **Indochine.** Neu 2007. Staatlich, mit Lift und schönem Flussblick. 64 Zimmer 28, 30, 33 $ inkl. BF. 30 Bach Dang, Tel. 863334, www.kontumtourism.com.
- **Dakbla.** Staatlich, abgewohnt. 42 Zimmer 20–25 $ inkl. BF. 2 Phan Dinh Phung, Tel. 863333.
- **Huu Nghi.** Heller, ruhiger Neubau, ordentlich, ohne Lift. 19 Zimmer, meist mit Balkon, 15, 20 (Twin) $. 69 Ba Trieu, Tel. 911560, Fax 911556.
- **Bich Lan.** Neu 2007. Gutes, funktionelles Minihotel mit 20 Zimmern 15, 17, 20 $. 233 Tran Hung Dao, Tel. 913913. www.hotelkontum.com.
- **Family.** 20 Zimmer in 2 Häusern, sehr freundlich und nett (Mr. *Duy*), mit tollem Garten zum Lesen, Entspannen oder für BF (2 $); Internet u. Küchenbenutzung frei. 12, groß, z.T. mit Balkon 18, Vierer 25 $. 55 & 61 Tran Hung Dao, Tel. 862448, phongminhkt@yahoo.com.
- **Bac Huong.** Hell, freundlich, gut ausgestattet. 10 Zimmer 10 $. 88 Tran Hung Dao, Tel. 200424, hotelbachuong@yahoo.com.vn.
- **Bich Hai.** Sauber, okay, etwas penetrante Leute (handeln!). 12 Zimmer 9, 10 $. 270 Tran Hung Dao, Tel. 864167.
- **Cong Doan.** Etwas old fashioned, aber nicht schlecht. 15 Zimmer je nach Etage 5–10 $; im obersten Stock 5 $ mit Balkon und Flussblick. 163 Nguyen Hue, Tel. 911279.
- **Dakbla's.** Urgemütliches Lokal, freundlich, engl. Karte, aber etwas überteuert. 168 Nguyen Hue.
- **Hoan Vu.** Sehr gutes Essen, billiger als Dakbla's, engl. Karte. Im 1. Stock offener Speisesaal. 81 Nguyen Hue.
- **Ngoc Quyen.** Gute, saubere Garküche mit großer Auswahl und reellen Preisen. 89 Nguyen Hue. Weitere ordentliche Garküchen auf 91–93 Nguyen Hue.
- **Quan 56.** Bierkneipe („Löwen") mit Snacks und Hotspots. 56 Nguyen Hue.

An- und Weiterreise

- **Entfernungen** (in km): Pleiku 50, Quang Ngai 210, Qui Nhon 240, Buon Ma Thuot 250, Da Nang 320.
- **Bus.** Mehrmals tgl. nach Pleiku, 1–3-mal tgl. nach Quang Ngai, Qui Nhon, Da Nang, BMT.
- **Laos.** Der Grenzübergang **Po Y** 90 km nordwestl. ist für Ausländer offen; weiter nach Attopeu, Pakse, Savannakhet. Zwischen Kontum und Attopeu verkehren tgl. Busse (ca. 6 Std.).
- **HCM Highway** (N 14). Gute Straße. Fantastischer Bergdschungel mit Pässen zwischen *Plei Kan (Ngoc Hoi)* und *Kham Duc* (120 km). Bei *Thanh My* (km 240) zweigt die N 14B nach Hoi An/Danang ab (80–100 km). Zwischen *Prao* (km 290, 3 Hotels, N640 nach Danang) und *Aluoi* (km 400, 3 Hotels, N 49 nach Hue) weitere Pässe und kaum Verkehr, witterungsbedingt kann die Straße hier unpassierbar werden; Weiterfahrt bis Lao Bao (km 530) oder Dong Ha (km 550).

117vi Foto: kb

Saigon
Sài Gòn

118vi Foto: kb

154vi Foto: kb

Die neue Saigon-Skyline

Das französische Saigon: die Oper

Das sozialistische Saigon

„Ich spüre oft ein brennendes Verlangen, wieder nach Saigon zurückzukehren. Von den grünen Palmen träume ich, von den Straßen voller spitzer Hüte, den Militär-Lkws, den Rikschas, der drückenden Hitze, die dich einlullt in geheimnisvolle Mattigkeit und wiedererlangte Weisheit. Saigon steckt wie ein Messer in meinem Leben."

(Oriana Fallaci, 1968)

„Scheiß Saigon! Macht süchtig!"

(Michael Herr, 1969)

„Würde ich heute „Neuromancer" schreiben, würde es nicht in Chiba City spielen, sondern in Saigon. Für mich ist Saigon derzeit der angesagteste Ort in ganz Asien. Eine riesige, verrückte, reiche Stadt mit einer dunklen und pragmatischen Seitenstraßenwelt."

(William Gibson, 1997)

Überblick

Mehr als 100 Jahre lang haben nicht Vietnamesen, sondern **Ausländer** die Geschicke Saigons bestimmt. Von 1859 bis 1954 die Franzosen, die die Stadt als solche überhaupt erst begründeten. Und zwischen 1954 und 1975 die Amerikaner, ohne deren Finanzspritzen die Hauptstadt der Republik Südvietnam nicht einen Tag

Rue Catinat und Kai Rigaud de Genouilly zur Jahrhundertwende

überlebensfähig gewesen wäre. Ihre Geschichte ist der Stadt nicht nur deutlich anzusehen, sie begründet ihre Sonder- und Vormachtstellung in Vietnam bis auf den heutigen Tag.

Saigon ist weder eine französische noch eine amerikanische, aber auch nicht gerade eine spezifisch „asiatische" oder gar vietnamesische Stadt – eher von jedem etwas und eine Mischung aus allem. Was für manche gerade den unnachahmlichen Reiz Saigons ausmacht, halten andere aus den gleichen Gründen für „gesichtslos". Tatsache ist, dass von „Realsozialismus" schon seit langem keine Rede mehr sein kann. Schicke Hotels, Restaurants, Banken und Shopping Center sind allerorten aus dem Boden geschossen, und schon nach wenigen Monaten Abwesenheit vermag man ganze Straßenzüge kaum mehr wieder zu erkennen. Die einstige „Perle des Orients" ist dabei, sich mit Riesenschritten in eine glitzernde Metropole des neuen Jahrtausends zu wandeln.

Glücklicherweise wird das aber noch ein paar Jahre auf sich warten lassen. Und glücklicherweise verfügt Saigon, anders als die anderen großen Metropolen der Region wie Bangkok, Jakarta oder Manila, über einen relativ **kleinen** und **überschaubaren,** da ursprünglich europäisch (französisch) geprägten **Kern.** Aller Modernität zum Trotz ist Saigon im Grunde immer noch eine Stadt der *Roaring Sixties* geblieben. Als es noch keiner Fußgängerzonen bedurfte, Urbanität und Weltläufigkeit herzustellen. Wie Hanoi – wenn auch auf eine völlig andere Weise – ist Saigon ein liebenswerter Anachronismus.

Saigon oder Ho-Chi-Minh-Stadt?

Nur Ausländer und Betonköpfe sagen Ho-Chi-Minh-City. Saigon ist **Bestandteil** der 1975 gegründeten Verwaltungseinheit *Thanh Pho Ho Chi Minh,* aber **nicht identisch** mit ihr – von einer radikalkommunistischen Umwertung aller Werte à la Chemnitz und Karl-Marx-Stadt kann keine Rede sein. Das Konglomerat mit mehr als 8 Mio. Einwohnern erstreckt sich über ein Areal von insgesamt 2089 km² und umfasst neben der **Stadt Saigon** und der einstigen Chinatown **Cho Lon** die Agrarbezirke *Gia Dinh, Cau Go, Hoc Mon, Nha Be* und *Cu Chi,* die zusammen das ökonomische und kommerzielle Zentrum des Landes bilden, in dem 6 % der Vietnamesen fast ein Viertel des Bruttosozialprodukts erwirtschaften und in dem sich über 30 % aller Klein- und Leichtindustriebetriebe und allen Handels konzentrieren.

Das Sein von Saigon, nicht das Bewusstsein von Hanoi, bestimmt heute Vietnam. Nach Saigon, nicht nach Hanoi, zieht es die Elite und die Jugend des Landes, fließen die Vermögen der über eine Million Exilanten, die nach dem Krieg in die „Große Freiheit" Kaliforniens, Kanadas oder Australiens aufgebrochen waren. Und pilgern die milliardenschweren Investoren, Banken und Konzerne des

119vi Foto: kb

globalen Kapitalismus, die schon heute die Geschichte von morgen schreiben.

Geografie und Klima

Die Hafenstadt Saigon liegt 50 km vom Südchinesischen Meer entfernt – die Vietnamesen nennen es übrigens *Bien Dong*, „Ostsee" – am Nordrand des Mekong-Deltas inmitten einer weiten Tiefebene am Westufer des Saigon-Flusses *(Song Sai Gon)*. Geografisch – 10° 49' N – liegt Saigon auf der Höhe von Cochin in Südindien, Djibouti und Costa Rica.

Das Klima Saigons ähnelt dem von Bangkok, mit einer Regenzeit von Mai bis Oktober, einer Trockenzeit von November bis April und ganzjährigen Durchschnittstemperaturen zwischen 23 und 32 Grad. Die heißesten Monate sind April und Mai, die kühlsten Dezember und Januar, die stärksten Niederschläge fallen im August und September.

Orientierung

Thanh Pho Ho Chi Minh setzt sich aus 17 Distrikten *(Quan)* zusammen, von denen die innenstädtischen numme-

Saigon auf dem Weg nach oben

riert sind. Das Zentrum Saigons heißt Quan 1, das von Cho Lon Q 5.

- **Hauptgeschäftsstraße** und älteste Straße der Stadt ist die **Dong Khoi.** Die schmale, von immergrünen Bäumen bestandene Straße erstreckt sich über 1,1 km vom Saigon-Fluss über die Oper bis zur Kathedrale Notre Dame und der Hauptpost.
- Auf Höhe der Oper zweigt im rechten Winkel die **Le Loi** ab, die auf den Zentralmarkt *(Cho)* **Ben Thanh** zuführt. Parallel zur Dong Khoi verläuft der Boulevard **Nguyen Hue,** der kurz hinter der Kreuzung mit der Le Loi (Hotel Rex) am Rathaus endet.
- Von dem Verkehrsknotenpunkt Ben-Thanh-Markt führt die **Ham Nghi** zum Saigon-Fluss, die **Pham Ngu Lao** zum Quartier der Billighotels und die **Tran Hung Dao** nach 5 km ins Zentrum von Cho Lon an der Chau Van Liem.
- Die **Nguyen Van Troi,** die den *Tan-Son-Nhat-Airport* mit dem Zentrum verbindet (7 km), geht stadteinwärts in die **Nam Ky Khoi Nghia** über, die zwischen Oper und Ben-Thanh-Markt die Le Loi kreuzt und bis zum Saigon-Fluss führt.

Geschichte

Vietnam blickt auf eine fast 2000-jährige Geschichte zurück und ist schon seit über 700 Jahren eine unabhängige Nation, als **1674** Vietnamesen zum ersten Mal den Ort erreichen, der heute Saigon heißt. Sie vertreiben die ansässigen Khmer und errichten rund um den **Fischerhafen Gia Dinh** erste Ansiedlungen. Mit Genehmigung der Nguyen-Fürsten (das Kaiserreich ist zweigeteilt in die Fürstentümer der Trinh in Hanoi und Nguyen in Hue) lassen sich reiche Flüchtlinge aus China nieder und gründen den **Handelsumschlagsplatz Cho Lon** (*cho* = Markt, *lon* = groß). Noch während die Tay-Son-Revolte Ende des 18. Jh. versucht, den verfeindeten Clans den Garaus zu machen und Vietnam zu einen, erobert der Prinz von Hue, Nguyen Anh, mit Hilfe privater Waffenhilfe aus Frankreich den Süden zurück und errichtet **1790** die Zitadelle von Gia Dinh. Unter seinem Nachfolger Minh Mang umfasst die Zitadelle bereits den heutigen Stadtkern von Saigon, um den sich an Flussläufen und Kanälen entlang elf Dörfer und die Chinesenstadt Cho Lon gruppieren.

Das französische Saigon

„Saigon ist die Entstellung von Taingon (Tingan), wie die 1787 in Cho Lon angesiedelten Chinesen ihre dortige Niederlassung bezeichneten. Ehe die Franzosen Saigon besetzten (1859), zählte die Stadt 50.000 Einwohner, wurde aber von den Mandarinen bei ihrem Rückzug grossentheils zerstört. Bis jetzt bildet die Citadelle mit dem von Europäern bewohnten Quartier den Kern der Niederlassungen, um den sich die Eingeborenen in elf Dörfern gruppieren."

(Adolf Bastian, Reise durch Kambodja nach Cochinchina, Jena 1868)

1859 besetzen französische Admiräle die Zitadelle. Kaiser *Tu Duc*, der vergebens hofft, auf diese Weise wenigstens den Rest seines Landes behalten zu können, tritt ihnen **1862** Saigon und

Der Fall Saigons

30. April 1975. Die dramatischen Fernsehbilder von der Evakuierung der letzten Amerikaner vom Dach ihrer eigenen Botschaft begründen das *„Vietnam-Trauma"* der USA. Überrumpelt von dem Zusammenbruch der südvietnamesischen Verbündeten, bleibt den einstigen Herren des Landes nur noch die überstürzte Flucht durch die Lüfte. Während die Bajonette amerikanischer MPs unerbittlich die einstigen Verbündeten, deren Frauen und Kinder in Schach halten, hoppelt Botschafter *Graham Martin*, den eingerollten Sternenbanner unterm Arm, wie ein Kaninchen die Stufen zum rettenden Helikopter empor. Ein anderer Hubschrauber, an dessen Kufen sich Dutzende Verzweifelter klammern, die gleichfalls das Land verlassen wollen, röchelt metallisch, trudelt, verliert an Höhe und schlägt mit dumpfem Krachen auf dem Dach der Botschaft auf.

Dabei hatte man sich an Leichen in der Embassy schon früh gewöhnen müssen. Nur wenige Monate nach Fertigstellung des nagelneuen Gebäudes, zu Tet ***1968,*** drangen vor den Augen von Millionen entsetzter amerikanischer Fernsehzuschauer „Vietcong" in das schwer bewachte Gelände ein und lieferten den „Boys" (Wachsoldaten und Botschaftspersonal) einen Kampf bis aufs Messer, ehe sie sich überwältigen ließen. Dies bedeutete den Wendepunkt. Die amerikanische Öffentlichkeit entzog den Politikern und Generälen, die ihnen jahrelang vorgelogen hatten, alles unter Kontrolle zu haben, das Vertrauen und zwang Präsident Johnson zur Aufgabe seines Amtes.

die umliegenden Provinzen Gia Dinh, Bien Hoa und My Tho ab. Die französische Kriegsmarine, die die neue **Kolonie Cochinchina** regiert, baut mittels privater Spekulationsgelder den Hafen aus und legt jenes Netz von Boulevards und Avenuen an, das den Stadtkern Saigons bis heute prägt. Stadt und Hafen wachsen rasch dank der französischen Handels- und Exportunternehmen, die den einheimischen Reis auf dem Weltmarkt vertreiben und die Kolonie mit gewinnbringenden Kautschuk-, Kaffee- und Teeplantagen überziehen.

1897 verlegen die Franzosen die politische Macht der „Indochinesischen Union" nach Hanoi, doch die wirtschaftliche Vorrangstellung Saigons bleibt bestehen. Der Zweite Weltkrieg und die japanische Okkupation lassen die Einwohnerzahl auf eine dreiviertel Million anschwellen. **1945** schließt sich Saigon der von Ho Chi Minh ausgerufenen Demokratischen Republik an, wird von den Franzosen aber zurückerobert. Wenige Jahre später, im Verlauf des Indochinakriegs, überschreitet die Einwohnerzahl erstmals die Millionengrenze.

„Saigon ist eine angenehme, aber etwas farb- und charakterlose französische Provinzstadt am südchinesischen Meer. Der bessere Teil der Stadt beherbergt zahlreiche Geschäfte, Cafés und Kinos und eine kleine, einfache Kathedrale aus rotem Backstein. 20.000 Europäer, die sich in den schattigen, mit Tamarinden bestandenen Straßen des Zentrums möglichst unter ihresgleichen aufhalten, sind von annähernd einer Million Vietnamesen und Chinesen umgeben. Die Hälfte der einheimischen Bevölkerung lebt in Zehntausenden von Sampans auf dem Wasser."

(Norman Lewis,
A Dragon Apparent, London 1951)

Das amerikanische Saigon

Nach der Teilung Vietnams durch die Weltmächte wird Saigon **1954** Hauptstadt der von den USA politisch wie wirtschaftlich gestützten Republik Südvietnam. Aus dem kolonialen „Paris des Ostens" wird eine betriebsame Garnisonsstadt und Konsummetropole, die mit dem 5 km entfernten Cho Lon zusammenwächst. Zwischen 1955 und 1956, als Präsident Diem und amerikanische Wohltätigkeitsorganisationen Hunderttausende Katholiken in den Süden locken und „zur Sicherheit" ganze Landstriche von ihren Bewohnern säubern, wächst die Stadt auf 2 Millionen Einwohner an.

Militärkomplexe, wie der Tan-Son-Nhat-Airport, und die ersten Hochhäuser, die Hotels Caravelle und Palace, entstehen, und aus der eleganten Flanierstraße *Rue Catinat* wird die „Hure Vietnams", die neonflackernde Amüsiermeile **Tu Do** (Freiheit) mit Tausenden von Tanzbars und Stundenhotels. Diplomaten und Kriegsberichterstatter aller Herren Länder tauschen auf der Terrasse des Continental Informationen aus und observieren vom Dachgarten des Rex und Caravelle bei einem Martini die Aktivitäten des „Viet Cong" auf der anderen Flussseite. Rund um die Stadt entstehen Slums und Shanty-Towns aus Bierkästen und Colabüchsen, die Einwohnerzahl überschreitet die 3- und die 4-Millionengrenze.

„Als wir uns durch einen Verkehrsstau in die Innenstadt von Saigon vorkämpften, hatte ich den schockartigen Eindruck, in einer amerikanischen Stadt zu sein, einem schäbigen Ort an der Westküste mit Chinatown und einer schlitzäugigen Minorität. Nicht nur Militärfahrzeuge aller Art, sondern Chevrolets, Mercedes-Benz, Volkswagen und Triumphs, und überall Weiße in Freizeitkluft. Die zivile Übernahme der Stadt ist noch erstaunlicher als ihre militärische. Für einen Amerikaner ist Saigon heutzutage weniger exotisch als Florenz. Wirkt Saigon tagsüber noch wie ein gigantischer PX-Supermarkt, erstrahlt es des Nachts wie ein Jahrmarkt in einem amerikanischen Provinznest."

(Mary McCarthy,
Vietnam, New York 1967)

„Das Stadtzentrum erweckte Erinnerungen an die Provence, an Orange oder Montélimar, mit den zweistöckigen pastellfarbenen Häusern, den Arkaden, den sauberen Läden und den kleinen Feinschmeckerlokalen. Und vor allem mit den riesigen, schattenspendenden Bäumen, die die Straßen überdachten. (Während ich dies niederschreibe, sind manche von ihnen der Verkehrsplanung zum Opfer gefallen, die durch die Tausende amerikanischer Militärfahrzeuge notwendig wurde.) Das war noch die Perle des Orients. In den Seitenstraßen wimmelte es freilich auch damals schon von schmuddeligen, schwärenbedeckten Kindern, Bettlern und Krüppeln."

(Georg W. Alsheimer,
Vietnamesische Lehrjahre, Frankfurt 1968)

Das sozialistische Saigon

Als die Truppen Hanois Saigon am **30. April 1975** einnehmen, erben sie eine Stadt, die seit zwei Jahrzehnten nur von amerikanischer Unterstützung am Leben gehalten worden war. 2 Millionen haben kein Dach über dem Kopf oder hausen in zusammengeschusterten Wellblechbaracken, Hunderttausende Drogensüchtige, Kriminelle, Prostituierte, Bettler, Krüppel, Waisen- und Mischlingskinder bevölkern die Straßen. Als einzige Wirtschaftsmacht ist der von den Chinesen Cho Lons kontrollierte Schwarzmarkt übrig geblieben, die Elite Saigons, darunter die meisten Ärzte, ist ins Ausland geflüchtet.

Der notwendige, aber übereifrige Versuch der Kader, die Einwohnerzahl der von Versorgungsengpässen bedrohten Stadt durch Um- und Aussiedlung zu reduzieren, schlägt fehl. Als man **1978** dem Schwarzmarkt den Krieg erklärt und die Wirtschaft Saigons im Handstreich verstaatlicht, fliehen Hunderttausende Cho Lon-Chinesen mitsamt ihrem Vermögen als **Boat-People** nach Übersee. Wie zu-vor schon der gesamte Beamtenapparat werden sie von Partei-Kadern ersetzt, denen Ho Chi Minh City nach den jahrelangen Entbehrungen im Dschungel teils wie Sodom und Gomorrha, teils wie das Paradies auf Erden vorkommen muss. Bürokratie, Korruption und Chaos nehmen kein Ende und verbünden sich mit realsozialistischer Ignoranz und Inkompetenz. Der Westen lehnt jede Hilfe ab, das gedemütigte Amerika will seine Rache.

Von Hanoi jahrelang als „Dorn im Fleisch" der jungen Volksrepublik betrachtet, ist Saigon seit einigen Jahren wieder zum Hoffnungsträger und Trendsetter Vietnams aufgestiegen. Saigons erster sozialistischer Bürgermeister, *Vo Van Kiet*, wurde 1991 so-

Die Dong Khoi 1992

120vi Foto: kb

Die Bauwerke Saigons – eine Chronologie

Saigon ist schön, aber fast wie Amerika: Kein einziges Gebäude der Stadt, so wie es dasteht, ist älter als 100 oder vielleicht 150 Jahre. Das Älteste an Saigon sind die Bäume im Botanischen Garten.

1744	Chua Giac Lam (1804 restauriert)
1791	Zitadelle von Gia Long (zerstört)
1804	Chua Giac Lam
1810	Chua Thien Hau
1816	Chua Quan Am
1820	Chua Go
1832	Zitadelle von Minh Mang (zerstört)
1863	Nha Rong (Drachenhaus)
1865	Botanischer Garten
1872	Hôpital Grall
1873	Palais Norodom (zerstört)
1874	Lycée Chasseloup-Laubat
1875	Banque de l'Indochine
1883	Kathedrale Notre Dame
1883	Eisenbahnlinie Saigon – My Tho
1885	Hotel Continental
1886	Palais Gia Long
1891	Hauptpost
1891	Institut Pasteur
1895	Mariamman Tempel
1895	Kirche Cho Quan
1899	Oper
1900	Rennbahn Phu To
1900	Kirche Cha Tam, Cho Lon
1900	Grand Hôtel de la Rotonde (zerstört)
1908	Rathaus
1909	Chua Ngoc Hoang
1914	Zentralmarkt Ben Thanh
1925	Continental Hotel (heutige Größe)
1925	Hotel Majestic
1929	Historisches Museum
1930	Flughafen Tan Son Nhat
1935	Moschee Musulmane
1966	Palast der Einheit

gar zum Ministerpräsidenten gewählt und war der erste Südvietnamese in einem hohen Staatsamt des wiedervereinigten Vietnam.

Sehenswertes

Dong Khoi

Als **Rue Catinat** elegante Flanier- und Ausgehstraße der Kolonisten und im Namen der „Freiheit" – **Tu Do** – sündige Rotlichtmeile der Amerikaner, ist die heutige „Straße der Volkserhebung" mit ihren Hotels, Restaurants, Cafés, Buchhandlungen, Boutiquen und Souvenirshops auch weiterhin das Herz der Stadt.

Ein Spaziergang entlang der Dong Khoi sollte am Saigon-Fluss beginnen. Das 1925–28 errichtete **Hotel Majestic** (No. 1) hat wahrlich wechselvolle Zeiten gesehen. Die Cocktailstunde auf dem Dach, „wo ein frischer Wind vom Saigonfluss heraufwehte", genossen außer *Graham Greene* japanische Besatzer, amerikanische Kriegsberichterstatter, siegreiche Hanoier Funktionäre, russische und deutschdemokratische „Entwicklungshelfer" und nach 1989 die ersten kapitalistischen Besucher von „Ho-Chi-Minh-Stadt". Im glitzernden **Maxim's** daneben (No. 13–17) ging's garantiert frivoler zu als heutzutage.

Erst Mitte der 1990er Jahre wiederauferstanden ist das **Grand Hotel**

(8-24), nachdem es schon fast zum Gespensterhaus verkommen war. Ein Jahr lang beherrschte seine unvergleichliche Fassade (1923) die kleine Seitenstraße Ngo Duc Khe, heute duckt es sich im Schatten von Hochhausriesen, die gerade noch einen Blick auf den Mongolenbezwinger *Tran Hung Dao* am Me-Linh-Square freigeben.

Die meisten Repräsentanten der „guten alten Zeit" sind bereits der Abrissbirne zum Opfer gefallen oder wurden bis zur Unkenntlichkeit neu gestylt. Wer würde schon im **Brodard** (131) das älteste erhaltene Café Saigons wieder erkennen, in dem in den Roaring Sixties Michael Herr und „die Cowboys und vietnamesischen ‚Studenten' herumhingen", oder im **Givral** (169), in dem Saigons Elite Hof hielt, bevor dort die Kriegskorrespondenten ein- und ausgingen, den einstigen Nabel der Stadt, in dem sich noch Anfang der 1990er die ersten Traveller versamelten und heiße Tipps austauschten?

Von hier schweift der Blick über den Lam-Son-Platz zum **Caravelle,** Mitte der 1950er Jahre das erste (damals zehnstöckige) Hochhaus Saigons, dessen Dachterrasse Oriana Fallaci und ihre Kollegen als „die grandiose Bühne des sterbenden Saigon" beschrieben haben.

Die 1899 vollendete **Oper** war jahrzehntelang der gesellschaftlicher Mittelpunkt der Stadt, ehe sie während

121vi Foto: kb

Barocke Patisserie:
Rathaus mit Ho-Chi-Minh-Statue

der kurzen amerikanischen Ära die „demokratisch" gewählte Nationalversammlung der Republik Südvietnam beherbergte und erst nach 1975 von den kommunistischen Kulturbanausen wieder als Theater eröffnet wurde.

Gleich neben der Oper das älteste Hotel Saigons, das **Continental** (132–134), seit seiner Einweihung 1885 freilich vielfach umgebaut. Über seine legendäre, der Wiedereröffnung 1989 zum Opfer gefallene Terrasse kann man bei Somerset Maugham, Noel Coward, Graham Greene, Michael Herr und vielen anderen nachlesen. Die einst nach Pariser Vorbild gestaltete **Eden-Passage** gegenüber spielt in vielen Büchern Marguerite Duras eine Rolle; ihre Mutter begleitete dort mehr als 10 Jahre lang Stummfilme am Piano.

Einige Schritte weiter, an der Ecke Le Thanh Ton, kann man linkerhand ein Auge auf die „barocke Patisserie" des 1901–08 erbauten **Hôtel de Ville** (Rathaus) werfen, das heute Sitz des Volkskomitees von Ho Chi Minh Stadt ist.

Am „Platz der Pariser Kommune" (während des amerikanischen Krieges John-F.-Kennedy-Platz genannt) endet nach gut 1 km die Dong Khoi. Rechts das sorgfältig restaurierte Kolonialgebäude der **Sûreté,** der französischen Staatssicherheit, in deren berüchtigten Untersuchungsgefängnissen zehntausende „Rebellen" schmorten, ehe sie auf die „Teufelsinseln" Con Dao und Phu Quoc verbannt wurden. Unmittelbar vor einem zwei der ältesten noch erhaltenen Kolonialbauten der Stadt, die von *Gustave Eiffel* mitentworfene **Post** (1886–1891) und die neoromanische **Kathedrale Notre Dame** (1877–1883), deren Backstein-Türme mehr als ein Jahrhundert lang das Wahrzeichen Saigons waren.

Biegt man hinter der Kathedrale nach links in die Le Duan ein, öffnet sich eine weite, von hohen Tamarinden bestandene Anlage, die im Volksmund noch heute als Reeducation- oder **Umerziehungs-Park** bekannt ist. Noch bis Ende der 1980er Jahre trafen sich hier Tag für Tag abertausende ehemalige Beamte und Offiziere des Saigoner Regimes, die nach ihrem Aufenthalt in den Umerziehungslagern der Regierung vor der „Behörde für Auslandsbeziehungen" auf eine Zulassung für die Auswanderung in die USA hofften. Auch zahllose *Amerasier,* Mischlingskinder von amerikanischen GIs, warteten hier auf ihre Chance auf eine bessere Zukunft.

Die trutzig-kalte Fassade am Ende der Le Duan schließlich ist der ehemalige ...

Präsidenten-Palast

Die Bilder gingen um die Welt, als am Morgen des **30. April 1975** nordvietnamesische Panzer durch die schmiedeeisernen Tore der Palastmauern brachen und General *„Big" Minh,* nach der überstürzten Flucht seines Vorgängers *Thieu* gerade mal 43 Stunden im Präsidentenamt, im Namen der Republik die Kapitulation verkünden musste. Seitdem an diesem Ort 1975/76 die Vereinigungsgespräche zwischen dem Norden und dem Süden

Saigon, Zentrum
Palast der Wiedervereinigung
Le Duan
Pasteur
Hai Ba Trung
Nguyen Du
Nam Ky Khoi Nghia
Ly Tu Trong
Dong Khoi
Le Thanh Ton
Le Loi
C. B. Quat
Nguyen Sieu
Thai Van Lung
Thi Sach
Pham Ngu Lao 400m
Dong Du
T. T. Thiep
Huynh Thuc Khang
Mac Thi Buoi
Ton Duc Thang
Nguyen Hue
Ton T. Dam
Ho Tung Mau
H. H. Nghiep
Ham Nghi
Ngo Duc Ke
Hai Trieu
Song Sai Gon
Thu-Thiem-Fähre
0
200 m
1
2
3
4
5
6
7
8
9
10
11
12
13
14
15
16
17
18
19
20
21
22
23
24
25
26
27
28
29
30
31
32
33
34
35
36
37
38
39
40
41
42
43
44
45
46
47
48
49
50
51

1	Kathedrale Notre Dame
2	Hauptpost
3	Banh Cuon La
4	Nguyen Du Brauhof
5	Quan An Ngon
6	Huy Long Vien
7	Tao Dan
8	Huong Xua
9	Luong Son
10	Le Jardin
11	Texas Bar BQ
12	Bibi
13	Wild Horse Saloon
14	Medal, A & Em 5
15	May
16	Tandoor
17	O'Brien's Factory
18	Park Hyatt
19	Continental
20	Saigon Tourist, VN Airlines
21	Rathaus
22	Rex
23	Bach Dang Eiscafés
24	Nam Giao
25	Ben-Thanh-Markt
26	Sri Thendayyuttya Hindu-Tempel
27	Oper, Q Bar
28	Caravelle
29	Pacharan
30	Pomodoro
31	Indochine
32	Com Xanh
33	Zentralmoschee
34	Ordinary
35	Kim Long
36	Bach Dang
37	Saigon Indian, Warda
38	Café Central
39	Com Ba Ca (Garküche)
40	Temple Club, Quan Nuong
41	Duxton
42	Gartenstadt
43	New, Nga Quan
44	Apocalypse Now
45	Tran-Hung-Dao-Statue
46	Ashima
47	Renaissance Riverside
48	La Fourchette
49	Majestic
50	Schwimmende Restaurants
51	Schnellboote

stattfanden, heißt der Palast *Dinh Thong Nhat* oder **Palast der Wiedervereinigung.**

Das vierstöckige, zwischen 1963 und 1968 entstandene Gebäude mit über 100 Zimmern galt damals als Nonplusultra avantgardistischer Architektur. Errichtet wurde es auf den Grundmauern des alten *Palais Norodom,* in dem die französischen Gouverneure seit 1869 residiert hatten, der 1962 jedoch zu Bruch ging, als ein desillusionierter Pilot der südvietnamesischen Air Force einen Angriff auf seinen eigenen Präsidenten flog. Der katholische Diktator *Ngo Dinh Diem,* seit 1954 „der starke Mann" der USA in Saigon, ließ unbeeindruckt einen neuen Palast in Auftrag geben, in den er freilich niemals einziehen sollte. Entsetzt von den öffentlichen Selbstverbrennungen buddhistischer Bonzen und aufgerüttelt von der Reaktion der Weltöffentlichkeit, ließen die Amerikaner Diem 1963 fallen und gaben ihn zum Abschuss durch seine eigenen Generäle frei.

Der Wiedervereinigungs-Palast wird heute für Empfänge, Kongresse und Ausstellungen genutzt. Die sorgfältigst restaurierten Konferenzräume, Sitzungssäle und Privatgemächer des Präsidenten (mitsamt Privatbar und -kapelle) sind sehenswerte Zeitzeugnisse einer vergangenen Epoche. Im obersten Stockwerk befand sich ein gigantischer Tanzsaal mitsamt Kasino und auf dem Dach ein Hubschrauberlandeplatz für die schnelle Flucht, während die eigentliche Kommandozentrale im Keller lag. Was für Zeiten!

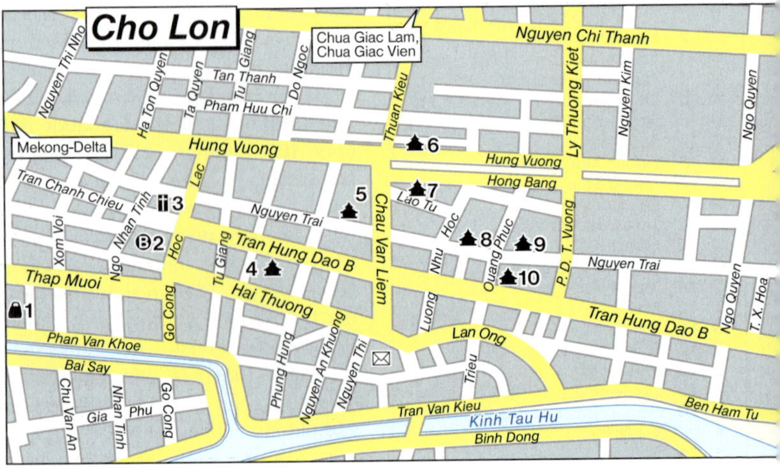

- 1 Binh Tay Markt
- 2 Busbahnhof
- 3 Cha-Tam-Kirche
- 4 Chua Ong Bon
- 5 Hoi Quan Ha Chuong
- 6 Hoi Quan Phuoc An
- 7 Chua Quan Am
- 8 Chua Thien Hau
- 9 Chua Nghia An
- 10 Hoi Quan Tam Son
- 11 An-Dong-Markt
- 12 Windsor-Plaza
- 13 Essstraße Cao Dat

•Tgl. 7.30–11. 13–16 Uhr. Besuchereingang 135 Nam Ky Khoi Nghia. Eintritt 15.000 đ inkl. Führung.

Ben-Thanh-Markt

Der *Cho Ben Thanh* mit seinem Uhrturm ist ein Wahrzeichen der Stadt und der **größte Markt Saigons.** Obst, Gemüse, Fleisch, Fisch, Gewürze, Tabak, Sandalen, Hüte, Haustiere, Werkzeuge, Stoffe und und und – es gibt (fast) nichts in Saigon, was sich dort nicht finden ließe.

Die **1914** von den Franzosen errichteten Hallen bilden noch heute den **Verkehrsknotenpunkt** des Zentrums. Die *Le Loi* führt zu Oper, Rathaus, Dong Khoi und den großen Hotels, die *Ham Nghi* zum Fluss und den Bootsanlegestellen, die *Tran Hung Dao* nach Cho Lon. Genau gegenüber dem Markt lag einst der **Hauptbahnhof** – das tote Gelände zwischen Le Lai und Pham Ngu Lao –, und hier starten und enden heute fast alle städtischen Buslinien. Pläne, die angrenzenden Straßen in eine Fußgängerzone umzuwandeln und dort einen Nachtmarkt zu etablieren, wurden 2003 zugunsten einer **U-Bahn** zurück-

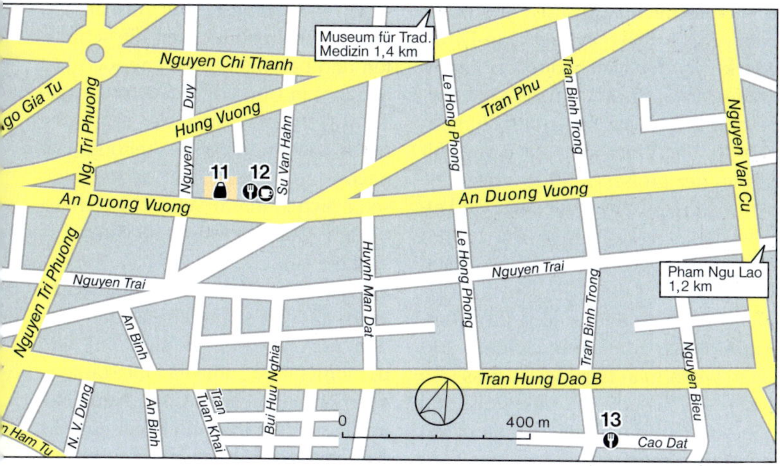

gestellt, die den Zentralmarkt in Zukunft mit neuen Satellitenstädten im Süden und Westen der Metropole verbinden soll; entsprechende Verträge mit der Firma Siemens wurden bereits abgezeichnet.

Die beiden Denkmäler in der Mitte des Platzes erinnern an den erfinderischen *Tran Nguyen Han,* der im 13. Jh. erstmals Brieftauben als Kuriere einsetzte, und an die Studentin *Quach Thi Trang,* die 1963 bei Protestdemonstrationen gegen den amerikanischen Statthalter Diem von der Polizei erschossen wurde

Weitere Märkte

• Der **Cho Binh Tay** in Cho Lon, nur wenige Schritte vom Busbahnhof Cho Lon entfernt, ist der zweite große Zentralmarkt der Stadt und gemäß der Mehrzahl von Cho Lons Einwohnern in jeder Hinsicht deutlich chinesischer geprägt (Lebensmittel, Medizin, Essstände usf.) als der Ben-Thanh-Markt von Saigon. Architektonisch hat man dem Kolonialbau durch den Einzug neuer Decken und Fundamente (Rolltreppen etc.) den Garaus gemacht. Tgl. 7–23 Uhr.

• Im Dreieck zwischen Nguyen Hue, Ham Nghi und Le Loi erstreckte sich einst der gigantische **Schwarzmarkt** Saigons. Noch Anfang der 1990er Jahre konnte man nur hier ausländische Spirituosen (an der Ham Nghi), Arzneimittel (sinnigerweise an der Pasteur), Fernseher oder Videogeräte (an der Huynh Thuc Khang) erstehen. Mitten hindurch führt die kleine Marktstraße **Ton That Dam,** deren Angebot von Jahr zu Jahr freilich dürftiger ausfällt.

•Noch relativ untouristisch und dabei sehr gut sortiert ist der **Tan-Dinh-Markt** bei der gleichnamigen Kirche an der Hai Ba Trung. Um die Markthalle drängen sich Obst- und Blumenstände, das Warenangebot kann mit jedem der großen Märkte konkurrieren, die Preise sind moderater. Und etwas dahinter kann man die besten **banh xeo** Saigons genießen (s. Essen und Trinken).

•Eine absolute Kuriosität ist der **Dan-Sinh-Markt.** Man geht achtlos vorüber, wenn man nicht weiß, dass sich hinter der Fassade von Elektronik- und Motorradzubehör eine eigene Welt der **Kriegsmemorabilia** auftut: Gasmasken, Kampfstiefel, Tarnjacken, Patronengürtel oder die unvermeidlichen *dog tags* (Erkennungsmarken gefallener GIs) – alles wird hier in derartigen Massen angeboten, als hätte der Krieg erst gestern aufgehört. Freilich sind schon so viele dog tags über den Ladentisch gegangen, dass die Zahl der noch Vermissten steil nach oben korrigiert werden müsste; auch darf man nicht glauben, dass alle Militaria aus dem vietnamesischen Krieg stammten. Aber die Illusion ist perfekt, und so manches Brauchbare (solide Regenponchos, Moskitonetze etc.) wird ja auch angeboten. 104 D Yersin.

Tempel und Pagoden

Wie jede größere Stadt Vietnams weist Saigon eine Vielzahl von Pagoden und Tempeln auf (offiziell werden 180 gezählt), von denen viele sehenswert sind, die man aber nicht alle gesehen haben muss. Von Ausnahmen abgesehen befinden sich die schönsten und bedeutendsten Pagoden fast allesamt in Cho Lon oder der Umgebung Cho Lons. Auch der eilige Reisende sollte wenigstens drei oder vier davon aufsuchen, die sehr unterschiedlich in ihrem Stil und gleichzeitig sehr charakteristisch für ihren Typ sind:

•**Chua Giac Lam** und **Chua Giac Vien,** traditionell buddhistische Pagoden der orthodoxen Richtung und berühmt für ihre antiken Holzstatuen;

•der farbenprächtige **Chua Ngoc Hoang,** ein typisches Beispiel für die pragmatische Vielschichtigkeit vietnamesischer Religiosität;

•oder die reichverzierte **Thien-Hau-**Pagode in Cho Lon, repräsentativ für die Pagoden und Versammlungshallen der chinesischen Stilrichtung.

Chua Giac Lam

Die Entstehungsgeschichte der Pagode reicht bis 1744, als hier ein kleiner Tempel existiert haben soll. 1804 von dem buddhistischen Mönch Hai Tinh zu einer Pagode erweitert und letztmals unter Kaiser Khai Dinh (1916–1925) renoviert, gilt Giac Lam als die **älteste Pagode** Saigons.

Betritt man den Chua durch den rechten Seiteneingang, fallen in der Vorhalle die lackierten Ahnentafeln ins Auge, die die Namen und Ehrentitel der verstorbenen Mönche bewahren. Das anschließende Sanktuarium beeindruckt durch seine **118** goldüberzogenen **Holzstatuen,** die sich auf dem Altar drängen. In der ersten Reihe des Altars findet man den historischen Buddha *Thich Ca*, an seiner Seite je zwei Bo Tat (Bodhisattva), die wie Buddha selbst zur Erleuchtung verhelfen können. Hinter Thich Ca sitzt der lachende Buddha *Di Lac*, über dessen massigen Körper fünf Kinder krabbeln, neben ihm der daoistische Jadekaiser *Ngoc Hoang*, gefolgt von einer weiteren Thich Ca-Statue, die das Kind *Siddharta* darstellt. Auch die folgende Reihe huldigt dem Buddha, dem zwei Wächter und seine Lieblingsschüler At Nan und Ca Diep (Ananda und Kasyapa) zur Seite stehen. Die Spitze der Altargruppe bildet *A Di Da*, der Buddha des unermesslichen Glanzes.

Die kunstvollen **Schnitzarbeiten** des Altars stellen die neun Drachen dar, die der Geburt des historischen Buddhas beiwohnten, stehen aber auch symbolisch für die 9 Arme des Mekong (*Cuu Long*). Schnitzwerk und Symbolik der **98** massiven **Holzsäulen** zu beschreiben würde Seiten füllen. Einige der Szenen aus dem Leben Buddhas erinnern verblüffend an mittelalterliche Freskenmotive (Giotto, Duccio). An den Seitenwänden sind in Fünfergruppen die zehn **Höllenrichter** (Thap Dien Vuong), umgeben von weiteren Bodhisattva, platziert; jede der Holzfiguren ist ein kleines Kunstwerk für sich, ausgearbeitet bis ins kleinste Detail und mit den jeweils charakteristischen Merkmalen ihrer Träger ausgestattet.

Der vielarmige Wunschbaum linker Hand des Altars trägt auf jedem seiner Zweige ein Kerosinlämpchen und einen mitfühlenden *Bo Tat*, an den man sich um Schutz und Hilfe wenden kann. Der Gläubige entzündet eines der Lämpchen, heftet einen Zettel mit seinem Namen und Wunsch an den Zweig und hofft auf baldige Erfüllung.

Der Chua ist stets gut besucht und sichtlich wohlhabend. Zahlreiche Mönche leben auf dem Gelände.

● Tgl. 5–12, 14–18 Uhr. 163 Lac Long Quan. Vom rückversetzten Eingangsportal führt ein Pfad vorbei an Stupas, den Grabstätten ehemaliger Bonzen, zum rechten Nebeneingang (der Haupteingang ist verschlossen). Per Xe Om rund 20 Min. vom Zentrum.

Chua Giac Vien

Der Bonze *Hai Tinh*, Gründer des Chua Giac Lam, gilt auch als Patron der Pagode Giac Vien, seine Statue wird in einem der Nebenräume verehrt. Historische Schriften berichten, dass das sumpfige Gelände, auf dem der Chua errichtet wurde, erst aufgefüllt werden musste, ihr früherer Name *Chua Ho Dat* erinnert daran. Auch wenn die Anlage beider Pagoden sich sehr ähnelt, erscheint Giac Vien weniger streng und verbreitet im Einklang mit ihrer Umgebung eine Atmosphäre fast ländlicher Einfachheit. Giac Vien wird vergleichsweise wenig besucht, von Überfluss ist hier keine Rede.

In dem über einen kleinen Innenhof erreichbaren Sanktuarium reihen sich wie im Giac Lam über hundert Holzstatuen aus dem buddhistischen Pantheon: der historische Buddha *Thich Ca* in seinen verschiedenen Erscheinungsformen, Schüler, Wächter, Bodhisattva. *Quan Am*, Göttin der Gnade, steht an der Spitze der Altargruppe rechts von *A Di Da* (Amitabha), dem Buddha der Vergangenheit. An den Seitenwänden weitere Bodhisattva sowie die Statuen der zehn Höllenrichter. Schöner, einfacher Wunschbaum.

●Tgl. 7–19 Uhr. 247 Lac Long Quan, auf der gleichen Straße wie Giac Lam, aber nicht ganz einfach zu finden. Das Eingangstor rechts der No. 247 führt in eine lange schmale Gasse, an deren Ende man nach links abbiegt; man geht auf einen Tempel zu, folgt der Gasse rechts und gelangt an Stupas vorbei zur Pagode.

Chua Ngoc Hoang

Auch wenn der Tempel dem Jadekaiser *Ngoc Hoang*, der höchsten Gottheit des Daoismus, geweiht ist, nennt er sich nicht zu Unrecht Chua, da in dem rosafarbenen zweistöckigen Gebäude **buddhistische** *und* **daoistische** Gottheiten gleichberechtigt vertreten sind.

Der Haupteingang mit den Wächterfiguren führt auf einen buddhistischen Altar mit Bodhisattva und der Buddha-Trinität *Tam Phat*, beschützt von zwei grimmig aussehenden Generälen, die in Siegerpose über dem Blauen Drachen und dem Weißen Tiger thronen. Das Sanktuarium wird beherrscht von der prächtigen **Statue des Jadekaisers,** umgeben von seinen Ministern *Bac Dau* (Stern des Nordens) und *Nam Tao* (Stern des Südens) und den Wächterfiguren „Vier Diamanten". Zur Rechten des Jadekaisers die 18-armige *Chuan De*, zur Linken eine Reinkarnation des Ngoc Hoang mit Schildkröte und Schlange.

Die Seitenräume beherbergen den Höllenfürsten *Thanh Hoang* (rechts hinter dem Altar) und Figuren, die die Foltern der zehn Höllen demonstrieren, überragt von den zehn Höllenrichtern links. Auf der anderen Seite findet man dafür zwei barmherzige Bodhisattva, die den Schrecken des Höllenfürsten zu mildern wissen, *Dia Tang Vuong*, der sich der Seelen der Verstorbenen annimmt, und die gnadenreiche *Quan Am*. Der kleine Raum, durch den man den Chua verlässt, birgt zwölf Frauenfiguren aus bunter Keramik, jede von ihnen demonstriert eine bestimmte (gute oder schlechte) menschliche Eigenschaft und steht repräsentativ für ein Jahr des chinesischen Kalenders. Im ersten Stock wird noch einmal Quan Am, die Göttin der Gnade, verehrt.

●Tgl. 7–18 Uhr. 73 Mai Thi Luu (etwas nördlich des Zentrums, vergl. Karte *Saigon, Übersicht)*. Die Straße zweigt links von der Dien Bien Phu ab, kurz bevor sie den Thi-Nghe-Kanal überquert.

Chua Thien Hau

Die Thien-Hau-Pagode in Cho Lon gilt als die älteste im chinesischen Stil, sie wurde zu Beginn des 19. Jh. von der Kanton-Gemeinde gegründet und ist der barmherzigen Göttin *Thien Hau Thanh Mau*, der **Patronin der Fischer und Seeleute,** geweiht.

Wann immer ein Schiff in Seenot gerät, wird Thien Hau von ihren beiden Gehilfen gerufen, *Thuan Phong Nhi*, der 1000 Meilen weit hören kann, und *Thien Ly Nhan*, der 1000 Meilen weit sehen kann, und eilt den Seeleuten zu Hilfe. Ein Schiffsmodell erinnert an die ersten Kaufleute aus Kanton, die unter dem Schutz Thien Haus nach Cho Lon segelten. Auf dem Hauptaltar findet man gleich drei Statuen der Göttin, flankiert von ihren Gehilfen, der Göttin der Fruchtbarkeit (rechts) und der Gattin des Herrschers des Südens (links). Unter den farbenprächtigen Dekorationen mit Motiven chinesischer Legenden fallen besonders die glasierten **Keramikfiguren** um den offenen Innenhof auf, dessen Figuren sich zu Episoden und ganzen Geschichten fügen: wie eine Prinzessin ihren Freier erwählt, die Preisträger der Mandarinats- Prüfungen in ihr Heimatdorf zurückkehren usf.

Die Mönche werden von der Gemeinde gewählt und bekommen ein kleines Gehalt ausbezahlt, außerdem dürfen sie einen Teil der Opfergaben verkaufen, um von dem Erlös alte und bedürftige Gemeindemitglieder zu unterstützen. Opfergaben werden in Cho Lon heute wieder reichlich dargebracht, und die für chinesische Pagoden typischen **Räucherspiralen** glimmen unaufhörlich. Die großen Bronzegefäße für die Räucherstäbchen und die bronzene Glocke, die immer ertönt, wenn eine Spende dargebracht wird, wurden im Jahr 1830 gegossen. Der Ofen dient dem symbolischen Verbrennen von Papiergeld, mit dem man die Angehörigen im Jenseits unterstützt. Die (lebendigen) **Schildkröten,** die die Pagode beschützen, findet man in einem offenen Verbindungsgang links.

●Tgl. 6–17.30 Uhr. 710 Nguyen Trai (Ecke Trieu Quang Phuc). Am Festtag Thien Haus am 23. Tag des 3. Mondmonats wird ihre Statue in einer Prozession um das Gelände getragen.

Pagoden in Cho Lon und Umgebung

In unmittelbarer Nachbarschaft der Thien-Hau-Pagode findet man drei weitere Chua bzw. *Hoi Quan,* Versammlungshallen, die die verschiedenen, untereinander rivalisierenden chinesischen Gemeinden Cho Lons im 19. Jahrhundert errichteten und im Lauf der Zeit immer mehr zu kultischen Zwecken ausbauten. Zur Lage der Pagoden siehe Karte *„Saigon, Cho Lon“.*

Chua Nghia An. Der Chua schräg gegenüber der 1932 erbauten Moschee von Cho Lon ist Quan Cong sowie Thien Hau und dem bärtigen Glücksgott Ong Bon geweiht. *Quan Cong* (chin. Kuan Kung), ein sagenumwobener General der späten Han-Dynastie, findet seiner sprichwörtlichen Tapferkeit wegen in fast jeder chinesischen Pagode einen Schrein, ihm zur Seite stehen seine Gehilfen General Chau Xuong und Mandarin Quan Binh und nicht zu vergessen sein rotes Pferd mit den übernatürlichen Kräften. 678 Nguyen Trai.

Hoi Quan Tam Son. Die im 19. Jh. von der Fukien-Gemeinde errichtete Versammlungshalle ist der Fruchtbarkeitsgöttin *Me Sanh* geweiht. Auch hier findet man den rotgesichtigen General Quan Cong mit seinem Zauberpferd sowie Thien Hau, Ong Bon und

122vi Foto: kb

Quan Am, die Göttin der Barmherzigkeit. Die leuchtend roten Säulen mit goldenen Schriftzeichen auf schwarzem Grund sind hier besonders dekorativ. 118 Trieu Quang Phuc.

Chua Quan Am. Der vielbesuchte, 1816 von der Fukien-Gemeinde errichtete Chua ist Quan Am, der Göttin der Barmherzigkeit, geweiht, ihre Statue findet man zwischen dem historischen Buddha Thich Ca und dem (sitzenden) Buddha der Zukunft Di Lac platziert. In einem Seitenraum noch einmal Quan Am, diesmal ganz in Weiß, zusammen mit General Quan Cong und seinen Gehilfen und der Himmelsgöttin A Pho. Seitlich des Altars kann man einen Blick auf das Bett von Quan Am werfen – auch ein Bodhisattva muss einmal entspannen. Den Chua findet man in der 12 Lao Tu, nahe der Chau Van Liem.

Hoi Quan Ha Chuong. Die dritte Versammlungshalle in der Nguyen Trai nach Thien Hau (Kanton-Gemeinde) und Nghia An (Trieu-Chau-Gemeinde) wurde von der Fukien-Gemeinde errichtet. Man scheint miteinander im Wettstreit gelegen zu haben, wer Thi-

Thien-Hau-Pagode, Cho Lon

en Hau, der Beschützerin der Seefahrer, die schönste Pagode widmen kann, denn auch hier steht sie im Mittelpunkt. 802 Nguyen Trai.

Chua Ong Bon. Der bärtige Ong Bon ist der Patron des Glücks, aber auch der Tugend. Der Eingang zu seinem stets geschäftigen Tempel liegt in der 264 Hai Thuong Lan Ong.

Hoi Quan Phuoc An. Die erst zu Beginn des 20. Jahrhunderts errichtete Fukien-Versammlungshalle ist eine der schönsten Cho Lons, man beachte die Dachkeramiken und Eingangstore, die Holzschnitzereien und zahlreichen Kultgegenstände aus Porzellan und Bronze. Der Hoi Quan ist General Quan Cong gewidmet, links des Eingangs findet man sein lebensgroßes Zauberpferd. 184 Hung Vuong, unweit der Chau Van Liem.

Khan Van Nam Vien. Dieser zweigeschossige, während des Zweiten Weltkriegs entstandene daoistische Tempel ist eine Rarität am Rande Cho Lons (und eine interessante Abwechslung nach all den Fukien-Pagoden). Neben daoistischen Gottheiten wie Huynh Dai Tien, einem Schüler des Lao Tse, dem der rechte Seitenaltar geweiht ist, findet man Statuen der buddhistischen Quan Am oder des konfuzianischen Dichters Van Xuong.

Das Obergeschoss ist ganz **Lao Tse** und seiner Lehre vorbehalten, hier werden Bildnisse des Gründers, Meditationsregeln und alte Schriften des Daoismus aufbewahrt. Die Steintafeln links der Statue des Lao Tse, die auf den ersten Blick Landschaftsbilder darzustellen scheinen, sind tatsächlich Anleitungen zur Atemtechnik, die einzelnen Abbildungen entsprechen Organen und illustrieren deren Funktion beim Ein- und Ausatmen: Die Leber ist ein Bambushain, der Magen ein Bauer, der mit seinem Wasserbüffel pflügt, der Mund wird von einem Regenbogen repräsentiert usf. 46/5 Lo Sieu (von der Hung Vuong stadtauswärts rechts in die Nguyen Thi Nho einbiegen, zwischen No. 269 B und 271 B liegt die Lo Sieu).

Chua Go (auch *Phung Son Tu*). Bei Ausgrabungsarbeiten für diese (vietnamesische) Pagode im nördlichen Cholon stieß man auf Überreste aus der Zeit von *Oc Eo* (2.–6. Jh.). Der Chua selbst wurde Anfang des 19. Jh. gegründet und gilt als „Historisches Monument" wegen seiner antiken Kultobjekte und Statuen aus seltenen Hölzern. 1408 3 Thang 2 (kurz vor der Einmündung in die Hung Vuong).

Chua An Quang. Die Pagode war der letzte Aufenthaltsort des Mönchs *Thich Quang Duc* aus Hue, bevor er sich am 11. Juni 1963 in der Le Van Duyet mit Benzin übergoss und in Brand steckte. Die öffentlichen Selbstverbrennungen buddhistischer Bonzen machten weltweite Schlagzeilen und führten dazu – erst recht nachdem seine schöne Schwägerin Madame Nhu auch noch höhnisch von „Barbecues" geschwärmt hatte, mit denen die „Kommunisten in der gelben Kutte" sich selbst ausrotten würden –, dass die Amerikaner Präsident Diem 1963 fallenließen.

Die Pagode, Sitz der Vereinigten Buddhistischen Kirche Süd-Vietnams, blieb noch bis 1975 (und später!) ein Sammelplatz oppositioneller Kräfte. Sie steht in der 243 Su Van Hanh.

Pagoden im Zentrum

Mit Ausnahme der Pagode des Jadekaisers Ngoc Hoang sind die Kultstätten des zentralen Saigon weniger bedeutend. Sie sind häufig vietnamesischen Helden gewidmet und werden daher *den*, Tempel, genannt. Zu ihrer Lage siehe Karte *„Saigon, Übersicht"*.

Den Tran Hung Dao. Bereits im schönen Vorhof des 1925 gegründeten Tempels hat man dem allseits verehrten Tran Hung Dao, der 1288 die Mongolen Kublai Khans bezwang, eine Statue errichtet. Die „dunkle" Seite des Kultes um den Nationalhelden – er gilt als Patron der Verwirrten und Geisteskranken und der (auch erotischen) Träume und Exzesse. Sein Tempel befindet sich in der 36 Vo Thi Sau.

Den Hung Vuong. Der Tempel erinnert an die legendäre Hung-Vuong-Dynastie vor unserer Zeitrechnung, auf die die Vietnamesen ihre Ursprünge zurückführen. Das mit den vier heiligen Tieren Phönix, Drache, Einhorn und Schildkröte verzierte geschwungene Dach ruht auf 12 massiven Pfeilern aus Ebenholz; aus über 300-jährigen Baumstämmen gearbeitet, repräsentiert jeder von ihnen ein Jahr des chinesischen Mondkalenders. Auch der schwarz schimmernde, sich auf dem Rücken von vier Schildkröten erhebende Altar ist aus massivem Ebenholz gefertigt. 2 Nguyen Binh Khiem auf dem Gelände des Zoos gegenüber dem Historischen Museum.

Chua Vinh Nghiem. Der zwischen 1964 und 1971 während des Vietnam-Kriegs errichtete Chua ist für die buddhistische Gemeinde Saigons heute die wichtigste Pagode. Die Anlage mit den breitgeschwungenen, in Phönixfiguren auslaufenden Dächern und den drei hintereinanderliegenden Altarräumen folgt (bewusst oder unbewusst?) dem traditionellen Stil des Nordens, obwohl vordergründig auch japanische Vorbilder eine Rolle gespielt haben mögen. Die vietnamesisch-japanische Freundschaftsgesellschaft gehörte zu den Hauptsponsoren und spendete u.a. die „Große Glocke" für den Glockenturm Gac Chuong.

Im Zentrum der mittleren Halle steht eine 6 m hohe Buddha-Statue des „Verkünders der Lehre" *Thich Ca*, ihm zur Seite der „glückhafte Jüngling" *Van Thu* (Manjusri) und der „ringsum glückbringende" *Pho Hien* (Samantabhadra), der eine Weisheit, der andere rechte Sammlung symbolisierend. Die Reliefarbeiten des Altars stellen berühmte vietnamesische Pagoden dar.

Der Zugang zu den sieben Stockwerken des 40 m hohen **Pagodenturms,** der auf jeder Etage einen der Göttin Quan Am geweihten Schrein birgt, ist nur an wichtigen buddhistischen Festtagen und am 15. Tag des 1. Mondmonats möglich. Den Chua in der 339 Nam Ky Khoi Nghia passiert man auf dem Weg von und zum Flughafen.

Chua Xa Loi. Die Pagode war ein Zentrum des buddhistischen Protests gegen die Regierung Südvietnams. Im August 1963 stürmten Spezialeinheiten des Bruders von Diem, Ngo Dinh Nhu, die Pagode und verhafteten über 400 Mönche und Nonnen. Das nüchterne Sanktuarium der 1956–1958 erbauten Pagode wird von einer überdimensionalen Buddhastatue beherrscht. Tgl. 7–11, 14–17 Uhr. 89 Ba Huyen Thanh Quan.

Kirchen

Kathedrale Notre Dame

Die neoromanische Backsteinkirche *Nha Tho Duc Ba* (Kirche Unserer Lieben Frau) wurde nach nur 6-jähriger Bauzeit 1883 eingeweiht und ist damit eines der ältesten erhaltenen Bauwerke der französischen Kolonialzeit. Als man auf dem schmalen Plateau, das sich über das umliegende Sumpfland erhob, die Fundamente für das künftige Gotteshaus aushob, stießen die überraschten Colons außer auf Überreste einer Steinzeitsiedlung auf Spuren einer Kultur, deren Existenz bis dahin noch vollkommen unbekannt war und erst sehr viel später dem alten hinduistischen Königreich *Fu Nan* zugeordnet werden konnte.

Notre Dame steht auf dem Platz der Pariser Kommune (Cong Xa Pari), was durchaus nicht unlogisch erscheint, da die Mehrzahl der vietnamesischen Freiheitskämpfer zunächst nicht Marx und Lenin, sondern die Ideale der französischen Revolution beim Wort zu nehmen versuchten, ehe ihnen die Kolonisten unsanft beibrachten, dass auch Demokratie „teilbar" ist.

Erst seit 1989 finden wieder Messen statt, normalerweise täglich zwei, an Sonntagen sogar bis sechs.

Cha-Tam-Kirche

Im Herbst 1963 eskalierte der Unmut gegen das Diem-Regime, am 1. November putschten die Generäle. Präsident Diem und sein Bruder Nhu suchten Zuflucht im Schoß der Katholischen Kirche und flüchteten in die Cha-Tam-Kirche in Cho Lon, ehe sie sich ergaben und eine Überführung in „Sicherheitsverwahrung" akzeptierten. Noch auf der Fahrt dorthin wurden sie von ihrer Eskorte exekutiert.

Kathedrale Notre Dame

123vi Foto: kb

Die um 1900 erbaute pastellfarbene Kirche im Herzen Cho Lons befindet sich in der 25 Hoc Lac am Westende der Tran Hung Dao. Messen werden täglich abgehalten, Sonntag 7 und 17 Uhr auch in chinesischer Sprache.

Weitere Kirchen

Die größte katholische Kirche Saigons ist die *Cho Quan*, 133 Tran Binh Trong auf halbem Weg zwischen Saigon und Cho Lon. Die *Tan-Dinh*-Kirche, 289 Hai Ba Trung, besticht durch ihre Backsteinfassade. Cho Lons Hauptkirche *Nga Sau* befindet sich an der Einmündung der Ngo Gia Tu und der Hung Vuong.

Moscheen

Die wenigen tausend Moslems (Inder, Indonesier, Malaien und Cham) haben heute die Wahl zwischen einem Dutzend Moscheen. Die meisten wurden Anfang der 1930er Jahre errichtet, als die verärgerten Kolonisten die Massenstreiks der Einheimischen mit dem Import billiger Arbeitskräfte aus Indien beantworteten. 1975 verließen fast alle Inder Saigon.

Die 1935 erbaute **Zentral-Moschee** erhebt ihre vier Minarette nur wenige Schritte abseits der Dong Khoi in der 66 Dong Du. Die größte Moschee Cho Lons findet man in der 641 Nguyen Trai.

Hindu-Tempel

Mariamman. Der 1895 erbaute Tempel wurde der kleinen tamilischen Gemeinde Saigons nach Jahren der Zwangsschließung 1990 wieder zurückgegeben. Der Hindu-Göttin Mariamman werden außergewöhnliche Wunderkräfte zugeschrieben, entsprechend gut besucht (vor allem am 1. und 15. Tag des Mondmonats) ist ihr Heiligtum. 45 Truong Dinh (nahe Ben-Thanh-Markt).

Sri Thendayyuttya. Der ungewöhnlich großzügige Schrein mit seinen buntgefliesten Wänden und Böden und den mit Götter- und Tierfiguren gespickten Tempelturm (Zugang möglich) ist das beeindruckendste Hindu-Heiligtum im Zentrum. 66 Ton That Thiep.

Museen

Historisches Museum

Das 1929 von der *Societé des Etudes Indochinoises* gegründete Museum vermittelt einen ersten Überblick über die wichtigsten Epochen der vietnamesischen Geschichte und die unglaubliche Bandbreite an Kunst- und Architekturstilen (indisch, chinesisch, indochinesisch).

14 Säle, die sich um zwei Innenhöfe gruppieren, sind jeweils bestimmten Epochen zugeordnet: 1. Prähistorie, 2. Hung-Vuong-Zeit, 3. Widerstand und Unabhängigkeit (1.–10. Jh.), 4.–6. Ly-, Tran- und Le-Dynastie, 7. Tay-Son-Aufstand, 8. Musikinstrumente und Kaisergewänder, 9. Keramik, 10. Oc Eo (1.–6. Jh.), 11. Frühe Kulturen im Mekong-Delta, 12. Champa, 13. Khai-Tuong-Pagode, 14. Ethnische Volksgruppen Südvietnams.

Zahlreiche Exponate sind allerdings lediglich (und z.T. auch noch schlechte) Repliken. Am meisten lohnt der Besuch der Säle 11 und 12 mit Originalstatuen und -friesen und dem berühmten Dong-Duong-Bronzebuddha aus der Frühzeit der Cham-Kultur.

● *Bao Tang Lich Su.* Tgl. außer Mo. 8–11.30, 13.30–17 Uhr. Eintritt 15.000 đ. 2 Nguyen Binh Khiem, auf dem Gelände des Zoos. Liebhabern von Militaria sei zusätzlich das *Museum der Ho-Chi-Minh-Kampagne* schräg gegenüber, 2 Le Duan, empfohlen.

Kriegsmuseum

Das *War Remnants* Museum – bis vor wenigen Jahren noch Museum der Kriegsverbrechen genannt – ist das zu Recht bekannteste und meistbesuchte der Stadt. Wer möchte nach dem Besuch dieser ebenso erschütternden wie lehrreichen Ausstellung noch an den „Wert" von Kriegen glauben.

Selbstredend handelt es sich um „Propaganda". Um einen parteiischen, „einseitigen" Standpunkt. Um die vietnamesische Sicht der Dinge. Und wie auch nicht? Sollen die, die unter Untaten leiden, etwa auch noch die Rechtfertigungen – sprich Propaganda – derer vertreten, die ihnen diese Untaten zufügten? Die Franzosen waren nur aus einem Grund in Vietnam: sich auf Kosten der Einheimischen zu bereichern. Die Motive, mit denen die Amerikaner das Land verwüsteten, waren keinen Deut weniger an den Haaren herbeigezogen als die im Irak. Und die militärische „Vergeltungsaktion" der Chinesen 1979 nichts als das zynische Kalkül, einem verhassten Nachbarn den Todesstoß zu versetzen. Viele der verstörendsten Fotos und Dokumente dieser Horrorsammlung stammen im übrigen aus Quellen der einstigen Gegner!

Ältestes Ausstellungsstück ist eine mobile französische **Guillotine,** die noch Ende der 1950er Jahre durch ganz Südvietnam gezogen wurde, um einheimische Patrioten und Aufsässige zu exekutieren; die letzte Hinrichtung mit ihrer Hilfe soll 1960 in Saigon stattgefunden haben. Das unmenschliche Gefängnissystem wird durch eine maßstabsgerechte Nachbildung der berüchtigten **Tigerkäfige** der Gefängnisinsel Poulo Condore (Con Dao) dokumen-

Gefangenschaft im Tigerkäfig

„Das Besondere an den Tigerkäfigen war, dass die Häftlinge darin den letzten Rest Freiheit verloren. Alle anderen Arten von Zellen, Kerkern und Verliesen, so schrecklich sie sein mochten, standen ihnen nach: Hatte sich dort die Tür hinter dem Gefangenen geschlossen, gehörte der Verschlag ihm. Mit anderen Worten: Bei aller Enge und Dunkelheit blieb dem Gefangenen die Freiheit, auf sich allein gestellt zu leben. Doch die Tigerkäfige ließen keinem auch nur eine Spur von Freiheit. Hier lebtest du bei Tag und Nacht unter den Augen des Feindes. Er ging fortwährend auf der Zinne der Mauern auf und ab und beobachtete dich durch die Gitterstäbe. Der Gefangene sollte nie das Gefühl haben, sich selbst zu gehören. Das hatte einen schrecklichen seelischen Zustand zur Folge. Immer auf der Hut. Immer auf das Schlimmste gefasst. Immer mit gesträubtem Haar." (Nguyen Duc Thuan, *In den Tigerkäfigen von Con Son,* in: *Erkundungen, 16 vietnamesische Erzähler,* Ostberlin 1977)

tiert, in denen sowohl unter Franzosen wie Amerikanern Männer und Frauen jahrelang dahinvegetieren mussten.

Verständlicherweise nimmt die Darstellung der Kriegsverbrechen der „US-Aggressoren" den größten Platz ein. Ein Ausstellungssaal ist ausschließlich **Folterungen** und Massakern gewidmet – My Lai war bei weitem keine Ausnahme, sondern nur eine Station unter vielen! Ein weiterer Raum demonstriert die verheerenden Auswirkungen chemischer Waffen an Mensch und Natur. Konservierungsgläser mit Föten und Missgeburten aus der Sammlung des Tu-Du-Krankenhauses (s.u.) veranschaulichen die grausige Effektivität von Dioxin-Killern wie *Agent Orange* (um deren Erfindung, Herstellung und Vertrieb sich im Übrigen eine deutsche Firma verdient gemacht hat).

In Nebengebäuden gibt es Ausstellungen zu verschiedenen Themen: Ein Raum widmet sich der Arbeit von im Krieg getöteten Fotojournalisten (u.a. *Dana Stone, Henri Huet*), ein weiterer der internationalen Solidarität mit Vietnam während des amerikanischen Krieges. Das Kriegsgerät des Gegners – Skyraider, Panzer und Granaten – wird im Hof gezeigt.

Das Museum ist in dem ehemaligen Komplex des *US Information Service*

124vi Foto: kb

Visuelle Umweltverschmutzung am Saigon-Fluss

untergebracht, dessen Hauptquartier das heutige Rex-Hotel war.

● Tgl. 7.30–12, 13.30–17 Uhr, 15.000 đ. 28 Vo Van Tan, Ecke Le Qui Don.

Stadtmuseum

In den früheren Ballsälen und Salons des prunkvollen Gia-Long-Palastes, der neo-klassizistischen Villa des Gouverneurs von Cochinchina (1886), werden heute die Etappen des antikolonialen (und antiimperialistischen) Widerstands dokumentiert sowie zeitgenössische Ausstellungen veranstaltet. Im Garten des einstigen Revolutionsmuseums steht u.a. der amerikanische Jet, mit dem ein südvietnamesischer Dissident den Präsidentenpalast in Schutt und Asche legte.

● *Bao Tang Thanh Pho Ho Chi Minh.* 65 Ly Tu Trong. Tgl. 8–17 Uhr, Eintritt 15.000 đ.

Nha Rong (Ho-Chi-Minh-Museum)

Das „Drachenhaus" Nha Rong an der Einmündung des Ben-Nghe-Kanals in den Saigon-Fluss wurde 1863 von einer französischen Schifffahrtsgesellschaft im Kolonialstil mit „orientalischem" Dach errichtet und ist heute dem Andenken Ho Chi Minhs gewidmet. An dieser Stelle heuerte er 1911 als einfacher Küchenjunge Ba auf dem Passagierdampfer „Admiral Latouche Tréville" an, um erst nach 30 Jahren Exil wieder nach Vietnam zurückzukehren.

● Tgl. 7.30–11.30, 13.30–17 Uhr. 10.000 đ. 1 Nguyen Tat Thanh.

Frauenmuseum

Das Museum birgt eine Fülle dokumentarischer Materialien zur Geschichte der Frauenbewegung in Vietnam. In 9 Sälen werden vor allem die Heroinen des Landes gewürdigt, von den Hai Ba Trung, den Schwestern auf Kriegselefanten, die vor 2000 Jahren lieber den Freitod wählten, als den chinesischen Besatzern in die Hände zu fallen, bis zu Ut Tich, einer Mutter von 6 Kindern, die im Befreiungskampf gegen die Amerikaner fiel, und der buddhistischen Studentin Quach Thi Trang, die 1963 bei einer Demonstration vor dem Ben-Thanh-Markt (wo man ihr ein Denkmal errichtet hat) von den Schergen Diems ermordet wurde. Die Auszeichnung als „Heldin" im amerikanischen Krieg erhielten 150 Frauen. Für interessierte Besucher/Innen ist auch die Bibliothek zugänglich.

● Tgl. außer Mo 8–11.30, 14–17 Uhr, 10.000 đ. 202 Vo Thi Sau.

Kunstmuseum

In einer restaurierten Villa des Fin de Siècle wird Kunst des 20. Jhs. präsentiert. Zu den Exponaten zählen neben Gemälden der „revolutionären Phase" auch Plastiken, Porzellan, Keramik und Mobiliar. Interessant sind die wechselnden Ausstellungen, die einem bestimmten Sujet oder zeitgenössischem Künstler gewidmet sind.

Rund um das Museum, in der *Le Cong Kieu*, sind zahlreiche **Trödler** und **Antiquare** angesiedelt.

● *Bao Tang My Thuat.* Tgl. außer Mo 9–17 Uhr, 10.000 đ. 97A Pho Duc Chinh.

Museum für Trad. Medizin

Eine Augenweide sind nicht nur ein Großteil der über 3000 Exponate zum

Thema Heilkräuter, sondern mehr noch die sie umgebende *Architektur:* Teils sind wertvolle alte Holzhäuser, teils Rudimente davon, teils Nachbauten in bestem Kunsthandwerk in den 5-stöckigen Neubau einer privaten Pharmafirma integriert. Über traditionelle Medizin selbst erfährt man eher wenig, umso beeindruckender ist dafür der Einblick in eine vergangene Zeit.

● *Bao Tang Phito.* Tgl. 8.30–17.30 Uhr, 32.000 đ. 41 Hoang Du Khoang (10); Bus 2 ab Ben-Thanh-Markt bis Ba Thang Hai (3/2) Ecke Le Hong Phong, von dort 250 m. www.fitomuseum.com.vn.

Tu-Du-Hospital

Das **Frauenkrankenhaus** Saigons ist kein Museum, aber auch hier befindet sich eine Sammlung, die man so schnell nicht vergisst: die grausig deformierten Föten, Fehl- und Totgeburten, die die Frauen Südvietnams nach dem Einsatz chemischer Kampfstoffe durch die Amerikaner zur Welt brachten. Selbst heute noch werden missgebildete Kinder geboren, da die Gifte langfristig die Erbanlagen geschädigt haben. Eine Station der Klinik ist ausschließlich zur Betreuung und Operation Siamesischer Zwillinge eingerichtet.

● *Benh Vien Tu Du,* 284 Cong Quynh. Anmeldung (Tel. 8292722) ist empfehlenswert.

Crash Kurs Saigon
(1 Tag/1 Nacht)

Wie Hanoi hat auch Saigon einen echten, in diesem Fall freilich nicht vietnamesisch-chinesischen, sondern französisch-kolonialen, Stadtkern und ist daher relativ einfach und bequem zu erkunden.

1. **Dong Khoi.** Walk on the wild side. Die eineinhalb Kilometer lange, von schattenspendenden Tamarinden bestandene einstige *Rue Catinat* ist die älteste von den Franzosen angelegte Straße der Stadt und verbindet sinnigerweise Hafen (Ausbeutung) und Kathedrale (Bekehrung).
2. **Cyclo Fahren.** Egal wo und wohin. Bevor die Fahrradrikschas endgültig aussterben.
3. **Kriegsmuseum.** Mit den Untaten der Franzosen und Amerikaner in Vietnam konfrontiert zu werden, ist nicht angenehm, ja teilweise drastisch, aber notwendig. Ein Muss für jeden Saigonbesucher.
4. **Cu Chi.** Die Amerikaner glaubten, einen *Rock 'n' Roll*-Krieg gegen die Viets führen zu können. Diese rächen sich heute mit einer *Rock 'n' Roll*-Version von Heroismus. Pervers ist beides, oder: Man darf nicht alles glauben, was man sieht. Es aber *nicht* gesehen zu haben, wäre ein Versäumnis erster Klasse.
5. **Ben-Thanh-Markt.** Der Knotenpunkt Saigons. Kolonialismus, Sozialismus, Wildwest-Kapitalismus und Globalisierung, alles auf engstem Raum. Dazu Gewürze, Tropenfrüchte, Computerspiele, Suppenküchen, Schweinehälften, Jeans und junge Hunde (für Aufzucht wie Verzehr).
6. **Cholon.** „Chinatown"-Exotik gibt es kaum, allenfalls in seinen prächtigen Pagoden. Eher der (politisch so gewollte) arme, etwas verwahrloste Bruder des neureichen Saigon, der von all dem lebt, was dort nicht mehr überlebensfähig war (oder nicht überleben durfte).

Praktische Informationen

• 8 Mio. Einw. (City 3,9 Mio.). Tel. 08.

Ankunft

Flughafen

• Der **Tan-Son-Nhat-**Airport, in den 1960/70er Jahren zeitweise der geschäftigste Flughafen der Welt, liegt nur 7 km außerhalb des Zentrums. *Man beachte die ovalen Betonunterstände noch aus der Zeit der US-Air-Force. Die Straße ins Zentrum ist nach einem Attentäter benannt, dem 24-jährigen* Nguyen Van Troi, *der an der Brücke auf halbem Weg zur City 1964 einen Sprengsatz zündete, dem US-Verteidigungsminister Robert McNamara lediglich durch Zufall entging. Während McNamara sich in der Folge als unbeugsamer Kriegstreiber hervortat, der das verbündete Südvietnam zum meistbombardierten Land der Geschichte machte, landete sein Kontrahent vor einem Exekutionskommando, dem er die Worte „Lang lebe Ho Chi Minh!" entgegenschleuderte.*

• **Einreiseformular** (Entry Exit Card). Das Formular, das von der Airline ausgegeben wird, ist auszufüllen und das Doppel gut aufzuheben, da es bei der Ausreise wieder abgegeben werden muss. **Achtung:** Der am Flugticket angeheftete Gepäckschein wird häufig am Ausgang kontrolliert – parat halten!

• **Zoll.** Kontrollen, zumal bei westlichen Ausländern, sind rar. Dennoch ist anzuraten, Wertsachen und höhere Geldbeträge ordnungsgemäß zu deklarieren.

• **Info.** Ein Info-Schalter in der Ankunftshalle bietet u.a. kostenlose Broschüren und Stadtpläne.

• **Geld.** In der Ankunftshalle ist ein Bankschalter mit ATM. Euro und US-Dollar sowie TC werden zum normalen Bankenkurs gewechselt.

• **Taxi.** Die Fahrt zum Zentrum kostet 4–5 $ oder die entsprechende Summe in Dong. Darauf bestehen, zum gewünschten Ziel gefahren zu werden – viele Fahrer versuchen mit allen Tricks (Hotel kostet das Doppelte, gibt es nicht mehr etc ...), Neuankömmlinge dorthin zu bringen, wo sie Provision kassieren.

• **Bus.** Der Bus 152, der unmittelbar vor dem Terminal hält, fährt alle 15 Min. über den Ben-Thanh-Markt direkt bis zum Hotelviertel Pham Ngu Lao. Preis 3000 đ, Gepäck kostet extra.

Geld

• **ATM-Schalter** (Bankautomaten) mit 24-Std.-Service (Visa, VisaPlus, Mastercard, Maestro = Cirrus) sind seit 2003 ein gewohntes Bild in der Stadt.

• **Sacombank.** 211–213 Pham Ngu Lao, Mo–Fr 7.30–11.30, 13–16.30 Uhr. ATM. Wechsel von TC aller gängigen und Banknoten fast aller Währungen (auch Baht, Rupien usf.).

• **Wechselstuben.** Bessere Raten als in Banken bekommt man oft in Goldshops, z.B. **4 Le Loi** oder **84 Nguyen Hue.** Auch abends und an Wochenenden geöffnet.

• **Ausländische Banken.** *ANZ-Bank,* 11 Me Linh Square, *Hongkong Shanghai Bank,* 235 Dong Khoi, *Citibank,* 115 Nguyen Hue (alle mit ATM). Mit Repräsentationsbüros vertreten sind die *Berliner Bank,* 108A Cach Mang Thang Tam (Tel. 8251607) und *Deutsche Bank,* 65 Le Loi (14. Stock), Mo–Fr 8.30–16.45 Uhr.

Tourist Info

• **TIC.** 4G Le Loi Ecke Nguyen Hue. Info-Desk, Buchungsbüro, ATM, Wechselstube (auch Sa/So). **Achtung:** Es handelt sich nicht um unabhängige, sondern rein *kommerzielle* Anbieter!

Gesundheit

• **Family Medical Practice.** Äußerst empfehlenswerte israelische 24-Std.-Privatklinik. Diamond Plaza, 34 Le Duan. Tel. 8227848. Auch Zahnklinik, www.vietnammedicalpractice.com.

• **Victoria Healthcare Clinic.** Kleine Privatklinik, z.T. deutlich preisgünstiger als andere. 79 Dien Bien Phu, Tel. 9104545, www.victoriavn.com.

- **Maple Healthcare.** Günstige, von einem kanadischen Viet Kieu geleitete Zahnklinik. 72 Vo Thi Sau, Tel. 8201999. www.maplehealthcare.net.
- **Allegro Health Services.** Deutsche Arztpraxis von Dr. Ralph Rahmer, Mo–Fr 9–20, Sa 9–13 Uhr. 115 Calmette, Tel. 8211367. www.allegro.com.vn.
- **Hospital of Traditional Medicine.** 197 Nam Ky Khoi Nghia, Tel. 9326579.
- **Apotheke.** 197–199 Dong Khoi, Tel. 829 0577. *Drugs Center Ngoc Chau*, 335A Nam Ky Khoi Nghia, Tel. 8469108.
- **Massage.** Sehr zu empfehlen ist die traditionelle Blindenmassage (mit AC 40-, mit Fan 30.000đ die Stunde). Viele begeisterte Leserbriefe! 185 Cong Quynh (nahe PNL), Tel. 8596697.
- **Spa.** Spas schießen neuerdings wie Pilze aus dem Boden. Gut ist u.a. **L'Apothiquaire,** 63 Le Thanh Ton, Tel. 8221218, www.lapothiquaire.com.

Post und Telekommunikation

- **Hauptpost.** Das stilvoll restaurierte Gebäude mit seinen Jugendstil-Lampen und Decken-Ventilatoren – und dem überlebensgroßen Ho Chi Minh – entstand zwischen 1886 und 1891 und lohnt unbedingt einen Besuch. Am Ende der Dong Khoi, rechter Hand der Kathedrale auf dem Platz der Pariser Kommune (2 Cong Xa Pari). Tgl. 6.30–22 Uhr.
- **Postamt Bezirk 1.** Saigon Center, 65 Le Loi, nahe Ben-Thanh-Markt. Weitere Filialen siehe *Pham Ngu Lao Special*.

Internet

- **Internet- und eMail-Service** ist am preisgünstigsten in den zahllosen Cybercafés der Pham Ngu Lao und der Seitenstraßen.

Polizei

- **Notruf 113.** Tel. 8387255 ist eine rund um die Uhr besetzte Not- und Infonummer der Saigoner Polizei (auch im Falle von Beschwerden und Schwierigkeiten mit der Polizei selbst!).

Diplomatische Vertretungen

- **Deutschland:** Das deutsche Generalkonsulat wurde im Sommer 1991 in Betrieb genommen. Tel. 8291967, 8224385, Fax 823 1919. 126 Nguyen Dinh Chieu.
- **China:** 39 Nguyen Thi Minh Khai, Tel. 8292457.
- **Indonesien:** 18 Phung Khac Khoan, Tel. 8251888.
- **Kambodscha:** 41 Phung Khac Khoan, Tel. 8277696.
- **Laos:** 93 Pasteur, Tel. 8297667.
- **Malaysia:** 2 Ngo Duc Ke, Tel. 8299023.
- **Niederlande:** 29 Le Duan, Tel. 8235932.
- **Schweiz:** 124 Dien Bien Phu, Tel. 8205402.
- **Singapur:** 65 Le Loi, Tel. 8225173.
- **Thailand:** 77 Tran Quoc Thao (Q 3), Tel. 9327637.

Visa

- In allen Visa-Angelegenheiten wende man sich an die von uns genannten Reiseagenturen.

Reiseagenturen und Tourveranstalter

Es muss davor **gewarnt** werden, beim erstbesten Anbieter (geschweige denn in Hotels!) Flüge, Touren und dergl. zu buchen! Selbst bei gleichen Preisen sind die Unterschiede in punkto Leistungsumfang, Service und Zuverlässigkeit gewaltig. Zumal *Agenturen* (die Touren nur vermitteln, aber nicht selber durchführen) berechnen Aufschläge und reduzieren gleichzeitig die Leistungen.

Citytouren und **Tagesausflüge** nach **Cu Chi** und/oder **Tay Ninh** (ab 5 $) sowie ins **Mekong-Delta** (ab 10 $) werden von zahllosen Veranstaltern angeboten. Wichtig: Preise vergleichen, Kleingedrucktes studieren.

Mehrtägige Touren ins **Delta,** zum **Cat-Tien-Nationalpark** oder nach **Phu Quoc** schließen gewöhnlich Unterkunft und (teilweise) Verpflegung ein. Hier differieren die Leistungen der Veranstalter naturgemäß besonders kräftig (Qualität der Unterkünfte, Mahlzeiten usf.).

Preise richten sich generell nach der Teilnehmerzahl; entweder man trägt sich in Wartelisten ein oder sucht selber Gleichgesinnte (zu zweit sind die Kosten oft nahezu so hoch wie für 4 oder 5).

- **Delta Adventure Tours** Der beste und zuverlässigste Veranstalter für Pauschaltouren. Kompetent, innovativ, z.B. Cu Chi per Boot oder Homestay im Delta, überhaupt wird mehr als bei allen anderen Veranstaltern Boot gefahren. Außerdem: Busse und Boote nach Kambodscha, Bikes, Mietwagen, Privattouren, Hotel- und Visa-Service etc. Verantwortlich ist Mrs. *Kim*. 267 De Tham, Tel. 9202112, 0903.977976, www.deltaadventuretours.com.
- **SinhBalo Adventures.** *Sinh*, einer der besten und erfahrensten Guides Vietnams (Gründer von *Sinh Café)* bietet neben Fahrrad-Touren durchs Delta und Zentrale Hochland auch alle gängigen Exkursionen an. Unbedingt empfehlenswert. 283/ 20 Pham Ngu Lao, Tel. 8376765, 0913 922669, www.sinhbalo.com.
- **Sinh Café.** Der Branchenriese im Billigsegment; Erfahrung, aber auch *Routine* sind garantiert. 246 De Tham, Tel. 8367338, www.sinhcafevn.com.
- **TNK.** Alternative zu *Sinh*. 216 De Tham, Tel. 9204766, www.tnktravelvietnam.com.
- **Innoviet.** Junges, experimentierfreudiges Team, das alles anders zu machen versucht als die anderen: individueller, abseits der Hauptrouten, teilweise mit öffentlichen Verkehrsmitteln etc. Das ist – leider! – kostspieliger als der Mainstream, lohnt sich aber oft. 158 Bui Vien, Tel. 2958840, www.innoviet.com.

Open Tour

Für 25–30 $ – der Preis ist saisonabhängig! – kann man sich mit dem Bus durch halb Vietnam (Saigon–Hanoi) kutschieren lassen. Kein Wunder, dass die Geschäftsidee erfolgreich ist – aber auch Trittbrettfahrer anlockt, die sich eine Scheibe vom Kuchen abzuschneiden versuchen.

Open-Tour-Erfinder **Sinh Café** hat das größte Know-How und die besten Busse. Die meisten anderen Veranstalter sind finanziell und organisatorisch überfordert, die Tour in Eigenregie zu bestreiten, sodass sie die Strecken oft untereinander aufteilen. Nachteil: Man weiß nie, mit wem man fährt, keiner trägt die Verantwortung. Auch Sinh Café baut Mist, ist aber alles in allem zwischen Saigon und Hue die beste Lösung. Siehe *Verkehrsmittel, Open Tours*.

- **Sinh Café.** 246 De Tham, Tel. 8367338, www.sinhcafevn.com.
- **Hanh Café.** 221 Pham Ngu Lao, Tel. 9205679.
- **An Phu Travel.** 7 Do Quang Dau, Tel. 9206263, www.anphutouristhoian.com.

Neu im Angebot sind Anfänge von Open Tours durch das **Mekong-Delta** und Erweiterungen bis in die **Nachbarländer** hinein (Phnom Penh, Siem Reap, Bangkok).

Spezialanbieter

Auch wenn nur bedingt auf Publikumsverkehr eingestellt, können in kniffligen Fällen Veranstalter helfen, die normalerweise auf Vorausbuchungen eingestellt sind.

- **Terraverde.** Sehr zuverlässig, propagiert verantwortliches Reisen; der Chef, Herr *Anh*, spricht deutsch. 98 Cu Lao (Phu Nhuan), Tel. 5174419. www.terraverdetravel.com.
- **Discover Vietnam.** Seriöses Unternehmen mit dt. Homepage; Herr *Dzung* spricht deutsch. 215A/17 Phan Dang Luu, Tel. 0903313188. www.discover-vietnam.de.
- **Exotissimo.** Seit 1993 einziger rein ausländisch geführter Veranstalter in Vietnam. 9 Dinh Tien Hoang, Tel. 8251723. www.exotissimo.com.
- **Handspan.** Filiale des Hanoier Luxusanbieters für Aktivreisen. 18A Nam Quoc Cang, Tel. 9257605. www.handspan.com.

Stadtverkehr

Citylook

Eine Art Saigoner „Open Tour". Die gelbgrünen Privatbusse fahren zwischen 8 und 18 Uhr im Halbstunden-Takt alle Sehenswürdigkeiten ab (u.a. Ben-Thanh-Markt, Präsidenten-Palast, Notre Dame, Kriegsmuseum, Thien-Hau-Pagode, Binh-Tay-Markt Cholon) und landen schließlich wieder am Ausgangspunkt Pham Ngu Lao (ggb. 211). Mit

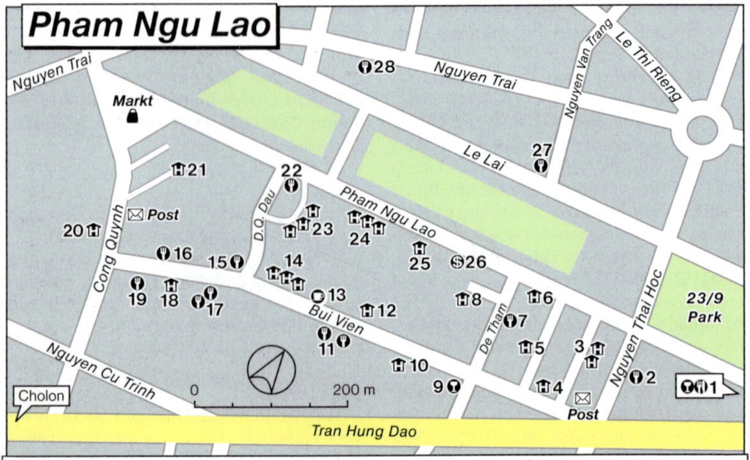

1 17 Saloon
2 Bao
3 Hanh Chuong, Lac Vien
4 An An
5 Happy Inn
6 Liberty 3
7 Kim Café
8 Nga Hoang (Yellow House)
9 Go2
10 Yellow House 2
11 Pepperonis, Stella
12 Madame Cuc 64
13 Sozo
14 Happy Inn 2, Dai Hoang Kim, Viet Nghi
15 Santa Café
16 Akbar Ali
17 Coriander, Joe Bar
18 Duc Vuong
19 Lac Thien
20 Madame Cuc 127
21 Madame Cuc 184
22 Pho Quynh
23 283 PNL
24 Anh Phuong 2, Canadian, Vien Dong
25 Liberty 4, Elios
26 Bank
27 Quan Com So 7
28 Wrap & Roll

dem Tagesticket (75.000 đ) erhält man einen Fahrplan und kann den Bus so oft benutzen wie man will. www.dulichmailinh.com.

Stadtbus

Stadtpläne mit Busrouten gibt es beispielsweise in der Pham Ngu Lao. Im Zentrum starten die meisten Busse vom Ben-Thanh-Markt aus, ihre Route ist an der Frontscheibe angezeigt. Die Busse fahren alle 10–20 Minuten von 4.30 bis gegen 19 Uhr, der Fahrpreis wird im Bus entrichtet. Eine normale Strecke kostet 3000 đ, zu den großen Busbahnhöfen in der Peripherie sind bis zu 5000 đ fällig.

- **Cholon.** Vom Me-Linh-Sqaure über Le Loi – Ben-Thanh-Markt – Tran Hung Dao – Chau Van Liem zum Binh-Tay-Markt.
- **Cholon.** Von der Ham Nghi gegenüber dem Zentralmarkt fährt ein Bus mit anderer Route (d.h. nicht über die Tran Hung Dao), aber gleicher Endstation.
- **Ben Xe Mien Dong.** Vom Ben-Thanh-Markt zum Busbahnhof Mien Dong (nördl. Richtung).
- **Ben Xe Mien Tay.** Vom Ben-Thanh-Markt über Cholon zum Busbahnhof Mien Tay (Richtung Mekong-Delta).
- **Bus 152** befährt die „Hotelroute" zwischen Flughafen (Start und Ziel direkt vor dem Terminal) und Pham Ngu Lao. 3000 đ.

Cyclo und Xe Om

- **Cyclos,** nach einem Beschluss der Stadtverwaltung seit 1996 im Aussterben begriffen, fahren nur mehr für Touristen. Geeignet für gemütliche Spazierfahrten außerhalb der Rush Hour, Preis pro Stunde rund 1 $ (15–20.000 đ); verlangt wird natürlich deutlich mehr. Achtung: Viele Straßen sind für Cyclos gesperrt.

- **Xe Om** *(ssä om)*. An die Stelle der Cyclos sind die wesentlich schnelleren und billigeren Motorradtaxis getreten, deren Fahrer an allen Straßenecken auf Kundschaft warten (Kurzstrecke ca. 15.000 đ).

Fahrrad und Motorrad

- **Fahrräder** *(xe dap)* sind wegen des mörderischen Verkehrs in der Stadt kaum noch gefragt. Die gängige Tagesmiete bewegt sich zwischen 10- und 25.000 đ.
- Tourenräder und Mountainbikes (made in Vietnam oder China) findet man ab etwa 100 $ - ob sie für längere Touren geeignet sind, sei dahingestellt. Im Zweifelsfall das Team von *SinhBalo* (s.o.) um Rat fragen.
- **Motorräder.** 70- oder 100cc Hondas werden um 4–7 $, russische Minsks (125cc) um 6–8 $ pro Tag gehandelt. Verleihstellen auf der Pham Ngu Lao (z.B. 165). Interessant ist auch das von Ausländern betriebene **Saigon Scooter Centre,** Tel. 903013690, www.saigonscootercentre.com.

Taxi

- **Meter Taxis** sind günstig und können auch telefonisch bestellt werden. Die Tarife der über 2 Dutzend Unternehmen unterscheiden sich letztlich kaum voneinander, der Durchschnittspreis beträgt 15.000 đ für 2 km. Kleine Fahrzeuge (z.B. von *Mai Linh* oder *Petrolimex*) sind billiger als große. Für Strecken außerhalb der Stadt werden normalerweise Pauschalen ausgehandelt.
- **Vina Taxi,** Tel. 811111.
- **Mai Linh Taxi,** Tel. 8226666.
- **Petrolimex Taxi,** Tel. 5121212.

Unterkunft

- Die Liste beschränkt sich auf Unterkünfte im **Zentrum.** Zimmer ab etwa 100 $ bucht man deutlich günstiger im Internet oder über Reiseveranstalter.
- An der **Pham Ngu Lao** unweit des Ben-Thanh-Marktes gibt es eine rege Traveller-Szene, die nicht von ungefähr an die Anfänge der Khao San Road in Bangkok erinnert. Die Preise sind etwa gleich, die Qualität der Unterkünfte ist aber deutlich besser.

Luxus/First Class

- **Park Hyatt.** Das Nonplusultra Saigons - ausnahmsweise mal *kein* Highrise - zwischen avancierter Postmoderne und kongenialen - antiken - Viet-Elementen und Accessoires. 2 Restos mit offenen Show-Küchen, Pool, Spa und Health-Club im 3. Stock. Genial geschnittene „Kolonial"zimmer mit Deckenventilatoren und Fenstern, die sich *öffnen* lassen (zum Hof mit Pool ruhiger). 252 Zimmer (bis auf 30 alle „Standard") ab 260 $ ++ inkl. BF. 2 Lam Son Square, Tel. 8241234, www.saigon.park.hyatt.com.
- **Caravelle.** Während des amerikanischen Vietnamkriegs war das „alte", Mitte der 1950er Jahre entstandene Caravelle berühmt-berüchtigt für seine rauschenden Dachgartenparties. Der von 10 auf 24 Stockwerke gestreckte Neubau im Herzen Saigons (1998) war lange die Nummer 1 der Stadt. Pool, Spa und Health Club im 7., die nostalgisch-schöne *Saigon Bar* im 10. Stock. 335 Zimmer/Suiten ab 208 $ ++. 19 Lam Son Square, Tel. 8234999. www.caravellehotel.com.
- **New World.** Funktionelles Business-Hotel im Hongkong-Stil, mit 552 Zimmern das größte der Stadt. Weiträumige Pool-Landschaft mit Health-Club und Jogging-Pfad (!) im 3. Stock, 3 Restos, sachlich-nüchternes Komfortklima. Ab 99 $ ++. 76 Le Lai, Tel. 8228888, www.newworldsaigon.com.
- **Renaissance Riverside.** 1999 eingeweihter Highrise mit spektakulären Riverviews (auch vom Pool im 21. Stock aus zu genießen). Teilweise sehr hellhörig. 349 Zimmer ab 175 $ ++, mit Flussblick 195 $ ++. 8–15 Ton Duc Thang, Tel. 8220033. www.renaissancehotels.com/sgnbr.

First Class/Tourist

- **Rex.** Das sechsstöckige ehemalige Hauptquartier des *US Information Service* wurde erst 1985 in ein Hotel umgewandelt und gilt seitdem als eines der profitabelsten Vietnams. Das Flaggschiff von Saigon Tourist wurde bereits mehrfach erweitert und wird derzeit noch einmal um 80 Zimmer vergrößert und mit neuem Pool versehen. Berühmt ist der Dachgarten mit schönem Ausblick. Korrekter Service, Gäste aus aller Welt. 230 Zimmer ab 140 $ ++ inkl. BF. 141 Nguyen Hue, Tel. 8292185-6. www.rexhotelvietnam.com.

• **Majestic.** Das schöne Traditionshotel (1925) am Saigon-Fluss, seit Mitte der 1990er Jahre mehrfach saniert, bietet stilgerechte Räume mit Flusspanoramen oder insgesamt ruhigere, zum Innenhof mit kleinem Pool gelegene Zimmer. Allerdings gibt es auch sehr verbaute und welche ganz ohne Fenster! Alles in allem aber ein charmantes Hotel mit viel Flair (inkl. Dachgarten-Café 10–24 Uhr), und auch der Service ist deutlich verbessert. 175 Zimmer, ab 199 $ ++ inkl. BF (die Mehrzahl der Gäste zahlt um die 70 $). 1 Dong Khoi, Tel. 8295514. www.majesticsaigon.com.vn.

• **Continental.** Das älteste und berühmteste Hotel Saigons (1885), jahrzehntelang Treffpunkt der Zelebritäten von Somerset Maugham bis Graham Greene, bietet geräumige, aber antiquiert wirkende Zimmer (Betten und Bäder zumindest sind neueren Datums). Im Raum steht eine Luxussanierung, bis dahin 119 $ ++ inkl. BF. 132–34 Dong Khoi, Tel. 8299201. www.continentalvietnam.com.

• **Duxton.** Ein „Boutique-Hotel" mit 200 Zimmern ist ein Widerspruch in sich, trotzdem keine schlechte Wahl. Ordentlicher Service, Health Club, kleiner Pool, etwas ungemütlicher Frühstücksraum. 203 Zimmer ab 165 $ ++ inkl. BF. 63 Nguyen Hue, Tel. 8222999. www.duxton.com.

Economy/Zentrum

• **Indochine.** Geschmackvolles Boutiquehotel mit gutem Service. 30 Zimmer 30 $ (ohne Fenster!), 40, 50 $, Suiten 65 $ inkl. BF/Airport-Pickup. Zimmer nach hinten wählen, zur Straße ist es trotz Schallschutzfenstern laut. 40 Hai Ba Trung, Tel. 8220082, www.indochinehotel.com.

• **Bach Dang.** Korrekt geführtes, angenehm unaufdringliches Mini in einer Seitenstraße der Dong Khoi. 16 Zimmer 34 $ (ohne Fenster), 45, 55 $ ++ (mit großer Fensterfront und Balkon) inkl. BF. 33 Mac Thi Buoi, Tel. 8251501, bachdanghotel@hcm. vnn.vn.

• **Ordinary.** Neu 2007. Trendiges *Bed & Breakfast* zwischen Indochina-Antiquität und Pop-Art-Chic mitsamt Boutique und Coffee-Bar. 12 Zimmer 35, 55, 65 $ inkl. BF. 25 Dong Du, Tel. 8248262, info@ordinaryvn.com, www.ordinaryvn.com.

• **A & Em 5.** Neu 2007. Ungewöhnlich schick, hell, mit Pfiff. Die 40 Zimmer sind nicht übermäßig groß, aber sehr ansprechend (Holzböden, Fenster, WiFi, Flachbildschirme). 38, 42, 45, Suite 70 $ inkl. BF. 8A/1D2 Thai Van Lung, Tel. 8442292, www.a-emhotels.com.

• **New.** Neu 2007. Freundliches Mini mit Lift und 16 Zimmern ab 35 $ inkl. BF; exzellent die Zimmer nach hinten für 45 $ (groß, ruhig, mehrere Fenster, gute Bäder). 14 Ho Huan Nghiep (off Dong Khoi), Tel. 8231343.

• **May.** Neu 2007. Sehr gut und effektiv, mit Resto, Bar, Pool (12. Stock). 117 Zimmer, die Mehrzahl davon mit Balkon, 60, 70, 80, Suite 120 $ ++ inkl. BF. 28 Thi Sach, Tel. 8234501, www.mayhotel.com.vn

• **Kim Long.** Neu 2007. Klein, intim, 17 Zimmer ab 28 $ inkl. BF. Zu empfehlen sind die Zimmer nach hinten (ruhig, geräumig, 38 $) und vorne (45 $). 58 Mac Thi Buoi, Tel. 8228558, kimlonghotel@hcm.vnn.vn.

• **Lan Lan 2.** Neu 2007. Hell und modern eingerichtet. 89 Zimmer auf 9 Etagen 45, 51, 56, Suite 66 $ + inkl. BF. 46 Thu Khoa Huan, Tel. 8227926. www.lanlanhotel.com.vn.

• **Medal.** 45 Zimmer 40, 45 $ inkl. BF. 8A6/D2 Thai Van Lung, Tel. 8238764, www.medalhotel.com.

• **Tao Dan.** Aufgemöbeltes staatliches Hotel, sogar mit Lift, einfach, aber sauber, ruhig und gut gelegen (nur der Service schnarcht noch immer). 93 Zimmer 24–28 $, Triple 34 $ inkl. BF. 35A Nguyen Trung Truc, Tel. 829 1177. www.taodan.gov.vn.

• **Nga Quan.** Nicht berauschend, aber ruhig und für die Lage top („City-Absteige"). 10 Zimmer, EZ 20, DZ 25, 30 $. 10/1 Ho Huan Nghiep, Tel. 8242471, Fax 9202947.

164vi Foto: kb

Economy/Pham Ngu Lao

- **Liberty 4.** Eines von drei Hochhaushotels aus der US-Ära der PNL, umfassend renoviert und recht ansprechend ausgestattet. 75 Zimmer, 74, 84, 91 $ ++ inkl. BF (Internet Rate). 265 PNL, Tel. 836 4556. www.libertyhotels.com.vn.
- **Liberty 3.** Etwas lieblos renoviert und mit schlechterem Service als das Schwesterhotel, aber annehmbar. 70 Zimmer 69, 76 $ ++ inkl. BF. 187 PNL, Tel. 8369522. www.libertyhotels.com.vn.
- **Vien Dong.** Frisch herausgeputzt und neu ausgestattet, aber relativ leblos, steril; viele Zimmer mit Hoffenster. 100 Zimmer 70, 80, 95 $ ++ inkl. BF. 275 PNL, Tel. 8368941, www.viendonghotel.benthanhtourist.com.

Französische Reminiszensen in Saigon

- **Elios.** Neu 2007. Hell, ansprechend möbliert, gut ausgestattet, mit ausgezeichneten Bädern, 2 Lifts, Frühstück im Panorama-Resto im 12. Stock. Andererseits: Viele Standardzimmer nur mit Innen- oder winzigen Schießscharten-Fenstern. 90 Zimmer 55, 63, 73 $, Suite 95 $ inkl. BF. 231 PNL, Tel. 8385585. www.elioshotel.vn.
- **An An.** Ein alter Bekannter, aber stets vorbildlich in Schuss. 11stöckiger Bau mit Lift und 22 hellen, geräumigen, gut ausgestatteten Zimmern 32 und 40 $ (auch als Triple nutzbar). 40 Bui Vien, Tel. 8378087. www.anan.vn.
- **Lac Vien.** Relativ ruhiges „Business"-Hotel mit Lift, Resto und 26 Zimmern 25, 30, 40 $ ++. 28/12 Bui Vien (Gasse), Tel. 9204899. www.lacvienhotel.com.
- **Duc Vuong.** Neu, mit Lift, geschmackvoll, wenn auch leicht plüschig, und die 25 Zimmer sind nicht riesig. 20, 25, 30 $ (mit Balkon) inkl. BF. 195 Bui Vien, Tel. 9206992.

155vi Foto: kb

Traditionelle Apotheke in Cholon

Budget

Die einstige Bahnhofsstraße und Amüsiermeile der GIs **Pham Ngu Lao** war eine gottverlassene Gegend, ehe sich Anfang der 1990er Jahre eine turbulente **Travellerszene** etablierte. So manche, die der ewige Small Talk bei Tiger Beer und Banana Pancake und die permanente Anmache der Cyclofahrer, fliegenden Händler und hilfreichen Kids nervt, beginnen dieses Ghetto schon wieder zu fliehen, andere suchen es, und aus genau den gleichen Gründen.

Kaum irgendwo in Asien kann man so exklusiv billig wohnen wie hier – „Luxusausstattung" mit AC, Sat-TV, Warmwasser, Telefon, Minibar und freiem Internetzugang sind Standard. Angesichts der schier unüberschaubaren Masse (nahezu jedes Haus ein Minihotel oder Rooms for Rent) wählen Kenner inzwischen wie bei Spitzenweinen nach **Lage.**

- **Pham Ngu Lao** und **De Tham.** Laut, turbulent, geschäftig, mit Bars, Shops, Restos, allen Tourcafés und hohem Verkehrsaufkommen.
- **Bui Vien** und **Cong Quynh.** Nur wenig leiser, aber dafür mit einigen ausgesuchten Spitzengewächsen.
- **175 PNL** und **185 PNL** (ab Mitte der Straße **40 Bui Vien).** Lediglich durch Hausnummern gekennzeichnete **Verbindungsgassen** zwischen Pham Ngu Lao und Bui Vien, vergleichsweise ruhig und ohne viel Verkehrslärm. Deutlich am ruhigsten ist **283 PNL** (s.u.).

Wo im übrigen äußerlich fast alles gleich ist, entscheidet der **„innere Kern"**, der sich nicht auf den ersten Blick erschließt: Freundlichkeit, Hilfsbereitschaft, Service und Familienanschluss statt Business as usual (im Sinne von was schert uns der Gast von heute, irgendwelche Trottel finden sich immer).

- **Madame Cuc 127.** In punkto Herzlichkeit, Hilfsbereitschaft und Zuverlässigkeit unübertroffen (oder besser: unübertreffbar) – zählt schon seit Jahren zu unseren Favoriten. Säfte, Früchte, Tee und Kaffee sind ebenso selbstverständlich im Preis inbegriffen wie einfache Mahlzeiten (!), gute Ratschläge und kompetente Tourberatung. Man fühlt sich wie in einer großen Familie aufgehoben, schreiben zahlreiche Leser, und das können wir nur bestätigen. 20 Zimmer 20 $ (Doppelbett) oder 25 $ (zwei Betten). 127 Cong Quynh, Tel. 836 8761. Wer es etwas ruhiger mag, kann ins **MC 184** schräg gegenüber ziehen (22 Zimmer 15, 20, 25 $; Tel. 8361679), und wer etwas näher am „Geschehen" sein will, ins **MC 64,** 64 Bui Vien (24 Zimmer 15, 20, 25 $). www.madamcuchotels.com.

- **Viet Nghi.** Neu. Hell, freundlich, gute Bäder (Duschen), Lift. 21 Zimmer 20 (ohne Fenster, aber gut ausgestattet), 30 $ (geräumig, extrem große Fenster). 298 Bui Vien, Tel. 8368009, vietnghihotel@yahoo.com.
- **Happy Inn 2.** Neu. Etwas kahl und nüchtern, aber sauber, funktional, effektiv, mit Lift. 19 Zimmer 20, 22, 25 (Balkon) $. 178 Bui Vien, Tel. 8369749, happyinn@hcm.vnn.vn.
- **Dai Hoang Kim.** Neu. Auch viele Seitenzimmer haben Fenster; akzeptabel, aber ohne Pfiff. 29 Zimmer 16, 25 $. 196 Bui Vien, Tel. 8370404.
- **Canadian.** Neu. Professionell, für den Preis sehr okay. Lift. 10 Zimmer 18, 20 (z.T. mit Balkon), 25, 35 (3–4 Pers.) $. 281 PNL, Tel. 8378666, www.canadianhotel281.com.
- **Anh Phuong 2.** Neu. 15 Zimmer 15, 20, 30 $. Nur 2 Zimmer pro Etage, daher überall Fenster; die zu 30 $ sind riesig, mit Balkon und können 3–4 Leute beherbergen. 295 PNL, Tel. 8368248, hotelanhphuong2@yahoo.com.
- **Happy Inn.** Eine Art „Boutique-Minihotel". Kleine, modern möblierte Zimmer mit guten Bädern (Duschkabinen). 9 Zimmer, alle mit Fenstern, 14, 15, 20 $ (kl. Balkon). Freundlich. 40/13 Bui Vien, Tel. 8369048, www.happy-inn.net.
- **Nga Hoang** (Yellow House). Simpel, aber ruhig, freundlich, engagiert. 19 Zimmer, EZ 10 $, DZ 14–18 $ inkl. BF. 269/19 De Tham (Gasse), Tel. 9203356. Neuer, funktioneller, aber nicht ganz so „gemütlich" ist **Yellow House 2,** 15 Zimmer 15–17 $ inkl. BF; Clou: ein kleines **Mixed Dorm** mit 7 Betten à 6 $ inkl. BF; 31 Bui Vien, Tel. 8368829, www.yellowhousevn.com.
- **283 Pham Ngu Lao.** Eine ganze Gasse als Empfehlung! Kurz, eng und sehr ruhig, da es weder Durchgangsverkehr, Restos, Cafés oder Shops gibt. Zugänge sind auf der Pham Ngu Lao und der Do Quang Dau. Nahezu alle Guesthouses hier sind freundlich, intim, sauber und eine Empfehlung wert – und servieren im Preis inbegriffen ein kleines Frühstück, eine Rarität im Viertel!
- **Ngoc Minh.** Hell und gefällig eingerichtet: eine gute Wahl. 20 Zimmer 18 $ (mit Fenster und separater Dusche), 20, 22 (groß und mit Balkon) inkl. BF. 283/11 PNL, Tel. 8365215, ngocminh-hotel@hcm. vnn.vn.
- **Giang & Son.** Sehr hilfsbereit, vieles ist kostenlos, kleine Dachterrasse. 14 Zimmer 14 $ (ohne Fenster), 16, 18, 20 inkl. BF. 283/14 PNL, Tel. 837 7547, giangson_guesthouse@hotmail.com.
- **Lin Phuong.** 7 Zimmer 12, 15 $ inkl. BF. Sauber, okay, der Besitzer ist Arzt. 283/29 PNL, Tel. 8377709, linphuonghotelvn@yahoo.com.
- **Song Xanh** (Blue River). Solide, sehr freundlich. 14 Zimmer 16, 18, 20 $ inkl. BF. 283/2C PNL. Tel. 8376483. www.blueriverhotel.com.
- **Ngoc Linh.** Neu. Bäder etwas mickrig, aber sonst sehr okay. 14 Zimmer 12 (Innenfenster), 15, 18 $ inkl. BF. PNL 283/21, Tel. 8375159, ngoclinhhotel@yahoo.com.
- **Nguyen Khang.** Neu. Guter Standard, Nichtraucherhaus. 13 Zimmer 15, 18, 20 $ inkl. BF. PNL 283/25, Tel. 8373566, nguyenkhanghotel@yahoo.com.vn.

Essen und Trinken

Die Auswahl an Restaurants, Garküchen und Essständen ist schier unerschöpflich. Neben der vietnamesischen haben die französische und chinesische – und in Maßen noch indische – Küche eine Tradition, alles andere ist in den letzten Jahren neu in die Stadt gekommen. Die so genannten Chic-Restaurants Saigons sind dabei – anders als in Hanoi – nur sehr bedingt zu empfehlen; renommierte Etablissements wie **Mandarin, Hoi An, Ancient Town** oder **Au Manoir de Khai** leben allenfalls von Dekor und Atmosphäre, aber ganz gewiss nicht von ihrer - obendrein noch heillos überteuerten - Küche.

Vietnam light

Eine erste, garantiert keimfreie Annäherung an die „exotische“ Küche und Folklore.

• **Nam An 2.** Villa im Hoi-An-Stil, elegant, aber ungezwungen, mit Veranden, Holz, Antiquitäten. Günstige Lunch Menüs, abends à la carte oder großes Dinnerbüffet. 60 Suong Nguyet Anh, Tel. 925 5046.

• **Quan An Ngon.** Hübsches In-Lokal in und rund um einen alten Tempel, lebhaft bis chic und überraschend preisgünstig, da großteils von Einheimischen frequentiert. Im Garten verschiedene Garküchen, die typische Gerichte aus allen Regionen anbieten. Sehr vergnüglich und empfehlenswert (*ngon* heißt nicht umsonst lecker!). 138 Nam Ky Khoi Nghia.

• **Temple Club.** Eine Oase der Ruhe und Entspannung im hektischen Treiben der Stadt. Resto, Bar und Lounge im 1. Stock eines ehemaligen indischen Tempels mit rustikalen Ziegelwänden, Antiquitäten, urgemütlichen Sofas und Clubsesseln. Ein guter Tipp eher für Lounge Lizards als für ausgesprochene Gourmets, denn sowohl die vietnamesischen wie die westlichen Gerichte könnten besser sein. Hauptgerichte um 80–120.000 đ plus 10 % Service. 29 Ton That Thiep.

• **Ngoc Suong.** Das meistbesuchte Lokal des vietnamesischen Seafood-Imperiums. Frischer und leckerer wird man Fische, Krebse, Muscheln und anderes Meeresgetier kaum bekommen. Im hinteren Teil des Gartens ist es deutlich ruhiger und unaufgeregter. 19C Le Quy Don.

• **Song Ngu.** Erstklassiges Seafood-Resto in betont edlem, aber angenehm unverkrampftem Ambiente. Abends traditionelle Live Musik. Gehobene, aber keine unverschämten Preise. 70 Suong Nguyet Anh, Tel. 8325017.

• **Ashima.** Ein Muss für Pilz-Liebhaber (21 Sorten). Serviert werden sie im Feuertopf mit einer Brühe und Beilagen nach Wahl (die angegebenen Preise sind für 4 Pers.). Freundliche, angenehme Atmosphäre, im 3. Stock drei Tische im Freien. Me Linh Square, Tel. 8238799. Auch 11 Tu Xuong, Tel. 9320828.

• **Trinh.** Neu. Traditionell Vietnamesisch in einer bildhübschen Villa mit kleinem Garten; die Besitzer betreiben seit Jahren das renommierte Hue- und Vegetarier-Resto **Tib** (187 Hai Ba Trung). 41/5 Pham Ngoc Thach.

Vietnam strong

• **Luong Son.** Immer brechend volles, halboffenes Gartenresto mit rauchenden Feuern und feucht-fröhlicher Garagenatmosphäre. Spezialität ist *Bo Thung Xeo*, würzig mariniertes, auf Holzkohlenfeuer gegrilltes Rindfleisch, gleichfalls am Tisch grillen kann man sich Shrimps, Aal, Hirsch, Ziege, Wildschwein etc. 31 Ly Tu Trong.

• **Cay Tre.** Kleines, hübsches, dabei preisgünstiges Gartenlokal, wie sich's gehört, mit fast ausnahmslos einheimischen Gästen. Ausprobieren: Grill-Gerichte, Rind im Bambusrohr, Schnecken mit Pfeffer, gefüllte Bong-Blüten. Bis 23 Uhr. 37 Le Quy Don.

• **Com Xanh.** Schmackhafte Hanoi-Küche unter einem *Banyan*-Baum auf einer versteckten Garten-Terrasse mitten im In-Viertel. 6 Thai Van Lung (Gasse).

• **Quan Nuong.** Vergnügliches BBQ auf dem Dach eines alten indischen Tempels (17–23 Uhr). Und danach auf einen Digestiv oder einen Espresso in den *Temple Club* (s.o.). 29 Ton That Thiep.

• **An Thu.** Nettes, einfaches, unaufgeregtes Lokal, halb drinnen, halb draußen, mit den besten *banh xeo* von Saigon, köstlichen Crêpes aus Reismehl, Eiern und einer Füllung aus Shrimps, Schwein, Zwiebeln, Sojasprossen und Kräutern. Große Auswahl an Spezialitäten in relaxter Atmosphäre. 46A Dinh Cong Trang (gegenüber der Tan-Dinh-Kirche, Hai Ba Trung).

• **Huong Xua** (Duft der vergangenen Zeit). Wenn es danach geht, wohin uns unsere Saigoner Freunde am häufigsten einladen, ein Favorit. Exzellente und sehr preiswerte Spezialitäten aus dem Norden, einfaches Ambiente (einige Tische im Vorgarten), flinker Service (mittags immer brechend voll), originelle Speisekarte. Probieren: die gefüllten Schnecken mit Ingwer und *Thit Dong Dua Chua* (eine kleine Überraschung). 43 Ly Tu Trong.

Pham Ngu Lao Special

Pizza, Pasta, Pommes, Pancakes, no problem! In Saigons Travellerquartier wird unkompliziertes Fast Food serviert, wenn auch meist weder „schnell" noch preiswert (billig schon, aber seinen Preis wert?). Mit etwas Glück kann man zwar auf seine Kosten kommen, aber warum nicht mal auf Entdeckungstouren gehen?

- **Fast Food.** Ein guter Kompromiss ist **Kim Café,** wo, eine echte Rarität, sowohl das Western Food wie die vietnamesische Küche schmeckt. 268 De Tham.
- **Italienisch.** Populär ist das **Santa Café** - man sitzt im Freien wie auf einer italienischen Piazza, und es scheint zu schmecken. 1A Do Quang Dau Ecke Bui Vien. Trendiger, aber etwas steril, wirkt das mehrstöckige **Stella,** 119 Bui Vien. Nicht fehlen darf das Hanoier **Pepperoni's** mit seinen günstigen All-you-can-eat-Büffets für hungrige Mäuler (111 Bui Vien).
- **Französisch.** Täglich wechselndes Menü *(Formule)*, viel Fisch, auch nett für einen Apéritif. **Joe-Bar,** 207 Bui Vien.
- **Thai.** „Eine der besten Thai-Küchen außerhalb Thailands", schrieb ein begeisterter Leser über das **Coriander,** 185 Bui Vien. Tatsächlich ein kleines Highlight mit supergünstigen Preisen!
- **Indisch.** Tandoor und Curries im **Akbar Ali,** 240 Bui Vien.
- **Sozo.** American Cookies für einen guten Zweck (www.sozocentre.com); 176 Bui Vien.
- **Hue-Küche. Lac Thien:** Ableger des Originals in Hue. 207 Bui Vien.
- **Pho.** Eine der besten Suppenküchen Saigons ist **Pho Quynh** (24h!), 323 PNL. **Pho 24,** 271 PNL, ist ein Ableger der superhygienischen Erfolgs-Kette.
- **Bia Hoi.** Kleine *Bierstuben* findet man auf der 102 Bui Vien und der 28 Do Quang Dau.
- **Garküchen.** Selbst auf der **Bui Vien** kann man noch einige finden, so auf den Nummern **77** und **168.** Ein guter Tipp: **Quan Com So 7,** 100 Le Lai. Immer gestopft voll mit Vietnamesen, man kann innen oder auf der Straße essen.
- **Bao.** Es gibt u.a. gegrillte Schlange, Fisch, Frosch, Aal, Feuertopf, man sitzt auf einer halboffenen Terrasse im 1. Stock, und im Erdgeschoss gibts Bier - buchstäblich - kübelweise. 132 Nguyen Thai Hoc.
- **Bars** wechseln mit dem Rhythmus der Regenzeiten. Chic und „in" ist **Go2,** auf zwei Etagen. 187 De Tham. Ein heißer Tipp ist der außerhalb der Travellermeile gelegene **17 Saloon,** 101 PNL.
- **PC.** Auf der Bui Thi Xuan gibt es einen Computerladen neben dem anderen (sollte man seinen Laptop dabei haben).
- **Geld. Sacombank,** 211 PNL. Tgl. 7.30–11.30, 13–16.30 Uhr, 24-Std.-ATM, auch auf der 37 Bui Vien. Korrekter **Geldwechsel** 31 Bui Vien.
- **Post.** Filialen 303 PNL und 14 Bui Vien (Telefon, Fax, Briefmarken etc.).
- **Wäsche** erledigt jedes Hotel, aber nicht jedes gut, wie die wachsende Zahl der Laundries bezeugt. Tipp: Je weiter man sich von der De Tham weg bewegt, desto billiger.
- **Apotheke.** 307 PNL. 154 Bui Vien.
- **Supermärkte.** Nur wenige Schritte entfernt: **Hanoi Mart,** 189 Cong Quynh, und **Coop Mart,** 189C Cong Quynh.
- **Bücher.** Guides, Novels, jede Menge Nachdrucke von Klassikern über Vietnam findet man u.a. auf der 179 PNL.
- **Shopping.** Eine gute Adresse für **Rucksäcke,** Taschen, Schuhe, Schlösser etc. ist May Trang, 218 De Tham. Eine exzellente **Shoppingmeile** mit Boutiquen, Schuh-, Leder-, Reisegepäckgeschäften usf. sowie der **Zen Plaza** (No. 54–56) ist die **Nguyen Trai.**

Schwimmende Restaurants

- Die *Floating Restaurants* auf dem Saigonfluss sind keine neue Errungenschaft (oder gar ein Bangkok-Import), sondern eine uralte Tradition. Die **Saigon, Ben Nghe, My Canh** und **Siren** legen je nach Jahreszeit gegen 19 oder 20 Uhr (an Wochenenden auch vormittags) von den Anlegestellen an der Ton Duc Thang schräg gegenüber dem *Majestic-Hotel* ab, schippern bis zur Insel Thanh Da flussaufwärts und landen nach ca. 2 Std. wieder am Ausgangsort. Essen akzeptabel, Preise moderat. Unter Deck gibt es Musik und Schwof, auf dem Oberdeck sitzt man im Freien.

Fast Food

- **Com Binh Dan** heißt wörtlich „Reis für kleine Leute" und meint solide Hausmannskost für den schmalen Geldbeutel. Speisekarten gibt es nicht, am Eingang ist „aufgetischt", was die Küche zu bieten hat, Sprachschwierigkeiten sind daher nicht zu befürchten. Seit 1989 so gut wie unverändert (und unverändert populär und billig, pro Teller um 8000 đ) ist das **Com Ba Ca,** 11 Ton That Thiep. Besonders lecker *bo la lot*, in würzige Blätter gehüllte, scharf angebratene Hackfleischröllchen, gefüllte Tintenfische, Omelette und die würzige Gemüsesuppe *canh cua rau day*. Eine andere gute Adresse im Zentrum ist **10 Ho Huan Nghiep** bei der Dong Khoi.
- **Pho.** Die köstliche vietnamesische Nationalsuppe mit Rind *(bo)* oder Huhn *(ga)* schmeckt in den beiden (nahezu klinisch reinen) **Pho 24**-Stuben an der Dong Khoi (5 Nguyen Thiep, 89 Mac Thi Buoi), sind allerdings nicht ganz billig. Im edlen Antik-Mobiliar bekommt man sie auf der **37 Dong Khoi.** Wahre Fans wallfahren zu **Pho Hoa,** 260C Pasteur, das seit Jahrzehnten die beste Pho der Stadt machen soll.
- **Nam Giao.** Hue-Küche im blitzsauberen Imbiss-Stil, nur 8 Gerichte, alle unter 1 $. 136/15 Le Thanh Ton (im Hof), hinter dem Ben-Thanh-Markt.
- **Banh Cuon La.** Die gefüllten Reispfannkuchen *banh cuon*, eine Hanoier Spezialität, sind lecker und billig, 16 Sorten 7–23 Uhr. 221 Ly Tu Trong, 57 Nguyen Du, 96 Ham Nghi.
- **Wrap & Roll.** Frühlingsrollen, Glücksrollen und vieles andere mehr. 97B Nguyen Trai, auch in den Kaufhäusern *Parkson Plaza*, Dong Khoi/Le Thanh Ton, und *Diamond Plaza*, 34 Le Duan. www.wrap-and-roll.com.
- **Pho Ngheu.** Pho mit Muscheln und/oder Fisch – das ist echt neu. Nette, saubere Stube voller Snacks und Desserts. 279 Le Thanh Ton nahe *New-World*-Hotel.
- **Bia Hoi.** Die großen Biergärten im Zentrum verschwinden rapide – hier ist noch einer(?): 4 Thi Sach. Wohl bekomm's!
- **Cao Dat.** Vergnügliche Fressgasse (17 Uhr bis nach Mitternacht) auf halbem Weg nach Cholon. Muscheln, Schnecken, Feuertöpfe aller Art und vieles mehr. Man fährt die Tran Hung Dao bis zur *Nguyen Bieu* (bei No. 688) und biegt dort links ab.
- **Vegetarisch** *(an chay)*. **Nang Tam,** die Hanoier Institution, serviert schmackhafte vegetarische Versionen vietnamesischer Klassiker von Suppe süßsauer bis Lemon Grass Chicken. 384/40 Nam Ky Khoi Nghia.

Asiatica

- **Spice.** Sehr gute nordthailändische Küche, angenehmes Ambiente, mittelteuer. 27 Le Quy Don.
- **Saigon Indian.** Indischer gehts kaum nimmer – geradlinig, unscheinbar, scharf und billig. 73 Mac Thi Buoi, 1. Stock.
- **Huy Long Vien.** Erstklassige chinesische Küche von *Dim Sum* und Seafood bis Peking-Ente. Außergewöhnlich für Chinesen: viele Tische im Freien. 99 Nguyen Du.
- **Tandoor.** Die Hanoier Institution erstreckt sich in Saigon gleich über mehrere Stockwerke. 74/6 Hai Ba Trung.
- **Warda.** Libanesisch, mit einem kleinen Garten im Innenhof. 71/7 Mac Thi Buoi.

Internationale Küche

- **Bibi.** Französische Regional-Küche (aus dem Südwesten) und bekanntermaßen mit die besten – halbwegs bezahlbaren! – Steaks und Entrecotes der Stadt. 17A Le Thanh Ton, Tel. 8242487.
- **La Fourchette.** Gemütliches, intimes Bistro mit einem Hauch Pariser Vorstadt. 9 Ngo Duc Ke.

• **Gartenstadt.** Eines der ältesten europäischen Restos Saigons, an Wochenenden Treffpunkt von deutschen Expats zum Bundesliga-Schauen. Von Garten kann freilich keine Rede sein, und die Preise sind gesalzen. Kleine Veranda im 1. Stock. 34 Dong Khoi.

• **Hoa Vien Bräuhaus.** Pilsener Urquell vom Fass, Schweinshaxen, Bratwürste und gute Stimmung. Die Gäste sind vornehmlich Einheimische, das drückt die Preise, allerdings auch etwas den Anspruch an die (in diesem Fall) „exotische Küche". Vietnamesisches erhält man übrigens auch. 28B Mac Dinh Chi.

• **Nguyen Du Brauhof.** Resto mit Biergarten. Herr *Hai* hat in der Pfalz Bierbrauen gelernt und bietet neben zwei Biersorten *(Adlerbräu)* auch deftige deutsche Küche (Saumagen, Haxe, Würste etc.). Außer So 11–23 Uhr. 98 Nguyen Du.

• **Le Jardin.** In der wunderbaren Garten-Oase des französischen Kulturzentrums, außerhalb der Mahlzeiten auch Café, werden typische herzhafte Bistro-Gerichte, aber auch vietnamesische Speisen serviert. Reelle Preise, besser reservieren. 31 Thai Van Lung, Tel. 8258465.

• **Pomodoro.** Anständige, bodenständige italienische Küche ohne Fantasiepreise. 79 Hai Ba Trung.

• **Bia Tiep.** Noch eine Bierhalle mit Selbstgebrautem und deutsch-tschechischer Küche; neu und viel gelobt. 107 Pasteur.

• **Luna d'Autunno.** Der bewährte *Herbstmond* leuchtet nach Hanoi und Mui Ne jetzt auch über Saigon. Italienische Küche vom Feinsten innen oder auf luftigen Terrassen. 102 Suong Nguyet Anh.

• **Au Lac do Brasil.** All-you-can-eat für Fleischwölfe – *Rodizio* von Rind, Lamm, Schwein, Würsten vom Holzkohlengrill mit Bergen von Pommes und Salaten. Mit rund 20 $ ist man dabei. *Al fresco* auf der Terrasse oder in einem der Speisesäle. 238 Pasteur.

• **O'Brien's Factory.** Saigons Nachtschwärmer schwören Stein und Bein, O'Brien's Pizza sei die beste der Stadt. Der Chef ist übrigens Franzose. Ab 17 Uhr. 74 A2 Hai Ba Trung.

• **Pacharan.** Fröhliche *Tapas*-Bodega auf 3 Etagen mit Penthouse-Cocktailbar bis 2 Uhr nachts. Sonntags all-you-can-eat Paella & Sangria (10 $). 97 Hai Ba Trung, Tel. 8256024.

Allround-Cafés

• Trend ist das Allround-Café, das bereits gegen 7 American, Continental oder vietnamesisches Frühstück serviert, zum Lunch eine Auswahl gängiger Schnellgerichte bietet, für den kleinen Appetit zwischendurch mit Kuchen- und Eis-Theke aufwartet, zur Happy Hour Happy Cocktails mixt und sich auch nach 22 Uhr noch um Dinnergäste bemüht – immer unter der Devise anything goes (und zu teilweise gesalzenen Preisen).

• **Givral.** Ein Klassiker der Saigoner Szene, heute allerdings längst nicht mehr „in". In den 1950er und 1960er Jahren Nachrichtenbörse und Gerüchteküche der Kriegskorrespondenten („Radio Givral") und von Graham Greene im *Quiet American* verewigt, 1990/91 Sammelstelle der ersten Traveller! Eigene Konditorei. 169 Dong Khoi.

• **Rex.** Der berühmte, inzwischen weitgehend „entkitschte" Dachgarten des Rex-Hotels ist nach wie vor ein Muss für Saigon-Besucher aus aller Welt. 141 Nguyen Hue.

• **Highlands Café.** Freiluftambiente im obersten Stock des alten französischen Kaufhauses gegenüber dem Rex. Nguyen Hue Ecke Le Loi, per Lift hinauf bis zum 3. Stock.

• **Café Central.** Trendige Resto-Bar im New-York-Stil mit gemütlichen Korbsesseln auf dem Boulevard und Live Music bis Mitternacht. Zu den Attraktionen zählen Diebels Alt und Schneider-Weisse. 115 Nguyen Hue.

• **Café Central,** Cholon, Outdoor/Indoor 24 Std. Legendär ist das gigantische Dinner-Büfett (13 $ ++, Late-Night 23–3 Uhr 5 $ ++) im 4. Stock der *Windsor Plaza*, 18 An Duong Vuong.

• **Level 23.** Bar und Lounge im 23. Stock des Sheraton Tower, 88 Dong Khoi; 16–1 Uhr. Noch höher ist das **Panorama 33** des Saigon Trading Center, 37 Ton Duc Thang. „Gehoben" sind jeweils auch die Preise.

• **Saigon Saigon Bar.** Für viele der vergnüglichste Ort für den späten Nachmittag oder Abend, im 10. Stock des Caravelle-Hotel. 11 Uhr bis spät, außer Mo 20–24 Uhr Live Music. 19 Lam Son Square.

125vi Foto: PVT

Ben Thanh-Markt bei Nacht

Eiscafés

- **Bach Dang.** Lange Jahre waren die beiden Eisdielen an der Kreuzung Le Loi/Pasteur die einzigen Plätze Saigons, an denen man Eis schlecken konnte. Renner ist noch heute *Kem trai dua*, Eiscreme in Kokosnuss.
- **Fanny.** Hervorragendes französisches Eis (je nach Saison 20–30 Sorten) in einem alten indischen Tempel. Einfach schön! 29 Ton That Thiep.
- **Café Bo Gia.** Das gemütliche Kaffeehaus, einst Buchhandlung, verströmt noch etwas vom Flair des alten Saigon und liegt in einer kleinen Seitenstraße der Dong Khoi. 20 Ho Huan Nghiep.

Do It Yourself

- **Kleine Mahlzeiten** aus franz. Stangenbrot, Wurst und Käse kann man sich auf Märkten oder bei Straßenhändlern zusammenstellen.
- **Supermärkte.** Wer deutsche Butter, Nescafé, englischen Tee oder französische Konfitüren braucht, kann sich z.B. im **Diamond Plaza,** 34 Le Duan, im **Minitax** im alten französischen Kaufhaus, 135 Nguyen Hue, oder im **Le Gourmet,** 16 Hai Ba Trung, eindecken. Siehe auch *Pham Ngu Lao Special.*
- **Nhu Lan.** Eine hervorragende – und billige – Adresse für Wurst, Pasteten, Käse, Sandwiches, Brot und Gebäck. Riesenauswahl und angeschlossener Imbiss. Am alten Schwarzmarkt, 50 Ham Nghi.
- **Back- und Naschwerk** ist eine gute alte (französische) Tradition, die man in Saigon auch in den schwersten Jahren des Realsozialismus nie ganz aufgegeben hat. Ofenfrische Baguettes, Croissants und Hefegebäck bekommt man im *Nhu Lan* (s.o.), größer und cremiger fällt die Auswahl in den Traditions-Patisserien **Givral,** 169 Dong Khoi (tgl. 7–21 Uhr) und **Brodard,** 11 Nguyen Thiep (tgl. 6.30–22 Uhr) aus.

Unterhaltung u. Freizeit

Bars

„Offiziell" ist zwar um Mitternacht Schluss, aber die besten Plätze füllen sich überhaupt erst gegen 23 Uhr. Hauptzentrum der Nachtschwärmer in der City ist das **„französische Viertel"** hinter der Oper.

- **Q Bar.** Die legendäre Bar des „Stillen Amerikaners" David, einst als „schönste Südostasiens" gefeiert, ist 2002 nach mehrjähriger Schließung auferstanden (David allerdings ist in Bangkok geblieben, wo er eine noch erfolgreichere Q Bar aufgemacht hat.) Cool und minimalistisch, Treff der modebewussten alternativen Szene. Gute Snacks (Cheeseburger), Klasse-T-Shirts und einige Tische im Freien. 7 Lam Son Square im rechten Flügel des Opernhauses, tgl. 18–2 Uhr.
- **Wild Horse Saloon.** Es wird gezecht und gefuttert (Steaks Steaks Steaks), bis der vietnamesischen Cowboy-Band die Puste ausgeht und sich die Blockhausbalken biegen. 8A/1 Thai Van Lung.
- **Apocalypse Now.** Kahl, ganz in schwarz, mit großem Deckenventilator und 1992 allein schon als Name eine Provokation, auf Geheiß der Behörden mehrfach geschlossen und zwangsumgesiedelt (stereotyper Vorwurf: Drogen und Prostitution) und bis heute ein Garant für heiße Nächte. Falls man einen Platz ergattert; selbst noch im Garten steht man sich meist auf den Füßen. 2C Thi Sach.
- **Texas Bar BQ.** *Old Cowboys never die, they just smell that way ... Wayne* serviert Texas-Frühstück, Steaks und gute Laune. Originell. 15/1 Le Thanh Ton.

Live-Musik

- **Sheridan's.** Lebhafter Irish Pub. Tgl. außer Mi Rock, Blues, Classics, Punk. Sa Auftritt der bizarren Band *Whisky in the Jar* von Gastgeber Michael. 17/13 Le Thanh Ton.
- **Viet de Latin.** Live *Oldies* auf der Terrasse im 25. Stock der *Windsor Plaza*, tgl. außer Mo 17 Uhr bis spät.
- **Underground.** Bar, Nightclub, Deli, Café, Resto, Spielhölle – etwas für jeden (auch Tische im Freien). Live Music Sa, manchmal auch unter der Woche. 69 Dong Khoi.
- **17 Saloon.** Super Hotspot auf zwei Etagen. Tgl. ab 20 Uhr philippinische und einheimische Bands. 101 Pham Ngu Lao.
- **Sax n' Art.** Der erste Jazz-Club der Stadt, tgl. ab 20.30 Uhr Live. Happy Hour 17–20 Uhr. 28 Le Loi.

Schwule und Lesben

- **Phuong Cac Café.** Gartencafé, in dem sich die Gay Community trifft (Sunday Brunch). In der Seitenstraße Bui Thi Xuan gibt es einige Friseure „for men only" und entsprechende Hotels. 213 Nam Ky Khoi Nghia.
- **Dong Nam Sauna.** Populärer Gay-Treff an Wochenenden. Eintritt 50.000 đ. 431A Hoang Van Thu.

Kino, Musik und Theater

- **Kino.** Eine regelmäßige Abspielstelle für ausländische Filme im Original ohne Untertitel ist das **Diamond Cinema** in der Diamond Plaza, 13. Stock, 34 Le Duan. Gute Adressen sind auch **Fafilm,** 6 Thai Van Lung, und das französische Kulturinstitut **Idecaf,** 31 Thai Van Lung. Man beachte die Ankündigungen in den *Vietnam News.*
- Wer hofft, in der **Oper** einer Aufführung des traditionellen **Hat Boi** beiwohnen zu können, wird enttäuscht werden. Shows und Popkonzerte sind populärer als klassische Stücke. Eher schon kann man in einem der kleinen **Theater Cholons** fündig werden, z.B. im *Nhan Dan,* 372–374 Tran Phu, aber auch dann nur unregelmäßig.
- **Wasserpuppentheater** (Roi Nuoc). Die Saigoner Ensembles halten keinen Vergleich mit denen von Hanoi aus, aber wenn man keine andere Gelegenheit hat ... 55B Nguyen Thi Minh Khai, Tel. 9272635. Tgl. 18.30, 20 Uhr, 50.000 đ.
- **Konservatorium.** Aufführungen klassischer wie traditioneller vietnamesicher Musik. Tel. 8243774. 112 Nguyen Du.

Kunstgalerien

- Es gibt mehr als 100 Galerien in Saigon, und auch wenn man, im Gegensatz zu Hanoi, meist mit billigem Kunstgewerbe oder Touristenramsch abgespeist wird, findet man trotzdem eine ganze Reihe interessanter Salons. Hier nur einige Adressen: *Tu Do*, 53 Ho Tung Mau. Seit 1989 als erste Privatgalerie Vietnams von der Künstlerin Tran Thi Thu Ha betrieben (www.tudogallery.com). *Apricot*, 50 Mac Thi Buoi. *HCM Fine Arts Association*, 218A Pasteur. *Galerie Quynh*, 65 De Tham.

Zirkus

2004 hat sich an der Pham Ngu Lao (gegenüber dem Thai-Binh-Markt) ein Zirkuszelt etabliert. Ob es sich dort hält, ist noch die Frage. Interessenten können es aber unschwer verfehlen.

Zoo und Botanischer Garten

Der Zoo bietet keine Sensationen, kann aber nach dem Besuch des Historischen Museums, das sich auf dem gleichen Gelände befindet, eine vergnügliche Abwechslung sein. „Die Haltung ist im Vergleich zu vielen anderen asiatischen Zoos vorbildlich, und es ist ein gutes Artenmanagement zu beobachten. Die Tiere sind zudem viel aktiver und verspielter als in unseren Breiten", schrieben uns Leser. Haupteingang ist am Anfang der Le Duan, ein zweiter Eingang befindet sich in der Ng. Thi Minh Khai. Tgl. 7–20 Uhr, Eintritt 10.000 đ.

- Der angeschlossene, 1864 von den Franzosen angelegte *Hortus Botanicus Saigonensis* enthält neben Orchideen-Raritäten einige schöne alte Baumriesen. Auch Bonsai-Fans kommen auf ihre Kosten; selbst wer kein Liebhaber der gezüchteten Miniaturbäumchen ist, wird von der Vielfalt der über 500 Pflanzen beeindruckt sein.

Pferderennen

Großer Beliebtheit erfreuen sich die seit 1989 wieder stattfindenden Pferderennen auf der *Phu-To-Rennbahn*. Die Kinderjockeys, kaum einer ist älter als 11 oder 12 Jahre, legal sind 14 Jahre) auf ihren kleinen Pferden und die wettfreudigen Zuschauer sind ein Erlebnis. Rennen finden jeden Sa/So 12.30–16.30 Uhr statt, der Eintritt kostet 10.000 đ. 2 Le Dai Hanh Ecke 3 Thang 2. Der Stadtbus Richtung Busbahnhof Mien Tay hält davor.

Sport

- **Tai Chi.** Wer in den frühen Morgenstunden am Saigonfluss oder einem der Parks – zumal dem Tao-Dan-Park – unterwegs ist, erlebt sein blaues Wunder. Fitness heißt die Devise, und Saigons Jugend ertüchtigt sich zum Aerobic-Sound so begeistert wie die Alten, die in stoischer Ruhe schattenboxen.
- **Health Clubs.** Die Gyms der großen Hotels können gegen eine Gebühr oft auch von auswärtigen Gästen benutzt werden. Zünftiger geht es im **Workers' Club** im Tao-Dan-Park zu, wo man neben Tennis (11 Courts), Tischtennis spielen und im Pool schwimmen auch noch die letzten Überreste des kolonialen *Cercle Sportif* beschnuppern kann. Eintritt 20.000 đ. 55B Nguyen Thi Minh Khai.
- **Schwimmbäder** (Ho Boi). Preisgünstig (20.000 đ) schwimmt man im **Yet Kieu Pool,** 1 Nguyen Thi Minh Khai sowie im größten Schwimmbad der Stadt, dem **Lam Son** in Cholon (tgl. 8–20 Uhr, 25.000 đ), 342 Tran Binh Trong. Viele **Luxushotels** gestatten auswärtigen Gästen **Pool-Benutzung** gegen Gebühr, z.B. *Grand Hotel* (50.000 đ), *Renaissance Riverside* (10 $ inkl. Gym), *New World* (20 $ inkl. Gym).
- **Zusätzliche Adressen** (Bowling, Martial Arts, Waterparks, Golf etc.) im monatlich erscheinenden *The Guide* (siehe *Zeitungen und Zeitschriften.)*

Shopping

Souvenirs

Souvenir- und Antiquitätenläden bevölkern die **Dong Khoi** und ihre Seitenstraßen wie Wespen einen Pflaumenkuchen. Porzellan, Keramik, Lackwaren, Seidenmalerei, Wasser- und Opiumpfeifen, Gläser und Lampen aus der Kolonialzeit, Sturmfeuerzeuge aus schier unerschöpflichen US-Beständen, alte Kameras und Brillengestelle, falsche Rolex und echte Russen-Uhren, Antiquitäten und Kuriositäten, Kitsch und Ramsch, Preziosen und Imitate – auf der Dong Khoi es gibt fast nichts, was es nicht gibt. Wer sich die Zeit nimmt, einen Nachmittag herumzustöbern, kann immer noch unverhoffte Entdeckungen machen, und manchmal gerade da, wo man es am wenigsten erwartet. Adressen und Läden ändern sich allerdings derart rasch, dass langfristige „Tipps" nicht viel wert sind.

Total global

Mode, Schuhe und Accessoires namhafter Hersteller gibt es nur in Saigon, und da fast nur auf der Dong Khoi. *Gucci* und *Cavalli*, *Vuitton* und *Ferragamo*, *Bally* und *Hermès*, alle sind schon da. Und wer sagt da, die Preise wären günstiger als in München, Paris oder Florenz? Sind sie nicht, das sind nur die Imitate auf dem Ramschmarkt.

Die besten **Kaufhäuser** – in der Regel geöffnet tgl. von 9.30–22 Uhr – für Luxusartikel, Kosmetik, Mode etc. sind:

- **Diamond Plaza,** 34 Le Duan (mit Supermarkt).
- **Parkson Plaza,** 39 Le Thanh Ton (mit Supermarkt).
- **Hung Vuong Plaza,** 126 Hung Vuong (Cholon).

Weniger anspruchsvoll im Angebot, dafür aber auch deutlich günstiger sind:

- **Bach Hoa** *(Tax Trading Centre)*, 65 Le Loi (mit Supermarkt). 1920 erstes Kaufhaus des kolonialen Saigon *(Grands Magasins Charner)* mit prachtvollem Interieur (Glaskuppel, Freitreppen, Kristalllüster), nach 1975 realsozialistisches Paradies der Mottenkugeln, 2001 notdürftig restauriert. Im 4. Stock das hübsche Dachgartencafé **Highlands.**
- **Eden Mall,** 106 Nguyen Hue.
- **An Dong Plaza,** 18 An Duong Vuong (Cholon). Mit rund 1500 Shops das größte und schillerndste Kaufhaus der Stadt.
- **Saigon Square.** Billigeinkaufsparadies auf dem Gelände des einstigen „Russenmarkts". In Vietnam hergestellte Markenartikel (Ralph Lauren, Camel, Adidas, Nike etc. – oft Ausschussware) zu Spottpreisen. Manchmal findet man sogar Winterklamotten, Skikleidung usf. 77–89 Nam Ky Khoi Nghia.

Asian Chic statt Einheitslook

- *Traditionell.* Ao Dais als Kunstwerke bei **Si Hoang,** 135 Nam Ky Khoi Nghia.
- *Gediegen.* Variationen aus Seide, **Khaisilk,** 107 Dong Khoi, **Song,** 26D Le Thanh Ton.
- *Flott.* Traditionelles neu interpretiert, **Ordinary,** 25 Dong Du.
- *Schrill.* Mix aus Folklore, HipHop und Trash, der schrägste Shop der Stadt. **Mai Lam,** 132 Dong Khoi.

Bücher, Zeitschriften, Karten

- Buchhandlungen, die ein schmales Sortiment an ausländischen Büchern, Zeitungen und Magazinen führen, sind *Xuan Thu*, 185 Dong Khoi (gegenüber *Continental*), und *Fahasa*, 40 Nguyen Hue. Auf der 38 Dong Khoi kann man ggf. sogar gebrauchte Bücher auf deutsch finden.
- Auf der Pham Ngu Lao (s. PNL-*Special)* und der Dong Khoi (beim Café Givral an der Oper) findet man zahlreiche Bücherstände mit Raubkopien von aktuellen Reiseführern, Romanen etc. bis hin zu echten Raritäten (prüfen, ob Seiten fehlen!).
- Ein traditioneller Zeitungskiosk ist *Lao Dong*, 104 Nguyen Hue.

Varia

- **Nguyen Kim Shopping Center.** Fünfstöckiger Supermarkt für Elektronik, Telekommunikation, Internettechnologie. Neueste Modelle von Sony, Toshiba, Panasonic etc., meist früher als bei uns. 63–65 Tran Hung Dao, gleich bei der Pham Ngu Lao.
- **Foto und Film.** Die meisten Geschäfte findet man auf der Nguyen Hue (z.B. 50 oder 66B) führt Reparaturen durch.
- **Schreibwaren** aller Art, Taschenlampen, Vorhängeschlösser, Feuerzeuge usf. kauft man auf der Le Loi zwischen Rex-Hotel und Ben-Thanh-Markt.
- **Postkarten** kann man in der staatlichen Buchhandlung 40 Nguyen Hue günstiger bekommen als im Straßenhandel, ebenso Stadtpläne usf.
- **Goldläden** boomen. Kenner schätzen, dass in keinem Land Asiens so viel Gold gehortet wird wie in Vietnam. Große Auswahl an Schmuck, Perlen, Jade, Edelsteinen findet man an der Ecke Nam Ky Khoi Nghia / Le Loi und in der Le Thanh Ton hinter dem Ben-Thanh-Markt.

• **Optik.** Preisgünstige Läden in der Le Thanh Ton zwischen Nam Ky Khoi Nghia und Pasteur. Eine Leserin empfiehlt wärmstens 1 Truong Dinh beim Ben Thanh Markt.

• **Schuhe** und preiswerte Schuster findet man in der Le Thanh Ton zwischen Phan Boi Chau und Nguyen Trung Truc. Lederschuhe werden ab 30–40 $ maßangefertigt.

• **Hair Salons.** Haareschneiden kostet ab 4–5 $, Dauerwelle ab 8–10 $. Wir gehen meist zu *Kim*, 92G Le Thanh Ton.

Weiterreise

Entfernungen von Saigon

• My Tho 70, Tay Ninh 96, Vung Tau 125, Vinh Long 130, Cao Lanh 170, Can Tho 170, Long Xuyen 190, Phan Thiet/Mui Ne 200, Phnom Penh 250, Chau Doc 250, Rach Gia 250, Da Lat 310, Ha Tien 340, Phan Rang 335, Ca Mau 350, Phu Quoc 370, Nha Trang 450, Buon Ma Thuot 510, Qui Nhon 680, Hoi An 930, Da Nang 970, Hue 1075, Hanoi 1730.

Flug

• **Bus 152** fährt ab Pham Ngu Lao und Ben-Thanh-Markt alle 15 Min. zum **Flughafen.** 3000 đ. Siehe ansonsten Ankunft.

• **Vietnam Airlines:** Mo–Sa 7.30–19, So 8–12, 13.30–17 Uhr. Tel. 8320320. 116 Nguyen Hue.

Zug

• Der etwas provisorische **Ga Sai Gon** (vor dem Amerikanischen Krieg befand er sich auf dem Gelände gegenüber der Pham Ngu Lao) liegt in einer Stichstraße (Nguyen Thong) rechts der Ausfallstraße Cach Mang Thang Tam. Ein Xe Om vom Zentrum sollte nicht mehr als 25.000 đ kosten. Vom Ben-Thanh-Markt fahren u.a. Busse Richtung Cu Chi die Cach Mang Thang Tam entlang (aussteigen an der Hoa Hung).

• **Reservierungsschalter** sind tgl. 7.30–12, 13–18.30 Uhr geöffnet. Tickets erhält man aber genauso gut in Reisebüros oder beim **Railway Service,** 275C Pham Ngu Lao.

• Sechs Züge fahren tgl. Richtung Hue (11–16 Std.) und Hanoi (30–39 Std.), andere lediglich bis Phan Thiet, Nha Trang und Da Nang. Näheres siehe in *Verkehrsmittel, Zug.*

• **5 Star Express.** Der private Luxuszug verkehrt nur zwischen Saigon und Nha Trang. 297 Pham Ngu Lao, Tel. 9206868, www.5starexpress.com.vn.

Bus

• **Nach Norden.** Der Busbahnhof (Ben Xe) *Mien Dong* liegt 6 km vom Zentrum an der Xo Viet Nghe Tinh. Stadtbusse fahren alle 10–20 Minuten ab Ben-Thanh-Markt, Fahrzeit ca. 30 Minuten, 5000 đ. Express-Busse u.a. nach Nha Trang, Qui Nhon, Da Nang, Buon Ma Thuot sowie Vung Tau, Phan Thiet, Da Lat.

• **Nach Süden.** Der *Ben Xe Mien Tay*, der das Mekong-Delta bedient, liegt 10 km außerhalb im Vorort An Lac westlich von Cho Lon. Stadtbusse fahren ab Ben-Thanh-Markt, Fahrzeit ca. 45 Min., 5000 đ. Jede Destination hat ihren eigenen Schalter, Fahrpreise sind angeschrieben. Expressbusse starten ab 5 Uhr u.a. nach My Tho, Vinh Long, Can Tho, Long Xuyen, Chau Doc, Rach Gia und Ca Mau.

• **Nach Dalat.** Stdl. von 5–1 Uhr nachts mit *Phuong Trang*-Bus ab 274 De Tham; 90.000 đ, Tel. 8375570.

Boot

• **Vung Tau.** Zwei Gesellschaften, *Greenlines* und *Vina Express*, betreiben Speedboot-Linien zum Strandbad der Saigoner. Abfahrt zwischen 6 und 17 Uhr bis zu zehnmal tgl. ab Pier Ton Duc Thang Ecke Ham Nghi. Fahrzeit 70 Min., Preis 8–10 $ (Plätze sind nummeriert).

• **Con Dao.** Die Schnellboot-Linie ab Saigon wurde eingestellt; siehe *Vung Tau* und *Con Dao*.

• **Mekong-Delta.** Speedboot-Verbindungen bis Chau Doc wurden vor einigen Jahren leider als unrentabel abgesetzt. Mit **Can Tho** verbindet *Thanh Nhan Express* (www.thanhnhanexpress.com) tgl. 8, 13.30 Uhr, Fahrzeit 3.15 Std., 200.000 đ. Ton-Duc-Thang-Pier, Tel. 9147979.

• **Phu Quoc.** Tickets für Speedboote ab **Rach Gia** (gegen 8, 13.15, 13.30 Uhr) können bereits in Saigon gebucht werden (z.T. mit Bus-Anschluss, spart Übernachtung in Rach Gia). Die einfache Passage kostet je nach Boot 130–180.000 đ. Ab **Hon Chong** fahren Schnellboote von *Greenlines* zwischen 9 und 17 Uhr 5x tgl. nach Phu Quoc *(Bai Vong)*. Onlinebuchung über www.greenlines.com.vn.

- **Slowboats** (langsamer, aber schöner & billiger; Reservierung nicht möglich) legen in Rach Gia um 8 und 13, in Hon Chong um 8 Uhr ab (s. jeweils dort).
- **Achtung:** ohne Gewähr! Änderungen und Ausfälle sind vorprogrammiert!

Nach Kambodscha

- **Flug.** Tgl. mit *Vietnam Airlines* von/nach Phnom Penh und Siem Reap.
- **Bus.** Tgl. nach Phnom Penh über Moc Bai/Bavet u.a. mit *Sinh Café* oder *Delta Adventure Tours*. Fahrzeit 7–8 Std., 5–6 $. Direktbusse, d.h. ohne Bustransfer an der Grenze, sind deutlich schneller, aber auch teurer (ab 10 $).
- **Boot.** Es gibt zwei Optionen ab Chau Doc. Per **Slowboat** mit Umsteigen an der Grenze und etwa einstündigem Bustransfer ab *Nek Luong* (ca. 8 Std.). Oder per **Expressboot** (Aussteigen nur für Grenzformalitäten) direkt bis Phnom Penh (ca. 4 Std.). Das Slowboat ist unserer Meinung nach vorzuziehen (Flussatmosphäre). **Achtung:** Viele Veranstalter behaupten, in Chau Doc würden keine Bootspassagen verkauft; dem ist nicht so.
- **Bootstour.** 2- oder 3-Tagestouren von Saigon nach Phnom Penh per Bus und Boot mit Übernachtung auf dem Boot bzw. im Homestay veranstaltet z.B. *Delta Adventure Tours*.
- **Visa-on-arrival** sind auch für den Land- und Flussweg möglich (auf vietnamesischer Seite nur mit *Approval-Number)*.

Palast der Wiedervereinigung

156vi Foto: kb

126vi Foto: kb

Umgebung von Saigon

127vi Foto: kb

128vi Foto: kb

Salzgewinnung ist Schwerstarbeit

Kommerz und „Viet Cong“

Cao-Dai Dienerinnen während der Zeremonie

Überblick

- **Die Tunnel von Cu Chi.** Das System unterirdischer Gräben und Stollen des Vietcong ist ein vielbewundertes „Freiluftmuseum" und ein Muss für jeden Vietnamreisenden. 60 km W.
- **Tay Ninh.** Das Zentrum der skurrilen und farbenfreudigen Cao-Dai-Sekte verstört oder begeistert. 100 km W.
- **Nui Ba Den.** Der Berg der Schwarzen Frau ist der populärste Wallfahrtsort Südvietnams. 115 km W.
- **Can Gio.** Undurchdringliche Mangrovenwälder vor den Toren der Stadt unweit der Mündung des Saigon-Flusses. 55 km SO.
- **Vung Tau.** Das traditionelle Strandbad der Saigoner ist per Speedboat in einer guten Stunde zu erreichen. 130 km SO.
- **Long Hai.** Die ruhigere und rustikalere Alternative zu Vung Tau. 125 km SO.
- **Ho Co und Binh Chau.** Strände und heiße Quellen. 150 km O.
- **Con Dao.** Insel-Geheimtipp mit Stränden, Meerjungfrauen und berüchtigten Gefängnissen im Südchinesischen Meer. Per Schiff oder Flug. 200 km S.

Cu Chi

↗ XXIII/D1

(Củ Chi)

Die Tunnel von Cu Chi stellen nicht nur ein Symbol für den Widerstand des vietnamesischen Volkes gegen Fremdbestimmung und Unterdrückung dar, sondern sind auch ein eindrucksvolles Beispiel für den herrschenden Pragmatismus. Gegen harte Dollars kriechen in Ehren ergraute „Vietcong" gemeinsam mit ihren einstigen Feinden durch das unterirdische Labyrinth.

„Die anderen brachten mir bei, wie man VC [Vietcong] von Zivilisten unterscheidet. Rennen sie, müssen sie VC sein. Bleiben sie stehen, sind sie besonders raffinierte VC. So oder so musst du sie kaltmachen."

„Wenn wir eine Leiche fanden, gingen wir wie folgt vor. Hatte der Tote keine Waffe bei sich, war er als VC verdächtig. Konnte man ihm heimlich eine unterschieben, war er einer. Und wenn er außer der Waffe noch etwas anderes bei sich hatte, war er ein Nordvietnamese."

„Wenn du in Vietnam bist, kannst du nicht rumsitzen und dir überlegen, ob der VC nicht vielleicht Recht haben könnte. Er kann nicht Recht haben. Er will dich töten."

(Aus: *Robert Jay Lifton*, Home from the War. Vietnam Veterans: Neither Victims nor Executioners, 1973)

Geschichte

Die ersten Tunnel trieb man **1948** im Kampf gegen das **französische Kolonialregime** in den roten Lehmboden von Cu Chi. Bauernfamilien brachten in ihnen ihre Vorräte und manchmal auch sich selbst in Sicherheit, örtliche Widerstandskämpfer verbargen in den Stollen Waffen, Munition und Nahrung. Als anderthalb Jahrzehnte später die Amerikaner in der strategisch wichtigen Region nur wenige Kilometer vor den Toren Saigons das Hauptquartier ihrer 25. Division errichteten, ahnten sie zunächst nicht, dass der Feind direkt unter ihren Stiefeln lauerte.

Eine beinahe unglaubliche Geschichte, die man sich immer wieder erzählt, spielt am Weihnachtsfest 1966. Während der aus den USA eingeflogene Superstar *Bob Hope* die Truppen der 25. Division mit seinen Sketchen unterhielt und inbrünstig *White Christmas* knödelte, spielte zur gleichen Zeit und praktisch unmittelbar unter seinen Füßen der vietnamesische Entertainer *Pham Sang* für die Genossen Partisanen auf.

Als die Amerikaner die Existenz der Tunnel entdeckten, die sich zu diesem Zeitpunkt bereits über Hunderte von Kilometern erstreckten, erklärten sie Cu Chi zur **free fire zone.** Sie siedelten die Zivilbevölkerung, Zigtausende Männer, Frauen und Kinder, zwangsweise aus, kasernierten sie in „strategische Wehrdörfer" und belegten die „gesäuberten" Landstriche mit Bombenteppichen. Sie pflanzten schnellwachsende Grassorten, nur um sie rasch wieder niederzubrennen, und besprühten das Gelände nacheinander mit Napalm, Giftgas und Dieselöl. Alles vergebens. „Tunnel rats", kleinwüchsige Soldaten, meist Thais oder Koreaner, wurden in die Tunnel geschickt, kamen aber meist nur mit durchschnittener Kehle oder von Tellerminen zerfetzt wieder ans Tageslicht. Der deutsche Bundesgrenzschutz lieferte Schäferhunde, die sich durch die Tunnel schnüffeln sollten, doch die Partisanen führten sie mit Chilipfeffer und amerikanischer Rasierseife an der Nase herum. Die Anzahl der VC nahm auch nicht ab, sondern ständig zu, denn immer mehr Zwangsumsiedler in den stacheldrahtumgürteten Wehrdörfern, deren Ernten von den Amerikanern systematisch vernichtet wurden, schlossen sich ihnen an.

Zurzeit der Tet-Offensive **1968** reichte das unterirdische Netzwerk, mit allen seinen Zweigen und Querverbindungen mehrere hundert Kilometer lang, von der kambodschanischen Grenze bis direkt vor die Tore Saigons. Teile dieses Netzes, das sich durchschnittlich 5–6 m unter der Oberfläche be-

Unterirdischer Kommandostand der FNL (Rekonstruktion)

129vi Foto: kb

fand, bestanden aus drei oder gar vier Stockwerken, die bis zu 20 m tief in die Erde reichten. Mittels geheimer Falltüren verbunden wie getrennt, enthielten sie unterirdische Lazarette, Konferenzräume, Schlafsäle, Werkzeugdepots, Frischwasserbrunnen, Vorratslager und sogar Pagoden sowie Feldküchen, deren Kamine ihren verräterischen Rauch erst Hunderte Meter entfernt ableiteten. Einige Tunnel verliefen sogar unter Flussläufen oder besaßen Aus- und Eingänge, die nur unter Wasser zu erreichen waren.

Ein ganzes **Heer von Widerstandskämpfern** verbrachte ohne Unterbrechung oft Wochen, ja Monate in den unterirdischen Stollen und Verliesen, und mehr als 10.000 Partisanen sind in ihnen umgekommen. Ihr spektakulärster Erfolg war die zeitweilige Besetzung der amerikanischen Botschaft in Saigon am Tet-Fest 1968; nachdem sie durch die Tunnel nach und nach in die Stadt eingesickert waren, verbargen sie sich so lange bei unverdächtigen Helfern, bis sie gemeinsam losschlagen konnten.

Die Tunnel heute

Zwei Sektionen, **Ben Dinh** und **Ben Duoc,** wurden für Besucher „renoviert" und ihre Tunnel selbst so erweitert, dass auch ausgewachsene Mitteleuropäer und amerikanische Vietnam-Veteranen sich bequem in ihnen bewegen können, während die „benutzerfreundliche" Rekonstruktion von Feldküchen, Lazaretten, OP-Räumen, Kommandozentralen oder Konferenzräumen z.T. schon soweit geht, dass man nicht einmal mehr das Tageslicht verlassen muss.

Unter diesen Umständen macht es umso mehr Sinn, die nicht nur deutlich „authentischere", sondern auch erheblich weniger überlaufene der beiden Stationen aufzusuchen. Fast alle Touren laufen jedoch die vermeintlich „attraktivere" Station an, die an den meisten Tagen eher einem Rummelplatz oder Vergnügungspark denn einem ehemaligen Kriegsschauplatz gleicht.

Ben Duoc. Souvenirshops, Cafeterias, von überall her herangekarrte Waffenarsenale, Schießstände *(one shot, one dollar,* wahlweise mit russischer AK 47 oder amerikanischer M 14) und ein pompöses, mit Pagoden gespicktes *War Memorial* (1996) beherrschen die Szene. Fehlen nur noch Micky Maus und McDo.

Ben Dinh. Die rund 5 km entfernte Station ist ehrlicher und authentischer. Man sieht vielleicht etwas weniger, erlebt aber mehr. Man ist näher an der Landschaft. Die Tunnel sind nicht mannshoch ausgebaggert und grell ausgeleuchtet. Altmodische Schaubilder vermitteln ein Gefühl für die Dimensionen. Kurz: weniger Zirkus. Und zum Schießen antreten, wenn man will, kann man auch hier.

Praktische Informationen

- **Orientierung.** Der Ort Cu Chi liegt 45 km westlich Saigons an der N 22 nach Tay Ninh (96 km), die Sektionen *Ben Dinh* und *Ben Duoc* sind 15 bzw. 20 km vom Ort entfernt.
- **Eintritt.** Je 70.000 đ.
- **Bus.** Stadtbusse nach Cu Chi fahren vom Ben-Thanh-Markt nur zum Ort Cu Chi, danach ist man auf sich selbst angewiesen.
- **Touren.** Tourcafés bieten Halbtagesausflüge nach Cu Chi und Ganztagesausflüge nach Cu Chi und Tay Ninh fast für den gleichen Preis an (um 4–5 $, Eintritt extra). Neu sind Touren auf dem Saigon-Fluss nach Cu Chi (um 7 $).

Tay Ninh

↗ XX/A2

(Tây Ninh)

Die Hauptstadt der gleichnamigen, an Kambodscha grenzenden Provinz ist die Heimat der **Cao-Dai-Sekte,** eine der schillerndsten Religionsgemeinschaften Asiens, wenn nicht der Welt. „Christ and Buddha looking down from the roof of the Cathedral on a Walt Disney fantasia of the East, dragons and snakes in Technicolor", schauderte es Graham Greene, der gleichwohl von der Sekte und ihrem „*Heiligen Stuhl*" derart fasziniert war, dass er ernsthaft einen Beitritt erwogen haben soll. Im Zeitalter von New Age und Esoterik ist diese **Idealreligion** aus Ost und West, aus Buddhismus, Konfuzianismus, Katholizismus, Daoismus, Hinduismus und Islam schon fast wieder *in*.

Nach Jahren der Repression unter dem sozialistischen Regime – nicht ganz unverständlich, hatten die Caodaiisten doch traditionell stets an der Seite der Fremdherrscher gestanden – kann die Sekte ihren Glauben (wenn auch nicht ihre „Politik") seit 1985 wieder so gut wie unbehelligt ausüben. Ihre Privatarmee beherrschte nach der Kapitulation der Japaner 1945 weite Teile des Südens und kollaborierte mit den Franzosen gegen den Viet Minh, bekämpfte andererseits aber auch Diem und den wachsenden Einfluss der Amerikaner.

Während des Vietnamkriegs war die Provinz Tay Ninh einer der Endpunkte des Ho-Chi-Minh-Pfads. Zwischen 1976 und 1979 legten die Khmer Rouge weite Teile der Grenzregion in Schutt und Asche.

Trang Bang

↗ XX/A2

Auf halbem Weg zwischen Saigon und Tay Ninh, bei Trang Bang, passiert man den Schauplatz einer der berühmtesten **Fotografien** (Nick Ut, 1972) des 20. Jahrhunderts. Die Aufnahme der nackten, von Napalm verbrannten neunjährigen *Kim Phuc,* die lautlos schreiend auf uns zuläuft, während sich im Hintergrund ihr Dorf in schwarzen Rauch auflöst, wurde zum Sinnbild nicht nur für die Unmenschlichkeit des Krieges in Vietnam, sondern für Krieg schlechthin.

Der Heilige Stuhl der Cao Dai

„Religiöses tutti-frutti", „Disneyworld", „doktrinärer Hokuspokus" – die Zitate zur Beschreibung des Caodaismus und seines Hauptquartiers ließen sich beliebig fortsetzen. Doch es gab Zeiten, da hatte die Sekte mehr als 4 Mio. Anhänger (100.000 lebten allein auf dem Gelände des „Heiligen Stuhls") und bildete einen Staat im Staat mit eigener Verwaltung, eigenen Schulen und eigener Armee. Noch heute beträgt die Zahl ihrer Anhänger mehr als 500.000 Gläubige, vor allem im Delta.

Tay Ninh wurde 1927 zum **Zentrum des Caodaiismus** erklärt und gleichzeitig auf einem mehr als 100 km^2 großen Gelände der Bau des „Heiligen Stuhls" begonnen, der zehn Jahre später vollendet wurde und eine imposante Mischung aus Kathedrale, Tempel und Pagode darstellt.

Das beeindruckend bunte **Wandgemälde** im Vestibül stellt programmatisch *Sun Yat Sen* (1866–1925), den Gründer der chinesischen Republik, *Victor Hugo* (1802–1885) und den vietnamesischen Dichter und Gelehrten *Trang Trinh* (auch: Nguyen Binh Khiem, 1492–1587) dar. Victor Hugo, mit Uniform und Dreispitz als Mitglied der *Académie Française* ausgewiesen, schreibt mit einem Federkiel die Worte *Dieu et Humanité/Amour et Justice* nieder (Gott und Menschlichkeit/Liebe und Gerechtigkeit), während der Konfuzianer und Daoist Trang Trinh als Symbolfigur des Ostens die gleichen Begriffe mit einem Tuschepinsel in chinesischen Zeichen malt. Sun Yat Sen, der Inbegriff des asiatischen Nationalismus, hält beiden den Tintenstein.

Strenger Symbolismus und zeremonielle Organisation bestimmen den architektonischen Aufbau genau wie alle kultischen Handlungen. Das **Kirchenschiff** steigt, zusätzlich akzentuiert durch Säulen, in 9 Ebenen an, die den 9 Stufen zum Himmel entsprechen, denen wiederum die 9 Ränge der höchsten Würdenträger entsprechen. Der tiefblaue Himmel mit Sternen aus Spiegelglas, der das Schiff überwölbt, wird von einer doppelten Zwölferreihe drachenumschlungener Säulen getragen. Dem achteckigen Altar mit sechs Stühlen für die Kardinäle und einem Stuhl für den Papst schließt sich der achteckige Nordchor mit der großen Weltkugel an, über die das „Auge, das alles sieht", wacht. Das in ein Dreieck gezeichnete **Auge,** von dem 9 Strahlen ausgehen, ist das Emblem für Cao Dai, das Höchste Wesen, das als Schöpfer und Erlöser verehrt wird. Näheres zu Geschichte und zur Lehre des Caodaiismus siehe Kapitel *Religion*.

Der Heilige Stuhl der Cao Dai

130vi Foto: kb

Die Zeremonie

Viermal täglich, um 6, 12, 18 und 24 Uhr, findet die Gebetszeremonie statt, sie dauert etwa eine Stunde. Zu den Klängen eines Orchesters mit traditionellen vietnamesischen Instrumenten nehmen im Kirchenschiff links „Dienerinnen", rechts „Diener" (d.h. Laien) in schlichten weißen Gewändern Aufstellung. Das Mittelschiff ist den höheren Rängen der Hierarchie vorbehalten, deren farbige Zeremonialgewänder ihre Zugehörigkeit signalisieren, rot steht für Konfuzianismus, gelb für Buddhismus und blau für Daoismus.

Die Vertreter der einzelnen Glaubensrichtungen sind mit klar definierten Aufgaben betraut, Ritus und Ordnung untersteht den Konfuzianern, Finanzen und Öffentlichkeitsarbeit den Buddhisten, und Erziehung und innere Angelegenheiten den Daoisten. Die Hierarchie reicht von einfachen „Dienern" bis zu Bischöfen und Kardinälen, der Papstsessel freilich ist seit 1933 unbesetzt. Wie in der römisch-katholischen Kirche, die der Organisation der Sekte als Vorbild diente, werden Konzile einberufen. Alle Ämter können, zumindest theoretisch, jedoch auch von Frauen bekleidet werden. Die Vorschriften bezüglich Kleidung, Haartracht, vegetarischer und einfacher Lebensweise sind äußerst streng, für Laienanhänger aber gelockert.

131vi Foto: kb

Victor Hugo, Sun Yat Sen (li), Trang Trinh (re)

Praktische Informationen

- **Orientierung.** Tay Ninh liegt 96 km westlich von Saigon an der N 22. 10 km vor der Stadt führt ein Abzweiger über den *Long-Hoa*-Markt nach 2 km zum Heiligen Stuhl. Das von hohen Mauern umgebene Tempelgelände liegt 4 km östlich der Stadt.
- **Bus.** Lokalbusse fahren vom Tay-Ninh-Busbahnhof in der Le Dai Hanh ab (an dem die Stadtbusse nach Cu Chi stoppen). Von Tay Ninh zum Heiligen Stuhl (4 km) zu Fuß oder per Xe Om.
- **Touren.** Fast alle Reiseagenturen Saigons bieten Touren nach Tay Ninh an, meist in Kombination mit Cu Chi (4–5 $).
- **Unterkunft.** *Hoa Binh.* 40 Zimmer 15–20 $. 210 30 Thang 4.

Nui Ba Den

15 km nordöstlich von Tay Ninh ragt unvermittelt der **986 m** hohe Granithügel *Nui Ba Den* aus der flachen Ebene der *Reisfelder* auf. Der legendenumwobene **„Berg der Schwarzen Frau"** ist seit alters her eine heilige Stätte, man hat menhir-ähnliche Kultsteine aus dem Neolithikum gefunden und Überreste von Cham-Heiligtümern. Heute ist der Berg der populärste Wallfahrtsort des Südens, der vor allem in den ersten drei Monaten nach dem Tet-Fest besucht wird. Die Legende erzählt von einer jungen Frau, die statt ihres armen Geliebten den Sohn

eines reichen Mandarins heiraten sollte und sich deshalb von dem Felsen kopfüber in die Tiefe stürzte.

Der steile, von zahllosen Souvenirständen und Cafés gesäumte Pfad zum *Dien Ba*, dem Tempel- und Pagodenkomplex, ist für Gipfelstürmer in 30 Minuten zu schaffen; wer sich Zeit nimmt und von den überdachten Wegstationen die Aussicht genießt, braucht eine Stunde. Alte Reiseberichte beschreiben einen Weg durch dichten Dschungel mit gigantischen Bäumen. Davon ist heute nichts mehr zu sehen, der Berg war während beider Vietnamkriege ein wichtiger strategischer Punkt und heiß umkämpft. Seit einigen Jahren bringt eine **Seilbahn** (25-, hin und zurück 45.000 đ) Pilger und Ausflügler zu den Tempeln; von dort bis zum Gipfel benötigt man noch knapp eine Stunde.

- **Eintritt** 6000 đ. Per Xe Om von Tay Ninh 50.000 đ.

Can Gio

⇗ XX/B3

(Cần Giờ)

Ein guter Tipp, wenn man einmal für ein paar Stunden das Getriebe Saigons hinter sich lassen möchte, sind die ausgedehnten Salzsümpfe und **Mangrovenwälder** der nahezu unbesiedelten Insel Can Gio im Mündungsdelta des Saigon-Flusses. Der **Can Gio Forest Park** *(Lam Vien Can Gio)* bietet einen Rundweg (Achtung: freilaufende Affen!) durch die Flora und Fauna des unter Naturschutz stehenden Reservats, noch schöner ist die Bootsfahrt durch die Kanäle des undurchdringlichen Dickichts. Pythons, Otter, Kleinbären, Hirsche, Wildkatzen und Alligatoren werden in Käfigen und Freigehegen gehalten.

Abenteuerlustige steuern auch den schmalen **Strand** (viele Cafés und Restos) und den gleichnamigen Fischerort mit seinem lebendigen Markt an (Aussicht auf die Halbinsel Vung Tau).

Praktische Informationen

- **Anreise.** 55 km südöstlich. Per Bus 20 ab Ben-Thanh-Markt. Can Gio ist durch eine Brücke mit dem Festland verbunden.
- **Park.** Eintritt 15.000 đ. Rundweg 3–4 km. Wochenenden und Feiertage sollte man meiden! www.cangioresort.com.vn.

Vung Tau

⇗ XX/B3

(Vũng Tàu)

Langnasen zieht es kaum in das traditionelle **Strandbad der Saigoner** – zumindest zum Baden. Zu voll, zu dreckig, zu stressig, zu „asiatisch“. Sightseeing ist eine andere Sache. Per Schnellboot ist das von Hotels, Restaurants und Cafés überquellende *Cap Saint Jacques* der Franzosen ohne Mühe in 1 Stunde erreichbar.

Jahrzehntelang am Standard von Urlaubern aus „sozialistischen Bruderländern“ ausgerichtet – noch Anfang der 1990er Jahre mit Abstand größte russische Kolonie Vietnams –, lockt Vung Tau heute Gäste von Seoul bis Taipeh und verwandelt sich unaufhaltsam in eine Art „Pattaya des Ostens“ (nur ohne Anmache).

Orientierung

Vung Tau liegt auf einer Halbinsel südlich der Mündung des Saigon-Flusses. Der **Bai Truoc** (Vordere Strand) im Zentrum der Stadt ist gesäumt von Cafés, Restaurants und Kiosken der Strandpromenade *Quang Trung*. Die Uferstraße *Ha Long* („Petite Corniche") führt über den Strand *Bai Dua* (1,5 km) nach 3,5 km zum Hauptstrand **Bai Sau** (Hinterer Strand oder Back Beach genannt, da „im Rücken" Vung Taus liegend). Auf dem Weg passiert man einen französischen **Leuchtturm** (1910, einzigartige Aussicht aus 170 m Höhe auf Vung Tau und den Bai Sau) und eine 28 m hohe **Jesus-Statue** hoch oben in den Hügeln (Anfang der 1970er Jahre von reichen Katholiken aus Saigon erbaut, vermutlich um die US-Flotte zu segnen).

Der Hauptstrand Bai Sau erstreckt sich über mehr als 12 km, die Uferstraße heißt *Thuy Van*. Zumal an Wochenenden ist hier viel los, und das Angebot an Hotels, Guesthouses, Liegestühlen, Getränken und Snacks lässt kaum zu wünschen übrig.

Praktische Informationen

- 160.000 Einw. Tel. 064.
- **Information.** *OSC*, 2 Le Loi, Tel. 852603, www.oscvn.com. *Vung Tau Tourist*, 29 Tran Hung Dao, Tel. 856446.
- **Geld.** *Vietcombank*, 27 Tran Hung Dao.
- **Taxi.** Tel. 565656, 851815.

Unterkunft

- **Binh An Village.** Bildschönes Boutique-Resort in Hügellage am Meer, eine Oase der Ruhe (an Wochenenden immer ausgebucht). Kein Strand, aber 2 Pools (Salz- und Süßwasser). 8 Villen (bis 4 Pers.) ab 250 $ ++, 6 DZ 85–95 $ ++ inkl. BF. 1 Tran Phu, Tel. 510016, www.binhanvillage.com.
- **Grand Hotel.** Nostalgischer Charme zwischen Kolonialismus und Realsozialismus. 66 aufgechicte Zimmer 60–85 $ ++. 2 Nguyen Du, Tel. 856888, www.grand.oscvn.com.
- **Dic Star.** Einer von vielen Hotelkästen am *Back Beach*, aber gut gelegen und ausgestattet, mit Pool, Tennis, Gym, Rooftop Bar etc. 88 Zimmer 75–88 $ inkl. BF. 169 Thuy Van, Tel. 585537, www.dicstarhotel.com.vn.
- **Son Thinh II.** Nicht weit vom Strand, mit Lift, Dachgarten und ordentlichen Zimmern für 12–20 $. 19 Thuy Van, Tel. 859288, Fax 524159.
- **Jonah** (Thien Nhien). Seit vielen Jahren *die* Backpacker-Adresse am Strand. 20 Zimmer 8–15 $. Vermietung von Fahr- und Motorrädern. 145A Thuy Van, Tel. 853481, tran trinh2001@yahoo.com

Essen und Trinken

- **Hoa Sua.** Schönes, lichtes Gartenambiente (viel Bambus & Grün), sehr gute nordvietnamesische Küche. 569/19A Nguyen An Ninh.
- **Hai San Song.** Sehr populäres, preisgünstiges Seafood-Resto mit Blick auf die Bucht. 3 Tran Phu, in Verlängerung der Quang Trung knapp 2 km nördlich der *Front Beach*.
- **Hoa Vien Bräuhaus.** Fassbier und deutsche Gerichte. 207 Le Hong Phong.
- **Wild Horse Saloon.** 4 Nguyen Trai.
- **Tommy's.** Australische Café-Bar von 9 Uhr bis spät. 128 Ha Long.
- **Beach Club.** Windsurfer-Hangout und Nightspot, 8 Thuy Van.

An- und Weiterreise

- **Entfernungen** (in km): Saigon 130, Ba Ria 10, Long Hai 25, Ho Coc 50, Con Dao 200.
- **Bus.** Von Saigon alle 15–30 Min. ab Ben Xe Van Thanh, Fahrzeit ca. 3 Std. Nach Saigon ab 46 Tran Hung Dao. Nach Long Hai u.a. ab Busbahnhof an der Nam Ky Khoi Nghia.
- **Boot.** Speedboote von *Greenlines* und *Vina Express* verkehren alle 2 Std., 8–10 $, Fahrzeit 75 Min. Saigon, 2 Ton Duc Thang. Vung Tau, 122 Ha Long.

- **Con Dao.** Alle 2–4 Tage **per Boot** ab 17 Uhr, an 6 Uhr, einfache Fahrt um 12 $. 1007/36 Duong 30/4 (30. April), Tel. 838684. 3x die Woche **per Helikopter,** 80 $ einfach, 150 $ hin und zurück. Tel. 848484 oder 856100. www.vasco.com.vn.

Long Hai

↗ XXIII/D1

(Long Hải)

Fischerort 25 km nordöstlich von Vung Tau mit kilometerlangem **Sandstrand;** in der „guten alten Zeit" zog man sich hierher zurück, wenn einem Cap St. Jacques alias Vung Tau zu überfüllt war. Im Sommer und an den Wochenenden sollte man Long Hai meiden, ansonsten ist es kein übler Platz. Speziell in punkto Gastronomie und „Nachtleben", aber auch bei den Unterkünften sollte man keine hohen Ansprüche stellen.

Unterkunft

- **Doan An Duong** (Military Guesthouse). Zweistöckiges Gebäude etwas außerhalb des Orts direkt am Strand. 90 Zimmer mit Fan, Bad und z.T. Balkon 8–10 $, mit AC 15–20 $. Tel. 868316.
- **Anoasis Beach Resort.** Exklusive Anlage (16 ha) mit Privatstrand 2 km nördl. Unter franz. Leitung. Hanglage, rundum Dünen. Pool, Tennis. 30 Bungalows (60 m²) mit Veranda und Meerblick ab 125 $ ++ inkl. BF. Tel. 868227. www.anoasisresort.com.vn.

Anreise und Weiterreise

- **Bus.** Bis *Ba Ria* oder *Vung Tau,* von dort per Xe Om (12 bzw. 25 km, 15–30.000 đ). Busse von/nach Saigon fahren sporadisch.

Ho Coc

↗ XXI/C2–3

(Hô Cốc)

Der noch recht ursprüngliche **Strand** von Ho Coc 40 km nordöstlich von Long Hai ist von dichten Wäldern und Pfefferplantagen umgeben. Hier waren bis Anfang der 1990er Jahre noch Elefanten heimisch, und noch heute kann man hin und wieder Affen begegnen. Man kann in einfachen Bungalows übernachten, die schöne Küstenlandschaft erforschen oder sich nur wenige km landeinwärts in die heißen Quellen von **Binh Chau** legen und sich tüchtig durchkneten lassen (Massage, Akupunktur, Kräutermedizin etc.).

Praktische Informationen

- **Anreise.** Zwischen Long Hai und Binh Chau hat die Straße Highway-Qualität, von dort 12 km bis Ho Coc. Weiterfahrt Richtung Phan Thiet/Mui Ne ist möglich (s. dort).
- **Tour.** Saigoner Tourcafés bieten hin und wieder Ho Coc an.
- **Unterkunft.** *Ho Coc Beach,* Bungalowanlage direkt am Strand, 17–20 $ inkl. BF, Bett 4 $. Tel. 878175. *Hang Duong,* Zimmer 8–10 $, Tel. 878145.
- **Binh Chau Hot Springs.** Schöne, gepflegte Anlage (Eintritt 15.000 đ) mit Pool, heißen Mineralbädern (37–40°, ab 60.000 đ für 2 Pers.) und weitläufigem Park.
- **Saigon Binh Chau Eco Resort.** Auf dem Gelände der Hot Springs. 116 Zimmer 47–67 $, Suiten & Villen bis 270 $ inkl. BF & Eintritt zu den Hot Springs. Tel. 871131. www.saigonbinhchauecoresort.com.

Con Dao

↗ XXIII/D3

(Côn Đảo)

Der Con-Dau-Archipel besteht aus 14 Kalkstein-Inseln 180–200 km südlich von Vung Tau. Die bis zu 500 m hohe, größtenteils bewaldete Hauptinsel **Con Son** ist 15 km lang, 1–3 km breit und umringt von malerischen Felsenbuchten, **Sandstränden** und **Korallenriffen.**

Schon im 16. Jh. hatten die Portugiesen den strategischen Wert der Inselgruppe erkannt und tauften sie nach dem malaiischen *Pulau Kundur*, Insel der Kürbisse, **Poulo Condore.** Anderen Quellen zufolge verdankt sie ihren Namen dem Weltenbummler *Marco Polo*, der 1294 auf dem Eiland Zuflucht vor einem Taifun gesucht haben soll. In der Folge stritten Franzosen und Briten um ihren Besitz, ehe die französischen Kolonisten Poulo Condore ab 1862 zu einer berühmt-berüchtigten **Gefängnisinsel** ausbauten.

Speziell nach 1940 saß hier fast die gesamte Führung des antikolonialen Widerstands ein, Nationalisten wie Kaisertreue, Kommunisten wie Trotzkisten oder progressive Bürgerliche, missliebige Buddhisten, Journalisten, Studenten und Gewerkschaftsführer. Die grauenvollen Zustände auf der KZ-ähnlichen Gefängnisinsel sorgten selbst in Frankreich mehrfach für Skandale; Misshandlungen, Folterungen und ominöse Todesfälle waren an der Tagesordnung. Nach dem Rückzug der Franzosen übernahmen Südvietnamesen und Amerikaner dankbar die Anlagen und „perfektionierten“ vor allem die berüchtigten **Tiger-Käfige** (deren originalgetreuen Nachbau man im Saigoner Kriegsmuseum studieren kann).

Der 1993 etablierte **Con Dao Nationalpark** nimmt annähernd zwei Drittel der spärlich bewohnten Inselfläche und umliegenden Gewässer ein. In den **Wäldern** des bergigen Eilands überlebten Baumarten, die auf dem Festland nur noch selten vorkommen, wo sie, wie Teak, Ebenholz und Eisenholz, jahrhundertelang als Baumaterial für Paläste, Pagoden und Gemeinschaftshäuser dienten. Die **Gewässer** werden von hunderten Fischarten sowie Delfinen bevölkert; zwischen April/Mai und September kriechen Seeschildkröten an Land und legen Eier. Die reichen Seegras-Vorkommen rund um das Eiland ernähren einige Herden gewaltiger, bis zu 3 m langer und 300 kg schwerer **Dugongs.** Die auch als *Seekühe* bekannten (genealogisch mit Walen und Elefanten! verwandten) Säugetiere wurden in alter Zeit oft fälschlich als Meerjungfrauen oder *Sirenen* identifiziert. Da sie sich zur Nahrungsaufnahme im Flachwasser aufhalten, sind die Chancen nicht schlecht, sie zu Gesicht zu bekommen. Seit 1995 sind Mitarbeiter des WWF vor Ort, um die Population der Dugongs und Seeschildkröten zu überwachen.

Die touristische Erschließung Con Daos steht erst bevor. Noch verschandeln weder Minihotels noch farbenfroher neovietnamesischer Rokoko den hübschen, schläfrigen Ort, aber das wird sich rasch ändern.

132vi Foto: kb

Die Tigerkäfige von Con Dao

Historische Baudenkmäler

Das **Phu Hai Gefängnis** ist das älteste und größte der Insel (insgesamt gab es nahezu ein Dutzend; eines bauten die Amerikaner noch kurz vor ihrem überstürzten Abmarsch aus Vietnam). Von den Franzosen bereits 1862 installiert, bietet es gewaltige Trakte für 100 und mehr Häftlinge, aber auch düstere Verliese für angekettete „Rädelsführer".

Die an den Decken offenen und vergitterten **Tiger-Käfige** im *Phu Thuong* Gefängnis, über die die Wärter auf langen Gängen spazieren und dabei die Häftlinge observieren konnten, wurden seit 1940 gebaut. Später ließen die Amerikaner einen neuen Gefängnistrakt rund um die *Cages* hochziehen, der sie quasi einmauerte und jedem Blick entzog; die Emissäre der internationalen Hilfsorganisationen, die man bereitwillig durch die Anlagen führte, waren entzückt, doch hinter den Fassaden ging das Grauen unvermindert fort.

Etwa 2000 der mehr als 22.000 politischen Gefangenen der Franzosen blieben für immer auf der Insel. Ihre zum Teil namenlosen Gräber liegen auf dem 3 km vom Ort entfernten **Hang Duong Friedhof,** darunter auch die von *Le Hong Phong* und der erst 19-jährigen „Märtyrerin" *Vo Thi Sau* (nach der zahlreiche Schulen und Straßen Vietnams benannt sind), die 1952 auf Con Dao exekutiert wurden.

Das **Revolutionsmuseum** erzählt von den Torturen der Widerständler anhand von Fotos und Dokumenten.

Strände und Inseln

Zwei Strände liegen unmittelbar am Ortsrand; am *An Hai*-Strand steht das Con Dao Resort, am *Lo Voi* tauchen in der Morgen- und Abenddämmerung hin und wieder Dugongs auf. Die schönsten Strände der Hauptinsel sind der *Dat Doc*, 3–4 km nordöstlich des Lo Voi sowie der am Flughafen gelegene *Dam Trau*. Ein gutes Revier zum Sonnenbaden und Schnorcheln findet man an der Felsküste 3 km nördlich des Hafens *Ben Dam*, 16 km vom Hauptort entfernt (Ende der Straße).

Einige der prachtvollsten Strände kann man auf den Nachbarinseln *Cau*, *Tre Lon* und *Bay Canh*, der zweitgrößten Insel des Archipels, finden; dort gehen auch die Schildkröten an Land.

Praktische Informationen

- 6000 Einw. Tel. 064.
- www.condao.com.vn.
- **Klima.** Regenzeit Juni–Sept. Okt./Nov. herrschen heftige Winde.
- **Geld.** Mit Bargeld eindecken (noch gibt es weder Banken noch ATMs).
- **Nationalpark.** Headquarter am Stadtrand, 29 Vo Thi Sau, Tel. 830150, vqgcdao@hcm.vnn.vn. Pfad bis zum *Ong Dung*-Strand an der Westseite der Insel (2 km).
- **Museum.** Außer So 8–11.30, 14–17 Uhr, 10.000 đ; beinhaltet den Zutritt zu den Gefängnissen Phu Hai und Phu Thuong.
- **Tauchen.** Nov.-Febr. ist die See oft rauh und aufgewühlt; beste Zeit ist März–Okt.
- **Rainbow Divers.** Tel. 630023. www.divevietnam.com.
- **Coco Divers.** Im Saigon Resort. www.cocodivecenter.com.

Unterkunft und Verpflegung

- **Six Senses Hideaway.** Ab April 2009. Noch einmal ein anderer Stil und eine andere Dimension. www.sixsenses.com/Six-Senses-Hideaway-Con-Dao/index.php.
- **Saigon Con Dao.** 32 Zimmer in einstöckigen Villen auf einem Gartengelände am Ortsrand, mit Meerblick, allerdings ohne Strand. Resto-Bar, Pool. 40, 50, 80 $ inkl. BF (Internet Rate). Tel. 830155, www.saigoncondao.com.
- **Con Dao Resort.** Am Strand am entgegengesetzten Ortsrand gelegen. Dreistöckiger Nutzbau mit 40 Balkonzimmern 35–42 $ (Seaview), 59 $ (Suite 4 Pers.) inkl. BF. Große, helle, aber kahle, einfache Zimmer. Resto und Pool. Tel. 830939, condaoresort@vol.vnn.vn.
- **ATC.** Weitläufige Anlage beim *Saigon Resort*, mit viel Grün, aber ohne Strand. 15 Zimmer in drei Gebäuden – hübsche, etwas beengte französische Villa, hölzerner Pfahlbau (mit Fan) oder Backsteinvilla – 30–40 $ inkl. BF. Dazu 9 Zimmer 20 $. Tel. 830666, www.condao.com.
- **Phi Yen.** Im Zentrum, gegenüber dem Hafen. 10 Zimmer, spartanisch, ohne Fenster (Licht fällt durch Milchglastüren ein), aber mit AC/WW 15, 17, 25 $ (4 Pers.). Tel. 830168, Fax 830253.
- **Bo Bien.** Garten-Resto mit schönem Meerblick unweit des *Con Dao Resort*.

An- und Weiterreise

- Eine Schnellbootverbindung mit Saigon (über Vung Tau, Fahrzeit 4–5 Std.) wurde 2007 eingestellt. Ab Vung Tau verkehren unregelmäßig alle paar Tage Nachtschiffe, die ca. 12–13 Std. benötigen (s. dort).
- **Flug.** Der *Con Son Airport* wurde 2004 erweitert, bis dahin konnten nur Hubschrauber die Insel anfliegen. Eingesetzt werden 60–70-sitzige ATRs.

Tgl. Saigon – Con Son – Saigon. Return Ticket 84 $, Flugzeit 55 Min. *Vasco*, Tel. 9052818, 0913881487, Fax 8445224, www.vasco.com.vn.

Dreimal die Woche per **Hubschrauber** ab Vung Tau. Flugzeit 1 Std., 80 $, Return 150 $. *Vasco*, Tel. 064 848484 oder 856100.

133vi Foto: kb

Das Mekong-Delta

135vi Foto: kb

134vi Foto: kb

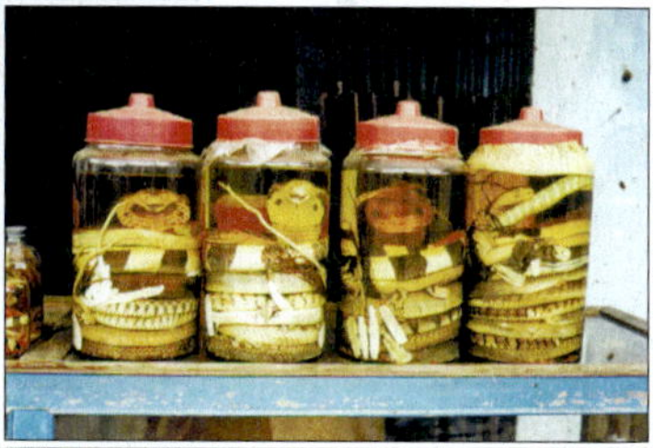

Gemischtwarenladen auf dem Land

Enten hüten ist auch ein Job

„Spezialitäten“

Überblick

Das topfebene Mekong-Delta ist seit je her ein Land der **Extreme.** Vietnamesen besiedelten die brachliegende Region erst gegen Mitte des 18. Jhs., zuvor zählte sie jahrhundertelang zum Machtbereich der **Khmer,** die die sumpfigen, fieberverseuchten Niederungen jedoch nie kultivierten. Im 19./20. Jh. gebar das Delta patriotische, zu allem entschlossene **Freiheitskämpfer** gegen Franzosen und Amerikaner, aber auch opportunistische religiöse **Sekten** und bis an die Zähne bewaffnete Geheimbünde *(Cao Dai, Hoa Hao).* Während der Jahre des Realsozialismus leisteten die Händler und Bauern des Deltas **passiven Widerstand** gegen die Kollektivierungen Hanois, heute zählen ihre Volkskomitees zu den treuesten und unkritischsten Anhängern des Status Quo.

Gut 1 Mio. Khmer – und eine erkleckliche Zahl *Cham* – bevölkern das Delta noch heute. In einigen kleineren, abgelegeneren Provinzen stellen sie bis zu einem Drittel und mehr der Bewohner. 1975 reklamierten die mit China verbündeten ultranationalistischen **Khmer Rouge** das Delta für sich und verübten brutale Grenzübergriffe gegen Vietnam, was zur vietnamesischen Invasion in Kambodscha (1979) und in der Folge zu Kriegsstreitigkeiten mit China führte.

Die südlichste Region Vietnams versorgt als **Reiskammer** des Landes seit dem 19. Jh. nicht nur den Süden, sondern auch die Zentralregion (Hue) und in Notzeiten selbst den Norden. Das durch jahrtausendelange Sedimentablagerungen des Mekong entstandene fruchtbare Schwemmland wächst noch heute zwischen 40 und 70 cm im Jahr. Obwohl die vietnamesischen Herrscher bereits um 1750 begannen, **Kanäle** anzulegen, um ganzjährige Navigation zu ermöglichen und Sümpfe trockenzulegen und zusätzliche Anbauflächen zu gewinnen, wurde das Delta im großen Maßstab erst im späten 19., frühen 20. Jh. von den Franzosen erschlossen. Mit Ausnahme der ausgedehnten **Mangrovensümpfe** um Ca Mau und in der Ebene der Reetgräser *(Plain of Reeds)* nahe der kambodschanischen Grenze steht heute nahezu die gesamte Landfläche unter Kultivierung.

Die ökonomisch wie ökologisch gefährliche **Reis-Monokultur,** die die Franzosen wie die Amerikaner jahrzehntelang nach Kräften gefördert hatten, weicht seit einiger Zeit einer vernünftigeren Vielfalt. Außer Cash Crops wie Soya, Mais, Erdnüsse, Zuckerrohr werden in immer größerem Maßstab Obst- und Gemüseplantagen sowie Fisch- und Shrimpsfarmen angelegt. Der unkontrollierte Einsatz von Chemie schädigt allerdings nicht nur die Umwelt, sondern in zunehmendem Maße auch die Menschen selbst.

Während der **Regenzeit** zwischen Mai und Oktober steigt der Mekong an und setzt weite Gebiete des Deltas unter Wasser. Dank des natürlichen Stau-Regulativs durch den tiefer gelegenen *Tonle-Sap-See* in Kambodscha – bei Hochwasser ändert der Mekong einfach seine Laufrichtung und fließt

Der Mekong

Der Mekong entspringt in den Bergen Tibets und fließt 4000 km durch China, Burma, Laos, Thailand und Kambodscha, ehe er Vietnam erreicht. Wegen der Zahl seiner Arme im Mündungsbereich nennen ihn die Vietnamesen ***Song Cuu Long,*** Fluss der Neun Drachen. Seine beiden, bereits in Kambodscha aufgesplitterten ***Hauptarme*** sind der ***Tien Giang*** oder Obere Mekong, der sich auf der Höhe von Vinh Long in 6 Nebenarme verzweigt, und der ***Hau Giang*** oder Untere Mekong (auch *Bassac* genannt), der über Long Xuyen und Can Tho dem Meer zufließt.

Mit rund 1300 Fischarten sowie zahllosen Reptilien- und Vogelarten zählt der Mekong zu den fünf ***artenreichsten Flüssen*** der Welt, fast vergleichbar mit dem Amazonas.

in den See zurück – kommt es jedoch so gut wie nie zu den verheerenden Flutkatastrophen, wie sie im Delta des Roten Flusses gang und gäbe sind. Die **jährliche Überflutung** wird im Gegenteil eher als Segen gesehen, da sie sowohl für fruchtbare Sedimente wie für die natürliche Entsalzung des Wassers sorgt. Erst seit jüngster Zeit treten massiv Probleme auf, die schon Ende der 1990er Jahre zu Todesopfern, Massenevakuierungen und Schäden in Milliardenhöhe führten. Durch die vermehrte Abholzung und Eindämmung in Kambodscha und die fortgesetzte Kanalisierung in Vietnam fließt der Mekong deutlich **schneller** als früher ins Meer ab, während zusätzliche Ost-West-Kanäle und nicht zuletzt das rasant gewachsene Straßennetz (befestigte und höhergelegte Schnellstraßen) den Abfluss der Wassermassen behindern.

Geschichte

Das Mekong-Delta ist geschichtlich die letzte Region des heutigen Vietnam, die von den Vietnamesen eingenommen und besiedelt wurde. Zwischen dem 1. und 6. Jh. Zentrum des untergegangenen Reichs **Fu Nan,** unterstand es mehr als tausend Jahre lang den verschiedenen Königreichen der **Khmer,** die über genügend eigene Anbauflächen verfügten und es daher weitgehend unbesiedelt ließen. Vietnamesen und chinesische Ming-Flüchtlinge begannen erst im 18. Jh., das Land nach und nach zu erschließen.

Keine 10 Jahre nach der Einnahme Saigons 1859 besetzten die Franzosen auch das Delta. Erst ihren Agronomen und Ingenieuren gelang es, weite Teile trockenzulegen, zu entsalzen und der Landwirtschaft im großen Maßstab nutzbar zu machen. Dank Plantagenwirtschaft und Großgrundbesitz stieg **Cochinchina** innerhalb weniger Jahrzehnte zu einem der größten Reis-Exporteure der Welt auf; da die Produktionsmittel selbst aber im Wesentlichen die gleichen blieben (nämlich billige vietnamesische Arbeitskraft), litten die enteigneten und landlosen Bauern Hunger. Kaum irgendwo war der **antikoloniale Widerstand,** obwohl politisch kaum organisiert, heftiger als im Delta. Kaum irgendwo flüchteten sich aber auch so viele Menschen in Mystik und Spiritismus (Sekten, Geheimbünde).

Unter den **Amerikanern** änderte sich wenig daran, außer dass korrupte Beamte, Offiziere und Geschäftemacher des Saigoner Regimes an die Stelle der Kolonisten traten. Militärische Kontrolle über das Delta erlangten die US-Streitkräfte zu keinem Zeitpunkt, noch gelang es ihnen je, das geheime Hauptquartier der Befreiungsfront in der Plain of Reeds aufzuspüren.

Nach der Aufhebung der Kollektivierung zählten die Bauern des Mekong-Delta zu den ersten Gewinnern der Wirtschaftsreformen von 1986. Heute, da die Landwirtschaft nicht mehr zu den Prioritäten des aufstrebenden Landes zählt, geht die Entwicklung längst wieder an ihnen vorbei, reüssieren lediglich die Städte und der innerstädtische Handel.

Klima

Das Klima ist ganzjährig tropisch und feuchtwarm. Die Regenzeit dauert von Ende Mai bis September/Oktober, Überschwemmungen können aber ggf. noch bis Ende November einen geregelten Verkehrsbetrieb erschweren. Beste Reisezeit ist zwischen Dezember und April.

Verkehr

Das **Straßennetz** ist in gutem bis sehr gutem Zustand, Regionalbusse steuern auch noch die letzten Winkel des Deltas an. Während der Obere Mekong bei Vinh Long bereits 2000 überbrückt wurde, wird an der weitaus schwierigeren Überbrückung des Unteren Mekong noch gearbeitet. An der **Fähre** bei **Can Tho** kommt es daher regelmäßig zu längeren Wartezeiten.

Die einst täglich verkehrenden **Expressboote** zwischen Saigon und Chau Doc wurden mangels Rentabilität eingestellt, es ist aber nicht auszuschließen, dass der Betrieb eines Tages wieder aufgenommen wird.

Ein Erlebnis der besonderen Art – die Entdeckung der Langsamkeit – sind Passagen auf **Frachtkähnen.** Da der überwiegende Teil des Lastentransports, leider eine aussterbende Spezies, sich allerdings längst auf die Straße verlagert hat, ist es heute nur noch mit sehr viel Geduld und einem gehörigen Maß an Improvisation möglich, eine solche Passage zu organisieren. Stunden über Stunden durch endlose, schnurgerade, von Hütten und Häuserreihen gesäumte Kanäle schippern – fantastisch!

Touren

Eine Tagestour von Saigon kann man sich fast sparen – ohne seine Kanäle, Wasserwege, Schwimmenden Märkte und Flussinseln ist das Delta nichts. Bootsfahrten aber sind zeitaufwendig. Wer eine Tour bucht sollte zumindest darauf achten, so wenig wie möglich mit dem Bus und so oft und so lange wie möglich mit dem Boot unterwegs zu sein. *Homestays* bei Farmern und Pflanzern bieten inzwischen selbst staatliche Stellen an (z.B. Vinh Long, Can Tho).

Empfehlenswerte Touren organisieren vor allem *Delta Adventure Tours*, *SinhBalo* und *Terraverde* (s. Saigon).

Entfernungen

- Von Saigon (in km): My Tho 70, Ben Tre 85, Vinh Long 130, Can Tho 170, Cao Lanh 170, Long Xuyen 190, Tra Vinh 205, Soc Trang 230, Rach Gia 250, Chau Doc 250, Ha Tien 340, Ca Mau 350, Phu Quoc 370.

My Tho

↗ XXIII/C1

(Mỹ Tho)

Weder als Ort noch als *Mekong*-Destination ein echtes Highlight (zu viele eilige Tagesgäste). Die Provinzhauptstadt, Ende des 17. Jhs. von chinesischen Ming-Flüchtlingen gegründet, war lange Hauptumschlagplatz für den Handel mit Kambodscha; die Eisenbahnlinie nach Saigon (1883) war die erste in ganz Indochina.

My Tho ist schachbrettartig nach französischem Muster angelegt. Zentrum sind der Markt und die beiden Uferstraßen *Trung Trac* am *Bao-Dinh*-Kanal und *30 Thang 4*, an denen die meisten Hotels und Restaurants liegen.

Sehenswertes

Chua Vinh Trang

Die älteste Pagode des Deltas wurde 1849 im traditionellen vietnamesischen Stil erbaut und verfügt über ein sehenswertes Pantheon von Buddhas und Bodhisattva, Schnitzarbeiten (Vögel, Fische, Drachen, Reiter) und Kalligrafien. Von außen ist der Chua durch Renovierungen allerdings derart verschandelt, dass er eher einem Lustschlösschen als einem religiösen Gebäude gleicht. 60 Nguyen Trung Truc, 1,5 km vom Zentrum.

Dong Tam Schlangenfarm

Gezüchtet werden Kobras und Pythons zu „traditionell" medizinischen Zwecken sprich zum Verzehr (u.a. auch im hauseigenen Resto). Ausgestellt werden außerdem Krokodile, Schildkröten, Bären, Affen. Ein Ärgernis!

10 km die 30/4 Straße stadtauswärts (Wegweiser). Tgl. 7–18 Uhr, 15.000 đ.

Praktische Informationen

- 160.000 Einw. Tel. 073.
- **Information.** *Tien Giang Tourist.* 8 30 Thang 4, Tel. 873184. Uneffektiv, gesalzene

Auf dem Mekong

136vi Foto: kb

Preise. Besser sind *Mekotours*, 61 30 Thang 4 (Hotel *Cong Doan*), Tel. 874324.

- **Geld.** *Agribank*, 31 Le Loi. ATM *Incombank*, Le Loi Ecke 30/4.

Bootstouren

- Ausflüge durch die Kanäle, zu Inseln wie *Con Phung* (Insel des Kokosnussmönchs), *Con Tan Long* oder *Thoi Son* (Fruchtfarmen) oder zum Floating Market von Cai Be (ca. 1 Std.) organisiert man sich am besten selbst. Es gibt haufenweise private Bootsanbieter, die Preise sind daher flexibel (ab 70.000 đ pro Boot pro Std.).

Unterkunft

- **Chuong Duong.** Staatliche Anlage, alle 27 Zimmer mit Flussblick, sicher die beste Wahl. 25–35 $ inkl. BF. 10 30 Thang 4, Tel. 870875, chuongduonghotel@hcm.vnn.vn.
- **Song Tien.** Relikt aus der US-Ära, anständig renoviert (Lift). 40 AC-Zimmer 10–13 $. Blick auf Fluss und Stadt. Fahrradvermietung. 101 Trung Trac, Tel. 872009, nhkssongtien01@yahoo.com.
- **Huong Duong.** Privatisiert, mit Lift und Dachgarten. Die Preise sind so bescheiden wie die 13 Zimmer: mit Fan 8 $, mit AC 10–14 $. 33 Trung Trac, Tel. 872011, huongduong2005@yahoo.com.

Essen und Trinken

- Eine Spezialität der Stadt ist *Hu tieu My Tho,* eine Glasnudelsuppe mit Schweinefleisch und getrockneten Shrimps, hervorragend z.B. im **Nam Son,** 32 Rach Gam.
- **Quan An Thu.** Gute *Nem* und *Banh Xeo.* 11 Trung Trac.
- **Xin Mai.** Spezialitäten sind Bittet, Beefsteak, und *Sup Cua,* Krebssuppe. 17 Rach Gam.
- **Song Tien.** Hinter dem gleichnamigen Hotel, mit Garten und reichhaltiger Karte. 1 Lanh Binh Can.

Anreise und Weiterreise

- **Entfernungen** (in km): Ben Tre 15, Vinh Long 65, Saigon 70, Can Tho 105, Chau Doc 180, Rach Gia 180, Ha Tien 270.
- **Bus.** Von/nach Saigon/Cholon, Vinh Long, Can Tho, Ca Mau, Chau Doc mehrmals tgl. Der Busbahnhof *(Ben Xe Khach Tien Giang)* liegt 3,5 km außerhalb an der *Ap Bac,* die innerhalb des Zentrums *Nguyen Trai* heißt.

Ben Tre

↗ XXIII/C1

(Bến Tre)

Die kleine Provinzhauptstadt, während des Vietnamkriegs in die Geschichte eingegangen als „die Stadt, die man vernichten musste, um sie zu retten“, wird nur alle Jubeljahre von Touristen angesteuert. Dies und seine üppige tropische Flora, sowie die schmalen, schattigen Kanäle und Pisten machen Ben Tre zu einem außergewöhnlichen Ausflugsziel. Bootstouren sind hier - noch - ganz besonders geruhsam und preisgünstig.

Die Provinz, eine sumpfige, aber fruchtbare Insel zwischen zwei Mündungsarmen des Mekong, ist eine der kleinsten Vietnams, hat aber die größte Anpflanzung von **Kokospalmen** (40.000 ha) im Land; pro Jahr werden über 200 Mio. Nüsse geerntet.

Insel des Kokosnussmönchs

Der 1990 verstorbene Begründer einer kleinen christlich-buddhistischen Sekte (der sich jahrelang angeblich nur von Kokosnüssen ernährte) baute während seiner 40jährigen Einsiedelei auf der *Phung*-Insel eine Art religiöses Disneyland auf, dessen Relikte man besichtigen kann (10.000 đ). Außerdem werden Kokosprodukte und Honig auf der Insel produziert.

My Hoa Vogelpark

Gegen 16 Uhr kehren hunderte Störche zu ihren Nistplätzen zurück und färben die Bäume weiß. Außerdem kann man Reiher, Fledermäuse und mit Glück auch Schlangen beobachten.

Praktische Informationen

- 50.000 Einw. Tel. 075.
- **Information.** *Ben Tre Tourist.* 65 Dong Khoi, Tel. 822393.
- **Revolutions-Museum.** In einer schönen alten Villa an der Uferstraße. Eintritt frei.
- **My Hoa Bird Sanctuary** *(San Chim Vam Ho).* 35 km, je nach Bootstyp 2–5 Std. hin und zurück. Eintritt 15.000 đ.

Unterkunft u. Verpflegung

- **Dong Khoi.** Am *Truc-Giang*-See. 35 AC-Zimmer 22–30 $. 16 Hai Ba Trung, Tel. 822501, Fax 822440.
- **Hung Vuong.** Nicht unsympathisch, mit großem Resto. Im alten Flügel 20 Zimmer z.T. mit Flussblick 10 $, im neuen 15–20 $. 166 Hung Vuong, Tel. 822408, Fax 810911.

- **Phuong Hoang.** Mini mit 10 Zimmern um 8–10 $. 28 Hai Ba Trung, Tel. 821385.
- **Floating Restaurant.** Außer von der Atmosphäre her nicht sonderlich attraktiv.
- **Truc Giang.** 26 Le Dai Hanh. Gut und billig.
- **Nam Son.** Gute Bierstube, ordentliches Essen. 40 Phan Ngoc Tong, am Markt.

Anreise

- **Per Autofähre** ab My Tho. Abfahrt an der *Ben Pha Rach Mieu* 1,5 km außerhalb in Verlängerung der 30 Thang 4. Alle 20 Min., Busse und Xe Om besorgen den Transport nach Ben Tre (11 km). 2 km hinter der Fähre wird eine **Brücke** Ben Tre Ende 2008 an das Straßennetz anschließen.
- **Vinh Long.** Schöne Passage durch Palmenhaine, Frucht- und Blumengärten; per *Xe Om* und 2 Fährbooten um 150.000 đ.

Vinh Long

↗ XXIII/C1

(Vĩnh Long)

Bei Vinh Long fächert sich der *Tien Giang* (Obere Mekong) in eine Vielzahl von Mündungsarmen auf. Das Resultat sind viele kleine, fruchtbare, bezaubernde **Inseln,** die von Blumengärten und prallen Obsthainen voller Mangos, Rambutans, Longans, Pflaumen, Mandarinen, Pomelos und Jackfruits nur so überquellen. Der Markt zählt zu den bestsortierten des Deltas; allein an Mangos hat man während der Hauptsaison (März bis Juni) die Wahl zwischen über 10 Sorten.

Der einzige Literaturtempel des Südens, **Van Thanh Mieu,** wurde 1864 erbaut und liegt stadtauswärts an der Tran Phu nahe dem Co Chien Fluss. Was auf dem Weg dorthin wie überdimensionale Wespennester aussieht, sind *Ziegelfabriken.*

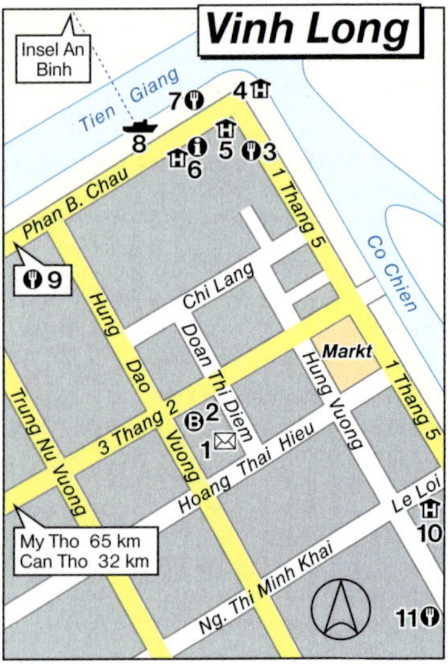

1 Post
2 Busbahnhof (lokal)
3 Nem Nuong
4 Cuu Long
5 Van Tram
6 Cuu Long A u. Cuu Long Tourist
7 Phuong Thuy
8 Fähre + Bootsanleger
9 Floating Restaurant
10 Nam Phuong
11 Lan Que

Einen Ausflug wert sind die **Khmer-Pagoden** bei Tra Vinh (s.u.).

An Binh

Von der Flusspromenade kann man mit der Fähre nach An Binh übersetzen, Spaziergänge durch die Dörfer und Gärten der Insel unternehmen und Früchte praktisch vom Baum pflücken (natürlich nicht, ohne hinterher zu zahlen).

Die Touristenorganisation der Provinz vermittelte früher als alle anderen im Delta **Homestays** (Privatunterkünfte). Dementsprechend hoch ist sowohl ihr Standard wie auch die Akzeptanz bei der Bevölkerung.

Cai Be Floating Market

Die Fahrt flussabwärts zu dem Schwimmenden Markt, einem der größten des Deltas, dauert etwa eine Stunde (auch von Can Tho aus zu erreichen). Hübsche französische Kirche (1935) bei *Anh Binh*, Bonsai-Gärten, Ziegeleien.

Praktische Informationen

- 100.000 Einw. Tel. 070
- **Information.** *Cuu Long Tourist.* Für Delta-Verhältnisse ungewöhnlich kooperativ, aber teuer. Bootstouren, Fahrrad- und Motorradverleih, Vermittlung von Homestays. 1 Duong 1/5, Tel. 823616, www.cuulongtourist.com. *Mekong Travel.* 8 Duong 1/5, Tel. 836252, www.mekongtravel.net.
- **Geld.** *Agribank*, 22 Duong 3/2. ATM beim Hotel *Cuu Long.*
- **Bootstouren.** Das staatliche Monopol sorgt für relativ hohe Preise (20–30 $ für 2–3 Std.), lässt aber Raum für private Bootsleute, die die offiziellen Tarife unterbieten.

Unterkunft

- **Cuu Long.** Einst das beste Hotel im Delta. Die 9 Zimmer (7–12 $) im heruntergekommenen Fluss-Flügel sind kaum noch akzeptabel, im Neubau gegenüber 32 Zimmer 32–35 $ inkl. BF. 1 Duong 1/5, Tel. 823658, cuulonghotelvl@hcm.vnn.vn.
- **Nam Phuong.** Neubau mit 48 Zimmern 12–16 $ inkl. BF. 11 Le Loi, Tel. 822226, namphuonghotel_pro@yahoo.com.
- **Van Tram.** 5-Zimmer-Pension 12–16 $. Nicht übel, aber man zahlt für den Flussblick mit. 4 Duong 1/5, Tel. 823820.
- **Homestay.** Privatunterkünfte auf der Flussinsel *An Binh* werden immer beliebter. Zum Teil in schönen alten Häusern, einfach (KW), aber Delta hautnah und manchmal auch mit „Cooking Classses", d.h. man hilft bei der Zubereitung des Abendessens. Über *Cuu Long Tourist* (p.P. rund 20 $ inkl. Dinner und BF plus Bootsüberfahrt), deutlich günstiger z.B. bei *Delta Adventure Tours* (s. Saigon).

Essen und Trinken

- **Phuong Thuy.** Ordentliches Essen mit Flussblick, gegenüber dem Cuu-Long-Hotel.
- **Nem Nuong.** Zwei einladende, saubere *Nem*-Stuben, 10 und 12 Duong 1/5.
- **Lan Que.** Einfache, aber gute Kost, viele „Spezialitäten". 2 Duong 2/9.
- An der Promenade laden zahlreiche **Cafés** zum Verweilen ein.

An- und Weiterreise

- **Entfernungen** (in km): Saigon 130, My Tho 70, Ben Tre 50, Can Tho 35, Tra Vinh 65, Sa Dec 25.
- **Bus.** Der Busbahnhof *(Ben Xe Cuu Long)* liegt 4 km westlich Tra Vinh. Von/nach Saigon jede Stunde nach Can Tho fährt Stadtbus *(xe buyt)* 23; bis zur Eröffnung der Mekong-Brücke bei Can Tho muss man Wartezeit an der Fähre einrechnen.
- **Regionalbusse** verkehren vor allem am Morgen nach Tra Vinh, Sa Dec, My Tho, Long Xuyen, Rach Gia.

Tra Vinh

↗ XXIII/C2

(Trà Vinh)

Das sympathische Städtchen ist von Vinh Long in weniger als 2 Stunden erreichbar. In der Region leben rund 300.000 Khmer, zumeist Anhänger des Hinayana-Buddhismus, die ungebrochen an ihren Traditionen festhalten. Hauptattraktion sind die **Khmer-Pagoden** 4 km vor der Stadt.

Im Ort ein hübscher chinesischer Tempel. Der **Chua Ong** wurde 1556 gegründet, aber mehrfach umgebaut. Man beachte die Bemalung der Türflügel und Holzsäulen und die Keramiken am Haupttor, die Szenen aus dem Hofleben schildern. Der Tugendwächter und Glückbringer Ong Bon wird am Hauptaltar verehrt, neben ihm *Quan Am*, die Göttin der Barmherzigkeit.

Sehenswertes

Chua Sam Rong Ek

Die Pagode, von den Vietnamesen auch *Chua Kho Me* genannt, reicht in ihren Ursprüngen mehr als tausend Jahre zurück und wurde von den hier siedelnden **Khmer** (Kho Me) mehrfach umgebaut. Der Chua unterscheidet sich deutlich vom vietnamesischen Stil. Die Dachform erinnert an einen thailändischen Wat, die Schriftzeichen sind in Pali, der heiligen Sprache des Buddhismus. Ausschließlich der „Erleuchtete" in seinen verschiedenen Erscheinungsformen wird hier verehrt. Stützfiguren, mythologische Fabelwesen, halb Mensch, halb Vogel. Das strenge, ja asketische Interieur, das ganz der Lehre des Hinayana entspricht.

Die vergoldeten **Deckenschnitzereien** auf purpurnem Grund und das in Handarbeit aufgetragene Golddekor der Holzsäulen bilden einen prächtigen Rahmen für die Schar Hunderter goldener Buddhafiguren, die sich um

Auf dem Mekong bei Vinh Long

137vi Foto: kb

den Altar gruppieren. So manche kunstvolle Holzfigur freilich steht neben einem billigen Zementguss.

Chua An

Vom Chua Sam Rong Ek kommt man nach 2 km zur An-Pagode und dem verträumten **Ao Ba Om,** einem „Heiligen See" der Khmer, dessen Ufer von schattigen Baumalleen mit skurrilen Wurzeln gesäumt sind.

Die bunten **Wandmalereien** illustrieren Szenen aus früheren Existenzen Buddhas. Bei einer Renovierung 1939 wurden Episoden aus der jüngsten Vergangenheit hinzugefügt, deutlich erkennbar an allgegenwärtigen französischen Uniformen und Fahnen.

Während des Neujahrfestes der Khmer am 14. Tag des 4. Mondmonats und des *Sen-Daunta*-Festes zum Gedenken der Ahnen am 29. Tag des 8. Mondmonats sind beide Pagoden Mittelpunkt bunter Prozessionen und Festivitäten.

Praktische Informationen

- 30.000 Einw. Tel. 074.
- **Information.** *Tra Vinh Tourist*, 64 Le Loi, Tel. 858768, Mr. *Nanh* Tel. 0919196099.
- **Unterkunft.** *Cuu Long*. Sehr ordentliche 42 Zimmer 17–24 $. 999 Nguyen Thi Minh Khai, Tel. 862615, cuulonghoteltravinh@hcm.vnn.vn. *Hoan My*. Neubau mit Lift und 18 Zimmern 10 (ohne Fenster), 16 (Balkon), 21 $. 105A Nguyen Thi Minh Khai, Tel. 862211. *Van Thanh*. Günstig und zentral am Markt; 10 Zimmer, eher klein, aber sauber 10–12 $. 151 Le Loi, Tel. 858133. *Phuong Dong*. Mit Fan 6, mit AC 9 $. 1A Phan Dinh Phung, Tel. 865486.
- **Essen & Trinken.** Das Openair-Resto des *Cuu Long* ist das mit Abstand beste weit und breit.
- **Anreise.** Per Bus von Vinh Long. Wer nur die Pagoden besichtigen will, kann bei dem Dorf *Nguyet Hoa* 4 km vor Tra Vinh aussteigen und für den Rückweg einen Bus Richtung Vinh Long anhalten.

Sa Dec

↗ XXIII/C1

(Sa Đéc)

An einem Nebenfluss des *Tien Giang* gelegen war der kleine gemütliche Ort Schauplatz des autobiografischen Romans *L'Amant* von **Marguerite Duras,** die als Tochter der örtlichen Schulleiterin hier einen Großteil ihrer Jugend verbrachte. Fast alle Szenen des Films von *Jean-Jacques Annaud*, die in Sa Dec spielen, wurden vor Ort gedreht, sodass sowohl Freunde des Romans/ Films wie **sinofranzösischer Kolonialarchitektur** auf ihre Kosten kommen. Die *Schule* (1902), an der Madame Donnadieu in den 1930er Jahren unterrichtete, steht ebenso noch (Hung Vuong, nahe Sa-Dec-Hotel) wie das *Maison Bleue* ihres Liebhabers, dem Sohn eines chinesischen Mandarins (255 Nguyen Hue, heute gelb statt blau); gedreht wurde in dem Haus 196A Tran Van Voi. Besuchenswert auch das Mandarin-Haus *Kien An Cung* (1916, zeitweise auch Pagode und Gefängnis, Ecke Tran Hung Dao/Phan Boi Chau) und die *Phuoc-Hung*-Pagode (1838).

Schon zur Kolonialzeit als „Garten Cochinchinas" gerühmt, ist Sa Dec auch für seine herrlichen **Blumengärten** bekannt. Unbedingt anschauen sollte man den von Mr. Tu Ton *(Vuon*

138vi Foto: kb

Reisbäuerin

Hoa Tu Ton), dessen Rosen, Orchideen und kunstvolle Bonsais Schlager auf den Blumenmärkten von Saigon und Can Tho sind (3 km nördl. am Westufer des Sa-Dec-Flusses, zu Fuß oder per Xe Om).

Praktische Informationen

- 25.000 Einw. Tel. 067.
- **Unterkunft.** *Bong Hong.* 35 Zimmer mit Fan 8–10, AC 15–25 $. 80 Quoc Lo, Tel. 868287. *Sa Dec.* 40 Zimmer 8–15 $, Suite 18 $. 108/5A Hung Vuong, Tel. 861430. *Nguyen Phong.* 12 Zimmer 6–8 $. 10 Tran Hung Dao.
- **Essen und Trinken.** *Thuy,* 439 Hung Vuong. *Cay Sung,* 437 Hung Vuong.
- **An- und Weiterreise.** 23 km westlich von Vinh Long, auf dem Weg nach Long Xuyen.

Cao Lanh

↗ XXIII/C1

Protzige, völlig uninteressante Retortenstadt, aber als Kapitale der Provinz *Dong Thap* Ausgangspunkt für **Ausflüge** zu den schönsten und ursprünglichsten Landschaftsreservaten und Naturparks des Deltas, die durch ein labyrinthartiges Gewirr von Kanälen, Flüssen und Seen zumeist nur per Boot erkundet werden können.

Die dünnbesiedelte und oft von Überschwemmungen heimgesuchte Provinz beiderseits des Tien Giang ist die Heimat der sagenumwobenen **Plain of Reeds** *(Dong Thap Muoi).* Die sich bis zur kambodschanischen Grenze erstreckenden Sümpfe und Mangrovenwälder der Ebene der Reetgräser (1 Mio. ha) boten Widerstandskämpfern bereits zur Zeit der französischen Kolonisation idealen Unterschlupf. Im amerikanischen Krieg versuchte man die Aktivitäten der Partisanen vergeblich durch den geballten Einsatz von Napalm und chemischen Kampfstoffen zu stoppen; mehr als 15 Jahre lang befand sich hier die geheime Kommandozentrale der Befreiungsfront.

Sehenswertes

Storchenpark Thap Muoi

Die Störche leben das ganze Jahr über in den Mangroven und Bambushainen des 2 ha großen Parks und sind einfach aufzuspüren. Morgen- und Abenddämmerung sind die besten Zeiten für einen Besuch. 35 km nordöstlich, nur per Boot erreichbar (s.u.).

My An Vogelpark

Riesige Populationen vor allem von Störchen und Ibissen bevölkern den Park. Unvergesslich, wenn sich der Himmel am frühen Morgen oder späten Nachmittag verdunkelt und Tausende, ja Zehntausende Vögel auffliegen oder zu ihren Nestern in den Bambushainen, Eukalyptus- und Mangobäumen zurückkehren. 45 km nordöstlich, nur per Boot erreichbar (s.u.).

Rung Tam Forest

Die letzte ursprüngliche Waldfläche des Mekong-Delta voller Sümpfe, Lianen und Baumriesen. Hier lebten die Führer der Befreiungsfront teilweise 10 oder 15 Jahre lang in kleinen Schilfhütten und unterirdischen Tunneln. Das Camp *Xeo Quyt* ist teilweise erhalten, teilweise rekonstruiert. 20 km nordöstlich, per Boot, streckenweise aber auch per Fahrzeug erreichbar.

Tam Nong Vogelreservat

Der 7500 ha große Park beherbergt mehr als 200 Vogelarten, darunter die überaus seltenen, fast mannsgroßen **Sarus-Kraniche** (bis 1,50 m), die nach dem Krieg bereits als ausgestorben galten, ehe man 1989 überraschend wieder einige Exemplare sichtete. Heute leben hier einige Hundert der stolzen weißen Vögel mit der einprägsamen, den Kopf überziehenden roten Halskrause. In der vietnamesischen Mythologie stehen sie für Stärke, Treue und langes Leben, Kranich-Statuen zieren zahlreiche Pagoden. Während des Höhepunkts der Regenzeit und der Überschwemmungen (Juli–Nov.) halten sie sich gewöhnlich in Kambodscha auf.

• 45 km nordwestlich (s. *Praktische Informationen*).

Praktische Informationen

• 50.000 Einw. Tel. 067.

• **Information.** *Dong Thap Tourist*, 2 Doc Binh Kieu, Tel. 855638, Fax 855637, dothatour@hcm.vnn.vn. Vergleichsweise effektiv wie preisgünstig. Halbtagestouren per Boot kosten um 5 $ (5 Pers.) bzw. 20 $ (großes Boot, 15 Pers.).

• **Unterkunft.** *Hoa Binh.* 40 Zimmer 18–25 $. Sat-TV, Biergarten. N 30, am Fluss. Tel. 851469, Fax 851218. *Song Tra.* 50 Zimmer 15–20 $. 178 Nguyen Hue, Tel. 852504, Fax 852623. *Thien An.* 23 Zimmer 10–12 $. N 30. Tel. 853041. *Binh Minh.* 15 Zimmer 5–8 $. 147 Hung Vuong, Tel. 853423. *Cao Lanh.* 16 Zimmer 4–6 $. 72 Nguyen Hue, Tel. 851061.

• **Essen und Trinken.** Eine Spezialität der Stadt sind Reisfeld-Ratten und Schlangen. *Ngoc Lan.* 208 Nguyen Hue. *A Chau* 105B Ly Thuong Kiet. Gute *banh xeo* und *lau*.

• **Tam Nong Park** *(Tram Chim Tam Nong).* Da die Kraniche nur in der Morgen- und Abenddämmerung zu sehen sind, ist einige Leidensfähigkeit vonnöten. Mitten in der Nacht aufstehen, mit dem Auto nach Tam Nong (45 km) und von dort etwa 1 Std. mit dem Boot fahren (15 $/Std.). Oder am späten Abend retour. Oder in Tam Nong übernachten (Hardcore-Schlafstätte mit Fan, Glühbirne und Insekten 10 $).

• **Entfernungen** (in km): Saigon 170, Can Tho 45, Sa Dec 35, Long Xuyen 25.

Can Tho

↗ XXIII/C2

(Cần Thơ)

Die mit Abstand **größte Stadt des Deltas** und sein wichtigstes kommerzielles Zentrum, mitten im Herzen des Deltas am rechten Ufer des *Hau Giang*, des Unteren Mekong gelegen. Can Tho verfügt über eine Universität (seit 1966) und eine renommierte Hochschule für Reis- und Agrarforschung und steht seit 2004 unter Eigenverwaltung (Stadtstaat).

Ein lebendiger und dynamischer Ort ohne herausragende „Sehenswürdigkeiten", aber von angenehmem und nahezu großstädtischem Flair.

Die **Ninh-Kieu-Promenade** entlang der Uferstraße Hai Ba Trung (zahlreiche Restaurants und Cafés) hat sich zu einer lebhaften Flaniermeile entwickelt. Der **Markt** wurde in den südlichen Teil der Hai Ba Trung verlagert.

Sehenswertes

Stadtmuseum

Dokumente und Exponate zur Geschichte der Stadt von der hinduistischen Fu Nan-Periode (Oc Eo) über die französische Kolonisation bis zur US-Ära, während der Can Tho zur Großstadt wuchs. Integriert ist das ehemalige Ho-Chi-Minh-Museum.

• *Bao Tang Tinh Can Tho.* Di, Do, Fr 8–11, 14–17, Sa/So 8–11, 18.30–21 Uhr. Eintritt frei. 1 Hoa Binh.

Chua Muniransay

Der Chua der kleinen Khmer-Gemeinde Can Thos mit etwa 3000 Gläubigen ist schon äußerlich durch eine steile drachengesäumte Treppe deutlich von einem vietnamesischen Chua unterschieden. Die Ausstattung des Gebetsraumes beschränkt sich auf das Nötigste; eine Statue des historischen Buddha Thich Ca und Schriftzeichen in Pali, der heiligen Sprache des Hinayana, bilden den einzigen Schmuck. In der 1946 errichteten Anlage leben 8 Mönche. 36 Hoa Binh.

Gefängnis

Das *Prison Provincial* der 1930er Jahre ist eines der wenigen noch erhaltenen französischen Gebäude der Stadt. Außer Sa/So 7–11, 13–17 Uhr, Eintritt frei. 8 Ngo Gia Tu.

Cai Rang

Einer der größten **Schwimmenden Märkte** des Deltas ist nur 6 km vom Zentrum Can Thos entfernt. Hauptbetrieb ist bis gegen 9 Uhr, nach 12 löst sich das Treiben auf dem Fluss allmählich auf. Per Boot oder Xe Om. Rund 20 km weiter erreicht man den Schwimmenden Markt von **Phong Dien,** kleiner, aber ursprünglicher und weniger überlaufen.

Phung Hiep

Bis vor wenigen Jahren der mit Abstand größte Floating Market. Das wachsende Straßennetz hat ihm etwas das Wasser abgegraben, der florierende Schlangenmarkt wurde 1998 aufgelöst. Vorteil: von Touristenbooten kaum noch angelaufen. An einem Schnittpunkt zahlreicher Wasserwege 35 km südöstlich, Anreise per Boot

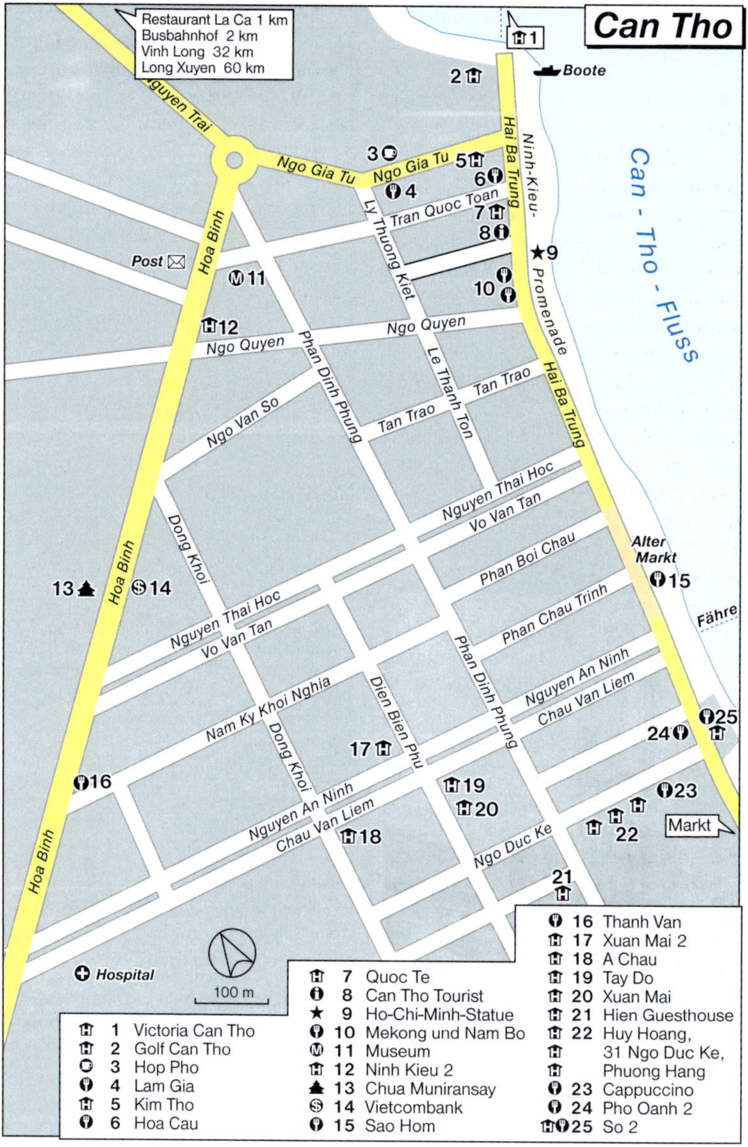
Can Tho
Restaurant La Ca 1 km
Busbahnhof 2 km
Vinh Long 32 km
Long Xuyen 60 km
Boote
Can - Tho - Fluss
Nguyen Trai
Ngo Gia Tu
Hai Ba Trung
Ninh-Kieu-Promenade
Ly Thuong Kiet
Tran Quoc Toan
Hoa Binh
Post
Ngo Quyen
Phan Dinh Phung
Le Thanh Ton
Tan Trao
Ngo Van So
Dong Khoi
Nguyen Thai Hoc
Vo Van Tan
Phan Boi Chau
Phan Chau Trinh
Alter Markt
Fähre
Nguyen An Ninh
Chau Van Liem
Nam Ky Khoi Nghia
Dien Bien Phu
Ngo Duc Ke
Markt
Hospital
100 m
1 Victoria Can Tho
2 Golf Can Tho
3 Hop Pho
4 Lam Gia
5 Kim Tho
6 Hoa Cau
7 Quoc Te
8 Can Tho Tourist
9 Ho-Chi-Minh-Statue
10 Mekong und Nam Bo
11 Museum
12 Ninh Kieu 2
13 Chua Muniransay
14 Vietcombank
15 Sao Hom
16 Thanh Van
17 Xuan Mai 2
18 A Chau
19 Tay Do
20 Xuan Mai
21 Hien Guesthouse
22 Huy Hoang, 31 Ngo Duc Ke, Phuong Hang
23 Cappuccino
24 Pho Oanh 2
25 So 2

(hin und zurück ca. 5 Std.) oder Bus (Richtung Soc Trang).

Ancient House

Das *Nha Co Vuon Lan* ist ein um 1870 errichtetes Herrenhaus eines Mandarin mitten im kleinen Ort Binh Thuy (6 km Richtung Long Xuyen). Es ist nach traditionellem Muster erbaut: Tor, Garten, großer Hof, Vorzimmer zum Empfang der Gäste, private Räume mit Ahnenaltar. Interessant ist die Kombination von westlichen (französisches Lavabo, Lampen) und vietnamesischen Stilelementen. Das Haus kann besichtigt werden, Herr *Minh*, Besitzer in der 5. Generation, macht selbst die Führung. Eintritt 5000 đ. – Direkt an der Brücke ein schöner alter **Dinh,** dessen Ursprung bis 1852 zurückreicht. (Auch per Bus 58, 83 erreichbar.) Rund 20 km weiter, kurz hinter dem Weiler *Thot Not-Thoi Thuan,* lohnt ein Abstecher zu einem **Storchenpark** *(Vuon Co)* nur 1 km abseits der Hauptstraße. In dem Bambuswäldchen sind die Vögel praktisch zu jeder Tageszeit zu beobachten. Schöner Spaziergang entlang eines kleinen Kanals oder per Xe Om. Eintritt frei.

Ho Chi Minh wird renoviert

139vi Foto: kb

Praktische Informationen

- 280.000 Einw. Tel. 0710.
- **Information.** *Can Tho Tourist.* Touren, Bootstrips, Flug- und Zugtickets, Geldwechsel, Homestays. 20 Hai Ba Trung, Tel. 821 852. www.canthotourist. com.vn.
- **Geld.** *Vietcombank* mit ATM, 7 Hoa Binh.
- **Post.** Hoa Binh Ecke Ngo Quyen.
- **Internet.** 36 Hai Ba Trung (sehr gut!). 9 Chau Van Liem.
- **Taxi.** Tel. 8222666.
- **Fahrradverleih.** Hotel *Quoc Te.* Mountainbikes made in China 40.000 đ/Tag.
- **Markt.** *Cho Tan An,* Hai Ba Trung, rund 400 m südwestlich des luxussanierten alten Kolonialmarkts.
- **Supermarkt.** *Coop Mart,* Hoa Binh Ecke Ngo Van So.

Bootstouren

- Motorboote (2–6 Pers.) können am Kai für 50–60.000 đ die Stunde angemietet werden. Zum Floating Market *Cai Rang* (noch im Stadtbezirk) fährt man 30 Min., von/nach Phong Dien 2 und von/nach Phung Hiep ca. 5 Std. Alternative ist Hin- oder Rückfahrt per Bus oder Xe Om. Boote und Touren können auch über *Can Tho Tourist* relativ günstig gebucht werden (Fixpreise).
- **Bassac.** Empfehlenswert sind ein- oder mehrtägige Kreuzfahrten mit der französi-

schen Dschunke *Bassac* (6 Kabinen, www.transmekong.com). Mit seinem Boot *Mystic* veranstaltet Eigner Benoît tgl. dreistündige Sunset- und Sunrise-Cruises (mit Büffet-BF); Info in den Restos *Nam Bo* und *Sao Hom*.

Unterkunft

First Class

● **Victoria Can Tho.** 1998 das erste ausländische Hotel im Delta. Zweistöckige, im Kolonialstil erbaute Anlage mit zentralem Swimmingpool und Blick auf den Mekong. Uneingeschränkt zu empfehlen. Spa, Shuttle-Bus zur City, Fahrradverleih, Touren. 92 Zimmer, im Internet 150, 165, 220 (Suite) $, jeweils ++ inkl. BF. Tel. 810111. www.victoriahotels-asia.com.

Economy

● **Golf Can Tho.** Ein *Hochhaus* am breiten Mekong ist eigentlich ein Widerspruch in sich; aber dafür ist die Aussicht superb. Gutes Mittelklassehotel, ansprechend eingerichtet. Lift, Pool im 1., Dachterrasse im 10. Stock. 107 Zimmer je nach Stockwerk 80–95 $ (Aufpreis Flussblick 5–10 $), Deluxe 100 $ inkl. BF. 2 Hai Ba Trung, Tel. 812210, www.golfhotel.vnn.vn.

● **Ninh Kieu 2.** Im Retro-Stil erbautes neues Haus, sehr ordentlich, leider ohne Flussblick. 108 gut ausgestattete Zimmer 35 (Standard ohne Fenster), 50, 85 $ inkl. BF. 3 Hoa Binh, Tel. 252414, www.ninhkieuhotel.com.

● **Kim Tho.** Noch ein Newcomer, sehr vietnamesisch, trotzdem leicht, ja beinahe pfiffig. 50 Zimmer, 40, 50, 60 (Riverview), Deluxe 80 $ inkl. BF. 1A Ngo Gia Tu, Tel. 222228, www.kimtho.com.

Budget

● **Quoc Te** (International). Urgestein aus der US-Ära. Das einstige Prachthotel sieht mittlerweile ganz schön alt aus. Hinten Sozialismus, vorne immerhin Ikea. 40 Zimmer 19–22 $ (hinten), 26–28 $ (mit Flussblick und z.T. Balkon) inkl. BF. 12 Hai Ba Trung, Tel. 822080, www.canthotourist.com.vn.

● **So 2** (No.2). Gar nicht mal so lapidar wie der Name. Mit Lift, neue, helle Möblierung, schöne Resto-Terrasse am Fluss. 26 Zimmer 20 oder 28 $ (mit Balkon zum Fluss) inkl. BF. 5 Hai Ba Trung, Tel. 811619, nkso02hotel@hcm.vnn.vn.

● **A Chau** und **Tay Do.** Zwei funktionelle, saubere Hotels mit hellen, geräumigen Zimmern. Ab 25 $ inkl. BF. 91 Chau Van Liem, Tel. 812800, asiahotel@hcm.vnn.vn. – 61 Chau Van Liem, Tel. 827009, www.taydohotel.com.vn.

Low Budget

● **Xuan Mai 2,** 25 Zimmer auf 7 Etagen mit Lift 12 $ (Fan, z.T. ohne Fenster, nach hinten mit kleinem Balkon), 16 $ (AC, nach vorne auch als Triple). 94 Nguyen An Ninh. Tel. 815217, xuanmaihotel1794@yahoo.com. Das **Xuan Mai 1,** 17 Dien Bien Phu, wird total neu gebaut (48 Zimmer ab 12 $, Dachrestaurant) und noch 2008 eröffnet.

● **Huy Hoang.** Frisch und hell nach großer (notwendiger) Renovierung der 30 Zimmer. Die Räume mit großem Deckenventilator im 3. Stock (8 $, 4er 12 $) sind sauber und luftig, mit AC zahlt man 2–4 $ mehr. 35 Ngo Duc Ke. Tel. 825833.

● **31 Ngo Duc Ke.** Gleich daneben, mit einem guten, auch von Einheimischen besuchten Resto. 20 Zimmer mit Fan 6 $, mit AC/WW 10–15 $. Tel. 825287.

● **Phuong Hang.** 12 Zimmer mit Fan 5 (ohne Fenster) und 6,50 $, mit AC 10 $. 41 Ngo Duc Ke, Tel. 814978.

● **Hien Guesthouse 2.** Beliebter Backpacker-Hangout; man spricht Englisch. Kleine Zimmer, z.T. Balkon, aber nur Waschbecken, Dusche und WC extra. 10 Zimmer mit Fan 6 $, mit AC 10–12 $. Fahrradvermietung. 106/3 Phan Dinh Phung, Tel. 09139 73320.

Essen und Trinken

● **Hoa Cau.** Angenehmes Gartenresto mit aufmerksamem Service und sehr guten, preisgünstigen Gerichten. Eine Delikatesse sind die mit Pfeffer gedünsteten Schnecken. Erfreulich! 4 Hai Ba Trung.

● **Nam Bo.** Nostalgische Kolonialatmosphäre, Speiseraum mit offener Veranda im ersten Stock. Das Essen ist gut, aber sehr verwestlicht. 9–23 Uhr, Gerichte um 40–80.000 đ, auch Menüs. 50 Hai Ba Trung.

- **Sao Hom.** Die zweite Restaurant-Bar des umtriebigen Benoît, in der ehemaligen Markthalle (1913) mit hübscher Terrasse am Mekong. Große Auswahl an einheimischen und europäischen Gerichten, 3 vietnamesische Menüs (um 7 $) und ein kleines Schlangenmenü. Weine und Cocktails.
- **Mekong.** Kleines Traveller-Resto an der Uferstraße Hai Ba Trung (No. 38).
- **Thanh Van.** Sehr gute *Nem*-Stube (Portionen 15–20.000 đ), englische Karte. 17 Hoa Binh.
- **Pho Oanh 2.** *Pho* und am Abend *Bittet* werden hier vorzugsweise gegessen; die Karte ist groß, die Preise klein. 6 Hai Ba Trung.
- **Cappuccino.** Für Pizza-Freunde, es gibt aber auch vietnamesische Küche. 13 Ngo Duc Ke.
- **La Ca.** Großer BBQ-Garten, sehr beliebt bei Einheimischen, engl. Karte. 118/15A Tran Van Kheo. Die Restaurants daneben sind ebenfalls immer gut besucht.
- **Lam Gia** (Bossman), 23 Ngo Gia Tu. Pizza, Burger, Spaghetti, Western Breakfast. Terrasse im 1. Stock.
- **Hop Pho.** Gigantische Café-Bar auf mehreren Ebenen einer rekonstruierten Kolonialvilla, sehr schick und angesagt. Ngo Gia Tu, gegenüber *Bossman.*

An- und Weiterreise

- **Entfernungen** (in km): Vinh Long 35, Sa Dec 50, Long Xuyen 55, Soc Trang 60, My Tho 100, Chau Doc 115, Rach Gia 115, Saigon 170, Ca Mau 175.
- **Bus.** Der Busbahnhof *(Ben Xe Can Tho)* liegt in der Nguyen Trai 2 km außerhalb an der Einmündung der Tran Phu. Alle 30 Min. nach Saigon (40.000 đ, Express 60.000 đ), stdl. Verbindung in alle Zentren des Deltas.
- **Saigon.** Mit *Thanh Nhan*-Schnellboot (www.thanhnhanexpress.com) tgl. 7.30, 13.30 Uhr, Fahrzeit 3,15 Std., 200.000 đ. 2 Hai Ba Trung, Tel. 817817.
- **Phnom Penh.** *Cawaco (Vinashin)* betreibt seit 2007 eine tägliche Schnellboot-Verbindung. Fahrzeit 7 Std., 45 $. Der Service ist u.U. auch innerhalb Vietnams nutzbar (Long Xuyen 15, Chau Doc 20 $). Tickets und Abfahrt (6.30 Uhr) 2 Hai Ba Trung (auf dem Gelände des *Ninh Kieu* Hotels), Tel. 820527. www.cawaco.com.vn.

Soc Trang (Sóc Trăng)

↗ XXIII/C2

Schläfrige Provinzstadt am Xang-Kanal 60 km südöstl. von Can Tho mit nahezu 30 % Khmer-Anteil. Oktober/November wird hier das größte **Khmer-Fest** des Deltas gefeiert.

Chua Doi

Die reich dekorierte, innen mit bunten Wandmalereien aus dem Leben Buddhas bedeckte **Khmer-Pagode** (auch *Mahatup* genannt) 3 km östl. von Soc Trang wird auch wegen der großen, buntgesichtigen **Fledermäuse** besucht, die die Bäume des Heiligtums buchstäblich zu Tausenden bevölkern. Tagsüber hängen sie allerdings nur schlafend in den Ästen, aktiv sind sie am Morgen und späten Nachmittag.

Chua Kh'leang

Eine der ältesten **Khmer-Pagoden** des Deltas, um 1530 in Holz errichtet, bevor sie 1905 in Ziegelbauweise rekonstruiert wurde. Innen schöne Säulen und Schnitzereien, das Dach ist mit Garudas verziert. Gelbgewandete Mönche, Schüler und Andächtige verleihen einem das Gefühl, nach Kambodscha versetzt zu sein.

Gegenüber befindet sich ein *Khmer-Museum,* in dem Kostüme, Musikinstrumente etc. ausgestellt werden (Sa/ So geschl., Eintritt frei). Zeitweise finden Tanz- und Musikvorführungen statt.

- Nguyen Chi Thanh Ecke Mau Than, 200 m vom Busbahnhof.

Chua Dat Set

Die originelle Lehmpagode wurde in 40-jähriger Arbeit von einem 1970 verstorbenen Mönch errichtet. Alles ist aus Lehm - Buddhas, Drachen, Löwen, Elefanten, ein 4 m hoher Turm. Kurios. 68 Mau Than.

Oc Om Boc Fest

Spektakuläre Khmer-Bootsrennen zu Ehren des Mondgottes und zur Feier des Endes der Regenzeit. In jedem der rund 30 *Ngo*-Boote (schmale, an den Enden gebogene Pirogen) sitzen an die 50 Ruderer, die Ufer sind von zehntausenden Zuschauern gesäumt. 14. und 15. Tag des 10. Mondmonats.

Praktische Informationen

- 80.000 Einw. Tel. 079.
- **Information.** *Soc Trang Tourist.* 131 Nguyen Chi Thanh, Tel. 821498. www.soctrang tourism.com.
- **Transport.** Ein *Xe Loi* (Dreirad) zu den beiden Khmer-Pagoden kostet 20–25.000 đ.
- **Unterkunft.** *Ngoc Suong.* Pool, Tennis. 125 Zimmer 20–80 $. 2 km vor der Stadt. Tel. 822769. www.ngocsuonghotel.com. *Khanh Hung.* 60 Zimmer mit Fan 10 $, mit AC 15–30 $. 15 Tran Hung Dao, Tel. 821026. *Phong Lan 2.* 25 Zimmer mit Fan 8 $, mit AC 14–16 $. 133 Nguyen Chi Thanh, Tel. 821757.
- **Essen und Trinken.** *Café 88,* billig, gut, und *Hang Ky,* gehobener, beide am Busbahnhof.
- **Anreise.** Per *Bus* von Can Tho.

Long Xuyen

↗ XXII/B1

(Long Xuyên)

Die großzügig angelegte Stadt am Westufer des Hau Giang trägt schon deutlich südostasiatische Züge. Lebendiger Markt am Fluss, gute Infrastruktur (Banken, Hotels, Restaurants, Cafés). Die während des Krieges (1965–1973) errichtete katholische Kirche ist die größte des Deltas und fasst über tausend Gläubige.

Long Xuyen war Mitte des letzten Jhs. Hochburg der 1939 gegründeten **Hoa Hao-Sekte,** die zeitweise über 2 Mio. Anhänger zählte und wie die Cao Dai einen Staat im Staate bildete. Nach der Ermordung ihres Gründers, des „wiedergeborenen Buddhas" *Huynh Phu So,* durch die Viet Minh (1947), zerfiel die Sekte in rivalisierende Räuberbanden und Privatarmeen und ist heute im Gegensatz zu den Cao Dai kaum mehr aktiv.

Praktische Informationen

- 140.000 Einw. Tel. 076.
- **Information.** *An Giang Tourist.* 17 Nguyen Van Cung, Tel. 841308, angiangtour@hcm.vnn.vn
- **Geld.** *Vietcombank,* 36 Hung Vuong. *ACB Bank,* 95 Nguyen Trai.

Unterkunft

- **Dong Xuyen.** Bestes Haus am Platz (Neubau). 58 Zimmer 20–40 $. 9A Luong Van Cu, Tel. 942260, dongxuyenag@hcm. vnn.vn.
- **Long Xuyen.** Sozialisiertes US-Hotel ohne Charme, aber erschwinglich. 35 Zimmer 8–15 $ inkl. BF. 21 Nguyen Van Cung, Tel. 841927, longxuyenhotel@hcm. vnn.vn.
- **Thai Binh 2.** 24 AC-Zimmer 8–10 $ (AC). 4 Nguyen Hue, Tel. 846453.

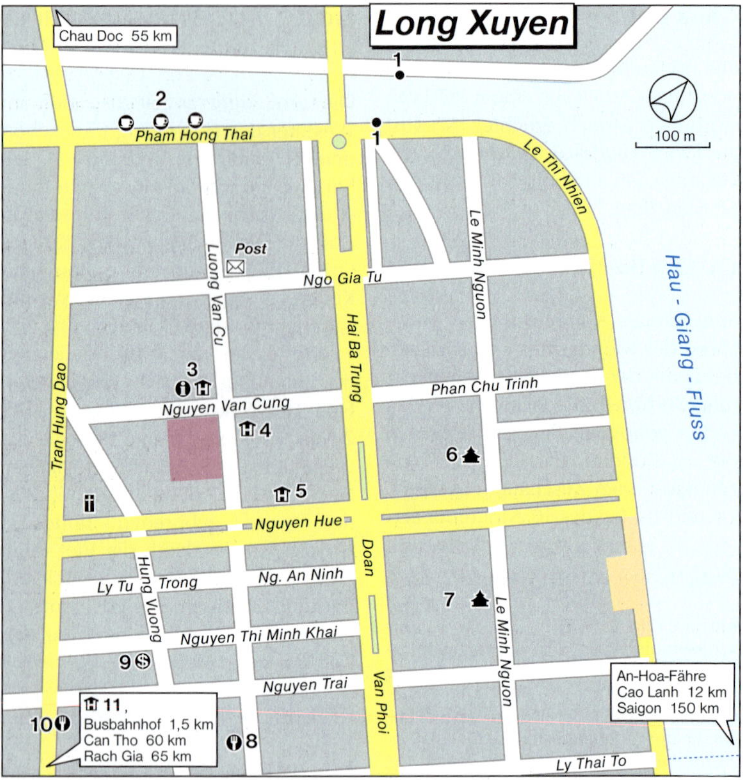

- 1 Bootsanleger
- 2 Cafés
- 3 Long Xuyen und Tourist Office
- 4 Dong Xuyen
- 5 Thai Binh 2
- 6 Chua Dinh Thanh
- 7 Chua Quan Thanh De
- 8 Hai Thue
- 9 Vietcombank
- 10 Thanh Xuan
- 11 Thoai Chau

Markt

• **Thoai Chau.** 30 Zimmer 5 $ (Fan), 8–16 $ (AC). Sehr ok, aber Karaoke im Haus. 130/4 Tran Hung Dao, nahe Busbahnhof, Tel. 843096.

Essen und Trinken

• **Hai Thue.** Sehr gute Küche. Tische im Freien. Die engl. Karte umfasst nur einen Bruchteil der Gerichte. 245/3 Luong Van Cu.

• **Thanh Xuan.** Hier speist die Oberschicht. Vietnamesische, aber auch westliche Küche. 317/1 Tran Hung Dao.

• **Cafés.** Entlang der Flusspromenade Pham Hong Thai.

An- und Weiterreise

- **Entfernungen** (in km): Chau Doc 55, Can Tho 60, Rach Gia 65, Saigon 190, über Cao Lanh 150.
- **Bus.** Der Busbahnhof *(Ben Xe Long Xuyen,* 96 Tran Hung Dao) liegt 1,5 km südl. des Zentrums. Von/nach Saigon, Can Tho, Rach Gia, etc.
- **Boot.** Vom *Long-Xuyen-Kanal* fahren unregelmäßig Frachtboote u.a. nach Can Tho, Chau Doc, Sa Dec oder Rach Gia (8–10 Std., 20–30.000 đ).

Chau Doc

↗ XXII/B1

(Châu Đốc)

Die sympathische Kleinstadt am Westufer des Hau Giang nur wenige Kilometer von der kambodschanischen Grenze entfernt wird von zahlreichen Khmer und Cham bevölkert und war in den 1970er Jahren das Ziel zahlloser Attacken der von Beijing unterstützten **Khmer Rouge.**

Herz der lebendigen Stadt, mehr noch als anderswo, ist der von der alten französischen Markthalle dominierte und bis zur Flusspromenade ausufernde **Straßenmarkt.** Seit der Öffnung der Grenzübergänge *Song Tien* (Fluss) und *Tinh Bien* (Straße) im Jahr 2000 hat das beschauliche Städtchen einen sichtbaren Aufschwung in punkto Handel und Tourismus erlebt.

Eine Besonderheit Chau Docs sind die **Schwimmenden Häuser,** unter denen die Bewohner in heruntergelassenen Netzen und Drahtkörben Fische und Süßwassershrimps züchten. Die rapide Kommerzialisierung hat allerdings dazu geführt, dass die neuen Wellblechcontainer eher an Retortensiedlungen denn an Hausboote erinnern. Die überall brennenden Öfen sind für die Futterzubereitung der Tiere da.

Dinh Chau Phu

In dem 1926 erbauten Tempel an der Uferstraße Gia Long wird Nguyen Huu Canh, ein Nachfahre des berühmten Dichters *Nguyen Trai* (15. Jh.) verehrt.

Chau-Giang-Moschee

Mit der Autofähre nördlich des Busbahnhofs lässt sich ein Ausflug zum gegenüberliegenden Flussufer machen, das überwiegend von moslemischen Cham besiedelt ist. Ihre Hauptmoschee liegt nur 80 m links vom Landungssteg.

Nui Sam

Wie ein gigantischer Taschenkrebs *(sam)* erhebt sich der 230 m hohe Berg *(nui)* nur wenige Kilometer von

Kanäle

Die Kanäle *Thoai Ha* zwischen Long Xuyen und Rach Gia und *Vinh Te* zwischen Chau Doc und Ha Tien erschlossen um 1780–90 Regionen Vietnams, die mit Ausnahme weniger Khmer-Niederlassungen bis dahin praktisch unbesiedelt waren. Ihr Baumeister *Thoai Ngoc Hau,* ein hoher Mandarin im Dienste Nguyen Anhs, des späteren Kaisers *Gia Long,* wird in der Region sehr verehrt. Sein Grab liegt am Nui Sam nahe Chau Doc.

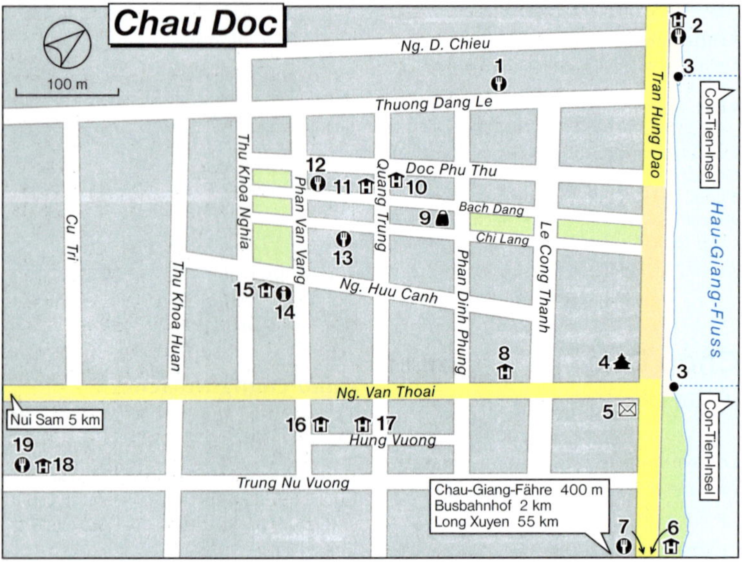

- 1 Bay Bong
- 2 Thuan Loi
- 3 Con-Tien-Fähren
- 4 Dinh Chau Phu
- 5 Post
- 6 Victoria Chau Doc (100 m)
- 7 Mekong (100 m)
- 8 Hang Chau 2
- 9 Markthalle
- 10 Vinh Phuoc
- 11 Trung Nguyen
- 12 Que Huong
- 13 Lam Hung Ky, Hong Phat
- 14 Mekong Tours
- 15 Song Sao
- 16 Number 6
- 17 Hoa Hung
- 18 Chau Pho
- 19 Dong Que

Chau Doc entfernt aus der flachen Ebene. Dutzende kleiner Tempel und Pagoden liegen ihm zu Füßen bzw. sind in seine Felsen und Höhlen gebaut. Zwischen dem 22. und 26. Tag des 4. Mondmonats ist er Ziel Hunderttausender Wallfahrer, die sich Glück, Segen und Reichtum von der sagenumwobenen **Ba Xu** erflehen. In dem ihr gewidmeten Tempel **Mieu Xu Thanh** (um 1820, 1972 bis zur Unkenntlichkeit restauriert), befindet sich ein mit kostbaren Gewändern geschmückter Stein, der bereits seit dem 4./5. Jh. verehrt wird.

Weitere Ziele der Pilger – im letzten Jahr sollen es bis zu 2 Mio. gewesen sein! – sind das Grabmal von *Thoai Ngoc Hau*, dem Erbauer der Kanäle, und der 1847 erbaute **Chua Tay An.** Die im indisch-hinduistischen Stil errichtete, aber auch islamische Einflüsse verratende Pagode ist für ihre kunstvoll geschnitzten Holzstatuen bekannt.

Die Attraktion ist der Berg selbst. Die **Aussicht vom Plateau** bis weit nach Kambodscha hinein ist spektakulär. Oberhalb des Tempelkomplexes führen Fußpfade, an der Ostflanke des Berges führt eine Straße hinauf.

• 5 km südwestlich. Anfahrt per Stadtbus oder Xe Om. Es gibt zahllose Hotels und Unterkünfte jeder Preisklasse.

Praktische Informationen

• 65.000 Einw. Tel. 076.
• **Information.** *Delta Adventure Tours.* Boote, Touren, Floating Hotel-Rezeption (s.u.). 53bis Le Loi, Tel. 563810. www.deltaadventuretours.com. *Mekong Tours.* Touren, Tickets, Geldwechsel, Motorradvermietung, Homestays, *Open Tours* nach Thailand (1 ÜB) und Laos (2 ÜB) sowie Boote nach Kambodscha. Die Firma veranstaltet auch Fahrten in entgegengesetzter Richtung, ab Sihanoukville und Phnom Penh (mekongtourspp@yahoo.com). Zusätzlicher Infostand im Hotel *Vinh Phuoc* (s.u.). 14 Nguyen Huu Canh, Tel. 868222, mekongtoursag@yahoo.com.
• **Geld.** *Incombank*, 69 Nguyen Huu Canh. ATM *Vietcombank* im Hotel Hang Chau 2.

Unterkunft

• **Victoria Chau Doc.** Unmittelbar am Mekong gelegen, nur wenige Gehminuten vom Zentrum entfernt. Terrasse mit Pool, Restaurant und schönem Ausblick auf den Fluss. 93 Zimmer, im Internet 130 $ (Straßenseite), 149, 187 (Suite) inkl. BF. 32 Le Loi, Tel. 865010. www.victoriahotels-asia.com.
• **Chau Pho.** Neu 2006, die einzige „Alternative" zum *Victoria*. 40 Zimmer 20–33 $. Trung Nu Vuong, Tel. 564139.
• **Delta Floating Village.** Etwas ganz Besonderes, das erste „Schwimmende Hotel" im Delta, gleich gegenüber vom *Victoria*. 16 Zimmer 25 $ inkl. BF. Rezeption und Bootszubringer 53bis Le Loi (s.o., *Information*).
• **Song Sao.** Kleine, aber sehr gut ausgestattete Zimmer. Lift, Dachgartenbar. Frühstück muss außer Haus bestellt werden. 26 Zimmer 14 $ (zum Lichtschacht), 16, 18 (größer und mit Balkon), 20 (Triple). 12–13 Nguyen Huu Canh, Tel. 866435, songsaohotel@yahoo.com.
• **Trung Nguyen.** Hell, modern und mit sehr viel Geschmack eingerichtet. Hübsche Lobby mit Frühstücksraum, sehr freundlicher Service. 15 Zimmer, alle mit Balkon, 10 und 15 $, BF 2 $. 86 Bach Dang, Tel. 866158, trunghotel@yahoo.com.
• **Hang Chau 2.** Staatlich, aber besser als von außen ersichtlich. 25 Zimmer 7–9 $, mit AC 10–12 $ (auch als Triple). 10 Nguyen Van Thoai, Tel. 868891, hangchau2agg@hcm.vnn.vn.
• **Thuan Loi.** Schöne Lage am Fluss, hält aber nur bedingt, was es verspricht. Wenige Zimmer mit Flussblick, teilweise extrem hellhörig. Versöhnlich stimmt die schöne Frühstücksterrasse. 26 Zimmer mit Fan/ KW 6 $, mit AC/WW 10 $ (inkl. BF). 18 Tran Hung Dao, Tel. 866134, hotelthuanloi@hcm. vnn.vn.
• **Vinh Phuoc.** Rustikal, trotz neuer Fassade. 12 Zimmer 5–7 $, mit AC Aufschlag 3 $. 12 Quang Trung, Tel. 866242.
• **Hoa Hung.** Das angenehmste Billighotel: Neubau, ruhig, unten mit nettem Café. 10 Zi. mit Fan 5–6 $, mit AC 9 $. 5 Quang Trung, Tel. 866417, tranvinhco81@yahoo.com.
• **Number 6.** Populäres Backpackerdomizil; einfach, aber sehr sauber. 15 Zimmer 5/7 $, vorne mit Veranda 8/10 $ (Fan/AC). 6 Phan Van Vang, Tel. 867622.
• **Delta Adventure Inn** (4 km). In den Reisfeldern kurz vor Nui Sam gelegen. AC-Zimmer in Cottages, die sich um einen kleinen Teich gruppieren. Resto-Café, Busverbindung mit Chau Doc. Tel. 861249, deltaadventureinn@hotmail.com.

Essen und Trinken

• **Thuan Loi.** Viet Fast Food im Floating Restaurant des gleichnamigen Hotels. Total mittelmäßig – aber tolle Location!
• **Mekong.** Gartenlokal im Hof einer franz. Villa. Ordentliches Essen (u.a. *Lau*), reelle Preise, etwas erratischer Service. 41 Le Loi.
• **Bay Bong.** Populäre Abfütterungsstelle für Tourgruppen. Nicht schlecht, aber homöopathische Dosen (man geht hungriger als man kam). 22 Thuong Dang Le.

142vi Foto: kb

• **Dong Que.** Intimes Gartenresto mit dem vielleicht besten Essen vor Ort (abgesehen vom *Victoria)* und nicht teuer; ein ganzer *Ca Loc* (Catfish) für 2 Pers. 50.000 đ. Manko: weder engl. Karte noch fremdsprachiges Personal (kann sich ändern). Trung Nu Vuong.

• **Markt.** Einige nicht gerade tolle, aber passable Restos sind rund um die Markthalle verstreut. **Que Huong,** 110 Bach Dang. **Lam Hung Ky** und **Hong Phat,** 71 und 79 Chi Lang. Am Markt selbst gibt es einige ordentliche Garküchen (gegenüber 29/31 Chi Lang).

• **Café Thuy Tien.** Die besten *Sinh To* (Fruitshakes) der Stadt. 46 Nguyen Van Thoai.

An- und Weiterreise

Entfernungen

• Von Chau Doc (in km): Long Xuyen 55, Ha Tien 95, Can Tho 115, Saigon 250, Phnom Penh 165.

Opfergaben am Nui Sam

Bus

• Der Busbahnhof *(Ben Xe Chau Doc)* liegt 2 km südlich des Zentrums an der Verlängerung der Le Loi. Cyclo 10.000 đ.

• **Von/nach Saigon** (5–6 Std.) alle 60 Min. Schneller und bequemer sind Minibusse (alle 45 Min., 65.000 đ). Tickets: *Kim Huong,* 29 Nguyen Van Thoai.

• **Regelmäßige Verbindungen** mit Long Xuyen, Can Tho, Soc Trang, Ca Mau, My Tho, Vinh Long, Rach Gia.

• **Ha Tien.** 6, 9, 12.30, 14 Uhr, Fahrzeit 3 Std., 25.000 đ. Über den *Nui Cam* (mit 716 m höchster Berg des Deltas, Aufstieg 3–4 Std.), *Triton* und *Ba Hon.*

• **Kambodscha.** Grenzübergang *Tinh Bien (Phnom Den)* zwischen Chau Doc (20 km) und Takeo (43 km). Keine öffentlichen Verkehrsmittel, Transport jeweils per Minibus oder Xe Om (Motorradtaxi). Von der Grenze sind es 2 km bis zum Weiler *Xuan To* (Kanal).

Boot

• **Frachtboote** fahren zu unregelmäßigen Zeiten nach Long Xuyen, Vinh Long und **Ha Tien** (8–10 Std., ca. 50.000 đ).

- **Kambodscha.** Mehrmals tgl. von/nach Phnom Penh, wahlweise mit **Express-** (ca. 5–6 Std., um 15 $) oder **Slowboat** (Umsteigen an der Grenze) und ca. einstündigem Bustransfer ab *Nek Luong* (7–8 $, ca. 9 Std.).
- **Verkaufsstellen.** Tickets sind ausschließlich über Reisebüros erhältlich (s. Info).
- **Visa** für Kambodscha werden an der Grenze ausgegeben. 25 $ plus 2 Passfotos.
- **Victoria.** Für Gäste gibt es tgl. Verbindungen zw. Saigon, Phnom Penh, Siem Reap.

Ha Tien

↗ XXII/B1

(Hà Tiên)

Das malerische, nur 6 km von der kambodschanischen Grenze entfernte Städtchen am Golf von Thailand hat mehr als 25 Jahre gebraucht, sich von den **Greueltaten der Roten Khmer** zu erholen. Die abgeschiedene Grenzlage trug jahrelang ihren Teil dazu bei, dabei sind es kaum 200 km bis *Phnom Penh* oder 300 km (Luftlinie) bis zum thailändischen *Trat*.

Eine sehr angenehme, **atmosphärische Stadt,** mit ungewöhnlich vielen alten Häusern und Tempelchen. Schon in den Straßen und Gassen hinter der geschäftigen Marktstraße *Ben Tran Hau* geht es ruhig und gemütlich zu, in wenigen Gehminuten ist man in hübschen Vororten mit von getrockneten Garnelen gelb leuchtenden Trottoirs. Strände und Felsbuchten, romantische Seen und einsame Inseln liegen praktisch vor der Haustür.

Die Stadt erstreckt sich im Schutz einer von Hügeln eingefassten Bucht entlang den Ufern des *Song To Chau* und des *Dong-Ho-Sees* (s.u.). Die schmale *Ponton-Brücke* im Stadtbereich stammt noch von US-Pionieren; eine funktionstüchtige Straßenbrücke wurde erst 2003 etwas weiter südlich angelegt. An klaren Tagen kann man am Horizont die Silhouetten der vorgelagerten Inseln erkennen.

Geschichte

Die Geschichte der Stadt wie der gesamten Region westlich des Unteren Mekong ist untrennbar mit der chinesischen Familie der **Mac** verbunden, die sich 1708 in dem nominell zu Kambodscha gehörigen, praktisch aber nahezu unbesiedelten, allenfalls von Piraten und Schmugglern bevölkerten Sumpfland zwischen den damaligen Machtbereichen Vietnams und Kambodschas niederließ. Fast 100 Jahre lang Objekt der Begierde von Khmer, Thais und Vietnamesen, die in wechselnden Koalitionen Kriege um das Fürstentum der Mac führten, fiel Ha Tien erst 1798 endgültig an Vietnam.

Sehenswertes

Gräber der Mac

Nachdem Gia Long auf seiner Flucht vor den Tay-Son-Rebellen bei den Mac Unterschlupf gefunden hatte, ließ er 1802 nach seiner Krönung zum Kaiser aus Dankbarkeit die Gräber errichten, die man heute auf einem Hügel am Rande der Stadt sehen kann.

Die in einer gepflegten Anlage ruhenden 46 Familiengräber sind im traditionellen chinesischen Stil errichtet. Das größte, flankiert von Wächterfiguren und Löwen, ist das des Familienpatriarchen **Mac Cuu,** der sich angesichts der Wirren in Kambodscha 1708 dem Schutz Hues unterstellt hatte. Schöner Blick auf die Stadt.

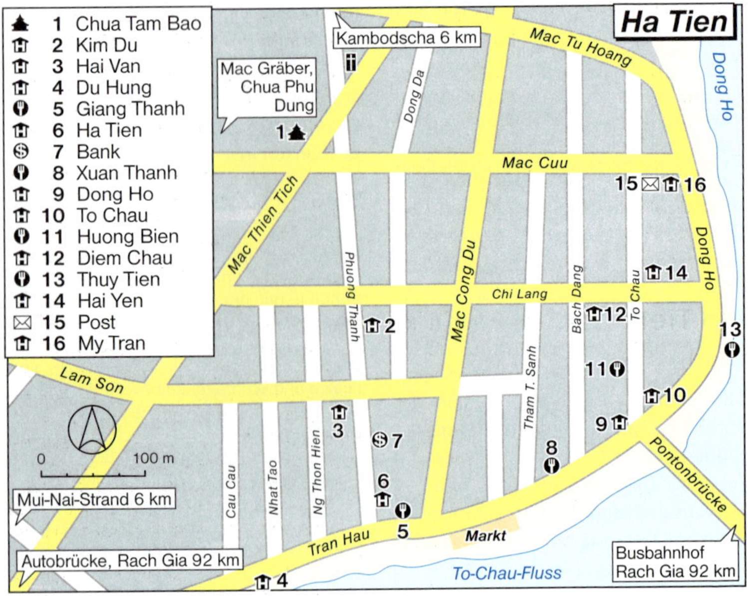

Nui Binh Son (oder *Nui Lang*, Grabhügel). Ein Spaziergang die Mac Cuu stadtauswärts führt zum Fuß des Hügels mit vorgelagerten Lotosteichen und dem kleinen chinesischen *Den Mac Cuu* (1899). Wer den Hügel in nördlicher Richtung umrundet, gelangt zum *Chua Phu Dung* (ähnliche Geschichte und Ausstattung wie der Chua Tam Bao, s.u., aber mit separater daoistischer Dämonologie).

Chua Tam Bao

1730 von Mac Cuu und seiner zweiten Frau *Nguyen Thi Xuan* als Tempel *(den)* gegründet, aber schon seit vielen Jahren ein buddhistischer Chua. Im Zentrum der heute von Nonnen geführten Pagode stehen daher ebenso *Quan Am*, die Barmherzige, wie der *A Di Da*-Buddha und der daoistische Jadekaiser *Ngoc Hoang*.

Chua Thach Dong

Grotten-Pagode (auch *Thanh Van* genannt) 3.5 km westlich auf dem Weg zum *Mui-Nai*-Strand. Schöne Ausblicke auf Kambodscha. Eine *Stele des Hasses* erinnert an das grausame Massaker an 130 vietnamesischen Zivilisten durch die Schergen Pol Pots am 14. März 1979.

Bai Mui Nai

Als Strand kein Highlight, aber akzeptabel für einen Ausflug. Zu Füßen eines Felsmassivs mit der Ruine eines französischen Leuchtturms und Blicken auf Kambodscha und Phu Quoc. 6 km westlich. Zwei weitere Strände, *Bai No* und *Bai Bang*, liegen in der Nachbarschaft.

Dong Ho

Der Dong Ho oder Ost-See, eigentlich nur eine Erweiterung des *To-Chau-*Flusses, liegt malerisch eingebettet zwischen den Granitkegeln des Ngu Ho und des To Chau. Das Seeufer wird am Abend zur beliebten Flaniermeile – und in klaren Mondnächten, heißt es, sollen dort die Elfen tanzen.

Praktische Informationen

- 50.000 Einw. Tel. 077.
- **Information.** *Ha Tien Tourist.* 14 Phuong Thanh, Tel. 3851929.
- **Geld.** *Vietcombank*, ATM. 4 Phuong Thanh.

Unterkunft

- **Ha Tien.** Neubau 2005, ordentlich eingerichtet und ausgestattet, aber ohne Lift (3 Stockwerke). 32 Zimmer 17–20 $, Deluxe 32 $, Suite 40 $ inkl. BF. 36 Tran Hau, Tel. 3952093, khachsanhtien@vnn.vn.
- **Hai Van.** 35 AC-Zimmer im Neubau mit Lift, Resto etc., z.T. mit Balkon 17 $. Im Altbau 15 Zimmer mit Fan 5 $, mit AC 8–10 $. 55 Lam Son, Tel. 3852001, Fax 3851685.
- **Du Hung.** Neu 2005, mit Lift. Einigermaßen gut ausgestattete, aber eher kleine Räume. 25 Zimmer 12 $ (innen), 15 $ (z.T. Flussblick), 17 $ (Twin, nach vorne). 17A Tran Hau, Tel. 3951555, Fax 3852267.
- **Kim Du.** Das einstmals erste Haus am Platz wirkt etwas vernachlässigt, die billigen Zimmer sind eng, mit Winzbädern. Lift, Resto. 40 Zimmer 8–14 $. 14 Phuong Thanh, Tel. 3851929, Fax 3852119.
- **Dong Ho.** Kleines Kolonialhotel an der Pontonbrücke, vor Kurzem privatisiert, 18 Zimmer ab 12 $. 2 Tran Hau. Tel. 3852141.
- **Hai Yen.** Alle 34 Zimmer können mit Fan (9 $) oder AC (11 $) genutzt werden. Schöner Blick von den großen Eckzimmern 304/404 (10/13 $). 15 To Chau, Tel. 385 1580, Fax 3851889.
- **My Tran.** Nicht berauschend, aber ruhig, mit Blick auf den See. 20 Zimmer 8 $ (Fan), 10 (AC), 13 (Balkon). 4 Dong Ho, Tel. 385 1799.
- **To Chau.** Kolonial-realsozialistisch, schmuddelig. 11 Zimmer mit Fan 7 $, mit AC 8 $ (teilweise schöne Aussicht). Tel. 3852148.
- **Diem Chau.** 15 Zimmer mit Fan 5–6 $, mit AC 8–10 $ Aufschlag. 21 Bach Dang, Tel. 3852069.

Essen und Trinken

- **Huong Bien.** Früher lärmender Treffpunkt der Kader und Offiziere, heute speisen hier Geschäftsleute und Familien. Gerichte um 40.000 đ, aber auch *Com Suon* (Reis mit Schnitzel) für 15.000 đ. Eine echte Delikatesse sind die mit Fleisch und Pfefferkörnern gefüllten gefritteten Tintenfische! 44 To Chau.
- **Giang Thanh.** Ansprechendes Gartenlokal an der Marktstraße. Angenehmes Ambiente, freundlicher Service. 36 Tran Hau.
- **Xuan Thanh.** Gute Aussichtslage gegenüber dem Markt. Suppen, Fisch, Schweinefleisch (eine Spezialität der Region vom schwarzen Schwein). 20 Tran Hau.
- **Thuy Tien.** Floating Resto in der Lagune, gut zum Träumen und Biertrinken.

An- und Weiterreise

- **Entfernungen** (in km): Ba Hon 20, Hon Chong 30, Rach Gia 92, Chau Doc 95, Can Tho 205, Saigon 340, Phnom Penh 230.
- **Kambodscha.** Der Grenzübergang *Xa Xia* zur kambodschanischen Provinz *Cam Pot* (6 km) ist jetzt auch für Ausländer offen (7–18 Uhr).

Bus

- Der Busbahnhof *(Ben Xe Ha Tien)* liegt am Südufer des To-Chau-Flusses; die alte Pontonbrücke wurde 2007 abgerissen, eine neue Fußgängerbrücke ist im Bau(?). Bis dahin ins Zentrum per *Xe Om* (15.000 đ).
- **Nach Saigon.** Expressbusse um 6 und 21 Uhr. 50.000 đ.
- Mehrmals tgl. von/nach Rach Gia, Chau Doc, Long Xuyen, Can Tho.

Boot

- **Nach Phu Quoc** ab *Ba Hon* 20 km südlich. Nur Slow Boats. Unzuverlässig, unbedingt vorher nachfragen!
- Im Planungsstadium ist eine Schiffsverbindung Ha Tien – Sihanoukville – Chantaburi.

Ha Tien, Umgebung

Hon Chong

↗ XXII/B2

Der 3 km lange **Strand** *(Bai Duong)* 32 km südlich von Ha Tien gilt als der schönste Festlandstrand des Mekong-Delta. Pagoden, Grotten, pittoreske Felsinseln und *Filao*-Bäume (eine Pinienart, die dem Strand seinen Namen verlieh), runden das Bild ab. In der näheren Umgebung Pfefferplantagen, allerdings auch ein paar gewaltige Zementfabriken (von denen man am Strand freilich nichts mehr spürt).

Der Strand ist feinsandig, aber nicht breit, immer leicht feucht und teilweise vermüllt. Außer im Sommer und an Wochenenden herrscht kein Betrieb, aber für einen **Badeurlaub** sollte man Hon Chong definitiv **nicht** in Betracht ziehen!

Chua Hang

Die Grotten-Pagode am Südende des Strandes lockt das ganze Jahr über Einheimische an. Der Zugang zur Grotte (an die sich natürlich zahllose Sagen und Legenden knüpfen) liegt hinter dem Altar der in den Fels hineingebauten *Hai-Son*-Pagode. Im Inneren ist eine schöne hölzerne *Quan Am* mit hundert Armen und Attributen zu sehen. Durch eine weitere Grotte gelangt man an eine Meeresbucht mit dem malerischen Felspaar *Hon Phu Tu* (Vater und Sohn) – eine fotogene Miniatur-Ha Long-Bucht mitten im flachen Mekong-Delta.

Praktische Informationen

Unterkunft / Essen

- **Hon Trem.** Geschlossene Anlage auf einer hügeligen Halbinsel, auf den ersten Blick eine Pracht, auf den zweiten „Staatshotel aus dem Bilderbuch". 15 Villen, 30 Zimmer. Weitere Bauten und Pool „in Planung". Tel. 3854331, Fax 3862111.
- **Green Hill.** Hübsche weiße Villa auf einer kleinen Anhöhe über dem Strand mit großzügiger Terrasse. 9 AC-Zimmer 12 und 20 $ inkl. BF. Resto. Tel. 3854369.
- **My Lan** (Milan). Von Auslandsvietnamesen aus Italien geführte Bungalowanlage (Sohn Andrea) mit 24 Zimmern 10, 12, 14 $ (4 Pers.). Picobello sauber. Resto. Tel. 3759 044, Fax 3759040.
- **Diem My.** Freundliches Minihotel neben dem staatlichen *Cong Doan*. 10 Zimmer mit Fan 4 $, nach vorne mit Terrasse und Meerblick, etwas größer mit AC 8 $. Einfach, aber ok. Tel. 3759216. Eine weitere Alternative ist das *Bai Duong* daneben.
- **Restaurant.** *Hon Chong* ist ein Paradies für Freunde von **Meeresfrüchten.** Nirgendwo in Vietnam haben wir so viele Restos mit Muscheln, Schnecken und Austern aller Art gesehen.

An- und Weiterreise

- **Abzweiger** von der N 80 bei dem Städtchen **Ba Hon** 20 km südl. von Ha Tien bzw. 70 km nördl. von Rach Gia. Zum *Bai Duong* 12–15 km. Per Xe Om ca. 20.000 đ.
- **Phu Quoc.** Bootsableger auf dem Weg zum Bai Duong hinter dem Fischerort *Binh An* (10 km). Tgl. per Slowboat (9 Uhr, 3–4 Std., 4 $), aber notorisch unzuverlässig, **Schnellboote** von *Greenlines* 5x tgl. zwi-

schen 9 und 17 Uhr; Onlinebuchung über www.greenlines.com.vn. **Achtung:** in beiden Fällen unbedingt zuvor in Saigon/Ha Tien Erkundigungen einholen.

Rach Gia

↗ XXII/B2

(Rạch Giá)

Die einstige Schmuddelstadt am Golf von Thailand war die erste im Delta, die aufräumte, Markt und Hafen vom Zentrum in die Peripherie verlegte, an ihrer Statt Parks und Promenaden anlegte und mit breiten Ausfallstraßen neue Stadtteile erschloss. Vielleicht schön für die Einwohner (außer für die Ärmsten). Schlecht für den Besucher: öder, **steriler Einheitslook** à la deutsche Fußgängerzone. Neuestes Projekt ist die Erschließung des Strandes, wo neue Hotels und Restaurants aus dem Boden schießen sollen (und mittlerweile vielleicht auch schon entstanden sind, was allerdings auch dringend notwendig wäre).

Für Phu-Quoc-Reisende ist Rach Gia wie der zähe Brei, durch den man sich fressen muss, um ins Schlaraffenland zu gelangen. Es gibt nichts zu sehen. Die Unterkünfte sind mies. Und selbst im besten Hotel vor Ort ist Englisch eine Fremdsprache geblieben.

Das **Zentrum** liegt auf einer Flussinsel zwischen zwei kanalisierten Armen des *Song Cai Lon*.

Die malerischen Felsen von Hon Chong

140vi Foto: kb

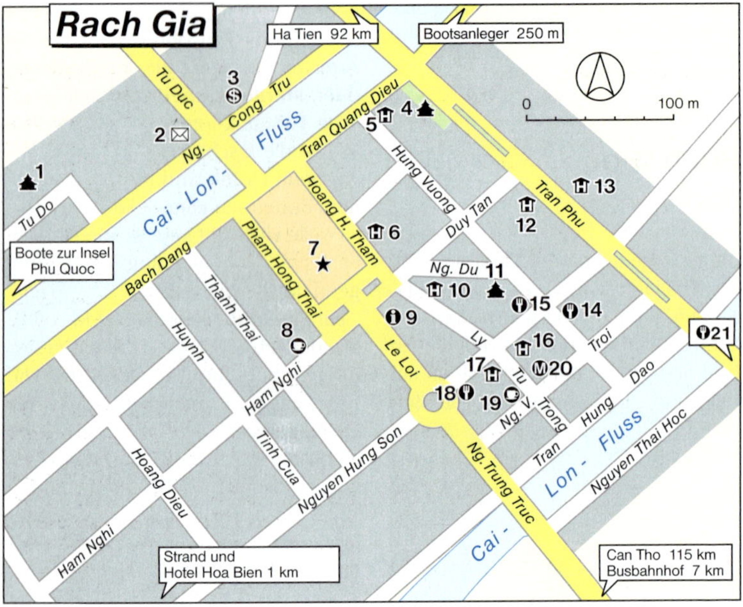

1 Nguyen-Trung-Truc-Tempel
2 Post
3 Bank
4 Chua Quan De
5 Tam Xuan
6 Trung Quyen
7 Nguyen Trung Truc-Statue
8 Thanh Thanh
9 Kien Giang Tourist
10 Thanh Binh
11 Hoi Quan Bac De
12 Giai Thao
13 Palace
14 Valentine
15 Nam Long
16 1 Thang 5
17 Kim Co
18 Ao Dai Moi
19 Thao Nguyen
20 Museum
21 Song Hien

Sehenswertes

Markt, Hafen, Strand

Von Markt und Hafen sind im Zentrum entlang der Uferstraße **Bach Dang** nur mehr Rudimente übrig geblieben. Der „Strand" lädt weniger zum Baden als zum Flanieren, Kaffee- und Biertrinken und Liegestuhlen ein. Das Meer ist braunes Schlabberwasser.

Museum

Zu sehen sind interessante Ausgrabungsstücke des alten **Oc Eo,** das nur wenige Kilometer landeinwärts gelegen war (s. Exkurs); Knochenfunde

Oc Eo

Oc Eo, zwischen dem 1. und 6. Jh. bedeutendste Hafenstadt des ***hinduistischen Fu Nan,*** liegt heute über 15 km von der Küste entfernt. Während seiner Blütezeit erstreckte sich der Machtbereich des nur unter seinem chinesischen Namen bekannten Reiches vom Mekong-Delta über das heutige Kambodscha bis nach Indonesien und der malaiischen Halbinsel. Fu Nan war jahrhundertelang die kulturelle und ökonomische Drehscheibe zwischen Indien und China und unterhielt Handelsbeziehungen mit der halben damals bekannten Welt. Das nach hinduistischem und brahmanischem Vorbild straff organisierte Königreich entstand um die Zeitenwende, als die Karawanenstraßen Zentralasiens immer gefährlicher wurden und die Händler und Kaufleute Indiens und Arabiens zunehmend begannen, das weit entfernte China mit seegängigen Dschunken zu suchen.

Als französische Forscher während des 2. Weltkriegs zufällig die Ruinen von Oc Eo entdeckten, förderten sie Edelsteine aus Persien, Gemmen aus Alexandria und selbst eine römische Goldmünze mit dem Abbild Marc Aurels aus dem Jahr 166 zutage – Beweis für die verbreitete These, dass bereits die Römer von dem Seeweg nach Indien und China wussten.

Die Tempel und Paläste Oc Eos waren auf granitenen Säulen errichtet, ein ausgeklügeltes System von Deichen und Kanälen diente sowohl der Bewässerung der Reisfelder wie der Schifffahrt. Im Lauf des 7. Jh. wurde Fu Nan von *Chen La* geschluckt, dem Vorläufer des Khmer-Reichs, das später Angkor Wat baute.

Ausgrabungsstücke sind im Historischen und im Kunstmuseum von Saigon sowie im Historischen Museum von Hanoi ausgestellt, einige Stücke auch im Museum von Rach Gia. Die Ruinen liegen im Distrikt Thoai Son auf halbem Wege zwischen Rach Gia und Long Xuyen am Fuß des 210 m hohen Nui Ba The. Sie sind nicht mit öffentlichen Verkehrsmitteln zu erreichen.

und Pfeilspitzen weisen sogar noch wesentlich frühere menschliche Ansiedlungen nach (2–3000 v.u.Z.). Eine weitere Abteilung widmet sich wie üblich dem revolutionären Widerstand.

● *Bao Tang Kien Giang.* 21 Nguyen Van Troi, außer Mo 7.30–11, 13.30–16.30 Uhr, Eintritt frei.

Den Nguyen Trung Truc

Dem lokalen Widerstandskämpfer Nguyen Trung Truc sind nicht nur eine Straße und eine Statue am Hauptplatz, sondern auch ein Tempel gewidmet. Nachdem er 1861 das Kanonenboot *Espérance* in die Luft gesprengt hatte, nahmen die Franzosen seine Familie als Geisel und drohten, sie an seiner Statt zu erschießen. Truc stellte sich daraufhin und wurde 1868 auf dem Marktplatz öffentlich hingerichtet. Sein Porträt ist am Altar des Tempels zu sehen. 18 Nguyen Cong Tru.

Bac De-Tempel

Bac De, einer Reinkarnation des Jadekaisers sind zwei Tempel aus dem 19. Jh. gewidmet: **Hoi Quan Ong Bac De,** eine Versammlungshalle der chinesischen Gemeinde (14 Nguyen Du) und **Chua Bac De,** eine Pagode im chinesischen Stil mit sehenswerten Wandmalereien (134 Tran Phu).

Praktische Informationen

- 150.000 Einw. Tel. 077.
- **Information.** *Kien Giang Tourist.* Für Delta-Verhältnisse einigermaßen effektiv. 12 Ly Tu Trong, Tel. 3862081, ctydulich_kg@hcm.vnn.vn.
- **Geld.** *Vietcombank* mit ATM, 1 Huynh Man Dat. Gegenüber liegt die *Post.*
- **Vietnam Airlines.** 228 Tran Phu, 7–11, 13.30–17 Uhr, Tel. 9244320.
- **Taxi.** Tel. 878787.

Unterkunft

- **Palace.** Gerade noch akzeptabel, aber für das beste Haus am Platz eine Katastrophe. Bescheidene Zimmerqualität, unbeholfener Service. 25 Zimmer 10–20 $. 243 Tran Phu, Tel. 3866146, Fax 867423.
- **Giai Thao.** Kaum besser, aber neue (Bäder!) und eine Spur bemühter. 19 Zimmer 11, 12 (z.T. mit Balkon), 15, 17 $ (für 3–4 Pers.). 164 Tran Phu, Tel. 878576, Fax 868091.
- **Kim Co.** Noch die beste Wahl. Helle, luftige Räume, ordentliche Bäder, halb-wegs effektiver Service. 14 Zimmer 11 $, 14 $ (größer, mit 2 Betten). Ohne AC 2 $ Ermäßigung. 141 Nguyen Hung Son, Tel. 879610, khachsank imco@yahoo.com.
- **Hoa Bien.** Neu 2007. Sehr gut ausgestattetes Mini mit 12 Zimmern à 15 $, geführt von *Robert,* einem amerikanischen Viet-Kieu. Etwas abseits vom Zentrum (dafür in „Strand"-Nähe) in einem neu erschlossenen Gebiet. L 15–No 1,2–16ha Ward, Tel. 389 8898, hoabien@yahoo.com.
- **Tam Xuan** (Wild Rose). Neu, sauber, aber nicht gar so toll. 10 Zimmer 10 $, 17 $ (Twin). 19 Tran Quang Dieu, Tel. 920325.
- **Trung Quyen.** 11 Zimmer mit AC, WW, Minibar, teilweise klein und ohne Außenfenster, aber einigermaßen sauber. 14 $ (Doppelbett), 16 $ (2 Betten). Kein Frühstück. 20 Hoang Hoa Tham, Tel. 876757, Fax 877622.
- **1 Thang 5.** Eher Spätherbst als Frühling (1. Mai). 17 AC-Zimmer 9–13 $. 137 Nguyen Hung Son, Tel. 3862103, Fax 3866917.
- **Thanh Binh.** 14 Zimmer mit Fan 5–7 $, mit AC 9 $. Wer kein Zimmer im Obergeschoss ergattert, erstickt. 11 Ly Tu Trong, Tel. 3863 053, Fax 3862111.
- **Phuong Hong.** Preisgünstiges Mini, nur wenige Schritte vom Bootsableger entfernt. 12 Zimmer 7–8 $. 5 Tu Do, Tel. 866138.

Essen und Trinken

- **Valentine.** Unten Café-Bar, im 1. Stock Resto, oben Karaoke. Entspricht im Zentrum noch am ehesten dem, was man unter einem Restaurant versteht. 35–39 Hung Vuong.
- **Nam Long.** Ordentliche Garküche. 10 Nguyen Hung Son.
- **Ao Dai Moi.** Suppen *(Pho, Won Ton)* und Reisgerichte. 161 Nguyen Hung Son.
- **Thanh Thanh.** Café in einem kleinen Kolonialhaus, auch Suppen, Reis- und Nudelgerichte. 6 Ham Nghi.
- **Song Hien.** Für Mutige. Kleine Bierhalle am Fluss, mit Glück erwischt man einen Tisch auf der Veranda. Gutes und billiges Essen, aber kein Englisch. Nguyen Thai Hoc, gleich an der Brücke.
- **Café Thao Nguyen.** Beliebt und belebt, Treffpunkt der besser gestellten Jugend. 21 Nguyen Van Troi. Schöner und luftiger ist das Café im Museums-Garten gegenüber.

An- und Weiterreise

Entfernungen

- Von Rach Gia (in km): Long Xuyen 65, Hon Chong 85, Ha Tien 92, Can Tho 115, Phu Quoc 120, Ca Mau 130, Saigon 250.

Bus

- Der **Busbahnhof** *(Ben Xe Rach Soi)* liegt 7 km südl. der Stadt. Gelbrote Stadtbusse verkehren alle 15 Min. (2000 đ); ein Xe Om kostet um 10.000 đ.
- **Nach Saigon.** Im Stundentakt, Fahrzeit ca. 6 Stunden. Bequemer sind Minibusse (auch nachts 21–24 Uhr) ab dem Busbahnhof an der Tran Quoc Toan ca. 250 m nördl. der Post. Von dort fahren auch Busse nach Long Xuyen, Sa Dec, Can Tho.
- **Nach Ha Tien, Ba Hon.** Vom lokalen Busbahnhof beim „Rach Gia Trade Center" am Ende der mehrspurig ausgebauten Tran Phu (2,5 km).

Boot

- **Frachtboote** verkehren unregelmäßig von der Bootsanlegestelle *(Ben Pha Mui Voi)* an der Ostspitze der Bach Dang nach Long Xuyen (9 Std.), Ha Tien (12 Std.), Chau Doc (20 Std.). Nach Ca Mau ab *Ben Pha Rach Meo* 2 km südl. der Stadt.
- **Nach Phu Quoc.** Ableger am Westende der Nguyen Cong Tru. Mehrmals tgl. **Schnellboote** verschiedener Gesellschaften gegen 8 und 13.30 Uhr, Fahrzeit bis *Bai Vong* 2 Std., 150.000 đ (Kinder die Hälfte), 180.000 đ. Schnell, aber kein sonderlicher Spaß: Nummerierte Sitze, Video-Gedudel, Aircondition-Kälte, Flugzeug-Gefühl.
- **Ticket Offices.** Die Verkaufsstellen liegen in einer Seitenstraße vor dem Pier. *Superdong.* 14 Tu Do, Tel. 3878475. *Trameco.* 12 Tu Do, Tel. 878655. Tipp: Tickets bereits in Saigon besorgen (s. dort). In Rach Gia gibt es oft Engpässe und verteuerte „Resttickets".
- **Slowboats.** Tgl. 9 und 13 Uhr, Fahrtdauer 7–8 Std., 70.000 đ. Vorteile: Sonne, Frischluft, Meeresaroma, Inselngucken. Nachteile: langsam, bei rauer See wird die Passage gestrichen. **Achtung:** Wegen genauer Abfahrtszeiten sich zuvor in Saigon erkundigen, sie ändern sich häufig.

Flug

- Tgl. nach **Phu Quoc,** Flugzeit 25 Min. Nach **Saigon** z.T. mit Stopp in Phu Quoc. Der Flughafen *Rach Soi* (ehemals US-Airbase) liegt 10 km östlich der Stadt, Tel. 923477.

Phu Quoc

↗ XXII/A1

(Phú Quốc)

Dao Phu Quoc, rund 50 km westlich des Festlands im Golf von Thailand gelegen, ist mit einer Fläche von 568 km² die **größte Insel Vietnams.** Ihre Nord–Süd-Ausdehnung beträgt annähernd 60, ihre breiteste Stelle misst rund 30 km. Die von **Regenwäldern** bedeckten **Berge** im Norden und Osten der Insel erreichen Höhen bis zu 600 m, entlang der flacheren Westküste, aber nicht nur dort, erstrecken sich Fischerdörfer und langgezogene **Strände.**

Phu Quoc zählt geografisch nicht zum Mekong-Delta. Seine kargen Sandsteinböden sind für Reisanbau und Obstplantagen ungeeignet. Neben Fischfang und -verarbeitung sind traditionell Kobra-Gewinnung und Pfefferanbau Haupteinnahmequelle der rund 70.000 Inselbewohner. In den wenigen größeren Ansiedlungen wie **Duong Dong** (20.000 Einw.), **An Thoi** und **Ham Ninh** wird die Spezialität der Insel hergestellt, die in ganz Vietnam gerühmte und bis nach Europa und die USA exportierte **Nuoc Mam** (Fischsauce).

Phu Quocs immenses **Tourismuspotential** – noch 1992 gab es nur ein einziges, staatliches Hotel im Hauptort Duong Dong – wird bereits seit einigen Jahren propagiert, aufgrund der abgeschiedenen Lage und mangelhaften Stromversorgung verlief die Entwicklung – glücklicherweise – bisher jedoch weit weniger dynamisch als auf dem Festland (Mui Ne, Hoi An). Die Zeichen stehen aber dafür, dass die Erschließung Phu Quocs demnächst erst richtig beginnt. Schon jetzt ist die Insel visafreie Zone (bis 14 Tage), Casinos sind geplant, und im Landesinneren soll ein neuer *internationaler* Flughafen angelegt werden.

Geschichte

Das nahezu unbesiedelte Eiland trat **1765** in die vietnamesische Geschichte ein, als der

141vi Foto: kb

Unterschiedlichste Reissorten für jeden Geschmack

französiche Missionar (und spätere Bischof) *Pigneau de Béhaine* hier operierte und zehn Jahre darauf mit dem auf der Flucht vor den Tay-Son-Rebellen von Hue nach Phu Quoc geflüchteten Prinz **Nguyen Anh** paktierte. Zwar gelang es ihm nicht, König Louis XVI zu einer bewaffneten Intervention zugunsten seines Schützlings zu bewegen, doch kehrte er mit einem zusammengekauften Söldnerheer aus Frankreich zurück, mit dessen Hilfe Nguyen Anh seine Widersacher bezwingen und sich selbst zum Kaiser **Gia Long** krönen konnte. Der Beginn der Nguyen-Dynastie und die Anfänge des französischen Kolonialismus in Vietnam wurden beide auf Phu Quoc geboren!

1869 besetzten die Franzosen die Insel, bauten ab der Jahrhundertwende das größte **Gefangenenlager** Cochinchinas und ließen sich von den Sträflingen **Pfefferplantagen** in den Urwald schlagen. Zur Zeit des Vietnamkriegs saßen bis zu 40.000 Inhaftierte des Saigoner Regimes hier ein.

Seit den Übergriffen der **Khmer Rouge,** die zwischen 1975 und 1978 regelrechte Massaker auf der Insel verübten und deren Nachfolger Phu Quoc nach wie vor als „ihr" Territorium reklamieren, hat sich die Präsenz von Armee und Partei hier in besonders starkem Ausmaß konserviert.

Sehenswertes

Weite Teile der Insel, insbesondere der waldige und gebirgige Nordosten, wur-den 2001 zum **Nationalpark** erklärt. Der Bauwut der lokalen Behörden, die Trasse um Trasse in den Urwald schlagen, um den Strandtourismus zu fördern, tut das keinen Zwang an. Noch ist eine Fahrt durch die halbwegs unberührten, wenn auch schon seit langem ihres Wildreichtums beraubten Wälder des Nordens, z.B.

Richtung *Bai Thom* oder *Ganh Dau*, das pure Vergnügen – doch wie lange noch?

An dieser Stelle muss auch von dem berühmten **Phu-Quoc-Hund,** dem besten Jagdhund Vietnams, die Rede sein. Diese domestizierte Wildhundrasse, leicht erkennbar an dem auffälligen, langgezogenen Haarwirbel auf dem Rücken, gibt es ausschließlich auf dieser Insel.

Nur wenige km südöstlich der Hauptstadt laden die klaren Wasserstrudel und -becken der **Suoi** (Quellen) **Da Ban** zum Baden und Picknicken ein. Gebührenpflichtiger Parkplatz. Noch etwas weiter südlich und etwas schwerer zugänglich sind die **Suoi Tranh.**

Das ehemalige **Gefängnis** *(nha lao cay dua,* Kokosnussgefängnis) wenige km außerhalb von An Thoi soll zukünftig ein Museum werden.

Strände

Im Zentrum

Hauptstrand ist der von Kokospalmen und kristallklarem Wasser gesäumte **Bai Truong** (Long Beach), der sich an der dem offenen Meer zugewandten Westküste über eine Länge von 20 km von *Duong Dong* bis fast zum Fischerhafen *An Thoi* an der Südspitze der Insel erstreckt. Nördlich der Hauptstadt ist die Küste unwegsamer und hügeliger, hier erstreckt sich, teilweise inmitten von Pfefferplantagen, der Strand **Ong Lang** (7 km) bis auf Höhe des malerischen, an einer Lagune gelegenen Fischerhafens *Cua Can.*

Im Norden

Schönste Strände sind der verschwiegene **Bai Thom** (Aussicht auf Kambodscha, bei Ebbe kann man zu einer kleinen, vorgelagerten Insel wandern) und der flache, 7 km lange **Bai Dai** mit der vorgelagerten, von Korallenriffen gesäumten **Hon Doi Moi** (Schildkröteninsel). Die Straße führt bis kurz vor *Cua Can* direkt am Strand entlang, an dem rechts und links *Nuoc-Mam*-Manufakturen gären.

Der von Hügeln und Stränden eingerahmte Fischerhafen **Ganh Dau** (35 km) an der Nordwestspitze ist ein beliebter Ausflugspunkt. In den Cafés kann man Boote zu den nahen Inseln *Hon Ban* (für Ausländer gesperrt) und *Doi Moi* (s.o., ab 100.000 đ) mieten. Eine ganz besondere Empfehlung ist das noch sehr idyllische (d.h. auch sehr arme) Fischerdorf **Rach Vem** mit seinen pulverweißen Stränden.

Im Süden

Alternative zu dem schneeweißen **Bai Khem** 2 km nordöstlich von An Thoi (gesperrt, Militärzone!) ist der nur wenig weiter entfernte wunderbare **Bai Sao** (an dem auch bereits erste Claims für neue Resorts abgesteckt sind). Noch etwas weiter nördlich (und schwerer zugänglich) erstreckt sich der **Bai Dam.**

Klima

Klima und Wassertemperaturen sind ganzjährig zum Baden geeignet. Regenzeit ist Mitte/Ende Mai bis Mitte Nov. mit dem Höhepunkt im Sept./Okt. Beste Reisezeit ist Dez.–Mai.

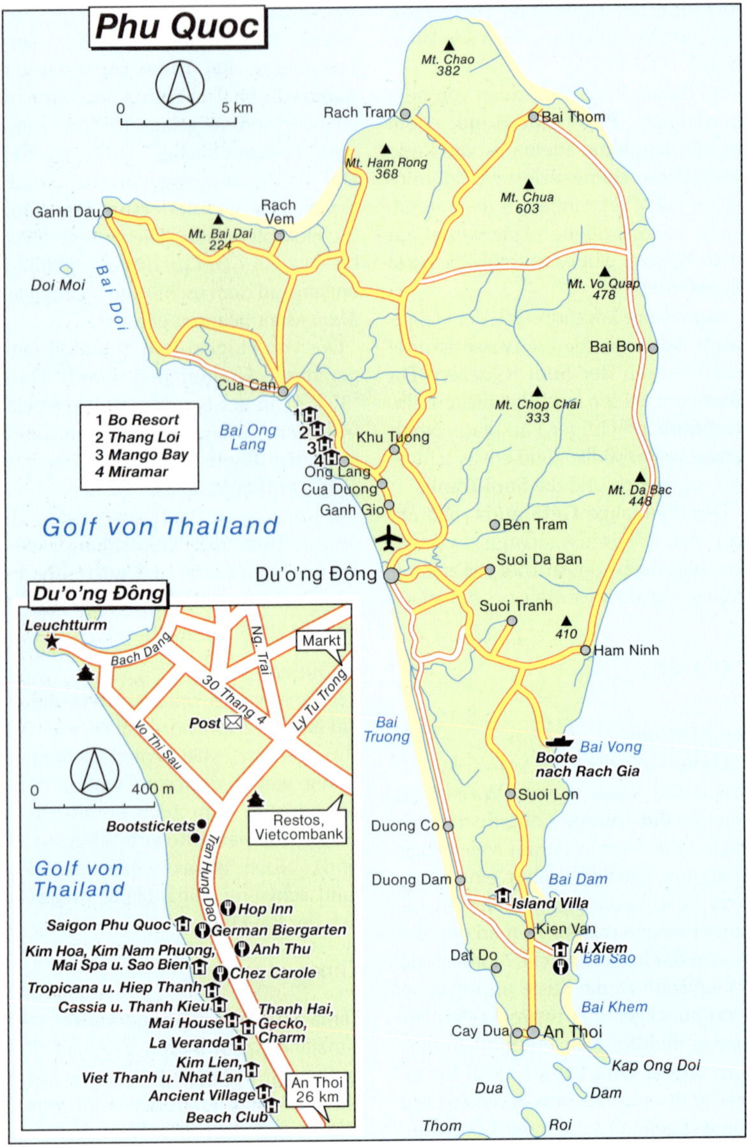
Phu Quoc
0 5 km
Mt. Chao 382
Rach Tram
Bai Thom
Mt. Ham Rong 368
Mt. Chua 603
Ganh Dau
Rach Vem
Mt. Bai Dai 224
Doi Moi
Bai Doi
Mt. Vo Quap 478
Bai Bon
Cua Can
Mt. Chop Chai 333
1 Bo Resort
2 Thang Loi
3 Mango Bay
4 Miramar
Bai Ong Lang
Khu Tuong
Ong Lang
Cua Duong
Ganh Gio
Mt. Da Bac 448
Ben Tram
Golf von Thailand
Suoi Da Ban
Du'o'ng Đông
Suoi Tranh
410
Ham Ninh
Bai Truong
Bai Vong
Boote nach Rach Gia
Suoi Lon
Duong Co
Duong Dam
Bai Dam
Island Villa
Kien Van
Ai Xiem
Bai Sao
Dat Do
Bai Khem
Cay Dua
An Thoi
Kap Ong Doi
Dua
Dam
Thom
Roi
Du'o'ng Đông
Leuchtturm
Bach Dang
Ng. Trai
Markt
30 Thang 4
Ly Tu Trong
Post
Vo Thi Sau
0 400 m
Bootstickets
Restos, Vietcombank
Tran Hung Dao
Golf von Thailand
Hop Inn
Saigon Phu Quoc
German Biergarten
Kim Hoa, Kim Nam Phuong, Mai Spa u. Sao Bien
Anh Thu
Chez Carole
Tropicana u. Hiep Thanh
Cassia u. Thanh Kieu
Thanh Hai, Gecko, Charm
Mai House
La Veranda
Kim Lien, Viet Thanh u. Nhat Lan
Ancient Village
Beach Club
An Thoi 26 km

Praktische Informationen

- 70.000 Einw. 0–600 m. Tel. 077.
- **Reisebüro.** *Phu Quoc Explorer* bietet außer Fahrzeugen und Buchungen aller Art (auch von Hotels) u.a. Inselrundfahrten, Trekking- und Schnorcheltouren an. Verantwortlicher ist Mr. *Dung*. 27 Tran Hung Dao. www.phuquocexplorer.com.
- **Guide.** *Tony* (Huynh Van Anh) ist schon seit Jahren das englischsprachige Faktotum der Insel. Äußerst geschäftstüchtig, aber nett. Touren, Boote, Mietwagen, Motorräder etc. Tel. 0913197 334, tonyphuquoc@yahoo.com.
- **Geld.** *Vietcombank* mit ATM an der 30 Thang 4 (No. 20). Andere Automaten (wie auch der Vietcombank-ATM vom Saigon-Phu-Quoc-Resort) sind bekannt unzuverlässig!
- **Apotheke.** 26 Tran Hung Dao. 70 Nguyen Trung Truc.
- **Infrastruktur.** Viele Straßen, so auch die entlang des Bai Truong, sind noch immer ungeteert. Geteert ist unter anderem die Verbindung durch den Nationalpark nach Ganh Dau und von dort an der Küste entlang bis Cua Can.
- **Transport.** Öffentliche Verkehrsmittel sind rar. Die gängige Miete für Motorräder liegt bei 100–150.000 đ pro Tag, bei Willy (Tel. 0939402872) kann man auch einen Jeep mieten (500.000 đ). *Xe Om* (Motorradtaxis) können nahezu auf der ganzen Insel angeheuert werden (s. auch *Anreise)*.
- **Strom.** Phu Quoc ist noch nicht an das festländische Stromnetz angeschlossen. In fast allen kleineren Resorts gehen daher immer mal wieder die Lichter aus.
- **Entfernungen** (von Duong Dong in km): Cua Can 11, Ham Ninh 18, Bai Thom 30, An Thoi 32, Ganh Dau 35.

Aktivitäten

- **Tauchen und Schnorcheln.** Insbesondere die Korallenriffe des nahen *An Thoi*-Archipels, z.B. bei den Inseln *May Rut* und *Mong Tay*, sind bestens geeignet.
- **Rainbow Divers.** Das renommierte Unternehmen aus Nha Trang hat Büros im *Saigon Phu Quoc* und in der *Rainbow-Bar* am Strand. Tel. 0913400964, www.divevietnam.com.
- **Coco Divers.** 58 Tran Hung Dao (Ortseingang Duong Dong), Tel. 0913462300, www.cocodivecenter.com.
- **Squid Fishing.** Die Gewässer rund um Phu Quoc sind ein Dorado für Tintenfische; während der Saison kommen Trawler aus Thailand, Singapur und Malaysia hierher zum Kaufen. Gefischt wird in mondlosen Nächten, die Schwärme werden mit taghellen Scheinwerfern angelockt.

Nuoc Mam

Ohne Nuoc Mam, wörtlich „Wasser vom salzigen Fisch", wäre jedes vietnamesische Gericht unvollkommen, und Nuoc Mam aus Phu Quoc gilt in Vietnam als die mit Abstand Beste und Begehrteste. Kein Wunder, dass die Jahresproduktion der Insel längst die 10 Mio. Liter Marke übersteigt (und selbst die Thais inzwischen Phu-Quoc-Etiketten auf ihre Flaschen kleben). Die cognacfarbene, streng riechende Vitamin- und Eiweiss-Bombe wird aus winzigen silbernen Sardinen, *Ca Com*, gewonnen, die erst an der Luft getrocknet werden, um dann wenigstens neun Monate in einem mit Salz und Wasser luftdicht verschlossenen Holzbottich ohne jede Konservierungsstoffe zu fermentieren. Die erste „Pressung" ergibt die hervorragendste Fischsauce, deren Qualität in Prozent gemessen wird. Je höher der Vitamin- und Eiweißgehalt, desto hochprozentiger und desto teurer und kleiner die Flasche. Alles unter 36 % wird man in Phu Quoc als verwässert abtun, 40 % sind exzellent. Ab einer Konzentration von 42 % (bis 60 %) gilt der Extrakt bereits als Medizin. Sowohl Magenverstimmungen als auch Halsschmerzen lassen sich mit Nuoc Mam kurieren.

Unterkunft

- Von wenigen Ausnahmen abgesehen liegen alle Resorts am *Bai Truong* in einer Entfernung von ca. 2–6 km südl. von Duong Dong. Die Preise außerhalb der Hochsaison (s.u.) sind z.T. deutlich niedriger. Pauschaltouristen-Ghettos wie z.B. *Sasco Blue Lagoon*, die ohnehin vornehmlich einheimische und russische Gäste beherbergen, finden hier keine Erwähnung.
- **Achtung:** In der Hochsaison von Nov. bis März können alle Quartiere schon mal komplett ausgebucht sein – rechtzeitig reservieren (und rückbestätigen lassen!) ist dringend angeraten (und sei es nur für die erste Nacht)! Zwischen Weihnachten und Neujahr sowie zu Tet sollte man die Insel ohne feste Reservierung von Logis & Flug möglichst ganz meiden.
- Viele Resorts bieten bei Vorausbuchung kostenlosen Pickup vom Airport (bei Reservierung anfragen).

First Class/Tourist

- **La Veranda.** Das erste ausländische Top-Resort der Insel. Klein, aber fein, und trotz einer gewissen (grundstücksbedingten) Beengtheit das Nonplusultra von Phu Quoc. Pool, Spa, WLAN. 41 Bungalowzimmer ab 145 $ ++. www.laverandaresort.com.
- **Miramar.** Soll noch 2008 eröffnen und könnte dem *La Veranda* als Top-Resort der Insel Konkurrenz machen.
- **Ancient Village.** Seit 2 Jahren eine ambitionierte 110-Zimmer-Bauruine auf der Suche nach einem neuen Investor.
- **Saigon Phu Quoc.** Saigontourists vollklimatisierte Biedermann-Idylle unter Palmen. Nur vom Anspruch her erstklassig, aber dazu fehlt einiges, und nicht nur im Servicebereich. www.vietnamphuquoc.com.

Economy

- **Tropicana.** Resort der ersten Stunde und immer noch empfehlenswert, auch wenn an der Anlage seit Jahren wenig getan wird. Relaxte Atmosphäre, Pool, schöner Strandbereich, Resto-Terrasse mit Meerblick. 32 AC-Bungalows 28–56, Familiy 56–112 $ inkl. BF. Tel. 3847127. www.tropicanavietnam. com.
- **Mai House.** Gérard und seine Frau Mai haben mit einfachen Mitteln das nach unserer Ansicht geschmackvollste Domizil der Insel geschaffen. Eine großzügige Anlage mit angenehm entspannter Atmosphäre; eigenwillig und konsequent naturbelassen – (garantiert keine Gruppen!); kein AC, kein TV, kein Pool! –, aber trotzdem nahezu perfekt. Sehr gutes Restaurant. 17 Bungalows 55 $ (Beach Front 70 $) inkl. Büffet-BF und Airport-Pickup. Tel. 3847003, 0918 123796, maihouseresort@yahoo.com.
- **Cassia Cottage.** Einst Privatresidenz eines amerikanischen Gewürzhändlers aus Hanoi, mittlerweile veritables Resort. Man kann nicht grundsätzlich viel daran aussetzen (viel Grün, Pool etc.), außer dass es an der rechten Würze – sprich echter Atmosphäre – mangelt: alles ist ein bisschen zu viel (oder zu wenig), wirkt gewollt, künstlich und letztlich steril. 10 Gartenzimmer ab 60, 12 Bungalowzimmer ab 90 $ inkl. BF. Tel. 3848395. www.cassiacottage.com.
- **Mango Bay** am *Ong-Lang*-Beach 6 km nördl. Duong Dong. Schöne, weiträumige Anlage in australischem Besitz, teils an Felsküste, teils an kleinen Strandbuchten. 22 Bungalows 55 $ (Holz), 60–80 $ (Stein), auch hier wohnt man „natürlich" ohne AC, Fridge, TV etc. Am besten, auch von der Lage her, gefallen uns die 5 Zimmer mit großer Holzveranda (britisch-afrikanischer Kolonialflair) 45–50 $ inkl. BF. Hübsches Resto. Tel. 0903382207. www.mangobayphuquoc.com.
- **Mai Spa.** Verstecktes Kleinod hinter den Pavillons von *Mai Spa* und *Le Deauville*. 5 sehr geschmackvolle Zimmer in 2 traditionellen Holzhäusern, klein 50, groß 80 $ inkl. BF. mai-spa@hotmail.com.
- **Charm.** Neu 2008. Aufwendige Anlage mit Spa, Shopping-Arkaden, Bar und Restaurant, aber 150 m vom Strand und ohne Beach-Facilities – dafür sind die 20 Zimmer mit allem Komfort für 35 $ geradezu ein Schnäppchen! Tel. Saigon 8101462. www.phuquoc charm.com.

Budget

- **Kim Hoa.** Einer der Pioniere von Phu Quoc, Jahr um Jahr erweitert und vergrößert; jetzt sogar mit Pool. 53 Zimmer in mehreren

Gebäuden 19 $, 8 Bungalows 25–30 $, 8 am Strand 15 $ inkl. BF, allesamt mit AC, WW, TV, Minibar. Sehr gutes Resto. Tel. 3848969, www.kimhoaresort.com.

• **Bo Resort** am *Ong-Lang*-Beach 7 km nördlich. Sehr nette, am Hügel in üppiger Gartenlandschaft gelegene Anlage mit 17 soliden, geschmackvollen Bungalows 35–40 $, am Beach 45 $. Französische Leitung. Tel. 3986142. www.boresort.com.

• **Thang Loi** am *Ong-Lang*-Beach 7 km nördlich. Unter deutscher Leitung (Reinhard aus Augsburg ist Nov.–März anwesend); zunehmend wohnlicher, lichter, aufgeräumter. 15 Bungalows à 18, 25, am Beach 35 $, 5 Beach-Bungalows 30 $. Gemütliche Resto-Bar. Schmaler und etwas felsiger, aber hübscher Strand mit Badesteg. Tel. 3985002. www.phu-quoc.de.

• **Sao Bien** (Sea Star). Geräumig und ansprechend möbliert, jeweils mit AC, Fridge, Sat-TV etc. ausgestattet. 12 Seaview-Bungalows mit je 2 Zimmern 50 $, 11 Garden-Bungalows 40 $, 7 Zimmer 25 $ inkl. BF. Nicht schlecht, aber etwas überteuert. Tel. 982161. www.saobienseastarresort.com.

• **Hiep Thanh.** Nicht gerade eine Schönheit (Reihenhauscharakter), aber geräumig, sauber, praktisch. 15 Bungalows 35 $ (am Strand 45 $), 14 Zimmer in zweistöckigem Haus 20 $ inkl. BF, allesamt mit AC, TV, Fridge. Tel. 3981199, hiepthanh_hotel@yahoo.com.

• **Thanh Kieu.** Gepflegte Anlage, etwas eng bestückt, aber sehr sauber und aufgeräumt. 12 Garden-Bungalows mit AC, Fridge 23 $, 8 Beach-Bungalows 25 $ (Twin 28 $). Tel. 3848394, thanhkieucocobeach@yahoo.com.

• **Kim Nam Phuong.** 10 schlichte, aber wohnliche Bungalows mit AC, TV, Fridge, WW 25 $, 6 mit Fan direkt am Strand 15 $, dazu 16 Zimmer mit Fan/KW 8 $. Tel. 3846319, www.phuquockimnamphuong.com.

• **Beach Club.** Unter englischer Leitung (Mike), rustikal, aber sehr freundlich und etwas abseits vom Getriebe. 4 Bungalows 22–25 $ (Fan, WW), 6 Zimmer (KW) 17 $. Tel. 0918484951. www.beachclubvietnam.com.

• **Viet Thanh.** Unprätentiös und etwas schludrig, aber insgesamt „gemütlich". 7 Bungalows mit Fan, KW, Fridge 15, am Beach 17, dazu 6 Zimmer 5–6 $. Tel. 847716, 09142 12304.

• **Nhat Lan.** Ähnlich wie *Viet Thanh* daneben, aber eine Spur ambitionierter, aufgeräumter. 18 Bungalows 15, am Strand 20, dazu 5 Zimmer 10 $. Tel. 3847663, nhatlan98 @yahoo.com.

• **Thanh Hai.** In der zweiten Reihe (50 m zum Strand, auf dem Weg zu *Mai House)*. Ideal für Langzeitgäste. 11 Zimmer 6 $, Bungalows 8 mit Miniküche 10 $. Tel. 3857482, thanhhairesort@yahoo.com.

• **Gecko.** Neben dem *Thanh Hai*, deutlich wohnlicher und ordentlicher. Der Franzose *Willy* (Tel. 0939402872) ist Tauchlehrer (sea rama@hotmail.fr) und vermietet Jeeps. 5 Bungalows 14, 20 (für 3–4 Pers.), 3 Zimmer (groß, aber KW) 10 $. gecko_guest@ya hoo.com.vn.

• **Ai Xiem** am *Bai Sao*-Strand. 7 Zimmer 15 $. Zu teuer, aber dafür – noch – exklusiv am schönsten Strand der Insel. Tel. 3990510.

• **Island Villa.** „Dschungel"-Resort mit Pool, Resto und 24 AC-Zimmern mit Fridge, Balkon, Sat-TV 25 $ inkl. BF. Mountainbikes sind gratis, Motorbikes können gemietet werden. Tel. 3982346. www.islandvillaresort.com.

Essen und Trinken

• **Mai House.** Französisch-vietnamesische Cuisine, sehr gepflegt, mit viel Atmosphäre, unmittelbar am Strand.

• **Kim Hoa.** Die beste – und authentischste! – einheimische Küche in Strandnähe; vorwiegend vietnamesische Gäste.

• **The Palmtree.** Kleines, vergnügliches Strandresto nahe *La Veranda;* große Auswahl, guter Service.

• **Strand I** (an der Straße oberhalb *Mai House*). Das einstige Strand-Resto **Hieu** bietet solide einheimische Kost. Ambitionierter, aber nicht immer besser, ist das franko-vietnamesische **Le Bistrot.** Eine Alternative ist das feine Restaurant des **Charm.**

• **Strand II** (an der Straße oberhalb *Blue Lagoon*). Renner ist das australische **Hop Inn,** das neben einheimischer Kost auch Burger und Steaks offeriert. Der **German Biergarten** (70 Tran Hung Dao) hat leider den Besitzer gewechselt (*Louis*, Holländer!) und droht in

157vi Foto: kb

Am Strand von Phu Quoc

punkto der saftigsten Schweinshaxn & Würstel *Norberts* **Anh Thu** schräg gegenüber zu unterliegen. Des Weiteren sind da noch das französische **Chez Carole** und die wiederum deutsche **Luna Bar** *(Dennis)* mit Cocktails und selbstgebackenem Kuchen.

- **Duong Dong.** Gemeinhin besser als am Strand speist man inzwischen im Ort. Sämtliche Top-Lokale befinden sich entlang der (endlos langen) 30/4-Straße. **Zen.** Groß, halboffen, das eleganteste. **Trung Duong** *(Marina)*, das intimste. Und **Sang Tuoi,** das bodenständigste und atmosphärischste, mit einer großen Terrasse am Fluss. Keine schlechte Wahl ist auch das **Bien Ngoc** (120 3/4). Geboten werden jeweils Seafoodgerichte aller Art.
- **Ai Xiem** am *Bai Sao*-Strand. Vorzügliche Meeresfrüchte vom Grill, direkt am Strand.
- **Rainbow Bar.** Resto und Nightspot am Strand nahe Tropicana, betrieben von den *Rainbow Divers* (s.o.). Küche wie Ambiente sind allerdings enttäuschend.
- **Eden.** Karikatur einer Ethno-Strandbar, direkt neben dem *La Veranda*. Und dahinter gammeln vier „Bungalows" ...

An- und Weiterreise

Flug

- **Von/nach Saigon** 4–5-mal tgl. (1 Std., 30 $), einmal von/nach **Rach Gia** (17 $). **Achtung:** Die Flüge sind in der Hochsaison oft ausgebucht! Unbedingt so früh wie möglich reservieren!
- **Vietnam Airlines.** Im Airport. Tel. 846086. Achtung: *Nuoc Mam* darf offiziell nicht im Flugzeug transportiert werden.
- **Transport.** Vom Airport zu den Resorts am Long Beach per Taxi (70–90.000 đ) oder Xe Om (15.000 đ).

Schiff

- **Rach Gia.** 3–4-mal tgl. **Schnellboote** verschiedener Gesellschaften gegen 8 und gegen 13 Uhr von/nach *Bai Vong*, Fahrzeit 2 Std., 150–180.000 đ. **Slowboats** tgl. 8, 13 Uhr, Fahrtdauer 7–8 Std., 70.000 đ. Am Pier in Rach Gia warten Minibusse nach Saigon (s. auch *Rach Gia*).
- **Ba Hon** (22 km südl. Ha Tien). Von/nach Ham Ninh. Die kürzere, aber deutlich unzuverlässigere Verbindung. Die Slowboats sind kleiner, seeuntüchtiger und fallen häufig aus. Angeblich illegal.
- **Tickets.** Wenn möglich, Tickets bereits in Saigon kaufen! Die Boote sind oft voll oder werden als voll ausgegeben, um (doppelt so teure) Schwarzmarkt-Tickets zu verkaufen.
- **Transport.** Von Bai Vong nach Duong Dong per Minibus 12.000 đ (Tickets werden auf den Booten verkauft). Zu den Resorts am Long Beach per Taxi (um 200.000 đ) oder Xe Om (um 50.000 đ).
- **Inseltripps.** Von An Thoi fahren unregelmäßig Boote zu den vorgelagerten Inseln wie *Hon Thom*, der größten der 15 Eilande des *An Thoi*-Archipels. Charterboote vermitteln die meisten Resorts. Ein Boot für 4–8 Passagiere sollte um 33–40 $ am Tag kosten.

Tour

- Von Phu-Quoc-Touren Saigoner Veranstalter ist abzuraten, sofern sie, wie meistens, Übernachtungen beinhalten. Wer einige Tage im düstersten Loch einer düsteren Anlage verbracht hat, sinnt nur noch auf Flucht.

Ca Mau & Bac Lieu

↗ XXII/B/C3

(Cà Mau & Bạc Liêu)

Ausländer in den beiden südlichsten Provinzen Vietnams sind äußerst rar. Voll auf ihre Kosten kommen lediglich Ornithologen, Botaniker, Biologen und Abenteurer. Auch wenn die einst bitterarme Region dank profitabler Fisch- und Shrimpszuchten zuletzt zu halbwegs bescheidenem Wohlstand gelangt ist, fühlt sich der Fremde hier immer noch wie in einem anderen Land.

Da das Schwemmland der Halbinsel Ca Mau nicht mehr dem „reinigenden" Einfluss des Mekong unterliegt, haben sich aufgrund des hohen Salzgehalts der Flüsse riesige Sümpfe und **Mangrovenwälder** ausgebreitet, die mit einer Fläche von 200.000 ha als die größten der Welt nach denen des Amazonasbeckens gelten. Ein idealer Unterschlupf der Guerilla bereits im antikolonialen Kampf, unterlagen die Wälder zwischen 1964 und 1973 intensivsten Attacken durch amerikanische Giftgase und Napalmbomben. Aller Wiederaufforstung zum Trotz sind immer noch mehr als ein Fünftel des ehemaligen Bestands verrottetes Ödland, halb Steppe halb Sumpf, ein Paradies für zahllose Vogelarten, Schlangen, Schildkröten, Krokodile und Insekten aller Art.

Praktische Informationen

- Tel. 078 (Ca Mau), 0781 (Bac Lieu)
- **Ca Mau Tourist** organisiert Bootstouren in die Mangrovenwälder von U Minh und den Vogelpark *(Vuon Chim)* von Ngoc Hien (30 km südl.). 1 Ly Bon, Tel. 831828, Fax 837022.
- **Bac Lieu Tourist** organisiert Touren zum Bac-Lieu-Vogelpark (5 km). 6 Hoang Van Thu, Tel. 822623, Fax 823655.

Unterkunft

- **Ca Mau.** *Sieu Thi.* 50 Zimmer 12–35 $. 1 Hung Vuong, Tel. 836786, Fax 832789. *Quoc Nam.* 20 Zimmer Fan 6–8 $, AC 10–13 $. 23 Phan Boi Chau, Tel. 827281. *Hai Chau.* 12 Zimmer Fan 6 $, AC 8–10. 12 Hung Vuong, Tel. 832897.
- **Bac Lieu.** *Bac Lieu.* 70 Zimmer 15–25 $. 4 Hoang Van Thu, Tel. 820336, Fax 823655. *Nha Nghi Bac Lieu.* 12 Zimmer Fan 4 $, AC 7–8 $. 8 Ly Tu Trong, Tel. 823815, Fax 825 290.

An- und Weiterreise

Entfernungen

- Von Ca Mau in km: Bac Lieu 70, Soc Trang 120, Rach Gia 130, Can Tho 185, Saigon 350.

Bus

- **Von Saigon** nach Ca Mau (über Can Tho und Bac Lieu) 8–10 Std.
- **Von Ca Mau** regelmäßig nach Bac Lieu, Rach Gia, Soc Trang, Can Tho, Saigon.

Flug

- Tgl. Saigon – Ca Mau und zurück.

Boot

- **Ngoc Hien.** Per Schnellboot vom Pier B.
- **Rach Gia.** Sehr empfehlenswerte Fahrt, die großteils mitten durch die Wälder von U Minh führt. Pier B, tgl. 5.30 Uhr, Fahrzeit 12 Std., 25.000 đ.
- **Frachtboote** zwischen Ca Mau und Saigon verkehren mehrmals die Woche, die Fahrt dauert 24–28 Stunden (Küche und Liegestühle an Bord). Da Ca Mau am Phung-Hiep-Kanal liegt, ist auch ein Transfer ab Phung Hiep (s. *Can Tho*) möglich.

143vi Foto: kb

Anhang

Neueste Nachrichten unter freiem Himmel

Literatur und Multimedia

- **Websites.** Gute Online-Suchdienste nach vergriffenen Werken sind u.a.
- *www.zvab.com* (dt.)
- *www.bookfinder.com* (engl.)
- *www.abebooks.com* (engl.)
- **Reprints** zahlreicher Werke zum Thema Vietnam, auch längst vergriffener, sind in Saigon, Hanoi und Hoi An zu finden.

Reiselektüre

Als ideale Reiselektüre (im handlichen Taschenbuchformat) und zum Einstimmen empfehlen wir:

- **Graham Greene:** *The Quiet American* (Der Stille Amerikaner). *Der* Kultroman zu Vietnam, spannend, vergnüglich und lehrreich. Amerika gegen „Altes Europa" – schon vor über 50 Jahren gab Graham Greene Antworten auf Fragen, die noch keiner stellte.
- **Frances Fitzgerald:** *Fire in the Lake. The Vietnamese and the Americans in Vietnam.* Die brillianteste Analyse des Vietnamkriegs und seiner Vorgeschichte (und eines der besten und verständigsten Bücher über das Land überhaupt). New York 1972, TB 2002.
- **Georg W. Alsheimer:** *Vietnamesische Lehrjahre.* Wie ein deutscher Arzt in Hue (1961-1967) lernte, sich auf die Seite des vietnamesischen Volkes und der Gerechtigkeit zu schlagen. Unverzichtbar. Frankfurt 1968.
- **Oriana Fallaci:** *Nichts und Amen* (auch: *Wir, Engel und Bestien).* Die wagemutigsten und einfühlsamsten Reportagen aus dem Vietnamkrieg. München 1974, Köln 1991.
- **Michael Herr:** *Dispatches.* Der Rock'n Roll-Reporter des Vietnamkriegs ist absolut Kult! New York 1968. Mehrere deutsche Ausgaben 1986–90. (teilweise leider grausig übersetzt).
- **Bao Ninh:** *The Sorrow of War.* Der erste authentische Roman eines nordvietnamesischen Soldaten über das Grauen des Krieges schlägt die Konkurrenz aus Amerika zum Teil um Längen. In Saigon und Hanoi erhältlich.
- **Tom Mangold/John Penycate:** *The Tunnels of Cu Chi.* Eine einleuchtende Demonstration an einem exemplarischen Fallbeispiel, warum die Amerikaner den Krieg gar nicht gewinnen konnten. London 1985.
- **Maria Coffey:** *Mond über Vietnam. Streifzüge mit Boot und Fahrrad. (Three Moons in Vietnam).* Aus der Frühzeit des Vietnamtourismus (1994). Vielleicht nicht das beste seiner Art, aber leicht verfügbar. München 2002.
- **Anthony Grey:** *Saigon.* Populärhistorischer Schmöker durch Vietnams tragische Vergangenheit anhand einer Familiensaga nach dem Strickmuster „wie sich die Geschichte rundet". London 1982.

Reportagen/Analysen (deutsch)

Weshalb gerade Deutsche zu den scharfsinnigsten Beobachtern Vietnams gehören, sei es als Kriegsreporter „mit Durchblick" oder engagierte Reisende durch das problematische Vietnam vor der Wende von 1990, wäre eine Analyse für sich wert.

- **Alsheimer, Georg W.:** *Eine Reise nach Vietnam.* 1979.
- **Holzer, Werner:** *Vietnam oder Die Freiheit zu sterben.* 1968. Bei den Erben Ho Chi Minhs. 1971.
- **Scholl-Latour, Peter:** *Der Tod im Reisfeld.* 30 Jahre Krieg in Indochina. 1979. *Der Ritt auf dem Drachen. Indochina von der französischen Kolonialmacht bis heute.* München 1990.
- **Scharlau, Winfried:** *Vier Drachen am Mekong. Asien im Umbruch.* 1989.
- **Krebs, Peter:** *Die Kinder von Vietnam. Bilanz eines modernen Krieges.* 1984.
- **Sontheimer, Michael:** *Im Schatten des Friedens. Ein Bericht aus Vietnam und Kamputschea.* 1989.
- **Schnibben, Cordt:** *Saigon Export. Seltsame Berichte aus einem neueröffneten Land.* 1989.
- **Giesenfeld, Günter:** *Land der Reisfelder. Vietnam, Laos, Kampuchea, Geschichte und Gegenwart.* 1988.
- **Della Rossa, Macchietto:** *Frühlingsrollen auf dem Ahnenaltar; Vietnamesische Aufbrüche,* Wien 2006. In der bewährten Reihe Picus Lesereisen.

Geschichte allgemein

• **Hodgkin, Thomas:** *Vietnam, the Revolutionary Path.* New York 1981. Herausragend.
• **Buttinger, Joseph:** *Vietnam, a Political History.* London 1969.
• **Duiker, William:** *Historical Dictionary of Vietnam.* London 1989.
• **Chesneaux, Jean:** *Geschichte Vietnams.* Berlin 1963. *Vietnam. Geschichte und Ideologie des Widerstands.* Frankfurt 1968.
• **Fall, Bernard:** *Street Without Joy.* London 1963. *The Two Vietnams.* New York 1963. *Last Reflections on a War.* Garden City 1967. Auswahl, z. T. in dt. Der Star-Reporter des Indochinakriegs fiel zu Beginn des amerikanischen Kriegs.
• **Burchett, Wilfred:** *Vietnam, Inside Story of the Guerilla War.* New York 1965. *North of the 17th Parallel.* Hanoi 1957. Auswahl, z.T. in dt. Der renommierteste westliche Sympathisant des Viet Minh.
• **Woodside, Alexander B.:** *Community and Revolution in Modern Vietnam.* Boston 1976. Brillante Analyse zwischen Ethno- und Politologie.
• **Marr, David:** *Vietnamese Anticolonialism, 1885-1925.* Berkeley 1971. *Vietnamese Tradition on Trial: 1920-1945.* Berkeley 1981.
• **Hammer, Ellen:** *Vietnam. Yesterday and today.* New York 1966. *The Struggle for Indochina.* Stanford 1954.
• **Duiker, William:** *Nation in Revolt.* Boulder/Col. 1983.
• **Lacouture, Jean:** *Ho Chi Minh.* Paris 1966 (dt. 1968).
• **Ho Chi Minh:** *Revolution und nationaler Befreiungskampf. Reden und Schriften 1920-1968.* München 1968.
• **Roy, Jules:** *Der Fall von Dien Bien Phu.* München 1965.
• **McCoy, Alfred W:** *The Politics of Heroin in South-East-Asia.* New York 1972.

Vietnamkrieg

• **McCarthy, Mary:** *Vietnam-Report.* München 1967. Hanoi/München 1968. Medina. *Die My Lai-Prozesse.* München 1982. Sammelband *The Seventeenth Degree,* New York 1974. Exzellente Essays der berühmten Romanautorin.
• **Sontag, Susan:** *Reise nach Hanoi.* Hamburg 1969.
• **Lifton, Robert Jay:** *Home from the War. Vietnam Veterans: Neither Victims nor Executioners.* New York 1973. Warum mehr GIs von eigener Hand starben als im gesamten Krieg.
• **Shay, Jonathan:** *Achill in Vietnam, Kampftrauma und Persönlichkeitsverlust.* Hamburg 1998.
• **Sheehan, Neil** (Hrsg.): *The Pentagon-Papers,* New York 1971. *A Bright Shining Lie: John Paul Vann & America in Vietnam.* New York 1988.
• **Horlemann, Jürgen, Gäng, Peter:** *Vietnam. Genesis eines Konflikts.* Frankfurt 1966/73. Gutes, soziologisch überfrachtetes Standardwerk der 68er-Generation.
• **McNamara, Robert:** *Vietnam, Das Trauma einer Weltmacht.* München 1979. Verspätete Einsichten des größten Kriegstreibers im Vietnamkrieg
• **Sonderheft du.** *Vietnam. Dossier Erinnerung.* Zürich, 7/8 1997.
• **Frey, Marc:** *Geschichte des Vietnamkriegs.* München 1999/2004. Sachlich, gut, objektiv, etwas trocken.
• **Neale, Jonathan:** *Der Amerikanische Krieg - Vietnam 1960-1975.* Hamburg 2004 (engl. 2003). Der Abstand von einem Vierteljahrhundert tut dem Buch gut.
• **Schneider, Wolfgang** (Hrsg.): *Apokalypse Vietnam.* Berlin 2000. Buch zur TV-Serie. Zur Einführung geeignet.
• **Greiner, Bernd:** *Krieg ohne Fronten. Die USA in Vietnam,* Hamburg 2007. Phänomenaler 550-Seiten-Essay, das Beste, das seit Langem über den Krieg publiziert wurde.

Vietnam nach 1975

• **Beresford, Melanie:** *Vietnam. Politics, Economics and Society,* London 1988. – *Economic Transition in Vietnam,* London 2001.
• **Wiegersma, Nancy:** *Vietnam: Peasant Land, Peasant Revolution.* New York 1988. Einfach brillant!
• **Buro, Andreas, Grobe, Karl:** *Vietnam! Vietnam? Die Entwicklung der Sozialistischen Republik Vietnam nach dem Fall Saigons.* Frankfurt 1984. Standardwerk zwischen Sympathie und Enttäuschung.

• **Will, Gerhard:** *Vietnam 1975-79: von Krieg zu Krieg.* Hamburg 1987.
• **Chanda, Nayan:** *Brother Enemy. The War after the War.* London 1986. Vom Schrecken des Bruderkriegs mit Kambodscha.
• **Kamm, Henry:** *Dragon Ascending. Vietnam and the Vietnamese.* New York 1997.
• **Lamb, David:** *Vietnam Now. A Reporter Returns.* New York 2002. Lesenswerte Reportagen und Analysen über das Vietnam von heute.

Kunst, Kultur und Alltag

• **Woodside, Alexander B.:** *Vietnam and the Chinese Model,* Cambridge/Mass. 1971.
• **Hickey, Gerald:** *Village in Vietnam,* New Haven/ Conn. 1964. Rthnologie im Dienste des CIA.
• **Weiss, Peter:** *Notizen zum kulturellen Leben in der DR Vietnam,* Frankfurt 1968.
• **Wulf, Anneliese:** *Vietnam. Pagoden und Tempel im Reisfeld - im Fokus chinesischer und indischer Kultur,* Köln 1991. Im Detail veraltetes, aber lesenswertes Standardwerk (die Autorin verstarb 1998).
• **Petrich, Martin, Krücker, Franz-Josef:** *Vietnam, Laos und Kambodscha. Tempel, Klöster und Pagoden in den Ländern am Mekong.* Köln 2004.
• **Chong, Denise:** *Das Mädchen hinter dem Foto. Die Geschichte der Kim Phuc.* Hamburg 2001, TB 2005.
• **Bingemer/Gerlach:** *Vietnam. Küche & Kultur,* München 2004. Coffeetable-Buch mit wenig Kultur, aber vielen Rezepten.
• **Kotte, Heinz/Siebert, Rüdiger:** *Vietnam hautnah.* Ein Land im Umbruch, Bad Honnef 2006. *Der Traum von Angkor. Vietnam, Kambodscha, Laos.* Bad Honnef 2000. Reportagen, Porträts, Interviews.
• **Keller, Hans-Jörg:** *KulturSchlüssel Vietnam.* Ismaning 2000. Sympathische Kompilation für Einsteiger.
• **Logan, William S:** *Hanoi. Biography of a City,* Washington 2001. Schon ein Klassiker.
• **Radulovic, Veronika:** *Sicherheitsabstand. Vietnam, Kunst, Politik, Freundschaften; eine Annäherung,* Bielefeld 2006. Einsichten in Alltag, Ängste und Bürokratie; die Künstlerin lebte und lehrte 1993-2006 in Hanoi.

Reiseberichte und Memoiren

• **Lewis, Norman:** *A Dragon Apparent, Travels in Cambodia, Laos and Vietnam* (1951), TB London 1982. Klassiker der Reiseliteratur.
• **Illner, Hans:** *Reiseland Vietnam.* Moers 1989, 1993. Anachronistische Berichte von einem fremden Planeten, bereits bei seinem Erscheinen rührend veraltet.
• **Wintle, Justin:** *Romancing Vietnam. Inside the Boat Country.* London 1991. Erlebnisbericht des ersten Backpackers im „neuen" Vietnam.
• **Downie, Sue:** *Down Highway One, Journeys through Vietnam and Cambodia,* Hongkong 1993.
• **Hunt, Christopher:** *Sparring with Charlie, Motorbiking down the Ho Chi Minh Trail,* New York 1996.
• **Thich Nhat Hanh:** *Der Duft von Palmenblättern, Erinnerungen an schicksalhafte Jahre,* Freiburg 2000. Autobiografische Tagebücher (1962-66) des in Südfrankreich lebenden Zen-Philosophen, von dem im gleichen Verlag weitere Schriften vorliegen.
• **Pham, Andrew X:** *Mond über den Reisfeldern, Einmal Vietnam und zurück. (Catfish and Mandala.)* München 2002. Von der schwierigen Rückkehr eines US-Exilanten in sein Heimatland.
• **Quilitzsch, Frank:** *Hanoi Berlin Nha Trang, Vietnamesische Lebenslinien,* München 2002. Der Autor begleitet seinen Freund zu dessen in Vietnam lebenden Geschwistern.
• **Pohl, Marie:** *Maries Reise.* Hamburg 2002. Die 20-jährige Marie Pohl machte sich 1999 auf eine neunmonatige Reise, um in Berlin, Havanna, Buenos Aires, San Francisco, Hanoi, Jerusalem, Tiblissi und Helsinki „die interessantesten Personen meiner Generation zu suchen".
• **Altmann, Andreas:** *Der Preis der Leichtigkeit. Eine Reise durch Thailand, Kambodscha und Vietnam,* München 2006. Abseits des „Nasenringtourismus", aber ohne gleich mit Abenteueranspruch. Annehmbar.

Belletristik

• **O'Brien, Tim:** *Was sie trugen (The Things They Carried).* München 2000. *Die Verfolger*

(Going After Cacciato). Hamburg 1981. *If I Die in a Combat Zone.* New York 1973. Die beste Prosa eines Vietnamveteranen. Exzellent, halluzinatorisch.

- **Wolff, Tobias:** *In der Armee des Pharaohs.* Frankfurt 1996. Apokalyptische Erinnerungen des späteren Faulkner-Preisträgers.
- **Kovic, Ron:** *Geboren am 4. Juli (Born on the 4th of July).* München 1990. Mit Tom Cruise verfilmter Bestseller eines verkrüppelten Veteranen und Antikriegsaktivisten.
- **Caputo, Philip:** *Stoßtrupp durch die grüne Hölle (A Rumour of War).* Berg. Gladbach 1989. Einer der besten und authentischsten Romane des Vietnamkriegs.
- **O'Nan, Stuart** (Ed.): *The Vietnam Reader. The definitive collection of American fiction and nonfiction of the war.* New York 1998, London 1999. Anthologie.
- **Duras, Marguerite:** *Heiße Küste.* Frankfurt 1987. *Eden Cinema.* Frankfurt 1988. *Der Liebhaber aus Nordchina.* Frankfurt 1993. *Der Liebhaber.* Frankfurt 2000. In meisterhafte Prosa geronnene Erinnerungen an Kindheit und Jugend in Vietnam.
- **Fried, Erich:** *und Vietnam und.* Gedichte. Berlin 1966/1996.
- **Hougron, Jean:** *Es begann in Saigon.* Hamburg 1958. Der Bestsellerautor der französichen Kolonie liegt in mehreren dt. Übersetzungen vor.
- **West, Morris:** *Der Botschafter.* München 1965. Lehrreicher Vietnam- und Politik-Schmöker.
- **Thürk, Harry:** *Der Tod und der Regen,* Berlin 1968. Lesenswerter Saigon- und Kriegsroman des DDR-Star-Autors.
- **DeMille, Nelson:** *Die Mission (Upcountry).* München 2002. Spannende Reise durch Vietnam 25 Jahre „danach", um einen alten Mordfall aufzuklären.
- **Webb, James:** *Vergessene Helden (Lost Soldiers).* München 2003. Die Gebeine eines gefundenen GI werfen Rätsel und reißen alte Wunden auf.

Literatur aus Vietnam

- **Pham Thi Hoai:** *Die Kristallbotin,* Hamburg 1992. – *Sonntagsmenü,* Zürich 1995. Die Autorin lebt seit Mitte der 1990er Jahre in Berlin und wurde mit mehreren deutschen Literaturpreisen geehrt.
- **Duong Thu Huong:** *Liebesgeschichte, vor der Morgendämmerung erzählt,* Bad Honnef 1992. – *Bitterer Reis,* München 1993. – *Roman ohne Titel,* Bad Honnef 1995. – *Memories of a Pure Spring,* London 2000. Die wichtigste und streitbarste Autorin des „alten" neuen Vietnam bezahlte ihr Engagement mit mehreren Aufenthalten im Gefängnis.
- **Nguyen Huy Thiep:** *The General Retires and Other Stories,* Singapore 1992. Die eigenwilligen Kurzgeschichten sorgten für bahnbrechende Skandale in Hanoi.
- **Le Ly Hayslip:** *Geboren in Vietnam. Eine Lebensgeschichte,* Hamburg 1992. Von Oliver Stone verfilmte Erinnerungen einer US-Exilantin an Kindheit und Krieg in Vietnam.
- **Lê, Linda:** *Toter Buchstabe,* Zürich 2005. Das „vietnamesischste" der skurrilen Werke der in Paris lebenden Autorin.
- **Truong, Monique:** *Das Buch vom Salz,* München 2004. Vergnüglicher Roman über den vietnamesischen Koch Gertrude Steins, in einer Nebenrolle Ho Chi Minh.
- **Kothmann, Hella** (Hrsg.): *Frauen in Vietnam. Erzählungen,* München 1994. Zwölf vietnamesische AutorInnen mit Erzählungen rund um das Thema „Frau".

Sprache

- **Heyder, Monika:** *Vietnamesisch – Wort für Wort.* Reise Know-How Verlag, Kauderwelsch Bd. 61, Bielefeld 2005. *Reisewortschatz Vietnamesisch,* Reise Know-How Verlag, Bielefeld.
- **Boscher, Winfried:** *Wörterbücher Vietnamesisch – Deutsch, Deutsch – Vietnamesisch,* München 2000. Alte DDR-Ausgaben sind z. T. noch in Vietnam zu finden.

Zeitschriften

- **VietNam Kurier.** Vierteljährlich. Lesenswertes zu Literatur, Kunst, Kultur, Politik. Ca. 60 Seiten, Einzelheft 4 €, Abo 15 €. Freundschaftsgesellschaft Vietnam e.V., Tel. 0211/490 111, Fax 4986343. www.fg-vietnam.de.
- **Südostasien Aktuell.** 2-monatlich. Institut für Asienkunde, Tel. 040/428874-0, www.duei.de/ifa.

- **ADAC Reisemagazin.** *Vietnam, Laos, Kambodscha*, Okt. 2004.
- **Geo Spezial.** *Vietnam, Laos, Kambodscha*, Nov. 2007.
- **Merian:** *Vietnam*, April 2007.

Bildbände

- **Hechenblaikner, Lois, Schwarzenauer, Friedrich:** *Vietnam*, München 1992. Wie Vietnam kurz nach der Öffnung aussah. Exzellent zur Einstimmung geeignet.
- **Unger, Anne Helen u. Walter**: *Hue. Die Kaiserstadt von Vietnam*, München 1995. Informativ auch in seinen Texten.
- **Smolan, Rick / Erwitt, Jennifer**: *Passage to Vietnam*, New York 1994.
- **Saitner, Gerhard, Wulf, Annaliese:** *Vietnam*, Luzern 1995.
- **Griffiths, Philip Jones:** *Vietnam Inc.*, Berlin 2001. Reprint des jahrzehntelang vergriffenen Kultwerks (1971) und nach wie vor eines der erschütterndsten Dokumente zum Vietnamkrieg.
- **Page, Tim:** *The Mindful Moment*, Göttingen 2002. - Die besten Fotos (1965–1999) des berühmten Kriegsfotografen mitsamt einer persönlichen Rückschau.
- **Page, Tim:** *Ein anderes Vietnam. Bilder des Krieges von der anderen Seite.* Hamburg 2002. 1954–1975 aus Sicht vietnamesischer Fotografen, mit Kommentaren und Interviews von Tim Page.
- **Miethig, Maria:** *Vietnam, seine Städte und Regionen*, Köln 2007. Nicht allein opulenter Bild-, sondern auch gewichtiger Textband, insofern eine echte Rarität: zum Schmökern, aber auch zum wissbegierigen Lernen!

Karten

- **Nelles.** Die von Bonn bis Bangkok erhältliche Karte (Vietnam, Laos, Kambodscha, 1:1,5 Mio.) ist übersichtlich und benutzerfreundlich, strotzt im Detail aber von Fehlern und Ungereimtheiten.
- **Saigontourist.** Die Tourist Map im Nelles-Design (gleicher Maßstab) ist detailgenauer und aktueller. Preisgünstig (um 1 $) in Saigon und Hanoi zu erstehen.
- **Sinhbalo Travel Map** (1:1,25 Mio). Das beste und aktuellste auf dem vietnamesischen Markt, mit Stadtplänen Hanoi, Saigon, Hue, Hoi An. www.sinhbalo.com.
- **world mapping project.** *Nord-Vietnam* und *Süd-Vietnam* (je 1:600.000) 2005. *Indochina* (1:1,2 Mio) 2006, www.reise-know-how.de.

Spezialbuchhandlungen

- **Geo Buchhandlung.** Rosental 6, 80331 München, Tel. 089/265030.
- **Dr. Götze.** Alstertor 14–18, 20095 Hamburg, Tel. 040/3574630, www.mapshop-hamburg.de
- **Gleumes & Co.** Hohenstaufenring 47-51, 50674 Köln, 0221/211550. www.landkarten haus-gleumes.de.
- **Travel Bookshop.** Rindermarkt 20, 8001 Zürich, Tel. 0041/1/2523883. www.travel bookshop.ch.
- **Motzko-Reise.** Elisabethstr. 1, Wien, Tel. 0662/883311-55. www.motzko.at.
- **Librairie Sudestasie.** 17 rue du Cardinal Lemoine, 75005 Paris, Tel. 43251804.

Musik

- **Ho! Roady Music from Vietnam 2000.** Saigon-Trash-Blues vom Feinsten und Schrillsten. Eine fantastische Einstimmung auf Land und Leute. Trikont, München (www.trikont.de).
- **Nguyen Le:** *Tales from Vietnam*, 1997. Mit Huong Thanh (voc): *Moon and Wind*, 1999. *Dragonfly*, 2001. Neuinterpretation vietnamesischer Songs durch den bekannten Jazzgitarristen aus Paris. ACT Music.
- **Tai Tu Nam Bo:** *Saigon, Masters of Traditional Music*. Wergo.

CD/DVD

- **Passage to Vietnam,** Against All Odds. CD-Rom. Klassiker. 31,96 $.
- **Vietnam. Ein Land im Aufbruch.** Reisereportage von *Oliver Schwartz*, 113 Min. DVD, Turtle Media 2003. www.travelguide-vietnam.net.

Kleine vietnamesische Sprachhilfe

(Auszug aus: Kauderwelsch Vietnamesisch – Wort für Wort von Monika Heyder, Band 61, REISE KNOW-HOW Verlag)

Töne

Vietnamesische Wörter setzen sich aus drei Bestandteilen zusammen: Konsonanten, Vokalen und Tönen. Die falsche Aussprache des Tons führt zu Missverständnissen, wenn nicht völligem Unverständnis, da ein und dasselbe Wort je nach Tonlage vollkommen unterschiedliche Bedeutungen annehmen kann. Das Vietnamesische kennt 6 Töne, die in der Schrift durch Tonzeichen voneinander unterschieden werden:

Wort	Ton-zeichen	Ton	Intonation	Bedeutung
ma	ohne	Normalton (1.) ***thanh băng***	normale Sprechlage	Geist, Gespenst
mà	\`	fallender (2.) ***thanh huyền***	tiefer sprechen	aber
má	´	steigender (3.) ***thanh sắc***	höher als 1.	Mutter
mạ	.	tiefer (4.) ***thanh nặng***	tief und gepreßt	Reissetzling
mả	?	Frageton (5.) ***thanh hỏi***	fragender Tonfall	Grab
mã	~	unterbrochen-steigender (6.) ***thanh ngã***	Vokal zweimal sprechen, dazwischen Knacklaut	Pferd

Aussprache

Außer Tonzeichen gibt es Zeichen zur Unterscheidung verschiedener Vokale: z. B. a, ă, â oder o, ô, ơ. Stark generalisierend kann man folgendermaßen unterscheiden:

Vokale

a	=	Name (lang, halboffen)
ă	=	Lamm (kurz, offen)
â	=	Schule (kurz, geschlossen)
e	=	nämlich
ê	=	See
i, y	=	nie
o	=	offen
ô	=	Ofen
ô	=	Ofen
o', u'	=	ähnlich ö bzw. ü, aber „kehliger"
u	=	zu
uy	=	üi

Konsonanten

In Klammern steht die Aussprache in Süd- und Zentralvietnam.

ch	=	Tsetsefliege
d	=	Sohn (ja)
d	=	du
gh, g	=	gut
gi	=	Rose (ja)
ngh	=	lang
nh	=	Signora
ph	=	fein
q	=	klein
r	=	Genie (Radio)
s	=	Messer (schön)
tr	=	Tscheche (Tritt)
v	=	wir
x	=	Messer

Kurzgrammatik

- Die meisten Wörter sind kurz und einsilbig, jede Silbe bildet ein Wort *(bố, em, ốc)*. Durch Zusammensetzung einzelner Silben entstehen mehrsilbige Wörter, die wie eines gesprochen werden *(ban* Tisch + *ghế* Stuhl = Möbel, *quần* Hose + *áo* Hemd = Kleidung).

- Jedes Wort bleibt grundsätzlich unverändert, d.h. es gibt weder Beugung noch Verben (Konjugation) noch von Substantiven, Adjektiven usf. (Deklination). Das ersprart zwar viel Grammatik, macht es für Außenstehende aber trotzdem nicht leicht. Ob ein Wort Substantiv, Verb oder Adjektiv ist, kann man oft nicht an seiner Form, sondern nur aus seiner Funktion innerhalb des Satzes erkennen.

- Die Satzstellung folgt im Allgemeinen der Regel *Subjekt - Attribut - Prädikat - Objekt*. Eigenschaftswörter stehen immer hinter dem Hauptwort, die Verneinung *(không)* immer vor der Satzaussage (Verb bzw. Adverb) oder dem Adjektiv, z.B.:

Người Đức này không nói tiếng Việt.
Mensch deutsch dieser nicht sprechen Sprache Vietnam
Dieser Deutsche spricht nicht Vietnamesisch.

(Da es keine Beugung und kein grammatisches Geschlecht gibt, kann je nach Zusammenhang aber auch „diese Deutsche" gemeint sein.)

- Ein genaues Äquivalent zum *ich* gibt es nicht. Wer von sich selber spricht, nennt sich „Onkel", „jüngerer Bruder", „Schüler", „Lehrer" usf., d. h. bestimmt sich durch die Art seiner Beziehung zu anderen.

Tôi, heute für das individuelle „Ich" benutzt, bedeutet einmal „Untertan des Königs". Für die 2. Person einzahl (du) werden entsprechende Anredewörter *ông, bà, cô, em* usf. verwendet, die 3. Person (er, sie, es) wird meist durch Anfügen von *ấy* gebildet; jede Frage oder Anrede lautet daher verschieden, je nachdem wer sie ausspricht und an wen sie gerichtet wird (ob z.B. eine Frau einen Mann, ein Kind, eine ältere oder jüngere Frau usf. anredet). Für die 1. Person Mehrzahl (wir) gibt es *chúng tôi*, das außenstehende Personen ausschließt, und *chúng ta*, das sie einschließt.

Mit ông, bà kann man bei älteren oder höhergestellten Personen nichts verkehrt machen,es ist höflich und unserem Sie bzw. Herr, Frau vergleichbar. *Anh, chị* (älterer Bruder/ Schwester) hingegen setzt bereits ein gewisses Maß an Vertrautheit voraus.

ich	*tôi*	
du, Sie	*ông*	zu einem älteren Mann
	bà	zu einer älteren Frau
	anh	zu einem jüngeren Mann
	cô, chị	zu einer jüngeren Frau
	em	zu jungen Leuten
	cháu	zu Kindern
er, sie, es	*ông ấy, bà ấy, cô ấy* usw.	
wir	*chúng tôi/chúng ta*	
ihr, Sie	*các ông, các bà* usw.	
sie	*họ*	

Begrüßung

Bei der Begrüßung sagt man zu einem älteren Mann *chào ông*, zu einer älteren Frau *chào bà* usf. „Älter" heißt etwa ab 50, aber da Alter und Respekt in Vietnam synonym sind, heißt älter oft auch nur „älter als man selbst". Kommt man in einen Raum mit mehreren Leuten (informell!) kann man als Fremder auch *chào các bạn* sagen, „Guten Tag, Freunde" – wie man sieht, ist es oft eine Frage des Fingerspitzengefühls. Ein „neutraler" Gruß und daher immer richtig ist *xin chào* (bitten grüßen).

Ein Tipp: mit dem kleinen Wörtchen *xin* (bitten) schmuggelt man sich an jeder direkten Anrede vorbei und verhält sich trotzdem korrekt und höflich.

xin chào tôi ... (bitten geben ich ...)
Bitte geben Sie mir ...

Lexikon

Nachgestellte Klammern bezeichnen Begriffe, die nur im Süden gebräuchlich sind, vorgestellte bezeichnen Klassifikatoren (Haus, Fahrzeug usf.), die man auch weglassen kann.

Frageworte	
wann?	*bao giờ?*
wie lange?	*bao lâu?*
wie weit?	*bao xa?*
wieviel?	*bao nhiêu?*
wo, wohin?	*ở đâu?*

- **Wieviel?** Das kleine Wörtchen bao nh*iêu* (richtig ausgesprochen) wird einem auf Märkten, beim Cyclofahren, in kleinen Hotels etc. möglicherweise so manchen Dong ersparen. „Zu teuer" heißt *đắt quá*.
- **Wo?** Wenn man etwas sucht, gibt es zwei Möglichkeiten: „Wo" *ở đâu)* wird immer nachgestellt:

chợ ở đâu = wo ist der Markt?
„Ich suche" heißt *tôi tìm:*
tôi tìm chợ = ich suche den Markt.

Rede & Antwort

Guten Tag!	*xin chào*
Auf Wiedersehen!	*tạm biệt*
Entschuldigung!	*xin lỗi*
Danke!	*cảm ơn*
Vielen Dank!	*cảm ơn nhiều*
Bitte!	*xin mời*
ja	*có, vâng*
nein	*không*
es geht mir gut	*tôi mạnh*
mir ist heiß/kalt	*tôi nóng/lạnh*
ich bin erschöpft	*tôi mệt*
ich habe Durst	*tôi khát*
ich bin Deutschte/r	*tôi là người Đức*
wenig	*ít*
viel	*nhiều*
gut, o.k.	*tốt, hay*
prima	*hay lắm, rất hay*

Zahlen

1	*một*
2	*hai*
3	*ba*
4	*bốn*
5	*năm*
6	*sáu*
7	*bảy*
8	*tám*
9	*chín*
10	*mười*
11	*mười một*
12	*mười hai*
13	*mười ba*
20	*hai mười*
21	*hai mười mốt*
22	*hai mười hai*
23	*hai mười ba*
30	*ba mười*
40	*bốn mười*
50	*năm mười*
100	*một trăm*
110	*một trăm mười*
111	*một trăm mười một*
112	*một trăm mười hai*
200	*hai trăm*
300	*ba trăm*
1.000	*một ngàn (nghìn)*
10.000	*mười ngàn*
100.000	*một trăm ngàn*
1.000.000	*một triệu*

Zeiten

Stunde	*giờ*
Minute	*phút*
Tag	*ngày*
Woche	*tuần*
Jahr	*năm*
heute	*hôm nay*
morgen	*ngày mai*
gestern	*hôm qua*
Montag	*thứ hai*
Dienstag	*thứ ba*
Mittwoch	*thứ tư*
Donnerstag	*thứ năm*
Freitag	*thứ sáu*
Samstag	*thứ bảy*
Sonntag	*chủ nhật*
Vormittag, morgens	*sáng* (2-10 Uhr)
Mittag	*trưa*
Nachmittag	*chiều* (13-19 Uhr)
Abend, abends	*tối* (19-22 Uhr)
Nacht	*đêm*
1 Uhr	*một giờ sáng*
9 Uhr	*chín giờ sáng*
21 Uhr	*chín giờ đêm*
Monat	*tháng*
Januar	*tháng giêng*
Februar	*tháng hai*
März	*tháng ba*
April ...	*tháng tư ...*

usw. wie Zahlen (Monat 5, 6 ...)

Unterkunft

Hotel	*khách sạn*
Hotel, Gästehaus	*nhà khách*
Pension	*nhà nghỉ*
Fremdenzimmer	*phòng trọ*
Rezeption	*tiếp tân*
ich möchte mieten	*tôi muốn thuê*
- ein Zimmer	*một phòng*
- ein einfaches Z.	*- bình dân*
mit Ventilator	*- có quạt trần*
mit Aircondition	*- có máy lạnh*
mit zwei Betten	*- có hai giường*
ich bin (nicht) zufrieden	*tôi (không) hài lòng*
das ist	*cái này*
- sehr schön	*- rất đẹp*
- schmutzig	*- bẩn (dơ)*
- laut	*- ồn ào*
- kaputt	*- hư (hỏng)*
- zu teuer	*- đắt qúa*

Anhang

Seife	*xà bông*
Badetuch	*khăn tắm*
Handtuch	*khăn mặt*
Decke	*mền (chăn)*
Thermoskanne	*bình thủy*
Moskitonetz	*mùng (màn)*
Schlüssel	*chìa khóa*
Wasser	*nước*
- heiß / kalt	*- nóng / lạnh*
W. läuft nicht	*nước không chảy*
Toilette	*(nhà) vệ sinh*
- Damen	*- nữ*
- Herren	*- nam*
Toilettenpapier	*giấy vệ sinh*
Bad	*nhà tắm*
Wäsche	*quần áo*
- zum Waschen	*- để bỏ giặt*
- zum Bügeln	*- để ủi*

Verkehrsmittel

Fahrrad	*xe đạp*
Cyclo	*(xe) xích lô*
Motorrad	*xe mô tô/xe Honda*
Auto	*xe hơi*
Taxi	*xe tắc xi*
Bus	*xe đò*
Stadtbus	*xe búyt*
Expressbus	*xe đò tốc hành*
Busbahnhof	*bến xe*
Eisenbahn	*xe lửa, tàu hỏa*
Speisewagen	*toa ăn*
Bahnhof	*(nhà) ga*
Schiff	*tàu thủy*
Boot	*thuyền*
Fähre	*phà*
Flussanlegestelle	*bến phà*
Hafen	*cảng*
Flugzeug	*máy bay*
Flughafen	*sân bay*
Fahrkartenschalter	*(quầy) bán vé*
Fahrkarte	*vé xe*
- nach	*- tới*
- 1 Person	*- một người*
Haltestelle	*bến xe đò, trạm*
Abfahrtszeit	*giờ đi*
Ankunft	*giờ đến*
weit	*xa*
langsam	*chậm*
schnell	*nhanh*
links	*trái*
rechts	*phải (mặt)*
geradeaus	*đi thẳng*
Meter	*mét*
Kilometer	*cây số*

Essen & Trinken

siehe auch Kapitel "Essen und Trinken"

Restaurant	*nhà hàng*
einfaches Restaurant	*quán ăn*
Speisekarte	*thực đơn*
Getränke	*giải khát*
Rechnung	*tính tiền*

Einkaufen

Markt	*chợ*
Kaufhaus	*bách hóa*
ich suche	*tôi tìm*
ich möchte	*tôi muốn*
wieviel kostet	*bao nhiêu*
- das	*- cái này*
- ein Kilo?	*- một kilô*
- 100 Gramm	*- một trăm gram*
- ein Stück	*- một qủa (trái)*
zu teuer	*đắt quá*
ich zahle, gebe ...	*tôi trả, cho ...*
Zeitung	*báo*
Landkarte	*bản đồ*
Buchhandlung	*hiệu sách*
Fotogeschäft	*tiệm chụp hình*
Film (Dia-Film)	*phim (phim đia)*
- entwickeln	*- rửa phim*

Telekom

Post	*bưu điên*
Ansichtskarte	*bưu thiếp*
Brief	*thư*
Briefmarke	*tem thư*
Paket	*bưu kiện*
Telegramm	*điện tín*
Telephon	*điện thoại*
telephonieren	*nói điện thoại*

Geld

Bank	*ngân hàng*
Geld	*tiền*
Geld wechseln	*đổi tiền*
Scheck	*ngan phieu*

Gesundheit

Krankenhaus	*bệnh viện*
Arzt	*bác sĩ*
Apotheke	*nhà thuốc tây*
Bauchschmerzen	*đau bụng*
Fieber	*sốt*
Schmerzen	*đau*
Medikament	*thuốc men*
Durchfall	*đi rửa*
Zahnarzt	*nha sĩ*
Zahnweh	*đau răng*
Ich bin krank	*tôi bịnh*
Zu Hilfe!	*cứu với*

Geografische Begriffe

Fluss	*sông*
Flussmündung	*cửa sông*
Kanal (schiffbar)	*sông đào*
Kanal (auf Feld)	*rạch, lạch*
Insel	*hon đao*
Kap	*mũi*
Berg	*núi*
Pass	*đèo*
See	*hồ*

Adressen

Adresse	*địa chỉ*
Brücke	*cầu*
Büro	*văn phòng*
Café	*quán cà phê*
Deutschland/ deutsch	*Đức*
Haus	*nhà*
Hochschule	*trường đại học*
Kino	*rặp chiếu phim*
Kirche	*nhà thờ*
Museum	*(viện) bảo tàng*
Pagode	*chùa*
Polizei	*công an*
Stadt	*thành phố*
Straße	*đường/phố*
Avenue/Boulevard	*đại lộ*
Tempel	*đền*
Theater	*nhà hát*
Tourismusbüro	*nhà du lịch*
Versammlungs- halle (Dorf)	*đình*

Nützliche Verben

bitten	*xin*
essen	*ăn*
gehen	*đi/đi bộ*
fahren	*đi/đi xe*
haben	*có*
helfen	*giúp*
können	*có, thể*
kommen	*đến*
machen, tun	*làm*
mögen, wollen	*muốn*
schlafen	*ngủ*
schreiben	*viết*
sehen	*nhìn xem*
sein	*là*
sprechen	*nói*
trinken	*uống*
verstehen	*hiểu*

Anhang

Aktuelle Reise-Gesundheits-Informationen im Überblick: Vietnam

Stand: 10.6.2008

Die nachstehenden Angaben dienen der Orientierung, was für eine geplante Reise in das Land an Gesundheitsvorsorgemaßnahmen zu berücksichtigen ist. Die Informationen wurden uns freundlicherweise vom *Centrum für Reisemedizin* zur Verfügung gestellt. Auf der Homepage: **www.travelmed.de** werden diese Informationen stetig aktualisiert. Es lohnt sich, dort noch einmal nachzuschauen.

Einreise-Impfvorschriften

Bei einem Direktflug aus Europa sind keine Impfungen vorgeschrieben. Bei vorherigem Zwischenaufenthalt (innerhalb der letzten 6 Tage vor Einreise) in einem der aufgeführten Länder (Gelbfieber-Endemiegebiete) wird bei Einreise eine gültige **Gelbfieber-Impfbescheinigung** verlangt (ausgenommen Kinder unter 1 Jahr).

Gelbfieber-Impfbescheinigung erforderlich bei Einreise aus:

Angola · Äquatorialguinea · Äthiopien · Benin · Bolivien · Brasilien · Burkina Faso · Burundi · Ecuador · Elfenbeinküste · Franz. Guayana · Gabun · Gambia · Ghana · Guinea · Guinea-Bissau · Guyana · Kamerun · Kenia · Kolumbien · Kongo, Rep. · Kongo, Dem. Rep. · Liberia · Mali · Mauretanien · Niger · Nigeria · Panama · Peru · Ruanda · Sao Tomé & Principe · Senegal · Sierra Leone · Somalia · Sudan · Suriname · Tanzania · Togo · Tschad · Uganda · Venezuela · Zentralafr. Republik

Empfohlener Impfschutz

Generell: Tetanus, Diphtherie, Hepatitis A

Je nach Reisestil und Aufenthaltsbedingungen im Lande sind außerdem zu erwägen:

Impfschutz	Reisebedingung 1*	Reisebedingung 2**	Reisebedingung 3***
Typhus	x	x	
Hepatitis B (1)	x		
Tollwut (2)	x		
Jap. Enzephalitis (3)	x		

(1) vor allem bei Langzeitaufenthalten und engerem Kontakt zur einheimischen Bevölkerung

(2) bei vorhersehbarem Umgang mit Tieren

(3) bei besonderen Aufenthaltsbedingungen in bestimmten ländlichen Gebieten. Impfstoff in Deutschland nicht zugelassen. Beschaffung über Apotheken mit entsprechender Erfahrung.

***Reisebedingung 1:** Reise durch das Landesinnere unter einfachen Bedingungen (Rucksack-/Trecking- /Individualreise) mit einfachen Quartieren/Hotels; Camping-Reisen, Langzeitaufenthalte, praktische Tätigkeit im Gesundheits- oder Sozialwesen, enger Kontakt zur einheimischen Bevölkerung wahrscheinlich.

****Reisebedingung 2:** Aufenthalt in Städten oder touristischen Zentren mit (organisierten) Ausflügen ins Landesinnere (Pauschalreise, Unterkunft und Verpflegung in Hotels bzw. Restaurants mittleren bis gehobenen Standards)

*****Reisebedingung 3:** Aufenthalt ausschl. in Großstädten oder Touristikzentren (Unterkunft und Verpflegung in Hotels bzw. Restaurants gehobenen bzw. europäischen Standards)

Wichtiger Hinweis

Welche Impfungen letztendlich vorzunehmen sind, ist abhängig vom aktuellen Infektionsrisiko vor Ort, von der Art und Dauer der geplanten Reise, vom Gesundheitszustand sowie dem eventuell noch vorhandenen Impfschutz des Reisenden. Da im Einzelfall unterschiedliche Aspekte zu berücksichtigen sind, empfiehlt es sich immer, rechtzeitig (etwa 4–6 Wochen) vor der Reise eine persönliche Reise-Gesundheits-Beratung bei einem reisemedizinisch erfahrenen Arzt oder Apotheker in Anspruch zu nehmen.

Malaria-Risiko

Ganzjährig, verstärkt in der Regenzeit, im Norden vermindert in den kühlen Monaten Oktober–April.

Hohes Risiko: im zentralen Hochland unterhalb 1500 m südlich des 18. Breitengrades mit den Provinzen Kon Tum, Gia Lai, Dak Lak, Binh Phuoc und Dak Nong sowie im Hinterland der Küstenprovinzen Quang Tri, Ninh Thuan, Quang Nam und Khanh Hoa.

Mittleres Risiko im gesamten Süden mit dem Mekong-Delta und den nach Norden anschließenden Küstenregionen bis Nha Trang, im Norden nördlich und westlich von Hanoi (Grenzgebiete zu Yunnan/China und Laos), dort besonders in den Sommermonaten Mai–September.

Geringeres Risiko (oder kein Risiko): Umgebung v. Ho Chi Minh-Stadt, in den Küstenregionen nördl. von Nha Trang einschließlich des Red River-Deltas mit dem Großraum Hanoi.

Als **malariafrei** gelten Stadtgebiete.

Vorbeugung: Ein konsequenter Mückenschutz in den Abend- und Nachtstunden verringert das Malariarisiko erheblich (Expositionsprophylaxe).

Ergänzend ist die Einnahme von Anti-Malaria-Medikamenten (Chemoprophylaxe) dringend zu empfehlen. Zu Art und Dauer der Chemoprophylaxe fragen Sie Ihren Arzt oder Apotheker, bzw. informieren Sie sich in einer qualifizierten reisemedizinischen Beratungsstelle (s. nächste Seite). Malariamittel sind verschreibungspflichtig.

Aktuelle Meldungen

Cholera: Regionale Ausbrüche hatten während des letzten Winters im Norden des Landes zu mehr als 4000 gemeldeten Erkrankungen geführt. Nach einer kurzen Ruhephase stiegen die Fallzahlen wässriger Diarrhoen seit Anfang März in der gleichen Region erneut an. Bis Ende April wurden fast 2500 Erkrankungen, von denen 377 als Cholera *(V.cholerae O1 Ogawa)* bestätigt werden konnten, gemeldet. Betroffen sind 20 Provinzen, am meisten neben den Städten Hanoi und Hai Phong die Provinzen Ha Tay und Thanh Hoa. Noch immer gilt rohes, kontaminiertes Gemüse als Hauptinfektionsquelle. Im Trinkwasser fanden sich bisher keine Erreger. Risiko für andere Durchfallerkrankungen weiterhin landesweit. Hygiene beachten, evtl. Cholera-Impfung.

Vogelgrippe: Mit zwei Seuchenwellen hat die hochpathogene Vogelgrippe das Land überzogen, die erste 2003 bis 2005; die zweite, die im Dezember 2006 begann, hat wieder zu zahlreichen örtlichen Ausbrüchen geführt. Im März/April war vor allem der Norden betroffen, im April/Mai kam es zu weiteren Auftritten im Süden, zuletzt in der Stadt Can Tho. Insgesamt sind seit 2003 in Vietnam bisher mehr als 100 Menschen an der Vogelgrippe erkrankt, alle hatten entsprechende Tierkontakte.

Dengue: Nach Beginn der Regenzeit sind die Fallzahlen dieser grippeähnlichen Viruskrankheit in den traditionellen Verbreitungsgebieten im Süden des Landes deutlich angestiegen. Am stärksten betroffen sind die Provinzen im Mekong Delta mit Ho Chi Minh City. Mit einem zunehmenden Übetragungsrisiko ist auch in den übrigen Landesteilen zu rechnen. Experten befürchten, dass die Fallzahlen in diesem Jahr landesweit auf über 100.000 ansteigen. Schutz vor tag- und nachtaktiven Überträgermücken beachten.

Fortsetzung nächste Seite

Hand-, Fuß- und Mundkrankheiten (HFMD): Wie im benachbarten China breitet sich die Krankheit auch in Vietnam weiter aus. Mehr als 3000 Erkrankungen und 10 Todesfälle wurden seit Jahresbeginn registriert, die meisten aus dem Süden des Landes mit Schwerpunkt in Ho Chi Minh City. Betroffen sind vorwiegend Kleinkinder aus sozial schwachen Schichten. Der Erreger, ein sog. „Enterovirus", ist sowohl durch verunreinigte Nahrung und Trinkwasser wie auch durch Tröpfchen übertragbar. Die HFMD tritt in asiatischen, zumeist tropischen Ländern (Städten) bisweilen periodisch mit mehrjährigen Unterbrechungen auf. Bei entsprechender Hygiene und Vermeidung von Kontakten mit Erkrankten ist mit einer erhöhten Gefährdung von Reisenden (Kindern) nicht zu rechnen. Ein Zusammenhang mit der Maul- und Klauenseuche der Tiere besteht nicht.

AIDS: Generell keine HIV-bedingten Einreisebeschränkungen. Ausländer, die eine Vietnamesin / einen Vietnamesen heiraten wollen, müssen ein ärztliches Attest vorlegen, dass sie frei von Geschlechtskrankheiten und HIV sind.

Tollwut: Moderne Gewebekultur-Impfstoffe und homologes Immunglobulin im Land schwer erhältlich. Im Bedarfsfall an deutsche Vertretung (Vertrauensarzt) wenden. Bei vorhersehbarem Risiko prophylaktische Impfung vor Reise empfohlen.

Unter www.travelmed.de finden Sie Adressen von

- Apotheken mit qualifizierter Reise-Gesundheits-Beratung (nach Postleitzahlgebieten).
- Impfstellen und Ärzte mit Spezialsprechstunde Reisemedizin (nach Postleitzahlgebieten).
- Abruf eines persönlichen Gesundheitsvorsorge-Briefes für die geplante Reise.

Die Reiseführer von REISE

Reisehandbücher
Urlaubshandbücher
Reisesachbücher
PANORAMA
Edition RKH, Praxis

Agadir, Marrakesch, Südmarokko
Ägypten individuell
Ägypten/Niltal
Alaska ⇗ Kanada
Argentinien
Äthiopien
Australien – Auswandern
Australien, Osten und Zentrum
Australien, Westen und Zentrum

Baikal, See u. Region
Bangkok
Bolivien kompakt
Botswana
Brasilien
Brasilien kompakt

Cabo Verde
Chicago
Chile, Osterinsel
Chinas Osten
Costa Rica
Cuba

Djerba & Zarzis
Dominikanische Republik
Dubai, Emirat

Ecuador, Galápagos
El Hierro
Erste Hilfe unterwegs

Fahrrad-Weltführer
Florida
Fuerteventura

Georgien
Gomera
Gran Canaria
Guatemala

Havanna
Hawaii
Honduras
Hongkong, Macau, Kanton

Indien, der Norden
Indien, die schönsten Orte u. Regionen
Indien, der Süden
Iran

Japan
Jemen
Jordanien

Kalifornien und USA Südwesten
Kalifornien, Süden und Zentrum
Kambodscha
Kamerun
Kanada, USA
Kanadas Maritime Provinzen
Kanadas Osten, USA Nordosten
Kanadas Westen, Alaska
Kapstadt – Garden Route (Südafrika)
Kapverdische Inseln
Kenia
Kenia kompakt
Kerala (Indien)
Krügerpark – Kapstadt (Südafrika)
KwaZulu-Natal

Ladakh, Zanskar
Lanzarote
La Palma
Laos
Lateinamerika BikeBuch
Libyen

Malaysia, Singapur, Brunei
Marokko
Mexiko
Mexiko kompakt
Mongolei
Motorradreisen
Myanmar

Namibia
Namibia kompakt
Neuseeland BikeBuch
Neuseeland Outdoor
New York City
New York im Film

Oman
Outdoor-Praxis

Panama
Peru, Bolivien
Peru kompakt
Phuket (Thailand)

Rajasthan

San Francisco
Senegal, Gambia
Shanghai
Singapur
Sri Lanka
St. Lucia, St. Vincent, Grenada
Südafrika
Südafrika: Kapstadt – Garden Route
Südafrika: Krügerpark – Kapstadt
Südafrika: KwaZulu-Natal
Sydney, Naturparks
Syrien

Taiwan
Tansania, Sansibar
Teneriffa
Thailand
Thailands Süden
Tokyo, Kyoto, Yokohama
Transsib
Trinidad und Tobago
Tunesien
Türkei, Hotelführer
Türkei, Mittelmeerküste

Uganda, Ruanda
USA, als Gastschüler
USA, Kanada
USA, Canada BikeBuch
USA Nordosten, Kanada Osten
USA, der große Süden
USA Südwesten, Kalif., Baja California
USA, Südwesten, Natur u. Wandern
USA, der ganze Westen

Venezuela
Vereinigte Arabische Emirate
Vietnam

Westafrika – Sahel
Wo es keinen Arzt gibt

Yucatán, Chiapas (Mexiko)

Fernkurs ...
... auf Vietnam nehmen:
• Freunde gewinnen
• Land und Leute entdecken
• auf unbekannten Pfaden
• mit erfahrenen Reiseleitern
Unser umfangreiches Vietnam-Programm finden Sie in unseren Katalogen „Erlebnis Fernreisen", „Rad-Urlaub" und „Trekking weltweit".
Infos und Kataloge:
mail@wikinger.de
www.wikinger.de
0 23 31 - 90 47 41
WIKINGER REISEN
Urlaub, der bewegt.

VIETNAM
Myanmar - Thailand - Laos - Kambodscha
Natur • Kultur • Erlebnis
Ihr Spezialist für Individual- und Gruppenreisen mit 25-jähriger Erfahrung
• Naturkundliche Reisen, Themenreisen
• Mietwagenprogramme, Badeaufenthalte
• Wandern, Trekking, Biking
• Deutschsprachige Reiseleitung
• Optimales Preis-Leistungs-Verhältnis
SOMMER FERNREISEN GmbH
Nelkenstr. 10 · 94094 Rotthalmünster
Tel: 08533/91 91 61 · Fax: 08533/ 91 91 62
www.sommer-fern.de · sommer.fern@t-online.de
Fordern Sie unseren Katalog an

HILFE!

Dieses Reisehandbuch ist gespickt mit unzähligen Adressen, Preisen, Tipps und Infos. Nur vor Ort kann überprüft werden, was noch stimmt, was sich verändert hat, ob Preise gestiegen oder gefallen sind, ob ein Hotel, ein Restaurant immer noch empfehlenswert ist oder nicht mehr, ob ein Ziel noch oder jetzt erreichbar ist, ob es eine lohnende Alternative gibt usw.

Unsere Autoren sind zwar stetig unterwegs und versuchen, alle zwei Jahre eine komplette Aktualisierung zu erstellen, aber auf die Mithilfe von Reisenden können sie nicht verzichten.

Darum: Schreiben Sie uns, was sich geändert hat, was besser sein könnte, was gestrichen bzw. ergänzt werden soll. Nur so bleibt dieses Buch immer aktuell und zuverlässig. Wenn sich die Infos direkt auf das Buch beziehen, würde die Seitenangabe uns die Arbeit sehr erleichtern. Gut verwertbare Informationen belohnt der Verlag mit einem Sprechführer Ihrer Wahl aus der über 200 Bände umfassenden Reihe „Kauderwelsch" (siehe unten).

Bitte schreiben Sie an:

REISE KNOW-HOW Verlag Peter Rump GmbH, Postfach 140666, D-33626 Bielefeld, oder per E-Mail an: info@reise-know-how.de

Danke!

Kauderwelsch-Sprechführer –
sprechen und verstehen rund um den Globus

Afrikaans • Albanisch • Amerikanisch - *American Slang, More American Slang,* Amerikanisch oder Britisch? • Amharisch • Arabisch - Hocharabisch, für Ägypten, Algerien, Golfstaaten, Irak, Jemen, Marokko, • Palästina & Syrien, Sudan, Tunesien • Armenisch • *Bairisch* • Balinesisch • Baskisch • Bengali • *Berlinerisch* • Brasilianisch • Bulgarisch • Burmesisch • Cebuano • Chinesisch - Hochchinesisch, kulinarisch • Dänisch • Deutsch - *Allemand, Almanca, Duits, German, Nemjetzkii, Tedesco* • *Elsässisch* • Englisch - *British Slang, Australian Slang, Canadian Slang, Neuseeland Slang,* für Australien, für Indien • Färöisch • Esperanto • Estnisch • Finnisch • Französisch - kulinarisch, für den Senegal, für Tunesien, *Französisch Slang, Franko-Kanadisch* • Galicisch • Georgisch • Griechisch • Guarani • Gujarati • Hausa • Hebräisch • Hieroglyphisch • Hindi • Indonesisch • Irisch-Gälisch • Isländisch • Italienisch - *Italienisch Slang,* für Opernfans, kulinarisch • Japanisch • Javanisch • Jiddisch • Kantonesisch • Kasachisch • Katalanisch • Khmer • Kirgisisch • Kisuaheli • Kinyarwanda • *Kölsch* • Koreanisch • Kreol für Trinidad & Tobago • Kroatisch • Kurdisch • Laotisch • Lettisch • Lëtzebuergesch • Lingala • Litauisch • Madagassisch • Mazedonisch • Malaiisch • Mallorquinisch • Maltesisch • Mandinka • Marathi • Modernes Latein • Mongolisch • Nepali • Niederländisch - *Niederländisch Slang,* Flämisch • Norwegisch • Paschto • Patois • Persisch • Pidgin-English • *Plattdüütsch* • Polnisch • Portugiesisch • Punjabi • Quechua • *Ruhrdeutsch* • Rumänisch • Russisch • *Sächsisch* • *Schwäbisch* • Schwedisch • *Schwiizertüütsch* • *Scots* • Serbisch • Singhalesisch • Sizilianisch • Slowakisch • Slowenisch • Spanisch - *Spanisch Slang,* für Lateinamerika, für Argentinien, Chile, Costa Rica, Cuba, Dominikanische Republik, Ecuador, Guatemala, Honduras, Mexiko, Nicaragua, Panama, Peru, Venezuela, kulinarisch • Tadschikisch • Tagalog • Tamil • Tatarisch • Thai • Tibetisch • Tschechisch • Türkisch • Twi • Ukrainisch • Ungarisch • Urdu • Usbekisch • Vietnamesisch • Walisisch • Weißrussisch • *Wienerisch* • Wolof • Xhosa

Chamäleon
Natur erleben
Menschen begegnen
Vietnam
Fernreisen mit 6 bis 12 Personen
Sapa ▸ 19-Tage-Rundreise durch Vietnam
für Natur und Kulturliebhaber ▸ ab EUR 2.599
Angkor Wat ▸ 3-Tage-Anschluss ▸ EUR 499
Baden in Mui Ne ▸ 5-Tage-Anschluss ▸ EUR 219
Info, Katalog, Beratung: 030 / 34 79 96 - 0
www.chamaeleon-reisen.de
Afrika
Amerika
Asien
Ozeanien

Register

Die Autoren

Wolf-Eckart Bühler

Geboren in Hamburg. Studium der Literatur- und Theaterwissenschaften in München. Redakteur und Mitherausgeber der Zeitschrift *Filmkritik*. Autor, Regisseur und Produzent *(Red Harvest Film)* von Kino- und Fernsehfilmen, darunter *Pharos of Chaos* mit *Sterling Hayden, Der Havarist* mit *Burkhardt Driest* und *Amerasia*, ein Dokudrama mit amerikanischen Vietnamveteranen und amerasischen Mischlingskindern in Thailand.

Hella Kothmann

Geboren in Naila bei Hof, Studium der Literatur- und Kommunikationswissenschaft in München. Arbeitet als freie Autorin, Veröffentlichungen u.a. zur Literatur in Thailand (*Frauen in Thailand*, München 1989, *Das siamesische Lächeln*, Köln 1994) und in Vietnam (*Frauen in Vietnam*, München 1994).

Beide unternehmen seit Jahren ausgedehnte Reisen, je unkalkulierbarer, desto besser, zwischen San Francisco und San Salvador, Ouagadougou und Djibouti und bevorzugt zwischen Bombay und Bali. In der gleichen Reihe sind von ihnen die Reisehandbücher **Saigon** (1995, vergriffen) und **Toscana** (seit 1999) erschienen. Sie wohnen in München und Italien.

Foto: Long Thanh, Nha Trang

144vi.Foto: Long Thanh

Kartenverzeichnis

Übersicht Indochina
0
500 km
CHINA
Myithkyiria
Kanton
Nanning
Hongkong
Lao Cai
Pingxian
Lang Sơn
Yunjinghong (Jinghong)
Mandalay
Maoming
Dien Bien Phu
Hanoi
Zhanjiang
MYANMAR (BURMA)
Luang Namtha
Hôn Gai
Hai Phong
Hơa Binh
Nam Đinh
Luang Prabang
Haikou
Thanh Hoa
Pyinmana
Chiang Mai
LAOS
Hainan
Vinh
Vientiane
Ha Tinh
Pegu
Udon Thani
Đông Hoi
Paracel-Inseln
Rangun
Tak
Mekong
VIETNAM
Huê
THAILAND
Saravane
Đa Năng
Ye
Ubon Ratchathani
Pakse
Kon Tum
Quang Ngai
Tavoy
Ayutthaya
Angkor
Bangkok
Pleiku
Qui Nhơn
KAMBODSCHA
Tuy Hoa
Buon Ma Thuot
Mergui
Pursat
Kompong Cham
Nha Trang
Đa Lat
Phnom Penh
Tây Ninh
Phan Rang
Saigon
Phan Thiêt
Chumphon
Kompong Som
Long Xuyên
Cân Thơ
Ranong
Golf von Thailand
Ca Mau
Südchinesisches Meer
Surat Thani
Nakhon Si Thammarat
Phattalung
Songkhla
Pattani
MALAYSIA
Alor Setar
Kota Bharu
Lhokseumawe
Pinang
Kuala Trengganu
Taiping
Miri
Langsa
Ipoh
Medan
Kuala Lumpur
Kuantan
Natuna Besar-Inseln
Sarawak
Bakongan
Kelang
Pematang-siantar
Anambas-Inseln
Sibu
Tarutung
Malacca
Johor Baharu
Betong
Sibolga
Kuching
Singapur
Sumatra
Singkawang
Nias
Palanbaru
INDONESIEN
Batu-Inseln
Pontianak
Kalimantan
Bukittinggi
Lingga-Inseln
Padang
Maya
Sukadana

Nördlichstes Laos
A
B
Simao
Jiangxi
Mengsa
Menglang
Zhengdong
Yiz
Zizihixia
Lantouy
Muang Ou Nu
CHINA
Buyian Hang
Mekong
Lao Meo Chai
Mengyuang
Mengxing
Yiwu
Menghai
Yunjinghong
(Jinghong)
Mengxing
Ngay
Nua
Menghun
Daluo
Mengyuan
Damenglong
Boun-Neu
Mengla
2
Yo
Möng Hkan
Möng Loi
1730
Na Mack
Wan Tak
Muong Sing
MYANMAR
(BURMA)
3
Botene
Luang Namtha
Natheuy
Muong Long
Provinz
Luang
Namtha
Möng Hpayak
Xieng Kok
Muang Namo
1
Möng Lin
Con Tagne
Mekong
Muong Say
(Oudomsay)
Viangphoukha
3
Provinz
Bokeo
1
Ban Nam Kanne
Nan Tha
2
Houay
Say
Nan Beng
Muang Beng
Chiang
Khong
Provinz
Oudomsay
A
B
VI
CHINA
Hanoi
VIETNAM
LAOS
Vientiane
Mekong
THAILAND
Bangkok
KAMBODSCHA
Südchinesisches Meer
Phnom Penh
Saigon
Golf von
Thailand

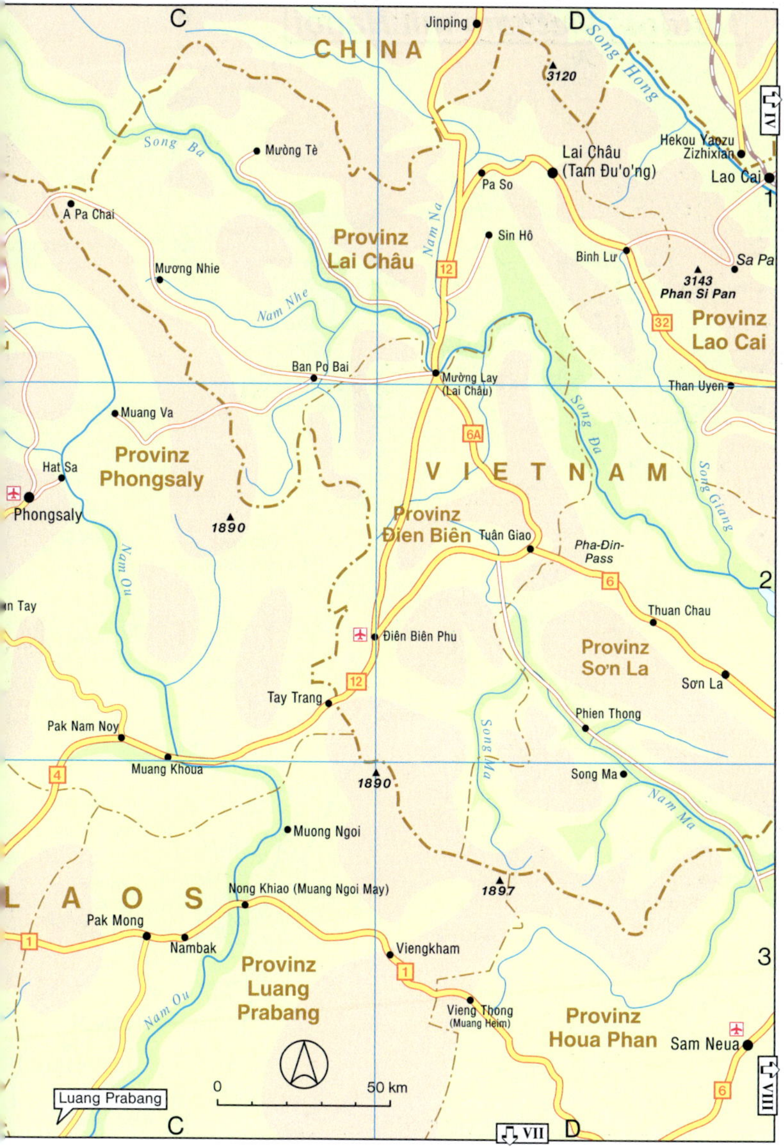

Kartenatlas Indochina

Nordost-Vietnam mit Hanoi

C
D
Tiandong
Debao
Lingma
Longan
You Jiang
1238
Tingxi
1
ac Bo
Bán Giôc
C H I N A
Trà Lĩnh
Trùng Khán
ng Giang
Zuo Jiang
Cao Bằng
Fusui
Nanning
3
Đông Khê
Longzhou
4A
Xi Chang
Thất Khê
an
Pingxian
Ning Ming
Provinz Lang Sơn
Binh Gia
Dông Đăng
1022
Lang Sơn
1B
1
Chi Lang
Dinh Lâp
1166
Mông Cai
1507
Provinz Băc Giang
4B
Tra Co
Luc Nagan
31
Tiên Yên
Luc Nam
Băc Giang
Provinz Quang Ninh
Vân Dồn
Băc Ninh
3
Chi Linh
Cua Ong
18
Tulong-Bucht
Uong Bi
Thuan Thanh
Bai Chay
Hôn Gai
18
Câm Phá
5
Haiphong
Halong-Bucht
Quan Lạn
Golf von Bắc Bộ
Hai Dương
Cat Ba
Provinz Hai Duong
C
10
D
IX
CHINA
Hanoi
Vientiane
LAOS
VIETNAM
Mekong
THAILAND
Bangkok
KAMBODSCHA
Phnom Penh
Saigon
Südchinesisches Meer
Golf von Thailand

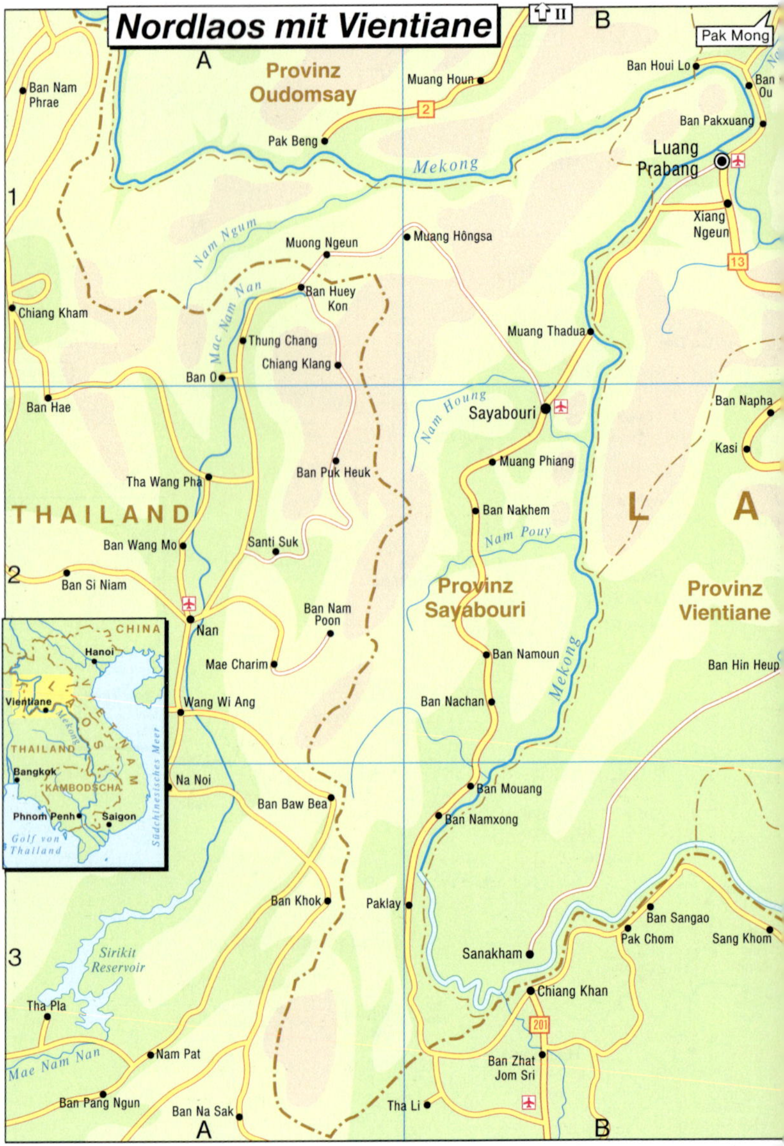
Nordlaos mit Vientiane
II
A
B
Pak Mong
Provinz Oudomsay
Ban Nam Phrae
Muang Houn
2
Ban Houi Lo
Ban Ou
Ban Pakxuang
Pak Beng
Luang Prabang
Mekong
1
Xiang Ngeun
Nam Ngum
Muong Ngeun
Muang Hôngsa
13
Ban Huey Kon
Mae Nam Nan
Chiang Kham
Thung Chang
Muang Thadua
Chiang Klang
Ban O
Ban Hae
Nam Houng
Sayabouri
Ban Napha
Kasi
Muang Phiang
Ban Puk Heuk
Tha Wang Pha
THAILAND
Ban Nakhem
L
A
Nam Pouy
Ban Wang Mo
Santi Suk
2
Ban Si Niam
Provinz Sayabouri
Provinz Vientiane
Nan
Ban Nam Poon
CHINA
Hanoi
Ban Namoun
Ban Hin Heup
Mae Charim
Vientiane
LAOS
VIETNAM
Mekong
Wang Wi Ang
Ban Nachan
Mekong
THAILAND
Südchinesisches Meer
Bangkok
Na Noi
KAMBODSCHA
Ban Mouang
Ban Baw Bea
Phnom Penh
Saigon
Ban Namxong
Golf von Thailand
Ban Khok
Paklay
Ban Sangao
Pak Chom
Sang Khom
3
Sirikit Reservoir
Sanakham
Chiang Khan
Tha Pla
201
Nam Pat
Mae Nam Nan
Ban Zhat Jom Sri
Ban Pang Ngun
Tha Li
Ban Na Sak
A
B

III
VIII
X
C
D
1
2
3
0
50 km
Provinz Luang Prabang
Provinz Houa Phan
Provinz Xieng Khouang
Provinz Bolikhamsay
SAYSOMBOUNE SPEZIALZONE
O S
VIETNAM
THAILAND
äfektur entiane
Phoulao
Ban Nam Nenn
Nam Neun
Nam Sam
Nam Kham
Nam Mat
Sông Ca
Muong Kham
Muong Sui
Ban Len
Ban Sen Kôm
Ni Ngum
Phone Savan
Nong Het
Nâm Cân
Phou Khoune
Muong Khoun
Nam Sang
Nglap
Ban Nalao
Vang Vieng
Nam Mouan
Ngam Ngum Reservoir
Borikhan
Phone Hong
Thalat
Tourakom
Ban Hatkhai
Ban Namngiap
Paksan
Ban Saka
Ban Thabôk
Phou Khao Khouay
Ban Phabath
Pak Kading
Bung Kan
Ban Na
Pak Khat
Ban Nakha
Nam Ngum
Banhai
Mekong
Ban Naxon
Ban Pak Pe
Vieng Kham
So Phisai
Vientiane
Tha Deua/Thanaleng
Chiang Mai
Nong Khai
Tha Bo
Seka
Kharh Ta Kla
Ban Na Kha
Ban Muang
Ban Lao
Ban Na Bua
Ban Phu
Ban Dung
Akat Amnuai
Si Songkhram
Ban Sum Sao
1
7
13
10
2
8

Vietnams nördliche Zentralküste

Kartenatlas Indochina

A
VIII
B
Vinh
Provinz Bolikhamsay
Ba Mu 1357
Song Ca
Tay Son
Phô Châu
Can Loc
8
Câu Treo
Provinz Ha Tinh
Ho-Chi-Minh-Highway
Sông Ngàn Sau
1
Ha Tinh
VII
Nam Gnouang
Ban Kapap
Ban Nape
Câm Xuyên
1
Ban Vieng Kham
8
Lak Sao (Kham Kenf)
Hương Khê
Ban Nongboua
Nam Kading
VIETNAM
Ky Anh
13
Thương Phong Trang
Ban Na Kha
LAOS
Phou Cô Pi 2106
Giang
Mekong
1
Dôn Bai Dinh
15
Si Songham
Ban Chai Bun
Phong-Nha-Grotte
Ban Talak
12
Ban Tha Uthen
Ban Nangeo
Ban Ilan
Xe Bangfai
Ban Namuang
Provinz Khammouane
Nakhon Phanom
Thakhek
Mahaxai
Ban Karai
2
Kusuman
12
Ban Tha Kho
Ban Nakham
Ban Phou A Douk
28
212
Pla Pak
Ban Hat Phek
1
Xe Noy
Ban Hai
223
Ban Naxou
That Phanom
Na Kae
Ban Nakôkke
Keng Kabao
Ban Dong Luang
Ban Houay Khamteuy
Ban Nabo
Seno
9
Muong Phalan
Ban Nane Tum
Xe Champhon
Savannakhet
Mukdahan
Muong Phine
Xe Xangxoy
km 35
Thamouak
3
Provinz Savannakhet
Nikhom Kham Soi
Mekong
Xe Lenon
11
1
Lueng Nok
Chanuman
Ban Top
THAILAND
Ban Phahang
LA
Kut Chum
A
XII
B

Zentrallaos, Vietnams Zentralküste

XIII

Südlaos, Vietnams Zentralküste

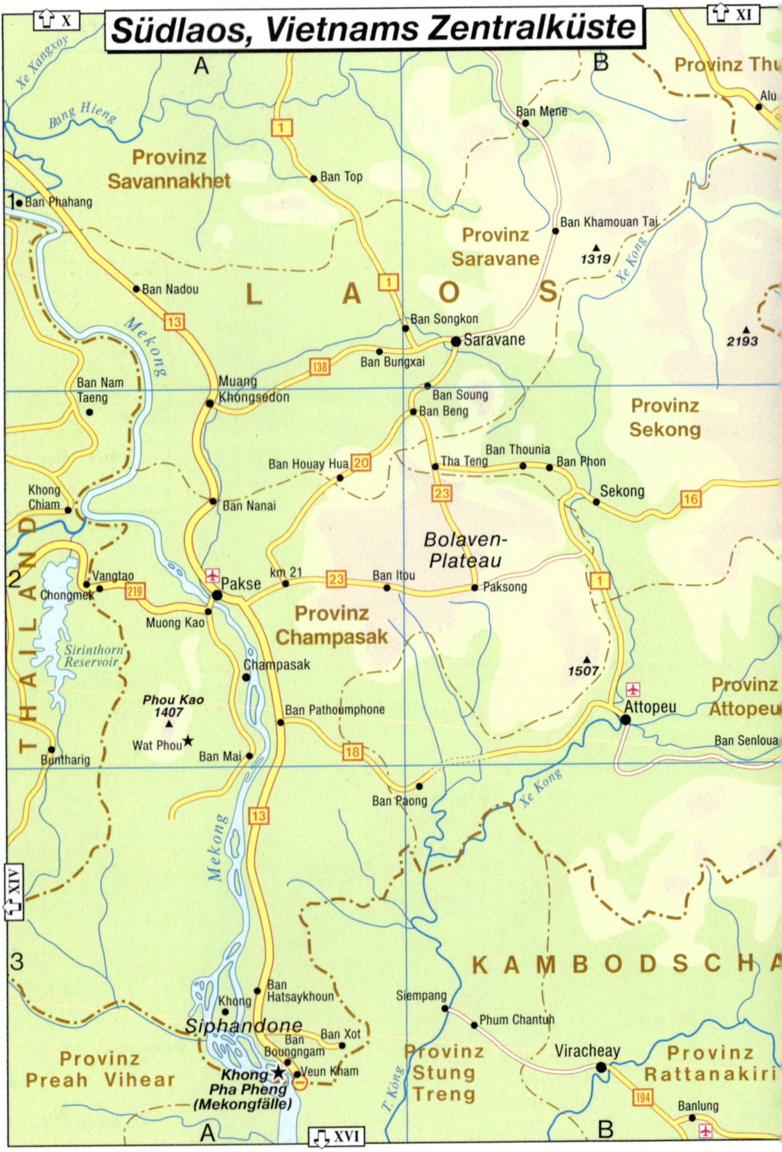

C
D
Huê
hien - Huê
49
Sông Ta Trac
Bach Mã
Wolken-Pass
496
Lang Co
14
Ba Na
1487
Đà Nẵng
Ho-Chi-Minh-Highway
500
Prao
640
Cham Insel
Non Nuoc
Dai Lôc
Thanh Phuoc An
Hôi An
14B
My Son
An Haa
Thang Bình
Sông Boung
Provinz Quang Nam
Thanh Mỹ
Sơn Tra
14E
Kham Duc
Sông Cai
Phươc Sơn
Tam Ky
Tam Hai
1
Chu Lai
Insel Re
Dăc Glei
Long Hôi
Tra Mi
Dak Di
1362
Bình Sơn
Tra Bong
Son My (My Lai)
Quang Ngai
V I E T N A M
Ho-Chi-Minh-Highway
Đăk Pec
Sông Tra Khuc
Sơn Ha
Ngoc Linh
2598
Provinz Quang Ngai
Tu Mrông
La Thuy
Gla Vưe
Dưc Pho
Pò Y
Ngoc Hoi
Provinz Kon Tum
Dak Nghe
14
Kon Plong
Sa Huynh
Đăk Ha
24
Sông Ha Giao
1
Kon Braih
Hoai Nhon
Kon Tum
Sông Ba
Heai Ân
Xe Xang
Provinz Gia Lai
Ya Ly
Kannack
Provinz Binh Đinh
Plei Phun
Chanh Oai
Phu Phong
Phu Cat
Pleiku
19
An Khê
Dap Da
Tay Son
Binh Đinh
hum Bâ Kham
19
Qui Nhon
XVII
0
50 km
SÜD-CHINESISCHES MEER
2
3
CHINA
Hanoi
Vientiane
Mekong
L A O S
V I E T N A M
THAILAND
Bangkok
KAMBODSCHA
Phnom Penh
Saigon
Golf von Thailand
Südchinesisches Meer

Nördliches Kambodscha

XVIII

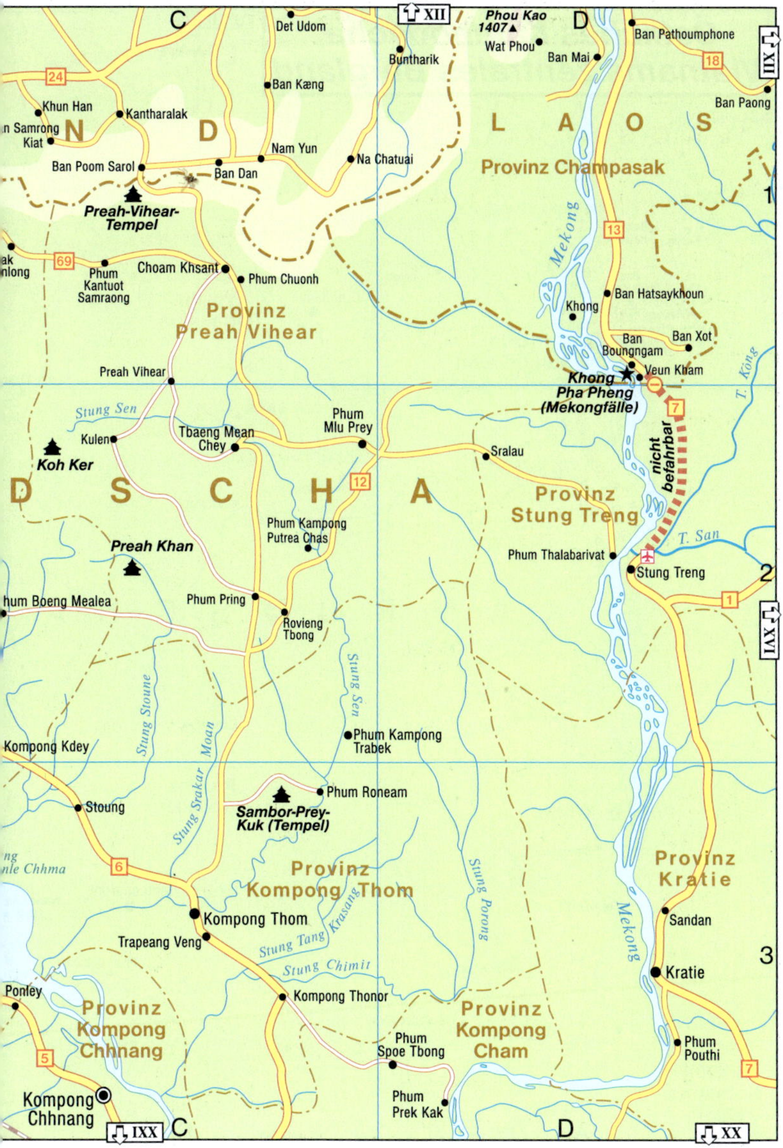

XII
Phou Kao 1407
Det Udom
Buntharik
Wat Phou
Ban Mai
Ban Pathoumphone
18
XII
Ban Paong
24
Khun Han
Kantharalak
n Samrong Kiat
Ban Kæng
Nam Yun
Na Chatuai
Ban Poom Sarol
Ban Dan
N D
L A O S
Provinz Champasak
Preah-Vihear-Tempel
Mekong
13
69
Phum Kantuot Samraong
Choam Khsant
Phum Chuonh
Ban Hatsaykhoun
Khong
Provinz Preah Vihear
Ban Boungngam
Ban Xot
Veun Kham
Khong Pha Pheng (Mekongfälle)
Preah Vihear
Stung Sen
T. Kong
Kulen
Tbaeng Mean Chey
Phum Mlu Prey
Sralau
nicht befahrbar
7
Koh Ker
12
D S C H A
Provinz Stung Treng
Phum Kampong Putrea Chas
Preah Khan
Phum Thalabarivat
T. San
Stung Treng
hum Boeng Mealea
Phum Pring
Rovieng Tbong
1
XVI
Stung Sen
Stung Stoune
Stung Srakar Moan
Kompong Kdey
Phum Kampong Trabek
Phum Roneam
Stoung
Sambor-Prey-Kuk (Tempel)
6
Provinz Kompong Thom
Stung Porong
Provinz Kratie
Kompong Thom
Trapeang Veng
Stung Tang Krasang
Stung Chimit
Mekong
Sandan
Kratie
Ponley
Kompong Thonor
Provinz Kompong Chhnang
Provinz Kompong Cham
Phum Spoe Tbong
Phum Pouthi
5
7
Kompong Chhnang
Phum Prek Kak
IXX
XX
C
D
1
2
3

Kartenatlas Indochina

Östliches Kambodscha, Vietnams zentrales Bergland

XIII
XXI
C
D
2
3
CHINA
Hanoi
Vientiane
LAOS
VIETNAM
Mekong
THAILAND
Bangkok
KAMBODSCHA
Phnom Penh
Saigon
Golf von Thailand
Südchinesisches Meer
Provinz Kon Tum
Kon Plong
Kon Braih
Kon Tum
Xang
Sông Ba
Sông Ha Giao
Kannack
Sa Huynh
Hoai Nhon
Hoai Ân
Provinz Binh Đinh
Chanh Oai
Phu Cat
Dap Da
Phu Phong
Dinh Điên
1571
Pleiku
An Khê
Tay Son
Binh Đinh
Qui Nhon
Dieu Tri
Provinz Gia Lai
De Đac Bot
Chư Sê
Plei Me
Nhơn Hoà
Plei Mnang
Adun
Long Thanh
Sông Câu
V I E T N A M
Cheo Reo
Chí Thanh
Ea Drăng
Ho-Chi-Minh-Highway
Provinz Phu Yen
Cung Sơn
Tuy Hoa
Sông Da Rang
50 km
Buôn Hô
Buon Đôn
Provinz Đăk Lăk
Đai Lanh-Pass
Yakdon National-park
Buôn Ma Thuôt
La Knop
Khanh Dương
2051
Van Ninh
Đâm Môn
Krông Pach
Dôc Let
Lak Lake
Ninh Hoa
2405
Provinz Khanh Hoa
Lak
Buôn Thach Hom
Đông Trang
Nha Trang
Hon Tre
Provinz Đak Nông
1578
Đạ Sa
Provinz Lam Đong
Gia Nghia
Đà Lạt
Cam Ranh
1
14
19
25
26
27

XIV
Südliches Kambodscha
A
B
1
2
3
Pailin
Treng
Battambang
Moung Roessei
Svay Don Key
5
Bung Tonle Chhm
Tonle Sap
Pursat
Krakor
Ponley
THAILAND
Phum Tuk Sok
1551
Phnum Tumbot
Phoumi Angkrong
Leach
Provinz Pursat
Phum Pramaoy
KAMBOD
1717
Provinz Kompon Chhnang
Phnum Aoral 1771
Veal Vêng
1549
Hat Lek
Koh Kut
Dong Tong
Im Bau
Pak Klong
Provinz Kompong Speu
Phum Kaôh Kông
Lam Dam
Trâpeang Rung
Provinz Koh Kong
Kompong Speu
Koh Kong
Phum Dâmnak Trach
Phum Yeay Sên
Im Bau
4
Chimeal
Sre Ambel
Koh Sdach
Provinz Kampot
Stoeng Hav
Provinz Kompong Som
GOLF VON THAILAND
Koh Rong
Phum Chhuk
Veal Rean
3
Sihanouk Ville
Bokor
Kampot
Prey Nob
Kampong Tranc
Phum Ângk
Phum Pong Tuk
Kep
Phsar Ream
Bai Thom
0
50 km
Phu Quoc
Ha Tien
XXII

XV
XVI
XX
XXIII
C
D
2
3
CHINA
Hanoi
Vientiane
LAOS
VIETNAM
Mekong
THAILAND
Bangkok
KAMBODSCHA
Phnom Penh
Saigon
Golf von Thailand
Südchinesisches Meer
Provinz Kompong Thom
Phoumi Roneam
Stung Srakar Moan
Kompong Thom
Trapeang Veng
6
Stung Tang Krasang
Stung Chimit
Stung Porong
Kampong Thonor
Provinz Kratie
Sandan
Kratie
Spoe Tbong
Stung Trong
Mekong
13
Chhlong
S C H A
Phnum Têt Srei 207
Provinz Kompong Cham
Tonle Sap
Phum Kampong Ta Ches
Skun
Kompong Cham
Snoul
Suông
Chup
7
Prek Poh
Udong
Knong
Memot
Phum Krêk
Smach
Xa Mat
Provinz Prey Veng
Phnom Penh
Takmau
Phum Krang Dontey
Prey Veng
Provinz Tây Ninh
Phum Kampong Trach
Lôc Ninh
Câm Xe
Tây Ninh
2
Phum Khun Roung
Phum Banam
Neak Loeang
Phum Prêk Toch
Provinz Svay Rieng
Bên Suc
Phum Prey Kanchan
Bassac
Kampong Trâbêk
Moc Bai
Phum Khpôh
Svay Rieng
Bavet
1
Trang Bang
Takeo
Cu Chi
Provinz Takeo
Tân Châu
Hông Ngư
Tuyên Binh
Vam Co Dong
Đưc Hoa
Angkor Borei
Môc Hoa
Provinz Long An
Provinz Đong Thap
Âp Vinh Sao
Châu Đôc
Vam Co Tay
Nui Sam
Mekong
VIETNAM
Provinz An Giang
Tân An
Ba Chuc
Hau Giang
Cao Lanh
Tri Ton
Chau Thanh
Tien Giang
Gai Lây
Mỹ Tho
Provinz Kien Giang
Long Xuyên
Sa Đec
Ben Tre

Südliches Vietnam mit Saigon

XVII
C
D
Lak
2405
1578
Buôn
Thach Hom
Đông Trang
Nha Trang
Hon Tre
ovinz Đak Nông
27
Đa Sa
2167
2289
Gia Nghia
Đà Lạt
Don-Duong-
Stausee
Provinz
Ninh Thuan
Cam Ranh
1
Kinh Đưc
Ngoan-
Muc-Pass
27
1
Provinz
Lam Đong
Phu Hôi
Tan My
Vinh Hy
1465
Bao Lôc
20
Di Linh
1528
Thap Cham
Phan Rang
N A M
Ma Da Gui
Gia Bắc
1648
Cà Ná
Bac Binh
Tuy Phong
28
Provinz Binh Thuan
Lương Sơn
anh Linh
1302
Dünen
2
Hon Rom
Mương Man
Mui Ne
Phan Thiết
1
Sông Phan
Kê Gà
Chau
Ham Tân
Phú Quy
Ho Coc
en
CHINA
Hanoi
Vientiane
LAOS
VIETNAM
Mekong
THAILAND
Bangkok
KAMBODSCHA
Phnom Penh
Saigon
Golf von
Thailand
Südchinesisches Meer
SÜDCHINESISCHES
MEER
3
0
50 km
C
D

XVIII
Südlichstes Vietnam, Mekongdelta
A
B
1
2
3
Provinz Kampot
KAMBODSCHA
Provinz Kompong Som
Provinz Takeo
Prey Veng
Provinz An Giang
Provinz Kien Giang
Provinz Cà Mau
Ang Tasom
Takeo
Sông Tiền
Hông Ng
Stoeng Hau
Phum Chhuk
Angkor Borei
Tani
Châu Đôc
Nui Sam
Bassac
Hau Giang
Veal Rean
Sihanouk Ville
Prey Nob
Bokor
Kampot
Kompong Trach
Tinh Bien
Phum Ângk
Ream
Koh Thmei
Kep
Phum Pông Tôek
Ba Chuc
Xa Xia
Hà Tiên
Tri Ton
Chau Thanh
Long Xuyên
602
Dương Đông
Ham Ninh
Phú Quốc
Kien Luong
Ba Hon
Hon Chong
Rạch Giá
Thoai-Ha-
Thoa Son
An Thoi
Hon Rai
Sông Cai Lo'n
An Biên
Go Quan
U Minh
Phươc Long
Tân Lôc
Thơi Binh
Xom Lơn
Cà Mau
Sông Ông Đôc
Sông Ganh
Hưng My
Thân Hoa
Dam D
Xom Rach Thung
Cua Lon
Năm Căn
MUI CÀ MAU
GOLF VON THAILAND
0
50 km

C
XIX
D
XX
XXI
Svay Rieng
Bavet
Moc Bai
Trang Bang
Thu Dâu Môt
Biên Hoa
Xuân Lôc
Cu Chi
Svay Rieng
Hoc Môn
Provinz Dong Nai
Sông Dong Nai
Tuyên Binh
Dưc Hoa
Long Thanh
Vam Co Dong
Môc Hoa
Provinz Long An
Saigon
Provinz
ong Thap
Âp Vinh Sao
Vam Co Tay
Thai Thiên
1
Provinz Ba Ria - Vung Tau
V I E T N A M
Tân An
Ba Ria
Cao Lanh
(Mekong) Tien Giang
Gai Lây
Mỹ Tho
Cân Giờ
Long Hai
Go Công
Sa Đéc
Bên Tre
Vũng Tàu
Vinh Long
Cua Dai
Provinz Bên Tre
Cua Co Chien
Cua Ham Luong
Binh Thuy
Vung Liêm
Cân Thơ
Hau Giang
Rach Goi
Tra Vinh
MEKONG-DELTA
Phung Hiêp
Provinz Tra Vinh
Thanh
2
Ba Dông
Quan Lô đen Phung-Hiêp
Soc Trăng
Long Phu
Provinz Soc Trăng
Thanh Tri
c Liêu
Xom Sâm Pha
Vinh Châu
Bac Liêu
CHINA
Hanoi
Vientiane
LAOS
VIETNAM
Mekong
THAILAND
Bangkok
KAMBODSCHA
Phnom Penh
Saigon
Golf von Thailand
Südchinesisches Meer
3
Côn Son
Côn-Đảo-Inseln
Bay Canh
C
D

Legende
für die Ortspläne

- Tourist Information
- Hotel, Guest House
- Restaurant
- Café
- Internet-Café
- Bar
- Disco
- Kino
- Shopping, Markt
- Sehenswürdigkeit
- Museum
- Tempel
- Moschee
- Bank, Geldwechsler
- Krankenhaus
- Apotheke
- Post
- Telefon
- Flughafen
- Taxi
- Busbahnhof

Zeichenerklärung

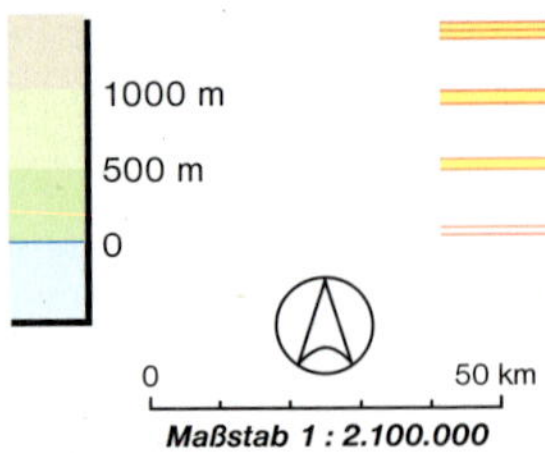

- Mehrspurige Straße
- Nationalstraße
- Hauptstraße
- Nebenstraße
- Grenzübergang

001vi Foto: kb